MIGRATIONSKIRCHEN

Gregor Etzelmüller | Claudia Rammelt (Hrsg.)

MIGRATIONSKIRCHEN

INTERNATIONALISIERUNG UND PLURALISIERUNG DES CHRISTENTUMS VOR ORT

EVANGELISCHE VERLAGSANSTALT
Leipzig

Der Druck des Bandes wurde ermöglicht durch die finanzielle Unterstützung der Hanns-Lilje-Stiftung, der Evangelischen Kirche in Deutschland und der Evangelischen Kirche im Rheinland.

Bibliographische Information der Deutschen Nationalbibliothek
Die Deutsche Nationalbibliothek verzeichnet diese Publikation in der
Deutschen Nationalbibliographie; detaillierte bibliographische Daten
sind im Internet über http://dnb.dnb.de abrufbar.

© 2022 by Evangelische Verlagsanstalt GmbH · Leipzig
Printed in Germany

Das Buch wurde auf alterungsbeständigem Papier gedruckt.

Cover: Zacharias Bähring, Leipzig
Coverabbildung: © Günter Baum, Heike Ernsting, Werner Bechtel,
Vasile-Octavian Mihoc, Claudia Rammelt, Nhan Gia Vo
Satz: Egbert Schlarb, Ebsdorfergrund
Druck und Binden: Hubert & Co., Göttingen

ISBN Print 978-3-374-06769-5 // eISBN (PDF) 978-3-374-06770-1
www.eva-leipzig.de

VORWORT

Migration verändert Religionsgeographien. Während die Migration von Musliminnen und Muslimen massenmedial und politisch stark wahrgenommen wird, wird oft übersehen, dass auch das Christentum in Europa zunehmend internationaler und pluraler wird. Allein in Deutschland leben knapp 11 Millionen Christenmenschen mit Migrationshintergrund. Einige schließen sich landes- und freikirchlichen Gemeinden an. Viele von ihnen organisieren sich in sogenannten Migrationskirchen, die das religiöse Leben vor Ort nachhaltig bereichern. In Deutschland leben je nach Schätzung zwei bis drei Millionen orthodoxe Gläubige, mehr als 200.000 gehören einer orientalisch-orthodoxen Gemeinschaft an. 40% der Katholikinnen und Katholiken in der Schweiz sind entweder außerhalb der Schweiz geboren oder haben Eltern, die in die Schweiz zugewandert sind. Die Zahl protestantischer Gemeinschaften mit migrantischen Wurzeln ist zahlenmäßig kaum fassbar: Kirchen afrikanischer Prägung sowie asiatische Gemeinden finden sich heute in allen Großstädten, aber auch auf dem Land. Für die Präsenz im ländlichen Raum seien stellvertretend die evangelisch-vietnamesische Gemeinde Haselünne und das koptisch-orthodoxe Kloster Brenkhausen genannt.

Der Band ist in einer mehrjährigen Zusammenarbeit von Theologinnen und Theologen, zunehmend auch solchen mit migrationskirchlichem Hintergrund, und Religionswissenschaftlerinnen und Religionswissenschaftlern entstanden. Er erschließt die durch Migrationsprozesse geschaffene neue Vielfalt christlichen Gemeindelebens wissenschaftlich und umfassend. Er möchte dazu beitragen, dass Städte, Kommunen und Kirchen diese Dynamik des Christentums vor Ort stärker und differenziert wahrnehmen und ihre Verantwortung für die Mitgestaltung dieses Prozesses erkennen.

Die einzelnen Beiträge wurden im Arbeitskreis „Migrationskirchen in Niedersachsen", der sich seit 2018 regelmäßig getroffen hat, intensiv diskutiert, daraufhin überarbeitet und erneut kritisch evaluiert. Im vorliegenden Band weitet sich der Blick auf die ganze Bundesrepublik, aber auch auf Westeuropa, insbesondere die Schweiz. Über den Arbeitskreis hinaus wurden gezielt weitere Autorinnen und Autoren angesprochen, um das Feld der Migrationskirchen und die sich daraus ergebenden kirchlichen Herausforderungen möglichst umfassend darstellen zu können. Wir danken allen Kolleginnen und Kollegen aus dem Arbeitskreis für die vielfältigen und innovativen Treffen. Ihnen und allen weiteren Autorinnen und Autoren danken wir, dass sie uns ihre Beiträge zur Verfügung gestellt und sich auf einen ernsthaften, konstruktiven und kollegialen Redaktionsprozess eingelassen haben.

Der Aufbau und die Arbeit einer Forscherinnen- und Forschergruppe ist ohne finanzielle Unterstützung nicht möglich. Deshalb sind wir der Hanns-Lilje-Stiftung und ihrem Geschäftsführer Prof. Dr. Christoph Dahling-Sander zutiefst dankbar, dass sie uns die Gründung des Arbeitskreises „Migrationskirchen in Niedersachsen" ermöglicht und unsere Konsultationen weithin finanziert haben.

Für die tatkräftige Unterstützung bei der organisatorischen Vorbereitung und Durchführung der Arbeitstreffen danken wir den ehemaligen studentischen Hilfskräften Angela Grummert (Osnabrück) und Jan Gehm (Bochum) und für den Aufbau und die Pflege unserer Webseite Sabine Liphardt (Osnabrück).

Bei unseren Arbeitsreffen sind wir vom Tagungshaus Priesterseminar Hildesheim (2018), dem koptischen Kloster Brenkhausen (2019), der Missionsakademie an der Universität Hamburg (2020) und dem Burgsitz, dem Tagungshaus der Stiftung Himmelsfels (2021), jeweils herzlich willkommen geheißen und hervorragend unterstützt und verpflegt worden. Wir möchten uns dafür namentlich bei dem koptisch-orthodoxen Bischof Damian, Dr. Ruomin Liu und Prof. Dr. Werner Kahl sowie Steve Ogedegbe und Dr. Johannes Weth bedanken.

Ein ganz besonderer Dank gebührt Dr. Egbert Schlarb, der sich der ehrenamtlichen und scheinbar unendlichen Arbeit angenommen hat, die Texte zu layouten und den Satz für den Druck zu erstellen. Für die Unterstützung bei der redaktionellen Arbeit an den Texten sei zudem Annika Kretschmann (Osnabrück) und Rebekka Scheler (Bochum) gedankt.

Der Evangelischen Verlagsanstalt, namentlich deren Programm- und Verlagsleiterin Dr. Annette Weidhas, danken wir für die Aufnahme dieses Bandes in ihr Verlagsprogramm, Christina Wollesky und Stefan Selbmann für die gute Zusammenarbeit.

Für gewährte Druckkostenzuschüsse sei der Evangelischen Kirche in Deutschland, der Evangelischen Kirche im Rheinland und nochmals der Hanns-Lilje-Stiftung gedankt.

Osnabrück/Bochum, im November 2021   *Gregor Etzelmüller/Claudia Rammelt*

Inhalt

Gregor Etzelmüller/Claudia Rammelt

MIGRATIONSKIRCHEN

Internationalisierung und Pluralisierung des Christentums vor Ort

In Deutschland leben 20,8 Millionen Menschen mit Migrationshintergrund. Etwas mehr als die Hälfte dieser Menschen (55%) verstehen sich als Christinnen und Christen. So prägen knapp 11 Millionen Christenmenschen mit Migrationshintergrund in Deutschland das christliche Leben mit. Viele von ihnen leben ihren Glauben in eigenen Gemeinden, sog. Migrationskirchen.[1] Religionsatlanten, wie sie etwa für Nordrhein-Westfalen,[2] Hamburg[3] und Berlin[4] vorliegen, spiegeln die existierende Vielfalt christlicher Gemeinden. Kirchliche Beobachter schätzen, dass sowohl im Ruhrgebiet als auch im Rhein-Main-Gebiet etwa jeweils 600 protestantische bzw. pentekostale Migrationskirchen existieren.[5] Obwohl die Mehrzahl der nach Deutschland Kommenden einen christlichen Hintergrund hat, konzentrieren sich die die gesellschaftliche Debatte und die Wissenschaften auf den Zuzug muslimischer Migrantinnen und Migranten.[6] Migrationskirchen lassen sich als »Stiefkind« der akademischen

---

[1] Vgl. BENDIX BALKE, Religiöse Zugehörigkeit von zugewanderten. Zahlen und Hintergründe, in: ZMiss 46 (2020), 112-134.

[2] Vgl. MARKUS HERO/VOLKHARD KRECH/HELMUT ZANDER (Hrsg.), Religiöse Vielfalt in Nordrhein-Westfalen. Empirische Befunde und Perspektiven der Globalisierung vor Ort, Religion plural, Paderborn 2008; ERICH GELDBACH, Vielfalt und Wandel. Lexikon der Religionsgemeinschaften im Ruhrgebiet, Essen 2009.

[3] Vgl. WOLFGANG GRÜNBERG/DENNIS L. SLABAUGH/RALF MEISTER-KARANIKAS (Hrsg.), Lexikon der Hamburger Religionsgemeinschaften, Hamburg 1996.

[4] Vgl. NILS GRÜBEL, Religion in Berlin. Ein Handbuch, Berlin 2003.

[5] Vgl. BENDIX BALKE, Interkulturelle Öffnung der Kirche, in: TRAUGOTT JÄHNICHEN u.a. (Hrsg.), Krisen - Aufbrüche - Transformationen. Zur Sozialität der Evangelischen Kirche, Jahrbuch Sozialer Protestantismus 12, Leipzig 2019, 208-219, 217f.: »Das gesamte Spektrum des weltweiten Protestantismus spiegelt sich in ca. 2.000 bis 3.000 evangelischen Migrationsgemeinden in Deutschland mit ca. 100.000 bis 300.000 Mitgliedern. Diese Zahlen lassen sich nur grob schätzen, weil sich jede Woche neue Gemeinden gründen. Etwa die Hälfte dieser Gemeinde wurden von Pastoren aus Afrika [...] ins Leben gerufen, etwa ein Viertel von asiatischen Gemeindeleitern [...]. Zunehmend bilden sich arabisch- und farsisprachige Gemeinden.«

[6] Vgl. BERTELSMANN STIFTUNG, Religionsmonitor der Bertelsmann Stiftung Einwanderungsland Deutschland, Mai 2016 unter www.bertelsmann-stiftung.de/fileadmin/files/

Beschäftigung mit Religion und Migration bezeichnen.[7] Auch von den etablierten Kirchen wurden sie zunächst gar nicht, dann in ihrer Fremdheit und zuletzt in ihrer Andersheit wahrgenommen.[8] Kritisch kann gefragt werden, ob die evangelischen Kirchen in Deutschland das Potential von Migrationskirchen auch für eigene Erneuerungsprozesse zu verspielen drohen.[9]

1. Migrationskirchen – ein nicht unproblematischer, aber hilfreicher Begriff

Kirche ist, theologisch gesehen, dort, wo Menschen sich im Namen Jesu versammeln. Wo diese Versammlungen entscheidend durch den Migrationshintergrund der Versammelten mitgeprägt sind, kann von Migrationskirchen gesprochen werden. Der Begriff ist freilich umstritten. Seine Ambiguität wird auch in verschiedenen Beiträgen dieses Bandes beleuchtet. Er ist keine Selbstbezeichnung der so genannten Gemeinden und steht deshalb in der Gefahr des

---

Projekte/51_Religionsmonitor/BST_Factsheet_Einwanderungsland_Deutschland.pdf [Aufruf: 3.6.2020]; BIANCA DÜMLING, Migration verändert kirchliche Landschaft in Deutschland. Entwicklung und Geschichte der Migrationskirchen, in: CLAUDIA RAMMELT/ESTHER HORNUNG/VASILE-OCTAVIAN MIHOC (Hrsg.), Begegnung in der Glokalität. Christliche Migrationskirchen in Deutschland im Wandel, Leipzig 2018, 77-90; BALKE, Zugehörigkeit (s. Anm. 1).

[7]   Vgl. ALEXANDER-KENNETH NAGEL/NELLY CAROLINE SCHUBERT, Glokale Verflechtungen und zivilgesellschaftliche Potentiale. Migrationskirchen in Niedersachsen in vergleichender Perspektive, in: a.a.O., 213-228, 217. In religionswissenschaftlichen und - soziologischen Darstellungen kommen sie oft schlicht nicht vor. Vgl. exemplarisch nur THOMAS GROSSBÖLTING, Der verlorene Himmel. Glauben in Deutschland seit 1945, Göttingen 2013; DANIEL GERSTER u.a. (Hrsg.), Religionspolitik heute. Problemfelder und Perspektiven in Deutschland, Freiburg u.a. 2018.

[8]   Vgl. EVANGELISCHE KIRCHE DEUTSCHLANDS (EKD), Gemeinsam evangelisch! Erfahrungen, theologische Orientierungen und Perspektiven für die Arbeit mit Gemeinden anderer Sprache und Herkunft, EKD Texte 119, Hannover 2014.

[9]   Im Zeitraum der Arbeit an diesem Band wurde die Projektstelle für Internationale Gemeinden im Kirchenamt der EKD aufgelöst und die Schließung der FIT Hermannsburg angekündigt. Johannes Weth fragt in seiner Marburger Dissertationsschrift: »Fördern insbesondere die evangelischen Landeskirchen durch einen Mangel an ökumenischer und interkultureller Praxis im eigenen lokalen Kontext letztlich die Bildung unzähliger, kulturbezogener Sonderkirchen und -konfessionen und tragen so zur kirchlichen und gesellschaftlichen Segregation bei? Entziehen sie sich ihrer ökumenischen reformatorischen und gesellschaftlichen Verantwortung durch Betonung der unterschiedlichen konfessionellen Profile und durch Delegation des Themas an die evangelischen Freikirchen und Sondergemeinschaften?« JOHANNES WETH, Weltweite Kirche vor Ort. Interkulturelle Ekklesiologie im Anschluss an Wolfhart Pannenberg und Jürgen Moltmann, Marburg 2021, 7.

»othering«: Durch ihn könnten bestimmte Kirchen und Gemeinden, auch deren Mitglieder, auf ihren Migrationshintergrund festgelegt werden.[10] Doch der Begriff hilft, darauf aufmerksam zu machen, dass es in Deutschland Kirchen und Gemeinden gibt, »die es ohne Einwanderung nach Deutschland nicht gäbe.«[11]

Gegenüber jeder Exotisierung dieser Kirchen und Gemeinden ist festzuhalten: Migrationskirchen erinnern daran, dass die Geschichte des Christentums von ihren Anfängen an Migrationsgeschichte gewesen ist[12] – und sich alle Kirchen Migrationsprozessen verdanken.[13] »Migration has been an indispensable element in the advancement of the Christian faith from the earliest beginnings and a prime factor in the plural frontiers of cross-cultural engagement that mark the world Christian movement.«[14] Migrationskirchen sind nicht als Sonderfall des Christlichen zu betrachten, sondern vergegenwärtigen, was von Anfang an der Fall war. Sie sind insofern der Normalfall.

Dabei sprechen wir theologisch bewusst von Migrationskirchen, um deutlich zu machen, dass den hier beschriebenen Kirchen und Gemeinden ihre Ekklesialität nicht zu bestreiten ist. Es handelt sich bei ihnen um Ausgestaltungsformen der einen Kirche, die unter der Verheißung der Gegenwart Jesu Christi stehen. Migrationskirchen sind Kirchen – und keine Gemeinden, die sich erst durch Eingliederung in größere Kirchen ihr Kirche-Sein erarbeiten müssen.

Versteht man den Begriff formal als Bezeichnung von Gemeinden, »die von Migrantinnen und Migranten gegründet wurden und deren Mitgliedschaft überwiegend aus Menschen mit Migrationshintergrund besteht«[15], ermöglicht er zudem, Kirchen und Gemeinden vergleichend in den Blick zu nehmen, die in der deutschsprachigen Forschung oftmals nicht gemeinsam untersucht wer-

---

[10]　Vgl. exemplarisch die Aussage einer Serbin, die während des Krieges nach Wien geflohen ist: »Ich verstehe mich nicht als Migranten. Das tun die anderen. Migrantin sein heißt, ein Problem sein.« (Zitiert nach: REGINA POLAK, Migration als Ort der Theologie, in: TOBIAS KESSLER (Hrsg.), Migration als Ort der Theologie, Weltkirche und Mission 4, Regensburg 2019, 87-114, 110.

[11]　So Alexander-Kenneth Nagel in seinem Beitrag zu diesem Band.

[12]　Zum Neuen Testament und dem ältesten Christentum neben den Beiträgen von Judith Becker, Werner Kahl und Peter Wick in diesem Band die Aufsätze in REINHARD VON BENDEMANN/MARKUS TIWALD (Hrsg.), Migrationsprozesse im ältesten Christentum, Stuttgart 2018.

[13]　Wenn man sachangemessen die Entstehung des Christentums im israelitisch-jüdischen Kontext beschreibt, wird deutlich, dass die christliche Wanderexistenz die Wiederholung eines Phänomens ist, das literarisch von Erzvätern und Exodus an die Existenz Israels prägt. Dazu der Beitrag von Jan-Dirk Döhling in diesem Band.

[14]　JEHU H. HANCILES, Migration and the Making of Global Christianity, Grand Rapids 2021, 1.

[15]　CLAUDIA WÄHRISCH-OBLAU, Migrationskirchen in Deutschland. Überlegungen zur strukturierten Beschreibung eines komplexen Phänomens, in: Zeitschrift für Mission 31 (2005), 19-31, 20.

den: etwa orthodoxe Kirchen (die aufgrund der Ausdifferenzierung der Theologie in der Regel von der Konfessionskunde thematisiert werden) und afrikanische Gemeinden (die ins Fach der Religionswissenschaften bzw. der Interkulturellen Theologie fallen). Diese unterschiedlichen Kirchen und Gemeinden stehen aber sämtlich vor der Herausforderung, ihr Kirche-Sein in der Verschränkung unterschiedlicher Kontexte zu leben. Erst die Heranziehung sämtlicher Migrationskirchen verdeutlicht die Komplexität der Transformationen, vor der ein glokales Christentum steht.

Der Begriff »Migrationskirche« macht also (erstens) darauf aufmerksam, dass wir in Westeuropa Kirchen haben, die es ohne Migrationsprozesse nicht gäbe, betont (zweitens) die Ekklesialität dieser Kirchen und Gemeinden und erlaubt (drittens) Kirchen ganz unterschiedlicher Tradition und Herkunft gemeinsam vergleichend zu erfassen. Um dieser dreifachen Leistungskraft willen halten wir vorläufig am Begriff der Migrationskirchen als einem Arbeitsbegriff fest.[16]

Unter interkulturellen Gemeinden verstehen wir dagegen solche Gemeinden, die explizit den Weg einer interkulturellen Öffnung beschreiten – unabhängig ihres Ausgangspunktes. Es können sich sowohl Migrationskirchen und -gemeinden als auch landes- und volkskirchliche Ortsgemeinden interkulturell öffnen.[17] Zu warnen ist hier vor der Gefahr, Migrationskirchen erst dann theologisch und kirchlich ernst zu nehmen, wenn sie sich einem solchen Prozess unterziehen.[18]

---

[16] Vgl. die entsprechende Argumentation von CLAUDIA HOFFMANN, Migration und Kirche. Interkulturelle Lernfelder und Fallbeispiele aus der Schweiz, Zürich 2021, 13-16.

[17] Dazu der Beitrag von Bendix Balke in diesem Band.

[18] Der gegenwärtig von der EKD favorisierte Begriff der Internationalen Gemeinde (vgl. https://internationale-gemeinden.de/was-verstehen-wir-unter-einer-internationalen-gemeinde; Aufruf: 20.9.2021) kann falsche Assoziationen wecken: Er ist nur dann recht verstanden, gebraucht und hilfreich, wenn er Gemeinden bezeichnet, die sich durch die Verschränkung unterschiedlicher regionaler Kontexte (klassisch: Herkunfts- und gegenwärtiger Kontext) auszeichnen: »Internationale Gemeinden sind ›international‹, weil sich ihre Mitglieder in Deutschland heimisch fühlen und zugleich mit anderen Weltregionen verbunden sind. So werden sie zu Bindegliedern zwischen verschiedenen Nationalitäten und Brückenbauerinnen der weltweiten Christenheit.« Dem Begriff ist die Gefahr eingeschrieben, monoethnische Gemeinden prinzipiell als defizitär zu verstehen.

2. Migrationskirchen als Ausdruck der Glokalisierung des Christentums in der Spätmoderne[19]

Bei der Ausbreitung des Christentums haben Migrationsprozesse von Anfang an eine Rolle gespielt.[20] Geplante Missionsreisen, wie sie das Neue Testament vom Apostel Paulus erzählt, waren dabei eher die Ausnahme. Das Christentum gelangte in die Zentren und Peripherien der jeweils bekannten Welt vor allem durch Händler, Kaufleute und Reisende.[21] Zunächst bewegte sich christlicher Glaube vor allem innerhalb des griechisch-lateinischen Sprachraums, doch gewann er schon bald auch in anderen Sprachen einen eigenen Ausdruck, so etwa in Armenien[22] oder unter den Goten.[23] Kreuze im fernen China zeigen, bis wohin sich christlicher Glaube entlang der Seidenstraße im Mittelalter ausgebreitet hatte: Menschen bildeten als »Fremde« und mit den »Fremden« Gemeinden.[24]

Die Polyzentrik wurde vielfältiger mit der Eroberung der sog. neuen Welt. Schiffe transportierten nicht nur Material, sondern auch religiöse Ideen, die in anderen Kulturen heimisch wurden.[25] Der römische Katholizismus in seiner spanischen Gestalt erreichte Lateinamerika, aber etwa auch die Philippinen; die Pilgrim Fathers brachten den christlichen Glauben in einer eher separatistischen Version in die neue Welt. Auch führten die »Eroberungen« zu mancher Überraschung, so etwa, als beispielsweise Vasco da Gama (um 1469-1524) in Indien nicht nur Gewürze fand, sondern auch Christen antraf. Diese Prozesse setzten sich in zahlreichen Ausformungen fort. So wurden später christliche Sklaven aus dem Kongo nach Brasilien, aber vor allem auch in die USA ver-

---

[19]   Im Folgenden greifen wir auf die Ausführungen von CLAUDIA RAMMELT/ESTHER HORNUNG, Begegnung in der Glokalität. Christliche Migrationskirchen in Deutschland im Wandel, in: RAMMELT u.a. (Hrsg.), Begegnung (s. Anm. 6), 15-28, zurück und führen diese weiter aus. Zum Begriff der Glokalisierung ROLAND ROBERTSON, Glokalisierung. Homogenität und Heterogenität in Raum und Zeit, in: ULRICH BECK (Hrsg.), Perspektiven der Weltgesellschaft, Frankfurt/M. 1998, 192-220.

[20]   Vgl. KLAUS KOSCHORKE, Religion und Migration. Aspekte einer polyzentrischen Geschichte des Weltchristentums, in: Jahrbuch für Europäische Überseegeschichte 16 (2016), 159-180.

[21]   Vgl. dazu exemplarisch HANCILES, Migration (s. Anm. 14), 313-355: The Ends of the East. The Faith of Merchants.

[22]   Zum armenischen Christentum einführend WOLFGANG HAGE, Das orientalische Christentum, Religionen der Menschheit 29/2, Stuttgart 2007, 226-262.

[23]   Einen Überblick zu den Goten bietet HERWIG WOLFGANG, Die Goten und ihre Geschichte, München ³2016.

[24]   Vgl. einführend zur sog. Kirche des Ostens HAGE, Das orientalische Christentum (s. Anm. 22), 269-313 und WILHELM BAUM/DIETMAR W. WINKLER, Die Apostolische Kirche des Ostens. Die Geschichte der sogenannten Nestorianer, Klagenfurt 2000.

[25]   Vgl. JENS HOLGER SCHJØRRING/NORMAN A. HJELM (Hrsg.), Geschichte des globalen Christentums, 1. Teil: Frühe Neuzeit, Religionen der Menschheit 32, Stuttgart 2017.

schleppt, die unter ihren Landsleuten missionierten, so dass sich eine christ-
lich-nordamerikanische »Kongo-Identität« bildete.[26] Das lange 19. Jh., das sog.
Missionsjahrhundert führte endgültig zur Globalisierung des Christentums.
Als Ergebnis der Missionsbestrebungen bildeten sich schließlich indigene
Christentumsvarianten in den verschiedensten Teilen der Welt. In Afrika und
Asien, aber auch im Mittleren Osten entstanden neue Ausdrucksformen christ-
lichen Glaubens.[27] Diese Phänomene machen deutlich: Das Christentum lässt
sich nur als globale Bewegung verstehen, welche die Grenzen von Nation und
Kultur transzendiert.[28]

Durch die globale Ausbreitung des Christentums haben sich dessen Zentren und Peripherien beständig verschoben.[29] Mittlerweile leben mindestens
60% des Christentums in der südlichen Hemisphäre. Doch die gelebte Vielfalt
christlichen Glaubens ist nicht mehr nur Kennzeichen des weltweiten Christentums, sondern prägt auch die Situation vor Ort. Es gibt auch in Deutschland
kaum mehr Landstriche und Gemeinden, in denen christlicher Glaube nur in
einer Gestalt gelebt wird. Diese Glokalisierung des Christentums verdankt sich
Migrationsprozessen. In Deutschland reichen diese mindestens bis in die
nachreformatorische Zeit zurück.[30] Zu erinnern ist zunächst an die Glaubensflüchtlinge der Hugenotten[31] und Waldenser[32], denen man im 17. Jh., wie weithin auch Geflüchteten heute, zugleich Mitleid und Misstrauen entgegenbrach-

---

[26] Vgl. KLAUS KOSCHORKE, Religion und Migration, in: Rammelt u.a. (Hrsg.), Begegnung (s. Anm. 6), 64-66.
[27] Im Mittleren Osten beispielsweise bildeten sich im zu Ende gehenden osmanischen
Reich neben orthodoxen und orientalischen Gemeinschaften auch katholische oder protestantische Gemeinden. Vgl. CLAUDIA RAMMELT zusammen mit UTA ZEUGE-BUBERL, »We
are Middle Eastern to the bones« - Protestantische Mission und protestantisches Leben
im Libanon, in Syrien und Israel/Palästina, in: TRAUGOTT JÄHNICHEN u.a. (Hrsg.), Globale
Wirkungen der Reformation, Jahrbuch Sozialer Protestantismus 11, Leipzig 2018, 142-
163.
[28] Es ist das Verdienst von Klaus Koschorke, durch vielschichtige Arbeiten darauf beständig aufmerksam gemacht zu haben. Vgl. nur Veränderte Landkarten der globalen
Christentumsgeschichte, in: Kirchliche Zeitgeschichte 22 (2009), 187-210, und Poly-
zentrische Strukturen der globalen Christentumsgeschichte, in: RICHARD FRIEDLI u.a.
(Hrsg.), Intercultural Perceptions and Prospects of World Christianity, Frankfurt/M.
2010, 105-126.
[29] Vgl. KOSCHORKE, Religion und Migration, in: RAMMELT u.a. (Hrsg.), Begegnung (s.
Anm. 6), 73f.
[30] Einen Überblick bietet DÜMLING, Migration verändert kirchliche Landschaft in
Deutschland, in: RAMMELT u.a. (Hrsg.), Begegnung (s. Anm. 6), 77-90.
[31] Vgl. u.a. SUSANNE LACHENICHT, Hugenotten in Europa und Nordamerika. Migration
und Integration in der Frühen Neuzeit, Frankfurt/M.-New York 2010.
[32] Vgl. wenn auch sehr knapp WALTRAUD PLIENINGER, Waldenser - Glaubensflüchtlinge
nach dem Dreißigjährigen Krieg in Württemberg, in: Deutschland & Europa 45 (³2004), 6-
10 unter www.deutschlandundeuropa.de/45_02/wald.htm [Aufruf: 5.6.2020].

te. Im Zuge neuzeitlicher Staatenbildung und dem Aufbau diplomatischer Beziehungen bildeten sich in den Hauptstädten fremdsprachige Gemeinden. Da in der Armee Friedrich Wilhelms I. auch russische Soldaten dienten, baute er diesen 1734 in Potsdam eine eigene Kirche. Im 18. Jh. bildeten sich weitere russische Hof- und Gesandtenkapellen, 1874 die erste russisch-orthodoxe Pfarrei in Dresden, wo damals rund 300 russische Familien lebten.[33] Im 19. Jh. war das aufkommende Phänomen der Freikirchen ein Ergebnis transatlantischer Austauschprozesse: durch Migration einerseits und durch Erweckte andererseits.[34] Nach dem Ersten Weltkrieg kamen zunehmend Menschen aus Russland und Griechenland, aber auch solche mit armenischer Abstammung nach Deutschland. Die Ansiedlung von deutschen Flüchtlingen aus dem Osten führte nach dem Zweiten Weltkrieg zum Aufbrechen konfessioneller Milieus. Auch die Spätauswandernden aus Siebenbürgen und Russland haben die deutsche Religionsgeographie nachhaltig verändert, was sich etwa an der jüngsten Geschichte des Baptismus in Deutschland studieren lässt.[35] Spätestens seit der Arbeitsmigration der 1960er Jahre kamen vermehrt Menschen aus den Ländern des Mittelmeerraums, aber auch aus Korea,[36] und Angehörige orientalischer Kirchen aus dem Tur Abdin im Südosten der Türkei.[37] Entgegen der Annahme, dass diese Menschen als Gastarbeiter auf Zeit in ihre Heimatländer zurückkehren, blieben die meisten von ihnen und gründeten auch religiöse Vereine und Orte. In jüngster Vergangenheit migrierten viele Menschen aufgrund von Krieg und Gewalt, gerade auch im Nahen Osten. Aber auch Wirtschaftsflüchtlinge und Bildungsmigrierende wanderten ein, genauso Flüchtende aufgrund von Umweltkatastrophen.[38]

---

[33]   Vgl. HARTMUT MAI, Die russischen orthodoxen Kirchen in Potsdam, Weimar, Dresden und Leipzig, Berlin1983. Zur weiteren Entwicklung der Orthodoxie in Deutschland als Überblick NIKOLAJ THON, Orthodoxie in Deutschland. Eine Kirche aus vielen Nationen wird heimisch, RAMMELT u.a. (Hrsg.), Begegnung (s. Anm. 6), 119-128 wie auch in diesem Band.

[34]   Vgl. CHRISTOPH RIBBAT, Religiöse Erregung. Protestantische Schwärmer im Kaiserreich, Historische Studien 19, Frankfurt/M.-New York 1996; KARL HEINZ VOIGT, Freikirchen in Deutschland (19. und 20. Jahrhundert), Kirchengeschichte in Einzeldarstellungen III/6, Leipzig 2004.

[35]   Vgl. JOHN N. KLASSEN, Russlanddeutsche Freikirchen in der Bundesrepublik Deutschland. Grundlinien ihrer Geschichte, ihrer Entwicklung und Theologie, Nürnberg 2007; FREDERIK ELWERT, Religion als Ressource und Restriktion im Integrationsprozess. Eine Fallstudie zu Biographien freikirchlicher Russlanddeutscher, Wiesbaden 2015.

[36]   Vgl. SABRINA WEISS, Migrantengemeinden im Wandel. Eine Fallstudie zu koreanischen Gemeinden in Nordrhein-Westfalen, Kultur und soziale Praxis, Bielefeld 2017.

[37]   Vgl. schon früh KAI MERTEN, Die syrisch-orthodoxen Christen in der Türkei und in Deutschland. Untersuchungen zu einer Wanderungsbewegung, StOKG 3, Hamburg 1997.

[38]   Vgl. einleitend JOCHEN OLTMER, Globale Migration. Geschichte und Gegenwart, München ³2016, 106-134.

Die globale Vielfalt verschiedener Konfessionen und Denominationen wird vor Ort erlebbar und erfahrbar. Das globale Christentum verdichtet sich im Lokalen, es wird glokal. Dieses aus der Soziologie stammende Kofferwort eignet sich, um zu beschreiben, dass Polyzentrik sowohl ein Phänomen der globalisierten Christenheit, als auch ein lokales Phänomen ist.[39] Als solches erfordert es auch ein Nachdenken über die Vielfalt der Christenheit im lokalen Raum.

3. Forschungsüberblick

Nach Anstößen durch Roswitha Gerloff,[40] der ersten Direktorin des »Centre for black and white christian partnership« in Birmingham, und Gerrie ter Haar[41] in den Niederlanden begann um die Jahrtausendwende die wissenschaftliche Erforschung von Migrationskirchen in Deutschland. Aus den Landeskirchen kam, namentlich von Claudia Währisch-Oblau und Werner Kahl, der Impuls, Migrationsgemeinden in Listen zu erfassen.[42] Der Schwerpunkt der Forschung lag zunächst auf der Wahrnehmung des Phänomens pentekostaler Gemeinden, besonders afrikanischen Ursprungs.[43] Auf der von Michael Bergunder und Jörg

---

[39]   Vgl. u.a. ROBERT ROBERTSON, Globalization. Social Theory and Global Culture, London-Thousand Oaks-New Delhi 1992; DERS., Glokalisierung. Homogenität und Heterogenität in Raum und Zeit, in: ULRICH BECK (Hrsg.), Perspektiven der Weltgesellschaft, Frankfurt/M. 1998, 192-220; MIKE FEATHERSTONE/SCOTT LASH/ROBERT ROBERTSON (Hrsg.), Global Modernities, London 1995.

[40]   Vgl. ROSWITHA GERLOFF, A Plea for British Black Theologies. The Black Church Movement in Britain in its Transatlantic Cultural and Theological Interaction, Frankfurt/M.-Bern 1992; DIES., The significance of the African Christian diaspora in Europe, in: International Review of Mission 89 (2000), 498-510.

[41]   Vgl. GERRIE TER HAAR, Halfway to Paradise. African Christians in Europe, Cardiff 1998.

[42]   Vgl. CLAUDIA WÄHRISCH-OBLAU, Migrationskirchen (s. Anm. 15), 19-39.

[43]   Vgl. in zeitlicher Reihenfolge AFE ADOGAME, Celestial Church of Christ. The politics of cultural identity in a West African prophetic charismatic movement, Studien zur interkulturellen Geschichte des Christentums 115, Frankfurt/M. 1999; BENJAMIN SIMON, Afrikanische Kirchen in Deutschland, Frankfurt/M. 2003; REGINA JACH, Migration, Religion und Raum. Ghanaische Kirchen in Accra, Kumasi und Hamburg in Prozessen von Kontinuität und Kulturwandel, Münster 2005; CLAUDIA WÄHRISCH-OBLAU, The Missionary Self-Perception of Pentecostal/Charismatic Church Leaders from the Global South in Europe. Bringing Back the Gospel, Global Pentecostal and Charismatic Studies 2, Leiden 2009; ANNA D. QUAAS, Transnationale Pfingstkirchen. Christ Apostolic Church und Redeemed Christian Church of God, Frankfurt/M. 2011; MORITZ FISCHER, Pfingstbewegung zwischen Fragilität und Empowerment. Beobachtungen zur Pfingstkirche »Nzambe Malamu« mit ihren transnationalen Verflechtungen, Kirche - Konfession - Religion 57, Göttingen 2011.

Haustein organisierten Heidelberger Fachtagung »Migration und Identität« wurden diese Forschungen 2004 erstmals gebündelt.[44]

Die politik- und religionswissenschaftliche Forschung weitete den Blick über die afrikanischen Migrationskirchen hinaus: Dietrich Thränhardt und Jenni Winterhagen erforschten in ihren Arbeiten die italienischen, spanischen und kroatischen katholischen Einwanderergemeinden,[45] die Sinologin Johanna Lüdde die Konversion chinesischer Studierender zum Christentum.[46] Im Rahmen der Nachwuchsforschergruppe »Religion vernetzt – Zivilgesellschaftliche und wirtschaftliche Potentiale religiöser Vergemeinschaftung«[47] beschäftigte sich Frederik Elwert mit Biographien freikirchlicher Russlanddeutscher[48] und Sabrina Weiß mit koreanischen Migrantengemeinden[49]. Die Ethnologin Gertrud Hüwelmeier wandte sich vietnamesischen[50], das Schweizer Pastoraltheologische Institut in einer großen qualitativen Studie lateinamerikanischen Gemeinden zu[51]. Die größte quantitativ-empirische Studie zur grundlegenden Erschließung des Phänomens der Migrationskirchen in der Schweiz hat das

---

[44] Vgl. Michael Bergunder/Jörg Haustein (Hrsg.), Migration und Identität. Pfingstlich Charismatische Migrationsgemeinden in Deutschland, Beihefte ZMiss 8, Frankfurt/M. 2006.

[45] Vgl. Dietrich Thränhardt/Jenni Winterhagen, Der Einfluss der katholischen Migrantengemeinden auf die Integration südeuropäische Einwanderergruppen in Deutschland: Arbeitsmigration und ihre Folgen in der Bundesrepublik Deutschland und Westeuropa, in: Jochen Oltmer/Axel Kreienbrink/Carlos Sanz Díaz, Das Gastarbeiter-System, Schriftenreihe der Vierteljahreshefte für Zeitgeschichte 104, Berlin 2012, 199-216; Jenni Winterhagen, Transnationaler Katholizismus. Die kroatischen Migrantengemeinden in Deutschland zwischen nationalem Engagement und funktionaler Integration, Berlin 2013.

[46] Vgl. Johanna Lüdde, Die Funktionen der Konversion chinesischer Studierender in Deutschland zum Christentum (protestantischer Prägung) am Beispiel einer chinesischen christlichen Gemeinde in einer deutschen Großstadt, elektronische Veröffentlichung, Leipzig 2011.

[47] Vgl. Alexander-Kenneth Nagel (Hrsg.), Diesseits der Parallelgesellschaft. Neuere Studien zu religiösen Migrantengemeinden in Deutschland, Bielefeld 2012; Ders. (Hrsg.), Religiöse Netzwerke. Die zivilgesellschaftlichen Potentiale religiöser Migrantengemeinden, Kultur und soziale Praxis, Bielefeld 2015.

[48] Vgl. Frederik Elwert, Religion als Ressource und Restriktion im Integrationsprozess. Eine Fallstudie zu Biographien freikirchlicher Russlanddeutscher, Veröffentlichungen der Sektion Religionssoziologie der Deutschen Gesellschaft für Soziologie, Wiesbaden 2015.

[49] Vgl. Sabrina Weiss, Migrantengemeinden im Wandel. Eine Fallstudie zu koreanischen Gemeinden in Nordrhein-Westfalen, Kultur und soziale Praxis, Bielefeld 2017.

[50] Vgl. Gertrud Hüwelmeier, Performing Intimacy with God. Spiritual Experiences in Vietnamese Diasporic Pentecostal Networks, in: German History 32 (2014), 414-430.

[51] Zu letzterer Eva Baumann-Neuhaus, Glaube in Migration. Religion als Ressource in Biographien christlicher Migrantinnen und Migranten, St. Gallen 2019.

Schweizer Pastoraltheologische Institut vorgelegt.[52] Allerdings können die quantitativen Studien letztlich dem hohen Veränderungspotential des beobachteten Religionssegments nicht gerecht werden.[53]

Hatten sich die frühen Arbeiten noch mit Selbstverständnis[54] und Predigten[55] von Migrationskirchen beschäftigt, verschob sich das Interesse mit der Zeit auf die Aspekte Transnationale Vernetzung[56] und Migrationskirchen als Integrationsakteure[57]. Demgegenüber scheint es gegenwärtig eine entscheidende Forschungsaufgabe zu sein, die »theologischen Prägungen«[58] von Migrationskirchen zu erforschen und als Herausforderung für die akademische Theologie zu begreifen.[59]

Eine besondere Innovation stellt dabei die Etablierung von theologischen (Fort-) Bildungsprogrammen für Gemeindeleiter von Migrationskirchen, wie etwa des Studienangebots »Ökumenische Fortbildung in Theologie« der Missionsakademie an der Universität Hamburg und die entsprechend ausgerichteten Studiengänge an der Fachhochschule für Interkulturelle Theologie in Hermannsburg (FIT), dar[60]. Aus den Abschlussarbeiten dieser Programme gehen wissenschaftlich reflektierte Selbstdarstellungen hervor.[61] Solche entstehen mittlerweile auch an anderen Orten und erschließen die Lebenswelten von Migrationskirchen auf einzigartige Weise.[62] Dabei zeigen sich auch Dynamiken

---

[52]   Vgl. JUDITH ALBISSER/ARND BÜNKER (Hrsg.), Kirchen in Bewegung. Christliche Migrationsgemeinden in der Schweiz, St. Gallen 2016.

[53]   Darauf machen NAGEL/SCHUBERT, Glokale Verflechtungen, in: RAMMELT u.a. (Hrsg.), Begegnung (s. Anm. 6), 213-228, 215 aufmerksam.

[54]   Vgl. WÄHRISCH-OBLAU, The Missionary Self-Perception (s. Anm. 43).

[55]   Vgl. SIMON, Afrikanische Kirchen (s. Anm. 43).

[56]   Vgl. FISCHER, Pfingstbewegung (s. Anm. 43).

[57]   Vgl. BIANCA DÜMLING, Migrationskirchen in Deutschland. Orte der Integration, Frankfurt/M. 2011; NAGEL, Parallelgesellschaft (s. Anm. 47); DERS., Netzwerke (s. Anm. 47); SIMON FOPPA, Kirche und Gemeinschaft in Migration. Soziale Unterstützung in christlichen Migrationsgemeinden, St. Gallen 2019.

[58]   So FRIEDER LUDWIG, Mission und Theologie in Migrationsgemeinden. Annäherungen an das Selbstverständnis afrikanischer und asiatischer Gemeinden in Deutschland und ihre Zusammenarbeit mit den Landeskirchen, in: RAMMELT u.a. (Hrsg.), Begegnung (s. Anm. 6), 199-211, 200.

[59]   So GREGOR ETZELMÜLLER, Migrationskirchen als Herausforderung für das Selbstverständnis evangelischer Kirchen in Deutschland, in: Neue Regeln in der Wohngemeinschaft Gottes. Studientag zu einer migrationssensiblen Ekklesiologie, Evangelische Akademie Bad Boll, 1. bis 2. April 2019, epd-Dokumentation 20 (2019), 29-35.

[60]   Vgl. DREA FRÖCHTLING u.a. (Hrsg.), Glaube über Grenzen hinweg. Faith across frontiers, Perspektivenwechsel Interkulturell 6, Berlin 2019.

[61]   Vgl. exemplarisch VINCENT PASCAL GUCHA, An Initiative of the African Christians in Berlin and Brandenburg. A case Study of the African Christian Council of Berlin and Brandenburg, Hermannsburg-Göttingen 2014.

[62]   Vgl. YANG-CUN JEONG, Koreanische Immigrationsgemeinden in der Bundesrepublik Deutschland. Die Entstehung, Entwicklung und Zukunft der koreanischen protestanti-

zwischen der ersten, zweiten und dritten Generation innerhalb von Migrationskirchen.[63]

Die Chancen, die die Gegenwart von Migrationskirchen für die klassischen Großkirchen in Deutschland haben, traten erst langsam und am Rande der wissenschaftlichen Theologie ins Bewusstsein.[64] Auch die systematisch-theologische, insbesondere ekklesiologische Reflexion, was die Gegenwart des globalen Christentums vor Ort ekklesiologisch, kirchentheoretisch und für die Praxis kirchlicher Arbeit bedeutet, steht noch ganz am Anfang. Erste Erkundungen auf diesem Feld unternehmen die Dissertationen von Tobias Keßler (aus der katholischen Theologie)[65] und Johannes Weth (aus der evangelischen Theologie)[66].

4. Der Arbeitskreis »Migrationskirchen in Niedersachsen«[67]

Um die Erforschung von Migrationskirchen zu fördern und zugleich nach deren Bedeutung für das kirchliche Leben und eine zeitgemäße Theologie zu fragen, haben die Herausgeber dieses Bandes mit finanzieller Unterstützung der Hanns-Lilje-Stiftung 2017 einen Arbeitskreis »Migrationskirchen in Niedersachsen« gegründet, dem die meisten Autorinnen und Autoren dieses Bandes angehören. Ziel war es, diejenigen Forschungen zu bündeln, die aus theologischer und religionswissenschaftlicher Sicht Migrationskirchen in den Blick nehmen, und diese Forschungen konstruktiv-kooperativ fortzuschreiben.

---

schen Immigrationsgemeinden in der Bundesrepublik Deutschland seit 1963, Studien zur interkulturellen Geschichte des Christentums 145, Frankfurt/M. 2008; DUC-VINH NGUYEN, Führe dein Leben so, dass du den Kindern Tugenden hinterlässt. Seelsorge unter Vietnamesen in Ostdeutschland und Osteuropa aus pastoralpsychologischer Perspektive, Nettetal 2008; THUY-EVELYN PHAM, Vietnamesisch-evangelische Gemeinden in Deutschland, Paderborn 2018.

[63] Vgl. WERNER KAHL/BARBARA MATT, Gute Vibes. Postmigrantische Glaubensgemeinden als transkulturelle Resonanzräume, TIMA 17, Hamburg 2020.

[64] Vgl. WERNER KAHL, Vom Verweben des Eigenen mit dem Fremden. Impulse zu einer transkulturellen Neuformierung des evangelischen Gemeindelebens, Studien zu interkultureller Theologie an der Missionsakademie 9, Hamburg 2016.

[65] Vgl. TOBIAS KESSLER, Kann denn aus Nazareth etwas Gutes kommen? Perichoretisch-kenotische Entgrenzung als Paradigma des Verhältnisses zwischen zugewanderten und einheimischen Katholiken, Weltkirche und Mission 9, Regensburg 2018.

[66] Vgl. WETH, Weltweite Kirche (s. Anm. 9).

[67] Wer sich genauer für die Organisation und Durchführung der Arbeit des Arbeitskreises interessiert, den verweisen wir auf GREGOR ETZELMÜLLER/CLAUDIA RAMMELT, Forschungsnetzwerk »Begegnung mit dem globalen Christentum vor Ort. Migrationskirchen in Niedersachsen«, in: ZMiss 47 (2021), 209-214.

Der Arbeitskreis setzte sich zum Ziel,

- das glokale Phänomen der Migrationskirchen (in einem historisch weiten und deshalb auch die orientalischen und orthodoxen Kirchen einbeziehenden Sinn) genauer zu erfassen und dicht zu beschreiben, und
- Möglichkeiten eines lebensförderlichen Zusammenlebens (im Sinne von Konvivenz) und einer fruchtbaren Begegnung zwischen Migrationskirchen und reformatorischen Kirchen samt ihrer akademischen Theologie auszuloten.

Sowohl bei der Auswahl der Mitglieder des Arbeitskreises als auch der weiteren Autorinnen und Autoren dieses Bandes war aufgrund der Komplexität des Forschungsgegenstandes die Notwendigkeit eines interdisziplinär-mehrperspektivischen Zugangs geboten. Das Phänomen der Migrationskirchen erschließt sich sachangemessen nur in der Doppelperspektivität von einer soziologisch operierenden Religionswissenschaft einerseits und theologischer Forschung andererseits. Zugleich aber ist der wissenschaftlich-universitäre Diskurs auf die Expertise jener Fachleute angewiesen, die in den letzten Jahren intensiv innerhalb der Kirchen Formen der Kooperation mit Migrationskirchen aufgebaut haben. Von der Zusammenführung der an unterschiedlichen Orten (in Kirchen, intermediären Institutionen wie Akademien und an Universtäten) arbeitenden Wissenschaftlerinnen und Wissenschaftlern aus unterschiedlichen Fächern (Religionswissenschaft, Exegese, Kirchengeschichte, Interkulturelle, Ökumenische, Praktische und Systematische Theologie) hat das Projekt profitiert. In einem respektvoll-kritischen Austausch verschiedener Perspektiven, konkreter Erfahrungen, aber auch analytischer Zugangsweisen wurde die Vielzahl der Themenfelder offensichtlich, die mit dem Feld der Migrationskirchen verbunden sind.

Dabei war es uns wichtig, nicht ausschließlich als evangelische Theologinnen und Theologen und aus religionswissenschaftlicher Perspektive über Migrationskirchen zu sprechen, sondern auch Wissenschaftlerinnen und Wissenschaftler aus Migrationskirchen mit ihren spezifischen Perspektiven in den Arbeitskreis zu inkludieren.[68] Zunächst konnten wir zwei zum Promotionsstudium nach Deutschland gekommene rumänisch-orthodoxe Theologen, namentlich PD Dr. Ciprian Burlacioiu (München) und Dr. Vasile-Octavian Mihoc (Genf), für die Mitarbeit gewinnen. Zudem gelang es uns, im Laufe der Arbeit weitere Nachwuchswissenschaftlerinnen und -wissenschaftler aus Migrationskirchen zu identifizieren, die entweder einen einmaligen Beitrag leisteten oder

---

[68]   Zum Problem, dass die Migrationswissenschaften weithin aus der Perspektive der Nicht-Migrierten getrieben werden u.a. KIRA KOSNICK, Decolonizing Migration Studies? Thinking about Migration Studies from the Margins, in: Migrationsforschung und Politik. Zeitschrift für Migrationsforschung - Journal of Migration Studies 1/2 (2021), 73-95.

auch beständig mitarbeiteten: Dr. Égide Muziazia, der an der katholisch-theo-logischen Fakultät in Münster mit einer Arbeit über afrikanisch-katholische Migrantengemeinden in Nordwesteuropa zwischen Ethnizität und Katholizität promoviert worden ist, Thuy-Evelyn Pham, die am Institut für Evangelische Theologie in Paderborn eine Masterarbeit über vietnamesische Gemeinden in Deutschland geschrieben hat, Nhan Gia Vo, Promovend am Institut für Evange-lische Theologie in Osnabrück, Dr. Ruomin Liu, Studienleiter an der Missions-akademie in Hamburg, und Benson Elisamoni Matawana, der in Göttingen eine Dissertation zur Rolle ghanaischer Migrationskirchen in der Arbeit mit Ge-flüchteten schreibt. Sie alle sind mit Beiträgen in diesem Sammelband vertre-ten. Es gibt also begründete Hoffnung, dass sich an der wissenschaftlichen Er-forschung von Migrationskirchen in Zukunft auch Forscherpersönlichkeiten aus diesen Kirchen beteiligen werden.

Im Laufe seines vierjährigen Bestehens hat sich der Arbeitskreis zu einem Netzwerk weiterentwickelt, das mittlerweile die Lehrstühle für Systematische Theologie in Osnabrück, die Professur für Interkulturelle Theologie und Kör-perlichkeit an der Ruhr-Universität Bochum und den Lehrstuhl für Interkultu-relle Theologie in Basel, die sozialwissenschaftliche Religionsforschung am Institut für Soziologie der Georg-August-Universität Göttingen, das *CERES* an der Ruhr-Universität Bochum und das Religionswissenschaftliche Institut der Universität Leipzig, das Basler Forschungsprojekt »Conviviality in Motion. Ex-ploring Theologies and Practices of Multiethnic Christian Communities in Eu-rope«, die Fachhochschule für Interkulturelle Theologie (FIT) Hermannsburg sowie die Missionsakademie an der Universität Hamburg verbindet. Um ein solch bundesweites, bis in die Schweiz ausstrahlendes Netzwerk aufzubauen,[69] gaben wir die enge Fokussierung auf Niedersachsen auf. Unser Interesse am Flächenland Niedersachsen, nicht nur Metropolregionen in den Blick zu neh-men, sondern auf die Glokalität auch ländlicher Räume aufmerksam zu ma-chen, prägt aber auch noch den vorliegenden Band.[70]

5. Die religionsproduktive Kraft von Migrationsprozessen

Die zahlreichen Fallstudien zu einzelnen Migrationskirchen, die in dem ge-nannten Arbeitskreis entstanden sind, ließen sowohl Spezifika als auch inte-ressante Gemeinsamkeiten sichtbar werden:

---

[69] Über Claudia Hoffmann war das Projekt von Anfang an mit dem Basler For-schungsprojekt »Migrationskirchen in der Schweiz. Interkulturell-theologische Profile und ökumenische Perspektiven« verbunden.

[70] Vgl. dazu die Beiträge von Günter Baum und Thuy-Evelyn Pham und Nhan Gia Vo in diesem Band. Zum Blick auf den ländlich geprägten Kanton Aargau vgl. HOFFMANN, Migration und Kirche (s. Anm. 13).

Während zumeist davon ausgegangen wird, dass Theologie kontextuell und damit auch kulturell gebunden ist, zeigt sich in den Migrationskirchen, wie Theologien aus Kontexten migrieren und sich unter den Bedingungen der Migration alte und neue Kontexte theologieproduktiv am neuen Ort verschränken: »Die Auswanderungsrituale und die neuen, während des Migrationsverlaufs gesammelten Erfahrungen führen zu einer Relecture des Glaubens, der biblischen Überlieferungen des eigenen Gottesbildes.«[71]

Damit gerät die religionsproduktive Kraft von Migration in den Blick. Durch Migrationsprozesse entstehen Kirchen, die durch die Verschränkung verschiedener Kontexte neue Gestalten der einen Kirche Jesu Christi und neue Formen des einen Glaubens in genau dieser Verschränkung ausprägen.[72] In der Begegnung mit dem neuen Kontext bilden sich sowohl Formen der gegenseitigen Annäherung bis hin zur Synthese als auch Formen von Differenz-Setzungen und Abgrenzungen. Diese Prozesse werden von Akteurinnen und Akteuren mit ganz verschiedenen Hintergründen, Geschichten und Interessen getragen und gestaltet. Dabei beginnen sich Geschichten zu verknüpfen und es entstehen Gemeinschaften, die sich nicht in Bindestrich-Identitäten erschöpfen. Zunehmend wird deutlich, was Migrationskirchen auch als diakonische Akteure leisten.

Eine besondere Herausforderung stellt jeweils der Umgang mit der zweiten bzw. dritten Generation dar. Manche Gemeinden reagieren darauf durch eine bewusste Internationalisierung, etwa eine Öffnung für deutsche Gemeindeglieder oder auch für Zuwanderer aus anderen Kontexten. Andere besinnen sich verstärkt auf ihre Traditionen aus dem Ursprungsland. Zumeist kommt es zu Aushandlungsprozessen, in denen beispielhaft auch das Verhältnis zwischen der Pflege und Vermittlung der Herkunftssprache und der Umstellung auf das Deutsche oder Englische geklärt werden muss.[73]

Neben immer noch benötigten Einzelstudien zeichnet sich für die weitere Forschung zum einen die Bedeutung von vergleichenden (religions-, konfessions- und Herkunftsländer vergleichenden) Untersuchungen ab. Dem spannenden Vergleich von Migrationskirchen und Moscheegemeinden haben wir nur einen Seitenblick gewidmet, ansonsten der weiteren (dringend benötigten) Forschung überlassen. Ein Vergleich nach Herkunftsländern führt etwa im Blick auf asiatische Migrationskirchen dazu, unterschiedliche Migrationsformen in den Blick zu nehmen, etwa Arbeitsmigration (koreanische, z.T. vietna-

---

[71]   JORGE E. CASTILLO GUERRA, Theologie der Migration. Menschliche Mobilität und theologische Transformationen, in: KESSLER (Hrsg.), Migration (s. Anm. 4), 115-145, 123.

[72]   Vgl. MARTIN TAMCKE, »Erst das Leben muss des Lebens Wert zeigen.« Der Syro-Iraner Lazarus Jaure und die Deutschen, Berlin-Tübingen 2013, 5.

[73]   Vgl. dazu besonders die Beiträge von Amill Gorgis, Werner Kahl und Thuy-Evelyn Pham/Nhan Gia Vo in diesem Band.

mesische Gemeinden), Fluchtmigration (vietnamesische, auch arabische Gemeinden) und Bildungsmigration (chinesische Gemeinden).

Zum anderen haben wir zunehmend die Notwendigkeit erkannt, die expliziten und impliziten Theologien von Migrationskirchen (und deren Transformationen im Übergang von der ersten zur zweiten und dritten Generation) zu erforschen. Content matters! Die soziologisch nach den gesellschaftlichen Leistungen von Migrationskirchen fragenden Arbeiten bedürfen der (gerade auch von Religionswissenschaftlern eingeklagten) Ergänzung um theologische Forschungen, welche die lebensweltlich eingebettete Rede von Gott innerhalb von Migrationskirchen methodisch nachvollziehbar erhellt. Wer Migrationskirchen als die gegenwärtige Gestalt des Christentums mitbestimmend ernst nimmt, darf sich nicht nur für deren Glaubens- und Frömmigkeitspraxis interessieren, sondern muss nach der in dieser Praxis verwurzelten Theologie fragen, in der Grundmomente des gelebten Glaubens versprachlicht und damit zugleich reflektiert werden. Der Gefahr, objektivierend über Migrationskirchen zu reden und ihre Gottesrede so nur als eine Variante der eigenen Theologie darzustellen, muss dabei durch die Begegnung (»encountering«) mit Migrationskirchen, den sich in ihnen versammelnden Menschen und deren Theologien entgegengewirkt werden.

Der Arbeitskreis hat die empirischen Untersuchungen beständig im Kontext der Leitfrage nach dem gemeinsamen Kirchesein angesichts der glokalen Erfahrung der Gegenwart einer in sich ausdifferenzierten Weltchristenheit vor Ort reflektiert. Die Entdeckung des gemeinsamen Kircheseins beginnt zwar (oftmals) im gemeinsamen Handeln und dem daraus entstehenden gemeinsamen Gottesdienst (Life and Work), das gemeinsame Kirchesein auf Augenhöhe verlangt aber auch den theologischen Austausch (Faith and Order), der, um fruchtbar zu sein, voraussetzt, dass man gerade in der Verschiedenheit voneinander und miteinander lernen kann. Dabei hat sich die Entscheidung bewährt, die orthodoxen Konfessionsfamilien einzubeziehen, denn diese befragen ökumenische Konzepte, die zentral auf sichtbare Einheit abstellen, konstruktiv. Es gilt – im Sinne des Konzepts der »Versöhnten Verschiedenheit«[74] – nicht einfach pauschal Diversität zu feiern und dadurch die direkte Auseinandersetzung mit dem Anderen zu umgehen, sondern konkret zu erkunden, wo Verschiedenheit vorliegt, wie sie sich ausdrückt, wie sie zu verstehen ist, und ob und wie man mit dieser versöhnt leben kann und ob und was man voneinander lernen kann.

---

[74] Vgl. Ulrich H. J. Körtner, Versöhnte Verschiedenheit. Ökumenische Theologie im Zeichen des Kreuzes, Bielefeld 1996; Harding Meyer, Versöhnte Verschiedenheit. Aufsätze zur ökumenischen Theologie I, Frankfurt/M. u.a. 1998, Gregor Etzelmüller, ... zu schauen die schönen Gottesdienste des Herrn. Eine biblische Theologie der christlichen Liturgiefamilien, Frankfurt/M. 2010.

Dabei muss stets kritisch-selbstkritisch mitreflektiert werden, dass die kirchlichen und theologischen Aushandlungsprozesse sich nicht in einem machtfreien Raum vollziehen. Wenn etablierte Kirchen und Migrationskirchen über neue Regeln in der Wohngemeinschaft Gottes diskutieren, tun sie dies in einem *setting*, in dem sich Vermögen, Räume, Deutungsmacht und öffentliche Sichtbarkeit fast ausschließlich im Besitz der etablierten Kirchen befinden. Zudem sind Diskurse weithin durch rassistische Dispositive geprägt, die gerade dadurch verstellt werden, dass sich die etablierten Kirchen und Theologien als zentrale Akteure im Kampf gegen Rassismus und Fremdenfeindlichkeit verstehen.[75] Indem Rassismus immer nur als Gefahr der anderen wahrgenommen wird, wird der eigene Rassismus systemisch ausgeblendet.[76]

6. Zum Aufbau des Buches

Den Schwerpunkt des vorliegenden Bandes bildet dessen zweiter Teil »Migrationskirchen – Einführungen, Einblicke und Gegenwartsanalysen«. In diesem wird das Phänomen der Migrationskirchen vor allem in Deutschland, aber auch mit Seitenblicken auf andere europäische Länder umfassend erschlossen. Dabei werden neben Gemeinden protestantisch-pentekostaler Tradition auch die östlich-orthodoxen und die orientalisch-orthodoxen Kirchen und Gemeinden sowie katholische Missionen vorgestellt. Neben Beiträgen, die sich einer wissenschaftlichen Außenperspektive verdanken, stehen solche, die von Nachwuchswissenschaftlerinnen und -wissenschaftlern verfasst worden sind, die sich in unterschiedlichen Graden ihren eigenen Migrationskirchen verpflichtet fühlen. In diesen Beiträgen verweben sich wissenschaftliche Außen- und Binnenperspektive. Auch geben Vertreterinnen und Vertreter von Migrationskirchen aus ihrer Binnenperspektive heraus Einblicke in das Gemeinde- und Schulleben ihrer Kirchen.

Im Anschluss an eine religionswissenschaftliche Einführung in das Feld der Migrationskirchenforschung und einem ersten Überblick über die Vielfalt an christlichem Gemeindeleben, welcher auch in einer kleineren Großstadt wie Osnabrück zu begegnen ist, werden einzelne Migrationskirchen und -gemeinden genauer in den Blick genommen. Wir haben uns dabei für eine primär konfessionskundliche Anordnung der Beiträge entschieden, so dass zunächst die orientalisch-orthodoxen, danach die östlich-orthodoxen und römisch-katholischen und schließlich die protestantischen Migrationskirchen thematisiert

---

[75]   Vgl. Weth, Weltweite Kirche vor Ort (s. Anm. 9), 15.

[76]   Das Themenfeld »Religion und Migration« verlangt deshalb eine zugleich selbstkritische und mehrperspektivische Aufarbeitung. Vgl. Andrea Bieler u.a. (Hrsg.), Religion and Migration. Negotiating Hospitality, Agency and Vulnerability, Leipzig 2019.

werden. Der Beitrag zu lateinamerikanischen Gemeinden markiert dabei den Übergang vom römischen Katholizismus zum Protestantismus, da aufgrund der Verschiebungen der lateinamerikanischen Religionslandschaft zunehmend auch Protestantinnen und Protestanten aus dem südlichen Amerika nach Europa kommen. Das Kapitel schließt mit zwei Querschnittsuntersuchungen. Die eine nimmt das diakonische Engagement von Migrationskirchen in den Blick; die andere thematisiert das Verhältnis von Migrationskirchen und Evangelikalismus.

Um Migrationskirchen nicht zu exotisieren, ist es wichtig, daran zu erinnern, dass Migration von Anfang an das Christentum geprägt hat. Deshalb wird im ersten Kapitel des Buches »Migration als Thema der Theologie« das Phänomen Migration aus der Sicht der unterschiedlichen Fächer der Theologie erschlossen. Die Beiträge verdeutlichen: Migrationsprozesse haben die biblischen Überlieferungen und das Christentum von Anfang an und bis in die Gegenwart hinein entscheidend geformt und sind bis heute ein *locus theologicus*. Es ergeben sich neue theologische Perspektiven, wenn bei der theologischen Wahrheitssuche Migrationsprozesse bedacht werden und insbesondere Migrantinnen und Migranten mitsprechen.[77]

Das abschließende, dritte Kapitel »Migrationskirchen als Chance und Herausforderung der vor Ort etablierten Kirchen« fragt nach Perspektiven einer migrationssensiblen Ekklesiologie. Es verbindet dabei systematisch-theologische Reflexionen, empirische Erhebungen sowohl real existierender Beziehungsdynamiken als auch kirchenleitenden Handelns, reflektierte Erfahrungen aus dem kirchlichen Gemeindeleben, sozialtheoretisch gestützte und praktisch-theologische Perspektiven und setzt diese in ein spannungsvolles Verhältnis. Damit wird zum einen deutlich: Wir verfügen gegenwärtig noch nicht über eine postmigrantische Ekklesiologie, wohl aber über Bausteine für eine solche, die sowohl theologisch als auch empirisch valide sind. Eben deshalb gehen wir zum anderen davon aus, dass dieses Kapitel Horizonte eröffnet, die theologisches Denken und kirchliche Praxis gleichermaßen orientieren können. Es geht nicht nur darum, Migrationskirchen zu beobachten, sondern in der Begegnung mit ihnen auszuloten, was es heißt, gemeinsam Kirche zu sein.

---

[77] Zu postmigrantischen Perspektiven auf die biblischen Überlieferungen JULIUS-KEI KATO, The Pathos of Mark's Jesus and the Pathos of Migrant Life. Migration as a Source for Theology and Biblical Interpretation, in: BIELER, Religion and Migration (s. Anm. 76), 203-218, und JIONE HAVEA, Migration and the Hebrew Bible. A Pasifikation, in Solidarity for West Papua, in: BIELER, a.a.O., 219-231.

1. Migration als Thema der Theologie

Gregor Etzelmüller

EINLEITUNG

1. Migration – auch ein Kirchen und Theologie generierender Prozess

Migrationskirchen sind Kirchen, die es ohne Migration nicht geben würde. Der als Fremdbezeichnung keineswegs unproblematische Begriff – er steht in der Gefahr, Gemeinden und Kirchen auf ihre Migrationserfahrung festzulegen und zu reduzieren – macht produktiv auf einen Sachverhalt aufmerksam, der in Regionen, in denen die zentralen Kirchengebäude von Städten und Dörfern oftmals seit über mehreren hundert Jahren an derselben Stelle stehen, beständig ausgeblendet wird: Nicht die *stabilitas loci*, ihre Ortsgebundenheit, kennzeichnet die Kirche, sondern ihre Freiheit, aufzubrechen, Vertrautes hinter sich zu lassen und Neues hervorzubringen. Nicht die Migrationskirchen sind die Ausnahmen, sondern das europäische Phänomen, dass Kirchen entgegen allem Wandel für die Tradition eines Ortes stehen.

Israel verdankt – seinem biblischen Selbstzeugnis nach – seine Identität und Existenz zwei Migrationsprozessen: dem Auszug Abrahams aus dem Land seiner Väter und Mütter und dem Auszug Israels aus Ägypten. »Während eines der ältesten außerbiblischen Zeugnisse für die Existenz des Königtums Israel, die aus der Mitte des 9. Jh.s v.Chr. stammende Stele des moabitischen Königs Mescha, in einem Kriegs- und Eroberungsbericht festhält, ›die Leute‹ des israelitischen Stammes ›Gadd‹ hätten ›seit jeher im Land‹ gewohnt, weiß und erinnert es Israel selbst kategorial anders. Es führt sich in Anknüpfung an die Geschichten der Erzeltern und im steten Erinnern an das Urdatum des Auszugs aus der ägyptischen Sklaverei auf zwei grundlegende Migrationsgeschichten zurück« (Jan-Dirk Döhling). Gott wird in beiden Erzählungen als ein Gott verstanden, der nicht Bestehendes legitimiert, sondern Menschen auf neue Wege ruft, um Neues zu schaffen. Nach dem Ägyptologen Jan Assmann besteht darin das revolutionäre Element des biblischen Glaubens.

Im Exodus offenbart sich Gott, indem er die Verhältnisse verändert: Er befreit Menschen aus der Sklaverei, um mit diesen Befreiten das Projekt einer gerechten Gesellschaft zu verwirklichen. Gott offenbart sich, indem er »von

Grund auf verändernd« in die Welt eingreift.[1] »Ein größerer Unterschied lässt sich kaum denken. Der ägyptische Mythos erzählt von der Welt und ihrer Gründung, der biblische Exodus-Mythos dagegen erzählt von etwas ganz Neuem, dessen Gründung innerhalb der längst entstandenen, vorgegebenen Welt. Das weltverändernd Neue entsteht im Licht dieses Mythos auf zweierlei Weise: durch Revolution und Revelation, Umsturz und Offenbarung.«[2] In Israel ereignet sich Offenbarung, indem Menschen erkennen, dass sie von Gott befreit sind, um eine Gesellschaft zu schaffen, die durch Freiheit und Gerechtigkeit geprägt ist.

Auch die Jesusbewegung konstituiert sich als Wanderbewegung.[3] »Jegliche Ortsgebundenheit zerbricht für Jesus durch äußere Gefahren, denen er ausweichen muss. Doch Jesus nimmt dies als Gelegenheit für sein Auftreten in der Öffentlichkeit. Er wird zum ortsungebundenen Wanderprediger, der mit seinen Anhängerinnen und Anhängern eine migrierende Existenz lebt.«[4] »Das Evangelium ist somit durch eine Dynamik des Verlustes des festen Ortes geprägt« (Peter Wick). Die Jünger Jesu sollen zu Migranten werden, denn »diejenigen, die stehen bleiben und sesshaft sind, laufen Gefahr, ihren Weg zu verlieren« (Daniel Frei).

Migration war zudem »die Hauptursache für die recht schnelle Ausbreitung der jungen christlichen Religion in den ersten Jahrzehnten unserer Zeitrechnung« (Judith Becker). Auch die anspruchsvolle Theologie des Paulus wäre ohne dessen durch zahlreiche Migrationsprozesse geförderte transkulturelle Kompetenz gar nicht denkbar. Die umfassende Erforschung der zahlreichen Migrationswege, auf denen sich das Christentum schon längst vor der Reformation und den modernen Missions- und Kolonialprojekten nach Afrika und Asien ausbreitete,[5] ist bis heute ein Desiderat.[6] Dass Afrika nicht erst am Ende

---

[1]   Vgl. JAN ASSMANN, Exodus. Die Revolution der alten Welt, München 2015, 31.

[2]   A.a.O., 21.

[3]   Vgl. GERD THEISSEN, Soziologie der Jesusbewegung. Ein Beitrag zur Entstehungsgeschichte des Urchristentums, München ⁵1988, bes. 14-21.

[4]   Vgl. JEHU J. HANCILES, Migration and the Making of Global Christianity, Grand Rapids 2021, 126: »Jesus spent his entire ministry as an itinerant preacher [...], his own life experiences included the pain of cultural rejection and the sense of homelessness fostered by intinerancy«; vgl. 123-127.

[5]   Vgl. dazu a.a.O., 190-192: Äthiopien, 215-262: From the Church in Persia to the Persian Church, 313-355: To the Ends of the East: The Faith of Merchants, 378-401: The Mongol Empire.

[6]   Vgl. KLAUS KOSCHORKE, Religion und Migration. Aspekte einer polyzentrischen Geschichte des Weltchristentums, in: CLAUDIA RAMMELT/ESTHER HORNUNG/VASILE-OCTAVIAN MIHOC (Hrsg.), Begegnung in der Glokalität. Christliche Migrationskirchen in Deutschland im Wandel der Zeit, Leipzig 2018, 57-75, 62: Neben Rom und Byzanz ist »ein drittes Zentrum [...] weithin übersehen worden: die Kirche des Ostens, die auch immer wieder als nestorianisch bezeichnet wird, mit Sitz in Mesopotamien und einem Patriarchen (Katholikos) an der Spitze. Sehr früh breitete sie sich nach Asien aus, in-

einer langen Geschichte durch europäische Missionare das Evangelium empfängt, sondern schon am Anfang der Sendung des Paulus steht, ist ein im Westen weithin ausgeblendeter und bewusst-unbewusst überlesener Sachverhalt.
Nach Apg 13,1 – Werner Kahl macht in seinem Beitrag darauf aufmerksam –
haben zumindest zwei Afrikaner Paulus und Barnabas für ihre Missionsarbeit
gesegnet und entsandt: »Simeon, der auch ›der Schwarze‹ genannt wurde,
[und] Lucius, der Kyrener«.

Die Kirchengeschichte zeigt zudem, dass Migration auch innereuropäisch
für die Entwicklung des Christentums und seiner Theologien von größter Bedeutung blieb. Ein besonders instruktives Beispiel ist die 1550 errichtete Londoner Fremdengemeinde, in der sich »Wirtschaftsmigrantinnen und Wirtschaftsmigranten und Glaubensflüchtlinge« gleichermaßen sammelten, viele
mögen beides zugleich gewesen sein. In dieser Gemeinde konnte ausprobiert
werden, was anderswo nicht möglich war, fanden Aushandlungsprozesse zwischen verschiedenen Herkünften, Kontexten und Ansichten statt und kam es
schließlich zu einer Aufgabe partikularer Traditionen zugunsten einer größeren Einheitlichkeit.[7] So trug die Gemeinde »zur Konfessionsbildung im reformierten Protestantismus bei« (Becker). Das Beispiel zeigt, welch enormes Potential in Migrationsgemeinden steckt. Auch wenn die historischen Differenzen zu bedenken sind und gerade auch Kirchenleitungen das Innovations-
potential gegenwärtiger Migrationskirchen tendenziell unterschätzen, kann
ein Blick ins London unserer Tage verdeutlichen, wie weitreichend Migrationskirchen die religiöse Landschaft transformieren können. So war die heute

---

korporierte im 6. Jahrhundert die thomaschristlichen Gemeinden Südindiens und erreichte spätestens im frühen 7. Jahrhundert China. Auf dem Höhepunkt ihrer Ausbreitung im 13. Jahrhundert erstreckte sich die Kirche des Ostens von Syrien bis nach Ost-
china, von Sibirien bis nach Südindien sowie Sri Lanka. Rein in ihrer geographischen
Extension übertraf sie damit, obwohl fast überall nur eine Minderheit, die zeitgenössische lateinische Christenheit des Westens bei weitem.«
[7]   Die häufigen Spaltungen in gegenwärtigen Migrationskirchen verstellen den Blick
für den Sachverhalt, dass es durch Migration und die dadurch ausgelösten Aushandlungsprozesse durchaus auch zu Vereinheitlichungen kommt. Es gibt in Deutschland
»z.B. viele Gemeinden afrikanischer Prägung, denen Personen aus mehr als zehn Nationen angehören.« BIANCA DÜMLING, Migration verändert die kirchliche Landschaft in
Deutschland, in: RAMMELT u.a., Begegnung in der Glokalität (s. Anm. 6), 77-90, 77. In
Wuppertal bildete sich 2015/16 eine Gemeinde arabischsprachiger Christinnen und
Christen, die Menschen und Gruppen unterschiedlicher Konfessionen vereint. »Nach
Auskunft der Flüchtlinge pflegte man schon im Herkunftsland ungeachtet der Ambitionen der jeweiligen Patriarchen gerade aufgrund der liturgischen Ähnlichkeiten gegen-
seitige Besuche.« WERNER KLEINE, Im Glauben über Grenzen - Der Ölbaum. Ein Praxis-
bericht über die Gründung einer Gemeinde arabischsprachiger Christinnen und
Christen in Wuppertal, in: RAMMELT, a.a.O., 145-153, 146. Im neuen Kontext führt diese
Praxis des alten Kontextes zu einer neuen (vorübergehenden oder bleibenden?) Form
von gottesdienstlicher Gemeinschaft. Vgl. www.der-oelbaum.de [Aufruf: 6.7.2021].

größte Kirchengemeinde Londons, »das Kingsway International Christian Centre, mit sonntäglich (nach eigenen Angaben) ca. 12.000 Gottesdienst Besuchenden, [...] ursprünglich eine Kirche afrikanischer Migrantinnen und Migranten. Immer stärker zieht sie nun auch ›einheimische‹ Menschen an.«[8] Das Beispiel verdeutlicht, was sich in Ländern, die über eine kontinuierliche und umfassende Einwanderungsgeschichte verfügen, schon länger beobachten lässt: Migration verändert Religion. Aufgrund der Zuwanderung aus Afrika und Südamerika beschrieb Jehu J. Hanciles in seinem mittlerweile als Klassiker geltenden Werk »Beyond Christendom. Globalization, African Migration and the Transformation of the West« detailliert die vor sich gehende Afrikanisierung und Hispanisierung des nordamerikanischen Christentums.[9] Zutreffend lässt sich von einer »De-Europeanization of American Christianity« sprechen.[10]

Um die Potentiale von Migrationskirchen[11] zu entdecken und fruchtbar zu machen, ist es nötig, von einem Sprechen über zu einem Hören auf und Sprechen mit Menschen aus sog. Migrationskirchen zu kommen.[12] Gegenwärtig »bleiben die von Migrierten selbst vollzogenen Deutungen im Großen und Ganzen abwesend, werden im theologischen Mehrheitsdiskurs nicht repräsentiert und bilden eine Leerstelle.« (Claudia Jahnel) Uns ist bewusst, dass man diese Kritik weithin auch gegenüber dem Teil des Buches, in den hier eingeführt wird, äußern kann. Die Potentiale von Migration, die kirchliche und theologi-

---

[8]   Koschorke, Religion (s. Anm. 7), 58.

[9]   Vgl. Jehu H. Hanciles, Beyond Christendom. Globalization, African Migration and the Transformation of the West, Maryknoll 2008; Marilynn Johnson, »The Quiet Revival«. New Immigrants and the Transformation of Christianity in Greater Boston, in: Religion and American Culture. A Journal of Interpretation 24 (2014), 231-258.

[10]   R. Steven Warner, The De-Europeanization of American Christianity, in: Stephen Prothero (Hrsg.), A Nation of Religions. The Politics of Pluralism in Multireligious America, Chapel Hill 2006, 233-255.

[11]   Vgl. Werner Kahl, Die Präsenz von Migrationsgemeinden als Chance zur Revitalisierung und transkulturellen Neuorientierung von Kirche, in: Rammelt u.a., Begegnung in der Glokalität (s. Anm. 6), 185-198.

[12]   In diesem Anliegen wissen wir uns einig mit den Autorinnen und Autoren des von Keßler herausgegebenen Sammelbandes »Migration als Ort der Theologie«, der in seiner Einleitung festhält, dass zwischen den Autoren ein Konsens drüber bestehe, »dass eine wie auch immer beschaffene Theologie der Migration die Migrationserfahrungen der Betroffenen als Erkenntnisquelle in die eigenen Überlegungen mit einbeziehen und daher im engen Kontakt zu diesen Menschen stehen muss.« Tobias Keßler, Einleitung, in: Ders., Migration als Ort der Theologie, Weltkirche und Mission 4, Regensburg [2]2019, 9-22, 9. Vgl. Jorge E. Castillo Guerra, Theologie der Migration. Menschliche Mobilität und theologische Transformationen, in: Kessler, a.a.O., 115-145, 129: »Der spezifische Glaube und die spezifische Situation von Migranten mit ihren Identitätstransformationen und ihrer doppelten transnationalen Orientierung verdienen daher eine neue theologische Reflexion, die bei ihnen ihren Ausgangspunkt nimmt und sie als ein besonderes Zeichen würdigt, um Gottes Zukommen auf die Menschheit in der Gegenwart zu entdecken.«

sche Innovationskraft von Migrationsprozessen werden im Folgenden aus der Perspektive der klassischen fünf (bis sechs) Fächer der akademischen Theologie Europas reflektiert: aus den Fächerperspektiven der alt- und neutestamentlichen Exegese, der Kirchen- bzw. Christentumsgeschichte, der Systematischen (und Interkulturellen) Theologie sowie der Praktischen Theologie. Wir wünschen uns, dass in einer zweiten Auflage dieses Buches dieser Gesprächsfaden von Theologinnen und Theologen aus Migrationskirchen aufgegriffen, neu perspektiviert und auch in Frage gestellt werden wird. Indem wir namhafte Vertreterinnen und Vertreter der jeweiligen Disziplinen für einen Beitrag gewinnen konnten, hoffen wir aber, dass dieser einleitende Teil des Buches sowohl in die akademische Theologie zurück-, als auch in die sesshaften Kirchen hineinwirkt. Der Theologie soll aufgezeigt werden, dass Migration keineswegs zu ihren Randthemen, sondern ins Zentrum aller theologischen Disziplinen gehört – und zwar nicht nur als Objekt theologischer Forschung, sondern als »theologiegenerativer Ort«[13], als *locus theologicus* (Regina Polak). Die Kirchen aber sollen ermutigt werden, sich auf jene Lernprozesse einzulassen, die sich in den Erfahrungen von Migration und Postmigration auftun und die jüdisch-christliche Tradition von Anfang an geprägt haben. Es gilt einmal mehr – wie schon im Anfang für Abraham – eine Fülle von Selbstverständlichkeiten, in denen man sich aufgrund der eigenen Geschichte heimisch gefühlt hat, irritiert hinter sich zu lassen.[14]

2. Zu den einzelnen Beiträgen

JAN-DIRK DÖHLING erschließt in seinem Beitrag »Das ›Migrationsmobile‹ der Hebräischen Bibel. Historische, theologische und literarische Aspekte« das Erste Testament als »ein Buch von und für Migrantinnen und Migranten und also als Buch der Migration«. Israel führe sich auf zwei Migrationsprozesse zurück, auf den Auszug Abrahams aus dem Land seiner Väter und Mütter sowie auf den Exodus aus Ägypten. Dass man sich so betontermaßen (entgegen der historischen Rekonstruktion, nach der es den Exodus vermutlich gar nicht als historisches Ereignis gegeben hat) als ein Volk von Migrantinnen und Migranten verstehe, sei religionsgeschichtlich singulär. Migrationserfahrungen (insbesondere ausgelöst durch den Untergang des sog. Nordreichs im 8. Jh.) hätten rechtsinnovativ gewirkt und die Grundstruktur der Tora, die Gottes- und Sozialrecht miteinander verschränkt, hervorgebracht. Vor dem Hintergrund der

---

[13]   Zu diesem Begriff REGINE POLAK, Migration als Ort der Theologie, in: KESSLER, Migration (s. Anm. 12), 87-114, der Begriff findet sich 105.
[14]   Vgl. dazu abrahamstheologisch FRIEDRICH-WILHELM MARQUARDT, Von Elend und Heimsuchung der Theologie. Prolegomena zur Dogmatik, München 1988, 263.

Rückkehr aus dem Exil in ein keineswegs leeres Land lassen sich die Erzeltern mit Joseph Blenkinsopp als »ideal immigrants« verstehen. Gen 12–50 zeige, wie ethnische Identitäten gewahrt und Konvivenz gelebt werden könne, ohne die eigene Identität gegen andere durchsetzen zu müssen. Ein abschließender Blick gilt dem Buch Ruth, welches davon erzähle, »dass und wie eine Ausländerin Aufnahme im jüdischen Volk und seinen zentralen Narrationen und Rechtstraditionen findet, die dadurch auch für Israel neu werden.«

PETER WICK zeigt in seinem Beitrag »Migration als *nota ecclesiae* im Neuen Testament«, dass Migration im Zentrum zahlreicher frühchristlicher Identitätskonstruktionen steht. »In ihrem Kern ist die Kirche eine migrierende Kirche.« Migration präge die biblisch bezeugten Wurzeln der Jesusbewegung, die sich als Wanderbewegung konstituiert habe. Um das Evangelium in aller Welt zu verkünden, sollen die Jünger Jesu »zu Migranten werden« – und führt Paulus seine »Wanderexistenz«. Auch wo es nicht zu äußeren Migrationserfahrungen komme, werde die innere Migration zu einem wesentlichen Faktor der Selbstwahrnehmung der Kirche, die dann wiederum durch reale Migrationserfahrungen bestätigt werde. Im Blick auf den Hebräerbrief zeigt der Beitrag: »Migration ist nicht die existentiale, innere Befindlichkeit der Glaubenden, die das Wort empfangen haben, wie Ernst Käsemann meinte, sondern der Glaube verunmöglicht eine Rückkehr in die materiellen und physischen Sicherheiten der irdischen Polisgemeinschaften. Er kann Bedrängnis und Verfolgung auf Erden zeitigen, die auch eine physische Migration erzwingen können.« Migration sei in den einzelnen Schriften des Neuen Testaments zwar unterschiedlich konzipiert und gewichtet worden, der Migrationsgedanke habe aber insgesamt im Neuen Testament ein großes Gewicht, das in der Kirchengeschichte immer wieder gewirkt habe und bis heute immer wieder sein Potential entfalten könne.

Dass eine Analyse des Phänomens Frühchristentum unter den Kategorien von Flucht und Migration ebenso sachgemäß wie produktiv ist, zeigt WERNER KAHL in seiner »Re-Lektüre der Apostelgeschichte aus der Perspektive von Flucht und Migration«. Durch Flucht und Migration breite sich nicht nur der Glaube an Jesus als den Christus im 1. Jh. aus, sondern bildeten sich auch transkulturelle Glaubensgemeinschaften. Dies wird zunächst durch eine Re-Lektüre von markanten Passagen der Apostelgeschichte aufgezeigt. Die Ergebnisse dieses Zugangs werden anschließend mit Erkenntnissen korreliert, die im Zuge der sog. *New Perspective on Paul* gewonnen wurden: Das Evangelium verweise nicht nur für Paulus, sondern allgemein im Frühchristentum zuvörderst auf die im Christusgeschehen sich vollziehende und erschließende Zuwendung des barmherzigen und gerechten Gottes zu Menschen jeglicher Herkunft und jeglichen Status. Dieser göttlichen Grenzüberschreitung versuchte das Urchristentum lebensweltlich in sozialen Kategorien zu entsprechen – und zwar vor allem durch die Kreierung von grenzüberschreitenden Glaubensgemeinschaften.

Was für den Anfang gilt, gilt freilich auch für das Ganze: Christentumsgeschichte ist Migrationsgeschichte. Das zeigt JUDITH BECKER in ihrem Beitrag
»Christentumsgeschichte als Migrationsgeschichte«. Das Christentum sei ohne
Migration schlicht nicht vorstellbar. Von Beginn an seien christliche Gemeinden (auch) Migrationsgemeinden gewesen, seien Christinnen und Christen migriert und hätten so ihren Glauben verbreitet. Ohne Migration wäre das Christentum heute nicht eine auf der ganzen Welt verbreitete Religion. Doch die
Bedeutung dieser Einsicht sei bisher theologisch, aber auch historiographisch
kaum eingeholt worden. Becker wirft zunächst einen kurzen Blick auf die Antike und die Bedeutung der Migration seit den Anfängen des Christentums, bevor sie anhand von zwei Beispielen aus der Neuzeit zwei unterschiedliche
Formen von Migration im Christentum genauer in den Blick nimmt. Thematisiert wird zunächst die erzwungene Migration am Beispiel der Glaubensmigration im 16. Jh., sodann die freiwillige Migration am Beispiel der europäischen
Mission im 19. Jh. Der Beitrag verdeutlicht, wie sehr die Migration in andere
Weltregionen und die dortigen Erfahrungen der Missionare deren Theologie
und Frömmigkeit veränderten – und wie diese Veränderungen auch wieder auf
die Herkunftsländer der Missionare zurückwirkten. Aus den dargestellten Prozessen zieht Becker abschließend Konsequenzen für die Christentumsge-
schichtsschreibung als Migrationsgeschichtsschreibung. Andere Akteure, nämlich die vielen »einfachen« migrierenden Menschen müssten in den Blick
geraten, folglich andere Quellen berücksichtigt, Verflechtungsgeschichten erschlossen und Hierarchien und Handlungsmacht reflektiert werden.

Um das Phänomen von Migrationskirchen zu erfassen, haben sowohl die Konfessionskunde als auch die orthodoxen Kirchen in der Regel auf den Begriff der
Diaspora zurückgegriffen. CIPRIAN BURLACIOIU zeigt in seinem Beitrag »Kon-
fessionsgeprägtes Diasporaverständnis? Der Diaspora-Begriff aus konfessionsvergleichender Perspektive«, dass im Deutschen – sowohl im kirchlichen als
auch im theologischen Sprachgebrauch – der Begriff »Diaspora« katholischer-
und evangelischerseits zunächst die Situation einer konfessionellen Minderheit in einem anderskonfessionellen Territorium bezeichnet. Im Blick auf die
praktische Funktion des Diaspora-Begriffs sei aber vor allem die Situation der
sog. »doppelten Diaspora« von Bedeutung. Schon im 19. Jh. sei die Pflege der
deutschen Kultur und Sprache zu einer genuinen Aufgabe evangelischer Gemeinden im Ausland geworden. Dieses Ziel habe nach dem Ersten Weltkrieg
auch den Umgang mit jenen deutschsprachigen Protestanten geprägt, die nun
außerhalb der neujustierten Grenzen Deutschlands lebten. Die Pflege der eigenen konfessionellen Diaspora habe sich nun erst recht mit dem Ruf nach der
Aufrechterhaltung des »Deutschtums« verbunden. Ähnliche Tendenzen zeigten
sich bis in die Gegenwart hinein auch im Katholizismus, etwa in der jüngeren
kroatisch-katholischen Diaspora. Auch in der orthodoxen Diaspora sei weltweit
die ethnisch-nationale Komponente immer noch ausschlaggebend bei der Zusammensetzung von Kirchengemeinden. Die Institutionalisierung von kanoni-

sammensetzung von Kirchengemeinden. Die Institutionalisierung von kanonischen Jurisdiktionen im Ausland folge weithin dem nationalen Prinzip. Die daraus entstandene Situation widerspreche aber den eigenen ekklesiologischen Grundsätzen. Burlacioiu zeigt im Blick auf die Situation der »doppelten Diaspora«, dass das ethnische/nationale Element eine vergleichbare Rolle in allen drei genannten konfessionellen Traditionen einnimmt.

CLAUDIA JAHNEL macht in ihrem Beitrag »Migration – Macht – Theologie. Prolegomena einer Theologie im Kontext von Migration und Postmigration« darauf aufmerksam, dass zum einen Migration und Postmigration theologiegenerierende Phänomene seien, zum anderen aber diese Phänomene in etablierten Theologien weithin nicht wahrgenommen würden. Sie stellt die Frage: »Wie sieht eine akademische Theologie aus, die die Nähe zur Lebenssituation von Migrantinnen und Migranten wagt, die ihnen zuhört und interessiert ist an ihren Narrationen und damit an der ›Art und Weise, wie sie die Erinnerung an das Leiden, das Sterben und die Auferstehung Jesu Christi aktualisieren‹ (Castillo Guerra)?« Dabei gelte es, Migration nicht auf »das Migrantische« zu reduzieren, sondern intersektional mit Dynamiken von Rassismus, genderbezogener Gewalt oder ethnischer Marginalisierung zu verbinden. Es gelte, die konkreten Vulnerabilitäten differenziert zu erschließen und sich von diesen affizieren zu lassen. Zugleich aber dürfe die akademische Theologie Migrantinnen und Migranten nicht defizitorientiert wahrnehmen, sondern müsse sich für das Neue (auch neue Formen der Körperlichkeit und der Verkörperung des Glaubens) offenhalten, welches sich in jenen »third spaces« (Homi Bhabha), die postmigrantische Situationen ausmachen, bilde. Während eine Theologie, die über Migration spricht, oftmals »die *memoria passionis mortis* ins Zentrum stellt und sie mit dem ethischen Imperativ verbindet, zu helfen und sich für den Schutz von Migrantinnen und Migranten einzusetzen, findet sich im Zeugnis Migrierter oftmals eine *memoria resurrectionis Jesu Christi* und mit ihr die Bereitschaft und die *agency*, Lebensgeschichten und gedeutete Erfahrungen der Bewahrung, der göttlichen Begleitung, der Ermächtigung und der Hoffnung mit anderen zu teilen.«

DANIEL FREI erschließt in seinem Beitrag »Migration im Licht des Lebens und der Theologie Dietrich Bonhoeffers« einen der anregendsten Theologen des 20. Jh.s als Vordenker einer Theologie der Migration. Dies gelingt ihm, indem er zum einen auf die Bedeutung von Bonhoeffers Reisetätigkeit für die Entwicklung von dessen Theologie aufmerksam macht – wie im Blick auf Paulus so gilt auch im Blick auf Bonhoeffer: ohne dessen transkulturelle Kompetenz wäre die Entwicklung seiner Theologie undenkbar –, und indem er zum anderen, Bonhoeffer in unsere Kontexte übersetzt. Er fragt dafür nach Erfahrungen von Migranten und Geflüchteten an zwei für Bonhoeffer bedeutenden Orten, Rom und Basel, in der Gegenwart. Bonhoeffers entscheidender Lernfortschritt habe sich während seines Studienaufenthaltes am Union Theological Seminary

1930/31 vollzogen. Er wurde dort zum einen mit Migrationserfahrungen, Rassismus, Kolonialismus (Reisen nach Mexiko und Kuba) und wirtschaftlicher Armut konfrontiert und lernte zum anderen die »Harlem Renaissance« kennen, die Afroamerikaner ermächtigte, Widerstand zu leisten und einen Jesus zu finden, der an ihrer Seite stand.[15] In der Gospelmusik entdeckte er »eine neue biblische Stimme, die von Leiden und Unterdrückung sang, von Glauben und Stolz«. Mit anderen Worten: Bonhoeffer nahm Migration intersektional mit Kolonialismus, Rassismus und Armut verknüpft wahr – und entdeckte zugleich die agency der Exkludierten, ihren Stolz und ihre Hoffnung. Diese Erfahrung habe ihn später im Buch zur Nachfolge Jesus als Migranten beschreiben lassen – und zu Zivilcourage und Widerstand im nationalsozialistischen Deutschland ermutigt.

Alle in diesem Kapitel versammelten Beiträge verdeutlichen das innovative Potential von Migration für die Erkenntnis Gottes,[16] die Gestaltung des Rechts und die Ausbildung von Kirchen und Theologien. Diesen Grundzug bringt REGINA POLAK in ihrem abschließenden Beitrag »Migration und Innovation. Eine interdisziplinäre Perspektive« auf den Punkt: »Migrantinnen und Migranten sind Akteure sozialer und religiöser Innovation.« Von dieser Einsicht ausgehend wirbt der Beitrag für eine positive Sicht auf Migration, die sich evolutions- und globalgeschichtlich ebenso begründen lasse wie sozial- und kulturwissenschaftlich. Dennoch werde diese Sicht bleibend mit Widerstand rechnen müssen. Denn mit der Migration komme das globale Elend dieser Welt unmittelbar vor die Haustür der Sesshaften – und mit ihrer Thematisierung die Frage nach der eigenen Mitschuld an diesem Elend: »Europa hat seinen Wohlstand auf dem Kolonialismus aufgebaut und lebt nach wie vor postkolonial auf Kosten der ehemals Kolonisierten.« Wie der ethische Monotheismus sich in Israel im Kontext von Flucht und Migration herausgebildet habe, so könnten gegenwärtig Migrantinnen und Migranten zu Kirchenlehrerinnen und -lehrern werden. »Diese Lernprozesse werden den Glauben verändern – den Glauben der Sesshaften wie den der Migranten. Die Kirche kann sich dann wieder ihrer migrantischen Ursprünge erinnern und aufbrechen, um die Gesellschaft zu verändern.«

Der Erinnerung der Kirche an ihre migrantischen Ursprünge und ihre eigene Migrationsgeschichte dient der erste Teil dieses Buches. Diese Erinnerung ist aber nur dann sachgerecht, wenn sie die kirchen- und theologiebildenden Erfahrungen von Migration nicht spiritualisiert, sondern die oftmals eklatant un-

---

[15] Vgl. dazu grundlegend REGGIE L. WILLIAMS, Bonhoeffer's Black Jesus. Harlem Renaissance Theology and an Ethic of Resistance, Waco 2014.

[16] Vgl. POLAK, Migration (s. Anm. 13), 111: »Migration verändert die Wahrnehmung und das Bezeugen Gottes.«

terschiedlichen Erfahrungen von Vulnerabilität in Migrationssituationen berücksichtigt.

Jan-Dirk Döhling

DAS »MIGRATIONSMOBILE« DER HEBRÄISCHEN BIBEL

Historische, theologische und literarische Aspekte

1. Biblische Texte als verdichtete Migrationserfahrung

»Die Literatur ist das Ergebnis und das Erlebnis einer ebenso Generationen übergreifenden wie transkulturellen und transarealen Tätigkeit [...], die sich Menschen unterschiedlichster Herkunft [...] als das *Mobile* ihrer Last, ihrer Lust wie ihrer List geschaffen haben.«[1] So formuliert Ottmar Ette, der Protagonist des Paradigmas der »Literaturwissenschaft als Lebenswissenschaft«, und ruft auch und gerade die Literatur auf, dazu beizutragen, den Anforderungen der globalisierten Moderne zu begegnen, da die ihr eigene Mobilität zum Zusammenleben befähige und anleite. Das Abstraktum »Mobile« (das Bewegliche) charakterisiert bei Ette die Dynamik des Lesens als Zeit-, Augen-, Gefühls- und Denkbewegung und der Bewegungen in der erzählten Welt, d.h. die raumzeitliche, äußere und innere Mobilität der Figuren und ihrer Lebens*läufe*: Es umfasst aber auch die Bewegung des Schreibens, also die produktionsbezogen-literaturgenetischen Ebenen mit den Fragen nach dem *movens*, den Impulsen und Anstößen der Autoren- bzw. der Trägerkreise von Literatur.

Zugleich aber ist das »Mobile« ein Konkretum, das von einem noch so schwachen Luftzug unablässig bewegte Windspiel, das als komplexes, nie still-

---

[1]   OTTMAR ETTE, ZusammenLebensWissen. List, Last und Lust literarischer Konvivenz im globalen Maßstab, ÜberlebensWissen III, Berlin 2010, 64. Vgl. auch DOMINIK MARKL, Die Kirche als Migrantin. Zu den biblischen Ursprüngen des sich wandelnden Gottesvolkes, in: STEPHAN KOPP (Hrsg.) Kirche im Wandel. Ekklesiale Identität und Reform, QD 306, Freiburg im Breisgau 2020, 83-99; JAN-DIRK DÖHLING, »[...] der die Fremden liebt und ihnen Brot und Kleidung gibt« (Dtn 10,18). Arbeit, Migration und Ethik in den Grunderzählungen Israels, in: Ethik und Gesellschaft 2 (2013), 1-40, unter www.ethik-und-gesellschaft.de/ojs/index.php/eug/article/view/2-2013-art-1/50 [Aufruf: 2.2.2021]; ILSE MÜLLNER, »Du bist selbst fremd in Ägypten gewesen!« (Dtn 10,19). Das Erste Testament als Migrationsliteratur, in: ANNEGRET REESE-SCHNITKER (Hrsg.), Migration, Flucht, Vertreibung, Stuttgart 2018, 39-50.

stehendes und doch in sich ruhendes, fragil-ausgemitteltes, ästhetisches, raumzeitlich bewegtes Gebilde. Es symbolisiert den dynamisch-offenen Zusammenhalt von Verschiedenem, das einander beständig umkreist.

Eben diese Mobilität mache Literatur zum Quell des »ÜberlebensWissens« der Menschheit: »Die Literatur ist mit ihren Erfindungen nicht mit der Realität und nicht mit dem Leben zu verwechseln [...]. Doch sie ist mit dem Leben aufs engste verknüpft und erfindet, im Eigen-Sinn ihrer transarealen Geschichten, den Horizont des Neuen, des Künftigen.«[2] Ette folgert, »eine am Lebenswissen der Literaturen der Welt ausgerichtete Literaturwissenschaft« habe »die Vielfalt nicht nur zu analysieren, sondern für eine individuelle wie gesellschaftliche Entwicklung fruchtbar zu machen.«[3]

Theologie und Bibelwissenschaft haben zu einem solchen literaturwissenschaftlich-überlebensethischen Diskurs viel beizutragen. Ist doch kaum zu übersehen, dass die Hebräische Bibel nach Form und Inhalt, in literatursoziologischer und historischer Perspektive ein Buch der Bewegung und Bewegungen darstellt. Ihre Texte, Autoren und Adressaten zeigen sie als ein Buch von und für Migrantinnen und Migranten und also als Buch der Migration.[4]

Gottes grundsätzliches Mit-Sein, Mit-Gehen (Gen 28,15; Ex 3,12; 33,16; Ez 11,22f.), Sich-Entfernen und Wieder-Nahen (u.a. Hos 5,15; Jer 23,8) zieht zudem deutliche Linien einer *Theo*-logie der Migration im engen Sinne. Dabei lässt sich der Kompositionsbogen des christlichen Bibelkanons von der Vertreibung aus dem Edengarten (Gen 3,23f.; 4,16), über die Zerstreuung der Menschheit (Gen 11,8) und Israels Weg ins Exil (Dtn 28,46) bis zur neutestamentlichen Gartenstadt des neuen Jerusalems (Offb 21f.) als Narrativ universalisierter zirkulärer Migration lesen. Die topologisch-anthropologische Pointe dieses gesamtbiblischen Bogens liegt darin, dass gerade kein Zirkelschluss als schlichte Rückkehr ins Paradies postuliert wird. Mit der Herabkunft der Gottesstadt vom Himmel (Offb 21,2) wird vielmehr der Himmel selbst mobil. Ähnlich wirkt im Hebräischen Bibelkanon am Ende des dritten Kanonteils der

---

[2]   ETTE, ZusammenLebensWissen (s. Anm. 1), 63.

[3]   A.a.O., 64.

[4]   Dies bezeugen neben den hier behandelten Exodus- und Erzelterntexten und dem Rutbuch auch die auf den Verlust des Landes bzw. die Rückkehr dorthin bezogene Geschichtserinnerungen Israels im sog. deutronomistischen und chronistischen Geschichtswerk, prophetische Exilstexte wie Jeremia Jer 29, Jes 40-55 und Ezechiel, die Exilspsalmen 126 sowie 137 und die vielfältige Tradition der sog. Völkerwallfahrt zum Zion, die als theologische Neudeutung der von Israel erlittenen geopolitischen Veränderungen der altorientalischen Welt und der sie begründenden imperialen Ideologien lesbar ist (Jes 2,1-5; Mi 4,1-5). Vgl. hierzu u.a. BEATE EGO, Vom Völkerchaos zum Völkerkosmos. Zu einem Aspekt der Jerusalemer Kultkonzeption, in: ALEXANDRA GRUND u.a. (Hrsg.), Ich will dir danken unter den Völkern. Studien zur israelitischen und altorientalischen Gebetsliteratur, Gütersloh 2013, 123-141, sowie MICHAEL P. MAIER, Völkerwallfahrt im Jesajabuch, BZAW 474, Berlin 2016.

Bruch in der chronologischen Ereignisfolge der erzählten Geschichte Israels: Die kanonschließende Position des sog. Kyrosedikts (2Chr 36,22f.) löst die – in der Erzählfiktion historisch zurückliegende – weltweite Anerkennung JHWHs und Israels Rückkehr nach Zion aus der Kette der Vergangenheiten und öffnet sie auf eine Zukunft hin, die Israel in Analogie zum Geschehen des Exodus unter dem Mit-Sein Gottes als Hinaufsteigen (*alah*, 2Chr 36,23) allererst vor sich hat.[5]

Die ersttestamentlichen Texten spiegeln in je eigener theologischer Brechung unterschiedliche Modi der Lebens-, Wirtschafts- und Arbeitsbedingungen von Migrantinnen und Migranten in den Gesellschaften des Alten Orients. Im Einzelnen sind dies etwa persönliche Notlagen (Gen 27,34; Ex 2,16), sozioökonomische Zwangsverhältnissen (Sklaverei Gen 16,7; 37,27; Dtn 23,16; Ex 13,17-15,21 u.ö.), ökologische Krisen (Hungersnöte Gen 12,10; 26,1; 41,57; 2 Kön 8,1f.; Rut 1,1; u.ö.), innenpolitischen Umstände (politisch motivierte Flucht 1Kön 11,40; 19,3; Jer 43,4-7)[6] und besonders Zwangsmigration in ihren verschiedenen Spielarten aufgrund von militärisch-geopolitischen Krisen, Kriegen, Eroberungen und Deportationen (2Kön 16,6f.;17,23; 24,15f.; 25,18-21.26 u.ö.). Diese prägten seit dem frühen 8. Jh. v.Chr. die gesamte Geschichte des biblischen Israel.[7] All diese Faktoren befördern und verändern das Phänomen Migration und seine Selbst- und Fremdwahrnehmung.

Wird Migration vom Wortstamm *migrare* (wandern) her oft schlicht als individuelle oder kollektive geographische Veränderung mit einem auf (eine gewisse) Dauer angelegten Wechsel des Wohnortes verstanden, so impliziert sie de facto ein Bündel räumlicher, personaler und sozialer Verschiebungen. Soziologisch wird Migration daher präziser als »Versetzung des Lebensmittelpunkts, also einiger bis aller relevanten Lebensbereiche, an einen anderen Ort« verstanden, die mit der »Erfahrung sozialer, politischer und/oder kultureller Grenzziehungen« einhergeht.[8]

Diese Versetzung kann aktiv betrieben oder passiv erfahren werden. Sie wirft zwangsläufig Fragen der »Sprachkompetenzen, Religionszugehörigkeit und -ausübung, der ethnischen Orientierungen, der Wahrnehmung von Rechten, Werteinstellungen, Diskursmuster (Darstellung von In [sic!] und Ausländern, Stereotypenbildung)«[9] auf. Angesicht der Tendenz zur (christlichen) Spiritualisierung biblischer Migrationstexte, des den Texten eigenen Bemühens, konkrete politisch-sozialen Erfahrungen theologisch zu deuten und angesichts

---

[5]   Vgl. ERICH ZENGER, Einleitung in das Alte Testament, Stuttgart [7]2010, 24f.

[6]   Vgl. THOMAS NAUMANN, Flucht als Thema der Bibel. Exegetische Anregungen für eine migrationssensible Bibeldidaktik, in: Theo-Web. Zeitschrift für Religionspädagogik/Academic Journal of Religious Education 16 (2017), 98-110.

[7]   Vgl. DÖHLING, Arbeit (s. Anm. 1), 9-19.

[8]   INGRID OSWALD, Migrationssoziologie, Stuttgart 2007, 13.

[9]   Ebd.

der schon in der Hebräischen Bibel einsetzenden »Metaphorisierung des Exils«[10] ist es zum einen geboten, bei der Auslegung – und nicht zuletzt im kirchlich-aktualisierenden Gebrauch – ihre konkreten ökonomischen, soziopolitischen und humanitären Hintergründe ernst zu nehmen. Exegese und gegenwärtige Suche nach biblischer Orientierung haben die sozio-historischen Besonderheiten antiker Kulturen, Gesellschaften und Staaten und deren – mit heutigen Konstellationen nicht identischen – Migrationsrealitäten zu beachten. Es gilt, »das Menschheitsphänomen in seinen konkreten historischen Ausprägungen wahr[zu]nehmen.«[11]

Zum anderen gilt es, den Charakter der Texte als – im mehrfachen Sinne – verdichtete Erfahrung im Blick zu behalten. Die Texte bilden die Realität sozioökonomischer und geopolitischer Verhältnisse und antiker Wanderungsbewegungen nicht einfach ab, sondern verdichten und bündeln sie in exemplarischen Erzählungen, Motiven und Biografien – wie dies etwa bei Ruth und Noemi, Sara und Abraham, nicht zuletzt auch bei Jakob-Israel, sowie Joseph und seinen Brüdern der Fall ist. Hierbei geht es den biblischen Texten um die poetisch-deutende Verdichtung, die Transformation, Brechung und Mobilisierung antiker Migrationsrealität. Ohne ihre Härte, Dramatik und Bitterkeit zu schönen, erzählen sie von individuell und gemeinsam gelingendem migrantischem Leben und wider Erwarten möglicher Konvivenz. Biblische Migrantinnen und Migranten zeigen und erleben sich als Subjekte ihres Geschicks, als Empfängerinnen und Empfänger von Segen. Gerade im Unterwegssein machen sie die Erfahrung des Mitseins und Handelns Gottes und empfangen – eben darin – bleibend gültige Offenbarungen Gottes.

2. »Mein Vater, war ein umherirrender Aramäer [...].« (Dtn 26,5) – Migration und Wandlungs-Fähigkeit

»Die Ursprünge des Volkes Israel liegen zweifach in Migrationsgeschichten.«[12] Was sich wie ein Allgemeinplatz jüdisch-christlichen Denkens liest, ist de facto religionsgeschichtlich singulär und theologisch hoch bedeutsam. Denn das biblische Israel entwirft sich – anders als die Hochkulturen an Nil, Tigris und Euphrat, anders als es die historische Rekonstruktion nahelegt und anders als das Alte Israel von außen wahrgenommen wurde – dezidiert nicht als autochthone Gemeinschaft derer, die »immer schon da« waren. Überdies platziert es auch das »Privileg der Offenbarung« dezidiert jenseits des Angekommen-Seins im Kultur-

---

[10]   Vgl. 1Chron 29,15; Ps 119,19 u.ö. Vgl. MARTIEN HALVORSON-TAYLOR, Enduring Exile. The Metaphorization of Exile in the Hebrew Bible (VT.S 141), Leiden 2013.
[11]   MÜLLNER, Migrationsliteratur (s. Anm. 1), 39.
[12]   MARKL, Migrantin (s. Anm. 1), 86.

land sowohl in den Verheißungen an die Erzeltern als auch am Gottesberg während Wüstenwanderung. »[Es] bleibt an jenen Un-Ort gebunden, weit entfernt von menschlicher Macht und Gewohnheit.«[13]

Während eines der ältesten außerbiblischen Zeugnisse für die staatliche Existenz des Königtums Israels, die aus der Mitte des 9. Jh.s v.Chr. stammende Stele des Königs Mescha, in einem Kriegs- und Eroberungsbericht festhält, »die Leute« des israelitischen Stammes »Gadd« hätten »seit jeher im Land«[14] gewohnt, weiß und erinnert es Israel selbst kategorial anders. Es führt sich – wie unter anderem im sog. kleinen geschichtlichen Credo in Dtn 26,5-9 – in Anknüpfung an die Geschichten der Erzeltern und im steten Erinnern an das Urdatum des Auszugs aus der ägyptischen Sklaverei auf zwei grundlegende Migrationsgeschichten zurück.

»Migration ist nicht etwas, das eben auch zur Geschichte Israels gehört, sondern ist für die Identität des biblischen Gottesvolkes konstitutiv.«[15] Folgt man dem migrantischen Erzählbogen des Pentateuchs über die sog. Landnahme im Buch Josua hinaus, so stellt sich mit dem Buch der Richter, den beiden Samuel- und den Königebüchern auch der sog. Enneateuch als Erzählung dar, die – wie es Moses schon vor dem Einzug ins Land voraussah (Dtn 28,64-68) – mit dem Verlust des Landes endet. Und kaum zufällig finden sich nach der Zerstörung Jerusalems die Judäerinnen und Judäer mit den Deportationen nach Babylon (2Kön 25,18-21) und der Flucht der antibabylonischen Eliten nach Ägypten (2Kön 15,26) eben dort wieder, wo die beiden migrantischen Ursprungserzählungen Israels ihren jeweiligen Ausgang nahmen. Der so an den »Eckpunkten der Historiografien des Gottesvolkes Exodus und Exil« entstehende »Stabreim«[16] ist dabei sowohl literaturgenetisch als auch theologisch zentral. Denn tatsächlich spiegelt diese doppelte migrantische Grunderzählung »Israels Erfahrung mit Fremdherrschaft, Exil und Diaspora wie sie das Volk zwischen dem 8. und dem 6. Jh. unter der Herrschaft der Assyrer und Babylonier machen musste«. Denn »das Exil« als eine Erfahrung kollektiver Zwangsmigration markiert nichts weniger als die »Wasserscheide jüdischen Selbstverständnisses; ein Großteil biblischer Erzählentwurfe ist von dieser Erfahrung geprägt.«[17]

Diese Migrationserfahrung bestimmt auch die theologischen Tiefenstrukturen der Hebräischen Bibel auf mehrfache Weise: Zum einen nämlich liegen »[a]lle entscheidenden Identitätsmerkmale des Gottesvolkes [...] auf dem Weg eines vertriebenen, flüchtigen Volkes, der Exodus als Urerfahrung göttlicher

---

[13] MARKL, Migrantin (s. Anm. 1), 88.
[14] Zitiert nach MANFRED WEIPPERT, Historisches Textbuch zum Alten Testament, ATD.E 10, Göttingen 2010, 246.
[15] MÜLLNER, Migrationsliteratur (s. Anm. 1), 40.
[16] MARKL, a.a.O., 86.
[17] MÜLLNER, a.a.O., 46.

Rettung, der Bund mit Gott, die Offenbarung des göttlichen Gesetzes [...]«.[18] Diese »Extraterritorialität der Offenbarung«[19] verlagert die grundlegenden Heilsgaben in eine ferne Vorzeit und ein geographisches Niemandsland. Mit dem geographisch unbekannten Gottesberg Sinai bzw. Horeb, der dort empfangenen Gabe der Tora des dort heimischen Gottes, mit dem mobilen Zeltheiligtum und dem noch in der Wüste sterbenden und an unbekanntem Ort begrabenen Befreier und Offenbarungsmittler wird das gesamte theo-politische Machtmobiliar quasi außer Landes gebracht und so dem Zugriff je gegenwärtiger Okkupation, Korrumption und imperialer Vernichtung entzogen.

Sind die o.g. äußeren Heilsgüter allesamt am Un-Ort der Wüste situiert, so werden Wüste und Fremde sodann auch zu spiegelbildlichen Orten inneren Wandels und der Neuorientierung Israels. Dabei ist es besonders die »Wüste« des Exils, die mit der hebräischen Wortwurzel *shuv* (umkehren, zurückkehren) in Texten wie Dtn 30,1-10 nicht nur die Hoffnung auf äußere Rückkehr (Dtn 30,3) ausdrückt. In der Hoffnung auf und in der Bitte um die äußere Bewegung wird auch und gerade die Notwendigkeit und die Möglichkeit innerer Umkehr erhofft, entdeckt und erwarten (Dtn 30,1f.8.10), die beide zuerst und zuletzt in der Rück- und Umkehr Gottes wurzeln (Dtn 30,9).[20] Wenn schließlich im Pentateuch die Weg-Metapher zum zentralen Bild für die Gebotsbefolgung wird und zwischen der Sinai-Tora im Buch Exodus und den in Moab verorteten Mosereden des Deuteroniums zentrale Gebote verändert, reformuliert und fortgeschrieben werden, so ist offenbar auch Gottes Weisung selbst als dynamischmobil konzipiert und die »Neuinterpretation [...] nicht eine Möglichkeit, sondern eine in der Offenbarung selbst angelegt Notwendigkeit.«[21] In diesen migrantischen Tiefenstrukturen der Bibel Israels lassen sich mit Dominik Markl in Fortführung der berühmten Wendung Ernst Käsemanns die Grundlagen und das Selbstverständnis eines »sich wandelnden Gottesvolkes« erkennen.

Im Folgenden werden am Beispiel des Fremdenrechts im Horizont der Tradition vom Auszug aus Ägypten (3), der Erzelternerzählungen der Genesis (4) und der Rut-Erzählung (5) zentrale fremden-ethische und rechtshermeneutisch-narrative Aspekte solcher Wandlungs-Fähigkeit skizziert.

---

[18]   Markl, Migrantin (s. Anm. 1), 88f.

[19]   A.a.O., 88.

[20]   Vgl. auch das leitmotivische Wortspiel von innerer Umkehr, äußerer Heimkehr (*schub*) und göttliche Hinkehr zu Israel im sog. Trostbüchlein in Jer 31,15-22 und in Klgl 5,21f. Markl, a.a.O., 95f.

[21]   A.a.O., 90f.

3. »[...] ihr kennt das Herz des Fremden« (Ex 23,9)
Exoduserinnerung und Fremdenethik

Die Präambel des Dekalogs (Ex 20,1), in der sich JHWH, »der ich dich aus Ägypten aus dem Sklavenhaus geführt habe« offenbart und somit als »Gott der [befreiten] Arbeitssklaven«[22] definiert, bildet in der Logik der Komposition ein Vorzeichen nicht nur vor den sog. Zehn Geboten. Es qualifiziert die ganze Sinaioffenbarung und letztlich die gesamte Tora als Gottes Gabe zur »Bewahrung der Freiheit«.[23] Mit dem leitmotivisch gebrauchten Verb *abad* (arbeiten, Sklave sein, dienen) inszeniert die Exoduserzählung in Ex 1-15 nicht weniger als einen Grundkonflikt zwischen dem Frondienst der Israeliten für Pharao und dem Dienst für Gott, der schon damit als Gabe der Freiheit profiliert wird.[24]

Ihre kritische Kraft entfaltet die Erinnerungsfigur des Exodus aber nicht nur nach außen, sondern auch und gerade nach innen, wie die hier exemplarisch am sog. Bundesbuch (Ex 22,20-23,9) skizzierte Fremdenethik der Tora zeigt.[25] Das gegenüber allen *personae miserae* geforderte Verhalten wird in der jetzigen Gestalt des Bundesbuches einerseits über das antizipierte Hören ihrer Klage und Gottes Barmherzigkeit (Ex 22,26) motiviert. Anderseits wird es aus Israels Fremdlingschaft in Ägypten abgeleitet (Ex 22,20; 23,9), wobei die zweite Erwähnung (Ex 23,9) auf die Gemütslage und das Mindset (das Herz) der Fremden rekurriert.[26] Die fremdenethischen Bestimmungen der Tora wer-

---

[22]   RAINER KESSLER, Ägyptenbilder der Hebräischen Bibel. Ein Beitrag zur neueren Monotheismusdebatte, SBS 197, Stuttgart 2002, 111.

[23]   FRANK CRÜSEMANN, Die Tora. Theologie und Sozialgeschichte des alttestamentlichen Gesetzes, München 1992, 407-414, sowie DERS., Bewahrung der Freiheit. Das Thema des Dekalogs in sozialgeschichtlicher Perspektive, München [2]1998, 36-40.

[24]   Vgl. u.a. Ex 3,12; 4,23; 7,16.26; 8,16 mit 1,13f; 2,23; 5,9.11.15f.18; 6,5f.9; 14,5.12. Näheres etwa bei KESSLER, a.a.O., 110-112.

[25]   Die weitere Entwicklung der Fremden-Toroth in Dtn und Heiligkeitsgesetz skizzieren u.a. CRÜSEMANN, Tora (s. Anm. 23), 216-217 sowie RAINER KESSLER, Der Weg zum Leben. Ethik des Alten Testaments, Gütersloh 2017, 148-156 u. 253-256.

[26]   Texthistorisch zeigt sich, dass zunächst nur der Schutz des Fremden (22,22a), nicht auch der Witwe und der Waisen thematisiert war und dieser statt der pluralisch formulierten Erinnerung der Fremdlingschaft (22,22b), nur mit dem Hinweis auf Gottes Hören und Barmherzigkeit begründet war. Die Pluralformulierungen u.a. in 22,20b und 23,9b sind nachträgliche Historisierungen. Mit ihnen aber werden die Verben in Ex 22,20.22; 23,9 für das Vokabular der Zwangsarbeit aus Ex 1-2.5 transparent. In Ex 22,20b.23b weist das nur noch einmal belegte Verb unterdrücken (*lachaz*) auf Gottes Reaktion auf die ägyptischen Unterdrücker in 3,9. Ex 22,22 verknüpft also die untersagte Demütigung (*'anʿa* Piel) des Fremden in Israel mit Israels eigener Demütigung in Ägypten (*'anʿa* Piel) in Ex 1,11f. Ebenso nimmt Gottes Hören der Klage des Fremden (*shmʿa* + *zʿaq* Ex 22, 22b) das Hören auf Israels Klage in Ägypten (Ex 3,7.9 *shmʿa+zʿaq*) auf. Zur (literar)historischen Diskussion der betreffenden Verse und des Bundesbuches insgesamt ECKART OTTO, Der Wandel der Rechtsbegründungen in der Gesellschaftsge-

den im Horizont der Gabe der Gebote (Ex 22,20; 23,9; Lev 19,34f. u.ö.) mit Israels eigener Erfahrung der Fremdlingschaft und Zwangsarbeit motiviert. Dort ergibt sich das Kennen des Herzens bündig aus dem Erzählverlauf, ist doch entronnenen Sklaven die Erfahrung der Knechtschaft unmittelbar nah.

Im Fortgang des Pentateuchs wird dieser Konnex zur erzählten Welt verflüssigt. Auch und gerade die, die nicht (mehr) Fremde und Sklaven sind bzw. es selbst nie waren, sondern Sklaven haben und Fremden begegnen, sollen sich als Fremde imaginieren, sich ihrer Fremdheit vom Exodus her erinnern. Spätestens die predigtartige Wieder-Holung des Exodusgeschehens und -rechts im Deuteronomium macht dies explizit.[27] Doch – wie Ex 22,20; 23,9 zeigen – setzt auch die Adressatenlogik die vorigen Rechtstexte voraus.

Dieses Erinnerungskonstrukt ist nach dem Dtn mit konkreten pädagogischen, leibbezogenen, sinnlich-rituellen Mnemotechniken zu pflegen. Doch steht die Kontinuität des »Re-membering«[28] (Dtn 6,20f.; 26,6-9) als Wieder-Eingliederung in eine identitätsstiftende Fremdheits- und Unterdrückungserfahrung zugleich im Dienste rechtlich-ethischer Diskontinuität: Die erinnerte eigene Knechtschaft und Unterdrückung begrenzt in der jeweiligen Gegenwart die Knechtschaft anderer (Ex 21,2-11; Lev 25,39-55; Dtn 15,12-18) und delegitimiert die Unterdrückung Fremder.

Der fremden- und sozialrechtliche Schutz der Fremden im Bundesbuch bieten für diese »Ethik aus Erinnerung«[29] den in kanonischer Lektüre ersten und historisch womöglich ältesten Beleg.[30] Der hier gebrauchte Terminus *ger* (Fremde/r) ist weder ethnisch noch national definiert, sondern meint alle Menschen, die »dauerhaft an einem Ort leben, wo sie nicht von Hause aus hingehören, keinen Verwandtschaft und keinen Grundbesitz haben«.[31]

---

schichte des antiken Israel. Eine Rechtsgeschichte des „Bundesbuches" Ex XX 22-XXIII 13, SB 3, Leiden 1988; YUICHI OSUMI, Die Kompositionsgeschichte des Bundesbuches Exodus 20, 22b-23,33, OBO 105, Göttingen 1991, 164 sowie LUDGER SCHWIENHORST-SCHÖNEBERGER, Das Bundesbuch. Studien zu seiner Entstehung und Theologie, BZAW 118, 1990, 348-352.

[27]   Sie verpflichtet im Prolog des deuteronomisch-deuteronomistischen Dekalogs, die - nach der Logik der Komposition - in der Wüste geborene, nun ins Land einziehende, neue Generation Israels darauf, sich selbst »nicht unsere Eltern« (Dtn 5,3-6) als Empfänger der zurückliegenden Gaben der Befreiung und Tora zu verstehen und dieses grundlegende Identitätskonstrukt auch im Land an jede nachfolgende Generation weiterzugeben (vgl. Dtn 6,7). Hierzu grundlegend ECKART OTTO, Das Gesetz des Mose, Darmstadt 2006.

[28]   JÜRGEN EBACH, Ein umherziehender Aramäer war mein Vater, in: DERS., Mehrdeutlichkeit. Theologische Reden 9, Neue Folge 3, Schneverdingen 2011, 128-142, 134.

[29]   Ebd.

[30]   CRÜSEMANN, Tora (s. Anm. 23), 213-217.

[31]   A.a.O., 214. *Ger* kann Binnenmigranten und von außen kommende Fremde bezeichnen, aber nicht temporär (Durch-)Reisende (*nokri*) oder im Modus distanzierter Andersartigkeit bzw. als Besatzer wahrgenommene (*zar*) oder akut Flüchtende (*pallit*).

Die doppelte Mahnung (Ex 22,20a und 23,9a), den *ger* nicht »zu bedrücken und zu bedrängen«, bildet im Bundesbuch den »literarischen Rahmen und inhaltlichen Maßstab«[32] weiterer, vor allem sozial- und armenrechtlicher Bestimmungen (Ex 22,20b-23,8). Sie regeln insbesondere die juristische Gleichbehandlung der Fremden, wie auch der nachgenannten Armen, Witwen und Waisen, also der sozialen Gruppen, die im patriarchalen Rechtssystem ortsgebundener, landbesitzender Bauern die Schwächsten sind. Der »Maßstab für das Gerichtswesen [liegt] gerade bei denen, die dort selbst nicht auftreten können«.[33]

Als historische Situation, in der solche *gerim* als dauerhaft aus dem heimischen Sozial- und Rechtsgefüge dislozierte Menschen zum Modell aller strukturell Rechtlosen wurden, hat Frank Crüsemann die kriegsbedingten Vertreibungs- und Fluchtbewegungen benannt, wie sie im 8. Jh. der Untergang des sog. Nordreichs im Zuge der assyrischen Expansion mit sich brachte.[34] Für diese Zeit ist im Südreich Juda auch siedlungs-archäologisch ein sprunghafter Bevölkerungsanstieg belegt.[35] Die Flüchtlinge im Assur ebenfalls tributpflichtigen, sozial zerklüfteten Südreich induzierten eine grundlegende Neubestimmung des theologischen und sozialen Zusammenhaltes, den das Bundesbuch vornimmt. Mit dem Rahmen, den Ex 22,20 und 23,9 um die vor allem Armen, Witwen und Waisen geltenden Bestimmungen und die im Zentrum der sozialen Schutzregeln platzierten Gebote zum Kult (Ex 22,27-30) legt, wird der Fremde zum Paradigma des Rechts aller Bedürftigen und es scheint just die massenhafte Existenz von Nordreichsflüchtlingen zu sein, die zur Verrechtlichung dessen führte, was zuvor nur einzelne prophetische Stimmen eingeklagt hatten. Erscheinen *Ger*-Fremde in älteren Texten nicht als Thema der Sozialkritik, so stattet das Bundesbuch »die Rechte der Fremden, Armen und anderer Ausgebeuteter [als] Forderungen Gottes mit der gleichen Autorität und dem gleichen Gewicht wie die religiösen Grundregeln [...]«[36] aus. Diese Grundstruktur der Tora, die das Gottes- und Sozialrecht verschränkt, erscheint historisch betrachtet wohl erstmals hier und wirkt bis ins sog. Doppelgebot der Liebe fort.

Vgl. CHRISTA SCHÄFER-LICHTENBERGER, Art.: Fremde/Flüchtlinge, in: FRANK CRÜSEMANN u.a. (Hrsg.), Sozialgeschichtliches Wörterbuch zur Bibel, Gütersloh 2009, 158-162, 159.

[32]   CRÜSEMANN, Tora (s. Anm. 23), 213.

[33]   A.a.O., 213f.

[34]   Zur Diachronie des Bundesbuches und seiner pluralischen Überarbeitungen im letzten Viertel bzw. am Ende des 8 Jh. Vgl. RAINER ALBERTZ, Die Exilszeit. 6. Jahrhundert vor Christus, Biblische Enzyklopädie 7, Stuttgart 2001; OSSUMI, Kompositionsgeschichte (s. Anm. 26), CRÜSEMANN, ebd., SCHWIENHORST-SCHÖNEBERGER, Bundesbuch (s. Anm. 26); OTTO, Bundesbuch (s. Anm. 26).

[35]   CRÜSEMANN, a.a.O., 215; OSUMI, Kompositionsgeschichte (s. Anm. 26),164-172, ALBERTZ, a.a.O., 285.

[36]   CRÜSEMANN, a.a.O., 224.

Trifft die oben skizzierte zeitliche Einordnung zu, geht sie auf eine Migrationskrise des 8. Jh. zurück.[37]

4. »Bleibe als Fremdling in diesem Land [...]« (Gen 26,3) Die Erzelternerzählungen als Paradigma der Konvivenz

»Die ersten in der Bibel genannten Fremden sind Abrahams Kinder, ist Israel selbst.«[38] Dieser migrantische Grundzug der sog. Erzelternerzählung (Gen 12-50) hat wenig mit einer vermeintlich nomadischen Vorzeit Israels und viel mit der o.g. theologischen Verdichtung des Exilsgeschicks zu tun. Die für die Erzelternerzählung gestaltgebenden priesterschriftlichen Texte reflektieren Israels Situation in der bevorstehenden oder schon vollzogenen Rückkehr aus dem Exil.[39]

Anders als beim Exodus spielen Zwangsarbeits- und Unterdrückungskonflikte mit einer imperialen Macht keine greifbare Rolle.[40] Im fiktiven Setting einer nomadisch-vorstaatlichen, familienbasierten Religion werden Fragen ethno-kultureller Abgrenzung behandelt, wie sie durch die Versetzung des Lebensmittelpunktes aufbrechen. Den um 520 v.Chr., nach vier Generationen aus Babylon Heimkehrenden stellen sie sich in der flächenmäßig dezimierten, multi-ethnischen und geopolitisch bedrängten Provinz Jehud. Hier konkurrieren sie – unter dem ökonomisch, militärisch-administrativen Regime der *pax persica* – mit nichtjüdischen Bevölkerungsteilen und Nachkommen von einst nicht exilierten Judäerinnen und Judäern um materielle und symbolische Ressourcen. Prophetische, erzählende und außerbiblische Quellen belegen tiefe innerjüdische Konflikte und solche mit Nachbarprovinzen.[41] Drängend ist die Frage

---

[37]   Vgl. Crüsemann, Tora (s. Anm. 23), 230; Osumi, Kompositionsgeschichte (s. Anm. 26), 167.

[38]   Jürgen Ebach, Fremde in Moab - Fremde aus Moab, in: Ders./Richard Faber (Hrsg.), Bibel und Literatur, München 1995, 277-304.

[39]   Vgl. Albertz, Exilszeit (s. Anm. 34), 191-209; Jakob Wöhrle, Fremdlinge im eigenen Land. Zur Entstehung und Intention der priesterlichen Passagen der Vätergeschichte, FRLANT 246, Göttingen 2012.

[40]   Im Gefüge der Genesis fällt auf, dass die Abraham-Sippe nicht einfach aus Mesopotamien, sondern aus dem babylonischen Zentrum auszieht (Wöhrle, a.a.O., 169). Die Abfolge vom Auszug von Terach »aus Ur der Stadt der Chaldäaer (Babylonier)« in Gen 11,31 nach dem Turmbau in Babel stellt die Migration der Abraham-Sippe zudem als Verlassen des Ortes dar, wo zuvor ein totalisierend-totalitäres, alle Welt (Gen 11,1) vereinheitlichendes imperiales Großbauprojekt scheiterte. Vgl. grundlegend Christoph Uehlinger, Weltreich und *eine Rede*. Eine neue Deutung der sog. Turmbauerzählung (Gen 11,1-9), OBO 101, Fribourg 1994.

[41]   Vgl. u.a. Rainer Kessler, Einführung in die Sozialgeschichte des Alten Israel, Darmstadt 2009, 162-172; Christian Frevel, Geschichte Israels, Stuttgart ²2018, 328-368.

der Zugehörigkeit zum Gottesvolk und das hieraus resultierende Recht auf das Land.[42]

Die Erzeltern der Genesis fungieren vor diesem Hintergrund als »ideal immigrant[s]«[43] »[I]n der priesterlichen Fassung« wird ihnen sämtlich »ein zeitweiser Aufenthalt in einem fremden Land zugeschrieben«.[44] Hinsichtlich der zentralen Landverheißung gilt, dass Kanaan von einer fremden Bevölkerung bewohnt ist. Als solches ist das verheißene, gegebene Land zugleich bleibend ein »Land der Fremdlingschaft.«[45] Die komplexen Notizen zur Landverheißung und ihrer Erfüllung machen dabei klar: Was verheißen ist, muss jeder Generation neu übereignet werden, so dass die allzu schlichte Logik derer, die angeblich zuerst da waren, buchstäblich unterwandert wird.[46]

Israels fortgesetzten Fremdlingsstatus entsprechend wird den Kanaanäern die Präsenz im Land nie streitig gemacht, werden an sie keine Besitzansprüche gestellt. Zwar stehen sie in der Herkunftskonstruktion der sog. Genealogien – anders als die israel-verwandten Völker Moab, Ammon, Edom und Ismael, denen idealiter eigene Territorien zugewiesen sind – in keiner Verwandtschaftsbeziehung zu den Erzeltern. Sie sollen dies vor dem Hintergrund der im Exil entworfenen Identitätskonstruktion auch nicht. Doch wird aus der ethnischen Trennung keine Territorialkonkurrenz abgeleitet, sondern die (mögliche) Realität friedlicher Koexistenz und Konvivenz.[47] Hierin mag sich der Pragmatismus von Rückkehrern in ein während ihres Exils keineswegs leeren Landes spiegeln. Doch wird auch die Bedingung der Möglichkeit von Konvivenz reflektiert. An den Erzählungen gelingender, Konvivenz ermöglichender Begegnungen der Abrahamssippe mit den Bewohnern des Landes fällt auf, dass diese sich stets unter spezifischem Gottesbezug der Abrahamssippe und der Landesbewohner vollziehen. Die Landesbewohner erkennen dabei die (besondere) Gottesbeziehung des nachmaligen Israels an (u.a. Gen 23,6; Gen 14,19). Umgekehrt wird Israel, teils wider Erwarten (Gen 20,11), der je eigenen Gotteserkenntnis und -beziehung der Anderen inne (Gen 14,19-20; vgl. 12,1-4). Wo Begegnung und Konvivenz scheitern (Gen 19; 34), ist hingegen signifikanter Weise von Gott nicht die Rede.[48]

---

[42]   Vgl. ALBERTZ, Exilszeit (s. Anm. 34); WÖHRLE, Fremdlinge (s. Anm. 39).

[43]   JOSEPH BLENKINSOPP, Abraham as Paradigm in the Priestly History in Genesis, in: JBL 128 (2009), 225-241, 232-235; WÖHRLE, a.a.O., 177f.

[44]   WÖHRLE, a.a.O., 179.

[45]   A.a.O., 209f; 179: »Obwohl ihnen [sc. den Erzeltern, JDD] das Land nach Gen 28,4.35, gegeben wurde, war ihr Leben nach Gen 25,27 ein Leben als Fremdling. Sie waren fremd im eigenen Land.« Vgl. grundlegend STEFFEN LEIBOLD, Raum für Konvivenz. Die Genesis als nachexilische Erinnerungsfigur, HBS 77, Freiburg i. Br. 2016, 135-296.

[46]   LEIBOLD, a.a.O., 192-198.

[47]   A.a.O., 217.

[48]   Vgl. LEIBOLD, Konvivenz (s. Anm. 45), 241-256.

Mit der Versetzung des Lebensmittelpunktes ist stets das Überschreiten und Ziehen von Grenzen verbunden.[49] Es vollzieht sich nicht selten als Verquickung bzw. fatale In-Eins-Setzung von ethnischen und religiösen Identitätsfragen mit Territorial- und Verteilungskonflikten. Gen 12–50 bietet jedoch eine Konzeption, in der ethnische Identitäten gewahrt, Konvivenz gelebt und eigene Ansprüche behauptet werden können, ohne gegen andere durchgesetzt werden zu (müssen). Das (früh-)nachexilische (Re-)Migrationskonzept der Erzelternerzählung vertritt eine Utopie des Zusammenlebens im Modus trennender Verbindungen.[50] Im Horizont wechselseitiger Anerkennung erfüllt sich die Landverheißung als Konvivenz: »Die göttliche Landgabe des ganzen Landes Kanaan an Abraham ist vollzogen, weil er sich mit den Bewohnern des Landes auf die Teilung eines Bereiches dieses Landes einigen konnte!«[51]

Theologisch ist bedeutsam, dass die so geprägten Erzelterntexte im biblischen Kanon die bestimmende Grunderzählung ganz Israels bilden. Sie finden ihre konträre, konflikthaltig konzipierte Fortsetzung in der Exodus-Landnahmetradition. Beide stehen im Kanon konzeptionell unausgeglichen neben-, aber in der Lesefolge auch hintereinander, wobei kanonisch die Erzelternverheißungen den roten Faden und das theologische Movens auch der Exoduserzählungen bildet (Ex 2,24; 3,6.15; 32,13 u.ö.).

Das Konzept des gewalthaltigen Auszugs und die gewalttätige Landnahmefiktion im Josuabuch sind somit kanonisch die partielle und konkrete Ausnahme der gottgewollt-segensreichen (Gen 12,1-4) Konvivenz Israels und der Völker. Die »partikulare Gestalt der Exoduserzählung [soll] nicht ohne deren inklusiven Väter-Vorspann gelesen werden«.[52] Umgekehrt markiert die Klage des versklavten Israel (Ex 2,23f.) und das Vergessen der lebensspendenden Präsenz der Fremden (Ex 1,8) die Grenze der Konvivenz.

Dass in der exilisch-nachexilischen Konvivenz-Utopie der Genesis jede Spur der persischen Hegemonialmacht fehlt, die doch de facto den Rahmen und die Lebensumstände in der Provinz Jehud setzte, ist nicht nur in der historischen Fiktion, sondern auch theologisch stimmig. An ihre ordnende Stelle tritt in (subversiver) theologischer Adaption des persischen Reichsmonotheismus der Konvivenz ermöglichende Gott Israels, der zugleich und gerade so der Gott aller Welt ist.

---

[49]   Vgl. OSWALD, Migrationssoziologie (s. Anm. 8), 13.

[50]   Vgl. LEIBOLD, Konvivenz (s. Anm. 45), 211f.

[51]   A.a.O., 210f.

[52]   KONRAD SCHMID, Der Gott der Väter und der Gott des Exodus. Inklusive und partikulare Theologie am Beginn des Alten Testaments, in: GlLern 16 (2001), 116-125, 124.

5. »Warum fand ich Gnade in deinen Augen, [...] da ich doch eine Ausländerin bin?« (Rut 2,13) Die Fortentwicklung von Israels migrantischen Grunderzählungen

Das Buch Rut erzählt die (Re)Migration der hebräischen Witwe Noemi aus und nach Israel und die Immigration und Integration der Moabiterin Rut nach und in Israel. In einer von Hunger und dem Verlust patriarchaler Lebensgrundlagen ausgelösten Geschichte individueller Migration erprobt sie die ethischen Implikationen der Grunderzählungen Israels. Das Buch Rut ist eine produktive *relecture* der Erzeltern- und Exodustradition und schreibt diese – im Respons auf perserzeitliche Identitätsdiskurse – fort. Es erzählt, dass und wie eine Ausländerin Aufnahme im jüdischen Volk und seinen zentralen Narrationen und Rechtstraditionen findet, die dadurch auch für Israel neu werden.

Von Anfang an dominieren Verben des Gehens (*halach*, Rut 1,7f.11f.16. 18f.21; 2,3f.8f.11; 3,10) und Zurückkehrens (*schub*, 1,6f.8.10-12.15f.21f.). Das zuerst topografisch gebrauchte Wort *schub* (umkehren, zurückkehren, wiederkommen) kippt dabei ins Qualitative, wenn erst Ruts Partizipation in Israel, auch in die israelitische (Re)Migrantin Noemi das Leben zurückkehren (*schub*, 4,15) lässt.[53] Dieses vertiefte Verständnis migrantischer Bewegung, die erst in der Aufnahme der Ankömmlinge in die Gemeinschaft und in der Teilgabe von Lebensmöglichkeit zum Ziel kommt, macht das Buch Rut für Theologie und Ethik der Migration sprechend.

Besonders ist dabei die Frauenperspektive hervorzuheben. Ihrem Migrationsgeschick (im doppelten Sinne des Wortes) gilt hohe Aufmerksamkeit. Als historischer Ort der (jetzigen) Rut-Novelle legt sich die späte Perserzeit nahe.[54] Wie die Bücher Esra und Nehemia zeigen ist sie von tiefen ethno-sozialen Identitätsdiskursen geprägt. Sie kulminieren in der Frage der sog. Mischehen jüdischer Männer mit nichtjüdischen Frauen. Nach Esr 9,1f.10; Neh 10,31; 13,1.23.25.27 sind sie zu unterlassen und falls bestehend zu beenden. Das Buch mit der nach Israel einheiratenden Moabiterin, die zur Ahnherrin der judäischen Dynastie wird, bezieht in diesem gegenderten Identitätskonflikt Position.[55] Hierfür spricht, dass der sog. Moabiterparagraph aus Dtn 23,3 auch in Neh 13,1f. (ähnlich Esr 9,3 und Dtn 23,7) als narrative und rechtstheoretische Bezugsstelle für die Auflösung der Mischehen herangezogen wird. Der Rekurs auf Dtn 23,4f., wo eine negative Migrationserinnerung zur Rechtsnorm gerinnt,

---

[53]   Vgl. IRMTRAUD FISCHER, Rut, HThKAT, Freiburg i. Br. 2001, 38f.

[54]   Fraglich ist im Blick auf die Datierung und die literarische Integrität, ob die Verortung in der Richterzeit (1,1a) und die Genealogie Davids (4,17.18-20) als Spuren literarischen Wachstums gesehen werden können. Zur Diskussion u.a. FISCHER, ebd., sowie ERICH ZENGER, Das Buch Rut, ZBK.AT 8, Zürich ²1992, 26f.

[55]   Vgl. EBACH, Fremde (s. Anm. 38), 284f.

illustriert etwas, das für das Rutbuch insgesamt gilt. Als »schriftauslegende Literatur«[56] nimmt es literarisch-juridische Traditionen Israels auf und schreibt sie – mit Ottmar Ette formuliert – mit »Lust und List« fort.

Die Erzelternmotivik wird schon durch das agrarische Kolorit, die Datierung in die Richterzeit (Rut 1,1) und die in Kap 3 und 4 aufbrechende Thematik des Zugangs zu und des Status von Frauen in einen/m patriarchalen Familienverband aufgerufen.[57] Sie wird überdies dadurch gezielt geweckt, dass die Hungersnot in 1,1 auf die Hungermigration der Erzeltern anspielt (Gen 12,10; 26,1), so dass dieses konkrete Frauengeschick für das Geschick (der Stammeltern) Israels transparent wird.[58] Ruts moabitische Herkunft und das Leitwort *schachav* (sich [zu jemandem] hinlegen, Rut 3,4.7) rufen im Erzelternsetting das Negativbild Moabs aus Gen 19 (bes. V. 33) auf, wo Israels östliches Nachbarvolk mittels des Klischees der sexuell gefährlichen Ausländerin (vgl. Spr 5,20) auf eine inzestuöse Beziehung zurückgeführt wird. Das Buch Rut spielt mit diesen im Migrationskontext virulenten ethno-sexuellen Identitätsmarkern, um sie planvoll zu unterlaufen. Denn Rut wird wie Rahel und Lea zur Stammmutter Israels (Rut 4,11) und komplettiert die Genealogien der Genesis auf David hin (Rut 4,21).[59]

Eine auch rechtshermeneutisch interessante Grenzüberschreitung bietet die intertextuelle Bezugnahme zur Exodustradition. Im sog. Moabiterparagraph in Dtn 23,4f. wird den Angehörigen dieses Volkes – anders als Ägypterinnen und Ägyptern (»Du warst ja ein Fremdling in seinem Land«) – auf Dauer die Aufnahme ins Gottesvolk verwehrt. Denn, so der explizite Rekurs auf die erinnerte Exoduszeit, die Moabiter seien Israel »auf dem Wege« (*baddaeraech*) nicht mit Brot und Wasser, sondern fluchend entgegengekommen.[60]

Was in Ruts Treue zu Noemi (Rut 1,16) und deren Volk und in Ruts schrittweiser Integration geschieht, wäre nach einer buchstabengetreuen Les-

---

[56]   IRMTRAUD FISCHER, Art.: Rut/Rutbuch, in: www.bibelwissenschaft.de/wibilex/das-bibellexikon/lexikon/sachwort/anzeigen/details/rut-rutbuch/ch/1aed6c26070b1f0874 9f8accf451b05b/ [Aufruf: 7.7.2021].

[57]   Vgl. SEBASTIAN GRÄTZ, Zuwanderung als Herausforderung. Das Rutbuch als Modell einer sozialen und religiösen Integration von Fremden im nachexilischen Judäa, in: EvTh 65 (2005), 294-309.

[58]   FISCHER, Rut (s. Anm. 53), 122. Zum Leitwortcharakter von *'am* ebd.

[59]   A.a.O., 82. Dies aber geschieht auch über den Namen Perez (Rut 4,11.18) im gezielten Rückgriff auf Gen 38, eine wiederum weibliche Rollenklischees und patriarchale Sexual- und Sippenmuster sprengende Erzählung.

[60]   Obwohl dieser Konnex in der Begründung des Ausschlusses der Moabiter von der JHWH-Gemeinde nicht explizit markiert wird, fällt vor dem Hintergrund der Moab-Ätiologie in Gen 19 überdies auf, dass die Abfolge der Rechtssätze in Dtn 23,1-9, die ab V. 2 allesamt das Hinzukommen zur JHWH-Gemeinde betreffen in V. 1 mit einem Inzestverbot eröffnet. Vgl. GEORG BRAULIK, Das Deuteronomium und die Bücher Ijob, Sprichwörter, Rut, in: ERICH ZENGER (Hrsg.), Die Tora als Kanon für Juden und Christen, HBS 10, 61-138, 116; EBACH, Fremde (s. Anm. 38), 282.

art des Moabiter-Gesetzes von Dtn 23 unmöglich. Doch was »als Normenverstoß und als Wiederholung von Normenverstößen erscheinen«[61] kann und soll, stellt sich zugleich als kreative Auslegung dar. Die Nachlesebestimmungen der Tora für die *personae miserae* werden für Rut ausgeweitet (Rut 2,7.9.15-17, vgl. Lev 19,9f.; 23,22; Dtn 24,19-22) und sie wird als Ausländerin (gegen Dtn 23,4), in die Rechtsinstitute von Schwagerehe und Lösung (Dtn 25,5-10) einbezogen.[62] Dieser kreative Auslegungsprozess sorgt dafür, dass sich »Recht nicht in Legalität erschöpft«.[63] »Die Triebkraft für diese meta-legale Haltung liegt in der *Chaesaed*«[64], also in der Güte. Hieran ist bemerkenswert, dass diese Güte innerweltlich zuerst von Rut (und Orpa) an Noomi geübt (Rut 1,8b) wird. Dabei wird sukzessiv klar, dass sich eben darin Gottes Güte vollzieht (Rut 1,8b) und diese zu denen zurückfließt, die sie gewähren. Man könnte von einer Stafette der Güte (Rut 1,8; 2,20; 3,10) reden.

Die transformative Kraft der Güte prägt auch den Diskurs um die grundlegende Norm des Moabitergesetzes. Rut 1,1b nämlich notiert in präzisem Kontrast zu Dtn 23,5f. und in irregulärer Anlehnung an Dtn 23,8 (Denn ihr seid Fremde in Ägypten gewesen), Elimelech habe in Moab als Fremder gelebt. Rut 1,7b setzt dies fort, wenn – im Kontrast zu Dtn 23,5f. – Rut und Orpa als Moabiterinnen mit der Judäerin Noemi »auf dem Weg« (*baddaeraech*) sind.[65] Von Rut 1,1.7 an ist vor dem Rechtssatz in Dtn 23,4-6 und der Begründung (Moabs verweigerter Gastfreundschaft gegenüber Israel) alles Weitere also eine »unmögliche Geschichte«.[66] Es verstößt nicht nur gegen das konkrete Gebot, es unterläuft dessen Prämisse. »Fällt aber die Begründung [des Rechtssatzes] weg, so lässt sich auch das Aufnahmeverbot nicht länger rechtfertigen.«[67]

Die Fortsetzung in Rut 1,6b gibt an, worin Gott sich Israels annahm, nämlich darin »ihnen Brot zu geben« (*letaet lahaem laechaem*), und das ist der Hebel zur narrativen Dekonstruktion des Moabitergesetzes. Denn »ihm Brot zu geben« (*lataet lo laechaem*) ist in Dtn 10,18 Ausdruck der Liebe Gottes zum Fremden.[68] Sie erscheint geradezu als Gottesprädikation, die Israels Fremdenliebe begründet. Das Zitat aus Dtn 10,18, das Gottes Handeln an Israel und seine Fremdenliebe kombiniert, ist im Buch Rut zum Zeitpunkt von Rut 1,6

---

[61]   EBACH, Fremde (s. Anm. 38), 281.

[62]   Vgl. BRAULIK, Deuteronomium (s. Anm. 60), 118-125.

[63]   JAN-CHRISTIAN GERTZ, Die Gerichtsorganisation Israels im deuteronomischen Gesetz, FRLANT 165, Göttingen 1994, 203. Vgl. BRAULIK, a.a.O., 122.

[64]   A.a.O., 126, im Original teils Hebräisch.

[65]   Vgl. A.a.O., 117.

[66]   EBACH, a.a.O., 283.

[67]   BRAULIK, a.a.O., 116. Dass sich die aus Moab zurückkehrende Noemi mit Rut auf einem Exodus befindet, unterstreicht die Notiz Gott habe »sich seines Volkes angenommen« (Rut 1,6 *ki paqad jhwh aet amo*), die u.a. in Ex 3,16 Gottes Hören der Klage Israels und den Impuls zum Auszug markiert. Vgl. EBACH, a.a.O., 296.

[68]   Vgl. ZENGER, Kanon (s. Anm. 60), 253.

stimmig; Noemi ist fremd in Moab und hofft bei ihrer Rückkehr nach Juda Brot zu erhalten. Zugleich fällt von Gottes Wille, den Fremden Brot zu geben (Dtn 10,18), Licht auf Moabs Weigerung (Dtn 23,4f.), Israel auf dem Weg zu versorgen.

Die aus diesem Fremdenliebe-Zitat entstehende Frage ist nun einerseits, ob und wie die rechtlose Witwe Noemi in der Heimat an Gottes Brotgabe an Israel Anteil erhält, und andererseits, ob und wie in Noemis Heimat die Moabiterin Rut im Konnex der Fremdenliebe des Gottes Israels vorkommt. Die Antwort des Buches ist, dass beide Fragen nicht zu trennen sind. Das Leitwort geben (*natan*) zeigt nämlich, dass Rut, im Ähren sammeln und weitergeben an Noemi eine menschliche Gabe-Kaskade anstößt, in der sich die Gaben Gottes realisieren.[69] Das ab Rut 2,2 für das Ährenlesen verwendete Wort (*laqat*) verweist dabei auf die Mannaerzählung von Ex 16,4f.16-18.21f.26f. und zeigt so: Noemis Exodus aus Moab vollzieht sich nicht gegen oder trotz der Moabiterin Rut, sondern mit ihr.

Wenn dann Boas die Moabiterin mit Brot (Rut 2,14) und Wasser (2,8) versorgt und sie segnet (2,11), werden die Rollen aus Dtn 23,4f., die dort Moabs Ausschluss der Gemeinde begründen, strukturell und personell ein weiteres Mal verkehrt. Boas anerkennt in einem an Abrahams Auszug aus Ur erinnernden Satz Ruts Treue zu Noemi, so dass »die Entscheidung der Moabiterin in eine Reihe mit der Entscheidung des Erzvaters der ersten Generation [...] gestellt wird.«[70] Boas wünscht Rut – doppelt spiegelbildlich zu den Moabitern, die gegen Lohn Israel verfluchen lassen wollten (Dtn 23,5) –, sie möge unter dem Schatten der Flügel Gottes Lohn finden. Sowohl Gott als auch Rut nehmen ihn zur Verwirklichung dieses Wunsches in die Pflicht (Rut 3,9).[71]

In all dem setzt die Erzählung rechtshermeneutisch die Geltung des deuteronomischen Rechts voraus, erweitert dieses aber kritisch-kreativ und mit einem spezifischen Blick auf die soziale Realität von Frauen.[72] Der Ausländerinnen exkludierende Diskurs (Neh 13,1 u.ö.), der aus der Exoduserinnerung (Dtn 23,4) und in Erzelterntexten (Gen 19) legitimiert wurde, wird aufgebrochen,

---

[69]   Vgl. FISCHER, Rut (s. Anm. 53), 38. Rut gibt Noemi (Brot-)Getreide (Rut 2,18) und realisiert darin Gottes Güte (1,6), bevor Boas ihr Brot gibt (3,17), worauf Gott Rut (4,11.13), Boas (4,12) und implizit Noemi einen (Enkel) Sohn gibt (4,17.22).

[70]   A.a.O., 176f.

[71]   Wenn Rut unter Boas Gewandflügel schlüpft (Rut 3,9), macht dies klar, dass Boas selbst in die Erfüllung einbezogen ist. »Der Segenswunsch des Boas wird wahr, wenn Boas ihn wahr macht.« nach EBACH, Fremde (s. Anm. 38), 296. Das Wort Flügel taucht zugleich im in (Dtn 23,1) formulierten Inzestverbot auf. Vgl. BRAULIK, Deuteronomium (s. Anm. 60), 119.

[72]   Vgl. IRMTRAUD FISCHER, Das Buch Rut - eine feministische Auslegung der Tora, in: ERHARD S. GERSTENBERGER/ULRICH SCHOENBORN (Hrsg.), Hermeneutik - sozialgeschichtlich. Kontextualität in den Bibelwissenschaften aus der Sicht (latein)amerikanischer und europäischer Exegeten und Exegeten, Münster 1999, 39-58, 49.

ohne den identitätsstiftenden und -wahrenden Rang dieser Traditionen für die perserzeitliche-judäische Aufnahmegesellschaft zu bestreiten. Er wird vielmehr durch die Erzählung bekräftigt und aktualisiert.

6. Abschließende Erwägungen

An den vorgestellten migrantischen Grunderzählungen Israels und ihrer Fortschreibung im Buch Rut wird – in Anlehnung an ein Diktum Martin Seels – deutlich, dass auch die biblische Migrationsliteratur indem sie »mit ihren Möglichkeiten spielt, die unseren durch[spielt]«.[73] Die migrationstheologische und -ethische Rückfrage an das literarische Migrations-Mobile der Bibel hat dabei die Verankerung der biblischen Positionen in konkreten antiken Migrations-, Deportations- und Exilserfahrungen festzuhalten und zu (be)achten.

Diese sozialgeschichtlich sensible Lektüre antiker Migrationswirklichkeiten als bleibender Resonanzboden der biblischen Texte nötigt christliche Leserinnen und Leser des globalen Nordens dabei zu einer wichtigen Perspektiv-Umkehr. Sie verhindert vorschnelle Identifikationen und Nostrifizierungen und verlangt biblische Phänomene der Migration mit den Augen von Migrantinnen und Migranten *wahr* zu nehmen und deren migrantischen Selbstdeutung theologisch mit zu vollziehen. Dass in Israels Grunderzählungen explizit oder implizit die Perspektive der Opfer von Zwangsmigration, Vertreibung und Zwangsarbeit nicht nur im Blick sind, sondern deutend und theologisch leitend sind, öffnet zugleich den Blick dafür und stärkt den Respekt davor, dass und wie migrantische Religion bzw. religiöse Literatur als Ressource für Migrantinnen und Migranten fungiert. In ihr sind Migrationserfahrungen nicht nur aufgenommen, sondern in mehrfachem Sinne aufgehoben.

Bemerkenswert ist, dass Migration, in beiden vom Exils-Geschick Israels geprägten Grunderzählungen – anders als in der prophetischen und der deuteronomistischen Tradition – nicht mit einem (dominanten) theologischen Schuld-Strafe-Narrativ bearbeitet, sondern als Überwindung imperialer Zwangs(arbeits)verhältnisse bzw. als Ermöglichung gottgewollter Konvivenz von und mit Fremden gedeutet werden. Dieser auf Gottes Mit-Sein aufruhende Doppelakzent bildet das migrationstheologische und migrationsethische Vorzeichen des Hebräischen und christlichen Kanons. Im Exodus-Narrativ wird dem Ausbeutungs- und Zwangscharakter imperialer Macht als der historischen – und oft auch gegenwärtigen – Ursache von Migrationserfahrung wie auch den diese begründenden imperialen Weltmachts-Theologien machtvoll widersprochen durch den Gott, der das Wehklagen über die Zwangsarbeit hört und sich der Versklavten annimmt (Ex 2,23).

---

[73]   MARTIN SEEL, Theorien, Frankfurt/M. 2009, 121.

Die Erzelternerzählungen der Genesis, die in der kanonischen Selbstkonstruktion des nachexilischen Israel ein vorgeschaltetes positives Gegenbild propagieren, zeichnen demgegenüber nicht den gerade unter den prekären Bedingungen einer marginalisierten Minderheit naheliegenden Entwurf einer in sich geschlossenen, auf autochthone Identitätskonstitution gegründeten Gesellschaft, noch gar den reaktionären Traum eines dieses Konstrukt verkörpernden oder bewahrenden Staates, sondern das Ideal der Konvivenz, in der Identität und Alterität theologisch begründet gewahrt und gestaltet werden können.

Die Erfahrung von und die Erinnerung an Migration wird in Israels Grunderzählungen als das bleibend Eigene zugleich grundlegend offengehalten. Wie die Zentralstellung des Fremden in der Tora und die kreative Rechtshermeneutik des Buches Rut zeigen, schließt die Identifikation des Gottes Israels mit Migrantinnen und Migranten Israels migrantische Selbstdefinition nicht ab, sondern hält diese offen. Sie hält sie offen für Fremde und offen für Gott, der in der Bedürftigkeit und in der Güte der Fremden begegnet.

Peter Wick

Migration als *nota ecclesiae* im Neuen Testament

Migration gehört zum Fundament der ἐκκλησία im Neuen Testament. Sie ist nicht etwas, was die Kirche auch kann, sondern etwas, was die Kirche ist. Eine *stabilitas loci* kommt zur Kirche hinzu. Sie ist etwas sekundär Hinzugefügtes und etwas temporär Geschenktes. In ihrem Kern ist die Kirche eine migrierende Kirche, also eine Kirche, die durch das Verb *migrare* gekennzeichnet ist, durch Wandern, Auswandern und Sich-verändern. Diese Feststellung gilt, auch wenn sich die ἐκκλησία bereits an Pfingsten als Ortsgemeinde in Jerusalem konstituiert hat. Die Jerusalemer Kirche wird von einer Gruppe gegründet, die sich im Kern als wandernde Jesusgemeinschaft erfahren hat. So bilden Migration und *stabilitas loci* zwei Pole, zwischen denen diese Bewegung sich hin und her bewegt und sich so entwickelt. Doch der Pol der Bewegung ist in den Schriften des Neuen Testaments der primäre und wichtigere. Es kann in manchen neutestamentlichen Schriften sogar von einer Identitätskonstruktion gesprochen werden, die auf dem Migrationsgedanken beruht. Dabei waren immer Rückgriffe auf jüdische und biblische Migrationsvorstellungen möglich.[1] Die Frage ist nicht, weshalb die Kirche Ortsveränderungen vornimmt, sondern weshalb sie dies phasenweise nicht tut.[2]

Die neutestamentliche Forschung hat sich bisher wenig um die in den biblischen Texten vorausgesetzten und beschriebenen Migrationsphänomene ge-

---

[1]   Zur Migration als Teil der Identitätskonstruktion im Frühjudentum GARRICK V. ALLEN, Eschatology, Migration, and Identity in the Late Second Temple Period, in: REINHARD VON BENDEMANN/MARKUS TIWALD (Hrsg.), Migrationsprozesse im ältesten Christentum, BWANT 218, Stuttgart 2018, 69-97, und ADRIAN WYPADLO, Die philosophisch-allegorische Deutung der Migration Abrahams durch Philo von Alexandrien in De Virtutibus 211-219 und in De Abrahamo 68-88. Migration als monotheistischer Erkenntnisprozess, in: a.a.O., 99-121.

[2]   Interessanterweise kann auch in der neueren migrationssoziologischen Forschung die Frage, weshalb Menschen sich nicht in Bewegung setzen, zur eigentlichen Herausforderung werden. Die Ortsgebundenheit muss mehr erklärt werden als die Wanderschaft. Vgl. LUDGER PRIES, Neue Migration im transnationalen Raum, in: DERS. (Hrsg.), Transnationale Migration, Soziale Welt Sonderband 12, Baden-Baden 1997, 15-44, 15.

kümmert. In Zeiten, in denen Migration nicht gesellschaftlich diskutiert worden ist, hat sich auch kaum ein Exeget mit diesem Thema beschäftigt. Die berühmteste exegetische Ausnahme des letzten Jahrhunderts bildet Ernst Käsemanns programmatische Schrift zum Hebräerbrief unter dem Titel »Das wandernde Gottesvolk« von 1957, die die christliche Existenz nach dem Hebräerbrief als Migrationsexistenz beschrieb.[3] Diese Arbeit entstand zu einer Zeit, als Millionen von Menschen in Deutschland aufgrund des Zweiten Weltkrieges ihre Heimat verloren hatten und zugleich der Begriff »Heimat« in eine anhaltende Krise geriet. Obwohl sich Käsemann ganz auf die Zeit des Neuen Testaments konzentrierte, stellte er mit seiner Arbeit der Kirche ein Modell kirchlicher Existenz zur Verfügung, die freiwillig und theologisch begründet auf jegliche irdische Heimat verzichtet und ihre Identität ganz durch die Migration in Richtung Himmel konstruiert. Bemerkenswerterweise wurden in dieser Zeit Kirchen gerne in der Form eines Zeltes gebaut, wie etwa die Christuskirche in der Nähe des Bochumer Rathauses (1956-1959). Das Zelt dient als Zeichen des Rastens in einer Zeit der Heimatlosigkeit.

Doch insgesamt wurde Migration nie zu einem eigentlichen Gegenstand neutestamentlicher Forschung, obwohl Migration zum Fundament der ἐκκλησία im Neuen Testament gehört. Die migrierende Identität der frühen Kirche wird in weiteren Texten des frühen Christentums entfaltet und spielt etwa in der Schrift an Diognet, dem Hirten des Hermas und im 2. Clemensbrief eine wichtige Rolle.[4] Trotz immenser Kräfte, die über die Geschichte der Kirche hin erfolgreich auf eine Ortsgebundenheit hingewirkt haben, garantiert der neutestamentliche Kanon deshalb eine grundlegende Legitimation für jede Kirche, die durch Auswanderung gebildet wird oder auch nur aus ihren alten Strukturen auswandern will. Ein Rückgriff auf die Quellen kann genügen, um die Kirchen unter Legitimationsdruck zu setzen, die sich nicht bewegen wollen.

1. Das Matthäusevangelium, oder wie Jesus zum Migranten wird und seine ἐκκλησία sich durch Wanderbewegungen ausbreitet

Die festgefügte Kirche, die auf Petrus und seinem Bekenntnis als ihrem Felsen ruht (Mt 16,17-19), hat eine besonders wirkmächtige Rezeptionsgeschichte entfaltet. Das Felsenwort steht im Zentrum der katholischen Kirche in der Kuppel

---

[3]   Vgl. ERNST KÄSEMANN, Das wandernde Gottesvolk, Göttingen 1961. Näheres zu dieser Arbeit s.u. bei 5.

[4]   Vgl. HERMUT LÖHR, Heimatlosigkeit als ethisches und moralisches Argument in Texten des frühen Christentums, in: BENDEMANN/TIWALD, Migrationsprozesse (s. Anm. 1), 139-152, 139-145.

des Petersdoms in Rom. Doch im Text dieses Evangeliums ist der Verlust des festen Ortes viel wichtiger. Als Auftakt des Evangeliums wird mit dem Stammbaum das ganze Migrationsspektrum der Vorfahren Jesu beim bibelkundigen Leser aufgerufen (Mt 1,1-17). Der Stammbaum beginnt mit den Migranten Abraham, Isaak und Jakob, die alle keine Einheimische zur Frau genommen haben, und geht dann über Juda weiter, der eine Kanaaniterin geheiratet hat (Gen 38,2) und nach deren Tod die Kanaaniterin Tamar, seine Schwiegertochter, geschwängert hat. Tamar ist die erste von vier Frauen, die in diesem Stammbaum genannt wird. Die Ehe eines Migranten oder einer Migrantin mit einem Bewohner des Ziellandes intensiviert die Verbindung mit dem Zielland der Migration und bricht deutlich mit dem Herkunftsland. Mit dem Namen der zweiten Frau im matthäischen Stammbaum wird knapp auf das Ende der Migration durch die Wüste und die Landnahme angespielt. Salmon ehelicht Rahab, die in biblischer Tradition eine Bewohnerin Jerichos war. Der Autor des Matthäusevangeliums präsentiert Salmon auf dem Hintergrund der Landnahmeerzählung (Jos 6,21-25) als ersten israelitischen Migranten, der bei der Landnahme eine Kanaanäerin geheiratet hat. Der Messias stammt aus der einzig erlaubten Mischehe, die aus der Eroberung Jerichos hervorgegangen ist. Ruth, als dritte dieser Frauen, ist selbst Migrantin aus dem verhassten Moab, von wo niemand in die Gemeinde Israels aufgenommen werden darf (u.a. Dtn 23,4; Am 1,13-2,1). Dieser Migrationsbann steht im Zusammenhang zu traumatischen Migrationserfahrungen Israels mit Moab. Moab verweigert dem Volk auf seinem Weg in das gelobte Land Nahrung, begeht Unzucht mit ihm und versucht es mit Hilfe von Bileam zu verfluchen. All dies heilt die Moabiterin Ruth mit ihrer Migration nach Bethlehem.[5] Die letztgenannte, nicht namentlich genannte Batseba wird als die Frau des Uria bezeichnet. Dieser ist ein Hethiter. Offensichtlich lebt sie in einer Migrantenehe (Mt 1,5) mit einem zugezogenen Mann aus einem anderen Volk. Augenfällig verbindet diese vier Frauen, dass sie alle in ethnischen Mischehen als Migrantinnen oder mit Migranten leben. An die erzwungene Migrationserfahrung des Volkes wird im Stammbaum betont erinnert, indem die babylonische Gefangenschaft sogar zweimal explizit genannt wird (Mt 1,11f.).

Die Geburtsgeschichte wird im ersten Evangelium ganz anders erzählt als im Lukasevangelium. Es gibt keine Reise nach Bethlehem. Josef wohnt mit Maria dort in einem Haus (Mt 2,11). Die ersten, die das Kind verehren, sind Fernreisende aus dem Osten. Durch die tödliche Bedrohung durch König Herodes den Großen wird die junge Familie auf Anweisung eines Engels zur Flucht und dadurch zur Migration nach Ägypten gezwungen. Erst der Tod des Herodes erlaubt die Rückkehr in das »Land Israel« (Mt 2,20f.). Doch die Herrschaft des Archelaus verhindert die Rückkehr nach Bethlehem und erzwingt eine Umsiedlung

---

[5]   Dazu ausführlich KARL-HEINRICH OSTMEYER, Wie die Moabiterin Ruth in den Stammbaum Jesu bei Matthäus einwanderte, in: BENDEMANN/TIWALD, Migrationsprozesse (s. Anm. 1), 153-171, 163-166.

nach Nazareth in Galiläa fern der angestammten Heimat (Mt 2,14-23). Das »Galiläa der Völker« gilt als Randgebiet von Israel (Mt 4,14-16). Verlust der Heimat und die damit verbundene doppelte Migrationserfahrung prägen die Familie und die Kindheit von Jesus. Jedenfalls suggeriert das der Text.

Ohne Dramatik, aber doch präzise, betont der Text, dass Jesus nach einer dritten Migrationserfahrung anfängt, öffentlich aufzutreten. »Nachdem er aber gehört hatte, dass Johannes überliefert worden war, zog er sich nach Galiläa zurück, und er verließ Nazareth und kam und wohnte in Kapernaum« (Mt 4,12f.). Der Text erwähnt keinen kausalen Zusammenhang zwischen der Gefangennahme Johannes des Täufers durch Herodes Antipas und dem Umzug nach Kapernaum, doch die Nähe dieser Aussagen suggeriert eine solche Schlussfolgerung: Jesus hat nach Kapernaum gewechselt, weil er dort sicherer war.

Nun fängt Jesus an zu predigen, und sofort setzen er und die Geschichte sich in Bewegung. Er geht am See Genezareth entlang, beruft Fischer in die Nachfolge, zieht mit diesen in ganz Galiläa umher und setzt Menschenmassen, die von ihm geheilt werden wollen, in Bewegung (Mt 4,17-25). Kapernaum wird zu »seiner eigenen Stadt«, und dort wohnt er in einem Haus (Mt 9,1.28). Doch er zieht vor allem in Galiläa umher und versteht seine Existenz als eine unbehauste und heimatlose: »Der Menschensohn hat nichts, wohin er sein Haupt legen kann« (Mt 8,20). Die Wanderexistenz zeichnet Jesus und seine Gruppe aus.[6]

Trotz all dem weiß sich Jesus einer gewissen Ortsgebundenheit verpflichtet. Sein Dienst ist an das »Haus Israel« (Mt 10,6) gebunden. Nur dorthin sendet er seine Schüler. Doch seine Konzentration auf Israel scheitert zuerst am Widerstand einer Kanaanäerin, die Jesus dazu bringt, auch ihre Tochter zu heilen. Jesus trifft sie auf seinen Wanderschaften in Syro-Phönizien (Mt 15,21-28). Am Tempel als Zentrum Jerusalems und des Landes Israel (γῆ Ἰσραήλ, vgl. Mt 2,20f.) kommt es zum Bruch mit der Fokussierung auf sein Volk und seine Heimat. Jesus spricht im Gleichnis von den Weingärtnern zu den Führungseliten Israels: »Deshalb sage ich euch, dass das Königreich Gottes von euch weggenommen und einem Volk gegeben wird, welches dessen Früchte bringt« (Mt 21,43).

Dieser Bruch wird noch gesteigert durch den Bruch im eigenen Schülerkreis: Judas verrät Jesus. Es reut ihn. Er bringt die Silberlinge zurück. Mit diesen wird ein Acker für das Begräbnis der Völker gekauft, also ein Migrantenfriedhof (Mt 27,3-10). Explizit wird markiert, dass die Verheißung des Jeremia sich durch dieses Geschehen erfüllt. Der Acker ist bei Jeremia Heilszeichen. Wenn aber der

---

6   Theißen formuliert seine These zu den radikalen Worten Jesu, die zur unbedingten Nachfolge aufrufen, folgendermaßen: »Der ethische Radikalismus der Wortüberlieferung ist Wanderradikalismus.« GERD THEISSEN, Wanderradikalismus. Literatursoziologische Aspekte der Überlieferung von Worten Jesu im Urchristentum, in: DERS., Studien zur Soziologie des Urchristentums, Tübingen ³1989, 79-105, 86.

»Totenacker« der Völker als Heilzeichen gekennzeichnet ist, bedeutet dies, dass die Auferstehung der Toten auch für die Völker gelten wird.[7]

Als Abschluss des Evangeliums sendet der Auferstandene im sogenannten Missionsbefehl seine verbliebenen elf Schüler zu allen Völkern: »Darum geht nun und lehrt alle Völker, indem ihr sie tauft auf den Namen des Vaters, des Sohnes und des Heiligen Geistes und ihr sie lehrt, alles zu bewahren, was ich euch geboten habe« (Mt 28,19f.). Am Ende des Evangeliums wird deutlich, dass die Wanderexistenz der Jesusgruppe nicht zu ihrem Ende kommt, sondern nun erst recht losgeht. Die Schüler Jesu sollen zu Migranten werden. Sie sollen auswandern zu den Völkern und ihnen das Evangelium lehren, indem sie diese als Schüler aufnehmen.[8]

Zusammenfassend kann festgehalten werden: Jegliche Ortsgebundenheit zerbricht für Jesus durch äußere Gefahren, denen er ausweichen muss. Doch Jesus nimmt dies als Gelegenheit für sein Auftreten in der Öffentlichkeit. Er wird zum ortsungebundenen Wanderprediger, der mit seinen Anhängerinnen und Anhängern eine migrierende Existenz lebt. Doch auch seine Orientierung auf Israel hin zerbricht. Seine Schüler werden zu Migranten, die nicht bleiben, sondern hingehend ihren Auftrag ausführen sollen. Ihr grundlegender Modus ist der des Gehens. Das Evangelium ist somit durch eine Dynamik des Verlustes des festen Ortes geprägt.

2. Paulus und seine Wanderexistenz

Paulus gründet in Städten Kleinasiens und Griechenlands ortsgebundene Gemeinden, die sich in Privathäusern treffen (z.B. Phlm 2). Er erwartet von den Gemeindemitgliedern nicht, dass sie ihre Heimat verlassen. Doch er selbst führt eine Wanderexistenz. Seit seiner Berufung durch Christus versteht er sich als einer, der unterwegs ist. Er berichtet kaum von längeren Aufenthalten. Zu Beginn war er für drei Jahren in Arabien. Aber es bleibt offen, ob er sich dort an einem Ort aufgehalten hat. Antiochia erwähnt er nur einmal in einem Brief (Gal 2,11; vgl. 2Tim 3,11). Paulus gibt keinen Hinweis darauf, dass er sich irgendwo zuhause gefühlt hat. Er besucht mehrfach Jerusalem und reist durch viele Städte. Er sammelt eine Kollekte in seinen Gemeindegründungen und will diese nach Jerusalem bringen. Er schreibt den Glaubenden in Rom, dass er sie besuchen und von ihnen nach Spanien geleitet werden will (Röm 15,24). Einige Mitarbei-

---

[7]   Vgl. ausführlich PETER WICK, Judas als Prophet wider Willen. Mt 27,3-10 als Midrasch, in: ThZ 57 (2001), 26-35.

[8]   Zu diesem Verständnis und dieser auch in der Revision der Lutherbibel von 2017 aufgenommenen Übersetzung des Missionsbefehl WOLFGANG REINBOLD, »Gehet hin und machet zu Jüngern alle Völker«? Zur Übersetzung und Interpretation von Mt 28,19f., in: ZThK 109 (2012), 176-205, 199.

ter begleiten ihn auf Teilstücken seiner Reise. Paulus deutet an, dass die Apostel, die Brüder des Herrn und Petrus ebenfalls eine Wanderexistenz führen, und dabei ihre Frauen mitnehmen (ἀδελφὴν γυναῖκα περιάγειν; vgl. 1Kor 9,5).

Die Ortsgebundenheit seiner Gemeinde begründet er nie. Doch im Philipperbrief bezieht er die Glaubenden theologisch in seine Ortsungebundenheit mit ein. Er schreibt der Gemeinde in Philippi: »Denn unser Bürgerort (πολίτευμα) ist im Himmel, von woher wir auch unseren Retter, den Herrn Jesus Christus erwarten.« (Phil 3,20). Die Glaubenden haben keine eigentliche Heimat auf Erden. Ihr πολίτευμα ist im Himmel. Der Begriff bezeichnet den Bürgerort oder auch das Bürgerrecht. Theologisch gesehen ist der Himmel der einzige feste Bezugsort der Glaubenden. Aus dieser Perspektive betrachtet, leben sie alle nicht in der Heimat und damit an dem Ort, zu dem sie gehören.[9] Andeutungsweise findet sich dieser Gedanken bei Paulus auch in der Vorstellung vom »Jerusalem droben« (Gal 4,26) und mehr auf das Individuum fokussiert in der »Behausung von oben«, die zwar »ausheimisch« im Leib, aber »einheimisch« beim Herrn bedeutet (2Kor 5,1-10). Diese Aussage des Paulus wirkt wie eine Steilvorlage für den Hebräerbrief, der aus solchen Vorstellungen schließt, dass die Glaubenden fortwährend Migrierende sind.

3. Die Verbreitung der Kirche durch Wanderschaft in der Apostelgeschichte

In der Apostelgeschichte wird die ganze ἐκκλησία und auch Paulus in eine Spannung von *stabilitas loci* und Ortsungebundenheit gestellt. Zu Beginn dieses Werkes wird Jesus vor den Augen seiner Anhänger weggenommen. Diese bleiben in Jerusalem. Dort erleben sie Pfingsten und bleiben als junge Gemeinde fest an diesen Ort gebunden, obwohl ihnen Jesus Christus verheißen hat, dass sie nach dem Empfangen des Heiligen Geistes Zeugen in Jerusalem, Judäa, Samaria und bis an das Ende der Erde sein werden. Durch ihre Sendung zur Völkermission wird deutlich, dass grundlegend ein Raum für Multikulturalität und Diversität geöffnet wird. Zugleich wird »das Geschick der Christusanhänger in den Horizont der ›Migrationsgeschichte‹ Israels gestellt.«[10] Gerade die Stephanusrede macht die Migration zu einem entscheidenden Faktor der Geschichte Israels: Ab-

---

[9]   Vgl. ausführlich REINHARD FELDMEIER, Die Christen als Fremde. Die Metapher der Fremde in der antiken Welt, im Urchristentum und im 1. Petrusbrief, WUNT 64, Tübingen 1992, 83, und REINHARD VON BENDEMANN, Frühes Christentum und Migrationssoziologie. Ausgewählte methodische Fragen und Probleme, in: BENDEMANN/TIWALD, Migrationsprozesse (s. Anm. 1), 34.

[10]   RITA MÜLLER-FIEBERG, Missionierende Migranten? Migrierende Missionare? Ein perspektivischer Blick auf die Apostelgeschichte und ihre Figuren (Priszilla und Aquila), in: BENDEMANN/TIWALD, a.a.O, 187-206, 195.

raham und seine Nachkommen (Apg 7,6) sind Migranten, und Mose wird in Midian zum Migranten (Apg 7,29) und bleibt ein solcher sein Leben lang (Apg 7,6.29: πάροικος).

Erst durch den Schock der Steinigung des Stephanus und der damit verbundenen Verfolgung machen sich manche Christusanhänger auf den Weg, verlassen Jerusalem und verkünden das Evangelium. Die Apostelgeschichte suggeriert auf diese Weise, dass sich die Jesusanhänger nicht freiwillig auf den Weg gemacht haben, sondern dass sie durch äußeren Zwang und Gefahr zur Migration gezwungen worden sind. Ihre Flucht und Vertreibung haben sie dann als Chance für die Mission genützt. So predigt Philippus in Samarien (Apg 8,1–4) und andere in Phönizien und Zypern und Antiochia, dort sogar unter Nichtjuden (Apg 11,19f.).

Die Apostelgeschichte entwickelt die Idee einer Heimatgemeinde oder einer Basisgemeinde für die Mission des Paulus. Das finden wir so nicht in den Paulusbriefen. Antiochia ist die Gemeinde, die Paulus aussendet (Apg 13,1-3). Dorthin kehrt er immer wieder zurück, um dort zu wirken (Apg 14,26; 15,35; 18,22). Doch Paulus stammt nicht aus Antiochia und steht dort von Anfang an in einem aktiven Dienst in der Gemeinde (Apg 11,26). Antiochia ist höchstens eine temporäre Heimat für Paulus, der *de facto* ein heimatloser, reisender Prediger bleibt.

Im Gegensatz zu Paulus sind auch in der Apostelgeschichte die Gemeinden, in denen Paulus wirkt und die er gründet, ortsstabil. Sie etablieren sich in den Häusern von Jesusanhängern in einer Stadt. Während in der Jerusalemer Gemeinde von mehreren Häusern die Rede ist, in denen sich die ἐκκλησία getroffen hat, wird das für die Gemeindegründungen des Paulus nicht explizit erwähnt.

Auch die Migration von Frauen wird erwähnt. Aquila und Priscilla sind Migranten, die auf Druck des Claudius Rom verlassen mussten (Apg 18,2). Paulus lebt mit ihnen in Korinth bei seinem ersten Aufenthalt zusammen. Sie begleiten ihn anschließend nach Ephesus. In dieser Stadt schreibt Paulus später wahrscheinlich den ersten Brief an die Korinther und erwähnt sie unter den Grüßenden (1Kor 16,19; vgl. Apg 18,18.26). Später konnten sie offensichtlich nach Rom zurückkehren (Röm 16,3). Paulus nennt die Frau im Gegensatz zur Apostelgeschichte Priska und zwar immer vor ihrem Mann.[11]

Zusammenfassend kann festgehalten werden, dass Migration in der Apostelgeschichte zur DNA der entstehenden Kirche wird. Paulus und andere Verkündiger des Wortes und Gemeindebauer sind Migranten. Viele werden durch Gefahr an Leib und Leben zu dieser Existenzweise gezwungen. Paulus wählt seine heimatlose Existenz freiwillig. Im Gegensatz zu diesen Wortverkündigern und Gemeindegründern sind die Gemeinden, die durch ihren Wirkungsbereich entstehen, ortsstabil.

---

[11] Vgl. ausführlich Bendemann/Tiwald, Migrationsprozesse (s. Anm. 1), 196-203.

4. Wandernde Lehrer und heimatlose Gemeinden in den Apostolischen Briefen

In den Johannesbriefen ist es selbstverständlich, dass Wanderprediger die Gemeinden besuchen (2Joh 10; 3Joh 10). Die Petrusbriefe werden aus der Perspektive des Petrus geschrieben. Auch Petrus pflegt nach 1Kor 9,5 einen Dienst des Herumreisens. Die Apostelgeschichte deutet das an, indem Paulus bei seinem letzten Besuch in Jerusalem nur Jakobus trifft (Apg 21,18). Petrus ist offensichtlich nicht mehr vor Ort. Gemäß dem ersten Petrusbrief ist er in Babylon (1Petr 5,13). Wenigstens implizit schwingt in diesem Codenamen für Rom mit, dass er dort nicht zuhause ist. Babylon kann nicht die Heimat eines Christusanhängers sein. Die Adressaten werden deutlich als Heimatlose angesprochen. Sie sind einerseits Erwählte Gottes und andererseits bloß Fremdlinge (παρεπίδημος) in der Diaspora (1Petr 1,1). Als Beisassen (πάροικος) und Fremdlinge werden sie von der Gesellschaft nicht als Mitbürger akzeptiert und bleiben ausgegrenzt (1Petr 2,11). Durch ihren neuen Lebenswandel unterscheiden sie sich von den anderen und machen Fremdheitserfahrungen, die mit Leiden verbunden sind. Sie leben in einer »inneren Emigration, obgleich sie sich territorial durchaus noch in ihrer irdischen Heimat« aufhalten. Diese Erfahrung wird Teil ihrer Identität.[12]

Im Jakobusbrief präsentiert sich der Schreiber als einer, der aus dem Zentrum schreibt und mit diesem ortsstabil verbunden ist. Vieles spricht dafür, dass der Verfasser die Perspektive des Herrenbruders Jakobus einnimmt, der aus Jerusalem schreibt. Seine Adressaten sind die zwölf Stämme in der Diaspora. Damit spricht er die ἐκκλησία als Israel an, das nicht in der Heimat lebt. Durch die Beziehung des Begriffs Diaspora auf das Zwölfstämmevolk Israel wird die Existenz der Kirche als eine Migrationsexistenz theologisch festgemacht.

5. Migration als grundlegende Identität im Hebräerbrief

Im Hebräerbrief finden wir eine eigentliche Theologie der Migration. Während Jesus Christus sein Ziel als Hohepriester und zugleich Opfer im Himmel erreicht hat, ist das ganze Volk Gottes auf der Wanderschaft. Es ist als solches heimatlos und ortsungebunden. Die Bewegung und die Migration sind primäre Kennzeichen seiner Identität.

Der Schlüsseltext für die Migration des Volkes Gottes im Hebräerbrief ist Hebr 3,7-4,11. Dies betonte schon Ernst Käsemann 1957 mit seiner programma-

---

[12]   UTA POPLUTZ, Fremdheit als Chance. Von der Identitätskonstruktion einer frühchristlichen Gemeinde im Spiegel des ersten Petrusbriefes, in: BENDEMANN/TIWALD, Migrationsprozesse (s. Anm. 1), 207-230, 218.

tischen Schrift »Das wandernde Gottesvolk«.[13] Ziel der Glaubenden ist nach Käsemann die himmlische Ruhe und der himmlische Erbteil, doch der Modus, wie dieses Ziel erreicht werden kann, ist die Wanderschaft.[14] Das wandernde Gottesvolk wandert als Kultgemeinschaft auf den Himmel und so auf den himmlischen Kult zu. Auf diese Weise verbindet Käsemann das Wanderschaftsmotiv mit der kultischen Perspektive des Hebräerbriefes.[15]

Die Kultzentralisation bildet das Fundament des Hebräerbriefs. Das Gebot der Kultzentralisation in Deuteronomium 12 spielt eine entscheidende Rolle für die Theologie des Hebräerbriefes. In Dtn 12,9f. steht: »Denn ihr seid bis jetzt nicht gekommen zur Ruhe und zum Erbteil, das/die der Herr euch gibt. Und ihr werdet hinübergehen über den Jordan und werdet wohnen im Land, dass der Herr, euer Gott euch erben lässt, und er wird euch Ruhe schaffen vor all euren Feinden ringsum, und ihr werdet in Sicherheit wohnen.« Die große Verheißung Gottes für sein Volk lautet in der Tora Ruhe (*menuchah*) und Erbbesitz (*nachalah*) bzw. κατάπαυσις und κληρονομία in der Septuaginta. Diese beiden Güter werden dem Volk als Ziel des Exodus und der Migration durch die Wüste verheißen. Auch wenn Dtn 12,9f. nicht explizit zitiert wird, so wird doch durch die häufige Erwähnung der *menuchah* im Hebräerbrief, die im Zusammenhang zur Landnahme nur in Dtn 12 in der Tora vorkommt, ein impliziter aber fester Bezug zum deuteronomischen Text geschaffen.

In Hebr 3,7-4,11 ist die Ruhe (κατάπαυσις) ein zentraler Begriff. Psalm 95,11 wird mehrfach aufgenommen: »Wie ich schwor in meinem Zorn: Wenn sie in meine Ruhe hineingehen.« (Hebr 3,11.18f.; auch 4,3.5) Der *auctor ad Hebraeos* deutet mit diesem Psalmvers Dtn 12,9f. und folgert, dass die Israeliten die Ruhe nicht erreicht und damit auch das Land als Erbteil nicht erhalten haben. Denn die Schrift selbst sagt, dass Gott geschworen hat, dass sie nicht in die Ruhe eingehen werden. »Denn wenn Josua sie zur Ruhe gebracht hätte, würde er später nicht von einem anderen Tag geredet haben.« (Hebr 4,8) Mit der Ruhe- und Landverheißung ist im Kultzentralisationsgesetz die Ansage eines Ortes verbunden, an dem Gott selbst wohnen will und an dem der Opferkult stattfinden soll (Dtn 12,5f.). In Jesus Christus hat sich offenbart, dass der Kult vollbracht worden ist im einmaligen Opfer Jesu Christi, das von ihm selbst als Hohepriester im Himmel dargebracht worden ist. Im Himmel verwirklicht sich die Kultzentralisation und damit die himmlische Stiftshütte (Hebr 6,19f.; 9,11). Dort hat Jesus Christus seinen bleibenden Ort gefunden. Der in Dtn 12,5f. verheißene Kultort

---

[13]   Vgl. Käsemann, Gottesvolk (s. Anm. 3), 5.

[14]   A.a.O., 18.

[15]   A.a.O., 27-32, besonders 32. Ausführlich zum Hebräerbrief auch Peter Wick, Migration auf Erden und Himmelskult. Der Exodus der Glaubenden im Hebräerbrief, in: Bendemann/Tiwald, Migrationsprozesse (s. Anm. 1) 231-247.

ist der Himmel selbst (Hebr 9,24).[16] Dort wohnt Gott. Die Glaubenden befinden sich offensichtlich noch nicht dort, sondern sie können und sollen sich mit dieser Zielvorgabe nun wieder auf den Weg machen. Sie sollen ihre Heimat verlassen und auf die himmlische zugehen. Auf Erden sind sie nur Beisassen und Fremdlinge (Hebr 11,13: ὅτι ξένοι καὶ παρεπίδημοί εἰσιν ἐπὶ τῆς γῆς). Doch im Himmel hat Gott ihnen eine Stadt bereitet (Hebr 11,16). Die Fortsetzung des Exodus ist möglich. Diesmal sorgt Gott selbst dafür, dass sie das Ziel und damit die Ruhe erreichen. Deshalb sollen sie sich auf den Weg machen. »Lasst uns nun eifrig bemüht sein, in jene Ruhe einzugehen, damit niemand nach demselben Beispiel des Ungehorsams falle!« (Hebr 4,8). Eine solche Schriftauslegungstechnik, die auf Stichwort basierten Zitatverbindungen beruht, findet sich später in den Midraschim der Rabbiner.

Die Theologie des Hebräerbriefs ist in ihrem Kern eine Migrationstheologie. Die Adressaten des Hebräerbriefes sind mit einer hohen, himmlischen Theologie angehalten, auf Erden in allen politischen Bedrängnissen sich nicht irgendwo einzurichten, sondern auf die Ruhe, das Land und den Himmel hin ausgerichtet weiter zu migrieren. Migration in Richtung Himmel soll ihre Reaktion sein auf ihre irdische Bedrängnis und ihre Heimatlosigkeit auf Erden.

Migration ist nicht die existentiale, innere Befindlichkeit der Glaubenden, die das Wort empfangen haben, wie Käsemann meinte,[17] sondern der Glaube verunmöglicht eine Rückkehr in die materiellen und physischen Sicherheiten der irdischen Polisgemeinschaften. Er kann Bedrängnis und Verfolgung auf Erden zeitigen, die auch eine physische Migration erzwingen können.[18]

6. Ertrag: Migration als *nota ecclesiae* im Neuen Testament

Migration gehört zu den Grundbewegungen im neutestamentlichen Kanon. Jesus initiiert eine Wanderbewegung und Wandergemeinschaft. Im Markusevangelium ist das Nachfolgethema zentral. Nachfolge ist Wanderbewegung. Gerade im Matthäusevangelium wird Jesus durch Flucht und Vertreibung geprägt. Im lukani-

---

[16] Vgl. ausführlich HERMUT LÖHR, »Heute wenn ihr seine Stimme hört ...«. Zur Kunst der Schriftanwendung im Hebräerbrief und in 1 Kor 10, in: MARTIN HENGEL/HERMUT LÖHR (Hrsg.), Schriftauslegung im antiken Judentum und im Urchristentum, Tübingen 1994, 184-205, zum Heiligtum als Himmel und zum Himmel als Heiligtum u.a., 190.

[17] Für Käsemann gilt ganz existential fern von jeglicher historischeren Einbindung, »daß die dem Offenbarungsempfänger gemäße Existenzform in der Zeit einzig die Wanderschaft sein kann.« Gottesvolk (s. Anm. 3), 6; vgl. 10.30.156.

[18] Vgl. PETER WICK, Migration auf Erden und Himmelskult. Der Exodus der Glaubenden im Hebräerbrief, in: BENDEMANN/TIWALD, Migrationsprozesse (s. Anm. 1) 231-247, 245.

schen Geschichtswerk ist Jesus der wandernde Lehrer *par excellence*, der unter anderem seine wichtigsten Gleichnisse auf seiner Wanderschaft erzählt. Schließlich geht er weg und fährt in den Himmel auf. Im Johannesevangelium problematisiert Jesus sein Weggehen in den Abschiedsreden. Hier wie dort kann die Kirche nicht bei ihm bleiben. Diese Spannung wird so gedeutet, dass die irdische Kirche noch nicht am Ziel ist auf dieser Erde. Bei Paulus wird deutlich, dass die Glaubenden nicht Bürger ihrer irdischen Stadt sind, sondern dass sie Himmelsbürger und damit auf Erden nicht in der Heimat sind. Sowohl im 1. Petrusbrief als auch im Jakobusbrief leben die Glaubenden in der Diaspora und in einer von Migration geprägten Existenz. Im Hebräerbrief wird der Himmel als ihre Heimat qualifiziert, auf den sie zugehen und deshalb prinzipielle Heimatlosigkeit auf der Erde auf sich nehmen müssen. Glaubende sind Migranten. Diese theologische Qualifizierung hat eine Wurzel in der Realität der Kirche, die sich dem Druck ihrer Umwelt ausgesetzt sah.

Bei Paulus, in der Apostelgeschichte und in den Johannesbriefen wirken weder die Verkündiger des Wortes noch die Gemeindegründer, die Apostel und Brüder des Herrn ortsstabil. Auch wenn sie länger an einem Ort bleiben, sind doch ihr ganzes Leben und ihr Dienst durch ihr Unterwegssein geprägt. Die Kirche wird durch Migranten aufgebaut und geprägt. Mit Priska wird auch eine Migrantin erwähnt, deren Leben durch den Dienst an der Kirche bei gleichzeitiger Heimatlosigkeit bestimmt ist. Einen besonderen Akzent setzt die Offenbarung des Johannes. Ihr Autor schaut in der Verbannung seine großen himmlischen Visionen.

So ist in den meisten Schriften der Migrationsgedanke mit einer fundamentalen Bedeutung präsent. Entweder ist die Kirche eine *ecclesia migrans*, oder deren Gründer und Verkündiger sind Migranten. Selten werden diese beiden Schwerpunkte direkt miteinander vermischt. Dies ist etwa im Philipperbrief der Fall, wo der Migrant Paulus über das himmlische Bürgerrecht aller Glaubenden schreibt.

Migration ist eine *nota ecclesiae* im Neuen Testament. Migration steht im Zentrum vieler frühchristlicher Identitätskonstruktionen. Migration gehört zu den biblischen Wurzeln der Jesusbewegung, die sich als Wanderbewegung äußert. Auch wenn es nicht zu äußeren Migrationserfahrungen kommt, wird die innere Migration zu einem wesentlichen Teil der Grundbefindlichkeit und Selbstwahrnehmung der Kirche, die durch reale Migrationserfahrungen bestätigt wird. Aufgebaut wird die Kirche vor allem durch Menschen, die unterwegs sind und die eine Wanderexistenz führen. Auch wenn all diese Gedanken sehr unterschiedlich in den einzelnen Schriften des Neuen Testaments gewichtet werden, haben sie zusammengenommen ein großes Gewicht, das in der Kirchengeschichte immer wieder gewirkt hat und bis heute immer wieder sein Potential entfalten kann. Die modernen Migrationserfahrungen fordern heraus, dieses Potential für heutige Diskurse fruchtbar zu machen, um gegenwärtige Migrationserfahrungen theologisch zu deuten und deren Relevanz für die Kirchen aufzuzeigen. Dabei geht es nicht nur um ethische Verpflichtungen von lokalen Kirchen gegenüber

Migranten, sondern auch um eine selbstkritische Identitätsbestimmung und Identitätsentwicklung der Kirche inmitten der heutigen Migrationsströme und als Teil der weltweiten Migration.

Werner Kahl

RE-LEKTÜRE DER APOSTELGESCHICHTE AUS DER PERSPEKTIVE VON FLUCHT UND MIGRATION

Eine Re-Lektüre der Apostelgeschichte unter der Perspektive von Flucht und Migration ist erhellend nicht nur in Bezug auf die Rekonstruktion der Geschichte des Frühchristentums. Erfahrungen von Verfolgung, Flucht und Migration haben das Selbstverständnis und die Ausgestaltung von Glaubensgemeinden in der mediterranen Welt der ersten zwei Jahrhunderte, in denen Jesus als der Messias erachtet wurde, wesentlich mitbestimmt. Diese Erfahrungen werden in allen neutestamentlichen Schriften mehr oder weniger deutlich vorausgesetzt, zur Sprache gebracht und theologisch reflektiert. Die neutestamentliche Wissenschaft ist auf diese Dimension des Frühchristentums aufmerksam geworden nicht zuletzt aufgrund des gegenwärtigen globalen Migrationsphänomens, das in Europa u.a. zu der Etablierung von sogenannten christlichen Migrationsgemeinden geführt hat.[1] Aufgrund von meist erzwungener Translozierung von Christusgläubigen stellte sich im Frühchristentum die Frage nach der Möglichkeit, der theologischen Begründung und der sich daraus ergebenden eventuellen Notwendigkeit eines transkulturellen Zusammenwirkens und -lebens der kulturell Verschiedenen in Glaubensgemeinden.[2]

---

[1] Vgl. REINHARD VON BENDEMANN, Frühes Christentum und Migrationssoziologie. Ausgewählte methodische Fragen und Probleme, in: DERS./MARKUS TIWALD (Hrsg.), Migrationsprozesse im ältesten Christentum, BWANT 218, Stuttgart 2018, 9-49.

[2] Mit dem Begriff des Transkulturellen nehme ich einen Impuls des Philosophen Wolfgang Welsch auf, der geschichts- und kulturwissenschaftlich begründet seit den 1990er Jahren diesen Begriff dem der Interkulturalität vorzieht. Vgl. WOLFGANG WELSCH, Transkulturalität. Realität - Geschichte - Aufgabe, Wien 2017. In diesem Beitrag bezeichne ich mit *transkulturell* solche Gemeinschaften, die nicht nur aus Menschen unterschiedlicher Herkunft, Ethnie, Sprache und Kultur bestehen und die deshalb *interkulturelle* Kommunikation erfordern, sondern innerhalb derer sich aufgrund dieser Konstellation Verschiebungen und sich ausbreitende Überlappungen von Verständnissen und Identitäten ergeben, sich also *Transkulturalität* vollzieht und sich etwas *Drittes* unkontrolliert auszubilden beginnt. Es scheint mir hilfreicher zu sein von mehr oder weniger klar zu identifizierenden bestehenden Kulturen auszugehen als von der Annahme, dass Kulturen nicht voneinander zu unterscheiden wären. Es ist übri-

Das Frühchristentum hat sich in der Antike als – nach innen und außen – grenzüberschreitende Bewegung als anschlussfähig und relevant erwiesen. In der Radikalität dieser realen, theologisch reflektierten Grenzüberschreitungen, die transkulturelle Glaubensgemeinschaften beförderten, lässt sich sicher ein besonderes und entscheidendes Merkmal jener Glaubensbewegung in der Antike ausmachen. Der Soziologe Jürgen Habermas hat dies im Zusammenhang seiner Analyse des antiken Christentums treffend auf den Punkt gebracht: Die Kirche entwickelte sich »spontan von unten, und zwar als eine von Haus aus universale, vom Glaubensinhalt her auf Inklusion und Einheit angelegte Organisation. [...] Sie stand allen offen und integrierte ihre Mitglieder, indem sie durch alle ethnisch, sprachlich und kulturell trennenden Grenzen zwischen partikularistisch vergesellschafteten Kollektiven hindurchgriff.«[3] Die Neue Paulusperspektive bietet, wie bisher wenig gesehen worden ist, ein angemessenes Instrumentarium zum Verständnis – übrigens nicht nur – der paulinischer Briefe auf dem Hintergrund der benannten transkulturellen Gemeindebildungen in der mediterranen Welt.[4] Insofern sind Erfahrungen erzwungener, grenzüberschreitender Translozierung, das Phänomen der Entstehung transkultureller Glaubensgemeinden und die Ausbildung entsprechender theologischer Konzeptionen im Frühchristentum miteinander auf das Innigste verwoben.

1. Re-Lektüre der Apostelgeschichte

Der Sachverhalt, dass die Formierung und Ausbreitung des Frühchristentums im ersten Jahrhundert unlöslich und wesentlich mit Erfahrungen von Flucht, Migration und eben mit kulturellen Grenzüberschreitungen verknüpft war,

---

gens zweifelhaft, ob Johann Gottfried Herder wirklich ein Kugelmodell von klar abzugrenzenden Kulturen, wie es ihm Welsch unterstellt, favorisiert hat. Vgl. DOROTHEE BARTH, Ethnie, Bildung oder Bedeutung. Zum Kulturbegriff in der interkulturell orientierten Musikpädagogik, Augsburg 2008, 95.

[3]   JÜRGEN HABERMAS, Auch eine Geschichte der Philosophie 1. Die okzidentale Konstellation von Glauben und Wissen, Berlin 2019, 526: »Sie stand allen offen und integrierte ihre Mitglieder, indem sie durch alle ethnisch, sprachlich und kulturell trennenden Grenzen zwischen partikularistisch vergesellschafteten Kollektiven hindurchgriff.« Vgl. HARTMUT LEPPIN, Die frühen Christen. Von den Anfängen bis Konstantin, München 2018, 420: »Die(se) Verbindung von religiöser Exklusivität und sozialer Inklusivität zeichnete Christen aus. [...] Noch dramatischer war der Anspruch, an kein Volk und keine Polis gebunden zu sein, denn damit überschritten sie Grenzen.«

[4]   Vgl. WERNER KAHL, Transgressing Boundaries. The Need for Intercultural Biblical Hermeneutics, in: DANIEL S. SCHIPANI/MARTIEN BRINKMAN/HANS SNOEK (Hrsg.), New Perspectives on Intercultural Reading of the Bible. FS Hans de Wit, Mishawaka/IN 2015, 181-201.

wird in den Schriften des Neuen Testaments nirgends so stark reflektiert und narrativ entfaltet wie in der Apostelgeschichte des Lukas.[5]

Die Apostelgeschichte beschreibt insgesamt einen graduell sich vollziehenden Prozess der Ausbreitung des Evangeliums unter verschiedenen Bevölkerungsgruppen, die sich zunehmend in religiöser, ethnischer und geographischer Distanz zum Judentum in Judäa befinden. Zunächst waren Diasporajuden inkludiert worden, dann Proselyten und Samarier, dann Gottesfürchtige wie der römische Hauptmann Kornelius (Apg 10f) und schließlich bisherige Polytheisten der weiteren mediterranen Welt.

Apg 11,19-26 ist – was die Grenzüberschreitung der Evangeliumsverkündigung und die nachfolgende Lebensgemeinschaft von Juden mit vormaligen Polytheisten anbetrifft – von wegweisender Bedeutung für die weitere Entwicklung des Frühchristentums:[6]

> [19]Bei der Verfolgung, die wegen Stephanus entstanden war, kamen die Versprengten bis nach Phönizien, Zypern und Antiochia; doch verkündeten sie das Wort nur den Juden. [20]Einige aber von ihnen, die aus Zypern und Zyrene stammten, verkündeten, als sie nach Antiochia kamen, auch den Griechen ($\pi\rho\grave{o}\varsigma$ $\tau o\grave{v}\varsigma$ $\H{E}\lambda\lambda\eta\nu\alpha\varsigma$) das Evangelium von Jesus, dem Herrn. [21]Die Hand des Herrn war mit ihnen und viele wurden gläubig und bekehrten sich zum Herrn. [22]Die Nachricht davon kam der Gemeinde von Jerusalem zu Ohren und sie schickten Barnabas nach Antiochia. [23]Als er ankam und die Gnade Gottes sah, freute er sich und ermahnte alle, dem Herrn treu zu bleiben, wie sie es sich vorgenommen hatten. [24]Denn er war ein trefflicher Mann, erfüllt vom Heiligen Geist und von Glauben. So wurde für den Herrn eine beträchtliche Zahl hinzugewonnen. [25]Barnabas aber zog nach Tarsus, um Saulus aufzusuchen. [26]Er fand ihn und nahm ihn nach Antiochia mit. Dort wirkten sie miteinander ein volles Jahr in der Gemeinde und unterrichteten eine große Zahl von Menschen. In Antiochia nannte man die Jünger zum ersten Mal Christen ($X\rho\iota\sigma\tau\iota\alpha\nu o\acute{v}\varsigma$).

Wie, wann und durch wen erreichte das Evangelium die syrische Großstadt Antiochia? Lukas erzählt davon, dass einige von denen, die Jerusalem wegen der Verfolgung, die mit der Ermordung des Stephanus angehoben hatte, ver-

---

[5] Vgl. dazu WERNER KAHL, Wunder und Mission in ethnologischer Perspektive, in: ZNT 15 (2005), 35-43; DERS., Die Bezeugung und Bedeutung frühchristlicher Wunderheilungen in der Apostelgeschichte angesichts transkultureller Übergänge, in: ANNETTE WEISSENRIEDER/GREGOR ETZELMÜLLER (Hrsg.), Religion und Krankheit, Darmstadt 2010, 249-264; DERS., Migrants as Instruments of Evangelization in Early Christianity and in Contemporary Christianity, in: CHANDLER H. IM/AMOS YONG (Hrsg.), Global Diasporas and Mission, Regnum Edinburgh Centenary Series, Oxford 2014, 71-87; DERS., Migration in the perspective of Early Christianity, in: UTA ANDRÉE u.a. (Hrsg.), Reforming Theology - Migrating Church - Transforming Society. A Compendium for Ecumenical Education, Hamburg 2017, 170-177.
[6] Nach Einheitsübersetzung der Heiligen Schrift.

lassen mussten, nach Phönizien, Zypern und Antiochia emigrierten, wobei sie zunächst noch »das Wort ausschließlich Juden verkündeten« (Apg 11,19). Einige von diesen jüdischen Migranten aber, die ursprünglich aus Zypern und aus dem nordafrikanischen Kyrene stammten, begannen damit, nicht-jüdischen Griechen zu predigen, von denen einige den Christusglauben annahmen. Dieser Übergang dürfte sich in der ersten Hälfte der 30er Jahre vollzogen haben. Später kamen die beiden Diasporajuden Barnabas und Paulus hinzu und wirkten hier für ein Jahr. Wahrscheinlich beförderte die Tatsache, dass es eine stattliche Anzahl an Gottesfürchtigen um die große jüdische Gemeinde von Antiochia herum gab, und die damit gegebene Differenzierung in vollwertige, d.h. jüdische Synagogenmitglieder und nicht vollwertige, nicht-jüdische Gottesfürchtige, die Attraktivität einer an das Christusgeschehen gebundenen Evangeliumsverkündigung und damit einhergehenden Gemeindeorganisation, nach der jene Differenz aufgehoben war.[7]

In Antiochia ereignete sich – aus jüdischer Perspektive – etwas grundsätzlich Neues in dem Verständnis des Verhältnisses von Juden und Nicht-Juden und in der dementsprechenden Konstituierung einer transkulturellen und transethnischen Glaubens– und Lebensgemeinschaft von Christusgläubigen. Hier entstand vielleicht zum ersten Mal zu Beginn des Frühchristentums ein grenzüberschreitendes »Drittes«, das sich bisherigen Zuordnungen entzog und vertraute Begrifflichkeiten sprengte. Insofern ist es kein Zufall, dass die christusgläubigen Juden und Nicht-Juden dieser Gemeinschaft nach Apg 11,26 zum ersten Mal mit dem Neologismus »Christianer« (Χριστιανοί) belegt wurden. Diese Gemeinde wurde von Diasporajuden in der Migration gegründet. Ihre Namen sind uns nicht überliefert, und was sie zu dieser Grenzüberschreitung bewogen hat, wird nicht erzählt. In dieser antiochenischen Gemeinde fanden Juden unterschiedlichster Herkunft zusammen mit unbeschnittenen und Schweinefleisch konsumierenden Nicht-Juden. Das war in der damaligen Welt eine wohl bemerkenswerte Konstellation. Bei dieser Glaubens- und Lebensgemeinschaft handelte es sich nicht mehr um eine traditionelle Synagogengemeinde, sondern um eine neue Form von Ekklesia-Gemeinde.

Die Diasporajuden Barnabas und Paulus wurden durch eine Intervention des Heiligen Geistes – in der Apostelgeschichte das entscheidend agierende Subjekt – in Antiochia weiter in die Migration getrieben, um das Evangelium

---

[7]   Vgl. MICHAEL WOLTER, Paulus. Ein Grundriss seiner Theologie, Neukirchen-Vluyn 2012, 34: »Sie [die Gottesfürchtigen, WK] fanden hier nicht nur dasselbe, was ihnen am Judentum gefiel, sondern sie konnten sich der christlichen Gemeinde auch anschließen, ohne dabei die kulturelle Desintegration in Kauf nehmen zu müssen, die mit dem Übertritt zum Judentum (Beschneidung) und der Praktizierung des jüdischen Alltagsethos (Speisegebote und andere Reinheitsvorschriften) zwangsläufig einhergegangen wäre. Dass ein solcher Vorgang sich nur in einer hellenistischen Großstadt mit einer nichtjüdischen Mehrheitskultur abspielen konnte und nicht in Jerusalem oder in einem judäischen Dorf, liegt auf der Hand.«

zu verkündigen. Apg 13,1-3 reflektiert die multikulturelle Zusammensetzung der Gemeindeleitung in Antiochia:

> [1]In der Gemeinde von Antiochia gab es Propheten und Lehrer: Barnabas und Simeon, genannt Niger (ὁ καλούμενος Νίγερ), Luzius von Zyrene, Manaën, ein Jugendgefährte des Tetrarchen Herodes, und Saulus. [2]Als sie zu Ehren des Herrn Gottesdienst feierten und fasteten, sprach der Heilige Geist: Wählt mir Barnabas und Saulus zu dem Werk aus, zu dem ich sie mir berufen habe. [3]Da fasteten und beteten sie, legten ihnen die Hände auf und ließen sie ziehen.[8]

Das Leitungsgremium besteht aus einem Fünferteam von jüdischen Lehrern und Propheten: Manaën ist der einzige unter ihnen, der nicht aus der Diaspora stammt, der aber als Jugendgefährte des Herodes Antipas mit Sicherheit eine stark hellenisierte Version des Judentums vertrat. Barnabas stammt aus Zypern, Paulus aus Tarsus und die zwei anderen aus Afrika – Luzius aus dem nordafrikanischen Kyrene und Simeon mit dem Beinamen Schwarzer vielleicht aus südlicher gelegenen Regionen. Der Heilige Geist instruierte diese beiden zusammen mit Manaën, Barnabas und Paulus für ihren weiteren Dienst auszusenden. Dass zwei dieser drei Barnabas und Paulus segnenden Männer Afrikaner (d.h. jemand aus Nordafrika und jemand vielleicht aus einer südlicher gelegenen Region) waren, wird in der westlich-exegetischen Tradition weithin nicht realisiert.[9] In afrikanisch-theologischer Perspektive erscheint diese Konstellation als äußerst bedeutsam. So konstatiert der ghanaische Pfingstpastor Mensa Otabil: »I know some of us can not imagine those powerful and annointed black hands on the head of Paul. The truth is – it happened!«[10] Diese Beobachtung von Mensa Otabil ist ein Beispiel für den von Theologinnen und Theologen aus dem globalen Süden eingeforderten Prozess eines »postcolonializing of biblical interpretation.«[11] Die hier vorgelegte Re-Lektüre der Apostelgeschichte nimmt Impulse dieses Paradigmas, dem an einer Dezentralisierung von Exegese und damit der Würdigung partikularer Interpretationen gelegen ist, auf.

Nach Auskunft der Apostelgeschichte zwangen politische oder spirituelle Faktoren Paulus und seine Mitstreiter in die Migration Richtung Westen, so

---

[8]   Einheitsübersetzung.

[9]   Vgl. aber Jacob Jervell, Die Apostelgeschichte, KEK 3, Göttingen 1998, 340f.: »Simon Niger, ›der Schwarze‹, und Luzius von Kyrene sind also wahrscheinlich Afrikaner.«

[10]   Mensa Otabil, Beyond the Rivers of Ethiopia. A biblical revelation on God's purpose for the Black Race, Accra 1992, 63. Daraus folgert Otabil an eben dieser Stelle, »that it is alright for black people to send missionaries into the field«.

[11]   Vgl. dazu R.S. Sugirtharajah, The Bible and the Third World. Precolonial, Colonial and Postcolonial Encounters, Cambridge 2004, 244-275. Vgl. auch Anna Runesson, Exegesis in the Making. Postcolonialism and New Testament Studies, Leiden-Boston, 2011.

wie andere bereits vor ihm gen Norden, Osten und Süden – und sicher auch bereits gen Westen – aufgebrochen waren. Auf seinen Reisen im römischen Reich verkündigte Paulus zunehmend, wenn auch nicht ausschließlich, unter Nicht-Juden, d.h. Mitgliedern unterschiedlichster ethnischer Gruppen, die traditionell an eine Vielzahl von Göttern glaubten. Mit diesen Adressaten seiner Verkündigung teilte Paulus eine gemeinsame Sprache, das Koine-Griechisch als *lingua franca* in weiten Teilen des römischen Reichs. Als Jude aus der Diaspora konnte Paulus gut vorbereitet sein für interkulturelle, grenzüberschreitende Kommunikation – anders etwa als der engere Kreis der zwölf bzw. elf galiläischen Begleiter Jesu, seine von ihm unterwiesenen Schüler bzw. Jünger, die dann in der weiteren Ausbreitung des Evangeliums auch keine Rolle mehr spielten, weil sie eine solche aufgrund des Fehlens entsprechender interkultureller (Sprach-)Kompetenz auch gar nicht einnehmen konnten.

Paulus aber war in der multikulturellen, hellenistischen Polis Tarsus aufgewachsen. Dies war eine recht wohlhabende Stadt, die in der Antike bekannt war für ihre philosophischen Schulen und ihre große jüdische Gemeinde. Diese seine Herkunft bereitete Paulus hinsichtlich seiner kommunikativen Kompetenz hinreichend vor auf sein späteres Wirken als interkulturell sensibler Verkündiger des Evangeliums in der Migration. Die Apostelgeschichte präsentiert seine Fähigkeiten zur flexiblen, kulturellen Übersetzung des Evangeliums auch entsprechend nicht als besondere Geistesgabe. Dies war allerdings bei den galiläischen Begleitern Jesu eine notwendige Voraussetzung ihrer Verkündigung vor nicht-aramäisch-sprachigen Diasporajuden in Jerusalem. Und hier bedurfte es dann auch eines Wunders (vgl. Apg 2).

Es waren Kommunikationsfähigkeiten, die in transkulturellen Lebenskontexten erworben wurden, welche den Ausschlag für eine erfolgreiche Verkündigung des Evangeliums in der mediterranen Antike gaben. Diese Kompetenz konnten zumal Diasporajuden aus hellenistischen Städten des römischen Reichs aufweisen. Die Christusgläubigen unter ihnen, die sich in der Migration befanden, bildeten das Rückgrat der Evangeliumsverkündigung im ersten Jahrhundert. In *dieser* Hinsicht erweist sich die Apostelgeschichte *grundsätzlich* als bemerkenswert historisch plausibel.

2. Paulus als Theologe transkultureller Gemeindegestaltung

Die theologischen Reflexionen in den Briefen des Paulus sind nicht das Ergebnis abständiger Schreibtischarbeit. Seine Briefe zeugen von realen oder möglichen (vgl. Römerbrief) Konfliktlagen in transkulturellen Gemeinden. Sie bezeugen die emotionale Involvierung des Verfassers in diesen Auseinandersetzungen. Sie stellen – über je gegebene räumliche Distanzen hinweg – Versuche der Einflussnahme zur Einhegung von Streitigkeiten dar. Theologische

Deutungen von Kreuzigung und Auferweckung Jesu, die in den Paulusbriefen begegnen, dienen eben diesem Zweck.

Auf diese zutiefst kontextuelle Dimension der paulinischen Ausführungen ist in der neutestamentlichen Forschung im Rahmen der sogenannten *New Perspective on Paul* seit gut fünfzig Jahren hingewiesen worden.[12] Es war immerhin ein lutherischer Exeget, der nachmalige schwedische Bischof Krister Stendahl, der in einer Veröffentlichung 1963 diesen Neuzugang zu Paulus begründete.[13] Ihm war bei seiner Lektüre der Paulusbriefe nämlich aufgefallen, dass Paulus an einer individualistischen Frage nach dem gnädigen Gott zumindest nicht zentral gelegen war. Vielmehr deutete Paulus das Kreuzesgeschehen vornehmlich in sozialen Kategorien, nämlich unter der Einsicht, dass Gott in und durch Christus das Heil universal ausgeweitet hat, so dass jetzt Juden und Nicht-Juden gemeinsam das Volk Gottes konstituieren. Dies aber bedeutete die Nivellierung bisheriger exklusiver Heilsansprüche, die im antiken Judentum vertreten werden konnten, einhergehend mit einer Relativierung der Bedeutung von Zugehörigkeitsmarkierungen wie Bescheidung und Speisegebote. Evangelium bedeutet bei Paulus in dieser Perspektive die gute Nachricht von der heilvollen Hinwendung des gerechten Gottes zu allen Menschen, und zwar verstanden als Ausdruck freier Gnade. Die Gerechtigkeit besteht darin, dass Gott nicht, wie Paulus schreibt, »das Gesicht ansieht« (Röm 2,11; vgl. Apg 10,34f.), sondern unparteiisch ist, und somit nicht die einen gegenüber den anderen aufgrund von Herkunft oder Abstammung bevorzugt. Mit dieser Deutung des Christusgeschehens begründete Paulus theologisch nicht nur die Evangeliumsverkündigung jenseits von Israel. Damit beförderte er die Etablierung *transkultureller* Gemeinden der Verschiedenen.[14]

Dieses fundamentale Anliegen kommt prägnant in Gal 3,28 zum Ausdruck. Die herkömmliche Wiedergabe des Verses im Deutschen ist allerdings etwas missverständlich, wenn es z.B. nach Luther heißt: »Hier ist nicht Jude noch Grieche, hier ist nicht Sklave noch Freier, hier ist nicht Mann noch Frau, denn

---

[12]   Vgl. den Überblick in WERNER KAHL, Gottesgerechtigkeit und politische Kritik - neutestamentliche Exegese angesichts der gesellschaftlichen Relevanz des Evangeliums, in: ZNT 32 (2013), 2-10.
[13]   Vgl. KRISTER STENDAHL, The Apostle Paul and the Introspective Conscience of the West, in: HThR 56 (1963), 199-215; DERS., Der Jude Paulus und wir Heiden. Anfragen an das abendländische Christentum, München 1978; auch CHRISTINE GERBER, Blicke auf Paulus. Die New Perspective on Paul in der jüngeren Diskussion, in: VuF 55 (2010), 45-60; SIMON GATHERCOLE, Deutsche Erwiderungen auf die »New Perspective«. Eine anglophone Sicht, in: JÖRG FREY/BENJAMIN SCHLIESSER (Hrsg.), Die Theologie des Paulus in der Diskussion. Reflexionen im Anschluss an Michael Wolters Grundriss, Neukirchen-Vluyn 2013,115-153.
[14]   Vgl. dazu die indische Neutestamentlerin ZAKALI SHOHE, Redefining Relationships in Romans. A Socio-Historical and Political Reading, Biblical Hermeneutics Rediscovered 33, Delhi 2020.

ihr seid allesamt einer in Christus.« Diese Übersetzung ist deshalb etwas irreführend, weil es ja sowohl in den angesprochenen galatischen Gemeinden als auch in dem von Paulus in 2,11-21 aufgerufenen antiochenischen Konflikt gerade die *reale Diversität* der Gläubigen ist, die Probleme bereitet. François Vouga bringt treffend auf den Punkt, worum es in Gal 3,28 geht: »Die Bedeutung der Aussage ist, daß die Abgrenzungskriterien, die die Menschen nach bestimmten Eigenschaften trennen und hierarchisieren, im Gemeinschafts- und Herrschaftsbereich Christi nicht gelten.«[15] Er übersetzt den Vers entsprechend: »Da gilt weder Jude noch Heide [...]«

In seiner Argumentation plädiert Paulus aber gerade nicht für die Aufhebung von Differenz. Er möchte seine Adressaten für ein Programm gewinnen, wonach die Verschiedenen *als* Verschiedene zu einer Glaubensgemeinschaft zusammenwachsen. Differenz soll eben nicht ausgelöscht werden. Ich gebe Gal 3,28 im Kontext der Verse 26-29 folgendermaßen wieder, um seine *Bedeutung* zu transportieren:

> [26]Allesamt seid ihr Söhne (d.h. Kinder) Gottes durch den Glauben, den ihr im Gesalbten Jesus habt. [27]Denn als solche, die ihr in den Gesalbten hineingetauft worden seid, habt ihr euch den Gesalbten übergezogen. [28]*Hier macht es keinen Unterschied*, ob jemand Jude oder Grieche ist, *hier macht es keinen Unterschied*, ob jemand Sklave oder Freier ist, *hier macht es keinen Unterschied*, ob jemand männlich oder weiblich ist. Denn ihr seid alle zu einem zusammengefügt worden, im Gesalbten Jesus. [29]Wenn ihr aber dem Gesalbten angehört, dann folgt daraus, dass ihr Abrahams Gespross seid, d.h. Erben gemäß der Verheißung.

Für die christusgläubigen Gemeinden lehnt Paulus hier wie auch sonst jeglichen auf ethnische und kulturelle Parameter sich gründenden exklusivistischen Anspruch auf göttliche Rettung oder Gerechtigkeit ab. Entscheidend ist: Ein Grieche muss nicht zum Juden werden, muss sich also nicht etwa beschneiden lassen und sein Essensverhalten verändern, um als gleichwertiges Kind Gottes und als vollwertiges Mitglied der Christusglaubensgemeinschaft zu gelten. In der Geschichte der Ausbreitung des Christentums ist der Vers oft genug kultur-imperialistisch gedeutet und m.E. also erheblich missverstanden worden. In der Konsequenz mündete diese Deutung in den Versuch einer Aufhebung von Differenz, wie etwa die im 19. Jh. verbreitete *tabula rasa*-Mentalität unter westlichen Missionaren in Afrika. Der Talmudexperte Daniel Boyarin hat auf die Gefahr eines solchen Verständnisses von Gal 3,28 aufmerksam gemacht.[16]

---

[15] FRANÇOIS VOUGA, An die Galater, HNT 10, Tübingen 1998, 91.
[16] Vgl. DANIEL BOYARIN, A Radical Jew. Paul and the Politics of Identity, Berkeley-Los Angeles 1994. Dabei attestiert er Paulus bereits ein solches Verständnis, m.E. zu unrecht.

Transkulturelle Überschreitungen repräsentieren ein wesentliches Merkmal im Prozess der Ausbreitung des Frühchristentums in der mediterranen Antike, und zwar unter einer grundsätzlichen Würdigung von Differenz. Kulturelle Traditionen werden nicht negiert, sondern von Paulus geachtet. Allerdings spricht er ihnen Heilsrelevanz ab.[17] Die ungeplante und unkontrollierte Etablierung transkultureller Glaubens- und Lebensgemeinschaften von Gläubigen ganz unterschiedlicher Herkunft und gesellschaftlicher Stellung provozierte eine Transformation in der bisherigen jüdischen Theologie. Im Rückblick konnte die Etablierung dieser transkulturellen Glaubensgemeinden als eine notwendige Konsequenz des Christusgeschehens erscheinen. Vor allem die Briefe des Paulus wie auch die Apostelgeschichte (vgl. Apg 10-15) zeugen davon, dass das Entstehen und Organisieren von transkultureller Glaubensgemeinden das Frühchristentum vor enorme Herausforderungen stellten. Die Formierung dieser Gemeinden hat die Entstehung eines christlichen Selbstverständnisses erst befördert. Den diesen transkulturellen Glaubensgemeinden inhärenten Spannungen verdanken wir die Existenz der neutestamentlichen Schriften – auch in den Evangelien werden diese reflektiert – als Versuche zur Befriedung und Neukonstituierung.

3. Zusammenfassung

Die Apostelgeschichte ist eine narrative Entfaltung der paulinischen Interpretation von Evangelium als göttliches Programm kultureller und ethnischer Grenzüberschreitung. Es zielt ab auf die Partizipation *aller* Menschen am Heil Gottes. Die Schaffung der Möglichkeit dazu ist Ausdruck göttlicher Gerechtigkeit.

Bezüglich der frühesten Geschichte der Verbreitung des Glaubens an Jesus als den Christus ab den 30er Jahren des 1. Jh.s lässt sich aufgrund einer aufmerksamen Re-Lektüre der Schriften des Neuen Testaments ohne großen Aufwand die folgende allgemeine Abfolge von Ereignissen rekonstruieren:

1. Im Zuge der erzwungenen Migration von Juden, die, aus der hellenistischen Diaspora stammend, um das Jahr 30 in Jerusalem weilten und an Jesus als den Messias zu glauben begonnen hatten, ergaben sich wilde, d.h. ungeplante und spontane Verkündigungen des Christusglaubens in verschiedenen Regionen der mediterranen Welt.[18] Diese Verkündigungen waren gerichtet

---

[17]   Vgl. dazu die Beschneidung des jüdischen Begleiters Timotheus durch Paulus (Apg 16,1-3) und sein Insistieren darauf, dass sein nicht-jüdischer Begleiter Titus unbeschnitten bleibt (Gal 2,3).

[18]   Vgl. programmatisch Apg 1,8f und daran orientiert die gesamte Gestaltung der Apostelgeschichte. Im Nachhinein stellt Lukas die Ausbreitung des Glaubens an Jesus als den Christus als gottgewolltes und geordnetes Geschehen dar.

nicht nur an Juden, sondern auch an Nicht-Juden. Juden aus der Diaspora waren kulturell und sprachlich dafür ausgestattet, das Evangelium so zu kommunizieren, dass es für Nicht-Juden anschlussfähig und attraktiv erscheinen konnte.

2. Konflikte mit jüdischen Autoritäten in Jerusalem und mit Repräsentanten von Synagogen in der Diaspora haben die Entwicklung transkultureller Glaubensgemeinschaften unter dem Ethos der Gleichwertigkeit der ethnisch, kulturell und statusbezogenen Verschiedenen befördert. So entstanden in der mediterranen Welt bereits ab der ersten Hälfte der 30er Jahre transkultureller Glaubensgemeinden von Juden und Nicht-Juden. Diesen Prozess beschreibt – idealisierend,[19] aber in den groben Linien historisch zuverlässig – im Rückblick die Apostelgeschichte des Lukas, die wohl erst um 100 n.Chr. entstanden ist.

3. In diesen gemischt-kulturellen Glaubensgemeinden mussten Beziehungen untereinander und Machtverhältnisse neu austariert und theologisch neu begründet werden. Von den Herausforderungen der Gestaltung dieser Gemeinden geben insbesondere die Paulusbriefe aus den 50er Jahren Ausdruck, aber auch von damit einhergehenden Versuchen theologischer Reflexionen unter spezifischer Ausdeutung des Kreuzestodes Jesu.

Erfahrungen von Verfolgung, Flucht und Migration lassen sich als wesentliche soziale Faktoren für die Ausbreitung, für die transkulturelle Formierung von Glaubensgemeinschaften und für die damit einhergehende Entwicklung von theologischen Deutungen des Christusgeschehens im Frühchristentums identifizieren. Hellenistische Juden und Jüdinnen in der Migration, von denen uns wohl die meisten nicht bekannt sind, spielten im 1. Jh. als Agierende der Verkündigung und Gemeindegestaltung eine wesentliche Rolle.

---

[19] Vgl. etwa die Harmonie unter den Aposteln in Jerusalem bezüglich der Frage des Zusammengehens von Juden und Nicht-Juden (Apg 10-15) mit der stark konfliktiven Darstellung des Paulus (Gal 1-2).

Judith Becker

CHRISTENTUMSGESCHICHTE ALS MIGRATIONSGESCHICHTE

Christentumsgeschichte ist Migrationsgeschichte. Von Beginn an sind christliche Gemeinden (auch) Migrationsgemeinden gewesen, sind Christinnen und Christen migriert und haben so ihren Glauben weitergegeben. Ohne Migration wäre das Christentum heute nicht eine auf der ganzen Welt verbreitete Religion. Und ohne Migration hätte es in Theologie wie religiösen Praktiken ein ganz anderes Aussehen. Das Christentum ist ohne Migration schlicht nicht vorstellbar. Diese Bedeutung der Migration für die christlichen Kirchen und Gemeinschaften ist bisher theologisch, aber auch historiographisch kaum eingeholt worden. Dieser Beitrag wird aus historiographischer Perspektive den Einfluss von Migration in der Christentumsgeschichte deutlich machen und fragen, was diese Erkenntnis für die Geschichtsschreibung des Christentums bedeutet.

Der Blick auf die Migration als treibenden Faktor in der Christentumsgeschichte impliziert für die Geschichtsschreibung des Christentums einen Perspektivwechsel. Im Mittelpunkt stehen dann nicht mehr primär bedeutende Theologen, Mönche, Missionare, sondern es treten die »Anderen« in den Fokus, Frauen, einfache Gläubige oder auch die Menge der einfachen Theologinnen und Theologen, Mönche und Nonnen, Missionarinnen und Missionare.[1] Selbst die Missionsgeschichte war ja nicht eine Geschichte der großen Männer, sondern der vielen Frauen und indigenen Personen.[2] Dem trägt dieser Ansatz Rechnung.

Bei einer Christentumsgeschichte als Migrationsgeschichte geht es nicht nur um die Ausbreitung des Christentums durch Migration. Vielmehr ist auf die Gesamtheit der Veränderungen zu blicken, die christlicher Glaube, Theologie und Praktiken durch Migration erfahren haben. Dabei ist die Ausbreitung des Glaubens nur ein Aspekt, Modifikationen und Adaptionen von Theologie und Praktiken sind ein anderer, und nicht zuletzt ist die Durchdringung der

---

[1]   Vgl. hierzu neuerdings JEHU J. HANCILES, Migration and the Making of Global Christianity. Foreword by Philip Jenkins, Grand Rapids 2021.

[2]   Vgl. u.a. JEFFREY COX, The British Missionary Enterprise Since 1700, Christianity and Society in the Modern World, New York u.a. 2008.

Theologie durch Migrationserfahrungen zu nennen, deren Wertschätzung Claudia Jahnel in diesem Band anmahnt. Die biblische und frühchristliche Vorstellung der Christinnen und Christen als »nicht von dieser Welt« seiend, sondern ihre Heimat im Himmel habend ist nur eines der Motive, die über die Jahrhunderte immer wieder aufgenommen wurden, um das irdisch heimatlose migrantische Dasein theologisch zu erklären.[3] Die Gesamtschau geht weit über dieses eine Motiv hinaus.

Grundlage für die folgenden Überlegungen ist eine weite Definition von Migration. Grundsätzlich geht es in diesem Beitrag um die Migration von Menschen, nicht oder jedenfalls nicht primär um die Migration von Ideen, Gegenständen oder Praktiken.

In der soziologischen Migrationsforschung werden verschiedene Unterscheidungen aufgemacht.[4] So wird in der Regel zwischen temporärer und permanenter Migration unterschieden. Im historischen Rückblick lässt sich dies für individuelle Personen und teils auch kleinere Gruppen bestimmen, in Bezug auf größere Gruppen ist eine trennscharfe Unterscheidung schwierig. Noch schwieriger ist es, den zeitlichen Horizont der Migration – temporär oder permanent – auf bewusste Entscheidungen, gar vorausgehende bewusste Entscheidungen der Personen zurückzuführen. Nicht selten wurde eine als tempo-

---

[3]   Vgl. zur Antike z.B. HERMUT LÖHR, Heimatlosigkeit als ethisches und moralisches Argument in Texten des frühen Christentums, in: REINHARD VON BENDEMANN/MARKUS TIWALD (Hrsg.), Migrationsprozesse im ältesten Christentum, Beiträge zur Wissenschaft vom Alten und Neuen Testament 218, Stuttgart 2018, 139-152. Zur Interpretation von Missionaren des 19. Jh.s JUDITH BECKER, Die Heimat oder Europa. Perspektiven englisch- und deutschsprachiger Missionare aus den 1830er-Jahren, in: REBEKKA HABERMAS/RICHARD HÖLZL (Hrsg.), Mission global. Eine Verflechtungsgeschichte seit dem 19. Jahrhundert, Köln 2014, 215-240.
[4]   Zur Kritik an diesen Dichotomien HANCILES, Migration (s. Anm. 1). Zu einer Auflistung in Bezug auf die Christentumsgeschichte PETER C. PHAN, Christianity as an Institutional Migrant. Historical, Theological and Ethical Perspectives, in: DERS./ELAINE PADILLA (Hrsg.), Christianities in Migration. The Global Perspective, New York 2016, 9-35, 12. Als neue Kategorie fügt Khanna die Migration aus Gründen der nicht mehr bewohnbaren Umwelt hinzu: PARAG KHANNA, Move. Das Zeitalter der Migration, Berlin 2021. Er wie Hanciles und andere betonen, dass Migration fundamental zum Menschsein gehört und seit jeher die Menschheit prägt. Es ist, das muss im Zusammenhang unserer Themenstellung und der Diskussion um Migration oder »migrantness« als *nota ecclesiae* hervorgehoben werden, kein genuin christliches Phänomen. Zur »migrantness« PETER C. PHAN, Migration in the Early Church. Historical and Theological Reflections, in: VEREIN ZUR FÖRDERUNG DER MISSIONSWISSENSCHAFT (Hrsg.), Migration. Challenge to Religious Identity, Forum Mission 4, Kriens 2008, 14-43, 41. Vgl. mit einem anderen Modell auch REINHARD VON BENDEMANN, Frühes Christentum und Migrationssoziologie. Ausgewählte methodische Fragen und Probleme, in: DERS./TIWALD (Hrsg.), a.a.O., 9-49, 23. Von Bendemann bemerkt, dass in heutiger Forschungsperspektive nicht die Migration, sondern Sesshaftigkeit zu dem »erklärungsbedürftigen« Phänomen geworden sein.

rär gedachte Migration zu einem permanenten Ortswechsel und umgekehrt. In diesem Beitrag werden beide Formen der Migration bedacht, wobei bei dem ersten Fallbeispiel – der Glaubensmigration des 16. Jh.s – eine genaue Zuordnung für eine gesamte Gemeinde nicht möglich ist. Einige Gemeindeglieder siedelten permanent im neuen Land, andere migrierten mehrfach zwischen unterschiedlichen Ländern.

Eine weitere häufig genutzte Unterscheidung ist die nach Binnenmigration und internationaler Migration. Hier muss zumindest für Antike und Vormoderne darauf hingewiesen werden, dass die Grenzen zwischen Ländern, ja selbst zwischen Imperien, fließend waren. Die weit verbreitete Unterscheidung von Binnen- und internationaler Migration macht in Bezug auf die Nationalstaaten des 19. und 20. Jh.s deutlich mehr Sinn als im Blick auf frühere Epochen. Auch hier wird sich am Beispiel der Glaubensmigration der Reformationszeit zeigen, dass eine genaue Zuordnung des Phänomens schwierig ist. Dies weist auf einen weiteren im Zusammenhang der Christentumsgeschichte wichtigen Aspekt hin: die Religions- bzw. Konfessionszugehörigkeit. Bei Migration aus religiösen Motiven – soweit sich diese von anderen Motiven trennen lassen – wurde über Faktoren wie Sprache oder konfessionelle Zugehörigkeit (oder angenommene konfessionelle Zugehörigkeit) Einheit hergestellt. Handelte es sich also um religiöse »Binnenmigration«, auch wenn politische Grenzen überschritten wurden? Oder sollten politische Grenzziehungen höher geschätzt werden als konfessionelle, sprachliche und andere Grenzen? Und wenn ja, warum?

Drittens wird in der Migrationsforschung häufig unterschieden zwischen freiwilliger und erzwungener Migration. Aber auch hier sind die Zuschreibungen weder für einzelne Personen noch gar für ganze Gemeinden eindeutig möglich. Nicht nur, dass zum Beispiel in der Fremdengemeinde in London 1550 beide Motivationen – in der Form von Wirtschaftsmigration und Glaubensmigration – zusammenkamen, die Motive ließen sich auch bei einzelnen Personen kaum unterscheiden: War der Drucker, der die Niederlande verließ, weil er aufgrund seines Glaubens sein Handwerk nicht mehr ausüben konnte, ein Wirtschaftsmigrant oder ein Glaubensflüchtling? – Trotz dieser kritischen Anmerkungen sind die Differenzierungen aus der Migrationsforschung auch für die Geschichtsschreibung des Christentums wichtig, weil sie helfen, den Blick zu schärfen, wenn das Gesamt der Migration in den Blick genommen werden soll.

Eine vierte Frage, die für die historische Forschung zur Migration wichtig ist, ist die nach den migrierenden Personen und Gruppen. Dann wird schnell deutlich, dass diese über die Wirtschafts- und Glaubensmigrantinnen und Glaubensmigranten hinausgingen und auch über Siedlerinnen und Siedler und Missionarinnen und Missionare. Große Gruppen an Migrantinnen und Migranten bildeten Personen, die häufig außerhalb des Blickfeldes bleiben: Sklavinnen und Sklaven und Dienerinnen und Diener, aber auch Personen, die für Jahre oder Jahrzehnte beruflich migrierten, zum Beispiel Militärangehörige oder Händlerinnen und Händler. Zudem gab es Einzelpersonen und Gruppen, die aus vielfältigen, religiösen, kulturellen, wirtschaftlichen Motiven nicht sesshaft lebten. Dazu gehörten Wandermönche ebenso wie Viehhirten oder nomadisch lebende Gruppen.[5]

Aus diesem großen Panorama an Migrationsformen und -motiven sollen im Folgenden nur zwei Fallbeispiele vorgestellt werden, die den Forschungsschwerpunkten der Autorin gemäß aus der Frühen Neuzeit und der Neuzeit stammen und Europäerinnen und Europäer in den Mittelpunkt stellen. Das soll keine Wertung darstellen, sondern liegt schlicht in der Qualifikation der Autorin als deutscher Theologin mit einem Schwerpunkt auf der europäischen Christentumsgeschichte begründet. Vor der Besprechung dieser Beispiele wird in einem ersten Schritt kurz ein Einblick in die Bedeutung der Migration für die Entwicklung des Christentums seit der Antike gegeben, um deutlich zu machen, dass Migration im Christentum kein neuzeitliches Phänomen ist, sondern dass sie die Geschichte des gesamten Christentums durchzieht.

Sodann werden anhand von den Fallbeispielen verschiedene Formen und Motive der Migration aus unterschiedlichen Jahrhunderten vorgestellt und auf ihre Bedeutung für die Christentumsgeschichte – Theologie, Praktiken, Religiosität – hin befragt: die innereuropäische Glaubensmigration in den Fremdengemeinden des 16. Jh.s und die Migration von Missionarinnen und Missionaren nach Indien im 19. Jh. Der Beitrag schließt mit einigen grundsätzlichen Überlegungen zur Geschichtsschreibung des Christentums unter Einbezug der Perspektive auf die Migrationsgeschichte.

1. Christentum und Migration in der Antike

Migration war in der antiken Welt ein selbstverständliches Phänomen. Die verschiedenen Imperien in der Antike hatten keine stabilen und genau definierten Grenzen, unterschieden sich aber in der Sprache und teils auch in der Kultur – wobei auch hier die Übergänge fließend waren. Selbstverständlich gab es Austausch zwischen den Imperien, nicht zuletzt durch Handel: Archäologische Funde weisen auf Handel zwischen dem Ostseeraum und Nordafrika hin, und auch Handelsbeziehungen im Pazifikraum sind inzwischen gut belegt. In Kriegszeiten wurden Armeen in die Grenzregionen geschickt, andere Militärangehörige sicherten eroberte Gebiete. Und mit diesen Menschen wanderte ihre Religion, lange bevor es das Christentum gab und dann auch in christlichen Zeiten. Die Grenzregionen waren Kontaktzonen, in denen Neues entstand.[6] Das

---

[5]   Vgl. Hanciles, Migration (s. Anm. 1), 27-30.
[6]   Vgl. Mary Louise Pratt, Imperial Eyes. Studies in Travel Writing and Transculturation, London-New York ²2008, 7f.

bedeutet für die Religion, dass Theologie und Frömmigkeitspraktiken, die im Kontakt mit anderen Religionen, Kulturen, Auffassungen entstanden, mit zurückkehrenden Händlern, Soldaten und ihren Angehörigen in deren ursprüngliche Gebiete kamen.

In den größeren Städten gab es Gemeinden von Migrantinnen und Migranten, die ihre eigene Kultur und Religion pflegten, so zum Beispiel in Alexandria. Und es gab die teils sehr starken Minderheitengemeinden, Gemeinschaften, die sich über eine gemeinsame Religion, kulturelle Traditionen oder Sprache definierten. Die bedeutenden jüdischen Diaspora-Gemeinden in den großen Städten erlangten noch größere Bedeutung, als infolge der Zerstörung des Tempels in Jerusalem und der jüdischen Kriege große Migrationsbewegungen begannen.[7] Mit den Jüdinnen und Juden emigrierte auch ein großer Teil der jungen christlichen Gemeinde. Neben diesen Fluchtbewegungen stand die Migration von christlichen Händlerfamilien, Militärangehörigen und Personen, die aus anderen Gründen von einer Region in eine andere zogen. Inzwischen ist sich die Forschung einig, dass diese Migrationen die Hauptursache für die recht schnelle Ausbreitung der jungen christlichen Religion in den ersten Jahrzehnten unserer Zeitrechnung bildeten.[8]

Es waren die einfachen Leute, nicht die professionellen Missionarinnen und Missionare wie Paulus, die den größten Teil der Ausbreitung des Christentums verantworteten. Die Ausbreitung in unterschiedliche Gebiete des Imperium Romanum bedeutete auch eine Akkulturation des Christentums in Regionen mit differenten religiösen und kulturellen Ausprägungen. Schon die frühesten Zeugnisse aus der Geschichte des Christentums zeigen eine große Pluralität an Glaubensauffassungen und religiösen Praktiken. Auf den großen ökumenischen Synoden des 4. und 5. Jh.s versuchte man diese zumindest theologisch zu vereinheitlichen, aber letztlich führten die Synodalergebnisse eher zu neuen Verwerfungen als zu einer Uniformität.

Für die folgenden Jahrhunderte sei als ein Migrationsphänomen unter vielen nur die Mission in fränkischen und germanischen Gebieten durch iroschottische Mönche genannt, die nicht nur germanische Heidinnen und Heiden missionierten, sondern auch Theologie und religiöse Praktiken in zuvor schon christlichen Regionen veränderten. Dabei ist zum einen zu betonen, dass diese

---

[7]   Vgl. die Betonung bei PHAN, Migration (s. Anm. 4), 21. Einen über Judentum und Christentum hinausgehenden Blick auf Migrationsphänomene in der Antike bietet z.B. PATRICK SÄNGER (Hrsg.), Minderheiten und Migration in der griechisch-römischen Welt. Politische, rechtliche, religiöse und kulturelle Aspekte, Studien zur historischen Migrationsforschung 31, Paderborn 2016.
[8]   So z.B. HANCILES, Migration (s. Anm. 1); PHAN, ebd.; DERS., Christianity as an Institutional Migrant (s. Anm. 4); KLAUS KOSCHORKE, Religion und Migration. Aspekte einer polyzentrischen Geschichte des Weltchristentums, in: CLAUDIA RAMMELT u.a. (Hrsg.), Begegnung in der Glokalität. Christliche Migrationskirchen in Deutschland im Wandel, Leipzig 2018, 57-75.

Christianisierungsprozesse mitnichten geradlinig waren und dass es schwierig zu bestimmen ist, ab wann eine Person, eine Gruppe, ein Land christlich waren. In vielen Fällen handelte es sich um langwierige Übergangsprozesse.[9] Letztlich entstand hier – und in weiteren Austauschprozessen während des gesamten Mittelalters – ein Christentum, das später als »europäisch« wahrgenommen wurde, aber in sich selbst natürlich auch von Vielfalt und inner- wie außereuropäischer Migration geprägt war.

2. Glaubensmigration im 16. Jahrhundert

Im Juni 1550 richtete der jugendliche König Edward VI. die erste Fremdengemeinde in London ein. Diese Gemeinde sollte die große Menge an Fremden sammeln, die in London lebten: hauptsächlich Wirtschaftsmigrantinnen und Wirtschaftsmigranten und Glaubensflüchtlinge.[10] London galt, gerade in der Zeit nach dem Interim im Heiligen Römischen Reich deutscher Nation und zu der Zeit, als in den Niederlanden und in Frankreich die Verfolgung von Evangelischen stärker wurde, als ein sicherer Ort. Und es war eine Wirtschaftsmetropole, die auch aus ökonomischen Gründen Menschen aus vielen Ländern anzog. Hier fanden Gläubige ganz verschiedener aus altgläubiger Sicht devianter Richtungen Zuflucht: neben von Wittenberg, Zürich oder Straßburg geprägten Protestantinnen und Protestanten auch Täuferinnen und Täufer, Spiritualistinnen und Spiritualisten und andere. Eines der Ziele der Einrichtung einer Fremdengemeinde war es, die »richtigen« Gläubigen von Täufern und anderen unterscheiden zu können. Wer sich nicht der Fremdengemeinde anschloss, musste seine Zughörigkeit zu einer der englischen Gemeinden erklären.

---

[9]   Vgl. mit einem etwas anderen Fallbeispiel HANCILES, Migration (s. Anm. 1), 264. Dort auch im Folgenden zu den historiographischen Herausforderungen.

[10]   Aus der reichhaltigen Literatur zur Geschichte der Gemeinde seien nur die wichtigsten Monographien genannt: ANDREW PETTEGREE, Foreign Protestant Communities in Sixteenth-Century London, Oxford 1986; JUDITH BECKER, Gemeindeordnung und Kirchenzucht. Johannes a Lascos Kirchenordnung für London (1555) und die reformierte Konfessionsbildung, SMRT 122, Leiden u.a. 2007; CHARLES G. LITTLETON, Geneva on Threadneedle Street. The French Church of London and its Congregation, 1560-1625, Ann Arbor 1996; JOHANNES LINDEBOOM, Austin Friars. History of the Dutch Reformed Church in London 1550-1590, Den Haag 1950. In etwas allgemeinerer Perspektive beschäftigen sich mit dem Thema auch OLE PETER GRELL, Calvinist Exiles in Tudor and Stuart England, Aldershot 1996, und HEINZ SCHILLING, Niederländische Exilanten im 16. Jahrhundert. Ihre Stellung im Sozialgefüge und im religiösen Leben deutscher und englischer Städte, SVRG 187, Gütersloh 1972. Zur Kirchenordnung a Lascos neben BECKER, Gemeindeordnung (s. Anm. 10), auch MICHAEL SPRINGER, Restoring Christ's Church. John a Lasco and the Forma ac ratio, St. Andrews Studies in Reformation History, Aldershot 2007.

Daneben stand ein zweites Ziel: Die Gemeinde sollte zum Vorbild werden für die englische Reformation, die nun nach dem Tod Henrys VIII. und der Thronbesteigung Edwards VI. endlich konsequent durchgeführt werden sollte. Dazu holten die Berater Edwards, an erster Stelle der Erzbischof Thomas Cranmer, Reformatoren ins Land, die wie Martin Bucer, Petrus Martyr Vermigli oder Johannes a Lasco den Kontinent hatten verlassen müssen.[11]

Der polnische Baron Johannes a Lasco (1499-1561) war ursprünglich zu Studienzwecken aus seiner Heimat fortgegangen, hatte dann in verschiedenen europäischen Ländern gelebt – eine Rückkehr nach Polen war ihm nicht möglich – und seit 1542 als Superintendent in Ostfriesland gewirkt. 1550 wurde a Lasco Superintendent der Fremdengemeinde London; daneben gab es je zwei Pastoren für die niederländisch- und die französischsprachige Teilgemeinde. In der französischsprachigen Gemeinde waren Wallonen und Franzosen vereint, zur niederländischsprachigen Gemeinde gehörten auch Deutsche.[12]

Die Fremdengemeinde, bestehend aus zwei Zweigen, aber als eine Gemeinde konstruiert, sollte nach apostolischem Vorbild aufgebaut werden. Sie war völlig autonom; einzig neue Superintendenten und Pastoren mussten nach ihrer Wahl durch die Gemeinde dem König vorgestellt und von diesem akzeptiert werden. A Lasco entwickelte für diese autonome Gemeinde eine Kirchenordnung, die die Konzeption der Gemeinde als Gemeinschaft, als *communio corporis Christi*, in den Mittelpunkt stellte.[13] Diese Gemeinschaft sah a Lasco

---

[11]   Vgl. zu Cranmer und seinen Motiven DIARMAID MACCULLOCH, Thomas Cranmer. A Life, New Haven-London 1996; DERS., The Importance of Jan Laski in the English Reformation, in: CHRISTOPH STROHM (Hrsg.), Johannes a Lasco (1499-1560). Polnischer Baron, Humanist und europäischer Reformator. Beiträge zum internationalen Symposium vom 14.-17. Oktober 1999 in der Johannes a Lasco Bibliothek Emden (SuRNR 14), Tübingen 2000, 315-345.

[12]   Zu a Lasco HENNING P. JÜRGENS, Johannes a Lasco in Ostfriesland. Der Werdegang eines europäischen Reformators (SuRNR 18), Tübingen 2002; STROHM, Lasco (s. Anm. 11); DIRK W. RODGERS, John à Lasco in England (AmUSt.TR 168), New York u.a. 1994; OSKAR BARTEL, Jan Laski, Berlin 1981; HERMAN DALTON, Johannes a Lasco. Beiträge zur Reformationsgeschichte Polens, Deutschlands und Englands, Nieuwkoop 1970 (Nachdruck der Ausgabe Gotha 1881).

[13]   Vgl. JOHANNES A LASCO, Forma ac ratio tota ecclesiastici Ministerii, in peregrinorum, potissimum vero Germanorum Ecclesia: instituta Londini in Anglia, per Pientissimum Principem Angliae etc. Regem EDVARDVM, eius nominis Sextu: Anno post Christum natum 1550. Addito ad calcem libelli Priuilegio suae Maiestatis, Frankfurt 1555, in: ABRAHAM KUYPER (Hrsg.), Joannis a Lasco Opera tam edita quam inedita duobus voluminibus comprehensa 2, Amsterdam u.a. 1866, 1-283. Zur Theologie der Ordnung BECKER, Gemeindeordnung (s. Anm. 10); SPRINGER, Christ's Church (s. Anm. 10); ANNELIESE SPRENGLER-RUPPENTHAL, Mysterium und Riten nach der Londoner Kirchenordnung der Niederländer (ca. 1550-1566), Köln 1967; HAROLD O. J. BROWN, John Laski: a Theological Biography. A Polish Contribution to the Protestant Reformation,

konstituiert in der gemeinsamen Abendmahlsfeier. Um die Gemeinschaft zu erhalten, wurde der Kirchenzucht mit dem Ziel der Versöhnung der Gemeindeglieder ein großes Gewicht beigemessen. Wer als Protestantin oder Protestant nach London migrierte, floh, sollte hier eine feste Gemeinschaft finden.

1553 kam nach dem frühen Tod Edwards VI. dessen katholische Schwester Mary Tudor auf den Thron und sie begann, das Land blutig zu rekatholisieren. Die ausländischen Prediger wurden des Landes verwiesen, und auch viele der Gemeindeglieder mussten oder wollten England verlassen. Während ein großer Teil der Londoner Gemeindeglieder mit a Lasco nach Dänemark segelte, reiste eine 1552 in Glastonbury (Somerset) gegründete kleine wallonische Gemeinde mit ihrem Pastor Valérand Poullain über Antwerpen (ein Auslöser für den zweiten Abendmahlsstreit)[14] nach Frankfurt am Main.[15]

Die Londoner Flüchtlinge wurden aufgrund ihrer Abendmahlslehre in Dänemark ausgewiesen und reisten weiter an die norddeutsche Küste. A Lasco begab sich mit einem Teil der Gemeindeglieder an seine ehemalige Wirkungsstätte Emden.[16] Die niederländischen Flüchtlinge wurden dort in die deutsche Gemeinde integriert, während die französischsprachigen Migrantinnen und Migranten eine eigenständige Gemeinde bildeten. Die Integration der niederländischen Glaubensflüchtlinge war möglich, weil sie demselben Kultur- und Sprachraum entstammten wie die ostfriesische Emder Bevölkerung. Hier stellt sich also genau die Frage, ob und in welcher Hinsicht diese Ansiedlung der Niederländer in Emden als »internationale Migration« anzusehen ist. Denn natürlich überschritten die Glaubensflüchtlinge politische Grenzen. In dieser Region stimmten aber die politischen nicht mit den kulturellen, sprachlichen und konfessionellen Grenzen überein – auch wenn die Neuankömmlinge selbstverständlich als fremd wahrgenommen wurden.

Cambridge 1967; ULRICH FALKENROTH, Gestalt und Wesen der Kirche bei Johannes a Lasco, Göttingen 1957.

[14]   Vgl. CORINNA EHLERS, Konfessionsbildung im Zweiten Abendmahlsstreit (1552-1558/59), SMHR 120, Tübingen 2021.

[15]   Zu Poullain A. CASPER HONDERS (Hrsg.), Valerandus Pollanus. Liturgia sacra (1551-1555), KHB 1, Leiden 1970; JUDITH BECKER, Bekenntnis der Wallonen in Glastonbury (Frankfurt): Poullains ›Professio Fidei Catholicae‹ von 1554 (1552), in: HEINER FAULENBACH/EBERHARD BUSCH (Hrsg.), Reformierte Bekenntnisschriften I/3 (im Auftrag der Evangelischen Kirche in Deutschland), Neukirchen-Vluyn 2007, 79-104. Zu den niederländischen Exilanten RAINGARD ESSER, Niederländische Exilanten im England des 16. und frühen 17. Jahrhunderts, Historische Forschungen 55, Berlin 1996. Zu Frankfurt PHILIPPE DENIS, Les églises d'étrangers en Pays Rhénans (1538-1564), Paris 1984; FRIEDRICH CLEMENS EBRARD, Die französisch-reformierte Gemeinde in Frankfurt am Main 1554-1904, Frankfurt/M. 1906.

[16]   Vgl. zur Emder Gemeinde neben den oben genannten Werken zu den Fremdengemeinden und zu a Lasco auch ANDREW PETTEGREE, Emden and the Dutch Revolt. Exile and the Development of Reformed Protestantism, Oxford 1992.

In Emden begannen bald nach der Ankunft der Glaubensflüchtlinge innerreformatorische Auseinandersetzungen, besonders zwischen a Lasco und dem Ortspfarrer Gellius Faber. 1555 zog a Lasco mit einem Teil der Gemeindeglieder nach Frankfurt am Main. Dort wurde auf der Grundlage der Kirchenordnung Valérand Poullains, die schon vom Stadtrat anerkannt worden war, nun auch die niederländische Gemeinde zugelassen, ebenso wie später eine englische Flüchtlingsgemeinde. In Frankfurt kam es zu vor allem auf sozialen Gegensätzen beruhenden Streitigkeiten innerhalb der verschiedenen Fremdengemeinden und zu konfessionell begründeten Auseinandersetzungen der Gemeinden mit den ortsansässigen lutherischen Predigern. 1556 verließ a Lasco Frankfurt und kehrte nach Polen zurück, wo er 1560 starb. Den Gemeinden in Frankfurt wurde 1561 die öffentliche Religionsausübung untersagt, und die meisten Gemeindeglieder zogen weiter. Für einige von ihnen bot sich erneut London als Zufluchtsort an.

1558 war Mary Tudor gestorben, und ihre protestantisch erzogene Halbschwester Elisabeth hatte den Thron bestiegen. Bald nach ihrem Regierungsantritt begann Elisabeth I. das Land wieder der Reformation zuzuführen. Nun wurden katholische Priester, Mönche und Nonnen verfolgt und Gläubige unter Druck gesetzt. In England begann eine Auswanderungswelle katholischer Geistlicher und Ordensangehöriger.

1560 wurden in England die evangelischen Fremdengemeinden wieder zugelassen. Ihre volle Autonomie erhielten sie freilich nicht zurück: die Superintendentur hatte der Bischof von London inne. Zudem wurden nun je eigenständige niederländische, französische und kleine italienische und spanische Gemeinden gegründet, die zwar in einem *coetus* zusammengeschlossen, aber ansonsten voneinander getrennt waren. Da sich die politischen Verhältnisse auf dem Kontinent wieder einmal gewandelt hatten, kehrten viele der ehemaligen Gemeindeglieder nach London zurück, und neue Migrantinnen und Migranten kamen hinzu. Die Gemeinden wuchsen schnell.

In der niederländischen und der französischen Gemeinde begannen Auseinandersetzungen um die Ausrichtung der Gemeinde. Diese immer wieder aufbrodelnden Streitigkeiten in den Migrationsgemeinden sind sicher auch damit zu erklären, dass dies Gemeinden von Personen waren, die um ihres Glaubens willen geflohen waren. Viele wollten nun in der Fremde auch den »richtigen« Glauben leben.[17]

In der französischen Fremdengemeinde wurden insbesondere die Streitigkeiten um die Kirchenordnung intensiv geführt: Sollte man die Ordnung der ersten Londoner Fremdengemeinde wieder einsetzen? Oder sollte man sich, so Teile der Gemeinde, an Genf orientieren? Schon unter a Lasco war im französischsprachigen Gemeindezweig um den Einfluss Calvins gestritten worden.

---

[17]   Dass andere Gemeindeglieder das weniger streng sahen, machte die Sache nicht einfacher.

Nun prallten die Ansichten der nach London zurückgekehrten Mitglieder der ersten Fremdengemeinde mit denen der neu migrierten Personen, vor allem aber des frisch aus Genf entsandten Calvin-Vertrauten und neuen Pastors Nicolas des Gallars aufeinander. Des Gallars verfasste eine neue, an die Genfer angelehnte Kirchenordnung.[18] Die einen Gemeindeglieder vertraten die Ansicht, an die alten Regeln anknüpfen zu können und sogar zu müssen, weil es sich um die Wiedereinrichtung der ehemaligen Gemeinde handele. Die anderen meinten, Calvin sei die Autorität, an der man sich zu orientieren habe. Sie wollten die Gemeinde nach Genfer Vorstellungen normieren und sie so zu einer Kirche formen, die in unmittelbarer Verbindung zu Genf stand.[19] Dabei ging es nicht nur um die Ausweitung des Genfer Machtbereichs, sondern es ging auch um die Einheit der Kirche. Zumindest innerhalb des französischsprachigen reformierten Protestantismus sollten überall ähnliche Ordnungen gelten. Die erste Gruppe hingegen betonte die Individualität und die Tradition ihrer Gemeinde. Durch die erzwungene Emigration war diese infrage gestellt worden, nun sollte sie neu aufleben gelassen werden. Gemeindeglieder gingen zum Kirchenrat und baten um Rückkehr zu der ursprünglichen Ordnung. Letztlich setzte sich diese Auffassung durch, und die Kirchenordnung wurde zumindest in Teilen an die ursprüngliche Ordnung angepasst, die a Lasco 1555 in Frankfurt auf Latein unter dem Titel *Forma ac ratio* und sein ehemaliger Kollege Martin Micron 1554 auf Niederländisch unter dem Titel *Ordinnancien* veröffentlicht hatten.[20]

---

[18]   NICOLAS DES GALLARS, Forma politiae ecclesiasticae nuper institutae Londini in coetu Gallorum Nicolao Gallasio authore, 1561, in: AUKE J. JELSMA/O. BOERSMA (Hrsg.), Unity in Multiformity. The Minutes of the Coetus of London, 1575, and the Consistory Minutes of the Italian Church of London, 1570-1591, Publications of the Huguenot Society of Great Britain and Ireland 59, London 1997, 111-132.

[19]   Vgl. auch JUDITH BECKER, Consistory, Church Order and Congregation in the French Church of London, 1560-1600. A History of Interaction, in: Huguenot Society of South Africa. Proceedings of the 3rd International Huguenot Conference 39 (2002), 214-227.

[20]   Microns Ordnung wurde im Zuge der Ausarbeitung der Kirchenordnung für die Kurpfalz ins Deutsche übersetzt, um hier als Vorbild zu dienen: MARTIN MICRON, Kirchenordnung, wie die unter dem christlichen könig auß Engelland Edward dem VI. in der statt London in der niderlendischen gemeine Christi durch kön. majest. mandat geordnet und gehalten worden, mit der kirchendiener und eltesten bewilligung, durch herrn Johannes von Lasco, freiherren in Polen, superintendenten derselbigen kirchen in Engelland, in lateinischer sprach weitleuftiger beschrieben, aber durch Martinum Micronium in eine kurze summ verfasset und jetzund verdeutschet (Heidelberg, Johannes Mayer, 1565), in: EMIL SEHLING (Hrsg.), Die evangelischen Kirchenordnungen des XVI. Jahrhunderts VII,2,1 (bearb. v. Anneliese Sprengler-Ruppenthal), Tübingen 1963, 552-667. Zu Dathenus THEODOR RUYS, Petrus Dathenus, Amsterdam 1919, 2. Aufl. mit einem Vorwort von Willem van 't Spijker, Houten 1988; AART ARNOUT VAN SCHELVEN, Petrus Dathenus, 's-Gravenhage 1913; JUDITH BECKER, Petrus Dathenus, in: IRENE DIN-

In den 1570er Jahren wurden dann in beiden großen Fremdengemeinden die Ordnungen, Liturgien, Psalmenbereimungen und Katechismen der jeweiligen Gemeinde vereinheitlicht.[21] Nun wurden die auf dem Kontinent gebräuchlichen Riten und Ordnungen auch in London eingeführt.[22] In den Kirchenratsprotokollen finden sich die Einträge zur Veränderung der grundlegenden Bekenntnistexte, Katechismen und Psalmenbereimungen samt ihrer Begründung: Es wurde explizit auf die stetige und sogar steigende Migration der Gemeindeglieder verwiesen. In dieser Zeit zwangen die Religionskriege in Frankreich und in den Niederlanden die Protestantinnen und Protestanten immer wieder zur Flucht. Viele dieser Personen kehrten in die Heimat zurück, sobald dies möglich schien, und mussten dann möglicherweise bei dem nächsten Religionskrieg erneut fliehen. Die Londoner Fremdengemeinden wollten denen, die vom Kontinent nach London fliehen mussten, ebenso wie denen, die immer wieder hin und her reisen mussten, ein Heimatgefühl vermitteln. Deshalb gaben sie ihre eigenen Traditionen auf zugunsten einer größeren Einheitlichkeit innerhalb der reformierten Kirchen.

Zu den Fremdengemeinden in London gehörten Personen, die nach der Immigration über Jahrzehnte an demselben Ort blieben, soweit dies politisch möglich war. Sie bauten sich in London eine neue Existenz auf. Daneben standen diejenigen, die je nach (kirchen)politischer Situation in ihrer Heimat in

---

GEL/VOLKER LEPPIN (Hrsg.), Reformatorenlexikon, Darmstadt 2014, 110-115; THOMAS KAUFMANN, Art.: Dathenus, Petrus, in: RGG 2, ⁴2008, 591f.

[21]   Vgl. z.B. AUKE J. JELSMA/O. BOERSMA (Hrsg.), Acta van het consistorie van de Nederlandse gemeente te Londen 1569-1585, RGP Kleine Serie 76, 's-Gravenhage 1993, 15.4.1571 zur Ersetzung des Psalters in der Niederländischen Fremdengemeinde London oder zum Katechismus: ebd., 3.3.1575. Das genaue Datum der Ersetzung des Katechismus durch den Heidelberger ist nicht bekannt, da das Jahr 1576 nicht protokolliert ist. Zu den Argumenten AART ARNOUT VAN SCHELVEN, De Nederduitsche Vluchtelingenkerken der XVIe eeuw in Engeland en Duitschland in hunne beteekenis voor de reformatie in de Nederlanden, 's-Gravenhage 1909, 142 und SYMEON RUYTINCK/CAESAR CALANDRINUS/AEMILIUS VAN CULENBORGH, Gheschiedenissen ende handelingen die voornemelick aengaen de Nederduytsche natie ende gemeynten, wonende in Engelant ende int bysonder tot Londen, vergadert door Symeon Ruytinck, Caesar Calandrinus ende Aemilius van Culenborgh, Dienaren des Godlicken Woords, uitgegeven door J. J. van Toorenenbergen, Werken der Marnix-Vereeniging Serie III - Deel I, Utrecht 1873, 122.

[22]   Dies fand im Zuge bzw. nach der Emder Synode statt, die 1571 für Einheit in den niederländischen und wallonischen/französischen Gemeinden sowie den Fremdengemeinden hatte sorgen sollen, an der die Londoner Fremdengemeinden aber aus politischen Gründen nicht hatten teilnehmen können. Zur Emder Synode MATTHIAS FREUDENBERG/ALEIDA SILLER, Emder Synode 1571. Wesen und Wirkungen eines Grundtextes der Moderne, Göttingen 2020; J.F. GERHARD GOETERS (Hrsg.), Die Akten der Synode der Niederländischen Kirchen zu Emden vom 4.-13. Oktober 1571. Im lateinischen Grundtext mitsamt den alten niederländischen, französischen und deutschen Übersetzungen, Neukirchen-Vluyn 1971.

diese zurückkehrten und dann ggf. erneut flohen. Dazu gehörten auch Drucker und andere Handwerker, die mit ihren Druckerpressen und ihrem Handwerkszeug immer wieder den Ärmelkanal überquerten. Die Londoner Fremdengemeinden wurden in diesem Prozess zu permanent bestehenden Fremdengemeinden, aber viele der Gläubigen, die ihnen angehörten, migrierten häufiger.

Dabei ist die Frage, ob die Menschen freiwillig oder erzwungen migrierten, zwar individuell von Bedeutung; in den Gemeinden hingegen zeigte sich erzwungene Migration vor allem in der Zahl der Glaubensflüchtlinge, die nach London kamen. Von besonderer Bedeutung wurde dies, als Anfang der 1570er Jahre infolge der Unterdrückung und Ausweisung protestantischer Prediger aus Frankreich eine große Zahl an Predigern nach London kam – die natürlich nicht alle eine adäquate Anstellung erhalten konnten.[23] Was sollte eine einzelne Gemeinde mit einer zweistelligen Zahl an ankommenden Predigern anfangen, die zwar studiert, aber kein Handwerk gelernt hatten? Auch dies führte zu Problemen innerhalb der Gemeinde, weil die für ihren Glauben geflohenen Prediger sich in der Fremdengemeinde in ihren Kompetenzen und ihrem Glauben nicht wertgeschätzt fühlten und die Gemeinde wiederum finanziell und gesellschaftlich überfordert war, sie alle adäquat zu versorgen.

Die stetige Migration nach und von London hatte unmittelbare Auswirkungen auf Ordnung und Praktiken der Gemeinden. In der ersten, autonomen Fremdengemeinde London wurden eine Ordnung und religiöse Praktiken eingeführt, die in einer Ortsgemeinde nicht durchsetzbar gewesen wären. Sie beruhten auf der Freiwilligkeit der Gemeindemitgliedschaft von Menschen, von denen viele um ihres Glaubens willen geflohen waren.

Die Auseinandersetzungen in der französischen Fremdengemeinde London nach ihrer Re-Institutionalisierung 1560 sind ebenfalls im Kontext der Migrationen zu betrachten. Zum einen kamen die Gemeindeglieder von unterschiedlichen Hintergründen. Manche waren in der ersten Londoner Fremdengemeinde religiös sozialisiert, andere in Frankreich oder in der Wallonie. Sie hatten nicht nur unterschiedliche Beziehungen (oder gar keine Beziehungen) zur ersten Londoner Fremdengemeinde, sondern auch die Verbindung zu Calvins Genf unterschied sich, auch zwischen denen, die aus Frankreich oder aus der Wallonie kamen. In der Gemeinde trafen verwandte reformierte Konzeptionen von Kirche, Glaube und religiösen Praktiken aufeinander, die ausgehandelt werden mussten. Am Ende stand ein Kompromiss, in dem des Gallars' neue Kirchenordnung modifiziert wurde, sodass sie Distinktionsmerkmale der ersten Londoner Fremdengemeinde aufnahm.

Letztlich führte die fortwährende Migrationssituation in den niederländisch- und erst recht den französischsprachigen Gemeinden auf dem Kontinent dazu, dass Ekklesiologien und kirchliche und religiöse Praktiken auf dem Kon-

---

[23]   Ausführlich zu diesen geflüchteten Pastoren FERNAND DE SCHICKLER, Les églises du refuge en Angleterre, 3 Bde, Paris 1892, mit einer Auflistung 167.

tinent und in den Fremdengemeinden einander angepasst wurden. Damit trug die Migration unmittelbar zur Konfessionsbildung im reformierten Protestantismus bei.[24]

3. Protestantische Mission im 19. Jahrhundert

Am Ende des 18. Jh.s wurden zunächst in England große Missionsgesellschaften gegründet. Bald darauf entstanden »Hilfsvereine«, auch in Deutschland, und dann schlossen sich manche dieser Hilfsvereine zu eigenen Missionsgesellschaften zusammen. Eine der ersten großen deutschsprachigen Missionsgesellschaften war die 1815 gegründete Basler Mission, ein Zusammenschluss von Schweizer und vor allem süddeutschen Erweckten.[25] Zunächst sollten hier – nach dem Vorbild des Berliner Missionsseminars von Johannes Jaenicke (1748-1827) – nur Missionare ausgebildet werden (ausschließlich Männer), die dann von anderen europäischen Gesellschaften ausgesandt werden sollten.

1821 begann die Basler Mission mit der Aussendung eigener Missionare, zunächst in den Kaukasus, ab 1827 nach Westafrika. Beide Missionen waren aus unterschiedlichen Gründen nicht sehr erfolgreich. 1833 wurde bei der Erneuerung der Charta der East India Company der Passus eingefügt, dass auch nicht-britische Missionsgesellschaften in den britischen Kolonialgebieten in Indien Missionsstationen eröffnen dürften. 1834 schickte die Basler Mission, die bis dahin in Indien mit der anglikanischen Church Missionary Society kooperiert hatte, die ersten eigenen Missionare nach Südindien.[26] Sie eröffneten

---

[24] Zum Paradigma der Konfessionsbildung ERNST WALTER ZEEDEN, Grundlagen und Wege der Konfessionsbildung im Zeitalter der Glaubenskämpfe, in: HZ 185 (1958), 249-299. Dies ist von dem von Heinz Schilling und Wolfgang Reinhard zeitlich parallel entwickelten Konfessionalisierungsparadigma zu unterscheiden. Vgl. aus der großen Zahl der Arbeiten zum Thema nur die Diskussionen in: HEINZ SCHILLING (Hrsg.), Die reformierte Konfessionalisierung in Deutschland. Das Problem der »zweiten Reformation«. Wiss. Symposion d. Vereins für Reformationsgeschichte, Schriften des Vereins für Reformationsgeschichte 195, Gütersloh 1986; HANS-CHRISTOPH RUBLACK (Hrsg.), Die lutherische Konfessionalisierung in Deutschland. Wiss. Symposion d. Vereins für Reformationsgeschichte 1988, SVRG 197, Gütersloh 1992; WOLFGANG REINHARD (Hrsg.), Die katholische Konfessionalisierung. Wissenschaftliches Symposium der Gesellschaft zur Herausgabe des Corpus Catholicorum und des Vereins für Reformationsgeschichte 1993, SVRG 198, Gütersloh 1995.

[25] Zur Geschichte der Basler Mission CHRISTINE CHRIST-VON WEDEL/THOMAS K. KUHN (Hrsg.), Basler Mission. Menschen, Geschichte, Perspektiven 1815-2015, Basel 2015; PAUL JENKINS, Kurze Geschichte der Basler Mission, Basel 1989; WILHELM SCHLATTER, Geschichte der Basler Mission 1815-1915, 3 Bde, Basel 1916.

[26] Einen Überblick über die Kooperation bietet PAUL JENKINS, The Church Missionary Society and the Basel Mission. An Early Experiment in Inter-European Cooperation, in:

eine Missionsstation in Mangalore, Karnataka, und weiteten die Mission in den folgenden Jahren und mit Unterstützung neu angekommener Missionare weiter in den Süden nach Kerala aus.[27]

Im Folgenden wird die Bedeutung der Migration für die Missionare betrachtet, nicht primär für die indigene Bevölkerung.[28] Zunächst wurden nur Männer ausgesandt, und diese mussten darum kämpfen, nach einigen Jahren in Indien heiraten zu dürfen. Die Frauen wurden durch die Basler Missionsleitung für sie ausgewählt.[29] Die einzige Ausnahme bildeten Julie Dubois und Hermann Gundert, die schon vor der Aufnahme in die Basler Mission in Indien gewesen waren und dort geheiratet hatten. Erst in der zweiten Hälfte des 19. Jh.s entwickelte sich die evangelische Mission, und so auch die Basler, zu einer Unternehmung, die hauptsächlich von Frauen gestützt wurde.[30] Die Basler Missionare wurden nach dem Kriterium ausgewählt und dahingehend ausgebildet, dass sie ihren Glauben vollständig bewahren und sich nicht von fremden kulturellen Erfahrungen irritieren lassen sollten.

Die ersten Missionare waren mit wenigen Unterbrechungen oder gar, im Fall Samuel Hebichs (1803–1865), ganz ohne Unterbrechung für zwanzig bis 25 Jahre in Südindien, bevor sie, zumeist aus gesundheitlichen Gründen, nach

---

Kevin Ward/Brian Stanley (Hrsg.), The Church Mission Society and World Christianity, 1799-1999, Studies in the History of Christian Missions, Grand Rapids u.a. 2000, 43-65.

[27]   Zur Geschichte der Basler Mission in Südindien Judith Becker, Conversio im Wandel. Basler Missionare zwischen Europa und Südindien und die Ausbildung einer Kontaktreligiosität, 1834-1860, VIEG 238, Göttingen 2015.

[28]   Aus der Fülle der Literatur zur Geschichte des Christentums in Indien im Allgemeinen und zur Missionsgeschichte in Indien im Besonderen mit besonderem Bezug auf unser Thema: Brojendra Nath Banerjee, Religious Conversions in India, New Delhi 1982; Chad M. Bauman, Christian Identity and Dalit Religion in Hindu India, 1868-1947, Grand Rapids 2008; Susan Bayly, Caste, Society and Politics in India from the Eighteenth Century to the Modern Age, Cambridge 1999; Jeffrey Cox, Imperial Fault Lines. Christianity and Colonial Power in India 1818-1940, Stanford 2002; M. Christhu Doss, Repainting Religious Landscape. Economics of Conversion and Making of Rice Christians in Colonial South India (1781-1880), in: Studies in History 30 (2014), 179-200; Walter Fernandes, Caste and Conversion Movements in India. Religion and Human Rights, New Delhi 1981; Eliza F. Kent, Converting Women. Gender and Protestant Christianity in Colonial South India, Oxford 2004; Rowena Robinson/Sathianathan Clarke (Hrsg.), Religious Conversion in India. Modes, Motivations, and Meanings, Oxford-New York 2003; Peter van der Veer (Hrsg.), Imperial Encounters. Religion and Modernity in India and Britain, Princeton u.a. 2001; Gauri Viswanathan, Outside the Fold. Conversion, Modernity and Belief, Princeton 1998.

[29]   Vgl. Dagmar Konrad, Missionsbräute. Pietistinnen des 19. Jahrhunderts in der Basler Mission (Internationale Hochschulschriften 347), Münster u.a. 2013.

[30]   Vgl. im allgemeinen Überblick Cox, Missionary Enterprise (s. Anm. 2); Dana L. Robert, Christian Mission. How Christianity Became a World Religion, Blackwell Brief Histories of Religion Series, Chichester 2009.

Deutschland zurückkehrten. Nach dieser langen Zeit fiel manchen die Rückkehr in und vor allem die Anpassung an europäische Verhältnisse und Erwartungen nicht leicht. Samuel Hebich zum Beispiel tat in Basel das, was er auch in Indien getan hatte: er sprach wohlhabende Kaufleute auf der Straße an, ob sie bekehrt und »echte« Christen seien. Es kam zum Eklat, sodass die Basler Mission sich gezwungen sah, sich öffentlich für ihren Missionar zu entschuldigen. Sie erklärte, Hebich habe so lange in Indien gelebt, dass er die europäischen Gepflogenheiten nicht mehr richtig kenne. Dabei ignorierte die Basler Mission natürlich, dass das Verhalten von Hebich mit zweierlei Maß gemessen wurde: was für Indien als richtig galt, galt für Basel als falsch. Hebich hatte sich in beiden Situationen gleich verhalten.[31]

Auch aus anderen Quellen wird deutlich, dass er nach seiner Rückkehr in Europa nicht mehr richtig Fuß fassen konnte. Ähnliches galt für Julie Dubois (1809–1885), die Frau von Hermann Gundert (1814-1893) und Großmutter Hermann Hesses, der als frankophoner Schweizerin und engagierter Missionarin die Eingewöhnung in Deutschland besonders schwerfiel. Dies sind zwei Beispiele dafür, dass selbst bei willentlicher Migration aus festen Glaubensüberzeugungen die Entfremdung von der Heimat (die sicher auch der Weiterentwicklung sowohl der einzelnen Personen in der Ferne als auch der Gesellschaft in der Ursprungsregion geschuldet war) die Re-Migration erschweren konnte.

In dieser frühen Zeit der organisierten evangelischen Mission war zum einen noch nicht klar, wie lange Missionare in den Missionsgebieten bleiben sollten, wie lange also der Status als Migrant währen sollte. Das Beispiel der London Missionary Society ist berühmt, die die ersten Missionsfamilien nach Neuseeland sandte und nicht erwartete, von diesen Familien noch einmal zu hören. Erst als die zweite Gruppe an Missionsfamilien nach Irrfahrten und mehreren Kaperungen statt in Neuseeland wieder in England landete, kam man auf die Idee, die zuerst Ausgesandten anzuschreiben und nach ihrem Wohlergehen zu fragen.[32] Mission bedeutete für diese ersten Generationen evangelischer Missionare also potentiell eine Migration an einen außereuropäischen Ort bis zum Lebensende.

---

[31]   Im Fall Hebichs kommt hinzu, dass er ähnlich auch schon während seiner Ausbildungszeit im Basler Missionsseminar vorgegangen war. Vgl. die Schilderung von Hebichs Kommilitonen Heinrich Frey im Archiv der Basler Mission (BMA), BV 157 (in Auszügen abgedruckt in: BECKER, Conversio [s. Anm. 27], 154f). Aber auch dies wurde ignoriert. Zu den Basler Ereignissen: Missionar Samuel Hebich in Basel. Ein Gespräch, sammt Anhang, einige Auszüge aus nachgeschriebenen Predigten enthaltend, Basel 1860.

[32]   Und man entschied nun, keine Familien, sondern alleinstehende Männer auszusenden, um die Kosten und den möglichen Schaden gering zu halten. Vgl. zum gesamten Vorgang RICHARD LOVETT, The History of the London Missionary Society 1795-1895, 2 Bde, London 1899.

In Bezug auf die Migration nach Indien soll nun in zwei Gedankengängen gefragt werden, 1. welche Folgen die Begegnung mit der lokalen indischen Kultur für die Missionare hatte, wie sie diese deuteten und zu verarbeiten suchten und 2. welche Implikationen dies für die Religiosität der Missionare mit sich brachte.

1. Zunächst einmal gilt es festzuhalten, dass gerade die erste und zweite Generation von Missionaren – abgesehen von allgemein zugänglicher Literatur – recht wenig über Indien wussten, bevor sie dorthin reisten. Die Basler Mission selbst hatte noch keine Erfahrungen in Indien gemacht, auch wenn seit knapp zwanzig Jahren in Basel ausgebildete Missionare über die anglikanische Church Missionary Society nach Indien entsandt wurden. Die Kenntnis war also recht gering, und sie war zweifellos verzerrt, wurden doch indische Religion und Kultur durch die Brille erweckten Christentums gedeutet und vermittelt. Hinzu kommt, dass für die erweckte Mission Religion und Kultur in Indien kaum voneinander zu trennen waren. Sie sahen in Indien die Kultur von Religion durchdrungen. Dies brachte zwei Probleme mit sich. Zum einen war es schief, weil aus Basler Perspektive die vorherrschende Religion der Hinduismus war.[33] Faktisch aber hatten die Basler Missionare in Indien vor allem mit Menschen zu tun, die lokalen Religionen anhingen. Diese lokalen Religionen hatten mit dem, was in Europa als Hinduismus bekannt war, nur wenig gemein. Die Missionare mussten also nach der Ankunft in Indien erst einmal lernen, welches die lokalen Gebräuche und religiösen Auffassungen waren. Zum anderen hatte die Überzeugung, die gesamte Kultur in Indien sei religiös konnotiert, zur Folge, dass alle oder zumindest fast alle kulturellen Äußerungen von den Missionaren religiös interpretiert wurden.[34] Das wiederum hatte unmittelbare Auswirkungen auf die Missionspraktiken wie die Religiosität der Missionare.

Bevor sie diese Erfahrungen machen konnten, mussten die Missionare aber nach Indien reisen. Die Ankunft war für viele mit einem Schock verbunden. Ausführlich beschrieb Herrmann Mögling 1836, wie sehr ihn die Gerüche und Geräusche und die quirlige Menschenmenge bei seiner Ankunft erschreckten.[35] Es war ein unmittelbares Gefühl der Fremde und des Verlorenseins. Die neu ankommenden Missionare wurden, soweit möglich, von anderen Missionaren, auch denen anderer Missionsgesellschaften, in Empfang genommen, die schon länger im Land waren. So verbrachte Herrmann Mögling die ersten Tage bei einem schottischen Missionar. Die Eindrücke der ersten

---

[33]   Daneben wurde der Islam als zweite in den Basler Missionsgebieten wichtige Religion immer wieder erwähnt.

[34]   Es führte zudem zu einer weitgehenden Ablehnung der indigenen Kultur. Bei aller Hochschätzung, die sie intellektuell durch einzelne Missionare wie Herrmann Mögling oder auch seine Frau Pauline Bacmeister erfuhr.

[35]   Vgl. BMA C-1,2 Mangalore 1836, Nr. 12, H. Mögling, 15.9.1836.

Tage sind sehr durch die Brille dieses Missionars geschildert, und zugleich wird immer wieder deutlich, wie fremd Mögling all diese Erfahrungen waren. Seine Briefe illustrieren die Schwierigkeiten des Migranten, das Neue zu integrieren.

Trotz dieses kulturellen Schocks war Mögling derjenige Missionar, der nach Indien gekommen war, um dort äußerlich indische Kultur anzunehmen. Mögling sah es als seine Aufgabe an, und wurde darin von der Missionsleitung unterstützt, den Indern ein Inder zu werden. Mit einer Gruppe jüngerer Missionare begann er mit dem in seinen Augen indischen Lebensstil. Sie verkauften das Mobiliar aus dem Missionshaus, schliefen auf indischen Matten und aßen ausschließlich Reisgerichte. Dies war Möglings Form der Inkulturation. Sie führte zu großen Auseinandersetzungen innerhalb der Gruppe der Missionare. Erst durch die Intervention eines externen erfahrenen Indienmissionars und aufgrund der gesundheitlichen Probleme der »indisch« lebenden Missionare gab Mögling das Projekt wieder auf.

Auf der einen Seite handelte es sich bei dieser Inkulturation um eine rein äußerliche Anpassung an lokale Bräuche, begründet mit einer biblischen Referenz, aber natürlich durchgeführt von einem Europäer, der diese Anpassung erstens jederzeit wieder aufgeben konnte und zweitens vorab schon ausgewählt hatte, welche Teile indischen lokalen Lebenswandels er für religiös ungefährlich hielt und für möglich oder gar nötig als Anpassung, um die Bevölkerung zu erreichen. Mit Akzeptanz des Lebensstils in Indien muss das nichts zu tun gehabt haben.

Auf der anderen Seite war Mögling eben derjenige aus der Gruppe der Basler Missionare, der einen solchen Lebensstil für sich überhaupt in Betracht zog und damit eine gewisse Offenheit gegenüber der Kultur zeigte, in die er migriert war. Diese Offenheit ist auch in einem Projekt zu erkennen, das Mögling in späteren Jahren als treibende Kraft gemeinsam mit seinem Stiefbruder Gottfried Weigle und seiner Frau Pauline Bacmeister betrieb: der Sammlung lokaler Erzählungen und Mythen in der sog. *Bibliotheca Carnatica*. Die Basler Missionsleitung unterstützte dieses Vorhaben nicht, sodass Mögling sich sogar verteidigen musste für die Zeit, die er in diese Sammlung und die Übersetzungen, die die drei unternahmen, investierte. Es ist eine ausführliche Beschreibung seines Tagesablaufs überliefert, in der er erklärte, welche Nachtstunden er statt zum Schlafen für die Erstellung der *Bibliotheca Carnatica* nutzte.[36] Heute gilt die *Bibliotheca Carnatica* als wichtiges Dokument für die lokale Geschichte und Kultur im südlichen Karnataka.[37]

---

[36]   BMA, C-1.4 Mangalore 1849, Nr. 4, H. Mögling, 19.1.1849; C-1.11 Indien 1851, Nr. 21, H. Mögling, 18.4.1851, S. 13.

[37]   Zur Nutzung von Missionsüberlieferungen an einem anderen Beispiel instruktiv MRINALINI SEBASTIAN, Visual Representation of Difference. A Connected History of an Image in a Missionary Magazine, a Discipline and a People, in: JUDITH BECKER/KATHA-

Bei Herrmann Mögling und Hermann Gundert lässt sich zeigen, wie sie einige der Erfahrungen, die sie in der kulturellen Kontaktzone in Indien machten, positiv aufnahmen und in ihre Religiosität und ihre Praktiken integrierten. Anders sah das bei Samuel Hebich aus, der in Indien mehr noch als in Europa den Teufel am Werk sah und auf diesem Interpretationshintergrund fast alle kulturellen Praktiken in Indien ablehnte. Aber auch bei Hebich hinterließen die 25 Jahre in Indien natürlich Spuren, nur andere als die der Akkulturation. Hebich wurde aufgrund der Erfolge, die er in Indien zu sehen meinte – Konversionen von Inderinnen und Indern zum Christentum ebenso wie Bekehrungen zum »echten« Christentum bei Europäerinnen und Europäern –, noch stärker von dem Missionsauftrag überzeugt. Die Interpretation der negativen Erlebnisse und der indischen Kultur als vom Teufel inspiriert überzeugte ihn umso mehr von der Notwendigkeit der Mission.

Die eine Person, die aufgrund ihrer Migrationserfahrung beide Kulturen zum Ausgleich zu bringen versuchte, war Hermann Anandrao Kaundinya, Brahmane und erster Konvertit, der nach seiner Konversion 1848 in Basel ausgebildet und dann als Missionar wie seine deutschen Amtsbrüder wieder nach Indien entsandt wurde.[38] Kaundinya schien weitgehend in beiden Kulturen heimisch zu sein, und er suchte immer wieder, dem europäischen Publikum indische Gepflogenheiten und Praktiken nahezubringen.[39] Ihn verband eine enge Freundschaft mit Herrmann Mögling; für Mögling wurde er nach dem Tod von dessen Stiefbruder Gottfried Weigle zum besten Freund und wichtigsten Vertrauten. Auch dies mag den kulturellen Austausch der beiden befördert haben.

Kaundinya war in der Situation des Kolonisierten und desjenigen, dessen früherer Glaube durch einen neuen ersetzt wurde bzw. zumindest mit diesem neuen Glauben in Einklang gebracht werden musste. Gleichzeitig war er ein Brahmane, den Missionaren an Rang und Einfluss – und Bildung – weit überlegen. Zugleich wurde von ihm wie von allen Basler Missionaren fraglose Unterordnung innerhalb der Basler Hierarchie erwartet. Kaundinya war vielfachen Spannungen ausgesetzt. Seine Jahre in Basel versetzten ihn in die Lage des Vermittlers, der mehr noch als die deutschen Missionare beiden Seiten die jeweiligen Vorannahmen erklären konnte – und vor allem dies auch wollte. Seine Migrationserfahrung machte ihn zum kulturellen Vermittler, wohingegen ein Missionar wie Samuel Hebich die Trennlinien aufgrund seiner Migrati-

---

RINA STORNIG (Hrsg.), Menschen - Bilder - Eine Welt. Ordnungen von Vielfalt in der religiösen Publizistik um 1900, VIEG Beiheft 118, Göttingen 2018, 91-115.
[38] Zu Kaundinya MRINALINI SEBASTIAN, Mission without History? Some Ideas for Decolonizing Mission, in: IRM 93 (2004), 75-96; KATRIN BINDER, Herrmann Anandrao Kaundinya, in: ALBRECHT FRENZ/STEFAN FRENZ (Hrsg.), Zukunft im Gedenken. Future in Remembrance, Norderstedt 2007, 419-424.
[39] Vgl. PRATT, Imperial Eyes (s. Anm. 6), 9 zur »Autoethnography«.

onserfahrung umso schärfer zog – allerdings tat er dies in Europa wie in Indien, und das wichtigste Kriterium war für ihn der seiner Ansicht nach richtige Glaube.

2. Die Missionare waren nach Indien gesandt worden, um dort den »echten« christlichen Glauben zu lehren. Samuel Hebich setzte durch, dies auch gegenüber der europäischen Gemeinschaft in Indien tun zu dürfen (er sah sich aufgrund bestimmter Erlebnisse dazu berufen), und sammelte eine Gemeinde von indischen und europäischen Christinnen und Christen. Das »echte« Christentum war definiert als das, was die Missionare in Europa als erwecktes Christentum kennengelernt hatten, und in dem sie sozialisiert waren bzw. zu dem sie sich bekehrt hatten. Es war gemeint als »reiner« evangelischer Glaube, aber natürlich war es in Glaubensauffassung und Praktiken geprägt durch die europäische Geschichte und die Kultur der Zeit.

In Indien lernten die Missionare nun eine andere Kultur und andere Glaubenspraktiken kennen – auch Angehörige des sog. Thomas-Christentums –, und dies veränderte ihre Religiosität.[40] Inwieweit es auch die Theologie veränderte, lässt sich anhand der überlieferten Quellen nur schwer sagen. Die meisten Quellen beschreiben – von einigen ekklesiologischen Auffassungen abgesehen – religiöse Praktiken und Werthaltungen.

In Indien entwickelten die Missionare eine Kontaktreligiosität.[41] Der Begriff Kontaktreligiosität beschreibt, wie die Religiosität der Missionare sich veränderte, indem a) einzelne Aspekte sich intensivierten und wichtiger wurden oder, umgekehrt, weniger wichtig wurden, b) neue Ideen oder Praktiken in die Religiosität aufgenommen wurden, c) Ideen oder Praktiken aufgegeben wurden oder d) wie Aspekte der Religiosität sich veränderten, indem sie eine neue Bedeutung annahmen.

Alle diese Veränderungen der Religiosität lassen sich bei den Basler Missionaren nachweisen. So wurde, wie schon erwähnt, der Glaube an die Existenz und Wirkmacht des Teufels, den sie auch in Europa schon vertreten hatten, in Indien intensiviert, weil zumindest manche Missionare wie Samuel Hebich glaubten, den Teufel hier am Werk zu sehen.[42]

---

[40] Die anglikanische Church Missionary Society als enge Kooperationspartnerin der Basler Mission arbeitete in einem Gebiet, in dem Angehörige des sog. Thomas-Christentums lebten. Dies spiegelt sich in den veröffentlichten Missionsberichten, z.B. die Zeitschrift Church Missionary Record 1830ff. Zum Christentum in Indien vgl. u.a. PAUL VERGHESE (Hrsg.), Die syrischen Kirchen in Indien, Die Kirchen der Welt 13, Stuttgart 1974; JÜRGEN TUBACH/G. SOPHIA VASHALOMIDZE (Hrsg.), Studien zu den Thomas-Christen in Indien, Hallesche Beiträge zur Orientwissenschaft 33, Halle 2006; WOLFGANG HAGE, Das orientalische Christentum, Religionen der Menschheit 29/2, Wiesbaden 2007, 315-377.

[41] Vgl. dazu ausführlich BECKER, Conversio (s. Anm. 27).

[42] Hermann Gundert z.B. war davon weit weniger überzeugt.

Manche Werthaltungen fanden sich schon in den Bewerbungsschreiben zukünftiger Missionare, wurden aber in Indien deutlich wichtiger. Dazu gehörten an erster Stelle Hingabe und Standfestigkeit. Beide wurden auch in Europa betont, aber in den Briefen aus Indien bekamen diese Haltungen eine ungleich größere Bedeutung. Hier hieß es durchzuhalten, auch wenn sich über lange Zeit keine Erfolge in Form von Konversionen sehen ließen. Hinzu kam, dass manche Werthaltungen, vor allem in der Darstellung in der Missionszeitschrift, zu indischen christlichen Werthaltungen wurden, indem nicht mehr die Missionare als besonders treu und standhaft porträtiert wurden, sondern zunehmend indische Konvertitinnen und Konvertiten, die gegen die der Darstellung zufolge feindlich gesonnene Umwelt ihrem Glauben treu blieben.

Eine grundlegende Veränderung fand sich in der Konzeption der Bekehrung, dem Zentrum der missionarischen Religiosität. Die Bekehrung sollte nach Ansicht der Erweckten die Erfahrung der eigenen Sündhaftigkeit sowie die Erfahrung der Rechtfertigung durch Gott zum Zentrum haben. Einen festgelegten Ablauf der Bekehrung gab es nicht, auch wurde nicht unbedingt ein Bußkampf erwartet. Als sicheres Zeichen für das Bekehrtsein aber galt ein Gefühl der inneren Ruhe und des Friedens, dem vor der Bekehrung eine große Unruhe vorausgegangen war.

Die Basler Missionare wollten ausschließlich solche Menschen taufen, die ernsthaft bekehrt waren. Woran aber sollten sie erkennen, ob die Inderinnen und Inder, die sich taufen lassen wollten, tatsächlich bekehrt waren? Dies war für sie eine religiös zentrale Frage. Und so begannen viele, die Bekehrung an Äußerlichkeiten wie einem friedlichen Gesichtsausdruck festzumachen – oder zumindest taten sie dies in der schriftlichen Darstellung gegenüber der Basler Mission, und diese wiederum betonte in der Missionszeitschrift häufig diese äußerlich sichtbaren Zeichen. Damit aber wurde zumindest in der Wahrnehmung der europäischen Leserschaft die Bekehrung in Indien zu etwas Äußerlichem. Das hatte Folgen für die Wahrnehmung von Inderinnen und Indern ebenso wie für die Wahrnehmung der Bekehrung. Mittelfristig veränderte es auch die Konzeption der Bekehrung in der Mission. Daneben wurde die Tauftheologie verändert, als mit Verweis auf die gesellschaftlichen und sozialen Strukturen in Indien zugelassen wurde, dass Menschen früher getauft wurden, auch wenn die Missionare sich der Bekehrung noch nicht völlig sicher waren oder gar, wenn sie sich sicher waren, dass nicht alle Familienmitglieder bekehrt waren, aber doch ganze Familien getauft werden wollten.

So veränderte sich nach und nach die Religiosität der Missionare aufgrund der Migration und der Erfahrungen in der kulturellen und religiösen Kontaktzone in Indien. Die Migration, deren Ziel gewesen war, die Anderen zu verändern und selbst völlig gleich zu bleiben, führte auch bei den Europäerinnen und Europäern zu Veränderungen, in der Religiosität, in den kulturellen und gesellschaftlichen Auffassungen, und nicht allen fiel die Re-Migration nach Europa leicht.

4. Conclusio

Der Überblick aus der Antike und diese beiden Beispiele aus der Glaubensmigration der Reformationszeit und der missionarischen Migration im 19. Jh. zeigen beispielhaft die Bedeutung, die Migration für die Verbreitung, die Veränderung und Entwicklung des Christentums in Theologie, Religiosität und religiösen Praktiken hatte.

Für die Geschichtsschreibung des Christentums sind daraus mehrere Konsequenzen zu ziehen: Eine Geschichtsschreibung, die der Migration die Bedeutung geben will, die ihr zusteht, wird nicht nur auf die großen und berühmten Menschen in der Christentumsgeschichte blicken können, sondern wird die vielen einfachen migrierenden Menschen einbeziehen müssen.

Dies hat auch Konsequenzen für die Frage, welche Quellen als Grundlage für die Geschichtsschreibung herangezogen werden. Hier werden Korrespondenzen, Tagebücher, Periodika und anderes, aber auch Protokolle mehr Auskünfte geben als theologische Schriften – so wichtig letztere auch für die Christentumsgeschichte selbstverständlich sind.

Die Beispiele zeigen zudem nicht nur die Bedeutung der Migration auf, sondern auch die Verflechtungen, die damit einhergingen. Durch die Migration trafen sich Menschen mit unterschiedlichen Lebenserfahrungen, von unterschiedlichen gesellschaftlichen, kulturellen, politischen und religiösen bzw. konfessionellen Hintergründen. Natürlich soll damit nicht einer Abgrenzbarkeit von Kulturen das Wort geredet werden. Aber die lebensweltlichen Erfahrungen der deutschen Missionare, die in Indien ankamen, waren doch recht anders als die des indischen Brahmanen Anandrao Kaundinya oder die eines Fischers oder Palmweinziehers in Karnataka.[43] Durch die Migration aber kamen sie miteinander in Kontakt und verflochten sich. Ähnliches gilt für die Begegnungen zwischen französisch- und niederländischsprachigen Glaubensflüchtlingen und Wirtschaftsmigrantinnen und Wirtschaftsmigranten in den Londoner Fremdengemeinden und deren Verflechtungen mit den Ortsgemeinden in London sowie den Gemeinden, die sie auf ihrer Flucht auf den Kontinent aufnahmen. Diese Verflechtungen sind bei der Untersuchung der verschiedenen Themen der Christentumsgeschichte zu bedenken.

In jedem Fall ist auch auf Hierarchien und Handlungsmacht zu achten. Dies kann ganz unterschiedlich aussehen, je nachdem, wer wohin und in welchem Kontext migrierte. Das gilt auch für die frühneuzeitliche Glaubensmigration. In den Londoner Fremdengemeinden konnte die Handlungsmacht auch

---

[43] Über Mitglieder der Fischer- oder Palmweinzieher-Kasten wurde in der Regel ohne Namensnennung berichtet. Zugleich gab es immer wieder namentlich erwähnte Personen, bei denen die Kaste nicht angegeben wurde. Die Archiv- und Berichtslage ist äußerst schlecht. Dadurch erweist es sich häufig als unmöglich, Personen aus niedrigeren Kasten eindeutig zu identifizieren.

von einfachen Gemeindegliedern gegenüber Pastor und Gemeindeleitung aufgezeigt werden. Eine Frage, die im Rahmen dieses Beitrags nicht behandelt
werden konnte, die aber in der Forschung zur Glaubensmigration schon untersucht ist, ist die nach der Handlungsmacht der Gemeinde und einzelner Gemeindeglieder gegenüber der Ortsgemeinde und Strategien der Migrantinnen
und Migranten gegenüber einer anderssprachigen Umgebung.[44]

Im Blick auf die in der Migrationsforschung weit verbreiteten Kategorien
ist festzustellen, dass diese auch für die christentumshistorische Migrationsforschung als Fragehorizonte hilfreich sein können. Gleichzeitig ist deutlich
geworden, dass diese Kategorisierungen – temporär versus permanent, freiwillig *versus* erzwungen, Binnen- *versus* internationale Migration und auch eine
Abgrenzung der Motivationen zur Migration – nur unterschiedlich gut greifen.
Gerade die Gegenüberstellung von freiwilliger und erzwungener sowie von
Binnen- und internationaler Migration ist in ihrer primären Fokussierung auf
politische Konzepte aus christentumshistorischer Sicht häufig zu hinterfragen.
Glaubensflüchtlinge konnten religiöse Gemeinsamkeiten über politische
Grenzziehungen stellen. Zudem verliefen politische und sprachliche, kulturelle
oder religiöse/konfessionelle Grenzen nicht immer entlang derselben Linien.

Vor allem aber ist festzuhalten, dass in auf Migration beruhenden Begegnungen etwas Neues entstand, sowohl für die Gemeinde als Ganze als auch für
die einzelnen Individuen. Migration war mithin einer der bedeutenden Faktoren in der Entwicklung des Christentums.

---

[44] Vgl. zur Handlungsmacht Becker, Gemeindeordnung (s. Anm. 10), zu Anpassun-
gen an die Umgebung z.B. Meredith Hassall, Dialect Focusing and Language Transfer
in Sixteenth Century Germany (PhD Thesis University of Wisconsin-Madison), Madison
2001, sowie die in Anm. 10 angegebene Literatur zu den Fremdengemeinden in England.

Ciprian Burlacioiu

KONFESSIONSGEPRÄGTES DIASPORAVERSTÄNDNIS?

Der Diaspora-Begriff aus konfessionsvergleichender Perspektive

Das Wort Diaspora hat eine lange Geschichte. Es reicht bis in die Antike zurück und wurde im Blick auf zwei Zerstreuungen verwendet: auf die griechische und v.a. auf die jüdische. Im deutschen Kontext erfuhr der Begriff erst seit dem 19. Jh. Popularität. Dieser wurde seitdem rückblickend für die Beschreibung der Situation evangelischer und katholischer Christen gebraucht, die seit der Reformation auf dem Boden des Reiches und der nachfolgenden deutschen Staaten in Territorien einer jeweils anderen religiösen Mehrheit lebten.

Der vorliegende Beitrag nimmt sich vor, in konfessionsvergleichender Perspektive zwei Aspekte des Diasporabegriffs zu beleuchten, mit dem Wissen, dass der Begriff auch als wissenschaftlicher Begriff in den Kultur-, Sozial- und Politikwissenschaften gebraucht wird.[1] Auf der einen Seite versuche ich, einen kurzen Überblick über die Begriffsgeschichte in deutscher protestantischer und katholischer Theologie zu skizzieren. Auf der anderen Seite stelle ich über

---

[1] Die stärkere Verwendung des Diasporabegriffs auf diesen Feldern geht im deutschsprachigen Raum auf die 1990er Jahren zurück und ist z.T. mitbedingt von den damals stark aufkommenden Globalisierungsstudien. Mit dem Begriff wurden - hauptsächlich ethnische - Gemeinschaften im transnationalen Horizont beschreiben, die Fragen der Migration, Identitätsbestimmung, Integration, Assimilation, Xenophobie etc. aufwerfen. Nach manchen kritischen Autoren ist der Begriff viel zu weit verfasst, lässt theoretische Schärfe vermissen und ist deswegen wissenschaftlich wenig ertragreich. Gezeigt lässt gerade diese Offenheit die Möglichkeit einer Anwendung auf Realitäten zu, die die üblichen nationalen, transnationalen, globalen etc. Forschungsparadigmen übersteigen oder diese in einer neuen Weise zueinander setzen. In Rahmen dieses Beitrags kann allerdings keine ausführliche Auseinandersetzung mit der kultur-, sozial- und politikwissenschaftliche Bedeutung des Begriffs stattfinden. Vgl. dazu u.a. ROBERT HETTLAGE, Diaspora. Umrisse zu einer soziologischen Theorie, in: MIHRAN DABAG/KRISTIN PLATT (Hrsg.), Identität in der Fremde, Bochum 1993, 75-105; RUTH MAYER, Diaspora. Eine kritische Begriffsbestimmung, Bielefeld 2005; STÉPHANE DUFOIX, The Dispersion. A History of the Word Diaspora, Leiden-Boston 2010.

eine reine Begriffsgeschichte hinaus die Frage, welche Rolle der Diaspora als Konzept und als Realität in den evangelischen, katholischen und orthodoxen Kirchen und Theologien über den deutschen Kontext hinaus zukommt. Dabei wird auch die Frage nach spezifischen konfessionellen Voraussetzungen oder Veranlagungen eine Rolle spielen.

1. Evangelischer und katholischer Sprachgebrauch Eine begriffsgeschichtliche Annäherung

1.1 Das evangelische Umfeld

Die Verwendung dieses Begriffs setzt anfänglich vorwiegend im evangelischen Umfeld ein und hängt mit Zinzendorf und seiner Brüdergemeine zusammen. Nach Wilhelm Bettermann waren die Bedingungen für die Unterscheidung zwischen (Brüder)Gemeine und Diaspora erst nach der Konstituierung der Herrnhuter als selbstständige Gemeinschaft 1749 gegeben und mit diesem Wort sollte »ein Nebeneinander von Brüdergemeine und ›Diaspora‹ [...], d.h. solchen Kindern Gottes, die sich in geschlossenen Orten sammelten und beieinander wohnten, neben solchen, die einzeln in der Welt lebten«[2] bezeichnet werden. Laut Bettermann sprach Zinzendorf der Diaspora eine wichtigere und schwierigere Rolle als Zeugin des Reiches Gottes in der Welt zu. In einem von Bettermann ausführlich zitierten »Hymnus auf die Diaspora« Zinzendorfs ist zu lesen: »Ave Diaspora / mit reverentia! / Du bist das Salz der Erd'. / Ave! Du bist es wert! [...] / Diaspora ist seiner [dem Vater] Freud, / geh, tue seine Hauptarbeit / und scheine als ein Licht der Welt, / er hat dich so dahingestellt.«[3] Folgt man weiter Bettermann in seiner Analyse, bedeutet Diaspora für die Herrnhuter »eine Bewegung innerhalb der Landeskirchen«, d.h. diejenigen, die zwar im Geist der Brüdergemeine lebten und sogar die Lebensweise dieser Gemeinschaft zu verwirklichen versuchten, aber formell noch Mitglieder der jeweiligen Landeskirche waren. Solche erweckten Christen wurden durchaus als »Kinder Gottes« und »Brüder« bezeichnet. So behandelt der Band aus Anlass des 250. Jubiläums der Missionsanfänge der Brüdergemeine auch die Diasporaarbeit im Baltikum zwischen 1737 und 1914.[4] Hartmut Beck stellt dort fest, dass die Herrnhuter sehr früh und erfolgreich am Werk waren, aber die Option einer eigenen Kirchengründung mit Aussonderung aus den Landeskirchen nicht in Erwägung gezogen wurde. Dieses Arbeitsfeld

---

[2] WILHELM BETTERMANN, Der Diasporagedanke Zinzendorfs und der Brüdergemeine, in: EvDia 18 (1936), 408-415, 411.

[3] A.a.O., 413f. Der Hymnus wurde 1758 gedruckt.

[4] Vgl. HARTMUT BECK, Brüder in vielen Völkern. 250 Jahre Mission der Brüdergemeinde, Erlangen 1981, 119-127.

wurde als »Diaspora« betrachtet. Daraus kann in historiographischer Hinsicht festgehalten werden, dass mit Diaspora diejenigen Herrnhuter bezeichnet wurden, die außerhalb der strikt organisierten Herrnhuter Ortschaften lebten. Entsprechend wurden als Diaspora auch alle solche Gebiete bezeichnet, wo Gemeindemitglieder außerhalb der Herrnhuter Ortschaften lebten.

Der Begriff Diaspora erfuhr im evangelischen Kontext verstärkt seit Mitte des 19. Jh. Verwendung und zwar sowohl im Blick auf die Beschreibung der zeitgenössischen Realität, als auch in der Historiographie. Das hängt zusammen mit der Gründung 1842 des »Evangelischen Vereins der Gustav-Adolf-Stiftung« (später in Gustav-Adolf-Werk [GAW] umbenannt) zum Zweck, »die Not dieser Glaubensgenossen in und außer Deutschland [...] nach Kräften zu heben.«[5] Gemeint war damit zuerst die Lage evangelischer Christen in deutschen Territorien, die inmitten katholischer Mehrheit lebten und nicht über ausreichende finanzielle Mittel für die Gestaltung eines geordneten kirchlichen Lebens einschließlich Schulen verfügten. Das Wort als solches erscheint im Zusammenhang einer Entscheidung des evangelischen Oberkirchenrates in Berlin von 1852, am 1. Sonntag nach Trinitatis eine Kollekte in Preußen für diejenigen Glaubensgenossen abzuhalten, die inmitten katholischer Mehrheiten lebten.[6]

In der ersten Auflage der RGG 1910 fasst Karl Friedrich Kühner die evangelische Diaspora folgendermaßen zusammen: »Von unserm Standpunkt aus sind es die Evangelischen, die unter Andersgläubigen ‚zerstreut‘ wohnen, und zwar sowohl in der deutschen Heimat als auch im Ausland.«[7] Bis zur Reichsgründung und dem Erstarken kolonialer Ambitionen in Übersee im späten 19. Jh. wurde die inländische Diaspora betont. Mit dem Ausland waren dagegen hauptsächlich angrenzende mittel- und osteuropäische Territorien gemeint, wo deutsche evangelische Christen inmitten Andersglaubender lebten. Kühner skizziert 1910 die folgende Landkarte: »Die wichtigsten und größten evangelischen Diasporagebiete liegen in Ost- und Westpreußen, Galizien, Schlesien, Westfalen, Rheinland, Hessen-Nassau, Hessen, Baden (Bodensee, Schwarzwald, Taubergrund), Elsaß-Lothringen, Bayern, Hohenzollern, Oesterreich-Ungarn und der Schweiz.«[8] In einem zweiten Schritt erwähnt er dann andere europäische Länder wie Russland, Finnland, Frankreich, Spanien, Italien und Belgien, sowie »die wachsende Diaspora« im Orient, in Nord- und Südamerika (Brasilien), Südafrika und Australien. Kühner nennt die Mitglieder der Diasporage-

---

[5]   HERMANN-JOSEF RÖHRIG, Diaspora. Kirche in der Minderheit, Leipzig 1991, 32.

[6]   Vgl. HEINRICH RENDTORFF, Die evangelische Diaspora der preußischen Monarchie und die neuesten Arbeiten in ihr, Berlin 1855.

[7]   KARL FRIEDRICH KÜHNER, Art.: Diaspora. II Evangelische, in: RGG 2, 1910, 19.

[8]   A.a.O., 19f.

meinden »Diasporiten«.[9] Diese Wortschöpfung blieb aber ohne Beachtung bei zeitgenössischen oder späteren Autoren.

Für die nächste Auflage der RGG 1928 verfasst Franz Rendtorff den Beitrag über die evangelische Diaspora. Er trägt in vielerlei Hinsicht der geänderten Situation nach dem I. Weltkrieg Rechnung und betont die religiöse Seite des Begriffs:

> »Im modernen Sprachgebrauch trägt das Wort Diaspora durchaus religiös-kirchliches Gepräge; nur im abgeleiteten Sinne kann heutzutage es auf rein völkische Zerstreuung bezogen werden. [...] Begriffsgeschichtlich ist es deshalb falsch, das Wort Diaspora auf ›Deutsche Evangelische außerhalb des Deutschen Reichs‹ (Diaspora: III) zu beschränken (Bußmann, s. Lit.). Wohl kann auch im evg. Begriff des Wortes, wie es im jüdischen der Fall war, das nationale Moment als mitbestimmend sich geltend machen (vgl. den Begriff Deutsche Auslandsdiaspora). Aber zur Diaspora gehören diese evg. Deutschen nicht weil sie Deutsche, sondern nur weil sie Evangelische sind. [...] Und der deutsche evg. Diasporabegriff hat, seiner biblischen Grundlagen entsprechend, immer ökumenische Weite gehabt und evg. Magyaren, Polen, Slowaken und Tschechen, Franzosen, Wallonen und Italiener nicht weniger als Deutsche umfasst. Den Charakter als Diaspora erhalten evg. Gemeinden in der Regel dadurch, dass sie unter Andersgläubige verstreut sind. Unter solchen Andersgläubigen versteht der herrschende Sprachgebrauch zumeist römisch-katholische Christen. [...] Evg. Diaspora sind hiernach ohne Unterschied der Nation alle diejenigen evg. Gemeinden in und außer Deutschland, die, in andersartige, sei es religiöse, sei es nationale Umgebung versprengt, an den Mitteln des kirchlichen Lebens Mangel leiden und deshalb in Gefahr sind, ihrer Kirche verloren und der Güter ihres Glaubens verlustig zu gehen.«[10]

Die von Rendtorff weiter genannten Diasporagebiete wiederholen im Grunde nur die bekannte Liste. Das Grundverständnis der evangelischen Diaspora sowohl aus der Begriffsgeschichte als auch aus einem zeitgemäßen Geist lässt sich nach Rendtorff am besten im bereits genannten Satz zusammenfassen:

> »Den Charakter als Diaspora erhalten evg. Gemeinden in der Regel dadurch, dass sie unter Andersgläubige verstreut sind.«[11]

Historisch führt Rendtorff die Entstehung solcher Diasporagemeinden bereits in die Zeit der Reformation und Gegenreformation zurück. Auch wenn das *ius reformandi* eigentlich für religionsgeschlossene Territorien gedacht war, führten

---

[9] KÜHNER, Diaspora (s. Anm. 7), 20: »Versuchen wir, uns ein Bild von der Lage der Diasporiten zu machen.«

[10] FRANZ RENDTORFF, Art.: Diaspora II. Evangelische, in RGG 2, ²1928, 1917f.

[11] Ebd.

manche Bedingungen in Gebieten wie Münster, Paderborn oder am Niederrhein zur Bildung evangelischer Gemeinden in Territorien mit katholischen Mehrheiten. Die Ausbreitung der Reformation außerhalb des Reiches ließ ebenfalls solche Verhältnisse entstehen. Später waren deutsche Auswanderer in die Neue Welt und nach Übersee oder Kolonisten, die z.B. nach Russland, Ungarn und Kongresspolen gingen, diejenigen, die einen Beitrag zum Wachsen der evangelischen Diaspora leisteten. Diese Landkarte der evangelischen Diaspora änderte sich im 19. und frühen 20. Jh. nachhaltig aus zwei Gründen: als Folge der Industrialisierung (und der damit verbundenen Mobilität der Bevölkerung) in Deutschland und wegen der Verschiebung von Landesgrenzen.

Nach dem Ersten Weltkrieg spielt v.a. das GAW eine führende Rolle für die evangelische Diaspora. Die im April 1919 zuerst erschienene Zeitschrift »Die Evangelische Diaspora« mit Franz Rendtorff als Hauptherausgeber war Presseorgan des GAW und spiegelte die Arbeit und das Programm des Vereins wider. Abgesehen von einigen analytischen Beiträgen berichtet die Zeitschrift durchgehend über und aus der Diasporaarbeit im In- und Ausland. Im kurzen Leitartikel der ersten Ausgabe lässt der Herausgeber erkennen, dass sich der Verein über nationale Grenzen hinweg der Hilfe für die Glaubensgenossen verpflichtet fühlt: »evangelische Liebe über die Volksgrenzen hinweg.«[12] Dennoch gilt verständlicherweise der innerdeutschen Arbeit gerade in den Jahren nach dem Krieg das Hauptaugenmerk des Vereins.[13] Der Dienst an den »Deutschen im Ausland« – und hier sind »Volksgenossen« in Übersee gemeint – ist hingegen als eine neuere Entwicklung für das Profil der Vereinsarbeit in seiner fast 80jährigen Geschichte anzusehen und lässt sich erst im späten 19. Jh. beobachten.[14]

1.2 Der Begriff innerhalb des katholischen Umfeldes

Den katholischen Gebrauch des Diasporabegriffs resümiert Hans-Georg Aschoff folgendermaßen:

> »Der traditionelle Begriff berücksichtigt neben religiösen stärker statistische und regionale Momente; er bezeichnet die Lage einer konfessionellen Minderheit gegenüber einer sie umgebenden anderskonfessionellen Mehrheit und bezog sich auf bestimmte

---

[12] FRANZ RENDTORFF, Die neue Zeitschrift und ihr Arbeitsgebiet, in: EvDia I.1 (1919), 3.
[13] Ebd.: »Erheblich mehr als die Hälfte seiner gesamten Zuwendungen haben Gemeinden des deutschen Vaterlandes, weit mehr als ein Drittel allein die preußischen, mehr als ein Viertel die der beiden westlichen und der vier östlichen Provinzen Preußens empfangen.«
[14] Ebd.: »Es hat erst gewaltiger geschichtlicher Ereignisse wie der Begründung des Deutschen Reiches, der Entwicklung der Kriegs- und Handelsflotte und des Erwerbs der deutschen Schutzgebiete bedurft, um weiteren Kreisen in Volk und Kirche die Handreichung an die Deutschen im Ausland als eine vaterländische Pflicht ins Licht zu rücken.«

Regionen. Im Verständnis der deutschsprachigen Katholiken bezeichnete ›Diaspora‹ die Situation katholischer Minderheitengruppen in überwiegend protestantischen Gebieten. Dabei hatte es sich in Deutschland eingebürgert, nur dann von Diaspora zu sprechen, wenn die in Rede stehende Konfession weniger als ein Drittel ausmachte.«[15]

In vielerlei Hinsicht ist zu erwarten, dass der Begriffsgebrauch und seine Geschichte in der katholischen Theologie ähnlich – auch wenn nicht ganz identisch mit – dem Gebrauch in der evangelischen Theologie ausfällt. Das geht nicht zuletzt auf die Tatsache zurück, dass die allgemeine sozialpolitische Lage in den deutschen Territorien dieselbe für Katholiken und Protestanten war. Historisch bedingt war die religionshomogene Territorialität, die gleichermaßen alle anerkannten Konfessionen betraf.[16] Dennoch wirkte sich im 19. Jh. die Industrialisierung durch den Zuzug vieler Katholiken in industriedynamischere protestantische Regionen im Norden und Osten stärker auf die katholische Kirche aus, sodass diese besonders auf den Verlust vieler männlicher Gläubiger blickte, die Ehen mit evangelischen Frauen schlossen.[17] Der Mangel an religiöser Unterweisung und Seelsorge für Familien oder vereinzelte Gläubige auf dem Gebiet der jeweils anderen Kirche betraf allerdings gleichermaßen Katholiken wie Protestanten.

Ein Meilenstein in der Geschichte der katholischen Diaspora, und für die deutschsprachige katholische Begriffsgeschichte, ist die Gründung des Bonifatiusvereins für die kirchliche Mission in Deutschland (heute als Bonifatiuswerk der deutschen Katholiken bekannt) am 4. Oktober 1849 in Regensburg. Im ersten Statut des Vereins wurden seine Ziele wie folgt ausgedrückt:

---

[15] HANS-GEORG ASCHOFF, Diaspora in Deutschland von der Säkularisation bis zur Gründung der Bundesrepublik, in: GÜNTER RISSE/CLEMENS A. KATHKE (Hrsg.), Diaspora. Zeugnis von Christen für Christen. 150 Jahre Bonifatiuswerk der deutschen Katholiken, Paderborn 1999, 253-273, 253.

[16] Für den Umfang und die regionale Aufteilung der katholischen Diaspora vgl. a.a.O., 254-256.

[17] Eine zeitgenössische Beschreibung der Gefahren, die die katholische Kirche dabei sah, findet sich im »Rechenschaftsbericht« des Vereinsvorstands anlässlich der ersten Generalversammlung in Wien, September 1853: »Kein Wunder deshalb, daß die unter einer protestantischen Bevölkerung zerstreut lebenden Katholiken beim Mangel von katholischen Kirchen und Schulen fast alle in große Gleichgültigkeit gegen ihre Religion versinken, und wenn sie selbst auch nicht förmlich abfallen, doch ihre Kinder unbedenklich im Protestantismus erziehen lassen. [...] Einen katholischen Schullehrer gibt es weit und breit ebensowenig, als einen katholischen Geistlichen; die Mütter sind in der Regel protestantisch, die Väter müssen den ganzen Tag und die ganze Woche und das ganze Jahr ihren Geschäften nachgehen... Auf diese Weise hat die katholische Kirche seit 40 bis 50 Jahren Tausende und Tausende verloren [...].« Bonifatiusblatt II,3 (1853), 10.

»Der Bonifatius-Verein bezweckt in Beziehung auf Seelsorge und Schule die Unterstützung der in protestantischen und gemischten Gegenden Deutschlands mit Einschluß der Schweiz, und in allen mit Deutschland in politischer oder Diözesan-Verbindung stehenden Ländern lebenden Katholiken.«[18]

Dieser Verein entstand nach dem Modell des bereits 1842 gegründeten GAW. Über die älteren Bestände katholischer Gläubiger in protestantischen Territorien hinaus, war die in Entstehung begriffene urbane Schicht der Industriearbeiter, Dienstboten, kleinen Handwerker und sonstigen städtischen Arbeitern, die vom Land in die Stadt und von einem katholischen in ein evangelisches Umfeld wanderten, das Ziel der Vereinsarbeit.[19] Zu dieser Binnenmigration kam noch die Einwanderung vieler polnisch-sprachiger und sonstiger Katholiken aus Osteuropa als Saison- und Wanderarbeiter, was beträchtlich zur Heterogenität katholischer Gemeinden beitrug. Dieses so zusammengesetzte katholische Umfeld wurde als Diaspora benannt und der Bonifatiusverein wurde ein Diasporawerk.

Wie in der Namensgebung deutlich wird, stand im Kontext des Bonifatiusvereins ursprünglich der Missionsbegriff im Vordergrund. Das war folgerichtig, da die jetzt so zusammengefasste Aufgabe früher u.a. von den Diensten des Xaverius-Vereins für äußere Mission bedient wurde. Die angegebenen Ziele des Bonifatiusvereins unterschieden sich nicht wesentlich von allgemeinen Missionsbestrebungen:

»Christum zu verkünden und zwar ganz, so daß jegliche Finsterniß der Irrlehre ausgeschlossen sein; Schulen in nicht katholischen oder gemischten Gegenden zu errichten, in denen die Kinder der Gläubigen in der Lehre der Kirche unterrichtet werden; Kapellen und Kirchen zu erbauen; sie angemessen zu dotieren [...]; bleibende Benefizien zu fundieren, endlich ein Seminar für die zur Predigt des Evangeliums auszusendenden Missionare zu gründen [...].«[20]

Der Bonifatiusverein wurde im Schreiben des Bischofs von Fulda zwecks der Vorstellung des Vereins beim Papst als Pendant des Xaverius-Vereins präsentiert: »Denn dieser Verein leistet eben dasselbe Gute für Deutschland, was der Xaverius-Verein für die auswärtigen Nationen.«[21] Dennoch war deutlich, dass sich sein Tätigkeitsfeld auf Deutschland beschränkte, »um die in der Wüßte lebenden Schafe von ihren Irrwegen zum gesunder[e]n Sinne, aus der Zerstreuung zur Einheit zurückzurufen [...].«[22] Da in der dem Papst vorgelegten lateinischen Fassung des Textes die Sammlung dieser Zerstreuung als »a schismate ad uni-

---

[18] Bonifatiusblatt I,1 (1852), 12.
[19] Vgl. ASCHOFF, Diaspora (s. Anm. 15), 257-263.
[20] Bonifatiusblatt, a.a.O., 31f.
[21] A.a.O., 31.
[22] A.a.O., 30.

tatem revocandas«[23] zum Ausdruck gebracht wurde, wird deutlich, dass der Missionsgedanke im Vordergrund stand. Auch dem Ausdruck »Terra missionis«[24] als Umschreibung ihres Arbeitsgebiets begegnet man.

Begriffsgeschichtlich ist in dieser Phase der Vereinsgeschichte Diaspora nicht greifbar. Dieses Ergebnis lässt sich auch durch die Absenz des Begriffes in den ersten Ausgaben des »Bonifatius-Blattes«,[25] des Presseorgans des Vereins, bestätigen. Allerdings werden immer wieder Worte aus der Wortfamilie »Zerstreuung«[26] verwendet. Aus diesem Grund kann man sagen, dass, auch wenn der Diasporabegriff noch nicht präsent ist, eine Beschreibung ihres Gegenstandes im Blick auf Personen und Regionen durchaus greifbar wird. Als Raum dieser Zerstreuung wurde »Deutschland und d[ie] mit ihm verbundenen Länder[n]« (und damit war primär die Schweiz gemeint) beschrieben, wobei ein deutlicher Schwerpunkt bei der Hilfe »der verlassenen katholischen Brüder namentlich im Norden von Deutschland«[27] gesehen wurde.

Lexikographisch wird der Begriff in der katholischen Theologie erst mit der zweiten Auflage von Wetzer und Welte's Kirchenlexikon[28] greifbar, wo im dritten Band von 1884 »Diaspora der Katholiken« unter Verweis auf »Bonifatiusverein« nur erwähnt wird. Beim Bonifatiusverein kann man über die Geschichte und die Tätigkeit des Vereins lesen, allerdings ohne einen speziellen Bezug auf den Begriff Diaspora. Davor ist der Begriff weder in der ersten Auflage des genannten Lexikons von 1849 (Bd 3) noch im Allgemeinen Kirchenlexikon Joseph Aschbachs von 1847 (Bd 2) zu finden.

Im katholischen Kontext des frühen 20. Jh.s spielte der Diaspora-Begriff keine nennenswerte Rolle. Was im evangelischen Sprachgebrauch als »doppelte Diaspora« (d.h. deutsch und evangelisch im Ausland) genannt wurde, kam in der katholischen Kirche als »katholisches Auslandsdeutschtum« bzw. »Auslandsdeutsche« zur Sprache. 1918 schlossen sich mehrere Dutzende katholische Organisationen – darunter auch der Bonifatiusverein – im Reichsverband für die katholischen Auslandsdeutschen e.V. zusammen, die auf dem Feld der Aufrechterhaltung einer deutschen und katholischen Identität unter ausgewanderten Deutschen tätig waren. Dadurch entstand eine koordinierte Aktion dieser verschiedenen katholischen Initiativen. Der Verband arbeitete mit anderen säkularen Organisationen, wie dem 1908 gegründeten Verein für das

---

[23] Bonifatiusblatt I,1 (1852), 28.

[24] Bonifatiusblatt III,2 (1854), 15.

[25] Dieses Periodikum ist zuerst im Sommer 1852 erschienen und in den folgenden Jahren unregelmäßig.

[26] So geht es um »die große Anzahl der in den protestantischen Gegenden Deutschlands zerstreut lebenden Katholiken«, Bonifatiusblatt II,3 (1853), 3; oder »Seelenführung der armen Zerstreuten«, Bonifatiusblatt III,2 (1854), 12.

[27] Bonifatiusblatt I,1 (1852), 2.

[28] Wetzer und Welte's Kirchenlexikon, oder Encyclopädie der katholischen Theologie und ihrer Hülfswissenschaften, 13 Bde, München u.a. 1882-1903.

Deutschtum im Ausland, zusammen. Das allgemeine Ziel wurde als die »Erhaltung des Deutschtums und des katholischen Glaubens«[29] oder, wie es in der Satzung heißt, als »zum Schutze von Glaube und Volkstum«[30] beschrieben.

Ein Blick in das seit 1926 erscheinende Jahrbuch des Verbandes lässt feststellen, dass der Begriff Diaspora selten Anwendung fand. Der Begriff kommt zwar vor;[31] durchgehend werden allerdings »Auslandsdeutsche« oder Derivate gebraucht. Das lässt erstens vermuten, dass mit Diaspora allgemein eher die »Glaubensgenossen in evangelischen Gebieten« in Deutschland bezeichnet wurden. Dadurch wäre die Konfession konstituierend für diesen Diasporabegriff, dort wo sich Katholiken unter einer evangelischen Mehrheit aufhielten. Zweitens geht diese Bezeichnung womöglich wenigstens z.T. auf den zeitgenössisch üblichen Sprachgebrauch zurück. Das Arbeitsgebiet der in diesem Verband zusammengeschlossenen Organisationen umschloss real alle Orte in der Proximität Deutschlands oder in Übersee, wo deutsche Katholiken vorhanden waren.

1.3 Eine altkirchliche Analyse und ein zeitgeschichtlicher Blick auf den Gebrauch des Diaspora-Begriffs in katholischer und evangelischer Perspektive

Historiographisch wichtig ist ein weiterer Gebrauch dieses Begriffs: In Anlehnung an die Situation des antiken Judentums wurde die Lage der Christen in den ersten drei Jahrhunderten ähnlich beschrieben: »Unter Diaspora (›Zerstreuung‹) versteht das NT die unter den Heiden zerstreuten Juden, ganz besonders aber die unter den Heiden lebenden Christen.«[32] Jak 1,1 und 1Petr 1,1 werden als Hauptzeugen dafür angeführt, und gelegentlich auch Apg 8,1.4 mit der Vertreibung der Christen aus Jerusalem erwähnt. Ähnlich äußert sich auch Franz Lau:

> »Den Begriff Diaspora und das Bewusstsein, in der Diaspora, also in der Zerstreuung, zu leben, hat die Christenheit vom Judentum übernommen. [...] Das Bewusstsein, als ganze in der Diaspora zu leben, unter den Versuchungen, die daraus erwachsen, aber auch unter der Verheißung, die auf dem ausgestreuten Samen liegt, ist der Christenheit wohl bis zur sog. konstantinischen Wende erhalten geblieben. Danach ist der

---

[29]   Jahrbuch des Reichsverbandes für die katholischen Auslandsdeutschen 1927/28, 6.
[30]   A.a.O., 23.
[31]   WILHELM BERNING (Bischof v. Osnabrück), Katholiken und Auslandsdeutschtum: »Aber über den eigenen Bedürfnissen dürfen wir die Not unserer Brüder in der ausländischen Diaspora nicht vergessen.«, in: Jahrbuch 1927/28 (s. Anm. 29), 5-7, 6.
[32]   KÜHNER, Diaspora (s. Anm. 7), 19.

Begriff Diaspora aus dem christlichen Bewusstsein ungewöhnlich schnell verschwunden.«[33]

Walter Fleischmann-Bisten folgt dieser Beschreibung im Eintrag über die christliche Diaspora in der nächsten Auflage der RGG.[34] Diese Lagebeschreibung der Christen in den ersten Jahrhunderten wurde in der deutschsprachigen theologischen Literatur – evangelischer und katholischer Provenienz gleichermaßen – so unumstritten verbreitet, dass es der renommierte holländische Bibelgelehrte und Kenner der christlichen Antike Willem Cornelis van Unnik für nötig hielt, dem heftig zu widersprechen. Er nannte diesen Vergleich »a total absurdity«.[35] Wie es scheint, fand dieser Beitrag in der deutschsprachigen Theologie keine besondere Beachtung und man hielt – und ich bin versucht zu sagen: hält noch[36] – unbeirrt an der Umschreibung des Lebens der Frühchristen als Diaspora fest.

Diese Sicht über die altkirchlichen Verhältnisse schlägt sich auch in der Beschreibung nieder, die Hans-Georg Aschoff beispielhaft über die gegenwärtige Situation der Christen in säkularisierten Gesellschaften macht:

»Im gegenwärtigen Sprachgebrauch wird der Begriff ›Diaspora‹ zunehmend als Beschreibung der Situation der Kirche in der modernen Welt und der Minderheitensituation der Gläubigen in der pluralistischen und säkularisierten Gesellschaft verwandt.«[37]

Mit Diaspora versuchen kirchliche und theologische Kreise – gleichermaßen evangelischer- und katholischerseits – seit den 1950er Jahren die Lage der Kirche und der Christen unter den sich verändernden politischen und gesellschaftlichen Bedingungen zu beschreiben. Diese neue Valenz des Begriffs kam in der Auseinandersetzung deutscher Kirchen mit dem offiziell atheistischen Staat der DDR und einer stark vom Prozess der Säkularisierung erfassten Gesellschaft zu-

---

[33] FRANZ LAU, Art.: II. Evangelische Diaspora, in: RGG 2, ³1958, 177.

[34] WALTER FLEISCHMANN-BISTEN, Art.: III. Christliche Diaspora, in: RGG 2, ⁴1999, 830.

[35] WILLEM CORNELIS VAN UNNIK, »Diaspora« and »Church« in the first Centuries of Christian History, in: DERS., Sparsa Collecta 3, Leiden 1983, 95-105, 102f: »It is more obvious in the light of the Old Testament usage, which has manifestly influenced Christian authors, why this description simply could not be used of the church. The phrase, «the diaspora of the New Israel» [the Church], quoted earlier in this article is a total absurdity. The Christians had to find an entirely different word to express the reality that the church is not bound to one place but spread throughout the world. The world chosen was καθολική, which express truly both the worldwide interdependence and the unity of the whole in its totality [...]. There is no connection between the concept of ›church‹ and ›diaspora‹, as is often suggested, but only contradiction. At this point the difference between Judaism and Christianity becomes peculiarly and strikingly clear.«

[36] Vgl. beispielhaft THOMAS SÖDING, Diaspora im Neuen Testament. Geschichtliche Erfahrung und theologisches Verständnis, in: RISSE/KATHKE, Diaspora (s. Anm. 15), 217-234.

[37] ASCHOFF, Diaspora (s. Anm. 15), 253.

erst in Ostdeutschland auf. Christen wurden zahlenmäßig zu einer Minderheit und Kirchen gesellschaftlich an die Peripherie gedrängt. Unter diesen Bedingungen und aufgrund der bereits eingebürgerten Verwendung des Diaspora-Begriffs für die Lage der Christen in den ersten Jahrhunderten erschien der Vergleich zeitgenössischer Verhältnisse mit der Zeit vor Konstantin sinnvoll. Man sprach über Christen und Kirchen besonders in Ostdeutschland – und später auch in der Bundesrepublik – als Diaspora und Diaspora-Kirchen in einer atheistischen und säkularen Umwelt.[38] Ein solcher Sprachgebrauch hatte allerdings keinen Bezug zum Phänomen der Migration, sondern war Ausdruck für die Minderheitssituation in der Gesellschaft. Daran anschließende theologische Überlegungen gingen besonders im evangelischen Kontext soweit, dass man die Diasporasituation als konstituierend für die Kirche behauptet hat, auch wenn nicht gleich mit demselben Status wie die klassischen *notae ecclesiae*, aber doch als Urerfahrung der Kirche. Sonstige theologische Deutungen verbanden sich mit der starken Bezugnahme auf den missionarischen Auftrag der Kirchen in dieser Gesellschaft und auf Momente einer Kreuzestheologie. Die Einsicht, dass eine ökumenische Zusammenarbeit notwendig sei, wird von allen Kirchen geteilt und kommt auch im Ausdruck »ökumenische Diaspora«, im Gegensatz zur früheren »konfessionellen Diaspora«, zur Sprache.[39] Diese Sichtweise ist besonders in kirchlichen Kreisen heute prägend.

2. Diasporagemeinschaften im Vergleich: orthodox, katholisch, evangelisch

Nach der obigen Skizze zur Begriffsgeschichte ist nun den Facetten des Begriffs der Diaspora konkret am Beispiel orthodoxer, katholischer und evangelischer Glaubensgemeinschaften nachzugehen.

2.1 Die östlich-orthodoxe Diaspora

Für diese Kirchenfamilie stellt Diaspora ein komplexes theologisches und praktisches Problem dar.[40] Das orthodoxe ekklesiologische Modell geht von der lokalen

---

[38] Beispielhaft die Diskussionen in HARALD KRUSKA, Zum neuen Verständnis der Diaspora, in: ThViat 5 (1953/54) 299-321; RÖHRIG, Diaspora (s. Anm. 5), bes. 206-231; EBERHARD WINKLER, Gemeinde zwischen Volkskirche und Diaspora. Eine Einführung in die praktisch-theologische Kybernetik, Neukirchen-Vluyn 1998, 25-30.

[39] Beispielhaft für diesen bereits lange vor 1990 stark kursierenden Diskurs ist eine HANDREICHUNG FÜR ERWACHSENBILDUNG UND RELIGIONSUNTERRICHT UND SEELSORGE zum Thema: Diaspora und Ökumene herausgegeben unter der Mitverantwortung des Bonifatiuswerkes, Paderborn 1986, bes. 40-43.

[40] Das Thema der Diaspora wurde 2016 auf dem vergangenen panorthodoxen Konzil

Kirche als der kleinsten theologisch begründeten Einheit aus, d.h. die Kirche wird sichtbar an jedem Ort, durch die Existenz einer Gemeinde vereint um einen Bischof. Die sog. Nationalkirchen müssen hingegen als Suprastrukturen verstanden werden, die alle einzelnen Diözesen – d.h. die lokalen Kirchen – auf dem als national verfassten Territorium in sich vereinen. Streng genommen haben solche Diözesanverbände keinen besonderen ekklesiologischen Stellenwert, sondern spiegeln eine kontingente politische Ordnung wider. Außerhalb dieser partikularen Ordnung dürfte das nationale Prinzip keine Anwendung finden und lokale Kirchen müssten – ekklesiologisch korrekt – alle an einem Ort lebenden Gläubigen um einen einzigen Bischof versammeln. Damit ist gemeint, dass alle Gläubige eines Territoriums (z.B. einer Stadt mit dem Umland, einer Provinz etc.) eine einzige Gemeinschaft bilden und nicht die Form unterschiedlicher nebeneinander – oder sogar in Konkurrenz – stehender Gemeinschaften mit verschiedenen Bischöfen annehmen.

Das Leben orthodoxer Kirchen in der Diaspora– und damit ist der geographische Raum außerhalb der traditionell orthodoxen Territorien gemeint – zeigt allerdings eine andere Realität.[41] Dort wo es Gläubige der verschiedenen sog. Nationalkirchen gibt, stehen diese unter der kanonischen Jurisdiktion der jeweiligen Mutterkirche. So kommt es vor, dass in Großstäten wie München verschiedene kanonische Jurisdiktionen, gebildet entlang ethnischer Identitäten mit je eigenem Bischof an der Spitze, nebeneinander existieren. Dadurch wird der genannte theologische Grundsatz eklatant unterlaufen, auch wenn diese ethnischen Gemeinden miteinander in Kommunion stehen.

Dieses Erscheinungsbild der Diasporaorthodoxie wurde von verschiedenen Beobachtern auf das Modell und – gewissermaßen Problem – der autokephalen Nationalkirchen zurückgeführt. Für Gregorios Papathomas[42] z.B. wirkt sich darin der sog. Ethnophyletismus aus, der zwar auf einer panorthodoxen Synode 1872 in Konstantinopel verurteilt, aber durch das Prinzip der nationalen Autokephalie nicht völlig beseitigt wurde. Für ihn bedeutet Ethnophyletismus:

---

auf Kreta als eines der sechs Hauptthemen diskutiert. Bereits am Eingang des dort verabschiedeten Dokuments wurde festgestellt: »1.a [...] is the common will of all of the most holy Orthodox Churches that the problem of the Orthodox Diaspora be resolved as quickly as possible, and that it be organized in accordance with Orthodox ecclesiology, and the canonical tradition and practice of the Orthodox Church. 1.b Likewise, it is affirmed that during the present phase it is not possible, for historical and pastoral reasons, an immediate transition to the strictly canonical order of the Church on this issue, that is, the existence of only one bishop in the same place.«, www.holycouncil.org/-/diaspora [Aufruf: 4.2.2020]. Die Tatsache, dass die Konzilsteilnehmer im weiteren Verlauf des Dokumentes nur eine vorläufige Lösung vorschlagen konnten, zeigt die Tiefe des Problems.

[41]   In diesem Band geben der Beiträge von Nikolaj Thon und Octavian-Vasile Mihoc beispielhaft Auskunft über die Orthodoxie in Deutschland.

[42]   Vgl. GREGORIOS PAPATHOMAS, Ethno-Phyletism and the [so-called] Ecclesiastical ›Diaspora‹, in: St. Vladimir's Theological Quarterly 57 (2013), 431-450.

»[...] the precedence and preponderance [...] of the race and the nation over the kingdom [...] the deliberate and conscious pursuit of racial and national discrimination
within the Church [...] Ethno-phyletism constitutes a confusion between the Church
and the race/nation, an assimilation – and even, sometimes, identification – of the
Church with the nation«,[43]

eine Art »racial (religious) nationalism«[44]. Für Papathomas gilt:

»The Church [...] is never constituted according to nationality, but rather according to
territory! Autocephaly [...] is never given to a national group, wherever they may live,
but to a people with specific, defined geographical borders.«[45]

Deswegen sei von Kirchen unabhängiger Staaten, d.h. autokephalen Kirchen, zu
reden, statt (fälschlicherweise) von »churches of nations (i.e., national(istic)
churches)«.

Pantelis Kalaitzidis,[46] ein anderer orthodoxer Theologe, setzt sich mit der
orthodoxen Diaspora aus der globalen Perspektive auseinander. Für ihn ist die
aktuelle Lage der Diaspora der Beweis, dass das nationale Organisationsmodell
die Herausforderungen einer globalisierten Welt nicht ekklesiologisch korrekt
lösen kann. Er schlägt eine postnationale oder transnationale Ekklesiologie
vor. Das nationale Modell war im 19. Jh. auf dem Balkan durch die Befreiungs-
kämpfe und später von den jungen Nationalstaaten kultiviert worden. Kalaitzidis spricht von einer »Balkanisierung« oder »Nationalisierung« des orthodoxen
Christentums. Hingegen schlägt er den Verzicht auf eine partikulare, z.B.
»griechische« Identität vor und die Öffnung zu einem »Christian Hellenism«,[47]
als Möglichkeit der Überwindung des nationalen Partikularismus.

Victor Roudometof, ein Soziologe mit Interessen für Orthodoxie in globaler
Perspektive, geht von der Beobachtung US-amerikanischer Verhältnisse in der
orthodoxen Glaubensgemeinschaft aus.[48] Darauf basierend, stellt er fest:

»Within US society, Orthodoxy has operated as a cultural marker that signifies mem-
bership in a nation, or in an ›ethnic group‹ (in US vocabulary). Hence, the Serbian,

---

[43]   PAPATHOMAS, Ethno-Phyletism (s. Anm. 42), 432.
[44]   A.a.O., 434.
[45]   Ebd.
[46]   Vgl. PANTELIS KALAITZIDIS, Ecclesiology and Globalization. In search of an Ecclesiological Paradigm in the Era of Globalization, in: St. Vladimir's Theological Quarterly 57
(2013), 479-501.
[47]   A.a.O., 501.
[48]   Vgl. VICTOR ROUDOMETOF, Orthodox Christianity as a transnational religion. Theoretical, historical and comparative considerations, in: Religion, State & Society 43
(2015), 211-227.

Russian or Greek version of Orthodoxy also serves the preservation and reproduction of the immigrants' ethnicity.«[49]

Die verschiedenen orthodoxen Jurisdiktionen in den USA spiegeln auch die Geschichte der jeweiligen Immigrantengruppen wieder. Vor diesem Hintergrund können diese diversen orthodoxen Gemeinschaften als »transnational national communities« bezeichnet werden.

»These are defined as national communities connected to a real or imagined national homeland that lies outside the boundaries of the nation-state they inhabit.«[50]

Dies führt zur Entstehung einer transnationalen Orthodoxie entlang der bekannten ethnischen Linien und betont einen gewissen Polyzentrismus orthodoxer Glaubensgemeinschaften in der Diaspora selbst:

»[...] the Orthodox jurisdictions in the USA have operated as transnational institutions that have maintained ties with their home country, and as a result they have been affected by the political, social and religious transformations that have taken place in the Old World.«[51]

Die ersten zwei erwähnten Stimmen stehen stellvertretend für eine Position, die dem Anspruch einer universalen Jurisdiktion des Ökumenischen Patriarchats über die orthodoxe Diaspora entsprechen. Weitere autokephale Kirchen und Theologen anderer Herkunft können durchaus abweichende Ansichten vertreten, die den bereits skizzierten Standpunkt weder als theologisch notwendig noch als historisch begründet sehen. Für diese bleiben Diasporagemeinschaften Teile der Heimatkirchen und die Pflege der jeweiligen kulturellen Gegebenheiten wird – auch wenn nicht verabsolutiert – als legitim und pastoral notwendig betrachtet.

Die Debatten legen offen, dass in ihnen das Verhältnis von Nation, Ethnie und Religion eine wesentliche Rolle spielt. Das Hauptproblem wird mit dem Begriff Nationalismus greifbar, der Europa seit dem 19. Jh. beschäftigt. Mit der Gründung von Nationalstaaten werden auch orthodoxe Kirchen in osteuropäischen Ländern als Nationalkirchen bezeichnet. Damit tritt neben der expliziten und unausweichlichen Anpassung an eine neue politische Ordnung auch implizit ein partikularer Anspruch der Nation auf die Orthodoxie oder die Inanspruchnahme der Nation als Heimat der Religion in Erscheinung.

Jenseits nationaler Territorien und im Kontext globaler Migrationsströme wird Diaspora der Ort, wo die Zugehörigkeit zu einer ethnischen Gruppe oder Nation aktiv gelebt und kultiviert werden kann. Aufgrund der engen histori-

---

[49] ROUDOMETOF, Orthodox Christianity (s. Anm. 48), 216.
[50] A.a.O., 213.
[51] A.a.O., 217.

schen Verflechtung zwischen der Orthodoxie und dem ethnischen bzw. nationalen Element (die Gründe dafür sind vielfältig und können hier nicht behandelt werden), ist das Erscheinungsbild der orthodoxen Diaspora heute an fast
jedem beliebigen Ort von der Pluralität der einzelnen kanonischen Jurisdiktionen entlang ethnisch-nationaler Zugehörigkeiten geprägt. Das widerspricht allerdings – wie bereits erwähnt – dem Grundsatz orthodoxer Ekklesiologie von
einer einheitlichen lokalen Kirche. An dieser Stelle werfe ich die Frage auf, ob
dieses Denkmuster eine Partikularität der orthodoxen Kirche ist, die auf das
nationale Prinzip der Autokephalie notwendigerweise zurückzuführen ist.

2.2 Die römisch-katholische Diaspora
Das Beispiel der kroatisch-katholischen Migranten

Durch ihre Ekklesiologie und Organisation ist die römisch-katholische Kirche
viel zentraler als alle anderen Kirchen verfasst, ohne dabei den Anspruch auf die
horizontale Universalität verloren zu haben. Mit diesen ekklesiologischen und
kanonischen Voraussetzungen könnte man denken, dass der römisch-katholische Gläubige, an welchem Ort er sich auch immer befinden würde, in ein und
derselben Glaubensgemeinschaft lebt, die sich an der Kommunion mit dem
Oberhaupt der Kirche in Rom orientiert. Durch die verstärkte horizontale Universalität, die keine spezifischen ethnischen oder nationalen Grenzen kennt, können Kirche und einzelne Gläubige – ekklesiologisch gesprochen – nicht zwischen Heimat und Diaspora unterscheiden, sondern diese sind immer Teil der
jeweiligen lokalen Kirche und dadurch der universalen Gemeinschaft.

Diese ekklesiologische Allgemeinaussage bestimmt allerdings nur z.T. die
Realität. Denn, auch wenn sich philippinische, vietnamesische oder lateinamerikanische Arbeitsmigranten überall in der Welt in einer lokalen römisch-
katholischen Kirche heimisch fühlen können, dürften sie dennoch das Gefühl
einer speziellen Zugehörigkeit zur Kirche ihrer Heimat behalten. Dieses Phänomen der katholischen Diaspora wurde im Zusammenhang mit der kroatischen Diaspora einleuchtend analysiert.[52]

Hier beziehe ich mich auf die Arbeit des Historikers Klaus Buchenau.[53]
Seine Untersuchung fokussiert sich auf die Zeit, als Kroatien 1945 bis 1990
Teil Jugoslawiens war. Buchenau unterscheidet die verschiedenen Wellen der
kroatischen Emigration. Am Anfang verlassen um das Jahr 1945 diejenigen
Kräfte das Land, die in einem Partisanenkrieg zwischen 1941 und 1945 für ei-

---

[52] Ein Fallbeispiel mit ähnlichen Problemfeldern dürfte auch die polnische Diaspora
darstellen.
[53] Vgl. KLAUS BUCHENAU, Titos Alptraum. Die katholische Kirche und die kroatische
Diaspora, in: ISTVÁN KEUL (Hrsg.), Religion, Ethnie, Nation und die Aushandlung von
Identität(en). Regionale Religionsgeschichte in Ostmittel- und Südosteuropa, Berlin
2005, 13-46.

nen unabhängigen Staat Kroatien kämpften und militärisch besiegt wurden. Später folgt ab den 1960er Jahren eine Welle von Arbeitsmigranten, die Jugoslawien verlassen durfte, und sich in Westeuropa und Nordamerika niederließ.

Beide dieser Auswanderungswellen wurden von der kroatischen katholischen Kirche mit Netzwerken ihrer eigenen Geistlichen regelrecht überspannt. Diese wurden in die sog. Missionen der jeweiligen lokalen Kirchen eingegliedert, führten unter dem örtlichen Bischof eine relativ autarke Existenz, und/oder wurden unmittelbar von der Kirchenleitung in Kroatien dirigiert. In allen Fällen hatten kroatische Geistliche – unabhängig von der jeweiligen lokalen Kirche – nur die Aufgabe der Betreuung ausgewanderter Landsleute. Über diesen Weg kam es zur Konstituierung regelrechter Diaspora-Kirchengemeinden im Ausland, die je nach Zeit, Ort und politischem Bekenntnis auch spezifische politische und kulturelle Anliegen hatten und mit Aufgaben jenseits rein religiöser Ziele verbunden waren. Kirchengemeinden waren – sowohl für die Versammlung im Ausland als auch für die Aufrechterhaltung der Kommunikation mit der Heimat – das eigentliche Netzwerk der Kroaten. Auch wenn es weitere säkulare Vereine mit kulturellen oder sonstigen Aufgaben gegeben hat, standen auch diese den Kirchengemeinden nahe und katholische Kleriker waren allgegenwärtig.

Umgekehrt profitierte die Kirche in Kroatien massiv von den Devisen, die aus dem Ausland kamen. Gegenüber der Zentralregierung in Belgrad und der Lokaladministration in Zagreb zeigten sich prominente Kirchenvertreter zurückhaltend und gingen nur die nötigsten Kompromisse ein. Das verschaffte ihnen ein gewisses Vertrauenskapital bei den Auslandskroaten und erhöhte deren Spendenbereitschaft. Der Geldzustrom aus dem Ausland konsolidierte die materielle Basis der Kirche und machte sie unabhängiger vom jugoslawischen Staat. Dem Staat war die Rolle der Auslandskroaten aufgefallen, und er versuchte durch seine Geheimpolizei, auch diese unter Beobachtung zu halten.

1989/90 zeigte sich erneut die Rolle der Diaspora. Als verschiedene Parteien und politische Sprecher aufkamen, bekam Franjo Tuđman die Gunst der Wähler. Gerade auch seine Popularität in der Diaspora, wo Tuđman bereits seit einigen Jahren längere Besuche mit öffentlichen Vorträgen abstattete, verhalf ihm dazu. Er trat in Begleitung von Klerikern auf und die herzegowinischen Franziskaner aus Toronto unterstützten ihn entscheidend. Sie lieferten die Garantie, dass Tuđman für das Projekt eines unabhängigen Kroatiens stand. »Im Vorfeld der ersten freien Wahlen im April/Mai 1990 war die Unterstützung der katholischen Kirche für Tuđman deutlich sichtbar, wenn auch offene Wahlkampfempfehlungen unterblieben. Diaspora-Priester, sowohl aus der politischen als auch aus der Gastarbeiter-Migration, unterstützten Tuđmans Wahlkampf von außen.«[54]

---

[54] BUCHENAU, Titos Alptraum (s. Anm. 53), 46.

Aus dieser hier allgemein skizzierten Entwicklung ergibt sich das Bild einer national-kirchlichen Diaspora der katholischen Kroaten, die sich seit 1945 konstituierte und über Jahrzehnte aktiv blieb. Diese verstärkte sich sogar in den Jahren nach 1990, als Kroatien im Krieg seine Unabhängigkeit erlangte und der Staat konsolidiert wurde. In dieser Zeit wuchs die Rolle der Kirchengemeinden und Kleriker im Ausland noch mehr. Dies machte sich bemerkbar, sowohl hinsichtlich der geleisteten Lobbyarbeit für die Sache der Katholiken in Kroatien, als auch für das Auftreiben materieller Unterstützung.

Aus diesem Überblick über die Entstehung und die Rolle einer transkontinentalen Diaspora der kroatischen Katholiken in der zweiten Hälfte des 20. Jh.s darf im Blick auf die behandelte Fragestellung gesagt werden, dass auch unter den Bedingungen der römisch-katholischen Weltkirche die Entfaltung einer kirchlich-ethnischen Diaspora sogar in transkontinentaler Perspektive in der Praxis möglich bleibt. Auch wenn Diaspora-Gemeinden – im katholischen Sprachgebrauch werden diese »Missionen« genannt – in der kanonischen Zuständigkeit der jeweiligen lokalen Kirche standen, konstituierten sich diese Gemeinden durch aus der Heimat entsandte oder ausgewanderte Priester und durch spezifische Ziele als eine transnationale nationale Gemeinschaft, die sich mehr an der Heimatkirche und Heimat orientieren als an der jeweiligen lokalen Kirche. Die Heimatkirche leistete ihrerseits den nötigen Beitrag dafür. Die jeweiligen lokalen Diözesen eröffneten offensichtlich aus missionarischen und seelsorgerischen Gründen Freiräume, die eine solche Entfaltung möglich machte. Der Vatikan schaut aus denselben Gründen wohlwollend zu und betont die pastorale Notwendigkeit und Pflicht gegenüber Migranten.

2.3   Das Beispiel einer evangelischen Diaspora-Gemeinschaft

Im evangelischen Sprachgebrauch wurde die Rede von der doppelten Diaspora dort gebraucht, wo man sich national und konfessionell – als Deutsche und Protestanten – in der Minderheit sah. Das galt für deutsche Auswanderer, die ihren Glauben pflegen wollten. Dabei kam man nicht nur zur Kultivierung des eigenen Glaubens zusammen, sondern gleichermaßen auch des Deutschtums.

Die deutsche Präsenz im südlichen Afrika – und besonders im sog. Deutsch-Südwestafrika – seit dem späten 19. Jh. eignet sich als Beispiel für die Exemplifizierung einer evangelischen Diaspora. Im Folgenden greife ich auf das Ergebnis eines Studienprozesses für die Ausarbeitung der Rolle deutscher Kirchen im kolonialen Kontext Südafrikas seit dem späten 19. Jh. zurück.[55] Auch wenn sich die Herausgeber der Abschlusspublikation aus nachvollzieh-

---

[55]   Die beeindruckenden wissenschaftlichen Ergebnisse dieses Studienprozesses sind in den Beiträgen des Sammelbandes Hans Lessing u.a. (Hrsg.), Die deutsche evangelische Kirche im kolonialen südlichen Afrika. Die Rolle der Auslandsarbeit von den Anfängen bis in die 1920er Jahre, Wiesbaden 2011, versammelt.

baren Gründen gegen die Verwendung des Diasporabegriffs für die Beschreibung der Situation deutscher Kirchen entschieden haben,[56] kann man aus einem veränderten Blickwinkel deutsche Kirchen und v.a. ihre Mitglieder durchaus unter diesem Begriff verstehen. Anders als für die Mitarbeitenden des
genannten Studienprozesses – deren Fokus auf den Auswirkungen kolonialer
Machtstrukturen auf die lokale Bevölkerung in Zentrum ihres Interesses lag,
was in einer gewissen Antithese mit der angeblich machtlosen Stellung einer
Diaspora steht –, fokussiere ich mich auf die deutsche Präsenz im südlichen
Afrika in ihrer Beziehung zu Deutschland.

Das Verhältnis zwischen den ausgewanderten Deutschen und der »Heimat«
soll von beiden Enden her gedacht werden. Wie Martin Eberhardt feststellt,
lässt sich bei den Ausgewanderten eine ausgesprochene »Subventionsmentali-
tät« erkennen.[57] Die vor Ort funktionierenden Vereine, Gemeinden und Synoden versuchten, möglichst viele Ressourcen aus Deutschland zu mobilisieren,
ohne aber ihre partikularen Interessen aufzugeben. Das spiegelte sich auch in
der Art und Weise wider, wie unterschiedliche Siedlergruppen eigene Interessen verfolgten. Nach der Reichsgründung 1871 kam es auch zu einer Betonung
der nationalen Identität unter den Deutschen im Ausland und zur Bildung »von
kulturell geschlossenen Gemeinschaften«.[58] Dies verband sich mit nationalem
Stolz und dem Gefühl der Überlegenheit gegenüber den Buren und selbst im
Verhältnis zu den Briten. Nach 1918 wandelte sich der Stolz auf kulturelle,
wissenschaftliche oder militärische Leistungen in eine rassische Überlegenheit
um. Da der konkrete Austausch mit der Heimat zusammengebrochen war, manifestierte sich der »völkische Zusammenhang in der Form einer imaginierten
Gemeinsamkeit, die ihre innere Kohärenz durch den Ausschluss aller fremden
Einflüsse aus ihrer Mitte zu erreichen suchte.«[59] Dabei spielten Kirchengemeinden – z.B. in der Pflege der deutschen Sprache und der konfessionellen
Identität – eine zentrale Rolle.

Nach 1871 suchten auch einflussreiche Kreise in Deutschland die ausgewanderten Deutschen für ihre außenpolitischen und kolonialen Ziele in Anspruch zu nehmen. Starke deutsche Auslandsgemeinden sollten – besonders in
Kolonialgebieten – der Durchsetzung deutscher Interessen helfen. Das kulturelle, gesellschaftliche, wirtschaftliche und technische Prestige von Auslandsdeutschen sollte die neue Stellung Deutschlands widerspiegeln und untermau-
ern. Der Evangelische Oberkirchenrat in Preußen versuchte, Auslandsgemeinden an sich zu binden und damit gewissermaßen sich als Zentrum einer
weltweiten deutsch-evangelischen Christenheit zu stilisieren. Auch wenn das

---

[56] Vgl. LESSING, Kirche (s. Anm. 55), 38-45.
[57] MARTIN EBERHARDT, Die deutsche Siedlergemeinschaft in Namibia, in: LESSING, Kirche (s. Anm. 55), 211-223, 216.
[58] LESSING, a.a.O., 17.
[59] A.a.O., 21.

aufgrund des in Deutschland bestehenden Landeskirchenrechts nicht leicht war, wurde das Instrument der »Anschlussvereinbarungen« gefunden, wodurch evangelische Gemeinden nach dem Modell von Protektoratserklärungen und Schutzverträgen Teile der preußischen oder der Landeskirche Hannovers werden konnten.[60] So entstand eine regelrechte Diasporafürsorge, die für die Landeskirchen zunehmend eine wichtige Rolle spielte:

> »In Deutschland selbst entwickelte sich die sogenannte ›Diasporafürsorge‹ [...] seit dem Ende des 19. Jh.s zu einem zentralen Feld der Einigungsbestrebungen, die dem seinerzeit in über 30 Landeskirchen zersplitterten deutschen Protestantismus eine nationale Struktur zu geben versuchten. Durch die Auswandererfürsorge gewann die evangelische Kirche ein nationales politisches Profil [...]. Die kirchliche Versorgung der Kolonie galt als eine nationale Aufgabe, durch die Deutschland seine wissenschaftliche, kulturelle und auch religiöse Überlegenheit international zum Ausdruck bringen wollte.«[61]

Auch wenn damit nur ein kurzer Einblick in die Dynamik der Beziehungen zwischen deutschen Auswanderern und Heimat gegeben wird, dürfte dennoch die z.T. intensive und gezielte Pflege dieses Verhältnisses – und aus diesem Grund wäre in meinen Augen die Anwendung des Diaspora-Begriffs zulässig – deutlich sein. Dieses komplexe Beziehungsgefüge diente gleichermaßen – für Akteure auf den beiden Seiten – einem Hauptziel: der Aufrechterhaltung der religiösen und nationalen Identität.[62] Welches dieser beiden Elemente Zweck und welches Mittel war, definierten selbstverständlich die verschiedenen Gruppen unterschiedlich.

3. Fazit

Im Laufe dieses Beitrags wurde gezeigt, dass im deutschen – kirchlichen und theologischen – Sprachgebrauch der Begriff Diaspora katholischer- und evangelischerseits relativ ähnlich ausfällt, auch wenn an manchen Stellen besondere Akzente festzustellen sind. Wie Hermann-Josef Röhrig feststellte:

---

[60]   LESSING, Kirche (s. Anm. 55), 19f.
[61]   A.a.O., 16.
[62]   Vgl. auch KLAUS KOSCHORKE, Religion und Migration. Aspekte einer polyzentrischen Geschichte des Weltchristentums, in: Jahrbuch für Europäische Überseegeschichte 16 (2016), 159-180.

»Diaspora [ist] aber immer die Minderheitssituation einer konfessionell bestimmten Kirche und in der Theologie [kann] nur dann von Diaspora gesprochen werden, wenn dieses kirchliche Element berücksichtigt wird [...].«[63]

Diese Aussage trifft für die beiden großen christlichen Traditionen in Deutschland zu. Der Ausgangspunkt für diese Situation war durch die konfessionelle Homogenität einzelner Territorien nach der Reformation bestimmt.

Dennoch gab es mancherorts zeitlich beschränkt oder dauerhaft religionsplurale Räume und hier machten konfessionelle Minderheiten eine sog. Diaspora-Erfahrung, ohne ihre Heimat jemals verlassen zu haben. In der Herrnhuter Brüdergemeine war seit dem 18. Jh. für die Diasporasituation entscheidend, ob jemand Teil der spezifischen Lebensform in geschlossenen, homogenen Gemeinschaften war, oder sein Leben an einem anderen Ort mitten in einer konfessionell andersgearteten Mehrheit führte. Anders als bei den mährischen Exilanten, die ihre Heimat verlassen hatten und auf der Flucht waren, war hier eine – freiwillige oder gezwungene – Erfahrung räumlicher Mobilität nicht entscheidend. Im 19. Jh. entstand in den beiden großen konfessionellen Traditionen in Deutschland eine besondere Fürsorge für ihre eigene Diaspora, die historisch entstanden war oder durch den Prozess der Binnenmigration im Zeitalter der Industrialisierung und Urbanisierung zustande kam. Hier war ebenfalls nicht die räumliche Mobilität, die gelegentlich durchaus gegeben war, für die Zusammensetzung der Diaspora ausschlaggebend, sondern die Situation der Minderheit in einem anderskonfessionellen Territorium. Mitte des 19. Jh. beginnt auch die Zeit der großen konfessionellen Diasporawerke: des Gustav Adolf Werkes und des Bonifatiuswerkes.

Auch wenn die Jahre nach 1945 für Millionen von Menschen in Deutschland von Flucht und Vertreibung geprägt waren, wird der Diasporabegriff für die Beschreibung der dadurch entstandenen Verhältnisse nicht in Anspruch genommen. Hingegen erfuhr der Begriff seit der Anfangszeit der DDR bis heute eine ungebrochene Verwendung, um die Lage der Christen und der Kirchen in einer zuerst atheistischen und später hauptsächlich säkularen Welt zu beschreiben. Diese Bedingungen kamen manchen Beobachtern als eine Neuauflage des vorkonstantinischen Zeitalters vor, als die Kirche eine Diasporakirche – d.h. eine Minderheitsreligion – gewesen sei. Wie es scheint, definiert sich dieser Diasporabegriff ausschließlich durch ein mehrheitliches Gegenüber, das die Gestalt einer anderen Konfession oder Weltanschauung annehmen kann.[64]

Im Blick auf die praktische Funktion der Diaspora für die jeweilige Konfession ist letztlich auch der Verglich zwischen evangelischen, katholischen und östlich-orthodoxen Erfahrungen aufschlussreich. Hier kommt v.a. die Situation der sog. doppelten Diaspora in Betracht. Indem die Pflege der Kultur und Spra-

---

[63] RÖHRIG, Diaspora (s. Anm. 5), 2.

[64] Vgl. HANDREICHUNG (s. Anm. 39), 86f.

che als eine genuine Aufgabe evangelischer Gemeinden im Ausland betont wurde, hatte die evangelische Kirche traditionell auch die Aufrechterhaltung des Deutschtums bei seinen ausgewanderten Mitgliedern im Blick.[65] Dieses übergeordnete Ziel wurde nach dem Ersten Weltkrieg auch im Blick auf die deutschsprachigen Protestanten außerhalb der neu justierten Grenzen Deutschlands hervorgehoben. Die Pflege der eigenen konfessionellen Diaspora wird gerade jetzt zum Ruf nach der Aufrechterhaltung des Deutschtums. Darin waren sich aber deutsche Protestanten und Katholiken einig.

Eine durchaus vergleichbare Rolle kann auch der jüngeren kroatisch-katholischen Diaspora zugeschrieben werden. Hier spielte die katholische Kirche eine entscheidende Rolle für die Aufrechterhaltung ethnischer Netzwerke im Ausland und für ihre Inanspruchnahme für das Projekt eines Nationalstaates vor und nach 1990. Diese katholisch-kroatischen Netzwerke führten im Ausland ein relativ autarkes Dasein gegenüber der jeweiligen lokalen Diözese und wurden eher als eine Art Verlängerung der Heimatkirche angesehen.

Weiter zeigt die Beobachtung der orthodoxen Diaspora weltweit, wie die ethnisch-nationale Komponente immer noch ausschlaggebend bei der Zusammensetzung von Kirchengemeinden und der Institutionalisierung von kanonischen Jurisdiktionen im Ausland nach dem nationalen Prinzip ist. Die daraus entstandene Situation widerspricht eigenen ekklesiologischen Grundsätzen. Somit lässt sich auch im Blick auf die Situation der doppelten Diaspora feststellen, dass das ethnische/nationale Element potentiell eine vergleichbare Rolle in allen drei genannten konfessionellen Traditionen einnehmen kann.

---

[65]   Vgl. z.B. auch Lothar Engel, »... und dass wir Pfarrer ausgesprochene Träger des Deutschtums sind.« Zur Geschichte der deutschsprachigen evangelischen Gemeinde in Namibia, in: Lessing, Kirche (s. Anm. 55), 225-254.

Claudia Jahnel

MIGRATION – MACHT – THEOLOGIE

Prolegomena einer Theologie im Kontext von Migration und Postmigration

1. Migration und Postmigration generieren Theologie(n)

Migration und Postmigration[1] können theologiegenerierende Phänomene sein. Die Erfahrung, ein vertrautes Umfeld zu verlassen und sich in ein anderes Land aufzumachen, die Hindernisse bei dem Bemühen, dort heimisch zu sein, und die unterschiedlichen Begegnungen mit den »Anderen« können Glauben und religiöse Praxis verändern. Migration fordert aber auch zu theologischer Reflexion, ja zu einer grundsätzlichen Revision der Generierung theologischen Wissens auf.

Die Anzahl der religionswissenschaftlichen, soziologischen, psychologischen und theologischen Studien zur Bedeutung von Religion und Glaube in Migrationsprozessen ist in den letzten Jahren deutlich gewachsen. Religion und Glaube sind, so wird oftmals konstatiert, wichtige stabilisierende Ressourcen in Migrationsprozessen und helfen bei der Bewältigung des Alltags in der Ankommenskultur.[2] Sie können zur Versöhnung und Heilung von traumatisierenden Erfahrungen beitragen und unterstützen den Einzelnen und Gruppen

---

[1]   Zum Begriff und zur Bedeutung des »Postmigrantischen« NAIKA FOROUTAN/JULIANE KARAKAYALI/RIEM SPIELHAUS (Hrsg.), Postmigrantische Perspektiven. Ordnungssysteme, Repräsentationen, Kritik, Frankfurt/M.-New York 2018. Mit den Beiträgen dieser Veröffentlichung verbindet mich in der Benutzung des Begriffs »postmigrantisch« das Interesse, die binären Zuschreibungen zu hinterfragen, die in der Diskussion um Migration kontinuierlich wiederholt werden und die »Migrantinnen und Migranten« als solche und damit zugleich als »Andere« festschreiben.

[2]   Vgl. CATERINA ROHDE-ABUBA/BRITTA KONZ, Flucht, Religion, Resilienz. Glaube als Ressource zur Bewältigung von Flucht- und Integrationsherausforderungen. Eine Studie von World Vision Deutschland, Friedrichsdorf 2020, auch die vom Schweizerischen Nationalfonds geförderte Doppelstudie EVA BAUMANN-NEUHAUS, Glaube in Migration. Religion als Ressource in Biographien christlicher Migrantinnen und Migranten, St. Gallen 2019; SIMON FOPPA, Kirche und Gemeinschaft in Migration. Soziale Unterstützung in christlichen Migrationsgemeinden, St. Gallen 2019.

dabei, ihre Migrations- und Postmigrationserfahrungen zu deuten und ihnen Sinn zu geben.[3]

Andere Studien konzentrieren sich auf die Transformationen religiöser Praktiken in den neuen Kontexten und untersuchen die religiösen Aushandlungs- und Vermischungsprozesse: Die »travelling spirits«,[4] die im Gepäck von Menschen reisen, verändern sich im Kontext der Reise und in den neuen Lokalitäten, in denen sie sich ansiedeln. In der Forschung haben sich zur Beschreibung dieser Veränderungen Begriffe wie »Transformation« und »Neuerfindung« etabliert. Transformiert werden jedoch nicht nur die reisenden religiösen Praktiken und Menschen, sondern auch die religiöse Landschaft vor Ort.

Der vorliegende Beitrag konzentriert sich demgegenüber auf Theologie bzw. Theologien und ist geleitet von den Fragen: Verändern die Dynamiken von Migration und Postmigration auch Theologien und, wenn ja, wie? Schreiben sich (post)migrantische Erfahrungen in Theologien ein und wie tangieren sie theologische Inhalte und Zugänge? Die Fragen haben eine doppelte Blickrichtung: Sie richten sich zum einen auf Migrantinnen und Migranten selbst und auf die von ihnen gelebte Theologie, also ihre eigene theologische Deutung der erlebten Migration und Postmigration. Als »Theologien erster Ordnung« bezeichnet der Theologe Jorge Castillo Guerra diese theologische Deutung durch Migrantinnen und Migranten selbst[5] und beruft sich dabei auf Vertreterinnen und Vertreter der Befreiungstheologie wie Jon Sobrino, Gustavo Gutiérrez oder Ignacio Ellacuría. Pate für die Betonung der theologischen Reflexion durch den einzelnen steht aber bereits Martin Luther, für den ebenfalls theologische Deutung »letztlich nicht delegierbar« war.[6]

Die Frage, wie Migration Theologie verändert, richtet sich zum anderen aber auch an etablierte akademische Theologien und an theologische Reflexionen in kirchlichen Stellungnahmen zum Thema. In der Terminologie der Befreiungstheologie handelt es sich bei diesen um »Theologien zweiter Ordnung«, also um Theologien, die in einigem wissenschaftlichen Abstand zur unmittel-

---

[3] Einen exemplarischen Überblick über verschiedene Studien - darunter auch jene, die eher skeptisch sind im Blick auf den Einfluss von Religion im Kontext von Migration - gibt die Veröffentlichung von MARTHA FREDERIKS, Religion, Migration, and Identity. A Conceptual and Theoretical Exploration, Leiden 2016.

[4] GERTRUD HÜWELMEIER/KRISTINE KRAUSE, Travelling Spirits. Migrants, Markets and Mobilities, New York-London 2010.

[5] Vgl. S. JORGE E. CASTILLO GUERRA, From the Faith and Life of a Migrant to a Theology of Migration and Intercultural Convivencia, in: JUDITH GRUBER/SIGRID RETTENBACHER (Hrsg.), Migration as a Sign of the Times. Towards a Theology of Migration, Leiden 2015, 107-130.

[6] PHILIPP STOELLGER, Theologie als Deutungsmachttheorie. Zur Hermeneutik von Deutungsmacht im systematischen Diskurs, in: DERS. (Hrsg.), Religion und belief systems in Deutungsmachtkonflikten, Tübingen 2014, 431-523, 463 mit Hinweis auf Martin Luther, WA 100 III, 1,7-2,1.

baren Erfahrung, aber dennoch im Engagement für die Menschen und die Sache entstehen. Die zentrale Frage – zumindest aus befreiungstheologischer Perspektive – lautet hier: Wie sieht eine akademische Theologie zweiter Ordnung aus, die die Nähe zur Lebenssituation von Migrantinnen und Migranten wagt, die ihnen zuhört und interessiert ist an ihren Narrationen und damit an der »Art und Weise, wie sie die Erinnerung an das Leiden, das Sterben und die Auferstehung Jesu Christi aktualisieren«[7]? Und wie reflektiert und deutet die akademische Theologie aus dieser Haltung heraus den Kontext und die Lebenswirklichkeit von Migration und Postmigration theologisch?

Es ist diese zweite Blickrichtung, die besonders im Fokus des vorliegenden Beitrags steht. Damit soll die Bedeutsamkeit der Theologien erster Ordnung keinesfalls in Abrede gestellt werden. Im Gegenteil: Ich halte sie und mit ihr die Aufmerksamkeit dafür, wie Menschen an Bruchstellen und inmitten des Zusammenbruchs identitätsstiftender Traditionen »Sinn stiften«, sich neu orientieren, gar »ihr Leben reparieren«[8] und Deutungen generieren, wo vorher keine Deutungen waren oder Worte fehlen, für eine zentrale Voraussetzung für theologische Reflexionen auf wissenschaftlicher Ebene. Diese narrativen Theologien, die für die Deutung der eigenen Lebensgeschichte Muster aus den verschiedenen erlebten sozio-kulturellen und religiösen Mustern heranziehen,[9] stellen aber gerade auch an die etablierte wissenschaftliche Theologie die Anforderung, bisherige theologische Deutungsparadigmen und Denkstrukturen kritisch zu hinterfragen, gegebenenfalls zu ergänzen oder sogar zu korrigieren. Praktiken und Politiken, mittels derer theologisches Wissen generiert wird und die anderes Wissen ausschließen, werden durch hinzukommende theologische Deutungen herausgefordert. Damit stehen grundsätzliche Fragen der theologischen Epistemologie auf dem Plan. D.h., es geht hier nicht um ein theologisches *new face*, wie es manche theologisch-kirchlichen Stellungnahmen nahezulegen scheinen, indem sie im Kontext von Migration biblische Migrationserzählungen neu würdigen.[10] Zwar ist dies ein erster wichtiger Schritt, weil der Hinweis auf Migration als »Normalfall«[11] dazu beitragen kann, das *othering*

---

[7] CASTILLO GUERRA, Faith (s. Anm. 5), 116, in Aufnahme eines Gedankens von JOHANN BAPTIST METZ, Glaube in Geschichte und Gesellschaft. Studien zu einer praktischen Fundamentaltheologie, Mainz 1977, 90, 175.

[8] ROBERT SCHREITER, Verbreitung der Wahrheit oder interkulturelle Theologie. Was meinen wir, wenn wir heute von Mission sprechen, in: ZMiss 36 (2010), 13-31, 25.

[9] Vgl. dazu JÜRGEN STRAUB, Erzähltheorie/Narration, in: Handbuch Qualitative Forschung in der Psychologie, Wiesbaden 2010, 136-150.

[10] Vgl. EVANGELISCHE KIRCHE IN DEUTSCHLAND, »Gemeinsam evangelisch! Erfahrungen, theologische Orientierungen«, EKD-Text 119, Hannover 2014, Kap. 4, ähnlich auch EVANGELISCHE KIRCHE VON WESTFALEN, Ich bin fremd gewesen und ihr habt mich aufgenommen. Kirche und Migration, Bielefeld 2019, Kap. 1: »Biblisch-theologische Vergewisserung«, 11-21.

[11] Problematisch an dieser »Normalisierung« von Migration ist, dass dadurch Migra-

von Migrantinnen und Migranten in Frage zu stellen.[12] Gleichwohl kaschieren diese Bemühungen jedoch, dass der etablierte theologische Diskurs sich durch den Kontext von (Post-)Migration kaum in Frage stellen lässt. Migration ist ein theologisches Randthema. Entsprechend bleiben die von Migrierten selbst vollzogenen theologischen Deutungen im Großen und Ganzen abwesend, werden im theologischen Mehrheitsdiskurs nicht repräsentiert und bilden eine Leerstelle.

Provozierend möchte ich daher fragen: Könnte es sein, dass dieses Schweigen eine Form der »Unsichtbarmachung des Anderen«[13] ist und eine Strategie darstellt, mittels derer – wie die katholische Theologin Judith Gruber im Anschluss an den postkolonialen Theoretiker Kien Nghi Ha formuliert – »das Zentrum [...] sich seiner Machtförmigkeit und Provinzialität« [entinnert]«[14]? Wird hier jene – vornehm formuliert – »bewusste Amnesie« eingesetzt, die Kien Nghi Ha wie folgt beschreibt:

> »Das Schweigen ist eine bewusste Amnesie, und die Amnesie ist eine politische Ausdrucksform des kollektiven Gedächtnisses. Daher ist das konsensuale Schweigen eine dominante Machtartikulation, die sich der Aufarbeitung und Sichtbarmachung imperialer Praktiken und Bilder durch Entinnerung aktiv widersetzt und nur durch Gegenerzählungen aufgebrochen werden kann.«[15]

Es soll im Folgenden nicht darum gehen, schuldbewusst Migrationsdeutungen aus erster Hand aufzugreifen, um diese dann irgendwo noch – der *political correctness* wegen und als exotisches Sondergut – in der theologischen Reflexion einzubauen. Vielmehr geht es um das, was der Anthropologe Paul Rabinow als Notwendigkeit einer »Anthropologisierung« der westlich-theologischen Konsti-

---

tionserfahrungen tendenziell nicht differenziert und die oftmals eklatant unterschiedlichen Erfahrungen von Vulnerabilität in Migrationssituationen nicht berücksichtigt werden.

[12] Mit *othering* sind jene Praktiken der »VerAnderung« gemeint, die in oftmals subtiler Weise das Denken und Handeln von »Anderen« als »fremd« und »anders« darstellen, Differenz festschreiben und damit zugleich die Hegemonie des »Eigenen« unterstreichen. Vgl. JULIA REUTER, Ordnungen des Anderen. Zum Problem des Eigenen in der Soziologie des Fremden, Bielefeld 2002, 148.

[13] ENRIQUE DUSSELL, 1492. El encubrimiento del otro. Hacia el origen del »mito de la modernidad«, Madrid 1992, 52.

[14] JUDITH GRUBER, Wider die Entinnerung. Zur postkolonialen Kritik hegemonialer Wissenspolitiken in der Theologie, in: ANDREAS NEHRING/SIMON WIESGICKL (Hrsg.), Postkoloniale Theologien II. Perspektiven aus dem deutschsprachigen Raum, Stuttgart 2018, 23-37, 25.

[15] KIEN NGHI HA, Macht(t)raum(a) Berlin. Deutschland als Kolonialgesellschaft, in: MAUREEN MAISHA EGGERS u.a. (Hrsg.), Mythen, Masken und Subjekte. Kritische Weißseinsforschung in Deutschland, Münster ²2009, 105-117, 105, zitiert von GRUBER, a.a.O., 25.

tution von Wissen, Wirklichkeit, Wahrheits- und Universalitätsansprüchen[16] bezeichnet: Es geht darum, Ursachen dafür zu finden und zu analysieren, warum der Topos Migration und Postmigration in etablierter Theologie mehrheitlich nicht präsent ist und welche Narrationen dadurch ausgeblendet werden. Die Einbeziehung »ent-innerter« und verdrängter Gegenerzählungen erscheint aber gerade im Blick auf interkulturelle ökumenische Geschichtsschreibung und Theologie außerordentlich bedeutsam.

2. Prolegomena einer Theologie im Kontext von Migration und Postmigration

Der Beitrag trägt den Untertitel »Prolegomena einer Theologie im Kontext von Migration und Postmigration«. Natürlich kann er in der geforderten Kürze nicht den Anspruch einer Fundamentaltheologie, einer Einführung in die Theologie oder eben von Prolegomena einlösen. Der Untertitel möchte jedoch in mehrfacher Hinsicht provozieren: Er möchte akademisch arbeitende Theologinnen und Theologen und Kirchenleitende herausfordern, migrantische und postmigrantische Wirklichkeiten – einschließlich der Wirklichkeiten von Rassismus und Fremdenhass – als fundamental-theologisches Thema und nicht nur als Randthema oder als ethische Herausforderungen zu verstehen und zu bearbeiten. Migration und Postmigration sind gerade kein *zusätzliches* Thema, das zu den – in Philipp Stoellgers Worten – derzeit »expandierenden Themen der Prolegomena bzw. Fundamentaltheologie«[17] dazukommt. Vielmehr betreffen die Herausforderungen, die mit Migration und Postmigration einhergehen, die – in Wilfried Joests Worten – »gegenwärtige[...] Daseinserfahrung«[18] bzw. – mit Paul Tillich – die »menschliche Situation« und die »existenziellen Fragen« ihrer »Bedrohung«[19] in zentraler Weise. Theologie kommt als »Reflexionsbemühung« daher nicht umhin, darüber nachzudenken, wie in dieser Situation »christlicher Glaube in Entsprechung zu diesem seinem Grund [Jesus Christus]

---

[16] PAUL RABINOW, Repräsentationen sind soziale Tatsachen. Moderne und Postmoderne in der Anthropologie, in: EBERHARD BERG/MARTIN FUCHS (HRSG.), Kultur, soziale Praxis, Text. Die Krise der ethnographischen Repräsentation, Frankfurt/M. 1993, 168f.: »Wir bedürfen keiner Theorie indigener Epistemologie oder einer neuen Theorie der Erkenntnis der Anderen. Wir sollten auf unsere historische Praxis achten, nämlich die Praxis, unsere kulturellen Praktiken auf die Anderen zu projizieren; bestenfalls gilt es zu zeigen, wie, wann und mit welchen kulturellen und institutionellen Mitteln andere Menschen es unternommen haben, Epistemologie für sich in Anspruch zu nehmen.«

[17] STOELLGER, Theologie (s. Anm. 6), 458.

[18] WILFRIED JOEST, Fundamentaltheologie, Stuttgart u.a. [2]1974, 25.

[19] PAUL TILLICH, Systematische Theologie I, [8]1987, 76.79.

vertreten werden kann und soll«[20] bzw. wie eben im Zusammenhang von Migration und Postmigration »Gott der unendliche Grund des Mutes genannt werden«[21] genannt werden kann und muss.

Wenn sich der Beitrag ins Feld der Systematischen Theologie begibt, dann tut er dies – und auch hierin reizt und provoziert der Titel – aus einer bestimmten Perspektivität heraus, die sich in der Genitiv-Verbindung des Untertitels niederschlägt. Die Themenstellung »Prolegomena einer Theologie im Kontext von Migration und Postmigration« hinterfragt die Vorstellung einer kontextfreien und ortslosen Theologie. Zwar scheint diese Vorstellung längst veraltet. Entsprechend wies Jüngel schon in den 1970er Jahren darauf hin, dass Theologie, auch ohne explizit »mitgelieferte« »Anwendungen und Konkretionen«, für den Kontext hochgradig relevant sein kann: »Wer Augen hat zu lesen, wird hingegen gerade in der Konzentration auf die Aufgabe, Gott denken zu lernen, mehr als genug von der politischen und gesellschaftlichen Relevanz des christlichen Glaubens an den gekreuzigten Gott entdecken.«[22] Und Stoellger schreibt etwa 40 Jahre später, zur »Deutung« als »Modalstruktur« gehöre

> »ein jeweiliger Horizont, eine Perspektive und ein Standort (oder ein Dispositiv, eine Existenz und ein Anspruch; oder ein historischer Kontext, eine Lebensform und deren Konkretion), bzw. eine [offensichtlich ebenfalls als zeitbedingt und kontextuell verstandene] Ordnung, in der und auf die hin gedeutet wird (Metaphysik, Heilsgeschichte, Naturalismus, Psychoanalyse, Materialismus o.ä.).«[23]

Jüngels und Stoellgers Bemerkungen zeigen, dass es ein Bewusstsein für die gegenseitige Abhängigkeit und Relevanz von theologischem Nachdenken einerseits und dem jeweiligen historischen wie geografischen Kontext der Theologie andererseits gibt. Das hat leider nicht zur Folge, dass im etablierten westlichen theologischen Diskurs »das Problem der Kontextualität grundsätzlich fundamentaltheol[ogisch]« bedacht wird.[24] Im Gegenteil: Unter der oftmals implizit vorherrschenden Annahme der Universalität der Theologie wird die Auseinandersetzung mit dem Ort und Ausgangspunkt, von dem aus wir Theologie treiben, oftmals, so scheint es, nicht thematisiert.

Anders verhält es sich in vielen Theologien des globalen Südens. Hier werden die konkrete Praxis, die gesellschaftlichen Verhältnisse oder gar die Menschen, die unter ihnen leiden, zum Ort und Ausgangspunkt der Theologie ge-

---

[20] JOEST, Fundamentaltheologie (s. Anm. 18), 25.

[21] TILLICH, Theologie (s. Anm. 19), 79.

[22] EBERHARD JÜNGEL, Gott als Geheimnis der Welt. Zur Begründung der Theologie des Gekreuzigten im Streit zwischen Theismus und Atheismus, Tübingen [2]1977, XIVf.

[23] STOELLGER, Theologie (s. Anm. 6), 442.

[24] Diese Defizitanzeige findet sich auch bei CHRISTOPH SCHWÖBEL, Art.: Theologie, in: RGG 8, [4]2005, 255-305, 299. Eine Ausnahme bildet hier HANS WALDENFELS, Kontextuelle Fundamentaltheologie, Paderborn-München [3]2000.

macht. Der Kontext wird zum Text erklärt. Entsprechend formuliert die »Ecumenical Association of Third World Theologians« (EATWOT) auf ihrer Gründungsversammlung 1976 in Daressalam, Tansania:

»Wir müssen nämlich, um dem Evangelium und unseren Völkern treu zu sein, uns über die Wirklichkeiten unserer eigenen Situation Gedanken machen und das Wort Gottes im Verhältnis zu diesen Wirklichkeiten interpretieren. Eine bloß akademische Theologie, die vom Handeln getrennt ist, weisen wir als belanglos zurück. Wir sind bereit, in der Epistemologie einen radikalen Bruch zu vollziehen, der das Engagement zum ersten Akt der Theologie macht und sich auf eine kritische Reflexion oder die Realitätspraxis der Dritten Welt einlässt.«[25]

Die Identifikation – die »Option« – Gottes mit den Armen und den Leidenden treibt die Ver-Ort-ung auf die Spitze, denn sie bindet die Erkenntnis Gottes und das Wissen über Gott – die theologische Epistemologie, wenn man so will – an die Begegnung und Auseinandersetzung mit Armut und mit dem Zeugnis von Armen und Marginalisierten. Paulo Suess setzt der Provokation klassischer westlicher Fundamentaltheologie, so scheint es, die Krone auf, indem er den Begriff der Prolegomena auf den »kolonialen Charakter der Theologie« bezieht.[26] Die Grundlage einer Theologie, die durch die »Wende der Entkolonialisierung«[27] als Prolegomena – also als Verständigung darüber, was Theologie sei – gegangen ist, bildet, so Suess,

> »das Gedächtnis des historischen Leids von sichtbar werdenden Subjekten wie Indigenas, Afroamerikanern, Frauen, Minderheiten und Armen, die für eine Relektüre und für die Überwindung von hegemonialen theologischen Traditionen sowie für ein neues, dialogisches Verständnis von Universalität und einen konstitutiven Beitrag ihres kontextuell verankerten Wortes kämpfen.«[28]

Vielleicht tun sich manche Vertreterinnen und Vertreter katholischer Theologie und Kirche – nicht zuletzt, weil sie die katholische Kirche als Weltkirche versteht[29] – leichter, Migration zu einem zentralen Thema der Fundamen-

---

[25] Schlusserklärung. Ökumenischer Dialog von Theologen der Dritten Welt, Daressalam/Tansania, 5.-12. August 1976, in: SERGIO TORRES u.a. (Hrsg.), Dem Evangelium auf der Spur, Frankfurt am Main 1980, 137.
[26] PAULO SUESS, Prolegomena zur Entkolonialisierung und zum kolonialen Charakter der Theologie innerhalb der Kirche. Aus einer lateinamerikanischen Perspektive, in: Conc 49 (2013), 190-199.
[27] A.a.O., 198.
[28] A.a.O., 191.
[29] Dass aber auch die katholische Weltkirche mit dem richtigen Umgang mit migrantischer Vielfalt und Fragen der »Einheit« und »Integration« ringt, zeigt u. a. die sehr sensibel recherchierte und differenzierte Dissertation von TOBIAS KESSLER, Kann denn aus Nazaret etwas Gutes kommen? Perichoretisch-kenotische Entgrenzung als Para-

taltheologie zu erklären. Die *loci theologici*, entwickelt von Melchior Cano im 16. Jh., die bis heute als Grundlage der katholischen Erkenntnislehre gilt und im Übrigen in bewusster Abgrenzung von lutherischer Erkenntnislehre formuliert wurden,[30] sowie die in der Pastoralkonstitution *Gaudium et spes* des Zweiten Vatikanischen Konzils eingeführte Kategorie »Zeichen der Zeit« schaffen die Rahmenbedingungen, um geschichtliche Entwicklungen als Orte der Gotteserkenntnis zu identifizieren.[31] Auf dieser Grundlage baut die Argumentation des »Päpstlichen Rats der Seelsorge für die Migranten und Menschen unterwegs« in der von ihm 2004 verabschiedeten Instruktion *Erga migrantes caritas Christi* auf.[32] Sie definiert das »gegenwärtige Migrationsphänomen als ein sehr bedeutsames ›Zeichen der Zeit‹«, als »eine Herausforderung, die es beim Aufbau einer erneuerten Menschheit und in der Verkündigung des Evangeliums des Friedens zu entdecken und zu schätzen gilt«[33]. Für das katholische Lehramt sind Migration und gesellschaftliche Pluralisierung somit, so Regina Polak, »kein Störfaktor«, sie gehören vielmehr »zum Heilsplan Gottes«.[34] Nimmt man hinzu, dass Zeichen der Zeit »historische Wirklichkeiten [sind], in denen Menschen um ihre und die Würde und Anerkennung anderer kämpfen, nach der Anwesenheit Gottes fragen und [die] nur mit Hilfe der kirchlich ›Anderen‹ zu entdecken sind«,[35] dann wird deutlich, dass Migration hier keinesfalls als zusätzliches und kontingentes Thema betrachtet wird. Als Zeichen der Zeit ist Migration vielmehr Ort theologischer Erkenntnis und somit Lernort der Theologie.

Jüngere Verlautbarungen von Seiten der evangelischen Kirchen schaffen insofern eine Parallele zur katholischen Argumentation, als mit dem Verweis auf Migrationsgeschichten im biblischen Zeugnis auf die protestantischerseits zentrale Erkenntnisquelle verwiesen wird. Beide Zugänge machen also deutlich, dass Migration und theologische Erkenntnis einen Zusammenhang bilden. Die in diesem Beitrag vorgenommene Verortung des Themas (Post-)Migration in den Prolegomena der Theologie ist theologisch begründet. Wie hängt Migra-

---

digma des Verhältnisses zwischen zugewanderten und einheimischen Katholiken, Weltkirche und Mission 9, Regensburg 2018.

[30] BORIS HOGENMÜLLER, Über die Orte der Theologie (De locis theologicis). Melchior Cano, Gaspard Jeunin und Hieronymus Buzu im Vergleich, in: Würzburger Jahrbücher für Altertumswissenschaften 36 (2012), 169-184.

[31] Vgl. REGINA POLAK, Migration als Ort der Theologie, in: TOBIAS KESSLER (Hrsg.), Migration als Ort der Theologie, Weltkirche und Mission 4, Regensburg 2019, 87-114.

[32] Päpstlicher Rat für die Migranten und Menschen unterwegs: Erga migrantes caritas Christi (2004): www.vatican.va/roman_curia/pontifical_councils/migrants/documents/rc_pc_migrants_doc_20040514_erga-migrantes-caritas-christi_ge.html [Aufruf: 6.5.2021].

[33] A.a.O., Punkt 14.

[34] POLAK, Migration (s. Anm. 31), 98.

[35] REGINA POLAK, Befreiung. Die Pastoraltheologie braucht eine »Grosse Erzählung«, in: SaThZ 20 (2016), 57-78, 76.

tion aber nun mit weiteren Themen der theologischen Prolegomena zusammen, etwa mit der Frage nach dem Subjekt der Theologie, nach theologischer Erkenntnis und Theologie als Wissenschaft, aber auch nach dem Schriftverständnis und dem Schriftgebrauch, sowie nach der Funktion von Theologie?

3. Das unfertige »Subjekt der Theologie« Angesprochen und affiziert von Gott im Schrei des Anderen

»Das eigentliche Subjekt der Theologie ist der Mensch, der der Sünde schuldig und verworfen ist, und Gott, der den sündigen Menschen rechtfertig und errettet. Alles, was außerhalb dieses Subjekts in der Theologie untersucht und disputiert wird, ist Irrtum und Gift.«[36]

Die Frage, wer das Subjekt der Theologie ist, wird in den klassischen Prolegomena der Theologie kontrovers diskutiert. Ist der Mensch oder ist Gott Subjekt der Theologie? Kann der Mensch überhaupt Subjekt der Theologie sein, da er als Sünder doch nur in eingeschränktem Maß zur Erkenntnis Gottes fähig ist, da er, wie Luther formuliert, »schuldig und verworfen« ist? Andererseits ist er »gerechtfertigt und gerettet«, und dies nicht nur zum eigenen Seelenheil, sondern zur Mitgestaltung der Welt, zur Mitverantwortung für das Leben und nicht zuletzt auch zur theologischen Sinndeutung. Karl Barth hat die Frage nach dem Subjekt der Theologie in eine Art Prioritätenliste eingeordnet. Er betont »die Priorität der göttlichen Anrede, die schlechthinnige Analogielosigkeit des göttlichen Wortes und die in Christus allein geschehende Offenbarung«[37] und kommt von hier aus zu der bekannten Feststellung des folgenden Dilemmas:

»Wir sollen als Theologen von Gott reden. Wir sind aber Menschen und können als solche nicht von Gott reden. Wir sollen beides, unser Sollen und unser Nichtkönnen wissen und eben damit Gott die Ehre geben.«[38]

Barth widerspricht dialektisch einerseits dem dichotomen Subjekt-Objekt-Denken der altprotestantischen Orthodoxie, das die Gefahr einer Verdinglichung Gottes als »Gegenstand« der Theologie in sich birgt. Andererseits erteilt er auch einer subjektivistisch anthropologisch begründeten Theologie eine Ab-

---

[36] MARTIN LUTHER, WA 40 II, 328, 17-20.
[37] HEINZ-HORST SCHREY, Art.: Theologie II. Ev. Theologie, in: RGG 6, ³1962, 769-775, 773.
[38] KARL BARTH, Das Wort Gottes und die Theologie, München 1925, 158.

sage und hält ihr die Externalität und Unverfügbarkeit von Glaube und Gnade entgegen, die kein Besitz sind, sondern »als deren Empfänger man sich gerade nur dankbar bestätigen kann« »im Licht der radikalen und fundamentalen Verwunderung«.[39] Der Mensch ist immer nur in Beziehung – in Relationalität und Resonanz mit Gottes Handeln – Subjekt der Theologie. Er ist, um es in den Worten von Judith Butler auszudrücken, »undone«:

> »Let's face it. We're undone by each other [...] One does not always stay intact. It may be that one wants to, or does, but it may also be that despite one's best efforts, one is undone, in the face of the other, by the touch, by the scent, by the feel, by the prospect of the touch, by the memory of the feel.«[40]

Das »undone«-Sein, also das Unfertig-Sein vor Mensch und Gott, widerspricht der Vorstellung eines autonomen Selbst. Auf die Frage nach dem Subjekt der Theologie weitergedacht, impliziert das »undone«-Sein die Abhängigkeit und Vulnerabilität des Subjekts der Theologie – nicht nur im Kontext von Migration und Postmigration, aber hier in manchmal radikaler Weise. Es verweist aber auch – eher theologisch formuliert – auf das »Angesprochensein« des Menschen bzw. darauf, sich durch »die Berührung, den Geruch, das Fühlen« affizieren zu lassen – so die an Butler orientierte Ausdrucksweise. Davon ausgehend gehört es zu den Grundvoraussetzungen des Subjekts der Theologie, dass er oder sie dieses »undone«-Sein ernstnimmt und sich sowohl von Gottes Wort als auch vom »Anderen«, bzw. auf das im »Anderen« begegnende Wort Gottes, ansprechen, affizieren und transformieren lässt. In dieser Resonanz sind das »undone«-Sein, die Vulnerabilität und Angewiesenheit auf den Anderen und Gott zwar nicht aufgelöst, aber aufgehoben. In anschaulicher Weise hat Leonardo Boff diese doppelte, miteinander verflochtene Angewiesenheit des Menschen beschrieben und sie zugleich als Voraussetzung für das Subjekt der Theologie markiert:

> »Wir können nur dann sinnvoll von Gott sprechen, wenn er auftaucht aus dem Inneren der Erfahrung des Menschen, der zusammen mit den Mitmenschen und mit der Welt seinen Lebensweg geht. Gott schwebt nicht über der Welt und darf auch niemals so oder [...] außerhalb der Welt gedacht werden. Er begegnet uns vielmehr innerhalb der Erfahrung von Menschen und Welt. [...] Der Schrei des Menschen ist nur das Echo der Stimme, mit der Gott den Menschen ruft.«[41]

---

[39]   KARL BARTH, Einführung in die Evangelische Theologie, Zürich 1962, 81f.

[40]   JUDITH BUTLER, Undoing Gender, New York 2004, 19.

[41]   LEONARDO BOFF, Erfahrung von Gnade. Entwurf einer Gnadenlehre, Düsseldorf 1978, 58.70.

Im Blick auf die Frage nach dem Subjekt von Theologie im Kontext von Migration und Postmigration impliziert dies die Anforderung, in migrantischen und postmigrantischen Lebensgeschichten die Anrufung und Verheißung Gottes zu hören, das eigene »undone«-Sein zu erkennen und sich vom Mitmenschen, d.h. von Gott im Schrei des Anderen, affizieren zu lassen.

In den letzten Jahren hat sich eine Vielfalt von Akteurinnen und Akteure als Subjekte einer Theologie der Migration und Postmigration hervorgetan. Dazu zählen zum einen theologische Sachverständige in Kirchenleitungen, die theologisch sowie auf der Ebene des gemeindlichen und kirchenleitenden Handelns für die Herausforderungen im Kontext von Migration und Postmigration sensibilisieren wollen oder sich durch die Gegenwart von Migrationskirchen dazu herausgefordert sehen, das eigene ekklesiologische Selbstverständnis zu überprüfen und in Handreichungen, Empfehlungen oder Stellungnahmen theologisch begründete Modelle etwa der Gastfreundschaft oder der Wohngemeinschaft Gottes zu entwickeln. Die EKD hat beispielsweise drei Handreichungen vorgelegt, in denen sich gleichzeitig deutliche theologische Weiterentwicklungen und Selbstkorrekturen erkennen lassen: »Zur ökumenischen Zusammenarbeit mit Gemeinden fremder Sprache und Herkunft« (1996), »... denn ihr seid selbst Fremde gewesen« (2009) und »Gemeinsam evangelisch!« (2014).[42] Während in der Schrift von 1996 noch das Modell der Gastfreundschaft propagiert wurde, korrigiert »Gemeinsam evangelisch!« 18 Jahre später:

> »Eingewanderte Christen sind jedoch nicht Fremde, sondern ganz unabhängig von ihrem politischen und rechtlichen Status vielmehr ›Mitbürger und Hausgenossen‹ (Eph 2,19), Schwestern und Brüder in Jesus Christus. Darum empfinden viele von ihnen die Rede von der ökumenischen Gastfreundschaft als verletzend und ausgrenzend.«[43]

Die Handreichung von 2014 trägt damit der Einsicht Rechnung, dass das Modell der Gastfreundschaft eine Form »positiver Diskriminierung« sein kann. Es läuft Gefahr, die »Andersheit und den Unterschied des anderen für die Erfüllung eigener Bedürfnisse und der Projektion politischer Korrektheit«[44] auszu-

---

[42]   Evangelische Kirche in Deutschland (EKD), Zur ökumenischen Zusammenarbeit mit Gemeinden fremder Sprache und Herkunft, Hannover 1996; Dies., »... denn ihr seid selbst Fremde gewesen.« Vielfalt anerkennen und gestalten. Ein Beitrag der Kommission für Migration und Integration der EKD zur einwanderungspolitischen Debatte, EKD-Texte 108, Hannover 2009; Dies., Gemeinsam evangelisch! (s. Anm. 10).

[43]   EKD, Gemeinsam evangelisch! (s. Anm. 10), 19.

[44]   Kien Nghi Ha, Ethnizität, Differenz und Hybridität in der Migration. Eine postkoloniale Perspektive, in: Ethnisierung und Ökonomie 30, Heft 120, Münster 2000, 377-398.

nutzen, die Handlungsmacht, die *agency*, des »Anderen« zu unterminieren[45] und den Anderen nicht als ebenbürtiges Gegenüber zu betrachten. Denn zwischen Gastgeber und Gast bleibt ein Gefälle bestehen. Außerdem wird suggeriert, dass die Gäste eines Tages auch wieder gehen.

Eine Studientagung der EKD im Jahr 2019[46] hat das Leitbild der EKD-Handreichung von 2014 theologisch vertieft. Unter dem Motto »Neue Regeln in der Wohngemeinschaft Gottes« wurden – in ökumenischem und international-interkulturellem Austausch – Fragen der Ekklesiologie reflektiert. Im Bild der Wohngemeinschaft ist die Binarität von Gastgebern und Gästen aufgelöst. Subjekte der Theologie sind somit beide, migrierte und »etablierte« Gemeindeglieder und Theologinnen und Theologen. Für den evangelischen Theologen und Leiter einer Migrationsgemeinde, John Uzuh, geht dies – in der tatsächlichen Umsetzung – jedoch noch nicht weit genug bzw. der Anspruch wird nicht eingelöst. Auf dem Studientag richtete er kritisch-appellative Worte an das Publikum:

> »Migrationskirchen verlangen neue Narrative«, so fordert Uzuh. »Wer die Narrative beherrscht, hat die Deutungshoheit. Bis heute wird Theologie dem westlichen Standard unterworfen. Die historisch-kritische Methode hat sich als Maßstab in Deutschland etabliert. Davon abgeleitet wird auch das ekklesiologische Verständnis. Wer sich nicht nach dieser Standard-Kirche richtet, gehört nicht zum Klerus [...] Deutungshoheit ist ein Relikt der Kolonialzeit, in der hegemoniale Macht alles definiert hat und das Maß aller Dinge war. Es ist an der Zeit, dass die Kirche des Nordens akzeptiert, dass es andere Zugänge zur Bibel gibt als die historisch-kritische Methode.«[47]

Mit der Frage nach dem Subjekt der Theologie und seiner Deutungsmacht steht also zugleich die Frage nach den Wissensformen im Zentrum oder – um es im Anschluss an Uzuhs Hinweis auf das »Relikt der Kolonialzeit« zu formulieren – nach der kolonialen epistemologischen Gewalt. Ich werde darauf im nächsten Abschnitt zurückkommen. An dieser Stelle ist aber die Kritik festzuhalten, dass westliche Subjekte der Theologie offensichtlich in nicht ausreichendem Maß andere theologische Narrative zur Kenntnis nehmen oder sich gar von ihnen affizieren lassen.

---

[45] Vgl. etwa HYE RAN KIM-CRAGG, A Postcolonial Portrait of Migrants as Vulnerable and Resistant, in: Practical Matters Journal 11 (2018), 167-180.

[46] Neue Regeln in der Wohngemeinschaft Gottes. Studientagung zu einer migrationssensiblen Ekklesiologie, Evangelische Akademie Bad Boll, 1./2. April 2019, epd-Dokumentation Nr. 20, Frankfurt/M., 14. Mai 2019.

[47] JOHN UZUH, Erwartungen von Migrationskirchen an deutsche Landeskirchen, in: Neue Regeln (s. Anm. 46), 41-46, 42.

Zu den Akteuren und Subjekten der Theologie im Kontext von Migration und Postmigration gehören auch westliche akademische Theologinnen und Theologen, die unter Betonung verschiedener Aspekte – etwa der Grenze,[48] der Verletzbarkeit[49] oder der Gerechtigkeit[50] – Theologien der Migration bzw. im Kontext von Migration entwickeln. Was viele dieser theologischen Ansätze auszeichnet, ist, dass sie Herausforderungen von Migration, Flucht und Postmigration nicht auf »das Migrantische« reduzieren, sondern Migration intersektional verbinden mit Dynamiken von Rassismus, genderbezogener Gewalt oder ethnischer Marginalisierung. Selbstkritisch konstatieren sie oftmals die Notwendigkeit der Aufarbeitung des theologischen wie kirchlichen Beitrags zu Praktiken der Unterdrückung und Ausgrenzung des »Anderen«.

Hingegen wird die *agency* von Migrantinnen und Migranten in diesen akademischen Theologien der bzw. im Kontext von Migration oftmals wenig reflektiert. Daher kommt auch selten in den Blick, dass etwa das Überschreiten von Grenzen ein selbstgewählter, subjektiver Akt des Widerstands sein kann.[51] Auch andere theologische Narrative, deren Respektierung, wie gesehen, etwa von Uzuh gefordert wird, spielen kaum eine Rolle. Indem viele theologische Ansätze dazu tendieren, mehr »für« und weniger »mit« Migrantinnen und Migranten zu sprechen, tragen sie eher zur Fortsetzung der »VerAnderung« von Migrantinnen und Migranten bei statt zum Abschied von der Repräsentation des Migrantischen als dem »Anderen«. Empirische Untersuchungen wie die von Eva Baumann-Neuhaus[52] oder der oben angesprochene Ansatz von Castillo Guerra und sein Anknüpfen an die theologischen Deutungen durch Migrantinnen und Migranten selbst bilden hier ein wichtiges Korrektiv und eröffnen neue kritische Horizonte. Außerdem weisen sie auf eine Perspektive hin, die im Feld der Migrationsforschung in jüngerer Zeit an Beachtung gewonnen hat: die narrative Konstruktion von Identität, Vergangenheit, Gegenwart und Zu-

---

[48] Vgl. etwa DANIEL G. GROODY, Homeward Bound. A Theology of Migration, in: GRUBER/RETTENBACHER, Migration (s. Anm. 5), 131-150; MICHAEL NAUSNER, Homeland as Borderland. Territory of Christian Subjectivity, in: CATHERINE KELLER/MICHAEL NAUSNER/MAYRA RIVERA (Hrsg.), Postcolonial Theologies. Divinity and Empire, St. Louis 2004, 118-133.

[49] Vgl. etwa HILDEGUND KEUL, The Venture of Vulnerability. Christological Engravings on Disturbing Questions about Migration, in: GRUBER/RETTENBACHER, a.a.O., 167-190.

[50] Das Thema der Gerechtigkeit im Kontext von Migration und Religion wird u. a. besonders von Polak stark gemacht. Vgl. REGINE POLAK, Migration, Flucht und Religion. Praktisch-Theologische Beiträge 1. Grundlagen, Ostfildern 2017.

[51] Gegen die Darstellung insbesondere von geflüchteten Menschen als passive Opfer ohne eigene *agency* haben der Philosoph Deleuze und die Philosophin Parnet die Autonomie und Widerständigkeit hervorgehoben, die mit dem Aufbruch, der Veränderung des Lebenskontextes und der Mitgestaltung neuer Kontexte verbunden sind, und festgestellt: »to flee is to produce the real, to create life, to find a weapon«. GILLES DELEUZE/CLAIRE PARNET, Dialogues II, London 2002, 102.

[52] Vgl. BAUMANN-NEUHAUS, Glaube (s. Anm. 2).

kunft, die durch ein in vielfacher Hinsicht verflochtenes, transkulturelles, subjektives und übersubjektives Wissen informiert ist.[53] In autobiografischen oder gemeinschaftlichen Narrationen von Vergangenheit und Gegenwart wird Wirklichkeit und Wahrheit konstruiert – in den Worten des katholischen Theologen Robert Schreiter:

> »Die bezeugte Wahrheit wird wahrscheinlich eher narrativer als propositioneller Form sein. Sie wird sich mehr in den Zwischenräumen zeigen, in den Momenten der Schwäche und des Leidens innerhalb einer Kultur mehr als in den Momenten ihrer Stärke«.[54]

Schreiters Bemerkung schlägt den Bogen zurück zum Anfang des Abschnitts und lässt sich wie folgt weiterdenken: Das Subjekt der Theologie ist der unfertige, von Gott im Schrei und den Lebensgeschichten der Mitmenschen angesprochene und affizierte Mensch. In diesem Verständnis zeichnet sich das Subjekt weniger durch Orthodoxie aus als durch Orthopraxie und Orthopathie. Schlichter formuliert geht es oftmals einfach darum, die von Uzuh angesprochenen »neuen Narrative« empathisch und transformierend wahrzunehmen und in diesem Prozess des Zuhörens die eigene Deutungsmacht zu hinterfragen.

Schreiters Bemerkung schlägt zugleich die Brücke zu Fragen der Erkenntnis, der Möglichkeit und den Grenzen theologischen Wissens, der Epistemologie, der Deutungsmacht und schließlich zu der Frage nach Theologie als Wissenschaft.

---

[53] Vgl. etwa JÜRGEN STRAUB, Zur narrativen Konstruktion der Vergangenheit. Erzähltheoretische Überlegungen und eine exemplarische Analyse eines Gruppengesprächs über die »NS-Zeit«, in: BIOS 9 (1996), 30-58; DERS./MAIK ARNOLD, Missionarisches Handeln. Das religiöse Selbst in interkultureller Praxis. Handlungs- und kulturpsychologische Analysen autobiographischer Erzählungen von Protestanten, in: INGRID PLATH u.a. (Hrsg.), Kultur - Handlung - Demokratie. Dreiklang des Humanen, Wiesbaden 2008, 135-194.
[54] SCHREITER, Verbreitung (s. Anm. 8), 30.

4. Theologische Epistemologie und Theologie als Wissenschaft
»Die Karten um Wahrheit werden neu gemischt«[55]

Theologische Epistemologie steht heute wie Wissenschaft überhaupt grundsätzlichen Anfragen gegenüber. Auf diese Infragestellung sämtlicher wissenschaftlicher Erkenntnisbemühungen wies etwa der Rostocker Philosoph Heiner Haestedt auf der Fachgruppentagung »Erkenntnis – Interesse. Epistemologie und Episteme in Religionswissenschaft und Interkultureller Theologie«[56] mit den Worten hin:

> »Die Karten der Debatte um ›Wahrheit‹ und ›Wirklichkeit‹ werden gegenwärtig neu gemischt: Lebensweltliche und digitale Verschwörungstheorien im Verein mit der Debatte um *fake news* setzen die dem Begriff der Wirklichkeit skeptisch gegenüberstehenden, oft konstruktivistisch genannten Ansätze dem Verdacht aus, die Beliebigkeit der Weltannäherung zu unterstützen und Argumente gegen Formen des Populismus zu verunmöglichen«[57].

Im Kontext von *fake news* und postmoderner Beliebigkeit hält Haestedt nichtsdestotrotz an der Suche nach einer Orientierung gebenden »Wahrheit« fest, sofern das wissenschaftliche Bemühen »nicht Kampf um Macht als Selbstzweck« meint.[58] Diese Bedingung erscheint nun gerade mit Blick auf Theologien im Kontext von Migration und Postmigration wie im Blick auf Theologien im globalen Kontext äußerst relevant. Denn diese hinterfragen – wie Uzuhs Bemerkung deutlich macht und wie die Kritik postkolonialer Theorie seit Jahrzehnten bewusst zu machen versucht – die anhaltende epistemologische Gewalt kolonialer Narrative, die kolonialen Epistemizide.[59] Weiterhin werden Theologien und theologische Epistemologien des globalen Südens marginalisiert, wohingegen westliche Theologien universale Gültigkeit beanspruchen, so konstatiert etwa der postkoloniale Theologe Sugirtharajah.[60] Die Wahrnehmung und

---

[55] In Anknüpfung an die Formulierung HEINER HAESTEDT, Zur Deutungsmacht von »Wahrheit« und »Wirklichkeit« als philosophischen Grundbegriffen (deren Wahrheit und Angemessenheit selbst zur Debatte steht), in: KLAUS HOCK (Hrsg.), Wissen um Religion: Erkenntnis - Interesse. Epistemologie und Episteme in Religionswissenschaft und Interkultureller Theologie, Leipzig 2020, 133-149, 133.
[56] Ebd.
[57] HAESTEDT, Deutungsmacht (s. Anm. 55), 133.
[58] A.a.O., 148.
[59] Vgl. BOAVENTURA DE SOUSA SANTOS, Epistemologies of the South. Justice Against Epistemicide, Boulder 2014.
[60] Vgl. T.S. SUGIRTHARAJAH, Voices from the Margins. Interpreting the Bible in the Third World, London 1995; DERS., Still at the Margins. Biblical Scholarship Fifteen Years After the Voices from the Margin, London 2008.

theologische Reflexion anderer Epistemologien scheint im Kontext von Globalisierung, Migration und Postmigration aber dringlich, weil Wissen, wie Philipp Balsiger auf der erwähnten Fachgruppentagung konstatiert, die für sich jeweils »richtige« Sicht auf die Welt und die »erforderliche Weltanschauung« prägt und somit in postmigrantischen Situationen mit unterschiedlichen Epistemologien auch unterschiedliche Weisen, die Welt zu verstehen, aufeinandertreffen:

> »Durch Wissen wirklichkeitsrelevanter Dinge und Zusammenhänge, in denen sie zu- und miteinander stehen, konstruiert der Mensch die seinen Lebensbedürfnissen und Lebensfähigkeiten richtige Sicht auf die Welt, die ihm angemessene und erforderliche Weltanschauung. Durch Zusammenfassen solchen Wissens von Zusammenhängen in der in ihrer Mannigfaltigkeit der Erscheinungen herausfordernden Welt kann diese Welt als seinsartig gestaltetes Gefüge gefasst werden, so dass dem Menschen darin Orientierung möglich wird.«[61]

Epistemologien verweisen also auf (unterschiedliche) Wahrnehmungsschemata, durch die Menschen »in den Wechselbeziehungen zwischen Individuum (oder Psyche) und Kontext« Wirklichkeit definieren und ordnen und die Erfahrung erst ermöglichen.[62] Sie liegen in sprachlichen Kodierungen und in Erzählungen und Geschichten vor, »in die wir hineingeboren sind, mit denen wir leben und in die wir in einem [...] existentiellen Sinne verstrickt sind«, so der Psychologe Jens Brockmeier, der der oben genannten Richtung autobiografischer Erzählung und narrativer Identität und (Migrations-)Geschichtsschreibung zuzurechnen ist.[63] Dieses Verständnis von Wahrheit, Wirklichkeit, Wissen und Wissenschaft mindert das Postulat der kritischen Funktion von Wissenschaft in keinerlei Weise, sondern unterstreicht es im Gegenteil sogar. Denn das wissenschaftliche Bemühen darum, das etwa in Narrationen konstruierte Wissen kritisch zu beleuchten, trägt dazu bei, Genealogien von Wissen aufzudecken und dabei auch (selbst)kritisch jenes Wissen zu identifizieren, das in der Tat mehr »Kampf um Macht als Selbstzweck« als kritisches Wissen ist.

Zwei Beispiele sollen mögliche Horizonte alternativer Epistemologien und die damit verbundene Herausforderung illustrieren, hegemoniales theologisches Wissen zu hinterfragen.

---

[61] PHILIPP W. BALSIGER, Formen der Wissensproduktion. Skizze eines historisch-systematischen Abrisses, in: HOCK, Wissen (s. Anm. 55), 29-45, 30.

[62] JENS BROCKMEIER, Erzählung und kulturelles Verstehen, in: Journal für Psychologie 14 (2006), 12-34, 16.

[63] A.a.O., 24.

4.1 Wissen in Zwischenräumen. Aufforderung zu epistemologischer Dezentrierung und Grenzdenken

Postmigrantische Situationen zeichnen sich – in Homi Bhabhas Worten – durch die Bildung von »third spaces«[64] und damit durch Räume der Hybridisierung und der kulturellen Differenz[65] aus, an denen kontinuierlich machtvolle Prozesse der kulturellen Übersetzung zwischen Herkunfts- und Ankommenskultur stattfinden, wobei Neues entsteht. Abseits der Zentren,[66] d.h. an den Grenzen von Kulturen, dort, wo der oder das »Andere« greifbar wird, werden neue Strukturen, Identitäten und Bedeutungen produziert. Die liminalen Zwischenräume – die »interstices« und »in-between-spaces« – machen Kultur aus. Dazwischensein weist also nicht, so auch Gilles Deleuze und Félix Guattari, auf eine Hin-und-Her-Bewegung zwischen zwei festen Orten oder Positionen hin, sondern macht aufmerksam auf eine Dynamik, die beide Positionen destabilisiert und ganz neue Dimensionen schafft:

> »*Zwischen* den Dingen bezeichnet keine lokalisierbare Beziehung, die vom einen zum anderen geht und umgekehrt, sondern eine Pendelbewegung, eine transversale Bewegung, die in die eine *und* die andere Richtung geht, ein Strom ohne Anfang oder Ende, der seine beiden Ufer unterspült und in der Mitte immer schneller fließt.«[67]

Third spaces und Zwischenräume sind daher auch Orte des epistemologischen und praktischen Widerstands, weil kulturelle Bedeutungen hier nicht einfach wiederholt werden. Vielmehr changieren sie, sie sind »almost the same, but not quite«.[68] Stuart Hall entwickelt aus Bhabhas und Derridas Überlegungen zur »différance« eine Kritik an einem identitären Partikularismus: »Différance hindert [...] jedes System daran, sich als vollständig abgetrennte Totalität zu stabilisieren.«[69] Kulturelle Gemeinschaften und Gruppen – also auch Migrationsgemeinden oder deutsche Gemeinden – sind somit kein reines »Abbild (Simulacrum)«[70] eines Urbildes, keine Kopie, sondern in kontinuierlicher Veränderung.

---

[64] Homi Bhabha, Culture's in between, in: David Benett (Hrsg.), Multicultural States. Rethinking Difference and Identity, London 1998, 29-36. Für einen Einblick in Terminologie und Denken Bhabhas z.B. Jochen Bonz/Karen Struve, Homi K. Bhabha. Auf der Innenseite kultureller Differenz: »in the middle of differences«, in: Sascha Moebius/Dirk Quadflieg (Hrsg.), Kultur. Theorien der Gegenwart, Wiesbaden 2011.

[65] Vgl. Homi Bhabha, Die Verortung der Kultur, Tübingen 2000.

[66] Vgl. a.a.O., 241.

[67] Gilles Deleuze/Félix Guattari, Tausend Plateaus, Berlin 1992, 42.

[68] Homi Bhabha, The Location of Culture, London-New York 1994, 86.

[69] Stuart Hall, Die Frage des Multikulturalismus, in: Ders., Ausgewählte Schriften 4, hrsg. v. Juha Koivisto/Andreas Merkens, Hamburg 2004, 188-227, 196.

[70] Hall, Multikulturalismus (s. Anm. 69), 196.

Die epistemologische Herausforderung der Behauptung, dass kulturelle Zwischenräume, liminale Übergänge und Grenzen, zugleich Orte der Epistemologie sind, besteht darin, Grenzdenken einzuüben. Entsprechend formulierten Walter Mignolo und Madina Tolstanova im Anschluss an Gloria Anzaldúas »Borderland«[71]:

> »Grenzdenken hebt verschiedene theoretische Akteure und Wissensprinzipien hervor, die die Europäische Moderne auf den ihr gebührenden Platz zurückverweisen und diejenigen ermächtigen, die epistemisch entmächtigt wurden durch die Theo- und Egopolitiken des Wissens.«[72]

Grenzdenken hinterfragt also westliche (theologische) Epistemologie und damit »all jene konkreten Formen der Wissensproduktion, die durch systematische Negation anderer (außereuropäischer) Wissensgefüge charakterisiert werden«[73]. Neben diesem epistemologischen Widerstand ist für theologische Epistemologie und Theologie als Wissenschaft im Kontext von (Post-)Migration auch die Bestreitung der Existenz einer universal gültigen Wahrheit bedeutsam – in den Worten des Theologen Jörg Rieger:

> »Border thinking does not claim firm foundations [or] universal access to truth, or the cool objectivity of the social and natural sciences, but grows out of the perspective of those who experience the pressures of colonialism and imperialism in their own bodies [...] Border thinking – and its truth – emerge, ultimately, from the wounds of the colonial histories, memories, and experiences.«[74]

Wieder erscheinen Narrationen, Lebensgeschichten, Erfahrungen und das Gedächtnis als entscheidende Quellen von Wissen und Wahrheit. Durch sie werden hegemoniales Wissen und hegemoniale Geschichtsschreibung dezentriert. Gleichzeitig fordern sie von Zentren des Wissens den geradezu apophatischen Verzicht[75] auf eine *master narrative* und auf epistemologische Sicherheit sowie

---

[71] Walter D. Mignolo/Madina V. Tlostanova, Theorizing from the Borders. Shifting to Geo- and Body-Politics of Knowledge, in: European Journal of Social Theory 9 (2), 2006, 205-221, 206f.; Gloria Anzaldúa, Borderlands/La Frontera. The New Mestiza, San Francisco 1987.

[72] Mignolo/Tlostanova, Theorizing (s. Anm. 71), 206f [Übers. CJ].

[73] Tom Waibel, Praktiken des Ungehorsams, in: Zeitschrift für Kulturwissenschaft 1 (2014), 101-107, 102.

[74] Joerg Rieger, Liberating God-Talk. Postcolonialism and the Challenge of the Margins, in: Keller/Nausner/Rivera, Postcolonial (s. Anm. 48), 204-220, 215.

[75] Apophatisches wird hier verstanden als Wissen, das eher aus dem Nicht-Wissen über Gott heraus - *via negativa* - formuliert ist bzw. um das eigene Nicht-Wissen weiß. Vgl. Chris Boesel/Catherine Keller (Hrsg.), Apophatic Bodies. Negative Theology, Incarnation, and Relationality, Fordham 2010 sowie Brandy Daniels, A Poststructuralist Liberation Theology? Queer Theory and Apophaticism, in: USQR 64 (2019), 108-117.

die Bereitschaft, sich auf ein »Denken ohne Geländer«,[76] ohne feste Identitätsbestimmung und auf die Verletzlichkeit des Nicht-Wissens einzulassen. Mignolo bezeichnet diesen Prozess der Aufgabe (westlicher) Wissenskontrolle und
westlicher Stereotype als Prozess des Verlernens: »Lernen zu verlernen, um
wieder zu erlernen«.[77] Dadurch lernen wir, so der indische Kulturwissenschaft-
ler Dipesh Chakrabarty, eine neue, eine fragmentarische Wahrheit:

> »the subaltern can teach us to give up control – which amounts to nothing less than a
> new way of knowing the truth: ›To go to the subaltern in order to learn to be radically
> ‚fragmentary' and ‚episodic' is to move away from the monomania of the imagination
> that operates within the gesture that the knowing, judging, willing subject always al-
> ready knows what is good for everybody, ahead of any investigation‹.«[78]

Auch im Kontext der weltweiten Ökumene richtet sich die Aufmerksamkeit
seit einiger Zeit auf Grenzwissen und auf Zwischenräume als Orte des Wissens. Entsprechend fordert beispielsweise die Mission-from-the-Margins-Grup-
pe des Ökumenischen Rats der Kirche, dass durch die Neu-Fokussierung der
Ränder und Grenzen keinesfalls wieder ein neues, objektivierend-distanzie-
rendes und hegemoniales Wissen entstehen soll:

> »Wir bestehen darauf, dass der Ort der Begegnung zwischen Menschen das Zent-
> rum von Mission ist; er ist Gottes Raum. Er ist der Ort des Herzens – das Zentrum
> unseres Lebens, der Ort, an dem verwandelnde Nachfolge geschieht. Wir wollen
> nicht dafür plädieren, dies oder jenes zu tun, sondern dafür, dass wir einander zu-
> hören und hören, dass Gottes Stimme zu uns allen spricht. Wir werden daran erin-
> nert, dass die Mächte Jesus kontinuierlich an den Rand geschoben haben, während
> er sie kontinuierlich eingeladen hat. Die Ränder sind das Herz der Dinge, der Ort,
> an dem Herzensangelegenheiten Bedeutung haben. An den Rändern findet
> manchmal eine heilige Unterbrechung statt. Propheten haben in der Wildnis Visi-
> onen erfahren. [...] Die Ränder sind Räume voller Gnade und Orte, die verwan-
> deln.«[79]

---

[76]   HANNAH ARENDT, Denken ohne Geländer. Texte und Briefe, München ⁶2006.
[77]   WALTER MIGNOLO, Epistemischer Ungehorsam. Rhetorik der Moderne, Logik der
Kolonialität und Grammatik der Dekolonialität, Wien 2012, 169.
[78]   DIPESH CHAKRABARTY, Radical Histories and Question of Enlightenment Rational-
ism, in: VINAYAK CHATURVEDI (Hrsg.), Mapping Subaltern Studies and the Postcolonial,
London 2000, 256-280, 275.
[79]   Mission from the Margins Working Group, Moving in the Spirit - Called to Transforming Discipleship. Theological Reflections from the Margins, in: JOSEPH KEUM
(Hrsg.), Resource Book. Conference on World Mission and Evangelism. Moving in the
Spirit. Called to Transforming Discipleship, 8-13 March 2018, Arusha/TZ-Genf 2018,
50-61, 50f [Übers. CJ].

Das Aufsuchen von Wissen in den Zwischenräumen, an den instabilen Rändern und in migrantischen Lebensgeschichten nimmt also auch im Kontext des interkulturellen ökumenischen Dialogs, der noch immer von hegemonialen westlichen Narrativen dominiert wird, eine Schlüsselrolle ein.

4.2 Schrift, Wort und Körper. Medien des Wissens und Gegenstände konkurrierender Deutungsmächte

In den klassischen evangelischen Prolegomena werden die Autorität der Schrift, der Kanon, das Schriftprinzip und die Hermeneutik verhandelt. Im Kontext von Migration und Postmigration treffen sehr unterschiedliche Positionen zu diesen Themen aufeinander, und ein interkultureller Vergleich der verschiedenen Hermeneutiken ist ein dringendes Forschungsdesiderat, wie in diesem Band u.a. der Beitrag von Égide Muziazia zeigt. Spannend und lehrreich wäre etwa zu untersuchen, welche Bibelstellen im Kontext von (Post-)Migration als zentral erachtet und aktiviert werden. Es ist zu vermuten, dass anders als die beschriebenen kirchlichen Stellungnahmen in vielen Migrationsgemeinden biblische Migrationsgeschichten von Abraham bis Jesus nicht notwendigerweise eine zentrale Rolle einnehmen, sondern vielleicht eher Heilungs- und apokalyptische Geschichten. Außerdem wäre es angesichts der Bedeutsamkeit von Erzählungen und narrativer Wahrheit wesentlich, nach den Unterschieden von Wissen in mündlicher oder schriftlicher Form zu fragen – denn »Schreiben konstruiert das Denken neu«.[80]

Vor allem aber fordert (Post-)Migration auch dazu auf, die körperlich-leiblichen Dimensionen von Wissen zu analysieren und theologisch zu reflektieren. Der Religionswissenschaftler und Soziologe Manuel Vásquez weist in seiner »materialistische Religionstheorie« bezeichneten Veröffentlichung »More than Belief«[81] darauf hin, dass die intensivierten Migrationsbewegungen der jüngeren Zeit dringend stärkerer Beachtung der materiell-körperlichen Seite religiösen Wissens bedürfen. Denn zum einen sei Migration selbst ein durch und durch materielles und körperliches Ereignis und die Situation der Postmigration stelle kontinuierlich vor die Aufgabe, Körperkonzepte neu auszuhandeln.[82] Zum anderen unterschieden sich die religiösen Praktiken von migrierten Menschen im Blick auf Körperlichkeit und Materialität oftmals deutlich von den religiösen Praktiken in der Ankommenskultur. Religionsforschung sei

---

[80]   WALTER J. ONG, Oralität und Literalität. Die Technologien des Wortes, Opladen 1987, 81.

[81]   MANUEL VÁSQUEZ, More than Belief. A Material Theory of Religion, Oxford 2011, 2.

[82]   Vgl. JACQUELINE GRIGO, »Ich habe da ein wenig meine Grenzen erweitert«. Religiöse Kleidungspraxis zwischen Regulierung, Konformität und Autonomie, in: MONIKA GLAVAC u. a. (Hrsg.), Second Skin. Körper, Kleidung, Religion, Göttingen 2008, 280-295.

daher dazu herausgefordert, neu über »embodied, and often pre-reflective, ways of sensing, knowing, moving, and doing« nachzudenken.[83]

Auch hierin lässt sich eine deutliche Kritik an der Dominanz westlicher Epistemologien beobachten, die Vásquez u. a. als textlastig und logozentrisch[84] bezeichnet. Außerdem fördere die »Privilegierung des geschriebenen Textes und geschriebener Glaubensaussagen durch dominante, hegemoniale Kulturen« die »Marginalisierung anderer Wissensformen und anderer Quellen des Wissens«, so die Religionswissenschaftlerin Vasudha Narayanan.[85]

Auch Theologien sind im Kontext von (Post-)Migration aufgefordert, körperbezogene Praktiken und damit theologisches Körperwissen in den Kanon der theologischen Erkenntnisquellen aufzunehmen und alternative Formen und Perspektiven theologischer Forschung einzuschlagen. Wie sonst lässt sich das theologische Wissen in religiösen körperlichen Praktiken einfangen:

> »How can the heavily textual approaches [...] explore the full force of glossolalia, exorcism, and divine healing among Latino(a) Pentecostals and Charismatic Catholics? [...] Or the incorporation of the ancestor spirits among practitioners of African-based religions such as Santería or Candomblé [...] Is it fruitful to understand the intense devotion involved in the cult of the saints or Mary among Catholics, with its elaborate home altars replete with icons brought from the homeland, and its pilgrimages to sacred sites, as nothing more than the enactment of a cultural text?«[86]

Die Karten im Kampf um Wahrheit werden in der Tat neu gemischt, und dieser Kampf lässt auch den Bereich der Repräsentationen des Körpers und der Deutungsmacht über ihn nicht aus. Im Gegenteil: Die Debatten, die die Covid-19-Pandemie ausgelöst hat, zeigen konkurrierende Deutungen und Geltungsansprüche (z.B. zwischen medizinischer, psychologischer oder pädagogischer Perspektive) sowie mitunter eine grundsätzliche Ablehnung akademischer Deutungshoheit. Die Pandemie bildet aber nur *einen* Höhepunkt im Streit um den Körper, der im Zentrum vieler weiterer Debatten steht: über Transgender, body-enhancement oder body-positivity, Grenzen des Extremsports, technische Optimierung körperlicher Leistungsfähigkeit, Quantifizierung des Selbst, entmaterialisierende Visionen von Transhumanismus, Robotik und KI, Sterbehilfe

---

[83] VÁSQUEZ, Belief (s. Anm. 81), 7.

[84] Vgl. DEVAKA PREMAWARDHANA, Faith in Flux. Pentecostalism and Mobility in Rural Mozambique, Philadelphia 2018, 14: »Logocentric concerns with meaning and logic - often centered on what people say, what the claim to believe, and what ›language ideology‹ they ascribe to - have driven much of the anthropology of Christianity. Yet [...] there are obvious limits to discourse and representation.«

[85] VASUDHA NARAYANAN, Embodied Cosmologies. Sights of Piety, Sights of Power, in: JAAR 71 (2003), 495-520, 516.

[86] VÁSQUEZ, Belief (s. Anm. 81), 2.

und Klonen von Embryonen, Kontroversen über religiöse Rituale (z. B. »Kopf-tuch« und »Beschneidung«), die Frage nach dem Umgang mit »dem Anderen« im Kontext von Migration und Rassismus sowie nach der Vorstellung vom Menschen, Menschenwürde, Selbstbestimmung und Solidarität. Prolegomena im Kontext von Migration und Postmigration betreten auf der Suche nach Wahrheit und Wirklichkeit ein Terrain, das in vielfacher – und eben auch kör-perbezogener – Hinsicht von »Kampf um Macht als Selbstzweck« gezeichnet ist und das umso mehr der kritischen wissenschaftlichen Forschung bedarf. Dy-namiken, Prozesse und Erfahrungen im Kontext von Migration und Postmigra-tion regen dazu an, performative und verleiblichte – *embodied* – Formen von theologischem Wissen aufzuspüren, eine theologische Aisthetik[87] als Wissen-schaft der Wahrnehmung interkulturell weiterzuentwickeln und interkulturel-le Spannungen hinsichtlich körperlicher Performanzen und leiblicher Relatio-nalität genealogisch zu untersuchen.

5. Ausblick. Mit Überraschungen rechnen

Ein zentrales weiteres Thema innerhalb der Prolegomena der Theologie ist die Frage nach der Funktion von Theologie – und zwar im Raum der Kirche, in-nerhalb der Gesellschaft und im Feld der Wissenschaft.[88] Die Positionen hierzu waren und sind divers, doch kaum jemand wird heute behaupten, die Funktion von Theologie sei auf die Verkündigung beschränkt oder Theologie habe aus-schließlich die apologetische Aufgabe, die Ausschließlichkeit der christlichen Wahrheit im Konzert der Disziplinen und Religionen zu verkünden. Ebenso wenig wird wohl jemand dafür plädieren, Theologie als Funktion *der* Gesell-schaft zu betrachten – und sie damit an den Kriterien und Interessen von Poli-tik und Gesellschaft ausrichten. Gegen diese ausschließlichen Funktionsbe-schreibungen ist einzuwenden, dass etwa Verkündigung soziale Konsequenzen hat oder dass die gesellschaftskritische Funktion von Theologie eben aus dem »Offenbarungswort«[89] heraus erwachsen kann und muss.

Es ist wohl hinreichend deutlich geworden, dass der vorliegende Beitrag Theologie im Kontext von Migration und Postmigration eine kritische Funktion zuweist – und zwar sowohl im Blick auf die Verkündigung und im Raum der Kirche als auch im Gegenüber und Miteinander mit anderen gesellschaftlichen Teilbereichen sowie schließlich im Feld der Wissenschaft und in der Generie-rung von kritischem Wissen. Eine Theologie im Kontext von (Post-)Migration

---

[87]   Vgl. etwa KLAAS HUIZING, Scham und Ehre. Eine theologische Ethik, Gütersloh 2016; ANNE KOCH (Hrsg.), Religionswissenschaft. Religionsästhetik, in: VuF 64 (2019).
[88]   Vgl. JOEST, Fundamentaltheologie (s. Anm. 18), 136-148.
[89]   A.a.O., 143.

erfüllt ebenso wenig einen Selbstzweck wie biblische Texte zur Migration, die wichtige Referenztexte dieser Theologie sind. Biblische Texte erzählen nicht unschuldige Wandergeschichten und stellen Migration nicht als romantische Wandervogelbewegung dar. Sie verweisen vielmehr meist auf Unrechtssituationen und fordern Gerechtigkeit ein. In Orientierung hieran besteht auch die Funktion einer Theologie im Kontext von (Post-)Migration nicht darin, erbauliche und unschuldige Geschichten über ein friedliches Miteinander zu predigen, die soziale und theologische Kontroversen und machtvolle Ausschließungsprozesse nur kaschieren würden. Auch einer Theologie im Kontext von (Post-)Migration geht es vielmehr um Gerechtigkeit und Schalom im umfassenden biblischen Sinn, der politische und soziale Dimensionen einschließt.

Diese Funktion von Theologie bedarf weiterer Konkretisierungen, die hier lediglich in drei Punkten unternommen werden sollen. Zum einen hat Theologie – im Feld der Wissenschaft – die Funktion, Theologien Europas sowie den akademischen und gesamtgesellschaftlichen Wissensdiskurs zu »(ent)provinzialisieren«, d.h. aufzudecken, dass westliche Epistemologie nur eine Epistemologie unter vielen ist.[90] Der Kontext von (Post-)Migration ist daher eine immense Lernchance und Migration und Postmigration sind ein Lernort nicht nur für die Theologie, sondern auch für viele weitere Disziplinen und Wissenschaftsfelder. Im Raum von Kirche und Gesellschaft hat Theologie im Kontext von (Post-)Migration zum anderen eine erinnernde ökumenische Funktion: Es geht darum, ent-innerten Geschichten, Lebensgeschichten, Gegenerzählungen und alternativen Narrativen im interkulturellen (ökumenischen) Diskurs eine Stimme zu geben.

Mit Blick auf die Verkündigung schließlich hat Theologie im Kontext von Migration und Postmigration die Funktion, das Zeugnis von Migrantinnen und Migranten selbst zu Gehör zu bringen. Castillo Guerra macht darauf aufmerksam, dass der Perspektivwechsel von einer Theologie über Migration zur theologischen Selbstdeutung durch Migrantinnen und Migranten selbst oftmals mit einer Veränderung und sogar Umkehr in der Verkündigung einhergeht.[91] Während erstere die *memoria passionis mortis* ins Zentrum stellt und sie mit dem ethischen Imperativ in Verbindung stellt, zu helfen und sich für die Rechte und den Schutz von Migrantinnen und Migranten einzusetzen, findet sich im Zeugnis Migrierter oftmals eine *memoria resurrectionis Jesu Christi* und mit ihr die Bereitschaft und die *agency*, Lebensgeschichten und gedeutete Erfahrungen der Bewahrung, der göttlichen Begleitung, der Ermächtigung und der Hoffnung mit anderen zu teilen.

---

[90] Die Terminologie der Entprovinzialisierung Europas - genauer: der Bewusstwerdung, dass auch Europa nur eine Provinz ist - stammt von dem postkolonialen indischen Geschichtswissenschaftler DIPESH CHAKRABARTY, Europa als Provinz. Perspektiven postkolonialer Geschichtsschreibung, Frankfurt/M. 2010.

[91] Vgl. CASTILLO GUERRA, Faith (s. Anm. 5), 117.

Eine sicher nicht zu verallgemeinernde, aber gleichwohl überraschende und beeindruckende Einsicht, die Castillo Guerra in seinen Feldforschungen gewinnt, ist dabei besonders bemerkenswert: Während sich in kirchlichen oder akademischen Äußerungen zu Migration oftmals ethische Appelle und bisweilen auch Hoffnungslosigkeit spiegle, seien die Theologien von Migrantinnen und Migranten geprägt von Hoffnung, Vertrauen und Zuversicht. Der Ausblick auf gerechtere Lebensbedingungen dominiere, wohingegen das Selbstverständnis, Opfer zu sein, kaum präsent sei.

Daniel Frei

MIGRATION IM LICHT DES LEBENS UND DER THEOLOGIE DIETRICH BONHOEFFERS

Ich widme diesen Artikel dem unbekannten, etwa sechzigjährigen Mann aus Syrien, der sauber angezogen in den Straßen von Rom lebt und den ich eines Nachmittags im Zentrum »il soccorno« (der Schutz) kennen lernte. Er kam jeden Donnerstagnachmittag dorthin, um Karten zu spielen und zu reden. Als alle anderen Obdachlosen gegangen waren, half er mit, den Boden zu wischen, verabschiedete sich freundlich und verschwand danach hinkend mit seinem roten Rucksack auf dem Rücken in der Menge der Touristen, welche die Ewige Stadt besuchten.

Zu Dietrich Bonhoeffers Lebzeiten befanden sich Deutschland und ganz Europa in vergleichbaren Umständen wie die Länder, aus denen heute viele Geflüchtete und Migranten versuchen, nach Europa zu gelangen. Wirtschaftskrisen, ungerechte Verteilung des Wohlstands, soziale und politische Spannungen oder gar Kriege zwangen damals und zwingen heute viele Menschen, ihre Heimatländer unter großen persönlichen Risiken und Verlusten zu verlassen, einer ungewissen Zukunft entgegen. So wie viele Migranten unserer Zeiten erfuhr Bonhoeffer gegen Ende seines Lebens selbst den sozialen Ausschluss, Verfolgung, Gefängnis und den gewaltsamen Tod.

Bonhoeffer stammte aus privilegierten Verhältnissen.[1] Er war gebildet, weltoffen und ein begeisterter Reisender. In jungen Jahren besuchte er mit seinem Bruder Italien, später unternahm er Reisen nach Nord- und Südamerika wie auch in die Karibik. Er plante eine Reise nach Indien, um Mahatma Gandhi zu besuchen, die er allerdings nie realisieren konnte. Er studierte in

---

[1] Als Beispiel dafür sei der Brief angeführt, den er aus Barcelona an seine Eltern am 6.3.1928 schreibt. Darin heißt es: »Der einzige Gegenstand, den ich zu Haus vergessen habe, sind Frackhemdknöpfe gewesen. Doch braucht man hier nach allgemeiner Ansicht viel Schuhe [...]. Außerdem muss man in dem Tennisclub, in dem ich bin, völlig weiß spielen, sodass ich mir 6 Paar weiße Socken gekauft habe. Meine grauen Hosen, kann ich nur als Sommeranzug verwenden.« An die Eltern (6.3.1928), in: DIETRICH BONHOEFFER, Barcelona, Berlin, Amerika 1928-1931, DBW 10, München 1991, 37-39, 38.

New York und nahm an vielen ökumenischen Konferenzen in verschiedenen europäischen Ländern teil. Bonhoeffer verbrachte längere Zeit als Vikar in Barcelona und als Pastor in London in den jeweiligen deutschsprachigen lutherischen Diasporagemeinden.

Bereits in Barcelona begann er, die Situation der Migranten kritisch zu reflektieren. Zu seinen Aufgaben gehörte dort auch die Arbeit für einen Hilfsverein. Bonhoeffer schrieb an seine Schwester Sabine: »Diese Arbeit ist mir sehr interessant, weil man dabei mit den allerverschiedensten Leuten zusammenkommt, die nur eines verbindet: dass sie alle kein Geld haben.«[2] In einem seiner Vorträge sprach er von Europa als einem Kontinent, der im Elend Schiffbruch erlitten habe und nun verzweifelt nach neuen Ufern Ausschau halte.[3] Er betonte die Notwendigkeit, sich für eine solidarische und mitfühlende Welt einzusetzen[4] und für die Menschen, die heimatlos, entwurzelt geworden seien.[5] An seinen Bruder Karl-Friedrich schreibt er aus Barcelona: »Dauernd haben wir mit der Heimschaffung von Deutschen zu tun und wissen doch, dass es zu Hause nicht besser ist.«[6] In London empfing seine Gemeinde Geflüchtete aus Nazideutschland, unter ihnen beherbergte er auch seine Zwillingsschwester Sabine mit ihrem Ehemann Gerhard Leibholz, Sohn jüdischer Eltern. Er bemühte sich nach Kräften, sie zu unterstützen.[7]

Während der Nazi-Diktatur wurde Bonhoeffer vom privilegierten Reisenden zunehmend zum Migranten und Flüchtling. Er lebte in prekären Umständen am Rande der Gesellschaft, im illegalen Predigerseminar Finkenwalde, versteckt in Süddeutschland aufgrund seiner Beteiligung am Widerstand gegen Hitler. Sein letzter Lebensabschnitt führte ihn ins Gefängnis, in das Konzentrationslager Flossenbürg und brachte sein Leben zu einem frühen Ende.

Bonhoeffer wurde zu einem Migranten in seinem Denken, Reden und Leben. Er verließ sein sicheres bürgerliches Milieu und die kulturell und finanziell etablierte Oberschicht, zu der er durch seine Herkunft gehörte. Er ließ die liberale protestantische Theologie, den Kulturprotestantismus und die Stabilität der deutschen lutherischen Kirche zurück und bekämpfte deren Unterwerfung unter das nationalsozialistische Regime. Dadurch ging er das Risiko einer ungewissen und gefährlichen Zukunft ein. Bonhoeffer reflektierte sowohl seine Reiseerfahrungen als auch den Prozess des Ausschlusses und Widerstandes theologisch. Er selbst meinte: »Reisen ist beinahe so wichtig wie Studieren, um

---

[2]   An Sabine Leibholz (17.3.1928), in: BONHOEFFER, Barcelona (s. Anm. 1), 41f.

[3]   Vgl. Die Tragödie des Prophetentums und ihr bleibender Sinn, in: a.a.O., 285-302, 286.

[4]   Vgl. ROBERT STEINER, From Phraseology to Reality. A "Theological Geography". Bonhoeffer's Early Travels and the Notion of the Boundary, Cape Town 2004, 113.

[5]   Vgl. a.a.O., 111f.

[6]   An Karl-Friedrich Bonhoeffer (7.7.1928), in: Barcelona (s. Anm. 1), 70-73, 72.

[7]   Vgl. ebd.

einen Theologen zu machen.«[8] Wer Bonhoeffer verstehen will, sollte seinen Erfahrungen und Gedanken zu Migration in Gedanken und Leben folgen. Bonhoeffer ist vom wohlhabenden Reisenden zum verfolgten Migranten geworden, der neue Geschichten zu erzählen hatte, die Geschichten von Ohnmacht, Schwachheit und Mut. Er reflektierte diese Erfahrungen persönlich und theologisch. Es lohnt sich, darüber nachzudenken, was Bonhoeffer uns heute erzählen kann.

1. Bonhoeffer in Rom und Basel

1.1 Rom 1924/1942

Wir untersuchen in diesem Artikel in Bezug auf Migration zwei Städte, die für Bonhoeffer wichtig waren: Rom und Basel. Er besuchte diese Städte während sehr unterschiedlicher Perioden seines Lebens:

Rom war 1924 Teil seiner *Grand Tour*, die er als junger Mann mit seinem Bruder Klaus unternahm.[9] Für ihn war Italien ein idealisiertes Land voller nostalgischer Träume über das klassische römische Empire.[10] Er hatte eine sehr vielversprechende Karriere als Theologe begonnen und war sich seiner Fähigkeiten sehr bewusst. Der Besuch in Rom erlaubte ihm in die italienische Kultur und den katholischen Glauben einzutauchen. Eine herausragende Eigenschaft Bonhoeffers war seine Fähigkeit, sich neuen Kontexten auszusetzen und die gemachten Erfahrungen zu reflektieren und einzuordnen. So beeinflussten die Eindrücke zum Katholizismus und zum italienischen Lebensstil sein weiteres Denken. Er war tief beeindruckt von der katholischen Frömmigkeit, wurde aber auch konfrontiert mit der Armut vieler Menschen.[11] Von Rom aus unternahmen er und sein Bruder auch eine Reise nach Sizilien und Libyen, das damals italienische Kolonie war. Sie waren gleichermaßen beeindruckt und verwirrt von dieser fremden Welt und dem überall sichtbaren islamischen Glauben.[12] Die Armut der Menschen und die Brutalität der italienischen Besatzer schockierten ihn.[13] Bonhoeffer besuchte Rom 1942 während des Weltkrie-

---

[8] Vgl. EDWIN H. ROBERTSON (Hrsg.), No Rusty Swords. Letters. Lectures and Notes, 1928-1939, from the Collected Works of Dietrich Bonhoeffer, London 1965, 34.

[9] Vgl. CHRISTIANE TIETZ, Dietrich Bonhoeffer. Theologe im Widerstand, München 2013, 15-17; WOLFGANG HUBER, Dietrich Bonhoeffer. Auf dem Weg zur Freiheit, München 2019, 44-52; CHARLES MARSH, Dietrich Bonhoeffer. Der verklärte Fremde. Eine Biografie, Gütersloh 2015, 32-56.

[10] Vgl. MARSH, a.a.O., 32f.

[11] Vgl. TIETZ, a.a.O., 15-17; HUBER, a.a.O., 44-52; MARSH, a.a.O., 32-56.

[12] Vgl. MARSH, a.a.O., 49f; STEINER, Phraseology (s. Anm. 4), 108.

[13] Vgl. STEINER, a.a.O., 92.

ges zum zweiten Mal, als er ein Mitglied des Widerstands gegen Hitler war und versuchte, Kontakte zur britischen Regierung über seine Beziehungen im Vatikan herzustellen. Die Absicht des Widerstands war es, die Umsturzpläne über Bonhoeffer im Ausland bekannt zu machen und so Unterstützung zu gewinnen. Mit demselben Ziel besuchte er auch die Schweiz.

1.2 Basel 1941/1942

Bonhoeffer besuchte die Schweiz drei Mal während der Kriegszeit, um sich mit seinem Mentor und herausfordernden Freund Karl Barth zu treffen, der in Basel lebte, seit er Deutschland aufgrund des Druckes des nationalsozialistischen Systems verlassen musste.[14] Bonhoeffer ging während des Krieges als Botschafter des Widerstands immer wieder hohe persönliche Risiken ein. Vordergründig unternahm er seine Reisen im offiziellen Auftrag. Er füllte seine Rolle so gut aus, dass sogar Barth an seiner Rolle im Widerstand zweifelte. Vermutlich weihte Bonhoeffer Barth bei seinem Besuch in Basel in die Attentatspläne des deutschen Widerstands ein und er erhoffte sich von ihm Hilfe dabei, Kontakte zu den Alliierten herzustellen.[15] Basel war eine seiner letzten Lebensstationen, bevor er im April 1943 ins Gefängnis Tegel gesteckt und in Flossenbürg hingerichtet wurde.

Rom und Basel stehen für zwei sehr unterschiedliche Stationen in Bonhoeffers Leben. Er fand und formte langsam seine Stimme in Rom und sprach mit Stärke und Überzeugung in Basel.

2. Migranten und Geflüchtete in Rom und Basel 2019/20

Als reformierter Pfarrer leite ich das Spezialpfarramt für weltweite Kirche in Basel. Während meines Sabbaticals 2019 verbrachte ich zwei Monate in Rom, um mehr über die Situation von Migranten und Geflüchteten in Rom und in ganz Italien zu erfahren. Italien ist ein wichtiges Ziel für Migranten in Europa aufgrund der langen Außengrenzen und der Nähe zu Afrika. Rom und Basel stehen für ganz Europa, da sie zeigen, wie Migranten Europa erreichen und wie sie nachher behandelt werden.

---

[14] Vgl. MARSH, Fremde (s. Anm. 9), 402-405; DIETRICH BONHOEFFER, Konspiration und Haft, DBW 16, München 1996, 157-169: Erste Schweizer Reise 24. Februar-24. März 1941; 202-211: Zweite Schweizer Reise 28. August-26. September 1941; 264-279: Dritte Schweizer Reise 12.-26. Mai 1942.

[15] Bonhoeffer schreibt an Barth: »Ich war auch so froh, bei unserem letzten Gespräch Ihnen alles sagen zu können, auf Ihre Frage hin.« An Karl Barth (17.5.1942), in: a.a.O., 267-269, 268.

Rom mit seinen 2,8 Millionen Einwohnern ist die Hauptstadt der dritt-stärksten Wirtschaft Europas und der achtstärksten weltweit. Rom erzählt die Geschichten einer glorreichen Vergangenheit und einer wichtigen Gegenwart in der EU, aber auch einer unsicheren Zukunft. Basel ist eine der wichtigsten internationalen Städte in der Schweiz, mit Einwohnern, die rund 160 Nationa-litäten vertreten bei einer Bevölkerungszahl von nur 170.000. Basel steht für eine urbane Schweiz, die liberaler und weltoffener ist als ländliche Gebiete. Globale Firmen wie Novartis oder Roche bringen hochqualifizierte Migranten, so genannte Ex-Pats, nach Basel. Die Geschichte der Migration nach Basel ist alt und geht in der jüngeren Geschichte zurück auf die Hugenotten, die franzö-sischen Protestanten, die vor dem Absolutismus Ludwigs XIV. nach Basel flo-hen, ihre Kenntnisse mitbrachten und so den Aufbau der chemischen Industrie begünstigten. Die Bevölkerung ohne Schweizer Nationalität macht entspre-chend in Basel rund 35% aus. Die Arbeitslosigkeit liegt trotz der Einschrän-kungen durch die Corona Pandemie bei nur 4%.

Wie sieht aktuell die Situation von Geflüchteten und Migranten in Rom und Basel aus? Ich konzentriere mich im Folgenden auf Migranten, die am Rand der Gesellschaft leben, weil ihr Aufenthaltsstatus unsicher ist und sie wirtschaftlich leiden. Allerdings erleben nach meinen Erfahrungen auch Ex-Pats, die gut qualifiziert sind und gute Arbeitsstellen haben, Vorurteile und Rassismus, obwohl ihr Status gesichert ist.

2.1 Migranten und Migrationskirchen in Rom 2019

Meine Feldforschung als teilnehmender Beobachter und Interviewer umfasste während der Monate September und Oktober 2019 unterschiedliche Kontexte. Im Zentrum standen immer die Fragen nach der Situation von Migranten und Geflüchteten in Rom und ganz Italien mit dem Fokus auf Integration und Ex-klusion.

Alle meine Interviewpartnerinnen und Gesprächspartner stimmten darin überein, dass in den letzten Jahren Rassismus und Hassreden in Italien zuge-nommen hätten. Die politische Rechte, angeführt von Mateo Salvini und Gior-gia Meloni, verbreiteten das Bild von Migranten, die Italien in Massen über-schwemmten wie eine menschliche Welle. Die Ausdrücke Migrationswelle oder Migrationsflut zeigen die entmenschlichte Sprache. Dies Haltung richtet sich nicht nur gegen Afrikaner, sie betrifft beispielsweise auch Roma aus EU Län-dern, die unter hohem Druck stehen, Italien zu verlassen.

Italien hat eine der tiefsten Geburtenrate Europas und braucht eigentlich dringend junge Menschen. Die italienische Wirtschaft hängt von billigen Ar-beitskräften ab. So arbeiten rund 600.000 Menschen, hauptsächlich Migranten aus Afrika oder Osteuropa, illegal in der Landwirtschaft. In den Straßen Roms finden sich gleichzeitig viele junge Männer aus Afrika, die - von der Mafia or-ganisiert und ausgebeutet - um Geld betteln.

Was sind die entscheidenden Faktoren für eine erfolgreiche Integration? All meine Interviewpartner stimmten darin überein, dass die Sprache der Schlüssel ist. Gute Italienischkenntnisse sind unerlässlich. Gleichzeitig müssen Kenntnisse und Fähigkeiten vermittelt werden. Wer Bescheid weiß über die italienischen Gesetze, die bürokratischen Anforderungen, die kulturellen und sozialen Gegebenheiten, hat eine realistische Chance weiterzukommen und sich zu integrieren. Entscheidend sind dann Chancen und Gelegenheiten auf dem Arbeitsmarkt. Migranten brauchen Ausbildung, Unterstützung und konkrete Arbeitsvermittlung. Sie müssen Stellen finden, die erhältlich sind und wo sie gebraucht werden. Wie die Projekte des Humanitären Korridors oder die Integrationsprojekte der Heilsarmee zeigen, gelingt Integration, wenn die nötige konkrete Unterstützung angeboten wird.

Teil einer religiösen Gemeinschaft zu sein, kann in all den genannten Bereichen der Integration helfen. Dies macht die Initiative der Waldenser-, Methodisten- und Baptistenkirche besonders interessant. In den 90er Jahren begann man unter dem Projektnamen *essere chiesa insieme*, kulturell gemischte Waldensergemeinden zu bilden.[16] Die Ausgangslage dieser Initiative lässt sich folgendermaßen zusammenfassen: Die protestantischen Kirchen haben in den letzten dreißig Jahren 5.000 Mitglieder verloren und zählen nur noch rund 20.000 Mitglieder in Italien. Gleichzeitig gelangten evangelisch geprägte Migranten aus Afrika nach Italien, von denen einige den bestehenden protestantischen Gemeinden beitraten. Sie machen inzwischen rund 20% der Mitglieder aus.[17]

Das Kirchenprojekt für die Integration durch die Bildung einer sogenannten dritten Kultur aus Migranten und Italienern besteht seit rund dreißig Jahren. Ich habe eine gewisse Resignation über die Entwicklung festgestellt. Zusammenzuwachsen und eine neue Form des Kirche Seins zu entwickeln ist schwierig, weil auch die Erwartungen unterschiedlich sind: Während die italienischen Mitglieder auf »einen frischen Luftzug« (Laura Nitti) von neuen und jungen Mitgliedern hoffen, wünschen sich die Migranten soziale Akzeptanz und Wertschätzung in einer »weißen Welt« (Marone Moussa). Pastor Marone zitierte in Bezug auf den Prozess das afrikanische Sprichwort: »Wenn du schnell gehen willst, dann geh alleine. Wenn du weit gehen willst, dann geht gemeinsam.«

---

[16] Vgl. https://ccme.eu/wp-content/uploads/2018/12/2005-05-04_CCME_Rep_-_Uniting _in_diversity_Ciampino_Conference__EN_FR__DE_.pdf [Aufruf: 30.4.2021].

[17] Einige Informationen stammen in Auszügen aus der bisher unveröffentlichten Dissertation Luca Gharettis (15.9.2021). Außerdem führte ich zwei lange Interviews mit Prof. Lothar Vogel, der an der theologischen Fakultät der Waldenser in Rom Kirchengeschichte unterrichtet, und je ein Interview mit Laura Nitti, der Präsidentin der Methodistengemeinde in Rom an der Via XX Settembre 122, zu der auch eine philippinische Gemeinde gehört, und mit Pastore Marone Moussa, der eine Methodistengemeinde leitet, deren Mitglieder hauptsächlich aus Afrika stammen.

Die unsicheren wirtschaftlichen Bedingungen erschweren Migranten eine stabile Teilnahme am kirchlichen Leben. Anne Zell, Pastorin der Gemeinde in Brescia, erklärte, dass viele Migranten in europäische Länder wie Großbritannien weiterziehen, die bessere wirtschaftliche Perspektiven bieten. Die kulturellen Unterschiede erschweren das Gemeindeleben. Allerdings zeigt die Gemeinde in Brescia mit ihrer aktiven Sonntagschule und ihrem Kirchenchor, dass interkulturelle und aktive Gemeinschaften möglich sind, die Menschen unterschiedlicher Herkunft integrieren und ihnen Raum und Verantwortung geben.

2.2 Basel 2019/20

Für meine Untersuchung der Situation von Migranten und Geflüchteten in Basel verfüge ich über langjährige Erfahrungen und Kontakte mit Migrationskirchen. Wir haben vertrauensvolle Netzwerke aufgebaut mit Leitungspersonen aus Migrationskirchen. Ebenso arbeite ich mit der Heilsarmee in Basel zusammen, die traditionell für und mit Migranten arbeitet. Geschätzte 3.000 Personen leben und arbeiten ohne legalen Aufenthaltsstatus in der Region Basel. Für sie kann der Kontakt mit Migrationskirchen ihrer Sprache und Herkunft sehr hilfreich sein, da sie dort nicht nur Kontakte, Beziehungen und Informationen erhalten, sondern insgesamt Zugang haben zu dynamischen Netzwerken auf verschiedenen Ebenen.[18] Diese persönliche Ermächtigung in einer emotional wohlwollenden und religiös aufbauenden Atmosphäre ist sehr wichtig und ermutigt Menschen in ihrem Integrationsprozess. In den Migrationskirchen finden Migranten und Geflüchtete Mitglieder aus demselben Kontext, die den Integrationsprozess erfolgreich durchlaufen haben und deren Beispiel sie ermutigt und ihnen die konkreten Schritte der Integration aufzeigt.[19]

2.3 Zusammenfassung

Die Ausgangslage für Geflüchtete und Migranten scheint auf den ersten Blick in Basel und Rom sehr unterschiedlich. Aus politischen Gründen gelangen weniger Geflüchtete in die Schweiz und mehr qualifizierte Ex-Pats. Die wirtschaftlichen Rahmenbedingungen sind in Basel besser als in Rom. Allerdings leben in beiden Städten Menschen in den Straßen, Migranten verfügen über einen unsicheren legalen Status oder sind untergetaucht und in beiden Städten

[18] Vgl. Moritz Fischer, Pfingstbewegung zwischen Fragilität und Empowerment, Göttingen 2011, 203-218.
[19] Vgl. Daniel Frei, Networks of African Migrant Churches in Basel, in: Andreas Heuser (Hrsg.) Pastures of plenty: tracing religio-scapes of prosperity gospel in Africa and beyond, Studien zur interkulturellen Geschichte des Christentums 161, Frankfurt/M. 2015, 355-370.

ist der Integrationsprozess mühselig und wird durch die unsicheren Umstände behindert.

Auch die Schlüsselfaktoren für das Gelingen der Integration sind ähnlich. Wenn Migranten die Gelegenheit und die Zeit erhalten, um die Sprachen, Italienisch oder Deutsch, zu lernen und nach Bedarf eine Ausbildung absolvieren können, erhalten sie auch eine Chance, sich in der Arbeitswelt zu bewähren. Basel zeigt, dass Migrationskirchen in diesem Prozess Wege zur Integration ihrer Mitglieder bereiten können. Diese Gemeinden können als Versuchs- und Katalysationsräume für Integration dienen, da zu ihnen Mitglieder gehören, die den anspruchsvollen Integrationsprozess bereits erfolgreich durchlaufen haben.

Exklusionstendenzen sind in Europa deutlich spürbar. Sie führen dazu, dass Migranten und Geflüchtete in elenden und unter kriminalisierten Bedingungen leben müssen und so der rassistische Teufelskreis bestärkt wird. Vor diesem Hintergrund wende ich mich jetzt wieder Bonhoeffer und seinen Besuchen in Rom und Basel zu. Ich konzentriere mich dabei auf Bonhoeffers Beziehung zu und sein Verständnis von Menschen, die am Rand der Gesellschaft leben.

3. Bonhoeffers neue Narrative

Der 18jährige Bonhoeffer aus wohlhabender Familie, der mit seinem Bruder Klaus Rom besuchte, wurde durch seine wechselhaften Lebenserfahrungen zu dem Mann, der 17 Jahre später Karl Barth in Basel besuchte. Welche Erfahrungen und Begegnungen prägten und veränderten ihn und wie reflektierte er darüber? Woher bekam er in diesen Jahren die Anregungen, um über Form und Aufgabe des Glaubens und der Kirche nachzudenken und diese Gedanken so zu formulieren, dass sie uns heute noch inspirieren?

3.1 Bonhoeffer in New York - Harlem Renaissance und *Social Gospel*[20]

1930 reiste Bonhoeffer für ein Austauschjahr nach New York an das Union Theological Seminary. Er war frustriert über das Niveau des theologischen Reflektierens, wurde aber durch seine neuen Freunde, den französischen Pazifisten Jean Lasserre und den afro-amerikanischen Theologen Frank Fisher, in seinem Denken herausgefordert und inspiriert. Pazifismus und das Bewusstsein für die Unterdrückung und Ausgrenzung der Afro-Amerikaner waren zwei entscheidende Impulse für Bonhoeffer, der schrieb: »Es gibt Dinge, für die es

---

[20] Vgl. MARSH, Fremde (s. Anm. 9), 136-182.

sich lohnt, ohne Einschränkung einzustehen. Für mich scheinen Friede und soziale Gerechtigkeit solche Dinge zu sein, wie Christus selber.«[21]

Harlem befand sich nur einige Straßen entfernt vom Union Theological Seminary. Bonhoeffer empfand sein Engagement in der schwarzen Gesellschaft als eines der wichtigsten Ereignisse seines Aufenthaltes in den USA und Wendepunkt und Zentrum seiner neuen Theologie.[22] Er schrieb:

> »Mehr als sechs Monate bin ich fast jeden Sonntag mittags um einhalb drei in einer der großen Negro/Baptist Churches in Harlem gewesen und habe mit meinem Freund zusammen und oft in seiner Vertretung eine Gruppe junger [...] Männer in der Sonntagschule gehabt; bei den [...] Frauen habe ich Bibelstunden gehalten und habe einmal wöchentlich in einer weekday church school geholfen[...]. Dieser persönliche Umgang mit den Afroamerikanern war für mich eines der entscheidendsten und erfreulichsten Ereignisse in meinem amerikanischen Aufenthalt [...]. Ihre Kirchen sind Proletarierkirchen, vielleicht die einzigen in ganz Amerika.«[23]

Dort erlernte Bonhoeffer die Gegen-Narrative zum Hass und Rassismus seiner Heimat. Er ließ die europäische Theologie, den Liberalismus und elitären Intellektualismus hinter sich und integrierte die *Black Theology* als gelebte Erfahrung in der Nachfolge von Jesus.[24]

Zwei theologische Durchbrüche erlebte er in den Kirchen von Harlem. Zum einen war Migration eine Erfahrung, die für Bonhoeffer neu war, bis er den Alltag der Afroamerikaner kennenlernte, der durch Unterdrückung und Rassismus geprägt wurde. Obwohl die Sklaverei nach dem amerikanischen Bürgerkrieg aufgehoben wurde, blieben die traditionellen Strukturen der Unterdrückung als eine angepasste Form der Sklaverei bestehen. Die Verbrechen der Rassentrennung und von Lynchjustiz fanden im Lied »Strange fruits hanging on the trees« ihren lyrischen Ausdruck.[25] Zwischen 1800 bis zum Zweiten

---

[21] An Karl-Friedrich Bonhoeffer (14.1.1935), in: DIETRICH BONHOEFFER, London 1933-1935, DBW 13, München 1994, 273.

[22] Vgl. STEINER, Phraseology (s. Anm. 4), 159f.

[23] Studienbericht für das Kirchenbundesamt [1931], in: BONHOEFFER, Barcelona (s. Anm. 1), 262-280, 274f. Bonhoeffer nennt Afroamerikaner durchgehend *Neger*. Der besseren Verständlichkeit halber wird die heutig gebräuchliche Terminologie verwendet.

[24] Vgl. REGGIE L. WILLIAMS, Bonhoeffer's Black Jesus. Harlem Renaissance Theology and an Ethic of Resistance, Waco 2014, 1; Ross E. HALBACH, Jesus' White Bonhoeffer. Insights for Addressing Race from the Side of Privilege. Presented at the Bonhoeffer Social Analysis Group, American Academy of Religion, Boston 2017; DERS., Preparing the way. Dietrich Bonhoeffer in Dialogue with Contemporary Theologians of Race, Aberdeen 2017.

[25] Vgl. www.youtube.com/watch?v=ughAVo2ZAag; www.youtube.com/watch?v=EZU oYgPe1Y4 [Aufruf: 25.9.2020].

Weltkrieg wurden mehr als 3.200 Afroamerikaner gelyncht,[26] und viele migrierten von den Südstaaten in den Norden der USA. Ihre Migration deuteten sie als den Exodus in das gelobte Land, der für lange Zeit durch weiße Männer verhindert wurde.[27]

Er besuchte während seines Austauschjahres auch Mexiko und Kuba, wo er die Narben des Kolonialismus antraf, die sich auch im Bild des weißen Jesus der kreolischen Oberschicht ausdrückten, der weit entfernt war von der Lebensrealität der Mestizen und Schwarzen.[28] Er war entsetzt über die Armut, aber er stellte auch fest, dass der Rassismus gegenüber Menschen dunkler Hautfarbe weniger ausgeprägt war als in den USA.[29] Er schreibt an seinen Bruder:

> »Merkwürdig war mir auch zu finden, dass die spanische Bevölkerung mit den [Schwarzen] offenbar viel besser auskommt als die Amerikaner. Die Separation der Weißen von den [Schwarzen] in den Südstaaten macht wirklich einen ziemlich beschämenden Eindruck [...]. Die Art, mit der die Südländer über die [Schwarzen] reden, ist einfach widerwärtig und die Pastoren sind da in nichts besser als die anderen. Ich glaube noch immer, dass zu den größten künstlerischen Leistungen Amerikas die spiritual songs der [Schwarzen] gehört.«[30]

Während der Finanzkrise verschlimmerte sich die Situation der Afroamerikaner besonders stark. Bonhoeffer traf unter ihnen auf theologische Konzepte von Stolz und Widerstand, die sein eigenes theologisches Denken beeinflussten. Die *Harlem Renaissance* genannte theologische Denkschule ermächtigte Afroamerikaner, Widerstand zu leisten und einen Jesus zu finden, der an ihrer Seite stand. Bonhoeffer lernte so das weiße Amerika aus der Perspektive der schwarzen amerikanischen Outcast kennen.[31] Da die wirtschaftliche Situation vieler Afroamerikaner in Harlem schrecklich war, boten die Kirchen praktische Hilfe, von der Unterstützung mit Nahrungsmitteln bis zur Suche nach Arbeitsstellen. Bonhoeffer übernahm Leitungsaufgaben in der *Abyssinian Baptist Church,* wo er eine Tradition von Jesus und eine Gemeinschaftserfahrung kennen lernte, die sich auf konkrete historische Fakten bezog und ihm als Modell für Stellvertretung diente, der Koordination alles Lebens unter dem Evangelium.[32] Bonhoeffer verstand Stellvertretung als Christi Hingabe für uns: Christus

---

[26]   Vgl. WILLIAMS, Harlem (s. Anm. 24), 22.

[27]   Vgl. a.a.O., 36.

[28]   Vgl. a.a.O., 40-41. Ich verwende die Kategorien *Schwarzer Jesus* oder *Weißer Jesus* nicht als rassische Zuschreibung, sondern als Ausdruck sozio-ökonomischer Ungerechtigkeit und Ungleichheit.

[29]   Vgl. MARSH, Fremde (s. Anm. 9), 151-152.

[30]   An Karl-Friedrich Bonhoeffer (s. Anm. 6), 72.

[31]   Vgl. WILLIAMS, a.a.O., 24.

[32]   Vgl. a.a.O., 77.

setzte sein Leben frei und bewusst für uns ein. Stellvertretung steht damit im Gegensatz zur nationalsozialistischen Ideologie einer kollektiven Massenbewegung, in der das Individuum Würde und Wert verliert.

Bonhoeffer war auch ein aktiver Prediger. Einer seiner Freunde erinnerte sich an seine Freude, die er beim Predigen empfand, als seine Zuhörer lebhaft auf seine Botschaft mit Amen- und Halleluja-Rufen antworteten.[33] Er wurde Sonntagschullehrer für eine Gruppe von Knaben und er besuchte sie und ihre Familien auch zuhause.

Bonhoeffer verliebte sich in die Gospelmusik und brachte viele Schallplatten mit nach Deutschland, wo diese kaum bekannt war. Er fand in ihr eine neue biblische Stimme, die von Leiden und Unterdrückung sang, von Glauben und Stolz - all dies Teil eines biblischen Lebensweges. Er wurde angerührt von ihrer Botschaft von Leiden und Hoffnung, von einem Gott und seinem Sohn, die sich auf die Seite der Schwachen und Ausgegrenzten stellten. Gospel wurde für ihn zu einer Metapher für das Leben, ein Ausdruck für eine gesungene, geschriene und erlittene Theologie. So lernte er gelebte Theologie von den unterdrückten Menschen am Rande her kennen, an deren Seite sich Jesus stellte.

Bonhoeffers Denken und Leben hat sich durch seine Erfahrungen in Harlem grundlegend geändert - und ebenso durch das *Social Gospel*, wie Reinhold Niebuhr es lehrte.

3.2 Bonhoeffer und das *Social Gospel*

Bonhoeffer war nicht beeindruckt von der liberalen Theologie, die am Union Theological Seminary gelehrt wurde. Aber er wurde tief berührt und inspiriert durch das *Social Gospel*, das von Reinhold Niebuhr entwickelt und vertreten wurde. Dieser war gleichzeitig Theologe und ein Aktivist, der mutig und ehrlich soziale Ungerechtigkeit benannte und bekämpfte.[34] Sein Konzept des *Christian Realism* forderte, dass alle Menschen sich der sündhaften weltlichen Strukturen bewusstwerden sollten und rief sie dazu auf, die Dynamik von Gerechtigkeit in Aktion umzusetzen.[35] Als Bonhoeffer Niebuhr kennen lernte, befand sich dieser auf dem Höhepunkt seines Einsatzes für soziale Bewegungen und gegen Rassismus. Er inspirierte Bonhoeffer darin, aktiv zu werden und Position für die Schwachen und Armen zu ergreifen. Er sagte über Niebuhr:

»In einer Vorlesung von Dr. Niebuhr wurde die moderne amerikanische Literatur auf das soziale und christliche Problem hin untersucht und diskutiert. Das war sehr lehrreich. Aus eigener Anschauung habe ich in Harlem viel gelernt. Der Ein-

---

[33] Vgl. RUTH ZERNER, Dietrich Bonhoeffer's American Experiences. People, Letters and Papers from Union Seminary, in: USQR 31 (1976), 261-282, 272.

[34] Vgl. MARSH, Fremde (s. Anm. 9), 147.

[35] Vgl. a.a.O., 141f.

druck, den ich von den heutigen Vertretern des social gospel empfangen habe, wird für mich auf lange Zeit hinaus bestimmend sein.«[36]

»Jesus nannte die Armen selig, aber er heilte sie auch. [...] Wo Christus ist, da muss die Macht der Dämonen gebrochen werden. Deshalb heilt er und deshalb sagt er zu seinen Jüngern: Wenn ihr an mich glaubt, dann werdet ihr grösser Werke vollbringen als ich.«[37]

In einer Predigt zum Erntedankfest sagte Bonhoeffer:

»Wenn wir uns heute Abend an den gedeckten Tisch setzen und uns an Gottes Güte erinnern werden, dann wird uns dabei seltsam zumute sein. Er wird uns die Unbegreiflichkeit dessen, dass gerade uns solche Gaben gegeben sind, überwältigen. Und wir werden dessen gedenken, dass wir sie von Gott durch nichts, aber auch gar nichts mehr verdient haben als unsere hungrigen Brüder in der Stadt.«[38]

3.3 Bonhoeffer und »Nachfolge«

In seinem Buch »Nachfolge«, das er 1937 verfasste, reflektierte Bonhoeffer theologisch die lebensverändernden Erfahrungen, die er in den USA gemacht hatte, später auch in seiner Ethik.[39] Nachfolge ist die Bewegung, die Menschen auf den Weg bringt, inspiriert durch Glauben und gleitet durch das Evangelium. Menschen können die Nachfolge nur aus tiefer Überzeugung und in innerer Freiheit antreten. Gehorsam und Freiheit widersprechen sich nicht mehr, sondern sind Anstöße, um Jesus zu folgen.[40]

Bonhoeffer betont, dass Jesus nachfolgen, billige Gnade oder oberflächlichen Glauben ausschließe, und er verkündigt, dass die Bergpredigt der Weg sei, um Jesus zu folgen. Jesus nachzufolgen bedeutet folglich, einem Migranten zu folgen und sich selber auf den Weg zu machen, da die Bergpredigt in einem Migrationskontext gehalten wird: Jesus spricht zu Menschen, die ihm folgen, die ihre Sicherheit zurücklassen für eine unsichere Zukunft - Glaubensmigranten, die vom Reich Gottes hören und die weltlichen Bedingungen verändern wollen. Die Bewegung weg von der alltäglichen Sicherheit zu einer neuen Realität inspirierte Bonhoeffer grundlegend.

---

[36] BONHOEFFER, Studienbericht (s. Anm. 23), 279.

[37] Die 10. Predigt zu Lukas 16,19-31. Berlin, 1. Sonntag nach Trinitatis, 29.5.1932, in: DIETRICH BONHOEFFER, Ökumene, Universität, Pfarramt 1931-1932, DBW 11, München 1994, 426-435, 432. Vgl. WILLIAMS, Harlem (s. Anm. 30), 105.

[38] Predigt zu Psalm 63,4. Berlin, Erntedankfest, 4.10.1931, in: Ökumene, 377-385, 381.

[39] Vgl. DIETRICH BONHOEFFER, Ethik, DBW 6, München 1992.

[40] Vgl. HUBER, Bonhoeffer (s. Anm. 9), 100.

3.3.1 Die Bergpredigt

Bonhoeffer wird als Bergpredigt-Christ bezeichnet.[41] Er selbst beschreibt den Wendepunkt seines spirituellen Lebens und seines theologischen Denkens als Weg eines überheblichen und ehrgeizigen Menschen, der andere mit seiner Art abstieß und einsam war, hin zu einem Christen, der die Bibel wirklich entdeckte und darin besonders die Bergpredigt. Diese Entdeckung veränderte alles für ihn und auch für Menschen um ihn herum.[42]

In den schwarzen Kirchen Harlems hatte er die Bergpredigt neu kennen gelernt und eine neue Beziehung mit Jesus gefunden.[43] Nun wurde die Bergpredigt wichtig für seine konkrete christliche Glaubenspraxis. Er begann, die Bibel täglich zu lesen und zu meditieren und besuchte den Sonntagsgottesdienst regelmäßig. In seinen Vorträgen im Predigerseminar Finkenwalde legte er seinen Schülern nahe, ein Leben zu erlernen und zu praktizieren, in dem sie Jesus gemäß den Geboten der Bergpredigt folgten. Denn billige Gnade trage nicht mehr, jeder und jede solle Jesus aus eigenem Willen folgen und er oder sie werde auf diesem Weg nicht alleine bleiben.[44] Christus schaffte die neue Gemeinschaft all derer, die ihm nachfolgen. Bonhoeffer fasst zusammen:

> »Billige Gnade ist der Todfeind unserer Kirche. [...] Billige Gnade heißt Gnade als Schleuderware, verschleuderte Vergebung, verschleuderter Trost, verschleudertes Sakrament; Gnade als unerschöpfliche Vorratskammer der Kirche, aus der mit leichtfertigen Händen bedenkenlos und grenzenlos ausgeschüttet wird; Gnade ohne Preis, ohne Kosten.«[45] Teure Gnade sei dagegen die Menschwerdung Gottes und die Nachfolge Jesu.[46] Nur er als Mittler, als Gottmensch, könne in die Nachfolge rufen.[47]

Bonhoeffer denkt über die Nachfolge nach als den Ruf, Salz für die Erde und Licht für die Welt zu werden (Mt 5,13-16).[48] Er betont dabei die Bedeutung der Armen, Schwachen, all derjenigen, die von der Welt verstoßen werden. Dank ihrer kann die Welt weiterleben.[49] Das Licht, das in der Welt scheint, ist Gottes Licht und die Aufgabe seiner Gemeinschaft ist es, in schwierigen Zeiten durch-

---

[41] Vgl. DIETRICH BONHOEFFER, Nachfolge. Mit einer Einführung von Peter Zimmerling, Gießen 2016, 115.

[42] An Elisabeth Zinn, 27.01.1936, in: DIETRICH BONHOEFFER, Illegale Theologenausbildung. Finkenwalde 1935-1937, DBW 14, München 1996, 112-114, 113.

[43] Vgl. BONHOEFFER, Nachfolge (s. Anm. 41), 7.

[44] Vgl. BONHOEFFER, Ethik (s. Anm. 39), 95.

[45] DIETRICH BONHOEFFER, Nachfolge, DBW 4, Gütersloh ³2002, 29.

[46] Vgl. a.a.O., 31.

[47] Vgl. a.a.O., 47.

[48] Vgl. a.a.O., 110-115.

[49] Vgl. Anm. 41.

zuhalten und ihren Wert zu bezeugen.[50] Bonhoeffer betont, dass die Christen Gutes tun sollten, ohne dies aber herauszustreichen. Denn das Gute der Nachfolge und der Jüngerschaft geschehe, ohne dass es einem bewusst sei. Das wirkliche Werk der Liebe sei ein Werk, das mir selbst verborgen bleibe.[51]

3.3.2 Bonhoeffer und Gandhi

In seinem theologischen Denken ist Bonhoeffer fokussiert auf die Christologie und sein spirituelles Leben kreist um eine tiefe Beziehung mit Jesus. Gandhi behauptete nie, Christ zu sein oder werden zu wollen. Wie ist ein respektvoller und konstruktiver Dialog möglich zwischen Denkern zwei verschiedener Religionen und Kulturen?

Bonhoeffer hegte zeitlebens den Wunsch, seinen Horizont Richtung Osten zu erweitern und von der östlichen Spiritualität und dem Pazifismus Gandhis zu lernen. Dieses Interesse ging zurück auf die Zeit, die er als Vikar in Barcelona verbracht hatte und während der er mit den Schriften Gandhis bekannt wurde.[52] Als Bonhoeffer 1931 aus New York zurückkehrte, war er tief besorgt über die Situation in Deutschland. In einem Brief an seinen Freund Erwin Sutz, einen Schweizer Mitstudenten aus New Yorker Zeiten, schrieb er von einer sehr ernsten Situation in Deutschland, weil sieben Millionen Menschen ohne Arbeit seien und deshalb rund 15 bis 20 Millionen Hunger litten.[53] In dieser Situation suchte Bonhoeffer nach Vorbildern für eine pazifistische Haltung und ein soziales Evangelium, wie er sie in New York kennengelernt hatte. Er entdeckte nun neu Gandhi als östlichen Denker und Vorbild für friedlichen Widerstand, der ebenfalls die Bergpredigt hochschätzte. Gandhi und Bonhoeffer stimmten überein in der Interpretation des Christentums als östliche Religion, die durch ihre Verwestlichung ihre Essenz verloren habe.[54] Jesus bleibe im westlichen Glaubenssystem ein Fremder. Bonhoeffer wollte von Gandhi lernen, was die konkrete Umsetzung dieser Ideale für eine öffentlich engagierte und ökumenische Kirche bedeutete.[55]

Gandhi lud Bonhoeffer ein, ihn in Indien zu besuchen, in einem seiner Ashrams zu bleiben und mit sich mit ihm auszutauschen.[56] Auch wenn Bon-

---

[50] Vgl. BONHOEFFER, Nachfolge (s. Anm. 45), 114.

[51] Vgl. a.a.O., 156f.

[52] Vgl. STEINER, Phraseology (s. Anm. 4), 197.

[53] Vgl. An Erwin Sutz (8.10.1931), in: BONHOEFFER, Ökumene (s. Anm. 37), 27-29, 28f.

[54] Vgl. KATHARINA D. OPPEL, »Viel lieber würde ich gleich zu Gandhi gehen ...« Dietrich Bonhoeffer und Mahatma Gandhi. Zwei Stimmen für den Frieden, Ostfildern 2017, 19.

[55] Vgl. HUBER, Bonhoeffer (s. Anm. 9), 113.

[56] Vgl. An Reinhold Niebuhr (3.7.1934), in: BONHOEFFER, London (s. Anm. 21), 169-171, 171: »Ich habe übrigens vor sehr bald einmal nach Indien zu gehen um zu sehen, was Gandhi von diesen Dingen weiss und was dort zu lernen ist. Ich erwarte gerade einen Brief und eine Einladung von ihm.«. An Hans von Dohnanyi, 4.11.1940, in: BONHO-

hoeffer diese Reise nicht mehr verwirklichen konnte, so blieben ihm doch Gandhis Inspirationen für sein Denken über die konkrete Nachfolge und wie diese gestaltet werden konnte.

4. Bonhoeffers Lektionen zu Migration und Migranten

In Bonhoeffers Werk werden die Fragen nach Flucht und Migration wie auch der Umgang mit Menschen, die am Rande der Gesellschaft stehen, häufig thematisiert. Der Kontext, in dem er nachdenkt und schreibt, gleicht in vielem gegenwärtigen globalen Problemen. Bereits während seines Vikariats in Barcelona entwirft Bonhoeffer eine Metapher über die Not der Menschen, die angesichts der vielen gefährlichen Überfahrten über das Mittelmeer erschreckend aktuell wirkt.

»Es ist uns einmal rücksichtslos der Boden unter den Füssen weggezogen worden - sagen wir besser das bürgerliche Parkett, - und nun heißt es sich selbst den Flecken Erde zu suchen, auf dem man stehen will. Wir haben Schiffbruch in vollstem Umfang und nun ist es das Erschütternde zu sehen, wie haltlos ein großer Teil von uns geworden ist. Verzweifelt halten die einen sich an den Planken des sinkenden Schiffes, andere lassen alle Hoffnung fahren, geben sich dem Spiele der Wellen hin und versinken, wieder andere - und das sind die meisten, die soeben noch auf einem Rettungsboot sich bargen, erheben ein Geschrei des Triumphs, als ob schon alles geschafft wäre. Nur wenige sind's, die sich durchgekämpft haben zu einem Stückchen festen Land, auf dem sie Fuß fassen und von dem aus sie Rettungsarbeit tun können.«[57]

4.1 Jesus als Migrant

Wenn Bonhoeffer über Nachfolge schreibt, dann spricht er über Jesus, der unterwegs ist und uns dazu aufruft, ihm zu folgen. Er stellt uns Jesus vor als Wanderer, als Migranten, der seine Predigt auf dem Berg hält, weit entfernt von menschlichen Strukturen und Organisationen, und der zu den Menschen spricht, die am Rande der Gesellschaft leben. Die Bergpredigt ist ein Aufruf zur Nachfolge Jesu aus dem Glauben heraus.

»Wer ungeteilt dem Gebote Jesu folgt, wer das Joch Jesu ohne Widerstreben auf sich ruhen lässt, dem wird die Last leicht, die er zu tragen hat, der empfängt in

---

EFFER, Konspiration (s. Anm. 14), 285-390, 389: »Von Mahatma Gandhi und R. Tagore wurde ich 1935 zu einem längeren Aufenthalt in Indien persönlich eingeladen.«
[57] BONHOEFFER, Tragödie (s. Anm. 3), 285f.

dem sanften Druck dieses Jochs die Kraft, den rechten Weg ohne Ermatten zu gehen.«[58]

Jesus wandert und lehrt, so wie das Volk Israel vierzig Jahre durch die Wüste wanderte und am Berg Sinai von Gott die Gebote empfing. Das Volk Gottes wandert und ist auf dem Weg, wie der Hebräerbrief die Essenz des Glaubens zusammenfasst. So sind Migranten die Nachfolger Jesu, diejenigen, die stehen bleiben und sesshaft sind, laufen Gefahr, ihren Weg zu verlieren.

> »Die christliche Gemeinde [...] ist nur auf dem Durchzug. Jeden Augenblick kann das Signal zum Weitermarsch ergehen. Dann bricht sie auf und verlässt alle weltliche Freundschaft und Verwandtschaft und folgt allein der Stimme, die gerufen hat. Sie verlässt die Fremde und zieht ihrer Heimat entgegen, die im Himmel ist.«[59]

4.2 Migranten und Geflüchtete als Menschen nach dem Bild von Jesus Christus

Bonhoeffer warnt vor der Gefahr, andere zu verachten. Wenn wir eine Person verachten, können wir sie nicht mehr erreichen. Er sieht die Tendenz, dass wir unsere Fehler auf andere projizieren, und meint, dass wir lernen müssten, die Menschen weniger dafür zu beurteilen, was sie tun oder lassen, sondern danach, wie sehr sie leiden. Die einzige fruchtbringende Beziehung zu Menschen, besonders zu den Schwachen, sei Liebe und dadurch die Bereitschaft, mit ihnen Gemeinschaft zu haben. Gott hat die Menschen nicht verachtet, sondern er ist Mensch geworden, um sie zu retten.[60] Migranten und Geflüchtete sind solche Schwache. In einer Adventspredigt in London sagt Bonhoeffer:

> »Maria, die [...] auf ihren Erlöser hoffende niedrige Arbeiterfrau - die Mutter Gottes. Christus, der arme Arbeitersohn im Eastend von London, Christus in der Krippe [...] Gott schämt sich der Niedrigkeit der Menschen nicht, er geht mitten hinein, erwählt einen Menschen zu seinem Werkzeug und tut seine Wunder dort, wo man sie am wenigsten erwartet. Gott ist nahe der Niedrigkeit, er liebt das Verlorene, das Ausgestoßene, das Schwache und Zerbrochene.«[61]

---

[58] BONHOEFFER, Nachfolge (s. Anm. 45), 23.

[59] A.a.O., 266f.

[60] Vgl. Nach zehn Jahren, in: DIETRICH BONHOEFFER, Widerstand und Ergebung. Briefe und Aufzeichnungen aus der Haft, DBW 8, Gütersloh 1998, 19-39, 29.

[61] BONHOEFFER, London (s. Anm. 27), 393f.

4.3 Menschen, die am Rand leben

Kurz bevor Bonhoeffer 1942 von der Gestapo festgenommen wurde, drückte er seine Dankbarkeit für die Sicht von unten in seinem bekannten Text »Nach zehn Jahren« aus. [62] Er betont darin, dass es die Verworfenen, die Verdächtigten, die Misshandelten, die Machlosen und Unterdrückten seien, die einen neue Perspektive der Leidenden ermögliche. Insgesamt sei persönliches Leiden ein brauchbarerer Schlüssel als das persönliche Glück, um die Bedeutung der Welt durch Aktion und Kontemplation zu erfassen.[63] In einer Predigt zu Lazarus sagt Bonhoeffer:

> »Es ist ja so leicht, die Masse der Lazarusse zu verachten. Aber wenn dir nur einer gegenübertritt, der arbeitslose Lazarus, der verunglückte Lazarus, der durch deine Schuld ruinierte Lazarus, dein eigenes bittendes Kind als Lazarus, die ratlose und verzweifelte Mutter, der zum Verbrecher gewordene Lazarus, der gottlose Lazarus, kannst du einem dieser einzelnen gegenübertreten und ihm sagen: Ich verachte dich, Lazarus. Ich verhöhne die Botschaft, die dich froh macht?«[64]

Gerade in den Schwachen erkennt Bonhoeffer den Nächsten, denn »es gibt keine seelischen Unmittelbarkeiten. Christus steht dazwischen. Nur durch ihn hindurch geht der Weg zum Nächsten. Darum ist die Fürbitte der verheißungsvollste Weg zum anderen, und das gemeinsame Gebet im Namen Christi die echteste Gemeinschaft.«[65]

Auch wenn die Sicht von unten menschlichen Kategorien folge, so stamme der Glaube an Christus nicht aus innerem Mangel, sondern vom Überfluss, der von außen durch Jesus Christus geschenkt werde. In ihm werden auch die menschlichen Kategorien aufgehoben, und Gerechtigkeit im Leben und allem Leben gegenüber sei der richtige Weg, um die Nachfolge zu bestätigen.[66] Denn: »Niemand findet das verlorene Ebenbild Gottes wieder, es sei denn, dass er teilgewinnt an der Gestalt des menschgewordenen und gekreuzigten Jesus Christus.«[67] Der Nächste ist also nur wirklich erkennbar im Bild Jesu Christi. Entsprechend ist seine Würde unantastbar.

---

[62] Vgl. WILLIAMS, Harlem (s. Anm. 30), 134.

[63] Vgl. ZERNER, Bonhoeffer (s. Anm. 33), 269.

[64] Die 10. Predigt zu Lukas 16,19-31. Berlin, 1. Sonntag nach Trinitatis, 29.5.1932, in: BONHOEFFER, Ökumene (s. Anm. 37), 426-435, 431.

[65] BONHOEFFER, Nachfolge (s. Anm. 45), 91.

[66] Vgl. BONHOEFFER, Widerstand (s. Anm. 60), 52.

[67] BONHOEFFER, Nachfolge, 300.

5. Abschließende Gedanken

Da wir heutzutage global vernetzt sind und gerade in den Zeiten der Pandemie erleben, dass Probleme nur durch gemeinsame Anstrengungen gelöst werden können, verschwindet gleichzeitig das Bewusstsein, für die eigenen Taten Verantwortung tragen zu müssen oder durch persönlichen Einsatz ungerechte Strukturen verändern zu können. Dieses Gefühl der Ohnmacht gilt für Individuen, aber auch für die Kirche in ihrer lokalen und weltweiten Existenz. Die Kritik, die Bonhoeffer in einem fingierten Tagebucheintrag an den Schweizern übt, trifft heute uns alle, die wir in sicheren Verhältnissen in Westeuropa leben:

>»Die Leute ärgern mich in ihrer Überheblichkeit und Selbstgerechtigkeit ganz besonders. Sie fühlen sich vom lieben Gott besonders auserwählt, dass auch diesmal das Unwetter an ihnen vorbeizugehen scheint [...]. Lächerlich scheint die Jammerei über die Ernährung, wo die Leute doch im Fett schwimmen. Die Angst, etwas zu verlieren, ist riesengroß.«[68]

Die Herausforderungen und die Reaktionen der Menschen und auch der Kirche sind damit ähnlich wie zu Bonhoeffers Zeiten. Trotzdem bleibt die Kirche in ihrer realen Weltpräsenz der Leib Christi und sie ist politisch Zeuge von Gottes lebensspendender Kraft.[69] Die Kirche ist immer politisch oder öffentlich, auch dann, wenn sie schweigt oder im Nichtstun verharrt. Eine schweigende Kirche spendet billige Gnade und ruft keine Aktionen oder Veränderungen hervor.[70]

Wenn sie es vermeidet, in ihrer prophetischen Rolle das Böse anzuklagen oder dies nur in Worten und Reden tut, dann folgt sie dem Bild einer Kirche, wie es der brasilianische Befreiungspädagoge Paolo Freire bereits vor 50 Jahren gezeichnet hat. Er klagte die Kirchen an, die die Ungerechtigkeit unterstützen oder sie zumindest tolerieren, indem sie wohltönende Reden halten, die ohne Konsequenzen bleiben. Freire hob hervor, dass die befreiende Kirche böse Strukturen und Handlungen erkenne und benenne, anklage und bekämpfe und so die Menschen vom Bösen befreie.[71]

Bonhoeffer war sich der globalen Herausforderungen seiner Zeit bewusst. Er forderte grundlegende Veränderungen von der gesamten Welt und beschrieb die Richtung, der eine prophetische Kirche in der Nachfolge Jesu folgen sollte.

---

[68] BONHOEFFER, Konspiration (s. Anm. 14), 391f.

[69] Vgl. ESTHER D. REED, The Limit of Responsibility. Dietrich Bonhoeffer's ethics for a globalizing era, London 2018, 219.

[70] Vgl. PETER FRICK, Understanding Bonhoeffer, Tübingen 2017, 241.

[71] Vgl. PAOLO FREIRE, Pädagogik der Unterdrückten, Reinbek 1973.

»Keiner versteht seine Mitmenschen besser als die Gemeinschaft Jesu. Keiner liebt seine Mitmenschen mehr als die Jünger Jesu - eben darum stehen sie draußen, eben darum tragen sie Leid [...]. Aufs Tragen nämlich kommt es an. Die Jüngergemeinde schüttelt das Leid nicht ab, als hätte sie nichts damit zu schaffen, sondern sie trägt es. Ebendarin ist ihre Verbundenheit mit den Mitmenschen bekundet.«[72]

Seine Gedanken gelten heute noch:

Die Bergpredigt hilft uns, Prioritäten zu benennen und konkrete Schritte zu entwickeln, um das Gefühl der Ohnmacht und Nutzlosigkeit zu überwinden. Das bedeutet, das Elend um uns herum wahrzunehmen und Verantwortung zu dessen Überwindung zu übernehmen. So ist jedes Mitglied der Gemeinschaft aufgerufen, Jesus zu folgen und die Veränderungen, die diese Nachfolge auslöst, die eigene Geschichte in unsere Welt einzubringen und sich dabei mit anderen zu einer Gemeinschaft in der Nachfolge Jesu zu vereinen. »Jeder tritt allein in die Nachfolge, aber keiner bleibt allein in der Nachfolge.«[73]

Die Herausforderungen durch die Pandemie haben die Fragen nach Migration in Europa gegenwärtig verdrängt. Es bleibt als böses Grundrauschen das Narrativ einer Invasion junger männlicher Migranten aus muslimischen Ländern. Als Schuldige für diese Invasion werden ausgemacht: Naive, liberale und gleichzeitig moralisch schwache Europäer, die das christliche Abendland verraten. Dieses Narrativ basiert auf Lügen und Manipulation, ist aber bei vielen Menschen erfolgreich, weil es mit der Angst, Verwirrung und einem Mangel an Werten spielt. Um eine neue Migrationsethik zu entwickeln, ist wohl der einzige Weg, Gegen-Narrative zu erzählen, die stärker und überzeugender sind.

Bonhoeffer erzählt uns durch sein Leben, seine Aktionen, seine Gedanken und seine Theologie, wie diese Gegen-Narrative erzählt werden sollten. Er zeigte einen nüchternen Realismus und rebellische Hoffnung. Er hielt seine Augen offen für die menschliche Brutalität und Zerstörung, ohne den Blick zu verlieren für die durchdringende Vision eines von Gott geschenkten Neuanfangs, der unsere menschliche Kraft übersteigt und menschliche Verantwortung ermöglicht.[74] Die Bergpredigt ist zu verstehen als ein persönlicher Ruf von Gott, der in die Gemeinschaft der Jüngerschaft führt. Sie verhilft zu jener Zivilcourage, die Bonhoeffer in seinen extremen Lebenssituationen gezeigt hat.

Zivilcourage entsteht aus dem freien Willen freier Menschen. Sie beruht auf einem Gott, der den freien Glaubensentscheid wünscht und der uns Trost

---

[72] BONHOEFFER, Nachfolge (s. Anm. 45), 103.
[73] A.a.O., 95.
[74] Vgl. ANDREW D. DECOURT, Bonhoeffer's New Beginning. Ethics after Devastation, London 2018.

und Vergebung schenkt, wenn wir sündig werden. Bonhoeffer warnt uns davor, in ungerechten Situationen zu schweigen und untätig zu bleiben. Er zeigte Zivilcourage in verschiedenen Situationen seines Lebens. Er war bereit, den Preis zu zahlen, sogar zum Außenseiter innerhalb der Außenseiter der Bekennenden Kirche zu werden. Er riskierte es, während seiner Aktivitäten für die Militärische Abwehr des Deutschen Reiches als Verräter betrachtet zu werden. Er rechtfertigte den Tyrannenmord, obwohl er Pazifist war.[75] »Bete und übe Gerechtigkeit«, dieser Aufruf bringt Bonhoeffers Worte über Glauben und Verantwortung in der Welt zusammen.[76]

Migration war und ist eine globale Herausforderung. Menschen und Kirchen sind dazu aufgerufen, eine prophetische Haltung einzunehmen und teure Gnade zu suchen. »Gnade ist sie vor allem darum, weil Gott sein Sohn nicht zu teuer war für unser Leben, sondern ihn für uns hingab. Teure Gnade ist Menschwerdung Gottes.«[77] In der Nachfolge Jesu und im Ernstnehmen seiner Bergpredigt gewinnen wir den Mut, die Zivilcourage, die wir in den Auseinandersetzungen, die vor uns liegen, brauchen. Bonhoeffer schreibt: »Jesus fordert nichts von uns, ohne uns die Kraft zu geben, es auch zu tun. Jesu Gebot will niemals Leben zerstören, sondern Leben erhalten, stärken, heilen.«[78]

Bonhoeffer war bereit, für seine Nachfolge mit dem eigenen Leben zu bezahlen.

---

[75] Vgl. Ernst Feil (Hrsg.), Zivilcourage und Demokratische Kultur. 6. Dietrich Bonhoeffer-Vorlesung Juli 2001, München 2001, 16-21.

[76] Vgl. Huber, Bonhoeffer (s. Anm. 9), 105.

[77] Bonhoeffer, Nachfolge (s. Anm. 45), 31.

[78] A.a.O., 23.

Regina Polak

MIGRATION UND INNOVATION

Eine interdisziplinäre Perspektive[1]

1. Einleitung und Ziele

Migrantinnen und Migranten sind Akteure sozialer und religiöser Innovation. Diese These werde ich in diesem Beitrag aus interdisziplinärer Perspektive begründen. Denn historische, sozialwissenschaftliche, philosophische und nicht zuletzt theologische Forschungen belegen, dass das Phänomen Migration untrennbar mit Innovation verbunden war und ist – und dies trotz all des Leides, der Not und der Gewalt; trotz der Probleme und Krisen, mit der diese seit jeher verbunden ist.

Diese positive Sicht auf eine herausfordernde Wirklichkeit in den Diskurs einzubringen, halte ich angesichts der Dominanz problemorientierter und stigmatisierender Narrative in öffentlichen, politischen und mitunter auch kirchlichen Debatten für unabdingbar. Deshalb sollen die folgenden Überlegungen dazu ermutigen, sich mit stichhaltigen Argumenten in gesellschaftliche und kirchliche Diskurse einzumischen und sich an der Entwicklung alternativer Perspektiven auf und positiver Narrative über Migration zu beteiligen. Als Gesellschaft, als Kirchen benötigen wir »gute Geschichten« über Migration. Denn sie können uns jenen langen Atem schenken, den wir brauchen, um dieser Jahrhundertherausforderung gerecht zu werden.

Die Welt steht inmitten einer Transformation der Menschheit durch Migration. Globale Märkte, international vernetzte Institutionen und Kulturen, die Möglichkeiten der Mobilität und Kommunikation lassen heute überall auf der Welt plurale Gesellschaften und eine neu vernetzte und verbundene Menschheit entstehen. Nicht zuletzt die Covid-19 Pandemie hat gezeigt, wie sehr diese Welt auf ihre innere Einheit und Zusammengehörigkeit angewiesen ist und

---

[1] Dieser Beitrag ist 2019 in englischer Sprache erschienen und wurde für diesen Sammelband teilweise verändert: REGINA POLAK, Migrants as Agents of Social and Religious Innovation, in: ANDREA BIELER u.a. (Hrsg.), Religion and Migration. Negotiating Hospitality, Agency and Vulnerability, Leipzig 2019, 61-77.

zugleich, wie sehr sie bedroht ist durch Menschenhass, Polarisierung, Spaltung, Gewalt und Krieg. Geflüchtete Menschen gehören zu den vulnerabelsten Opfern dieser Bedrohung. Ihre Leidenserfahrungen erinnern in besonderer Weise daran, dass wir noch einen langen Weg vor uns haben, Migration als etwas zu erkennen, das bei entsprechender Gestaltung zum Segen für alle werden kann. Diese Sicht, die auf den ersten Blick zynisch klingen kann, ist eine zutiefst bibeltheologische – und auch sie wird in diesem Beitrag vorgestellt werden.

2. Interdisziplinäre Perspektiven

Zum Beleg meiner Eingangsthese seien im Folgenden zunächst einige exemplarische Befunde aus interdisziplinärer Perspektive angeführt:

a) Evolutionsgeschichtliche Befunde: Immer neue Fossilienfunde haben dieser Disziplin in den vergangenen Jahren eine rasante Entwicklung beschert. Jeder neue Fund macht Korrekturen klassischer Theorien notwendig und lässt neue, widerstreitende Hypothesen entstehen. Aber einen fundamentalen Konsens gibt es: Zwischen 100.000 und 80.000 v.Chr. hat der *homo sapiens* Ostafrika verlassen und ist nach Europa und Asien aufgebrochen. Diese erste bekannte globale Migration prägte die Welt, wie wir sie kennen. Migration steht an der Wiege der Ausbreitung des Menschen über den Globus. Aber auch innerafrikanische Migration brachte Innovation: Jahrhundertelang importierten so z.B. die Bantu-Völker im Zuge ihrer Migration nach Ost- und Südafrika die in der Region um den Tschadsee neu entstandene Kulturtechnologie der Landwirtschaft in ihre neuen Heimatregionen, in denen bis dahin Jäger und Sammler gelebt hatten.[2] Es waren Migrantinnen und Migranten, die den Übergang von nomadischem zu agrarischem Leben – die sog. »Agrarrevolution«[3] – initiierten.

b) Globalgeschichtliche Befunde: Diese relativ junge Disziplin belegt für den Zeitraum zwischen 700 und 1300 n. Chr. weltweit zahlreiche makroregionale Migrationen, die alle mit nachhaltigen sozialen, kulturellen und religiösen Transformationen verbunden waren. So führte z.B. die Migration von Millionen Familien im chinesischen Reich von ihrem ursprünglichen Siedlungszentrum in die fruchtbaren Gebiete des Südens, d.h. ins Yangzi- und Zhejiang-Delta, zu unzähligen neuen kulturellen Gruppierungen. Im Tang-Imperium entwickelten

---

[2]   Vgl. WOLFGANG SCHONECKE, Flucht und Migration in und aus Afrika, in: JUDITH KÖNEMANN/MARIE-THERES WACKER (Hrsg.), Flucht und Religion. Hintergründe-Analysen-Perspektiven, Münster 2018, 33-50, 34.

[3]   Vgl. YUVAL HARARI, Sapiens. Eine kurze Geschichte der Menschheit, London 2014, 72ff.

sich die Eliten aus zahlreichen und vielfältigen ethnokulturellen Einwanderer-gruppen, und der multinationale Staat absorbierte viele äußere Einflüsse.[4]

Zwischen dem 8. und 15. Jh. schufen jüdische, christliche und muslimi-sche Migrantinnen und Migranten aus Syrien-Arabien-Ägypten »eine trireligi-öse Welt im Mittelmeerraum«. Dies geschah durch kriegerische Gewalt, aber auch durch transkulturellen Austausch. Dabei entstand eine zwar nach unse-ren Maßstäben nicht unbedingt friedliche Welt, wohl aber ein Zusammenleben, das durch »Kopräsenz« geprägt war: d.h. »durch interaktives Zusammenleben, transkulturellen Familienaufbau und strukturierte Vielfalt«.[5]

Ab dem 14. Jh. entwickelten Migrantinnen und Migranten islamischer und turku-mongolischer Herkunft das Osmanische Reich und etablierten eine Art »überethnischer« Herrschaft. Unter dieser hatten ethnokulturell und religiös homogene Stadtviertel das Recht, sich selbst unter der Leitung ihrer jeweils ei-genen religiösen Autoritäten zu verwalten.[6]

Man sollte die Migrationen dieser Epochen nicht idealisieren. Deren Ursa-chen und Begleiterscheinungen waren katastrophal: kriegerische Aggression, gewaltförmige Expansion, Deportationen und Wiedereingliederungen sowie permanent destabilisierte Lebensbedingungen waren alltägliche Normalität. Aber dennoch lässt sich erkennen: Regelmäßig waren es vor allem Migrantin-nen und Migranten, die kraft ihrer *Agency* in diesen Umbrüchen immer wieder wirtschaftliche, politische und gesellschaftliche Innovationen geschaffen ha-ben. Nicht zuletzt Sprachen, Kulturen und Religionen haben sich unter ihrem Einfluss ständig verändert und weiterentwickelt.

Die Moderne stoppte diese Prozesse des transkulturellen Wandels. Mit dem Streben der Moderne nach Eindeutigkeit und Einheit und der damit ver-bundenen Idee des homogenen Nationalstaates entsteht aus politischen Inte-ressen eine Geschichtsschreibung, die die Genese und Legitimität solcher mo-nokultureller Staatsgebilde historisch belegen sollte.[7] Die Geschichtswissen-schaft stellte sich in den Dienst dieser Interessen und löschte die Wirklichkeit der europäischen Migrationsgeschichte aus dem Gedächtnis – und damit auch die Erinnerung an die Normalität von kultureller und religiöser Pluralität. Mit-hilfe nationalistischer Ideologien wurden ethnokulturelle Differenzen ausra-diert und innerhalb der Nationen Minderheiten hierarchisiert. Begründet wur-de dies damit, dass Migrantinnen und Migranten und Minderheiten die Einheit, die Sicherheit und den Wohlstand wie auch die Kultur und Religion der Mehrheitsbevölkerung bedrohen. Migration als Quelle, Migrantinnen und

---

[4] Vgl. DIRK HOERDER, Migrationen und Migrationsprozesse, in: ÖSTERREICHISCHE FOR-SCHUNGSGEMEINSCHAFT (Hrsg.), Migration, Wissenschaft-Bildung-Politik 15, Wien u.a. 2013, 65-86, 69ff.

[5] A.a.O., 70f.

[6] Vgl. ebd.

[7] Vgl. a.a.O., 65.

Migranten als Akteure von Innovation und positiver gesellschaftlicher Veränderung gerieten nicht nur aus dem Blickfeld; sie wurden diskriminiert, stigmatisiert, verfolgt und ermordet.

c) Sozial- und kulturwissenschaftliche Befunde: Aktuell wird der innovative Einfluss von Migration auf modernen Gesellschaften vor allem in diesen Disziplinen erforscht. So kann Migration z.B. aus wirtschaftswissenschaftlicher Sicht positive Auswirkungen auf das Gemeinwesen und dessen Wohlstand haben, Wirtschaftswachstum und Exporte fördern und den Wohlfahrtsstaat langfristig entlasten. Freilich stellen sich solche positiven Auswirkungen nicht gleichsam automatisch ein, sondern verlangen nach bewusster politischer Gestaltung und geeigneten Rahmenbedingungen, wie z.B. der raschen Integration von Migrantinnen und Migranten in Bildungssysteme und den Arbeitsmarkt oder der Rechtssicherheit in Bezug auf den Aufenthaltsstatus. Deshalb hat Migration auch länderspezifisch heterogene Effekte. Eine langfristige Perspektive – wie z.B. eine demografische Sicht[8] – kann allerdings eindeutig die wirtschaftlichen Vorteile der Migration nachweisen.[9]

Auch eine politisch-wissenschaftliche Sicht belegt die Veränderungskraft, die insbesondere von Migrantinnen und Migranten ausgehen kann. So hat die Pädagogin, Psychologin und Politikwissenschaftlerin Maria do Mar Castro Varela in einer qualitativ-empirischen Studie gezeigt, dass die sog. *Agency* (i.e. die eigenständige Handlungsmacht) von Migrantinnen und Migranten eine Vielzahl kreativer Formen annehmen kann.[10] Sie sind nicht bloß passive Opfer, sondern können ihre Erfahrungen transformieren: politische Sensibilisierung, die Bereitschaft zu politischer Partizipation, der Einsatz für soziale Gerechtigkeit oder die Entwicklung sozialer Utopien sind die Folge. Unter bestimmten Bedingungen können also negative Erfahrungen – der Mangel an sozialer Anerkennung, der strukturelle Rassismus in Institutionen und die alltägliche rassistische Gewalt, die Konfrontation mit gewalttätiger Repräsentationspolitik – durch bewusste Auseinandersetzung Utopien von einer Welt entstehen lassen, in der Migrantinnen und Migranten nicht mehr nur als diskriminierte Opfer und Fremde gesehen werden, sondern als voll anerkannte und gleichberechtigt teilhabende Mitglieder einer Gesellschaft.

---

[8]   Vgl. MASSIMO LIVI BACCI, Kurze Geschichte der Migration, Berlin 2015.

[9]   Vgl. SIMONETTA LONGHI u.a., Meta-Analysis of Empirical Evidence on the Labour Market Impacts of Immigration, in: Tinbergen Institute Discussion Paper TI2004-134/3 (2008); PETER HUBER, Auswirkungen von Migration auf die Wirtschaft. Was wir wissen, was wir nicht wissen und was wir tun sollten unter www.oefse.at/fileadmin/content/Downloads/Publikationen/Oepol/Artikel2016/Huber_OEPOL2016.pdf [Aufruf: 23.2.2021].

[10]   Vgl. MARÍA DO MAR CASTRO VARELA, Unzeitgemäße Utopien. Migrantinnen zwischen Selbsterfindung und gelehrter Hoffnung, Bielefeld 2007.

3. Aktuelle Narrative über Migration

Die wenigen skizzierte Ergebnisse dokumentieren, dass Migrantinnen und Migranten Akteure sozialer, gesellschaftlicher, politischer, kultureller und religiöser Veränderung, ja sogar Innovation sein können – wie auch Migration ein Gewinn für die Gesellschaft sein kann. Wer diese Perspektive in öffentliche Diskurse einbringt, kann freilich rasch auf Irritation, Ablehnung, Aggression und sogar Hass stoßen. So mancher Gesprächspartner hält solche Überlegungen für naiv, mitunter sogar für verrückt und gefährlich – ungeachtet der Tatsache, dass es sich dabei um wissenschaftliche Forschungsergebnisse handelt. Wie lässt sich diese Abwehr erklären? Wieso dominiert eine primär negative Sicht auf Migration?

3.1 Dominante Krisen-, Problem- und Bedrohungsnarrative Ursachen und Funktionen

Die politischen und medialen Narrative, die seit der sogenannten Flüchtlingskrise im Herbst 2015 die Migrationsdiskurse dominieren, haben weite Teile der Bevölkerung erreicht und verändert. Nach dem anfänglichen Narrativ einer »Willkommenskultur« (in Deutschland und Österreich) ist der Diskurs spätestens mit der sog. Silvesternacht in Köln »gekippt« und (nicht nur) rechtspopulistische Parteien haben europaweit politisches Kapital aus der Migrationskrise geschlagen, nicht zuletzt durch das Befeuern von Ängsten und Sorgen der autochthonen Bevölkerungen. Die migrationsfeindliche Dynamik beginnt in der Europäischen Union zwar bereits in den 1990er Jahre, aber die Schwierigkeiten, die die Flüchtlingskrise mit sich brachte, hat diese massiv beschleunigt. Mangels innovativer gesellschaftlicher Narrative und Visionen von Seiten der Mainstreamparteien sowie der gesellschaftlichen Eliten bzw. Medien, wie denn ein gutes Zusammenleben in einer Migrationsgesellschaft aussehen könnte, konnten sich rechtsautoritäre Bedrohungserzählungen in weiten Teilen der Bevölkerung Gehör verschaffen. Sprachpolitische Bilder u.a. aus der NS-Zeit, wie »Bevölkerungsaustausch«, »Überschwemmung durch eine Migrantenflut«, oder gar »Umvolkung« bzw. »Islamisierung« haben dabei wohl auch in einer gemäßigten Mittelschicht Spuren hinterlassen.

So dominieren heute negative Wahrnehmungen von Migration. Im besten Fall wird sie als technokratisch zu lösendes Problem oder als Integrationsherausforderung für die Aufnahmegesellschaft beschrieben. Zumeist aber gilt sie als Krise oder gar Bedrohung – des Sozialstaates, des Wohlstands, der kulturellen Identität. Migration wird als Auslöser für Wertekonflikte gesehen, als Ursache des Untergangs der westlichen oder jüdisch-christlichen Kultur betrachtet oder gar für den Zusammenprall der Kulturen verantwortlich gemacht. Manche phantasieren sogar die Unterwerfung Europas unter den Islam. Denn Migration bzw. Migrantinnen und Migranten werden heute im öffentlichen

Diskurs mit »dem« Islam bzw. Muslimen identifiziert. Die Heterogenität der Migrationsformen wird dabei wenig berücksichtigt.

In einem solchen gesellschaftlichen Klima ist es schwierig, alternative oder gar positive Narrative einzubringen. Gleichwohl muss der Einseitigkeit der Problem- und Krisenfixierung etwas entgegengehalten werden, um die fortschreitende, insbesondere sprachliche Radikalisierung zu stoppen, die das Leben von Migrantinnen und Migranten beschädigt und die Gesellschaft verrohen lässt. Die Konflikte, Probleme und Krisen des Zusammenlebens in einer Migrationsgesellschaft sollen dabei mittels positiver Narrative weder abgewehrt noch beseitigt oder gar ersetzt werden. Konflikte sind in heterogenen Gesellschaften gleichsam normal und ein lebendiges Zeichen von Integration.[11] Sie sollen es aber ermöglichen, die realen Probleme in einem grundlegend positiven Horizont wahrzunehmen. Um dieses Anliegen zu befördern, ist es zunächst wichtig, mögliche Ursachen einer dominanten Problem- und Krisenfixierung zu verstehen. Dazu seien einige Antwortversuche skizziert:

a) Im Hintergrund der Abwehr von Migration steht maßgeblich ein Kampf um soziale, politische, ökonomische, kulturelle, religiöse und ideologische Hegemonie, der von Seiten der Mehrheitsgesellschaft geführt wird. Angesichts der demographischen Entwicklung und der wachsenden Anteile von Migrantinnen und Migranten in der Gesellschaft wäre dies sogar verständlich – wenn man die irreale Fiktion einer Gesellschaft teilt, der zufolge sich in der Gesellschaft streng getrennt Menschen mit und ohne Migrationsgeschichte gegenüberstehen, die um Ressourcen und Macht kämpfen.

Die Wirklichkeit ist allerdings etwas komplexer. Denn in einer postmigrantischen Gesellschaft sind diese Grenzziehungen zwischen Migrantinnen und Migranten und Nicht-Migranten schlichtweg nicht mehr möglich.[12] Zudem verlaufen die Bruchlinien der Gesellschaft in Bezug auf Macht und Teilhabe deutlich komplexer: zwischen Reichen und Armen, zwischen den Geschlechtern, zwischen Jungen und Alten, zwischen urbanen und ruralen Regionen. In einer neoliberalen Leistungsgesellschaft haben sie überdies maßgeblich ökonomische und politische Ursachen. Vor allem aber sind alle Beteiligten vor jeglicher Differenzziehung und Distinktion Menschen. Freilich: Dass in einer Migrationsgesellschaft Macht und Ressourcen neu aufgeteilt werden und die soziale, kulturelle, politische und rechtliche Partizipation von Migrantinnen und Migranten gefördert werden müssen, ist ein Faktum, das der Gerechtigkeit geschuldet ist. Solche Transformationen müssen der autochthonen Bevölkerung zugemutet werden, auch wenn dies Sorgen, Ängste und Konflikte verursacht.

---

[11] Vgl. ALADIN AL-MAFAALANI, Das Integrationsparadox. Warum gelungene Integration zu mehr Konflikten führt, Köln ⁴2018.

[12] Vgl. NAIKA FOROUTAN, Die postmigrantische Gesellschaft. Ein Versprechen der pluralen Demokratie, Bielefeld 2019.

b) Die Angst vor Hegemonieverlust hat reale Gründe. Tatsächlich erodiert aus globaler Sicht die europäische Vorherrschaft seit geraumer Zeit. Freilich weniger durch Migration, sondern vor allem wegen der geopolitischen Kämpfe um politische und ökonomische Ressourcen, Macht und Vorherrschaft seit 1989 – ein Kampf, der nicht zu Ende ist und u.a. im Aufstieg Chinas zur globalen Weltmacht sichtbar wird. Zudem machen die Europäer tatsächlich nur mehr 9,79% der Weltbevölkerung aus, nicht zuletzt infolge demographischer Entwicklungen und ungeachtet der Tatsache, dass wir dennoch den zigfachen Anteil globaler[13] Ressourcen nützen. Migrantinnen und Migranten für den Macht- und Bedeutungsverlust Europas verantwortlich zu machen – noch dazu, indem man sie mit einem rigiden Asyl- und Migrationsrecht, mit Grenzzäunen, FRONTEX oder paramilitärischen Projekten vor den Grenzen Europas zu halten versucht – erscheint in diesem Zusammenhang nicht nur irrational, sondern als psychologischer Umkehrmechanismus. Jene, die als Opfer geopolitischer Machtkämpfe in Europa landen und vom Ausmaß globaler Probleme Kunde bringen, werden zu Verursachern des Hegemoniekampfes und (z.B. als Wirtschaftsflüchtlinge bezeichnet) zu Tätern erklärt.

c) Negative Migrationsnarrative erfüllen mithilfe solcher Projektionen auch die Funktion, sich nicht mit den komplexen Ursachen gesellschaftlicher, ökonomischer und (geo)politischer Probleme auseinandersetzen zu müssen. Statt sich z.B. der Herausforderung der Ansammlung politischer Macht in den Händen multinationaler Großkonzernen zu stellen, scheint es einfacher, Migrantinnen und Migranten zur Ursache von Problemen zu erklären. Denn diese haben keine mächtige, finanzkräftige politische Lobby, die sie beschützt und ihre Rechte wahrt. Negative Narrative bewahren überdies auch davor, sich den notwendigen persönlichen, institutionellen und strukturellen Veränderungen zu stellen, die in einer Migrationsgesellschaft notwendig sind. Indem Migrantinnen und Migranten und Muslime zu Fremden, d.h. zu Nicht-Zugehörigen erklärt werden, lassen sich viele Probleme, die genau besehen die gesamte Gesellschaft belasten, auf diese projizieren. So betrifft die viel zitierte Bildungsferne migrantischer Gruppen auch einheimische soziale Gruppen und hat ihre zentralen Ursachen wohl eher in der Armut als in der Migration. Kulturelle Konflikte wiederum gibt es nicht nur zwischen Menschen verschiedener nationaler oder kultureller Herkunft, sondern auch zwischen Autochthonen, die heterogenen sozialen oder kulturellen Milieus angehören. Die Tendenz, gesellschaftliche Probleme mit Migration zu erklären, wird dabei genährt durch die berechtigte Angst vor Arbeitslosigkeit, vor Konkurrenzdruck und davor, in einer neoliberalen Wirtschaft überflüssig zu werden. Verstärkt wird sie in einer sich vor allem in den jüngeren Generationen kulturell und religiös rasant pluralisierenden Gesellschaft durch die ebenfalls begründete Wahrnehmung der

---

[13] Vgl. https://de.statista.com/statistik/daten/studie/1738/umfrage/verteilung-der-weltbevoelkerung-nach-kontinenten/ [Aufruf: 23.3.2019].

Erosion der Dominanz der älteren Generation. Statt nun gemeinsam ein zukunftsorientiertes, positives Bild von pluralen, inklusiven, lebendigen und durch Diversität bereicherten Gesellschaften zu entwickeln, in die sich alle integrieren können, wird Migration zur »Mutter aller Probleme« (so Horst Seehofer 2018) erklärt.

d) Die spezielle Stigmatisierung von Muslimen hat überdies politische Interessen als Ursache. So hat die Politikwissenschaftlerin Astrid Mattes anhand einer Analyse von über 800 Parlamentsprotokollen, Presseberichten und politischen Statements in Österreich, Deutschland und der Schweiz – aus einem Zeitraum von 20 Jahren – gezeigt, dass diese Stigmatisierung zunächst nicht die rechtspopulistischen Parteien zu verantworten haben, sondern vor allem die christlich-demokratischen Parteien.[14] Indem diese den Islam zu einem politischen Thema formatierten, konnten sie von ihren inneren parteipolitischen Problemen ablenken. Dabei spalteten sie diesen in eine gute und eine schlechte Version und stellten letzterer eine universelle Religion gegenüber, die auf dem (jüdisch-)christlichen Erbe beruht. Dieser Narrativ von der Inkompatibilität zweier Kulturen und Wertsysteme dominiert heute nicht nur den öffentlichen Diskurs, sondern die Wahrnehmung weiter Schichten der Bevölkerungen in Deutschland, Österreich und der Schweiz.

3.2 Berechtigte Gründe für die Skepsis gegenüber positiven Narrativen

Freilich gibt es auch berechtigte Gründe für die Ängste der Einheimischen. Allerdings wäre es rationaler, wenn diese nicht der Migration als solcher, sondern deren Ursachen gelten würden: dem Klimawandel mit all seinen ökologischen und sozialen Folgen; der wachsenden sozialen und wirtschaftlichen Ungleichheit; der Erosion des sozialen Zusammenhalts und der Krise der Demokratie; den globalen Machtkämpfen und nicht zuletzt der Angst vor den einst Kolonisierten.[15]

Tatsächlich gibt es auf Seiten vieler Migrantinnen und Migranten aus dem globalen Süden eine immense Wut auf den Westen: Denn Europa hat seinen Wohlstand auf dem Kolonialismus aufgebaut und lebt nach wie vor postkolonial auf Kosten der ehemals Kolonisierten. So gibt es, wie Pankaj Mishra eindrücklich belegt, heute weltweit Millionen von Menschen, die ihren Anteil an diesem Reichtum und die Teilhabe an der damit verbundenen Macht einfordern.[16] Allerdings schaffen es nur die wenigsten, in Europa anzukommen. Auch

---

[14] Vgl. ASTRID MATTES, Integrating Religion. The roles of religion in Austrian, German and Swiss immigrant integration policies, Wien 2016.

[15] Vgl. DOMINIQUE MOISI, Kampf der Emotionen. Wie Kulturen der Angst, Demütigung und Hoffnung die Weltpolitik bestimmen, München 2009.

[16] Vgl. PANKAJ MISHRA, Das Zeitalter des Zorns. Eine Geschichte der Gegenwart, Frankfurt/M. 2017.

der Wunsch nach dem Gelobten Land erfüllt sich nach der Ankunft in Europa nur für wenige und selten. Die Mehrheit der Zuwanderer nach Europa weiß keine politisch relevante Lobby an ihrer Seite und lebt aufgrund ihrer eingeschränkten Rechte und mangelnden Organisation oftmals in sozial und rechtlich fragilen Situationen. Infolge dieser Vulnerabilität eignen sich Migrantinnen und Migranten hervorragend als Sündenböcke für die Ängste der Einheimischen.

Neben diesen Ängsten gibt es auch ethisch anspruchsvolle Motive, eine naiv positive Sicht der Migration abzulehnen. So kann eine einseitige Fokussierung auf die Vorteile der Migration als Verharmlosung und Zynismus wahrgenommen werden. Zum einen besteht die Gefahr, real existierende Probleme wie religiös oder politisch motivierten Extremismus, demokratiepolitisch oder ethisch problematische Einstellungen (wie z.B. migrantischen Antisemitismus, politischen Autoritarismus oder Nationalismus, Frauenfeindlichkeit usw.) zu verharmlosen oder zu relativieren. Zum anderen stehen ausschließlich positive Narrative aber vor allem in der Gefahr, das Leid von Kriegsflüchtlingen, das Elend und die Armut der Migranten, deren Ausbeutung, Diskriminierung und Unterdrückung zu verschleiern oder ideologisch zu verbrämen. Positive Narrative dürfen kritische Rückfragen daher ebenso wenig ausblenden wie das Drama der Migration, sondern müssen diese Dimensionen ernstnehmen und integrieren.

3.3 Narrative der katholischen Kirche

Dies gilt auch für theologische Ansätze, die einen positiven Sinn in der Migration behaupten. Einen solchen formuliert z.B. die Katholische Kirche in ihrer Instruktion *Erga migrantes caritas Christi*, wenn sie die internationalen Migrationen als »Zeichen der Zeit« interpretiert und als Instrument der Heilsgeschichte betrachtet: »Wir können also das gegenwärtige Migrationsphänomen als ein sehr bedeutsames Zeichen der Zeit betrachten, als eine Herausforderung, die es beim Aufbau einer erneuerten Menschheit und in der Verkündigung des Evangeliums des Friedens zu entdecken und zu schätzen gilt.«[17]

In der Tat muss sich eine solch soteriologische Interpretation der Gefahr bewusst sein, die dramatisch-tragischen Erfahrungen der Migration theologisch zu überhöhen und damit zu negieren. *Erga migrantes* ist sich dessen aber durchaus bewusst, wenn es einige Absätze zuvor heißt: »Wenn einerseits die Leiden, die die Migrationen begleiten, in der Tat Ausdruck der Geburtswehen einer neuen Menschheit sind, zeigen andererseits die Ungleichheiten und das Ungleichgewicht, deren Folge und Ausdruck die Migrationen sind, in Wahrheit

---

[17] PÄPSTLICHER RAT FÜR DIE SEELSORGE VON MIGRANTEN UND MENSCHEN UNTERWEGS, Erga migrantes caritas Christi (Die Liebe Christi zu Migranten), Vatikan 2004, 14.

den Riss, der durch die Sünde in die Menschheitsfamilie kam, und erweisen sich daher als ein schmerzhafter Aufruf zur wahren Brüderlichkeit.«[18]

Das positive Veränderungspotential, das der Migration innewohnt, verwirklicht sich also nicht gleichsam von selbst, sondern bedarf der Konfrontation mit deren »sündhaften« Ursachen und dem aktiven ethischen und politischen Einsatz zu deren Bekämpfung. Erst dann kann Migration ihr die Menschheit befreiendes Potential entfalten. Die Erfahrung der Gnade, die sich damit – wie bei allen »Zeichen der Zeit« verbinden kann – ist untrennbar mit der Bereitschaft verbunden, sich im Kontext von Migration zu engagieren: in Begegnungen, um voneinander und miteinander zu lernen; in internationaler Solidarität und dem Aufbau einer neuen gerechten Wirtschaftsordnung; im gemeinsamen Ringen um ein Zusammenleben in religiöser und kultureller Verschiedenheit.[19] Migration als soteriologisches »Zeichen der Zeit« zu verstehen, bedeutet also nicht, dass die Gnade Gottes darin als objektives Faktum vorliegt, sondern setzt die Wahrnehmung von Migration aus der Sicht des Glaubens voraus – und untrennbar damit verbunden soziale und pastorale Prozesse, an denen sich Menschen mit und ohne Migrationsgeschichte gemeinsam auf den Weg machen, eine je humanere und gerechtere Gesellschaft und Welt in Frieden aufzubauen. Der positive Migrations-Narrativ der Katholischen Kirche ist demnach ein fundamental praktisch-theologischer. Die Erzählungen erschließen sich erst im Kontext eines gemeinsamen ethischen und politischen Handelns.

4. »Bekehrung des Blickes« (Pierre Bourdieu)

Trotz der Risiken, die eine positive Sicht auf Migration mit sich bringt, ist ein solcher Perspektivwechsel unabdingbar. Denn in jedem Fall prägt die Wahrnehmung von Migration das daraus jeweils resultierende Handeln. Wer Migration als Bedrohung sieht, wird anders handeln, als jemand, der in ihr ein Phänomen erkennen kann, dem auch positive Möglichkeiten innewohnen. Überdies bedarf jeder soziale Transformationsprozess – und daher auch Migration – abstrakter Deutungen, um abseits von konkreten Tagesaktualitäten Orientierung und Lösungen für Probleme zu finden. So schreibt der Historiker Walter Pohl: »Ohne eine solche Abstraktionsebene, die es uns erlaubt, ein gesellschaftliches Phänomen als Ganzes zu verstehen, ist eine nachhaltige Problemlösung nicht möglich.«[20]

---

[18] Erga migrantes, 12.
[19] Vgl. z.B. a.a.O., 8.
[20] Walter Pohl, Die Entstehung des europäischen Weges. Migration als Wiege Europas, in: Österreichische Forschungsgemeinschaft, Migration (s. Anm. 4), 27-44, 43.

Angesichts einer dominant negativen Wahrnehmung von Migration erfordert dies freilich einen entsprechenden Perspektivenwechsel, der mit Pierre Bourdieu und Loic Wacquant als »Umkehr des Blickes«[21] bezeichnet werden kann. Eine solche Bekehrung beinhaltet für die autochthonen Bevölkerungsgruppen vor allem die Bereitschaft, Migration aus der Perspektive der Migrantinnen und Migranten zu reflektieren und deren Erfahrungen und Ressourcen anzuerkennen. Nötig dafür ist überdies eine Wahrnehmung von Migration, die sich auch ausdrücklich für die Suche und die Bestätigung der Chancen und des inneren Sinns öffnet, die ihr innewohnen – im Wissen, dass eine solche Sicht immer auch vom Scheitern bedroht ist.

Ein solcher Ansatz findet sich z.B. im Jahr 1990 veröffentlichten Essayband »Die Freiheit des Migranten«[22] des tschechisch-jüdischen Medienphilosophen Vilém Flusser. Dieser reflektiert darin, welche spezifische Fähigkeiten Migrantinnen und Migranten aus Schmerz- und Verlusterfahrungen entwickeln können. Zu diesen Fähigkeiten gehört z.B. ein Verständnis von Heimat nicht als geografische, sondern als relationale Kategorie; die Gabe, in der Obdachlosigkeit zu leben; die Bereitschaft, in Freiheit Verantwortung zu übernehmen und die Kompetenz kultureller Mehrsprachigkeit. Für Flusser ist insbesondere das Anderssein der Migrantinnen und Migranten die zentrale Chance für die Selbstvergewisserung des Sesshaften. Der Migrant ist gleichsam »das Fenster, durch das die Rückständigen die Welt sehen« und »der Spiegel, in dem sie sich selbst sehen können, wenn auch verzerrt«[23]. Migrantinnen und Migranten und Flüchtlinge eröffnen demnach neue Einblicke und Perspektiven auf sich selbst und die Gesellschaft, in der die Einheimischen leben, und lassen die reiche kulturelle Vielfalt dieser Erde vor Ort erkennen.

Allerdings sind diese Erkenntnisse nicht immer angenehm für die Sesshaften. Denn mit der Migration kommt auch das globale Elend dieser Welt unmittelbar vor die Haustür. Migrantinnen und Migranten und Flüchtlinge sind daher auch Träger irritierender Nachrichten. Wie alle Katastrophenbotschafter werden sie gefürchtet und abgelehnt. Diesen bedrohlichen Aspekt der Erkenntnis benennt der jüdisch-polnische Soziologe Zygmunt Baumann, wenn er Migrantinnen und Migranten als »Boten des Unglücks« bezeichnet, deren Ankunft nicht durch die Sesshaften verursacht ist, nicht deren Kontrolle unterliegt und auf keiner Zustimmung basiert.[24] Deshalb verkörpern nach Baumann Migrantinnen und Migranten »den Zusammenbruch einer Ordnung, die ihre

---

[21] Pierre Bourdieu/Loic Wacquant, Reflexive Anthropologie, Frankfurt/M. 1996, 284.

[22] Vilém Flusser, Die Freiheit des Migranten. Einsprüche gegen den Nationalismus, Berlin-Wien 2000.

[23] A.a.O., 30.

[24] Vgl. Zygmunt Baumann, Die Angst vor den Anderen. Ein Essay über Migration und Panikmache, Berlin 2016.

Bindungskraft verloren hat.«[25] Indem Migrantinnen und Migranten die schlechten Nachrichten aus allen Teilen der Welt direkt vor die Tore Europas bringen, erinnern sie uns »in einer irritierenden, ärgerlichen und erschreckenden Weise an die (unheilbare?) Verletzlichkeit unserer eigenen Position und die endemische Position unseres hart erkämpften Reichtums«.[26] Was sollte nun an solchen Perspektiven positiv sein?

Folgt man Flusser und Baumann, fördert Migration die Fähigkeit, sich selbst besser zu erkennen, die eigenen Probleme wie in einem Vergrößerungsglas zu sehen und notwendige Veränderungen vorzunehmen – individuell, gesellschaftlich und politisch. Migration eröffnet Räume des Lernens und der Konversion. Migrantinnen und Migranten beschleunigen und erzwingen die Konfrontation mit Problemen, die auch ohne ihre Ankunft angegangen werden müssten. Sie sind nicht deren Ursache, aber sie machen sie sichtbar: u.a. die globale Ungleichheit, die neoimperialen wirtschaftlichen Beziehungen der Abhängigkeit und die ökologischen Folgen eines imperialen Lebensstils.

Eine positive Sicht auf Migration impliziert also keineswegs Narrative, die die Übel der Gesellschaft verdecken. Vielmehr stellt sich Migration zuerst als Weckruf dar, der uns die Wirklichkeit neu sehen lässt. Während dieser Weckruf im Moment schmerzhaft sein kann, kann er mittelfristig zu einem besseren Leben für alle führen. Theologisch spricht man in diesem Zusammenhang von Umkehr, Reue bzw. μετάνοια. Migrantinnen und Migranten sind demnach nicht erst als aktiv Handelnde Akteure religiöser und sozialer Innovation, sondern bereits durch ihre Anwesenheit und deren Auswirkungen auf die Aufnahmegesellschaft. Diese aber müssen nicht zwingend positiv sein, denn wie man auf die Erkenntnisse durch Migration reagiert, ist eine ethische Entscheidung in Freiheit. Deshalb kann man sich für Rassismus ebenso entscheiden wie für die Förderung des Zusammenlebens.

5. Biblische Perspektiven. Migration als *locus theologicus*[27]

Aus theologischer Sicht ist eine alternative, positive Sicht auf Migration, die sich auf ihre Potenziale konzentriert und sie als Lernort betrachtet weder überraschend noch neu. Zahlreiche biblische Schlüsseltexte zeugen von dieser Erfahrung – zunächst vor allem im Alten Testament. Jener Glaube, den man heute ethischen Monotheismus nennt, wurde im Kontext von Aufbruch und Nomadentum, von Flucht und Migration, Vertreibung und Deportation, im Exil

---

[25] BAUMANN, Angst (s. Anm. 24), 20.

[26] A.a.O., 21.

[27] Zur ausführlichen Darstellung meines Ansatzes vgl. REGINA POLAK, Migration, Flucht und Religion. Praktisch-Theologische Beiträge, Bd 1 Grundlagen; Bd 2 Durchführungen und Konsequenzen, Ostfildern 2017.

und in der Diaspora entwickelt, untrennbar verbunden mit Erfahrungen von Leid, Gewalt, Armut, Not und Krieg. Die Erfahrungen, die Juden und Christen dabei durchlitten, wurden im Horizont des Glaubens reflektiert und zu ethischen und theologischen Konsequenzen verarbeitet. Tragische Erfahrungen wurden auf diese Weise zu Lernorten des Glaubens und fruchtbar gemacht. Die Migrantinnen und Migranten, deren Leben viele biblische Texte bezeugen, haben Migration nicht nur erlitten, sondern wurden zu Akteuren der Veränderung und darin zu Innovatoren gesellschaftlicher und religiöser Verhältnisse. Flucht und Migration bilden deshalb nicht nur den historischen Hintergrund oder die Kulisse des Volkes Gottes, dessen Glaube durch die Heilige Schrift bezeugt wird. Als Migrationserfahrungen stehen sie im Vordergrund der Verfasser biblischer Texte. Migration ist nicht nur der Kontext biblischer Erzählungen, nicht nur Information, sondern hat in diesem Sinn theologische und spirituelle Bedeutung. Sie wird zum Ort, zur Situation, in der Glaube gelernt wird und Theologie entsteht. Weil die Formen dieser Migrationserfahrungen verschieden sind, finden wir in den Texten der Bibel nicht nur eine, sondern vielfältige, mitunter widersprüchliche Theologien der Migration. Das Streben nach der theologischen Bedeutung in leibhaftig erlittenen historischen Erfahrungen bildet den Kern dieser vielfältigen Theologien.

Der ethische Monotheismus hat seinen Ursprung demnach nicht in philosophischen Abhandlungen, sondern ist katastrophalen Erfahrungen von Flucht und Migration abgerungen worden. Diese Katastrophen wurden zunächst als lebenszerstörender Fluch erlebt. Aber die Migrantinnen und Migranten der biblischen Texte verharrten nicht in Schmerz und Leid, sondern transformierten ihre Erfahrungen. Ob als Nomadenvolk, im Gefolge des Exodus, im babylonischen Exil oder im Imperium Romanum: Das Volk Gottes lernte, inmitten von Bedrängnis nach dem Sinn seiner Erfahrungen, dem inneren Sinn der Geschichte und dem Willen Gottes in der konkreten Geschichte zu fragen. Dabei verstanden sich die Menschen nicht nur als Opfer, sondern entwickelten das, was man heute *Agency* nennen würde. Sie zogen spirituelle, ethische und politische Konsequenzen aus katastrophalen Erfahrungen und verwandelten sie in konkrete Lernergebnisse: ethische Normen und rechtliche Regelungen, um Katastrophen fortan zu verhindern; Erzählungen, Gebete und Liturgien, die die Leiden der Migration nicht vergessen lassen sollen und Gott als den Begleiter und Retter aus dem Elend loben, bedanken und feiern. Diese Art der theologischen Selbstreflexion eröffnete die Möglichkeit einer ständigen sozialen und religiösen, ethischen und politischen Erneuerung im Laufe der Geschichte.

Auf diese Weise entstehen Kriterien und Regeln für die angemessene Anbetung Gottes sowie ein hohes soziales Ethos, das zum Aufbau einer gerechten Gesellschaft verpflichtet, in der Fremde und Arme besondere Rechte genießen. Recht und Gesetz sollen für ein gerechtes und friedliches Zusammenleben sorgen. Das Volk Gottes verpflichtet sich, an die eigene Geschichte immer wieder zu erinnern, das Lernen wird zur religiösen Pflicht.

Normative Ideen wie die Menschenwürde und die Gleichheit aller Menschen; ein Verständnis von Gerechtigkeit, das seinen Maßstab an der Verantwortung für die Ausgegrenzten nimmt, insbesondere für die Armen und Fremden; die Entwicklung von Rechten, die die Neigung der Menschen zur Gewalt bannen und die Freiheit der Menschen schützen sollen: All diese Grundsätze sind Lernergebnisse der Reflexion über Migrationserfahrungen. Durch beständige Feste und Feiern bleiben die Erinnerungen an diese Geschichte auch den nachfolgenden Generationen erhalten. Durch glaubensbasierte transformative Interpretation wird der Fluch der Migration auf diese Weise zum Segen.

Als treuer Begleiter, der sein Volk durch diese Geschichte begleitet, wird Gott selbst erkannt. Er wird als jene Wirklichkeit erlebt, die vom Fluch der Migration, aus Exil und Diaspora befreit. Aus der Perspektive der Migrantinnen und Migranten ist es nicht verwunderlich, dass Schritt für Schritt erkannt wird, dass dieser Gott kein Stammesgott sein kann, der an einen festen Ort gebunden ist, sondern dass er transzendent und unsichtbar und immer mit seinem Volk unterwegs ist: ein »Migrantengott«. Sein Name – YHWH – bezieht sich auf diesen Ursprung: ein Verb, das reine Präsenz beschreibt; eine Realität, die nie vollständig erfasst und definiert werden kann und fremd bleibt. Wer könnte das besser verstehen als Menschen mit Migrationserfahrung? Ethischer Monotheismus ist also gewissermaßen das Lernergebnis von Migranten, die ihren Glauben reflektieren.

Ähnliche Lernprozesse lassen sich auch im Hintergrund zahlreicher Texte im Neuen Testament erkennen. Migration ist eine interpretative Matrix und leitende Erzählung auch für die Reflexion historischer Erfahrungen vieler frühchristlicher Gemeinschaften. Obwohl die meisten frühen Christen nicht mehr als Flüchtlinge und Migrantinnen und Migranten lebten, war auch ihr Leben katastrophal. Nicht wenige Familien in den Gemeinden wurden Opfer der Massenkreuzigungen der Tyrannei des Römischen Reiches. Mit der Zerstörung des Tempels in Jerusalem verloren auch die jüdischen Christinnen und Christen ihr kultisches Zentrum und damit ihre Hoffnungen; in der heidnischen Welt erlebten sie sich selbst als Fremde. In diesen Situationen werden die Erzählungen der jüdischen Tradition verwendet, die den Vorfahren geholfen haben, in verzweifelten Situationen Sinn und Hoffnung zu schöpfen – Erzählungen, die im Kontext von Migrationserfahrungen entstanden sind.

Im Zentrum dieser Erzählung findet man die Erfahrung, dass Gott während der größten Hoffnungslosigkeit neues Leben erschaffen kann. Der Gott, der in der biblischen Tradition bezeugt wurde, steht auf der Seite der Armen, der Ausgeschlossenen und der Fremden. Dieser Gott kann Ohnmacht in Macht verwandeln. Diese grundlegenden Erfahrungen geben den frühchristlichen Gemeinschaften Hoffnung, wie sie es in der Geschichte ihrer Vorfahren getan haben. Ihr Kern ist der Glaube an die Auferstehung Jesu Christi. Gott kann sogar die Toten zum Leben erwecken. Er überwindet – migriert – die Grenzen zwischen Leben und Tod.

Wie sehr die frühen Christen ihr Leben mittels einer Hermeneutik interpretieren, die von Migration geprägt ist, zeigt sich in vielen Texten des Neuen Testaments. Jesus verkündet seine Botschaft als wandernder Prediger in Galiläa und wird als obdachlos beschrieben (Lk 9,58). Matthäus verwendet das Motiv der Flucht nach Ägypten, aus der Jesus geholt werden muss (Mt 2,13-15). Gottes erlösendes Werk wird auch in diesen Erzählungen an einem Migrantinnen und Migranten erkennbar.

Die Obdachlosigkeit Jesu von Nazareth ist in manchen Texten eine Verpflichtung und Voraussetzung für seine Jünger, das Reich Gottes verkünden zu können. Das Selbstverständnis als Fremde und Gäste auf Erden (Heb 11,13, 1Pet 2,11) ist Teil der Identität der frühen Christen sowie eine Erfahrung der Diaspora. Durch Christus sind die Heiden jedoch keine Fremden mehr ohne Staatsbürgerschaft im Reich Gottes, sondern »Mitbürger der Heiligen und Haus Gottes« (Eph 2,19). Schließlich erinnert der Hebräerbrief die Gemeinde daran, »nicht zu vergessen, den Fremden Gastfreundschaft zu zeigen, denn dadurch haben einige Menschen den Engeln Gastfreundschaft gezeigt, ohne es zu wissen« (Heb 13,2). Dass im Fremden Christus selbst begegnet, bezeugt schließlich auch das Evangelium nach Matthäus (Mt 25,35).

So können viele biblische Erzählungen als eine Geschichte des Lernens im Kontext von Migration gelesen werden bzw. dienen Migrationsnarrative zur Deutung schwieriger Lebenssituationen. Das Diktum der pilgernden Kirche hat hier seinen Ursprung und entpuppt sich als alles andere denn harmlose, fromme Metapher. Es ruft vielmehr zur Bereitschaft auf, die Heimat zu verlassen, Grenzen zu überschreiten und neue Wege zu beschreiten.

In gewissem Sinn lernen sesshafte Christen deshalb seit Jahrhunderten bis heute ihren Glauben von Menschen, die diesen im Kontext von Migrationsphänomenen entwickelt haben. Solche Lernprozesse sind auch heute wieder möglich und notwendig: Migrantinnen und Migranten von heute können zu Lehrern werden. Diese Lernprozesse werden den Glauben verändern – den Glauben der Sesshaften wie den der Migranten. Die Kirche kann sich dann wieder ihrer migrantischen Ursprünge erinnern und aufbrechen, um die Gesellschaft zu verändern.

Migrantinnen und Migranten sind deshalb weder die besseren Menschen noch Gott näher als sesshafte Menschen. Aber ihre spezifischen Erfahrungen der Verletzlichkeit, der Fremdheit, des Fehlens von Rechten und der Abhängigkeit von anderen können die spirituelle Sensibilität erhöhen, YHWH zu erfahren. Selbstverständlich ist dies auch Sesshaften möglich, denn auch diese können mit Leid und Not konfrontiert sein. Aber vielleicht neigen Sesshafte eher dazu, den Glauben, in dem sie bisher gelebt haben, für allzu selbstverständlich zu halten. Migrantinnen und Migranten können hier zu einer fruchtbaren Irritation führen.

Umgekehrt garantiert Migrationserfahrung nicht selbstverständlich den Glauben. Entscheidend scheint die Bereitschaft zu sein, sich in schwierigen, leidvollen Situationen nicht passiv dem Schicksal zu ergeben, sondern sich aktiv der Auseinandersetzung mit Problemen zu stellen und die *Agency* über das eigene Leben wieder zu gewinnen. Dabei lässt sich – so das biblische Zeugnis – Neues über sich selbst, die Gesellschaft und Gott lernen. Daher kann Migration auch heute ein Ort des Lernens für Menschen mit und ohne Migrationsgeschichte sein. Solches Lernen findet zweifelsohne nicht in der Komfortzone statt; es zielt auf persönliche und gesellschaftliche Veränderungen. Biblisch gesprochen: Es erfordert μετάνοια.

2. Migrationskirchen – Einblicke und Gegenwartsanalysen

Claudia Rammelt

Einleitung

1. Das Feld der Migrationskirchen erschließen

Die Migrationsprozesse der jüngsten Vergangenheit ließen Menschen mit unterschiedlicher christlichen Prägung nach Deutschland kommen. In den hier als Migrationskirchen[1] bezeichneten Gemeinschaften gestalten sie christliches Glaubensleben. Die Fülle der begegnenden Christentümer ist groß und überrascht zumeist. Für Osnabrück beispielsweise lassen sich Gemeinden ausmachen, deren Herkunft in Afrika begründet ist, aber auch im asiatischen Raum, genauso in den Gebieten Osteuropas oder des Nahen Ostens. So feiern Christinnen und Christen katholischer, protestantischer, aber auch orthodoxer Prägung Gottesdienst in dieser niedersächsischen Großstadt (vgl. Günter Baum). Listenprozesse oder Mappingbestrebungen würden für die meisten Städte Deutschlands eine vergleichbare Vielfalt aufzeigen. Aufgrund der Fluidität des Phänomens der Migrationskirchen sind solche Listen aber auch schnell überholt. Oft gründen sich neue Gemeinden oder aber wechseln aufgrund äußerer Notwendigkeiten den Standort.[2]

---

[1]   Dazu die Gesamteinleitung in diesem Band.

[2]   Aus den Landeskirchen kam der Impuls, Migrationsgemeinden in Listen zu erfassen. Diese bildeten den Ausgangspunkt für Darstellungen zu Migrationskirchen, die versuchten das Phänomen zu erfassen und zu beschreiben. Sie wurden maßgeblich von Werner Kahl an der Missionsakademie in Hamburg und Claudia Währisch-Oblau an der Vereinten Evangelischen Mission in Wuppertal vorangetrieben. Beide Orte entwickelten sich zu Zentren der Vernetzung und Forschung, an denen auch verschiedene Programme zur Aus- und Fortbildung entwickelt wurden. Verschiedentlich begegnen auch Versuche, Übersichten zu erstellen wie die der Kirche von Hessen-Nassau über die orientalisch-orthodoxen Gemeinden in ihrem Gebiet. Vgl. Werner Kahl, Afrikanische Diasporagemeinden in Deutschland. Einführung, in: Transparent 52 (1998), 1-6. Das Heft enthält auch eine Liste afrikanischer Gemeinden in NRW (25-28); Claudia Währisch-Oblau, Überlegungen zur strukturierten Beschreibung eines komplexen Phänomens, in: ZMiss 31 (2005), 19-39; Ein Bericht des Arbeitskreises für interkonfessionelle Fragen im Zentrum Oekumene der EKHN und der EKKW, Frankfurt/M. [5]2016, unter www.zentrum-

Die Vielfalt des Phänomens der Migrationskirchen wird offensichtlich, wenn man sie nach Herkunftsländern oder nach Konfessionen sortiert. Dabei zeigen sich z.T. überraschende Konstellationen: Aus dem Nahen Osten kommen nicht nur orthodoxe Christen (vgl. Heidi Josua), aus Lateinamerika nicht nur Katholiken (vgl. Eva Baumann-Neuhaus), sondern aus beiden Regionen auch Protestanten. Zugleich lassen sich innerhalb einer Konfession unterschiedliche Entwicklungen erkennen, ja nachdem aus welchem Land die Migrierenden kommen (vgl. Dietrich Thränenhardt/Jenni Winterhagen). Diese herkunftsspezifischen und konfessionellen Blicke verdeutlichen die Bedeutung von Herkunftsraum und Konfession – aber nicht als Festschreibungen von Prägungen, sondern als Orte der Verlebendigung und Gestaltung von Glaubensleben. Christinnen und Christen, die von Gewohnheiten, Traditionen und Denkmustern geprägt sind,[3] migrieren mit genau diesen und wollen diesen in der Verschränkung der Kontexte weiterhin Ausdruck verleihen.[4]

Einhergehen damit spezifische Migrationsgeschichte(n) (vgl. Baumann-Neuhaus, Alena Höfer, Roumin Liu, Claudia Rammelt, Jan Gehm) und Kontextualisierungen der eigenen Tradition und Konfession in der Verschränkung der Kontexte (vgl. u.a. Nikolaj Thon, Octavian-Vasile Mihoc). Die Migrationskirchen begegnen dem neuen Kontext mit ihren mitgebrachten Vorstellungen und Schemata, auch ihren Zielen und Hoffnungen. So sind sie herausgefordert Traditionen und Gewohnheiten zu reflektieren. Assimilations-, aber auch Abgrenzungsprozesse wie auch Prozesse von Transformation werden beschritten. Diese Prozesse brechen in verschiedener Weise auf und machen unterschiedliche Themen deutlich, die die verschiedenen Gemeinschaften bewegen: Für an die Mutterkirche weiterhin gebundene Gemeinschaften wie die syrisch-orthodoxe oder auch die östlich-orthodoxen stellt sich ganz explizit die Frage nach der Sprache (vgl. Amill Gorgis, Thon), aber auch der christlichen Unterweisung (vgl. Josef Önder, Linda Kaplan). Auch das Thema der Gestaltung des Kirchenraumes ist für östlich-orthodoxe Christen von elementarer Bedeutung (vgl. Mihoc). Für afrikanische Christinnen und Christen bleibt die Heilige Schrift das Buch der Bücher (vgl. Égide P. Muziazia), das in jedem Haushalt zu finden ist. Um Vernetzung ringen vietnamesische Jugendliche (vgl. Sabrina Weiß); postmigrantische Jugendliche vietnamesischer Prägung um das Verste-

---

oekumene.de/fileadmin/content/Materialien/Dokumentationen/Orth_Gemeinden_5-Aufl. pdf [Aufruf: 15.3.2019].

[3] Vgl. FREDERIC CHARLES BARTLETT, Remembering, Cambridge 1932, später u.a. auch STUART HALL, Rassismus und kulturelle Identität. Ausgewählte Schriften 2, Hamburg 1994.

[4] Vgl. CLAUDIA RAMMELT/ESTHER HORNUNG, Begegnung in der Glokalität. Christliche Migrationskirchen in Deutschland im Wandel, in: DIESS./VASILE-OCTAVIAN MIHOC (Hrsg.), Begegnung in der Glokalität. Christliche Migrationskirchen in Deutschland im Wandel, Leipzig 2018, 15-28.

hen Jesu Christi (vgl. Thuy-Evelyn Pham, Nhan Gia Vo). Vertreter der zweiten Generation von Migrantinnen und Migranten aus Afrika bilden eigenständige Gemeinden (vgl. Werner Kahl).

Bei aller Verschiedenheit werden auch Linien offensichtlich über regionale und konfessionelle Grenzen hinweg:

- Migration von Christinnen und Christen ist ein vielfältiges Phänomen, das nicht nur mit einer bestimmten Region der Welt oder einer Konfession verbunden ist. Die Motive und Hintergründe der Migration variieren auch sehr stark bei Christinnen und Christinnen. Migrieren Christinnen und Christen aus dem Nahen Osten vornehmlich aufgrund von Gewalt und Verfolgung, kommen Menschen aus China vor allem aus Bildungsgründen nach Deutschland.
- Migration ist ein Phänomen der gesamten europäischen Christentumsgeschichte. Doch war die Anzahl der Gläubigen, die migrierten und Gemeinden gründeten, in Deutschland lange Zeit sehr überschaubar. Erst mit der Anwerbung der Gastarbeiter, aber auch globalen Migrationsbewegungen kam es vermehrt zu Gemeindegründungen. So gewann mit den 60ern und der Öffnung des Westens für migratorische Bewegungen die Pluralisierung der christlichen Landschaft eine neue Dimension.
- Die Mehrzahl der glokalen Christentümer bemühten sich, Organisationsformen zu finden. Waren die ersten Treffen meist lose, oft in privaten Wohnräumen, entstanden bald eine Vielzahl von Vereinen, in denen Menschen mit gleichem religiösem Hintergrund sich zusammenfanden und organisierten. Manche religiösen Gemeinschaften wie die syrischorthodoxe haben mittlerweile den Status einer Körperschaft öffentlichen Rechts erhalten.
- Gemeinde- und Glaubensleben in der »neuen Heimat« zu gestalten, fordert alle Gemeinschaften heraus. Traditionen und Riten sind zu kontextualisieren, auch zu hinterfragen. Fast allen Gemeinden sind Prozesse der Assimilation oder Abgrenzung, der Transkulturalität und der Transdifferenz bekannt, die mit dem Ringen der angemessenen Gestaltung des Glaubenslebens verbunden sind. Für viele wird in der Zukunft offensichtlich werden, wie der Spagat sich fortschreibt und auf welche transkulturellen Prozesse sich Gemeinden einzulassen haben. Es wird sich zeigen, welche Vernetzungsprozesse sie anregen und anstreben.
- Viele der Migrationskirchen sind mit der 2./3. Generation vor postmigrantische Realitäten gestellt. Kinder und Jugendliche kennen die Traditionen der »Heimat« aus den Erzählungen ihrer Eltern und Großeltern, aber sind nicht mehr mit ihnen groß geworden. Den orthodoxen Gemeinschaften liegt viel daran, dieser Generation den überlieferten Glauben zu vermitteln; in anderen Fällen entstehen neue Formen der Gemeinschaft. Wie die nachkommenden Generationen an bestehende Strukturen angebun-

den werden können, ob diese neuen Wege beschreiten oder aber in der Säkularisierung aufgehen werden, wird zu beobachten sein.

- Viele Migrantinnen und Migranten kommen aus Ländern mit einer instabilen, ja prekären ökonomischen Lage. Gerade auch Christen aus dem Nahen Osten sind geflohen. Zähe Asylverfahren, aber auch die Lage der verbliebenen Familie in den Heimatländern, stellen die Frage, welchen Beitrag Migrationskirchen leisten könnten, um zum einen Migrantinnen und Migranten, zum anderen aber auch die Familien im Heimatland zu unterstützen.

- Schon gegenwärtig lässt sich ein starkes diakonisches Engagement beobachten – sowohl in der Betreuung der älter werdenden ersten Generation (vgl. Gabriele Beckmann/Bianca Dümling/Drea Fröchtling) als auch in der Unterstützung für Geflüchtete (vgl. Benson Elisamoni Matawana).

Der zweite Teil des Bandes macht es sich zur Aufgabe, Einblicke und Gegenwartsanalysen in den Reichtum all der Christentümer zu geben, die als Migrationskirchen bzw. postmigrantische Gemeinden bezeichnet werden. Damit wird realisiert, was der Band sich zur Aufgabe gemacht hat: das Feld der Migrationskirchen zu erschließen. Es geht dabei nicht um ein Reden »über«, sondern um ein Reden »mit«, um das Gegenüber nicht zu »verandern«[5] und in konfessionskundlicher Distanz zu verharren.[6] Deshalb gilt es methodisch, Ergebnisse qualitativer Sozialforschung (vgl. u.a. Radermacher, Weiß), Einsichten teilnehmender Beobachtung, aber auch dichte Beschreibungen (vgl. Muziazia, Mihoc, Matawana) und Reflexionen aus den Gemeinschaften selbst (vgl. Gorgis, Pham und Vo, Kaplan) zu verbinden und aufeinander zu beziehen. Nur so ist dem Bestreben, zu einem grundlegenden Verstehen des Anderen zu gelangen, Rechnung zu tragen.

In diesem Buchteil geben Artikel Einblicke in die Geschichte und Charakteristika der verschiedenen Traditionen, aus denen und in denen sich Migrationskirchen etablieren; andere setzen sich mit Fragen und Themen auseinander, die die Migrationskirchen bewegen. Die Ordnung des Kapitels dominiert die konfessionelle Darstellung, bei der verschiedene Regionen berücksichtigt werden: den Anfang nehmen die Gemeinschaften der orientalisch-orthodoxen und östlich-orthodoxen Tradition, bevor weitere Artikel sich mit Gemeinschaften katholischer Provenienz beschäftigen und schließlich mit denen protestantischer Tradition, zu denen auch pentekostal orientierte Gemeinden gezählt

---

[5]   Ein von Reuter geprägter Begriff in diesem Zusammenhang. Vgl. Julia Reuter, Ordnungen des Anderen. Zum Problem des Eigenen in der Soziologie des Fremden, Bielefeld 2002.
[6]   Das ist das Anliegen, das auch zunehmend in kirchlichen Kreisen forciert wird, wenn von Hausgenossenschaft und nicht mehr von Gast und Gastgeber in diesem Zusammenhang gesprochen wird.

werden. Migrationskirchen afrikanischer Tradition, aber auch mit einem asiatischen Hintergrund finden Berücksichtigung. Nur durch die gewährten Einblicke, intensiven Wahrnehmungen und differenzierte Analysen der verschiedenen Migrationskirchen können tragfähige Leitbilder dessen entstehen, was es heißt, gemeinsam Kirche zu sein. Es ergibt sich die Vision »eines langfristigen und organischen interkulturellen Miteinanders, das auch Rückzugsmöglichkeiten eröffnet; sicher keine Simultankirche nach historischem Vorbild, aber auch keine Kommune; eher schon eine Wohngemeinschaft mit großzügigen Gemeinschaftsräumen und gemütlichen eigenen Zimmern als Rückzugsraum.«[7]

2. Zu den einzelnen Beiträgen

Das Thema der Migrationskirchen greift ALEXANDER-KENNETH NAGEL in seinem Beitrag in religionswissenschaftlicher Perspektive auf. Obwohl Migrationskirchen ein Stiefkind der Migrationsforschung darstellen, kann deren Erforschung diese wesentlich bereichern. Migrationskirchen sollten deshalb konsequent und systematisch in komparative Forschungsdesigns einbezogen werden. Vielversprechend sind Religionsvergleiche, Konfessions- oder Denominationsvergleiche, der Vergleich von Migrationskirchen aus unterschiedlichen Herkunftsländern und der Vergleich von Migrationskirchen und deutschsprachigen Gemeinden. Wie entsprechende Forschungsdesigns aussehen könnten, führt der Beitrag im Blick auf die zweite und dritte Vergleichsperspektive unter Rückgriff auf eine Pilotstudie exemplarisch vor.

Der Beitrag von GÜNTER BAUM zeigt am Beispiel der niedersächsischen Großstadt Osnabrück die Vielfalt christlichen Glaubenslebens vor Ort. Durch die Migrationskirchen wird die ökumenische Vielfalt ein glokales Phänomen. Konkret fragt der Beitrag nach Herkunftswegen, Organisationsstrukturen, Besonderheiten und Strukturverwandtschaften, aber auch nach den Herausforderungen, vor welche die Gemeinden durch die nachkommenden Generationen gestellt werden.

Entgegen der landläufigen Überzeugung, dass der Orient muslimisch sei und vor allem Muslime nach Deutschland migrieren, zeichnet CLAUDIA RAMMELT in ihrem Artikel Migrations- und Fluchtbewegungen der christlich-orientalischen Gemeinschaften aus dem Nahen Osten nach. Der Artikel skizziert die Migrationsgeschichte der vielfältigen orientalisch-orthodoxen Gemeinschaften und deren postmigrantische Situation in Deutschland. Trotz ihrer Unterschiedlichkeit

---

[7]   So Nagel in diesem Band.

beschäftigen alle Gemeinden Fragen nach dem Selbstverständnis, dem Kirchenraum, der Liturgie und der religiösen Unterweisung.

Jan Gehm geht in seinem Aufsatz der Geschichte der syrisch-orthodoxen Gemeinde in Herne nach. Er beschreibt die verschiedenen Etappen der in den 1960ern zugewanderten syrisch-orthodoxen Gastarbeiter aus der Südosttürkei über die Gründung eines eingetragenen Kulturvereins hin zu einer etablierten Kirchengemeinde. Neben den Fragen nach der Organisation der Gemeinde, der kirchlichen Versorgung der Gläubigen, der Integration und dem Zuzug von Familienmitgliedern waren es ökumenische Kontakte, die der Gemeinde für lange Zeit Gottesdienste ermöglichten. Bis heute zeichnet sich die Gemeinde durch ein hohes gesellschaftliches Engagement aus und ist bemüht, ihre Identität auch in bei der in Deutschland aufgewachsenen Generation zu bewahren.

Amill Gorgis führt in die Traditionen der syrisch-orthodoxen Kirche ein, ohne die das syrisch-orthodoxe Glaubensleben und dessen Herausforderungen in Deutschland nicht verständlich sind. Von besonderer Bedeutung ist die Frage, in welcher Sprache die Liturgie zu feiern ist. Gorgis plädiert dafür, Wege der Mehrsprachigkeit im Gottesdienst zu suchen, und spricht sich dafür aus, Übersetzungen in der Liturgie zu verwenden. Das gilt vor allem für gesprochene Texte und Rezitative. Für Lieder und Hymnen gibt es allerdings eine große Hürde, denn in ihnen sind Wort und Melodie kunstvoll verarbeitet.

Der Beitrag von Josef Önder fokussiert nach grundlegenden Ausführungen zur syrisch-orthodoxen Glaubensgemeinschaft und deren Verortung in Deutschland auf die Entwicklung des syrisch-orthodoxen Religionsunterricht. In Baden-Württemberg wird dieser als ordentliches Lehrfach nach erarbeiteten Rahmenplänen erteilt. Es sei die zentrale Aufgabe dieses Religionsunterrichtes, in das Leben mit Gott und der Kirche einzuführen, die Entwicklung der Getauften zu mündigen Christinnen und Christen zu fördern und Kinder und Jugendliche zu befähigen, sich als syrische Christenmenschen in der Gesellschaft zu verorten. Von Religionsunterricht gehen wichtige Impulse für die Gestaltung des Schullebens aus, Schulgottesdienste und Sozialprojekte sind nur zwei Beispiele.

Linda Kaplan ergänzt den vorhergehenden Beitrag um eine Perspektive aus der Praxis. Als Religionslehrerin an einer Schule in Baden-Württemberg berichtet sie aus dem Alltag des Unterrichts. Sie betont die Bedeutung des Religionsunterrichts für die Schülerinnen und Schüler. Er trage zur Identitätsbildung der Kinder und Jugendlichen bei, indem er grundlegende Überzeugungen der Glaubensgemeinschaft, deren Werte und vor allem auch deren Sprache vermittle. Lebhafte wie ernsthafte Diskussionen seien dabei selbstverständlicher Teil des Religionsunterrichts.

Mit über zwei Millionen Gläubigen ist die Orthodoxie die drittgrößte christliche Konfession in Deutschland. Inwieweit Deutschland zur neuen Heimat orthodoxer Christen geworden ist, erläutert NIKOLAJ THON in seinem Beitrag. Weil die Bindung an die Traditionen der Heimat immer noch stark ausgeprägt sei, sei der Traum von der deutschsprachigen Orthodoxie, wie ihn Erzpriester Heitz formulierte, nach wie vor keine Wirklichkeit. Zugleich betont der Beitrag, dass auf dem Weg zur größeren Einheit der orthodoxen Kirche in Deutschland bereits weitreichende Schritte gegangen und erste Früchte zu sehen seien. Dieser Weg ist nach dem Verfasser mit viel Klugheit, aber auch gegenseitiger Rücksichtnahme und Zielstrebigkeit fortzusetzen.

VASILE-OCTAVIAN MIHOC erklärt in seinem Beitrag zunächst die ekklesiale Struktur der orthodoxen Bischofskonferenz in Deutschland und arbeitet deren Hauptanliegen heraus: die Übersetzung liturgischer Texte, das ökumenische Engagement, der orthodoxe Religionsunterricht, die gesellschaftliche Visibilität als Integrationsbemühung. Ein zweiter Teil widmet sich der für die Orthodoxen hoch bedeutungsvollen Frage des Kirchenraums. Nach orthodoxem Verständnis überschreiten religiöse Praxis und kirchliche Liturgie räumliche Maßstäbe und transzendieren den Raum. Die Realitäten in der Diaspora fordern dieses Verständnis heraus.

Der Beitrag von DIETRICH TRÄNHARDT und JENNY WINTERHAGEN verdeutlicht, dass die besonderen kirchlichen Strukturen ein wichtiger Teil des Migrationsregimes in der alten Bundesrepublik waren. Die Strukturen zeigten ein starkes Engagement der Katholischen Kirche für Migrantinnen und Migranten, die über ihre Kirchensteuern diese Strukturen allerdings auch selbst finanzierten. Dass im Integrationsregime der alten Bundesrepublik auch integrative Lösungen möglich waren, zeigten Betriebe und Gewerkschaften. Hier stiegen Eingewanderte aus den Anwerbestaaten auch in wichtige Positionen auf, bis hin zu Vorsitzenden von Gesamtbetriebsräten großer Firmen. Dass die Diözesen weitgehend an den muttersprachlichen Gemeinden festhalten, ist auch deshalb bemerkenswert, weil angesichts des Priestermangels inzwischen mehr und mehr ausländische Priester in den Ortsgemeinden arbeiten – eine ganz andere multikulturelle Situation. Diese Zusammenhänge erhellen in ihrem Beitrag.

EGIDE P. MUZIAZIA zeigt in seinem Beitrag, wie die Bibelpastoral im Kongo zu einer Bibellektüre des Volkes geführt hat. Kongolesische Migrantinnen und Migranten haben diese kontextualisierte Lesart der Bibel nach Europa mitgebracht. In einem säkularisierten Umfeld verstehen afrikanische Migrantinnen und Migranten die Bibel als das einzig glaubwürdige Buch, das ihnen Orientierung gibt. So ist die Bibel das meistgelesene Buch in den afrikanischen Migrantenfamilien. In Paris oder in Brüssel z.B. treffen sich die Familien und legen gemeinsam in Form von Bibelteilen das Sonntagsevangelium aus. Am Ende des

Gebetes werden alle Teilnehmenden eingeladen, ihre Haltung zu ändern und das Evangelium im Alltag umzusetzen.

Der Beitrag von Eva Baumann-Neuhaus thematisiert die Zuwanderung aus Lateinamerika in das Einwanderungsland Schweiz und die in diesem Kontext zu beobachtenden Formen christlicher Gemeindebildung. Die Einwanderung aus Lateinamerika betrifft nicht nur die katholischen Missionen, sondern bringt auch protestantischen Migrationskirchen hervor. Beide stehen gleichermaßen vor der Frage, wie sie ihre eigene Multikulturalität ausgestalten. Anhand von zwei konkreten Beispielen zeigt der Beitrag: Migrationsgemeinden werden für Migrantinnen und Migranten zu einem Ort der Beheimatung, wo sie auf Menschen treffen, mit denen sie Sprache, Kultur und Glaube, aber auch die Migrationserfahrung teilen können. Sie sind aber auch Orte der alltagspraktischen, sozialen, emotionalen und spirituellen Unterstützung.

Frieder Ludwig und Stian Sørlie Eriksen zeichnen sehr detailreich die Entwicklungen der Forschungen zu afrikanischen transnationalen Gemeinden in Deutschland, Norwegen und Großbritannien nach. Dadurch erhellen sie zugleich die Geschichte und die Vielfalt transnationaler Gemeinden und die unterschiedlichen Rahmenbedingungen, denen Migrationskirchen in den drei Ländern sich stellen müssen. Sie zeigen zum einen, dass der bisherige Fokus der Forschung auf Untersuchungen zu Gemeinden charismatisch/pfingstkirchlichen bzw. afrikanisch-unabhängiger Traditionen überwiegend westafrikanischer Herkunft lag. Zum anderen entwickeln sie weiterführende Forschungsperspektiven. In ländervergleichender Perspektive zeigt sich, wie die rechtlichen Voraussetzungen, aber auch die Integrationsbemühungen der einzelnen Länder auf die Entwicklung von Migrationskirchen zurückwirkt.

Seit etwa einem Jahrzehnt lässt sich in Deutschland ein neues kirchensoziologisches Phänomen wahrnehmen: die Gründung von transkonfessionellen Glaubensgemeinschaften durch junge Erwachsene, deren Biographien zum einen durch unmittelbare oder mittelbare Migrationserfahrungen mitgeprägt, die aber zum anderen vor allem in Deutschland sozialisiert wurden. Als Beispiel für solche postmigrantischen Glaubensgemeinschaften wendet sich der Beitrag von Werner Kahl der Living Generation Church in Hamburg zu. Die meisten ihrer Mitglieder weisen einen familiären Bezug nach Westafrika auf. Kahl verortet diese Gemeinde zunächst im Kontext von Migrationsbewegungen aus dem globalen Süden, beschreibt dann ihre Entstehungsgeschichte, ihre Attraktivität für die Gemeindeglieder, ihr Selbstverständnis, ihre Liturgie und Organisationsform, bevor er abschließend ihre Relevanz diskutiert.

Der Beitrag von Benson Matawana greift auf Ergebnisse seiner im Entstehen begriffenen Dissertation zurück und thematisiert die Rolle der Ghananischen Migranten Kirchen (GIC) in Hamburg bei der Unterstützung von Flüchtlingen während der sog. Flüchtlingskrise 2015. Der Fokus liegt auf der eigenständigen Rolle der GICs bei der Unterstützung von Geflüchteten sowie deren Zusammenarbeit mit anderen Akteuren.

Alena Höfer geht der Migration asiatischer Christentümer in Deutschland nach, deren ersten Mitglieder mit wenigen Ausnahmen als Minderheiten in den 1960ern als Arbeits- und Bildungsmigranten nach Deutschland kamen. Der Beitrag spricht bewusst von asiatisch-deutschen Christentümern, um auf deren transregionale Selbstverortung hinzuweisen. Der Schwerpunkt liegt auf der Vorstellung ostasiatischer und südostasiatischer Migrationsgemeinden in Deutschland mit dem Fazit, dass diese alle stark in ihrem Kontext verwurzelt sind und es nicht *die* Asiatisch-Deutsche Gemeinde gibt. In den verschiedenen Kontexten finden unterschiedliche Aushandlungsprozesse zwischen Heimat und Fremde, Prozessen von Othering und des Verstanden-Werdens statt.

Als in Deutschland aufgewachsene Kinder aus Vietnam stammender Einwanderer setzen sich Thuy-Evelyn Pham und Nhan Gia Vo mit der soziokulturellen Bedeutung migrantischer Gemeinden für die erste Generation auseinander. Die Gemeinden bildeten für die Migrantinnen und Migranten eine Art Familienverband. So wuchsen auch sie in diese Gemeinde hinein, deren restriktiven Haltungen sie zunehmend anfragten. Viele Jugendliche aus diesen Gemeinden haben sich in den letzten Jahren gemeindlich umorientiert. Der Beitrag thematisiert auch theologische Verschiebungen. Am Beispiel des 2006 erschienenen Buches »Đức tin căn bản« der Freien evangelischen Christengemeinde »Jesus Zentrum« arbeiten die Verfasser die christologische Perspektiven der ersten Generation heraus – und konfrontieren diese mit dem christologischen Ringen der zweiten Generation, einem dynamischen Prozess, der noch nicht abgeschlossen ist.

Christliche Vereine und Verbände junger Menschen mit (familiärem) Migrationshintergrund (VJM) sind außerschulische Räume, in denen Kinder, Jugendliche und junge Erwachsene selbstbestimmt und eigenständig die Interessen junger Menschen vertreten. Eine Gelingensbedingung für dieses Engagement ist die Kooperation mit etablierten konfessionellen Jugendverbänden und weiteren Akteuren der Jugendverbandslandschaft. VJM ringen in diesem Zusammenhang seit Jahrzehnten um politische und gesellschaftliche Anerkennung und Teilhabechancen. Der Beitrag von Sabrina Weiss geht der Frage nach, wie Begegnung mit dem globalen Christentum vor Ort in diesem Zusammenhang gestaltet wird. Am Beispiel der Zusammenarbeit zwischen der Arbeitsgemeinschaft der Evangelischen Jugend und einem vietnamesischen Jugendverband (jve) legt sie dar, dass sich aus religionswissenschaftlicher Sicht von einer strategischen Allianz sprechen lässt, die zur Anerkennung und Sichtbarwerdung dieses VJM beiträgt, jedoch die Frage nach christlicher Nähe oder Verschiedenheit in der Begegnung eine untergeordnete Rolle spielt.

Ruomin Liu untersucht in seinem Artikel die chinesische Einwanderung nach Deutschland und stellt sowohl die aus dieser hervorgegangenen Gemeinden als auch missionarische Aktivitäten und Bibelkreise vor. Im Mittelpunkt des Beitrags steht die Frage nach Möglichkeiten der theologischen Ausbildung chinesischer Christinnen und Christen. Kurse an der Missionsakademie in Hamburg wie das chinesische Kompaktseminar in Theologie werden vorgestellt und deren Programme diskutiert. Die theologische Ausbildung hat nach Meinung des Verfassers eine große Bedeutung für die Integration chinesischen Christinnen und Christen in Deutschland, da diese den deutschen Kirchen und der deutschsprachigen Theologie größtenteils mit Vorurteilen begegnen.

Die arabisch-sprachige evangelische Gemeinde, heute Salam-Center, umfasst verschiedene Gemeinden im Großraum Stuttgart, die Heidi Josua in ihrem Beitrag vorstellt. Die aus der evangelischen Ausländerseelsorge hervorgegangen Gemeinden vereint die arabische Sprache und der protestantische Glaube – trotz der je eigenen Profile der unterschiedlichen Gemeinden. Diese gestalten eine aktive Gemeindearbeit und verstehen sich als interkulturell offene Gemeinden, die sichtbar sein und am kirchlichen und gesellschaftlichen Leben teilhaben wollen. Vor diesem Hintergrund stellt die Autorin Fragen an die interkulturellen Öffnungsstrategien der Evangelischen Landeskirche in Württemberg.

Religiöse Migrantenselbstorganisationen (MSO) wurden in den letzten Jahren u.a. unter der Fragestellung der Professionalisierung von Dienstleistungen im diakonischen Bereich in den Blick genommen. Demgegenüber zeigt der Artikel von Gabriele Beckmann, Bianca Dümling und Drea Fröchtling, dass die diversen von Internationalen Gemeinden (IG) organisierten und durchgeführten Hilfen von den befragten Gemeindeleitenden nicht als Leistungen im Sinne von Dienstleistungen angesehen werden. Die Dienstleistungskategorie entspricht einer sozialwissenschaftlichen Außenperspektive, während die befragten Gemeinden diakonisches Handeln als Ausdrucksformen der Nächstenliebe verstehen. Der Beitrag beleuchtet diese Spannung auf der Grundlage geführter Interviews in verschiedenen Migrationskirchen.

Der Beitrag von Martin Radermacher befasst sich in deskriptiv-systematisierender Absicht mit dem Verhältnis von Migration und Evangelikalismus in Deutschland. Dazu werden die beiden Konzepte »Migration« und »Evangelikalismus« erörtert. Unter Rückgriff auf zwei Fallbeispiele – eine internationale und eine landeskirchliche Gemeinde – wird die These begründet: Während landeskirchliche Formate für Christinnen und Christen aus dem globalen Süden manchmal noch schwer zugänglich sind und sie deshalb eigene internationale Gemeinden gründen, ist zugleich auch eine behutsame Öffnung landeskirchlicher Veranstaltungen zu beobachten, in der unter anderem auch evangelikale Stilelemente zum Einsatz kommen.

Alexander-Kenneth Nagel

RELIGIONSWISSENSCHAFTLICHE UND RELIGIONSSOZIOLOGISCHE PERSPEKTIVEN AUF DAS PHÄNOMEN DER MIGRATIONSKIRCHEN

1. Migrationskirchen in religionswissenschaftlicher Perspektive

In diesem Beitrag möchte ich Migrationskirchen als Thema der Religionswissenschaft und Religionssoziologie einordnen. Bereits das Ringen um die Begrifflichkeit macht deutlich, dass die Gegenstandsbestimmung keineswegs trivial ist, sondern immer schon eine implizite Positionierung beinhaltet. So lässt sich der Ausdruck »Migrationskirche« dafür kritisieren, dass die Migrationserfahrung der Mitglieder hier zum alles bestimmenden Identitätsmarker wird. Auch die Bezeichnung »Gemeinden anderer Sprache und Herkunft« löst das Definitionsproblem durch Alterisierung und suggeriert im gleichen Atemzug, dass es eine Art »deutscher Normalkirche« gäbe, von der Migrationskirchen abweichen. Aus der Problematisierung dieser Begrifflichkeiten ist zuletzt der Ausdruck »internationale Gemeinden« hervorgegangen, der die Vielfalt von Erfahrungen und Hintergründen als eine Ressource besonderer Art betont. Ich sympathisiere mit diesem Begriff, möchte aber auch gleich zu Beginn betonen, dass es aus meiner Sicht keine Bezeichnung gibt, die *per se* sachangemessen oder gegenstandsadäquat ist. Es kann nicht (die vordringliche) Aufgabe einer religionswissenschaftlichen Analyse sein, einen wünschenswerten Zielzustand (etwa gleichberechtigte Teilhabe am kirchlichen Leben) herbeizudefinieren. Vielmehr muss die Begriffsbestimmung jene Dimensionen akzentuieren, die für die gewählte Fragestellung besonders bedeutsam sind.

Ich möchte daher im Folgenden am Begriff der »Migrationskirche« festhalten und darunter im Anschluss an Währisch-Oblau Gemeinden verstehen, »die von Migrantinnen und Migranten gegründet wurden und deren Mitgliedschaft überwiegend aus Menschen mit Migrationshintergrund besteht«.[1] Man könnte die De-

---

[1] CLAUDIA WÄHRISCH-OBLAU, Migrationskirchen in Deutschland. Überlegungen zur strukturierten Beschreibung eines komplexen Phänomens, in: ZMiss 31 (2005), 19-31, 20.

finition auch kontrafaktisch wenden: Gemeinden, die es ohne Einwanderung nach Deutschland nicht gäbe. Unter einer Gemeinde verstehe ich einen sozialen Zusammenschluss, der durch regelmäßige persönliche Interaktion und ein Minimum an geteilten Erfahrungen und Werten gekennzeichnet ist. Eine bestimmte Mindestgröße oder Formalisierungsgrad (z.B. als Verein oder gar Teilkörperschaft einer der verfassten Kirchen) spielen dabei ausdrücklich keine Rolle.

Auch wenn im Zusammenhang von Religion und Migration in Deutschland vor allem von Muslimen die Rede ist, gehören bislang die meisten Immigranten einer christlichen Konfession an. Nach Auskunft der römisch-katholischen Kirche bestehen derzeit »[...] etwa 450 muttersprachliche Gemeinden in etwa 35 Sprachgruppen, in denen fast 500 Priester und Ordensleute [...] als Seelsorger wirken.«[2] Insgesamt kann man von 4,4 Millionen Katholiken in Deutschland ausgehen, die entweder Ausländer sind (kein deutscher Pass) oder Deutsche mit Migrationshintergrund.[3] Eine bedeutende Fraktion innerhalb der Migrationskirchen stellen ferner die christlich-orthodoxen Kirchen mit insgesamt ca. 2 Millionen Mitgliedern dar, die überwiegend im Rahmen der Anwerbeabkommen und z.T. als Kontingentflüchtlinge nach Deutschland gekommen sind.

Über die Anzahl von Migrationskirchen unter dem Dach der evangelischen Kirchen gibt es derweil kaum gesicherte Zahlen. Einzelne Landeskirchen wie die Evangelische Kirche von Westfalen und die Evangelische Kirche im Rheinland haben sogenannte Listenprozesse angestoßen, um Kenntnis über die verschiedenen evangelischen und evangelikalen Migrationskirchen in ihrem Zuständigkeitsbereich zu erlangen. Demnach bestanden im Jahr 2005 in Nordrhein-Westfalen sowie Teilen von Rheinland-Pfalz, dem Saarland und Hessen zusammen etwa 550 Gemeinden anderer Sprache und Herkunft, die große Mehrheit davon (80%) auf dem Gebiet der rheinischen Kirche.[4] In einer Publikation der Evangelischen Kirche in Hessen und Nassau ist von 400-500 christlichen Migrantengemeinden im Rhein-Main-Gebiet die Rede. Laut Zensusdaten hatten im Jahr 2011 2,7 Mio. Protestanten in Deutschland einen Migrationshintergrund. Plausible Schätzungen zur Einbeziehung dieser Personen in landeskirchliche Strukturen hat unlängst Bendix Balke angestellt.[5] Alles in allem ist von beinahe 10 Mill. Christinnen und Christen mit Migrationshintergrund in Deutschland auszugehen. Zum Vergleich: Eine Hochrechnung des Bundesamtes für Migration und Flüchtlinge (BAMF) bezifferte die in Deutschland le-

---

[2] DEUTSCHE BISCHOFSKONFERENZ, Katholische Kirche in Deutschland. Zahlen und Fakten 2015/16, Bonn 2016, 19.

[3] Vgl. STEFAN SCHOHE, Seelsorge für Migranten in Deutschland, in: TOBIAS KESSLER (Hrsg.), Migration als Ort der Theologie, Regensburg 2014, 35-64, 39.

[4] Vgl. EKVW, Gemeinden anderer Sprache und Herkunft. Eine Orientierungshilfe für die evangelischen Gemeinden in Westfalen, Bielefeld 2011, 14.

[5] Vgl. BENDIX BALKE, Religiöse Zugehörigkeit von Zugewanderten. Zahlen und Hintergründe, in: Interkulturelle Theologie 46 (2020), 112-134, 125ff.

benden Muslime mit Migrationshintergrund zuletzt (Ende 2015) auf zwischen 4,4 und 4,7 Millionen Personen.[6]

Auch wenn die quantitative Relevanz von Migrationskirchen kaum zu bestreiten ist, haben sie doch bislang eher wenig akademische Aufmerksamkeit auf sich gezogen. Das hat sicher auch mit bestimmten Konjunkturen der Forschungsförderung zu tun: Während der Strom ministerial und EU-geförderter Forschungsprojekte zur Radikalisierung von Muslimen nicht abreißt, scheinen migrierte Christen als vergleichsweise »unproblematisch« zu gelten. Ein Beispiel dafür sind Forderungen nach Sichtbarkeit im öffentlichen Raum: Denkt man an Moscheebaukonflikte und die damit einhergehende politische Mobilisierung, sind analoge Entwicklungen für Migrationskirchen nur schwer vorstellbar, da sie an der Infrastruktur (z.B. im Rahmen der Überlassung von Kirchengebäuden) und gesellschaftlichen Legitimität der verfassten Kirchen Anteil haben. Auf diese Weise lässt sich die Ausblendung von Migrationskirchen ihrerseits als ein Symptom für den Diskurs über Migration und religiöse Pluralisierung in Deutschland lesen. Bedeutsamer ist allerdings, dass damit vergleichende Perspektiven verloren gehen, die für die Grundlagenforschung zu Religion und Migration von großer Bedeutung sind. Genau diesen Aspekt möchte ich im Folgenden herausarbeiten. Dazu stelle ich zunächst einige Überlegungen zum Mehrwert von Migrationskirchen für die weitere Debatte über Migration und religiösen Wandel an (Abs. 2) und erörtere vor diesem Hintergrund eine Reihe von vergleichenden Perspektiven auf Migrationskirchen (Abs. 3). In Abs. 4 unternehme ich eine exemplarische herkunftsland- und konfessionsvergleichende Analyse von Migrationskirchen und schließe in Abs. 5 mit einer Zusammenfassung der wesentlichen Erkenntnisse zu einem Fazit zur interkulturellen Öffnung als Handlungsfeld kirchlicher Praxis.

2. Migrationskirchen als Leerstelle der Migrationsforschung

Wo der Zusammenhang von Religion und Migration thematisiert wird, da kommt Religion fast ausschließlich als abhängige Variable in den Blick. Dabei vollziehen sich akademische Debatten zum Thema im Schatten allgemeinerer integrations- und sicherheitspolitischer Diskurse, ein Resultat ist die ausgeprägte Fokussierung auf den Islam und die systematische Vernachlässigung von Migrationskirchen. Das Hauptaugenmerk der Fachdiskussion, die v.a. von Religionswissenschaftlerinnen und -wissenschaftlern, Migrationssoziologinnen und -soziologen und Sozialanthropologinnen und -anthropologen geführt wird, liegt auf der Transformation von Religion im Migrationskontext. In einer Draufsicht lassen

---

[6]   Vgl. ANJA STICHS, Wie viele Muslime leben in Deutschland? Eine Hochrechnung über die Anzahl der Muslime in Deutschland zum Stand 31. Dezember 2015, Nürnberg 2016, 5.

sich drei Kernthemen unterscheiden: a) Die (vermeintliche) Intensivierung der religiösen Identität und Lebensführung, b) Phasen der Institutionalisierung sowie c) die transnationale Situation religiöser Migrantenorganisationen.

2.1 Intensivierung und Innovation

Zahlreiche Studien haben sich mit dem Wandel religiöser Identität oder religiöser Lebensführung in der Migrationssituation befasst. Dabei wird die religiöse Identität von Migrantinnen und Migranten in Abgrenzung von geläufigen Gefährdungsszenarien religiöser Radikalisierung häufig als »Identitätsressource«[7] verstanden, die eine produktive Teilhabe an den sozialen, ökonomischen und politischen Prozessen der Aufnahmegesellschaft ermöglicht. Eine Schlüsselrolle spielten in diesem Zusammenhang Debatten über das Kopftuch als Aspekt islamischer Lebensführung. Die verbreitete Auffassung, die Bedeckung von Haaren und Gesicht sei Ausdruck einer überkommenen und restriktiven religiösen Doktrin von Geschlechterrollen, wurde durch eine Reihe empirischer Untersuchungen in Frage gestellt. In diesen methodisch oft biographisch und interpretativ angelegten Arbeiten aus der Religionswissenschaft oder interkulturellen Pädagogik wird auf die prinzipielle Mehrdeutigkeit des Kopftuches verwiesen. Dieses sei nicht nur mit den Erfordernissen moderner Lebensführung vereinbar, sondern könne unter bestimmten Umständen geradezu Ausdruck von Individualität und Selbstbestimmung sein.[8]

Das Beispiel der Kopfbedeckung macht deutlich, dass die Vorstellung einer Rückbesinnung auf traditionelle religiöse Symbole und Werthaltungen im Migrationskontext zu kurz greift. Vielmehr ist es gerade die Spannung zwischen dem Wunsch nach Bewahrung und dem Drang zur Veränderung, die für religiöse Transformation in der Diaspora kennzeichnend ist.[9] Die eigene religiöse Tradition, die in den Herkunftsländern oft genug stillschweigend im kulturellen Mehrheitskonsens verankert war, muss nunmehr aktiv erinnert und bewusst gemacht werden. Dadurch entstehen Freiheitsgrade für religiöse Innovation. Ein wichtiger Impuls dafür liegt in der Weitergabe religiösen Wissens von der ersten an die zweite und dritte Einwanderergeneration. So hat etwa Hans-Ludwig Frese deutlich gemacht, wie muslimische Jugendliche ihre religiöse Lebensführung im Benehmen mit den jugendkulturellen Normen der Aufnah-

---

[7] ASTRID REUTER, Religionen im Prozess von Migration. Eine Fallstudie. Muslimische Migration nach Deutschland und Frankreich im 20. Jahrhundert, in: HANS G. KIPPENBERG u.a. (Hrsg.), Europäische Religionsgeschichte, Göttingen 2009, 371-410.

[8] Vgl. GRITT M. KLINKHAMMER, Moderne Formen islamischer Lebensführung. Eine qualitativ-empirische Untersuchung zur Religiosität sunnitisch geprägter Türkinnen der zweiten Generation in Deutschland, Marburg 2000.

[9] Vgl. MARTIN BAUMANN, Migration - Religion - Integration. Buddhistische Vietnamesen und hinduistische Tamilen in Deutschland, Marburg 2000, 17.

megesellschaft gestalten und dazu teilweise verschüttete Stränge der religiösen Überlieferung aktivieren.[10]

Migrationskirchen stellen hier in verschiedener Hinsicht einen interessanten Kontrastfall dar: Da sie in den meisten europäischen Ländern nominell (und teilweise auch strukturell) einen Teil der religiösen Mehrheit bilden, ist der angesprochene Mechanismus (Minderheitensituation -> Reflexivität -> Innovation) womöglich schwächer ausgeprägt. Eine denkbare Folge davon wäre die stärkere und längere Verknüpfung religiöser und landsmannschaftlicher Orientierungen. So haben Dietrich Thränhardt und Jenni Winterhagen in einer vergleichenden Studie zu katholischen Missionen in Deutschland auf ausgeprägte nationalistische Orientierungen und die fortdauernde Bedeutung einer vorkonziliar geprägten Theologie hingewiesen.[11] Bei Migrationskirchen mit einer missionarischen Prägung ist vorstellbar, dass ein ausgeprägtes Sendungsbewusstsein religiöse Reflexion und Innovation eher behindert als fördert. Schließlich lenken Migrationskirchen das Augenmerk auf einen blinden Fleck der Forschung zu Religion und Migration, indem sie das oben vorgestellte Dogma der Intensivierung herausfordern. Die Vorstellung, dass Migrationserfahrungen mit einer umfassenderen Religiosität einhergehen, beruht meist auf impliziten Annahmen von Coping und Beheimatung: Religion wird durch Minorisierung explizit, sei es im Modus der Selbstvergewisserung[12] oder zur Kompensation »von ökonomischer und sozialer Ausgrenzung und Unterlegenheit«.[13] Ebenso wäre es allerdings denkbar, dass die Herauslösung aus dem Herkunftskontext und die damit verbundenen Erfahrungen kultureller Entbettung oder sozialer Deprivation zu einer Relativierung religiöser Zugehörigkeiten, bis hin zum Abbruch, führen.[14]

---

[10] Vgl. HANS-LUDWIG FRESE, Den Islam ausleben. Konzepte authentischer Lebensführung junger türkischer Muslime in der Diaspora, Bielefeld 2002.

[11] Vgl. DIETRICH THRÄNHARDT/JENNI WINTERHAGEN, Der Einfluss der katholischen Migrantengemeinden auf die Integration südeuropäischer Einwanderergruppen in Deutschland, in: JOCHEN OLTMER u.a. (Hrsg.), Das »Gastarbeiter«-System. Arbeitsmigration und ihre Folgen in der Bundesrepublik Deutschland und Westeuropa, München 2012, 199-215, 202f.

[12] Vgl. STEVEN VERTOVEC, Three meanings of »diaspora«, exemplified by South Asian religions, in: Diaspora. A Journal of Transnational Studies 6 (1997), 277-300.

[13] ANDREAS LAUSER/CORDULA WEISSKÖPPEL, Einleitung. Die neue Aufmerksamkeit für Religion in der Migrations- und Transnationalismusforschung. Ein Plädoyer für die ethnografische Mikro- und Kontextanalyse, in: DIESS. (Hrsg.), Migration und religiöse Dynamik. Ethnologische Religionsforschung im transnationalen Kontext, Bielefeld 2008, 7-32, 9.

[14] Einen Sonderfall stellt in diesem Zusammenhang die Bildung christlicher Gemeinden durch Konversion dar, die verschiedene Beiträge in diesem Band verhandeln (z.B. Heike Ernstings und Henning Theißen). Hier verbindet sich eine Abkehr von der bisherigen religiösen (oder nicht-religiösen) Prägung mit der Hinwendung zum christlichen Glauben.

2.2 Institutionalisierung

Religionswissenschaftliche Autorinnen und Autoren haben die religiöse Selbstorganisation von Migrantinnen und Migranten bislang v.a. unter dem Gesichtspunkt einer fortschreitenden Institutionalisierung betrachtet und dabei in einer Art Verlaufsschema drei Phasen unterschieden.[15] Die *Formierungsphase* ist gekennzeichnet durch lose Zusammenkünfte religiöser Laien mit einer rudimentären Infrastruktur: Man trifft sich in Privatwohnungen, Bürgerhäusern oder Kirchengemeinden, um gemeinsam religiöse oder kulturelle Feste zu feiern. Alles Nötige wird durch situative Geld- oder Sachspenden zur Verfügung gestellt, es besteht kein Mitgliedschaftsverhältnis und keine klare religiöse Hierarchie. In der *Etablierungsphase* werden einfache Organisationsstrukturen geschaffen, etwa durch die Gründung eines Vereins. Durch Mitgliedsbeiträge und Arbeitsteilung wird es möglich, günstige Räumlichkeiten anzumieten, auszustatten und die religiösen Abläufe zu professionalisieren. Diese Entwicklung steht oft in einem engen Zusammenhang mit dem Nachzug oder der Gründung von Familien und dem Wunsch, die religiöse und kulturelle Erziehung der zweiten Generation zu gewährleisten. In der *Konsolidierungsphase* schließlich wird die Professionalisierung weiter vorangetrieben, etwa indem die Gemeinden hauptamtliche religiöse Funktionsträgerinnen und -träger (Imam, Priester, Mönch) anstellen. Der zunehmende Wohlstand der Gemeindemitglieder sowie erloschene Rückkehrhoffnungen führen dazu, dass die einfachen Kulträume vermehrt als unangemessen und beengt empfunden werden und der Wunsch nach größeren und repräsentativen Gebäuden an Gewicht gewinnt.[16]

In dem Maße, wie religiöse Migrantenorganisationen »Wege aus der Unsichtbarkeit«[17] finden, werden sie für Akteure der Aufnahmegesellschaft, z.B. aus Politik und Verwaltung oder aus gesellschaftlichen Verbänden wie Kirchen, Wohlfahrtsverbänden oder Gewerkschaften, adressierbar. Dabei werden sie in der Regel nicht als religiöse Gruppen angesprochen, sondern als multifunktionale Zentren, die neben der religiösen Versorgung, auch soziale Dienste, Kulturpflege sowie die politische Interessenvertretung einer Migranten-Community übernehmen. Daraus können verschiedene Formen der interkultu-

---

[15]   Vgl. MARTIN BAUMANN, Religion und ihre Bedeutung für Migranten, in: BEAUFTRAGTE DER BUNDESREGIERUNG FÜR MIGRATION, FLÜCHTLINGE UND INTEGRATION (Hrsg.), Religion - Migration - Integration in Wissenschaft, Politik und Gesellschaft, Berlin-Bonn 2004, 19-30, 21; KARSTEN LEHMANN, Migration und die dadurch bedingten religiösen Pluralisierungsprozesse, in: a.a.O., 31-46, 33.

[16]   Vgl. ALEXANDER-KENNETH NAGEL/ULF PLESSENTIN, Zivilgesellschaftliche Potentiale im Vergleich, in: DERS. (Hrsg.), Religiöse Netzwerke. Die zivilgesellschaftlichen Potentiale religiöser Migrantengemeinden, Bielefeld 2015, 243-266, 274f.

[17]   BRIGITTE LUCHESI, Wege aus der Unsichtbarkeit. Zur Etablierung hindu-tamilischer Religiosität im öffentlichen Raum der Bundesrepublik Deutschland, in: MARTIN BAUMANN (Hrsg.), Tempel und Tamilen in zweiter Heimat. Hindus aus Sri Lanka im deutschsprachigen und skandinavischen Raum, Würzburg 2003, 99-124.

rellen oder interreligiösen Zusammenarbeit hervorgehen, etwa im Bereich der Frauenförderung, Kinder- und Jugendarbeit. Die Bewertungen dieser Indienstnahme religiöser Migrantenorganisationen gehen derweil auseinander und bewegen sich zwischen tendenziell positiven Verweisen auf »Empowerment«, also symbolische und strukturelle Bestärkung,[18] Warnungen vor integrationspolitischer Instrumentalisierung[19] und Befürchtungen vor einer Aufweichung professioneller Standards in der Sozialarbeit.[20]

Migrationskirchen fordern das lineare Phasenmodell religiöser Institutionalisierung in verschiedener Hinsicht heraus. Insoweit sie den Anschluss an bestehende Strukturen der verfassten Kirchen suchen, können sie oftmals auf eine umfassende Infrastruktur zurückgreifen: Dazu gehört zunächst die (Mit- oder Um-) Nutzung von Kirchengebäuden und Gemeindehäusern. Auch die Angebote der konfessionellen Wohlfahrtsverbände mögen (mit Ausnahme der früher sogenannten »Ausländerarbeit«) nicht immer spezifisch kultursensibel gewesen sein, bieten aber doch eine umfassende Entlastung im diakonischen Bereich. Dabei ist anzumerken, dass sich die Chancen, von kirchlichen Infrastrukturen zu profitieren, je nach Konfession bzw. Denomination der Migrationskirche deutlich unterscheiden. Orthodoxe und evangelisch-freikirchliche Akteure müssen z.T. erhebliche Anstrengungen und Kosten auf sich nehmen, wenn es um die Überlassung von Kirchenräumen geht. Im Unterschied dazu ist im katholischen Kontext mit der Organisation als »Mission« (genauer *missio cum cura animarum*) eine umfassende Alimentierung verbunden, die auch einen hauptamtlichen Geistlichen einschließt. In der Logik des Phasenmodells haben Migrationskirchen daher einen Institutionalisierungsvorsprung, sind aber auch von Beginn an Teil eines komplexen organisationalen Feldes mit eigenen Dynamiken. Aus dieser Konstellation können sich mindestens zwei Anstöße zur De-Institutionalisierung ergeben: So sind gerade im evangelikalen Bereich Aufspaltungen von Gemeinden keine Seltenheit. Dahinter können soziale oder theologische Differenzen der Anhängerschaft stehen, aber auch eine gezielte Mobilisierung durch charismatische Entrepreneurinnen und Entrepreneure. Der zweite Mechanismus sind Umstrukturierungen der verfassten Kirchen, z.B. die Kürzung von Fördermitteln oder Versuche der stärkeren Anbindung von Migrationskirchen an deutschsprachige Ortsgemeinden. Schließlich ist die lokale Institutionalisierungsdynamik mancher Migrationskirchen eng verbunden mit transnationalen Prozessen und Netzwerken.

---

[18]   Vgl. GRITT M. KLINKHAMMER u.a., Interreligiöse und interkulturelle Dialoge mit Muslimen in Deutschland. Eine quantitative und qualitative Evaluation, Bremen 2011, 26.
[19]   Vgl. LEVENT TEZCAN, Interreligiöser Dialog und politische Religionen, in: Aus Politik und Zeitgeschichte (2006), 26-32, 26.
[20]   Vgl. PATRICIA LATORRE/OLGA ZITZELSBERGER, MigrantInnenselbstorganisationen und Soziale Arbeit. Was der Zusammenarbeit auf Augenhöhe im Wege steht, in: Forschungsjournal Soziale Bewegungen 24 (2011), 49-58.

2.3 Transnationale Situation

Eine weitere wichtige Dimension religiöser Transformation im Migrationskontext sind die transnationalen Bezüge religiöser Migrantinnen und Migranten und ihrer Organisationen. Nachdem die Migrationssoziologie lange Zeit davon ausgegangen war, dass grenzüberschreitende Beziehungen von Migrantenorganisationen mit zunehmender Assimilation zurückgehen würden,[21] verweisen neuere Studien auf die Beständigkeit ihrer transnationalen Netzwerke.[22] Religionsgemeinschaften unterhalten nicht nur vielfältige Beziehungen in ihre Herkunftsländer, sondern auch zu anderen Diaspora-Standorten und werden so zu Plattformen transnationaler Vergesellschaftung. Neben dem grenzüberschreitenden Transfer von Geld, Gütern und Informationen weisen religiöse Migrantenorganisationen eine Reihe spezifischer Beziehungsinhalte auf.[23] Dazu gehören die Zirkulation religiöser Spezialistinnen und Spezialisten oder Kultgegenstände über verschiedene Standorte ebenso wie grenzüberschreitende sakramentale Handlungen und Weisungen zur religiösen Lebensführung, etwa im Rahmen von Online-Fatwas.[24] In der Aufnahmegesellschaft begründen die transnationalen Bezüge religiöser Migrantenorganisationen zuweilen Verdachtsmomente von Fremdsteuerung und Integrationsverweigerung. Im Unterschied dazu weisen empirische Arbeiten immer wieder darauf hin, dass sie zu Agentinnen und Agenten eines Religions- und Kulturtransfers in die Herkunftsländer werden können.[25]

In der Kultur- und Sozialanthropologie hat sich mittlerweile die transnationale Vernetzung von Migrationskirchen als eigenständiger Forschungszweig etabliert, wobei zumeist der Austausch zwischen evangelikal geprägten und angebundenen Migrantinnen und Migranten zwischen Nord- und Südamerika[26]

---

[21] Vgl. FLORIS VERMEULEN, The Immigrant Organising Process. Turkish Organisations in Amsterdam and Berlin and Surinamese Organisations in Amsterdam 1960-2000, Amsterdam 2006, 49.

[22] Vgl. LUDGER PRIES/ZEYNEP SEZGIN, Migrantenorganisationen als Grenzüberschreiter - ein (wieder)erstarkendes Forschungsfeld, in: DIESS. (Hrsg.), Jenseits von »Identität oder Integration«. Grenzen überspannende Migrantenorganisationen, Wiesbaden 2010, 7-14.

[23] Vgl. ALEXANDER-KENNETH NAGEL, Urbi et Orbi. Transnationale religiöse Netzwerke, in: MARTINA MALETZKY (Hrsg.), Arbeit und Mobilität in einer globalisierten Welt, Frankfurt/M. 2013, 133-153.

[24] Vgl. BETTINA GRAEF, Media Fatwas. Yusuf al-Qaradawi and Media-Mediated Authority in Islam, in: Orient 51 (2010), 6-15.

[25] Vgl. PEGGY LEVITT u.a., Social Remittances Revisited, in: Journal of Ethnic and Migration Studies 37 (2011), 1-22.

[26] Vgl. JACQUELINE HAGAN/HELEN ROSE EBAUGH, Calling Upon the Sacred. Migrants' Use of Religion in the Migration Process, in: International Migration Review 37 (2003), 1145-1162; JANICE A. MacLEAN-FARRELL, West Indian Pentecostals. Living their Faith in New York and London, London u.a. 2016; PATRICIA FORTUNY-LORET DE MOLA, The Santa Cena of The Luz del Muno. A Case of Contemporary Transnationalism, in: HELEN ROSE

und zwischen Europa und (Ost-)Asien[27] thematisiert wird. Im Zentrum stehen hier häufig Praktiken der Raumaneignung und lokale Hybridisierungsprozesse. Die Meso-Perspektive auf die transnationale Verflechtung von Migrationskirchen ist hingegen weniger prominent. Hier stehen zumeist global agierende pfingstkirchliche Unternehmen in Afrika oder Asien im Vordergrund. Zu einer eher skeptischen Einschätzung der transnationalen Verflechtung von Migrationskirchen gelangen aus migrationssoziologischer Sicht Thränhardt und Winterhagen in diesem Band. Sie deuten an, dass italienische Missionen zum Schauplatz importierter regionaler Konflikte (Norditalienerinnen und -italiener versus Süditalienerinnen und -italiener) werden und die ausgeprägte Herkunftslandorientierung kroatischer Katholikinnen und Katholiken ihrer sozialen und strukturellen Integration in Deutschland entgegensteht.

3. Migrationskirchen in vergleichender Perspektive

Es sollte deutlich geworden sein, dass Migrationskirchen auch für die Grundlagenforschung zu Migration und religiösem Wandel wichtige Impulse geben könnten. Während die bisherige Forschung bereits interessante Aufschlüsse zur Identität von Migrationskirchen,[28] ihrer Selbstorganisation[29] sowie zu liturgischen Unterschieden und Frömmigkeitsstilen christlicher Migranten erzielt hat,[30] spielen religions- oder konfessionsvergleichende Perspektiven bislang kaum eine Rolle. Ich verzichte an dieser Stelle aus Platzgründen darauf, den Forschungsstand zu Migrationskirchen umfassend zu referieren und verweise dazu auf die Einleitung dieses Bandes und jüngere Kartierungsversuche.[31] Stattdessen möchte ich knapp auf die wenigen vorliegenden Beiträge mit vergleichender Blickrichtung eingehen.

EBAUGH/JANET SALTZMAN CHAFETZ (Hrsg.), Religion Across Borders. Transnational Religious Networks, Walnut Creek 2002, 15-50.

[27] Vgl. GERTRUD HÜWELMEIER, Moving East. Transnational Ties of Vietnamese Pentecostals, in: DIES./KRISTINE KRAUSE (Hrsg.), Traveling Spirits. Migrants, Markets, and Mobility, New York-London 2010, 133-144.

[28] Vgl. WÄHRISCH-OBLAU, Migrationskirchen (s. Anm. 1), 24ff.

[29] Vgl. JENNI WINTERHAGEN, Transnationaler Katholizismus. Die kroatischen Migrantengemeinden in Deutschland zwischen nationalem Engagement und funktionaler Integration, Studien zu Migration und Minderheiten 28, Berlin-Münster 2013.

[30] Vgl. BENEDIKT KRANEMANN (Hrsg.), Liturgie und Migration. Die Bedeutung von Liturgie und Frömmigkeit bei der Integration von Migranten im deutschsprachigen Raum, Stuttgart 2012.

[31] Vgl. CLAUDIA RAMMELT/ESTHER HORNUNG, Begegnung in der Glokalität. Christliche Migrationskirchen in Deutschland im Wandel, in: DIESS./VASILE-OCTAVIAN MIHOC (Hrsg.), Begegnung in der Glokalität. Christliche Migrationskirchen in Deutschland im Wandel der Zeit, Leipzig 2018, 15-28,18ff.

Einen Vergleich über verschiedene Herkunftsländer haben Winterhagen und Thränhardt in diesem Band unternommen. Sie arbeiten heraus, dass die Fähigkeit von Migrationskirchen, strukturelle und soziale Integration zu befördern, ganz entscheidend von den unterschiedlichen Herkunftsländern mitbestimmt wird. Die Autoren heben hier v.a. unterschiedlich ausgeprägte Bildungsaspirationen, das gesellschaftspolitische Bewusstsein der Priester sowie Rückkehrhoffnungen als Faktoren für den Erfolg oder Misserfolg der Gemeindemitglieder im deutschen Bildungs- und Erwerbssystem sowie für unterschiedlich intensive Kontakte zur deutschen Mehrheitsbevölkerung hervor. Winterhagen zeigt zudem Konflikte und Annäherungsprozesse zwischen kroatischen Migrantengemeinden und etablierten Kirchengemeinden im Zusammenhang mit der Reform der muttersprachlichen Seelsorge nach dem Zweiten Vatikanischen Konzil auf.[32] Auch Bianca Dümling hat sich mit der Integrationsleistung von Migrationskirchen auseinandergesetzt und dabei Anhaltspunkte für herkunftsspezifische Unterschiede im Selbstorganisationsverlauf gefunden.[33] Ihre Beobachtungen zu den verschiedenen Typen von Migrationskirchen und ihren Beziehungen zu deutschen Ortsgemeinden deuten überdies auf konfessionsspezifische Unterschiede in der institutionellen Ausgestaltung und Anbindung von Migrationsgemeinden und ihre zivilgesellschaftlichen Potentiale hin. In eine ähnliche Richtung weist die Studie von Cristina Molina, welche den engen institutionellen Spielraum (sehr klare kirchenrechtliche Vorgaben zur Selbstorganisation) von muttersprachlichen Gemeinden innerhalb der römisch-katholischen Kirche Deutschland nachzeichnet.[34]

Ein besonderes Beispiel ist ferner die quantitative Studie »Kirchen in Bewegung. Christliche Migrationsgemeinden in der Schweiz«[35] des Schweizerischen Pastoralsoziologischen Instituts (SPI). Die Autoren streben eine Vollerhebung an und konnten 370 christliche Migrationsgemeinden in der Schweiz für ihre Befragung gewinnen. Der Schwerpunkt der Analyse liegt auf deskriptiv-statistischen Auswertungen zur Größe, den Strukturen und der Geschichte

---

[32]   Vernetzungen (u.a. Raumteilung) seien zwar teilweise intensiviert worden und gemeinsame Angebote entstanden. Der partielle Verlust von infrastruktureller Autonomie (z.B. Schlüsselverantwortung) und die Offenbarung von Überlegenheitsgefühlen (Nicht-Anerkennung theologischer Expertise) in der verfassten Kirche hätten jedoch auch konflikthafte Aushandlungsprozesse verursacht. Vgl. WINTERHAGEN, Katholizismus (s. Anm. 29), 152ff.

[33]   Vgl. BIANCA DÜMLING, Migrationskirchen in Deutschland. Orte der Integration, Frankfurt/M. 2011, 247ff.

[34]   Vgl. CHRISTINA F. MOLINA, Katholische Gemeinden anderer Muttersprache in der Bundesrepublik Deutschland. Kirchenrechtliche Stellung und pastorale Situation in den Bistümern im Kontext der europäischen und deutschen Migrationspolitik, Aus Religion und Recht 2, Berlin 2005.

[35]   JUDITH ALBISSER/ARND BÜNKER (Hrsg.), Kirchen in Bewegung. Christliche Migrationsgemeinden in der Schweiz, St. Gallen 2016.

der verschiedenen Gemeinden. Ein systematischer Vergleich nach Herkunftsländern findet nicht statt, allerdings zeigt sich, dass deutliche konfessionsspezifische Unterschiede zwischen katholischen und evangelischen Gemeinden
bestehen. Erstere sind organisatorisch und budgetär an die katholische Kirche
angebunden, letztere in der Regel freikirchlich organisiert und daher in besonderem Maße auf Spenden und ehrenamtliches Engagement angewiesen.

In den letzten Jahren sind am SPI weitere Arbeiten mit konfessionsvergleichender Perspektive erschienen: So hat Simon Foppa die Unterstützungsangebote spanischsprachiger Migrationskirchen untersucht und dabei auf den stärkeren Hang zur Homogenisierung von Glaubensinhalten auf evangelischer
Seite hingewiesen.[36] Zu Erklärung zieht er neben den bereits benannten unterschiedlichen Organisationsstrukturen auch ekklesiologische Unterschiede im
Umgang mit intrareligiöser Diversität heran.[37] Parallel dazu hat Eva Baumann-
Neuhaus Religion als biographische Ressource von spanisch-sprachigen Christinnen und Christen untersucht. Sie verweist auf eine Wahlverwandtschaft bestimmter biographischer Verläufe mit bestimmten »Religiositätsformen« und
merkt an, dass gerade pfingstlerische Theologien geeignet sein könnten, biographische Brüche und Wendepunkte positiv zu verarbeiten.[38] Zwar liegt beiden
Beiträgen ein eher enges Verständnis von Religion als Coping-Mechanismus gegen die Widrigkeiten der Migrationssituation zugrunde, allerdings verdeutlichen
sie zugleich den Mehrwert einer konfessionsvergleichenden Fallanalyse, welche
Einblicke in die religiösen Inhalte und Selbstverständnisse ermöglicht.

Es sollte deutlich geworden sein, dass Migrationskirchen die Forschung zu
Migration und religiösem Wandel vor allem dann voranbringen können, wenn
sie in systematischer Weise in komparative Forschungsdesigns miteinbezogen
werden. Vor diesem Hintergrund möchte ich abschließend und ohne jeden Anspruch auf Vollständigkeit einige vergleichende Forschungsperspektiven formulieren. Um es vorab zu sagen: Eine quantitative Bestandsaufnahme aller
Migrationskirchen in Deutschland analog zur Erhebung des SPI in der Schweiz
(s.o.) ist aus meiner Sicht derzeit weder vordringlich noch realisierbar. Stattdessen möchte ich den Blick auf kleinräumigere, aber systematisch gehaltvolle
lokale und regionale Settings richten. Idealtypisch sind (mindestens) vier Dimensionen des Vergleichs zu unterscheiden:

---

[36] Vgl. SIMON FOPPA, Kirche und Gemeinschaft in Migration. Soziale Unterstützung in
christlichen Migrationsgemeinden, St. Gallen 2019, 276f.

[37] Vgl. a.a.O., 272.

[38] Vgl. EVA BAUMANN-NEUHAUS, Glaube in Migration. Religion als Ressource in Biographien christlicher Migrantinnen und Migranten, St. Gallen 2019, 305f.

3.1 Religionsvergleich

Der Vergleich von Migrationskirchen mit nichtchristlichen religiösen Migrantengemeinden ermöglicht eine Analyse unterschiedlicher Institutionalisierungsverläufe sowie kollektiver Identitätsarbeit im Lichte gesellschaftlicher Affinitäts- oder Gefährdungsdiskurse. Thränhardt und Winterhagen deuten diese Perspektive an, systematisch durchgeführt wurde sie aber bislang nicht. Dieser Blickwinkel war der Ausgangspunkt für ein länderübergreifendes Forschungsprojekt, in dem wir die soziale Identitätsbildung und das zivilgesellschaftliche Engagement von kroatischen Katholiken und bosniakischen Muslimen in Deutschland und der Schweiz vergleichend untersuchen.[39] Dabei war die Überlegung leitend, Gruppen zu vergleichen, die sich v.a. hinsichtlich ihrer Religionszugehörigkeit unterscheiden, ansonsten aber ähnliche Migrationsverläufe aufweisen.

3.2 Konfessions- oder Denominationsvergleich

In einer konfessionsvergleichenden Perspektive könnte man beispielsweise nach der Rolle der unterschiedlichen An- und Einbindungsformen der verfassten Kirchen fragen. Während die römisch-katholische Kirche Migrationskirchen in eigener Rechtsform integriert und alimentiert, überwiegen in den Landeskirchen lockere Formen der projektförmigen Förderung und Zusammenarbeit. Zugleich wird die lokale Separierung von muttersprachlichen und Ortsgemeinden in beiden Kirchen als Herausforderung erkannt. In konfessionsvergleichender Perspektive wäre zudem nach der Bedeutung unterschiedlicher ekklesiologischer Konzepte (zugespitzt: katholischer Holismus versus evangelischer Dezentralismus) für das kollektive Selbstverständnis von Migrationskirchen und ihr Verhältnis zu deutschsprachigen Gemeinden zu fragen. Abseits der verfassten Kirchen könnte auch ein Vergleich unterschiedlicher Denominationen weiterführend sein, wie die o.a. Beobachtung von Baumann-Neuhaus zur biographischen Integrationsleistung pfingstlerischer Theologien nahelegt.

3.3 Vergleich von Migrationskirchen aus unterschiedlichen Herkunftsländern

Standen in den zuvor genannten Fällen unterschiedliche religiöse oder konfessionelle Prägungen im Zentrum, so akzentuiert der Herkunftslandvergleich die interkulturelle Dimension. Dabei ist die Idee leitend, dass religiöse Traditionen stets enkulturiert sind und gerade im Migrationskontext oft im Verbund mit

---

[39] Das qualitative Teilprojekt »Migrantengemeinschaften, religiöse Identitäten und zivilgesellschaftliche Einbindung« (2018-2021) ist an den Universitäten Göttingen und Luzern angesiedelt und wird von der Deutschen Forschungsgemeinschaft und dem Schweizer Nationalfond gefördert.

landsmannschaftlichen Gebräuchen erinnert und gepflegt werden. Zudem stehen bestimmte Herkunftsländer oft exemplarisch für unterschiedliche Migrationsverläufe, welche die Erfahrungen und Bedürfnisse der Gemeindemitglieder prägen. Wer vor religiöser Verfolgung oder Unterdrückung geflohen ist, wird seinen Glauben angesichts der neu gewonnenen Religionsfreiheit in der Aufnahmegesellschaft womöglich intensiver praktizieren als ein Arbeitsmigrant aus Polen oder Spanien.[40] Auch die Indienstnahme der Religion im Kontext nachholender Nationalisierung, wie sie in einigen postsozialistischen Ländern zu beobachten ist, kann sich auf das Selbstverständnis und die Anbindung entsprechender Migrationskirchen auswirken (vgl. dazu auch die folgenden Beobachtungen).

3.4 Vergleich von Migrationskirchen und deutschsprachigen Gemeinden

Eine weitere komparative Perspektive stellt die Migrationserfahrung selbst in den Vordergrund und vergleicht Migrationskirchen mit deutschsprachigen Gemeinden gleicher Konfession bzw. Denomination. Ein Ansatzpunkt dafür könnte auf der Ebene der Glaubensvorstellungen liegen, etwa mit Blick auf die Haltung zu theologischen Reformprozessen wie dem Zweiten Vatikanischen Konzil oder zu Fragen von Mission und Verkündigung sein. Ein weiterer Ansatzpunkt wäre die gottesdienstliche Praxis, etwa die Auswahl und Aufführungspraxis bestimmter Kirchenlieder[41] oder das Verhältnis von Wortgottesdienst und Körperlichkeit, etwa im Rahmen kollektiver ritueller Performanz. Schließlich wäre pointiert zu fragen, ob und inwiefern Migrationskirchen unter Bedingungen von Konsolidierung und Konzentration gleichsam die Zukunft der deutschen Ortsgemeinden vorwegnehmen. Stichworte dafür wären etwa große Einzugsgebiete, die Prominenz religiöser Laien und eine ausgeprägte Ehrenamtlichkeit sowie knappe sächliche und monetäre Ressourcen.

Im folgenden Abschnitt werde ich die Verschränkung der Vergleichsperspektiven 2 und 3 exemplarisch veranschaulichen und greife dafür auf Daten aus einem Pilotprojekt zu den Integrationsleistungen von Migrationskirchen in Niedersachsen zurück.

---

[40]   Vgl. SUSANNE WORBS/EVA BUND/AXEL BÖHM (Hrsg.), Asyl – und dann? Die Lebenssituation von Asylberechtigten und anerkannten Flüchtlingen in Deutschland. BAMF-Flüchtlingsstudie 2014, Berlin 2014; MANUEL SIEGERT, Die Religionszugehörigkeit, religiöse Praxis und soziale Einbindung von Geflüchteten, in: Kurzanalysen des Forschungszentrums Migration, Integration und Asyl des Bundesamtes für Migration und Flüchtlinge 2 (2020), 1-15.

[41]   Vgl. ANSGAR FRANZ, Kirchenlied und Migration. Der Anhang des Mainzer Gesangbuchs von 1952 »Kirchenlieder unserer Brüder aus dem Osten«, in: KRANEMANN (Hrsg.), Liturgie (s. Anm. 30), 157-171.

4. Von der Theorie zur Praxis
Ein 4-Fälle-Vergleich

In diesem Abschnitt möchte ich einen doppelachsigen Vergleich unternehmen.[42] Im Zentrum stehen dabei auf der einen Seite das Selbstverständnis von Migrationskirchen und ihre Beziehungen zum Herkunftsland und auf der anderen Seite ihre Anbindung bzw. Vernetzung mit den verfassten Kirchen in Deutschland. Die empirische Grundlage dafür bildet eine Pilotstudie zu den Integrationsleistungen, Selbstverständnissen und Organisationsstrukturen von Migrationskirchen in Norddeutschland. Der vorliegende Beitrag greift aus dem größeren Gesamtsample vier Fälle heraus, die sich in Bezug auf die Herkunftsregion und die Konfession systematisch unterscheiden: Dazu gehören die katholische kroatische Gemeinde Göttingen (Südosteuropa/kath.), der ungarischsprachige evangelisch-reformierte Seelsorgedienst in Norddeutschland (Südosteuropa/ev.), die Vietnamesen-Seelsorge für das Bistum Hildesheim und Erzbistum Hamburg (Südostasien/kath.) sowie die vietnamesische evangelische Tin-Lanh Gemeinde Hannover (Südostasien/ev.).[43] Als Datenquellen dienen Leitfadeninterviews mit der geistlichen Leitung der Gemeinden sowie flankierende Internet-Recherchen. Die Interviews wurden transkribiert und thematisch anhand der folgenden Analysedimensionen codiert:[44] Organisationsform, Einzugsgebiet und Aktivitäten, theologisches Selbstverständnis sowie Verflechtung mit den verfassten Kirchen.

Herkunftsland/ Konfession	römisch-katholisch	evangelisch
Südosteuropa	katholische kroatische Gemeinde Göttingen	ungarischsprachiger Evangelisch-reformierter Seelsorgedienst in Norddeutschland
Südostasien	Vietnamesen-Seelsorge für das Bistum Hildesheim und Erzbistum Hamburg	vietnamesische Tin-Lanh Gemeinde Hannover

[42] Bei diesem Abschnitt handelt es sich um einen stark gekürzten und überarbeiteten Auszug einer früheren Publikation: ALEXANDER-KENNETH NAGEL/NELLY SCHUBERT, Glokale Verflechtungen und zivilgesellschaftliche Potentiale. Migrationskirchen in Niedersachsen in vergleichender Perspektive, in: RAMMELT u.a., Begegnung (s. Anm. 31), 213-228, 219ff.

[43] Zur deutschlandweiten Jugendarbeit der Tin-Lanh-Gemeinde der Beitrag von Sabrina Weiß in diesem Band.

[44] Vgl. JOCHEN GLÄSER/GRIT LAUDEL, Experteninterviews und qualitative Inhaltsanalyse als Instrumente rekonstruierender Untersuchungen, Wiesbaden 2014.

4.1 Kurzbeschreibung des Samples

Die *katholische kroatische Gemeinde Göttingen* ist eine von zwei Teilgemeinden, die demselben Priester zugeordnet sind. Die andere Teilgemeinde in derselben Verantwortung ist Braunschweig. Zwei Priester decken über je zwei Teilgemeinden den Zuständigkeitsbereich Niedersachsen ab. Die Göttinger Gemeinde besteht seit 1972. Zu Beginn zählte sie ungefähr 2.000 Personen (Tendenz deutlich abnehmend). Die Braunschweiger Teilgemeinde war zunächst etwas kleiner, verzeichnet aber derzeit einen Anhängerzuwachs durch die innereuropäische Arbeitnehmer- und Reise-Freizügigkeit. In der kath. kroatischen Gemeinde Göttingen ist der Priester zuständig für Gottesdienste, Religionsunterricht, Sakramente und Seelsorge. Fortbildungen, Ausflüge und repräsentative Veranstaltungen im Namen der Migrationskirche gehören ebenfalls zu seinen Amtspflichten. Andere eher sozialdiakonische Aktivitäten (z.b. Krabbelgruppe/Müttertreff, Fußballgruppe) organisieren die Angehörigen der Gemeinde teilweise eigeninitiativ.

Der *ungarischsprachige Evangelisch-reformierte Seelsorgedienst* Norddeutschland umfasst sechs Standorte. Diese werden von einer Pastorin betreut, die eine 75%-Stelle der evangelisch-reformierten Kirche bekleidet. Die Teilgemeinden bestehen jeweils aus etwa 15 oder mehr Personen und haben einen eigenen Kirchenvorstand. Diese Struktur geht offenbar auf eine Intervention der EKD zurück, wurde also maßgeblich von außen anstoßen. Dabei bringt die Einrichtung der lokalen Verantwortungspositionen aus Sicht der Pastorin durchaus Vorteile für die Arbeitsorganisation und stellt eine Entlastung dar.

Für die *katholische Vietnamesen-Seelsorge in den Bistümern Hildesheim und Hamburg* ist ein Priester – von insgesamt zwölf in ganz Deutschland – zuständig. Er betreut ca. 3.000 Gläubige in elf verschiedenen Städten. Die sehr intensiven persönlichen Kontakte innerhalb der Gemeinschaft werden durch ein reges Engagement der Anhängerschaft sowie durch eine starke Anpassung an die Ressourcen und Kompetenzen der lokalen Teilgruppen getragen. Eine der Ortsgruppen organisiert selbst Fahrdienste zu den Gottesdiensten für ältere und gehbehinderte Gläubige. In Göttingen ersetzen Ehrenamtliche das kürzungsbedingt entfallene Sekretariat des Priesters.

Von den drei vorgestellten Migrationskirchen unterscheidet sich die *evangelische vietnamesische Tin-Lanh Gemeinde Hannover* strukturell auf den ersten Blick deutlich. Sie ist ein durch die Initiative von vier Geschwistern und einem Pastor gegründeter lokaler Ableger des weltweit verzweigten Tin-Lanh-Netzwerkes. Mit ca. 50 Personen ist die von einem Pastor betreute Gemeinschaft vergleichsweise klein. Die Gemeinde Hannover ist in sogenannte Zellgruppen unterteilt. Diese Organisationseinheiten sind – dem Beispiel der anglikanischen Kirche folgend – aus je sieben bis zwölf Personen nach Lebenslagen und gemeinsamen Interessen zusammengesetzt, die in sehr engen Beziehungen religiöse und weltliche Aktivitäten und Austausch pflegen. Jede Zellgruppe hat eine Leitung, die als Ansprech- und Kontaktperson für den Leiter der Gemeinde fungiert. Die kleinen Organisationseinheiten sollen eine möglichst flexible

Anpassung an die Bedürfnisse, Interessen und Lebensumstände der Gläubigen
gewährleisten.

4.2 Selbstverständnis und Bezug zum Herkunftsland

»Wir haben die einzige Absicht, dass die Leute den Glauben nicht verlieren.«[45]
Dieses Zitat des Priesters der kath. kroatischen Gemeinde in Göttingen verweist
auf ein nach innen gewandtes Selbstverständnis, das auf die Bewahrung der eigenen Religionskultur und Gemeinschaft ausgerichtet ist. Die Rolle des Geistlichen wird dabei primär sakramental/liturgisch und weniger organisatorisch/re-
präsentativ bestimmt. Auch der Leiter der Vietnamesen-Seelsorge in den Bistümern Hildesheim und Hamburg betont die Gemeindearbeit sowie den Schutz der
Familie als Eckpfeiler seines Wirkens, setzt dabei allerdings zugleich einen nach
außen gerichteten, stärker missionarischen Akzent.

Es deutet sich an, dass die Fokussierung auf das Herkunftsland Inklusi-
onsräume für verschiedene religiöse Ausrichtungen schaffen kann: So heißt
der vietnamesische Seelsorger explizit auch Buddhistinnen und Buddhisten
und Atheistinnen und Atheisten aus der vietnamesischen Community zu verschiedenen Anlässen willkommen. Am Beispiel des ungarischen Seelsorgedienstes wird zudem deutlich, dass ein gemeinsamer Herkunftslandbezug mit
einer konfessionellen Öffnung nicht nur öffentlicher Gemeinschaftsaktivitäten,
sondern auch im Hinblick auf Gottesdienste und die Zusammensetzung der
Kerngemeinde einhergehen kann: Die konfessionelle Zuordnung ist nach außen einheitlich (evangelisch-reformiert), nach innen aber ökumenisch und der
kollektiven Identifikation über Sprache und Herkunftsland untergeordnet.

Für die kroatische Gemeinde beklagt der Priester eine zunehmende Entfremdung vom Herkunftsland. Zwar verfügten zahlreiche Gemeindemitglieder
über Häuser oder Wohnungen in der alten Heimat, diese stünden allerdings die
meiste Zeit leer. Dies steht in einem gewissen Kontrast zu den Beobachtungen
von Thränhardt und Winterhagen (in diesem Band), die den kroatischen katholischen Missionsgemeinden in Deutschland eine starke Rückkehrorientierung
und einen ausgeprägten Nationalismus attestieren. Dabei erweist sich der Bezug zum Herkunftsland in der Schilderung des Priesters v.a. als ein Generatio-
nenphänomen: So können die Ferienhäuser als stumme Zeugen der Rückkehr-
hoffnung der ersten Generation betrachtet werden, während sich die Folge-
generationen zunehmend als Teil der deutschen Aufnahmegesellschaft begreifen. Die Bezüge zum Herkunftsland sind auch für den ungarisch-sprachigen
Seelsorgedienst relevant. Neben dem Selbstverständnis als ungarische Gemeinde bildet sich die Relevanz der kulturellen Wurzeln v.a. in den Gemeinschaftsaktivitäten ab. So bestehen rege Kontakte zu ungarischen Vereinen und

---

[45] PRIESTER DER KATHOLISCHEN KROATISCHEN GEMEINDE GÖTTINGEN, Interview-Transkript I., Länge der Audiosequenz 54:17 Min., (17.12.2015), Z. 19-22.

Organisationen in verschiedenen Städten. Während einer längeren Abwesenheit der Pastorin entwickelte sich eine Bibelgruppe für Kinder zu einer reinen Kulturpflege-Gruppe, so dass die Bibelarbeit mit Kindern später mit einem separaten Kindergottesdienst einen neuen Rahmen finden musste.[46]

Im Unterschied dazu ist bei den vietnamesischen Gemeinden der Bezug zum Herkunftsland augenscheinlich weniger ausgeprägt. Als Begründung wird auf die Migrationsgeschichte verwiesen. Dabei wird deutlich, dass zumindest jene Vietnamesen, die als Flüchtlinge und sogenannte *Boat-People* infolge des Vietnam-Krieges nach Deutschland gekommen sind, von Anfang an eine ausgeprägte Orientierung auf das Aufnahmeland gezeigt haben. Bei der evangelischen Tin Lanh-Gemeinde wird der Herkunftslandbezug zudem durch die transnationale Organisationsstruktur überlagert. So befindet sich der zentrale Sitz der Kirche in Ho-Chi-Minh-Stadt, die Ausrichtung der Aktivitäten und Repräsentationsbeziehungen von Teilgemeinden scheint aber gleichermaßen transnational sowie lokal, auf die deutsche Kirchenlandschaft und benachbarte Ortsgemeinden ausgerichtet zu sein. Gemeinsame Gottesdienste und Feiern sowie gemeinsames Essen und Freundschaften werden als »Fortschritt« in einer noch zu intensivierenden »Zusammenarbeit« zwischen deutscher und vietnamesischer Gemeinde dargestellt.[47]

Im Vergleich der Herkunftsland-Bezüge deuten sich somit erste Unterschiede zwischen den osteuropäisch und südostasiatisch geprägten Migrationskirchen an. Während die osteuropäischen Migrationskirchen ein starkes Nationalbewusstsein kultivieren, verbunden mit einer engen Bindung an das Herkunftsland und einer gewissen Rückkehrorientierung, sehen sich die vietnamesischen Migrationskirchen eher als transnationale Akteure. Professionelle Strukturen (Priesterausbildung, Studienseminare) bieten dabei die Grundlage für eine erfolgreiche strukturelle Integration von Anhängerinnen und Anhänger und Teilgemeinden weltweit.

4.3 Art und Ausgestaltung der Anbindung an die verfassten Kirchen

Während die Bezüge zum Herkunftsland sich v.a. aus der unterschiedlichen Migrationsgeschichte und verschiedenen Verläufen der Renationalisierung nach dem Zusammenbruch der bipolaren Weltordnung des Kalten Krieges ergeben, ist anzunehmen, dass die Art und Ausgestaltung der Anbindung der untersuchten Migrationskirchen an die verfassten Kirchen konfessionsspezifisch ausgeprägt

---

[46] Vgl. PASTORIN DES UNGARISCHSPRACHIGEN EV.-REF. SEELSORGEDIENSTES IN NORDDEUTSCHLAND, Interview-Transkript, Länge der Audiosequenz 1:41:24 h (31.5.2016), Z. 495-516.

[47] LEITUNGSTEAM DER VIETNAMESISCHEN TIN-LANH GEMEINDE HANNOVER, Interview-Transkript, Länge der Audiosequenz 1:20:13 h (25.10.2015), Z. 751-773.

ist. Dabei fungieren lokale, ortsgemeindliche Verflechtungen als Laboratorien des interkulturellen Miteinanders.

Der Priester der Vietnamesen-Seelsorge zeichnet ein eher asymmetrisches Bild der Beziehungen zwischen seinen Ortsgruppen und ihren deutschsprachigen Bezugsgemeinden. Dabei scheinen einseitige Inklusionsofferten zur Mitwirkung in den Strukturen und Aktivitäten der deutschsprachigen Gemeinden zu überwiegen. Zugleich wird auch deutlich, dass eine asymmetrische Beziehung zu den deutschen Ortsgemeinden von den Migrationskirchen als unproblematisch, ja selbstverständlich empfunden wird. Dass sich Mitglieder der deutschen Ortsgemeinde in den vietnamesischen Gottesdienst einbringen, bezeichnet der Priester im Interview mehrfach als »unzumutbar« und begründet dies mit der randständigen Position der Vietnamesinnen und Vietnamesen (»Außenseiter«).

Die Bestrebungen der verfassten Kirchen zur Einbeziehung der Migrationsgemeinden werden von den Gemeindeleitern in unserem Sample unterschiedlich wahrgenommen: Während der vietnamesisch-stämmige Priester eine Bereitschaft zur Zusammenarbeit auf Anfrage als eine Art Höflichkeitserfordernis betrachtet, das in gleicher Form der Bezugsgemeinde nicht zumutbar sei, beschreibt die Pastorin des ungarischen Seelsorgedienstes einen Zwang zur Anpassung an variierende institutionelle Erwartungen. Die Beziehung zwischen der verfassten Kirche und dem ungarischen Seelsorgedienst in Norddeutschland wird von der Gemeindeleiterin als hierarchisch erlebt: Zum einen vollzieht sich die Kommunikation der Anhängerinnen und Anhänger mit den Mitgliedern der deutschen Ortsgemeinden nicht immer auf Augenhöhe. Zum anderen sieht sich die leitende Geistliche des Seelsorgedienstes mit der Erwartung konfrontiert, an migrationsbezogenen Anlässen und Veranstaltungen verschiedener Landeskirchen mitzuwirken.

Auch die katholisch-kroatische Gemeinde Göttingen ist seit ihrem Bestehen an eine deutsche Bezugsgemeinde angegliedert. Dass der kroatische Priester nur Aktivitäten anbietet, die genuin religiösen Charakter haben, schlägt sich auch in der Vernetzung der Gemeinde nieder. Die Beziehungen der Migrationskirche zur deutschsprachigen Bezugsgemeinde basieren vor allem auf den Grundaufgaben des Priesters qua Amt und seiner Verantwortung im Bereich der Selbstverwaltung. Beispielsweise teilt sich der Priester einen Raum mit der Sekretärin der Bezugsgemeinde und auch die Gottesdienst- bzw. Gemeinderäume nutzen beide Gemeinden gleichermaßen. Während kroatische Messen regulär am Sonntagnachmittag sowie an Feiertagen angeboten werden, besuchen Mitglieder der kroatischen Gemeinde an anderen Wochentagen die deutsche Messe. Auch Pfarrfeste und Nikolausfeiern werden gemeinsam ausgerichtet.

Im Zusammenhang mit der gemeinsamen Raumnutzung wird deutlich, dass die Konsolidierungserfordernisse auf Seiten der katholischen Kirche die Beziehungen zwischen beiden Gemeinden intensiviert haben. So erläutert der Priester, dass die »Krise« die gemeinsame Nutzung von Räumlichkeiten notwendig mache. Das sei zwar im Grund unproblematisch, erhöhe aber den Abstimmungsbedarf (und damit die Kontaktgelegenheiten). Abseits der Raumnutzung besteht eine Verflechtung über die gemeinsame Nutzung karitativer Infrastrukturen. Im Bedarfsfall verweist der Priester seine Schützlinge etwa an die Ehe- und Drogenberatung der Caritas. Daneben ist die kroatische Gemeinde eng mit dem zuständigen Bistum verbunden. Aus der zentralen Anbindung und Alimentierung ergibt sich eine weitreichende Abhängigkeit, die dem Priester auch vor Augen steht (»ohne das geht gar nicht«). Die Anfragen des Bistums zur Beteiligung werden als »Einladungen« wahrgenommen, denen man aber mangels kritischer Masse nur selten folgen könne. Anders als die Pastorin des ungarischen Seelsorgedienstes nimmt der Priester der kroatisch-katholischen Gemeinde die Anfragen des Bistums offenbar nicht in dem gleichen Maße als Überforderung wahr.

4.4 Vergleichende Schlussfolgerungen

Der doppelachsige Vergleich hat gezeigt, dass die Beziehungen und Bezugnahmen von Migrationskirchen zu ihren Herkunftsländern sowie zu den verfassten Kirchen in Deutschland je nach Konfession und Herkunftsland unterschiedlich ausgeprägt sind. Die konfessionellen Unterschiede hängen dabei wesentlich mit kirchenorganisationsrechtlichen Strukturprinzipien zusammen, die ihrerseits eng mit ekklesiologischen Konzepten assoziiert sind: Die Verfassung der katholischen kroatischen und vietnamesischen Migrationskirchen als muttersprachliche Gemeinden mit direkter Anbindung an ein Bistum (*missio cum cura animarum*) begründet intensive Beziehungen im Bereich der Versorgung und Mitbestimmung. Im Unterschied dazu stehen die beiden evangelischen Migrationskirchen im Sample exemplarisch für eine große Bandbreite von Kooperationsmodellen von der Alimentierung (v.a. durch Personalmittel für eine Pfarrstelle) im Falle des ungarischen Seelsorgedienstes bis hin zur losen projektförmigen Anbindung der vietnamesischen Tin-Lanh-Gemeinschaft über das Haus kirchlicher Dienste in Hannover.

Über diese Unterschiede verweist der Konfessionsvergleich zudem auf einige Gemeinsamkeiten, die zu weiterer Forschung herausfordern. Dazu gehören auf der Ebene des Organisationsmodells die großen Einzugsgebiete und zahlreichen Teilgemeinden, die durch die Geistlichen zu betreuen sind. In Verbindung mit knappen Sachmitteletats und weitreichenden Erwartungen der verfassten Kirchen zur Mitwirkung an ihrer interkulturellen Öffnung kann sich hier leicht ein Überforderungsszenario ergeben. Eine weitere Gemeinsamkeit ist die schwache Einbindung der Migrationskirchen in ortsgemeindliche Bezüge. Selbst im katholischen Bereich, wo die Geistlichen der muttersprachlichen Gemeinden den Priestern vor Ort formal gleichgestellt sind, bleibt die Interaktion mit der deutschen Ortsgemeinde auf logistische Absprachen beschränkt. In beiden Fällen beruht die Beziehung auf einem asymmetrischen Gast-Gastgeber-Modell, in dem interkulturelle Öffnung allenfalls als osmotischer Vorgang von den Migrationsgemeinden in die deutschen Ortsgemeinden verstanden wird.

Neben diesen konfessionellen Unterschieden und Gemeinsamkeiten deutet der Herkunftslandvergleich an, dass unterschiedliche Herkunftsregionen und Migrationserfahrungen unterschiedliche Muster der Grenzziehung oder -überschreitung im Aufnahmeland mit sich bringen können. Als zentraler Aspekt erweist sich dabei die Rückkehrorientierung und die damit verbundene Bereitschaft, institutionell und emotional in die Aufnahmegesellschaft zu investieren. Während bei den Migrationskirchen aus Südosteuropa die Kulturpflege innerhalb des Aufnahmelandes im Vordergrund steht, gepaart mit einer eher abstrakten Heimatsehnsucht, korrespondiert die Fluchtgeschichte vieler Vietnamesinnen und Vietnamesen mit dem Entschluss, sich in Deutschland zu beheimaten. Auch verschiedene Aspekte und Entwicklungen der nationalen Selbstvergewisserung in den Herkunftsländern scheinen dabei eine Rolle zu spielen. Dies zeigt sich exemplarisch darin, dass die nachholende Nationalisierung osteuropäischer Länder wie Ungarn oder Kroatien sich auch im Bewusstsein und der Praxis der Migrationskirchen widerspiegelt.

5. Fazit und Ausblick

In diesem Beitrag ging es mir darum, den Mehrwert von Migrationskirchen für religions- und sozialwissenschaftliche Analysen von Religion und Migration herauszuarbeiten. Angesichts ihrer zahlenmäßigen Bedeutung sind Migrationskirchen im Vergleich zu anderen religiösen Migrantengemeinden in Deutschland nur wenig erforscht. Dies hängt auch mit Konjunkturen der Forschungsförderung zusammen, die Religion im Migrationskontext v.a. als Integrationshindernis oder gar Radikalisierungsrisiko betrachten. Die Ausblendung von Migrationskirchen ist nicht nur deshalb schmerzlich, weil die Zuwanderung nach Deutschland seit dem Zweiten Weltkrieg überwiegend christlich geprägt war, sondern weil sie einen wichtigen Impuls für die Grundlagenforschung durch systematische Kontrastierung versprechen. Im Unterschied zu nichtchristlichen religiösen Migrantengemeinden können Migrationskirchen an der Infrastruktur und gesellschaftlichen Legitimität der christlichen Mehrheitsreligion partizipieren. Dadurch entstehen Gelegenheiten, aber auch Erfordernisse der internen Abgrenzung. Darüber hinaus weisen katholische und evangelische Migrationskirchen sehr unterschiedliche ekklesiologische (Weltkirche versus versöhnte Verschiedenheit) und organisatorische Rahmenbedingungen auf, die neue Erkenntnisse über religiöse Institutionalisierungsverläufe in der Diaspora versprechen.

Damit sollte deutlich geworden sein, dass Migrationskirchen ihren Mehrwert für die Grundlagenforschung zu Migration und religiösem Wandel nicht von sich aus preisgeben, sondern nur im Rahmen sorgfältiger vergleichend angelegter Forschungsdesigns. Dazu habe ich im 3. Abschnitt einige Überlegungen angestellt und vier Settings des Vergleichs unterschieden:

Ein *Religionsvergleich* lenkt den Blick auf die unterschiedlichen semantischen (z.B. Gefährdungsdiskurse vs. Affinitätsdiskurse) und strukturellen Bedingungen (z.B. Nutzung der Infrastruktur von verfassten Kirchen und konfessionellen Wohlfahrtsverbänden) für die Formierung und Institutionalisierung religiöser Migrantengemeinden in Deutschland.

Ein *Konfessions- bzw. Denominationsvergleich* rückt die ekklesiologischen und kirchenorganisatorischen Unterschiede innerhalb des christlichen Glaubensspektrums in den Vordergrund. Er ermöglicht damit eine Analyse der unterschiedlichen An- und Einbindungsstrategien sowie verschiedener Muster und Verständnisse interkultureller Öffnung.

Auch ein *Herkunftslandvergleich von Migrationskirchen* verspricht ein besseres Verständnis der kulturellen Einbettung religiöser Glaubensinhalte, Gemeinschafts- und Praxisformen. Zugleich lässt sich dadurch nachzeichnen, wie unterschiedliche Migrationsverläufe (z.B. Arbeitsmigration vs. Flucht) kollektive Bedürfnislagen hervorbringen, auf die Gemeinden Antworten finden müssen.

Schließlich setzt der *Vergleich von Migrationskirchen und deutschsprachigen Gemeinden* derselben Denomination den Fokus auf die Migrationsgeschichte als Faktor für bestimmte inhaltliche (z.B. Missionsauftrag als Migrationsmotiv oder Hang zur Kulturpflege) und organisatorische Eigenheiten (z.B. große Einzugsgebiete, transnationale Bezüge).

Die Darstellung dieser Vergleichsperspektiven versteht sich als Hilfestellung für eine systematischere Anlage und Verortung komparativer Forschungsdesigns und ist weder abschließend noch erschöpfend gemeint. Die Auswahl und Verbindung der Vergleichshorizonte müssen sich letztlich aus der jeweiligen inhaltlichen Fragestellung ergeben.

Mit diesem Votum für mehr vergleichende Perspektiven in der Migrationskirchenforschung verbindet sich eine weitere Forderung für die religionswissenschaftliche und religionssoziologische Analyse von Migrationskirchen: Religiöse Inhalte müssen als wirkmächtige Faktoren eigener Art für die Selbstorganisation und Entwicklung der Gemeinden erkannt und ernst genommen werden. Gerade die sozialwissenschaftliche Religionsforschung (meine eigenen Arbeiten keineswegs ausgenommen) wies bislang eine Tendenz zur funktionalistischen Außenbetrachtung und Strukturbeschreibung auf und behandelten theologische Reflexionen als Randbedingung oder Epiphänomen der Organisationsentwicklung. Methodisch war und ist diese Ausrichtung häufig flankiert durch Experten- oder Leitfadeninterviews mit Gemeindeleiterinnen und Gemeindeleitern und engagierten Gemeindemitgliedern. Um den genannten Perspektivwechsel ins Werk zu setzen, ist daher auch methodologische Fantasie gefragt, die neue Quellen erschließt (z.B. durch die Aufzeichnung und Sammlung von Predigten oder die Beobachtung und dichte Beschreibung liturgischer und anderer performativer Vollzüge) und andere (z.B. tiefenhermeneutische oder diskursanalytische) Auswertungsverfahren zur Anwendung bringt. Nicht zuletzt bietet sich hier eine natürliche Schnittstelle für die stärkere interdisziplinäre Zusammenarbeit zwischen Religionswissenschaft und Theologie.

Schließlich, aber nicht zuletzt: Was bedeuten die angeführten vergleichenden Erwägungen und die Befunde der exemplarischen Anwendung für die kirchliche Praxis? Der Konfessionsvergleich deutet darauf hin, dass die verfassten Kirchen in Deutschland trotz deutlicher ekklesiologischer und organisatorischer Unterschiede bei der An- und Einbindung von Migrationskirchen vor ganz ähnlichen Herausforderungen stehen: Die Verbindung zwischen deutschsprachigen und muttersprachlichen Gemeinden bleibt an vielen Orten lose und unverbindlich, Avancen und Projekte der Bistümer oder Landeskirchen zur interkulturellen Öffnung werden von den Migrationskirchen nicht selten als notwendiges Übel angesehen, dem man sich höflich, aber ohne eigene Impulse, fügt.

Wie lässt sich diese strukturelle Asymmetrie der interkulturellen Öffnung lindern? Ein erster Schritt dürfte darin bestehen, sich ehrliche Rechenschaft über die Motive kultureller Öffnung (und Schließung) abzulegen. So macht der Beitrag von Heike Ernsting in diesem Band die enge Verbindung von interkultureller Öffnung und sozialdiakonischen Anliegen deutlich. Pointiert gesagt: Öffnung wird zugelassen, wenn und insoweit das Gegenüber als schwach und bedürftig erkannt wird. Die Asymmetrie ist hier in der initialen Motivationslage bereits mitangelegt. In anderen Fällen mag eine deutschsprachige Ortsgemeinde ihr interkulturelles Profil gerade dann entdecken, wenn sie mit Streichungs- oder Fusionsdrohungen von »außen« oder »oben« konfrontiert wird. In diesem Fall ist die Interessenlage zumindest zu Beginn extrinsisch und instrumentell, wobei es im weiteren Verlauf durchaus auch zu einem echten multikulturellen Miteinander kommen kann. Auf der anderen Seite gilt es zu anzuerkennen, dass Migrationskirchen ein legitimes Interesse an kultureller Grenzziehung haben, da sie über ihre sakrale Bedeutung hinaus auch Orte der Kulturpflege und des kollektiven Gedächtnisses darstellen.

Diese Grundspannung zwischen den (universalistischen) Inkorporierungsbemühungen der Landeskirchen und Bistümern und den (partikularistischen) Bewahrungsbestrebungen vieler Migrationskirchen lässt sich auf der Ebene regionaler Integrationsprojekte nur sehr begrenzt bearbeiten und verweist auf Herausforderungen auf der Strategieebene kirchlichen Handelns. Hier braucht es aus meiner Sicht ekklesiologisch und kirchentheoretisch tragfähige Leitbilder eines langfristigen und organischen interkulturellen Miteinanders, das auch Rückzugsmöglichkeiten eröffnet; sicher keine Simultankirche nach historischem Vorbild, aber auch keine Kommune; eher schon eine Wohngemeinschaft mit großzügigen Gemeinschaftsräumen und gemütlichen eigenen Zimmern als Rückzugsraum.

Günter Baum

Gekommen, um zu bleiben

Migrantengemeinden in Osnabrück

1. Annäherungen

Bleiben

»Gekommen, um zu bleiben«: Was die Band »Wir sind Helden«[1] singt, gilt für die meisten Migranten. Sie bleiben hier, kehren nicht wieder in die alte Heimat zurück, egal ob Arbeitsmigranten, die eine Rückkehr allenfalls für ihre Rentenzeit ins Auge fassen und dann doch oft hierbleiben, oder Geflüchtete, die für ihre Herkunftsländer kaum Perspektiven sehen. Studierende sind eine Ausnahme, klein an Zahl. Damit steht auch die Gemeinschaft der christlichen Kirchen vor einer neuen Herausforderung.[2] Davon soll hier die Rede sein.

Befremdet

Eine erste Irritation: Ich denke an die Schlesier, die 1945-1947 in Osnabrück angesiedelt wurden. Viele wurden im Lauf der Zeit in Osnabrück unauffällig, manche fühlten sich ihr Leben lang fremd hier. Immerhin: Den schlesischen Konfirmanden in meiner Gemeinde wurde 1946 gestattet, in schlesischer Tracht mit Myrtenkränzchen (statt nur im hier üblichen schwarz-weiß) den

---

[1]   Album »Von hier an blind«, Reklamation Records 2005, Nr.10.

[2]   In den deutschen Kirchen wurde Migration zunächst als Thema für die Diakonie begriffen, spät erst als ekklesiologische und praktisch-theologische Herausforderung. Vgl. den Überblick von BIANCA DÜMLING, Migration verändert die kirchliche Landschaft in Deutschland, in: CLAUDIA RAMMELT/ESTHER HORNUNG/VASILIE-OCTAVIAN MIHOC (Hrsg.), Begegnung in der Glokalität. Christliche Migrationskirchen in Deutschland im Wandel der Zeit, Leipzig 2018, 77-90; DAVID GABRA, Kirche. Macht. Platz. From uniformity to diversity, CCA-Forum der EKvW, 2019, www.evangelisch-in-westfalen.de/kirche/partnerkirchen/united-church-of-christ/ucc-forum/ [Aufruf: 30.11.2020], und GREGOR ETZELMÜLLER, Migrationskirchen als Herausforderung für das Selbstverständnis evangelischer Kirchen in Deutschland, in: HKD HANNOVER (Hg.), Ökumenische Akzente 2020, Hannover 2020, 34-38.

Gottesdienst mitzufeiern – ähnliche Integrationsbemühungen gab es in vielen Gemeinden.

Normalität

Nicht immer Integration, aber gewiss Migration gehört zur Geschichte der Menschheit, auch ihres deutschen Anteils.[3] Die Geschichten der 1945 Vertriebenen gehören zum kollektiven Gedächtnis der Deutschen. Ähnlich wird es später mit den Geflüchteten, vor allem den vielen von 2015, sein. Durch die Migranten wird Osnabrück normaler in der Welt, auch in der Welt der Christenheit.[4] Da gilt nun nicht mehr *cuius religio, eius religio*: Emsland katholisch, Grafschaft Bentheim reformiert, Osnabrück halb katholisch und halb lutherisch. Überall Vielfalt, Buntheit, konfessionelle und auch religiöse Pluralität. Manch Alteingesessenen verwirrt das.

Religion

Durch Migration wandern auch Religionen. Mein Beitrag konzentriert sich auf die christlichen Migranten in Osnabrück der letzten Jahrzehnte, die sich zu Gemeinden und Gruppen zusammengeschlossen haben. Das ist eine Auswahl, aber sie kann begründet werden. Unter den Einwandernden nach Deutschland sind Christen in der Mehrheit, zumindest bis zur großen Aufnahme von Geflüchteten 2015.[5] Von vielen, vor allem von nationalistischen Akteuren, wird das nicht wahrgenommen. Aber auch innerhalb der migrationsfreundlichen Szene ist die christliche Migration (wie Religion überhaupt) kaum Thema.[6]

Offenheit

Bei den Gesprächen mit Migrantengemeinden hatte ich das Glück, dass ich durch ACK-Arbeit und interkulturelle Aktivitäten mit vielen Akteuren vertraut bin.[7] Bei allen Gemeinden war eine große Bereitschaft zum Gespräch, manch-

---

[3] Vgl. JOHANNES KRAUSE/THOMAS TRAPPE, Die Reise unserer Gene, Berlin [10]2019.

[4] Vgl. die Abschiedsvorlesung von GIANCARLO COLLET, Gemeinsam das Evangelium verkünden. Bemerkungen zur Enteuropäisierung europäischer Christenheit, Münster 2010, unveröffentlicht.

[5] Vgl. BENDIX BALKE, Religiöse Zugehörigkeit von Zugewanderten. Zahlen und Hintergründe, in: ZMiss 46 (2020), 112-134, und ALEXANDER-K. NAGEL/NELLY SCHUBERT, Glokale Verflechtungen und zivilgesellschaftliche Potentiale, in: RAMMELT/HORNUNG/MIHOC, Begegnung (s. Anm. 2), 213-228, 214.

[6] So meine Erfahrung in der Szene der ehrenamtlich Helfenden. Zu Migrationskirchen als »Stiefkind« der akademischen Debatte über Religion und Migration vgl. NAGEL/SCHUBERT, a.a.O., 217-220.

[7] Ein besonderer Dank geht an Pfr. i.R. Martin Wolter, der vor allem die afrikanischen Gemeinden gut kennt und das Projekt sehr unterstützt hat.

mal wurde Dankbarkeit artikuliert, »dass sich endlich mal jemand um uns kümmert«. Allen Gemeinden ein großer Dank für die Gespräche!

Irritationen

Auch Irritationen haben ihren Platz in diesem Bericht.[8] Ab und zu begegneten mir nicht nur Menschen, sondern auch Wertungen: Da werden Migrantengemeinden von einheimisch-deutschen gastgebenden Gemeinden als schwierig wahrgenommen: Zu laut, zu unpünktlich, halten sich nicht an Absprachen. Auch theologische Werturteile kommen vor: Wieso sollen wir uns kümmern um Wiedertäufer und Schwärmer, die schon in der Reformationszeit bekämpft wurden? Sind das überhaupt Geschwister im Glauben?[9]

Umgekehrt sind viele der Migrantengemeinden von solchem Umgang der einheimischen Gemeinden mit ihnen verletzt. Evangelische Christen, die im Land der Reformation ankommen, sind enttäuscht vom kargen kirchlichen Leben hier. Manche Migrantengemeinden sind davon überzeugt, dass die etablierten Kirchen in Osnabrück wie in ganz Europa keine Zukunft haben,[10] gar wegen ihrer liberalen Art zu glauben, dem Satan verfallen sind.[11]

Bei manchen werden die Erfahrungen in der alten Heimat in einer Art schwarz-weiß-Modell den Erfahrungen in der Fremde hier in Deutschland gegenübergestellt.[12] Manche nehmen die Säkularität[13] sachlich oder verwundert oder erschrocken zur Kenntnis, andere entwickeln daraus ein missionarisches Programm oder sehen die Notwenigkeit, Satan laut und kräftig zu bekämpfen – so vor allem die pentekostalen Gemeinden afrikanischer Herkunft.

---

[8] Vgl. FRIEDER LUDWIG, Mission und Theologie in Migrationsgemeinden, in: RAMMELT/HORNUNG/MIHOC, Begegnung (s. Anm. 2), 199-211, 200f. Kahl listet »Irritationen« neben »Attraktionen« auf in seinem Aufsatz WERNER KAHL, Die Präsenz von Migrationsgemeinden, in: RAMMELT/HORNUNG/MIHOC, a.a.O., 185-198, 192f.

[9] Von den gastgebenden Gemeinden habe ich keine Interview-Dokumentation, aber ich hörte das in manchen Vorgesprächen zum Thema.

[10] So in einigen der Interviews. Der junge Diakon der Eritreer gibt den Kirchen hier vor Ort allenfalls noch zehn Jahre angesichts der Altersstruktur in den deutschen Gottesdiensten, die er erlebt hat. Vgl. Interview mit Diakon Legese, 24.8.2020.

[11] Im Interview mit Pastor Friday, 25.3.2020, deutet dieser die Corona-Pandemie als eine Antwort Satans auf unsere Satans, auf unsere westliche Art zu leben.

[12] Bei einigen afrikanischen Migrationsgemeinden gibt es eine Art Erwählungsbewusstsein gegenüber den augenscheinlich gottverlassenen Europäern.

[13] Vgl. die Dissertation des Diakons der rumänisch-orthodoxen Gemeinde Osnabrück CEZAR DASCALU, Teorii ale secularizării. Analogii între cazurile românesc şi german/ Theorien der Säkularisierung. Analogien zwischen rumänischen und deutschen Fällen, Universität Bukarest 2018, in der er u.a. 35 Interviews mit rumänischen Geistlichen, die in Deutschland arbeiten, verarbeitet.

Benennung

Wie nennen wir die »Gemeinden ausländischer Sprache und Herkunft« (so die frühere Bezeichnung)? Gemeinden von Menschen mit Migrationshintergrund? Wir deutschen Theologen legen mit allen solchen Benennungen andere auf ihr Fremdsein fest. Der charmante Begriff »Internationale Gemeinden« (so eine Benennungsverabredung einiger Gemeinden mit der EKD; in Niedersachsen: »Internationale Konferenz Christlicher Gemeinden«[14]) wiederum wird dem Selbstbild so mancher Gemeinden nicht gerecht. Die Benennung bleibt prekär und kann nur im Gespräch mit den Gemeinden weiterentwickelt werden. Ich werde im Folgenden meist von Migrantengemeinden schreiben, wissend, dass die Mitglieder inzwischen oft Deutsche sind, zumindest die der 2. und 3. Generation.[15]

Methode

In Absprache mit dem Institut für Evangelische Theologie der Universität und der ACK Osnabrück habe ich alle Gemeinden, die mir bekannt waren (und während der Recherche kamen noch einige dazu) zu einem Interview aufgesucht, möglichst kombiniert mit einem Besuch im Gottesdienst oder in einer Gemeindeveranstaltung.[16] Zu einem kleinen Teil wurde das Interview auch per Telefon geführt, der Corona-Pandemie geschuldet. Die Kontaktaufnahme war nicht immer einfach: Telefonnummern und E-Mail-Adressen ändern sich in der Szene schnell, Internetauftritte sind nicht immer aktuell, einmal bricht das Auto eines Kollegen auf dem Weg zum Termin zusammen.

Insgesamt habe ich 21 Gemeinden bzw. Gemeindegruppen im Stadtgebiet von Osnabrück kontaktiert, mit 19 Vertreterinnen und Vertretern der Gemeinden Gespräche geführt, einigen weiteren bin ich noch auf der Spur.[17]

---

[14]   IKCG: www.ikcg.landeskirche-hannovers.de/ [Aufruf: 20.2.2021].

[15]   Wie viele in RAMMELT/HORNUNG/MIHOC, Begegnung (s. Anm. 2), oder ETZELMÜLLER, Migrationskirchen (s. Anm. 2).

[16]   Der Inhalt der Interviews wurde im unmittelbaren Nachgang der Gespräche in Form von Gedächtnisprotokollen festgehalten. Die Gedächtnisprotokolle sind vom Verfasser privat archiviert.

[17]   Es gibt meiner Kenntnis nach in Osnabrück noch eine nigerianische Gemeinde, zumindest eine russlanddeutsche Gemeinde der Evangeliumschristen-Baptisten, eine bulgarischsprachige evangelische Gemeinde. Eine Liste der kontaktierten Gemeinden ist bei der ACK Osnabrück abzurufen: ACK Osnabrück, c/o Norbert Kalinsky, Stadtdekanat Osnabrück, Kolpingstr. 5, 49074 Osnabrück, dekanat.os@gmx.de. Im Umland gibt es vor allem russlanddeutsche Gemeinden. Im Osnabrücker Vorort Belm hat sich eine lingala-sprachige »Gemeinde barmherziger Gott« (GBG) angesiedelt. Sie gehört zur FEPACO-Nzame-Malamu. Vgl. dazu MORITZ FISCHER, »Nzame-Malamu«. Die diskursive Verortung der globalen Pfingstbewegung als transformatives Beziehungsgeflecht zwischen Zentren und Peripherie, in: RAMMELT/ HORNUNG/MIHOC, a.a.O., 102-117.

2. Überblick

Herkunft nach Kontinenten

Sechs der von mir befragten Gemeinden haben ihre Herkunft in Afrika. Westafrikanische Christen sind meist die Gründer, aber es gibt auch Christen aus dem Kongo und eine ganz junge Gemeinde von Eritreern. In Osnabrück sind manche der christlichen Asiaten (Vietnamesen, Chinesen) bei den Baptisten, die Iraner (von denen einige erst hier konvertierten) bei den Lutheranern angekommen. Eine selbständige koreanische Gemeinde gibt es seit langem. In der rum-orthodoxen Gemeinde versammeln sich Christen aus der Türkei und aus Syrien, aber auch aus Griechenland. Aus Europa kommen die meisten der christlichen Migranten: Serbien, Großbritannien, Portugal, Polen, Russland, Georgien, Rumänien und Bulgarien sind Herkunftsländer.[18] Einige wenige Lateinamerikaner gibt es in der portugiesischen Gemeinde. Ein Ordenspriester aus Brasilien tut dort Dienst.

Herkunft nach Konfessionen

Zu den östlich-orthodoxen und den orientalisch-orthodoxen Kirchen gehören die Gemeinden der Serben, Rumänen, Russen, Georgier, Eritreer und rum-orthodoxen Christen. Römisch-katholisch sind die Gemeinden der Portugiesen, Polen und Tamilen. Eine spanische Mission löste sich ca. 2007 auf. Die Gemeindeglieder fühlten sich mittlerweile in den deutschsprachigen katholischen Parochialgemeinden zu Hause. Protestantisch sind die freikirchlichen russlanddeutschen Gemeinden, die presbyterianischen Koreaner, die baptistischen Vietnamesen und Chinesen sowie die lutherischen Iraner. Die Gemeinden mit afrikanischer Herkunft sind zumeist pfingstlerisch geprägt. Manche sind einer afrikanischen Pfingstkirche auch organisatorisch verbunden,[19] andere dem deutschen, immer internationaler werdenden Bund Freikirchlicher Pfingstgemeinden,[20] andere sind autonome Gründungen.[21] Die kleine britische Gemeinde

---

[18]   Die Reihenfolge ungefähr nach Ankunft der Migranten-Gemeinschaften in Osnabrück.

[19]   Zur nigerianischen Redeemed Christian Church of God (RCCG), die auch in Osnabrück vertreten ist Ludwig, Migrationsgemeinden (s. Anm. 8), 202f. Der hiesige Pastor der RCCG hat eine Ausbildung am Seminar der RCCG in London absolviert.

[20]   Der niederländische, aus Ghana stammende Pastor der Gemeinde hat die Ausbildung im BFP-Seminar in Erzhausen vor längerem abgeschlossen. Die Gemeinde hat ihre Heimat im BFP gefunden.

[21]   Einer der Pastoren wurde am Seminar der Presbyterianischen Kirche in Ghana ausgebildet und hat in Osnabrück eine moderat pfingstlerisch geprägte Gemeinde gegründet, die inzwischen zur Internationalen Konferenz Christlicher Gemeinden (im Verbund mit der Landeskirche Hannovers) gehört.

versteht sich als bewusst überkonfessionell. Einige aus der Gemeinde gehören zur Heilsarmee.

Mitgliedsgemeinden der ACK in Osnabrück (ACKOS) sind Katholiken (in der Delegiertenversammlung vertreten durch das Stadtdekanat) und Orthodoxe (Serben als Gründungsmitglieder und wie die Rum-Orthodoxen auf Stadt- und Stadtteilebene ökumenisch aktiv, die Russen machen nicht mit, die Georgier und die Eritreer empfinden sich wie die presbyterianischen Koreaner als zu klein). Die internationalen Gemeindegruppen sind durch die baptistische Gemeinde bzw. die evangelisch-lutherische Kirche in der ACK, die Briten durch die Heilsarmee vertreten. Russlanddeutsche Protestanten schrecken beim Stichwort Ökumene zurück, sie nennen dazu Erfahrungen aus der sowjetischen Zeit. Afrikanische Pfingstler sind nicht gegen die Ökumene, bleiben aber, so meine Erfahrung, wenn sie über ihre Gemeinde hinaus unterwegs sind, lieber in ihnen eigenen Bezügen.

Herkunftswege

Arbeitsmigranten bestimmen in den meisten Gemeinden das Bild. In Osnabrück begann die Zeit der Gastarbeiter in den 1960er Jahren mit von der Firma Karmann angeworbenen Portugiesen, später kamen durch eine Kooperation mit KIA-Motors viele Koreaner hierher. Jugoslawen folgten, noch vor den meist muslimischen Türken. Die Gruppe der Vietnamesen wurde nach 1989 größer durch ehemalige DDR-Vertragsarbeiter, dann durch Arbeitskräfte und Studierende. Die Europäische Union hat viele Europäer nach Deutschland gebracht: Aus der Zeit der britischen Garnison sind einige Briten hiergeblieben. Polen sind nicht nur als Pflegekräfte hier. Rumänen, Georgier und Bulgaren arbeiten in Nordwestdeutschland nicht nur in der Fleischindustrie, zu den Gemeinden gehören auch Studierende und Werktätige von der Reinigungskraft bis zum promovierten Chemiker. Die Gruppe der Studierenden nimmt mit der wachsenden Universität in Osnabrück vor allem unter den Asiaten zu. Geflüchtete wie Vertriebene kamen seit 1945 immer wieder nach Osnabrück, bereicherten und irritierten zunächst die einheimischen deutschen, dann auch die schon bestehenden Migrantengemeinden. Die Umfrage ergab einen besonderen Status der *Boat-People* aus Vietnam, die sich in den 1970-80er Jahren der baptistischen Gemeinde in Osnabrück anschlossen, vermittelt durch einen geflüchteten vietnamesischen Pastor in Nordhorn. Flüchtlinge aus dem Jugoslawienkrieg kamen bei der serbisch-orthodoxen Gemeinde unter. Die rum-orthodoxe Gemeinde nahm sich der geflüchteten arabischsprachigen Christen von 2015 gleich welcher Konfession an.[22] Die gemeinsame arabische Sprache half weiter, Übersetzungsaufgaben wurden wahrgenommen, Begleitung, Seelsorge,

---

[22] Eine syrisch-orthodoxe Gemeinde gibt es in Delmenhorst und in Hengelo/NL, aber vielen Geflüchteten ist der Weg dorthin bürokratisch versperrt oder zu teuer.

diakonische Hilfe. Viele afrikanische Flüchtlinge fanden ihren Weg zu den bestehenden afrikanischen Gemeinden.[23] Georgier (hier sind es nicht nur Geflüchtete) und Eritreer[24] gründeten eigene orthodoxe Gemeinden.

In den »älteren« Gemeinden sind inzwischen durch Eheschließungen viele Ethnodeutsche dazugekommen – eine Herausforderung für die gottesdienstliche/liturgische Sprache.

Besonderheiten in Osnabrück

In Osnabrück gab es bis 1945 ein Lager für kriegsgefangene Offiziere aus Serbien. Nach der Befreiung wollten viele nicht ins Jugoslawien unter Tito zurück, blieben in Osnabrück und gründeten eine orthodoxe Gemeinde, die dann durch Gastarbeiter aus Jugoslawien/Serbien wuchs und später durch serbische Flüchtlinge im Jugoslawien-Krieg. Mit Unterstützung der Stadt und der Bürgerschaft hat die Gemeinde seit 1969 ihre eigene Kirche, die Nachbildung einer serbischen Kirche aus dem 15. Jh.

Im Opernchor des städtischen Theaters arbeiten viele Sängerinnen und Sänger aus Korea. Mitarbeitende von KIA-Motors und Studierende kamen dazu. So entstand unter Mithilfe von presbyterianischen Theologiestudierenden und Promovenden der Universität Münster die evangelische »Hana-Gemeinde« – eine auffällig musikalische Gemeinde.

Organisation

Die Migrantengemeinden sind eher klein: Zwischen 15 und 100 Gläubige versammeln sich jeweils zu Messe/Liturgie/Gottesdienst. Mitgliedslisten werden meist nicht geführt, umgekehrt zur Erfahrung der einheimischen Kirchen überschreitet insgesamt die Zahl der Gottesdienstteilnehmenden die der Mitglieder bzw. Unterstützer.[25] Nach eigenen, augenscheinlich realistischen Angaben der Gemeinden kommen in Osnabrück in den Migrationsgemeinden insgesamt ca. 1.100 Menschen regelmäßig zum Gottesdienst zusammen. An Feiertagen sind es wesentlich mehr. Die Corona-Pandemie hat die Teilnehmerzahlen und damit auch die Sonntagskollekten arg reduziert. Die Gemeinden finanzieren sich (Mieten, Sach- und Personalkosten) aus Sonntagskollekten, Beiträgen und Spenden. Die katholischen Gemeinden werden vom Bistum als Sonderge-

---

[23]   In der rum-orthodoxen Gemeinde besucht auch eine äthiopisch-orthodoxe Familie die Liturgie.

[24]   Die Gemeinde steht unter Leitung eines jungen, noch vor der Flucht in Eritrea zum Diakon geweihten Diakons, Sohn eines lange Jahre in Eritrea eingekerkerten orthodoxen Priesters.

[25]   Vorhandene Listen dienen zum einen der Kontaktpflege (was gerade in Corona-Zeiten für einige Gemeinden neu war und wichtig wurde), zum anderen dem Fundraising der Gemeinden über die Sonntagskollekten hinaus.

meinden (Missionen) unterstützt, einige Gemeinden von ihren jeweiligen Konfessionsfamilien.

Wenige Gemeinden haben eigene Kirchen bzw. Versammlungsräume: Die serbisch-orthodoxe und die rum-orthodoxe Gemeinde besitzen eigene Kirchen. RCCG und Mennoniten haben ehemalige Industrieräume angemietet, die anderen sind zahlende Gäste in Räumen anderer Kirchengemeinden – Orthodoxe meist bei katholischen Gemeinden, Protestanten und Pfingstler bei evangelischen und Pfingst-Gemeinden sowie der Landeskirchlichen Gemeinschaft. Die baptistischen Gruppen sind Untergruppen der immer multikultureller werdenden evangelisch-freikirchlichen Gemeinde, nehmen am Sonntagsgottesdienst teil und machen anschließend ihr eigenes Programm.

Die mit den Sparmaßnahmen der einheimischen Kirchen einhergehenden Kirchenverkäufe waren für die rum-orthodoxe Gemeinde die Chance, zu einer eigenen Kirche zu kommen. Aus einer bildlosen evangelisch-reformierten wurde mit viel Eigenarbeit eine orthodoxe Kirche. Andere Gemeinden verloren wiederum ihren Treffpunkt. Eine afrikanische Gemeinde ist zurzeit ohne Raum. Die Bitte um Mithilfe bei der Suche nach eigenen Räumen war die dringendste an mich gerichtete Anfrage. Ein Gaststatus in Räumen einer anderen Gemeinde bringt Dauerprobleme (nötiges Umräumen von Kinderspielsachen und je nach Konfession Ikonen oder Musikanlage) und auch Konflikte (je nach Konfession Weihrauchgeruch oder Lautstärke bei Night-Vigils) mit sich.

Die Gemeinden legen alle Wert auf die kontinuierliche Betreuung durch einen Geistlichen, vor allem für die Sakramentsverwaltung.[26] Die Geistlichen arbeiten meist im Nebenamt für ihre Gemeinde, ansonsten sind sie in weltlichen Berufen beschäftigt (u.a. Altenpfleger, LKW-Fahrer, IT-Manager, Taxifahrer) und dadurch auch von ihrer Gemeinde unabhängig. Sie sind zum Teil sehr gut ausgebildet, zum Teil gar nicht.[27] Einige leben in Osnabrück, vor allem die Geistlichen der länger ansässigen und einiger afrikanischer Gemeinden.[28] Viele kommen von weit her am Wochenende zu ihren Gemeinden, manche betreuen

---

[26]   Es sind fast nur Männer, nur einige afrikanische Gemeinden haben auch eine zweite ordinierte Pastorin. Die Ordination von Frauen wird nur bei Protestanten - außer bei den Mennoniten - und Pfingstlern positiv gesehen, bei den iranischen Christinnen förmlich als Befreiung gegenüber der Rolle der Frau im Iran.

[27]   Neben dem in Theologie promovierten rumänisch-orthodoxen Diakon gibt es Absolventen von theologischen Ausbildungsstätten in den Herkunftsländern, Absolventen von Bibelschulen, auch solchen im Internet, und ansonsten als Befähigung ganz viel Charisma.

[28]   Einer von ihnen merkte an, dass er früher ab und zu Gastprediger aus Ghana eingeladen hat. Das will er nicht mehr, sie hätten eine so andere Kultur (Interview mit Pastor Amoatin, 1.11.2020). Ähnliche Probleme mit Geistlichen aus den Herkunftsländern deuteten auch andere Interviewpartner an.

noch weitere Gemeinden und sind nur selten in Osnabrück.[29] Für die internationalen gemeindeinternen Gruppen (Iraner, Vietnamesen, Chinesen) ist der jeweilige deutsche Pfarrer ihr Ansprechpartner.

Die Organisationsform ist sehr unterschiedlich. Gruppen, die Teil einer deutschen Gemeinde bzw. eines deutschen Bistums sind, haben dadurch Teil an deren Körperschaftstatus, andere Gemeinden haben Vereinsstatus, die jüngeren haben sich zum Teil noch gar keine Form gegeben. Alle Gemeinden sind selbstorganisiert und autark, auch die, die zu einem größeren Verbund gehören. Viele der Gemeinden sind aber gut vernetzt, wenige sind völlig autonom. Sie haben organisierte Kontakte in die alte Heimat, zum Teil geht es um Unterstützung von diakonischen und missionarischen Projekten dort.[30] Einige sind in einem internationalen Netzwerk, das von der Herkunft geprägt ist: Die orthodoxen Gemeinden gehören meist zu einer Metropolie ihrer Kirche für Deutschland/Europa, die wiederum Teil der deutschen orthodoxen Bischofskonferenz ist. Die Katholiken sind alle Teil des Bistums Osnabrück und so der katholischen Weltkirche verbunden. Eine afrikanische Gemeinde (RCCG) ist Teil einer nigerianischen Kirche, die in Europa viele Gemeinden hat; eine andere (GBG) Teil der kongolesischen FEPACO-Nzame-Malamu.[31] Die Protestanten werden durch ihre jeweilige Konfessionsfamilie (Baptisten, Presbyterianer, Mennoniten, Lutheraner) unterstützt. Zur Internationalen Konferenz Christlicher Gemeinden (IKCG) der Hannoverschen Landeskirche gehört bisher nur eine der Osnabrücker afrikanischen Gemeinden.

Strukturverwandtschaften

Bei allen Migrantengemeinden, so verschieden sie sind, finden sich bestimmte Strukturmerkmale. Davon sind manche so unterschiedlich nicht zu den Strukturen der einheimischen Gemeinden.

Am Anfang der Gemeindegeschichten steht oft eine charismatische Führungspersönlichkeit: Einzelne engagierte Ehrenamtliche oder manchmal selbst geflüchtete Geistliche prägen oft über lange Jahre die Identität der Gemeinde. Der Gottesdienst/die Messe/die Liturgie ist das Zentrum der Gemeinde. Meist findet er sonntags statt, oft am Nachmittag, wenn die gastgebende Gemeinde den Kirchraum nicht braucht, manchmal auch samstags. Im Gottesdienst wird auch die Kultur der Heimat gepflegt in Sprache[32] und Musik[33]. Neben bzw. nach

---

[29] Sie kommen quer durch die Konfessionen aus Amsterdam, Hannover, Lengerich, Lingen, Düsseldorf, Bielefeld, Essen, Bad Oeynhausen, Mönchengladbach.

[30] Für die evangelischen Iraner ist der institutionelle Kontakt in den Iran verbaut. Ihnen ist neben der evangelischen Kirche vor Ort auch ein überkonfessionelles Netzwerk von christlichen Exil-Iranern mit Zentrum in Großbritannien wichtig.

[31] Ein Interview mit der GBG-Gemeinde steht noch aus.

[32] In den Gottesdiensten nimmt die Verwendung der deutschen Sprache zu, so etwa in der rum-orthodoxen Gemeinde und bei vielen afrikanischen Gemeinden. Die Ver-

dem Gottesdienst gibt es alle möglichen Formen geselliger Begegnung. Die Gemeindeglieder kommen oft von weit her. So braucht es Zeit, sich zu treffen, meist mit einem gemeinsamen Essen. Kinder stehen dabei besonders im Mittelpunkt der Aktivitäten.

Seelsorge an einzelnen Gemeindegliedern (auch Beratung z. B. zu Problemen mit der deutschen Bürokratie) übernehmen neben den oft nur sporadisch anwesenden Geistlichen auch engagierte Ehrenamtliche, manchmal auch aus den gastgebenden deutschen Gemeinden.

Religiöse Bildungsarbeit ist den Gemeinden wichtig. Manche der Migranten kommen zunächst wegen des Heimatgefühls in die Gemeinde und können dann nicht nur an Sprachkursen, sondern auch an Bibelseminaren etc. teilnehmen. Geflüchtete sind manchmal nur nominell Christen,[34] manche konvertieren (wie manche Iraner) auch erst in Osnabrück, alle brauchen aber nach Ansicht der Gemeindeverantwortlichen theologische, biblische Schulung.

Fast alle Gemeinden haben Probleme: Die Finanzlage ist prekär, Räume fehlen, staatliche Stellen tun sich schwer mit Gemeinden, die nicht als Körperschaft Öffentlichen Rechts oder zumindest als Verein organisiert sind. Oft gibt es Konflikte mit gastgebenden einheimischen Gemeinden.

Bei allen Gemeinden ist die Rede von Heimat. Gemeinde wird als Großfamilie erlebt mit entsprechenden Erfahrungen von Solidarität. Die Herkunftskultur wird gepflegt in Sprache, Kleidung, Musik und Festen. Das beginnt sich ab der 2. Generation in den Gemeinden zu verändern. Kultur ist keine feste Größe, die man festhalten könnte. Das erleben die länger anwesenden Migrantengemeinden jedweder Herkunft. Manche reflektieren das als ambivalentes Phänomen, manche sehen es als ihre Herausforderung für die nächsten Jahre: »Das Feuer brennt! Wir haben hier eine große Zukunft. Aber die nächste Generation wird vieles anders machen!«, so einer der afrikanischen Pastoren.[35] Für Geflüchtete, aber auch für andere Migranten bedeutet die Gemeinde ein Ort der Stärkung. Der Glaube wird als Kraftquelle erfahren. Einige formulieren diese Kraft als nötig gegen alle Versuchungen der deutschen säkularen Gesell-

---

wendung der deutschen Sprache ist in der Gemeinde »House of Prayer Evangelistic Ministry«, der in Osnabrück ältesten afrikanischen Gemeinde, sogar Programm: »In fünf Jahren werden wir unsere Gottesdienste in deutscher Sprache feiern«, so Pastor Amoatin im Interview am 1.11.2020.

[33] Wobei genau wie in Westafrika die afrikanischen Pfingstgemeinden weniger die komplexen afrikanischen Rhythmen pflegen, sondern eher US-amerikanische Melodien und Harmonien und elektronische Anlagen benutzen.

[34] Die Einschätzung äußerte der Diakon der eritreischen Gemeinde (Interview mit Diakon Legese, 24.8.2020). Die Pastoren aus Westafrika nannten einen großen Bedarf an biblischer Weiterbildung für ihre Gemeinden, genauso die Verantwortlichen der russlanddeutschen und der asiatischen Gemeinden.

[35] Interview mit Pastor Essah, 15.12.2019.

schaft, andere als Energie für die Aufgabe, sich zu integrieren, ohne sich aufzugeben.

Die Gemeinden sind konzentriert auf die eigenen Gemeindeglieder und ihre Themen. Ökumenische und interkulturelle Kontakte sind selten, werden
aber als positiv erfahren. Gelegenheiten sind z.B. Begegnungen bei interkulturellen Veranstaltungen, weniger die organisierte Gremienökumene der ACK.
Eher selten gibt es gemeinsame ökumenische Gottesdienste mit der gastgebenden deutschen Gemeinde. Zur Interkulturellen Woche wird von den Katholiken eine internationale Messe gefeiert, zum Afrikafestival ein protestantisch-
katholisch-pfingstlerischer afrikanisch-deutscher Gottesdienst, beides bei gu-
tem Wetter auf dem Marktplatz mit technischer Unterstützung durch die Stadt
Osnabrück. Andere Religionen sind kein Thema in den Migrantengemeinden.
Es gibt kaum Kontakte zu Muslimen, Juden oder anderen. Vorerfahrungen mit
dem Islam sind positiv (bei einigen afrikanischen Gemeinden) oder negativ
(Iraner). Juden kennen alle nur aus der Bibel.

Programmatik

Migrantengemeinden sind die Akteure für interkulturelle Kommunikation:
Zwei- oder mehrsprachig, die Menschen kulturelle Grenzgänger. Einige Gemeinden formulieren als Teil ihres Programms, Kulturmittler zu sein, vor allem für neu ankommende Arbeitsmigranten und Geflüchtete. »Wir können
nicht nur arabisch, türkisch und deutsch sprechen, wir kennen auch die Kulturen und können so den Flüchtlingen weiterhelfen«, so die Vertreterin der rum-
orthodoxen Gemeinde.[36] Die Gemeinden investieren viel ehrenamtliche Zeit in
Begleitungs- und Übersetzungsarbeit, werden dabei z.T. unterstützt von Ehrenamtlichen aus den gastgebenden deutschen Gemeinden (Ärzte, Juristen,
Sozialarbeiter).[37] Am besten schaffen integrierende Aufgaben die Gemeinden,
die schon länger vor Ort sind, unabhängig von der Konfession.

Als ein Hauptanliegen der Gemeindearbeit wurde in vielen der Interviews
formuliert, eine Heimat in der Fremde zu finden und das auch neu ankommenden Menschen der gleichen Herkunft zu bieten: Ein Gebet sei in der Muttersprache einfacher und richtiger. So gibt es in manchen Gemeinden Sprachkurse für die Kinder, die in der Kindertagesstätte und Schule gut und schnell
Deutsch lernen, die Herkunftssprache der Eltern aber nur schlecht sprechen.
Auch kulturelle Bräuche werden gepflegt, konfessionell anders liegende Feier-

---

[36] Interview mit Frau Ögütveren, 10.2.2020.

[37] Ganz ähnlich erlebe ich das bei der syrisch-stämmigen (inzwischen sind dort 80
Nationen zu Hause) Moscheegemeinde am Goethering in Osnabrück, die viele syrische
Flüchtlinge aufgenommen hat und dabei an räumliche und personelle Grenzen stieß.
Hilfe für aus Syrien Geflüchtete geschieht im Einvernehmen zwischen der Moscheege-
meinde und der rum-orthodoxen Gemeinde unter dem Motto: Wir kümmern uns jeweils
um »unsere« Leute.

tage begangen. Die afrikanischen Gemeinden sind in sich so multikulturell, dass sie sich in Englisch verständigen, wie sie es aus ihren multilingualen Herkunftsländern kennen. Bei vielen Gemeinden gibt es den ausgesprochenen Willen, sich in Deutschland zu integrieren, ohne die eigene kulturelle und konfessionelle Identität aufgeben zu wollen. In den orthodoxen Gemeinden sind durch Heirat und auch durch theologisches Interesse einige Mitglieder dazugekommen, die (wie die Kinder z.T. auch) die liturgische Sprache nicht sprechen können (serbisch, arabisch, rumänisch). Die Gemeinden reagieren mit Übersetzung der Liturgie ins Deutsche, zumindest in ausgewählten Stücken. Eine »internationale Gemeinde« wie in Hamburg gibt es in Osnabrück (noch) nicht.[38]

Die Wahrnehmung der deutschen Gesellschaft als wenig christlich führt wiederum zu Abgrenzungsprozessen. Das kann zu einem dualistischen Bild führen: Hier die Geretteten, Wiedergeborenen, dort die Verlorenen, dem Satan Verfallenen. Eine ökumenische Zusammenarbeit mit (vor allem russlanddeutschen) Gemeinden dieser Denkart ist kaum möglich, zumal Ökumene für sie als Negativmarker gilt. Das gilt sogar innerhalb der Konfessionsfamilien: Nach Deutschland heimgekehrte russlanddeutsche Evangeliumschristen-Baptisten fühlen sich genau wie die Mennoniten bei den von ihnen als zu liberal empfundenen hiergebliebenen Baptisten und Mennoniten fremd.[39]

Nationale Abgrenzungen haben ihre Wirkungen: In der serbisch-orthodoxen Kirche ist die russisch-orthodoxe Gemeinde zu Gast, die georgisch-orthodoxe Gemeinde feiert deswegen lieber ihre Liturgie in der anderen der beiden orthodoxen Kirchen und hat Gastrecht bei der rum-orthodoxen Gemeinde. Vermutet hatte ich solche nationalen Empfindlichkeiten auch zwischen Nigerianern und Ghanaern oder zwischen Eritreern und Äthiopiern. Doch sind in den afrikanischen Gemeinden überall und augenscheinlich ohne Probleme miteinander viele afrikanische Nationalitäten vertreten bis hin zu Gemeindegliedern aus Jamaika. Übernational sind alle afrikanischen Gemeinden, auch die Baptisten und einige Orthodoxe. Dass für Christen nationalistisches Denken unmöglich sei, habe ich bei den russlanddeutschen Mennoniten gehört.[40]

Konfessionelle Abgrenzungen sind eher selten: Bei den Orthodoxen sind auch die Altorientalen willkommen. In den pfingstlerisch geprägten Gemeinden sammeln sich Christen aller möglichen Herkunftskonfessionen. Hier wird konfessionelle Distanz erlebt von gastgebenden landeskirchlichen Gemeinden,

---

[38] Vgl. WERNER KAHL, Transformations in experiences of life, the interpretation of reality and in spirituality from the first to the second generation in African migrant churches in Germany. The Case of Living Generation Church in Hamburg 2019, unveröffentlicht.

[39] Eine liberal geprägte Mennonitengemeinde gibt es für ganz Nordwestdeutschland, vgl. https://mennoniten-nordwest.de/ [Aufruf: 21.11.2020].

[40] Vgl. Interview mit Pastor Bergen, 23.1.2020.

von denen sie als Schwärmer oder Sekte wahrgenommen werden.[41] Nicht Abgrenzung, aber Unkenntnis über die Anwesenheit anderer Migrantengemeinden führt dazu, dass es unter den verschiedenen Migrationsgemeinden wenig Kontakt gibt.[42] Wir hoffen, durch das Projekt zu einem besseren Miteinander beitragen zu können. Gemeinsame Themen gibt es genug. Aber wie können evangelische Bulgaren motiviert werden, mit orthodoxen Eritreern, arabisch sprechenden Orthodoxen und Resten der englischen Armee in Kontakt zu treten?

Viele Gemeinden formulieren einen Sendungsauftrag. Sie wollen nicht nur migrierte Christen sammeln, sie wollen auch Nichtchristen der eigenen Herkunft zum Glauben zu führen. Besonders wird das geäußert von den asiatischen Gemeinden und Gruppen. Unter Iranern gab und gibt es eine ganze Anzahl von Konversionen, die im Iran selbst verboten sind. Manche der afrikanischen Migrantengemeinden pflegen die Idee einer *reverse mission*. Dankbar für die europäische Mission des 19. Jh.s in Afrika wollen sie nun dem säkularisierten Europa den Glauben zurückbringen. Sie organisieren öffentliche Evangelisationen z.B. vor dem Osnabrücker Hauptbahnhof mit dem Ziel, Osnabrücker zu Jesus und dann auch in die eigene Gemeinde zu führen.[43] Ich hörte auch zum Thema Sendung: »Wir wollen die Welt besser machen, gerade Osnabrück hat eine Aufgabe als Friedensstadt. Es geht um die Vorbereitung auf das Jüngste Gericht!«[44]

2./3. Generation

»Wir sind alle junge Leute, 20-30 Jahre alt, vor allem Männer«, sagt der eritreische Diakon auf meine Standardfrage nach der 2. und 3. Generation in der Gemeinde.[45] Gerade erst hat sich ein Paar gefunden, vielleicht schenkt Gott den beiden ein Kind? Aber die Geflüchteten sind wie die Arbeitsmigranten der Jetztzeit ja gekommen, um zu bleiben. Von Plänen, in die alte Heimat zurückzukehren, hörte ich in den Interviews nichts. Kontakte dorthin werden durch Telefonate, Internet, Geldüberweisungen und, wo möglich, sporadische Besu-

---

[41] Zu solchen Irritationen s.o. Absatz 1.

[42] Anders die internationalen Gruppen bei den Baptistengemeinden und im Bund freikirchlicher Pfingstgemeinden (BFP). Es gibt in Osnabrück eine deutsche, eine afrikanische und eine BFP-Gemeinde mit russischem Migrationshintergrund (»Lebensquelle«). Um sie gab es in Osnabrück eine heftige öffentliche Debatte. Vgl. www.hasepost.de /die-lebensquelle-die-seelenfaenger-osnabrueck-gueterbahnhof-10000-10000/ [Aufruf: 21.11.2020]. Die Perspektive einer organisatorischen Zusammenlegung der drei Gemeinenden wird wegen der als tief empfundenen Kulturunterschiede im Osnabrücker BFP nicht verfolgt.

[43] In den afrikanischen pentekostalen Gemeinden bleiben allerdings nur sehr wenige Ethnodeutsche für längere Zeit, so alle Interviewpartner aus diesen Gemeinden.

[44] Interview mit Pastor Amoatin, 1.11.2020.

[45] Interview mit Diakon Legese, 24.8.2020.

che einigermaßen befriedigend gestaltet. Familienzusammenführung in Deutschland ist eher ein Ziel als Rückkehr.

Schon länger bestehende Migrantengemeinden sehen mit Sorge in die Zukunft: Die Jugendarbeit gelingt nicht recht, zu viele andere Aktivitäten haben die jungen Leute. Für Kinder wird viel getan: Kreativität während und nach dem Gottesdienst, Sprachkurse in der Heimatsprache. Bei den Jugendlichen wird die Gemeindeaktivität manchmal fragil. Einer der afrikanischen Kollegen erzählte mir seine Sorge: Seine studierenden Söhne sind so geprägt von der säkularen Welt in Deutschland, dass sie nur mehr zum Gottesdienst kommen, wenn sie in den Semesterferien in Osnabrück sind.[46] In der Mennonitengemeinde hörte ich dagegen als Programm: »Je mehr wir den Jugendlichen nachgeben, desto eher verlieren wir sie. Je strenger wir sie christlich erziehen, umso mehr bleiben sie bei uns.«[47]

Perspektiven

Wie geht es also weiter? Abgrenzung als ein Modell wird an seine Grenzen geraten durch die Emanzipation der jungen Leute und ihrer Integration in den deutschen Mainstream. Kulturelle und theologische Transformation ist eine Aufgabe, die in einigen der älteren Migrantengemeinden gesehen wird. Ob wir mit unseren alteingesessenen Gemeinden da Hilfestellung geben können? Und ob wir umgekehrt Impulse bekommen für die bei uns notwendigen Veränderungsprozesse?

Grundsätzlich gilt: Wir sind in Deutschland, auch in Osnabrück, auf dem Weg hin zur weltweiten Normalität von Kirche. Einige Stichworte zum Lernweg dorthin nehme ich mit von meinen Gesprächen mit den Migrantengemeinden: Ortlos statt mit schönen Kirchen, finanziell prekär statt kirchensteuersaturiert, die Geistlichen wie Paulus im tent-making-ministry statt mit Pensionsanspruch, wenig gesellschaftliche Achtung statt ständiger Einladung zu öffentlichen Anlässen, wackelige Mitgliedschaft statt gut verwalteter Bürokratie, missionarisches Selbstbewusstsein statt verwalteter Langeweile, Glaube als *empowerment* statt Theoriekonstrukt im Katechismus, diakonische Improvisation statt besitzstandswahrende Institution.

Manches erinnert mich an meine Träume in Jugend- und Studentenzeiten. Nun ist Romantisierung angesichts der Engpässe, vor denen die Migrantengemeinden stehen, sicher fehl am Platz. Und: So fremd auf den ersten Blick manche der Migrantengemeinden für einheimische Gemeinden sein mögen – vieles ist ja doch ganz ähnlich. Das und die vielen freundlichen Begegnungen macht mich hoffen, dass wir das schaffen: In Gemeinschaft miteinander die Zukunft der Kirche Jesu Christi zu suchen. Dafür gilt es, im Gespräch zu bleiben.

---

[46] Interview mit Pastor Okpure, 1.3.2020.
[47] Interview mit Pastor Bergen, 23.1.2020.

Claudia Rammelt

ORIENTALISCH-ORTHODOXE GEMEINSCHAFTEN IN DEUTSCHLAND

Ein Überblick[1]

Weit verbreitet ist die Meinung, dass der Nahe Osten muslimisch sei. Dass es dort auch Christen gibt, ist weniger im Bewusstsein. Noch weniger ist im Bewusstsein, dass eine immense konfessionelle Vielfalt christlichen Glaubens anzutreffen ist: syrisch-orthodoxe und syrisch-katholische, rum-orthodoxe, melkitische, armenisch-orthodoxe, aber auch armenisch-evangelische Christen, Kopten, Vertreter der Kirche des Ostens und andere christliche Gemeinschaften leben ihren Glauben in den Gebieten des Nahen Ostens.[2] Jene Gemeinschaften,[3] die darunter als orientalisch-orthodox bezeichnet werden, sind nach den Ereignissen um das Konzil von Chalcedon im Jahr 451 aus dem, was

---

[1] Die Ausführungen basieren vor allem auf meinen Ausarbeitungen im Handbuch der Religionen. Sie wurden gekürzt, neu geordnet und teilweise ergänzt. Vgl. CLAUDIA RAMMELT, »Orientalisch sein« in Deutschland. Orientalisch-orthodoxe Migrationsgemeinschaften in Deutschland — Ein- und Überblicke, in: Handbuch der Religionen 64, II-6, Hohenwarsleben 2020, 1-44.

[2] Einen profunden konfessionskundlichen Ein- und Überblick gibt WOLFGANG HAGE, Das orientalische Christentum, Religionen der Menschheit 29/2, Stuttgart 2007. Vor allem sei hier noch verwiesen auf MARTIN TAMCKE, Christen in der islamischen Welt. Von Mohammed bis zur Gegenwart, München 2008; CHRISTIAN LANGE/KARL PINGGÉRA, Die altorientalischen Kirchen. Glaube und Geschichte, Darmstadt [2]2011. Darüber hinaus gibt es zahlreiche knappere Darstellungen zu den Christen im Nahen Osten.

[3] Nicht nur, dass zu fragen ist, ob im Kontext der Christen aus dem »Orient« von Migrationskirchen oder Diasporakirchen zu sprechen ist, stellt sich die Frage genereller: ist der Begriff Konfession als Begriff, der im Kontext der europäischen Vorgänge als Kategorie hervorgebracht wurde und weitreichende Diskussionen nach sich zog, angemessen oder muss nicht viel eher von Gemeinschaften die Rede sein? Anregungen und Überlegungen dazu in MIHAI-D. GRIGORE/FLORIAN KÜHRER-WIELACH (Hrsg.), Orthodoxa Confessio? Konfessionsbildung, Konfessionalisierung und ihre Folgen in der östlichen Christenheit, Veröffentlichungen des Instituts für Europäische Geschichte Mainz, Beihefte 114, Göttingen 2018.

»Reichskirche« genannt wird, hervorgegangen.[4] Diesen orientalisch-orthodoxen Kirchen werden konfessionskundlich die syrisch-orthodoxe, die armenisch-orthodoxe, die koptisch-orthodoxe, die äthiopisch-orthodoxe und die eritreisch-orthodoxe Gemeinschaft und auch die Apostolische Kirche des Ostens zuge-rechnet. Sie gestalteten neben den Christen der »Reichskirche« und den später aus den katholischen und protestantischen Missionen hervorgegangenen Ge-meinschaften christliches Glaubensleben in den Gebieten des Nahen Ostens. Schon immer gab es mit diesen Gemeinschaften Berührungen in verschiedener Weise. Oft stand der »Orient« für die Repräsentation des »Anderen«, des »Frem-den«, das faszinierte oder abstieß. Diese Berührung ist heute in Frankfurt, Ber-lin, Stuttgart und vielen anderen Städten möglich.[5] Schätzungsweise leben 200.000 orientalisch-orthodoxe Christen in Deutschland.

Im Folgenden sollen zuerst grundlegende Eckpfeiler der Geschichte sowie einige Daten und Fakten der orientalisch-orthodoxen Gemeinschaften in Deutschland skizziert, in einem zweiten Schritt gegenwärtige Themen und Herausforderungen dieser Gemeinschaften angerissen werden.

1. Orientalisch-orthodoxe Gemeinschaften in ihrer Geschichte in Deutschland. Skizzen

Die Geschichte und das Leben der orientalisch-orthodoxen Gemeinschaften ist bunt und vielfältig. Nicht nur die Sprachen differieren, sondern auch Riten und Überzeugungen. Deshalb wollen die folgenden Ausführungen die einzelnen Gemeinschaften ordnen und Daten und Fakten überblickend darstellen. Um

---

[4]   Dies wird im Kontext von Ausführungen zu den christologischen Streitigkeiten er-wähnt bzw. in konfessionskundlich geprägten Darstellungen aufgeführt. Diese komple-xen Zusammenhänge, die zur Kirchenbildung führten, erhellt für das Beispiel der sy-risch-orthodoxen Christen VOLKER M. MENZEL, Justinian and the Making of the Syrian Orthodox Church, Oxford 2009.

[5]   Auf einige überblickende Darstellungen und Aufsätze kann zurückgegriffen wer-den, um die Geschichte und Gegenwart der orientalischen Christen in Deutschland nachzuzeichnen. Vor allem informieren Selbstdarstellungen, Broschüren und Internet-auftritte. - Vgl. vornehmlich die Aufsätze in dem Buch THOMAS BREMER u.a. (Hrsg.), Or-thodoxie in Deutschland, Münster 2016; sehr knapp HARALD SUERMANN, Die orientali-schen Christen, ihre Lage und ihre Präsenz in Deutschland, in: KuI 32 (2017), 4-18, einen Überblick über einzelne Gemeinden für die hessischen Kirchen: Orthodoxe Ge-meinden im Bereich der Evangelischen Kirche in Hessen und Nassau (EKHN) und der Evangelischen Kirche von Kurhessen-Waldeck (EKKW). Ein Bericht des Arbeitskreises für interkonfessionelle Fragen im Zentrum Oekumene der EKHN und der EKKW ⁵2016, www.zentrum-oekumene.de/fileadmin/content/Materialien/Dokumentationen/Orth_Ge meinden_5-Aufl.pdf [Aufruf: 15.3.2019].

keine Unstimmigkeiten zu provozieren, folgen die Ausführungen zu den einzelnen Gemeinschaften in alphabetischer Reihenfolge.

1.1 Armenisch-orthodoxe Gläubige

Nach eigenen Angaben zählt die Armenisch-Apostolische Orthodoxe Kirche in Deutschland ca. 60.000 bis 70.000 Mitglieder. Vor knapp 20 Jahren waren dies noch ca. 25.000. Der Ursprung dieser Mitglieder liegt zwischen Van-See (heute Türkei), Sevan-See (heute Armenien) und Urmia-See (heute Iran), wo bereits im Jahr 301 die Armenier den christlichen Glauben angenommen haben sollen.[6] Die erste Staatskirche bildete eine enge Verbindung zwischen Nation und christlichem Glauben aus. Zu dieser Kirche bestehen nicht erst seit dem letzten Jahrhundert Kontakte.[7] Die Geschichte gegenseitiger Beziehungen erhielt ein erstes institutionelles Gesicht, als sich im Jahr 1860 in Leipzig ein deutsch-armenischer Studentenverein gründete. Im Jahr 1914 entstand die deutsch-armenische Gesellschaft in Berlin (aufgelöst 1956, wiedergegründet 1972 mit Sitz in Frankfurt am Main), die vor allem an der Verständigung des armenischen und deutschen Volkes interessiert war.[8] Trotz der dramatischen Ereignisse um den Völkermord 1915 migrierten Armenier nur in geringen Zahlen nach Deutschland; wenn, zog es sie nach Hamburg und Berlin. Ausdruck davon ist die im Jahr 1923 gegründete Armenische Kolonie zu Berlin.[9] Nach dem Zweiten Weltkrieg kamen Armenier vor allem als Kriegsgefangene aus der Teilrepublik Armenien der Sowjetunion in den westlichen Teil Deutschlands.[10] Bis in die 1960er Jahre war die Zahl der Armenier verschwindend gering. Eigenen Schätzungen zur Folge waren es 2.000-3.000.[11] Die jüngsten Ereignisse ließen Armenier aus dem Nahen Osten flüchten,

---

[6]   Einführend in die armenisch-orthodoxe Kirche u.a. HAGE, Christentum (s. Anm. 2), 226-262 oder KARL PINGGÉRA, Die Armenisch-Apostolische Kirche, in: LANGE/PINGGÉRA, Kirchen (s. Anm. 2), 51-62; TAMCKE, Christen (s. Anm. 2), 66-71; auch SEROVPE ISAKHANYAN, Die Armenisch-Apostolische Orthodoxe Kirche, Yerevan 2012.

[7]   Vgl. ENNO MEYER/ARA J. BERKIAN, Zwischen Rhein und Arax. Neunhundert Jahre deutsch-armenische Beziehungen, Oldenburg 1988, oder PETER HALFTER, Das Papsttum und die Armenier im frühen Mittelalter. Von den ersten Kontakten bis zur Fixierung der Kirchenunion im Jahre 1198, Köln u.a. 1996.

[8]   Informationen darüber unter www.deutsch-armenische-gesellschaft.de/ [Aufruf: 5.3.2019]. Erhellend ist auch die Festschrift der Deutsch-armenischen Gesellschaft RAFFI KANDIAN, 100 Jahre Deutsch-Armenische Gesellschaft 1914-2014. Erinnern, gedenken, gestalten, Düsseldorf 2014, oder HACIK RAFIK GAZER, 75 Jahre Deutsch-Armenische Gesellschaft, Mainz 1989.

[9]   Vgl. www.armenierberlin.de/?page_id=24 [Aufruf: 5.3.2019].

[10]   Dazu der Artikel von AZAT ORDUKHANYAN, Die armenischen displaced persons in Deutschland nach dem Zweiten Weltkrieg, in: ARMENUHI DROST-ABGARJAN/HERMANN GOLTZ (Hrsg.), Armenologie in Deutschland. Beiträge zum ersten deutschen Armenologentag, StOKG 35, Münster 2005, 219-232.

[11]   So u.a. die Angabe unter www.armenierberlin.de/?page_id=24 [Aufruf: 5.3.2019].

wo sie nach der Katastrophe des Genozids 1915 Schutz gefunden hatten. Aber auch die instabile wirtschaftliche Lage im Ursprungsland der Kirche Armenien selbst lassen Armenier nach Deutschland kommen.[12]

Trotz einer großen geographischen Zerstreuung der Armenier über ganz Deutschland fingen sie an, sich zu organisieren und Formen der Gemeinschaftsbildung zu finden. In vielen großen Städten wie Hamburg, Berlin, Köln, Nürnberg und Duisburg entstanden in den 1970er und 80er Jahren armenische Vereine. Für all diese mindestens 20 Kulturvereine gibt es einen Dachverband, den Zentralrat der Armenier, eine überparteiliche und religiös neutrale Organisation mit Sitz in Frankfurt/M.[13] Vor allem aber gründeten sich auch armenisch-orthodoxe Kirchgemeinden, für die national-kulturelle und religiöse Identität eine Symbiose bilden.[14] Eine erste wichtige Gestalt für die Geschichte der Kirchgemeinden ist Krikor Schahlamian, der als Student seit 1926 in Deutschland Gemeinden betreute. In den Folgejahren wurden die Gemeinden in Deutschland von Geistlichen, die in anderen europäischen Staaten zu Hause waren, betreut. Im Jahr 1965 begann Archimandrit Karekin Bekdjian sein Studium in Deutschland. Als Archimandrit blieb er bis 1972 in Deutschland und kam dem Anliegen der in Deutschland lebenden Armenier nach, Gemeindestrukturen aufzubauen. Es gründeten sich zahlreiche Kirchgemeinden, so dass es bald notwendig wurde, deren Arbeit zu koordinieren. Am 15. April 1991 übertrug S. H. Vasken I. in Marseille dem Archimandriten Karekin die geistliche Leitung der Gemeinden; nur ein Jahr später wurde in einer Enzyklika die Gründung einer Diözese für Deutschland bekannt gegeben. Ihr Sitz ist in Köln, wo die katholische Kirche den Armeniern Räume zur Nutzung zur Verfügung stellte. Heute sind die armenischen Christen in Deutschland im Besitz von drei Kirchgebäuden; die anderen feiern Gottesdienst in Räumen von katholischen oder evangelischen Gemeinden. Insgesamt betreuen derzeit sieben Priester und zwölf Diakone 15 Gemeinden u.a. in Göppingen, Hanau, München oder Berlin.[15]

---

[12]   Die Migrationsgründe sind vielschichtig. Vgl. MAREIKE DREUSSE im Auftrag der GTZ, Die armenische Diaspora in Deutschland. Ihr Beitrag zur Entwicklung Armeniens, Eschborn 2008, 9, www.giz.de/fachexpertise/downloads/giz2008-de-armenische-diaspo ra.pdf [Aufruf: 5.3.2019]; MIHRAN DABAG, Die armenische Minderheit, in: CORNELIA SCHMALZ-JACOBSEN/GEORG HANSEN (Hrsg.), Ethnische Minderheiten in der Bundesrepublik Deutschland. Ein Lexikon, München 1995, 61-72; AZAT ORDUKHANYAN, Armenier in Deutschland. Geschichte und Gegenwart, Erfurt ²2009, 29-36.

[13]   Ausführliche Informationen unter www.zentralrat.org/de/zentralrat [Aufruf: 5.3.2019].

[14]   Hierzu vor allem die knappen Ausführungen von HARUTYUN G. HARUTYUNYAN, Armenische Kulturvereine und Kirchengemeinden in Deutschland, in: Orthodoxie in Deutschland (s. Anm. 5), 251-273, 257.

[15]   Eine Übersicht unter https://armenische-kirche.de/service/gemeinden/ [Aufruf: 5.3.2019].

1.2 Äthiopisch-orthodoxe Gläubige

Im Jahr 1983 sollen sich nach Schätzungen 7.000 Äthiopier in Deutschland aufgehalten haben, 2017 waren es fast 20.000.[16] Die Hoffnung auf Rückkehr haben sie längst verloren, weil die unsichere Situation in ihren Heimatländern eine solche nicht zulässt. Die äthiopisch-orthodoxe Gemeinschaft versteht sich als das auserwählte Volk Gottes und ist überzeugt, dass die Bundeslade in der Königsstadt Aksum steht. Neben Elementen wie dem Gebrauch von Trommeln als Instrumenten für die Kirchenmusik ist ein starker Bezug zum Alten Testament erkennbar.[17] Der äthiopische Priester Dr. Merawi Tebege gründete am 15. Mai 1983 die erste Gemeinde in Köln-Longerich.[18] Die Bemühungen wurden vom damaligen Ostkirchenkundler Prof. Dr. Friedrich Heyer unterstützt, die dann umgesetzt werden konnten, nachdem das Patriarchat seine Zustimmung gegeben hatte. Heute gibt es 12 Gemeinden in Hamburg, Berlin, Köln und vor allem auch im süddeutschen Raum wie in München oder Stuttgart,[19] die sich als Teil des Patriarchats und der Heiligen Synode in Addis Abeba verstehen.[20] Eine Kirchenzeitung »Salama«, die in unregelmäßigen Abständen erscheint, berichtet über Neuigkeiten in der Kirche; ebenso können im Internet einige wenige Informationen nachgelesen werden.[21] Entwicklungen im Heimatland haben bis in die Gegenwart Auswirkungen auf die Arbeit im Deutschland: Nach dem Ende des Sozialismus wurde der amtierende Patriarch Markorios wegen des Verdachts der Kollaboration abgesetzt. Er gründete daraufhin in Kalifornien die Äthiopisch-orthodoxe Kirche im Exil, die die amtierenden Patriarchen nicht anerkannte. In Frankfurt/M. und in Wiesbaden existieren Gemeinden auch dieser Traditionslinie.[22] Im Sommer letzten Jahres wurden die Verwerfungen auf einer Versöh-

---

[16] Vgl. https://de.statista.com/statistik/daten/studie/1221/umfrage/anzahl-der-auslaend er-in-deutschland-nach-herkunftsland/ [Aufruf: 20.3.2019].

[17] Überblickend zur äthiopisch-orthodoxen Kirche bzw. zur eritreisch-orthodoxen Kirche u.a. HAGE, Christentum (s. Anm. 2), 200-226, oder KARL PINGGÉRA, Die Äthiopisch-Orthodoxe Kirche und die Eritreisch-Orthodoxe Kirche, in: LANGE/PINGGÉRA, Kirchen (s. Anm. 6), 41-50.

[18] Die Initiative für eine erste Gemeindegründung entstand Berichten zu Folge nach der Übertragung eines Gottesdienstes aus Deutschland nach Äthiopien durch den Rundfunksender Deutsche Welle. Vgl. HELMUTH PHILIPP, 25 Jahre Äthiopisch-orthodoxe Kirche in Köln-Longerich, www.aethiopisch-orthodoxe-kirche-deutschland.de/25-Jahre-Longerich/Philip%2025%20Jahre.html [Aufruf: 20.3.2019].

[19] Vgl. MERAWI TEBEGE, Äthiopisch-orthodoxe Kirche in Deutschland, 8.10f., www.aethiopisch-orthodoxe-kirche-deutschland.de/Stuttgart%202015/Stuttgart.pdf [Aufruf: 12.4.2019]. Das Dokument nennt zehn Priester, die in den Gemeinden tätig sind.

[20] Vgl. a.a.O., 9.

[21] Ein Film gibt Einblicke in die Geschichte der äthiopisch-orthodoxen Kirche und porträtiert Erzpriester Dr. Merawi Tebege. Informationen dazu unter www.aethiopisch-orthodoxe-kirche-deutschland.de/Wenn%20sie%20singen,%20bebt%20die%20Erde.html [Aufruf: 12.4.2019].

[22] Vgl. ausführlich die hessische Broschüre »Orthodoxe Gemeinden« (s. Anm. 5).

nungskonferenz in Washington überwunden.[23] In Deutschland gibt es seit dem Sommer 2018 einen Bischof für die äthiopisch-orthodoxe Kirche, der in Berlin lebt.

1.3 Eritreisch-orthodoxe Gläubige

Gemeinden der Eritreer gibt es in verschiedenen Städten Deutschlands. Vermutlich leben über 65.000 Eritreer in Deutschland,[24] von denen schätzungsweise zwischen 30.000[25] und 40.000 Christen[26] sind. Die tiefgreifenden Spannungen in Eritrea selbst sind auch nach Deutschland übergeschwappt, so dass es Gemeinden gibt, die dem ernannten Patriarchen Dioskuros nach der Entführung des amtierenden Patriarchen Abune Antonius folgen, und andere, die diesen nicht anerkennen. In Frankfurt/M. gingen diese Auseinandersetzungen so weit, dass es zu Handgreiflichkeiten kam, die zur Folge hatten, dass die Eritreer die Räumlichkeiten der dortigen evangelischen Kirche nicht mehr nutzen durften.[27] Auch in Berlin sorgte dies für Verwerfungen, die sogar die Familien durchziehen.[28] Die Gemeinden des amtierenden Patriarchen in Asmara unterstehen Bischof Habtewolde, der als Bischof der Diözese Europa vorsteht. Pfarrer Aaron Kifle hingegen koordiniert die Gemeinden der anderen Traditionslinie und ist Ansprechpartner für die Evangelische Kirche in Deutschland.[29] Aufgrund der schwierigen Situation ist es kaum möglich, korrekte Angaben zu machen. Da die Zahl der Eritreer wächst, sind große Räumlichkeiten notwendig, die oft aufgrund von fehlendem Finanzkapitals nicht erworben werden können.

1.4 Die sog. Apostolische Kirche des Ostens

Das antike Zentrum der Apostolischen Kirche des Ostens war Seleukia-Ktesiphon. Die wohl größte Missionskirche des Mittelalters wurde während der Feldzüge Timur Lenks im 13. Jh. und der folgenden Religionspolitik auf das kurdische Bergland und einige Gebiete um den Urmia-See zurückgedrängt.[30]

---

[23]   Nachzulesen unter www.pro-oriente.at/?site=ne20180802114809 [Aufruf: 12.4.2019].

[24]   Vgl. Anm. 16.

[25]   Vgl. https://eotcde.wordpress.com/projekte/ [Aufruf: 20.3.2019].

[26]   Vgl. https://dcms.bistummainz.de/bm/dcms/sites/bistum/bistum/ordinariat/dezernate/dezernat_Z/oekumene/christen_aus_dem_orient.html/ [Aufruf: 20.3.2019].

[27]   Vgl. Broschüre »Orthodoxe Gemeinden« (s. Anm. 5).

[28]   Vgl. Julia Tieke, Eritreische Gemeinde in Berlin gespalten. Heimatregime sorgt für Streit in der Diaspora, www.deutschlandfunkkultur.de/eritreische-gemeinde-in-berlin-gespalten-heimatregime-sorgt.1278.de.html?dram:article_id=427486 [Aufruf: 12.4.2019].

[29]   Vgl. Anm. 25 [Aufruf: 15.3.2019].

[30]   Über die Kirche ist überblicksartig nachzulesen bei: Hage, Christentum (s. Anm. 2), 269-313, Karl Pinggéra, Die Apostolische Kirche des Ostens der Assyrer, in: Lange/Pinggéra, Kirchen (s. Anm. 6), 21-40; Wilhelm Baum/Dietmar W. Winkler, Die

Spätestens die Ereignisse um den Genozid 1915 zwangen viele zur Migration. Viele Mitglieder der Kirche waren bereits im Zuge des Abzugs der russischen Kräfte im Ersten Weltkrieg nach Russland oder in den Kaukasus ausgewandert, genauso aber auch in andere Länder.[31] Geflüchtete aus dem Nordirak oder der Habourregion warteten in Beirut auf ein Visum in eine »neue« Heimat. Mittlerweile sind die meisten längst dort angekommen. Nur wenige Christen erzählen noch im Nahen Osten von der Glaubenstradition der Kirche des Ostens. Schätzungen zufolge zählt die Glaubensgemeinschaft ca. 500.000 Christen weltweit; während in den Gebieten des Nahen Ostens nur noch ein Viertel davon lebt. Migrierte der Großteil der Mitglieder nach Australien, Amerika oder Kanada, so sind auch in Deutschland Christen dieser Tradition anzutreffen. Allerdings ist die Diaspora in Deutschland überschaubar und bisher nur wenig fassbar. Nach Schätzungen sollen mehr als 10.000 Angehörige der Apostolischen Kirche des Ostens in Deutschland leben. Gemeinden der Glaubensgemeinschaft sind unter anderem in Wiesbaden, München, Borken, Essen und Lübbecke zu finden, deren verantwortliche Priester zumeist in Bagdad bzw. in dem mittlerweile nach Erbil verlegten Babel College ausgebildet wurden. Darüber hinaus wird an zahlreichen anderen Orten in Deutschland in ostsyrischer Sprache Gottesdienst gefeiert. Im Sommer 2018 wurde in Borken der erste Gemeindesaal als Begegnungsstätte in Gegenwart des Diözesanbischofs Mar Odisho Oraham eingeweiht, wo zahlreiche Mitglieder der Kirche des Ostens leben. Seit Juli 2018 ist die Gemeinde in Essen als Verein »Patronat Mar Nanha« registriert. Dem gehören ca. 500 Personen an, die einen Mitgliedsbeitrag entrichten, um beispielsweise die Kosten für die Raummiete bezahlen zu können. Die meisten der Mitglieder kommen ursprünglich aus dem Irak. Bisher versieht der Priester seinen Dienst ehrenamtlich und hofft bald auf eine kleine Entlohnung.[32] Jurisdiktionell gehören diese Gemeinden zum größten Strang der Kirche des Ostens, die eine Diözese in Europa mit Sitz in Stockholm gründete, von der aus alle Gemeinden in Europa verwaltet werden.[33] Das Amt bekleidet

---

Apostolische Kirche des Ostens. Die Geschichte der sog. Nestorianer, Einführungen in das orientalische Christentum 1, Klagenfurt 2000; gerade auch zum 19./20. Jh. vgl. JOACHIM JAKOB, Ostsyrische Christen und Kurden im Osmanischen Reich des 19. und frühen 20. Jahrhunderts, orientalia - patristica - oecumenica 7, Wien 2014.

[31] Die verwobenen Wege zur Gründung einer Migrantengemeinde in Amerika zeichnet MARTIN TAMCKE, Nach Russland, Deutschland, »Ja, über den Ozean in das Land der Freiheit und des Dollars.« Streiflichter aus deutschen Akten zur ersten Migrationswelle der Ostsyrer, in: JEastCS 54 (2002), 25-38; ähnlich auch DERS., »Rückwanderung oder Bleiben in Europa und Amerika?« Ostsyrische Migranten in den ersten Jahrzehnten des 20. Jahrhunderts, in: DOROTHEA WELTECKE (Hrsg.), Geschichte, Theologie, Liturgie und Gegenwartslage der syrischen Kirchen, GOF I Syriaca 40, Wiesbaden 2012, 141-149.

[32] Die Auskünfte erteilte in einem Telefongespräch im Januar 2019 Abouna Patros, Essen.

[33] In den meisten Ländern Europas gibt es Christen dieser Gemeinschaft.

derzeit Mar Ordisho Oraham.[34] Eine andere Gruppe hatte sich aufgrund von Zerwürfnissen innerhalb der Kirche abgespalten. Ihr Oberhaupt war in Bagdad geblieben. In Wiesbaden gibt es seit den 1970ern eine Gemeindegründung dieser Gläubigen, der gegenwärtig ca. 100 Familien angehören, die ursprünglich aus Mossul, Kirkuk und Bagdad stammen.[35] Zwei Priester versorgen die Gemeinden, beide gebürtig aus dem Irak. Den Priesterdienst versehen auch sie ehrenamtlich. Nationale Tendenzen im 19. Jh. ließen den Gedanken eines Assyrertums erwachen.[36] Dieser betont eine ethnische Identität über konfessionelle Grenzziehungen hinweg. Zahlreiche säkular ausgerichtete Vereine mit nationalen Tendenzen haben sich in diesem Zusammenhang in Deutschland gegründet, die mit den Gemeinden zusammenarbeiten und sich gegenseitig unterstützen. Der Zentralverband der Assyrischen Vereinigungen in Deutschland und europäische Sektion e.V. fungiert dabei als überkonfessioneller Dachverband und ist sehr aktiv: Er bemüht sich um Starthilfen in Deutschland bei Asylanträgen, begleitet aber auch die Integration weiterhin.[37]

1.5 Koptisch-orthodoxe Gläubige

Die Kopten gründeten Gemeinden vor allem in Nordamerika und in Australien, nur wenige davon kamen schließlich auch nach Deutschland. Die Ankunft der ersten Kopten in Deutschland fällt in die 1950er Jahre. Diese Christen sind mit der Geschichte Ägyptens verbunden, das 41 n.Chr. der Apostel Markus christianisiert haben soll.[38] Im Jahr 1975 entsandte Papst Kyrill IV. einen Seelsorger

---

[34]   Informationen finden sich auf der Homepage http://assyrianchurch-europe.org/news.php [Aufruf: 4.3.2019].

[35]   Zu dieser Gemeinde findet sich eine Notiz im Internet, die noch davon spricht, dass ein Priester die Gläubigen versorgt. Neben Daniel Shamshoon hat Mar Aprim seinen Dienst aufgenommen. Das Bleiben in Deutschland garantiert der bewilligte Asylantrag.

[36]   Mihran Dabag hat diese Überlegungen für die armenisch-orthodoxe Kirche fruchtbar gemacht. Ein Artikel von Aryo Makko skizziert einige Überlegungen zum Assyrertum in der Kirche des Ostens. Darüber hinaus gibt es zahlreiche Literatur zu diesem Themenfeld. Vgl. u.a. MIHRAN DABAG, Nationale Vision und Gewaltpolitik. Der Völkermord an den Armeniern im Osmanischen Reich 1915/16, in: NIEDERSÄCHSISCHEN KULTUSMINISTERIUM (Hrsg.), Völkermord als Thema im Unterricht, Hannover 2012; ARYO MAKKO, Nationalbewusstsein. Zur politischen Situation der Assyrer https://bethnahrin.de/assyrer/nationalbewusstsein-die-politische-situation-der-assyrer/ [Aufruf: 5.3.2019]; durch belletristische Lesefrüchte erschließt Tamcke das Feld in dem Aufsatz Die konfessionelle Dimension in der assyrischen Migrationsliteratur, in: MARTIN TAMCKE (Hrsg.), Daheim und in der Fremde. Beiträge zur jüngeren Geschichte und Gegenwartslage der orientalischen Christen, StOKG 21, Göttingen 2001, 163-175.

[37]   Vgl. https://zavd.de/ueber-uns/ [Aufruf: 5.3.2019].

[38]   Überblickend zu den koptischen Christen: HAGE, orientalisches Christentum (s. Anm. 2), 167-195; knapper KARL PINGGÉRA, Die Koptisch-Orthodoxe Kirche, in: LANGE/PINGGÉRA, Kirchen (s. Anm. 6), 63-76; kurz informierend TAMCKE, Christen (s. Anm. 2), 71-75.

nach Deutschland und vollzog damit auch den formalen Schritt hin zur Gründung koptisch-orthodoxer Gemeinden in Deutschland. Vater Salib Surial übernahm diese Aufgabe.[39] Die Zahl der koptischen Christen soll nach Schätzungen 15.000 betragen. 5.000 Kopten kamen aufgrund der Ereignisse in den letzten Jahren. Insgesamt gibt es 39 Gemeinden.[40] Zum Norden gehören 18 Gemeinden, die von sechs Priestern betreut werden. Fast alle Gemeinden sind als Vereine organisiert. Im Juni 2013 errichtete das Oberhaupt der Kopten Tawadros II. zwei Diözesen für Deutschland. Beide Würdenträger, Seine Eminenz Bischof Anba Damian und Seine Eminenz Bischof Michael, wurden am 16./17. Juni in Kairo inthronisiert.[41] Ausdruck koptischer Identitätsbewahrung sind die beiden Klöster, denn monastisches Leben ist in der Tradition des Eremiten Antonius und des Koinobiten Pachomius grundlegend für die koptische Kirche. Bereits der erste Seelsorger in Deutschland hatte die Aufgabe, für die wachsende Gemeinde ein zentrales Kloster zu finden. Im Jahr 1980 konnten die Kopten in Deutschland ein 2 ha großes Grundstück im hessischen Kröffelbach erwerben.[42] Bereits im Frühjahr des Jahres wurde die erste Liturgie im Kloster gefeiert; im Mai fand die feierliche Einweihung als St. Antonius-Kloster statt. Im Jahre 2002 konnte das Institut für Koptisch-Orthodoxe Theologie auf dem Gelände gegründet werden. Mittlerweile wurde ein Schulgebäude erworben. Dorthin wurden die Hörsäle des Theologie-Kollegs verlegt. Im Jahre 1991 bekundete die koptisch-orthodoxe Kirche darüber hinaus Interesse am leerstehenden Klosterflügel des ursprünglichen Zisterzienser-Klosters in Höxter-Brenkhausen, denn sie wollten ein weiteres Zentrum für den Großraum Nordrhein-Westfalen und Niedersachsen erwerben.[43] Nach der Unterzeichnung des Kaufvertrags für einen symbolischen Preis begannen schon bald aufwändige Sanierungsarbeiten: Kanalisationsarbeiten, Telefon- und Gasleitungen, Auswechseln der Fenster. Bischof Damian, der diese Arbeiten leidenschaftlich vorantreibt, weiß darüber viel zu erzählen.[44] Die Türen in den

---

[39] Vgl. ORELL WITTHUHN, Koptische Christen an der Weser, in: PROJEKTGRUPPE KOPTO-
LOGIE »FORSCHUNGSORIENTIERTES LEHREN UND LERNEN« DER GEORG-AUGUST-UNIVERSITÄT
GÖTTINGEN (Hrsg.), Koptische Zentren mönchischen Lebens in Deutschland. Das kop-
tisch-orthodoxe Kloster in Höxter-Brenkhausen. Die Christen vom Nil an der Weser,
Göttingen 2016, 9-13, 9.
[40] Eine Übersicht ist nachzulesen unter http://kopten.de/ [Aufruf: 28.1.2019].
[41] Vgl. FOUAD IBRAHIM, Freude bei Kopten in Deutschland, in: Kemet 4 (2013), 35f.
[42] Vgl. Informationen zum Kloster in Kröffelbach unter http://kroeffelbach.kopten.de/
[Aufruf: 27.1.2019]; aufgearbeitet von BARBARA IBRAHIM/FOUAD IBRAHIM, Kopten in
Deutschland (s. Anm. 5), 222f, genauso DIESS., Das koptische St.-Antonius-Kloster in
Kröffelbach, in: Kemet 3 (2011), 51-57.
[43] Nähere Informationen zum Kloster sind auf der Homepage des Klosters zu finden,
www.koptisches-kloster-brenkhausen.com/kloster/ [Aufruf: 28.1.2018]. Insgesamt informierend ist das Anm. 39 genannte Büchlein der PROJEKTGRUPPE KOPTOLOGIE, Koptische Zentren.
[44] Knapp zu seinem Leben WITTHUHN, Christen (s. Anm. 39),14.

Klöstern stehen scheinbar nicht still. Höxter ist Zentrum koptischen Glaubenslebens in Deutschland. Wie auch in Kröffelbach haben manche Familien ihren Wohnsitz in die Nähe des Klosters gelegt, um intensiven Anteil am klösterlichen Kosmos haben zu können. Aber auch Menschen aus größerer Entfernung kommen zum Kloster nach Höxter: Hochzeiten, Taufen und Beerdigungen werden im Kloster begangen, das Ort der Begegnung der in Deutschland lebenden Kopten ist. Doch auch andere Gäste sind im Kloster herzlich willkommen. Neben hochrangigen Vertretern aus Politik und Gesellschaft besuchen deutsche Gruppen oder Einzelpersonen die Klöster, um die alten Traditionen der Kopten kennenzulernen oder sie als Orte der Einkehr und der Spiritualität zu erfahren.

1.6 Syrisch-orthodoxe Gläubige

Syrisch-orthodoxe Christen sind bereits Ende des 19. Jh.s nach Amerika emigriert und bilden dort eine große Gemeinschaft. Eine nennenswerte Migration nach Deutschland war vor allem mit der Gastarbeiteranwerbung in den 1960ern verbunden. Das Anwerbeabkommen eröffnete gerade auch den Christen aus dem Tur Abdin die Möglichkeit, gemeinsam mit den muslimischen Nachbarn ihr Glück in der Fremde zu suchen.[45] In den Jahren zwischen 1980 und 1999 kamen viele Christen aus dem Tur Abdin in die Bundesrepublik in einer Zeit, in der sie zwischen Kurden und Türken zerrieben wurden.[46] Die syrisch-orthodoxen Gläubigen, die sich als Nachfahren auf dem Gebiet des alten Patriarchats von Antiochia verstehen, etablierten als Syrisch sprechende Glaubensgemeinschaft christlichen Glauben über die Grenzen des damaligen *Imperium Romanum* hinaus.[47] Seit der Ausbreitung des Islams war sie wie auch die anderen Glaubensgemeinschaften nicht selten Verfolgungen ausgesetzt, wenn Schutzverträge der »neuen Herren« im »Orient« ihr Toleranzpotential verloren. Der *Sayfo* im Osmanischen Reich ist wohl das prägendste Ereignis in diesem Zusammenhang und bestimmt bis heute das kulturelle Gedächtnis und die kulturelle Identität.[48] Die Migrationsgeschichte der syrisch-orthodoxen Christen

---

[45] Ausführlich zur Wanderbewegung aus der Türkei Kai Merten, Die syrisch-orthodoxen Christen in der Türkei und in Deutschland. Untersuchungen zu einer Wanderbewegung, StOKG 3, Hamburg 1997.

[46] Eine Statistik ist bis ins Jahr 1996 nachzulesen a.a.O., 242-245.

[47] Einführend zu den syrisch-orthodoxen Christen Hage, Christentum (s. Anm. 2), 130-167, Karl Pinggéra, Die Kirchen der syrisch-orthodoxen Tradition, in: Lange/Pinggéra, Kirchen (s. Anm. 6), 77-88; Martin Tamcke, Die Christen vom Tur Abdin. Hinführung zur Syrisch-Orthodoxen Kirche, Frankfurt/M. 2009. Darüber hinaus gibt es zahlreiche Literatur zu Sachthemen.

[48] Vgl. u.a. zu diesen Ereignissen David Gaunt, Massacres, resistance, protectors. Muslim-Christian relations in Eastern Anatolia during World War I, Piscataway 2006; Naures Atto u.a. (Hrsg.), Let them not return: Sayfo. The genocide against the Assyrian, Syriac and Chaldean Christians in the Ottoman Empire, New York 2017; Shabo Ta-

vollzog sich zumeist im Kontext radikaler Interpretationen des Islams bzw. im Kontext der politischen Agenda der nahöstlichen Staaten. Gerade auch in der Türkei konnten die Gläubigen aufgrund von Repressalien ihren Glauben nicht ausleben. Besuchten zunächst Priester aus den Heimatländern die syrisch-orthodoxen Gläubigen in Deutschland und feierten mit ihnen Gottesdienst, wurde der Lehrer Bitris Ögünc im Januar 1965 zum Priester für Mitteleuropa geweiht.[49] Als Sozialarbeiter der Caritas betreute er fortan 7.000 Gläubige auch über Deutschland hinaus. Der Patriarch der syrisch-orthodoxen Kirchen Mor Ignatius Jacob III. schickte in den 1970ern den Abt des Klosters Mor Gabriel Yeshu Cicek nach Deutschland. Nach seiner Weihe im Jahr 1979 zum Metropoliten für Mitteleuropa und die Beneluxstaaten war ein grundlegender Schritt vollzogen, kirchliche Strukturen in Europa aufzubauen.[50] Während die kirchlichen Würdenträger in den Heimatländern die Abwanderung stoppen wollten, warb Cicek für ein Kommen nach Europa und arbeitete daran, eine Kirche in der Diaspora zu etablieren. Als Kirche mit einer tief verwurzelten monastischen Tradition kaufte sie schon bald Klöster in den Niederlanden, Deutschland und der Schweiz, wo Priester und Diakone für den Dienst an der Kirche in Europa ausgebildet wurden. 1981 wurde als erstes syrisch orthodoxes Kloster in der europäischen Diaspora das Mor Ephrem Kloster in Glane/NL gegründet. Dort hat seitdem auch der Bar Hebraeus Verlag seinen Sitz und publiziert zahlreiche Bücher, Zeitschriften und Texte der Kirche. Für Deutschland wurde

---

LAY/SONER BARTHOMA (Hrsg.), Sayfo 1915: An anthology of essays on the genocide of Assyrians/Arameans during the First World War, Gorgias Eastern Christianity Studies 50, Piscataway 2018.

[49] Die Ausführungen haben zur Grundlage: SIMON BIROL, Syrisch-orthodoxe Christen in Deutschland, in: BREMER, Orthodoxie (s. Anm. 5), 235-250; JOSEF ÖNDER, Die syrisch-orthodoxen Christen. Zwischen Orient und Okzident, Tübingen ²2015; WALTER STRÜMPER, Die Syrisch-orthodoxe Kirche in der Zeit und Die Syrisch-Orthodoxe Kirche in der Diaspora am Beispiel der Bundesrepublik Deutschland, Schriftenreihe des syrisch-orthodoxen Kloster 3, Warburg 2009, 433-454. Auch ältere Darstellungen thematisieren verschiedentlich das Schicksal der Syrer in der Diaspora wie u.a. einige Aufsätze in dem Band von GEORG RICHTER (Hrsg.), Heimatlose Christen. Die syrisch-orthodoxe Kirche in Orient und Okzident, Hofgeismarer Protokolle 286, Hofgeismar 1991. Einen religionswissenschaftlichen Blickwinkel, der nach der Vernetzung innerhalb der deutschen Gesellschaft fragt hat ULF PLESSENTIN, Die zivilgesellschaftlichen Potentiale der Syrisch-Orthodoxen Kirche, in: ALEXANDER-KENNETH NAGEL (Hrsg.), Religiöse Netzwerke. Die zivilgesellschaftlichen Potentiale religiöser Migrantengemeinden, Bielefeldt 2015, 117-146.

[50] Einen Blick in die Berliner Gemeinde wirft AMILL GORGIS, Mitverantwortung. Die syrisch-orthodoxe Gemeinde in Berlin, in: ÖKUMENISCH-MISSIONARISCHES INSTITUT DES ÖKUMENISCHEN RATES BERLIN-BRANDENBURG (Hrsg.), Weg und Gestalt. Beiträge zum Gespräch über die Ökumene, Berlin 1998, 116-120. Zu ihrer Situation äußert SICH JÜRGEN DIESTELMANN, Christen hoffen auf Christen. Zur Situation der syrisch-orthodoxen Christen in der Bundesrepublik Deutschland, in: Evangelische Verantwortung 5 (1993), 11-13.

1996 das ehemalige Dominikanerkloster in Warburg gekauft und als Kloster Mor Jakob von Sarug gegründet.[51] Im Jahr 1997 wurde für Deutschland ein eigenes Patriarchalvikariat eingerichtet, dessen erster Metropolit Dionysios Isa Gürbüz war.[52] Im Jahr 2006 bekam der Warburger Abt Julius Hanna Aydin[53] nach seiner Weihe zum Bischof in Damaskus das Amt übertragen. Im Dezember 2012 folgte ihm der Sekretär des Patriarchen in Damaskus Mattias Nayis ins Amt.[54] Hanna Aydin erhielt das Amt des bischöflichen Außenbeauftragten mit Sitz in Delmenhorst, das ihn die ökumenischen Beziehungen und die Beziehungen zur Politik pflegen lässt. Seit Februar 2018 hat die syrisch-orthodoxe Kirche in NRW den Status als Körperschaft öffentlichen Rechts, womit der deutsche Staat sie als Organisationseinheit in Deutschland anerkennt.[55] Heute verfügt die Glaubensgemeinschaft über zahlreiche Kirchgebäude[56] und umfasst mehr als 60 Kirchgemeinden, die von mindestens 58 Priestern betreut werden.[57] Mit über 100.000 Gläubigen ist die syrisch-orthodoxe Kirche eine der zahlenmäßig größten Glaubensgemeinschaften des Nahen Ostens in Deutschland,[58] deren Organisation sich an der Struktur an den Orten des Ursprungs orientiert: Neben dem Erzbischof gibt es eine Vollversammlung, die Laien- und Pastorenversammlung, den Kirchenvorstand und den Diözesanrat.[59]

2. Als orientalisch-orthodoxe Gemeinschaften in Deutschland. Themen und Herausforderungen

Die Migrationsgeschichte vieler orientalisch-orthodoxer Christinnen und Christen ist mit Krieg und Gewalt und daraus resultierenden instabilen Verhältnissen und wirtschaftlich prekären Lagen verbunden. Eine »Beheimatung« in Europa wurde in größerem Maße erst dann möglich, als die Migration von

---

[51] Vgl. www.kulturland.org/Klosterregion/Klosterorte/Warburg-Syrisch-orthodoxes-Kloster/ [Aufruf: 4.2.2019].

[52] Eine Internetpräsenz ist dafür im Aufbau, https://syrisch-orthodoxe-kirche.de/ [Aufruf: 5.2.2019]. Über Dionysios Isa Gürbüz vgl. de.wikipedia.org/wiki/Dionysios_%C4%B0sa_G%C3%BCrb%C3%BCz [Aufruf: 4.2.2019].

[53] Vgl. de.wikipedia.org/wiki/Hanna_ Ayd%C4%B1n [Aufruf: 4.2.2019].

[54] Vgl. de.wikipedia.org/wiki/Philoxenos_Matthias_Nayis [Aufruf: 4.2.2019].

[55] Vgl. die Vereinbarung unter https://recht.nrw.de/lmi/owa/br_vbl_detail_text?anw _nr=6&vd_id=16868&ver=8&val=16868&sg=1&menu=1&vd_back=N [Aufruf: 4.2.2019].

[56] Schon Merten war der Besitz von 23 gebauten bzw. in Planung befindlichen Kirchgebäuden bekannt, vgl. DERS., Christen (s. Anm. 45), 188f.

[57] Nur als Vergleich: Im Jahr 1996 waren es noch 37 Priester und drei Diakone. Vgl. a.a.O., 177.

[58] Das ist eine geschätzte Zahl, da zwar Mitgliederausweise ausgestellt werden, aber es keine Kirchenbücher oder Mitgliederdateien gibt.

[59] Vgl. MERTEN, a.a.O., 144.

Deutschland forcierte wurde und sich die europäischen Staaten öffneten. Es war nicht das erste Mal in der Geschichte, dass die orientalisch-orthodoxen Christinnen und Christen die Orte ihrer Heimat verließen. Doch migrierten sie nunmehr in von ihrer Heimat kulturell sehr verschiedene Gesellschaften. In der »Diaspora«[60] wurde es wichtig, sich zu vernetzen und zu organisieren. Mit dieser Verankerung haben sie die Grundlage geschaffen, Glaubensgemeinschaften *in der Diaspora* zu sein. Als Glaubensgemeinschaften *vor Ort* ist es ihnen wichtig, Glaubensleben zu gestalten und die eigene Identität in der Diaspora zu bewahren, gleichermaßen aber sprachfähig für die neuen Herausforderungen im Kontext Deutschland zu sein und sich in diesen zu integrieren. Sowohl die institutionelle Verankerung in Deutschland als auch das Bemühen, Glauben in der Diaspora zu leben, bedeuten immer, ein Leben auf der *Grenze zwischen Identitätsbewahrung und Assimilation* zu führen. Das »Verweben des Fremden mit dem Eigenen« (Werner Kahl) findet bei den orientalisch-orthodoxen Glaubensgemeinschaften in der Diaspora Grenzen, aber auch wieder Möglichkeiten der Offenheit.

2.1 Als Glaubensgemeinschaften konstituiert

Formen der Vergemeinschaftung zu etablieren, bildet die Voraussetzung, als Glaubensgemeinschaft auch in der Diaspora zu existieren. Wie andere Gemeinschaften sind die Glaubensgeschwister aus dem »Orient« in Vereinen organisiert. Deren Vielzahl ist kaum zu überblicken und bedürfte einer Bestandsaufnahme. Dadurch erhält das Gemeindeleben klare Strukturen, die je nach Gemeinschaft und Verein differieren. In den syrisch-orthodoxen Gemeinden beispielsweise verantwortet neben dem Priester ein Gemeindekirchenrat die Arbeit. Zudem ist meist ein Frauenrat und ein Jugendrat gewählt, und sonstige Gremien werden bestellt, die für die Verwaltung und das Gemeindeleben als notwendig erachtet werden. Ein Blick auf die Gründung verschiedener Gemeinden verdeutlicht, dass diese sich oft auch aus Einwohnern bestimmter Dörfer bzw. Gebiete zusammensetzen.[61] Tief verwurzelte Familienstrukturen

---

[60] Zum Begriff der Diaspora der Aufsatz von Ciprian Burlacioiu in diesem Band. Hier wird er im Wortsinn »Zerstreuung« verwendet: Die orientalisch-orthodoxen Glaubensgemeinschaften waren über die Jahrhunderte mit einer bestimmten Region verbunden, wollten bleiben und leben nunmehr über diese hinaus verstreut. Da die Gemeinden mittlerweile nicht nur in einer bestimmten Region neben dem Ursprungsland zu Hause sind, sondern in verschiedenen Teilen der Welt, stellt sich die Frage, ob von *global communities* zu sprechen ist; so CHRISTIANE LEMBERT in ihrem Aufsatz zu syrisch-orthodoxen Migranten: Migranten aus dem Tur Abdin. Suryoye in einer diaspora community, in: MARTIN TAMCKE (Hrsg.), Daheim und in der Fremde. Beiträge zur jüngeren Geschichte und Gegenwartslage der orientalischen Christen, StOKG 21, Göttingen 2001, 143-159.

[61] Vgl. MERTEN, Christen (s. Anm. 45), 141-143, auch 178.

der Ursprungsländer mit ihren je eigenen Interessen bleiben dadurch erhalten, die sich im deutschen Kontext zwar weiten und öffnen, aber doch auch immer wieder für Zwistigkeiten und Verwerfungen sorgten und sorgen.

Die Gemeinschaften befinden sich im Prozess der Institutionalisierung in verschiedenen Phasen: So steht die Kirche des Ostens noch eher am Anfang, während die »Syrer« in Nordrhein-Westfalen bereits als Körperschaft öffentlichen Rechts anerkannt sind. Das Ringen der sehr kleinen Gemeinschaft zeigt, wie wichtig Prozesse der Institutionalisierung sind, um sich in der Fremde zu stabilisieren. Fast alle Gemeinschaften gründeten Diözesen für Deutschland bzw. Europa. Die formalen Aufnahmebedingungen in die armenisch-orthodoxe Diözese beispielsweise regelt eine Satzung eindeutig.[62]

Diese Diözesangründungen sind Ausdruck, dass diese Gemeinden auch weiterhin als Teil der Gemeinschaften verstanden werden. So bleiben sie auch weiterhin institutionell mit den Mutterkirchen verbunden. Entscheidungshoheit hat das Oberhaupt der jeweiligen Kirche, die durch den eingesetzten Würdenträger in Deutschland vermittelt wird. Letztere werden von den Oberhäuptern und ihren Gremien eingesetzt. Auch ist der Besuch der Oberhäupter nicht unüblich. Mehrfach besuchten diese bereits ihre Gemeinden in Deutschland, so der koptische Papst, der syrisch-orthodoxe Patriarch oder die Katholikoi der Armenier.

2.2 Als Glaubensgemeinschaft leben

Die Glaubensgemeinschaften des Nahen Ostens pflegten über Jahrhunderte ihre Dogmen, ihre Theologien, ihre Traditionen und Riten in Gesellschaften, in denen Religion nicht nur eine Funktion des Lebensalltags, sondern dieser selbst bis in die Gegenwart ein religiöser ist und Religion die Gesellschaft strukturiert.[63] Für viele der Migrierten ist es auch in einer säkular geprägten Diaspora bedeutsam, die religiöse Prägung des Alltags zu erhalten und weiterhin mit der Glaubensgemeinschaft verbunden zu sein. Das bedeutet oftmals einen herausfordernden Spagat zu meistern: Traditionen und Riten sind im deutschen Kontext zu leben und mit neuem Leben zu füllen. Auch ist das, was in der Heimat bindend war, unter den veränderten Bedingungen zu hinterfragen. Das zeigt sich an verschiedenen Sachthemen.

2.2.1 Selbstverständnis

Wer in Berlin zur armenisch-orthodoxen Gemeinde gehört, kann selbstverständlich auch traditionelle und moderne armenische Musik hören und erlernen.[64] Verortungen in der Kultur des Heimatlandes sind auch in anderen Ge-

---

[62]   Die Satzung befindet sich im Änderungsprozess und ist (noch) nicht nachlesbar.

[63]   Vgl. TAMCKE, Christen (s. Anm. 2), 47.

[64]   Vgl. www.armenische-gemeinde-zu-berlin.de/seite/168243/musikalische-aktivit%C
3%A4ten.html [Aufruf: 17.2.2021].

meinden bedeutsam. Das wird beispielsweise auch an der Esskultur offensichtlich. Oft bietet das gemeinsame Mittagessen nach den Gottesdiensten die Möglichkeit zur Begegnung. Dass da nach den Traditionen der »Heimat« gekocht wird, versteht sich von selbst.[65] Über die enge Verknüpfung von Religion und Kultur hinaus spielt auch die Frage nach Nation und Ethnie eine Rolle. Der Narrativ eines Armenier-, Aramäer- und Assyrertums steht in Verbindung mit nationalstaatlichen Bestrebungen im 19. Jh. Zahlreichen Vereinen ist die Bewahrung eines ethno-nationalen Moments bedeutsam. Die armenischen Kulturvereine finden ihr Äquivalent in den Vereinen der sog. Aramäer oder Assyrer. Der Bundesverband der Aramäer fungiert als Dachverband dieser Vereine, welcher Teil des World Council of Arameans ist.[66] Der Zentralverband der Assyrischen Vereinigungen in Deutschland und europäische Sektion e.V. ist als überkonfessioneller Dachverband sehr aktiv.[67]

Es stellt sich die Frage nach dem Selbstverständnis dieser Vereine, das für das Agieren in der deutschen Gesellschaft richtungweisend ist. Ein Verein, der sich exklusiv religiös versteht, agiert anders als einer, der vor allem kulturelle Aspekte betont.

2.2.2 Raum

Meist nutzten und nutzen die »Orientalen« Gebäude katholischer und evangelischer Gemeinden. Absprachen sind stets notwendig, und oft können die Gottesdienste nicht zu den gewohnten Zeiten stattfinden oder die Feier ist mit Zeitdruck verbunden, weil für die »Stammgemeinde« die nächste Veranstaltung beginnt. So würden die Gemeindeglieder der Gemeinde der Kirche des Ostens in Essen die ihnen zur Verfügung gestellten Räume der katholischen Kirche gerne flexibler, gerade auch für ihren Sprach- und Katechismusunterricht, nutzen; genauso die Liturgie am Tag des Herrn feiern und nicht zu vorgegebenen Zeiten.[68] Der Besitz von Räumen und Gebäuden ist wichtig, um Identität zu bewahren. Oft verhindern finanzielle Engpässe den Kauf. Der Priester Mar Aprim von der Kirche des Ostens kann allerdings nicht verstehen, warum in Deutschland Kirchgebäude leer stehen, ihnen aber kein Kirchenraum zur Verfügung gestellt wird. Teilweise haben sie sich in Privatwohnungen getroffen.[69] Erworbene Objekte werden meist nach dem Vorbild der Heimat

---

[65] Es ist fast egal, welche Gemeinde besucht wird. Immer ist das gemeinsame Mittagessen nach dem Gottesdienst oder zu einem anderen Anlass Ort der Begegnung und Ausdruck eigener Kultur. Das ist bei den Armeniern der Fall, genauso wie in den Klöstern oder in den verschiedenen Gemeinden.

[66] Vgl. https://wca-ngo.org/germany-bvdad [Aufruf: 15.3.2019].

[67] Vgl. https://zavd.de/ueber-uns/ [Aufruf: 5.3.2019].

[68] Die Auskünfte erteilte während eines Telefongesprächs im Januar 2019 Abouna Patros, Essen.

[69] Die Auskünfte erteilte während eines Telefongesprächs im Januar 2019 Abouna Aprim, Wiesbaden.

aus- und umgebaut. Klöster und Kirchen sind dafür Beispiele. Der koptische Bischof Damian zeigt in Höxter stolz die Kirche mit ihren Ikonen einer Gruppe von Studierenden, die von der Ikonenmalerin Dalia Sobhi Ibrahim und Dr. Stéphane René als koptische Ikonenmalerei außerhalb Ägyptens in den Jahren 2010/11 angefertigt wurden.[70] Der Innenraum der syrisch-orthodoxen Kirche in Herne ist ebenfalls nach dem Vorbild im Nahen Osten gestaltet, wie es in vielen anderen Kirchgebäuden der Fall ist. Oft bleibt ein Rest des »Fremden« erhalten bzw. stellt sich immer die Frage, wie das Fremde mit dem Eigenen verwoben werden kann. Sowohl in Höxter als auch in Herne erinnert das Äußere der Kirche an den Vorgängerbau der Zisterzienser bzw. den neoklassischen Stil.

2.2.3 Liturgie

Das Herzstück des Glaubenslebens ist die Liturgie, die nach dem Muster in der Heimat und in der jeweiligen Sprache der Glaubensgemeinschaft gefeiert wird. Dem Zusammenspiel von Sprache und Ritus wohnt eine tiefe Symbolkraft inne, die eng mit den Orten und ihren Kontexten des Nahen Ostens verwoben ist. Die liturgischen Formulare sind aber von fast allen Glaubensgemeinschaften ins Deutsche übersetzt worden. Das ist gerade auch an die jüngere Generation ein Zeichen, die die Muttersprachen oft nicht mehr spricht. Nicht selten wird mittlerweile auf Deutsch gepredigt, was auch argwöhnisch betrachtet wird, wenn die ausgelegte Botschaft nicht mehr in der Sprache verkündet wird, die zur Identität der Gemeinschaft gehört.[71] Immer wieder erprobt man sich in neuen Formen, wie Amill Gorgis für die Praxis der syrisch-orthodoxen Gemeinde in Berlin berichtet.[72] Es wäre interessant, die Prozesse zwischen Verlust, Integration und Transformation zu erhellen. Trotz aller Bestrebungen und Überlegungen bleibt der Sprachunterricht ein grundlegender Pfeiler für die Identität der Gemeinschaften. Die Mehrzahl der Gemeinden lässt Kinder und Jugendlichen die klassischen Sprachen des Gottesdienstes erlernen. Zahlreiche Unterrichtsmaterialien sind dafür entworfen und erprobt. Shabo Talay plädiert darüber hinaus dafür, vor allem auch die gesprochenen Dialekte in den Mittelpunkt zu stellen, weil ohne sie auch die Schriftsprachen in Vergessenheit geraten. Im Fall des *Turoyo*, jenes Dialektes, der im Tur Abdin gesprochen wird, könnte diese ansonsten in gänzlich in Vergessenheit geraten.[73]

---

[70]   Vgl. www.koptisches-kloster-brenkhausen.com/kloster/klosterkapellen/ [Aufruf: 28.1.2019].

[71]   So beispielsweise Samuel Gümüs, Dekan von Herne der syrisch-orthodoxen Gemeinschaft, in einem Gespräch im Frühsommer 2020.

[72]   Vgl. den Aufsatz von Amill Gorgis in diesem Band.

[73]   Vgl. SHABO TALAY, Die aramäische Sprache (Turoyo) und ihre Zukunftsaussichten in der Diaspora, in: JEastCS 54 (2002), 65-76.

2.2.4 Religiöse Unterweisung

Eng gekoppelt an den Sprachunterricht ist die religiöse Unterweisung. Auch diese ist elementar und wie der Sprachunterricht meist mit dem Gottesdienst verbunden. Die Frage nach angemessenen Räumlichkeiten steht genau mit dem Anspruch der Vermittlung grundlegender Glaubensinhalte an die Kinder in Zusammenhang. Neben dem Erlernen elementarer Grundzüge der Glaubensgemeinschaft ist genauso auch das Gemeinschaftserlebnis bedeutsam. Die syrisch-orthodoxe Gemeinschaft konnte weitreichende Schritt gehen und bietet an verschiedenen Standorten syrisch-orthodoxen Religionsunterricht an, für den mittlerweile Lehrerinnen und Lehrer in Deutschland an der PH Schwäbisch-Gmünd ausgebildet werden.[74] Ein Blick auf den zu vermittelnden Stoff macht deutlich, dass die Themen aus der Heimat um die der Diaspora erweitert wurden.[75] Diese Einführung in die Traditionen der Gemeinschaft ist gerade für jene Generationen elementar, die die Heimat ihrer Eltern und Großeltern allein vom Erzählungen kennen. Oft haben sie die Anbindung an die Gemeinschaft verloren. Die Angst, die junge Generation zu verlieren, ist deshalb groß. Die religiöse Erziehung erblickt der armenisch-orthodoxe Bischof Sevrope Isakhanyan als vorrangige Aufgabe. Mit dieser Aufgabe geht die Gestaltung einer adäquaten Kinder- und Jugendarbeit einher. Primas Isakhanyan will es sich in seiner Amtszeit zur Aufgabe machen, dass Kinder und Jugendliche mit der Kirche als lebendige Institution in Berührung kommen.[76] Dass das nicht nur eine Frage der »Orientalen« ist, zeigt die gemeinsame Diskussion von Studierenden evangelischer Theologie in Bochum und Frauen syrisch-orthodoxer Glaubenstradition. Intensiv gingen sie in ihren Gesprächen der Frage nach, welche Rolle dem Glauben in einer säkularen Gesellschaft zukommt.[77]

2.3 Als Glaubensgemeinschaft in der Diaspora

Christentümer mit verschiedenen ethno-religiösen und kulturellen Verankerungen treffen in Deutschland aufeinander. Anders als Modellversuche internationaler Gemeindebildungen ist den orientalisch-orthodoxen Gemeindebildungen die Betonung ihrer ganz eigenen Prägung und Identität bedeutsam. Doch gerade deshalb liegt ihnen sehr am Miteinander mit den Glaubensgeschwistern. Bereits im »Orient« stellten sie sich dieser Aufgabe. Ihre Mitarbeit im Middle East Council of Churches, der allerdings bis heute die Aufnahme die

---

[74] Dazu die Aufsätze von Josef Önder und Linda Kaplan in diesem Band.

[75] Eine im Entstehen begriffene Arbeit einer Masterstudentin setzt sich mit einem Vergleich syrisch-orthodoxer und evangelischer Religionslehre auseinander. Die Ergebnisse der Arbeit werden mit Spannung erwartet.

[76] Gespräch am 12.9.2018 in Etschmiadzin/Armenien.

[77] Besuch der syrisch-orthodoxen Gemeinde in Herne am 6.12.2018. Beim abschließenden Tee und Kaffee wurde dieses Thema diskutiert.

Kirche des Ostens aufgrund dogmatischer Differenzen verwehrt, ist der sichtbare Ausdruck davon.[78] Auch sind die meisten orientalisch-orthodoxen Gemeinschaften schon viele Jahre Mitglied im Ökumenischen Rat der Kirchen. Diese Tradition findet Fortsetzung in dem Bestreben, sich mit den Glaubensgeschwistern vor Ort zu vernetzen. In Gesprächen wird eine meist gute Zusammenarbeit betont. Manche Glaubensgemeinschaften haben sogar eigens gewählte und beauftragte Bischöfe bzw. Vertreter der Gemeinden für die Ökumenearbeit. Bischof Damian ist von der koptischen Gemeinschaft dazu bestimmt, Hanna Aydin von den syrisch-orthodoxen. Vor allem sind auch die Klöster Orte gelebter Ökumene, wenn beispielsweise in Höxter die Jesusfreaks zu Gast sind oder Schulklassen, die genaueres über die Kopten erfahren wollen. Auch sind viele der orientalisch-orthodoxen Gemeinden Mitglieder lokaler AcKs und engagieren sich in der Ökumene vor Ort.

Die Glaubensgeschwister fordern auch protestantisches Nachdenken und Agieren vor allem auf dem Gebiet der Ökumene heraus als Frage des Miteinanders in einer sich diversifizierenden religiösen Landschaft. Dies kann wohl nicht anders geschehen als eine »Begegnung in der Glokalität«, bei der Zuschreibungen von Gast und Fremder, Heimat und Diaspora entfallen und eine Begegnung *miteinander* stattfindet.[79] Dass dafür weitreichende Schritte bereits zurückgelegt sind, zeigt u.a. die 2016 ins Leben gerufene Kommission für den bilateralen theologischen Dialog der EKD mit den orientalischen Kirchen in Deutschland.[80] Dieser sind zahlreiche Begegnungen und Konsultationen vorausgegangen, die diesen Weg gebahnt haben.[81] Historisch einzigartig war auch die Vorbereitung eines gemeinsamen Gottesdienstes im Oktober 2017 im Rahmen der Feierlichkeiten zum Reformationsjubiläum mit den Ersthierarchen aus dem Nahen Osten, den die in Deutschland vertretenen Würdenträger mit vorbereiteten.[82]

---

[78]   Zum nahöstlichen Kirchenrat unter www.mecc.org/ [Aufruf: 17.2.2021].

[79]   So der Ansatz in Claudia Rammelt/Esther Hornung/Vasile-Octavian Mihoc (Hrsg.), Begegnung in der Glokalität. Christliche Migrationskirchen in Deutschland im Wandel, Leipzig 2018.

[80]   Vgl. https://archiv.ekd.de/international/dialog/orthodoxie/ausschuesse.html [Aufruf: 17.2.2021].

[81]   Beispielsweise Martin Tamcke/Dagmar Heller, Was uns eint und was uns trennt. 5. Konsultation zwischen der EKD und den Orientalisch-Orthodoxen Kirchen, StOKG 37, Münster 2005.

[82]   Eine Pressemitteilung zu dem Ereignis unter www.ekd.de/gottesdienst-altorientale-29539.htm [Aufruf: 22.6.2021]. Ein Begleitheft mit Informationen unter www.ekd.de/ekd_de/ds_doc/Fuerbitte_Christen_im_Nahen_Osten_WEB.pdf [Aufruf: 22.6.2021].

Jan Gehm

Von marginalisierten Dorfgemeinschaften aus der Südosttürkei zur etablierten Kirchengemeinde

Das Beispiel der syrisch-orthodoxen Kirchengemeinde in Herne von 1961-2021

Seit dem Arabischen Frühling und dem Syrienkrieg 2011 flohen Menschen in großen Zahlen aus dem Nahen Osten, insbesondere aus Syrien nach Europa. In Europa ist durch diesen Zuzug die öffentliche Wahrnehmung für die verschiedenen Glaubensgemeinschaften wie orthodoxe Christen, Jesiden, Schabak, aber auch verschiedene muslimische Gruppen, die es in der Region des Nahen Ostens gibt, gestiegen. Dennoch werden die Fluchtbewegungen aus der Levante immer noch mehrheitlich mit Muslimen und dem Islam verbunden. Das wurde gerade in den Flüchtlingsunterkünften deutlich. In diesen kam es nicht selten auch zu konfliktreichen Situationen aufgrund der verschiedenen religiösen Hintergründe.[1] Unter ihnen waren auch orientalisch-orthodoxe Christen, denen auch syrisch-orthodoxe Christen aus dem Irak oder Syrien angehören. Sie sind vor allem in der Ninive Ebene beheimatet oder stammen aus Teilen Syriens. Doch ist das Phänomen syrisch-orthodoxer Christen in Europa keine neue Erscheinung des 21. Jh.s, sondern eine Realität, die bereits vor mehr als sechzig Jahren Einzug nach Europa gefunden hat und bis heute in der Gesellschaft und Wissenschaft oft unbemerkt geblieben ist. Ein Beispiel für eine solche unbemerkte Etablierung einer syrisch-orthodoxen Gemeinschaft ist die sy-

---

[1] Im Folgenden finden sich einzelne Beiträge, die über Konflikte aufgrund von religiösen Hintergründen in Flüchtlingsheimen berichten: Astrid Halder/Ralf Fischer, Desinteresse und kaum Aufklärung. Gewalt gegen christliche Flüchtlinge, in: BR24, 30.03.2016, unter www.br.de/nachricht/christen-fluechtlinge-uebergriffe-100.html [Aufruf: 29.7.2021], Michael Hollenbach, Diskriminierung in Flüchtlingsheimen. Koran versus Kreuz, in: Deutschlandfunk, 14.4.2016, unter www.deutschlandfunk.de/diskriminierung-in-fluechtlingsheimen-koran-versus-kreuz.886.de.html?dram:article_id =351195 [Aufruf: 29.7.2021].

risch-orthodoxe Gemeinde in Herne. Diese Gemeinde blickt auf eine Geschichte in Deutschland zurück, die mehr als ein halbes Jahrhundert in Wanne-Eickel in Herne Bestand hat.

Der Artikel macht sich zum Ziel, die Geschichte der syrisch-orthodoxen Christen in Herne von marginalisierten Gastarbeitern zu Mitgliedern einer etablierten, rechtlich anerkannten syrisch-orthodoxen Kirchengemeinde nachzuzeichnen und mit Entwicklungen der gesamten Gemeinschaft in Europa in Verbindung zu bringen.[2] In einem ersten Schritt soll der allgemeine Hintergrund der syrisch-orthodoxen Christen beleuchtet und die Migration nach Europa genauer betrachtet werden. Als zweiter Schritt wird das Beispiel der Herner Gemeinde herangezogen und die verschiedenen Entwicklungen und Herausforderungen der Gemeinde aufgezeigt. Anschließend sollen die kontextuellen Hintergründe der syrisch-orthodoxen Christen mit ihren Herkunfts- und Aufnahmeländern in Zusammenhang gebracht und resümiert werden.

1. Syrisch-orthodoxe Migrationsbewegungen nach Deutschland/Europa

Die Südosttürkei ist die Heimat vieler syrisch-orthodoxer Christen, die ab den 1960ern nach Europa gekommen sind. Das Gebiet ist auch als Tur Abdin bekannt, Berg der Knechte Gottes, aus dem diese Christen stammen. Dort waren es vor allem kleinere Dörfer, in denen die Gläubigen der Gemeinschaft lebten. Größere Städte in der Region sind Mardin, Midyat und Nusaybin (Syrisch: Nisibin). Bedeutende Klöster und Kirchen der syrisch-orthodoxen Kirche sind hier zu finden, wie das Mor Gabriel Kloster (Qartamin) in der Nähe von Midyat oder das Safrankloster (Deir ul-Zafaran), das von 1160 bis 1932 den syrisch-orthodoxen Patriarchen als Sitz diente.[3] Syrisch-orthodoxe Christen sind mit dieser Region seit Jahrhunderten verwurzelt. Im Türkischen werden syrisch-orthodoxe Christen Süryaniler genannt. Die Angehörigen der Gemeinschaft selbst bezeichnen sich allerdings mit der syrischen Bezeichnung als Suryoye oder in der Diaspora später auch öfter als Aramäer oder Assyrer. In anderen Teilen des Nahen Ostens leben syrisch-orthodoxe Christen traditionell im Irak in der Ninive Ebene rund um Mossul, in Syrien in den Gebieten von Homs,

---

[2]   Der vorliegende Artikel ist im Rahmen des Forschungsprojekts »Rewriting Global Orthodoxy: Oriental Christians in Europe between 1970 and 2020« unter der Leitung von Prof. Heleen Murre-van den Berg an der Radboud University in Nijmegen entstanden. Gefördert wird das Projekt vom Europäischen Forschungsrat (ERC) und ist für den Zeitraum vom 1.10.2019 bis zum 30.9.2024 angelegt.
[3]   Vgl. Martin Tamcke, Die Christen vom Tur Abdin. Hinführung zur Syrisch-Orthodoxen Kirche, Frankfurt/M. 2009, 169; Wolfgang Hage, Das orientalische Christentum, Die Religionen der Menschheit 29,2, Stuttgart 2007, 130.

Aleppo und im Nordosten des Landes in Hassake und in einigen Teilen des Libanon und Israels.[4] Die Katastrophe des Genozids an christlichen Minderheiten im Osmanischen Reich 1915 verschonte auch syrisch-orthodoxe Orten nicht vor den Massakern. Im Zeitraum von 1914 bis 1918 sind bei diesen Verbrechen ca. 90.000 getötet worden.[5] Alleine in der Stadt Midyat fielen über 25.000 syrisch-orthodoxe Gläubige diesen zum Opfer.[6] In der 1923 neu gegründeten Türkischen Republik sahen sich syrisch-orthodoxe Christen weiterhin Diskriminierungen und Repressionen ausgesetzt: Familien mussten türkische Familiennamen annehmen, syrisch-orthodoxe Dörfer wurden in türkische Orte umbenannt, Männer waren Diskriminierung und Folter im Militärdienst wegen ihres Christseins ausgesetzt, Kinder wurden für den Gebrauch der syrischen Sprache in der Schule bestraft und syrisch-orthodoxe Christen gerieten immer wieder zwischen die militärischen Auseinandersetzungen der kurdischen Arbeiterpartei PKK und dem türkischen Militär.[7] Diese Marginalisierung von syrisch-orthodoxen Gläubigen in der Türkei ist in allen Lebensbereichen spürbar und machte es unmöglich, ein uneingeschränktes Gemeindeleben zu führen. Dazu kam die fehlende Anerkennung der Verbrechen (syr. *Sayfo*) im Osmanischen Reich an christlichen Gruppen, die das Leben syrisch-orthodoxer Christen nachhaltig belastete. Die syrisch-orthodoxen Christen, die in Midyat lebten und später nach Herne gingen, erfuhren dies genauso wie alle anderen Christen in der Südosttürkei. Eine Gleichberechtigung von muslimischen und christlichen Bürgern in der Türkei existierte »nur auf dem Papier«[8] und schien eine weitentfernte Utopie zu sein. Deswegen entschlossen sich immer mehr syrisch-orthodox Gläubige ihre Heimat zu verlassen. In anderen Ländern des Nahen Ostens wie dem Irak oder Syrien sah die Lage ähnlich desolat aus. Christen gerieten dort ebenfalls öfters zwischen Fronten und waren weit davon entfernt, politische Gleichberechtigung zur muslimischen Mehrheitsgesellschaft zu genießen.

Mit dem Gastarbeiterabkommen 1961 zwischen der Bundesrepublik Deutschland und der Türkei beginnt die Geschichte syrisch-orthodoxer Christen in Europa.[9] Syrisch-orthodoxe Christen sahen darin wie auch Muslime die Chance, ihre wirtschaftliche Situation zu verbessern und Arbeitsplätze zu finden. Die Stadt Istanbul, die als Zwischenstation für die Gastarbeiter diente, war

---

[4] Vgl. Tamcke, Tur Abdin (s. Anm. 3), 15.

[5] Vgl. Amill Gorgis, Der Völkermord an den Syro-Aramäern, in: Tessa Hofmann (Hrsg.), Verfolgung, Vertreibung und Vernichtung der Christen im Osmanischen Reich. 1912-1922, Münster 2004, 119-128, 122.

[6] Vgl. ebd.

[7] Vgl. Hüsnür Acar, Menschen zwischen den Kulturen, Aramäische Jugendliche in Deutschland, Paderborn 1997, 25-41.

[8] A.a.O., 27.

[9] Vgl. Kai Merten, Die syrisch-orthodoxen Christen in der Türkei und in Deutschland Untersuchungen zu einer Wanderungsbewegung, Hamburg 1997, 98.

der Ausgangspunkt, von dem sie aus der Türkei nach Deutschland und in andere europäische Länder wie die Niederlande, Österreich, Belgien, Frankreich und später auch Schweden aufbrachen.[10] Es blieb nicht nur bei einzelnen Familien, die sich auf den Weg nach Europa machten. Durch Besuche der Gastarbeiter in der alten Heimat, erfuhren die ansässigen syrisch-orthodoxen Christen von den Möglichkeiten in Europa und registrierten sich in den örtlichen Anwerbebüros in Mardin und Diyarbakir. Auch sie wollten nach Deutschland kommen, um ihre wirtschaftliche Lage zu verbessern und aus den Verhältnissen in der Türkei zu entfliehen.[11] Sie kamen meist mit der Aussicht auf eine lukrative Arbeitsstelle in Form von Kettenmigration nach Europa, so dass in einigen Regionen bis heute eine hohe Konzentration von syrisch-orthodoxen Christen zu finden ist. Tatsächlich konnten Angehörige eines Dorfes und Verwandte sich nicht immer unmittelbar in einer Region niederlassen. Die politischen Bestimmungen des deutschen Asylrechts sahen vor, dass die Ankommenden auf verschiedene Städte verteilt wurden. Nach einigen Jahren war es aber möglich, dass Familien sich selbstständig in einem Ort zusammenfinden konnten. So kam es vor, dass der Bruder eines Gastarbeiters der neu aus dem Tur Abdin kam, nicht zu seinem Bruder, der bereits seit 10 Jahren in Duisburg lebte, ziehen konnte, sondern zunächst in eine andere Stadt geschickt wurde.

Seit den 1970ern kamen syrisch-orthodoxe Christen größtenteils als politische Flüchtlinge, die aufgrund von stark zunehmenden politischen Repressionen und Diskriminierung und auch wirtschaftlichen Gründen die Türkei und andere nahöstliche Länder verlassen wollten. Die Menschen versuchten, Asyl in Europa zu beantragen. Als in Deutschland in Folge der Ölkrise 1973 ein Aufnahmestopp für Gastarbeiter verhängt wurde, wird Schweden das bevorzugte Ziel von vielen syrisch-orthodoxen Christen.[12] Dort waren die Asylverfahren oft schneller und erfolgversprechender als in Deutschland. Schweden und Deutschland bleiben die beiden europäischen Länder, in denen sich heute die meisten syrisch-orthodoxen Christen angesiedelt haben, schätzungsweise jeweils 100.000 Gläubige; in den Niederlanden geht man von bis zu 20.000 Gläubigen aus. Will man die Migration in Phasen einteilen, kann der Gliederung von Naures Atto gefolgt werden, die die syrisch-orthodoxe Migration nach Europa in drei Hauptphasen einordnet:[13] Die erste Phase (1965-1975) ist durch Arbeitsmigration geprägt. In der zweiten Phase (1975-1984) geht es besonders

---

[10] Vgl. SIMON BIROL, Syrisch-orthodoxe Christen in Deutschland, in: THOMAS BREMER u.a. (Hrsg.), Orthodoxie in Deutschland, Münster 2016, 235-250, 239.
[11] Vgl. ebd.
[12] Vgl. a.a.O., 239f.
[13] Vgl. NAURES ATTO, Hostages in the Homeland, Orphans in the Diaspora. Identity Discourses among the Assyrian/Syriac Elites in the European Diaspora, Leiden 2011, 144.

um politische Flüchtlinge, die nach Europa gelangen. Die dritte Phase (1984-2009) ist von Familienzusammenführungen gekennzeichnet.

2. Das Beispiel der syrisch-orthodoxen Gemeinde in Herne

Wie sich überall in Europa syrisch-orthodoxe Gastarbeiter niederließen und Strukturen schufen, um sich in der neuen Umgebung zurecht zu finden, gründeten syrisch-orthodoxe Christen auch im Ruhrgebiet zunächst einen gemeindeähnlichen Standort. Im Ruhrgebiet ließen sich besonders in den Städten Duisburg, Essen und Herne eine große Anzahl syrisch- orthodoxer Christen lokalisieren. Das ist vor allem dadurch bedingt, dass sich genau in diesen Städten andere Verwandte bereits angesiedelt hatten und Arbeit gefunden werden konnte. Herne wurde zum kirchlichen Zentrum der syrisch-orthodoxe Gemeinde im Ruhrgebiet. Um die Geschichte der Gemeinde in Herne nachzuzeichnen, sind genau die vorgestellten Phasen der Migration von Gastarbeitern zu Geflüchteten und Familienzusammenführungen von syrisch-orthodoxen Christen zu beobachten.

Die Informationen über die historischen Entwicklungen der Gemeinde in Herne entstammen Interviews mit Gründungsmitgliedern der Gemeinde, unter anderem mit Adnan Mermertas und dem Priester Samuel Gümüs. Des Weiteren sind Teile der Geschichte der Gemeinde in sozialen Medien wie Facebook durch Gruppen oder Einzelpersonen dokumentiert und in anderen schriftlichen Formen festgehalten worden. Beispiele hierfür sind die Autobiographie von Adnan Mermertas, einer der ersten syrisch-orthodoxen Christen in Herne[14] und einzelne Veröffentlichungen über die Gemeinde in lokalen Zeitungsartikeln, einem Bericht des Heimatvereins Wanne-Eickel[15] und einem Gründungsheft, dass zur Einweihung der Kirche St. Petrus und Paulus in Herne am 20. Oktober 1991 gedruckt wurde[16]. Diese Quellen geben Auskunft über punktuelle Ereignisse und weitreichende Entwicklungen der heutigen Kirchengemeinde. Aus dieser sog. grauen Literatur wird versucht, Geschichte zu rekonstruieren und einzelne Entwicklungen der syrisch-orthodoxen Migration nach Europa mit der Gemeinschaft in Herne zu verbinden.

---

[14] Vgl. ADNAN MERMERTAS, Grenzüberschreitungen: Ein syrisch-orthodoxer Christ zwischen Orient und Okzident, Glane Losser 2014, 109.

[15] Vgl. FRANK SICHAU, Sakralgebäude und religiöse Kunst in Wanne-Eickel und Herne, Herne 1999, 63-65.

[16] Gründungsheft zur Einweihung, St. Petrus und Paulus Kirche Wanne-Eickel, 20. Oktober 1991.

2.1 Die ersten syrisch-orthodoxen Gastarbeiter im Ruhrgebiet (1960er)

Die Präsenz syrisch-orthodoxer Christen in Herne beginnt mit dem ersten Gastarbeiter Ibrahim Altas, der 1961 aus der Stadt Midyat in der Südosttürkei nach Deutschland kam.[17] Dieser holte bis 1970 ca. zwölf Familien nach Deutschland. Diese wurden von ihm für die Baufirma Heitkamp als Arbeiter angeworben. Neben der Baubranche waren syrisch-orthodoxe Christen auch in der Textilindustrie und bei der Deutschen Bahn tätig. Der Großteil der Gastarbeiter arbeitete als Hilfsarbeiter. Manche dieser einstigen Hilfsarbeiter bildeten sich weiter und schlossen ein Studium an ihre Tätigkeit an, das ihnen neue Arbeitsmöglichkeiten eröffnete. Oft schickten die Arbeiter ihren Lohn in die Heimat, um ihre Familien mit Frauen und Kindern oder auch Eltern zu unterstützen. In den folgenden Jahren holten diese Gastarbeiter schrittweise ihre Ehefrauen und Kinder zu sich nach Deutschland nach.

Das religiöse Leben in der neuen Umgebung gestaltete sich anfangs schwierig. Da die in Herne lebenden Christen nicht über die notwendigen Mittel verfügten, ein Kirchengebäude zu erwerben noch einen Priester finanziell zu unterhalten. Es mussten andere Wege gefunden werden, die Religion in der Fremde zu praktizieren. Obwohl Priester aus dem Tur Abdin die syrisch-orthodoxen Christen in der Diaspora öfter besuchten, konnte dies nicht das kirchliche Leben ersetzen. Aus diesem Grund sind in der Anfangszeit syrisch-orthodoxe Gläubige für Taufen und Hochzeiten gelegentlich auf katholische oder evangelische Kirchen ausgewichen.[18] Für sie waren in diesen Momenten die kirchlichen Kasualien wichtiger als die eigene kirchliche Zugehörigkeit. Ein Kapitel gelebter Ökumene zwischen syrisch-orthodoxen und evangelisch und katholischen Christen begegnet bei diesen Kasualhandlungen, das bislang nur wenig Beachtung gefunden hat. Nachdem auch die Frauen der Gastarbeiter nach Herne gekommen waren, bekamen die Familien Nachwuchs, den sie unbedingt taufen lassen wollten. Zum Beispiel wurden einige dieser neugeborenen syrischen-orthodoxen Kinder durch den römisch-katholischen Priester Christoph Allroggen in der katholischen St.-Marien-Kirche in der Bochumer Innenstadt getauft.[19] Wenn aber ein Priester aus dem Tur Abdin plante, die syrisch-orthodoxen Christen in Herne zu besuchen, wurden Kinder zu diesem Anlass auch Zuhause gesammelt und von dem Priester getauft.

---

[17] Ibrahim Altas ist der Onkel von Adnan Mermertas, der einer der Gründungsmitglieder der Gemeinde in Herne ist. Mermertas berichtet im Interview von den Anfängen und wie sein Onkel seine Eltern nach Herne nachholte. Diese holten ihren 15-jährigen Sohn Adnan Mermertas 1971 im Rahmen der Familienzusammenführung zu sich nach Deutschland.

[18] Vgl. Josef Önder, Die syrisch-orthodoxen Christen. Zwischen Orient und Okzident, Tübingen 2015, 52.

[19] Interview mit Adnan Mermertas im Juni 2021.

Erst nach zehn Jahren syrisch-orthodoxer Präsenz in Herne fand die Gemeinschaft eine Möglichkeit, Gottesdienste zu feiern. Dazu konnte sie ab 1972 die katholische St. Laurentius-Kirche in Wanne-Eickel für ihre kirchlichen Handlungen mit nutzen. Neben Gottesdiensten wurden auch Gemeindeveranstaltungen, wie Versammlungen und Feiern in den Räumlichkeiten, ermöglicht. Zudem fand in diesen Räumlichkeiten auch einmal wöchentlich syrisch-orthodoxer Sprach- und Religionsunterricht statt.[20] Allerdings gab es anfangs noch keine regelmäßigen Gottesdienste, da dazu nicht ausreichend Priester zur Verfügung standen. Von 1972 bis 1975 war Bitris Ögünc, als erster dauerhafter für Deutschland in Midyat geweihte Priester,[21] neben anderen Gemeinden in Deutschland auch für die Gemeinde in Herne zuständig. Ögünc war wohnhaft in Augsburg und wurde dort von der Caritas als Sozialarbeiter angestellt und finanziert.[22] Daneben wurde die Gemeinde für kirchliche Dienste auch von Mönch Isa Cicek, der in den Niederlanden lebte, betreut. Dieser vollzog 1978 zum Beispiel in Herne die Trauung des Ehepaars Mermertas.[23] Gottesdienste wurde unregelmäßig alle ein bis zwei Monate abgehalten. Bei besonderen Hochfesten der Kirche wie Ostern, Weihnachten usw. besuchten die Gläubigen auch Gottesdienste in anderen Gemeinden, wie z.B. Gottesdienste in der niederländischen Stadt Hengelo, wo bereits ein regelmäßiges kirchliches Angebot etabliert worden war. In den folgenden Jahren wechselten die Zuständigkeiten der Priester, in deren Aufgabengebiet die Gemeinde in Herne fiel. Von 1975 bis 1978 wurden die syrisch-orthodoxen Christen in Herne von Priester Ablahad Kis Afrim, der in Süddeutschland tätig war, betreut und auch weiterhin von Mönch Isa Cicek unterstützt. Ende der 70er Jahre war Priester Josef Harman, der in ganz Nordrhein-Westfalen tätig war, unter anderem zuständig für die kirchliche Arbeit in Herne.[24] Man kann mit den geistlichen Handlungen und gemeindlichen Veranstaltungen in der St. Laurentius-Kirche die Anfänge der späteren Kirchengemeinde sehen, obwohl noch keine verfasste Kirchengemeinde mit einem eigenen Kirchenraum vorhanden ist.

2.2 Die Etablierung von Vereinen und Nutzung von Räumlichkeiten (1970er/80er)

Mit dem Anwerbestopp von ausländischen Gastarbeitern 1973 wurde es für syrisch-orthodoxe Christen zunehmend schwieriger nach Deutschland zu kom-

---

[20] Gründungsheft (s. Anm. 16), 23.
[21] Vgl. GABRIELE YONAN, Assyrer heute. Kultur, Sprache, Nationalbewegung der aramäisch sprechenden Christen im Nahen Osten, Hamburg 1978, 171.
[22] Vgl. CHRISTIANE LEMBERT-DOBLER, Religiöse Identität. Syrisch-orthodoxe Christen in der Diaspora, in: Augsburger Volkskundliche Nachrichten (2003), 6-27, 14.
[23] Interview mit Adnan Mermertas im Juni 2021.
[24] Ebd.

men. Mit der Ölkrise spitzte sich die wirtschaftliche Lage zu und es wurden keine Arbeitskräfte mehr in Deutschland benötigt, sodass die Arbeitsmigration keine Option mehr war. In der zweiten Phase syrisch-orthodoxer Migration von 1975-1984 versuchten syrisch-orthodoxe Christen vor den zunehmenden Repressalien in ihren Heimatländern zu entkommen. Sie mussten nunmehr Asyl beantragen. Weil sich die Situation in den Heimatländern zunehmend schwierig gestaltete, riss der Zuzug mit dem Anwerbestopp nicht ab. Ab 1976 kamen von nun an nicht mehr nur syrisch-orthodoxe Christen aus dem Tur Abdin nach Herne, sondern auch aus dem Irak, dem Libanon und Syrien.[25] Sie kamen nicht mehr als Gastarbeiter, sondern als Flüchtlinge, die der politischen und wirtschaftlichen Situation entfliehen. Obwohl sich in Deutschland schon einige syrisch-orthodoxe Christen niedergelassen hatten, beantragte ein großer Teil der Geflüchteten Asyl in Schweden. Die Kompliziertheit des deutschen Systems veranlasste viele Gläubige den Blick nach Schweden zu wenden und dort Asyl zu beantragen.[26]

Es gab zu dieser Zeit noch keine festen Strukturen, die die Gemeinschaft in Herne besaß, um ihre Menschen zu organisieren. Das Gemeindeleben war von losen Zusammenkünften geprägt, die durch Mundpropaganda organsiert wurden. Obwohl sich Gastarbeiter und ihre Familien regelmäßig gegenseitig besuchten und Kontakt pflegten, brauchte es einen rechtlichen Rahmen, in dem sich syrisch-orthodoxe Christen institutionell organisieren und treffen konnten. 1976 wurde durch eine syrisch-orthodoxe Studentengruppe (Yusuf Öz, Adnan Mermertas, Nebil Altas, Nayil Altas, Yusuf Altas, Sabri Acar, Albert Sevinc) in Bochum die Gründung eines eingetragenen Vereins initiiert.[27] Der Syrisch Aramäische Volksverein in Wanne-Eickel e.V. wurde hauptsächlich aus zwei Gründen aufgebaut: erstens als Versammlungsort der Gemeinschaft. Sie wollten eine Institution schaffen, um sich zu treffen, die syrische Sprache zu sprechen und Kultur und Tradition zu bewahren. Zweitens war es den Studierenden ein Anliegen, eine Anlaufstelle für syrisch-orthodoxe Flüchtlinge zu schaffen, die sie in Asylfragen beriet, Übersetzungshilfen anbot, bei Behördengängen unterstützte und den Familiennachzug besprach. Andere Verbände, die zuvor bereits für türkische Gastarbeiter eingerichtet wurden, um Unterstützung anzubieten, wie der Sozialdienst *Türk Danış* von der Arbeiterwohlfahrt, stieß bei syrisch-orthodoxen Gastarbeitern auf Ablehnung. Da die Zielgruppe des Sozialdiensts primär türkische Gastarbeiter mit muslimischem Hintergrund war, fühlten sich die syrisch-orthodoxen Christen von diesen Anlaufstel-

---

[25] Adnan Mermertas berichtet von diesen Entwicklungen und als Mitinitiator des syrisch-orthodoxen Kulturvereins in Herne, der neuankommenden syrisch-orthodoxen Christen aus diesen Ländern half, sich in Deutschland zurecht zu finden.

[26] Vgl. BIROL, Christen (s. Anm. 10), 239-240.

[27] Adnan Mermertas berichtet über die Gründung des Volksvereins als einer der Initiatoren des Syrisch Aramäische Volksverein in Wanne-Eickel e.V.

len nicht angesprochen und suchten diese nicht auf. Weitere ähnliche einge-
tragene Vereine wurden in vielen Städten, in denen mehrere syrisch-orthodoxe
Familien lebten, gegründet: Beispiele in Nordrhein-Westfalen sind: Syriani-
scher Volksverein Tur Abdin Gütersloh 1979 e.V., Syrischer Volksverein Tur
Abdin Delbrück 1979 e.V. und der Kulturverein Turo d'Izlo (Berg Izlo) Suryoye
Gronau e.V. 1987. Dabei erfüllen die Kulturvereine nicht die Rolle einer klassischen Gemeindeverwaltung oder auch Kirchengemeinde, sondern sind vielmehr eine strukturelle Stütze, um eine Plattform zu schaffen, die die Menschen zur Aufrechterhaltung der Gemeinschaft regelmäßig aufsuchen. Neben
dem syrisch-orthodoxen Kulturverein in Herne wurden auch andere Gruppen,
in denen Mitglieder der Gemeinschaft an verschiedenen gemeindlichen Aktivitäten teilnehmen konnten, gegründet. 1976 wurde mit der Aramäischen
Sprach- und Religionsschule ein Bildungsangebot für Gemeindemitglieder in
Herne geschaffen. Außerdem wurde in demselben Jahr eine Folkloregruppe
gegründet, die bei städtischen Veranstaltungen zum Thema Integration auftra-
ten. Ein wichtiges Element, um die verstreute Gemeinschaft miteinander über
Städte hinaus in Verbindung zu bringen und auch um Kontakt zu halten, war
die Gründung von lokalen Fußballvereinen. Diese waren meist an die Kultur-
und Heimatvereine angebunden und fungierten als Träger für diese.[28] In Herne
wurde 1979 der FC Suryoye 79 e.V. gegründet, der regelmäßig gegen andere
Fußballvereine von anderen Gemeinden in Turnieren spielte. Diese Organisationsformen dienten neben der sportlichen Aktivität der Jugend dazu, die über
Deutschland verstreute Gemeinde der syrisch-orthodoxe Christen mit Hilfe des
Sports zusammenzubringen und den Zusammenhalt zu pflegen.[29] Im Mai 1980
fand zum ersten Mal ein Fußballturnier zwischen vier syrisch-orthodoxen Fußballvereinen in Paderborn statt. Bei diesem Turnier spielte der Herner FC Suryoye 79 e.V. gegen andere syrisch-orthodoxe Fußballvereine in Nordrhein-
Westfalen wie den FC Paderborn, Turabdin Gütersloh und Aramäer Ahlen. Diese Fußballvereine waren eng mit dem Kulturverein verbunden und waren der
Ort, an dem Menschen gemeinsam sportlich aktiv waren und ihre Identität lebten. Heute sind in einigen syrisch-orthodoxen Kirchgemeinden die Fußballvereine noch sehr aktiv und haben zahlreiche Mitglieder gewonnen.

Bis in die 80er hatten syrische-orthodoxe Christen noch erwogen, wieder
in die alte Heimat zurückzukehren und ihre alten Leben fortzuführen. Jedoch
besserte sich die Situation in der Südosttürkei und auch in den Ländern des
Irak und Syrien für die Gemeinschaft nicht, so dass die Menschen ihren Aufenthalt in Deutschland nicht mehr als eine zeitlich begrenzte Episode ansahen,
sondern hier ihr weiteres Leben verbringen wollten. Die meisten Familien und
Verwandten waren bereits in Europa und hatten feste Arbeitsplätze, Kinder
wurden hier geboren und neue Strukturen mit Vereinen, Gruppen und im Auf-

---

[28] Vgl. ÖNDER, Orient und Okzident (s. Anm. 18), 56.
[29] A.a.O., 57.

bau befindlichen Kirchengemeinden hielten die Gemeinschaft aufrecht. Die Menschen hatten ihren Lebensmittelpunkt nach Europa verlagert und eine neue Heimat gefunden, wo sie ihre alten Traditionen, ihre Sprache und ihre Religion freier als zuvor ausleben konnten. Im April 1980 gab es ein weiteres wichtiges Ereignis in der Geschichte der syrisch-orthodoxen Gläubigen in Herne. Der Patriarch der Syrisch Orthodoxen Kirche von Antiochien Mor Ignatius Jakob III. kam auf seiner Deutschlandreise aus Damaskus nach Herne und besuchte die sich versammelnden Gläubigen.[30] Dieses Ereignis war für sie eine große Freude und Wertschätzung.

2.3 Der Erwerb der St. Petrus und Paulus Kirche in Herne (1990er)

In den 1990ern begann ein neues Kapitel in der Geschichte der syrisch-orthodoxen Gläubigen in Herne. Die Gemeinschaft wurde darauf aufmerksam, dass die evangelisch-methodistische Pauluskirche in Herne aufgrund von rückläufigen Gemeindemitgliedern zum Verkauf stehen sollte. Mit finanzieller Unterstützung der evangelischen Landeskirche und der katholischen Diözese wurde der Kauf dieser Kirche ermöglicht. Ungeachtet dessen brachte die syrisch-orthodoxe Gemeinde in Herne einen großen Eigenanteil des Kaufpreises allein durch Spenden ihrer Mitglieder auf. Schließlich konnte 1990 die Pauluskirche von der syrisch-orthodoxen Gemeinschaft erworben werden. Bevor die Kirche eingeweiht wurde, wurde ein hauptamtlicher Priester für die Gemeinde gesucht. Am 21. April 1991 wurde der 1964 in Midyat geborene Samuel Gümüs für die neue syrisch-orthodoxe Kirche in der katholischen Laurentius-Kirche zum Priester geweiht. Mit diesem Schritt konnte schließlich am 20. Oktober 1991 die Kirche St. Petrus und Paulus in Herne durch den syrisch-orthodoxen Erzbischof Julius Cicek eingeweiht werden und es entstand eine vollständige Kirchengemeinde. Seitdem gibt es die offizielle Kirchengemeinde Syrisch-orthodoxe Kirche in Wanne-Eickel e. V. im Vereinsregister des Amtsgerichts Herne. Aus dem 1976 gegründeten Kulturverein Syrisch Aramäische Volksverein in Wanne-Eickel e.V. ging die Syrisch-Orthodoxe Kirche Petrus und Paulus hervor. Der Volksverein mit seinen Mitgliedern erwarb die Kirche und das dazugehörige Grundstück und trat anschließend als Syrisch-orthodoxe Kirche in Wanne-Eickel e.V. in Erscheinung. In dem Gründungsdokument der Kircheneinweihung wird der Kauf und die Einweihung der Kirche als »Lohn der langen und mühsamen Arbeit«[31] der Herner Gemeinde bezeichnet. »Mit Hilfe Gottes, der Schwesterkirchen und deren Gemeinden. Deswegen wird der heutige Tag in die Geschichte dieser Gemeinde eingehen. Nunmehr haben die

---

[30] Vgl. SAMUEL GÜMÜS, Die Syrisch-Orthodoxe Kirche von Antiochien in Herne, in: FRANK SICHAU, Sakralgebäude und religiöse Kunst in Wanne-Eickel und Herne, Herne 1999, 63-65, 63.

[31] Gründungsheft (s. Anm. 16), 24.

Syrisch-Orthodoxen Christen in Wanne-Eickel und Umgebung ein Zuhause, um ihre Identität, Religion, Kultur und die aramäische Sprache mit Gottes Hilfe zu bewahren.«[32] Die Finanzierung der Gemeinde und Personalkosten werden seither durch Mitgliedsbeiträge und Spenden ermöglicht. Ehrenamtliche soziale Dienste werden in der Gemeinde heute durch eine Jugendgruppe und eine Frauengruppe unterstützt. Wie es in allen syrisch-orthodoxen Gemeinden üblich ist, gibt es auch einen Kirchenvorstand, der über administrative und finanzielle Angelegenheiten entscheidet.[33] Nach Angaben des Priesters der Gemeinde, Samuel Gümüs, lebten 1999 ca. 65 syrisch-orthodoxe Familien in Herne.[34]

Seither wächst die Gemeinde stetig an. Mit dem Syrienkrieg 2011 und dem Einmarsch der Terrormiliz Islamischer Staat 2014 im Norden des Irak kamen erneut syrisch-orthodoxe Gläubige vor allem aus Syrien und dem Nordirak in die Gemeinde. Im März 2015 wurde Priester Samuel Gümüs nach seiner 24-jährigen Tätigkeit in der Herner Gemeinde zum Dekan geweiht. Zu diesem Anlass kamen 1500 Gäste aus dem In- und Ausland nach Herne. Außerdem wurden in den letzten zehn Jahren Renovierungsarbeiten an der St. Petrus und Paulus Kirche vorgenommen. Es wurde ein Gemeindesaal neu errichtet und die Kirche und der Kirchhof renoviert. Viele Anstrengungen wurden dafür unternommen, damit die Kirche nach Vorbild einer syrisch-orthodoxen Kirche der »Heimat« entspricht. Das Kircheninnere ist mit seiner Ikonostase und den Malereien an den Wänden einer typischen syrisch-orthodoxen Kirche nachempfunden. Heute gehören zur Gemeinde offiziell 250 Familien, die über das ganze Ruhrgebiet verteilt leben.[35] Die heilige Messe wird heute bei besonderen kirchlichen Festen, wie Weihnachten oder Ostern auch mehrsprachig abgehalten. So wird auf Deutsch, Arabisch, Kurdisch, Türkisch und Syrisch Gottesdienst in Herne gefeiert. Diese Sprachen sind notwendig, da es sich bei den syrisch-orthodoxen Christen in Herne nicht mehr nur um syrisch-orthodoxe Gläubige aus der Türkei handelt, sondern auch um Menschen aus verschiedenen Ländern des Nahen Ostens.[36] Auch sind in den Gemeinden mittlerweile verschiedene Generationen vertreten, die nicht mehr Türkisch oder Arabisch als ihre Muttersprache sprechen, sondern deutsch. Auf offiziellen Integrationsveranstaltungen der Stadt ist die Gemeinde in Herne regelmäßig vertreten und öffentlichkeitswirksam sichtbar. Erst im März 2021 nahm die syrisch-orthodoxe St. Petrus und Paulus Kirche als fünfte Station am Integrationsprojekt Wanne InterkulTOUR teil. Bei diesem interkulturellen Spaziergang durch den Stadtteil

---

[32] Gründungsheft (s. Anm. 16), 24.
[33] Vgl. ÖNDER, Orient und Okzident (s. Anm. 18), 56.
[34] Vgl. GÜMÜS, Syrisch-Orthodoxe Kirche (s. Anm. 30), 63.
[35] Die Angaben sind aus einem Interview Samuel Gümüs im Juni 2021 entnommen.
[36] Vgl. Interview mit Samuel Gümüs im Juni 2021.

stellte sich die Gemeinde vor und berichtete von ihrer Geschichte und der gegenwärtigen Situation der Gemeinde.[37]

3. Zusammenschau

Das Beispiel der Gemeinde in Herne zeigt eindrücklich die Entwicklungen der syrisch-orthodoxen Gemeinschaft. Sie steht exemplarisch für viele andere syrisch-orthodoxe Gemeindegründungen in Europa. Zwar beeinflusst der jeweilige Kontext des Landes wie der schwedische oder deutsche Kontext die Gemeindeentwicklung deutlich, dennoch lassen sich ähnliche Entwicklungen beobachten. Das Beispiel in Herne zeigt die Entwicklungen von ehemals marginalisierten syrisch-orthodoxen Dorfgemeinschaften aus der Südosttürkei aus der Stadt Midyat zu einer etablierten und rechtlich anerkannten syrisch-orthodoxen Kirchengemeinde in Deutschland. Strukturen wie der Kulturverein, der Kirchenrat, Jugend- und Frauengruppen, der Religionsunterricht an öffentlichen Schulen und die uneingeschränkte religiöse Unterweisung in der Gemeinde sind Beispiele für die Etablierung der Gemeinde in den deutschen Kontext und auch die Anpassung an die gesellschaftlichen Gegebenheiten. Mit der Gründung einer Diözese der Syrisch-Orthodoxen Kirche in Deutschland mit einem Erzbischof 1997 und der Verleihung des Status der Körperschaft öffentlichen Rechts 2018 durch den deutschen Staat erlangt die Syrisch Orthodoxe Kirche rechtliche Privilegien, wie sie Großkirchen und andere Glaubensgemeinschaften auch genießen. Sie erteilt an öffentlichen Schulen syrischorthodoxen Religionsunterricht und kann Kirchensteuern von ihren Mitgliedern einziehen. Verglichen mit der Situation in der Südosttürkei, wo oft der Status syrisch-orthodoxer Christen als Bürger hinterfragt wurde und wo Rechtsstreitigkeiten um Kirchenbesitz, auf den der Staat Anspruch erhebt, keine Seltenheit sind, genießen syrisch-orthodoxe Gemeinschaften in Europa zahlreiche Rechte wie alle Religionsgemeinschaften. In den letzten Jahren konfiszierte der türkische Staat immer mehr Klöster, Kirchen und Ländereien im Tur Abdin.[38] Das führte nicht selten zu Protest in Deutschland von syrischorthodoxen Gläubigen. Rechtssicherheit existiert für die Gemeinschaft dort de facto nicht. Die Förderung ihrer Sprache in der Schule oder auch der Kirche sind einzelne Beispiele wie der Staat der Gemeinde Raum zur Entfaltung in Deutschland gab. Der neue Kontext ermöglichte es auch über die Massaker an

---

[37] Wanne InterkulTOUR, Ein interkultureller Spaziergang durch Wanne-Süd, 24.3.2021, unter www.herne.de/Stadt-und-Leben/Integration/Wanne-InterkulTour/ [Aufruf: 25.7.2021].

[38] Vgl. MARION SENDKER, Syrisch-orthodoxe Kirche. Kirchenkampf auf Türkisch, in: Deutschlandfunk, 6.8.2018, unter www.deutschlandfunk.de/syrisch-orthodoxe-kirche-kirchenkampf-auf-tuerkisch.886.de.html?dram:article_id=424387 [Aufruf: 25.7.2021].

syrisch-orthodoxen Christen im Osmanischen Reich öffentlich zu sprechen und zu publizieren.[39] Für syrisch-orthodoxe Christen ist das Leben in Europa nicht nur mit Chancen und Fortschritt verbunden, sondern auch mit Zerstreuung ihrer Gemeinschaft in verschiedene Teile Europas und dem Verlust ihrer alten Heimat des Tur Abdin. Dort lebten sie unabhängig von anderen Bevölkerungsgruppen in Dörfern als Gemeinschaft und hatten ihren eigenen Lebensbereich.

Mit der Migration syrisch-orthodoxer Familien nach Europa haben sich die ehemaligen Familien- und Dorfgemeinschaften oft in den gleichen Regionen und Städten eines Landes angesiedelt, sodass es zum Beispiel in Westfalen in der Stadt Gütersloh bis heute eine hohe Dichte von syrisch-orthodoxen Christen (ca. 13.000) und drei syrisch-orthodoxen Kirchengemeinden gibt.[40] In den 70ern und 80ern sind es Unternehmen, wie der Medienkonzern Bertelsmann oder auch der Haushaltsgerätehersteller Miele, die dafür sorgen, dass viele syrische-orthodoxe Gastarbeiter in die Region Gütersloh kamen.[41] Sie leben aber nicht mehr nur für sich in einem Dorfverbund, sondern wohnen in Städten, die durch eine multireligiöse Landschaft mit evangelisch, katholisch, muslimischen und jüdischen Gemeinschaften geprägt sind. In Herne sind syrisch-orthodoxe Gemeinden viel sichtbarer geworden als sie es vorher in der Türkei und in den anderen Ländern waren. Durch die Teilnahme an zahlreichen ökumenischen Veranstaltungen, der Mitgliedschaften im ACK und städtischen Integrationsprojekten zeigen die syrisch-orthodoxen Gemeinden öffentlich Präsenz und beteiligen sich aktiv an gesellschaftlichen Diskursen. Daneben haben sich auch zahlreiche Dachverbände europaweit gebildet, die der syrisch-orthodoxen Gemeinschaft eine politische Stimme verleihen wollen, obwohl sie bei ihrer Arbeit eher einen Schwerpunkt auf den ethnischen Aspekt der Gemeinschaft legen als auf die Religion. In Deutschland gibt es unter anderem den Bundesverband der Aramäer in Deutschland (BVDAD), die Föderation Suryoye Deutschland (HSA) und den Zentralverband der Assyrer in Deutschland (ZAVD).[42] Die immer mehr zunehmenden Repressionen, Diskriminierungen, Konflikte zwischen türkischer Armee und der PKK sowie die schlechte wirtschaftliche Lage haben dazu geführt, dass die Mehrheit der syrisch-orthodoxen Christen von dort heute in Europa lebt und nicht mehr zurückkehren möchte. Man geht davon aus, dass heute nur noch ca. 15.000 syrisch-orthodoxe Chris-

---

[39] Vgl. Naures Atto, What Could Not Be Written. A Study of the Oral Transmission Genocide Memory Among Assyrians, in: Genocide Studies International 10 (2016) 2, 183-209, 195.

[40] Vgl. Ludger Osterkamp, Gütersloh: Eine zweite Heimat gefunden, in: Neue Westfälische, 24.4.2015, unter www.nw.de/lokal/kreis_guetersloh/guetersloh/20440481_Eine-zweite-Heimat-gefunden.html [Aufruf: 15.7.2021].

[41] Vgl. Sonderheft zum Jubiläum der St. Stephanus Kirchengemeinde in Gütersloh 1987-2017, 15.

[42] Vgl. Önder, Orient und Okzident (s. Anm. 18), 57.

ten in der Türkei leben.[43] Über Landesgrenzen hinaus halten syrisch-orthodoxe Christen aus Herne bis heute Kontakt über soziale Netzwerke oder durch Besuche zu Verwandten in Schweden, den Niederlanden oder anderen Ländern. Es bleibt zu hoffen, dass syrisch-orthodoxe Christen es schaffen, die Geschichte ihrer Gemeinschaft in Europa weiter fortzuschreiben. Die zahlreichen Publikationen in verschiedenen europäischen Sprachen, die im niederländischen Kloster der Syrisch Orthodoxen Kirche in Glane-Losser entstanden sind, spiegeln die Fortsetzung syrisch orthodoxen Lebens in Europa wider. Daneben geht es der Gemeinschaft auch um eine gesellschaftliche Anerkennung als christliche Gemeinschaft, die seit mehr als einem halben Jahrhundert einen ihrer Lebensmittelpunkte in Deutschland hat. Aus diesem Grund ist es syrisch-orthodoxen Christen auch immer ein Anliegen, ihre Herkunft und Zugehörigkeit zu erklären und Gemeinsamkeiten mit anderen christlichen Kirchen im Land hervorzuheben.

---

[43]   Vgl. MARIAN BREHMER, Aramäische Christen in Ostanatolien Verantwortung für das Überleben der alten Tradition, in: Qantara.de, 23.12.2019, https://de.qantara.de/inhalt/aram%C3%A4ische-christen-in-ostanatolien-verantwortung-f%C3%BCr-das-%C3%BCberleben-der-alten-tradition [Aufruf: 15.7.2021].

Amill Gorgis

Die syrisch-orthodoxe Kirche in der Diaspora in Deutschland

Der Tradition treu bleiben, und dennoch offen sein

Vor mehr als fünf Jahrzehnten bin ich nach Deutschland gekommen, um in West-Berlin zu studieren. Aufgewachsen bin ich im Nordosten Syriens in einem größeren Dorf, dessen Bewohner überwiegend Syro-Aramäer und Kurden waren. Die Syro-Aramäer hatten eine Kirche und eine Grundschule in kirchlicher Trägerschaft. In dieser Schule hatte ich neben dem staatlichen Lehrplan auch syrisch-aramäischen Sprachunterricht und lernte wichtige Teile der Tradition des Glaubens. Wir Schüler hatten die Gelegenheit, morgens, mittags und abends an den Gottesdiensten teilzunehmen. So wurde mir die Tradition meiner Kirche von klein auf vertraut. In Berlin angekommen, lernte ich die Studentenmission in Deutschland (SMD) kennen, eine überkonfessionelle Studentenorganisation. Wir lasen die Bibel und reflektierten gemeinsam die Texte. Dieses ökumenische Zusammensein hat mich bereichert. Gleichzeitig habe ich den Kontakt zu Menschen meiner syrisch-orthodoxen Tradition gesucht. Zu meiner Überraschung gab es in der Stadt knapp 50 Familien aus dem Südosten der Türkei, dem Tur Abdin, die Syrisch-Aramäisch sprachen und in der syrisch-orthodoxen Kirche ihre geistliche Heimat hatten. Zusammen gründeten wir bald eine syrisch-orthodoxe Gemeinde.

Zunächst konnte die Gemeinde zwei Mal im Jahr Gottesdienst feiern. Pfarrer Betrus Ogunc, der für ganz Deutschland zuständig war, hat sie gehalten. Später konnten wir einen Priester aus dem Tur Abdin gewinnen, der die Gemeinde dauerhaft geistlich betreute. Aufgrund der angespannten Situation in den Ländern des Nahen Ostens kamen immer mehr syrisch-orthodoxe Christen auch nach Deutschland. Diese erste Generation kannte nur die Sprache ihres Heimatlandes und das Syrisch-Aramäische ihrer Vorfahren. Die nachfolgenden Generationen, die mit der deutschen Sprache aufwuchsen, hatten dagegen oft keinen Zugang zur religiösen Literatur der Mutterkirche mehr. Um diese Lücke zu schließen, habe ich angefangen, neben meiner Tätigkeit als Diplom-Ingenieur sowohl Gebetbücher als auch Bücher der syrisch-orthodoxen Geschichte und Tradition ins Deutsche zu übersetzen bzw. herauszugeben. Das sollte gleichzeitig dazu dienen, interessierten Mitmenschen anderer Herkunft

Kenntnis von unserer Geschichte und unserer Glaubenstradition zu vermitteln. Wenn ich also über die syrisch-orthodoxe Kirche in Deutschland spreche, muss ich zunächst von ihrem Ursprung und ihrer Geschichte erzählen, was für sie charakteristisch ist, bevor ich über das Leben in Deutschland meiner Glaubenstradition, insbesondere in Berlin reden kann.

1. Die syrisch-orthodoxe Kirche. Eine Hinführung

Die Liturgiesprache der Syrisch-orthodoxen Kirche von Antiochien ist das Syrisch-Aramäische. In dieser Sprache wurden das Erste Buch Daniel und das Matthäus-Evangelium im Original geschrieben. Sehr früh wurde die gesamte Heilige Schrift ins Syrisch-Aramäische übertragen. Bei den Syrern, gemeint sind die Glieder der syrisch-orthodoxen Kirche, hat die syrisch-aramäische Sprache eine so hohe Bedeutung, weil unser Herr Jesus Christus und seine Jünger sie sprachen. Syrisch-Aramäisch war auch die erste Sprache, die bei der Eucharistiefeier in der Göttlichen Liturgie der christlichen Kirche gesprochen wurde. Über den Zeitraum von 1800 Jahren entstand in dieser Sprache eine umfangreiche kirchliche Literatur, die weit über die Grenzen dieser Kirche hinausging und für nahezu alle Konfessionen von hoher Bedeutung war und ist. Die Geschichte der syrisch-orthodoxen Kirche ist über verschiedene Zeitepochen hindurch von Verfolgung und Unterdrückung geprägt. Angesichts dessen wird man leicht zu dem Schluss kommen, dass die Existenz dieser Kirche fast an ein Wunder grenzt. Für ihr Überleben gibt es zwei wichtige Gründe: Der erste ist das Vorbild ihrer Märtyrer, das den Gläubigen stets gegenwärtig ist. Die tragischen Ereignisse im 5., 6., 14. und 20. Jh. haben die Kirche jeweils fast ausgelöscht. Der Sturm der Mongolen im 14. Jh. dezimierte die syrische Christenheit empfindlich. Danach folgten vierhundert Jahre Osmanische Herrschaft. In dieser Zeit war es der syrischen Kirche nicht erlaubt, Bildungsstätten zu unterhalten. Wie aber lässt sich kirchliches Leben aufrechterhalten, wenn man nicht Gelehrte für die Auslegung der Heiligen Schrift und zum Dienst an ihren Sakramenten ausbilden darf? Die übrig gebliebenen Handschriften der Werke der syrisch-orthodoxen Kirchenväter und ihre unablässige Verwendung in den Gottesdiensten waren die geistliche Nahrung, die das Überleben der Kirche sicherten. Während des Völkermords vor nunmehr über 100 Jahren wurden tausende Gläubige im Osmanischen Reich nicht zuletzt wegen ihres Glaubens gemartert und getötet. Das ererbte Glaubenszeugnis der Märtyrer prägte die Gläubigen bis in unsere Gegenwart und ist Teil ihrer Identität, besonders in den immer wiederkehrenden Bedrohungen von außen, zuletzt unter anderem durch den IS.

Der zweite Grund ist das liturgische Leben der Kirche. Die kirchliche Liturgie, die Gebete und die heiligen Sakramente haben ihren Ursprung in den Anfängen des Christentums. Die ersten Gebete waren die Psalmen Davids, die in der Kirche Verbreitung fanden, da sie Loblieder von hohem, spirituellem Wert enthalten. Um die Mitte des 4. Jh.s begannen die Kirchenväter, eigene Hymnen zu dichten und zu vertonen und in die Gottesdienste einzuführen. Außerdem verfassten sie Gebete zu allen kirchlichen Anlässen. Bis zum Ende des 7. Jh.s erhielt die Gesamtheit dieser liturgischen Bestandteile ihre endgültige Form durch Mor Ya'qub von Edessa (gest. 708), die bis heute gebräuchlich ist. Im Laufe der darauffolgenden Jahrhunderte kamen weitere Gebete hinzu. Die Blütezeit der syrischen kirchlichen Literatur erstreckte sich vom 4. bis zum 13. Jh. Sie endete mit dem Tod ihres Universalgelehrten Bar Hebraeus (gest. 1286).

Die Liturgie der syrischen Kirche hat in der syrischen Literatur einen wichtigen Stellenwert. Patriarch Afrem Barsaum (gest. 1957) ordnet sie in fünfzehn verschiedene Textgruppen.[1] Das Studium dieser liturgischen Bücher ermöglicht einen Überblick über die Spiritualität der Kirche. Die theologische Reflexion findet aber ihren Ausdruck nicht nur in den geistlichen Gedichten und Texten, sondern auch durch die Tradition des Glaubens, die damit verbunden ist. Der syrisch-orthodoxe Gottesdienst ist ein Fest für die Sinne: der ganze Mensch, alle seine Sinne werden angesprochen, auch mit Hilfe von zeichenhaften Handlungen und Symbolen. Die Bedeutung der Symbole wird einem klar, wenn man regelmäßig den Gottesdienst besucht. Einige Beispiele sollen das verdeutlichen.

1.1 Weihnachten

Zu Weihnachten vollziehen die Pfarrer, Diakone und Messdiener eine Prozession durch die Kirche. Sie nehmen das Evangelium vom Altar, der den Thron Gottes im Himmel symbolisiert, und tragen es durch die Gemeinde, durch das Volk. Damit wird gezeigt, dass Christus vom Himmel auf die Erde gekommen ist. Das Wort wurde Fleisch und wohnte mitten unter uns. Früher zog die Prozession, wo es möglich war, nicht nur durch die Kirche, sondern aus der Kirche heraus bis zum Platz in der Mitte des Dorfes. Dieser Rundgang, vom Himmel zum Volk und wieder zurück, zeigt den Weg Jesu.

---

[1] Er nennt: 1. Das einfache Stundenbuch für die Wochentage (Schhimo), 2. Lektionar (liturgische Lesungen der Heiligen Schrift), 3. Anaphora (Die göttliche Liturgie), 4. Panqyotho (Stundenbuch) der Sonntage des Kirchenjahres, 5. Panqyotho der Herrenfeste und Heiligenfeiertage, 6. Panqyotho des vierzigtägigen Fastens und der Karwoche, 7. Husoye (Vergebungsgebete) der Sonntage, Feiertage, der Fastenzeit und der Karwoche, 8. Liturgien der Taufe, Krankensalbung und Buße und der Segnung der Kronen bei der Trauung, 9. Buch der Priesterweihen und Sakramentsdienste, die speziell den Bischöfen vorbehalten sind, 10. Buch der zeremoniellen Feiertage, 11. Begräbnisliturgie, 12. Gebetsbücher der Priester und Mönche, 13. Bücher der kirchlichen Melodien, 14. Lebensbuch, 15. Kalendarien der jährlichen Feiertage. Vgl. Mor Ignatios Aphrem I. Barsaum, Geschichte der syrischen Wissenschaften und Literatur, Wiesbaden 2012, 37f.

1.2 Karwoche

In der Karwoche vor Ostern wird das Gleichnis von den fünf klugen und den fünf törichten jungen Frauen zelebriert. Die Kirche ist verdunkelt, Pfarrer und Diakone gehen mit Kerzen in den Händen in einer Prozession durch die Kirche und singen Lieder, die die Parabel erzählen und auslegen. Der Vorhang vor dem Altar ist verschlossen. Dann knien der Pfarrer und die Diakone vor dem Vorhang nieder. Wie in der Geschichte bitten sie dreimal: »Herr, öffne uns die Tür.« Beim letzten Mal wird der Vorhang geöffnet und die Kirche wird erleuchtet. Das ist ein Moment großer Freude für die ganze Gemeinde. Karfreitag wird der Text gelesen von dem Dialog der Räuber mit Jesus, die links und rechts neben ihm am Kreuz hängen. Vorn in der Kirche steht ein Kreuz, links und rechts daneben ist je eine Kerze angezündet. An der Stelle, wo es heißt, dass der eine Räuber nicht an Jesus glaubt, sondern ihn verspottet, wird die linke Kerze ausgeblasen als Zeichen dafür, dass die Seele eines Menschen verloren geht, während die rechte Kerze weiter brennt. Dieses augenscheinliche Symbol berührt in der Gemeinde alle sehr stark, weil sie die Bedeutung dieser Situation spüren.

1.3 Ostern und Pfingsten

Zu Ostern, wenn der Pfarrer laut ruft: »Der Herr ist auferstanden« und die Gemeinde antwortet: »Er ist wahrhaftig auferstanden«, brechen die Frauen in laute Jubelrufe aus. Das ist ein freudiger Moment des Festtages. Ebenso voller Freude erleben Groß und Klein Pfingsten, wenn der Priester die ganze Gemeinde mit Wasser besprengt als Zeichen für die Ausgießung des Heiligen Geistes.

1.4 Fasten mit Körper und Geist

Eine wichtige Rolle im kirchlichen Leben spielt auch das Fasten. Es werden fünfzig Tage vor Ostern, zehn Tage vor Weihnachten, drei Tage zum Ninive-Gedenken, fünf Tage zu Mariä Himmelfahrt, drei Tage zum Gedenken an die Apostel gefastet. Außerdem werden jeden Mittwoch und Freitag der Woche, ausgenommen die Osterzeit, gefastet. Am Mittwoch wird der Gefangennahme Jesu gedacht, am Freitag seiner Kreuzigung. Die Fastenzeit bildet gewissermaßen eine schützende Mauer um die Gemeinde herum. Wenn einzelne nicht mitfasten, bekommt diese Mauer Risse und Löcher. Das Wichtigste aber ist nicht, dass der einzelne sich der Speise enthält. Es kommt vielmehr darauf an, im Loslassen zu erfahren, dass man von Gott neu gefüllt werden kann. Das ist eine körperliche und geistliche Übung zugleich. In der Zeit zwischen Ostern und Pfingsten wird nicht gefastet, denn das ist die Zeit der Freude, in der der Auferstandene in Gemeinschaft mit seinen Jüngern gelebt hat.

Aus diesen wenigen Beispielen wird deutlich: Im Mittelpunkt des Gottesdienstes stehen die Liturgie und liturgische Handlungen, nicht die Wort-Predigt, wie in manchen anderen Kirchen.

2. Zur Situation der syrisch-orthodoxen Kirche in Deutschland

Seit über 50 Jahren leben syrisch-orthodoxe Christen in Deutschland. Viele sind hier geboren. Sie beherrschen die deutsche Sprache besser als ihre Muttersprache, das Syrisch-Aramäische. Ihre Schriftsprache ist Deutsch. Sogar, wenn sie zu Hause einen aramäischen Dialekt sprechen, kann es trotzdem sein, dass sie das Altsyrisch der Liturgie nur bruchstückweise verstehen. Es gibt andererseits Gemeindeglieder, die gar nicht Syrisch-Aramäisch sprechen, sondern Türkisch und Deutsch. In jüngster Zeit sind wiederum syrisch-orthodoxe Christen aus dem Nahen Osten nach Deutschland geflüchtet, deren Muttersprache überwiegend Arabisch ist und die noch nicht sicher in der deutschen Sprache sind. Das ist auch in Berlin so, in der Gemeinde Mor Jacub e.V., in der ich aktiv bin. Wir haben die ehemalige katholische Kirche St. Ludgerus im Jahr 1984 langfristig gepachtet. Mehr als 240 Familien gehören der Gemeinde an, die eigentlich sonntags zum Gottesdienst zusammenkommen, wenn es uns die Pandemie nicht verbietet. Neben unserer Gemeinde gibt es noch drei weitere syrisch-orthodoxe Gemeinden in Berlin. Man geht von ca. 2.500 syrisch-orthodoxen Gläubigen in Berlin aus. Neben zahlreichen Aktivitäten wie Sonntagsschule, Chorabende, Sprachunterricht für Syrisch-Aramäisch und Fußballmannschaft gibt es auch einen Bibelkreis, an dem 40 Personen teilnehmen. Diese Gespräche bereiten uns auf den Gottesdienst vor. Wir sprechen nämlich Arabisch; die Predigt am Sonntag wird aber auf Syrisch gehalten. Das verstehen all jene nur bedingt, weil sie eben aus den Ländern Syrien oder dem Irak stammen. Dort wird vor allem Arabisch gesprochen. Die Sprache ist eine große Herausforderung für unsere Gemeinde und für die gesamte Gemeinschaft der syrisch-orthodoxen Christen in Deutschland.
Die Frage, die sich stellt, ist: Kann die eben beschriebene Tradition des Glaubens an die hier geborenen und aufgewachsenen Generationen der syrisch-orthodoxen Christen weitergegeben werden, vor allem: wie und in welcher Sprache? Zwei Strategien stehen sich in der Diskussion gegenüber:
Auf der einen Seite, der vorherrschenden Sichtweise, wird folgendermaßen argumentiert: Die syrisch-orthodoxe Kirche wird in Deutschland nur Bestand haben, wenn sie ihren liturgischen Schatz, der sie über fast zweitausend Jahre durch schwere Zeiten getragen hat, in seiner Originalsprache, der Sprache Jesu, bewahrt. Das kann nur gelingen, wenn sie die Liturgie konsequent in ihrer altsyrischen Fassung ausübt. Damit diese Liturgie den Gläubigen vertraut und verständlich bleibt, muss in den Gemeinden der Syrisch- und Katechismus-

unterricht in einer *Madraschto* (Schule) etabliert sein. Das ist bereits seit Jahrzehnten in Deutschland der Fall. Diese Strategie sollte nicht durch Kompromisse hinsichtlich der Sprache aufgeweicht werden, sonst verlieren die Schülerinnen und Schüler die Motivation. Man muss aber berücksichtigen, dass der staatliche Schulunterricht in Deutschland inzwischen in Ganztagsschulen organisiert ist, der während der Woche viel Zeit der Schülerinnen und Schüler absorbiert. Insbesondere in den großen Städten sind auch oft weite Wege zur *Madraschto* zurückzulegen, was eine zusätzliche Schwierigkeit ist. Denkbar sind auch Ferienkurse oder Unterricht für Erwachsene. Aber auch für Frauen und Männer ist das Arbeitsleben eng getaktet. Es ist daher zu befürchten, dass in Zukunft, wie bisher, nur eine Minderheit der syrischen Gemeinschaft diesen Unterricht wahrnehmen wird. Immerhin kann dadurch aber der Nachwuchs an Diakonen, Messdienern und Chor-Sängerinnen sichergestellt werden.

Aus der Sorge um diejenigen, die die syrisch-aramäische Sprache nicht lernen bzw. aus verschiedenen Gründen nicht lernen können, ergibt sich der zweite Standpunkt mit dem Ziel, auch diese Gemeindeglieder auf Dauer in den Gottesdienst einzubeziehen. Zunehmend besteht sonst die Gefahr, dass diese Menschen die Gottesdienste nicht mehr regelmäßig besuchen, weil sie die Sprache nicht verstehen. Selbst wenn sie zum Gottesdienst kommen, ist zu befürchten, dass angesichts der Sprachbarriere bei ihnen zwar die Bewahrung der Tradition gewährleistet ist, sie aber aus Mangel an Verständnis davon innerlich nicht berührt werden. Die Sprachbarriere kann auch dazu führen, dass sich die Gemeinde gegenüber Menschen anderer Kulturen und Traditionen, die auf Grund vielfältiger Beziehungen den Weg in die syrisch-orthodoxe Kirche gefunden haben, nicht öffnen kann.

Eine Lösung dieser Problematik könnte darin bestehen, Wege der Mehrsprachigkeit im Gottesdienst zu suchen, d.h. auch Übersetzungen der Liturgie zu verwenden. Das gilt vor allem für gesprochene Texte und Rezitative. Für Lieder und Hymnen gibt es allerdings eine große Hürde, denn in ihnen sind Wort und Melodie kunstvoll verarbeitet, was nicht einfach in eine andere Sprache zu übertragen ist. Man denke an die Hymnen von Mor Ephrem dem Syrer. In ihnen sind Sprache und Melodie einzigartig verbunden. Man könnte sich damit behelfen, den Vortrag in syrischer Sprache im Gottesdienst durch Übertragungen oder Erklärungen in deutscher Sprache zu ergänzen. Das wird von vielen als eine natürliche Anpassung an die kulturellen Gegebenheiten der syrisch-orthodoxen Kirche in ihrer neuen Heimat gesehen und wird hier und da in Gemeinden auch schon so praktiziert.

Um diese Strategie umzusetzen, bedarf es einer umfangreichen Übertragung aller Liturgietexte ins Deutsche. Einen Teil gibt es schon seit vielen Jahren, er wird auch schon in vielen Gemeinden in Anspruch genommen, z.B. die Anaphora, das Buch der Feste, das einfache Stundengebetsbuch (Brevier), die kanonischen Gebete, die Liturgien der Taufe, Beerdigung und Trauung, das Lektionar. Es fehlen noch die vier großen Stundengebetbücher (*Panqyothe*) und die fünf Bücher der Vergebungsgebete (*Husoye*) jeweils für die Sonntage des

Kirchenjahres, die Herrenfeste, die Heiligenfeiertage, das vierzigtägige Fasten und die Karwoche sowie alle weiteren Gedenktage des Kirchenjahres.

Darüber hinaus sind für den syrisch-orthodoxen Religionsunterricht in den letzten Jahren sehr wertvolle Programme und Handreichungen entstanden, die dabei helfen, dass Schüler syrisch-orthodoxer Tradition sich dem Glauben ihrer Vorfahren nicht entfremden. Es wäre ebenso sinnvoll, die Familien mit ähnlichen Handreichungen zu versorgen, damit sie den Zugang zu dem kirchlichen Kalender gemeinsam erleben und entdecken können. Ich denke etwa an eine Reihe von 52 Heften, die alle Wochen einschließlich der Sonntage des Jahres abdecken. In jedem Heft sollte eine Auswahl an Hymnen, Litaneien, Homilien, meditative Texte, die den Anlass des jeweiligen Sonntags usw. enthalten sein.

Von dem, was in Kürze in diesem Beitrag skizziert wurde, ist einiges bereits erreicht, aber es gibt noch viel zu tun.

Josef Önder

Die Syrisch-orthodoxe Kirche von Antiochien in Geschichte und Gegenwart

Syrisch-orthodoxer Religionsunterricht an staatlichen Schulen am Beispiel Baden-Württemberg

1. Der Ort der Syrisch-orthodoxen Kirche von Antiochien in der gesamten Christenheit

Die frühe Kirche hat sich zunächst in den drei großen kulturellen Räumen der antiken Welt entfaltet: im Vorderen Orient (Syrien, Ägypten, Palästina, Armenien, Äthiopien), im Byzantinischen Reich (Kleinasien und Balkan) und im Weströmischen Reich (Italien, Afrika, Spanien, Gallien und Germanien). Im Jahr 451 n.Chr. kam es wegen Differenzen im Verständnis um die Person und Gottheit Jesu Christi zur Trennung zwischen der römisch-byzantinischen Reichskirche und der heutigen orientalisch-orthodoxen Kirchenfamilie (Armenisch-apostolische Kirche, Äthiopisch-orthodoxe Kirche, Eritreisch-orthodoxe Kirche, Koptisch-orthodoxe Kirche und Syrisch-orthodoxe Kirche von Antiochien).

Das Patriarchat von Antiochien umfasst heute folgende Räume: das alte Mesopotamien mit den Regionen Südosttürkei, Syrien, Irak, Libanon und Indien; seit einigen Jahrzehnten auch die Diasporaländer in West- und Mitteleuropa, in Nord- und Südamerika, in Australien und in den Arabischen Emiraten. Die seit dem Zweiten Vatikanischen Konzil (1962-1965) intensiven Kontakte zwischen der Syrisch-orthodoxen Kirche von Antiochien und der römisch-katholischen Kirche haben zur Sakramentengemeinschaft beider Kirchen geführt. Damit ist die alte Trennung aufgehoben. Auch die Kontakte zur evangelischen Kirche sind sehr fruchtbar. Die syrisch-orthodoxe Kirche ist weltweit in allen ökumenischen Gremien vertreten, in Deutschland z.B. in der Arbeitsgemeinschaft christlicher Kirchen (ACK).

2. Der Ursprung der Syrisch-orthodoxen Kirche von Antiochien

Seit den 1960er Jahren leben syrisch-orthodoxe Christen aus dem Tur Abdin (Berg der Gottesknechte) im Südosten der Türkei, aus Syrien und dem Irak in der Bundesrepublik Deutschland. Sie gehören zur Syrisch-orthodoxen Kirche von Antiochien. Diese war nach der Jerusalemer Urgemeinde die zweite städtische Gemeinde der frühen Christenheit (Apg 11,19-26). Die beiden apostolischen Gründungsväter waren Barnabas und Paulus (Apg 13,1-3). Sie haben das Tor zur Heidenmission geöffnet, ein weltgeschichtliches Großereignis! Von Antiochien aus wurde nach der Tradition der Großraum Syrien christianisiert. Der Apostel Petrus gilt als erster Bischof Antiochiens; zu ihm steht der in Damaskus residierende syrisch-orthodoxe Patriarch in ununterbrochener apostolischer Sukzession.

3. Die Situation der syrisch-orthodoxen Kirche in Deutschland

Seit dem Ende des 19. Jh.s bis heute waren und sind die syrisch-orthodoxen Christen Wellen der Verfolgung ausgesetzt. Jede dieser Verfolgungen hatte und hat eine Auswanderungswelle aus der angestammten Heimat zur Folge. Aus diesem Grund leben von den insgesamt fünf Millionen syrisch-orthodoxen Christen etwa 100.000 in der Bundesrepublik Deutschland, davon 25.000 in Baden-Württemberg.

Bis 1997 gab es in Mitteleuropa nur eine Diözese. Ihr Metropolit war Julius Yesu' Çiçek. Er war zuständig für Holland, Belgien, Luxemburg, Schweiz, Österreich, Frankreich, Spanien, Italien und Deutschland. Im Jahre 1997 wurde für Deutschland ein eigenes Patriarchalvikariat geschaffen. Sein erster Metropolit war Dionysius Isa Gürbüz. Nach dem Tod von Erzbischof Çiçek im Jahr 2005 wurde die Diözese Mitteleuropa geteilt in die Diözesen Holland, Belgien und Luxemburg, Schweiz und Österreich. Metropolit der Diözese Schweiz und Österreich wurde der Patriarchalvikar Dionysius Isa Gürbüz. Im Jahre 2006 wurde der Abt des Warburger Klosters St. Jakob von Sarug Dr. Hanna Aydin in Damaskus zum Bischof und Metropoliten von Deutschland geweiht. Im Dezember 2012 folgte ihm im Amt Metropolit Philoxenus Mattias Nayis, zuvor Sekretär des Patriarchen in Damaskus.

Die syrisch-orthodoxen Christen sind in 58 Gemeinden organisiert und werden von 57 Priestern geleitet. Die Geistlichen werden in der Organisation der Gemeinden von Räten unterstützt: Kirchengemeinderat, Frauenrat und Jugendrat. Ferner hat auch jede Gemeinde ein Kulturzentrum bzw. einen Kulturverein. Dieser ist in der Regel Träger einer Fußballmannschaft. Einmal im Jahr treffen sich alle Fußballmannschaften zu einem Meisterschaftswettkampf. Er wird mit einer Siegesfeier abgeschlossen. Dieser hat zwei Funktionen: eine sportliche und eine kommunikative. Auf diese Weise lernt sich die über ganz Deutschland verstreute Jugend kennen und pflegt den Zusammenhalt. Die Kulturvereine organisieren einmal im Jahr einen Kulturabend. Dieser dient der Kommunikationspflege auf der gemeindlichen wie übergemeindlichen Ebene. Ferner unterhält jede Gemeinde eine Sonntagsschule. Hier geschieht Unterweisung in Liturgie, Katechismus und Glaubenslehre in syrisch-aramäischer Sprache.

Dem ethnisch-religiösen Zusammenhalt dienten in der Vergangenheit zwei kirchlich ausgerichtete Zeitschriften: Die von 1978 bis 2005 von Metropolit Yesu' Çiçek herausgegebene *Kolo Suryoyo* (Syrische Stimme) und die von 1998 bis 2005 von Metropolit Dionysius Gürbüz herausgegebenen »Nachrichten aus der Diözese«. Von 1989-2008 gab die Föderation der Aramäer (seit 1985) die Zeitschrift *Mardutho D'Suryoye* (Kultur der Syrer) heraus; auch diese diente dem ethnisch-kulturellen Zusammenhalt.

Die syrisch-orthodoxen Christen verfügen über zwei in Schweden ansässige Fernsehanstalten: Suroyo TV und Suryoyo Sat. Suroyo TV hat eine Dependance in Syrien und Suryoyo Sat eine in Deutschland. Die beiden Sender haben für den ethnischen und religiösen Zusammenhalt und die Pflege der Sprache eine wichtige Funktion. Seit es sie gibt, hat sich die Situation der Muttersprache (*Turoyo*) wesentlich verbessert. Im Jahr 2018 wurde ein neuer TV-Channel eröffnet. Getragen wird dieser von der Syrisch-orthodoxen Kirche von Antiochien. Sein Name ist Suboro TV.

4. Die Situation der syrisch-orthodoxen Kirche in Baden-Württemberg

An der Spitze der syrisch-orthodoxen Kirche in Baden-Württemberg steht ein Chor-Episkopos. Ihm stehen acht Seelsorgepriester zur Seite. Der syrisch-orthodoxe Religionsunterricht, der seit dem Schuljahr 1994/1995 an den staatlichen Schulen erteilt wird, findet in der Regel überwiegend nachmittags statt. Das syrisch-orthodoxe Schuldekanat befindet sich in Göppingen. In Baden-Württemberg existieren Gemeinden in:

- Bietigheim-Bissingen: St. Petrus und Paulus
- Göppingen: St. Ephräm, St. Jakob von Sarug
- Heilbronn: St. Ephräm, St. Johannes
- Kirchardt: St. Gabriel, St. Stefanus
- Kirchhausen: St. Jakob von Nisibis
- Leimen: Syrisch-Orthodoxe Kirche (noch ohne Namen)
- Pforzheim: Syrisch-Orthodoxe Kirche (noch ohne Namen)
- Pfullendorf: Syrisch-Orthodoxe Kirche (noch ohne Namen) und
- Tauberbischofsheim: Syrisch-Orthodoxe Kirche (noch ohne Namen)

5. Syrisch-orthodoxer Religionsunterricht an staatlichen Schulen am Beispiel Baden-Württemberg

5.1 Allgemeines

Im Schuljahr 2020/2021 werden über 750 Schülerinnen und Schüler von acht Lehrkräften an 52 Schulen unterrichtet. Inzwischen liegt der dritte Bildungsplan (Bildungspläne 2016) vor, der u.a. im Internet einzusehen ist. Der Unterricht findet an folgenden Schularten statt: Grundschule,[1] Sekundarstufe I[2] und Gymnasium.[3] Ab dem Schuljahr 2021/2022 wird auch an den beruflichen Gymnasien syrisch-orthodoxe Religionslehre erteilt.

Zentrale Aufgabe des syrisch-orthodoxen Religionsunterrichts ist die Einführung in das Leben mit Gott und der Kirche, die Förderung der Entwicklung der Getauften zu mündigen Christen und die Verantwortung für Welt und Gesellschaft wahrzunehmen. Er hat Teil am schulischen Auftrag zu einer weltoffenen, humanen Bildung und zum interreligiösen Dialog. Überdies leistet er einen wichtigen Beitrag zur Integration junger syrisch-orthodoxer Schülerinnen und Schüler, unabhängig davon, ob sie in Deutschland geboren oder als Flüchtlinge hinzugekommen sind. Die Religionslehrerinnen und Religionslehrer sind dazu in besonderer Weise befähigt, weil sie Sprachen des Orients beherrschen.

Der syrisch-orthodoxe Religionsunterricht verhilft den Schülerinnen und Schülern zur persönlichen, religiösen und kulturellen Identitätsfindung und ist Begleiter auf dem Weg zur Entwicklung einer Persönlichkeit mit Fähigkeiten wie Empathie, Toleranz und Nächstenliebe. Weitere Aufgaben sind die Hinführung zu einem bewussten Leben mit der Kirche, zu einem verständigen Mitfeiern der heiligen Liturgie, zur Verinnerlichung eines christlich-humanen Ethos; im Blick auf die eigene Identität Kenntnis der Geschichte der syrisch-orthodoxen Kirche, der Lehren der Kirchenväter sowie der Geschichte der syrisch-aramäischen Ethnie mit ihren Höhen und Tiefen.

5.2 Religionsunterricht und Schulkultur

Vom syrisch-orthodoxen Religionsunterricht gehen wichtige Impulse für die Schulkultur aus, zum Beispiel durch die Gestaltung von Gottesdiensten, Sozialprojekten und die Vermittlung von Regeln und Ritualen des Zusammenlebens. Eine besondere Rolle spielen dabei die Erziehung zu höflichem Verhalten, der Handschlag bei der Begrüßung sowie ein konstruktives Sozialverhalten. In der Schule und in den gesellschaftlichen Raum hinein entfaltet der

---

[1] Vgl. www.bildungsplaene-bw.de/,Lde/LS/BP2016BW/ALLG/GS/RSYR [Aufruf: 20.4. 2021].
[2] Vgl. www.bildungsplaene-bw.de/,Lde/LS/BP2016BW/ALLG/SEK1/RSYR [Aufruf: 20.4.2021].
[3] Vgl. www.bildungsplaene-bw.de/,Lde/LS/BP2016BW/ALLG/GYM/RSYR [Aufruf: 20.4.2021].

syrisch-orthodoxe Religionsunterricht seine Wirkung, indem er die Achtung der Menschenwürde, den Toleranzgedanken und das Engagement für Frieden, Gerechtigkeit und Bewahrung der Schöpfung in der Weise thematisiert, dass es emotional angenommen wird und so die Reflexion über eigene Einstellungen und Verhaltensweisen steuert.

5.3 Rechtliche Grundlage

Der syrisch-orthodoxe Religionsunterricht ist nach Art. 7, Abs. 3 des Grundgesetzes der Bundesrepublik Deutschland und nach Art. 18 der Verfassung des Landes Baden-Württemberg ordentliches Lehrfach, für das Staat und Kirche gemeinsam Verantwortung tragen. Er wird gemäß dem Schulgesetz in Übereinstimmung mit den Lehren und Grundsätzen der Syrisch-orthodoxen Kirche von Antiochien erteilt (§ 96, Abs. 2 SchG).

5.4 Praxis des Betens

Das Einüben des Betens sowie das Erlernen grundlegender Gebete hat im syrisch-orthodoxen Religionsunterricht eine hohe Bedeutung. Aus diesem Grund wird jede Religionsstunde mit einem Gebet in syrisch-aramäischer Sprache eröffnet und abgeschlossen.

5.5 Klassenübergreifender Religionsunterricht

An manchen Schulen werden aufgrund der Schülerzahlen die Schülerinnen und Schüler der Klassen fünf und sechs, sieben und acht, neun und zehn oder fünf bis zehn zusammen unterrichtet. Auch für diese gilt: »Die Vorgabe des Bildungsplans ist fundamental, die Kombination der Inhalte ist in das pädagogische Ermessen der Lehrer gestellt.«[4]

5.6 Kompetenzerwerb und Lernmittel

Der Bildungsplan 2016 ist in inhaltsbezogene und praxisbezogene Kompetenzen eingeteilt. Die praxisbezogenen Kompetenzen gliedern sich in fünf Kompetenzbereiche:

- Wahrnehmen und Darstellen
- Deuten
- Urteilen
- Kommunizieren
- Gestalten

---

[4]   www.bildungsplaene-bw.de/,Lde/LS/BP2016BW/ALLG/SEK1/RSYR/LG [Aufruf: 20.4.2021].

Die inhaltsbezogenen Kompetenzen gliedern sich in sieben Bereiche:

- Mensch
- Welt und Verantwortung
- Bibel
- Gott
- Jesus Christus
- Kirche
- Religionen und Weltanschauungen

Die Formulierungen der inhaltsbezogenen Kompetenzen folgen in den genannten sieben Bereichen für alle Schularten – mit Ausnahme der gymnasialen Oberstufe – einer einheitlichen formalen Struktur.

Was ist so besonders am syrisch-orthodoxen Bildungsplan 2016 bzw. für die Syrisch-orthodoxe Kirche von Antiochien? Weltweit gibt es keinen vergleichbaren Plan, der alle Themen des Menschseins aufgreift. Schülerinnen und Schüler lernen nicht nur über Gott, Jesus Christus und Bibel, sondern sie befassen sich auch mit Themen wie Natur und Umwelt, Buddhismus, Hinduismus, die Würde des Menschen, jesuanische Ethik, Rollenverständnis, Gewissen, Grundfragen des Lebens, Identitätsfindung und vieles andere mehr. Themen, die sie in der alten Heimat Syrien, Irak und Türkei nicht kennenlernen konnten. Im Orient war man auf Katechese hin orientiert und die eigene Konfession, wo hingegen hier im weltoffenen Deutschland der Bildungskanon breiter ist. Hier lernen die Schülerinnen und Schüler zum Beispiel in Klasse 6 in der Dimension »Kirche« nicht nur die eigene Konfession kennen, sondern werden kundig über die evangelische sowie katholische Kirche und anderen Konfessionen und Glaubensgemeinschaften vor Ort. Sie lernen in Klasse 6 die Ökumene kennen und ihnen wird in jungen Jahren bewusst, dass Jesus Christus die Wurzel ihres Glaubens ist und dass auf diese Wurzel mit evangelischen, katholischen und anderen orthodoxen Christen aufzubauen ist. Neben dem Unterricht wird gegenwärtig an der Schulbuchreihe »Auf dem Weg zum Glauben: syrisch-orthodoxe Religionslehre« für die Klassen 5/6, 7/8, 9/10 und 11-13 gearbeitet. Die Themen bzw. Bereiche der Bildungspläne spiegeln sich in den Büchern wieder. Das Religionsbuch für die Klassenstufe 5/6 ist bereits vom Bar-Hebräus-Verlag in Glane/Niederlande veröffentlicht worden, das der Klassenstufe 7/8 erscheint im Frühjahr 2022.

5.7 Ausbildung der syrisch-orthodoxen Lehrkräfte

In der Vergangenheit wurden syrisch-orthodoxe Religionslehrerinnen und Religionslehrer in Klöstern ausgebildet. Seit dem Jahr 2016 stand die Kirche in Verhandlungen mit dem Wissenschafts- und Kultusministerium Baden-Württemberg und der Pädagogischen Hochschule Schwäbisch Gmünd. Es wurde gemeinsam ein Modulhandbuch erarbeitet und ein Zertifikatsstudiengang Syrisch-orthodoxe Theologie und Religionspädagogik ins Leben gerufen, der im Wintersemester 2020/2021 begonnen hat.

Weltweit ist dies die erste Institution, die einen solchen Studiengang anbietet und aus der syrisch-orthodoxe Religionspädagoginnen und -pädagogen hervorgehen, die später an staatlichen Schulen eingesetzt werden. Der Studiengang ist offen für alle eingeschriebenen Studierenden der Pädagogischen Hochschule.[5]

Die Studieninhalte sehen wie folgt aus:

Grundlagenmodul (Modul 1)

- Einführung in die Theologie und Religionspädagogik
- Bibel I: Einführung in das Alte Testament und die Geschichte Israels
- Bibel II: Einführung in das Neue Testament und die biblische Theologie
- Einführung in die Kirchengeschichte

Gott und Jesu Christus (Modul 2)

- Biblische Annäherung und christologische Lehrentwicklung der Alten Kirche
- Die Kirchenväter: Homilien und metrische Reden zu Gott und Jesus Christus
- Weltreligionen: Interreligiöse Begegnungen und Dialoge

Kirche und Praxis (Modul 3)

- Einführung in die Orthodoxie
- Die Syrisch-orthodoxe Kirche von Antiochien in Geschichte und Gegenwart
- Feste und Feiern im (Kirchen-)Jahreskreis und Lebenslauf

Syrisch-orthodoxe Religionslehre und -didaktik (Modul 4)

- Hauptthemen der Religionsdidaktik
- Syrisch-orthodoxe Religionslehre in Grundschule und Sekundarstufe I
- Schule und gelebte Ökumene

Modulprüfungen
Modul 1: Klausur
Modul 2: Präsentation
Modul 3: schriftliche Hausarbeit
Modul 4: mündliche Abschlussprüfung

Abschluss

Mit Abschluss des Studiums erhalten die Studierenden ein Zertifikat.

---

[5] Vgl. www.ph-gmuend.de/studium/studiengaenge/zertifikatisstudium-syrisch-orthodoxe-theologie/religionspaedagogik [Aufruf: 20.4.2021].

Linda Kaplan

SYRISCH-ORTHODOX IN DER ZWEITEN UND DRITTEN GENERATION

Beobachtungen einer syrisch-orthodoxen Religionslehrerin

Mit der Etablierung des syrisch-orthodoxen Religionsunterrichts im Schuljahr 1994/1995 wurde der syrisch-orthodoxe Religionsunterricht in Baden-Württemberg zum festen Bestanteil des Fächerkanons an deutschen Schulen in Baden-Württemberg. Je nach Möglichkeit findet der Unterricht entweder parallel zum Religionsunterricht der Schwesterkirchen statt oder am Nachmittag. In den Klassenstufen 5–7 und 9–10 findet der Unterricht zweistündig statt; in der Klassenstufe 8 ist in der Stundentafel der allgemeinbildenden Schulen für das Fach eine Stunde vorgesehen. Eine Klassengruppe besteht aus 10–25 Schülerinnen und Schülern. Es kann an manchen Schulen auch vorkommen, dass zwei Jahrgangsstufen gemischt werden, um die nötige Schüleranzahl von 8 zusammen zubekommen. Derzeit besuchen in Baden-Württemberg ca. 800 Schülerinnen und Schüler den syrisch-orthodoxen Religionsunterricht.

Jede Unterrichtsstunde beginnt und endet mit einem Gebet in syrisch-aramäischer Sprache. Die sprachliche Kompetenz ist im Religionsunterricht von großer Bedeutung. Die syrisch-aramäische Sprache wird von den Schülerinnen und Schülern als Teil ihrer Identität gesehen. Sie ist in ihren Augen keine gewöhnliche Sprache, sondern heilig, weil Jesus Christus in dieser Sprache gesprochen hat. Die Unterrichtssprache ist Deutsch; jedoch werden bei Behandlung verschiedener Geschichten aus der Bibel diese auch auf syrisch-aramäisch vorgetragen.

Auch das im Februar 2020 erschienene Religionsbuch »Auf dem Weg zum Glauben 5/6« ist auf Deutsch verfasst; so auch andere Lehrwerke. Aufgebaut ist eine Unterrichtsstunde gleich den anderen Unterrichtsstunden im Fächerkanon:

- Einstiegsphase
- Erarbeitungsphase
- Vertiefung
- Sicherung

In der Einstiegsphase wird das Vorwissen der Schülerinnen und Schüler aktiviert. Ein Großteil der syrisch-orthodoxen Kinder besitzt ein breites Vorwissen und ist mit vielen biblischen Geschichten, christlichen Symbolen, Festen und kirchlichen Traditionen vertraut. In der Erarbeitungsphase geht es um das entdeckende Lernen und selbstständige Auseinandersetzen mit den Inhalten. Verschiedene Methoden kommen zum Einsatz: Gruppenpuzzle, Rollenspiele, Diskussionen, Talkshows, Referate und Präsentationen. Durch die abwechslungsreiche Gestaltung der Stunden sollen die verschiedenen Kompetenzen, wie die religiöse Kompetenz, soziale Kompetenz, Fachkompetenz und Methodenkompetenz angeregt und vertieft werden.

Durch den regen Austausch in den Klassen erfahren die Kinder mehr über die religiösen Praktiken und Traditionen in den Familien ihrer Mitschülerinnen und -schüler. Besonders wichtig ist es, die gelehrten Inhalte an die Lebenswelt der Kinder anzupassen und ihnen einen Zugang zu ermöglichen, um die Inhalte zu erschließen. An einigen Schulen sind Priester als Religionslehrer eingesetzt, andere sind Religionslehrerinnen und -lehrer.

Im Rahmen meiner Masterarbeit »Eine qualitative Studie zur Identitätsbildung syrisch-orthodoxer Jugendlicher am Beispiel des syrisch-orthodoxen Religionsunterrichts in Baden-Württemberg« wurden syrisch-orthodoxe Schülerinnen und Schüler zum syrisch-orthodoxen Religionsunterricht befragt. Die Analysen der einzelnen Interviews haben gezeigt, dass der syrisch-orthodoxe Religionsunterricht für die Teilnehmenden von essenzieller Bedeutung ist. Er trägt zur Wahrung und Erhaltung ihrer Religion, Tradition und auch Sprache bei. Er bietet den Kindern einen geschützten Rahmen, um sich mit ihrer christlichen Identität auseinanderzusetzen. Der Religionsunterricht ist neben dem Elternhaus sowie der Kirche eine tragende Säule bei der Vermittlung syrisch-orthodoxer Traditionen, Werte sowie der syrisch-aramäischen Sprache. Diese sind für die Identität syrisch-orthodoxer Jugendlicher von großer Bedeutung, und daher wird diesem eine hohe Wertschätzung entgegengebracht. Der Religionsunterricht bietet Raum für rege Diskussionen. Oftmals finden Stunden nicht so statt, wie geplant, da die Schülerinnen und Schüler in Diskussionen vertieft sind und sich miteinander und untereinander austauschen. Der Religionsunterricht lebt von diesem Austausch.

Die derzeitige Corona-Pandemie ist ein Thema, welches die Schülerinnen und Schüler sehr beschäftigt. Die Einschränkungen und auch positive Coronafälle in der Familie haben dazu geführt, dass die jungen Menschen vermehrt beten. Ein Schüler äußerte sich folgendermaßen:

> »Nachdem sich mein Vater infiziert hatte und wir in Quarantäne waren, habe ich angefangen täglich in der Bibel zu lesen, vor allem in den Psalmen. Sie haben mir Hoffnung geschenkt. Auch betete ich öfter und intensiver, dass sich der Gesundheitszustand meines Vaters verbessert. In dieser Zeit habe ich gemerkt, dass der liebe Gott mit mir ist!«

Einige äußerten auch ihre Zweifel: »Wenn Gott doch allmächtig ist, wieso lässt er all dies zu?« Auch die folgende Aussage: »Ich weiß gar nicht mehr, auf wen ich sauer sein soll: Auf die Regierung? Auf die ganzen Gesetze und Einschränkungen? Auf den lieben Gott? Ich weiß es nicht. Es ist wirklich sehr schwierig. «

Während der Unterrichtseinheit »Sterben – Tod – Auferstehung« berichtete eine Schülerin aus Klasse 9 über den Verlust ihrer Großmutter:

> »Meine Oma ist letzte Woche von uns gegangen. Sie war dement und wurde von meinem Opa gepflegt. Ich bin mir sicher, dass sie jetzt oben beim lieben Gott ist und uns sieht. Mein Opa ist seitdem zurückgezogen und sehr ruhig geworden. Ich glaube es ist seine Art zu Trauern. Ich besuche ihn jetzt öfters und versuche ihm beizustehen und Mut zuzusprechen.«

Bemerkenswert waren auch die Äußerungen zu den großen Festen wie Weihnachten und Ostern. Einige Schüler berichteten, wie sie ihren Müttern beim Plätzchen oder Ostergebäck (syrisch-aramäisch beim *Klitscha*) Backen geholfen haben. Zu Ostern wurden fleißig Ostereier gefärbt, jedoch fanden aufgrund der Einschränkungen keine Osterbesuche statt.

> »Dieses Osterfest war so emotionslos und kalt. Ich hatte keine Freunde an diesem Tag. Wir konnten den Gottesdienst nicht besuchen, keinen Karfreitagsgottesdienst, keine Verwandten und Bekannten kamen zu Besuch, es herrschte eine trübe Stimmung, so habe ich es empfunden«,

berichtete ein Schüler ebenfalls aus der 9. Klassenstufe.

In der Jahrgangsstufe 7 wurden verschiedene Referatsthemen zur Unterrichtseinheit »Welt und Verantwortung« gehalten, ein wichtiges und eher neues Thema in der religiösen Unterweisung der syrisch-orthodoxen Christen. Durch die Internetrecherche und die intensive Auseinandersetzung mit Themen wie »Wasserknappheit«, »Tierwohl«, »Cybermobbing«, »Rassismus«, »Arm – Reich« sowie »Inklusion« wurden die Schülerinnen und Schüler für den Umgang mit Menschen und ihrer Umwelt sensibilisiert. Ein Schüler äußerte sich zu seinem Wasserverbrauch folgendermaßen:

> »Jedes Mal, wenn ich mir die Hände wasche, Zähne putze, lasse ich die ganze Zeit das Wasser laufen. Ich möchte mir angewöhnen, dass ich in Zukunft beim Zähneputzen, wenn ich kein Wasser benötigte, den Hahn zudrehe. In der Pause spielen wir mit unseren Wasserflaschen und im Sommer machen wir uns gegenseitig nass, während anderswo auf der Welt, Menschen keinen Zugang zu Trinkwasser haben. Das ist wirklich schlimm. Manchmal denke ich an die Worte meines Vaters, es gab Tage, da gab es abends kein Essen, oder nur trockenes Brot, weil sie im Dorf sehr arm waren. Wenn ich mein Verhalten so reflektiere habe ich ein sehr schlechtes Gewissen, wenn ich dann auch an Mitschüler denke, die sich mit ihrem Essen abwerfen.«

Auf die Aussage eines Mitschülers: »Fleisch ist mein Gemüse«, empörte sich eine Mitschülerin. Sie erzählte, dass sie nach einer Dokumentation über Tierhaltung und Tierwohl sich entschieden hatte, vegetarisch zu leben. Durch ihren veränderten Lebensstil haben nun auch die anderen Familienmitglieder angefangen, sich bewusster mit dem Thema auseinanderzusetzen, und achten nun beim Kauf von Lebensmitteln auch auf das Tierwohl. »Gott hat den Menschen zu seinem Stellvertreter auf Erden bestellt. Wir können doch nicht so skrupellos mit unserer Umwelt und den Tieren umgehen. Wir müssen unserer Verantwortung bewusstwerden und den Planten schützen«, lautete ihre Argumentation.

Während der Fastenzeit starteten wir die Kampagne »7 Wochen ohne ...«. Während dieser Zeit ernähren sich syrisch-orthodoxe Christen vegan. In 90% der Familien wird gefastet, jedoch ist das Fasten auch eine persönliche Sache. Es geht dabei nicht nur um den Verzicht auf tierische Lebensmittel, sondern auch darum, Gott näher zu kommen und den eigenen Lebensstil zu reflektieren. Einige Schüler legten ein Handyfasten ein, andere wiederum meldeten sich von den sozialen Medien ab, andere hingegen intensivierten das Gebet oder lasen in der Bibel. Eine interessante Diskussion ging hervor, als einige Jugendliche berichteten, dass sie vegane Schokolade, Milch und Kuchen entdeckten. Zuhause wurde fleißig experimentiert, vegane Burger, Kuchen und Schokolade zu erstellen. Viele Schülerinnen und Schüler waren empört darüber, da dies nicht Sinn und Zweck des Fastens sei, Lebensmittel zu ersetzen. Einige fasteten nur in der ersten und letzten Woche, auch dies war Gegenstand der Diskussionen. Denn einige vertraten die Meinung, dass Menschen (ausgenommen Kranke, Alte, Schwangere und kleine Kinder) in der Lage sind, 50 Tage zu fasten. Es gehöre nur etwas Willensstärke und Disziplin dazu. Fasten bedeutet zu verzichten, sich zu enthalten, so wie einst Jesus es tat. In jedem Handeln und Tun sollten wir Menschen uns Jesus zum Vorbild nehmen. »Gott verlangt den Menschen nicht etwas ab, was sie nicht leisten können. Nur sind wir sehr bequem geworden«, war eine Aussage eines Schülers.

Der syrisch-orthodoxe Religionsunterricht stellt einen sicheren Hafen dar, in dem die Schülerinnen und Schüler sich bewusst mit ihrer Identität und ihrer Religion auseinandersetzen können. Er bietet Raum für Fragen, Sorgen und Hoffnungen der Schülerinnen und Schüler, und somit werden die Jugendlichen in ihrem Glauben gestärkt und gefestigt.

Nikolaj Thon

VON ALTER ZU NEUER HEIMAT

Orthodoxe Christen in Deutschland heute

1. Neue Heimat Deutschland

Mit inzwischen deutlich über zwei Millionen Gläubigen ist die Orthodoxie in Deutschland jetzt nicht nur die drittgrößte christliche Konfession,[1] sondern weist auch mehr Mitglieder auf als etliche der autokephalen Kirchen in Mittel- und Osteuropa.[2] Ein wesentlicher Unterschied besteht allerdings darin, dass die orthodoxen Christen in Deutschland in ihrer überwiegenden Mehrzahl Zu-

---

[1] Vgl. zur zahlenmäßigen Entwicklung in den letzten Jahrzehnten: NIKOLAJ THON, Orthodoxe Christen in Deutschland. Versuch einer Statistik, in: ANASTASIOS KALLIS/BISCHOF EVMENIOS (TAMIOLAKIS) VON LEFKA (Hrsg.), Orthodoxie in Begegnung und Dialog. Festgabe für Metropolit Augoustinos, Münster 1998, 227-233; DERS., Wie viele sind Sie/wir denn nun? Zur Problematik einer Statistik, in: Orthodoxie aktuell 19 (2015), 2-4. Inzwischen sind einige Zahlen noch deutlich gestiegen. Insofern sind manche Zahlenangaben deutlich überholt, www.remid.de/info_zahlen/orthodoxie [Aufruf: 1.1. 2021]. Besonders gestiegen ist noch jüngst die Zahl der Rumänen, die heute die größte Gruppe der orthodoxen Christen in Deutschland darstellen. Ende 2019 lebten laut offizieller Statistik der Bundesrepublik Deutschland rund 748.000 Rumänen in Deutschland. So hat sich die Zahl der in Deutschland lebenden Menschen mit rumänischer Staatsangehörigkeit in den letzten zehn Jahren mehr als versiebenfacht. Vor allem zwischen 2014 und 2017 stieg die Zahl der Rumänen in Deutschland um etwa 90.000 pro Jahr an, https://de.statista.com/statistik/daten/studie/530434/umfrage/auslaender-aus-rumaenien-in-deutschland [Aufruf: 1.1.2021]. Nach allen religiösen Statistiken sind mindestens 80% der Rumänen orthodox. Damit dürfte es nun fast 600.000 orthodoxe Rumänen in Deutschland geben. Vgl. auch METROPOLIT SERAFIM, Die Rumänische Orthodoxe Kirche in Deutschland, in: JÜRGEN HENKEL (Hrsg.), Die Orthodoxie zwischen Tradition und Moderne. Gesammelte Beiträge von Metropolit Serafim von Deutschland, Zentral- und Nordeuropa zur orthodoxen Theologie und Glaubenspraxis, Bonn-Sibiu 2019, 64-68.

[2] Laut der Auflistung des Ostkirchlichen Instituts Regensburg hat beispielsweise das Patriarchat Antiochia 750.000 Gläubige, die Georgische Kirche eine Million, die Kirche von Zypern 400.000, die von Polen 600.000, die von Albanien 500.000 Mitglieder; vgl. www.oki-regensburg.de/ostkirc1.htm [Aufruf: 1.1.2021].

wanderer maximal der letzten fünfzig, zumeist sogar nur dreißig Jahre sind, sie also erst in der ersten oder zweiten Generation hier leben, und sich auf zehn kanonische[3] Diözesen[4] der jeweiligen Heimatkirchen[5] verteilen.[6]

Dabei unterliegt es keinem Zweifel mehr, dass die ganz große Mehrzahl der heute in Deutschland lebenden Orthodoxen dieses Land inzwischen nicht mehr nur als einen vorübergehenden Aufenthaltsort, sondern als feste Wohnstatt, als neue Heimat angenommen hat, es freiwillig nicht wieder zu verlassen gedenken und sich hier eingerichtet hat. Im »Brief der Bischöfe der orthodoxen Kirche in Deutschland an die Jugend« vom Dezember 2017 heißt es entsprechend in Punkt 1:

---

[3]   In Deutschland gibt es nur relativ wenige vom Standpunkt des orthodoxen Kirchenrechts nicht-kanonische Gemeinden, so vor allem die zehn Gemeinden der sogenannten »Autokephalen Makedonischen Orthodoxen Kirche« (in Aalen, Berlin, Dortmund, Düsseldorf, Hannover, Ingolstadt, München, Nürnberg und Stuttgart). Laut Ausländerzentralregister lebten Ende 2015 95.976 nordmazedonische Staatsangehörige in Deutschland, von denen die überwiegende Mehrheit orthodoxe Christen waren. Darüber hinaus gibt es nur noch vereinzelte und sämtlich relativ kleine Gemeinden griechischer Altkalendarier verschiedener Gruppierungen, sodann Mitglieder des sog. »Kiever Patriarchats« und anderer ukrainischer Schismatiker.

[4]   Zur Geschichte einzelner Bistümer im Detail: NIKOLAJ THON, Orthodoxie in Deutschland heute. Die Orthodoxe Kirche und ihre Bistümer (Teil 1): Der historische Weg, in: KNA, Ökumenische Information (ÖKI) 34 v. 13. August 2016, Bonn 2016, 9-11, I-IV; Gemeinsames Handeln. Die Orthodoxe Kirche in Deutschland (Teil 2): KOKiD und OBKD, in: ÖKI 35 v. 30. August 2016, Bonn 2016,11-14; Fest etablierte Diözese. Orthodoxie in Deutschland (3): Die Griechisch-Orthodoxe Metropolie, in: ÖKI 37 v. 13. September 2016, Bonn 2016, 7-9; Die »zweieine Diözese« – Orthodoxe Kirche in Deutschland (4): Die beiden russischen Bistümer, in: ÖKI 48 v. 29. November 2016, Bonn 2016, 9-12; heute die größte Diözese – Die Orthodoxe Kirche in Deutschland (5): Die Rumänische Metropolie, in: ÖKI 35 v. 28. August 2018, Bonn 2018, 7-10; In neuer Heimat gut integriert - Die Orthodoxe Kirche in Deutschland (6): Die Antiochenische Metropolie, in: ÖKI 32 v. 6. August 2019, Bonn 2019, I-IV; Konsolidierung nach der Krise - Die Orthodoxie in Deutschland (7): Die Serbische Orthodoxe Diözese, in: ÖKI 48 v. 26. November 2019, Bonn 2019, I-IV.

[5]   Nämlich der Patriarchate Konstantinopel, Antiochia, Moskau und der Georgischen, Serbischen, Rumänischen, und Bulgarischen Kirche.

[6]   Zur Geschichte der Orthodoxie in Deutschland grundlegend NIKOLAJ THON, Ethnische Vielfalt und Einheit im Glauben. Die Orthodoxe Kirche, in: MARKUS HERO u.a. (Hrsg.), Religiöse Vielfalt in Nordrhein-Westfalen. Empirische Befunde und Perspektiven der Globalisierung vor Ort, Paderborn 2008, 84-99; DERS., Ethnische Vielfalt und Einheit im Glauben. Die Orthodoxe Kirche in Deutschland und ihr historischer Weg zu einer Bischofskonferenz, in: THOMAS BREMER/ASSAD ELIAS KATTAN/REINHARD THÖLE (Hrsg.), Orthodoxie in Deutschland, Münster 2016, 51-70; auch THOMAS BREMER, Orthodoxie in Deutschland. Eine Kirche aus vielen Nationen wird heimisch, in: CLAUDIA RAMMELT/ESTHER HORNUNG/VASILE-OCTAVIAN MIHOC (Hrsg.), Begegnung in der Glokalität. Christliche Migrationskirchen in Deutschland im Wandel, Leipzig 2018, 119-125.

»Wir leben in einem Land, in dem der Einzelne die Möglichkeit hat, sich in Freiheit und Menschenwürde zu entfalten. [...] Die Tatsache, dass wir in Deutschland leben, wo Frieden, Freiheit, Demokratie und Menschenrechte zum Allgemeingut gehören, können wir als Segen Gottes betrachten«.[7]

Während es sich im Gegensatz zu heute bei den ersten beiden großen Wellen orthodoxer Zuwanderung nach Deutschland im 20. Jh. um Menschen handelte, die entweder als Flüchtlinge – sei es nach der bolschewistischen Machtergreifung in Russland 1917 oder im Laufe des Zweiten Weltkrieges – oder als Gastarbeiter (vor allem aus Griechenland und dem damaligen Jugoslawien) ab den 1960er Jahren ihr Gastland, zumindest anfangs, so schnell wie möglich wieder verlassen wollten, um in ihre Heimat zurückzukehren, kamen ab 1990 nach dem Sturz der kommunistischen Regime in Ost- und Südeuropa immer mehr orthodoxe Christen nach Deutschland, um dort eine neue Heimat zu suchen und sie auch fanden.[8] Mit Ausnahme der Flüchtlinge aus dem postjugoslawischen Bürgerkrieg und in jüngerer Zeit vor dem islamischen Terror im Nahen Osten sind sie ja nicht der unerträglichen Situation politischer Verfolgung entkommen, sondern haben sich, zum Teil unter Nutzung ihrer deutschen oder jüdischen[9] Wurzeln, bewusst nach Deutschland begeben, um dort bessere Lebensbedingungen zu finden. Auch die Gastarbeiter, die ursprünglich nur einen zeitlich befristeten Aufenthalt zur Gewinnung einer finanziellen Basis für das Leben in der Heimat intendierten, gliederten sich immer mehr in die deutsche Gesellschaft ein, gründeten hier selbst Unternehmen, erwarben Besitz und verwurzelten sich zunehmend. Sie alle sind eindeutig, wie es im Vorwort der Übersetzungskommission der Göttlichen Liturgie ins Deutsche treffend heißt, »keine zeitweiligen Gäste mehr, sondern Bürger dieses Landes, in dem sie auch immer tiefere sprachliche Wurzeln schlagen.«[10]
Das gilt vor allem für die zu einem erheblichen Teil schon in diesem Lande geborene oder zumindest dort aufgewachsene jüngere und jüngste Generation der Orthodoxen in Deutschland, die das deutsche Schul- und teilweise Hochschulsystem durchlaufen hat, zahlreiche persönliche Kontakte pflegt und ge-

---

[7]   www.obkd.de/Texte/Brief%20OBKD%20an%20die%20Jugend.pdf [Aufruf: 1.1.2021].
[8]   Vgl. dazu ausführlicher THON, Orthodoxie (s. Anm. 6), 51ff.
[9]   Unter den Menschen jüdischer Nationalität oder Herkunft aus der ehemaligen Sowjetunion, die als so genannte Kontingentflüchtlinge nach Deutschland einreisen durften, befinden sich nicht nur Juden im religiösen Sinne, sondern nach Schätzungen an die 10-15% orthodoxe Christen, die sich zumeist in russisch-orthodoxen Gemeinden beheimateten, darunter auch einige Priester.
[10]   JOHANNES CHRYSOSTOMOS, Die Göttliche Liturgie unseres heiligen Vaters Johannes Chrysostomos, in: ÜBERSETZUNGSKOMMISSION DER ORTHODOXEN BISCHOFSKONFERENZ IN DEUTSCHLAND (Hrsg.), Text der Übersetzungskommission der Orthodoxen Bischofskonferenz in Deutschland, München 2017, 3, unter www.obkd.de/Texte/Chrysostomos-Liturgie.pdf [Aufruf: 6.5.2021].

nerell immer mehr in die hiesige Gesellschaft hineinwächst. Schule, Ausbildung, Berufsleben, Mischehen tragen dazu bei, dass die jungen Generationen in vielem denselben Einflüssen wie ihre nicht-orthodoxen Altersgenossen unterliegen, Einflüssen, die sich allerdings nicht immer problemlos mit dem orthodoxen Glauben, der orthodoxen Ethik und ihren traditionellen Werten, vor allem im Blick auf Ehe und Familie und der Kultur der Herkunftsländer der Eltern und Großeltern vereinbaren lassen.[11]

Etliche dieser Aspekte werden in pastoraler Weise in dem schon erwähnten »Brief der Bischöfe der orthodoxen Kirche in Deutschland an die Jugend über Liebe – Sexualität – Ehe« von 2017 angesprochen, so etwa:

> »In einer pluralen Gesellschaft wie Deutschland sind Ehen zwischen Orthodoxen und anderen Christen keine Seltenheit. [...] Solche Ehen haben in den letzten Jahrzehnten zu Begegnungen und gegenseitigem Kennenlernen beigetragen«.[12]

Als Fazit wird dort herausgestellt:

> »In der Gesellschaft, in der wir leben, finden ständig Veränderungen statt. Jene, in denen wir den Geist des Evangeliums Jesu Christi erkennen, begrüßen wir. Auch die traditionelle Familie steht heute vor radikalen Herausforderungen. Getreu dem Wort des Apostels Paulus an die Thessalonicher ›Prüft alles und behaltet das Gute!‹ (1. Thess 5,21) sind wir alle, liebe junge orthodoxe Christen, stets neu dazu aufgerufen, das Menschenbild unseres orthodoxen Glaubens zu vertreten, und vor allem zu leben. Das Wort von der Familie als ›Kirche im Kleinen‹, die Urzelle der Kirche in ihrer Gesamtheit ist, ist für uns nach wie vor zukunftsweisend.«

Dabei kann man allerdings nicht die Augen davor verschließen, dass in etlichen Familien der Prozess der Beheimatung in Deutschland auch mit Problemen, auch einem Generationenkonflikt verbunden ist. Wie schon oben erwähnt, ist die überwiegende Mehrheit der orthodoxen Christen oder ihre Familien erst in den letzten maximal fünf Jahrzehnten nach Deutschland gekommen. Auch wenn sie hier ihre neue Heimat gesucht und zumeist auch schon gefunden haben, bleiben andererseits besonders für die Migranten der ersten und zweiten Generation die realen und emotionalen Bindungen an die alte Heimat noch stark, gerade in der heutigen Zeit, in der dank Internet und verbesserter Reisemöglichkeiten ein ständiger Kontakt zu den Heimatländern

---

[11]   Vgl. zu vielen Aspekten Evmenios von Lefka u.a. (Hrsg.), Die Orthodoxe Kirche. Eine Standortbestimmung an der Jahrtausendwende. Festgabe für Anastasios Kallis, Frankfurt/M. 1999. Zur religiösen Lage der Jugendlichen Yauheniya Danilovich, Religiöses Lernen im Jugendalter. Eine internationale vergleichende Studie in der orthodoxen und evangelischen Kirche, Arbeiten zur Religionspädagogik 64, Göttingen 2016.

[12]   Vgl. www.obkd.de/Texte/Brief%20OBKD%20an%20die%20Jugend.pdf [Aufruf: 1.1.2021].

möglich ist, während für die in Deutschland Geborenen die Prägungen durch dieses Land und seine gesellschaftlichen Gegebenheiten naturgemäß zunehmend stärker, aber eben nicht immer mit den Normen der orthodoxen Moral und allgemein den heimischen Familientraditionen problemlos vereinbar sind.[13]

Insofern kann man die derzeitige Lebenssituation vieler orthodoxer Christen in Deutschland als eine – manchmal fruchtbare, gelegentlich aber auch problembeladene – Spannung zwischen alter und neuer Heimat, aber auch zwischen eigener orthodoxer und säkularer gesellschaftlicher Lebensweise charakterisieren und als Aufgabe der nächsten Jahrzehnte, diese Spannung zu einer tragfähigen Basis für die Zukunft zu führen, bei der zahlreiche Aspekte wichtig sind, von denen hier einige, allerdings keineswegs alle, angesprochen werden können.

2. Ethnische Vielfalt in einer Kirche

Es ist jedem Orthodoxen bewusst, dass die derzeit 15 autokephalen lokalen orthodoxen Kirchen in aller Welt zusammen die »Eine Heilige Katholische und Apostolische Kirche« bilden, die im Glaubenssymbolon bekannt wird, und dass man zusammen mit allen anderen orthodoxen Brüdern und Schwestern im Glauben zu eben dieser einen übernationalen weltweiten Orthodoxie gehört. Das Bewusstsein der Zugehörigkeit zu dieser in der Familie der verschiedenen Lokalkirchen realisierten einen Orthodoxen Kirche wird dabei jedoch in erster Linie durch die Zugehörigkeit zur jeweiligen lokalen Kirche der alten Heimat und ihrer für Deutschland zuständigen Diözese realisiert: Die Sprache der Kommunikation untereinander und vor allem die der Gottesdienste und die dazugehörige Musikform, zahlreiche lokale Bräuche und Traditionen spielen dabei eine wichtige Rolle für die Praxis des Glaubens.[14] Das ist auch unter den

---

[13] Der schon mehrfach zitierte »Brief der Bischöfe an die Jugend« spricht daher eine ganze Reihe solcher Konfliktfelder an, wie sexuelle Beziehungen vor der Ehe, Verantwortung in Bezug auf die eigene Sexualität und auf die Sexualität des Partners, Zivilehe, Kinderwunsch, Abtreibung, Ehen zwischen Orthodoxen und anderen Christen oder sogar Nichtchristen, Kindererziehung im Respekt gegenüber unterschiedlichen Traditionen usw.

[14] Dies zeigt sich wohl auch an der Tatsache, dass in den wenigen deutschsprachigen orthodoxen Gemeinden der größte Teil der Gemeindemitglieder in der Regel ethnisch deutsche Neubekehrte sind und dass diese wenigen Gemeinden kaum oder gar keinen Zuwachs von Gläubigen haben, die in ihrer jeweiligen heimatlichen nationalen Kirchentradition geboren und aufgewachsen sind, auch nicht von der jüngeren Generation, obwohl deren primäre Kommunikations- und vor allem Bildungssprache inzwischen schon das Deutsche ist und die Kenntnis des Idioms der früheren Heimat der Familie teils rapide zurückgeht.

orthodoxen Christen in Deutschland der Fall, die zumeist in ethnisch überwiegend einheitlichen Bistümern und deren Gemeinden ihren gemeinsamen Glauben leben. So finden wir denn auch in den großen Städten in der Regel ethnisch, nicht regional unterschiedene Pfarreien: griechische, arabische, russische, serbische, rumänische, georgische, bulgarische usw., die den gleichen orthodoxen Glauben teilen und in denen auch ein weitestgehend gleicher Gottesdienst gefeiert wird, aber eben in unterschiedlichen liturgischen Sprachen mit verschiedenen musikalischen Traditionen und teilweise auch variierenden Frömmigkeitsformen, die von den Gebräuchen der alten Heimat geprägt sind.[15]

Bezeichnend ist in diesem Zusammenhang sicher auch, dass zwar viele Gemeinden auch einige ethnische einheimische Deutsche unter ihren Mitgliedern haben,[16] die den Weg in die Orthodoxie gefunden und diese angenommen haben (manchmal durch ihre Ehepartner, doch nicht selten auch durch ihre eigene religiöse Entwicklung)[17]. Allerdings gibt aber nur fünf relativ kleine offiziell deutschsprachige orthodoxe Gemeinden in Deutschland.[18] Jede von ihnen hat auch kaum mehr als 100 Gläubige, und selbst wenn man von durchschnittlich zwanzig Bio-Deutschen pro Gemeinde ausgeht, stellen diese zusammen kaum mehr als ein halbes Prozent aller orthodoxen Christen im Lande dar. Allerdings finden sich deutsche Konvertiten gerade unter den aktivsten Gemeindemitgliedern.

In einer Reihe weiterer Gemeinden, die nicht offiziell als deutschsprachig benannt sind und wo auch nur relativ wenige ethnische Deutsche Pfarrmitglieder sind, gibt es jedoch ebenfalls einen deutlich wachsenden Anteil an Gottesdiensten oder zumindest Teilen von ihnen in deutscher Sprache. Generell aber gilt derzeit noch für die meisten Kirchen, dass die Gottesdienste und oft auch die Predigt ganz bis weitaus überwiegend in Griechisch, Russisch, Serbisch usw. gehalten wird, also in der Sprache der alten Heimat.

---

[15]   Als - natürlich eher äußerliches - Beispiel sei nur genannt, dass es in den russischen (und teilweise serbischen und rumänischen) Gemeinden die Regel ist, dass Frauen ihr Haupt im Gotteshaus mit einem Kopftuch bedecken, während dies in den arabischsprachigen Kirchen als islamischer Brauch verpönt ist.

[16]   Relativ groß ist in den beiden russischen Diözesen - auch unter dem Klerus - der Anteil der als sog. Spätaussiedler nach Deutschland gekommenen Russlanddeutschen, die aber - vor allem, wenn sie orthodoxen Glaubens sind - doch stark in die russische Kultur integriert sind.

[17]   Vgl. die Erfahrungen eines Pfarrers der Russischen Kirche mit Konvertiten »Немцы видят в Православной Церкви хранительницу святоотеческих преданий. Беседа со священником Алексием Веселовым« unter https://pravoslavie.ru/ 134554.html?fbclid=IwAR10-45GRqOXqScTN6pbzOZJrWdiNmNVQCWrt0MKgq-tRBpPE y9dHSJduTQ [Aufruf: 1.1.2021]; auch gekürzt in Deutsch unter https://dom-hl-michael.de/das-orthodoxe-gemeindeleben-in-deutschland [Aufruf: 1.1.2021].

[18]   Zwei davon in der griechischen Metropolie (in München und Düsseldorf), zwei in der Berliner Diözese der Russischen Orthodoxen Kirche (in Berlin und Hamburg) und eine in der russischen Auslandskirchendiözese (in München).

Dies dürfte sich allerdings zumindest im Hinblick auf die Verkündigung und Katechese in absehbarer Zeit deutlich ändern, wenn mehr und mehr Geistliche geweiht werden, die bereits in Deutschland aufgewachsen oder sogar schon dort geboren sind. Bislang ist dies aber noch die Minderheit.[19] Dabei ist jedoch unter dem Klerus einzelner orthodoxer Bistümer die Zahl der deutschen Geistlichen deutlich höher als unter den Gläubigen. Sie liegt bei etwa 5-10%, variiert allerdings stark von Diözese zu Diözese: So sind beispielsweise unter den 79 Geistlichen der Griechisch-Orthodoxen Metropolie von Deutschland (5 Bischöfe, 71 Priester und zwei Diakone)[20] neben 72 Griechen lediglich 4 Rumänen und 3 Deutsche. Unter den 27 Geistlichen der Antiochenisch-Orthodoxen Metropolie (2 Bischöfe, 19 Priester, 5 Diakone, 1 Ipodiakon)[21] finden sich nur zwei Deutsche (ein Diakon und ein Mönchs-Ipodiakon). Ein deutlich größerer Anteil deutscher orthodoxer Geistlicher gehört allerdings der Russischen Orthodoxen Kirche an, besonders der Diözese von Berlin und Deutschland der Russischen-Orthodoxen Kirche im Ausland, die auch schon seit Jahrzehnten mehrere Deutsche und in Deutschland Geborene als Diözesan- und Vikarbischöfe hat.[22]

3. Gottesdienst- und Umgangssprache

Obwohl schon seit langem auch Deutsch in orthodoxen Gottesdiensten Verwendung findet,[23] und dies in den letzten Jahren sicher vor allem bei Hochzei-

---

[19]   Doch immerhin ist inzwischen einer der Weihbischöfe der Griechisch-Orthodoxen Metropolie von Deutschland, nämlich Bischof Emmanuel (Sfiatkos) von Christoupolis, in Deutschland geboren. In der Bekanntgabe seiner Wahl zum Bischof betonte daher die Metropolie: »Bischof Emmanuel wird der erste Bischof der Griechisch-Orthodoxen Metropolie von Deutschland sein, der in Deutschland geboren wurde. Seine Bischofswahl verstehen wir deshalb auch als Zeichen der Integration der Orthodoxen Kirche in unserem Land.« Vgl. www.orthodoxie.net/post/bekanntmachung [Aufruf: 1.1.2021].

[20]   ΗΜΕΡΟΛΟΓΙΟΝ 2021, Bonn 2020, 179-187.

[21]   Vgl. https://rum-orthodox.de/metropolie/geistliche [Aufruf: 1.1.2021].

[22]   Zuerst Metropolit Serafim (Lade, 1883-1950), Diözesanbischof von 1938-1950; sodann Metropolit Mark (Arndt, geb. 1941), Diözesanbischof seit 1982; Bischof Agapit (Goraček, 1955-2020), Vikarbischof 2001-2020. Am 29.12.2020 wurde zu seinem Nachfolger als Vikarbischof ein ebenfalls (1982) in Deutschland (Berlin) Geborener bestimmt, nämlich Abt Hiob (Bandmann). Seine Weihe soll 2021 stattfinden. Ein weiterer Deutscher, der 1971 bis 1993 als Bischof in der Orthodoxen Kirche wirkte, allerdings in der Erzdiözese der Gemeinden russischer Tradition in Westeuropa (mit Sitz in Paris) war Erzbischof Georgij (Wagner, 1930-1993).

[23]   Vgl. NIKOLAJ THON, Употребление немецкого как »языка православного богослужения«, in: Rossijskij Pravoslavnyj Universitet im Ioanna Bogoslova Učenye zapiski 1, Moskau 1995, 175-181; gekürzt deutsch »Der Gebrauch des Deutschen als

ten national gemischter Paare und bei Taufen der solchen Ehen entstammenden Kinder zunehmend der Fall ist, ist die gängige gottesdienstliche Sprache in den orthodoxen Gemeinden mit Ausnahme der wenigen deutschsprachigen diejenige der alten Heimat. Es wird das byzantinische Griechisch, Kirchenslawisch, Ukrainisch, Arabisch, Serbisch, Rumänisch, Bulgarisch oder Georgisch gesprochen.

Dabei ist allerdings zu konstatieren, dass vor allem, aber nicht nur, die jüngere Generation, deren weitgehend ihr Leben dominierende Alltags-, Umgangs- und besonders Bildungssprache das Deutsche ist, zunehmend Probleme mit dem Verständnis der gottesdienstlichen Texte hat. Dies ist noch unproblematisch, wenn die Gottesdienstsprache der heimischen modernen Literatursprache entspricht, wie es für die arabischen, serbischen, rumänischen, ukrainischen und bulgarischen Gemeinden gilt. Es wird aber zunehmend schwieriger bei jüngeren russischen orthodoxen Christen, deren Kenntnis des literarischen Russischen nachlässt und für die das gottesdienstliche Kirchenslawisch eine Hürde bedeutet. Erst recht gilt das für die Griechen, denn sie kennen allenfalls das moderne Neugriechisch in seiner Volksform (*demotika*), nicht aber das sich davon selbst in der Lexik oft stark abhebende, an der klassischen bzw. byzantinischen Zeit orientierte und zudem hochpoetische liturgische Griechisch.

Insofern ist eine weitergehende Verwendung des Deutschen im Gottesdienst derzeit eine bedenkenswerte Alternative. Ein wesentlicher Grund dafür, dass dies bislang nur zögerlich geschieht, ist neben der Vertrautheit von Klerus, Sängern und Gläubigen mit den ihnen in ihrem Wortlaut bekannten Gottesdiensttexten in den traditionellen liturgischen Sprachen und einer emotionalen Bindung an diese, aber auch, dass bislang noch keineswegs alle notwendigen Texte in einer qualitätsvollen, korrekten und sprachlich schönen deutschen Übersetzung vorliegen. Zwar gibt es inzwischen eine ganze Fülle von Übersetzungsversuchen und schon seit dem Ende des 19. Jh.s sogar eine vielbändige und immer noch wertvolle Edition verschiedenster deutschsprachiger Gottesdienste[24] von Erzpriester Aleksij Mal'cev.[25] Von der eucharisti-

---

orthodoxe Liturgiesprache«, in: Die Göttliche Liturgie in der deutschsprachigen Diaspora, Sonderheft zum 10-jährigen Bestehen des St. Andreas-Boten, München 2003, 22-27.

[24]   Liturgikon. Die Liturgien der Orthodox-Katholischen Kirche des Morgenlandes unter Berücksichtigung des bischöflichen Ritus nebst einer historisch-vergleichenden Betrachtung der hauptsächlichsten Liturgien des Orients und Occidents, Berlin ³1902; Die Nachtwache oder Abend- und Morgengottesdienst der Orthodox-Katholischen Kirche des Morgenlandes, Berlin 1892; Andachtsbuch der Orthodox-Katholischen Kirche des Morgenlandes, Berlin 1895; Bitt-, Dank- und Weihegottesdienste der Orthodox-Katholischen Kirche des Morgenlandes, Berlin 1897; Die Sacramente der Orthodox-Katholischen Kirche des Morgenlandes, Berlin 1898; Begräbniss-Ritus und einige specielle und alterthümliche Gottesdienste der Orthodox-Katholischen Kirche, Berlin 1898; Fasten- und Blumen-Triodion nebst den Sonntagsliedern des Oktoichos der Orthodox-

schen Göttlichen Liturgie existiert sogar eine Überfülle untereinander abweichender Ausgaben, aber eine Reihe davon ist seit langem vergriffen und inzwischen eine nur mit Mühe in Antiquariaten zu findende bibliographische Rarität und auch teilweise sprachlich doch veraltet. Andere lassen zudem nicht nur in philologischer, sondern auch in theologischer Hinsicht zu wünschen übrig.

Gravierender ist wohl noch, dass in den jüngeren Editionen in der Regel nur einige zentrale, aber nicht alle, für das ganze Stundengebet[26] und andere notwendige Texte in einer einheitlichen und aufeinander abgestimmten Übersetzung vorliegen. So kann es passieren, dass bei überwiegend in Deutsch gehaltenen Gottesdiensten manchmal der gleiche Text, etwa ein Psalm, sogar die kleine Doxologie, das »Ehre dem Vater und dem Sohne«, in unterschiedlichen Übersetzungen Verwendung findet und zudem in je nach Gemeinde verschiedenen Varianten.[27]

Insofern war es ein großer Schritt, dass die Orthodoxe Bischofskonferenz vor einigen Jahren eine eigene Kommission für die Übersetzung der orthodoxen liturgischen Texte eingerichtet hat. Perfekt deutsch- und mehrheitlich muttersprachige Fachleute, sämtlich Priester, aus den einzelnen Diözesen gehören dieser an. Inzwischen liegen auch schon eine ganze Reihe von Ergebnissen vor; allen voran die Göttlichen Liturgie.[28] In deren Vorwort wird zu Recht vermerkt, dass »es weder angestrebt noch zu erwarten (ist), dass auf absehbare Zeit die liturgische Sprache der verschiedenen orthodoxen Nationen in Deutschland verdrängt oder ersetzt wird, aber zum Verständnis, zur Kateche-

---

Katholischen Kirche des Morgenlandes, Berlin 1899; Menologion der Orthodox-Katholischen Kirche des Morgenlandes. I. Theil (September-Februar), Berlin 1900; Menologion der Orthodox-Katholischen Kirche des Morgenlandes. II. Theil (März-August), Berlin 1901; Oktoichos oder Parakletike der Orthodox-Katholischen Kirche des Morgenlandes. I. Theil (Ton I-IV.), Berlin 1903, 11. Oktoichos oder Parakletike der Orthodox-Katholischen Kirche des Morgenlandes. II. Theil (Ton V-VIII.), Berlin 1904. Trotz der Fülle dieses Übersetzungswerkes sind teilweise nur einzelne Texte, besonders in den Minäen, aufgenommen bzw. andere - so im Oktoichos - stark gekürzt.

[25]   Vgl. Nikolaj Thon, Протоиерей Алексий Мальцев. богослов, церковный историк, переводчик, миссионер, unter https://rokmp.de/protoierey-aleksiy-maltsev-bogoslov-tserkovnyiy-istorik-perevodchik-missioner [Aufruf: 1.1.2021]; Ders., Ein Vater der Orthodoxie in Deutschland. Zum 100. Todestag von Erzpriester Aleksij Mal'cev, in: Orthodoxie aktuell 20 (2016), 2-7.

[26]   So enthält eine im Übrigen sehr umfangreiche und verdienstvolle deutschsprachige Ausgabe der Minäen nur die Texte der griechischen, nicht der slawischen Heiligen und auch nur zur Vesper, nicht zum Morgengottesdienst. Vgl. Peter Plank/Katharina Sponsel (Hrsg.), Minäen. Sämtliche Vespertexte aus den griechischen Minäen in deutscher Sprache, Aschaffenburg 2010.

[27]   Selbst einen so zentralen Text wie den Osterfestgesang kann man je nach Gemeinde in stark variierenden Übersetzungen hören: »Christ ist erstanden [...]«, »Christus ist auferstanden [...]«, »Christ erstand [...]«.

[28]   Vgl. Johannes Chrysostomos, Göttliche Liturgie (s. Anm. 10).

se, zum privaten Mitlesen sowie zu panorthodoxen Zelebrationen wird eine einheitliche deutsche Übersetzung [...] immer wichtiger.«[29]

Dabei hat sich gezeigt, dass eine solche Übersetzung – inzwischen liegen auch einige der Mysterien, der Totengottesdienst, Teile des Stundengebetes, sogar der Psalter[30] vor – »außerordentlich delikat (ist), nicht nur wegen der besonderen Würde des Textes, sondern auch wegen vielfältiger und teils althergebrachter sprachlicher Gewohnheiten, Gebräuche und Vorlieben.«[31] Die Kommission entschloss sich dazu, auch von verbreiteten Gewohnheiten abzuweichen, »zumal ein Großteil der bisherigen Sprachprägungen keineswegs orthodox und oft auch philologisch nicht haltbar ist«.[32] In der Tat besteht eine erhebliche Schwierigkeit für die Übersetzungsarbeit darin, dass es bislang keine gewachsene orthodoxe theologische und liturgische Terminologie gibt bzw. ihre Etablierung erst am Anfang steht, d.h. dass viele fachspezifische Ausdrücke in der Regel von der römisch-katholischen oder protestantischen Tradition geprägt sind und oft in einem eindeutig nicht-orthodox bestimmten Kontext stehen.[33]

Es wird abzuwarten sein, wieweit die qualitätsvollen und zudem sämtlich von der Orthodoxen Bischofskonferenz approbierten und empfohlenen Texte der Übersetzungskommission auch wirklich in der Praxis allgemeine Verbreitung finden. Das dürfte ein wesentlicher Faktor für die Festigung deutschsprachiger orthodoxer Gottesdienste und zudem des Zusammenwachsens der Gemeinden verschiedener ethnischer Herkunft in der nächsten Generation sein.

Orthodoxer Gottesdienst ist stets gesungener Lobpreis Gottes, der ebenso auf der Heiligen Schrift wie der hymnischen Tradition der Kirche fußt.[34] Die or-

---

[29] JOHANNES CHRYSOSTOMOS, Göttliche Liturgie (s. Anm. 10), 3.

[30] Weitere Übersetzungen der Kommission existieren bislang noch nicht als Druckausgaben, wohl aber im Internet unter http://liturgie.obkd.de [Aufruf: 1.1.2021]. Das Christlich-Orthodoxe Informationszentrum e.V. hat basierend auf den Übersetzungen der OBKD-Kommission auch schon eine Reihe zweisprachiger (deutsch-kirchenslawischer) liturgischer Bücher publiziert; vgl. www.orthodoxinfo.de/index.php/liturgische-buecher [Aufruf: 1.1.2021]. Zahlreiche Gottesdiensttexte in Deutsch finden sich (allerdings in einer anderen Übersetzung) auch auf der Webseite der russischen Gemeinde des Heiligen Erzengels Michael in Göttingen unter https://orthodoxia.de/gebete/liturgikon [Aufruf: 1.1.2021], sowie - ständig aktualisiert - auf www.orthodoxer-gottesdienst.de [Aufruf 1.8.2021].

[31] CHRYSOSTOMOS, Göttliche Liturgie (s. Anm. 10), 4.

[32] A.a.O., 6f werden einige solche Übersetzungsentscheidungen kurz erklärt und begründet (z.B. »Dreiheit« statt »Dreifaltigkeit«, »Königtum« statt »Reich« usw.).

[33] Als Beispiel sei der Begriff »Sakrament« erwähnt. Vgl. ANASTASIOS KALLIS, Sakramente (mysteria) III, orth. Sicht, in: HANFRIED KRÜGER (Hrsg.), Ökumene-Lexikon. Kirche - Religionen - Bewegungen, Frankfurt/M. 1983, 1063-1068.

[34] Vgl. BISCHOF VASILIE, Die Bedeutung der Heiligen Schrift und der Tradition im gottesdienstlichen Leben der Orthodoxen Kirche, in: KIRCHLICHES AUSSENAMT DER EKD (Hrsg.), Die Heilige Schrift, die Tradition und das Bekenntnis. Eine Dokumentation über das 1. Theologische Gespräch mit der Rumänischen Orthodoxen Kirche in Goslar 1970,

thodoxe Christenheit besitzt daher einen reichen Schatz unterschiedlicher Gesangstraditionen, die sich entsprechend den Besonderheiten der jeweiligen Sprachen und Völker in den einzelnen lokalen Kirchen entwickelt haben und somit auch in Deutschland in den Gemeinden der verschiedenen Bistümer vertreten sind. Von daher sind nun dringend auch Musikfassungen der deutschen Übersetzungen notwendig und dies womöglich unter Bewahrung der jeweiligen Musiktraditionen. Das ist eine Herausforderung.[35] Zwar existieren inzwischen auch schon einige Notenausgaben für den Gesang im orthodoxen Gottesdienst,[36] die im Wesentlichen auf der russischen Musiktradition basieren, sogar unter teilweiser Einbeziehung der alten »Neumen-Gesangsweise« (russ.: *znamennyj raspev*). Gleichermaßen gibt es auch einige Versuche unter Benutzung der griechischen, so genannten »byzantinischen« Weisen.[37] Sie basieren aber alle bislang nicht auf den Übersetzungen der OBKD-Kommission, sondern auf anderen, älteren und nicht immer sehr korrekten. Hier besteht dringender Handlungsbedarf, da beim orthodoxen »Kirchengesang der Text die Melodie (beherrscht) und sie nach den logischen Akzenten ordnet; nur im Text liegt die konstruktive Kraft«[38], wie der wohl beste Kenner der (russischen) orthodoxen Sakralmusik einmal herausstellte.

Nicht unerwähnt bleiben sollte in diesem Zusammenhang, dass auch einige, wenngleich bislang zu wenige deutschsprachige Lehrmaterialien für den orthodoxen Religionsunterricht[39] in Gemeinde und Schule erschienen sind, so

---

Frankfurt/M. 1982, 64-82; KONSTANTIN NIKOLAKOPOULOS, Der Umgang der Orthodoxen Kirche mit der Bibel, in: ARBEITSGEMEINSCHAFT CHRISTLICHER KIRCHEN IN DEUTSCHLAND (Hrsg.), Die Bibel neu als Schatz entdecken, Oberbergkirchen ²2015, 64-68.

[35] Bezeichnenderweise singen beispielsweise in den meisten serbischen Gemeinden, die die Gottesdienste ansonsten weitgehend in modernem Serbisch (oft in den Übersetzungen des heiligen Justin Popović) feiern, die Chöre weiter in Kirchenslawisch, weil ihnen die klassischen Kompositionen für diese Sprache (z.B. die sehr beliebte von St. Mokranjac) vertraut sind, solche für Serbisch aber so nicht existieren.

[36] Vgl. bspw. KATHARINA SPONSEL, Der Orthodoxe Vespergottesdienst, Edition HERMENEIA 1, Recklinghausen 1988; PETER PLANK/KATHARINA SPONSEL, Chorbuch zur Göttlichen Liturgie, Würzburg 1992. Erste Notenpublikationen basierend auf den neuen Einheitsübersetzungen der OBKD auf der Webseite www.orthodoxer-gottesdienst.de/lib/index.php/liturgische-buecher/noten [Aufruf 1.8.2021].

[37] Einen bemerkenswerten, wenn auch (schon wegen der stark textverändernden Übersetzung) umstrittenen Versuch stellen in diesem Kontext die Arbeiten des (zur Bulgarischen Metropolie von West- und Mitteleuropa gehörenden) Deutschen Orthodoxen Dreifaltigkeitsklosters in Buchhagen dar, die eine neue eigenständige deutsche orthodoxe Musikform entwickelt haben, u.a. unter Berücksichtigung des abendländischen gregorianischen Chorals mit Hörbeispielen unter https://orthodox.de/heiliger-gesang.php [Aufruf: 1.1.2021].

[38] JOHANN VON GARDNER, Gesänge der Heiligen und Göttlichen Liturgie, Partitur, Krefeld-Traar 1954.

[39] Vgl. VASILIOS N. MAKRIDES, Bildung aus Sicht des Orthodoxen Christentums, in:

zuerst für die Hand der Lehrer[40] und inzwischen auch für die Grundschule.[41] Auch deutschsprachige orthodoxe Schulbibeln sind inzwischen (in Österreich) publiziert worden.[42] All diese Publikationen leisten einen wichtigen Beitrag zur Verwurzelung der jungen orthodoxen Generation in der deutschen Sprachwelt und zum Zusammenwachsen der Schüler und Jugendlichen aus den verschiedenen Diözesen.

4. Heiligtümer und Wallfahrten

Ein deutliches Kennzeichen der fortschreitenden Verwurzelung der orthodoxen Gemeinden in Deutschland ist sicher auch die Verehrung der lokalen Heiligtümer und Heiligen aus der Zeit vor dem Schisma von 1054. In der Tat lässt sich feststellen, dass eine solche in zunehmendem Maße und an vielen Orten, wenn auch nicht allgemein und gleich stark in allen Diözesen, vorhanden ist und zunimmt.

Schon 1950 hatte der hl. Erzbischof Ioann (Maksimovič) von Shanghai und San Francisco sich beim Konzil der russischen Auslandskirche für die Verehrung dieser frühen Heiligen des Westens ausgesprochen.[43] Im Jahre 2006 dann beschloss beispielsweise die Diözesanversammlung der Diözese von Berlin und

---

BERTELSMANN STIFTUNG (Hrsg.), Religion und Bildung. Orte, Medien und Experten religiöser Bildung, Gütersloh 2008, 86-91.

[40] Doxologie. Eine Handreichung zum orthodoxen liturgischen Leben, zusammengestellt von einer Arbeitsgruppe beim Regierungspräsidenten Münster in Zusammenarbeit mit dem Lehr- und Forschungsgebiet Orthodoxe Theologie an der Westfälischen Wilhelms-Universität, unter der Leitung von Anastasios Kallis, Redaktion Nikolaus Thon, Schriftenreihe zur Lehrerfort- und -weiterbildung 3/1992, Münster 1992; Die Orthodoxe Kirche und ihr Weg in der Geschichte, Teil 1: Begegnung und Auseinandersetzung, zusammengestellt im Auftrag der Bezirksregierung Münster von einer Arbeitsgruppe beim Lehr- und Forschungsgebiet Orthodoxe Theologie an der Westfälischen Wilhelms-Universität, unter der Leitung von Anastasios Kallis, Redaktion Nikolaus Thon, Schriftenreihe zur Lehrerfort- und -weiterbildung 18/1997, Münster 1997.

[41] KERSTIN KELLER, Dein Stock und Dein Stab geben mir Zuversicht. Materialien für die orthodoxe Gemeindekatechese zu den Mysterien der Einführung in die Kirche (Taufe, Myronsalbung und Eucharistie), Düsseldorf 1998; DIES. (Hrsg.), Mit Christus unterwegs 1/2. Das orthodoxe Schulbuch, Berlin 2016.

[42] Die Bibel in kurzen Erzählungen zur Verwendung für den orthodoxen Religionsunterricht an Volksschulen in Österreich, hrsg. im Auftrag des Orthodoxen Schulamtes in Österreich, Wien ³2013; Orthodoxe Schulbibel, Evangelien, Apostelgeschichte und ausgewählte Psalmen, hrsg. im Auftrag des Orthodoxen Schulamtes in Österreich, Wien 2015. Einige Auflistungen von Unterrichtsmaterialien, Medien für den ORU sowie Links zu den Lehrplänen auf der (privaten) Webseite www.orthoreli.com [Aufruf 1.8.2021].

[43] Vgl. den vollständigen Text seines (russischen) Vortrages unter www.hamburg-hram.de/letopis/o-pochitanii-svyatyx-prosiyavshix-na-zapade/6600.html [Aufruf: 1.1.2021].

Deutschland der Russischen Orthodoxen Kirche/Moskauer Patriarchat, für die der Referent der diözesanen Liturgiekommission, Priestermönch Benedikt (Schneider), eine Auflistung von 78 Heiligen des ersten Millenniums[44] zusammengestellt hatte, deren örtliche Verehrung.[45] Am 12.9.2019 hatte im Russischen Haus der Wissenschaft und Kultur in Berlin sogar eine internationale wissenschaftliche und praktische Konferenz der Diözese von Berlin und Deutschland und der deutschen Diözese der Russischen Auslandskirche zum Thema »Heilige Deutschlands des ersten Jahrtausends« stattgefunden.[46]

Inzwischen finden sich Ikonen einiger dieser alten Heiligen auch in einer ganzen Reihe orthodoxer Kirchen Deutschlands,[47] und gibt es eine Web-[48] und eine Facebook-Seite[49] der unter der Schirmherrschaft von Metropolit Mark von Berlin und Deutschland (Russische Auslandskirche) stehenden Gesellschaft »Freunde von DOM e.V. (Deutschsprachige Orthodoxie in Mitteleuropa), die regelmäßig unter den Tagesheiligen auch die westlichen mit ihren liturgischen Texten und Kurzviten vorstellt und ebenso die Orte ihrer Verehrung und ihres Wirkens und Leidens aufzeigt, auch von Heiligen aus dem Nahen Osten, aus Aquitanien, Irland und England, die im Gebiet des heutigen Deutschland gewirkt haben.[50]

Einige Gemeinden organisieren inzwischen auch regelmäßig Wallfahrten zu Heiligtümern in Deutschland und anderen Stätten Westeuropas. Schon Tradition haben beispielsweise die panorthodoxen Pilgerfahrten zum Heiligen Kreuz im Limburger Dom[51] oder zur heiligen Agatha in Kloster Kamp.[52] Zu er-

---

[44] Vgl. www.saarbruecken.orthodoxy.ru/Svjatye-Germanii.pdf [Aufruf: 1.1.2021].

[45] Vgl. https://elitsy.ru/communities/87625/810919 [Aufruf: 1.1.2021]; dort auch die grundlegenden liturgischen Texte unter www.saarbruecken.orthodoxy.ru/Sobor-Germans-tropar.html [Aufruf: 1.1.2021].

[46] Vgl. https://rokmp.de/v-krefelde-sostojalis-eparhialnoe-sobranie-i-pastyrskoe-soveshha nie-berlinsko-germanskoj-eparhii [Aufruf: 1.1.2021].

[47] Etwa in großer Zahl in der zur serbischen Diözese von Düsseldorf und Deutschland gehörenden, aber weitaus deutschsprachigen Mönchs-Skite des heiligen Spyridon in Geilnau bei Limburg unter www.spyridon-skite.de [Aufruf: 1.1.2021]. Dort befindet sich auch eine Ikone mit dem Titel »Gottesmutter - Königin von Deutschland«, die als wundertätig verehrt wird. Die Ikone zeigt die Gottesgebärerin sowie zu ihrer rechten Seite den heiligen Apostel Matthias und zur Linken den heiligen Bischof Bonifatius. Vgl. https://orthpedia.de/index.php/K%C3%B6nigin_von_Deutschland [Aufruf: 1.1.2021].

[48] Vgl. https://dom-hl-michael.de [Aufruf: 1.1.2021].

[49] Vgl. www.facebook.com/105436224698301/photos/p.143709640870959/1437096 40870959 [Aufruf: 1.1.2021].

[50] Vgl. https://dom-hl-michael.de/orthodoxes-mitteleuropa/heilige-und-reliquien/verehru ngsorte [Aufruf: 1.1.2021].

[51] Vgl. die Videoaufnahme vom Kreuzverehrungssonntag, 11.3.2018 unter www.facebook. com/386034842216649/videos/42639364805363 [Aufruf: 1.1.2021].

[52] Vgl. www.rok-krefeld.de/de/index.php/news/59-21-02-2016-panorthodoxe-verehrung-der-reliquien-der-hl-maertyrerin-agatha [Aufruf: 1.1.2021].

wähnen sind in diesem Zusammenhang auch die bisher zwei großen gesamtorthodoxen Wallfahrten, an denen Hunderte orthodoxer Christen der verschiedenen Bistümer und Nationen teilnahmen. Eine erste fand 2013 nach Trier anlässlich des 1700-jährigen Jubiläums der Mailänder Vereinbarung statt, wo elf Bischöfe dem Gottesdienst vorstanden, darunter alle damals in Deutschland residierenden Diözesan-[53] sowie sechs Vikarbischöfe mit über 30 Priestern und Diakonen und mehr als 100 Gläubigen.[54] Sodann wurde eine weitere unternommen: der Vespergottesdienst im Chor des Doms zu Köln mit anschließender Verehrung der Gebeine der Magier und der Märtyrer, die im so genannten »Dreikönigenschrein« ruhen.[55] Dieser Gottesdienst, zu dem sich über 1.500 orthodoxe Pilger versammelten, war ein beeindruckendes Zeugnis einerseits für die Integration in die deutsche kirchliche Landschaft, fand er doch an einem der geschichtsträchtigsten Heiligtümer Deutschlands statt. Zum anderen war er aber auch für das Zusammenwachsen der jetzt in diesem Land beheimateten Orthodoxen aus verschiedenen Nationen wichtig, standen der Vesper doch in Anwesenheit etlicher Bischöfe ein serbischer Priester und ein griechischer Diakon vor. Diese wurde in mehreren Sprachen unter der Teilnahme von drei orthodoxen Chören aus der Umgebung zelebriert, nämlich des Byzantinischen Chores der griechischen Metropolitankirche in Bonn, des Chores der russischen Maria-Obhut-Gemeinde Düsseldorf und des rumänischen Gemeindechores Köln.

5. Perspektiven

Die Entwicklung der Orthodoxen Kirche in Deutschland im ganzen 20. Jh. besonders nach 1990 war dynamisch und setzt sich jetzt mit einer Phase der Konsolidierung und weiterer Verfestigung fort.[56] Dabei ist das Leben in einer zunehmend und in vieler Hinsicht rasch entchristlichten deutschen Gesellschaft für viele orthodoxe Christen (wie auch für ihre Geistlichen), die aus den

---

[53] Die antiochenische, serbische und bulgarische Diözese waren zu diesem Zeitpunkt vakant.
[54] Vgl. www.obkd.de/Presseinformationen/Pressemitteilung-OrthodoxePilgerfahrtnachTri er.pdf [Aufruf: 1.1.2021].
[55] Vgl. www.obkd.de/Presseinformationen/PM%20-%20GesamtorthodoxeVesperimKoeln erDom.pdf [Aufruf: 1.1.2021]
[56] Davon zeugen die vielen Neubauten und groß angelegten Umbauten von zuvor evangelischen oder römisch-katholischen zu orthodoxen Kirchen, die in jüngster Zeit erfolgt sind und einen erheblichen finanziellen und arbeitsmäßigen Einsatz erforderten. Sie belegen deutlich, dass sich die orthodoxen Gemeinden hier und heute nicht als temporäre Einrichtungen verstehen, sondern mittel- und langfristig für die Zukunft ihrer Kinder und Enkelkinder planen.

traditionell orthodoxen Ländern kommen, eine neue und manchmal frustrierende Erfahrung, die sich auch von der unter den atheistischen kommunistischen Regimen insofern unterscheidet, als dort der Angriff auf das Christentum und die Kirche gewissermaßen »von außen« erfolgte, nicht aber durch ein allgemeines Aufweichen der meisten Religionsgemeinschaften infolge der Säkularisierung der Gesellschaft.

Eine andere neue und bislang nicht gekannte Erfahrung für viele Gemeinden und Gläubigen sind ebenso die Vielfalt der Orthodoxie am gleichen Ort selbst als auch die Interaktion mit anderen christlichen Konfessionen und nichtchristlichen Religionen sowie die Spannungen zwischen manchen heimischen orthodoxen und lokalen deutschen Traditionen.

Aufgabe der Kirche ist es hier, eine geistliche Degeneration der Gläubigen und die Aufgabe der orthodoxen Traditionen zu vermeiden, sondern vielmehr weise zu schauen, wie sie auch in der deutschen Gesellschaft lebendig bleiben können, ohne andererseits einer Ghettoisierung Vorschub zu leisten. Es geht also zum einen darum, die aus der alten Heimat mitgebrachte orthodoxe kulturelle, religiöse und spirituelle Identität in ihren ethnisch vielfältigen Formen in ihrem Wesen unbeschadet für eine zukünftige Generation zu bewahren, die sprachlich und kulturell zunehmend in die deutsche Gesellschaft integriert wird und teilweise schon ist, andererseits diese Identität in die neue kulturelle und religiöse Umwelt zu integrieren.

Dabei ist klar: Weder künstlich und letztlich steril konservierte ethnische Reservate noch eine zwanghaft angepasste unprofessionelle Assimilation können dem dienen, was die Zukunft der Orthodoxen Kirche in Deutschland sein soll, die hier ihren Platz gefunden hat, die zur positiven Entwicklung der hiesigen Gesellschaft beitragen will und kann, die aber weiterhin ihre Kraft aus der spirituellen Erfahrung der jahrhundertealten orthodoxen Tradition in der alten Heimat schöpft und sie im Geist echter Synodalität und Gleichberechtigung weiterträgt. Es geht also um den entscheidenden, wohl bedachten, doch mutig angegangenen Schritt von der alten zur neuen Heimat, ein Handeln, das zugleich in positivem Sinn konservativ wie progressiv ist, indem es das Gute von dort bewahrt und lebendig erhält, zugleich aber offen ist für die neuen Erfahrungen hier und sie in ein orthodoxes Glaubensleben »in der Fülle« integriert.

Der erste Vorsitzende der KOKiD, Anastasios Kallis, prägte dafür den von ihm immer wieder gern wiederholten und rundum passenden Ausdruck »Westliche Orthodoxie östlicher Prägung«.

6. Die Gretchenfrage zum Schluss: Sind wir auf dem Weg zur »deutschen Orthodoxie«?

Einer der ersten orthodoxen Geistlichen, die sich besonders für eine deutschsprachige Orthodoxie engagierten, war schon vor Jahrzehnten Erzpriester Sergius Heitz.[57] Seine Intentionen und Positionen über den Auftrag der Orthodoxen Kirche im Westen, speziell in Deutschland, wie er ihn verstand, erläuterte er einmal in einem Beitrag in den »Parochialen Monatsblättern« aus Anlass des silbernen Jubiläums seiner Düsseldorfer Gemeinde so:

> »Die Orthodoxe Kirche beansprucht in ihrem Bewusstsein und in ihrer Sendung die universal gültige Ausprägung dessen zu sein, was Christentum ist und sein muss. [...] Das Zeugnis der urchristlichen Wahrheit und Gottesverherrlichung ließ in steigendem Maße Menschen sog. westlicher [...] oder anderer nicht-östlicher Herkunft ihre geistlich-kirchliche Heimat in der katholischen Orthodoxie finden. [...] Orthodoxie hierzulande, in heutigen Zeiten heißt durch ein von Gott gültiges Zeugnis, den existentiellen Zugang zur Fülle - im historischen und metaphysischen Sinn - des urchristlichen Lebens offen zu halten, heißt [...] ohne auflösende Abstriche, ohne in Missgestaltungen verkrümmt, ohne billige Verdünnungen, ohne zentrifugale Entwicklungen, ohne humanistische (rationalistische, historizistische, ethizistische) Vorbehalte, so wie der Heilige Geist eben diesen weltüberwindenden Glauben mit der göttlichen Tradition in der alleinigen, heiligen Kirche rein, lebendig und gegenwärtig strömen lässt, heißt [...] den dreieinigen Gott [...] anzubeten und Seine Herrlichkeit widerzuspiegeln.«[58]

Man wird aus der Retrospektive zwar sagen müssen: Heitz' Traum von der deutschsprachigen, gar deutschen Orthodoxie ist nicht Wirklichkeit geworden. Sicher hat er die Bindungen der meisten geborenen Orthodoxen an ihre nationale Kultur und die damit verbundene Ausformung der orthodoxen Lebensweise auch nicht genügend verstanden, zumindest unterschätzt. Trotzdem bleibt festzuhalten, was er immer wieder aufgewiesen hat, dass die Orthodoxie auch in einem Diaspora-Land auf die Dauer kein exotischer Fremdkörper sein kann, sondern sich verwurzeln wird und muss. Es war wohl die Tragik von Erzpriester Heitz, dass er diese Entwicklung, die mit ziemlicher Sicherheit in der nächsten und übernächsten Generation zumindest auf vielen Feldern eintreten

---

[57]   Vgl. zu ihm und seinem Lebensweg NIKOLAJ THON, Erzpriester Sergius Heitz. Zu seinem 100. Geburts- und 10. Todestag, in: Orthodoxie aktuell. Informationen aus der Orthodoxen Kirche 12 (2008), 2-8.
[58]   SERGIUS HEITZ, Orthodoxie hierzulande, in heutiger Zeit?, in: Orthodoxe Parochie zu den heiligen Erzengeln, Parochiale Monatsblätter für den Monat Juni 1983, Düsseldorf, 11f. Vgl. auch seinen Beitrag »Orthodoxie und Mission« als Beilage zu den Parochialen Monatsblättern vom November 1983, wo Erzpriester Heitz erneut den Auftrag der Orthodoxen Kirche »auf dem heute sog. ökumenischen Feld« hervorhebt, aber auch warnt: »Es sei auch betont, dass wir Orthodoxe keinen Anlass zu einem Triumphalismus haben, zumal wir die Gabe Gottes ›in zerbrechlichen Gefäßen‹ tragen und sie allzuoft verraten.« Ferner DERS., Orthodoxie und Mission, in: Orthodoxe Orientierung. Zehn Jahre Orthodoxe Fraternität in Deutschland, 1989, 38f.

wird, zu sehr forcieren wollte und damit seine Initiativen oft für die Gesamt-
entwicklung der Orthodoxie in Deutschland eher marginal blieben.[59]

Trotzdem wird aber weiter im Zusammenhang unserer Thematik oft die
Frage gestellt, ob und wann denn nun der Zeitpunkt gekommen sei, die verschiedenen orthodoxen Bistümer auch institutionell zu einer eigenständigen
mehr oder minder autonomen »Orthodoxen Kirche in Deutschland« zusammenzufassen und entsprechend neu zu strukturieren.[60] Nun gibt es bereits seit
1994 ein verfasstes Organ der Zusammenarbeit – zuerst die »Kommission der
orthodoxen Kirchen in Deutschland/Verband der Diözesen (KOKiD)«[61] und seit
2010 die »Orthodoxe Bischofskonferenz in Deutschland (OBKD)«[62] – ohne dass
allerdings die jurisdiktionelle Bindung der einzelnen Bistümer an ihre Mutter-
und Heimatkirchen und ihre Verantwortlichkeit ihnen gegenüber eingeschränkt würde.[63]

Dieser Status entspricht derzeit auch genau der ungemindert starken ge-
fühlsmäßigen Bindung der weitaus meisten Geistlichen und Gläubigen an die
alte Heimat, ihre sprachliche und spirituelle Kultur und ihre spezifischen Traditionen der Frömmigkeit. Dabei wurde durch die KOKiD und dann in ihrer
Weiterführung durch die OBKD in wenigen Jahrzehnten ein beachtenswerter
Prozess des Zusammenwachsens der Orthodoxie in Deutschland über alle ethnischen und jurisdiktionellen Linien hinaus eingeleitet, der zu zahlreichen positiven Entwicklungen geführt und sichtbare Früchte getragen hat. Von denen
können nur einige aufgeführt werden, wie etwa der Gründung des »Orthodo-

---

[59] Selbst von den Gemeinden, in denen Erzpriester Sergius wirkte, haben zwei inzwischen durch die zahlreichen neuen Gemeindemitglieder aus der früheren UdSSR einen
ganz bis überwiegend russischen Charakter erhalten. Lediglich seine »Urgemeinde« ist
weiterhin erklärtermaßen deutschsprachig (inzwischen in der griechischen Metropolie). Vgl. http://orthodoxdus.de [Aufruf: 1.1.2021].
[60] Grundlegend zum Thema der Entstehung autonomer Kirchen METROPOLIT SERAFIM,
Die Orthodoxie zwischen Tradition und Moderne. Gesammelte Beiträge von Metropolit
Serafim von Deutschland, Zentral- und Nordeuropa zur orthodoxen Theologie und
Glaubenspraxis, Hermannsburg 2020, 68-73.
[61] Zum Entstehen der Kommission NIKOLAJ THON, »Weder demokratisch noch monar-
chisch, sondern synodal«. Vor 25 Jahren wurde die KOKiD gegründet, in: Orthodoxie
aktuell 23,6 (2019), 2-6. In den ersten Jahren ihres Bestehens von 1994 bis 2006 war
die Arbeit des KOKiD geprägt von der dynamischen und visionären Persönlichkeit seines ersten Vorsitzenden, des Lehrstuhlinhabers für Orthodoxe Theologie an der Westfälischen Wilhelms-Universität Professor Dr. Dr. Anastasios Kallis. Vgl. über seine Person
Ein Visionär der Orthodoxie. Professor Anastasios Kallis zum 65. Geburtstag, in: Orthodoxie aktuell 3,8 (1999), 9-11.
[62] Vgl. zum Wirken der OBKD seit 2010 METROPOLIT AUGOUSTINOS (LABARDAKIS), Ein
zehnjähriger Pilgerweg, in: Orthodoxie aktuell 24,10-11 (2020), 2-6.
[63] Vgl. die Satzung der OBKD unter http://www.obkd.de/Texte/OBKD%20-%20Sat
zung.pdf [Aufruf: 1.1.2021].

xen Jugendbundes Deutschland (OJB)«[64] oder der zahlreichen örtlichen Pfarr-
konferenzen, in denen die Geistlichen einer Stadt oder gelegentlich auch einer
Region kontinuierlich zusammenarbeiten.[65] Gemeinsam sind auch die Rund-
funk- und Fernseharbeit[66] und die Repräsentanz in der Arbeitsgemeinschaft
Christlicher Kirchen auf Bundesebene, deren Vorsitzenden seit 2019 erstmalig
die Orthodoxie in der Person von Erzpriester Radu Constantin Miron[67] stellt
sowie etliche Initiativen auf lokaler Ebene und nicht zuletzt ein nun schon im
25. Jahrgang im Auftrag der Bischofskonferenz von der Gesellschaft »Orthodoxe Medien« herausgegebener monatlicher panorthodoxer Informationsdienst
»Orthodoxie aktuell«.[68]

Auch hat die Theologische Kommission der OBKD inzwischen eine Reihe
von Texten zu aktuellen Fragen erarbeitet, die gemeinsam von allen Bischöfen
getragen werden.[69] Besonders sei noch einmal der schon oben zitierte »Brief
der Bischöfe der orthodoxen Kirche in Deutschland an die Jugend«[70] von 2017
erwähnt, der in verschiedene Sprachen übersetzt wurde und auch international Beachtung gefunden hat. Er verstand es, die orthodoxe Ethik und ihre theologischen Positionen klar zu vermitteln, aber in einer Sprache, die der heute in
Deutschland lebenden jungen Generation verständlich ist.

All dies sind nur einige wenige Beispiele für viele andere für eine sichtbar
gewachsene Integration der Orthodoxen Kirche in die deutsche Lebenswelt wie
auch der einzelnen Bistümer und Gemeinden unter- und miteinander. All das
ist jedoch nur möglich in einem Geist wahrer Synodalität, in Liebe und des
Verständnisses füreinander.[71] Das ist auch nur möglich in Rücksichtnahme auf

---

[64]   Vgl. https://elechan.wixsite.com/ojb-deutschland [Aufruf: 1.1.2021]; http://www.roj-
deutschland.de/index.php/2016-01-27-18-40-51/15-orthodoxer-jugendbund-deutschland-e-v
[Aufruf: 1.1.2021];   https://de.wikipedia.org/wiki/Orthodoxer_Jugendbund_Deutschland
[Aufruf: 1.1.2021].
[65]   Vgl. den Text der Mustersatzung unter www.obkd.de/Texte/Mustersatzung%20-
%20OPK_.pdf [Aufruf: 1.1.2021].
[66]   Vgl. das Merkblatt zu den Fernsehgottesdiensten unter www.obkd.de/medien/Hin
weise%20Orthodoxe%20Fernsehgottesdienste.pdf [Aufruf: 1.1.2021].
[67]   Vgl.   www.domradio.de/themen/interreligi%C3%B6ser-dialog/2019-04-04/erzpriester-
miron-ist-neuer-vorsitzender-der-ack [Aufruf: 1.1.2021].
[68]   www.facebook.com/Orthodoxieaktuell [Aufruf: 1.1.2021].
[69]   Vgl. alle Texte im vollen Wortlaut unter http://theologie.obkd.de [Aufruf: 1.1.2021].
Eine zusammenfassende Darstellung von Nikolaj Thon, »Mit einer Stimme«, in: Theologische Erklärungen der Orthodoxen Kirche in Deutschland, KNA. Ökumenische Information 129/30 (2014), I–V.
[70]   Vgl. www.obkd.de/Texte/Brief%20OBKD%20an%20die%20Jugend.pdf [Aufruf: 1.1.2021].
[71]   Hier gab es allerdings in den letzten zwei Jahren deutliche Belastungen, ausgelöst
durch die einseitige Autokephalie-Erklärung für einige bislang allseits als schismatisch
gesehene Gruppen in der Ukraine von Seiten des Patriarchats Konstantinopel, die sich
auch negativ auf die orthodoxe Zusammenarbeit in Deutschland auswirkten und deren
hoffentlich baldige Überwindung eine notwendige Voraussetzung für den weiteren Aus-

die jeweilige geistliche wie gefühlsmäßige Situation der einzelnen Gläubigen, die sicher alle – sei es teils auch *nolens volens* – auf dem Weg von der alten zur neuen Heimat sind. Es sind aber unterschiedlich viele Schritte noch zu gehen, wie es aus seiner Sachkenntnis und seelsorglichen Erfahrung so treffend der Vorsteher der derzeit zahlenmäßig größten orthodoxen Diözese in Deutschland, der rumänische Metropolit Serafim (Joantă), in seiner Analyse der derzeitigen Situation beschrieben hat:

»Die größte Schwierigkeit in der Lösung des Problems der Diaspora gemäß den Kanones besteht in einer naturgegebenen Wirklichkeit, dass nämlich die Gläubigen jeder Jurisdiktion sentimental und kulturell an ihren Ursprungskirchen hängen, die aber verschiedene Liturgien und Traditionen haben. Wenn wir die Fragilität des Glaubens der meisten Gläubigen und ihre Zuneigung gegenüber ihrer Mutterkirche sehen, dann ist es für einen Bischof oder Priester unmöglich, diese seelsorgerlich zu betreuen, wenn er nicht in allem die Sprache und Kultur teilt, in der diese aufgewachsen sind. Anders stellt sich das Problem für die Gläubigen dar, die in der Diaspora geboren wurden und nicht mehr so stark an ihrer Mutterkirche hängen wie ihre Eltern und Großeltern. Sie haben sich in die Gesellschaft integriert, in die sie hineingeboren wurden, und die meisten bevorzugen das Gebet in der Sprache des Landes, in dem sie leben. Doch stellen diese nur eine Minderheit dar. Wobei hier durchaus ein Generationenkonflikt besteht«.[72]

Diesen Konflikt zu vertiefen, gar zu einem, Bruch werden zu lassen, gilt es unbedingt zu vermeiden. Das aber bedeutet: Erst wenn alle auch wirklich in ihrem Selbstbewusstsein ganz in der neuen Heimat angekommen sind, wenn also die emotionale Bindung an die aus vielen Nationen zusammenwachsende Orthodoxie in Deutschland überwiegt, wenn diese auch ihre spezifische Identität entwickelt, kann von einer Orthodoxen Kirche in Deutschland auch in festen organisatorischen Formen die Rede sein. Bis dahin ist noch ein vielleicht, sogar wahrscheinlich jahrzehntelanger Weg mit ebenso viel pastoraler Klugheit und gegenseitiger Rücksichtnahme wie mit Beharrlichkeit und Zielorientierung zu gehen: Aber dieser Weg hat ersichtlich begonnen!

---

bau der Kooperation sein wird. Vgl. Nikolaj Thon, Соборность или примат? Основной вопрос жизни Православия в диаспоре (Vortrag bei der Internationalen Konferenz zum 100-jährigen Jubiläum der Autonomie der Estnischen Orthodoxen Kirche, Tallinn 2020) unter www.youtube.com/watch?v=m7kG2X6qCLA [Aufruf: 1.1.2021].

[72] Metropolit Serafim, Orthodoxie (s. Anm. 60), 69.

Vasile-Octavian Mihoc

KIRCHENGEMEINSCHAFT UND KIRCHENRAUM IN DER MIGRATION DENKEN

Eine orthodoxe Perspektive

Die Religionslandschaft in Deutschland hat sich in den letzten Jahrzehnten auch durch Migranten, die dem orthodoxen Christentum angehören, verändert. Sie ist pluraler geworden. Die östlich-orthodoxen Christen, sei es z.B. griechischer, russischer, rumänischer, bulgarischer oder serbischer Herkunft, ist in Deutschland zu einer bedeutenden Größe geworden. Die Orthodoxie ist die drittgrößte christliche Konfession (ca. 2 Millionen), die aber nur eine sehr geringe Zahl ethnischer Deutscher zählt. Dieser Aufsatz macht sich in einem ersten Schritt zur Aufgabe, die ekklesiale Struktur der Orthodoxie und die Hauptanliegen der Orthodoxen Bischofskonferenz in Deutschland darzustellen. Dabei werden Dynamiken deutlich, was es heißt, orthodoxen Glauben in Deutschland zu leben. Der zweite Schritt geht einer grundlegenden Dynamik orthodoxen Glaubenslebens nach. In den Mittelpunkt tritt das Nachdenken über die Wahrnehmung und (Re-)Konstruktion des Kirchenraums, der eine besondere Rolle für die orthodoxe Identität spielt.

1. Die ekklesiale Struktur der orthodoxen Kirche(n) in Deutschland

Die Orthodoxen Kirchen in Deutschland[1] sind Diasporakirchen[2] der Mutterkirchen aus den Ursprungsländern. Diese existieren meistens als Nationalkirchen

---

[1]   Die Diözesen vertreten:
- das Ökumenische Patriarchat (Griechisch-Orthodoxe Metropolie von Deutschland; Exarchat der orthodoxen Gemeinden russischer Tradition in Westeuropa; Ukrainische Orthodoxe Eparchie von Westeuropa);
- das Griechisch-Orthodoxe Patriarchat von Antiochien (Griechisch-Orthodoxe Metropolie des Patriarchats von Antiochien für West- und Mitteleuropa);

seit den sozial-politischen Entwicklungen im 19. und 20. Jahrhundert. Sie sind in Gemeinschaft miteinander und leben aus dem Bewusstsein der altkirchlichen Pentarchie (Rom, Konstantinopel, Alexandrien, Antiochien, Jerusalem; nach der Kirchenspaltung 1054 ohne Rom), zu welcher nach und nach die Ortskirchen nach ihrer Unabhängigkeit von der Mutterkirche in Byzanz addiert wurden und ihren Platz in der Rangordnung (Diptychon) gefunden haben. Wie Theodor Nikolaou bemerkte: »Das absolut überzeugende bei der Pentarchie ist die Grundidee, daß die Einrichtung des Patriarchats, besser gesagt der autokephalen Kirche, auf der Ebene der Nation bzw. des größeren geographischen Sprengels den Inbegriff der Selbständigkeit von miteinander in Gemeinschaft lebenden Kirchen bedeutet.«[3]

1.1 Die Orthodoxe Bischofskonferenz

Die orthodoxen Bischöfe versuchen durch den seit 2010 – auf den Vorgaben der 4. vorkonziliaren Panorthodoxen Konferenz (2009 Chambésy, Schweiz) und auf Beschluss aller Patriarchate und autokephalen Kirchen – gegründeten Zusammenschluss der Orthodoxen Bischofskonferenz in Deutschland (OBKD), einer Fortführung der ehemaligen seit 1994 existierenden orthodoxen Kommission der Orthodoxen Kirche in Deutschland (KOKiD), eine gemeinsame Stimme der Orthodoxie für den deutschen Kontext zu finden.[4] Die OBKD soll die Möglichkeit eröffnen, die orthodoxe Identität im Glaubensleben zum Ausdruck zu bringen, die ethnische Aufspaltungen überwindet.[5] Wenn § 2 der Sat-

---

- die Russische Orthodoxe Kirche (Berliner Diözese der Russischen Orthodoxen Kirche - Moskauer Patriarchat; Russische Orthodoxe Diözese des orthodoxen Bischofs von Berlin und Deutschland (Russische Orthodoxe Kirche im Ausland);
- die Serbische Orthodoxe Kirche (Serbische Orthodoxe Diözese von Frankfurt und ganz Deutschland);
- die Rumänische Orthodoxe Kirche (Rumänische Orthodoxe Metropolie für Deutschland, Zentral- und Nordeuropa);
- die Bulgarische Orthodoxe Kirche (Bulgarische Diözese von West- und Mitteleuropa);
die Georgische Orthodoxe Kirche (Georgisch Orthodoxe Diözese von Österreich und Deutschland).
Der OBKD steht ex officio der Metropolit der Griechisch-Orthodoxen Metropolie von Deutschland (Ökumenisches Patriarchat) vor und im Fall seiner Abwesenheit, der Bischof, „der ihm in der Rangfolge der Diptychen folgt". Satzung der OBKD, Artikel 4 unter www.obkd.de/Texte/OBKD%20-%20Satzung.pdf [Aufruf: 15.2.2021].

[2] Zum Begriff der Diaspora vgl. den Artikel von Ciprian Burlacioiu in diesem Band.

[3] Die Rolle der Kirche in Byzanz und in den Balkanländern, in: Orthodoxes Forum 8 (1994), 21-37, 32.

[4] Vgl. www.obkd.de/Presseinformationen/Pressemitteilung%203-3-2010.pdf [Aufruf: 15.2.2021].

[5] In ihren Ländern haben die orthodoxen Kirchen bei der Bildung der Nationalstaaten eine unbestreitbare Rolle gespielt. Für die meisten der orthodoxen Christen ist die

zung der OBKD die Sichtbarmachung der Einheit der Orthodoxen Kirche als Zweck der Bischofskonferenz betont, so wurde diese Einheit durch die aktuelle kirchliche Krise zwischen Konstantinopel und Moskau beeinträchtigt: Am 11. Oktober 2018 kündigte die Synode des Ökumenischen Patriarchats an, dass sie die Autokephalie an die Kirche der Ukraine vergeben werde, wodurch diese von der russisch-orthodoxen Kirche unabhängig wird. Diese Entscheidung veranlasste die Synode der Russisch-Orthodoxen Kirche, am 15. Oktober 2018 die Gemeinschaft mit dem Ökumenischen Patriarchat zu brechen. Der offizielle Akt der Verleihung der Autokephalie fand am 5. Januar 2019 in der Kathedrale Hl. Georg in Istanbul statt. Diese Entwicklungen betreffen direkt die OBKD. Die Bischöfe der beiden russisch-orthodoxen Diözesen Deutschlands und der Generalsekretär nahmen an der Herbstsitzung der OBKD am 5. Dezember 2018 in Bonn »aufgrund eines entsprechenden Beschlusses des Heiligen Synods des Moskauer Patriarchats vom 15. Oktober 2018«[6] nicht teil. Der Vorsitzende der OBKD, Metropolit Augoustinos, informierte über »einen Beschluss des Ökumenischen Patriarchats, das ›Exarchat der orthodoxen Gemeinden russischer Tradition in Westeuropa‹ aufzulösen und dessen Gemeinden in die bestehenden jeweiligen Metropolien des Ökumenischen Patriarchats in den einzelnen Ländern einzugliedern.«[7] Diese kirchliche Krise erschwert die Glaubwürdigkeit des Einheitsbekenntnisses der Orthodoxie auf unabsehbare Zeit. Die letzte öffentliche Mitteilung der OBDK diesbezüglich war 2019, dass die russischen Bischöfe zu einem »informellen Gespräch über die weitere Zusammenarbeit« eingeladen wurden.[8]

Orthodoxie ein Identitätsmerkmal und nationaler Kulturbestandteil. Religion in der Migration kommt nicht nur durch Tradierung religiöser Inhalte, Riten und Bräuche zum Ausdruck, sondern auch durch ethnische und linguistische Faktoren. Die Liturgien und andere Gottesdienste werden maßgeblich in der Sprache der mehrheitlichen Gemeinde gehalten, auch wenn die liturgischen Dienste von Gläubigen anderer Nationalitäten besucht werden. Das ethnisierte Orthodoxieverständnis entstand durch die wesentliche Rolle der Orthodoxen Kirchen bei der Bewahrung kultureller und geschichtlicher Identität südosteuropäischer Staaten. Dadurch leisteten sie einer Identifizierung nationaler Kultur mit Religion Vorschub. Auch die seelsorgerliche Versorgung im Ausland gilt als Stärkung der Bindung an die Heimatkultur.

[6] www.obkd.de/Presseinformationen/PM%20-%20Herbstsitzung%202018.pdf [Aufruf: 15.2.2021].

[7] Ebd.

[8] Vgl. www.obkd.de/Presseinformationen/PM%20-%20OBKD%20XIX.pdf [Aufruf: 15. 2.2021].

1.2 Hauptthemen der OBKD

1.2.1 Übersetzung liturgischer Texte

Eines der Hauptanliegen der OBKD ist seit 2010 die Übersetzung liturgischer Texte in die deutsche Sprache. Diese Bemühungen erfordern theologische, philologische und ästhetische Raffinesse.[9] Die Übersetzung dieser Texte bedeutet einerseits Inkulturation, d.h. die eigene Tradition in einer anderen Sprachkultur lebendig zu machen, und andererseits eine Neuschöpfung in der Begegnung mit der deutschen Sprachkultur. Peter Sonntag betont in Bezug auf dieses Thema folgendes: »Das Wort ist eine Synthese aus Bedeutung und Laut. Es ist der Laut, der die Bedeutung zum Vorschein bringt. Die Verlautbarung ist die Erscheinung des Wortes, sofern es Bedeutung ist. Es ist der Laut, der die Wahrnehmung und die Identifikation des semantischen Gehalts eines Wortes ermöglicht.«[10] Obwohl bereits mehrere zweisprachige Ausgaben der Liturgie des Heiligen Johannes Chrysostomos – die meist gefeierte Liturgie in der Orthodoxie – im Umlauf waren (rumänisch-deutsch, griechisch-deutsch, kirchenslawisch-deutsch), veröffentlichte die Orthodoxe Bischofskonferenz 2017 eine neu-erarbeitete offizielle deutsche Ausgabe. Auf der Homepage der OBKD sind auch andere liturgische Texte abrufbar (z.B. Göttliche Liturgie des Basilius des Großen, Liturgie der Vorgeheiligten Gaben, Ordnung der Taufe, Ordnung der Krönung, Abendgottesdienst, Bestattung, Gebetbuch für Kinder).[11]

---

[9]   Vgl. PETER SONNTAG, Zur Übersetzung liturgischer Texte der orthodoxen Tradition in die deutsche Sprache, in: THOMAS BREMER/ASSAD ELIAS KATTAN/REINHARD THÖLE (Hrsg.), Orthodoxie in Deutschland, Münster 2016, 87-99, 88.

[10]   A.a.O., 91. Sonntag weist auf »neue Fragen« in der Übersetzungsarbeit: »Die Frage der inklusiven Sprache; die Frage tatsächlicher oder vermeintlicher antisemitischer Wendungen in einzelnen Texten, vorwiegend der Heiligen Großen Wochen; die Frage der Stigmatisierung von ›Häretikern‹ an den Sonntagen der Väter vor dem Hintergrund des Dialogs mit den altorientalischen Kirchen; die Frage abweichender Übersetzungen ökumenisch besonders zentraler Texte, insbesondere des ›Vater unser‹. (Stichwort epiousios).« A.a.O., 98f.

[11]   Die Übersetzung liturgischer Texte sorgt für praktische Probleme in den orthodoxen Gemeinden: einerseits wird streng an der Sakralität der Altsprachen (Altgriechisch, Altkirchenslawisch) festgehalten, andererseits fordern Orthodoxe, die sich nicht an einem nationalen Ausdruck ihres Glaubens verbunden fühlen (z.B. Konvertiten), die Zugänglichkeit der Kirchensprache. In diesem Fall erfolgt eine Verschiebung des sakralen Schwergewichtes der Sprache von der Form zum Sinn: Nicht mehr das Alter der Wörter ist Bedeutungsträger, sondern ihre Semantik. Diese Semantisierung der Kirchensprachen, in der der Akzent auf dem Inhalt fällt, kann rückwirkend auch einen Einfluss auf eine gewisse Sakralisierung der Alltagssprache haben, wobei die gängige Sprache theologisch re-semantisiert werden kann.

1.2.2 Ökumenisches Engagement

Die ökumenische Arbeit steht im Zentrum der Interessen der OBKD. In einem Dokument der Theologischen Kommission wird der Dienst der Orthodoxen Kirche in Deutschland an der Einheit der Christen verdeutlicht. Als leitendes Prinzip des Dialogs mit den nicht-orthodoxen Christen werden die Worte von Augustinus »in Notwendigkeit Einheit, in Zweifelsfällen Freiheit, in allem die Liebe« herangezogen. (§ 12) Das Streben nach Einheit soll im »Dialog der Wahrheit« und im »Dialog der Liebe« erfolgen: »Im Dialog der Wahrheit geht es darum, sich auf die gemeinsamen Wurzeln der kirchlichen Tradition zu besinnen, die theologischen Unterschiede zu untersuchen und zwischen dem, was kirchentrennend ist, und dem, was nicht kirchentrennend ist, zu differenzieren. Der Dialog der Liebe zielt darauf, die Gemeinschaft zwischen den Christen und ihr gemeinsames Zeugnis zu vertiefen.« (§ 9) Den ökumenischen Dialog führe die Orthodoxe Kirche »auf der Basis der Treue zur Heiligen Schrift, zur apostolischen Tradition, zur Lehre der Kirchenväter, der lokalen Synoden und der ökumenischen Synoden«. (§ 10)[12]

Die OBKD pflegt regelmäßige ökumenische Beziehungen sowohl zur Römisch-Katholischen Kirche als auch zur Evangelischen Kirche in Deutschland (EKD). Mit der Deutschen Bischofskonferenz (DBK) bildet sie eine gemeinsame Kommission, die mehrere Dokumente zum Kirchenjahr in der Tradition des Ostens und des Westens verabschiedet hat.[13] Schon seit 1981 gibt es eine Gemeinsame Kommission der Griechisch-Orthodoxen Metropolie von Deutschland und der DBK, die sechs Texte als Handreichungen produzierte.[14]

Zusammen mit der EKD wurden zwei gemeinsame Dokumente veröffentlicht: »Ehen zwischen evangelischen und orthodoxen Christen und Christinnen« und »[...] damit ihr nicht traurig seid.‹ Christlicher Umgang mit Sterben und Tod«. In Zeiten einer wachsenden Zahl von konfessionsverschiedenen Ehen ist die Handreichung zur Trauung von orthodoxen und evangelischen Brautleuten von besonderer Bedeutung. Als Basis für eine Mischehe gelten die »gemeinsamen geistlichen Wurzeln, die ein gemeinsames pastorales Handeln begründen.« Gemeinsam sind: biblische Verankerung der Ehe; die Gebete, die

---

[12] www.obkd.de/Texte/DieOrthodoxeKircheinDeutschlandundihrDienstanderEinheit derChristen.pdf [Aufruf: 15.2.2021].

[13] Der Sonntag – »Urfeiertag« der Christen; Ostern – Das Hauptfest der Kirche in Ost und West; Weihnachten – Die Feier der Menschwerdung Gottes in Jesus Christus; Christus feiern mit Gottesmutter und allen Heiligen, http://texte.obkd.de/ [Aufruf: 15.2.2021].

[14] Die Eucharistie der einen Kirche. Liturgische Überlieferungen und kirchliche Einheit (1989); Ehen zwischen orthodoxen und katholischen Christen (1993); Die Sakramente (Mysterien) der Eingliederung in die Kirche (1997); Die Sakramente der Heilung: Buße und Ölung (1999); Gemeinschaft der Heiligen als Gabe und Aufgabe (2002); Das Sakrament der Weihe (Bischof, Priester, Diakon) (2005), https://dli.institute/wp/wp-content/uploads/2017/11/ah203.pdf [Aufruf: 15.2.2021].

Gottes gute Schöpfung im Hinblick auf die Ehe loben; die Unauflöslichkeit der Ehe; Gottes reicher Segen, der der Ehe zugesprochen wird; die Bereitschaft zur Elternschaft; das grundlegende Beziehen der Ehe und Familie auf das Leben in der Gemeinschaft der Kirche. (§ 2) Eine ökumenische Trauung ist ausgeschlossen. Möglich wäre aus pastoralen Gründen nur ein »gemeinsames kirchliches Handeln«, d.h. bei einer Entscheidung für eine orthodoxe Trauung, zu der ein/eine evangelische/r Geistliche/r eingeladen ist, kann diese mit einem »evangelischen Teil« beginnen. (§ 4)[15]

Da die gemeinsame Liturgiefeier noch ein Desiderat ist, hat die Theologische Kommission der OBKD ein Dokument zum Thema »Beten in ökumenischer Perspektive. Überlegungen aus orthodoxer Sicht« erarbeitet, in welchem der ökumenische Gottesdienst nach einer Erklärung des Ökumenischen Rates der Kirchen (ÖRK) als »gemeinsame interkonfessionelle Andacht« definiert wird. Im Gegensatz zum Begriff Gottesdienst wird die Andacht als »eine Folge von Gebeten, die sich durch die Freiheit ihrer Gestaltung durch die Mitbetenden charakterisiert«, verstanden.[16]

Die orthodoxe Christenheit in der Diaspora wird anders als in einem mehrheitlich orthodoxen Kontext aufgefordert, über die Ökumene zu reflektieren. Die Gemeinde bildet neben der Familie einen Ort, in dem der eigenen Konfession eine maßgebliche Rolle im Reflexionsprozess über Zugehörigkeit zukommt. Sie schafft aber auch den Rahmen, in dem diese Zugehörigkeit im Dialog mit anderen Konfessionen kultiviert wird. Zugehörigkeit schließt demnach eine plurale Identität nicht aus: man fühlt sich als orthodox sowohl einer ethnisch und religiös bestimmten Gemeinschaft als auch einem kulturell-offenen Referenzraum zugehörig.

1.2.3 Orthodoxer Religionsunterricht

Einen besonderen Platz bei den Orthodoxen Bischofskonferenzen nimmt das Nachdenken über den orthodoxen Schulunterricht ein. Der Unterricht soll unabhängig von Nationalität oder Diözesanangehörigkeit stattfinden. In Nordrhein-Westfalen wurde der orthodoxe Religionsunterricht 1985 eingeführt und es gibt inzwischen von Staat und Kirche anerkannte Lehrpläne für die Primar- und Sekundarstufe 1 und 2. Inzwischen gibt es regulären orthodoxen Religionsunterricht auch in Baden-Württemberg, Bayern, Hessen und Niedersach-

---

[15]   Dieser Teil kann beispielsweise aus Folgenden bestehen: trinitarischer Lobpreis, gemeinsame Begrüßung, Gebet, Ansprache und im Anschluss ein Segnungswort. Von einer Doppeltrauung wird abgeraten. Die evangelischen Partnerinnen oder Partner dürfen in der orthodoxen Kirche keine Kommunion empfangen. Stattdessen empfangen sie – wie die anderen orthodoxen Christen, die nicht jeden Sonntag kommunizieren – das gesegnete Brot, das sogenannte Antidoron, »als Zeichen der Gemeinschaft in der Liebe«. Vgl. www.obkd.de/Texte/EKD-OBKD-EhenEvOrth-2011.pdf [Aufruf: 15.2.2021].

[16]   Vgl. www.obkd.de/Texte/BetenInOekumenischerPerspektive.pdf [Aufruf: 15.2.2021].

sen, allerdings nicht überall und nicht für alle Schulformen.[17] In einer Stellungnahme zum Orthodoxen Religionsunterricht der Orthodoxen Pfarrkonferenz in München 2014 wurde darauf aufmerksam gemacht, dass nach Mitteilungen des Bayerischen Staatsministeriums für Bildung und Kultur, Wissenschaft und Kunst 23.000 orthodoxe Schülerinnern und Schüler an Grundschulen, Realschulen, Gymnasien und Beruflichen Schulen lernen. In München würden nur 20 von 2.500 Schülerinnen und Schüler den orthodoxen Religionsunterricht erhalten. In einem Hirtenwort des OBKD zum Religionsunterricht aus dem Jahre 2017 betonen die Bischöfe:

> »Der orthodoxe Religionsunterricht wirkt in Deutschland nicht nur erinnernd und bewahrend, sondern auch integrierend und bereichernd. Er verbindet uns mit unserer Tradition und Vergangenheit und bildet die von uns alle gewünschte solide Basis für die gemeinsame friedliche Zukunft. Diese Chance gilt es zu ergreifen!«[18]

Es wird auch die Tatsache erwähnt, dass an vielen Orten Schülerinnen und Schüler am Religionsunterricht anderer Konfessionen teilnehmen. Daher rufen die Bischöfe zur Prüfung auf, ob an bestimmten Schulen, bei Erfüllung nötiger Bedingungen, wie beispielsweise bei signifikanter Anzahl von orthodoxen Schülerinnen und Schülern, der orthodoxe Religionsunterricht ermöglicht werden kann.[19] Der Brief endet mit einem Appell zum Bekenntnis zum orthodoxen Glauben und zum orthodoxen Religionsunterricht sowie zur Unterstützung der Kirchengemeinden bei der Umsetzung dieses wichtigen Vorhabens. Der Religionsunterricht ist genauso wichtig wie die Teilnahme an der Liturgie. Letztere wurde immer wieder im ökumenischen Austausch unterstrichen. Ab der Taufe sollen die Kinder in die Kirche gebracht werden, um an der Eucharistie teilzunehmen. Durch das liturgische Aufwachsen »entsteht eine Bindung, die das Kind lebenslänglich auch in konfessioneller Hinsicht bestimmt.«[20] Diese Beziehung wird durch den Religionsunterricht öffentlich verantwortet. Solche Sichtbarwerdung und das öffentliche Bekenntnis können vor einer gesellschaftlichen Abkapselung schützen und das Miteinander fördern. Wenn das Eigene auch von den öffentlichen Behörden anerkannt und an den Schulen befördert wird, kann sich die religiöse Identität freier, offener und in Harmonie mit dem ganzen Kontext entwickeln.

---

[17] Vgl. www.obkd.de/Presseinformationen/PM%20-%20ReligioeseVielfaltinderSchule.pdf [Aufruf: 15.2.2021].

[18] www.obkd.de/Texte/OBKD%20Hirtenbrief%20zum%20ORU.pdf [Aufruf: 15.2.2021].

[19] Vgl. ebd.

[20] Dorin Zosim Oancea, Identitätsbestimmende Bindungen im ökumenischen Annäherungsprozess, in: Review of Ecumenical Studies 9 (2017), 92-104, 96.

1.2.4 Gesellschaftliche Sichtbarkeit als Integrationsbemühung

Sowohl in mehrheitlich als auch in den minderheitlich orthodoxen geprägten Gesellschaften wird es immer schwieriger den Glauben in den öffentlichen Raum hinein sichtbar zu machen. Vielmehr scheint es, als würde der Glaube zunehmend aus dem öffentlichen Raum heraus in den privaten Raum gedrängt. So liegt die Herausforderung für die Religionsgemeinschaften vor allem in der Art und Weise, wie es ihnen gelingt den Einzelnen mit der Glaubensgemeinschaft zu verbinden und dann wiederum als Glaubensgemeinschaft im öffentlichen Raum zu wirken. Dass Kirche im öffentlichen Raum wirken darf, ist auch in mehrheitlich orthodox geprägten Gesellschaften nicht mehr selbstevident. In einer Minderheitsposition jedoch, in der die gesellschaftliche Stellung der Kirche noch prekärer ist, tendiert die Glaubensgemeinschaft und ihr öffentliches Eintreten für den Glauben dazu, zu einer Isolation zu führen.

Die Sichtbarkeit trägt zu einem anderen Konzept der Politik des öffentlichen Raums bei. Die Zugehörigkeit zu einem Raum wird nur durch öffentliche Sichtbarwerdung erhalten und aufrechterhalten. Die Definition des öffentlichen Raums als Raum der Erscheinung und Enthüllung führt daher zu einem neuen Verständnis des Raums als Kampf um die Sichtbarkeit und Anerkennung. Auf dem Weg zur Sichtbarkeit ist der öffentliche Raum ein Ort, an dem soziale Akteure ihre Standards und Funktionsweisen, mit denen der Gemeinschaft konfrontieren und ggf. neu konfigurieren. Die Aushandlung zwischen religiöser Spiritualität und ihrer Sichtbarkeit im öffentlichen Raum bleibt eine permanente Quelle von Spannung, Reflexivität und Umgestaltung. Die Präsenz orthodoxer Spiritualität im öffentlichen Raum prägt eine spezifische Lebensweise. Selbst wenn bestimmte Praktiken und Rituale (z.B. Fasten, Gebet, Pilgerfahrt, Heiligenverehrung) Teil des privaten Raums oder der kirchlichen Gemeinschaft sind, erhalten sie, sobald sie Gegenstand öffentlicher Aufmerksamkeit werden, eine neue Form des Bewusstseins, selbst für diejenigen, die sie bereits praktizieren. In diesem Sinne transformieren sich subjektive und öffentliche Vereinbarungen gegenseitig.

Zur besseren Wahrnehmung der Vielfalt der Orthodoxie in Deutschland tragen seit mehr als 20 Jahren die jährlichen Fernsehübertragungen orthodoxer Gottesdienste aus verschiedenen Diözesen im ZDF bei. So wurde beispielsweise auch der Eröffnungsgottesdienst des Heiligen und Großen Konzils der Orthodoxen Kirche (von Kreta 2016) übertragen. Laut des Dokumentes »Orthodoxe Fernsehgottesdienste im ZDF. Hinweise für Pfarrer und Gemeinden« wurden die orthodoxen Gottesdienste von etwa 600.000 bis einer Million Zuschauer verfolgt. Davon sind bis zu 95% keine orthodoxen Christen. Es wird betont, dass es sich bei der Fernsehübertragung der Gottesdienste nicht um »eine Kultur, sondern um eine Verkündigungssendung« handelte, denn »die Übertragung eines orthodoxen Gottesdienstes ist missionarische Verkündigung für den dreifachen Dienst der Kirche: Es ist Gottesdienst (*leitourgia*), Zeugnis für die Orthodoxie in diesem Lande (*martyria*) und ein bedeutsamer Dienst (*diakonia*) für kirchlich sozialisierte Menschen, die – wie etwa Ältere oder Kranke, Behinderte und Gefangene – nicht (mehr) zum Gottesdienst in ihrer Gemeinde kommen können, darunter auch zahlreiche Orthodoxe, die weit entfernt von einer Kirche leben«.[21] Die Übertragung der Liturgie im Fernsehen trägt nicht nur zur Erhaltung der Beziehung mit der eigenen religiösen Gemeinde bei, sondern bietet vielmehr eine Möglichkeit an, durch das liturgische Geschehen, in das Mysterium Christi hineingenommen zu werden.

2. Kirchenraum und Glaubenstradierung

Die meisten orthodoxen Gemeinden in Deutschland mieten katholische oder evangelische Kirchen und Kapellen (z.B. Krankenhaus- oder Friedhofskapellen) an. Der angemietete Kirchenraum durchläuft in der Gastgemeinde einen Wahrnehmungs- und Aneignungsprozess. Er wird von einem eher passiven und fremden Raum, in dem erst soziale Beziehungen kultiviert werden, zu einem neukonzeptualisierten und schließlich zu einem repräsentativen Raum, d.h. einem gelebten Raum, der ein kohärentes System von Bildern und Symbolen anstrebt. Gemeindebildung sowie Kirchenraumwahrnehmung stehen im engen Zusammenhang. Beide sind Räume identitärer Bewahrung und Formierung. Dieser zweite Teil des Beitrags fokussiert auf den Kirchenraum als zentralen Raum des Zusammenkommens der orthodoxen Christen und stellt die Frage nach Prozessen der Umgestaltung und damit der Rekonstruktion eines mehr oder weniger traditionell orthodoxen liturgischen Raums.

2.1 Gemeinde und (Kirchen)raumwahrnehmung

Die Orthodoxie lebt eine besondere Visualisierung des Heiligen, so dass der liturgische Raum und der der privaten Andacht von einer charakteristischen ikonischen Grammatik abhängen. Die Architektur und die ästhetische Gestaltung der Kirche folgen klaren Regeln. Die grundlegende Gliederung des orthodoxen Kirchenraums folgt einer Dreiteilung: der Altarraum (Allerheiligstes), der Naos (das Kirchenschiff), der von der Ikonostase (der Bilderwand) getrennt wird, und der Narthex (die Vorhalle). Die Ikonostase, die abhängig von den ausgewählten Registern oder Reihen von Ikonen unterschiedlich hoch ist, stellt die Heilsgeschichte von den Propheten im Alten Testament bis Pfingsten dar und ist das gesehene Zentrum in einer orthodoxen Kirche. Die Ikonenwand ist nicht als eine Barriere zu verstehen, sondern als eine Einladung zum Geheimnis; nicht als Trennung, sondern als ein Bekenntnis der Verbindung zwischen

---

[21] www.obkd.de/medien/Hinweise%20Orthodoxe%20Fernsehgottesdienste.pdf [Aufruf: 15.2.2021].

Himmlischem und Irdischem, eine Visualisierung oder ein umfassendes Bild des sich annähernden Reich Gottes.[22]

Der angemietete Kirchenraum folgt in der Regel nicht diesem orthodoxen Kirchenraumverständnis. Nicht nur die Architektur, sondern auch die Gestaltung und Ausstattung des Innenraumes wirken auf die orthodoxen Christen fremd. Das Fehlen der Ikonostase ist wohl der wichtigste Aspekt. Meist behelfen sich die Priester mit transportablen Ikonostasen oder mit der Aufstellung zweier großer Ikonen, welche Christus und die Gottesmutter zeigen. All das schafft einen zumindest minimalen liturgische Rahmen und versucht dem theologischen Anliegen nachzukommen.[23]

Im Laufe der Zeit akzeptierten jedoch einige Gastgebergemeinden, dass bestimmte Gegenstände, wie kleinere mobile Symbole oder sogar die Ikonostase, nicht mehr aus dem Kirchenraum entfernt werden sollten, sondern nur noch auf zur Seite verschoben werden können (z.B. rumänisch-orthodoxe Gemeinde in Münster). Das Auftreten dieser fremden Kultelemente führte zu einer gewissen Hybridisierung des Raumes der Gastgeberkirche. Dieser Grad der Hybridisierung wird auch bei der Aneignung des heiligen Raums durch die Gastgemeinde beobachtet, zu der in der Heiligen Liturgie nicht nur die Schutzheiligen der eigenen Gemeinde gehören, sondern auch die Schutzheiligen der Gastgeberkirche, zumindest die des ersten christlichen Jahrtausends. Diese Form der liturgischen Hybridisierung sollte nicht sofort als ein gewisses Maß an Synkretismus angesehen werden, sondern lädt zu einer tieferen Reflexion darüber ein, wie die Wechselwirkung zwischen liturgischen Handlungen und liturgischen Räumen funktioniert.

2.2 Raum als Bild. Ästhetisch-theologische Erfahrung

Im orthodox-liturgischen Verständnis ist die Liturgie mit allen liturgischen Bewegungen ein lebendiges Bild des ewigen Gottesdienstes, den der auferstandene Sohn Gottes auf dem himmlischen Altar des Vaters fortsetzt.[24] Nach dieser Auffassung wird auch der Raum Teil der liturgischen Narration, in der sich die unterschiedlichen rituellen und architektonischen Elemente in einem interaktiven Prozess aufeinander beziehen.

---

[22]   Vgl. St. Symeon of Thessalonika, The Liturgical Commentaries, hrsg. u. übers. v. Steven Hawkes-Teeples, Toronto 2011, 91.

[23]   Hier soll auch der umgekehrte Prozess der Ausstattung des Raums als Kirchenraum erwähnt werden, wo die Sakralität/Heiligkeit (oder ihr Fehlen) bestimmter Räume nicht als unabdingbare Bedingung für den Gottesdienst betrachtet wurde. Als extremes Beispiel sind hier die live übertragenen Gottesdienste aus den Privathäusern der Priester während der pandemiebedingten Maßnahmen. Ob damit ein anderer Grad der Flexibilität im Umgang mit liturgischem Raum erreicht wurde, bleibt noch zu untersuchen.

[24]   Vgl. Robert F. Taft, Vorwort zu St. Symeon, Commentaries (s. Anm. 23), 12.

Symeon von Thessaloniki (gest. 1429) versteht den Kirchenraum als einen Typus für das, was jenseits der Sichtbarkeit existiert, d.h. das Reich Gottes. Dieses Verständnis des Raumes erhöht die Bedeutung der Ikonostase. Die Begründung für eine solche Zweiteilung ist eng mit zentralen dogmatischen Modellen des christlichen Glaubens verbunden. Die Kirche stelle Christus dar, der Gott und Mensch ist, unsichtbar und sichtbar. Sie stelle ebenfalls den Menschen dar, der aus (sichtbarem) Leib und (unsichtbarer) Seele besteht. Sie bilde das Geheimnis der Dreifaltigkeit, welche in ihrem Wesen zwar unnahbar und unzugänglich ist, aber sich durch ihre Aktivitäten offenbart hat. Weiterhin, interpretiert Symeon den Altar und das Kirchenschiff (Naos) als Abbildung der beiden Naturen Christi, wobei die Sichtbarkeit des Kirchenschiffs die sichtbare menschliche Natur Christi bedeute, und die Unsichtbarkeit des Altars seine göttliche Natur.[25] Dieser Interpretation nach gebe es eine Einheitlichkeit zwischen der Offenbarungslehre und der symbolischen Aufteilung der Kirche aufgrund der Unterscheidung zwischen dem, was in der Sichtbarkeit als Wissen gegeben ist oder nicht. Die sichtbare Realität erfüllt sich in einer unsichtbaren. Dieser doppelte, innere und äußere, Charakter der Realität ist jedem Sakrament inhärent, das seinen Ursprung in der Menschwerdung Gottes hat. Symeon bestätigt daher, dass das Materielle und das Geistige nicht getrennt oder entgegengesetzt sind, sondern verbunden, denn es gibt

> »eine und dieselbe Kirche oben und unten, seit Gott kam und erschien unter uns und in unserer Form gesehen [...]. Und die priesterliche Tätigkeit des Herrn und die Gemeinschaft und die Kontemplation bilden ein einziges Werk, das zur gleichen Zeit sowohl oben als auch hier unten ausgeführt wird, mit diesem Unterschied: oben wird es ohne Schleier und Symbole durchgeführt, aber hier wird es durch Symbole erreicht.«[26]

Diese Vorstellung von der *einen* Liturgie im Himmel und auf Erden führt zu einer sakramentalen Theologie der ›realen Präsenz‹, in der sich symbolische Formen nicht einfach auf Objekte außerhalb ihrer selbst beziehen, sondern diese vielmehr enthalten oder direkt an ihren Referenten partizipieren.

Der Kirchenraum ist nicht nur als ein Raum des memorialen Geschehens zu verstehen,[27] sondern als Raum der göttlichen Präsenz zu betrachten. Dumitru Stăniloae macht diesbezüglich die Präzisierung, dass die orthodoxe Theologie keine Unterscheidung zwischen »heilig« und »sakral« macht, wie das westliche Christentum, besonders die katholische Theologie, es tue. Wenn im

---

[25] Vgl. St. Symeon, Liturgical Commentaries (s. Anm. 23), 89-91.

[26] Taft, Vorwort (s. Anm. 25), 8.

[27] Vgl. Christoph Markschies/Hubert Wolf, »Tut dies zu meinem Gedächtnis.« Das Christentum als Erinnerungsreligion, in: Dies. (Hrsg.), Erinnerungsorte des Christentums, München 2010, 10-27, 11.

katholischen Verständnis die durch die Sakramente vermittelte Gnade als erschaffen gedacht wird, gehöre das Sakrale zur Kategorie des Erschaffenen. Da die orthodoxe Kirche die unerschaffenen Energien Gottes verkünde, die selbst heilig sind, werden alle kirchlichen Handlungen, alle Personen und Objekte, die von diesem unerschaffenen Werk berührt werden und unter dessen Wirkung stehen, als »heilig« betrachtet.[28] So wird auch der Kirchenraum als ›heilig‹ und nicht als ›sakral‹ gedacht. Er sei »Ort der Anwesenheit und des Wirkens des trinitarischen Gottes« und »zentraler Raum des Heilwerks Christi«.[29] In diesem Raum erleben die Gläubigen die heiligen Mysterien »als Ereignisse, die in dieser Welt stattfinden, aber von ausserhalb der Welt stammen«[30]. Deren Ziel sei, die ganze Welt zu verwandeln.

Bei Symeon entsteht ein Raum der Gleichheit und Differenz, die durch Symbole vermittelt werden. Der heilige Raum wird um die Unterscheidung zwischen dem organisiert, was der Sichtbarkeit preisgegeben werden kann, und dem, was nicht dem Sehen zugänglich gemacht werden kann. Der Gedanke der Innenarchitektur und der Ikonographie als *imago ecclessiae* weist auf eine eschatologische Einheit hin, die schon im Jetzt die Grenzen von Zeit und Raum verwischen lässt. Die Ikonostase, deren Kraft genau in ihrer visuellen Begrenztheit liegt, verweist nicht auf eine alternative Perspektive, sondern auf *die* Sicht auf die Welt und das Selbst. In ihrer symbolischen Funktion als Bild-Schirm ist sie »eine notwendige Bedingung für die Entwicklung des geistigen Sehens«.[31] Pavel Florenski versucht die Übergangstellung der Ikonostase zwischen materieller und geistlicher Wirklichkeit über die anthropologischen Urphänomene von Träumen und Wachen zu erklären.[32] Die Realität des Erwachens ist der Bereich der Illusionen und der Hinweis auf das Reale. Beide Bereiche sind paradox. Die »feine Hülle«, in der der Traum eingeschlossen ist,

---

[28]   Vgl. Dumitru Stăniloae, Spiritualitate și Comuniune în Liturghia Ortodoxă [Spiritualität und Gemeinschaft in der orthodoxen Liturgie], Bukarest 2004, 47.

[29]   A.a.O., 45f.

[30]   A.a.O., 47.

[31]   Pavel Florenski, Die Ikonostase. Urbild und Grenzerlebnis im revolutionären Rußland, Stuttgart 1988, 70.

[32]   »Und deswegen ist der Traum, obschon sichtbar, durch und durch teleologisch, oder symbolisch. Er ist gesättigt mit dem Sinn einer anderen Welt, er ist der nahezu reine Sinn einer anderen Welt, unsichtbar, ungegenständlich, unvergänglich, obschon sichtbar und gleichsam gegenständlich zur Erscheinung gebracht. Er ist nahezu reiner Sinn, eingeschlossen in eine überaus feine Hülle, und deswegen fast gänzlich Erscheinung einer anderen, jener Welt. Der Traum ist die gemeinsame Grenze einer Reihe niederer Zustände und einer Reihe höherer Erfahrungen, die Grenze, wo das Diesseitige feiner und das Jenseitige dichter wird. Sinkt man in den Schlaf, so werden im Traum und als Traum die niedersten Erfahrungen der höheren Welt und die höchsten Erfahrungen der niederen Welt symbolisiert: das letzte Aufblitzen von Erfahrungen einer anderen Wirklichkeit, obschon sich bereits die Eindrücke der hiesigen Wirklichkeit andeuten.« A.a.O., 48.

wird mit einem Schleier der Materialität verglichen, der die minimale Unterstützung für die Verkörperung der »reinen Sinns einer anderen Welt« darstellt. Übersetzt in den Kontext der kirchlichen Kunst werden die Ikonen zu Mittlerinnen der eigentlichen Realität, wobei die »feine Hülle«, d.h. die durchlässige Membran, die sowohl verbirgt als auch enthüllt, die Ikonostase ist. Die Ikonen schalten für die Betrachter eine Verbindung mit einer metaphysischen Realität an:

> »Als lichte, Licht verströmende Vision offenbart sich die Ikone. Und wie immer sie liegt oder steht, nichts anderes läßt sich über diese Vision sagen als: Sie erhebt sich. Man ist sich bewußt, daß sie ihre ganze Umgebung übersteigt, da sie in einem anderen, eigenen Raum und in der Ewigkeit weilt.«[33]

Florenski deutet das spezifisch orthodoxe Verständnis der Liturgie an, die die Grenze zwischen Zeitlichkeit und Ewigkeit überwindet. Ikonen und besonders die Ikonostase sind Zeichen dieser Überwindung. Ohne Ikonostase verschwinde die Bedeutung des Altars »als Ort des Unsichtbaren, ein von der Welt getrenntes Gebiet« oder als Symbol der unsichtbaren Gottheit Christi und der menschlichen Seele »gänzlich« aus dem Bewusstsein der Gläubigen.[34] Florenski fährt fort und betont, dass die Ikonostase »eine Vision« sei, eine Erscheinung der Engel, der Heiligen, der Muttergottes und Christi selbst im Fleisch. Sie verkünden, was jenseits des sterblichen Fleisches sei. »Die Ikonostase - das sind die Heiligen selbst.«[35] Das ästhetische Gesicht des Heiligen öffnet somit ein Fenster und gibt der spirituellen Zerbrochenheit eine visuelle Stärke. Ohne die Ikonostase, diese Matrix des Figuralen, bleibe die Realität eingemauert und das Sehen werde durch eine undurchdringliche Mauer unterdrückt.

2.3 Liturgie und Raum. Ästhetisch-liturgische Erfahrung

Im liturgischen Raum wird die Heilsgeschichte nicht liturgisch nachgestellt, sondern, weil die historischen Ereignisse in einer eschatologischen Dimension geschehen sind, vergegenwärtigt. Der heilige Raum wird zu einem Raum, in dem Unmittelbarkeit und Ewigkeit zusammenlaufen. Architektur und religiöse Kunst nehmen am liturgischen Geschehen teil. Sie gehören zum gemeinschaftlichen und ekklesialen Bewusstsein. Der heilige Raum ist durch die Komplementarität zwischen Architektur, religiöser Kunst und Ritual synthetisch. Diese Elemente schaffen ein harmonisches Ganzes, das zum liturgischen Zentrum der Schöpfung wird.[36] In diesem Zentrum kommt es zu einer zweifachen Dy-

---

[33] FLORENSKI, Ikonostase (s. Anm. 33), 80.
[34] A.a.O., 69.
[35] A.a.O., 68f.
[36] Vgl. Stăniloae, Spiritualitate (s. Anm. 32), 45.58.

namik zwischen Liturgie und Raum: Einerseits zieht das kosmische Zentrum die Welt in sich hinein; andererseits erweitert sich das kosmische Zentrum, indem es die Welt mit ihren räumlichen und zeitlichen Parametern hineinzieht, so dass der gesamte Kosmos zum heiligen Raum wird. Nach orthodoxem Verständnis erfahren die Gläubigen in diesem Rahmen das Heilige, sie sehen tatsächlich das Unsichtbare und sie spüren das Unempfindliche. Sie partizipieren schon, auch wenn nicht vollständig an der eschatologischen Realität des kommenden Reiches Gottes. Der Cherubim-Hymnus während der Liturgie – »Die wir die Cherubim im Mysterium abbilden und der Leben schaffenden Dreiheit den Hymnus des Dreimalheilig singen, lasst uns nun ablegen alle irdischen Sorgen« gefolgt von den Ausruf: »Damit wir empfangen den König des Alls, der unsichtbar geleitet wird von den Ordnungen der Engel.«[37] – ist nicht nur ein Schlüsseltext zum Verständnis des orthodoxen Gottesdienstes, sondern stellt auch das traditionelle Verständnis eines orthodoxen Kirchenraumes dar, nämlich den Kirchenraum als Raum der Präsenz göttlicher Realität. Die Gläubigen sind eingeladen, zu erkennen, dass es keinen Ausschluss zwischen dem Geistigen, d.h. eschatologischen, und dem Materiellen, d.h. historischen, gibt, zwischen dem Sichtbaren und dem Unsichtbaren, zwischen dem Sinnlichen und dem Unerfahrbaren. Die ästhetische Dimension ist in der Lage, etwas zu kommunizieren, das in unserer Welt nicht vollständig existiert. Die ästhetischen Elemente geben einen Vorgeschmack auf das zukünftige Reich Gottes. Stăniloae spricht von einer zweifachen Bedeutung der Annäherung an Gott: sowohl durch die seelische Erhöhung zu Christus, der auf der Kuppel der Kirche als Pantokrator dargestellt ist, als auch durch das Voranschreiten in ein Leben mit Christus, der sich auf dem Altar befindet. Die Liturgie sei eine Bewegung in beide Richtungen, zum sich opfernden und zum auferstandenen und erhöhten Christus.[38]

2.4 Verschiebungen im diasporalen Referenzrahmen

Der Kirchenraum in der Diaspora besteht sowohl aus Realen als auch aus Imaginierten. Er wird mit einer spezifischen Theologie des Raumes aufgeladen, in der auch religiöse Gewohnheiten, Traditionen und Emotionen, die mit einem vor-diasporalen Leben verbunden sind, eine besondere Rolle spielen. Gleichzeitig eröffnet er, im Vergleich zum fixierten liturgischen Raum einer ›standardisierten‹ orthodoxen Kirche, architektonische und ästhetische Möglichkeiten, die es in der Heimat nicht gibt. Die Theologie des Kirchenraumes wird in den Diasporagemeinden also herausgefordert. Die Vereinfachung oder sogar die (vorübergehende oder permanente) mehr oder weniger theologisch reflektierte

---

[37] Aus der Liturgie des Hl. Johannes Chrysostomos, www.obkd.de/Texte/Chrysostomos-Liturgie.pdf, 34 [Aufruf: 15.2.2021].

[38] Vgl. STĂNILOAE, Spiritualitate (s. Anm. 32), 61f.

Abschaffung der Ikonenwand ermöglicht zwar einen direkteren Zugang der Gemeinde zu den Handlungen des Priesters im Altarraum, stellt aber einen Bruch mit der traditionellen Theologie eines orthodoxen Kirchenraumes dar. Mariana Mastagar stellte eine Verschiebung in der Bedeutung der Ikonen für Migranten fest: Wenn theologisch die Ikonen kein Selbstzweck, sondern Mittel der Anbetung Gottes sind, werden sie in der diasporalen Realität eher zum Mittel der Erinnerung an die Heimat und der Beziehung mit den Familienmitgliedern aus der Ferne oder mit der Tradition:

> »serving as a substitute for ›not being there‹, as part of immigrant adjustment to the host land. Traditionally icons facilitate prayer moods; in the diaspora context they trigger memories of the homeland and help to assuage homesickness and nostalgia. Canonically, they are an unscripted guide through the material world towards the search for and communion with the divine; non-canonically, they are a tangible guide through a turbulent immigrant world towards the search for ethnic roots and self-identification in a multicultural environment. In Eastern Christianity, it is received wisdom that the icon is religious contemplation, re-clothed in images; however, in the diaspora community it is more a contemplation of the personal history left behind. Catechetically, the icon conveys knowledge about faith, a reminder of it, and a vehicle of reconnecting with the spiritual world; in diasporic life, it is a reminder of historical belonging while forging new connections in a different cultural context. In short, while icons still function symbolically, their traditional referent – God/divine/faith – is overshadowed by a different one, the very personal psychological need to comfort the trauma of ›in-betweenness‹«.[39]

Diese Analyse basierend auf Repräsentativerhebungen zeigt eine deutliche Veränderung im Verständnis der Funktion und des Werts der Ikonen. Deren Nutzung in diasporalen Realitäten wird eher als Branding kultureller Differenz und als Medium der Verhandlung (religiös-)kultureller Identität motiviert, was mit einem Grad der Säkularisierung zu assoziieren wäre, d.h. mit einer Bewegung von Orthopraxie zur ethnisch-identitären Umfunktionalisierung oder Erinnerung an die kulturellen Wurzeln. Diese Aufladung der Ikone mit alternativen Werten und Bedeutungen, die die religiösen Bedeutungen überwiegen, braucht einerseits neue Reflexionen über die Entwicklung einer Kulturorthodoxie, deren religiös-ästhetisches Potential die Grenze zwischen Orthopraxie und Heteropraxie überwindet, und andererseits eine Wiederbewusstmachung der eigenen religiösen Tradition, in der kirchliche Kunst mit Theologie verflochten ist.

---

[39] Mariana Mastagar, Icons and the Immigrant Context, in: Fieldwork in Religion 2 (2006), 146-159, 156f.

2.5 Kirchenraum als ökumenische Öffnung

Aufgrund der obigen Ausführungen kann festgestellt werden, dass der heilige Raum in seiner Architektur und ästhetischen Ausstattung nie vollendet ist. Nichtsdestotrotz braucht er für die orthodoxen Gottesdienste ein Minimum an visualisierenden Elementen dieser unvollendeten Realität. Er wird durch Gebet – der Raum selbst und seine Stifter werden in den Fürbitten fast aller orthodoxen Gottesdienste eingeschlossen[40] –, durch die Beweihräucherung, durch Aufstellung der Ikonen zum (eigenen) Kirchenraum. Der Kirchenraum wird daher aktiv durch Handlungen konstituiert. Nicht nur liturgische Bewegungen der Zelebranten, sondern auch Bewegungen und Handlungen der Gläubigen im Raum, wie Küssen der Ikonen, Beugungen vor Heiligenfiguren und Niederwerfungen, initiieren eine Bindung zu vorhandenen Elementen aus anderen christlichen Konfessionen, die als gemeinsame Komponente des einen christlichen Glaubens betrachtet werden können.

2.5.1 Die ökumenische Dimension in der Verehrung der Heiligen

Das Einbeziehen von Patronen der anders konfessionellen Kirche in den eigenen Gebeten ist ein wichtiger ökumenischer Schritt. Auf der Webseite der Rumänisch-Orthodoxen Metropolie ist ein Artikel über die Heiligen des »Westens«[41] zu finden, in dem auf die Entscheidung der Synode der russisch-orthodoxen Kirche im Ausland von 1952 über die Verehrung der Heiligen des Westens der »ersten und nachfolgenden Jahrhunderte, die Verkünder des orthodoxen Glaubens waren«[42], verwiesen wird. Ein weiterer Artikel auf derselben Webseite (in Übersetzung), verfasst von der zur Orthodoxie konvertierten Philosophin Cornelia Delkeskamp-Hayes, beinhaltet eine Übersicht der heiligen Reliquien in Deutschland. Die Autorin spricht von Mainz als einer »ehemaligen [...] Hochburg der Reliquienverehrung« und zitiert unter anderem einen

---

[40] »Für dieses heilige Haus und alle, die mit Glauben, Frömmigkeit und Gottesfurcht hier eintreten, lasst uns beten zum Herrn.« (aus der großen Friedensektenie zu Beginn der Liturgie und anderer Gottesdienste. Diese Fürbitte wird mindestens dreimal während der Liturgie wiederholt); »[...] Du selbst, Gebieter, blicke nach Deiner Barmherzigkeit auf uns und auf dieses heilige Haus [...]« (aus dem Gebet zur 1. Antiphon während der Liturgie des Hl. Johannes Chrysostomos); »Wir beten auch um Erbarmen, Leben, Frieden, Gesundheit, Errettung, Heimsuchung, Verzeihung und Vergebung der Sünden der Knechte Gottes [...] und der Wohltäter dieses heiligen Hauses« (aus der Inständigen Ektenie nach der Evangeliumslesung); »heilige alle, die die Zierde Deines Hauses lieben« (aus dem Gebet vor der Entlassung). Aus der Liturgie des Hl. Johannes Chrysostomos unter www.obkd.de/Texte/Chrysostomos-Liturgie.pdf, 2.5.19.84 [Aufruf: 15.2.2021].

[41] Diese Verallgemeinerung wird auch deutlich in einem aus dem Rumänischen ins Englische übersetzten Akathistos auf derselben Webseite (Akathist to all the Saints that shone forth in the lands of the West), www.mitropolia-ro.de/index.php/de/330-akathist-saints-of-the-west [Aufruf: 15.2.2021].

[42] www.mitropolia-ro.de/index.php/ro/catehizare/sfintii-apusului [Aufruf: 15.2.2021].

Bericht des Domkustos des Halberstädter Doms, der Informationen darüber enthält, dass sich in der Schatzkammer des Doms »300 Reliquien befinden, um die niemand sorgt«.[43] Diese Informationen sollen orthodoxen Gläubigen bewusst machen, dass es in vielen katholischen oder evangelischen Kirchen, wo orthodoxe Gemeinden ihre Gottesdienste feiern, heilige Relikte gibt, die es verdienen, verehrt zu werden.

In der rumänisch-orthodoxen Metropolitankirche in Nürnberg befindet sich an der Westwand ein Fresko mit Bekennern während der faschistischen und kommunistischen Diktaturen, sowie der großen Beichtväter Rumäniens im 20. Jahrhundert. Unter ihnen sind die protestantischen Pastoren Dietrich Bonhoeffer (1906-1945) und Paul Schneider (1897-1939), die Karmeliterin Edith Stein (1891-1942), der polnische Franziskaner Maximilian Kolbe (1894-1941) und der österreichische Bauer Franz Jägerstätter (1907-1949), der von der katholischen Kirche zum Märtyrer erklärt und seliggesprochen wurde, zu sehen. Im deutschen multikonfessionellen und multikulturellen Raum ist diese Art der Repräsentation, diese »ökumenische Ikonographie«[44], nicht nur ein Akt der Integration, sondern auch ein Bekenntnis dazu, dass die Heiligkeit und die spirituelle Macht großer religiösen Figuren die konfessionellen Grenzen überschreiten.

Durch ihre besondere Art der Reliquien- und Heiligenverehrung hat die Orthodoxe Kirche in der Diaspora die Möglichkeit eine wichtige Tradition der christlichen Identität, die in den anderen Konfessionen u.U. nur noch an vergangene Zeiten der Volksfrömmigkeit erinnert, wiederzubeleben und im ökumenischen Dialog fruchtbar zu machen. Im Prozess der kulturellen Integration orthodoxer Christen sind daher lokale heilige Referenzen ein wichtiger Faktor. Ihre Aktivierung setzt sie in ein neues Licht für den lokalen kulturellen und religiösen Raum und enthüllt gleichzeitig einen wesentlichen Identitätsmarker für die orthodoxe Gastgemeinschaft, die wiederum den neuen Kontext leichter annehmen kann.

2.5.2 Die ökumenische Dimension in der Nutzung desselben Altars

Die katholischen und evangelischen Kirchenräume werden von den orthodoxen Gemeinden nicht nach orthodoxem Ritus geweiht – es sei denn das Kirchengebäude wird von einer orthodoxen Gemeinde gekauft und im orthodoxliturgischen Stil eingerichtet. Die Kirchweihe ist ein solches zentrales Moment in jeder orthodoxen Gemeinde, die mit der Einwohnung Christi in der Kirche

---

[43]   www.mitropolia-ro.de/index.php/ro/327-moaste-in-germania, Übersetzung: www.ortho doxengland.org.uk/oerelde.htm [Aufruf: 15.2.2021].
[44]   www.mitropolia-ro.de/index.php/de/nachrichten-2012/161-oekumenische-ikonogra phie [Aufruf: 15.2.2021].

und seiner heiligenden und heilenden Tätigkeit übereinstimmt.[45] Gerade die Weihe des Altars spielt dabei eine besondere Rolle.

Bei einer orthodoxen Kirchweihe wird der Altartisch nach einem äußerst strikten Ritual geweiht: er wird mit warmem Weihwasser und mit Rosenwasser vermischten Wein gewaschen, mit heiligen Myron gesalbt und mit besonderen Tüchern umkleidet. Das untere Tuch ist weiß und symbolisiert das Leichentuch Christi. Über diesem Tuch wird der Altartisch mit einer 40 Meter langen Schnur umwunden als Erinnerung an den Strick, mit dem Christus gebunden wurde. Das Unterkleid wird mit einem festlichen Obergewand umhüllt, dass das königliche Gewand Christus in seiner Herrlichkeit symbolisiert. Der Altartisch symbolisiert also Christus in seinem Leiden, seiner Erniedrigung, seinem Tod, aber auch in seiner Herrlichkeit. Mit seinem Martyrium werden auch diejenigen christlichen Märtyrer verbunden, deren Reliquien in diesen Tisch eingeschlossen werden.[46] Weil all dies in einer nicht-orthodoxen Kirche nicht zu finden ist, beschränken sich die Diakonen- und Priester-Weihrituale auf das für jede orthodoxe Liturgie unverzichtbare Antimension (griech. ἀντιμήνσιον, »anstelle des Altars«), ein viereckiges Tuch aus Seide oder Leinen mit einer Darstellung der Grablegung Christi und an den Ecken mit den Symbolen der vier Evangelisten: der Stier, der Löwe, der Mensch und der Adler, das auf dem Altartisch gelegt wird.[47] Diesen liturgischen Akt in einer nicht-orthodoxen Kirche zu vollziehen, birgt eine tiefere theologische Dimension, als es auf den ersten Blick erscheint. Auch wenn das Antimension auf dem Altartisch liegt, bekommen die Feier der Liturgie und die Durchführung einer Diakon- oder Priesterweihe auf und an demselben Altar überkonfessionelle Züge, die theologisch aufgedeckt werden müssen. Auch die Anerkennung anderer Elemente, wie Statuen oder Schutzpatrone, die in der eigenen liturgischen Feier inkludiert werden, tragen dazu bei, dass die interkonfessionellen Befremdungsängste bei den Gläubigen gemindert werden. Diese Begegnung der Konfessionen genau in deren liturgisch-intimsten Teil, nämlich auf demselben Altar, wenn auch in je verschiedener Weise, birgt eine ungeahnte ökumenische Dimension, die in dieser Weise theologisch noch nicht exploriert wurde.

Die nicht nur im deutschen, sondern auch im interkonfessionellen Kontext inkulturierten Gemeinden werden zu ökumenischen Botschaftern sowohl in den eigenen Reihen als auch darüber hinaus in ihren Ursprungsländern. Denn ihr religiöser Nährboden beinhaltet auch andere, zunächst nicht vertraute Wasser. Ihnen gelingt nicht nur die Tradierung des orthodoxen Glaubens im deutschen Kontext, vielmehr bekommt ihre religiöse Sprache besondere, eigene Töne, die der Ausdruck eines intern stets sich vollziehenden Dialogs ist. Die Priester stehen hierbei vor einer doppelten Aufgabe: einerseits die orthodoxe

---

[45] Vgl. Stăniloae, Spiritualitate (s. Anm. 32), 76.
[46] Vgl. http://orthpedia.de/index.php/Altartisch [Aufruf: 15.2.2021].
[47] Vgl. ebd.

Tradition zu pflegen; andererseits den kulturell-religiösen Kontext zu berücksichtigen. Durch die Berücksichtigung der konfessionell Anderen versuchen viele Priester dieses konfessionell »Fremde« in der Formulierung eigener Theologie so einfließen zu lassen, dass die Befremdungseffekte verringert werden und die durch strenge Traditionalisten hervorgerufene Verunsicherung durch eine inklusive Position überwunden wird. Auch die Mitglieder der Gemeinde versuchen das zu eigen Gewordene den neuen Mitgliedern beizubringen. Durch diese Differenzerfahrung entstehen eine neue identitäre Lokalisierung und Legitimationsstrategie.

Durch interkulturelle Begegnung können eingefahrene Denkhorizonte und fixierte Reflexionen über eine andere Realität herausgefordert werden. So kann sich eine Koexistenz kulturell-religiöser Konstanten herausbilden, die im gegenseitigen Gespräch in Komplementarität miteinander wachsen können. Die interkulturelle Begegnung wird authentisch, wenn das Selbstverständnis und - wahrnehmung in ein neues Licht gerückt werden. In der Dynamik des Zusammenlebens können die Begriffe das »Eigene« und das »Fremde« den Weg von Spannung und Toleranz zu Neubewertung, Transformation und Akzeptanz zurücklegen. Die tägliche Dynamik des interkulturellen Treffens führt dazu, dass die Bezeichnung konfessionell anderer, ihre Systematisierung und ihr Verständnis neu gedacht werden.

2.5.3 Grenzen in der Ökumene

Über die positiven ökumenischen Aspekte hinaus gibt es für das Feiern orthodoxer Gottesdienste in nicht-orthodoxen Kirchenräumen praktische Begrenzungen. Die orthodoxen Gemeinden leiden oft unter Beschränkung der Gottesdienstzeiten. Es gibt Situationen, in denen die orthodoxen Gottesdienste wegen der Gottesdienste oder Veranstaltungen der gastgebenden Gemeinde (katholisch oder evangelisch) verlegt werden (z.B. in die Sakristei) oder sogar ausfallen müssen.

Mit ihrem formal-ästhetisch regulierten Kirchenraum stoßen orthodoxe Gemeinden auf eine Uneinheitlichkeit, was dessen Gestaltung und Verständnis im deutschen Kontext betrifft. Diese konfessionelle Differenz, die auch eine Mehrzwecknutzung des sakralen Raumes ermöglicht, wie z.B. für Ausstellungen und Konzerte, bis hin zur Möglichkeit seiner Entsakralisierung, ist für osteuropäische orthodoxe Christen, in deren Länder immer noch neue Kirchen gebaut werden, wie z.B. in Rumänien, nur schwer verständlich.

Ein weiteres Problem ist die ästhetische Gestaltung des Innenraums durch die orthodoxe Gastgemeinde, die in vielen Fällen nicht im Einklang mit der Architektursprache und der Innenausstattung des angemieteten Kirchenraums steht. Hier fehlt die Expertise einer Künstlerin und eines Künstlers oder einer zusammengesetzten bi-konfessionellen Kommission, die den Raum entsprechend seiner Umnutzung ästhetisch neu denkt.

In vielen orthodoxen Gemeinden besteht der Traum eigene Kirchen zu kaufen oder zu bauen. Dieser Traum nimmt schon Gestalt in dem angemieteten

Kirchenraum an. Vor dem Ende der Liturgie beten viele rumänisch-orthodoxe Priester ein Gebet für den Erwerb oder Bau eines eigenen Kirchenraums. Für einige orthodoxe Gemeinden bleibt dieser Gedanke nur ein Desiderat, das mit der Zeit immer schwieriger realisierbar scheint.

3. Fazit

Die Diasporagemeinde sichert nicht nur die eigene religiös-kulturelle Identität, sondern bildet gleichzeitig den Raum für deren Umformung, welche durch sprachliche, kulturelle und religiöse Partizipation an/in der neuen »Heimat« gekennzeichnet sind. Hier konfrontiert man sich mit unterschiedlichen Betrachtungs- und Interpretationsweisen des Religiösen sowie mit einer Vielschichtigkeit der Identität. Der Faktor der Fremdheit spielt eine entscheidende Rolle. In dieser Hinsicht stehen die diasporalen Gemeinden vor der Aufgabe sowohl den konkreten (ethnisch/national) als auch den symbolischen (religiös/konfessionell) Bezug zur Heimat erneut zu definieren. In diesem Definierungsprozess ist die Konstruktion von kollektiver und personaler Geschichte einerseits, und die Potenzierung gemeinsamer religiöser Traditionen, die sich als überkonfessionell erweisen, andererseits, von primärer Bedeutung. Nicht alle Angehörigen einer Diasporagemeinde sind Migranten. Einige besitzen einen indirekten, durch Eltern/Großeltern vermittelten Zugang zur Erfahrung der Fremde. Für die Identität dieser Christen spielt die Brücke zwischen Orthodoxie und Herkunftskultur der (Groß-)Eltern einerseits und der politischgesellschaftlichen und religiösen Realitäten in Deutschland eine große Rolle. Die identifikative Rekonfigurierung oder sogar Neuausrichtung bei Mischehen, was z.B. die religiöse Erziehung der Kinder betrifft, bleibt eine Herausforderung, die auch in einem engen Verhältnis zu sich wandelnden sozialen Bezügen steht. Die Gemeinde bleibt eine Plattform, die nicht nur durch den Ritus sinnstiftend fungiert – sie wird zugleich zu einem Verarbeitungsinstrument religiöser und sozialer Erfahrungen. Sie bleibt eine bedeutende Bezugsebene für die Sozialintegration der orthodoxen Gläubigen in den deutschen Kontext, deren Rolle zu wenig oder gar nicht von den sozialpolitischen Institutionen wahrgenommen wird.

Religiöse Gemeinschaft und Kirchenraum spielen eine Rolle in der Erinnerung an religiöse Wurzeln und stärken das Zugehörigkeitsgefühl. Der Kirchenraum mit seinen liturgischen Ausstattungen ist ein Spiegelbild eines spezifischen Kirchenverständnisses. Der angemietete (katholische oder evangelische) Kirchenraum wird zwischen Gastgeber- und Gastgemeinde kontinuierlich ausgehandelt und erfährt Transformationen, die komplexe interkulturelle Verhältnisse zum Vorschein bringen. Religiöse Praxis und Liturgieverständnis überschreiten räumliche Maßstäbe. Der Raum selbst wird durch liturgisches Geschehen und durch seine Theologisierung sogar transzendiert. Er enthält eine

Vielschichtigkeit der Realität – real, liturgisch-transzendental, imaginär – sowie eine Verdichtung in der Möglichkeit des Erscheinens des Unsichtbaren.

Im Kontext der modernen Bedingungen der Mobilität (und Entwurzelung) ist die (Neu-)Schaffung sozial-religiöser Bindungen durch Religionsgemeinschaften von entscheidender Bedeutung. Diese können zur Destabilisierung von Kategorien und Grenzen führen, die als nicht flexibel galten und direkt oder indirekt zu einer gewissen Trägheit des religiösen Denkens und Handelns beitrugen. Die Ausführung über einen emblematischen Raum einer orthodoxen Kirche sollte die Rolle und Bedeutung des orthodoxen Verständnisses eines heiligen Raums hervorheben, der in den diasporischen Realitäten herausgefordert wird. Die Gestaltung des angemieteten Kirchenraums in der Diaspora deutet auf neue Bedeutungen oder Verschiebungen hin, nämlich, dass der Raum auch eine Produktion von kommunalen Beziehungen und Werten ist, die Reaktionsfähigkeiten beinhalten.

Dietrich Thränhardt/Jenni Winterhagen

KATHOLISCHE »NEBENKIRCHEN«

Italienische, spanische und kroatische Migrationsgemeinden in Deutschland[1]

Dank der Einwanderungen ist die Katholische Kirche heute die größte religiöse Gemeinschaft in Deutschland. Während die Mitgliederzahl der Evangelischen Kirche stark zurückgegangen ist, wurde der Schwund in der Katholischen Kirche durch Einwanderung ausgeglichen.

Tab. 1: Kirchenmitglieder in Deutschland 1946 und 2018 in Millionen

Jahr	evangelisch	katholisch
1946	37,2	22,7
2018	21,1	23,0

Quelle: Statistische Jahrbücher

Die wissenschaftliche Literatur zur Katholischen Kirche ignoriert merkwürdigerweise die fünf Millionen Katholikinnen und Katholiken mit Migrationshintergrund komplett.[2] Die öffentliche Diskussion über Religion und Migration konzentriert sich ausschließlich auf den Islam. Wie selektiv die Wahrnehmung ist, wird beispielsweise daran deutlich, wie Befragungsergebnisse des Kriminologischen Forschungsinstituts Niedersachsen (KFN) diskutiert wurden. Sowohl bei katholischen wie bei muslimischen Jugendlichen mit Migrationshintergrund stellte das KFN eine Korrelation zwischen Religiosität und Distanz zur »Mehr-

---

[1] Eine ältere Fassung des Aufsatzes ist im Rottenburger Jahrbuch für Kirchengeschichte 38 (2019) erschienen.

[2] Vgl. z.B. THOMAS GROSSBÖLTING, Der verlorene Himmel. Glaube in Deutschland seit 1945, Göttingen 2013; DANIEL GERSTER u.a. (Hrsg.), Religionspolitik heute. Problemfelder und Perspektiven in Deutschland, Freiburg 2018.

heitsgesellschaft« fest.[3] Beide Gruppen identifizierten sich zudem religiöser. Die Distanz katholischer Jugendlicher konstatierte das KFN erstaunt, ohne jedoch näher darauf einzugehen. Die Ergebnisse zu den muslimischen Jugendlichen stellte das das KFN hingegen ausführlich dar, woraufhin das Phänomen öffentlich breit diskutiert wurde.

Auf dem Höhepunkt der Anwerbung 1973, kurz vor Anwerbestopp, kam über die Hälfte der »Gastarbeiter« aus mehrheitlich katholischen Ländern oder Teilstaaten. So schloss die Bundesrepublik 1955 den ersten Anwerbevertrag mit Italien ab, 1960 folgten Verträge mit Spanien und Griechenland, 1961 mit der Türkei, 1964 mit Portugal und 1968 mit Jugoslawien.[4] Die Zahlen für Jugoslawien lassen sich nicht nach Teilrepubliken oder Nationalitäten differenzieren, die Mehrheit dürfte vor allem in den ersten Jahrzehnten kroatisch – und damit katholisch – gewesen sein.

Für die Menschen aus dem Mittelmeerraum richteten die Diözesen separate Gemeinden ein, zusätzlich zu den im Prinzip offenen Ortsgemeinden. Diese Praxis unterschied sich vom Umgang mit katholischen Vertriebenen, Aussiedlern und Aussiedlerinnen, die in die eigenen Reihen aufgenommen wurden. Einigen gelang der Aufstieg in die bischöfliche Hierarchie, z.B. den Kardinälen Meissner und Zollitsch. Im Rahmen der Arbeitsmigration warben die Diözesen hingegen Priester aus den Herkunftsländern an, die die separaten Gemeinden – »ausländische Missionen« genannt – betreuten. Anfangs mussten die Priester ihr Angebot bekannt machen – sie gingen in Fabriken und Unterkünfte, erstellten Listen und bauten ihre Gemeinden langsam auf.

Entsprechend dem »Mythos der Rückkehr« blieben die »Missionen« in einer Sondersituation, auch wenn schon früh Kritik laut wurde: 1971 beklagte Herbert Becher, Leiter des Katholischen Büros, die Ausländerseelsorge bleibe »nationale Gettokirche«. »Die amtskirchliche Struktur bleibt national, d.h. kein Einbau von Ausländern in die deutsche ordentliche Seelsorge als Kaplan oder Pfarrer oder gar in die Bischofskonferenz, obgleich es in der Diaspora Städte gibt, in denen die Mehrheit der Katholiken Ausländer sind.«[5] 1987 charakterisierte der Limburger Ausländerreferent Herbert Leuninger die Gemeinden als »Nebenkirche für einen nicht-integrierten Bevölkerungsteil«, »im inferioren Sinne«.[6]

---

[3]   Kriminologisches Forschungsinstitut Niedersachsen (KFN), Kinder und Jugendliche in Deutschland. Zweiter Bericht zum gemeinsamen Forschungsprojekt des Bundesinnenministeriums und des KFN, Hannover 2010, 99.103.

[4]   Zur Rekrutierung und zu den politischen Rahmenbedingungen Jochen Oltmer u.a. (Hrsg.), Das »Gastarbeiter«-System. Arbeitsmigration und ihre Folgen in der Bundesrepublik Deutschland und Westeuropa, München 2012.

[5]   Herbert Becher, Kirchen und ausländische Arbeitnehmer, in: Bundesarbeitsblatt 7/8 (1971), 488.

[6]   Herbert Leuninger, Eine Nebenkirche oder die Einheit in der Vielfalt? Die Gemeinden von Katholiken anderer Muttersprache in der Bundesrepublik Deutschland, in: Klaus Barwig/Dietmar Mieht (Hrsg.), Migration und Menschenwürde, Mainz 1987, 160.

Erst 2003 nahm die Deutsche Bischofskonferenz die Kritik auf und forderte »statt einer ›monokulturellen‹ eine multikulturelle Pastoral«.[7] Seelsorger sollten »Brückenbauer« werden. 2004 forderten die Bischöfe, die Kirche solle Ort der Integration werden. Dann könne sie dies auch von der Gesellschaft fordern und »Motor für ein zukunftsweisendes Zusammenleben in der deutschen Einwanderungsgesellschaft werden.«[8] Dies entsprach dem Integrationskonsens, der sich in diesen Jahren in der Politik entwickelte. Die Sonderstrukturen blieben gleichwohl bestehen. Heute gibt es etwa 450 muttersprachliche Gemeinden in 35 Sprachgruppen mit fast 500 Priestern und Ordensleuten aus dem Ausland.

Auch die Ausländersozialarbeit war national organisiert. Die Caritas war für Eingewanderte aus katholisch geprägten Ländern zuständig: Italien, Spanien, Portugal und – neben der Arbeiterwohlfahrt – Jugoslawien.[9] Sie arbeitete mit den Priestern zusammen und hatte teils ihre Büros in den Missionen. Dies führte einerseits zur Einflussnahme der Priester auf die Sozialarbeit. Andererseits konnten so viele Menschen einfach erreicht werden, teils sonst schwierig erreichbare Personengruppen. Es entstanden handlungsfähige Einrichtungen mit religiösem und sozialem Angebot in den jeweiligen Sprachen.

Seit den 1980er Jahren begann die Caritas, die Beratung fachlich und räumlich stärker in ihre Strukturen zu integrieren. 1999 beendeten Bund und Länder die Mittelverteilung unter den Wohlfahrtsverbänden entsprechend der nationalen Herkunft. Die Zusammenarbeit zwischen Sozialarbeit und Missionen ist seitdem nicht mehr so eng.

Priester und Sozialberatungen waren Anlaufstellen für alle Fragen. Dies zeigt deutlich eine Gesamtumfrage unter den Priestern, die Bernd Gottlob 1976 durchführte. Die Hälfte der Missionare gab an, sie verwendeten die Hälfte oder mehr ihrer Arbeitszeit für soziale Probleme, wie etwa die Wohnungs- und Arbeitssuche. Ein italienischer Priester beschrieb seinen Arbeitsalltag so:

»Ich bin zuständig für den gesamten Niederrhein [...] [ca. 8.000 Italiener]. Mein persönliches Leben: Jeden Morgen stehe ich um 5.30 Uhr auf und zelebriere um 6.30 Uhr die Messe im Krankenhaus Walsum. Um 7.30 Uhr fängt meine Arbeit an, die dann um 20-22 Uhr oder auch später endet. Das Essen ist unregelmäßig [...]. Seit 10 Jahren bewohne ich eine 58 qm große Wohnung [...] ohne Zentralheizung. [...] Die Woche hat für mich 7 Tage, ich kenne keinen Ruhetag.«[10]

---

[7]   »Eine Kirche in vielen Sprachen und Völkern«. Vgl. David Hüser, Leben in Bewegung. Das Konzept der offenen Community in der Pastoral mit spanischsprachigen Migranten, Ostfildern 2018, 168 mit Belegen und Verweisen.

[8]   »Integration fördern – Zusammenleben gestalten«. Vgl. a.a.O, 232.

[9]   Vgl. Jürgen Puskeppeleit/Dietrich Thränhardt, Vom betreuten Ausländer zum gleichberechtigten Bürger, Freiburg 1990.

[10]   Bernd Gottlob, Die Missionare der ausländischen Arbeitnehmer in Deutschland. Eine Situations- und Verhaltensanalyse vor dem Hintergrund kirchlicher Normen, München 1978, 216.

Viele Missionen boten Sportgruppen, Chöre, Musikunterricht und Räume, in denen sich die Jugend treffen konnte. So erzählt ein junger Kroate von der Berliner Mission in den 1980er Jahren:

> »Wir hatten drei Chöre, drei Mandolinengruppen, ein Jugendorchester, in dem 100 oder 150 Kinder spielten. Also war alles sehr aktiv, und keiner fragte nach jedem Cent, also Geld spielte keine Rolle. So war das. Jetzt seit 10, 15 Jahren ist es anders.«[11]

Eine italienische Frau erinnert sich ähnlich:

> »Ja, ich hab' in der Gemeinde viel gelernt [...] mir wurde sehr viel Vertrauen geschenkt [...]. Ich habe gelernt mit Kindern umzugehen [...], zu organisieren, ich habe gelernt, vor größeren Gruppen zu sprechen und zu lesen, als Lektorin, aber vor allem auch zu sprechen, als Organisatorin und hab' dadurch sehr viel Selbstbewusstsein bekommen [...] was mich auch dazu geführt hat, einfach mir mein Studium zuzutrauen und überhaupt viel zu trauen.«[12]

Priester, pastorale Mitarbeitende der Missionen, Sozialberaterinnen und -berater waren wichtige Akteure: Sie waren untereinander vernetzt und verfügten über Ressourcen und Handlungsspielraum. Gleichzeitig agierten sie relativ isoliert von den diözesanen Strukturen.

Insgesamt bildeten die Missionen zusammen mit der Sozialarbeit der Caritas dichte Netze, die wichtige Anlaufstellen für Menschen mit ihren persönlichen Problemen waren und gleichzeitig die Infrastruktur für Gemeinschaftsbildung boten: Exakt das, was Elwert 1982 als »Binnenintegration« für wünschenswert erklärte und Esser als Sackgasse betrachtete, die Assimilation behindern würde.[13]

Dabei zeigt sich, dass unterschiedliche Aktivitätsprofile und Schwerpunktsetzungen der pastoralen Arbeit in den Sprachgruppen entstanden. Dies illustrieren wir im Folgenden am Beispiel der italienischen, spanischen und kroatischen Gemeinden. Wir stellen darüber hinaus die These auf, dass diese unterschiedlichen Gemeindekulturen sich auf die Integrationspfade der Gruppen auswirkten.

---

[11]   Vgl. DIETRICH THRÄNHARDT/JENNI WINTERHAGEN, Der Einfluss der katholischen Migrantengemeinden auf die Integration südeuropäischer Einwanderergruppen in Deutschland, in: OLTMER u.a., Das »Gastarbeiter«-System (s. Anm. 4), 199-215, 202; JENNI WINTERHAGEN, Transnationaler Katholizismus. Die kroatischen Migrantengemeinden in Deutschland zwischen nationalem Engagement und funktionaler Integration, Berlin 2013.
[12]   NICOLA SCHMITT, Bedeutung der Gemeinde, in: HARALD LOFINK/GERHARD SCHMIED (Hrsg.), Kirche – Heimat in der Fremde. Untersuchungen von zwei Gemeinden anderer Muttersprache im Bistum Mainz, Mainz 2004, 42.
[13]   Vgl. GEORG ELWERT, Probleme der Ausländerintegration. Gesellschaftliche Integration durch Binnenintegration, in: Kölner Zeitschrift für Soziologie und Sozialpsychologie 34 (1982), 717-731, 720.

1. Italienische Differenzen und Verständigungsprobleme

Schon ein Jahr nach dem Anwerbevertrag mit Italien 1955 kamen italienische Priester nach Deutschland, 1974 waren es bereits 129. Während die Arbeitsmigrantinnen und -migranten mehrheitlich aus Süditalien kamen, stammten fast alle Priester aus dem Norden.[14] Viele Missionen wurden in den ersten Jahren vom Scalabrini-Orden betreut, der in Piacenza beheimatet ist. Wegen Überalterung kann er heute nur noch die Niederlassungen in Stuttgart und München betreiben.[15] Da viele Gläubige süditalienischen Dialekt sprachen, während die Priester die Hochsprache verwendeten, entstanden Kommunikationsprobleme.[16]

Hinzu kamen Unterschiede in den religiösen Mentalitäten. Im Süden ist der Katholizismus »viel mehr vom Gemüt her, vom Folkloristischen, von Traditionen und Prozessionen bestimmt. Im Norden ist er viel stärker auch rational und sehr viel mitteleuropäischer geprägt.«[17] Im Süden ist der lokale Schutzpatron zentral, in den letzten Jahrzehnten auch die Verehrung von Padre Pio. Ein italienischer Priester erklärte im Interview 1976, »dass der Auswanderer, besonders der Süditaliener, gegenüber dem Priester aus dem Norden ein gewisses Misstrauen empfindet und fürchtet, dass dieser ihn nicht so recht verstehen wird.« Ein anderer Missionar erinnerte sich, wie er einen Bischof aus Italien einlud: »Als der Bischof kam, wurde er von einem Pfarrer aus der Heimat meiner Gläubigen begleitet. Viele kannten ihn. Nach der Messe standen alle auf dem Kirchplatz zusammen, und ich sah, wie die Leute den Pfarrer begrüßten, wie sie sich unterhielten, lachten, sich umarmten – er war einer von ihnen, ich werde das nie sein.«[18] Traurigkeit und Resignation schwingt in diesen Sätzen mit. Gottlob berichtet jedoch auch von ärgerlichen Stimmen. So urteilten einige Priester, die süditalienischen Gemeindemitglieder seien abergläubisch, unaufrichtig und unzuverlässig.

Der Wirkungsgrad der Missionen unter den italienischen Eingewanderten war relativ gering, für Köln wird beispielsweise berichtet, dass von 20.000 italienischen Personen nur tausend erreicht wurden.[19] Gleichzeitig legten Priester

---

[14] Vgl. Vito A. Lupo, Die italienischen katholischen Gemeinden in Deutschland. Ein Beispiel für die Auswanderungspastoral während der letzten 50 Jahre, Münster 2005, 447-464; Gottlob, Missionare (s. Anm. 10), 150-155.

[15] Vgl. Tobias Kessler, Migration als Zeichen der Berufung. Italienischer Scalabrini-Orden hilft Brücken bauen, in: Bettina von Clausewitz (Hrsg.), Zuflucht Europa. Wenn aus Fremden Nachbarn werden, Hamburg 2016, 61-66; Yvonne Rieker, »Ein Stück Heimat findet man ja immer.« Die italienische Einwanderung in die Bundesrepublik, Essen 2003, 85f.121-123.

[16] Vgl. a.a.O., 122.

[17] Lupo, a.a.O., 447.

[18] Gottlob, Missionare (s. Anm. 10), 154.

[19] Vgl. Yvonne Rieker, Betreuung statt Selbsthilfe. die Organisationen von und für Italiener in Deutschland, in: Karin Weiss/Dietrich Thränhardt (Hrsg.), SelbstHilfe. Wie Migranten Netzwerke knüpfen und soziales Kapital schaffen, Freiburg 2005, 112-132, 124 f.

und das von der Delegatur 1971 gegründete Informationsbüro[20] einen Schwerpunkt auf Publikationen, die theologische Fragen behandelten.[21] So brachte in den 1950er Jahren die Vereinigung italienischer Priester die Zeitung *La squilla* (Die Glocke) heraus, ab 1963 den *Corriere d'Italia*. Da viele italienische Eingewanderte nicht oder nur mit Schwierigkeiten lesen konnten und Zeitungslektüre im Süden wenig etabliert war, waren diese Aktivitäten wenig an den Bedürfnissen der Gläubigen orientiert.

Die italienischen Seelsorger verstanden sich eher unpolitisch. In der Umfrage Gottlobs stimmten 41% von ihnen der Aussage zu, der Missionar solle sich vor politischen Aktivitäten hüten (Spanier 20%; Kroaten 24%). Mehr als die Hälfte beklagte, dass politische Ideologien zu Feindseligkeiten innerhalb der Priesterschaft führten. Gottlob beschreibt, dass sich Engagement hier hauptsächlich in Resolutionen, weniger in konkreten Aktivitäten manifestierte.[22] Ideologische Konflikte, der »polarisierte Pluralismus«[23] wurden aus Italien nach Deutschland transportiert, dies beeinträchtigte eine gemeinsame Interessenvertretung. Das italienische politische Mosaik beschäftigte sich kontrovers gegenseitig.[24] Die italienischen Vereine blieben häufig von den Missionen, der Caritas oder dem Konsulat abhängig.

Darüber hinaus gab es weitere italienische Patronate, die vom italienischen Staat unterstützt und finanziert wurden: die christliche, die sozialistische und die kommunistische Gewerkschaft, die katholische Arbeitervereinigung und die italienischen Parteien, die versuchten, zur Stimmabgabe in Italien zu motivieren. Ab der Grenze war die Fahrt in den Heimatort zu den Wahlen kostenlos. Auch innerhalb des katholischen Sektors wird über Rivalitäten zwischen Priestern, Sozialarbeitern und dem christlichen Arbeiterverband ACLI berichtet, oft mit dem Versuch, die Leitung von Gruppen zu übernehmen – typisch für den italienischen Klientelismus, der von staatlichen

---

[20]   Ufficio Documentazione e Pastorale.

[21]   Vgl. LUPO, Gemeinden (s. Anm. 14), 97, 99.

[22]   Vgl. GOTTLOB, Missionare (s. Anm. 10), 154, 132.

[23]   GIOVANNI SARTORI, Teoria dei partiti e caso italiano, Mailand 1983, 256-262.

[24]   Vgl. PETER KAMMERER, Some Problems of Italian Immigrants' Organizations in the Federal Republic of Germany, in: ROBIN OSTOW/JÜRGEN FIJALKOWSKI (Hrsg.), Ethnicity, Structured Inequality, and the State in Canada and the Federal Republic of Germany, Frankfurt/M. 1991, 185-196, 196; EDITH PICHLER, Migration, Community-Formierung und ethnische Ökonomie. Die italienischen Gewerbetreibenden in Berlin, Berlin 1997, 41-46; DIETRICH THRÄNHARDT, Einwandererkulturen und soziales Kapitel. Eine komparative Analyse, in: DERS./UWE HUNGER (Hrsg.), Einwanderer-Netzwerke und ihre Integrationsqualität in Deutschland und Israel, Münster 2000, 15-52. Von den spanischen Vereinen waren 74 % als solche registriert, von den italienischen nur 39 %. Vgl. DIETRICH THRÄNHARDT/RENATE DIEREGSWEILER, Bestandsaufnahme der Potentiale und Strukturen von Selbstorganisationen, in: MINISTERIUM FÜR ARBEIT, SOZIALES UND STADTENTWICKLUNG, KULTUR UND SPORT DES LANDES NORDRHEIN-WESTFALEN (Hrsg.), Selbstorganisationen von Migrantinnen und Migranten in NRW, Düsseldorf 1999, 1-73, 28.

Subventionen aus Italien unterfüttert wurde.[25] Regionale Vereine wie die Circuli Sardi, Pugliesi, Calabresi, Siciliani oder die Vereinigung der Trentiner vervollständigten das Bild. Sie wurden von den italienischen Regionen unterstützt und ergänzten das klientelistische Muster.

Insgesamt zeigt sich eine hohe Zahl von kleinen Vereinen mit geringem Wirkungsgrad und wenig Kooperation. Das italienische Außenministerium führte 1982 rund 500 Vereine auf, zwei Drittel davon ohne Räume. Die vielfältigen Subventionierungen aus Italien förderten organisatorische Zersplitterung. Die Orientierung auf die Bedürfnisse in Deutschland blieb defizitär.[26]

Seit den siebziger Jahren und bis heute wird beklagt, dass die Bildungsergebnisse der italienischen Kinder in Deutschland vergleichsweise schlecht sind. Trotz aller Förderungsbemühungen bewegen sie sich etwa auf dem Niveau der türkischen Gruppe, die weit schlechtere Ausgangsbedingungen hatte und keine kirchlichen Förderstrukturen kannte. Auffallend ist die große Diskrepanz zu den positiven Ergebnissen der spanischen und der kroatischen Gruppe, auch die griechischen Kinder sind sehr viel erfolgreicher.

Schaubild 1: Anteil Gymnasium 1965-2000,[27] in Prozent

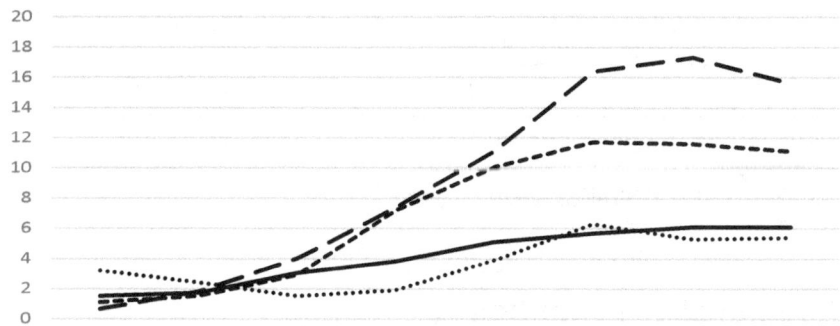

Quelle: KMK. Schaubild, Victor Sevillano Canicio, University of Windsor

---

[25] Vgl. RIEKER, Betreuung (s. Anm. 19), 125.

[26] Vgl. a.a.O., 126.

[27] Anteil Gymnasium 1965-2000:

	1965	1970	1975	1980	1985	1990	1995	2000
Spanien	0,65	1,8	4,0	7,4	11,1	16,4	17,3	15,6
Griechenland	1,1	1,5	2,9	7,2	10,05	11,7	11,6	11,1
Italien	1,5	1,7	3,03	3,8	5,1	5,68	6,1	6,1
Türkei	3,2	2,4	1,5	1,9	3,9	6,3	5,3	5,4

Ein besonders großer Teil der italienischen Kinder besucht Sonderschulen. Nach den Statistiken der Kultusministerkonferenz studierten im Jahr 2002 von tausend in Deutschland geborenen Personen 5,32 spanische, 4,18 griechische, 2,80 türkische, aber nur 1,87 italienische Staatsangehörige.[28] Auch die OECD-Studie von 2018 zeigt dasselbe Bild: Italienische Kinder haben besonders niedrige Erfolge, noch etwas unterhalb der Erfolgsraten der türkischen.[29]

Auch die Anteile an Facharbeitenden und die Nettoeinkommen sind niedriger als bei den anderen Gruppen, die Arbeitslosigkeit dagegen höher.[30] Bezeichnend für die Situation am Ende der »Gastarbeiterepoche« war ein Ergebnis aus München. In einer Studie zu den Bildungszielen für die Kinder antworteten 23% der italienischen Befragten, diese seien ihnen nicht klar (kroatische und griechische 3%).[31]

Tab. 2: Schülerinnen und Schüler nach Staatsangehörigkeit und Anteil in weiterführenden Schulen und Sonderschulen 2002, in Prozent

	Realschule/ Gymnasium	Sonderschule
Kroatisch	58,7	5,9
Spanisch	54,6	7,7
Portugiesisch	36,8	11,8
Italienisch	30,7	14,3

Quelle: KMK, Grund- und Strukturdaten 2003/04

2. Die spanischen Familien Integrative Aktivierung der Eltern

Die ersten spanischen Priester kamen mit dem Anwerbevertrag 1960, bis 1974 wuchs ihre Zahl auf 105. Nach dem Anwerbestopp sank die Priesterzahl, wie die der spanischen Gruppe insgesamt, die mit der Demokratisierung und der anstehenden EWG-Mitgliedschaft Chancen im Heimatland sah. Eine Besonderheit der

---

[28] Vgl. KMK, Grund- und Strukturdaten 2003/04, Bonn 2004.
[29] Vgl. OECD, The Resilience of Students with an Immigrant Background. Factors that Shape Well-being, OECD Reviews of Migrant Education, Paris 2018, 3.
[30] Vgl. Rieker, Betreuung (s. Anm. 19), 112f. mit weiteren statistischen Verweisen.
[31] Vgl. Landeshauptstadt München, Lebenssituation ausländischer Bürgerinnen und Bürger, München 1997, 161. Spanier waren wegen der geringen Gruppengröße nicht befragt worden.

spanischen Missionen ist ihre Multinationalität, da auch lateinamerikanische Eingewanderte sie nutzen, deren Zahl in Deutschland sei 1987 ansteigt.[32]

Die spanischen Priester waren politisch interessiert. 60% kritisierten die »mangelnde Sorge der Kirche um die unteren Schichten« (Italiener 44%; Kroaten 17%). 75% bemängelten den »gut-bürgerlichen Lebensstil der Priester« (Italiener 35%; Kroaten 26%).[33] Mehr als ein Viertel betrachtete Sozialkritik und politische Aktivität als sehr wichtig.

Dieser Geist erklärt sich aus der Opposition vieler Priester zum faschistischen Regime in Spanien. Dabei zeigten sich Unterschiede in der Ausrichtung – zur Zeit der Umfrage Gottlobs gab es unter den Priestern sowohl Franco-Anhänger als auch Mitglieder der Bewegung »Cristianos por el Socialismo«[34]. Doch statt sich auf interne Konflikte zu konzentrieren, lenkten sie ihr Engagement in eine weniger kontroverse Arena: die Bildung der jungen Generation.

Die Entwicklung der spanischen Kirche beeinflusste sie dabei: »In den sechziger Jahren durchlief die spanische Kirche eine stille Revolution, in deren Folge sie sich auf radikale Weise von [...] Franco löste. Angespornt durch den Geist des Zweiten Vatikanischen Konzils brachten sich viele gläubige Jugendliche, Geistliche und Laien in die Arbeit an der Basis ein. Vor allem in den Arbeitervierteln entwickelten sie ein Bewusstsein für soziale und politische Gerechtigkeit und nutzten ihre Struktur – die kirchennahen Organisationen waren die einzig legalen in Spanien – um die Entwicklung einer Bürgerbewegung zu fördern. Soziales Engagement bewegte viele junge Pfarrer sowie Arbeiter der Caritas und an der Basis arbeitende spanische Christen Ende der 60er Jahre in Deutschland.«[35] War ein Priester wegen seiner Aktivitäten gegen das Franco-Regime gefährdet, konnte er sich durch Auswanderung nach Deutschland einer Verfolgung entziehen.

Die Aktivität der Nürnberger Mission ist beispielhaft. Auf Initiative des spanischen Priesters wurde 1968 ein spanischer Ergänzungsunterricht und kurz darauf ein Elternverein gegründet. Dieser leistete Widerstand, als das Schulamt die Eltern 1973 aufforderte, die Kinder auf eine Ausländerschule zu

---

[32] Vgl. HÜSER, Leben (s. Anm. 7), 207.

[33] Vgl. GOTTLOB, Missionare (s. Anm. 10), 300.

[34] Zu einer kontroversen Erklärung, die unter dem Einfluss dieser Gruppe von den spanischen Seelsorgern verabschiedet worden war, BERND GOTTLOB, Die Erklärung der Spanierseelsorger in Deutschland über das Verhältnis von Glaube und gesellschaftspolitischem Engagement, in: JCSW 19 (1978), 259-275. Die spanischen Priester hatten den kontroversen Beschluss bezeichnenderweise nicht veröffentlicht, sondern er wurde über die italienische Priestervereinigung bekannt und sorgte für Bestürzung bei deutschen Bischöfen und dem Verfasser des Artikels. Deutlich wird in dem Papier, wie sich Priester nach Francos Tod radikal sozialkritisch umorientierten.

[35] ANTONIO MUÑOZ SANCHEZ, Von den Eigentümlichkeiten, aus einer Diktatur auszuwandern. Die spanische Arbeitsmigration in die Bundesrepublik Deutschland, Köln 2004, 6.

schicken: »Das Team der Mission war immer der Meinung, dass die spanischen Kinder die normale deutsche Schule besuchen sollten, weil sie in Deutschland lebten und ihre Zukunft in Deutschland sein würde. Es erschien ihnen nicht sinnvoll, dass die Eltern – weil sie an eine eventuelle Rückkehr dachten, die sich in vielen Fällen nie realisierte – die berufliche Zukunft ihrer Kinder in Deutschland gefährdeten.«[36] In ihrer doppelten Bildungsstrategie unterstützten sie die Integration der Kinder in die Regelschulen und förderten den ergänzenden Spanischunterricht. Zusätzlich unterhielt die Mission eine Kinderkrippe und einen Kindergarten. Als sie eine der beiden Einrichtungen aufgeben musste, schloss sie den Kindergarten, da in Nürnberg ein Kindergartenplatz leichter zu finden war als ein Platz für Kinder unter drei Jahren.[37] Die Krippe bestand bis 1981. Gleichzeitig bot die Mission Alphabetisierungskurse für Erwachsene. In den 1970er Jahren tadelte die Diözese die Mission, weil sie zu politisch sei. Sie hatte sich öffentlich gegen das Regime positioniert und Proteste organisiert.[38]

Der spanische Delegat Javier Lacarra, Koordinator der spanischen Priester in Deutschland, gründete 1972 eine »Abteilung für Schulangelegenheiten und Erwachsenenbildung«, mit der die Bildungssituation der Kinder verbessert werden sollte.[39] Als Grundlage diente das Memorandum des Kommissariats der Deutschen Bischofskonferenz vom Oktober 1973, das dazu aufrief, mit den Eltern zusammenzuarbeiten. Sie sollten erkennen, wie wichtig ihre Mitarbeit bei der Erziehung ihrer Kinder ist. Sie sollten sich in Elternvereinen organisieren und ihre Kinder in Kindergärten und Schulen schicken.[40] Das Gutachten sprach sich damit gegen die Errichtung von Nationalschulen oder -zweigen aus, wie sie in Bayern – und als Vorbereitungsklassen oder Vorbereitungsklassen in Langform faktisch auch in anderen Bundesländern – existierten.

Der Priester José Zabalegui wurde 1972 damit beauftragt, den Elternbrief »Carta a los Padres« herauszugeben. Er begleitet bis heute die Elternvereine, berichtet über ihre Aktivitäten, gibt Ratschläge für die Erziehungsarbeit und erklärt das deutsche Schulsystem. »La solución está en vuestros manos«, hieß es programmatisch im ersten Elternbrief. 1973 schickte Zabalegui einen Fragebogen an 35 Elternvereine: Soll eine Bundesvereinigung gebildet werden? Welche Erwartungen hat man daran? Daraufhin kommt es im November 1973 zur Bildung der »Confederación de las Asociaciones de Padres de Familia en

---

[36] Alberto Torga y Llamedo, De la misión católica de lengue española de Nürnberg. Cuarenta años de historia (1961-2001), Nürnberg 2001, 34.

[37] Vgl. Llamedo, misión católica (s. Anm. 36), 52

[38] Vgl. a.a.O., 38.

[39] Vgl. Victor Sevillano Canicio, Der Bildungserfolg der spanischen Migrant/-innen in Deutschland, ein Zufall? Eine Einführung in die Unterstützungsnetzwerke und ihre Akteure (1960-1990), in: Christian Pfeffer-Hoffmann (Hrsg.), Arbeitsmigration nach Deutschland, Berlin 2014, 358-398, 379.

[40] Vgl. a.a.O., 380.

Alemania«. Ihre Satzung erklärt, dass die Vereinigung keinerlei Abhängigkeiten oder direkte Beziehung mit Gruppen, Ideen, politischen Parteien oder religiösen Vereinigungen jedweder Art unterhalten wird. Faktisch fungierte die Abteilung für Schulangelegenheiten innerhalb der Kirche mit den entsprechenden Ressourcen als Sekretariat. Sánchez Otero unterstreicht im Rückblick die »Weitsicht der spanischen Seelsorger [...], die darauf verzichtet haben, diesen Organisationen ein katholisches Etikett zu verpassen.«[41]

Die Konföderation vertrat den oben beschriebenen doppelten Ansatz. 1980 gab es bereits 125 Elternvereine, denen mehr als 10.000 Familien angehörten.[42] Tatsächlich ist der schulische Erfolg der Kinder aus spanischen Einwandererfamilien bemerkenswert (s. Schaubild 1 und Tab. 2). Riesgo Alonso, der als Theologiestudent in den Elternvereinen mitwirkte, beschreibt die Stimmung: »Diese einfache, aber klare Idee der Elternvereine (Integration in die deutsche Regelschule und Förderung des muttersprachlichen Unterrichts) hatte ein ungeheuerliches Mobilisierungspotential [...]. Diese mobilisierende Idee hatte auch die Kraft, spanische Migranten [...] unabhängig von ihren politischen, religiösen oder ideologischen Überzeugungen zusammenzuführen.«[43] Die Elternseminare beschäftigten sich auch mit Erziehungsfragen und halfen, vom traditionellen Autoritarismus freizukommen. Die Diskussionen waren geprägt durch die Ideen des katholischen Pädagogen Paolo Freire, der Erziehung als Selbstermächtigung der Benachteiligten sah.

Wie vielfältig die Aktivitäten waren, macht eine Auflistung des Mainzer Vereins 1984 deutlich: Es gab eine Bibliothek, Sprechstunden, Deutschkurse, Spanischunterricht, Nachhilfe, eine Kindergruppe, zwei Jugendgruppen, Gemeindetreffen, Frauentreffen, Jungfamilientreffen, ein Kino-Forum, Sport-Eltern-Treffen, spanisch-deutsche Treffen und Konferenzen und Seminare zu verschiedenen Themen, koordiniert von einem Gemeinderat.[44] Der erste Bundesvorsitzende Manuel Romano Garcia setzte sich Jahr für Jahr für die Finanzierung der Hausaufgabenhilfe in Nordrhein-Westfalen ein. Das war für die Kinder entscheidend, denn Schulen, vor allem die weiterführenden, verlassen sich auf die Mitarbeit der Eltern. Schließlich erreichte er in den neunziger Jahren über den Landtagsabgeordneten Bernd Feldhaus eine direkte Landesförderung für den spanischen Elternverein, da seine Arbeit mit der Bildungspolitik

---

[41] José Sánchez Otero, Der Beitrag von sozialer Netzwerkbildung bei Migranteneltern zur Integration. Das Beispiel der spanischen Elternvereine, in: Marianne Krüger-Potratz (Hrsg.), Familien in der Einwanderungsgesellschaft, Göttingen 2004, 97-104, 99.

[42] Vgl. Muñoz Sanchez, Eigentümlichkeiten (s. Anm. 35), 7.

[43] Vicente Riesgo Alonso, Selbsthilfepotentiale nutzen und Migrantenvereine fördern. Das Beispiel der Spanier in Deutschland, in: Forschungsinstitut der Friedrich-Ebert-Stiftung (Hrsg.), Integration und Integrationsförderung in der Einwanderungsgesellschaft, Bonn 1999, 123-133, 126.

[44] Vgl. Hüser, Leben (s. Anm. 7), 175.

des Landes kompatibel war.[45] Die spanischen Familien waren in der Gründung von Elternvereinen anderen weit voraus, wie eine Auswertung des Ausländervereinsregisters von 2001 zeigt. Nur die griechischen Familien zeigten ähnliche Aktivitäten.

Tab. 3: Gründung von Elternvereinen

	1960er	1970er	1980er	1990er	Stand 2001
Spanisch	1	10	57	18	86
Griechisch		5	46	13	64
Türkisch			14	31	45
Italienisch			2	6	8

Quelle: Auswertung Ausländervereinsregister, Hunger 2005[46]

Aufbauend auf diesen Erfolgen gründete eine deutsch-spanische Gruppe unter Führung von Priestern 1984 die Spanische Akademie für Weiterbildung, die sich zu einem Vorzeigeprojekt entwickelte.[47] Auch sie pflegt den Kontakt zu den Missionen.[48] Konföderation und Akademie stehen auch für die Säkularisierung der Selbstorganisationen, die zwar in Kooperation mit den Missionen entstanden und deren Gebäude, Netzwerke und Ressourcen nutzten, aber immer eigenständiger wurden und zunehmend deutsche und europäische Förderprogramme nutzten.

3. Die kroatische Seelsorge
Intensive nationale Gruppenbildung

Die ersten kroatischen Priester in Deutschland waren 1945 vor dem Kommunismus geflohen. Nach Abschluss des deutsch-jugoslawischen Anwerbeabkommens 1968 erlaubte der jugoslawische Staat der Kirche, Priester für die Aus-

---

[45] Persönliche Information von Thränhardt aus dieser Zeit.

[46] Vgl. Uwe Hunger, Ausländervereine in Deutschland. Eine Gesamterfassung auf der Basis des Bundesausländervereinsregisters, in: Karin Weiss/Dietrich Thränhardt (Hrsg.), SelbstHilfe (s. Anm. 19), 221-244, 239.

[47] Academia Española de Formación – Spanische Weiterbildungsakademie e.V. unter www.aef.altanto.de/dieaef.htm [Aufruf: 3.9.2019]; Vgl. Riesgo, Selbsthilfepotentiale (s. Anm. 43).

[48] Vgl. a.a.O., 128.

landsseelsorge zu entsenden. Auch diese waren häufig antikommunistisch eingestellt. Das politische Umfeld war äußerst spannungsgeladen. Sowohl der jugoslawische Staat als auch Exilgruppen führten Attentate auf deutschem Boden durch.[49]
1974 arbeiteten 84 kroatische Priester in Deutschland, 2010 waren es 96.
Die Priester wiesen in der Umfrage Gottlobs Sonntagsmesse und Predigt hohe
Bedeutung zu, 89 Prozent der Priester fanden diese besonders wichtig (Italiener 58 Prozent; Spanier 58 Prozent): Die kroatischen Missionare predigten vor
vollen Kirchen. Gleichzeitig hielten sie engen Kontakt in die Heimat. 1975 hatte nur jeder zehnte Priester noch keinen Besuch seines Vorgesetzten erhalten
(Italiener 60%; Spanier 69%).[50] Die kroatischen Priester gehörten zu 71% einem
Orden an (Italiener 41%; Spanier 21%).[51] Auch heute sind über die Hälfte der
Priester in Deutschland Franziskaner.[52] Gegenüber Gottlob erwähnten die kroatischen Priester den »tiefen Glauben« der kroatischen Katholiken und ihr »Ver-
trauen in die Priester, insbesondere in die Franziskaner«.[53] Auch bei der KFN-
Umfrage von 2010 bezeichneten sich zehn Prozent der kroatischen Jugendli-
chen als sehr religiös (italienische vier Prozent).[54] Typisch für die kroatische
Seelsorge waren ihre regen Freizeitaktivitäten: die Missionen unterhielten
Sport-, Theater- und Folkloregruppen, Chöre und gaben Musikunterricht.

Damit konkurrierten die Missionen mit den »Jugo-Clubs« – Vereinigungen,
die vom jugoslawischen Staat unterstützt wurden, aber nur über geringe Ressourcen verfügten.[55] So erinnert sich ein pastoraler Mitarbeiter: »Damals waren
die jugoslawischen Clubs sehr aktiv und die katholische Kirche hat uns sehr
geholfen. Wir hatten ein Ausländerreferat und die Kirche hat alles Mögliche
bezahlt. Folklore und alles Kulturelle. Und die Kroaten haben sich dann um die
Kirche herum getroffen und nicht in diesen Clubs, die vieles gegen Deutschland gesagt haben.«

Das politische Profil der Priester war antikommunistisch und national, wie
insgesamt der kroatische Katholizismus seit den 1930er Jahren stark national
geprägt war.[56] Der Historiker Klaus Buchenau bezeichnet die Franziskaner aus

---

[49] Vgl. SVEN RÖBEL/ANDREAS WASSERMANN, Die Killer vom Balkan, in: Der Spiegel 40,
26.09.2015. Zum historischen Hintergrund und den unterschiedlichen Einwanderungs-
gruppen Arbeitsmigranten, politischen Flüchtlingen, Volksdeutschen und Bürgerkriegsflüchtlingen CHRISTOPHER A. MOLNAR, Memory, Politics, and Yugoslav Migrations
to Postwar Germany, Bloomington 2018.

[50] Vgl. GOTTLOB, Missionare (s. Anm. 10), 244.

[51] Vgl. a.a.O., 318.

[52] Vgl. den Internetauftritt unter www.kroatenseelsorge.de/home/ [Aufruf: 9.5.2021].

[53] GOTTLOB, Die Missionare (s. Anm. 10), 158.

[54] Vgl. KFN, Kinder und Jugendliche (s. Anm. 3), 88.

[55] Vgl. VLADIMIR IVANOVIĆ, Jugoslovenski ekonomski emigranti na privremenom radu
u Austriji i SR Nemačkoj (1965-1973), Belgrad 2011.

[56] Vgl. VJEKOSLAV PERICA, Balkan Idols. Religion and Nationalism in Yugoslav States,
Oxford 2002, 19.

der herzegowinischen Ordensprovinz gar als »den Humus für die [faschistische] Ustaša-Bewegung selbst«.[57] Unter den 1976 interviewten Priestern gab es vierzehn politische Flüchtlinge, der erste Leiter der kroatischen Seelsorge bezeichnete sich als politischen Emigranten.[58]

Wichtiger als alte Emigrantennetzwerke erwies sich jedoch das katholische Wiedererwachen im Jugoslawien der 1970er Jahre. Die Kirche feierte »13 Jahrhunderte kroatisches Christentum« und mobilisierte Hunderttausende in Massenveranstaltungen. Es war in seiner »Essenz eine nationale Mobilisierung«[59], sie übernahm den Stab der säkularen Nationalbewegung des »Kroatischen Frühlings«, die das Regime 1971 zerschlagen hatte. Dieser Trend beeinflusste auch die Missionen im Ausland. Die Beschäftigung mit nationaler Kultur und Geschichte wurde Teil der Katechese. Bibelolympiaden prüfen die zweite Generation nicht nur auf Bibelfestigkeit, sondern auch zur Nationalgeschichte. Aus religiösen Gründen galt es als notwendig, dass »die Kinder die Glaubensgrundsätze in ihrer Sprache erlernen, aus nationalen Gründen war es wichtig, dass sie die kroatische Sprache und Kultur lernen.«[60]

Vor diesem Hintergrund bildeten sich um die Missionen in den 1980er Jahren kroatische Kulturvereine, die eng personell und räumlich verbunden blieben. Der Leiter der Berliner Mission gründete Ende der 1970er Jahre einen der ersten Kulturvereine und blieb lange dessen Vorsitzender.[61] Nach einer Dekade übernahm ein Laie die Leitung. Ein aktives Vereins- und Gemeindemitglied, der als Arbeitsmigrant 1971 nach Deutschland gekommen war, erzählte:

> »Vieles habe ich erst hier gehört und dann habe ich bemerkt, was mir fehlt, was mir in meiner Jugend alles geklaut wurde, nicht repräsentiert war und, obwohl es mein eigenes ist, mir entfremdet wurde. [...] Meine kroatischen Wörter wurden mir einfach entfremdet, ich habe nie darüber hören können. Aber durch die Kirche hier, die auf Kroatisch hier tätig war, und unter Gläubigen habe ich vieles, vieles erfahren. [...] Die kroatische Nation soll dankbar sein, dass die Kirche als einzige im Ausland die kroatische Sprache gepflegt und an die kroatischen Gläubigen vermittelt hat.«

Auf diese Weise gelang es den Kulturvereinen, auch weniger Religiöse anzuziehen. Ein Mitglied des Stuttgarter Kulturvereins erzählt, dass sie bis zur Vereins-

---

[57]   Klaus Buchenau, Kämpfende Kirchen. Jugoslawiens religiöse Hypothek, Frankfurt/M. 2006, 67.

[58]   Vgl. Luka Tomašević, Hrvatska Katolička Misija u Münchenu. 50. obljetnica života i djelovanja (1948-1998), Split 1998, 47.64.217.

[59]   Perica, a.a.O., 73.

[60]   Tomašević, a.a.O., 128.

[61]   Alle folgenden Angaben nach Jenni Winterhagen, Natioalkatholizismus, transnationales Engagement und Integration. Die kroatischen Gemeinden in Deutschland, Berlin 2013.

gründung »nirgendwo aktiv« gewesen sei. Vom Verein hatte sie wie folgt erfahren:

>»Einer bei uns im Betrieb, der häufiger in der Kirche war – ich war nicht so oft dort, muss ich zugeben, und habe von daher nicht so sehr die Informationen gehabt – der hat mir gesagt: [...] in den Räumlichkeiten der kroatischen Mission wird eine Kulturgemeinschaft gegründet.«

Das Interesse an Kultur tarnte politisches Interesse und richtete sich gegen alles »Jugoslawische«. Ende der 1980er Jahre luden Missionen und Kulturvereine den nationalistischen Dissidenten Franjo Tudjman ein, später erster Präsident des unabhängigen Kroatien. Seine Reden vor überfüllten Gemeindesälen waren legendär. Nachdem Tudjman 1990 die Kroatische Demokratische Union (Hrvatska demokratska zajednica, HDZ) gegründet hatte, wurden in vielen Städten HDZ-Ableger als Vereine registriert. Die HDZ- und Kulturvereine bildeten zusammen mit den Missionen in den 1990er Jahren ein enges Netzwerk im Kampf um die kroatische Unabhängigkeit.

Nach Kriegsausbruch wandte sich der Zagreber Erzbischof im Juli 1991 mit einem Hilferuf an die Gemeinden im Ausland.[62] Diese verwandelten sich in »logistische Zentren«:[63] Kleidung wurde sortiert, Nahrung gesammelt und LKWs beladen. Die enge Vernetzung von Missionen, Kultur- und HDZ-Vereinen und Caritas machten Hilfsaktionen in erstaunlichem Umfang möglich.[64]

Aber die nationale Ideologie führte auch zu Exklusionsprozessen. Eine kroatische Arbeitsmigrantin, die in Deutschland einen Serben geheiratet hatte, erzählt, dass es ihr deswegen nicht erlaubt wurde, das Abendmahl zu empfangen: »Ja, das ist übertrieben. Natürlich. Ich bin dann nicht mehr in diese Mission, als ich gesehen habe, dass ich das nicht darf. Weil dieser Priester, er hat gesagt, wer nicht in der Kirche geheiratet hat, der darf das Abendmahl nicht empfangen.« Sie wurde nicht angenommen und während sich die anderen nach der Messe anfreundeten, blieb sie nicht länger.

Die nationale Ideologie betonte die Bedeutung der Rückkehr. Ein Priester veranschaulicht den Standpunkt wie folgt:

>»Ich versuche das immer so zu erklären: Von den Italienern, von denen gibt es 50 Millionen und da ist es kein Problem, wenn ein paar 100.000, wenn die nicht mehr

---

[62] TOMAŠEVIĆ, Hrvatska Katolička (s. Anm. 58), 63f.

[63] IVAN OTT, Od radnika na privremenom radu u inozemstvu do radjanja hrvatske nacionalne svijesti i identiteta. Povijesna analiza hrvatskog iseljeništva u Baden-Württembergu, in: JOSIP MADRAČEVIĆ (Hrsg.), Na kratkom valu Radio Zagreba. Fotodokumenti, zapisi i citati, Stuttgart 2002, 7-11, 10.

[64] PAUL HOCKENOS, Homeland Calling. Exile Patriotism & the Balkan Wars, Ithaca 2003, 83.

nach Italien zurückkehren. Aber bei uns Kroaten, viereinhalb Millionen, das ist ein kleines Volk. Jeder ist sehr wichtig!«

Rückkehr ist ein Leitmotiv des kroatischen Katholizismus in Deutschland. So beendete beispielsweise der Missionsleiter im Jubiläumsband der Münchner Mission von 1998 sein Vorwort mit der Bemerkung: »Aber niemals werden wir es wagen, die endgültige Rückkehr in unsere liebe Heimat Kroatien zu vergessen. Heimzukehren ist die heilige Pflicht jedes Kroaten und Gläubigen.«[65]

Die zwiespältige Rolle der kroatischen Gemeinden ist nirgend besser portraitiert als im Spielfilm »Heimkehr« (2003). Damir Lukačević beschreibt in seinem Debüt das Leben einer deutsch-kroatischen Familie in Stuttgart. Die Mission spielt eine zentrale Rolle: Die Kinder lernen Musikinstrumente in der Mission und verfügen über ein solidarisches Netzwerk. Aber auch nationales Denken wird vermittelt: Ein Sohn zieht nach dem Aufruf des Priesters freiwillig in den Krieg und kehrt traumatisiert zurück.

Die kroatischen Priester waren wie die spanischen politisch engagiert: Beide standen in Opposition zu undemokratischen Regimen: zur jugoslawischen, kommunistischen Föderation bzw. zum autoritär-faschistischen Franco-Regime. Das spanische Regime löste sich jedoch nach Francos Tod bereits 1975 auf, Jugoslawien zerbrach erst nach der Öffnung des Eisernen Vorhangs. Spanische Priester, Migrantinnen und Migranten konnten am politischen Wandel teilhaben, in einer Zeit, als die kroatische Gruppe erst begann, sich national zu organisieren. Der Übergang in Spanien gelang friedlich, die kroatische Transformation geschah in einem Krieg.

Nach den Sezessionskriegen kehrte Normalität in die Missionen zurück, die immer noch die zentrale kroatische Organisation in Deutschland bilden. Die Kulturvereine, die »allein für sich schwach, unreif und instabil [...], fast immer abhängig von den Aktionen der Missionen« waren, sind nun »Seniorenvereine« geworden.«[66] Bei vielen ist Ernüchterung eingekehrt. Die Missionen hingegen sind lebendig. Ein Mitarbeiter einer Diözese beschrieb sie 2009 wie folgt:

> »Ich finde die sehr organisiert, selbstbewusst, sprachlich sehr begabt, also im Unterschied zu den Italienern, [...] wo ich [...] manchmal einen Übersetzer brauche. Bei den Kroaten ist das kein Problem. Eine sehr junge Gemeinde, vital, lebendig, vielfältig. Beeindruckend.«

In den kroatischen Familien ist Religion noch selbstverständlicher Teil des Lebens, doch langsam machen sich auch hier schwindende Kroatisch-Kenntnisse

---

[65] TOMAŠEVIĆ, Hrvatska Katolička (s. Anm. 58), 10.
[66] MLADEN LUČIĆ, Početak djelovanja i organiziranje pastorala u hrvatskim katoličkim misijama u njemačkoj, Rottweil 2006, 36.

und zurückgehende Religiosität bemerkbar. Dies stellt die muttersprachliche Seelsorge in Frage, auch wenn sie wichtige Funktionen erfüllt, indem sie die erste Generation im Alter begleitet. Die starke Einwanderung seit dem EU-Beitritt Kroatiens hat die Gemeinden wiederbelebt.

4. Drei katholische Migrationskulturen

Die Priestergruppen aus den jeweiligen Anwerbestaaten waren unterschiedlich groß. 1975 arbeiteten 134 italienische, 97 spanische und 86 kroatische Priester in Deutschland. Auf einen italienischen Priester kamen 2.200 italienische Gläubige, auf einen spanischen hingegen nur 1.338.[67] Schätzungen lassen vermuten, dass auf einen kroatischen Priester ähnlich viele Gläubige kamen wie auf einen italienischen. Die Zahl der italienischen, spanischen und kroatischen Priester stieg seit Anfang der 1960er Jahre stark an. Seit Beginn der 1980er Jahre verminderte sich die Zahl der italienischen und spanischen Priester erheblich, der Priestermangel hatte diese Länder erreicht. Die Zahl der kroatischen Priester blieb dagegen bis heute hoch, da die kroatischen Franziskaner Nachwuchs an sich zogen. Auch in der Sozialberatung lässt sich eine unterschiedliche Versorgungsdichte ausmachen: 1986 gab es jeweils eine beratende Person für 1.698 spanische, 2.028 portugiesische, 2.911 jugoslawische, 3.823 italienische und 4.340 türkische Personen in Deutschland.[68]

Von Anfang an prägten die Missionen Muster und Themen der Selbstorganisation, die den Integrationsprozess bis heute beeinflussen. Im Rahmen der katholischen Migrantenseelsorge entstanden unterschiedliche Milieus mit spezifischer politischer Ausrichtung und sozialem Profil. Für die spanischen Priester bedeutete Integration vor allem Integration durch Bildung. Sie entwickelten für die Kinder eine erfolgreiche Doppelstrategie von deutscher Regelschule und spanischem Ergänzungsunterricht. Eine Auflistung des nordrheinwestfälischen Kultusministeriums von 2003 macht deutlich, dass die spanischen Kinder am intensivsten den muttersprachlichen Unterricht besuchten, und zwar zu 98% (italienische 36%, kroatische 41%).[69] In der kroatischen Selbstorganisation war die kroatische Nation wichtig, die »ihre Kinder« im Ausland nicht verlieren sollte. Bei der italienischen Mission lässt sich kein Integrationskonzept identifizieren. Die klientelistischen Zusammenhänge mit Italien blieben maßgebend, und die Fragmentierung der politischen Landschaft wurde importiert. In der spanischen und kroatischen Seelsorge erwuchs aus

---

[67] Vgl. GOTTLOB, Missionare (s. Anm. 10), 275.
[68] PUSKEPPELEIT/THRÄNHARDT, Ausländer (s. Anm. 9), 72f.
[69] Vgl. DIETRICH THRÄNHARDT, Spanische Einwanderer schaffen Bildungskapital. Selbsthilfe-Netzwerke und Integrationserfolg in Europa, in: WEISS/THRÄNHARDT, Selbst-Hilfe (s. Anm. 19), 93-111, 106.

der Opposition zum Regime im Herkunftsland ein starkes Engagement, das einigenden Charakter hatte. Die Schaffung von Sozialkapital wurde durch die Integrationsstrategien der spanischsprachigen und der kroatischen Seelsorge positiv beeinflusst, auch wenn die kroatischen Priester an die Rückkehr glaubten. So entstanden unterschiedlich dichte Sozialisationslandschaften. In vieler Hinsicht lassen sich Einflüsse aus den Herkunftsländern nachvollziehen, die durch das System der Missionen wirken konnten. Vor allem bei der Gründung der Schulabteilung beim spanischen Delegaten und den folgenden Aktivitäten handelt es sich um strategische Entscheidungen, die strukturell wirkten.

Die große Unterschiedlichkeit der Bildungserfolge der Kinder ist faszinierend.[70] Dass dies nicht an der Nationalität, sondern an spezifischen Umständen liegt, haben italienische Auswanderer in anderen Ländern durchaus bewiesen, so etwa in der Schweiz.[71] Die Unterschiede lassen sich nicht durch importierte Bildungsunterschiede der ersten Generation erklären, eher ist das Gegenteil der Fall. Die spanische Gruppe kam mit dem geringsten Bildungsniveau nach Deutschland: Bei der Anwerbung 1955-1973 betrug der Anteil der spanischen Facharbeitskräfte 8%, der griechischen 9%, der portugiesischen 22%, der italienischen 23%, der jugoslawischen 29%, der tunesischen 30%, der türkischen 31% und der marokkanischen 33%.[72] Aufgrund des innerjugoslawischen Entwicklungsgefälles können wir davon ausgehen, dass die kroatischen Eingewanderten besser qualifiziert waren als der jugoslawische Durchschnitt.

In neuen Statistiken zur Bevölkerung mit Migrationshintergrund werden die Unterschiede sehr sichtbar. Haushalte mit spanischem Migrationshintergrund haben höhere Äquivalenzeinkommen als die inländischen Haushalte insgesamt. Haushalte mit kroatischem und italienischem Hintergrund liegen etwas darunter. Bei den Berufsabschlüssen erreichen Menschen mit spanischem und kroatischem Migrationshintergrund fast den inländischen Durchschnitt, Menschen mit italienischem Migrationshintergrund liegen dagegen weit darunter. Diese neuen Daten umfassen zwar auch Neueingewanderte, zeigen jedoch klar die Unterschiede.

---

[70] Die Kultusministerkonferenz veröffentlichte 2002 zum letzten Mal entsprechende Statistiken, da dies nach der Einführung des Geburtsrechts nicht mehr sinnvoll war. Der Bildungserfolg der spanischen Gruppe lässt sich auch an den Daten des Mikrozensus 2005 nachvollziehen, der nach Migrationshintergrund misst und damit auch Menschen mit deutschem Pass und spanischen Eltern erfasst. Vgl. Franziska Woellert u.a., Ungenutzte Potenziale. Zur Lage der Integration in Deutschland 2009, Berlin 2009, 41.

[71] Vgl. Thränhardt, Einwandererkulturen (s. Anm. 24), 24-28.

[72] Berichte der Bundesanstalt für Arbeit 1961-1973; zitiert nach Mathilde Jamin, Die deutsche Anwerbung. Organisation und Größenordnung, in: Aytac Eryilmaz/Mathilde Jamin (Hrsg.), Fremde Heimat. Eine Geschichte der Einwanderung aus der Türkei, Essen 1998, 153.

Tab. 4: Einkommen und Berufsschlüsse: Menschen mit Migrationshintergrund

Herkunftsland	Äquivalenz-einkommen	Prozentsatz der Berufsab-schlüsse
Spanien	2.072	74,3 %
Kroatien	1.822	71,5 %
Italien	1.819	55,2 %
Inländische Haushalte insgesamt	*1.936*	*81,8 %*

Quelle: Statistisches Bundesamt, Bevölkerung und Erwerbstätigkeit, Fachserie 1, Reihe 2.2., Ergebnisse des Mikrozensus 2018, Wiesbaden 2019, 202.277.

Große Unterschiede zeigen sich auch mit Blick auf binationale Ehen. Hier hatte die Integrationsstrategie der spanischen Gruppe deutliche Auswirkungen. Der Anteil der Kinder aus deutsch-spanischen Ehen an der gesamten Kinderzahl in der Einwanderergruppe stieg rasch an (1980 38%, 1997 81%; analog deutsch-italienisch 28 bzw. 42%; deutsch-jugoslawisch 20 bzw. 24%). Die hohe Zahl an deutsch-spanischen Ehen passt in das Bild eines sozial mobilen Integrationsmusters, das sowohl die Integration in Deutschland als auch die eigene Herkunft – am Beispiel der Sprache – wertschätzt. Der Erfolg der kroatischen Kinder in der Schule ist sicherlich auch zum Teil auf das höhere Bildungsniveau der ersten Generation zurückzuführen. Die Förderung, die viele Kinder in den Freizeitaktivitäten der kroatischen Missionen erhielten – so unsere These – hat ebenfalls dazu beigetragen. Gleichzeitig wird deutlich, dass das in den Missionen propagierte Ideal von kroatischer Identität sich im Heiratsverhalten auswirkte. So liegt hier ein spezifischer Integrationspfad von Gruppen- und Identitätserhalt bei gleichzeitiger struktureller Integration vor. Und dies, obwohl es sich bei ihnen nicht um Diplomatenkinder oder Akademiker handelte, denen Hartmut Esser eine erfolgreiche Mehrfachintegration zutraut, im Gegensatz zu Arbeiterkindern.[73] Deutsch-italienische Ehen waren zwar häufiger, aber die schulischen Ergebnisse liegen weit unter denen der Kroaten. Das Fehlen einer gemeinsamen Integrationsstrategie und die damit zusammenhängende Schwäche und Zersplitterung der Selbstorganisationen hat dazu beigetragen.

Binationale Ehen führen auch dazu, dass die nächste Generation zwei Staatsangehörigkeiten hat und in der deutschen Statistik nicht mehr als ausländisch sichtbar ist. Das ist eine wichtige Erklärung für den intergenerationalen Rückgang der spanischen Gruppe in der Statistik.

Die besonderen kirchlichen Strukturen waren ein wichtiger Teil des Migrationsregimes in der alten Bundesrepublik. Sie zeigten ein starkes Engagement der Katholischen Kirche für Migrantinnen und Migranten, die über ihre Kir-

---

[73] HARTMUT ESSER, Integration und ethnische Schichtung, Mannheim 2001, 21.

chensteuern die Strukturen allerdings auch selbst finanzierten. Dass im Integrationsregime der alten Bundesrepublik auch integrative Lösungen möglich waren, zeigten Betriebe und Gewerkschaften. Hier stiegen Eingewanderte aus den Anwerbestaaten auch in wichtige Positionen auf, bis hin zu Vorsitzenden von Gesamtbetriebsräten großer Firmen.[74] Einzelnen gelang von dort aus der Sprung in die Politik, so gelangte beispielsweise der im ehemaligen Jugoslawien geborene Josip Juratovic (SPD) in den Bundestag. Dass die Diözesen weitgehend an den muttersprachlichen Gemeinden festhalten, ist auch deshalb bemerkenswert, weil angesichts des Priestermangels inzwischen mehr und mehr ausländische Priester in den Ortsgemeinden arbeiten – eine ganz andere multikulturelle Situation. Die Schulen haben die Separation hingegen aufgegeben, nachdem Bayern bis zum Ende des 20. Jahrhunderts an Nationalklassen festgehalten hatte.[75]

»In meines Vaters Haus sind viele Wohnungen«, heißt es in Joh 14,2. Man sollte die Wohnungen aber nicht voneinander abschotten.

---

[74] Vgl. zum Prozess der Integration und Gleichberechtigung in den Betrieben GÜNTER HINKEN, Integration durch Mitbestimmung. Das Beispiel der deutschen Automobilindustrie, Berlin 2018.
[75] Als Konzept formuliert von dem zuständigen bayerischen Ministerialbeamten GERHART MAHLER, Zweitsprache Deutsch. Die Schulbildung der Kinder ausländischer Arbeitnehmer, Donauwörth 1974.

Égide P. Muziazia

DAS VERSTEHEN DER HEILIGEN SCHRIFT

Die Bibel als Buch der Migration – eine afrikanisch-katholische Perspektive[1]

Für viele afrikanische Migrantinnen und Migranten spielt die Religion, insbesondere auch das Christentum, eine wichtige Rolle. Ihr christlicher Glaube wandert mit ihnen als Begleiter und Spender der Hoffnung und des Trostes. In den letzten drei Jahren habe ich im Rahmen meines Promotionsprojektes viele afrikanische Familien katholischer Prägung besucht. Zu meinem großen Erstaunen stellte ich fest, dass jeder Haushalt eine Bibel besaß und diese das meistgelesene Buch in den Familien war. Die Bibel als Wort Gottes orientiert ihr Verhalten und Handeln als Migrantinnen und Migranten. Dabei betonten die Familien immer wieder, dass sie die Bibel mit einer afrikanischen Brille lesen. Dies wirft jedoch die Frage auf: Wie gehen afrikanisch-katholische Migrantinnen und Migranten mit der Bibel um, wie wird sie von ihnen gelesen und verstanden?

1. Migration als biblische Erfahrung und als Erfahrung der Afrikanerinnen und Afrikaner

Regina Polak betont, dass der Entstehungskontext der Heiligen Schrift und die daraus entstandenen Theologien mit Migrationsphänomen zusammenhängen: Der Kontext von Flucht, Exil und Diasporasituation des jüdischen Volkes lasse die Mehrheit der biblischen Texte entstehen.[2] Sie verortet den Anfang der biblischen Migrationsgeschichte in den Urgeschichten: Adam und Eva werden wegen des Sündenfalls aus dem Paradies vertrieben, und Kain wird wegen des Bruder-

---

[1] Dieser Aufsatz ist eine Überarbeitung meiner Forschung über die afrikanisch-katholischen Migrantengemeinden in der europäischen Diaspora. Sie wurde eingereicht an der Katholisch-Theologischen Fakultät Münster mit dem Titel »Afrikanisch-katholische Migrantengemeinden in Nordwesteuropa zwischen Ethnizität und Katholizität«.

[2] Vgl. REGINA POLAK, Migration als Ort der Theologie, in: TOBIAS KESSLER (Hrsg.), Migration als Ort der Theologie, Weltkirche und Mission 4, Regensburg 2014, 87-114, 106.

mords verbannt.[3] Das Buch Genesis stellt einen Gott dar, der unterwegs mit seinem Volk ist. Abraham wird von Gott gerufen, sein Land, die Menschen und den Haushalt seines Vaters zu verlassen, um in die Fremde zu ziehen. Er und Sara und alle in seinem Haus werden Migrantinnen und Migranten. Erst während dieser Migration wird ihnen mitgeteilt, wo die neue Heimat sein wird: »Zieh weg aus deinem Land, von deiner Verwandtschaft und aus deinem Vaterhaus in das Land, das ich dir zeigen werde. Ich werde dich zu einem großen Volk machen, dich segnen und deinen Namen groß machen. Ein Segen sollst du sein.« (Gen 12,1-12). Nachdem die Israeliten in Palästina einen Staat und ein Königreich etabliert hatten, musste das Volk Israel wieder mit dem Untergang seiner Monarchie eine Exilserfahrung machen. Es sah sich erneut unter fremde Herrschaft gestellt und Zwangsmigrationen ausgesetzt. 597 v.Chr. fiel Juda unter babylonische Herrschaft. In dieser »Zwangsmigrationsperiode«[4] wird die Erfahrung des Fremd-Seins in einem anderen Land zum bestimmenden Kern der jüdischen Identität: »Die eigene Leidenserfahrung wird zu einer empathischen Xenologie, die sich im Gebot der Gastfreundschaft und einer differenzierten Gesetzgebung für Fremde verdichtet. Diese findet ihren Höhepunkt im Gebot, den Fremden zu lieben wie sich selbst.«[5]

In der Kindheitsgeschichte des Matthäusevangeliums trägt die Episode der Flucht nach Ägypten die Migrationserfahrung in die Geschichte Jesu und seiner Familie ein. Die Heimatlosigkeit wird zum festen Bestanteil der Identität Jesu, der umherziehend das Reich Gottes verkündet.[6] Die Evangelien stellen Jesus als einen Wanderprediger dar, der sein Leben mit den am Rande der Gesellschaft lebenden Menschen teilt. Jesu Identitätsvorstellung prägt auch seine Jüngerschaft und die Christinnen und Christen der frühchristlichen Gemeinden. Sie sehen sich auf dieser Erde als Fremde auf dem Weg in eine himmlische Heimat – eine Haltung, die möglicherweise auch auf ihre eigenen Erfahrungen von Marginalisierung, Verfolgung und Unterdrückung zurückzuführen ist.

Afe Adogame spricht von einer »afrikanisch-christlichen Diaspora« im Unterschied zu der afrikanischen politischen Diaspora, von afrikanischen Denkern und Anführern des Dekolonisierungsprozesses. Die neue afrikanische Diaspora in Westeuropa hängt mit der Religion und insbesondere mit dem Christentum eng zusammen.[7] Für ihn verstehen afrikanisch-christliche Migranten ihre Migrationserfahrung und Diasporasituation in Analogie zu der Erfahrung und Diasporasituation des Volkes Israel in der babylonischen Gefan-

---

[3]   Polak, Migration (s. Anm. 2), 106.

[4]   Susanne Snyder, Asylum-Seeking, Migration and Church, London-New York 2016, 131.

[5]   Polak, ebd.

[6]   Vgl. a.a.O. 107.

[7]   Vgl. Afe Adogame, Traversing the United Kingdom of God. The Transnationalisation of the new African religious Diaspora, in: Frieder Ludwig/Johnson Kwabena (Hrsg.), African Christian Presence in the West, Trenton u.a. 2011, 69ff.

genschaft. Die Ähnlichkeiten zwischen der afrikanisch-christlichen Diaspora und der jüdischen Diaspora ergeben sich aus mehreren Faktoren: Flucht, Vertreibung, Sklaverei, Sehnsucht nach Heimat, Identitätsfindung in der Diaspora, starke Bindung an die ursprüngliche Heimat usw. In diesem Kontext ist die Bibel für afrikanische Migrantinnen und Migranten ein Buch der Migration.

2. Die Bibel aus afrikanischer Perspektive in Europa

Diese Erfahrungen der Migration begleiten die afrikanischen Christinnen und Christen, gerade die, die den Weg sogar bis nach Europa auf sich genommen haben. Die Rolle der Religion als Voraussetzung und das Verstehen der Bibel im afrikanischen Kontext sollen nun dezidiert betrachtet werden.

2.1 Voraussetzung. Die Bedeutung der Religion im afrikanischen Kontext

Das menschliche Leben hat im afrikanischen Kontext immer eine religiöse Dimension. Das heißt: Überall, wo wir Menschen sind, pflegen wir ein religiöses Verhalten, eine Beziehung zu Gott oder zu den Göttern. Diese anhaltende Rolle und Macht der Religion im Leben der Menschen spiegeln sich gerade auch in den unterschiedlichen Formen der Migration und im Leben der Migrantinnen und Migranten. Martin Baumann weist auf die Bedeutung der Religion im Leben dieser hin und unterstreicht dabei die funktionale Rolle, die die Religion bei der Unterstützung und Stabilisierung der Migrantinnen und Migranten spielt:

> »Religion ist für den bzw. die Einzelne nicht nur als spirituelle Kraft, als Glaube und Überzeugung wichtig. Religion fungiert zugleich als Symbol und Kennzeichen, womit und wodurch die eigene Gruppe repräsentiert und abgegrenzt wird. Die gemeinsame Religion führt die Migranten in der Fremde zusammen, lässt sie im Laufe der Zeit kleine wie große Andachtsstätten errichten.«[8]

Den Gläubigen stiftet die Religion nicht nur Identität, sondern auch ein gewisses Maß an Sicherheit, insbesondere in Momenten der Krise. Religion dient als Quelle des Trostes; und dies gilt in vielen Fällen für Migrantinnen und Migranten nicht nur im fremden Land, sondern auch schon vor oder während der Gefahren und Strapazen des weiten Weges durch andere Länder und über Meere.
Das säkularisierte Europa ist für afrikanisch-katholische Migrantinnen und Migranten deshalb eine große Herausforderung für die Ausübung ihres Glaubens. Im Gründungstext der Saint Charles African Catholic Community in Den

---

[8] MARTIN BAUMANN, Religion und ihre Bedeutung für Migranten, in: ZMR 88 (2004), 250-263, 256.

Haag drücken sie ihre Erfahrung mit der niederländischen Kirche und ihre Angst vor zunehmender Säkularisierung mit den folgenden Worten aus:

> »We also saw a different attitude towards die Catholic faith here in society. Today you see a cathedral, tomorrow it is a museum or discotheque, today you see a cathedral the next day it would be a mosque or a place for socio-cultural activities. Churches are being sold away for lack of activities, underutilisation or simply because of the dwindling numbers of Catholics and other Christians.«[9]

2.2 Die Bibel als Buch der Orientierung. Historische Voraussetzungen

Der westlich-koloniale Katholizismus hat auch im afrikanischen Kontext bis zum Zweiten Vatikanischen Konzil Gemeindemitglieder vom Lesen der Bibel abgehalten und sowohl die Heiligkeit als auch die Komplexität des Textes hervorgehoben. In diesem Sinne fand keine unmittelbare Begegnung mit Gott durch die Heilige Schrift statt. Der kongolesische Historiker Kalala Ngalamulume kritisiert die Kollaboration der belgischen Missionare mit der Kolonialpolitik. Für ihn waren die belgischen katholische Missionare in der Tat Vertreter des Kolonialprojekts von König Leopold II. im Freistaat Kongo und haben die Bibel dazu benutzt, um die Kongolesen geistig zu beherrschen und ihre Ausbeutung zu erleichtern.[10] Das Ende der Kolonialmission hat dazu beigetragen, dass Afrikaner die Bibel entdeckt, sie in ihre Sprachen übersetzt und einen afrozentrischen Umgang mit ihr entwickelt haben.

Das Zweite Vatikanische Konzil hat der Bibel als Wort Gottes eine besondere Aufmerksamkeit geschenkt. Es sagt zum Neuen Testament: »Das Wort Gottes, Gottes Kraft zum Heil für jeden, der glaubt (vgl. Röm 1,16), kommt zu einzigartiger Darstellung und Kraftentfaltung in den Schriften des Neuen Bundes; denn als die Fülle der Zeit kam (vgl. Gal 4,4), ist das Wort Fleisch geworden und hat unter uns gewohnt, voll Gnade und Wahrheit (vgl. Joh 1,14).«[11] Es teilt die Perspektive der Afrikaner bzw. bestärkt sie.

Auf der Flucht und dann in einem säkularisierten Umfeld bleibt die Bibel für die afrikanischen Migrantinnen und Migranten das einzige glaubwürdige Buch, das ihnen Orientierung gibt. Darum sind biblische Texte mit Glauben, Kultur und Identitätsfragen verflochten.

---

[9]   Saint Charles Lwanga African Catholic Community, Policy Plan 2009-2011.

[10]   Vgl. Kalala Ngalamulume, Léopold II et les missionnaires. Les circulations contemporaines d'un faux, Paris 2006,130.

[11]   Paul VI., Die Dogmatische Konstitution über die göttliche Offenbarung (Dei Verbum), Vatikan1965, 17.

3. Vom Verstehen der Bibel

Diese beiden Voraussetzungen prägen das Verstehen und den Umgang mit der Bibel sowohl in Afrika als auch in Deutschland. Diesem Thema ist nunmehr Beachtung zu schenken.

3.1 Grundlegende Perspektiven

Afrikanerinnen und Afrikaner setzen sich mit der Bibel als Wort Gottes auseinander. Es ist ihnen ein Buch über das Leben und ein Buch, das Leben spendet; ein einzigartiges Buch, das die Macht besitzt, Veränderung zu bewirken und das Leben der Menschen zum Guten zu wenden. Für sie ist die Bibel ein Buch, das von Gott – aus Güte – den Menschen als Gebrauchtanweisung fürs Leben gegeben wurde. Sie ist ein Buch, das ihnen erzählt, woher sie kommen, wer sie sind, warum sie die Erde bevölkern und wohin sie – in der Beziehung zu Gott, zueinander und zur Schöpfung – unterwegs sind.[12] Nach der Inkulturation der Heiligen Schrift in die afrikanische Kultur soll die Heilige Schrift zur politischen Freiheit, zu einer Befreiung von Armut und zur Entwicklung der Menschen beitragen. Um dieses Ziel zu erreichen, betrachteten Afrikanerinnen und Afrikaner die Heilige Schrift auf eine neue Art und Weise, um dem – im Zuge der Kolonisierung – nach Afrika mitgebrachten Evangelium eine afrikanische Identität zu verleihen. Es geht hier nicht darum, Christus nur als Urahn oder Heiler zu nennen und ihn auf diese Weise zu feiern, sondern vielmehr darum, wie das Evangelium zum Aufbau der Zukunft des Kontinents beitragen kann.[13]

3.2 Der praktische Umgang mit der Bibel

In der Saint Charles Lwanga African Community – wie auch in vielen anderen afrikanisch- katholischen Gemeinden – wird die Bibel immer feierlich mit Tanz und Musik in die Kirche getragen. Zu Beginn des Gottesdienstes bleibt die Bibel in einer besonderen Ecke in der Kirche versteckt. Sie ist mit afrikanischem traditionellem Stoff verhüllt, so dass keiner sie sehen kann. Erst nach Schuldbekenntnis und Vergebungsbitte wird die Bibel in einer Prozession in die Kirche getragen. Damit wird eindeutig, dass Menschen, deren Sünden erlassen sind, nun würdig sind, das Wort Gottes zu hören und vor Gott zu treten. Die Bibel wird von Müttern getragen. In der afrikanischen Kultur ist die Mutter die Lebenssicherung eines ganzen Stamms. Sie sorgt für Nachwuchs, zieht die Kinder groß und versorgt die Kranken. Das Wort Gottes ist wie eine Mutter, weil es uns am

---

[12] Vgl. Teresa Okure, Bibellektüre in Afrika, in: Franz Gmainer-Pranzl/Rodrigue Naortanger (Hrsg.), Christlicher Glaube in Afrika. Beiträge zu einer theologischen Standortbestimmung, Innsbruck 2013, 323-340, 324f.

[13] Vgl. a.a.O., 325f.

Leben hält, Hoffnung schenkt und uns vertrauensvoll auf unserem Lebensweg begleitet. Jeder hat eine Bibel zu Hause.

4. Orte der Auslegung der Bibel

4.1 In der Feier der Liturgie

Zur Feier der Liturgie versammelt sich die ganze Kirchengemeinde als Familie Gottes. So begehen Christen diese Feier in der Kirche als dem allerwichtigsten Ort, an dem das Wort Gottes vorgetragen, gefeiert und ausgelegt wird. Der afrikanische Bibelwissenschaftler Paulin Poucouta bezeichnet diesen Umgang mit der Bibel als Afrikanisierung der Bibel und der Liturgie. Die biblische Erfahrung stelle eine der wichtigsten Grundlagen der afrikanischen Liturgie dar.

Psalmen, Hymnen, Riten und biblische Geheimnisse bereichern die afrikanische Liturgie ständig. Durch Wort, Musik, Gesang, Tanz und Riten werden Gott und Gottes Wort gefeiert. In der Feier der Liturgie und in der Auslegung der Bibel begegnen sich Himmel und Erde. Hier wird die Begegnung zwischen Gott und Mensch konkret. Der Glaube wird in äußeren Gesten und Tanz übersetzt, an denen der ganze Mensch beteiligt ist. Das Wort Gottes aber lädt ein, die reichen Erfahrungen der afrikanischen Liturgie nicht durch die Anhäufung von Symbolen, die die Gläubigen nicht verstehen, in einen verschwommenen Zustand zu versetzen, sondern es in die konkreten Lebenslagen der Menschen zu übersetzen.[14]

Die Predigt gehört zu den zentralen Höhepunkten der liturgischen Feier. Währisch-Oblau weist darauf hin, dass Predigten in den afrikanischen Kirchen eine dynamische Botschaft haben, die eine große Wirkungskraft für die Gemeindemitglieder hat:

>»Gott kann aus dir etwas machen! Erweckungsveranstaltungen stehen unter Themen wie Neuanfang, Raising Champions, How to fulfill your dreams, Wind of Change, Destiny Summit.«[15]

Bei meinem Besuch in der Saint Charles African Community habe ich das, was Währisch-Oblau beschreibt, erlebt. Dort war die Predigt keine von der Kanzel oder am Ambo gehaltene Rede, sondern ein Gespräch zwischen dem Priester und

---

[14]   Vgl. Poucouta Paulin, Lire la Bible en Afrique, Vortrag in Louvain-la neuve 2005.

[15]   Claudia Währisch-Oblau, Die Spezifik pentekostal-charismatischer Migrationsgemeinden in Deutschland und ihr Verhältnis zu den etablierten Kirchen, in: Michael Bergunder /Jörg Haustein (Hrsg.), Migration und Identität. Pfingstlich-charismatische Migrationsbewegungen in Deutschland, Frankfurt/M. 2006, 10-39, 33.

der Gemeinde: Der Priester geht bei der Predigt in der Kirche hin und her. Die Predigt beginnt mit einer kleinen Rekapitulation der letzten Predigt. Der Priester geht zur Gemeinde und fragt sie: Worüber hat Jesus am vergangenen Sonntag gesprochen? Welche Wirkung hatte dieses Wort in meinem Leben? Was habe ich davon gelernt? Habe ich jemandem geholfen?

An diesem Sonntag feierte Pater Pierrot, einer der Kapläne, sein fünfjähriges Priesterjubiläum. Das ausgewählte Thema seiner Predigt war die Dankbarkeit. Für ihn war es wichtig, seine Mitchristinnen und Mitchristen daran zu erinnern, dass es Gott ist, der sie alle hier zusammengeführt hat:

> »We are a great family of God. In this church, I have my parents, my brothers and sisters, my nephews and nieces. I owe my life as a priest to God. He called me to his service and entrusted me to you. I am thankful. Thanksgiving expresses our love, respect and trust in God our heavenly Father and Jesus Christ our Lord. Remember to thank God. Thanksgiving directs our eyes to the heavenly Father and Jesus our Lord and helps us to see away from us and our personal needs. Thanksgiving also helps us to see the good in the respective circumstances and life situations. Thanking God always moves and does something good. It smoothes and creates a way for us to overcome our needs through Jesus Christ.«[16]

Während seiner Predigt sprach Pater Pierrot mit lauter Stimme. Während er manches stark betonte, wurde er immer wieder auch sehr leise, um die Wirksamkeit zu erhöhen. Rhetorische Fragen wurden als Hilfsmittel verwendet. Immer wieder unterbrach ihn auch die Gemeinde, indem sie »Halleluja« oder »Amen« rief.

Im Kontext afrikanischer Migrantinnen und Migranten soll die Predigt nah an der Migrationserfahrung der Menschen sein. Pater Pierrot sprach in diesem Zusammenhang von »the Incarnation of the Gospel in the Context of Migrants«. Es handelte sich hier um eine kontextualisierte Predigt, die der Migrationserfahrung der Menschen entsprach. Sie übersetzte Gottes Botschaft aus den biblischen Kontexten in den gegenwärtigen Migrationskontext. Bei der kontextualisierten Predigt wird Gottes Botschaft, die zur Sprache kommt, mit der Migrationserfahrung in Beziehung gebracht.

4.2 In der Familie als Basisgemeinde

Auf der Suche nach einem Kirchenmodell, das der afrikanischen Identität entspricht und das sich von der Kolonialkirche abgrenzt, hatte die zairische Kirche – heute: die kongolesische Kirche – nicht nur den zairischen Messritus eingeführt. Darüber hinaus war sie bemüht, die lebendigen kirchlichen Basisgemeinden – genannt »Communautés ecclésiales vivantes de base« (CEVB) – im ganzen

---

[16] Pierro Mazono, Sunday Preach 2018.

Land einzupflanzen und zwar als die grundlegende Weise einer Glaubensverkündigung mit starkem sozialen und politischen Bewusstsein.

Schon vor dem Zweiten Vatikanischen Konzil legte die Bischofskonferenz in Zaire einen Akzent auf die Förderung der Entwicklung lebendiger Beziehungen unter den Christen. Auf der Grundlage einer kritischen Betrachtung vergangener Missionsarbeit der katholischen Kirche im Zaire beschloss die Bischofkonferenz, lebendige christliche Gemeinschaften ins Leben zu rufen, die – nach dem Bild der Urkirche – authentisch christlich, aber auch authentisch afrikanisch sind. Dies sollte den Christen ermöglichen, das Evangelium der afrikanischen und zairischen Identität und Realität entsprechend zu leben. Franz Weber betont, dass die lebendigen kirchlichen Basisgemeinden in Zaire die entscheidende Antwort auf die einst von Klerikern geprägte Gottesdienst- und Sakramentenpraxis gewesen sind.[17] Darum sind lebendige kirchliche Basisgemeinden neben den Pfarreien zu den wichtigsten Orten der Verkündigung im familiären Kontext geworden.

Kongolesische Migrantinnen und Migranten haben diese Praxis aus der Heimat mit in ihre Migrationsländer genommen. In Paris oder in Brüssel z. B. treffen sich die Familien eines Stadtviertels donnerstags und legen gemeinsam in Form von Bibelteilen das Sonntagsevangelium aus. Am Ende des Gebetes werden alle Teilnehmenden eingeladen, ihre Haltung zu ändern und das Evangelium im Alltag umzusetzen. Die lebendigen kirchlichen Basisgemeinden wecken in den Migrantinnen und Migranten einen tiefen und verantwortungsbewussten Glauben auf allen Ebenen und in allen Bereichen ihres Lebens und sind die Keimzellen der afrikanisch-katholischen Migrationsgemeinden. Sie sind Orte, die den Migrantinnen und Migranten ein Heimat- und Familiengefühl vermitteln. Sie tragen zur spirituellen Entwicklung des ganzen Menschen bei und sind eine Hauskirche par excellence.

5. Ausblick

Noch vieles könnte über den Umgang der Afrikanerinnen und Afrikaner mit der Bibel gesagt werden. Aber wie bereits am Anfang gesagt wurde: Wie auch immer Afrikanerinnen und Afrikaner die Bibel lesen, sie nehmen die Bibel als ein Buch des Lebens. Für viele Migrantinnen und Migranten ist die Heilige Schrift eine Stütze auf der Reise. Gebete und Bibelsprüche umrahmen ihre Abreise. Unterwegs tragen sie Bilder oder Medaillons und andere christliche Symbole, die sie in gefährlichen Situationen beschützen sollen. Sie danken Gott, sobald sie die Grenze überschritten haben.

---

[17]   Vgl. FRANZ WEBER/OTTMAR FUCHS, Gemeindetheologie interkulturell, Ostfildern 2007, 186.

Auch wenn ich kritisch bin gegenüber jeder wortwörtlichen Übersetzung der Heiligen Schrift und jedem fundamentalistischen Umgang mit ihr – es gibt die Erfahrung, dass Gott mit uns wirklich unterwegs ist. Für viele Migrantinnen und Migranten ist die Migrationserfahrung eine echte spirituelle Erfahrung, der Prozess einer Vertiefung ihres Glaubens, der damit beginnt, dass Gott sich ihnen auf unterschiedliche Weise offenbart.

So kann die Migration, der lange Weg, der durch viele Länder und über Meere geht, zur Prüfung ihres Gottesglaubens schlechthin werden. Es gibt die Erfahrung, dass der Gott Israels und Jesu Christi ein Reisebegleiter ist, ein Gott, der reist. Er bleibt nicht zurück im Heimatland, sondern spricht auch weiterhin; und in Momenten des Zweifels ist er eine Quelle der Hoffnung auf dem Weg. Er ist immer schon dort, wohin die Migrantinnen und Migranten gelangen. Er spricht auch dort – in der Fremde. Er spricht, wenn ihnen Widerstände begegnen. Er spricht, wenn sie Aufnahme erfahren. Er spricht, wenn sie sich versammeln und Gemeinden bilden. Die afrikanischen Katholikinnen und Katholiken haben ihre Bibel mit in die Länder Europas genommen und wollen sie in Europa auch weiter von ihrem afrikanischen Kontext aus lesen. Während die Bibel einst ihren Weg von Europa nach Afrika nahm und dort ihre ganz eigene Gestalt annahm, hat sie nun den Weg zurück nach Europa gefunden in ihrer afrikanischen Prägung. Es wird interessant sein, ob und wie sich beide Wege in Europa in den katholischen Missionen kreuzen. Das zu gestalten ist eine Aufgabe der Gemeinden; das herauszuarbeiten ist eine vor der Wissenschaft liegende Aufgabe, wenn sie die beschriebenen Realitäten ernst nimmt und Ihnen Bedeutung schenkt.

Eva Baumann-Neuhaus

Lateinamerikanische Migrationsgemeinden in der Schweiz

1. Die Schweiz und die Geschichte der (lateinamerikanischen) Zuwanderung

1.1 Das Einwanderungsland Schweiz. Geschichte und Politik der Migration

Die erste große Zuwanderungsbewegung erlebte die Schweiz Ende des 19. Jh.s. Mit dem Wirtschaftsaufschwung, der die zweite industrielle Revolution begleitete, stieg der Bedarf an Arbeitskräften, was die Zuwanderung aus den Nachbarstaaten begünstigte. Die Schweiz entwickelte sich in dieser Zeit in Europa zu einer großen Arbeitsmarktdrehscheibe und wurde von einem Aus- zu einem Einwanderungsland.[1]

Die zweite große Migrationsbewegung begann im Zuge des europäischen Wiederaufbaus nach dem Zweiten Weltkrieg. Mit ihren intakten Produktionsanlagen erlebte das Land zu dieser Zeit eine längere Phase des ökonomischen Aufschwungs, der erst mit der Ölkrise in den 1970er Jahren wieder einbrach. Zur Rekrutierung von Arbeitskräften schloss die Schweiz schon kurz nach Kriegsende ein Abkommen mit Italien ab. Weitere bilaterale Verträge folgten. Die mehrheitlich niedrigqualifizierten Gastarbeiter aus Italien und später Spanien, Portugal, der Türkei und dem ehemaligen Jugoslawien arbeiteten in der Industrie, im Gastgewerbe und in der Baubranche.[2]

---

[1]   Vgl. Andre Holenstein u.a., Schweizer Migrationsgeschichte. Von den Anfängen bis zur Gegenwart, Baden 2018, 201; Simon Foppa, Kirche und Gemeinschaft in Migration. Soziale Unterstützung in christlichen Migrationsgemeinden, St. Gallen 2019, 37.

[2]   Vgl. Marc Vuilleumier, Schweiz, in: Klaus Bade u.a. (Hrsg.), Migration in Europa. Vom 17. Jahrhundert bis zur Gegenwart, Paderborn 2007, 189-193, 200; Etienne Piguet, Einwanderungsland Schweiz. Fünf Jahrzehnte halb geöffnete Grenzen, Bern 2006, 15f.22.

Die Migrationspolitik der damaligen Zeit folgte einem Rotationsprinzip, das eine strukturelle und kulturelle Integration der Zugewanderten nicht vorsah. Vielmehr sollten die Arbeitskräfte nach ihrem Arbeitseinsatz wieder in ihre Herkunftsländer zurückkehren. Erst Mitte der 1960er Jahre wuchs in der Politik die Überzeugung, dass der Bedarf an ausländischen Arbeitskräften kein temporäres Phänomen, sondern ein strukturelles Phänomen moderner Wirtschaften überhaupt darstellte.[3] Die dauerhaft gute Wirtschaftslage begünstigte schließlich eine Migrationspolitik, die auch Niederlassungen und Familienzusammenführungen ermöglichte. Doch nicht alle konnten gleichermaßen vom Anstieg des Wohlstandsniveaus profitieren. Viele Schweizerinnen und Schweizer fühlten sich benachteiligt und reagierten mit Abwehr gegenüber den zugewanderten Arbeitskräften, die Jobs und günstige Wohnungen beanspruchten. Als in den 1970er Jahren die Ölkrise auch die Schweizer Wirtschaft in Mitleidenschaft zog, nahm die Überfremdungsangst in der Bevölkerung fremdenfeindliche Züge an. Der Bundesrat sah sich gezwungen, Zulassungsbeschränkungen zu beschließen.[4]

Doch trotz der staatlichen Regulierungsmaßnahmen wuchs die Schweizer Bevölkerung kontinuierlich an. Die Globalisierung, die wachsende Mobilität der Menschen, die vielen Konfliktherde in der Welt, aber auch das Personenfreizügigkeitsabkommen der Schweiz mit der EU führten zu Zuwanderungsschüben, die mit den bisherigen Steuerungsinstrumenten nicht mehr kontrolliert werden konnten. Ein neues Migrationsregime war gefragt, das zwischen den Bedürfnissen der Wirtschaft, den Überfremdungsängsten in der Bevölkerung und den internationalen Entwicklungen und Abkommen vermitteln konnte.[5]

In der Folge entstand das duale Migrationssystem, das bis heute die Zulassungsvoraussetzungen an die Staatsangehörigkeit koppelt. Das geltende System unterscheidet zwischen Personen aus EU/EFTA-Staaten, für die die Personenfreizügigkeit gilt,[6] und Personen aus Drittstaaten, die in der Regel nur als hochqualifizierte Fachkräfte oder als anerkannte Flüchtlinge mit Asyl eine Aufenthaltsgenehmigung erhalten. Für Personen aus Drittstaaten ohne Flucht-

---

[3]   Vgl. Eidgenössische Migrationskommission (Hrsg.), Zuwanderungspolitik, www.ekm. admin.ch/ekm/de/home/zuwanderung—aufenthalt/zuwanderung.html [Aufruf: 5.3.2021].

[4]   Vgl. Piguet, Einwanderungsland (s. Anm. 2), 16-22.

[5]   Vgl. a.a.O., 58-67.76-86; Foppa, Kirche (s. Anm. 1), 42f; Eidgenössische Migrationskommission, a.a.O.

[6]   2014 stimmte die Schweizer Bevölkerung der Initiative »Gegen Masseneinwanderung« zu. Die Bundesversammlung setzte die Initiative 2016 durch eine Gesetzesänderung um, welche eine Stellenmelde- und Interviewpflicht der Unternehmen zugunsten inländischer Arbeitnehmerinnen und Arbeitnehmer vorsieht, aber auf Höchstzahlen und Kontingente verzichtet. Vgl. Wikipedia, Eidgenössische Volksinitiative »Gegen Masseneinwanderung«, de.wikipedia.org/wiki/Eidgen%C3%B6ssische_Volksinitiative_%C2%ABGegen_Masseneinwanderung%C2%BB [Aufruf: 5.3.2021].

grund und mit einem mittleren oder niedrigen Qualifikationsniveau gibt es darum kaum Möglichkeiten auf eine legale Einwanderung in die Schweiz.[7]

1.2 Die Zuwanderung aus Lateinamerika. Menschen aus Drittstaaten

Bis Mitte der 1970er Jahre war Lateinamerika eine klassische Einwanderungsregion. Heute ist es ein Subkontinent der Auswanderung. Etwa 30 Millionen Lateinamerikanerinnen und Lateinamerikaner leben aktuell nicht in dem Land, in dem sie geboren wurden. Gemäß einer Studie der UNO-Wirtschaftskommission für Lateinamerika und die Karibik (CEPAL) gibt es drei Hauptströmungen der Auswanderung: Die Hälfte der Auswandernden wählt die Vereinigten Staaten, ein Viertel verteilt sich auf den Rest der Welt – etwa Kanada und Europa – und das andere Viertel bleibt in der Region. Die Wahl des Aufnahmelandes richtet sich nach Kriterien wie der geographischen und kulturellen Nähe, bestehenden Verwandtschaftsbeziehungen, der Situation des Arbeitsmarktes und den Beziehungen zwischen Herkunfts- und Residenzland.[8]

Grosso modo können zwei Wellen der lateinamerikanischen Migration nach Europa und in die Schweiz unterschieden werden: Die erste Welle bestand bis in die 1980er Jahre vor allem aus politischen, meist männlichen Flüchtlingen aus Militärdiktaturen und Bürgerkriegsländern. Im Rahmen der Familienzusammenführung holten viele ihre Kinder und Frauen in die Schweiz. Über diese Geflüchteten fanden weitere Zuwandererinnen, die aus wirtschaftlichen Motiven ihr Land verlassen wollten, den Weg in die Schweiz. Mit der Zeit entstand ein transnationales Kontaktnetz, durch das vorwiegend Frauen mit Hilfe ihrer in der Schweiz lebenden Verwandten und Freundinnen als *undokumentierte Migrantinnen* in die Schweiz einreisten und in schlecht bezahlten Jobs in Privathaushalten und in der Gastronomie Arbeit fanden.[9] Andere kamen über Netzwerke von NGOs in Kontakt mit meist männlichen Mitarbeitern und reisten als deren Ehefrauen in die Schweiz ein.[10]

Mit den ökonomisch motivierten, selbstständigen Migrantinnen und Migranten setzte in den 1990er Jahren eine zweite Zuwanderungswelle ein. Sie kamen auf der Suche nach einem besseren Leben, denn ihre Länder kämpften

---

[7]   Vgl. PIGUET, Einwanderungsland (s. Anm. 2), 78; EIDGENÖSSISCHE MIGRATIONSKOMMISSION, Zuwanderungspolitik (s. Anm. 3).

[8]   Vgl. SUSANNE GRATIUS, Ursachen und Folgen der Migration aus Lateinamerika, in: Brennpunkt Lateinamerika. Politik, Wirtschaft, Gesellschaft 14 (2005), 165-172, www.files.ethz.ch/isn/89496/gf_lateinamerika_2005-14.pdf [Aufruf: 5.3.2021].

[9]   Vgl. CLAUDIO BOLZMANN, Chilenische Flüchtlinge in Europa seit dem Militärputsch in Chile 1973, in: KLAUS BADE u.a. (Hrsg.), Enzyklopädie Migration in Europa, München u.a., 2010, 436-438; FELICITAS HILLMANN, Peruanische Hausarbeiterinnen in Italien seit dem Ende des 20. Jahrhunderts, in: ebd., 843-846.

[10]   Vgl. BUNDESAMT FÜR STATISTIK, Sans-Papiers, www.ekm.admin.ch/ekm/de/home/zuwanderung--aufenthalt/sanspapiers.html [Aufruf: 5.3.2021].

mit den Auswirkungen der Strukturanpassungen durch IWF und Weltbank. Viele wählten den Weg über Spanien, wo ein legalisierter Aufenthalt auch für Sans-Papiers möglich ist. Nach zwei Jahren legalen Aufenthalts konnten sie sich dort einbürgern lassen, was ihnen schließlich den Zugang zu einem EU-Pass und die Einreise in die Schweiz ermöglichte.[11]

Im Schatten dieser legalen Möglichkeiten entwickelten sich aber auch Netzwerke des Menschenhandels. Über lateinamerikanische Büros wurden und werden Frauen mit gut bezahlten Jobs oder einer Heirat mit einem europäischen Mann geködert. Sie leben oft als Stripteasetänzerinnen oder Prostituierte in ständiger Abhängigkeit oder gleiten in die Illegalität ab. Schätzungen zufolge waren 2015 43% der Sans-Papiers in der Schweiz lateinamerikanischer Herkunft. Die Zuwanderung aus Lateinamerika ist aber mit einem Anteil von 2% sehr gering.[12]

2. Die christliche Zuwanderung und Formen der Gemeindebildung

In öffentlichen Diskussionen und Debatten über Migration und Religion wird oft vergessen, dass die Mehrheit der in die Schweiz Zugewanderten aus EU/EFTA Ländern stammen und darum einen christlichen Hintergrund haben. Auch die lateinamerikanische Minderheit in der Schweiz ist mehrheitlich christlich.[13]

Die unterschiedlichen Anteile der Menschen mit Migrationshintergrund in den öffentlich-rechtlich anerkannten Großkirchen wie auch in den privatrechtlich organisierten Glaubensgemeinschaften verraten etwas über die historisch gewachsenen strukturellen Unterschiede in der konfessionellen Landschaft der Schweiz. Die römisch-katholische Kirche ist eine Weltkirche und beherbergt

---

[11]   Vgl. Bundesamt für Statistik, (s. Anm. 10); Yvonne Riaño/Nadia Baghdadi, Unbekannte Migrantinnen in der Schweiz, in: Widerspruch 2005, 43-51, 51; Eva Baumann-Neuhaus, Glaube in Migration. Religion als Ressource in Biographien christlicher Migrantinnen und Migranten, St. Gallen 2019, 144-146.

[12]   Vgl. Michael Morlok u.a., Sans-Papiers in der Schweiz 2015, http://web.archive. org/web/20161202193419/https://www.sem.admin.ch/dam/data/sem/internationales/ illegale-migration/sans_papiers/ber-sanspapiers-2015-d.pdf [Aufruf: 5.3.2021]; Marie-Louise Janssen, Lateinamerikanische Prostituierte in den Niederlanden seit den 1970er Jahren, in: Bade u.a., Enzyklopädie (s. Anm. 9), 2010, 764-776; Jael Bueno, Lateinamerikanische Migrantinnen in Europa, https://europa-magazin.ch/.ee6bf41/cmd.14/ audience [Aufruf: 5.3.2021]; Gratius, Ursachen (s. Anm. 8), 165-172.

[13]   Insgesamt gehören fast 50 % der Personen mit Migrationshintergrund einer christlichen Kirche an. 34% sind römisch-katholisch, 6% evangelisch-reformiert und 10% gehören zu einer anderen christlichen Gemeinschaft; vgl. Schweizerisches Pastoralsoziologisches Institut, Religionszugehörigkeit und Migrationshintergrund, https://kirchenstatistik.spi-sg.ch/religionszugehoerigkeit-und-migrationshintergrund/ [Aufruf: 5.3.2021].

unter ihrem Dach darum auch die zahlreichen Migrationsgemeinden, die seit den 1940er Jahren als anderssprachige Missionen ins Leben gerufen wurden.[14] Im Gegensatz dazu sind die evangelisch-reformierten Kantonalkirchen Teil eines vielfältigen protestantischen Feldes, das geprägt ist von größeren und kleineren Konfessionsfamilien, Bewegungen und unabhängigen Gemeinschaften, zu denen auch die zahlreichen Migrationsgemeinden bzw. -kirchen[15] gehören. Die Zuwanderung protestantisch geprägter Personen aus Lateinamerika, Afrika und Asien in die Schweiz hat seit den 1970er und insbesondere seit den 1990er Jahren zu einer Vielzahl an Gemeindegründungen geführt. Diese jungen Gemeinden agieren als unabhängige Kirchen oder sind Teil einer international agierenden Kirche. In der Regel sind sie eher klein, multikulturell und pentekostal ausgerichtet.[16]

2.1 Die katholischen Missionen

Die Geschichte der katholischen Migrationsgemeinden beginnt in der Schweiz mit der ersten großen Einwanderungswelle aus Italien bereits in den 1860er Jahren und schreibt sich nach dem zweiten Weltkrieg mit der Gastarbeiterbewegung aus den Ländern Südeuropas fort. Sprachspezifische Missionen[17] wurden gebildet, um den Gastarbeitern eine religiöse Heimat zu bieten.[18]

Diese Missionen bzw. Sprachgemeinschaften waren in Entsprechung zum staatlichen Rotationsprinzip nicht auf eine dauerhafte Beheimatung bzw. Integration der Gastarbeiter angelegt. Doch mit dem Familiennachzug stellte sich für die Zugewanderten zunehmend die Frage nach der religiösen Sozialisierung ihrer Kinder. Die Missionen etablierten sich und wurden vielerorts zum religiösen und sozialen Mittelpunkt im Leben der katholischen Zuwanderungsgruppen.[19] Heute gibt es in der Schweiz mehr als 100 Missionen für 17 verschiedene Sprachgruppen. Manche sind lokal organisiert, andere erstrecken sich über eine Region oder gar über die gesamte Schweiz. In der Regel

---

[14] Vgl. ASTRID KAPTIJN, Die katholischen Migrationsgemeinden. Staatskirchenrechtliche Ausblicke und das Kirchenrecht, in: Schweizerische Kirchenzeitung 44 (2011), 699-702.

[15] Während im katholischen Kontext nicht von Migrationskirchen, sondern Migrationsgemeinden gesprochen wird, bezeichnen sich viele protestantische Migrationsgemeinden als Kirchen. FOPPA, Kirche (s. Anm. 1), 77f.

[16] Vgl. JUDITH ALBISSER/ARND BÜNKER, Kirchen in Bewegung. Christliche Migrationsgemeinden in der Schweiz, St. Gallen 2016, 16-33.

[17] Heute spricht man von *Sprachgemeinschaft* bzw. von *Gemeinschaft spanischer, italienischer, portugiesischer ... Sprache*. Vgl. SCHWEIZER BISCHOFSKONFERENZ/RÖMISCH-KATHOLISCHE ZENTRALKONFERENZ (Hrsg.), Auf dem Weg zu einer interkulturellen Pastoral. Gesamtkonzept für die Migrationspastoral in der Schweiz, Freiburg 2020.

[18] Vgl. BAUMANN-NEUHAUS, Glaube (s. Anm. 11), 143.

[19] Vgl. KAPTIJN, a.a.O., 702.

werden sie von einem Priester betreut, der aus dem Herkunftsland der Mitglieder stammt. Diese Missionare bzw. Migrantenseelsorger sind einem Bischof unterstellt und übernehmen vielfältige pastorale und soziale Aufgaben. Manchmal sind sie auch in die Arbeit einer Ortspfarrei eingebunden.[20]

Die Missionen profitieren gerade in struktureller Hinsicht in vielfältiger Weise davon, dass sie Teil der katholischen Kirche sind. Gleichzeitig stehen sie auch in einem Abhängigkeitsverhältnis zu ihr und müssen ihre Existenz immer wieder neu legitimieren. Das Nebeneinander von anderssprachigen Gemeinschaften und territorial organisierten Ortspfarreien gestaltet sich nicht nur angesichts des Ressourcenrückgangs zunehmend als Herausforderung. Auch aus theologischen Gründen rütteln die parallelen Strukturen am Selbstverständnis einer Kirche, die sich als Weltkirche versteht und Zugehörigkeit auch als gleichberechtigte Partizipation aller verstehen will. Aus diesen Gründen strebt die katholische Kirche in der Schweiz ein vermehrtes Miteinander zwischen Migrationsgemeinschaften und Ortspfarreien an.[21]

Die Diversifizierung der Migration fordert heute die katholischen Sprachgemeinschaften auch intern heraus, denn ihre Mitglieder sprechen zunehmend nicht nur unterschiedliche Sprachen, sondern stammen auch aus unterschiedlichen kulturellen, sozialen und konfessionellen Kontexten. Entsprechend treffen hier Personen mit einem charismatischen und solche mit einem traditionellen Frömmigkeitsstil, gut situierte Fachkräfte und mittellose Sans-Papiers sowie Personen aus Europa und Drittstaaten aufeinander. Weil Menschen gerne unter ihresgleichen sind, fördern insbesondere große Missionen die Bildung von Untergruppen – nach Sprache, Herkunft oder Frömmigkeitsstil.[22]

2.2 Die protestantischen Migrationskirchen

Die Geschichte der protestantischen Migrationsgemeinden geht zurück ins 16. Jahrhundert, als im Zuge der Reformation Glaubensflüchtlinge wie die italienischen Waldenser und die französischen Hugenotten in die Schweiz kamen und hier ihre eigenen Kirchen gründeten. Manche dieser Kirchen existieren bis heute, viele neue kamen in den letzten dreißig Jahren dazu.[23]

In der Gründungsphase der Gemeinden finden oft Personen aus der gleichen Herkunfts- oder Sprachregion zusammen, die sich selbständig organisieren.[24] Da die meisten protestantischen Migrantinnen und Migranten konfessionell nicht zur evangelisch-reformierten Kirche gehören, organisieren sie sich

---

[20] Vgl. Foppa, Kirche (s. Anm. 1), 65f.

[21] Vgl. a.a.O., 67-69.

[22] Vgl. a.a.O., 305.

[23] Vgl. Albisser/Bünker, Kirchen (s. Anm. 16), 26.31; Foppa, a.a.O., 72f.

[24] Vgl. Simon Röthlisberger/Andreas Wüthrich, Neue Migrationskirchen in der Schweiz, Bern 2009, 34.

als privatrechtliche Organisationen nach dem Vorbild der Schweizer Freikirchen. Aus anfänglichen Gebetsgruppen oder Bibelkreisen entstehen Vereine, andere organisieren sich als Stiftung und wieder andere bilden lediglich lose Vereinigungen ohne juristische Grundlagen. Gerade in der Anfangszeit werden diese Gemeinschaften oft von Freiwilligen geführt, später übernimmt eine Pastorin oder ein Pastor die Gemeindeleitung. Anders verhält es sich bei jenen Gemeinden, die als Satellitengemeinden von international operierenden Mutterkirchen gegründet werden. Diese verfügen schon von Anfang an über eine Gemeindeleitung und eine gute Infrastruktur. Das hohe Engagement der Freiwilligen ist jedoch typisch für alle protestantischen Migrationskirchen.[25]

Die Zahl der protestantischen Migrationsgemeinden in der Schweiz ist schwierig abzuschätzen, denn das Feld ist sehr dynamisch. Gemeinden kommen und gehen und viele verfügen über keine formalen Strukturen. Viele Gruppen sind klein, weisen aber ein erhebliches Wachstumspotential auf, da sie zunehmend auch für Menschen anderer Nationalitäten bzw. Schweizerinnen und Schweizer attraktiv sind. Ihr Einzugsgebiet ist oft sehr weitläufig, da sie nicht territorial organisiert sind. Die Gläubigen suchen sich ihre Kirche nach sprachlichen, ethnischen, sozialen oder theologisch-spirituellen Kriterien selbst aus.[26]

3. Das lateinamerikanische Christentum kommt in die Schweiz

3.1 Die lateinamerikanische Religiosität

Die Religion genießt in Lateinamerika einen hohen Stellenwert, die meisten Menschen betrachten sich selbst als religiös. Die Vorrangstellung des Christentums und die Dominanz der katholischen Kirche gehen zurück auf die Eroberung des Halbkontinents durch Spanien und Portugal.[27] Doch auch die indigenen religiösen Traditionen und der Protestantismus sind allgegenwärtig. Viele Menschen orientieren sich gleichzeitig an mehreren Religionen und pflegen multiple Zugehörigkeiten oder wechseln diese im Laufe des Lebens mehrmals. Gemäß Pew Research Center hat sich die religiöse Landschaft in den Ländern Lateinamerikas in den letzten Jahrzehnten in Richtung Protestantismus verändert. Mit über 425 Millionen lebten 2014 fast 40% aller Katholikinnen und Katholiken weltweit in Ländern Lateinamerika, deren Bevölkerungen

---

[25] Vgl. ALBISSER/BÜNKER, Kirchen (s. Anm. 16), 36-72.

[26] Vgl. RÖTHLISBERGER/WÜTHRICH, a.a.O., 36.

[27] Vgl. HEINRICH SCHÄFER, Dynamik des religiösen Feldes, in: BERTELSMANN STIFTUNG (Hrsg.), Woran glaubt die Welt? Analysen und Kommentare zum Religionsmonitor 2008, Gütersloh 2009, 481-505.

in den 1960er Jahren noch zu 90% katholisch waren. 2014 fühlten sich noch ungefähr 70% der katholischen Kirche zugehörig. Dieser Mitgliederschwund ist bedingt durch eine wachsende Distanzierungsbewegung der Menschen von der katholischen Kirche und einer seit vielen Jahren beobachtbaren Wendung zum Protestantismus.[28]

Obwohl die Veränderungen in ganz Lateinamerika sichtbar werden, zeigen sie sich nicht überall auf die gleiche Weise. So ist in Ländern wie Paraguay, Mexico und Ecuador der Anteil der Katholikinnen und Katholiken bis heute relativ stabil und mit 80% auch hochgeblieben. Im zentralamerikanischen Raum jedoch ist der Protestantismus mit 40% stark vertreten. In Uruguay und Chile dagegen ist der Anteil der Konfessionslosen mit durchschnittlich 40% am höchsten. Diese Unterschiede sind den religionsgeschichtlichen Entwicklungen der einzelnen Länder geschuldet, auf die hier nicht weiter eingegangen werden kann.[29]

Viele Menschen begründen ihren Wechsel von der katholischen zu einer protestantischen Kirche mit dem Wunsch nach einer persönlicheren Gottesbeziehung bzw. -erfahrung (81%), einem anderen Frömmigkeitsstil oder einer stärkeren moralischen Orientierung. Die Protestantinnen und Protestanten Lateinamerikas zeigen sich im Vergleich zu den Katholikinnen und Katholiken in Bezug auf ihren Glauben verbindlicher und engagierter: Sie besuchen den Gottesdienst häufiger, beten regelmäßiger und lesen die Bibel häufiger. Der Religion messen sie im Alltag eine zentrale Bedeutung bei und sie sind wertekonservativer als die Angehörigen der katholischen Kirche. Mehr als die Hälfte der protestantischen Lateinamerikanerinnen und Lateinamerikaner gehören entweder einer pentekostalen Kirche an oder betrachten sich unabhängig von ihrer konfessionellen Zugehörigkeit als pentekostal bzw. charismatisch.[30]

Die pentekostale Bewegung, deren Ursprung in der Regel auf die Erweckungsbewegung in den USA zu Beginn des 20. Jahrhunderts zurückgeführt wird,[31] gelangte über verschiedene Wege nach Lateinamerika.[32] Zunächst wur-

---

[28] Vgl. PEW RESEARCH CENTER (Hrsg.), Religion in Latin America. Widespread Change in a Historically Catholic Religion 2014, www.pewforum.org/2014/11/13/religion-in-latin-america/ [Aufruf: 5.3.2021].

[29] Vgl. JOEL MORALES CRUZ, The Histories of the Latin American Church. A Handbook, Minneapolis 2014; LATINOBARÓMETRO ANÁLISIS DE DATOS, Religión 2015, www.latinobarometro.org/latContents.jsp [Aufruf: 5.3.2021].

[30] Vgl. PEW RESEARCH CENTER, a.a.O.; BAUMANN-NEUHAUS, Glaube (s. Anm. 11), 125-131; SCHÄFER, Dynamik (s. Anm. 26), 492f.503f.

[31] Vgl. Die Genese der Bewegung muss auch im Zusammenhang mit den weltweiten missionarischen Aufbrüchen während des 19. Jahrhunderts betrachtet werden, die sich oft aus einem Zusammenspiel mit indigenen Religionen vor Ort entwickelten und den Boden für eine globale Bewegung bereiteten. Vgl. MICHAEL BERGUNDER, Pfingstbewegung, Globalisierung und Migration, in: ZMiss 41 (2015), 79-91, 80.

[32] Vgl. MICHAEL BERGUNDER/JÖRG HAUSTEIN (Hrsg.), Migration und Identität. Pfingstlich-charismatische Migrationsgemeinden in Deutschland, Frankfurt/M. 2006, 156f.

de sie durch europäische und US-amerikanische Missionare und später durch zurückkehrende lateinamerikanische Auswanderer eingeführt. In den ersten Jahrzehnten blieben die lateinamerikanischen pentekostalen Gemeinschaften mehrheitlich in der Hand von ausländischen Denominationen und wurden aus dem Ausland gesteuert. Erst ab den 1930er Jahren übernahm eine neue Generation von lokalen Pastoren die Führung, unter denen sich die lateinamerikanischen Kirchen allmählich vom ausländischen Einfluss emanzipierten. Ein eigenständiger lateinamerikanischer Protestantismus entwickelte sich.[33]

Unterschiedliche Entwicklungsphasen prägten die weltweite Bewegung, die sich zunehmend über konfessionelle und soziostrukturelle Grenzen hinweg ausbreitete und eine neue Grundgestalt des Christentums herausbildete – auch in Lateinamerika. In der katholischen Kirche wird in diesem Zusammenhang von der charismatischen Erneuerung gesprochen. Manchmal wird sogar von einer Pentekostalisierung bzw. Charismatisierung des Christentums gesprochen.[34]

Trotz der Heterogenität der Bewegung lassen sich einige Wesensmerkmale festhalten, die für einen großen Teil der (neo)-pentekostalen Gemeinden typisch sind:

- die Betonung der persönlichen Bekehrung bzw. der Annahme Jesu Christi als Erlöser
- der Glaube an die Taufe durch den Heiligen Geist verbunden mit dem Empfangen der Geistesgaben, z.B. der Zungenrede, Prophetie, Heilung
- ein wortgetreues Verständnis der Bibel
- der Glaube an Wunder, Engel, Dämonen und an das Handeln Gottes im Diesseits
- der Glaube an direkte persönliche Offenbarungen durch den Heiligen Geist
- der Glaube an das nahe Ende dieser Welt
- ein starkes missionarisches Sendungsbewusstsein
- ein eher konservativer Moralkodex
- eine überdurchschnittlich hohe Beteiligung an Gottesdiensten
- ein hohes soziales Engagement[35]

Es ist ihre Kompetenz zur Inkulturation, die der Bewegung ihre globale Triebkraft und ihre lokale Ausstrahlung verleiht und sie auf dem religiösen Markt

---

[33] Vgl. Cruz, Histories (s. Anm. 28), 33; Foppa, Kirche (s. Anm. 1), 29.

[34] Vgl. Allan Anderson, Was europäische Christen von afrikanischen Pfingstlern lernen können, in: Bergunder/Haustein, Migration (s. Anm. 31), 170-189; Margrit Eckholt, Wie nehmen die Akteure innerhalb der katholischen Kirche das Phänomen der Neuen Religiösen Bewegungen wahr?, https://weltkirche.katholisch.de/Portals/0/Dokumente/DBK_NRB_Eckholt_Wie_nehmen_die_Akteure_Neue_Religioese_Bewegungen_wahr.pdf [Aufruf: 5.3.2021].

[35] Vgl. Baumann-Neuhaus, Glaube (s. Anm. 11), 130-132.

zu einem konkurrenzfähigen Player macht.[36] Sie verbindet sich mit persönlichen wie kulturell-sozialen Befindlichkeiten und stiftet mit ihrer Diesseitsorientierung eine Hoffnung auf ein gutes oder besseres Leben. Sie vermittelt ihren Anhängerinnen und Anhängern eine Ethik der harten Arbeit, Disziplin, Enthaltsamkeit und Sparsamkeit und ermächtigt sie, sich auf positive Weise als Gegenüber Gottes zu erfahren und zu handeln. Die eigene Religiosität und das religiöse Handeln werden so zu einem integralen Teil des Lebens.[37] Ihre nachhaltige Attraktivität in den Ländern des Südens verdankt die Bewegung vor allem dem Tatbestand, dass sie eine popularisierte Form protestantischer Religiosität zu generieren vermag, die den Bedürfnissen der unteren und mittleren sozialen Schichten entgegenkommt, mit der vorhandenen Volksreligiosität korrespondiert und in der Praxis eine bemerkenswerte Schnittstelle zum jeweiligen lokalen Kontext darstellt. Die weitverbreiteten Anomie- und Deprivationsthesen[38] lassen sich jedoch nicht ohne Widerspruch aufrechterhalten, denn gerade der Neopentekostalismus findet heute in Lateinamerika quer durch alle Schichten und Bildungsniveaus Zulauf.[39]

Es ist davon auszugehen, dass die pentekostale Religiosität gerade für Menschen in der Migration ihre Stärken ausspielen kann, denn sie bietet Strategien im Umgang mit den Brüchen und Brüchigkeiten des Lebens und ermöglich über ihre globalen Kommunikations- und Solidaritätsnetzwerke ein Zugehörigkeitsgefühl zu einer weltweiten Gemeinschaft. Das damit verbundene Selbstverständnis der Pentekostalen geht nicht selten einher mit der Idee einer globalen Sendung bzw. einer *reverse mission*, d.h. der Vorstellung, dass die Migration eine religiöse Aufgabe an der Residenzgesellschaft mit sich bringt.[40]

---

[36] Vgl. Martin, David, Tongues of the Fire. The Explosion of Pentecostalism in Latin America, Oxford 1990, 52.

[37] Vgl. Schäfer, Dynamik (s. Anm. 26), 206.

[38] Anomie meint hier die Erfahrung des Zusammenbruchs von gesellschaftlicher Ordnung und der strukturellen Benachteiligung bestimmter Milieus. Die damit einhergehenden wirtschaftlichen und sozialen Deprivationserfahrungen führen nach Ansicht der Vertreterinnen und der Vertreter der Anomie- und Deprivationstheorie zu Kompensationsbemühungen und letztlich zu einer Erstarkung traditionalistischer und fundamentalistischer Kräfte. Sie gehen davon aus, dass der Wunsch nach Erlösung bei sozial und ökonomisch Schwächeren ausgeprägter ist und dass der Pentekostalismus mit seiner Betonung der Diesseitigkeit des Lebens den Bedürfnissen der Betroffenen besonders gut entgegenkommt. Vgl. Gert Pickel, Religionssoziologie. Eine Einführung in zentrale Themenbereiche, Wiesbaden 2011, 375-378.

[39] Vgl. Martin, Tongues (s. Anm. 35), 52.258; Michael Bergunder, Pfingstbewegung, Globalisierung und Migration, in: Ders./Haustein, Migration (s. Anm. 31), 155-169; Heinrich Schäfer, Die Pfingstbewegung. Sozialer Wandel und religiöser Habitus, in: Bertelsmann Stiftung, Woran (s. Anm. 26), 553-608, 565; Franz Höllinger, Die Erfahrung der Präsenz des Göttlichen. Religiöse Kultur in Brasilien, den USA und Westeuropa, in: Bertelsmann Stiftung, a.a.O., 453-480.

[40] Vgl. Baumann-Neuhaus, Glaube (s. Anm. 11), 110f.

3.2 Lateinamerikanische Migrationsgemeinden in der Schweiz

Lateinamerikanische Zuwandererinnen und Zuwanderer haben mit einer hohen Wahrscheinlichkeit eine neopentekostale Prägung, unabhängig von ihrer konfessionellen Zugehörigkeit.

Zugewanderte Katholikinnen und Katholiken suchen oft zuerst die Nähe zu ihrer Mutterkirche und ihren sprachspezifischen Migrationsgemeinden. Neopentekostale bzw. charismatische Katholikinnen und Katholiken weisen gleichzeitig auch das für die Bewegung typische Wanderverhalten auf. Sie suchen zwar eine Gemeinschaft ihrer Konfession und ihrer Muttersprache, aber eben auch einen Ort, wo sie ihren Frömmigkeitsstil weiterpflegen können. Wenn sich eine solche Gemeinde in der Nähe des Wohnorts nicht finden lässt, suchen die Betroffenen regional oder nehmen Angebote von unterschiedlichen Gemeinden gleichzeitig in Anspruch. So kann es vorkommen, dass überzeugte Katholikinnen und Katholiken auch in protestantischen Gruppen dabei sind, weil sie dort eine Seite ihrer Spiritualität ausleben können, die sie in der eigenkonfessionellen Gruppe vermissen.[41]

Zwar ist die Mehrzahl der katholischen Migrationsgemeinden in der Schweiz tendenziell mononational, doch im Segment der spanischen und portugiesischen Sprachgruppen sind die meisten Gemeinden nicht nur zwei- oder mehrsprachig, sondern auch multinational bzw. -kulturell aufgestellt. Es kommen Menschen aus verschiedenen Ländern und Kontinenten und mit unterschiedlichen Sprachen, Bildungsniveaus und Frömmigkeitsstilen zusammen. Das hat einerseits mit der Migrationsgeschichte zu tun, aber auch mit den Missionserfolgen der Lateinamerikanerinnen und Lateinamerikaner unter anderen Bevölkerungsgruppen innerhalb der Schweiz. Pentekostal geprägte Gemeinschafen sind aber auch darum oft multiethnisch und mehrsprachig, weil viele pentekostale Gläubige ihren Frömmigkeitsstil höher gewichten als die Nationalität oder die Sprache. Die Herausforderung der Pluralität und Diversität bewältigen die Missionen, wie oben bereits erwähnt, mit der Bildung von Subgruppen, die unter ihrem Dach vereint bleiben.[42]

Im protestantischen Umfeld gibt es vergleichbare Formen von Migrationsgemeinschaften innerhalb von historisch gewachsenen Freikirchen wie z. B. der evangelisch-methodistischen oder der adventistischen Kirche. Die meisten lateinamerikanischen Migrationsgemeinden sind jedoch als unabhängige Kirchen erst in der jüngeren Vergangenheit entstanden. Ihre Gemeinschaften sind meist zu klein, um mononationale und monosprachliche Strukturen aufrechtzuerhalten oder Pluralität über Subgruppen zu organisieren. Sie sind darum in der Regel multinational und multilingual aufgestellt, denn ihre Mitglieder bzw.

---

[41]   Vgl. BAUMANN-NEUHAUS, »... in meiner Sprache ...«, in: ALBISSER/BÜNKER, Kirchen (s. Anm. 16), 141-151.

[42]   Vgl. BAUMANN-NEUHAUS, Glaube (s. Anm. 11), 147; FOPPA, Kirche (s. Anm. 1), 199.

Besucherinnen und Besucher[43] stammen aus Spanien, Portugal und verschiedenen Ländern Lateinamerikas sowie aus dem afrikanischen Angola und der Schweiz.[44] Hinsichtlich ihres Frömmigkeitsstils sind sie jedoch eher homogen, da meist pentekostal ausgerichtet.[45]

Die kleinen und jungen Gemeinschaften verfügen oft über keine formalen und festen Strukturen. Im Vergleich zu anderen Migrationsgemeinschaften verfügen sie über wenige Ressourcen und eine rudimentäre Infrastruktur, denn ihre Mitglieder arbeiten mehrheitlich im Niedriglohnsektor oder haben einen unsicheren aufenthaltsrechtlichen Aufenthaltsstatus. Die Fluktuation ist entsprechend groß. Die meisten Aufgaben werden von nicht-theologisch gebildeten Laien übernommen, da das Geld für Mitarbeitende fehlt.[46] Die knappen Ressourcen haben aus nachvollziehbaren Gründen oft eine Konzentration nach innen zur Folge, was zu Unrecht als segregatives Verhalten kritisiert wird.[47]

Da die ökonomische Situation über das Bestehen oder Verschwinden einer Gemeinde mitentscheidet, sind die freien protestantischen Migrationskirchen stärker als die katholischen Missionen dem Gesetz von Angebot und Nachfrage ausgesetzt. Sie stehen manchmal sogar in einem direkten Konkurrenzverhältnis zueinander. Ohne das Engagement der Freiwilligen und einen hohen Einsatz der Gemeindeleitungen, die in der Regel hauptberuflich auch noch einer anderen Arbeit nachgehen, geht es nicht. Der Druck lastet schwer auf ihnen, vor allem wenn Erfolg bzw. Misserfolg als Indikator dafür angesehen wird, ob jemand in der Gunst Gottes steht oder nicht.[48]

Die Nähe und die Zusammenarbeit der protestantischen Migrationsgemeinden zu den etablierten Kirchen ist in der Regel lose und beschränkt sich auf die Nutzung von Räumlichkeiten oder die gemeinsame Durchführung von Festen. Viele Gemeinden sind jedoch Teil von größeren Netzwerken oder Mitglieder von Verbänden wie z.B. der Schweizerischen Evangelischen Allianz bzw. dem Réseau Evangélique Suisse (RES),[49] der auch der Verein MEOS[50] und

---

[43] Die formale Mitgliedschaft erfolgt über die persönliche Entscheidung, auf der meist die Taufe folgt. In den Gemeinden gehen jedoch viele Personen ohne Mitgliedschaft ein und aus.

[44] Es handelt sich oft um Ehepartnerinnen und Ehepartner und Familienangehörige von Mitgliedern der Kirche.

[45] Vgl. FOPPA, Kirche (s. Anm. 1), 72f; RÖTHLISBERGER/WÜTHRICH, Migrationskirchen (s. Anm. 23), 34; ALBISSER/BÜNKER, Kirchen (s. Anm. 16), 53-68.

[46] Vgl. RÖTHLISBERGER/WÜTHRICH, a.a.O., 6.27; FOPPA, a.a.O., 73-84; CLAUDIA WÄHRISCH-OBLAU, The Missionary Self-Perception of Pentecostal/Charismaticf Church Leaders from the Global South in Europe, Leiden-Boston 2009.

[47] Vgl. EVA BAUMANN-NEUHAUS, Migration und Glaube. Grundwissen für interkulturelle Pastoral (Pastoralsoziologische Impulse 1), St. Gallen 2021, 47.

[48] Vgl. CLAUDIA WÄHRISCH-OBLAU, Spezifik (s. Anm. 31), 10-39; RÖTHLISBERGER/WÜTHRICH, a.a.O., 37.

[49] Vgl. www.each.ch/; meos.ch/de [Aufruf: 5.3.2021].

Mundo Gospel[51] angegliedert sind. Lateinamerikanische Christinnen und Christen protestantischer Prägung finden hier Informationen zu Unterstützungsangeboten und Vernetzungsmöglichkeiten.[52]

Ein Grund für dieses lose Verhältnis zwischen den etablierten Kirchen und den Migrationsgemeinden liegt einerseits in ihren unterschiedlichen Kirchenverständnissen und -strukturen. Erstere sind territorial organisiert, während letztere als Personalgemeinden funktionieren, d.h. die Mitgliedschaft basiert hier auf der Entscheidung der Individuen. Andererseits haben viele Zugewanderte aus dem globalen Süden auch eine kritische Sicht auf die christlichen Kirchen in der Schweiz. Sie nehmen die Gesellschaft als religiös defizitär wahr und die Kirchen als zu angepasst und lau. Viele sind darum der Meinung, die Schweiz müsse neu evangelisiert werden.[53]

Gerade die pentekostale Theologie und Identität mit ihrem globalen Charakter und Anspruch begünstig Bemühungen einer *reverse mission*, die das Christentum in die westlichen Länder zurückbringen soll. Gemeinden, die sich dieser Idee verschrieben haben, versuchen ihre Gottesdienste möglichst weitgehend an den jeweiligen Kontext der Residenzgesellschaft anzupassen, bei gleichzeitiger Beibehaltung von Elementen ihrer Herkunftskontexte. Das hybride und glokale Gesicht der Pfingstbewegung zeigt sich darin einmal mehr.[54]

4. Potentiale und Herausforderungen – Migrationsgemeinden als Orte der sozialen Unterstützung und Diversität

Religion kann aus einer Gruppe Unbekannter eine Gemeinschaft konstituieren, denn Menschen suchen Gleichgesinnte und wollen das, was ihnen wichtig ist, mit anderen teilen. Für viele Migrantinnen und Migranten wird die Migrationsgemeinde zu einem Ort der Beheimatung. Hier treffen sie auf Menschen, mit denen sie Sprache, Kultur und Glaube, aber auch die Migrationserfahrung teilen können.

Die Migrationsgemeinden sind aber auch Orte der alltagspraktischen, sozialen, emotionalen und spirituellen Unterstützung. Sie kennen die Bedürfnisse der Neuzugewanderten meist sehr gut, da ihre Mitglieder auf ähnliche Erfahrungen zurückgreifen können. In ihrer Theologie knüpfen sie migrationssensibel an biblische Narrative an, die für ihre Mitglieder anschlussfähig, sinnstiftend, tröstend, ermutigend und empowernd sind. Last but not least bieten sie

---

[50] Vgl. meos.ch/de [Aufruf: 5.3.2021].

[51] Vgl. meos.ch/de/mundogospel [Aufruf: 5.3.2021].

[52] Vgl. Albisser/Bünker, Kirchen (s. Anm. 16), 79-85.

[53] Vgl. a.a.O., 86-90.

[54] Vgl. Bergunder, Pfingstbewegung (s. Anm. 31), 168f.

geschützte Kommunikations- und Begegnungsräume, in denen Menschen ihre Erfahrungen mit anderen teilen und neu auslegen können. Gerade Migrantinnen und Migranten der ersten Generation erleben ihre Migrationsgemeinde oft als eine Art Refugium. Im Schutz der Gemeinschaft stoßen sie auf Verständnis und Unterstützung – eine Grundlage, um neues Vertrauen in sich selbst und in die Umwelt aufzubauen.[55]

4.1 Katholisches Beispiel: Misión Católica de Lengua Española en el Cantón de Zürich

Die spanischsprachige katholische Mission ist sehr groß, da sie 2016 aus zwei Missionen zu einer Seelsorgeeinheit zusammengeschlossen wurde und heute ein Netzwerk von acht verschiedenen Gemeinden darstellt. Alle Gemeinden verfügten über lokale Aktivitäten und Angebote und ein eigenes Profil. Wie viele Mitglieder das Netzwerk hat, ist schwer abzuschätzen, da es keine formale Mitgliedschaft gibt. Drei Clarentiner-Missionare[56] sind für die Seelsorge zuständig und führen an den acht Standorten Gottesdienste durch. Diese werden an normalen Wochenenden von ca. 500-600 Personen besucht.[57]

Die Klientel der Gemeinden ist vielfältig und die Bedürfnisse und Erwartungen entsprechend unterschiedlich. Ungefähr 80% der Migrantinnen und Migranten, die mit der Gemeinde Kontakt aufnehmen, suchen Hilfe bei der internen Arbeits- und Wohnungsbörse der Mission. Darunter finden sich neben Personen der primären Zielgruppe vereinzelt auch Italienerinnen und Italiener, Rumäninnen und Rumänen, Marokkanerinnen und Marokkaner und andere afrikanische Staatsangehörige, die vor ihrer Einreise in die Schweiz in Spanien lebten.[58]

Innerhalb der einzelnen Gemeinden gibt es unterschiedliche Untergruppen, die mehr oder weniger unabhängig voneinander agieren und deren Mitglieder sich untereinander kaum kennen. Diese Untergruppen sind in sich relativ homogen. Untereinander unterscheiden sie sich aber hinsichtlich ihrer soziodemographischen oder religiös-kulturellen Ausrichtung stark voneinander. Weil Abspaltungen aufgrund des katholischen Kirchenverständnisses nicht möglich sind, bietet die Bildung von koexistierenden Untergruppen eine sinnvolle Lösung, um Menschen, die sich sonst nur schwer miteinander ver-

---

[55]   Vgl. BAUMANN-NEUHAUS, Glaube (s. Anm. 11), 41-45.
[56]   Die Clarentiner sind eine international tätige römisch-katholische Kongregation, die im 19. Jh. vom spanischen Bischof Antonius Maria y Clará in Katalonien gegründet wurde.
[57]   Vgl. MCLECZ, Horario de Misas, in: Hoja Informativa. Mision Catholica de Lengua Espanõla en el Cantõn Zürich 2016, https://claretianos.ch/nueva/horarios-de-misas/ [Aufruf: 5.3.2021].
[58]   Vgl. FOPPA, Kirche (s. Anm. 1), 199.

binden ließen, unter dem Dach der Mission zu vereinen. Zwar sind für alle Untergruppen letztlich die Priester der Mission zuständig, doch aus Ressourcengründen werden die meisten Aktivitäten von Laien organisiert und durchgeführt. Die Veranstaltungen reichen von soziokulturellen Aktivitäten über Bildungsangebote bis zu spirituellen Angeboten und psychologisch-seelsorgerlichen Beratungen. Die Mission unterhält auch gute Kontakte zu staatlichen und privaten Organisationen wie z.B. der Fachstelle für Frauenhandel und Frauenmigration (FIZ) oder der Sans-Papier-Anlaufstelle Zürich (SPAZ), die mit ihren spezialisierten Dienstleistungen auf die Bedürfnisse ihrer Mitglieder oder Besucherinnen und Besucher eingehen können.[59]

4.2 Protestantisches Beispiel: Iglesia Evangélica Pentecostal Centro Misionero International

Die pentekostale Migrationskirche ist wie die meisten protestantischen Migrationskirchen in der Schweiz klein. 2016 zählte sie rund 80 erwachsene Mitglieder sowie 15 Kinder. Die Mehrzahl stammte aus Lateinamerika. Aber auch Personen aus Italien sowie Schweizerinnen und Schweizer ohne Migrationshintergrund gehörten dazu. Die Gemeinde versteht sich als internationale Kirche, die für Menschen jeglicher Muttersprache und Herkunft offen sein will. Entsprechend werden bei vielen Aktivitäten und Gottesdiensten Simultanübersetzungen angeboten.[60]

Seit 2013 wird die Gemeinde von einem ecuadorianischen Paar geleitet. Sie sind für das theologisch-inhaltliche Angebot der Kirche verantwortlich und betreuen zahlreiche Freiwilligengruppen, die sich in Glaubenskursen, in der Jugendgruppe, in der Arbeit mit Frauen, im Welcome-Team, im Lobpreis oder im technischen Bereich engagieren. In soziodemographischer Hinsicht ist die Gemeinde relativ homogen und die Durchlässigkeit zwischen den Arbeitsgruppen entsprechend gegeben.[61]

Für eine pentekostale Gemeinde typisch ist der hohe Stellenwert der religiösen Bildung. Sie umfasst Weiterbildungs- und Beratungsangebote für Neukonvertierte wie auch für langjährige Gläubige und soll die Mitglieder in ihrem persönlichen Glauben ebenso fördern wie für ihren Dienst in und über die Gemeinde hinaus. Die Themen kreisen im Wesentlichen um Fragen der christlichen Nachfolge, der Evangelisation und der Gemeindeentwicklung. Das ehrgeizige Bildungsprogramm der Gemeinde ist auch ein Sozialisierungsprogramm, denn es dient der Weitergabe von Narrativen, die identitäts- und gemeinschaftsbildend sind und den Zusammenhalt der Gruppe fördern. Das Wir-Gefühl der Gruppe ist entsprechend ausgeprägt. Natürlich entsteht dadurch auch

---

[59] Vgl. FOPPA, Kirche (s. Anm. 1), 200-204.

[60] Vgl. a.a.O., 205; ALBISSER/BÜNKER, Kirchen (s. Anm. 16), 33-35.

[61] Vgl. FOPPA, a.a.O., 206.

ein gewisser Konformitätsdruck, und die soziale Kontrolle spielt nicht nur top down, sondern funktioniert auch informell. Wer sich nicht einpassen kann oder will, zieht sich über kurz oder lang zurück oder sucht eine andere Gemeinde.

In der Gemeinde sind persönliche Beziehungen hochgeschrieben. Das Kontakt- und Betreuungsnetzwerk ist engmaschig und ermöglicht nicht nur soziale Kontrolle, sondern auch eine zielorientierte Förderung von Personen, die z.B. innerhalb der Gemeinschaft Verantwortung übernehmen wollen.[62]

Das Beispiel zeigt, dass Diversität im protestantischen Umfeld weniger über Subgruppenbildungen innerhalb von Gemeinden bzw. Kirchen gelebt wird, sondern eher durch ein Nebeneinander von unterschiedlichen und eigenständigen Gemeinden. Diese entstehen Neubildung und Abspaltung.

5. Schluss

Die Tatsache, dass die größte Religionsgruppe unter den Zugewanderten im deutschsprachigen Raum zu den christlichen Kirchen zu zählen ist, dass aber genau diese Gruppe sehr lange kaum erforscht wurde, zeigt einerseits eine große Ausblendungsleistung seitens der Wissenschaft und andererseits eine »ökumenische Amnesie«[63] seitens des einheimischen Christentums bzw. der Kirchen. Ursächlich dafür dürfte eine doppelte Normalitätsvorstellung sein, welche das zugewanderte Christentum der einheimischen Mehrheitsreligion zuordnet und den christlichen Migrantinnen und Migranten kulturelle Ähnlichkeit zur Schweiz bzw. kulturelle Anpassungsaffinität unterstellt.[64]

Erst in jüngerer Zeit wird der Tatsache Rechnung getragen, dass die kulturelle und konfessionelle Diversität christlicher Zuwanderungsgruppen zu einer kontinuierlichen Pluralisierung des Christentums in der Schweiz beiträgt und das hierzulande eingespielte Verständnis von Religion herausfordert. Gerade im Umfeld der christlichen Kirchen und einer umfassend verstandenen Ökumene stellen sich Fragen nach dem je eigenen Selbstverständnis, aber auch nach der Anerkennung und Partizipation der jeweils anderen. Der Prozess des Miteinanders und Nebeneinanders in unterschiedlichen Formen und Graden gilt es gemeinsam neu zu denken und gemeinsam einzuüben.

---

[62]   Vgl. FOPPA, Kirche (s. Anm. 1), 208-213.
[63]   KLAUS HOCK, Passions-Feier. Kreuzungen der Christentümer als Kreuzwege der Christenheit, in: ARND BÜNKER u.a. (Hrsg.), Gerechtigkeit und Pfingsten. Viele Christentümer und die Aufgabe einer Missionswissenschaft, Ostfildern 2010, 17-46, 28-44; BAUMANN-NEUHAUS, Glaube (s. Anm. 11), 13.
[64]   Vgl. FOPPA, a.a.O., 59-63.

Frieder Ludwig/Stian Sørlie Eriksen

Forschungszugänge zu afrikanischen transnationalen Gemeinden und Kirchen

insbesondere in Großbritannien, Deutschland und Norwegen[1]

Afrikanische transnationale Gemeinden und Kirchen[2] haben seit den 1990er Jahren in der Forschung zunehmend Beachtung gefunden. Insbesondere die Studien Roswith Gerloffs[3] und Gerrie ter Haars[4] bildeten erste, grundlegende Ausgangs-

---

[1] Kevin Ward, Werner Kahl und Elorm Nick Ahialey-Mawusi gaben wichtige Anregungen und Hintergrundinformationen für diesen Beitrag. Wir bedanken uns ganz herzlich dafür.

[2] Häufig werden diese Kirchen auch als Migrationskirchen (bzw. die Gemeinden als Migrationsgemeinden) bezeichnet. Hinsichtlich dieser Terminologie stellt sich aber die Frage, ob (etwa unter Bezug auf Heb 13,14 »Denn wir haben hier keine bleibende Stadt, sondern die zukünftige suchen wir«) nicht alle Kirchen Migrationskirchen sind oder das zumindest sein sollten. Der Begriff Diaspora war ursprünglich auf die bis heute anhaltende Zerstreuung der Juden bezogen. Er wurde von Martin Baumann als »the relational facts of a perpetual recollecting identification with a fictitious or far away existent geographic territory and its cultural-religious traditions« definiert. Die Anwendung auf afrikanische Gemeinden im Westen ist schwierig. Vgl. Martin Baumann, Diaspora. Geneologies of semantics in transcultural comparison, in: Numen 47 (2000), 313-337; Klaus Hock, Discourses on Migration as Migratory Discourses, in: Frieder Ludwig/ Kwabena Asamoah-Gyadu (Hrsg.), The African Christian Presence in the West, Trenton 2011, 55-67. Wir haben hier den Begriff »transnationale afrikanische Gemeinden und Kirchen« gewählt, da damit die multiplen Beziehungen zwischen Herkunfts- und Niederlassungsländern deutlich werden. Vgl. Linda Basch/Nina Glick Schiller/Cristina Blanc-Szanton, Transnationalism. A new analytic framework for understanding migration, in: Annals of the New York Academy of Sciences 645 (1992), 1-24.

[3] Gerloff befasste sich seit Ende der 1970er Jahre mit der Thematik und legte verschiedene Artikel vor. Die Erkenntnisse sind in ihrer 1992 veröffentlichten Dissertation zusammengefasst: Roswith Gerloff, A Plea for British Black Theologies. The Black Church Movement in Britain in its Transatlantic Cultural and Theological Interaction, Frankfurt/M.-Bern 1992. Für einen Überblick auch Bendix Balke, Kommentierte Litera-

punkte, und alle, die an den ersten Treffen zum Thema Migrationskirchen teilnahmen, erinnern sich an die lebhaften Debatten über unterschiedliche Zugänge,
in diesem Fall zwischen theologischen und religionswissenschaftlichen. In die
90er Jahre fallen auch die ersten Arbeiten von Afe Adogame,[5] Amélé Adamavi-
Aho Ekué,[6] Werner Kahl,[7] Frieder Ludwig,[8] Anthony G. Reddy,[9] Rjik van Dijk[10]
und anderen. In den ersten beiden Dekaden des 21. Jh.s intensivierten sich die
Forschungen, wobei seit 2015 ein vorläufiger Höhepunkt überschritten zu sein
scheint. Als wichtige Autorinnen und Autoren zu der Thematik profilierten
sich Afe Adogame,[11] Kwabena Asamoah-Gyadu,[12] Jehu Hanciles,[13] Werner Kahl,[14]

---

turliste Migrationsgemeinden, Januar 2020 unter https://internationale-gemeinden.de
/assets/docs/kommentierte-literaturliste-gash.pdf [Aufruf: 14.5.2021].

[4] Vgl. GERRIE TER HAAR, Halfway to Paradise. African Christians in Europe, Cardiff
1998; DERS. (Hrsg.), Strangers and Sojourners. Religious Communities in the Diaspora,
Leuven 1998.

[5] Vgl. AFE ADOGAME, A home away from home. The proliferation of the Celestial
Church of Christ (CCC) in diaspora-Europe, in: Exchange 27 (1998), 141-160.

[6] Vgl. AMELE ADAMAVI-AHO EKUÉ, »An den Ufern von Babylon saßen wir und wein-
ten, wenn wir an Zion dachten.« Wahrnehmungen zur religiösen Reinterpretation von
Exil unter afrikanischen Christen und Christinnen in der Hamburger Diaspora, in: THE-
ODOR AHRENS (Hrsg.), Zwischen Regionalität und Globalisierung. Studien zu Mission,
Ökumene und Religion, Perspektiven der Weltmission 25, Ammersbek bei Hamburg
1997, 327-345; DIES., »How Can I Sing the Lord's Song in a Strange Land?« A reinterpretation of the religious experience of women of the African diaspora in Europe with
special reference to Germany, in: GERRIE TER HAAR, Strangers a.a.O., 221-234.

[7] Vgl. WERNER KAHL, Überlegungen zu einer interkulturellen Verständigung über
neutestamentliche Wunder, in: ZMiss 82 (1998), 98-106; DERS., Afrikanische Diasporakirchen in Deutschland, in: Transparent 12 (1998), wieder abgedruckt in: DERS., Vom
Verweben des Eigenen mit dem Fremden. Impulse zu einer transkulturellen Neuformierung des evangelischen Gemeindelebens, Hamburg 2016, 53-61.

[8] Vgl. auch FRIEDER LUDWIG, Die Entdeckung der schwarzen Kirchen. Afrikanische
und afro-karibische Kirchen in England während der Nachkriegszeit, in: AfS 32 (1992),
131-159.

[9] Vgl. ANTHONY G. REDDY, Growing into Hope I. Believing and Expecting, Peterborough 1998; DERS., The Christian Education of African Caribbean Children in Birmingham. Creating a New Paradigm Through Developing Better Praxis (Ph.D. thesis, University of Birmingham), 2000.

[10] Vgl. RIJK VAN DIJK, Afrikaanse gemeenschappen, religie en identiteit. Ghanese
pinksterkerken in Den Haag, in: I. VAN KESSEL u.a., Afrikanen in Nederland, Leiden
2000, 199-212.

[11] Vgl. etwa AFE ADOGAME, The African Christian Diaspora. New Currents and Emerging Trends in World Christianity, London 2013; DERS., The public face of African new
religious movements in diaspora. Imagining the religious *other*, London-New York
2014; DERS./RAIMUNDO C. BARRETO JR./WANDERLEY DA ROSA, Migration and public discourse in world Christianity, Minneapolis 2019.

[12] Vgl. etwa KWABENA ASAMOAH-GYADU, »To the Ends of the Earth«. Mission, Migration and the Impact of African-led Pentecostal Churches in the European Diaspora, in:

Jacob Olupona[15] und Claudia Währisch-Oblau[16]. Nachdem anfangs vor allem Großbritannien und auch die Niederlande Beachtung gefunden hatten, traten später die USA und Deutschland ins Blickfeld.

Manche dieser Studien sind, so hat Martha Frederiks vor kurzem festgestellt, durch eine bestimmte postkoloniale Narrative geprägt, in der das »dynamische Christentum im Süden«, der »Niedergang des Westlichen Christentums« und die Migrationsbewegungen von Süden nach Norden trianguliert werden. Sie verweist etwa auf Jehu Hanciles Feststellungen: »a flood of Christian immigrants has infused moribund churches and denominations in Europe with new vitality« and »the largest and fastest-growing churches were established by African migrants.«[17] Frederiks steht dieser Triangulierung skeptisch gegenüber; sie verweist etwa darauf, dass in derartigen Forschungen eine Tendenz besteht, alle christlichen Migranten dem globalen Süden zuzurechnen und dabei die innereuropäischen christlichen Wanderungsbewegungen (etwa aus Polen oder Portugal) zu übersehen. Zudem seien auch nicht die Gottesdienste aller afrikanischen Migrationsgemeinden gut besucht; des Weiteren komme es häufig zu internen Spannungen und Abspaltungen. Auch rechtliche und finanzielle Probleme mancher Gemeinden sowie verbale Gewalt bestimmter Gemeindeleiter gegen die LGBTQ-Community erwähnt Frederiks in diesem Zusammenhang.[18]

Nun stellen sich diese Probleme nicht nur in afrikanischen Migrationskontexten, sondern tauchen bei Grenzüberschreitungen generell häufig auf. Das

---

MisSt 29 (2012), 23-44; Ders., Migration, Diaspora Mission, and Religious Others in World Christianity. An African Perspective, in: International Bulletin of Missionary Research 39 (2015), 189-192; Ders., Faith, »An Alien and Narrow Path of Christian Ethics in Migration«, in: Exchange 43 (2014), 68-88; Ludwig/Asamoah-Gyadu (Hrsg.), Presence (s. Anm.2).

[13] Vgl. etwa Jehu Hanciles, Beyond Christendom. Globalization, African Migration, and the Transformation of the West, New York 2008. Sein neues Werk: Migration and the Making of Global Christianity, Grand Rapids 2021, geht den Migrationsbewegungen bis zum16. Jh. nach.

[14] Vgl. etwa Werner Kahl, Vom Verweben des Eigenen mit dem Fremden. Impulse zu einer transkulturellen Neuformierung des evangelischen Gemeindelebens, Hamburg 2016.

[15] Vgl. etwa Jacob Olupona/Regina Gemignani (Hrsg.), African Immigrant Religions in America, New York-London 2007.

[16] Claudia Währisch-Oblau, Bringing Back the Gospel. The Missionary Self-Perception of Pentecostal/Charismatic Church Leaders, Leiden 2009.

[17] Jehu Hanciles, Migration and the Globalization of Christianity, in: William R Burrows u.a., Understanding World Christianity. The Vision and Work of Andrew F. Walls, Maryknoll 2011, 237.

[18] Vgl. Martha Frederiks, »Microcosm« of the Global South. The Discursive Functionality of Migrant Christianity in World Christianity Discourses, Exchange 48 (2019), 313-333.

Anliegen von Frederiks besteht jedoch darin, afrikanische Migrationsgemeinden nicht zu romantisieren und in ein vereinfachtes und stereotypes Interpretationsmuster einzuordnen. Von dieser Versuchung sind verschiedene Beiträge nicht frei und die Forderung nach Differenzierung kommt zur rechten Zeit. Sie schmälert aber nicht die grundsätzliche Bedeutung des Phänomens. Bei den meisten Forschungsthemen folgt auf eine erste Phase, welche die Bedeutung des Themas erst einmal nachweisen muss, eine zweite, kritischere Phase. Dies lässt sich auch an der Missionsgeschichte aufzeigen. Und natürlich ist auch die vorangegangene Forschung nuancierter und facettenreicher als das Paradigma von der Revitalisierung Europas durch Migrationsgemeinden aus dem globalen Süden. Die Migrationsgemeinden trafen in verschiedenen europäischen Ländern auf unterschiedliche Bedingungen. In Norwegen beispielsweise erleichtert eine staatliche Förderung aller Religionsgemeinschaften, die bestimmte Voraussetzungen erfüllen, die Finanzierung.[19] Freilich ist die verstärkte Einwanderung aus Afrika und die Gründung afrikanischer transnationaler Gemeinden in Norwegen eine vergleichsweise neue Entwicklung, die später einsetzte als in Deutschland. Noch früher begann der Prozess in Großbritannien, wo afrikanische Gemeinden bereits in den 1960er Jahren an Bedeutung gewannen.

Im Folgenden wollen die Entwicklungen in den drei Ländern aufgezeigt werden. Dies bedeutet einerseits natürlich eine Begrenzung, die den transnationalen Verflechtungen der afrikanischen Gemeinden auch auf europäischer Ebene nur bedingt gerecht wird.[20] So hat etwa Afe Adogame die Ausbreitungsstrategien der Celestial Church of Christ in Europa untersucht.[21] Andererseits ermöglicht dieser Zugang einen Vergleich der unterschiedlichen Rahmenbedingungen; die staatlichen und kirchlichen Bemühungen um Zusammenarbeit und Integration oder die diesbezüglichen Versäumnisse kommen stärker in den Blick. Auch Forschungstendenzen und Forschungsschwerpunkte können dadurch aufgezeigt werden.

---

[19] Nach einem Gesetz über die finanziellen Zuweisungen an Religionsgemeinschaften (1981) haben registrierte Religionsgemeinschaften Anspruch auf einen jährlichen Zuschuss des Finanzministeriums. Vgl. dazu die Ausführungen am Ende von Kap. 4.

[20] Dies gilt etwa für die Redeemed Christian Church of God, deren Europa-Netzwerk Großbritannien ausschließt. Vgl. www.rccgeuropemainland.net/ [Aufruf: 27.5.2021]: »The Redeemed Christian Church of God, Europe Mainland Mission was created by the General Overseer of the mission, Pastor Enoch A. Adeboye in August 2002 with only a few parishes in five countries. The Europe Mainland (EM) Mission today spans across some 46 countries and over 230 Parishes in Europe, excluding the United Kingdom.«

[21] Vgl. Afe Adogame, A Home away from Home. The Proliferation of the Celestial Church of Christ (CCC) in Diaspora-Europe, in: Exchange 27 (1998), 141-160.

1. Großbritannien

Angehörige afrikanischer Bildungseliten aus den britischen Kolonien hatten schon in der ersten Hälfte des 20. Jh.s häufig im Vereinten Königreich studiert; eine Tendenz, die sich nach der Unabhängigkeit Ghanas (1957), Nigerias (1960), Sierra Leones (1961) und anderer Länder verstärkte. Die Voraussetzungen für die Einwanderung waren günstig. Der British Nationality Act von 1948 gab allen Mitgliedern des Commonwealth (einschließlich des gerade unabhängig gewordenen Indiens) dasselbe Recht auf Staatsbürgerschaft wie den in Großbritannien geborenen Menschen.[22] Erst allmählich verschärften sich die Bedingungen (durch die Commonwealth Immigration Acts von 1962 und 1968). Ab 1972 wurde es erforderlich, eine Arbeitserlaubnis vorzulegen. Dennoch setzte sich die Einwanderung etwa aus Ghana and Nigeria fort. Im Census von 2011, der immer noch als maßgebend gilt, bezeichneten sich 1,9 Millionen Menschen (3% der Gesamtbevölkerung des UK) als Black/Caribbean/Afro-Caribbean. Davon waren 601.700 (0,95%) karibischer, 1,02 Millionen (1,6%) schwarzafrikanischer und 282.100 (0,45%) anderer Herkunft.[23]

Die meisten Mitglieder der Black British Community leben in den großen Städten wir London, Birmingham und Liverpool. Hier waren auch die ersten Gemeindegründungen erfolgt.[24] Seit den späten 1970er Jahren wurden diese von Theologen wahrgenommen. Walter Hollenweger (1927-2016), Professor of Mission an der University of Birmingham vom 1971-1989 und Martin Conway vom British Council of Churches waren dabei wegweisend.

Um das Verständnis zwischen afrikanischen und europäischen Christen zu fördern und gemeinsam Theologie zu lernen, wurde 1977 das Centre for Black and White Christian Partnership in Birmingham gegründet.[25] Neben der bereits erwähnten Roswith Gerloff (1933-2013)[26] kamen dem südafrikanische Theologen Bongani Mazibuko (1932-1997)[27] und etwas später dem aus Malawi

---

[22]   Vgl. Clair Wills, Lovers and Strangers. An Immigrant History of Post-War Britain, London 2017. Wills zitiert auch die Rede des Innenministers James Chuter Ede im House of Commons im Juli 1948: »We believe wholeheartedly that the common citizenship of the United Kingdom and Colonies is an essential part of the development of the relationship between this Mother Country and the Colonies«. Vgl. auch https://api.parliament.uk/historic-hansard/commons/1948/jul/07/british-nationality-bill-lords [Aufruf: 27.5.2021].

[23]   Angaben aus https://minorityrights.org/minorities/afro-caribbeans/ [Aufruf: 27.5.2021].

[24]   Vgl. Frieder Ludwig, Die Entdeckung der schwarzen Kirchen. Afrikanische und afro-karibische Kirchen in England während der Nachkriegszeit, in: AfS 32 (1992), 131-159.

[25]   Zum Centre Walter Hollenweger, Eine schwarze Schule in Birmingham, in: Ders., Wie aus Grenzen Brücken werden, München 1988, 191-202.

[26]   Vgl. Roswith Gerloff, My Pilgrimage in Mission, in: IBMR 37 (2013), 27-30.

[27]   Vgl. Simangaliso R. Khumalo, Doing Christian education at the edges in South Af-

380 FRIEDER LUDWIG/STIAN SØRLIE ERIKSEN

stammenden Patrick Kalilombe (1933-2012)[28] und dem 1953 in Jamaika geborenen Joe Aldred[29] als Direktoren tragende Rollen zu. Damit repräsentierte das Center auch konfessionelle Vielfalt: Gerloff kam aus einer evangelischen Landeskirche (Berlin), Mazibuko hatte einen methodistischen Hintergrund, Kalilombe war von 1972-1976 katholischer Bischof der Lilongwe Diocese gewesen, und Aldred war Pastor und Bischof in der Church of God of Prophecy.[30] Bongani Mazibuko erläuterte die Arbeit des Centres folgendermaßen:

> »Das Ziel des Centre war nun, alles einzubeziehen, Studium und Gottesdienst, und gemeinsam verstehen zu lernen, dass Menschen verschieden sind, dass Traditionen verschieden sind und dass die Art, Gottesdienst zu feiern, wegen unterschiedlichem Temperament und unterschiedlicher Veranlagung auch verschieden ist. Beide Seiten haben ein Recht zu existieren, keine Seite hat das Recht, die andere zu verurteilen. Aber beide Seiten sollten wissen, dass sie etwas voneinander lernen können. Wenn ich von einem akademischen Hintergrund herkomme, kann ich einiges lernen von Spontaneität, Freude und von der Erfahrung, Gottes Geist wirken zu lassen. Wenn ich aus einer Pfingstgemeinde stamme, kann ich auch etwas lernen, etwa richtige formale Vorbereitung und richtige Exegese. Wir sollten anerkennen, dass wir zusammen den einen Körper Jesu Christi formen, dass wir zusammenbleiben und uns gemeinsam entwickeln werden, dass wir zusammen auch die Mission in Großbritannien beeinflussen können.«[31]

Das Center for Black and White Christian Partnership wurde 1999 geschlossen, aber es waren wichtige Impulse von dieser Einrichtung ausgegangen, die dann teilweise am Centre for Black Theology der Queen's Foundation fortgesetzt wer-

---

rica. A review of the work of Bongani Mazibuko as a Christian educator and missiologist, in: Studia Historiae Ecclesiasticae 31 (2005), 105-127.

[28] Vgl. PATRICK A. KALILOMBE, My Faith, My Life, My Theology and My Country, in: DERS., Doing Theology at the Grassroots. Theological Essays from Malawi, Gweru 1999, 8-42. Über die Arbeit in Birmingham bes. 39-41. Wichtig auch sein Essay: Black Christianity in Britain, in: Ethnic & Racial Studies 20 (1997), 306-324.

[29] In seiner Autobiographie hat Aldred auch die Migrationserfahrungen beschrieben (1968 siedelte die Familie nach Smethwick bei Birmingham über). Vgl. JOE ALDRED, From Top Mountain. An autobiography, Hertford 2015. Weitere Publikationen sind etwa: Respect. Understanding Caribbean British Christianity, Peterborough 2005; DERS./KENO OGBO, Black Christianity in Britain. Facing up to the twenty-first century, London 2009; DERS., Pentecostals and charismatics in Britain. An anthology, London 2019.

[30] Vgl. https://drjoealdred.info/ [Aufruf: 27.5.2021].

[31] Interview mit Dr. B. Mazibuko, dem früheren Direktor des Centre for Black and White Christian Partnership in: FRIEDER LUDWIG, Schwarz und Weiss in Birmingham, in: der überblick 22 (1986), 86-88, 87. Das Interview wurde später im englischen Originaltext veröffentlicht bei LUDWIG/ASAMOAH-GYADU, (Hrsg.), Presence (s. Anm.2), 421-426.

den konnten.[32] Zahlreiche weiterführende Arbeiten befassten sich mit dem Wachstum und den Theologien dieser Gemeinden.[33]

Wichtig im Blick auf die Frage der interkulturellen Interaktionen sind die Beiträge Rebbeca Cattos, die 2008 an der Universität Exeter mit der (noch unveröffentlichten) Arbeit »From the Rest to the West. Exploring Reversal in Christian Mission in Twenty First Century Britain« promovierte. Sie befasste sich unter anderem mit dem Paradigmenwechsel der Church Missionary Society (CMS), die 1995 in Church Mission Society umbenannt wurde. Schon 1981 war ein CMS Interchange Fund etabliert worden, um afrikanischen und asiatischen Missionaren einen Aufenthalt in Großbritannien zu ermöglichen – »in order to make a specific contribution to a local church, rather than raise funds for their home church.«[34] Dies könne als der Anfang einer *reverse mission* betrachtet werden, die später in den Worten des CMS International Mission Director Ausdruck fand: »We believe that God is doing a new thing form the global South, from the poor to the rich.«[35] Allerdings waren einige der von Catto Interviewten ambivalent in ihren Antworten auf die Frage, ob sie ihre Arbeit

---

[32] Vgl. www.queens.ac.uk/what/bml [Aufruf: 27.5.2021]. Als weiteres Zentrum zu nennen ist das Simon of Cyrene Theological Institute, das im Herbst 1989 in London eröffnet, aber dessen Arbeit in den ersten Jahren des 21. Jh.s eingestellt wurde.

[33] Vgl. etwa ALDRED, Respect, (s. Anm. 29); BABATUNDE ADEDIBU, Coat of many colours. The origin, growth, distinctiveness and contributions of black majority churches to British Christianity, Blackpool 2012; CHIGOR CHIKE, African Christianity in Britain, Milton Keynes 2007; DAVID KILLINGRAY/JOEL EDWARDS, Black Voices. The Shaping of our Christian Experience, Nottingham 2007; ISRAEL OLOFINJANA, Reverse in Ministry and Missions. Africans in the Dark Continent of Europe, Milton Keynes 2010; MARK STURGE, Look What the Lord has Done. An Exploration of Black Christian Faith in Britain, Bletchley 2005; HARVEY KWIYANI, Sent Forth. African Missionary Work in the West, New York 2014; auch die Kapitel von HUGH OSGOOD, The Rise of Black Churches, in: DAVID GOODHEW (Hrsg.), Church Growth in Britain, Abingdon 2012, 107-126, und RICHARD BURGESS, African Pentecostal Growth. The Redeemed Christian Church of God in Britain, in: ebd., 127-144. Burgess hat sich insbes. als Experte zur Redeemed Christian Church of God profiliert: RICHARD BURGESS, African Pentecostal Churches in Britain. The Case of the Redeemed Christian Church of God, in: LUDWIG/ASAMOAH-GYADU (Hrsg.), Presence (s. Anm. 31), 253-272; DERS., Bringing Back the Gospel. Reverse Mission among Nigerian Pentecostals in Britain, in: Journal of Religion in Europe 2011, 429-449; DERS., Megachurches and Reverse Mission, in: S. HUNT (Hrsg.), Handbook of Christianity. Megachurches, Leiden 2019, 243-268.

[34] REBECCA CATTO, The Church Mission Society and Reverse Mission. From Colonial Sending to Postcolonial Partnership and Reception, in: AFE ADOGAME/SHOBANA SHANKAR (Hrsg.), Religion on the Move! New Dynamics of Religious Expansion in a Globalizing World International Studies in Religion and Society, Leiden 2013, 81-95, 87 unter Verweis auf JOHN CLARKE, CMS and Mission in Britain. The Evolution of a Policy, in: KEVIN WARD/BRIAN STANLEY (Hrsg.), The Church Mission Society and World Christianity 1799-1999, Grand Rapids 2000, 319-343, 339.

[35] Ebd. unter Verweis auf Mission without Empire, in: CMS Annual Review 5 (2004), 12.

als *reverse mission* sehen würden. Ein Pfarrer aus Nigeria stellte etwa fest, dass er vor allem die nigerianische anglikanische Diaspora und kaum die alteinheimische weiße Bevölkerung erreiche, andere meinten, dass der zahlenmäßige Zuwachs nicht überzeugend sei.[36]

Andersherum blieb auch die Repräsentation ethnischer Minoritäten in Leitungspositionen der Kirche von England nicht überzeugend. Zwar war der 1949 in Uganda geborene John Tucker Mugabi Sentamu von 2005 bis 2020 Erzbischof von York und hatte damit das zweithöchste Amt inne, aber seine Pensionierung machte die geringe Zahl von Bischöfen ethnischer Minderheiten deutlich: Sie stellen nur 5 von 111 Bischöfen (sowohl Diözesan- als auch Suffragan).[37] Erst 2019 wurde Rose Josephine Hudson-Wilkin, MBE, QHC (*1961) als erste Frau afrikanischer bzw. afro-karibischer Herkunft zur Bischöfin in der Church of England geweiht.[38]

Fragen der wechselseitigen Beziehungen, der Aufstiegschancen und der Partizipation haben in den letzten Jahren weiter an Gewicht gewonnen. Nach der Ermordung George Floyds in Minneapolis am 25. Mai 2020 stimmte im Juni 2020 stimmte das House of Bishops der Church of England der Einrichtung einer Anti-Rassismus Taskforce zu. Diese sollte sicherstellen, dass Entschuldigung und Klage von schnellen Maßnahmen begleitet werden, die zu echten Veränderungen führen.[39] In ihrem Bericht vom April 2021 konnte sich die Taskforce auf frühere Stellungnahmen beziehen. So hatte der Erzbischof von Canterbury auf der Generalsynode im Februar 2020 sehr deutlich über den institutionellen Rassismus der Kirche von England gesprochen. Die Stephen Lawrence Inquiry vom Februar 1999, an der auch Rev. Dr. John Sentemu, der spätere Erzbischof von York, mitgewirkt hatte, wurde herangezogen, um strukturellen Rassismus zu definieren. Unter diesem sei »(t)he collective failure of an organisation to provide an appropriate and professional service to people because of their colour, culture, or ethnic origin« zu verstehen.[40] Aber trotz

---

[36] Catto, Church Mission (s. Anm. 34), 88-92. Sie merkt auch an: »The CMS Mission Partners with whom I spoke certainly found Britain to be a highly challenging missionary frontier, hence requiring specific Training. [...] concerns racism, personal safety, given the high crime rate in deprived local areas.«

[37] Kevin Ward, Leeds, E-mail an Frieder Ludwig vom 21.5.2021. Wir sind Kevin Ward sehr dankbar für diese grundlegenden Informationen.

[38] Vgl. www.bbc.com/news/uk-england-kent-48802255 [Aufruf: 27.5. 2021].

[39] Vgl. The Church of England, From Lament to Action. The Report of the Archbishop's Anti-Racism Taskforce, April 2021, 4, www.churchofengland.org/sites/default/files/2021-04/FromLamentToAction-report.pdf [Aufruf: 27.5.2021].

[40] A.a.O., 11, unter Verweis auf https://assets.publishing.service.gov.uk/government/uploads/system/uploads/attachment_data/file/277111/4262.pdf [Aufruf: 27.5.2021]. Die Beschreibung fährt fort: »It can be seen or detected in processes, attitudes and behaviour which amount to discrimination through unwitting prejudice, ignorance, thoughtlessness and racist stereotyping which disadvantage minority ethnic people.«

zahlreicher Stellungnahmen gegen Rassismus seit Mitte der 1980er Jahre sei es kaum zu erkennen, dass die ethnischen Minoritäten in der Kirche von England florieren.[41]

Nun seien konkrete Maßnahmen erforderlich: Um die historische Unterrepräsentation wiedergutzumachen, sollten alle zukünftigen Kohorten des Strategic Leadership Development Programme eine Beteiligung von mindestens 30% Repräsentanten der ethnischen Minoritäten haben. Damit soll eine entsprechende Nachfolge in den Kirchenleitungsstrukturen gewährleistet werden.[42] Andere Maßnahmen sehen die Erstellung von Jahresberichten der Diözesen vor, in denen auch über die Berücksichtigung von Angehörigen der ethnischen Minoritäten Auskunft zu geben ist,[43] die Besetzung der Bischofsräte mit 15% Mitglieder ethnischer Minoritäten[44] und die Anti-Rassismusarbeit im Bildungs- und Hochschulbereich vor.[45] Wichtig für die ökumenische Zusammenarbeit sind Netzwerke wie Churches together in England, in dem viele Kirchen auf nationaler wie auf lokaler Ebene zusammenarbeiten,[46] die Church of England ebenso wie die Katholische Kirche, verschiedene Orthodoxe Kirchen, Pfingstkirchen und andere.[47] Auch die Redeemed Christian Church of God[48] ist vertreten, die mit ihren mehr als 700 Gemeinden in Großbritannien fast schon als mainline-denomination gesehen werden kann.[49]

Neben dem zentralen Bericht »From Lament to Action« liegen Einzelstudien vor: In »Ghost Ship: Institutional Racism and the Church of England« (London 2020) schildert A.D.A. France-Williams auch seine Erfahrungen als

---

[41] Vgl. CHURCH OF ENGLAND, Lament (s. Anm. 39), 17: »The Church of England has been formally talking about racism for more than forty years. In our work as the Taskforce, we have considered more than 20 reports from the mid-80s onwards with a total of more than 160 recommendations. Since then, the Church of England has considered motion after motion, debate after debate, yet we still find ourselves in the position where - throughout our life as a church — the flourishing of UKME/GMH Anglicans is hard to discern.«

[42] Vgl. a.a.O., 23, Action 4.

[43] Vgl. a.a.O., 27, Action 10.

[44] Vgl. a.a.O., 28, Action 12.

[45] Vgl. ebd., 30ff.

[46] Vgl. www.cte.org.uk/Groups/328878/Home/About/Who_we_are/Who_we_are.aspx [Aufruf: 27.5.2021].

[47] Vgl. www.cte.org.uk/Groups/234690/Home/About/Membership_of_CTE/Member_Churches_of/Member_Churches_of.aspx [Aufruf: 27.05.2021].

[48] Vgl. www.cte.org.uk/Groups/234902/Home/Resources/Relationships/Redeemed_Christian_Church/Redeemed_Christian_Church.aspx [Aufruf: 27.5.2021].

[49] An der von der RCCG organisierten Großveranstaltung »Festival of Life« im Jahr 2015 nahmen der damalige Premierminister David Cameron, der Erzbischof von Canterbury Justin Welby und andere Würdenträger teil. Insgesamt versammelten sich 40-50.000 Menschen. Auch das zeigt den Einfluss der RCCG, vgl. https://guardian.ng/news/cameron-attends-rccgs-festival-of-life-in-london/ [Aufruf: 27.5.2021].

Pfarrer in Manchester. »Black Gay British Christian Queer. The Church and the Famine of Grace«, das Werk Jarel Robinson-Browns, eines früheren methodistischen Pfarrers, der nun in London eine Ausbildung zum anglikanischen Priester macht, wird im Sommer 2021 erscheinen.[50]

Im Blick auf die Black Theology in Großbritannien profilierte sich Anthony Reddie[51], seit Januar 2021 Direktor des Centres for Religion and Culture in Oxford. Kritische Untersuchungen an der Schnittstelle von Religion und Kultur stehen im Fokus der Ausrichtung des Centres.[52] Reddie ist auch Herausgeber der Zeitschrift *Black Theology in Britain*, die im Oktober 1998 in Birmingham gegründet wurde. Chairman der Gründungsversammlung war Joe Aldred vom Centre of Black and White Christian Partnership; erster Herausgeber war Emmanuel Lartey, damals Senior Lecturer an der Faculty of Theology in Birmingham. Auch Reddie war von Anfang an dabei,[53] und in seinen Werken nahm er immer wieder auf die Ursprünge und die Forschungen in Birmingham Bezug.

Auch in anderen Disziplinen, etwa in der Ethnologie, wurden Feldforschungen zu afrikanischen Migrationsgemeinden in Großbritannien durchgeführt. In diesem Forschungskontext wurden auch die inhärenten Spannungen in manchen dieser Gemeinden herausgearbeitet. So befasste sich Terry Booth mit den Konflikten in der Cherubim & Seraphim Gemeinde in Birmingham-Edgbaston, in der die neuen afro-karibischen Mitglieder die gerontokratischen Hierarchiestrukturen der westafrikanischen Yoruba-Tradition in Frage stellten.[54] In einer anderen wichtigen Studie zu Cherubim & Seraphim Gemeinden in England – diesmal in London – wies Hermione Harris auf die Herausforderungen zwischen den in Nigeria geborenen Gemeindegründern und der in Großbritannien geborenen nachwachsenden Generation hin.[55] Auch Caleb Opoku Nyanni ging dieser Thematik nach.[56]

---

[50] WARD, e-mail vom 21.5. 2021.

[51] Vgl. ANTHONY REDDIE, SCM Core Text in Black Theology, London 2012; DERS., Is God Colour Blind? Insights from Black Theology for Christian Ministry, London 2009; DERS., Working Against The Grain. Re-imaging Black Theology in the 21st Century, London 2008; DERS., Black Theology In Transatlantic Dialogue, New York 2006; DERS. (Hrsg.), Black Theology, Slavery, and Contemporary Christianity, Kent, 2010; R. DREW SMITH u.a. (Hrsg.), Churches, Blackness, and Contested Multiculturalism. Europe, Africa, and North America, New York 2014; MICHAEL N. JAGESSAR/ANTHONY G. REDDIE (Hrsg.) Black Theology in Britain. A Reader, London 2007; DIESS. (Hrsg.), Post Colonial Black British Theology. New Textures and Themes, Peterborough 2007.

[52] Vgl. www.rpc.ox.ac.uk/research-life/oxford-centre-christianity-culture/ [Aufruf: 27.5.2021]: »The Centre aims to bring a critical inquiry to the interface of religion and culture as it relates to differing communities, contexts and peoples, across the world.«

[53] Vgl. JAGESSAR/REDDIE (Hrsg.), Black Theology, a.a.O., 8f.

[54] Vgl. TERRY BOOTH, We true Christians (Ph.D. thesis, Birmingham), 1984.

[55] Vgl. HERMIONE HARRIS, Yoruba in Diaspora. An African Church in London, New York 2006.

[56] Vgl. CALEB OPOKU NYANNI, Second Generation African Pentecostals in the West. An

Als wichtiges interdisziplinäres Netzwerk für die Erforschung pentekostaler und charismatischer Gemeinden etablierte sich GloPent (The European Research Network on Global Pentecostalism),[57] dessen Ausgangspunkt 2004 ein gemeinsames Forschungsprojekt zu »Transnational Nigerian-initiated Pentecostal churches, networks and believers in three Northern countries« bildete: Die Untersuchungen zu den Entwicklungen in Großbritannien, Deutschland und den Niederlanden wurden von Richard Burgess (Universität Roehamptpon), Kim Knibbe (Universität Groningen) und Anna Quaas (Universität Heidelberg) geleitet.[58] Ein anderes wichtiges transnationales Forschungsnetzwerk ist die EPCRA (European Pentecostal Charismatic Research Association),[59] die 2018 in Hamburg eine Konferenz zum Thema »Pentecostal/Charismatic Christianity and Religious Pluralism« hielt.[60] Und damit zur Situation in Deutschland.

2. Deutschland

»In Deutschland leben über eine Million Menschen afrikanischer Herkunft. Sie prägen dieses Land mit – als Eltern, Journalist*innen, Reinigungskräfte, Pastor*innen, Afroshop Besitzer*innen, Rentner*innen, Sport Stars, Moderator*innen, Musiker*innen, Pflegekräfte, Aktivist*innen, Forscher*innen und vielem mehr.«[61] Das stellte »afrozensus« im Rahmen einer Onlinebefragung im Sommer 2020 fest. Folgt man den Angaben des Statistischen Bundesamtes zur »Ausländischen Bevölkerung« – die freilich nicht die deutschen Staatsbürger mit afrikanischem Hintergrund erfasst – kommen jeweils gut 30% der afrikanischen Einwandererinnen und Einwanderer aus Nordafrika und aus Westafrika, etwas weniger, ca. 27%, aus Ostafrika, knapp 8% aus Zentralafrika und etwas über 3% aus dem südlichen Afrika.[62] Hinsichtlich der afrikanischen christlichen Präsenz

---

Emerging Paradigm, Eugene 2021; auch Phyllis Thompson (Hrsg.), Challenges of Black Pentecostal Leadership in the 21st Century, London 2013.

[57] Vgl. www.glopent.net/ [Aufruf: 27.5.2021].

[58] Vgl. www.glopent.net/norface [Aufruf: 27.5.2021].

[59] Vgl. www.epcra.ch/home.html [Aufruf: 27.5.2021]. Als weitere für das Thema relevante europäische Forschungsnetzwerke zu nennen sind NIME (Nordic Institute for Mission Studies and Ecumenics) und IAMS Europe (International Association for Mission Studies).

[60] Die Konferenzbeiträge sind dokumentiert in Marina N. Behari/Jean-Daniel Plüss (Hrsg.), Conviction in an Optional Society. Pentecostal/Charismatic Christianity & Religious Pluralism, Oxford 2020.

[61] Vgl. https://afrozensus.de/ [Aufruf: 27.5.2021].

[62] Vgl. www.destatis.de/DE/Themen/Gesellschaft-Umwelt/Bevoelkerung/Migration-Integration/Publikationen/_publikationen-innen-auslaend-bevoelkerung.html, Fachserie 1/Reihe 2, 27 [Aufruf: 27.5.2021]. Die Gesamtzahl der afrikanischen Bevölkerung in

sind Herkunftsländer wie Nigeria und Ghana in Westafrika, Kamerun in Zentralafrika sowie Eritrea und Äthiopien in Ostafrika besonders relevant.[63] Schätzungen zufolge gibt es heute etwa eintausend Kirchengemeinden von Menschen afrikanischer Herkunft in Deutschland; ihre Zentren sind Hamburg, Berlin,
Frankfurt und das Ruhrgebiet.

   Seit Ende der 1990er Jahre erfolgte eine intensivierte Auseinandersetzung.
Verschiedene damals junge Wissenschaftler befassten sich mit der Thematik;
zudem gingen in der Theologie Impulse von Roswith Gerloff aus. Diese war
nach ihrer Zeit in Birmingham von 1985 bis 1993 Pfarrerin am Ökumenischen
Zentrum Christuskirche in Frankfurt am Main (1985-93); anschließend wirkte
sie als Dozentin an der Universität Leeds (1993-1998). Mit Beginn des Ruhe-
standes kehrte sie nach Deutschland zurück und machte es sich zur Aufgabe,
die Forschung zur afrikanischen christlichen Präsenz auch in Deutschland voranzutreiben. Sie war Gastherausgeberin des *International Review of Mission*,
als dieser in einer Spezialausgabe im Juli 2000 das Thema »Open Space: The
African Christian Diaspora in Europe and the Quest for Human Community«
behandelte. Im Editorial skizzierte sie ihre Position:

> »Black and African-influenced Christianity in all its diversity and contextuality can
> perhaps provide a model for reshaping religion and the Christian faith into a holistic
> undertaking also in the Western world: ›Mission in reverse‹, from below rather than
> from above, confirming and not ignoring or destroying people's cultural and religious
> identities.«[64]

Damit war ihr Ansatz durch einen bestimmten theologischen Zugriff charakterisiert: Gerloff betrachtete die afrikanischen Migrationsgemeinden als »Mission
von unten« und man kann fragen, ob das deren Selbstverständnis entspricht.
Auch die Feststellung, dass kulturelle Identitäten in diesen Gemeinden gestärkt
werden, ist etwas einseitig; pfingstlich-charismatische Gemeinden betrachten
das kulturelle Erbe durchaus kritisch oder differenziert. Roswith Gerloff war
Ökumenepolitikerin und Forscherin und man tut ihr vermutlich nicht unrecht
mit der Feststellung, dass sie beide Dimensionen durchaus verbinden wollte.

   In ihrem IRM-Beitrag verwies Roswith Gerloff auf einen von Amélé Adamavi-Aho Ekué an der Missionsakademie der Universität Hamburg organisierten Workshop »The African Religious Diaspora in Germany«, dessen besonde-

---

Deutschland betrug demnach 615.830 Menschen. Davon kamen 189.620 aus Nordafrika, 190.190 aus Westafrika, 168.525 aus Ostafrika, 47.525 aus Zentralafrika und
19.970 aus dem Südlichen Afrika.
[63]   Vgl. ebd.: Nigeria 75.495, Ghana 39.270; Kamerun 26.635, Eritrea 75.735, Somalia
47.495, Äthiopien 20.465.
[64]   Editorial, International Review of Mission 89/354 (2000), 275.

res Augenmerk der sozialen und religiösen Situation in Deutschland galt und der sich darum bemühte, Kommunikationskanäle zu schaffen.

Seit diesem Workshop von 1998 entwickelte sich Hamburg und die Missionsakademie zu einem Zentrum der Vernetzung und der Forschung. Von 2001 bis 2003 fand ein Projekt über afrikanische theologische Ausbildung in Norddeutschland unter dem Motto »Singing the Lord's Song in a Strange Land« statt, das African Theological Training in Germany (ATTiG) wurde etabliert. Amélé Adamavi-Aho Ekué, Andreas Heuser und Werner Kahl waren forschungsaktive Lehrkräfte; im Fokus standen Verbindungen zwischen traditionaler Religion, charismatischem Christentum und Migration. In ihren Ansatz ging es um interkulturelle Integration, die zunehmend als Integration und Öffnung von beiden Seiten verstanden wurden. Mit seinen Arbeiten zu Afrikanische Bibelinterpretationen und ihrer Relevanz für die neutestamentliche Wissenschaft setzte Werner Kahl einen Akzent. »Viele Pfarrer afrikanischer Migrationsgemeinden«, so stellte er fest, »vermögen es direkt an biblische Erzählungen anzuknüpfen. In der Migrationssituation erscheinen insbesondere solche Erzählungen als sinnstiftend und Orientierung gebend, die ihrerseits von freiwilligen oder erzwungenen Dislozierungen berichten.«[65]

Auch am Institut für Ethnologie der Universität Hamburg wurden Forschungen zum Thema durchgeführt. So wurde ab 1999 unter der Leitung von Prof. Dr. Jürgen Jensen ein DFG-Projekt zum Thema »Afrikanische Migranten in Deutschland und ihre Remigration« durchgeführt; daraus ging Regina Jachs Doktorarbeit Migration, Religion und Raum. Ghanaische Kirchen in Accra, Kumasl und Hamburg (2005) hervor. Zielsetzung ihrer Arbeit war es, »spezifische Kirchen in Ghana und am Migrationsort Hamburg vor dem Hintergrund ausgewählter Theoriefelder der Ethnologie und benachbarter Wissenschaften und mit einem daraus entwickelten Instrumentarium als komplexes soziokulturelles Phänomen in seinen vielfachen Bezügen ethnographisch abzubilden sowie ethnologisch zu reflektieren und analysieren.«[66] Auch Erika Eichholzers Arbeit wurde durch spezielle Forschungsprojekte gefördert.[67]

Ein ATTiG an der Missionsakademie vergleichbarer Ansatz entwickelte sich in Wuppertal. Hier wurden ab 1998 erste Programme der Vereinten Evan-

---

[65] WERNER KAHL, Vom Verweben des Eigenen mit dem Fremden. Impulse zu einer transkulturellen Neuformierung des evangelischen Gemeindelebens, Hamburg 2016; auch DERS., Jesus als Lebensretter. Westafrikanische Bibelinterpretationen und ihre Relevanz für die neutestamentliche Wissenschaft, Frankfurt/M. 2007; DERS., New Testament Miracle Stories in their Religious-Historical Setting. A Religionsgeschichtliche Comparison from a Structural Perspective, Göttingen 1994.

[66] REGINA JACH, Migration, Religion und Raum. Ghanaische Kirche in Accra, Kumas und Hamburg in Prozessen von Kontinuität und Kulturwandel, Münster 2005, 1.

[67] Vgl. ERIKA EICHHOLZER, Migration, Religion und Gender, in: ZMiss 31 (2005), 66-78; DIES., »Ever Generous Lord, How Can I Praise You?« The Ghanaian Gospel Boom in Hamburg«, in: LUDWIG/ASAMOAH-GYADU, Presence (s. Anm.2), 317-334.

gelischen Mission (VEM) durchgeführt; 2001 begann das Programm »Kirche im interkulturellen Kontext« (KiKK). Federführend war Claudia Währisch-Oblau, die mit ihrer Dissertation »Bringing Back the Gospel. The Missionary Self-Perception of Pentecostal/Charismatic Church Leaders« neue Grundlagen gelegt hatte. Sie führte Interviews in mehr als 100 Gemeinden und rekonstruierte das pastorale Selbstverständnis der Kirchenführer im Kontext der Migration. Dabei wandte sie sich gegen Stereotypisierungen: Die Fremdwahrnehmung ist oft anders als die Selbstwahrnehmung, die Pastoren und Gemeindeglieder sehen sich nicht als Opfer, sondern als Akteure. Evangelikale Gemeinden können als partnerschaftlicher erlebt werden als die Gemeinden der Landeskirchen, Deutsche Protestanten neigten dazu, alle Kirchen, die von Migranten gegründet wurden, als Diasporakirchen zu betrachten, die ausschließlich den spirituellen Bedürfnissen von Migranten dienten.[68]

In Bayreuth entstand ein weiteres Zentrum, wobei hier die Religionswissenschaft als Leitdisziplin fungierte. Die beiden Professoren für Religionswissenschaft, Ulrich Berner und Christoph Bochinger initiierten ein Forschungsprojekt zu afrikanischen christlichen Gemeinschaften in Deutschland. Im Februar 2003 fand in Bayreuth die Konferenz »Religion im Kontext der afrikanischen Migration« statt. Teilnehmende aus den Bereichen der Religionsgeschichte, Soziologie, Anthropologie, Geschichte, Geographie, Missiologie, Migration und Diaspora griffen auf Feldforschung in Deutschland, Großbritannien und Norwegen, den USA, Israel und Afrika (Nigeria, Ghana, Eritrea, Sudan, Ägypten) zurück, um die Vernetzung von Religion, Migration und Globalisierung aufzuzeigen.[69]

Die beiden Organisatoren der Konferenz, Cordula Weißköppel und Afe Adogame, verfolgten das Thema der Religions- und Migrationsstudien in Deutschland weiter. Gemeinsam mit Andrea Lauser veröffentlichte die heute an der Universität Bremen lehrende Weißköppel im Jahr 2008 den Band »Migration und religiöse Dynamik. Ethnologische Religionsforschung im transnationalen Kontext«. Im Jahr 2011 war sie Mitherausgeberin eines Bandes zu Jugend, Migration und Religion. Im selben Jahr habilitierte sie sich zum Schwerpunkt Religion und Migration mit einer Arbeit über transnationale Netzwerke von Sudanesen in Deutschland. Dieses Forschungsprofil setzte sie fort mit ihren Studien über koptisch-orthodoxe Christen in Ägypten und in europäischen Diasporagemeinden. Ausgehend von Prozessen der religiösen Sozialisation im transnationalen Raum zwischen erster und zweiter Migrationsge-

---

[68]   Vgl. CLAUDIA WÄHRISCH-OBLAU, Bringing Back the Gospel. The Missionary Self-Perception of Pentecostal/Charismatic Church Leaders, Leiden 2009.
[69]   Vgl. AFE ADOGAME/CORDULA WEISSKÖPPEL u.a., Religion in the Context of African Migration Studies, Bayreuth 2005.

neration hat sich der Fokus seit 2011 auf die Situation der Kopten in der post-revolutionären Phase Ägyptens verschoben.[70]

In seiner Dissertation über die Celestial Church of Christ behandelte Afe Adogame auch die Gemeinden in München, Stuttgart, Frankfurt, Aachen, Hamburg und Bremen.[71] Bald aber erweiterte er sein Forschungsgebiet auf andere afrikanische Gemeinden in der Diaspora. Seine Publikationen[72] wurden weltweit wahrgenommen; er forschte und lehrte in Bayreuth, Lagos und Edinburgh und ist heute Professor am Princeton Theological Seminary. In seinem Ansatz geht es ihm darum, den »Transnationalismus von unten« – die »grass-root initiatives by immigrants and their home country counterparts« zu untersuchen und zu fragen, wie diese das soziale, kulturelle und religiöse Kapital der Migranten stärken.[73] Adogames Anliegen ist es, verschiedene theoretische Konzepte ins Gespräch zu bringen; sein multiperspektivischer Zugang macht es etwa möglich, die Afrikanische Unabhängige Kirchen[74] vor traditional-religiösem Hintergrund ebenso wie in christentumsgeschichtlicher Perspektive zu analysieren.

Weichenstellend war die von Adogame, Gerloff und Hock im September 2003 in Hirschluch bei Berlin organisierte Konferenz, die die gegenwärtige Migration in langfristiger Perspektive analysierte und mit einer Diskussion der historischen Entwicklungen seit der Teilung Afrikas begann. Die Beiträge des 2008 erschienenen Sammelbands »Christianity in Africa and the African Diaspora« sind folgenden vier Oberbegriffen zugeordnet: Historical Develop-

---

[70] Vgl. Studie und Mapping zur ägyptischen Diaspora in Deutschland 2015, online-Publikation der Deutschen Gesellschaft für Internationale Zusammenarbeit (GIZ), in deutscher und englischer Fassung unter www.cimonline.de/static/media/giz2016-de-diasporastudie-aegypten.pdf [Aufruf: 27.5.2021].

[71] Vgl. AFE ADOGAME, Celestial Church of Christ. The Politics of Cultural Identity in a West African Prophetic-charismatic Movement (Studien zur interkulturellen Geschichte des Christentums 115), Frankfurt/M. u. a. 1999.

[72] Vgl. etwa AFE ADOGAME, The African Christian Diaspora. New Currents and Emerging Trends in World Christianity, New York 2013; DERS. (Hrsg.), The Public Face of African New Religious Movements in Diaspora. Imagining the Religious *Other*, Farnham 2014; DERS./ANDREW G. LAWRENCE (Hrsg.), Africa in Scotland, Scotland in Africa. Historical Legacies and Contemporary Hybridities, Leiden 2014; DERS. u.a. (Hrsg.), Engaging the World. Christian Communities in Contemporary Global Societies, Oxford 2014.

[73] Vgl. AFE ADOGAME, Traversing the United Kingdom of God. The Transnationalisation of the New African Religious Diaspora, in: Africa in Scotland, a.a.O., 69-88.

[74] Der Begriff »Afrikanische Unabhängige Kirchen« oder im Englischen »African Independent Churches« ist schon deshalb nicht unumstritten, weil heute auch die ehemaligen Missionskirchen unter afrikanischer Leitung und von direkter europäischer Kontrolle unabhängig sind. »African Indigenous Churches« und »African Initiated Churches« sind mögliche Alternativen. Für eine Diskussion vgl. EZRA CHITANDO, African Initiated Christianity in Southern Africa, in: ELIAS BONGMBA (Hrsg.), Routledge Companion to Christianity in Africa, New York 2016, 285-296, 286f.

ments (Teil I), Gender Perspective (Teil II), Charismatic/Pentecostal Perspectives (Teil III) und Diasporic Perspectives (Teil IV). Vor allem der letzte Teil war für die Begriffsklärungen wichtig. So erörterte etwa der Rostocker Religionswissenschaftler Klaus Hock, welche theologischen Konnotationen der Diaspora-Begriff impliziert und welche Schwächen dieser Begriff als analytische Kategorie mit sich bringt. Als Alternative zum fragwürdigen Diaspora-Begriff schlug er vor,»Religion on the Move« als transkulturelles Phänomen zu untersuchen und als ein»non-static, variable phenomenon which is part of a ›polycontextual‹ world«. Identitätskonstruktionen wie»African«,»Christian« oder»diasporic« seien auf ihren diskursiven Charakter hin zu befragen und als fluide Phänomene zu verstehen.[75]

Auch am Lehrstuhl für Religionswissenschaft und Interkulturelle Theologie in Heidelberg entstanden wichtige Arbeiten. Theo Sundermeier betreute die Dissertation von Benjamin Simon»From Migrants to Missionaries. Christians of African Origin in Germany«. Simon analysierte insbesondere die Predigten von drei verschiedenen Migrationskirchen: der Kimbanguistenkirche (Democratic Republic of Congo), der Church of the Lord-Aladura (Nigeria) und dem All Christian Believers Fellowship e.V. (Ghana). Ihm ging es darum aufzuzeigen, wie diese Kirchen sich in eine missionarische Richtung bewegen und wie sie ökumenische Partner werden können.[76] Sundermeiers Nachfolger Michael Bergunder ist besonders an Fragen des pentekostalen Christentums aus religionswissenschaftlicher Perspektive interessiert. Gemeinsam mit seinem damaligen Mitarbeiter Jörg Haustein, der heute an der School of Oriental and African Studies lehrt, organisierte er im Juni 2004 die Konferenz»Migration und Identität«, die einen Überblick der Situation in Deutschland bot.[77]

Bergunder betreute auch die Doktorarbeit von Anna Quaas zu transnationalen Pfingstkirchen, die 2011 von Lembeck in Frankfurt veröffentlicht wurde. Es war das letzte Buch des Verlags. Die Arbeit macht es sich zur Aufgabe, die Geschichte der in Nigeria gegründeten Apostolic Church und der Redeemed Christian Church of God in ihren jeweiligen transnationalen Verflechtungen darzustellen und dabei die»Disparitäten, die in der wissenschaftlichen Beschäftigung mit CAC und RCCG festzustellen sind«, auszugleichen. Der Verfas-

---

[75] Vgl. KLAUS HOCK, Religion on the move: transcultural perspectives. Discourses on Diaspora religion between category formation and the quest for religious identity, in: AFE ADOGAME u.a. (Hrsg.), Christianity in Africa. Discourses on Migration as Migratory Discourses and the African Diaspora: The appropriation of a scattered heritage, London 2008, 235-247; auch KLAUS HOCK, Discourses on Migration as Migratory Discourses. Diasporic Identities and the Quest for Analytical Categories, in: ADOGAME/LAWRENCE, Africa in Scotland (s. Anm. 72), 55-68.
[76] Vgl. BENJAMIN SIMON, From Migrants to Missionaries. Christians of African Origin in Germany, Frankfurt/M.-Bern 2010.
[77] Vgl. MICHAEL BERGUNDER/JÖRG HAUSTEIN (Hrsg.), Migration und Identität. Pfingstlich-Charismatische Migrationsgemeinden in Deutschland, Frankfurt/M. 2006.

serin ist es dabei ein Anliegen, Identitätskonstruktionen in den Historiografien und anhand der Äußerungen in Interviews aufzuzeigen, anstatt externe Einordnungen festzuschreiben. Da etwa der Begriff »Migrationsgemeinde« als Fremdbezeichnung erkannt wird, verzichtet sie auf eine derartige terminologische Einordnung. Den Grund für das weitere Vorgehen legt die fundierte Diskussion eines Beitrags von Evangelos Karagiannis und Nina Glick-Schiller, in dem eine transkulturelle Perspektive entfaltet wird. Diese ermögliche es, »vielfältige Positionierungen durch Pfingstkirchen im Migrationskontext wahrzunehmen« und diese nicht einseitig zu interpretieren. Um die fluiden Strukturen der Gemeinde nicht zu verschleiern, ist neben der transkulturellen Perspektive ein (bestimmter) historischer Forschungszugang gewählt verschiedene Quellen mit unterschiedlicher Akzentuierung werden nebeneinander bestehen gelassen. Dieser Ansatz hat einerseits eine Tendenz zur Beschreibung zahlreicher mikrokosmischer Perspektiven, andererseits bietet er die Möglichkeit, verschiedene Selbstwahrnehmungen fair und authentisch darzustellen.[78]

Moritz Fischer verfolgte in seiner Neuendettelsauer Habilitationsschrift Pfingstbewegung zwischen Fragilität und Empowerment im Jahr 2011 einen vergleichbaren Ansatz. Er untersuchte die im Kongo entstandene, in Zentral- und Südafrika verbreitete und auch in Europa und den USA präsente unabhängige Pfingstkirche Nzambe-Malamu darauf hin, wie sich die Identitätskonstruktionen ihrer Repräsentanten durch internationale Interaktionen konstituieren. Die in Nzambe-Malamu, eine 1967 im Kinshasa gegründete Pfingstkirche, und den von ihr abstammenden Kirchen gemachten Geistererfahrungen changieren zwischen Fragilität (Begriff der reflektierten Außenperspektive) und Empowerment (Begriff der Binnenperspektive). Fischer arbeitet daraus die Ambiguitäten des »Kraftwirkens des Heiligen Geistes« heraus.[79]

Einen gewissen Gegenakzent zu dem Ansatz, unterschiedliche Quellen nebeneinander stehen zu lassen, setzte, Boris Nieswand, der sich seit ca. 2010 in verschiedenen Beiträgen mit westafrikanischen Christen in Berlin befasste. Nieswand stellte fest, dass diese Gemeinden bei aller Unterschiedlichkeit auch viele Gemeinsamkeiten haben:

>»Although every church has its own particularities, there is also a larger corpus of ideas, practices, songs, and slogans that is partly shared by West African charismatic Christians in Berlin. The imaginary of enacted destiny is one of those. Through the fluctuation of persons, media, and narratives between the churches as well as

---

[78] Vgl. ANNA QUAAS, Transnationale Pfingstkirchen. Christ Apostolic Church and Redeemed Christian Church of God in Nigeria und Deutschland als Teil internationaler Netzwerke, Frankfurt/M. 2011.

[79] Vgl. MORITZ FISCHER, Pfingstbewegung zwischen Fragilität und Empowerment. Beobachtungen zur Pfingstkirche Nzambe Malamu mit ihren transnationalen Verflechtungen, Göttingen 2011.

through the embeddedness in a transnational religious field, discourses and practices can easily circulate within the field of charismatic Christianity.«[80]

Berlin steht auch im Blickfeld der Untersuchungen von Vincent Pascal Gucha und Miriam Schader. In seiner im Göttinger-Hermannsburger M.A.-Studiengang Intercultural Theology entstandenen Masterarbeit über das African Christian Council of Berlin and Brandenburg, die im Internet (allerdings nicht gebührenfrei) zugänglich ist, widmet sich Vincent Pascal Gucha dem Rat afrikanischer Christen von Berlin und Brandenburg (RACIBB) und geht den Narrativen und Beschreibungen der Gründungsfiguren nach. »Most of the migrant founded organizations like RACIBB are multi-functional by nature depending on the needs of the members hence their functions can be categorised as follows: Ethnosolidarity, Ethno-cultural, Ethno-specific religious and Ethno-specific political Diaspora activities. Ethno-solidarity activities aim at addressing social and integration issues among its members, for example, it provides members with the information about the host country; what is expected of them and what they can do to live comfortably in the host society.« Gucha geht auch den Zusammenarbeiten von RACIBB mit dem Afrika Zentrum, Gemeinsam für Berlin, Berliner Missionswerk, dem Ökumenischen Rat Berlin-Brandenburg, dem internationalen Konvent, der Gossner Mission, der Berliner Mennonitengemeinde und dem EMW Hamburg nach.[81]

In einer 2017 publizierten Dissertation geht Miriam Schader dem religiösen Hintergrund in der politischen Beteiligung von Migranten in Berlin und Paris nach. Zielsetzung ist es »to compare Christian, Muslim and – as a »control group« – secular migrants from the same country or region residing in different European cities.«[82] Sie kommt zu dem Schluss, dass »Christian organisations (i.e. RACIBB and Council of Christian Churches of an African Approach in Europe) are powerful and influential actors in the African community in Berlin [...] Their inter-organisational network is denser than that of secular associations [...] more successful in uniting the African churches in Berlin than the secular Afrika-Rat in bringing together the secular organisations.«[83] RACCIB will ein »Liebesgefühl für Deutschland« erzeugen, Afrikaner sollen deutschen Parteien beitreten.

Neben Studien zur aktuellen Situation ist heute ein verstärktes Interesse an historischer Aufarbeitung früherer Erfahrungen festzustellen. So stehen die

---

[80] BORIS NIESWAND, Enacted Destiny. West African Charismatic Christians in Berlin and the Immanence of God, in: JRA 40 (2010), 33-59.
[81] VINCENT PASCAL GUCHA, An Initiative of the African Christians in Berlin and Brandenburg. A case Study of the African Christians council of Berlin and Brandenburg, M.A. Thesis, Göttingen 2014, 26.
[82] MIRIAM SCHADER, Religion as a Political Resource, Wiesbaden 2017, 61.
[83] Ebd.

Erfahrungen der um 1900 in Deutschland studierenden Westafrikaner im Blickfeld der Studie von Kokou Azamede »Transkulturationen? Ewe-Christen zwischen Deutschland und Westafrika 1884–1939« aus dem Jahr 2009. Dabei geht es ihm darum, die afrikanisch-deutsche (Verflechtungs-)Geschichte aufzuzeigen. Ausgehend von einem Überblick zur Migrations- und Kulturgeschichte der Ewe und zur pietistischen Kultur Württembergs, folgt eine Darstellung der Lebensgeschichten der insgesamt 20 Ewe-Studenten. Diese stehen im Mittelpunkt der Untersuchung.[84]

Insgesamt ist auch im deutschsprachigen Raum eine kritischere Auseinandersetzung festzustellen. In dem von Amélé Adamavi-Aho Ekué, Frank Mathwig und Matthias Zeindler herausgegebenen Sammelband »Heimat(en). Beiträge zu einer Theologie der Migration« sollen Migrationsfragen zunächst einmal »entmoralisiert« werden. Mit der offen-schillernden Formulierung »Heimat(en)« wird nicht nur die Frage gestellt, ob von Heimat allein im Singular und nicht allenfalls auch im Plural zu sprechen sei, es wird ebenfalls angedeutet, dass die menschliche Suche nach Heimat unweigerlich in Konflikte führt.

Die Zusammensetzung der Mitgliedschaft afrikanischer Gemeinden aus bestimmten regionalen oder ethnischen Kontexten und die starken Kontakte in die Heimatländer können – ebenso wie Missionsanliegen und autoritäre Tendenzen – in der deutschen Gesellschaft kritisch gesehen werden, da dies ja einer Integration im Sinne einer Assimilation entgegenzustehen und dem Aufbau von Parallelgesellschaften zu dienen scheint. Demgegenüber hat Martin Baumann argumentiert, dass die Pflege und Bewahrung der Herkunftskultur dauerhaft zur Ressource für die strukturelle Integration in das Bildungs- und Erwerbsystem des Aufnahmelandes werden können: »Erst das Wissen und die Sicherheit eigener Stärke ermöglicht, den eigenkulturellen Rückzugsort und ‚Schonraum' zu verlassen und aus selbstsicherer Position sich den Anforderungen der Aufnahme- bzw. Residenzgesellschaft zu stellen.«[85]

---

[84]   Vgl. KOKOU AZAMEDE, Transkulturationen? Ewe-Christen zwischen Deutschland und Westafrika 1884-1939, Stuttgart 2009. Zu den Erfahrungen von afrikanischen Missionsschülern um 1900 auch WERNER USTORF, Die Missionsmethode Franz Michael Zahns und der Aufbau kirchlicher Strukturen in Westafrika (1862-1900). Eine missionsgeschichtliche Untersuchung, Erlangen 1989, 266-270; MONIKA FIRLA, Wir hatten wirklich keine Zeit, Heimweh zu haben. Afrikaner als Missionsschüler von Pfarrer Johannes C. Binder in Wilhelmsdorf, Ochsenbach und Westheim von 1871-1900, in: EBERHARD GUTEKUNS/WERNER UNSELD (Hrsg.), Der ferne Nächste. Bilder der Mission. Mission der Bilder 1860-1920. Katalog zur Ausstellung im Landeskirchlichen Museum Ludwigsburg, vom 25.5. bis 10.11.1996, Ludwigsburg 1996, 37-44; FRIEDER LUDWIG, Zwischen Vereinnahmung und Selbstbehauptung. Zur Vielschichtigkeit interkultureller Kommunikation am Beispiel der afrikanischen Missionsschüler im schwäbischen Westheim, in: ZMiss 91 (2002), 99-115.

[85]   MARTIN BAUMANN, Religion und ihre Bedeutung für Migranten, in: BEAUFTRAGTE

Orte des Austauschs waren und sind derzeit noch die Missionsakademie Hamburg und die Fachhochschule für Interkulturelle Theologie Hermannsburg. Diese war 2012 in Nachfolge des Hermannsburger Missionsseminars gegründet worden, um »die Tradition kritischer protestantischer und lutherischer Theologien in einen Dialog mit pentekostalen und charismatischen Bewegungen zu bringen, eine Schnittstelle zwischen der Ausbildung an den evangelischen Fakultäten und den unterschiedlich geprägten Theologien Afrikas, Asiens und Lateinamerikas zu sein und einen Beitrag zur interkulturellen Begegnung und zur Integration zu leisten.«[86] Hier waren auch einige Bachelor- und Masterarbeiten zur Thematik entstanden.[87]

Dabei wurde der Grund für eine kritische Auseinandersetzung mit organisatorischen Herausforderungen ebenso wie mit Gender- und den Generationenfragen gelegt: Prince Ossai Okeke hat etwa die Geschichte des African Christian Council in Hamburg analysiert und dabei festgestellt, dass einer der ersten Versuche, das Gemeindeleben von Afrikanerinnen und Afrikanern in Deutschland zu organisieren, als paternalistisch empfunden wurde: Die in Zusammenhang mit der Afrikaner-Seelsorge Hamburg unter dem Dach der – heutigen – Evangelisch-Lutherischen Kirche in Norddeutschland entstandene African Christian Church Hamburg wurde von 1985 bis 1998 von lutherischen Pastorinnen und Pastoren aus Tansania geleitet. Diese wurden freilich von den westafrikanischen transnationalen Gemeinden nicht als repräsentativ betrachtet.[88] Ähnliches gilt vermutlich auch für andere afrikanische Pfarrer, die im Rahmen der Mission to the North-Programme der evangelischen Missionswerke nach Deutschland gekommen waren. Ihre Lebenswelten waren zu unterschiedlich von denjenigen der afrikanischen Einwandererinnen und Einwanderern.[89]

DER BUNDESREGIERUNG FÜR MIGRATION (Hrsg.), Religion – Migration – Integration in Wissenschaft, Politik und Gesellschaft, Berlin 2004, 19-30, 27.

[86]   www.fh-hermannsburg.de/die_fit [Aufruf: 27.05.2021].

[87]   Vgl. JACOB OKINE, Diversity of Ecclesiologies in the International Churches Convent (IKK) Rhineland and Westphalia (B.A. Thesis, FIT Hermannsburg), 2016; OSAI OKEKE, The African Christian Council Hamburg and Its Ecumenical Relationship, B.A. Thesis FIT, Hermannsburg 2016; JOHN UZUH, Migrationskirchen afrikanischer Herkunft in Münster. Entstehung – Praktiken – Perspektiven, M.A. Thesis FIT, Hermannsburg 2016. Die Masterarbeiten gingen aus dem gemeinsam mit der Universität Göttingen durchgeführten Master-Studiengang Intercultural Theology hervor: VINCENT PASCAL GUCHA, An Initiative of the African Christians in Berlin and Brandenburg. A case Study of the African Christians council of Berlin and Brandenburg, M.A. Thesis, Göttingen-Hermannsburg 2014; BERNARD BAMFO-BOSOMPEN, The images of Christ in African Immigrant Pentecostal/Charismatic Context, M.A. Thesis, Göttingen-Hermannsburg 2012.

[88]   Vgl. OKEKE, a.a.O., 1.

[89]   Vgl. dazu auch FRIEDER LUDWIG, Mission und Theologie in Migrationsgemeinden, in: CLAUDIA RAMMELT u.a. (Hrsg.), Begegnung in der Glokalität. Christliche Migrationskirchen in Deutschland im Wandel der Zeit, Leipzig 2018, 199-212.

Im Blick auf die nachwachsende Generation veranstaltete etwa der FIT-Absolvent Elorm Nick Ahialey-Mawusi am 13. Mai 2021 die Konsultation Post-Migration Churches of African Background in Germany in Zusammenarbeit mit der Evangelisch-Theologischen Fakultät Bonn.[90] Elorm Nick Ahialey-Mawusi ist auch der Gründer der Living Generation Church in Hamburg. Weitere Gemeinden, die aus Bewegungen der zweiten Generation hervorgingen, sind die 4:15-Kirche in Frankfurt/M. und – zu einem gewissen Grade – das Hope Center in Berlin, das wie die Living Generation Church im Jahr 2014 gegründet wurde. In ihrer wegweisenden Hamburger Magisterarbeit zu diesen Gemeinden und zur zweiten Generation von Evangelischen Migrationskirche (2020) hat Barbara Matt festgestellt:»In diesen Gemeinden finden vor allem Jugendliche und Erwachsene Heimat, die sich weder den Gemeinden ihrer Elterngeneration noch den mehrheitskultur-geprägten Gemeinden zugehörig fühlen.«[91]

Über die Zukunft der Missionsakademie wird derzeit (Stand Mai 2021) nachgedacht. Es ist zumindest eine Verkleinerung zu erwarten. Die Hermannsburger Fachhochschule soll in den nächsten Jahren geschlossen werden. Dies erfolgte mit dem Hinweis, dass man als Kirche in Zukunft ganz gezielt daran arbeiten müsse, »Interkulturelle Theologie noch viel stärker als bisher als kirchliche Querschnittsaufgabe zu verstehen.«[92] Was damit konkret gemeint ist, wird sich in den kommenden Jahren zeigen müssen. Zusätzliche kirchliche Weiterbildungsveranstaltungen, die sich unter Themen wie »Teilhabe«, »Integration«, »Partizipation«, »Öffnung« »Wertschätzung« an den begrenzter werdenden Kreis einer kirchlich interessierten deutschen Öffentlichkeit wenden, helfen nur bedingt weiter, und die vielerorts etablierten internationalen Konvente und Konferenzen[93] sind Foren mit sehr begrenztem Interaktionsrah-

---

[90] Es ist geplant, die Ergebnisse der Konsultation gemeinsam mit der Masterarbeit von Elorm Nick Ahialey-Mawusi zum Thema The Ecclesiologies of Post-Migration Churches of African Backgrounds und anderen Beiträgen in der von der Missonsakademie Hamburg herausgegebenen Reihe SITMA zu veröffentlichen. (Mitteilung Elorm Nick Ahialey-Mawusi, e-mail an Frieder Ludwig, 20.5. 2021 – herzlichen Dank dafür!)

[91] BARBARA MATT, Die Zweite Generation von Evangelischen Migrationskirchen in Deutschland. Wo Findet Sie Kirchliche Heimat? Prozesse und Perspektiven, in: DIES./ WERNER KAHL (Hrsg.), »Gute Vibes«. Post-migrantische Glaubensgemeinde als Transkulturelle Resonanzräume, Hamburg, 2020, 7-86, www.missionsakademie.de/files/ TIMA-17_inhalt_v2.pdf [Aufruf: 27.5.2021].

[92] Vgl. https://celleheute.de/fachhochschule-fuer-interkulturelle-theologie-wird-gesch lossen [Aufruf: 27.5.2021].

[93] So etwa: 1997 Internationaler Konvent Christlicher Gemeinden in Berlin und Brandenburg e.V., 1999 Internationaler Konvent Christlicher Gemeinden Rhein-Main e.V., 2008 Internationaler Konvent Christlicher Gemeinden in Baden, 2013 Fachausschuss Evangelische Gemeinden anderer Sprache und Herkunft (FeGaSH) in der Nordkirche, 2014 Internationale Konferenz Christlicher Gemeinden (IKCG) in der Landeskirche Hannovers.

men.[94] Es wäre interessant, der Frage nachzugehen, wie, wann und weshalb sich diese Form des landeskirchlichen Umgangs mit transnationalen Gemeinden entwickelt hat. Wenn in den zahlreichen kirchlichen Publikationen zum Thema, wie etwa der von der EKD 2014 herausgegebenen Schrift »Gemeinsam Evangelisch« die Bedeutung der Öffnung »für diejenigen [...] die in den letzten Jahrzehnten hier eingewandert sind oder sich auch nur vorübergehend hier aufhalten«[95], hervorgehoben wird, ist zu fragen, ob diese Veranstaltungen tatsächlich gemeinsame Wege zur Teilhabe fördern. Die Bischöfinnen und Bischöfe der evangelischen Kirchen in Deutschland repräsentieren keine Vielfalt; auch in der Pfarrerschaft finden sich ganz wenige Menschen mit transnationalem Migrationshintergrund.

In der katholischen Kirche ist dies anders. Fast jeder fünfte katholische Priester in Deutschland stammt heute aus dem Ausland.[96] 2011 kamen gut zehn Prozent dieser ausländischen Priester aus Afrika, davon die meisten aus der Demokratischen Republik Kongo und aus Nigeria. Die mit Abstand größte Gruppe unter den ausländischen Priestern in Deutschland bilden nicht die Afrikaner, sondern Inder (29,5%) und Polen (25,9%). Ihr Anteil variiert in den verschiedenen Regionen. Viele von ihnen arbeiteten in den süddeutschen – besonders den bayerischen – Diözesen oder im Erzbistum Köln.[97]

Natürlich sind die Voraussetzungen andere als in den evangelischen Landeskirchen: Die katholische Kirche kann sich die weltkirchlichen Netzwerke zunutze machen, um den Priestermangel in Westeuropa aufzufangen. Selbstverständlich führt dies zu anderen interkulturellen Fragestellungen – insbesondere im Blick auf Geschlechterbeziehung und Sexualität. Hier stehen grundlegende Aushandlungsprozesse erst noch bevor.[98] Und dennoch kommt

---

[94] Vgl. etwa die Formulierung in den Richtlinien der IKCG Hannover Punkt 3 unter www.ikcg.landeskirche-hannovers.de/richtlinien [Aufruf: 27.5.2021]: »Angestrebt wird, dass die Evangelisch-lutherische Landeskirche Hannovers in ihren kirchlichen Einrichtungen die Anstellung von Angehörigen der Gemeinden der Internationalen Konferenz zulässt, wo immer dies möglich ist.« Gleich drei Formulierungen (»angestrebt wird«, »zulässt«, »wo immer möglich«) schränken die Verbindlichkeit ein und stellen sicher, dass keine Rechtsverpflichtungen entstehen.

[95] EVANGELISCHE KIRCHE IN DEUTSCHLAND (EKD) (Hrsg.), Gemeinsam evangelisch! Erfahrungen, theologische Orientierungen und Perspektiven für die Arbeit mit Gemeinden anderer Sprache und Herkunft, EKD-Text 119, Hannover 2014, 8.

[96] Vgl. https://presseportal.zdf.de/pressemitteilung/mitteilung/37-ueber-auslaendische-priester-in-deutschland/select_category/13/ [Aufruf: 27.5.2021].

[97] Vgl. KARL GABRIEL u.a., Die Situation ausländischer Priester in Deutschland, Ostfildern 2011. Zusammenfassung aus https://www.katholisch.de/artikel/19112-afrikas-problem-ihre-priester-wollen-nicht-zuruck [Aufruf: 27.5.2021] teilweise wörtlich übernommen.

[98] Dasselbe gilt für die internationalen ökumenischen Beziehungen der protestantischen Kirchen. Mit der Forderung nach Anerkennung der Homosexualität als Menschenrecht tun sich viele Partnerkirchen schwer und sehen dies als westliche Bevormundung.

man um die Feststellung nicht herum, dass im Blick auf Multikulturalität hier ein anderes Bild der Kirche vermittelt wird.[99]

3. Norwegen

Im norwegischen Kontext hat sich erst in den letzten beiden Dekaden ein größeres Forschungsinteresse an afrikanischen transnationalen Gemeinden entwickelt. Dies korreliert mit der wachsenden Zahl afrikanischer Einwanderer – im Jahr 1990 etwas über 10.000, im Jahr 2000 etwas über 20.000, im Jahr 2010 etwas über 50.000 und ca. 100.000 Menschen im Jahr 2021.[100] Somalia und Eritrea gehören zu den zehn Ländern, aus denen die meisten Einwanderer nach Norwegen kommen.

Die erste von Afrikanern geleitete Einwandererkirche wurde vermutlich um 1992 in Oslo gegründet, was ungefähr auch mit der Gründung der chinesischen christlichen Kirche in Oslo zusammenfiel.[101] Einige Zeit zuvor war in der Pfingstkirche Filadelfia in Oslo (einer der ersten und größten Pfingstkirchen Norwegens, gegründet von Thomas Ball Barratt) eine Gebetsgruppe mit afrikanischen Studenten entstanden: Nach der Weltkonferenz der Pfingstkirchen in Oslo 1992 formierte sich die Church of Pentecost International (CoPI). Dabei spielte ein ghanaischer Student, der bei seinem Besuch in Ghana von der ghanaischen Pfingstbewegung beeinflusst wurde, eine wichtige Rolle.[102] Die Kirche war zunächst eher international ausgerichtet und bot Gottesdienste sowohl auf Englisch als auch auf Twi an. Später fasste die CoPI in mehreren Städten Fuß; die Gemeinde in Oslo hat ein eigenes Gebäude in einem nordöstlichen Vorort gekauft.

Seit den frühen neunziger Jahren entwickelten sich eine Reihe weiterer afrikanischer und internationaler Kirchen. Einige von ihnen hatten bewusst eine internationale Ausrichtung und versuchten, ihren Umfang nicht auf ihren eigenen ethnischen oder kulturellen Hintergrund zu beschränken, obwohl in Wirklichkeit viele von ihnen größtenteils in ihren eigenen ethnischen Enklaven geblieben sind. Die All Nations Full Gospel Church (ANFGC), die zunächst

---

[99] Die an der Katholisch-Evangelischen Fakultät der WWU Münster 2021 abgeschlossene Dissertation von Égide P. Muziazia über Afrikanisch-katholische Migrantengemeinden in Nordwesteuropa zwischen Ethnizität und Katholizität wird zurzeit für die Veröffentlichung vorbereitet. Diesen Hinweis verdanken wir Werner Kahl (e-mail vom 27.5.2021).

[100] Vgl. hwww.ssb.no/befolkning/faktaside [Aufruf: 27.5.2021].

[101] Vgl. Stian Sørlie Eriksen, The Church of Pentecost International: fortellingen om en migrantmenighet i Oslo, in: Anders Aschim u.a. (Hrsg.), Kristne migranter i Norden, Kristiansand 2016, 190-207.

[102] Vgl. ebd.

aus einer Abspaltung von der COPI entstanden war und die später aufgrund von Führungsproblemen und Namenskonflikten in Oslo International Charismatic Church (OICC) umbenannt wurde, gewann relativ viele Mitglieder. Im KIFO-Bericht 2012 legte Ronald Synnes eine Studie über fünf Migrantengemeinden vor, darunter die Oslo International Charismatic Church (OICC), die von einem ghanaischen Pastor geleitet wurde, aber eine größere internationale (aber überwiegend afrikanischen) Gemeinschaft anzog, und die Ethiopian Evangelical Church (EEC).[103]

Einen Ausgangspunkt der Forschung bildete die Masterarbeit von Kristine Laundal über »African Pentecostalism in Oslo« von 2008. Sie untersuchte zwei (anonyme) Gemeinden im Blick auf ihre Kosmologien und auch auf die Geschlechterbeziehungen. Sie stellte fest, dass es bisher keine veröffentlichten Studien zu afrikanischen Kirchen gebe. Gleichzeitig wies sie auf den Hintergrund der Gemeindeglieder hin, die als Flüchtlinge, Arbeitssuchende, Studierende und Migranten mit der Hoffnung auf eine bessere Zukunft nach Norwegen kamen.[104]

Im Jahr 2010 führte DAWN Norway (später Sendt.no), eine interkonfessionelle, auf Mission ausgerichtete kirchliche Agentur, zusammen mit dem Norwegischen Rat der christlichen Kirchen (NKR), der KIA (Christliche Arbeit unter Einwanderern) und der Baptist Union of Norway eine Umfrage zum Gemeindewachstum und zur Gemeindegründung im Großraum Oslo durch (KIA). Die Studie war keine wissenschaftliche Forschungsstudie, sondern nahm eine relativ umfangreiche Kartierung vor, um einen Überblick über das Gebiet der wachsenden Zahl von Migrantenkirchen und internationalen christlichen Gemeinschaften zu erhalten. Die Studie nutzte die Netzwerke dieser Organisationen und führte zahlreiche Interviews durch.

2012/2013 veröffentlichte DAWN einen Bericht für ganz Norwegen, aus dem unter anderem die Website »www.migrantmenigheter.no« hervorging, die sowohl als Ressource für Forschung als auch für Kirchen gedacht war.[105] Etwa zur gleichen Zeit führte die Organisation eine ähnliche Kartierung im Großraum Oslo durch, diesmal in Zusammenarbeit mit dem Oslo International Bible College (OIBC), einem beruflichen Bibelkolleg,[106] das eng mit vielen transnationalen Kirchen und Pastoren zusammenarbeitete. Für über ein Jahrzehnt war

---

[103] Vgl. RONALD SYNNES, Kristne migrantmenigheter i Oslo. Rapport 2012: 1. Oslo: KIFO Stiftelsen kirkeforskning 2012, www.kifo.no/wp-content/uploads/2012/09/Migrantmenig heter-i-Oslo_-KIFO-Rapport-2012_2.pdf [Aufruf: 27.5.2021].

[104] Vgl. KRISTINE LAUNDAL, Afrikans pentekostalisme i Oslo. En religionsantropologisk case-studie av kosmologi og kjønn, Oslo 2008, www.duo.uio.no/bitstream/handle/ 10852/32960/1/Helexoppgaven.pdf [Aufruf: 27.5.2021].

[105] Die Website ist seither intensiv überarbeitet worden: http://migrantmenigheter.no/ migrantmenigheter-i-norge-har-endret-kirkelandskap/?lang=en [Aufruf: 27.5.2021].

[106] Zuerst war es eine Bibelschule mit Namen Regnbuen Bibelskole, später umbenannt in Oslo International Bible School (OIBS).

das OIBC ein wichtiger Knotenpunkt für Pastoren und Gemeindemitglieder mit Migrationshintergrund und hatte jährlich bis zu 150 Studierende (überwiegend aus Afrika, Asien, Lateinamerika, aber auch aus Norwegen). Obwohl die OIBC als Privatschule in einer örtlichen Pfingstgemeinde initiiert worden war, wurde die Einrichtung von der Regierung akkreditiert und finanziert. Eine Anzahl von früheren und gegenwärtigen Pastoren und Leitern in transnationalen Kirchen in Norwegen waren Schüler der OIBC. Diese Einrichtung ist mittlerweile geschlossen, aber andere Bibelschulen folgten dem Trend einer wachenden Integration afrikanischer und anderer internationaler Studierender. Zu den weiterführenden akademischen Ausbildungsinstitutionen gehören die Norwegian School of Leadership and Theology (HLT), die 2011 ein englischsprachiges Bachelorprogramm in Theologie und Gemeindeleitung begann, die MF Norwegian School of Theology und das Fjellhaug International University College.

Der Evangelisationsarbeit unter äthiopischen (und anderen afrikanischen) Christen geht Dawit O. Terfassa nach. In seinen Studien wird auf Norwegen verwiesen, aber insbesondere Schweden steht im Blickfeld.[107]

Unter den verschiedenen Forschungszentren zu Migrationsfragen[108] hat sich vor allem die VID Specialized University, Standort Stavanger, mit einem Schwerpunkt von Untersuchungen zu afrikanischen transnationalen Gemeinden etabliert. Die VID ist 2016 aus einer Vereinigung verschiedener kirchlicher Einrichtungen entstanden; in Stavanger war dies die Missionshochschule. Hier bestanden enge Verbindungen zu Afrika (insbesondere zu Madagaskar, Kamerun, Südafrika und Äthiopien) und auch schon im 19. Jh. waren Studierende aus diesen Ländern in die norwegische Stadt gekommen.[109] In der von

---

[107] Vgl. etwa Dawit O. Terfassa, Witnessing to Christ as Unique in a Pluralistic Society of Europe. A Voice from a Migrant Christian, in: Beate Fagerli u.a. (Hrsg.), Witnessing to Christ in a Multi- Religious context, Eugene 2017, 90-102; Ders., Evangelism by Ethiopian Christians in Sweden, in: Gerrit Noort u.a., Sharing Good News. Handbook on Evangelism in Europe, Genf 2017. Zu Schweden sind auch die Beiträge von Kubai wichtig: Anne Kubai, »Singing the Lord's song in a strange land. African churches in Sweden between segregation and integration, in: Together or apart? Report from the Nordic Consultation on Migration and Changing Ecclesial Landscapes, Nordic Ecumenical Working Group on Migration/Ecumenism in the Nordic Region, Oslo 2008, 41f.; Dies., »Singing the Lord's song in a strange land«. Challenges and new frontiers for African churches in Sweden, in: Kwabena Asamoah-Gyadu u.a. (Hrsg.), Babel is everywhere! Migration, religion and diaspora in global perspectives, Frankfurt/M. 2013, 251-266; Dies., »Living by the Spirit.« African Christian communities in Sweden, in: Afe Adogame (Hrsg.), The Public Face of African New Religious Movements in Diaspora. Imagining the religious *Other*, London 2014, 163-190.

[108] Zu Fragen von Religion und Migration sind die nationale Research School Religion, Values and Society (RVS) (https://rvs.mf.no/, [Aufruf: 27.05.2021]) und das PRIO Research Institute in Oslo (www.prio.org/Research/Group/?x=1, [Aufruf: 27.5.2021]) zu nennen.

[109] Vgl. Knut Holter, 150 år med afrikanske studenter ved misjonsskolen i Stavanger,

Kari Storstein Haug geleiteten Forschungsgruppe Migration, Religion and Intercultural Relations (MIGREL)[110] traten insbesondere Tomas Sundnes Drønen, Stian Sørlie Eriksen und Ingrid Løland mit Forschungen zu afrikanischen transnationalen Gemeinden hervor. Im Jahr 2015 beschrieben Drønen und Eriksen die Vielfalt des transnationalen Christentums im Großraum Rogaland, der südwestlichen Region Norwegens um Stavanger.[111] Eriksen folgte mit einer Studie zur pfingstlerischen Erkenntnistheorie und der Rolle religiöser Erfahrungen. Diese stützte er auf Interviews mit Pastoren und Gemeindeleitern, auch mit afrikanischem Hintergrund.[112] 2018 legte er einen Artikel zur Rolle des Gebets für die Mission unter afrikanischen Migrantenkirchen mit einem Schwerpunkt auf Redeemed Christian Church of God (RCCG) vor.[113] Der RCCG kommt auch in Eriksens Dissertation von 2019 eine wichtige Rolle zu;[114] seine auf Interviews und teilnehmender Beobachtung basierende Studie »Beyond reverse mission?« war die erste Doktorarbeit zu pfingstlichen Migrationskirchen in Norwegen. Die Rolle von Technologie und Identität in transnationalen afrikanischen Kirchen wie CoP und RCCG steht im Blickfeld eines von Eriksen, Drønen und Løland 2019 veröffentlichten Beitrags,[115] und Drønen befasste sich 2018 auch theoretisch mit transnationalen Perspektiven zu afrikanischen Kirchen und Gemeinden in Norwegen und Europa.

Während des letzten Jahrzehnts haben eine Reihe von Masterarbeiten, von denen mehrere von Studierenden mit Migrationshintergrund verfasst wurden,

---

Stavanger Aftenblad 9, November 2018, www.aftenbladet.no/meninger/debatt/i/Ond42w/150-aar-med-afrikanske-studenter-ved-misjonsskolen-i-stavanger [Aufruf: 27.5.2021].

[110] Vgl. https://wo.cristin.no/as/WebObjects/cristin.woa/wa/presentasjonVis?pres=53733&type=GRUPPE&la=no [Aufruf: 27.5.2021]. MIGREL vorangegangen war die Forschungsgruppe »Crack and-inbetweens: Religion, migration and transnational relations,« der es darum ging, die »religious and cultural gaps between the secular and the sacred« zu untersuchen und die Frage zu beantworten, wie »migrants create meaning and bearing in globalized and pluralized societies like Norway« https://app.cristin.no/projects/show.jsf?id=485006 [Aufruf: 22.6.2021]).

[111] Vgl. Tomas Sundnes Drønen/Stian Sørlie Eriksen, Av alle folkeslag, stammer, folk og tungemål. Mangfold i den globale kirke i Rogaland, in: Levende religion: globalt perspektiv – lokal praksis, Stavanger 2015, 106-131.

[112] Vgl. Stian Sørlie Eriksen, The epistemology of imagination and religious experience: a global and pentecostal approach to the study of religion, in: STL 69 (2015), 47-73.

[113] Vgl. Stian Sørlie Eriksen, Changing the World through Prayer. Prayer as Mission Strategy among Migrant Churches in Norway, in: MissSt 35 (2018), 124-151.

[114] Vgl. Stian Sørlie Eriksen, Beyond reverse mission? Transnational religion, transforming spirituality and transcultural mission among migrant churches in Norway, Ph.D Thesis VID Specialized University, 2019.

[115] Vgl. Stian Sørlie Eriksen u.a., African Migrant Christianities. Delocalization or Relocalization of Identities?, in: Karen Lauterbach/Mika Vähäkangas (Hrsg.), Faith in African lived Christianity. Bridging anthropological and theological perspectives, Global Pentecostalism and Charismatic Studies, Leiden 2019.

verschiedene Aspekte des transnationalen afrikanischen Christentums in Norwegen hervorgehoben. So gingen etwa Peter Ole Mamasita[116] und Margareth Wanjiru[117] im Jahr 2013 den Beziehungen von Migrationskirchen zu norwegischen Kirchen nach. Andrew Darko Donkor befasste sich in seiner Studie von 2016 mit der kulturellen Identität nigerianischer Migranten der zweiten Generation in Oslo.[118] Hilde Kasbara Valen untersuchte in ihrer 2013 vorgelegten Arbeit Migranten der zweiten Generation in verschiedenen Kirchen in Oslo.[119]

In einem 2019 erschienenen Artikel sind Erling Birkedal und Turid Skorpe Lannem auf die Herausforderungen eingegangen, die die Migration für die lutherische Kirche von Norwegen mit sich bringt, insbesondere im Zusammenhang mit den Beziehungen zu den transnationalen Gemeinden. Dabei sind sich auch der Frage nachgegangen, wie die globalen Erfahrungen und Kompetenzen dieser Gemeinden weiterhelfen können.[120] Für die Kirche von Norwegen selbst wurde das Thema Migration vor allem in den letzten zwei Jahrzehnten zu einem Schwerpunkt; die Generalsynode der norwegischen Kirche (»Kirkemøtet«) hat sich auf verschiedene Weise damit befasst.[121] Trotz dieser Bemü-

---

[116] Vgl. PETER OLE MAMASITA, The Church of Norway. How does the church of Norway Relate to Migrant lead Churches in Oslo, and How do the migrant churches and the Church of Norway see the Question of Diversity and Inclusiveness, Oslo 2013.

[117] Vgl. MARGARETH WANJIRU, The role of immigrant churches in the incorporation of their participants to the broader Norwegian society, Oslo 2013.

[118] Vgl. ANDREW DARKO DONKOR, Assimilation and Social Success Cultural Identity of Second Generation Nigerian Migrants in Oslo, Oslo 2013.

[119] Vgl. HANNE KASBAR VALEN, Longing for something in between. An empirical study on dilemmas Christian multicultural youth encounter in their congregations, Oslo 2013.

[120] Vgl. ERLING BIRKEDAL/TURID SKORPE LANNEM, Kirkelandskapet i Norge i endring – utfordringer til Den norske kirke, in: Norsk Tidsskrift for Misjonsvitenskap 1 (2019), 8-22.

[121] Vgl. https://kirken.no/nb-NO/om-kirken/diakoni-og-samfunnsansvar/flyktninger-innvandring-og-integrering/ [Aufruf: 27.5.2021]. Wichtige Veranstaltungen und Dokumente in dieser Hinsicht waren: The youth General Synod 2005 (Ungdommens kirkemøte 2005): Jeg var en fremmed, og dere tok imot meg; Resources document from the General Synod 2005 (Ressursdokumentet fra Kirkemøtet 2005): Når så vi deg fremmed og tok imot deg; General Synod (Kirkemøtet 2005, KM 06/2005): Norsk asyl- og flyktningpolitikk; General Synod (Kirkemøtet 2006, KM 11/2006): Kirkens rolle i et flerkulturelt samfunn; 28 August, 2008: Brev fra sentralkirkelige ledere til menighetene (Da jeg trengte en neste) om ansvaret for å ta godt imot asylsøkere; February 10, 2009: Rapporten »I god tro« – en utredning av asylsøkeres trosfrihet; September 8, 2009: Uttalelse fra Mellomkirkelig råd om norsk asylpolitikk; General Synod 2012 (Kirkemøtet 2012): Uttalelse om norsk asylpolitikk; Mellomkirkelig råds veiledning om kirkeasyl til menighetene i 2014: Kirkeasyl – erfaringer, dilemmaer og veien videre; General Synod 2015 (Kirkemøtet 2015): Styrk den humanitære innsatsen for syriske flyktninger; Bispemøtet 2016 – Religionsmøte ved kirkelige handlinger; General Synod 2016 (Kirkemøtet 2016): Religionsmøte og dialog; General Church Council 2019 (Kirkerådet): KR 69/19, »Kristne migranter« (Christian migrants; various documents); »Flykninger, innvandrere og integrering« (Refugees, immigrants and integration);

hungen und des hohen individuellen Einsatzes einzelner, wie etwa des früheren Bischofs von Oslo, Ole Christian Kvarme, der 2017 in den Ruhestand ging,[122] oder seines Vorgängers Gunnar Stålsett,[123] blieben die Zahlen ernüchternd. Die christliche Tageszeitung *vart land* berichtete am 10.8.2020, dass nur sieben der mehr als tausend Angestellten der Kirche Norwegens ethnischen Minoritäten angehören.[124]

Allerdings taten sich die kleineren Konfessionen auch hier mit der kirchlichen Integration leichter. In Norwegen ist die katholische Kirche eine Einwandererkirche, in ihr spiegeln sich eine Vielzahl von Migrationshintergründen wider, wobei polnische, vietnamesische und philippinische stark vertreten sind. Die Anglikanische Kirche, deren Gemeinde in Oslo eine der ältesten Einwanderergemeinden Norwegen ist,[125] hat sich zunehmend auch für afrikanische Neueinwanderer geöffnet. Dasselbe gilt für die Methodistische Kirche, in der mittlerweile ein erster Pastor mit afrikanischem Hintergrund wirkt: Victor Sekyere, der Sohn eines methodistischen Pastors in Ghana und Absolvent der Norwegian School of Theology in Oslo, nahm im Sommer 2017 die Arbeit in Egersund auf.[126] Albert Barankenyereye Ndayizeye aus Burundi ist vermutlich der erste leitende Pastor in einer traditionellen klassischen norwegischen Pfingstkirche in Sion in Molde an der Nordwestküste Norwegens.[127] Intensiv mit Fragen der Integration auseinandergesetzt hat sich die Baptistenunion Norwegens. Ihrem multikulturellen Netzwerk haben sich mittlerweile die Oslo International Charismatic Church (OICC), die Oslo International Family Church

---

General Synod 2020, 17/20. »Handlingsplan – Kristne migranter« (Action plan – Christian migrants), emphasizing cultural and ethnic diversity, »dialogical humility«, cultural sensitivity, diverse church services, representative leadership, ecumenical cooperation with migrant churches etc. (held January 2021).

[122] Vgl. https://kyrkja.no/nb-NO/fellesrad/kirkeneioslo/aktuelt/pinsefestival/ [Aufruf: 27.5.2021].

[123] Vgl. www.newsinenglish.no/2019/11/30/retired-bishop-risks-jail-over-principles/ [Aufruf: 27.5.2021].

[124] Vgl. www.vl.no/religion/2020/08/10/etterlyser-mer-mangfold/ [Aufruf: 27.5.2021]. OLE MARTIN SANDLAND hat in seiner an der MF vitenskapelig høyskole for teologi, religion og samfunn entstandenden Masterarbeit Tverrkulturell prestetjeneste. Prester fra det globale sør sine erfaringer av prestetjeneste i Den norske kirke, MF vitenskapelig høyskole for teologi, religion og samfunn, 2020 festgestellt: »I Luthersk Kirketidende 5 fra 2015 var temaet utenlandske presters tjeneste i Den norske kirke. Denne utgaven ble viet til utenlandske prester fordi det er et aktuelt tema. I Den norske kirke tilsettes det flere prester med utenlandsk bakgrunn. De fleste av disse er prester med profesjonsutdannelse fra USA, Island eller Danmark, men det har også blitt tilsatt flere prester fra land utenfor Europa.«

[125] Vgl. www.osloanglicans.no/ [Aufruf: 27.5.2021].

[126] Vgl. www.umnews.org/en/news/growing-church-blends-cultures-worship [Aufruf: 27.5.2021].

[127] Vgl. https://sionmolde.no/om-oss/hvem-er-vi [Aufruf: 27.5.2021].

(OIFC) und die Oslo Ethiopian Evangelical Church (OECC) angeschlossen, obwohl diese in Theologie und Gottesdienstgestaltung eher als pfingstbewegte oder charismatische Kirchen eingestuft werden können denn als traditionell baptistische.[128]

Die Integration transnationaler afrikanischer Kirchen und Gemeinden – wie auch anderer in Norwegen neuer Religionsgemeinschaften – wird durch die staatlichen Rahmenbedingungen erleichtert: Nach einem Gesetz über die finanziellen Zuweisungen an Religionsgemeinschaften (1981) haben registrierte Religionsgemeinschaften Anspruch auf einen jährlichen Zuschuss des Finanzministeriums. Der Zuschuss entspricht in etwa dem für die norwegische Kirche veranschlagten Betrag und wird auf der Grundlage der Anzahl der Mitglieder der Gemeinschaft berechnet (Abschnitt 19). Damit wird im Prinzip die staatlich für die Church of Norway eingezogene Steuer für andere Religionsgemeinschaften zurückerstattet.[129] In einer kürzlich Änderung des Gesetzes 2021 (Trossamfunnsloven 2021) wurden die Anforderungen etwa an die Größe der Gemeinden, die finanzielle Unterstützung erhalten (mindestens 50 Mitglieder), zwar verschärft,[130] aber insgesamt tragen diese Zuschüsse in einem gewissen Maß zur Finanzierung bei, vor allem aber stärken sie das Bewusstsein der Teilhabe und die Verbundenheit zur norwegischen Gemeinschaft.

4. Schlussbemerkungen

Damit sind die Rahmenbedingungen in Norwegen andere als in Großbritannien und in Deutschland. In der Bundesrepublik sind die transnationalen Gemeinden nicht in das Kirchensteuersystem einbezogen; häufig unterstützen afrikanische Christinnen und Christen ihre Gemeinden und zahlen gleichzeitig Kirchensteuern, da sie bei der Registrierung »evangelisch« angeben.

Die rechtlichen Voraussetzungen und Angebote der verschiedenen Einwanderungsländer erfordern weitere Forschungen. Wie haben sich die zahlreichen Förderprogramme und Integrationsmaßnahmen ausgewirkt? Welche Organisationen haben davon profitiert? Das Schreiben von Drittmittelanträgen setzt eine bestimmte, meist im westlichen akademischen Kontext erworbene Expertise voraus. Bei Forschungsprojekten kann man zudem fragen, ob be-

---

[128] Zwischen der Baptistenunion und der norwegischen Pfingstbewegung bestehen enge Verbindungen, insbesondere in dem gemeinsamen University College, der Norwegian School of Leadership and Theology (HLT), vgl. www.hlt.no [Aufruf: 27.5.2021].
[129] Vgl. https://app.uio.no/ub/ujur/oversatte-lover/data/lov-19810612-064-eng.pdf [Aufruf: 27.5.2021]; ULLA SCHMIDT, State, law and religion in Norway, in: Nordic Journal of Religion and Society 24 (2011), 137-153; ODDVAR LEIRVIK, Religion som velferdsgode?, in: Kirke og kultur 4 (2016), 309-311.
[130] Vgl. https://lovdata.no/dokument/NL/lov/2020-04-24-31 [Aufruf: 27.5.2021].

stimmte Ergebnisse bzw. Tendenzen nicht auch über zentrale Antragsstich-
worte wie Teilhabe und Integration vorgegeben werden. In Studien über Migrationsgemeinden aus wissenschaftlicher Distanz stellt sich andersherum aber
auch die Frage nach der Rolle des Forschenden, der ja von den Methoden der
»Participant Observation« und der Datenerhebung durch Interviews abhängt.
Wie nimmt sie oder er an den Gottesdiensten teil und geht damit um, dass für
sie/ihn gebetet wird? Wie begegnet man einer bestimmten Erwartungshaltung
und vermeidet den Vorwurf, die Forschungsergebnisse und Einsichten für die
eigene wissenschaftliche Karriere zu nutzen, während der afrikanischen Gemeinden die Quellen zur Verfügung stellen?

Ein Schwerpunkt der Forschung liegt in allen drei Ländern – in Großbritannien, Deutschland und Norwegen – auf Untersuchungen zu Gemeinden
charismatisch-pfingstkirchlichen bzw. afrikanisch-unabhängiger Traditionen
überwiegend westafrikanischer Herkunft. Dies mögen in Großbritannien vielleicht tatsächlich eine Mehrheit bilden; in Deutschland und Norwegen bedarf
es verstärkter Untersuchungen etwa zu eritreisch- oder äthiopisch-orthodoxen
Gemeinden.

Auch die Integrationsbemühungen der in Europa etablierten Kirchen bedürfen weiterer Forschung. Ein interessanter Ansatz zum interkulturellen Austausch in allen drei Ländern sind die »Mission to the North«-Programme der
Missionswerke, die es afrikanischen, asiatischen und lateinamerikanischen
Pfarrern ermöglichen, für einige Zeit in Europa zu wirken. Erste Untersuchungen haben freilich auch die Herausforderungen und Schwierigkeiten dieser
Programme gezeigt. Auch die Entwicklung der katholischen Kirche mit der
wachsenden Zahl von Priestern aus Indien und Afrika wäre weiter zu analysieren – sowohl in Bezug auf die interkulturellen Herausforderungen wie auch im
Blick auf die positiven Auswirkungen auf das Gemeindeleben.

Hinsichtlich der protestantischen Kirchen lässt sich die für Norwegen ge-
troffene Beobachtung, dass die Freikirchen, die ja selbst oft durch Migrationserfahrungen in der Vergangenheit geprägt sind – die Methodisten, die Baptisten und die traditionellen Pfingstkirchen –, sich im Blick auf die Integration
neuer Einwandererinnen und Einwanderer leichter tun als die frühere lutherische Staatskirche, vermutlich verallgemeinern. In Großbritannien unternimmt
die Kirche von England große Anstrengungen, von bloß verbalen Bekenntnis-
sen wegzukommen und Strukturen zu schaffen, die Teilhabe und Repräsentanz
ethnischer Minoritäten umzusetzen. In den evangelischen Landeskirchen in
Deutschland werden die nächsten Jahre zeigen, ob diese neben Positionspapieren und Weiterbildungsveranstaltungen auch zu grundlegenden Öffnungen bereit sind.

Werner Kahl

Die Herausbildung einer postmigrantischen Glaubensgemeinde am Beispiel der Living Generation Church in Hamburg

Aufgrund globaler Migrationsprozesse ist die Bevölkerung Deutschlands in der vergangenen Generation recht vielfältig geworden. Nach dem Zweiten Weltkrieg wurden in den 1950er und 1960er Jahren zunächst sog. Gastarbeiter aus Italien, Spanien, Griechenland und der Türkei dazu angeworben, in Fabriken, Häfen und im Kohleabbau in Deutschland zu arbeiten, da es wegen des Krieges an männlichen Arbeitern mangelte. Hunderttausende folgten dem Ruf und zogen ins damalige Westdeutschland. Ironischerweise begünstigte die rassistische Ideologie, die für die Nazi-Bewegung unter Hitler grundlegend war, letztlich eine demografische und wirtschaftliche Situation, die die Einwanderung einer großen Anzahl von Menschen aus Süd- und Osteuropa zum Wohle Deutschlands erforderte. In den 1970er und 80er Jahren folgten vor allem Frauen aus asiatischen Ländern, um als Krankenschwestern zu arbeiten, aber auch etwa 40.000 Flüchtlinge aus Vietnam Ende der 1970er Jahre, sog. *boat people*. Migranten aus dem sub-saharischen Afrika stammen vor allem aus Ghana und Nigeria, aber Menschen aus allen westafrikanischen Nationen können in Deutschland angetroffen werden. Im Folgenden werde ich mich auf die Anwesenheit ghanaischer Migranten konzentrieren. Sie stellen die größte Gruppe westafrikanischer Menschen in Deutschland und auch in Hamburg dar.[1]

Die ersten Gruppen von Ghanaern, die nach Deutschland zogen, waren Studenten, die in den 1960er Jahren unter dem sozialistischen Staatsgründer Kwame Nkrumah an ostdeutsche Universitäten geschickt wurden. Bald jedoch wurde die Hafenstadt Hamburg in Westdeutschland zum Zentrum ghanaischer Präsenz in Deutschland. Die Ghanaer brachten natürlich ihre jeweilige Kultur mit – Kulturen, die dynamisch waren und mit Kulturen im Westen verschmol-

---

[1] Vgl. zu historischen und aktuellen Aspekten der ghanaischen Präsenz in Deutschland mit einem Fokus aus Hamburg die folgende Aufsatzsammlung: Demond John Beddy (Hrsg.), Die Geschichte der Ghanaer in Deutschland. Fallstudie Hamburg, Hamburg 2020.

zen. In Hamburg zum Beispiel entstand die Musikrichtung des *Burger Highlife*
Anfang der 1980er Jahre. Dies war ein Ergebnis der Begegnung von ghanaischen Highlife-Musik mit der damaligen europäischen Popmusik, d.h. Disco-
musik. Die neue Kreation *Burger Highlife* zeitigte dann einen Einfluss auf Mu-
sikindustrie und Kultur in Ghana und Westafrika. Dieses Phänomen von
interkultureller Kreativität und Transformation ist von dem Musikethnologen
John Collins vom Music Department der Universität von Ghana in Legon untersucht und ausführlich beschrieben worden.[2] Nach den Recherchen von Eric
Sunu Doe, ebenfalls Dozent am dortigen Fachbereich, »wurde das Problem, von
der Familie wegzuwandern und in ein fremdes Land zu ziehen, auch von einigen in Deutschland ansässiger Burger-Bands thematisiert.«[3]

Seit den 1980er Jahren ist eine größere Anzahl von Westafrikanern und
besonders Ghanaern nach Deutschland gezogen. In diesem Zusammenhang
sind Glaubensgemeinschaften gegründet worden: Kirchen und Gemeinden unterschiedlicher Ausrichtung, aber bis Ende der 1990er Jahre überwiegend ne-
opfingstliche pejorativ oft als »one man churches« klassifizierte Gemeinden,
aber auch einige Moscheen. Auch einen aktiven Voodoo-Schrein gibt es in
Deutschland, und zwar im *Soul of Africa* Museum von Henning Christoph in
der Stadt Essen, der gelegentlich von einigen aus Benin stammenden traditionellen Gläubigen aufgesucht wird.[4]

Derzeit werden allein in Hamburg mehr als einhundert Migrationskirchen
mit afrikanischer Führung und Mitgliedschaft gezählt. Für ganz Deutschland
wird etwa von eintausend solcher Gemeinden auszugehen sein. Die Besucherzahl variiert von einem Dutzend Besuchern bis zu einigen hundert. Die Sprache der Kommunikation ist oft eine westafrikanische Sprache, im Fall von
Ghanaern geleiteten Kirchen besonders Twi, aber des Öfteren auch Ewe. Wenn
die Gemeinden eine internationale oder multiethnische westafrikanische Mitgliedschaft haben, kann die Sprache Englisch oder Französisch sein. Wenn
deutsche Besucher anwesend sind, werden Teile des Gottesdienstes gelegentlich auf Deutsch übersetzt. Insgesamt gilt: Die Kommunikationssprache in diesen Gemeinden der ersten Generation von Migrantinnen und Migranten ist nie
vorrangig Deutsch.[5]

Die Gottesdienste werden mehr oder weniger in derselben Weise gefeiert
wie im jeweiligen Land der Herkunft. Die Gemeindegründer und Pastoren sind
fast ausnahmslos männlich. Die größeren Gemeinden der presbyterianischen,

---

[2] Vgl. JOHN COLLINS, Highlife Time 3, Accra 2018, 342-347; DERS., Burger Highlife
Made in Germany, in: BEDDY, Geschichte (s. Anm. 1), 235-239.
[3] COLLINS, Highlife, 346 (Übersetzung: Werner Kahl).
[4] Vgl. www.soul-of-africa.com/de [11.5.2021]
[5] Vgl. dazu CLAUDIA WÄHRISCH-OBLAU, Bringing back the Gospel. The Missionary
Self-Perception of Pentecostal/Charismatic Church Leaders from the Global South in
Europe (Global Pentecostal and Charismatic Studies 2), Leiden 2009; BIANCA DÜMLING,
Migrationsgemeinden in Deutschland. Orte der Integration, Frankfurt/M. 2011.

methodistischen, katholischen und klassischen pfingstlichen Kirchen beziehen regelmäßig Pastoren, die von den Heimatkirchen aus Ghana nach Deutschland geschickt werden, um hier für ein paar Jahre zu dienen. Vor allem, aber nicht ausschließlich neo-pentekostale Gemeinden laden gelegentlich Gastprediger aus Westafrika zu besonderen Programmen oder Anlässen ein, wie eine Evangelisationsveranstaltung oder eine Jubiläumsfeier. Predigten und Gebete vor allem in Pfingstkirchen kreisen oft um die folgenden, miteinander verbundenen Themen: Abwehr böser Geister, Brechung von Ahnenflüchen, Wunderheilung und Lebens- bzw. Geschäftserfolg durch göttliche Intervention, die Macht des »Mannes Gottes« und die Spendensammlung als obligatorische, von Gott auferlegte Pflicht jedes Besuchers. Von den Anfängen in den 1980er Jahren bis heute fühlten sich Pastoren, Apostel und Propheten von Gott dazu berufen, »die Deutschen für Christus zu erreichen und zu gewinnen«. Dies hat sich jedoch nicht in einem wahrnehmbaren Umfang verwirklicht. Deutsche sind in den meisten dieser Gemeinden kaum zu finden. Diese Kirchen fungieren zuvörderst als Heimat in der Fremde und als Netzwerke der Hilfe in Zeiten von Nöten und Krisen.

Im zweiten Jahrzehnt des neuen Jahrhunderts lässt sich eine neue Entwicklung im Kontext der Präsenz westafrikanischer Einwohner in Deutschland wahrnehmen. Sie betrifft die zweite Generation dieser Population. Die junge aufstrebende Generation, deren Eltern aus Westafrika stammen, löst sich zunehmend von den elterlichen Kirchen bzw. Gemeinden. Geboren oder doch zumindest aufgewachsen in Deutschland ist ihre Muttersprache Deutsch, obwohl die meisten Englisch oder Französisch recht gut beherrschen. Aber oft können sie die Muttersprache ihrer Eltern nur rudimentär verstehen. Viele von ihnen haben keine persönliche Migrationsgeschichte. Sie sind keine Migranten, sondern deutsche Staatsbürger per Gesetz. Aber: Der Besitz eines nationalen Personalausweises regelt nicht die Frage nach Identität und Zugehörigkeit für diese Jugendlichen und jungen Erwachsenen. Einige Teile der deutschen Bevölkerung betrachten diese Kinder der zweiten Generation nicht als Deutsche – Kinder asiatischer Migranten teilen diese Erfahrung. Diese Auffassung beruht auf der früheren offiziellen Regelung zur Bestimmung der Zugehörigkeit zur deutschen Bevölkerung, wonach die Blutsbeziehung ein grundlegendes Kriterium darstellte. Dieses Konzept war bis zum Ende des Jahres 1999 rechtsgültig. Durch das Gesetz zur Reform des Staatsangehörigkeitsrechts vom 15. Juli 1999 »wurde zum 1. Januar 2000 neben dem bisher allein geltenden Abstammungsprinzip (*ius sanguinis*) das Geburtsortprinzip (*ius soli*) eingeführt.«[6]

---

[6] Bundesministerium des Inneren, für Bau und Heimat unter www.bmi.bund.de/DE/ themen/verfassung/staatsangehoerigkeit/staatsangehoerigkeitsrecht/staatsangehoerig keitsrecht-node.html [11.5.2021].

Interessanterweise gilt aus ghanaisch-ethnischer Sicht das Gleiche: Unter den matrilinearen Akan-Völkern wäre es bezüglich der Zugehörigkeit zur Ethnie und Großfamilienlinie beispielsweise egal, ob ein Kind, das einer Akan-Mutter im Ausland geboren wurde, einen deutschen Personalausweis besitzt oder ob es sich als Deutscher versteht. Er oder sie wird als Angehöriger der Familienlinie und der größeren ethnischen Gruppe angesehen. In dieser Perspektive setzt das Konzept der Abstammung und der biologischen Familie andere Konzepte von Zugehörigkeit außer Kraft. Der bekannte ghanaische Theologe John S. Pobee, der Anfang 2020 gestorben ist, versuchte, dieses Verständnis mit dem lateinischen Satz zu erfassen: *cognatus ergo sum* – »ich gehöre dazu« oder »ich bin blutsverwandt, deshalb bin ich«. So werden beispielsweise Familien, deren Urgroßeltern aus dem Libanon stammten und deren Mitglieder seit Jahrzehnten oder sogar einem Jahrhundert als ghanaische Staatsbürger in Ghana leben, von der Bevölkerung in Ghana immer noch als Libanesen bezeichnet.

Auch vor diesem Hintergrund, d.h. den Ansprüchen der Familienoberhäupter in Ghana oder den Traditionen ihrer Eltern, sind die jungen Mitglieder der zweiten Generation herausgefordert, ihre Identität zwischen Kulturen und Traditionen auszuhandeln. Diese Konstellation hat das Potenzial, neue Modi und Formen des gemeinschaftlichen Lebens zu kreieren, indem sie gewissermaßen in einem *dritten Raum* glokale und transkulturelle Glaubensgemeinschaften hervorbringt. Aktuelle Gründungen christlicher Glaubensgemeinschaften durch die Kinder afrikanischer Migranten in Deutschland sind dafür beispielhaft. Im Folgenden werde ich eine solche Gemeinde beschreiben, indem ich einen besonderen Fokus auf Transformationen von Spiritualität und Identitäten lege.

1. Die Living Generation Church

1.1 Zur Gemeindegründung

2014 wurde die Living Generation Church (LGC) in Hamburg von einem jungen Pastor aus Togo gegründet.[7] Elorm Nick Ahialey-Mawusi kam vor einem Jahrzehnt mit Anfang 20 nach Deutschland.[8] Da seine Ewe Familie auf beiden

---

[7] Die folgenden Beschreibungen und Analysen basieren auf Interviews mit dem Pastor und mit Mitgliedern des Leitungsteams der LGC sowie auf teilnehmender Beobachtung des Autors bei drei Gelegenheiten: Sonntagsgottesdienste der LGC am 14.7.2019 und am 2.2.2020; Internationaler Gospel-Gottesdienst am 8.3.2020.

[8] Vgl. die Informationen über seine Mission auf der Website der LGC unter www.living-gen.com [17.7.2019]: »Sein Hauptanliegen in Afrika ist es, afrikanischen Kirchen dabei zu helfen, die soziale Dimension der Kirche wiederzuentdecken und den

Seiten der Ghana-Togo-Grenze lebt, verbrachte er sein frühes Leben hier und da und erwarb einen ersten Abschluss in Literaturwissenschaft an der University of Education in Winneba/Ghana. Sein Vater diente als Pastor der United Pentecostal Church in Togo. In Deutschland trat Nick einer Reihe von westafrikanischen Pfingstkirchen bei. Während seines Theologiestudiums an der Missionsakademie der Universität Hamburg und dann an der FiT in Hermannsburg begann er die Führungsrolle einiger afrikanischer Migrationspastoren kritisch zu sehen und er reflektierte in seiner Diplomarbeit an der Missionsakademie Menschenrechtsverletzungen in einigen dieser Kirchen.[9] Derzeit bereitet er eine Dissertation über Kirchen der zweiten Generation von Afrikanerinnen und Afrikanern an der Universität Bonn vor.

Die LGC feiert ihre Gottesdienste im Jugend- und Familienzentrum »Schorsch« der Evangelischen Kirche in Hamburg St. Georg, in der Nähe des Hauptbahnhofs. Mitte 2019 hatte die LGC einen regelmäßigen Kirchenbesuch von etwa 60 bis 90 jungen Menschen im Alter zwischen 15 und 30 Jahren. Anfang 2020 waren es etwa 90 bis 120 Besucher: Die Gemeinde wächst rasant an. Die überwiegende Mehrheit der Mitglieder wuchs als Kinder in afrikanischen Migrationskirchen auf. Viele verließen ihre elterlichen Gemeinden im Alter von etwa 15 Jahren. Eine größere Zahl kam von der *Methodist Church of Ghana* aufgrund unlösbarer Konflikte zwischen der recht eigenständig agierenden Jugendgruppe der Kirche und dem aus Ghana entsandten Pastor, der stärkere Kontrolle einforderte. Die Gruppe, die sich diesem Ansinnen widersetzte, wurde schließlich aus der *Methodist Church of Ghana* in Hamburg ausgeschlossen. Eine andere größere Gruppe verließ die ghanaische *Church of Pentecost*. Die jungen Mitglieder fanden es unangemessen und unerträglich, dass eine junge Schwangere – eine zukünftige alleinerziehende Mutter – vor der Gemeinde ob ihres Zustands zurechtgewiesen wurde.

Pastor Nick wurde von einigen Mitgliedern von afrikanischen Migrationskirchen beschuldigt, »unsere jungen Schafe zu stehlen«, wie mir von einer Person im Leitungsgremium der *Presbyterian Church of Ghana* mitgeteilt wurde. Die Jugendlichen wurden jedoch nicht aktiv von Pastor Nick und seinen Mitarbeitern ermutigt, ihre elterlichen Kirchen zu verlassen. Sie lassen ihre Gemeinden zurück, weil sie sich dort nicht mehr ganz zu Hause fühlen. *Living Generation Church* scheint ihnen aus einer Reihe von Gründen attraktiver zu sein.

Kirchen dabei zu helfen, Entwicklungsprojekte zu initiieren, um das Leben von Menschen und Familien zu verändern und entscheidend ihr Gemeinwesen zu verbessern; in Europa versucht er, den europäischen Kirchen zu helfen, ihre Spiritualität wiederzuentdecken.«

[9] Vgl. NICK ELORM, Neo-Pentecostal Leadership of African Migrant Churches and the Abuse of Human Rights, in: THEODOR AHRENS/WERNER KAHL (Hrsg.), *Gegen*Gewalt. Ökumenische Bewährungsfelder, Bh. Interkulturelle Theologie 15, Leipzig 2012, 172-193.

1.2   Die Attraktivität der Living Generation Church

Folgende Gründe für den Beitritt zur LGC sind von den Mitgliedern benannt worden:

- Sehnsucht nach einer Glaubensgemeinschaft, in der sie sich frei und zu Hause fühlen können, wo sie ihren Glauben auf ihre eigene Weise und in ihrer eigenen Sprache, d.h. auf Deutsch, zum Ausdruck bringen können und in der ihre Anliegen sinnvoll und produktiv angegangen werden;
- die Erfahrung einer Unterstützungsgruppe gleichgesinnter Menschen mit ähnlichen Lebenserfahrungen und einer ähnlichen spirituellen Orientierung;
- Probleme mit der Akzeptanz der Autoritätsansprüche von Pastoren in den elterlichen Kirchen, wo es – im Einklang mit traditionellen kulturellen Werten – als unangemessen erachtet wird, Aussagen oder Positionen des Pastors oder der Ältesten in Frage zu stellen (in der Schule haben diese junge Menschen hingegen gelernt, dass kritisches Hinterfragen und Reflexion positive Werte darstellen);
- die starke Betonung des Themas dämonischer Angriffe in den elterlichen Gemeinden (sozialisiert in Deutschland erscheint der Glaube an die Existenz und Wirkung dämonischer Kräfte wenig produktiv zu sein für die Gestaltung eines erfolgreichen Lebens);
- Kritik an der Zentralität des Geldeinsammelns in den elterlichen Kirchen als Voraussetzung für göttliches Eingreifen;
- An der LGC wissen sie zu schätzen, dass ihr Pastor immer ansprechbar ist.

In einem selbst produzierten Film, der die LGC vorstellt und der über die sozialen Medien zugänglich ist, artikulieren zwei Mitglieder, was sie an der LGC attraktiv finden. Sie bestätigen die obigen Aussagen:

»Ich bin sehr glücklich, Teil der Living Generation Church zu sein. Damals suchte ich nach einer Kirche, in der ich mich frei fühlen und ich selbst sein kann und in der ich in meinem Glauben wachsen kann. Und das habe ich hier gefunden. Ich bin dankbar, dass ich hier herzlich aufgenommen wurde. Nun, ich danke Gott nur für diese wunderbare Kirche« (Aussage einer jungen Frau).

»Es ist nicht nur eine Kirchengemeinde, sondern wir haben hier auch Gemeinschaft nach der Kirche. Wir essen, wir spielen zusammen, wir reden und teilen. Das ist einfach etwas Neues, unter Menschen zu sein, die ähnlich sind wie man selbst. Ich meine, wir kommen alle aus afrikanischen Kirchen und wir kennen die Auseinandersetzungen. Hier ist es einfach etwas Anderes. Es gibt Solidarität, und wir freuen uns über das Wort Gottes. Und vergesst nie: Es gibt kein Zeugnis ohne Prüfung« (Aussage eines jungen Mannes).

1.3 Mission, Vision und Organisation von LGC

Die Mission von LGC besteht laut dem Pfarrer darin, »das Evangelium auf sinnvolle Weise an unsere Generation zu vermitteln«. Das Motto von LGC lautet:

- Transformation – des Lebens von Individuen und Gemeinschaften
- Versöhnung – zwischen Menschen und zwischen Menschen und Gott
- Ermächtigung – für ein gutes und besseres Leben.

Im Gottesdienst am 2. Februar 2020 teilte eine der Leiterinnen der LGC der Gemeinde mit, wofür LGC steht: »Wir sind auf Gott bezogen« – unter Bezugnahme auf Röm 12,2: »Wir kennen unsere Identität, wer unser Vater ist. Wir werden nicht zulassen, dass die Welt uns verwirrt. Jede und jeder ist hier mit ihrem und seinem besonderen Hintergrund wichtig. Er und sie wird als Kind Gottes in der Gemeinde verwandelt werden. Wir sind selbstorganisiert. Niemand sagt uns, was zu tun ist. Manchmal gehen die Dinge schief, aber wir lernen und das gehört zum Prozess des Erwachsenwerdens hinzu.«

Das rund 12-köpfige Leitungsteam besteht aus 10 Frauen und zwei Männern, die alle Vorbildfunktionen für die jüngeren Besucher erfüllen, etwa als erfolgreiche Studenten und Manager. Die folgenden Abteilungen werden unterschieden. Sie werden von Teams organisiert, die fast alle von Frauen geleitet werden (mit Ausnahme der Predigt, die normalerweise, aber nicht ausschließlich vom Gründungspastor gehalten wird, und der Herrichtung des Raums – etwa das Umstellen der Stühle –, die von einem ehemaligen Fußballspieler der Bundesliga und der Nationalmannschaft von Togo organisiert wird, der gegenwärtig als internationales Model und Geschäftsmann arbeitet):

1. Abteilung der Zunge	Chor, Fürbitte Gebet (»um eine Mauer um uns zu bauen«), Texte (Poetry Slams), Predigt, Bibelstudium, Übersetzungen (Deutsch-Englisch)
2. Abteilung für Empfang	Moderation des Gottesdienstes, Begrüßung der Besucher,
3. Abteilung für Gastfreundschaft	Herrichtung des Raums, Küchenservice für das Essen nach dem Gottesdienst
4. Abteilung der Fürsorge	diakonische Arbeit für Menschen in Not (innerhalb und außerhalb der Kirche), Kindergottesdienst
5. Organisationsabteilung	Verwaltung; Finanzen, Korrespondenz

6. Kommunikationsabteilung	Website; Social Media, Werbung für besondere Veranstaltungen (ein Poetry Slam im Februar 2020, ein Frauengottesdienst im März 2020)

Mitglieder und Besucher wurden dazu eingeladen, sich in den Abteilungen zu engagieren: »Wir brauchen Dich! Hier kannst du dein Talent einbringen und es entwickeln, und du kannst ein Segen für alle und für dich selbst werden.« Freitags zwischen 16:00 und 19:00 Uhr steht Pastor Nick im Schorsch für Beratungen zur Verfügung. Danach trifft sich eine Gebetsgruppe zwischen 19:30 und 21:00 Uhr. Als Motto für 2020 wurde genannt: »Arbeiter auf dem Feld – Christus zu den Menschen bringen.«

Die Vision von LGC basiert auf drei Passagen aus dem Neuen Testament:

Mt 9,36-38: Und als er das Volk sah, jammerte es ihn; denn sie waren verängstigt und zerstreut wie die Schafe, die keinen Hirten haben. Da sprach er zu seinen Jüngern: Die Ernte ist groß, aber wenige sind der Arbeiter. Darum bittet den Herrn der Ernte, dass er Arbeiter in seine Ernte sende.

Eph 4,10-16: Der hinabgefahren ist, das ist derselbe, der aufgefahren ist über alle Himmel, damit er alles erfülle. Und er selbst gab den Heiligen die einen als Apostel, andere als Propheten, andere als Evangelisten, andere als Hirten und Lehrer, damit die Heiligen zugerüstet werden zum Werk des Dienstes. Dadurch soll der Leib Christi erbaut werden, bis wir alle hingelangen zur Einheit des Glaubens und der Erkenntnis des Sohnes Gottes, zum vollendeten Menschen, zum vollen Maß der Fülle Christi, damit wir nicht mehr unmündig seien und uns von jedem Wind einer Lehre bewegen und umhertreiben lassen durch das trügerische Würfeln der Menschen, mit dem sie uns arglistig verführen. Lasst uns aber wahrhaftig sein in der Liebe und wachsen in allen Stücken zu dem hin, der das Haupt ist, Christus. Von ihm aus gestaltet der ganze Leib sein Wachstum, sodass er sich selbst aufbaut in der Liebe – der Leib, der zusammengefügt und gefestigt ist durch jede Verbindung, die mit der Kraft nährt, die jedem Glied zugemessen ist.

Röm 12,4-8: Denn wie wir an einem Leib viele Glieder haben, aber nicht alle Glieder dieselbe Aufgabe haben, so sind wir, die vielen, ein Leib in Christus, aber untereinander ist einer das andern Glied. Wir haben mancherlei Gaben nach der Gnade, die uns gegeben ist. Hat jemand prophetische Rede, so übe er sie dem Glauben gemäß. Hat jemand ein Amt, so versehe er dies Amt. Ist jemand Lehrer, so lehre er. Hat jemand die Gabe, zu ermahnen und zu trösten, so ermahne und tröste er. Wer gibt, gebe mit lauterem Sinn. Wer leitet, tue es mit Eifer. Wer Barmherzigkeit übt, tue es mit Freude.

1.4 Die Liturgie

Das Leitungsteam von LGC hat eine Liturgie entworfen, die den Bedürfnissen der Gemeinde entspricht. Der Gottesdienst, den ich als teilnehmender Beobachter am Sonntag, 14. Juli 2019 besuchte, hatte folgende Struktur:

Anbetungslieder (angeleitet von Frauen)

Gebete (von einer Frau angeleitet): Im Mittelpunkt steht die Identitätsfrage: Wer bin ich? Wer bin ich vor Gott? Wenn niemand auf uns hört, dann tut es Gott. Es gilt, den richtigen Partner und Freunde mit Bedacht auszuwählen. Was ist mein Lebenszweck?

Bibelgespräch über Gen 3,7-11 und Gal 5,19ff. (von einer Frau angeleitet): Gott, unser Retter, hat die Trennung zwischen Gott und der Menschheit und zwischen den Menschen aufgehoben (Gen 3,24; Röm 8,19; Joh 3,16). Sünde ist Trennung von Gott. (Die Gemeindegruppe wird in zwei Gesprächskreise unterteilt, um die Frage zu diskutieren: Was ist Sünde? Danach kommt das Mitteilen von Erkenntnissen in der Großgruppe.)

Lob- und Anbetungslieder auf Englisch, einige auf Deutsch: Holy Ghost power/Nobody greater u.a.

Predigt von Pastor Nick (Englisch mit gleichzeitiger Übersetzung ins Deutsche durch eine Frau), die er mit den Ergebnissen des Bibelgesprächs verknüpft: Gott hat sich über Christus als Brücke mit uns verbunden. Thema: Göttliche Anforderungen (Dtn 10,11f und Micha 6,8). Gott zieht niemanden vor. Er zwingt uns nicht. Der Exodus ist ein Symbol unseres Lebens in Christus, wo wir die Fülle des Lebens erfahren. Gottes zu fürchten sollte nicht aus Angst vor Strafe, sondern aus Liebe geschehen. Gläubige sind eingeladen und werden dazu ermutigt, in die Fußstapfen Jesu zu treten. Die 70 im Exil lebenden Israeliten von Dtn 10,22 sind »wie unsere Eltern, die hierherkamen, aber nicht viel erreichen konnten. Aber schaut euch selbst an – ihr seid Studenten, ihr führt euer eigenes Unternehmen, ihr habt gute Jobs; seht, was Jesus in eurem Leben tut!« Eine Ermahnung, »demütig vor Gott zu wandeln, weil es Gott ist, der uns aufgerichtet hat.« [Interessanterweise wurde das Motiv der Liebe zum Fremden in Dtn 10 nicht erwähnt. Diese Auslassung könnte das Selbstverständnis der LGC-Mitglieder widerspiegeln, die sich in Deutschland nicht als Fremde sehen!]

Zeugnis ablegen, eingeführt und angeleitet von einer Frau, die sich mit der Frage der Identität befasst: »Viele von uns suchen nach dem, wer wir sind.« Die Funktion des Zeugnisgebens besteht darin, »jemanden zu ermächtigen«. Es folgen sieben Zeugnisse mit folgenden Inhalten: Gott könnte uns durch andere Menschen begegnen / Körperlicher Schmerz ist weg / Erfahrung, dass Gott in diesem Jahr die Kontrolle in meinem Leben hat / Wie ein Wunder, dass jemand heute meinen Job übernommen hat, sodass ich am Gottesdienst teilnehmen kann / Die Bedeutung der Predigt / Die Bedeutung eines Workshops letzte Woche über Beziehungen und das Bestehen von Universitätsprüfungen / Gott eröffnet neue Wege in unserem Leben.

Kollektensammlung mit Bewegung, im afrikanischen Stil (Lied: Walking in the Light of God)

Begrüßung der Besucher durch eine Frau (eine junge deutsche Erstbesucherin scheint berührt und beginnt zu weinen)

Abkündigungen von einer Frau

Vaterunser (Pastor Nick)/Segen (Teilnehmender Beobachter wird spontan dazu eingeladen)

Am 2. Februar 2020 wurde das Abendmahl gefeiert. Pastor Nick vermittelte drei Kriterien für den Ausschluss vom Abendmahl: Hass, Mangel an Vergebungsbereitschaft, Spaltungen.

Als der Pastor ankündigte, dass er Einwände gegen die Teilnahme mitteilen werde, erwartete ich als teilnehmender Beobachter mit einer längeren Geschichte in der Zusammenarbeit mit westafrikanischen Migrationskirchen, meist charismatischer Überzeugung, die üblichen moralistischen und exklusivistischen Kriterien (unmoralisches Verhalten; Jesus nicht als persönlichen Herrn und Retter erachten; Verweis auf 1Kor 11). Stattdessen betete er, dass Gott die oben genannten Mängel beseitigen und durch Liebe ersetzen könne, und lud alle ein, am Abendmahl teilzunehmen. Während dies aus meiner Sicht eine willkommene Kehrtwende darstellte, irritierte mich das Lied, das der Chor und die Gemeinde während des Abendmahls sangen: »O the blood of Jesus, it washes white as snow.« Offensichtlich hatten die Gottesdienstbesucher, die sich rassistischer Untertöne im Alltag sehr bewusst sind, kein Problem mit diesem Texten.

2. Analyse

Am 14. Juli 2019 und am 2. Februar 2020 war die Kommunikationssprache beinahe durchgängig Deutsch. Nur der Prediger sprach auf Englisch, das ins Deutsche übersetzt wurde. Beim Gottesdienst 2019 waren etwa 70 Personen anwesend, davon acht Jugendliche deutsch-europäischer Eltern. Das Geschlechterverhältnis betrug etwa 65% Frauen zu 35% Männer. Der Gottesdienst dauerte 3 1/2 Stunden (11:30–15:00 Uhr). Am 2. Februar 2020 waren etwa 100 Besucher mit etwa dem gleichen Geschlechterverhältnis und mit etwa 10% europäischer Abstammung (deutsch, britisch) anwesend.

Die Gottesdienste waren durchweg partizipativ und nicht pastorenzentriert. Im Bibelgespräch äußerten viele Mitglieder ihre Ansichten und Einsichten, oft auf einer hohen Reflexionsebene. Das Bibelstudium stellte den längsten Teil des Gottesdienstes dar, nicht die Predigt. Es wurde von einer

Frau angeleitet. Eine ausgewählte Passage des Neuen Testaments wurde zunächst in kleineren Gruppen diskutiert und anschließend einige Beobachtungen und Fragen an alle kommuniziert, nachdem die Gruppen wieder zusammengekommen waren. Ich war als ausgebildeter Theologe überrascht und beeindruckt von der Tiefe der theologischen Einsichten und von den bibelkundlich so kenntnisreichen wie kritischen und reflektierenden Interpretationen biblischer Passagen.

Die Liturgie, der Gottesdienst und die Predigt der LGC sind ansprechend und erscheinen für die Mitglieder relevant. Die Liturgie ist eine Mischung aus westafrikanischen und deutschen Traditionen. In den vielen neo-pfingstlichen afrikanischen Migrationskirchen zum Beispiel taucht das Vaterunser in der Regel nicht auf. Pastor Nick teilte mir mit, dass er im deutschen kirchlichen Kontext seinen Wert zu schätzen gelernt habe.

Im Vergleich zu afrikanischen Migrationsgemeinden charismatisch-pfingstlicher Prägung fiel mir auf, dass in Gottesdiensten der LGC, die ich besuchte, Satan nicht ein einziges Mal erwähnt wurde, und auch das Thema »Geben und Empfangen« in Bezug auf eine Nötigung zur Geldspende begegnete nicht.[10] Gleichzeitig wurde deutlich, dass der Glaube an Gott, das Gebet, das Lesen der Bibel und das Leben nach den Werten des Evangeliums für die Mitglieder von zentraler Bedeutung waren. Dies unterscheidet sie im Allgemeinen von vielen Deutschen ohne afrikanischen oder asiatischen christlichen Familienhintergrund. Ihre Lektüre und Interpretation der Bibel und die Aktualisierung ihres Glaubens unterscheiden sich jedoch deutlich auch von der ihrer Eltern. Die Hermeneutik ihrer Eltern ist in einem traditionellen afrikanischen Kontext sinnvoll und relevant, sei es in Afrika oder in der Inselsituation afrikanischer Migrationsgemeinden. Ihre Kinder in Deutschland entwickeln an der Schnittstelle westafrikanischer und deutscher kultureller Werte und Konventionen eine Hermeneutik, die für sie relevant ist, um ihr Leben als Deutsche zu gestalten. Ihre Hermeneutik basiert kritisch auf westafrikanischen und deutschen Lebenserfahrungen und Werten. Sie erfüllt ihre Funktion in der Überbrückung der epistemischen Kluft zwischen der jeweiligen Herkunftskultur der Eltern und der Residenzkultur.

In LGC wurde die Frage der Identität mehrmals direkt angesprochen. Nach dem Gottesdienst kam eine junge Frau auf mich zu und fragte mich auf Deutsch, ob ich als Dozent, die zuvor in Ghana unterrichtet hatte, ihr einen Rat geben könnte, wie sie Twi lernen könnte, weil sie es nicht von ihren ghanaischen Eltern gelernt habe. Der Pastor erzählte mir, dass einige der jungen Leu-

---

[10] Vgl. zu ersterem WERNER KAHL, Wunderheilungen, Todesflüche und Geist(er)-besessenheit. Interkulturelle Verstörungen in der Begegnung mit west-afrikanischen Christengemeinden, in: DERS., Vom Verweben des Eigenen mit dem Fremden. Impulse zu einer transkulturellen Neuformierung des evangelischen Gemeindelebens, Hamburg 2016, 87-96.

te manchmal noch ihre elterlichen Kirchen besuchen, wann immer sie Afrika vermissen. Gleichzeitig würde es ihnen peinlich sein, wenn ihre deutschen Freunde ohne afrikanischen Hintergrund sie in afrikanische Migrationskirchen begleiten würden.

LGC spricht aber auch junge Menschen mit deutschen Eltern an. Dies ist umso bemerkenswerter in einer Gesamtgesellschaft, in der die überwiegende Mehrheit der jungen Menschen den etablierten evangelischen und katholischen Kirchen den Rücken gekehrt hat. Im Allgemeinen scheinen diese Großkirchen wenig in der Lage zu sein, sich auf sinnvolle und ansprechende Weise auf die spirituellen und gemeinschaftlichen Bedürfnisse der jungen Generation einzulassen.

LGC ist es bisher gelungen, das Evangelium auf sinnvolle und relevante Weise für junge Menschen zu übersetzen, insbesondere, aber nicht ausschließlich, für solche mit einem afrikanischen Familienhintergrund. Sie überbrückt die große kulturelle Kluft zwischen den Migrationsgemeinden und afrikanischen Traditionen und Werten einerseits und der weithin säkularisierten Kirche und Gesellschaft in Deutschland andererseits. Das Konzept von LGC macht den angesprochenen jungen Menschen Sinn »zwischen« den Extremen eines übersteigerten Geisterglaubens und eines säkularisierten Christentums. LGC ist ein Beispiel dafür, wie die Kinder westafrikanischer Migranten ihre Identität als Gläubige an der Schnittstelle der Kultur der familiären Herkunft und der Residenzkultur aushandeln. In der LGC ist eine Theologie und Gottesdienstkultur im Entstehen, die das Potenzial haben könnte, für andere Deutsche der jüngeren Generation bedeutungsvoll zu werden, von denen nicht wenige eine spirituelle Sehnsucht haben, die in den etablierten protestantischen Kirchen oft nicht erfüllt wird.

Ich möchte die Initiative der LGC mit einer westafrikanischen Moschee in Hamburg, der Masjid Rahma, kontrastieren. Auch Majid Rahma unterhält eine enge Beziehung zum Jugendzentrum Schorsch in St. Georg. Hier engagieren sich der ghanaische Imam und einige ghanaische Mitglieder des Leitungsteams der Moschee in gemeinsamen Programmen mit der evangelisch-lutherischen Ortsgemeinde. Sie erkunden mit den evangelischen Pastoren Gemeinsamkeiten zwischen dem muslimischen und dem christlichen Glauben, ohne Unterschiede zu leugnen. Die Kinder der muslimischen Migranten aus Westafrika neigen jedoch dazu, in ihrer Interpretation und Ausdrucksweise ihres Glaubens viel strenger zu sein als ihre Eltern. Ihre strikte Einhaltung der Speisevorschriften und Gebetspflichten und die von ihnen bevorzugte, traditionell oder konservativ anmutende muslimischen Kleidung, kommunizieren und betonen eine deutliche Differenz zu Kulturen und Traditionen, wie sie sich in Deutschland ausgebildet haben. Sie positionieren sich deutlich im Gegenüber zur weiteren Gesellschaft, und zwar in dem Prozess der Klärung einer Identität als Kinder afrikanischer Migranten muslimischen Glaubens.[11]

---

[11] Vgl. dazu den Beitrag von Alexander Kenneth-Nagel in diesem Band.

Während diese, sich auf sich selbst zurückziehende Positionierung der jungen Generation in Masjid Rahma den Zusammenhalt und die Ausbildung einer homogenen Identität innerhalb der Gruppe gegenüber der weiteren nicht-muslimischen Gesellschaft fördert, verhandeln die Jugendlichen in der LGC ihre Identität, indem sie die traditionellen Grenzen der Glaubensgemeinschaft überschreiten.

Ein Beispiel dafür ist ihre Zusammenarbeit mit der örtlichen lutherischen Kirche und mit zwei afrikanischen Migrationskirchen in St. Georg-Borgfelde bei der Organisation des gemeinsamen Internationalen Gospelgottesdienstes einmal im Quartal, d.h. bei vier von zwölf Gospelgottesdiensten pro Jahr. Am 8. März 2020 fand ein solcher gemeinsamer Gottesdienst anlässlich des ökumenischen Weltgebetstages der Frauen und des internationalen Frauentages statt. Die Kirche war mit rund 300 Besuchern gefüllt, etwa 50% aus zwei unterschiedlichen westafrikanischen Kirchen und aus der LGC und 50% aus deutsch-lutherischen Kirchen. Alle Altersgruppen waren zahlenmäßig etwa gleich vertreten. Es war eine Feier von jüngeren und älteren Menschen, auf Englisch und auf Deutsch, von Deutschen, von Afrikanern, und ihren zum Teil erwachsenen Kindern. Menschen. Diejenigen, die als Schriftleserinnen, in den Chören, beim Poetry Slam und als Prediger agierten, waren meist jüngere Frauen. Eine der Leiterinnen der LGC hielt zusammen mit einer jungen deutsch-lutherischen Pfarrerin eine Dialogpredigt. Die Frau mit der dunklen Haut predigte auf Deutsch, während die Frau mit der hellen Haut auf Englisch predigte. In ihrer Predigt bezogen sie sich auf die Geschichte des Lahmen, dem von Jesus befohlen wird, er solle aufstehen, seine Matte nehmen und weggehen (Joh 5). Die Predigerin von LGC schien spontan zu predigen, ohne aus vorbereiteten Notizen abzulesen. Während sie die große Gottesdienstgemeinde ansah und frei sprach, präsentierte sie eine erhellende Interpretation dieses Befehls Jesu, die für viele in der Gemeinde offensichtlich anschlussfähig und bedeutsam war, unabhängig von konfessioneller Tradition, Alter, Geschlecht, ethnischer Herkunft oder besonderer persönlicher Situation: Sie stellte sich vor, dass sie es vorgezogen hätte, in dieser Situation des geheilten Menschen die Matte mit all den schrecklichen Erfahrungen der Unterdrückung und Scham hinter sich zu lassen und ein neues Leben zu beginnen. Aber nein, sagte sie: »Jesus ruft uns so, wie wir sind – mit unseren Wunden und Narben und unseren Erfahrungen in der Vergangenheit. Unsere Geschichte ist ein Teil von uns, und so steht Jesus bei uns. Er heilt uns, ohne unsere Geschichte zu auszulöschen.«

Während sie predigte, konnte ich beobachten, dass einige Leute mit dem Kopf nickten, von denen ich wusste, dass sie eine schwierige Vergangenheit und vielleicht gegenwärtige Herausforderungen hatten. Dann kamen Rufe von Halleluja und Amen von hier und da, und plötzlich klatschten alle in die Hände. Diese junge theologisch nicht ausgebildete Predigerin der LGC verstand es, eine Interpretation der biblischen Passage vorzulegen, die viele berührte, unabhängig von Herkunft, Geschlecht, Status oder Alter. Sie war in der Lage, das Evangelium auf sinnvolle Weise in einem transkulturellen Raum zu vermitteln, und sie kombinierte das Beste, was sie sowohl von ihrer ghanaischen als auch von ihrer deutschen Prägung mitgebracht hatte.

Benson Elisamoni Matawana

Role of Ghanaian Immigrants' Churches (GICs) in supporting Refugees

This article presents the results of a study on the role of Ghanaian Immigrants' Churches (GICs) in supporting refugees during the 2015 refugee crisis in Germany. The survey was conducted in Hamburg between March and September 2017 to analyse the potential of GICs in the social integration of their congregants. In such pursuit, the research attempted to address the questions: What roles do GICs play in supporting refugees? Which stakeholders do GICs collaborate with in providing refugee aid? Which refugee population receives support from GICs? The introduction briefly discusses the state of research on religion and refugee aid and elucidates on the research design. The second part presents the empirical results of the study, and lastly is the conclusion.

1. Introduction and methodological remarks

The influx of refugee presents a major global challenge, with an estimated 70 million displaced individuals globally.[1] Recently, the German Office for Migration and Refugees (BAMF) registered more than 1,3 million refugees between 2015 and July 2018.[2] A majority of these refugees came from war-torn countries like Syria, Iraq and Afghanistan as well as from African nations. The influx of refugees presented a big challenge to German regional governments in providing basic emergency services, including accommodation, medical services, food, legal support etc.

Hamburg was among the regions in Germany, which received a large number of refugees. In 2015, approximately 1,700 refugees arrived in Hamburg every month.[3] A report by the Hamburg Social Authority on the situation

---

[1] Vgl. www.care.org/emergencies/global-refugee-crisis [Aufruf: 20.2.2020].

[2] Vgl. www.sueddeutsche.de/politik/fluechtlinge-in-deutschland-drei-jahre-wir-schaffen-das-eine-bestandsaufnahme-1.4110671 [Aufruf: 3.2.2020].

[3] Vgl. Behörde für Arbeit, Gesundheit, Soziales, Familie und Integration, Lebens-

of refugees between 2016 and 2018 shows that the region is home to around 56,000 refugees, about three per cent of its total population.[4] This situation has put a huge burden on the region for providing basic necessities. Efforts by the Hamburg State to provide refugee aid are supplemented by religious immigrants' associations.

For instance, Muslim immigrants' associations provide refugee aid.[5] Several Muslim associations publicly declared their commitment toward supporting refugees. In March 2016, the Association of Muslim Refugee Aid was formed to help with the coordination and support of refugees in local municipalities.

A recent evaluation by the Bertelsmann-Religion Monitor also shows that small diverse immigrant religious communities, such as the Yezzids and Buddhists from Southeast Asia and Hindus from India and Sri Lanka, etc., provide low-threshold support in the form of situational assistance (emergency aid, office assistance, homework assistance), and are networked with the host society.[6] Findings by Alexander-Kenneth Nagel and Yasemin El-Menouar indicate that religious associations play a significant role in influencing their adherents to actively engage in supporting refugees.[7] Other factors include religious motivation, immigrants' background and cultural competence, which are said to play a significant role in refugee support.[8] Despite the efforts by Muslim organizations in providing emergency and integration support, the associations are criticized as not being actively engaged in supporting Muslim refugees, and are therefore considered traitors.[9] A recent study by the German Islamic Conference affirmed that efforts by Muslims in providing refugee aid are largely ignored.[10]

Similar to Muslim immigrants' associations, a recent work on religion and refugee support indicates the commitment of immigrants' churches in refugee aid.[11] A declaration by the International Church Covenant (ICC) is the first pub-

---

lagenbericht, Zur Situation der Geflüchteten in Hamburg 2016-2018, www.hamburg.de/fluechtlinge-grundlagen/13337968/lebenlagenbericht-gefluechtete/ [Aufruf: 3.9.2020].

[4]　Vgl. ebd.

[5]　Vgl. Alexander-Kenneth Nagel/Yasemin El-Menouar, Engagement für Geflüchtete — eine Sache des Glaubens? Die Rolle der Religion für die Flüchtlingshilfe, Gütersloh 2017, 10.

[6]　Vgl. a.a.O., 14.

[7]　Vgl. a.a.O., 45.

[8]　Vgl. a.a.O., 26.

[9]　Vgl. a.a.O., 13.

[10]　Vgl. Dirk Halm/Martina Sauer, Soziale Dienstleistungen der in der Deutschen Islam Konferenz vertretenen religiösen Dachverbände und ihrer Gemeinden, Berlin 2015, https://cdn.websit-editor.net/09fe2713f5da44ff99ead273b339f17d/files/uploaded/ Moscheen_soziale_Dienstleistungen.pdf [Aufruf: 3.9.2020].

[11]　Vgl. https://ikk.ekir.de/post/135701216804/ikk-komitee-zur-situation-der-fl%C3% BCchtlinge-in [Aufruf: 3.9.2020].

lic commitment of immigrants' churches declaring their active role in supporting refugees. ICC members identify themselves with refugees and are committed to addressing their problems regardless of one's origin or religious affiliation, because most of the members come from outside Germany. Moreover, it promotes equality by treating refugees as human beings and by countering any attempts aimed at stripping individuals off their refugee status. In ICC's view, this commitment is the practice of God's mission (i.e. evangelism) because it strongly believes that every human is the same, is created by God and has the right to security, freedom and well-being.[12] Therefore, ICC strongly believes that German immigration laws should be reformed to stop criminalizing refugees, and secure access routes must be created for immigrants to legally enter into Germany.[13]

Also, ICC cooperates with parishes and regional churches to promote the integration of refugees into the host society. For example, ICC seeks to promote peaceful co-existence so that newcomers can be integrated into the German social system amid the increasing number of anti-immigrant groups and polarization of German public opinion over refugees in the wake of the 2015 influx of refugees into Germany.[14] Moreover, the ICC urges the German government to welcome refugees because their refugee status is the outcome of its own foreign policy for its continued export of weapons to conflict regions. The organization also maintains that the refugee crisis emanates from failed economic, development and foreign policies of rich states, consequently forcing people to flee their homes because of poverty and lack of prospects. ICC concludes that this combination amounts to the abuse of human dignity and violates God's commands.[15]

As an example of the commitment of immigrants' churches to address the problems of refugees, in the following I will concentrate on the role of Ghanaian Immigrants' Churches (GICs) in supporting refugees. GICs' refugee aid involves services such as emergency accommodation (I.18:97-98), food (I.18: 113-115), and healthcare (I.3:164-167). Moreover, they provide support to overcome German immigration hurdles (I.1:81-84), including providing legal support, sharing of information, accompanying applicants to public offices, and offering translation services. Despite such important roles that the GICs play, there is inadequate mass media coverage of the contribution of African immigrants' churches to refugee aid. This differs significantly from the portrayal of

---

[12] Vgl. o. Anm. 11.

[13] Darüber hinaus müssen sichere Zugangswege geschaffen werden, auf denen Menschen legal nach Deutschland kommen können. Ein Einwanderungsgesetz ist überfällig, ebd.

[14] Movements like PEGIDA (Patriotic Europeans against the Islamization of the West) became very common; vgl. www.bpb.de/politik/extremismus/rechtspopulismus//200901/pegida-eine-protestbewegung-zwischen-aengsten-und-ressentiments [Aufruf: 10.11.2020].

[15] Vgl. o. Anm. 11.

the role of German churches in doing the same.[16] Likewise, little has been written about role of GICs in providing refugee support.

This inquiry was conducted in Hamburg. Data were collected through participant observation and open-ended interviews. Secondary data were collected through GICs' documents such as information flyers at church compounds as well as from GICs' websites. An online internet survey on African churches in Hamburg was conducted prior to data collection. I identified thirty-eight African churches as study sample[17] and contacted the African Christian Council (ACC) in Hamburg.[18] I was assisted by the representative of ACC to identify some of the GICs in the list, which no longer existed in Hamburg or had changed their addresses and names. After the cleaning exercise, the list decreased to nine GICs based on the following criteria: whether a GIC is a branch or a mother church, the denomination, its location in Hamburg, gender equality[19] and its number of congregants. I pre-tested the interview tool with one Ghanaian church leader to refine the questions before actual fieldwork. During data collection, I conducted three interviews (one with a church leader and with two active congregants)[20] in each of the nine GICs. Therefore, a total of twenty-seven interviews were conducted.

Study results were processed through qualitative content analysis.[21] First, the interviews were transcribed verbatim[22] and I analysed them deductively and inductively.[23] Three interview transcripts were initially tested for mixed procedures (deductive and inductive content analysis), and later the remaining transcripts were analysed through a similar procedure.[24]

---

[16] Vgl. www.welt.de/politik/deutschland/article147940660/Kirchen-zahlen-100-Millionen-fuer-Fluechtlingshilfe.html [Aufruf: 3.9.2020].

[17] I used my previously established contacts with Ghanaian pastors as well as the internet to prepare a list of GICs/African churches.

[18] Vgl. www.africanchristiancouncil.de/ [Aufruf: 15.7.2020].

[19] »If a woman can be a priest [...] For example, it is impossible for a woman in a Roman Catholic GIC to become a priest. But it is possible in some of the Pentecostal Charismatic GICs for women to assume such positions.« (I.25:333-336).

[20] Active congregants were one female and one male. I selected them randomly through participant observation during church activities. Some of the interviews were also referred to me by their pastors.

[21] Vgl. Phillipp Mayring, Qualitative Inhaltsanalyse. Grundlagen und Techniken, Weinheim-Basel 2010, 48.

[22] Vgl. Dennis Howitt, Introduction to qualitative methods in psychology, Harlow ⁴2019, 124-147.

[23] Vgl. Mayring, a.a.O., 83.

[24] Vgl. a.a.O., 83.92. Inductive approach, categories are defined directly from the material without a relying on theoretical concepts. While deductive approach, categories are defined prior to the analysis for the operation process.

2. Selected results

2.1 The role of Ghanaian Immigrants Churches (GICs) in helping refugees

This refers to roles of individual congregants on behalf of their churches,[25] even church leader's efforts in supporting refugees.[26] As indicated below, GICs provide most of the basic and emergency aid to refugees as one of the interviewed persons told:

> »Some people come here illegally, not knowing anybody. First, they go to a church and explain their situation. Before advising the person to approach state offices to explain his or her case, the person needs at least food and shelter. Sometimes, we give them clothes and purchase tickets and other items for them to at least move around. They do not know anything. We at the church have to volunteer to show them offices, even give them some important information, which they cannot easily access. It needs a lot of patience; it is a long way until someone finally settles. The system in this country is so complex. Information is there, but it is only in German. How can a new person understand things, just by reading?« (I.1:172-181)

The congregant above asserts GICs are transition points for refugees/unregistered immigrants settling in Germany. Congregants use their knowledge to help refugees who would otherwise find it difficult understanding German as well as navigating German institutions. Because being an illegal immigrant or stranger to Germany could influence some newcomers to seek advice from the churches before submitting their asylum applications. However, the capacity of some of the GICs in supporting refugees depends on the congregants who can volunteer on behalf of their church or on their own will. For example, one congregant stated that, »Some of us accommodate refugees for one night or do let them stay in our homes. [...] the government in Hamburg cannot help all refugees.« (I.18:97-98) The role of congregants in refugee support highlights the civil society potential of GIC platforms such as providing the opportunity for their congregants to practice civic responsibility for collective public good. In turns, the individual assistance offered to refugees can relieve the government from the burden of providing refugee aid. The congregants' initiatives also relieve many GICs, which do not have the necessary infrastructure to accommodate refugees. For instance, a representative of one pastor stated:

---

[25] Whenever the congregant's role in offering refugee support is not influenced by his/her church i.e. congregants' role in refugees support. When congregant's role is influenced by his/her church or when church leaders provide the service. Thus, it is the role of the church in refugee support.

[26] I use the terms illegal immigrants and undocumented immigrants interchangeably with refugees.

»[...] when it comes to housing the person, nowadays, we find it difficult to do it. Initially, unregistered immigrants who came here were helped, but they caused us so many problems. You may accommodate just one person, but before you realise, you could be housing ten people all in one room. That is not allowed in Germany. Because of that, currently most people are no longer willing to host refugees.« (I.9:56-61)

GICs' efforts to accommodate refugees are hampered not only by their lack of resources but also by German accommodation laws. Moreover, recent changes in German immigration laws and policies criminalize efforts by civic organizations in providing refugee aid.[27] They also criminalize refugees as persons.[28] This challenge in the legal framework for refugee aid may compromise the GICs' social role and cooperation with the government. For example, a previous representative of the pastor explained that,

»Here in Hamburg, we do not deal with the state directly concerning refugees. We deal with individuals because the government has its own laws and regulations. We do not want to interfere with it.« (I: 9:51-54)

However, GICs' theological self-understanding that the church is a place for refuge (I.8:81) may influence their commitment in providing refugee support. This ecclesiological self-understanding is not only confined to church buildings, it is also concerned with the hospitality of the GICs and their congregants towards fellow humans. Other factors include sharing of immigration history with refugees and the African tradition of helping each other. For example, a congregant stated,

»[...] people who are here illegally or do not have papers do not get help from the government. They do not have an alternative. We were once like them. Other people took care of us.« (I.15:66-70)

In Germany, not having a resident permit makes one become an illegal immigrant. Such criminalization of refugees jeopardizes the prospects of receiving a fair trial and it probably scares some of the refugees to come forward and seek asylum. Moreover, the German institutional bureaucracy also makes it cumbersome for refugees to settle in Germany. Therefore, some of the GICs help refugees to navigate the process of legalizing their stay in Germany by providing legal aid as mentioned by the following congregant:

---

[27]   Vgl. www.proasyl.de/news/kriminalisierung-der-zivilgesellschaft-jetzt-auch-in-deutschland/ [Aufruf: 19.9.2020].

[28]   An open letter to the German parliament from twenty-two civil society organizations calling for the Orderly Return Act not to be passed. Vgl. www.proasyl.de/ pressemitteilung/offener-brief-zum-geordnete-rueckkehr-gesetz/ [Aufruf: 11.5.2020].

»If someone does not have the papers to stay legally in Germany and is in the church, the church may help with finding a good lawyer as well as with the initial costs. The person would only pay the other costs by himself [...].« (I.12:80-84)

The subsidisation of the legal costs may entail legal consultation fee, which is paid upon meeting with the lawyer for the first time. The cap placed onto the financial assistance to people in need is because of the financial limitations on most of the GICs. In addition, legal support to refugees also involve providing a good lawyer who can provide legal aid:

»When somebody is a newcomer like it was in my case, the person would not know the right lawyer to consult. In such situations, we will be able to direct the person to the lawyer that we know is faithful and is serious with his or her job. That is the right path to take so that you can stay legally in Germany.« (I.2:39-43)

This congregant shared his own experience of being a stranger to Germany and lacking information on how to get a reliable lawyer. His view entails, subsiding legal fees is not sufficient if the defending lawyer is not committed to his/her profession. This implies the existence of unethical or incompetent lawyers who risk the prospects of refugees to be granted asylum. The necessity of having a competent lawyer could also be contributed to by frequent changes in German immigration law, which criminalizes refugees and those helping immigrants.[29] One female interviewee stated that:

»One lady faced many problems upon applying for her stay in Germany. She struggled until she settled. Every time they wanted to send her back to Africa, she fought back. Sometimes, the situation in Germany is very confusing: not every law protects you. You need a good lawyer to help you during the process. So, with her experience, she always tells others how to approach issues. I hope you came to Germany; you were not born here. We assigned her the nickname *Beamtin*[30] because she knows a lot.« (I.1:73-84)

Considering the context of the story of the *Beamtin*, leisure activities in women group of the GICs is the source of supportive information to overcome German immigration laws and bureaucracy.[31] This is apparently for illegal immigrants, people who migrated to Germany as opposed to immigrants who were born in Germany. Besides congregants sharing information with refugees on obtaining legal services, some of the GICs have congregants who are lawyers and can provide legal support (I.14:90-96). A legal expert congregant can be faithful to his/her fellow congregants and provide better legal services to refugees than

---

[29]   Vgl. o. Anm. 28.

[30]   The German word *Beamtin* means a female civil servant.

[31]   Women group/department of the GICs facilitate leisure activities for women congregants. Such as eating together and small talks for sharing/exchange of experiences among women.

an unacquainted lawyer. Also of concern is the resident status of the congregant, a private matter for some congregants. For instance, some of the congregants who do not have resident permits do not request legal assistance from their churches (I.18:91-95) because of the fear that once their status is revealed they could face deportation. In addition, lack of sufficient legal assistance from the GICs may contribute to the fear.

Despite that, most of the GICs encourage their congregants to come forward and seek help. For example, a pastor stated that,

>»[...] because it is difficult to encourage them to live illegally. If they are caught, it becomes a burden to the church [...], so, we try to stabilise their stay if they come here illegally.« (I.4:85-90)

This helps GICs to preserve their public image, because some GICs had previously experienced media bias on reporting immigrants' news (I.18:186-202). It may have financial benefit to GICs, since such refugees can be brought to government office responsible for helping refugees. In so doing the external and internal factors influence the role of GICs in providing refugee support.

Other internal influencing factors are cultural capital of the congregants (i.e. having good German language skills and knowledge of the German system). Congregants accompany refugees to public offices, including in courts and for language translation (I.16:117-122). This form of support also helps refugees to overcome unfriendly immigration environments and the German language barrier. A pastor representative stated:

>»As a church [...] We only help refugees in the absence of other alternatives. We help with things like accompanying them to immigration and other offices. We speak for them. Sometimes they say they are afraid, or they cannot talk. So, the church asks someone to accompany them for translation and other forms of help. In most cases, they get help from our members.« (I.18:101-106)

Only when it is impossible for individual congregants to provide support do GIC get involved. GICs play a secondary role in refugee aid. This is because amongst the cases of refugee support, refugees do not require expertise but individuals who can escort refugees to public offices and assisting with language translation.[32] Hence, often GICs rely on their congregants who have German cultural capital to volunteer when there is a request to assist a refugee.

Apparently, the lack of German cultural capital and perceived discrimination at German institutions psychologically impedes the refugees' social inte-

---

[32]   Vgl. Alexander-Kenneth Nagel, Religiöse Akteure in der Flüchtlingshilfe. Positionierung, Mobilisierung, Kooperation, in: Zeitschrift für Religion, Gesellschaft und Politik 3 (2019), 283-305, 292. Muslim associations play a significant role in providing emergency support to refugees e.g., escorting and language translation support.

gration journey.[33] A pastor at one GIC explained the rational behind escorting refugees to the immigration

> »We accompany them to the foreign office for interpretation, to make sure they feel at home and not like second-class citizens. We make them feel that they are also part of us.« (I.25:153-155)

In this context, the GICs and congregants' helping of refugees empowers them to withstand any psychological effects they may experience in dealing with the German system. This is supported by Währisch-Oblau's study of African immigrants' churches in Germany in which she juxtaposes the powerlessness of the African immigrant with the intimidating might of European immigration officials and portrays that, in such situation's religion becomes the tool for survival.[34]

For example, congregants' welcome culture and solidarity with refugees is theologically influenced by religious ethics taught by their GICs. A congregant once quoted the Bible as saying »[...] Jesus says, when I was sick you did not visit me; when I was in prison you did not visit me; when I was naked you did not [cover] me.« (I.6:107-108) Therefore, the congregants' hospitality not only embodies the intrinsic values influenced by African tradition of helping each other but are largely taught in the GICs. Nagel and El-Menouar have recently observed religious charity and hospitality values as meaningful elements in refugee aid.[35] GICs' religious teachings on brotherhood prioritize humanity above everything. One pastor commented that, »[...] the Bible says, we must be each other's keeper. That is what I think [church] members are doing. Sometimes it does not come to the pastoral level, but members help among themselves.« (I.3:113-115)

The findings also show that, the replication of the teachings of being each other's keeper could also imply solidarity with African refugees. For example, one pastor stated that, »If somebody new entered [the church] and we know they are from Africa, we will ask people to support the person with necessities like clothing.« (I.23:35-36) It is apparent that GICs motivate their congregants to help African refugees. Thus, this can lead to African refugees joining their congregations. Nevertheless, brotherhood could be informed by the shared

---

[33] It seems that not being able to speak by themselves has little to do with the lack of German language skills; it is rather contributed to by being afraid or an inferiority complex which might be contributed to by unfriendly immigration laws.

[34] Vgl. Claudia Währisch-Oblau, The Missionary Self-Perception of Pentecostal/Charismatic Church Leaders from the Global South in Europe. Bringing Back the Gospel (Pentecostal and Charismatic Studies Series 2), Leiden 2012; Frieder Ludwig/J. Kwabena Asamoah-Gyadu, African Christian Presence in the West. New immigrant congregations and transnational networks in North America and Europe, Trenton 2011, 99.

[35] Vgl. Nagel/El-Menouar, Engagement (s. Anm. 5), 24.

ethnic background as one congregant highlighted that, »[...] those blacks coming from Italy, on arrival, the church helps them. [Church] members who have an extra apartment or room accommodate some of them.« (I.26:147-149) This evidence also shows that African refugees prefer to seek support from African churches. The shared African identity of majority of the GICs' congregants could be the factor drawing African refugees to seek help from African churches in Germany.

Furthermore, the religious belonging of some of the refugees also plays a role. For example, an interviewee from one Roman Catholic GIC (RC-GIC) said that, »[...] once in a while when we get people from Ghana, Togo or nearby countries [...] Those who are Catholics want to worship with us. They come because of their problems. Church elders convene to discuss the ways to help those in need.« (I.11:161-164) This insight suggests that religious/confessional belonging may influence some of the African refugees to seek support from African churches. In this case, African refugees who are Catholic seek support from RC-GICs rather than from other churches.[36] Other influencing factors could be the social mission of the Roman Catholic Church in helping refugees through Caritas.[37] Moreover, the role of GICs in the recent refugee crisis shows that the GICs' social capital, coupled with the institutions in the host society, was useful in catalysing the role of GICs in providing refugee support as follow.[38]

2.2 GICs' collaboration in providing refugee support

Cooperation between GICs' and with religious and non-religious associations in helping refugees also takes place. For example, GICs work with local German churches, the Hamburg government, and the umbrella organization for African churches.[39] These synergies have inter-religious, intra-religious, and non-religious dimensions. Therefore, I will use Nagel's dimension of religious networking to describe the civil society potential of the GICs in providing refugee aid.[40]

---

[36]   Probably that, the refugee's preference is influenced by the quest for spiritual care from a similar confession church.

[37]   Vgl. www.caritas-germany.org/focus/currentissues/help-for-refugees [Aufruf: 16.9. 2020].

[38]   The networks of relationships between GICs and German associations such as German local churches.

[39]   www.africanchristiancouncil.de/ [Aufruf: 15.7.2020].

[40]   Vgl. Alexander-Kenneth Nagel, Religiöse Netzwerke. Die zivilgesellschaftlichen Potentiale religiöser Migrantengemeinden, in: Ders. (Hrsg.) Religiöse Netzwerke. Die zivilgesellschaftlichen Potentiale religiöser Migrantengemeinden, Bielefeld 2015, 11-36, 21. Uses relationship contexts to differentiate four dimensions of cooperation. A relationship is within a religious community when it involves the same line of tradition e.g. Roman Catholic Church, an intra-religious context, when a relationship operates

For example, intra-religious cooperation between a Ghanaian Roman Catholic Church (RC-GIC) and German Roman Catholic Church (RC-Germany) in supporting refugees has existed since the early 1980s. The RC-Germany helps RC-GIC in solving the problem of most of its African congregants who did not have resident permits to stay in Germany (I.10:12-24). One RC-GIC priest added:

> »By then, the German government was sending those who did not have resident permits back to Africa. So, we wrote to Father [...], he consulted German authorities and urged them to stop targeting all Black people. He knew our difficulties, and he helped. It stopped for some time, and the popularity of our church increased.« (I.10:46-51)

In the above instance, the RC-GIC benefited from RC-Germany's social and political capital in addressing the refugee question. The cooperation may have been influenced by their similar confessional identity. However, the intercultural exposure of the RC-German priest might have played a significant role in collaboration. For example, the RC-GIC priest explained,

> »He was a German priest who had stayed in Ghana before. We met with him and he spoke to us in our ethnic language. So, immediately after the German church service, he approached us and led our church service.« (I.10:43-45)

In general, the Roman Catholic Church is known for being active in helping refugees in Germany through its charity Caritas.[41] The multicultural approach of the German RC priest adds value to the Catholic diaconal work in providing refugee assistance. Such cooperation between RC-GIC and RC-Germany confirms Nagel's observation[42] that external organizational field offers, and networking of religious immigrant communities, depend on the religious associations in their environment.[43] As for the case of RC-Germany support to RC-GIC in providing refugee support, the German Evangelical Church also cooperates with GICs in refugee aid.[44]

For example, the cooperation between German Evangelical Lutheran Church (GELC) and Ghanaian Charismatic Pentecostal Church in providing refugee aid highlights the influence of organizational networking for providing

---

through two tradition lines within the same religion (e.g. Catholics vs. Protestants), inter-religious contexts when the relationship is between communities of different religions. Outside religious cooperation is when the relationship is between a religious community and an organization or group, which defines itself as not religious.

[41] Vgl. www.caritas-germany.org/focus/currentissues/help-for-refugees [Aufruf: 16.9.2020].

[42] Vgl Nagel, Netzwerke (s. Anm. 40), 30.

[43] Vgl. Paul J. DiMaggio/Walter W. Powell, The Iron Cage Revisited. Institutional Isomorphism and Collective Rationality, in: Dies. (Hrsg.), The New Institutionalism in Organizational Analysis, Chicago 1991, 147-167, 149.

[44] Vgl. Nagel, Akteure (s. Anm. 32), 290f.

refugee aid. In one instance, the GELC allowed a GIC to use its building facilities for church activities (I.23:79-81). Thus, it eventually influenced the hosted GIC to cooperate with the German Church in a project aimed at rendering refugee assistance. Another congregant added, »There is a program they run to help refugees. But we [Ghanaian Church] always collect our offerings and give everything to them to support that program.« (I.24:130-132) Their pre-existing cooperation between them, helped such GICs to gain insight on the GELC's refugee aid network. The earmarked donation from this GIC could open the doors for the network with the German church in refugee support project. This is beneficial because the host German Church mentioned above belongs to the community of East Hamburg Evangelical Lutheran churches,[45] Kirchenkreis Hamburg-Ost which is very active in providing refugee social support in Hamburg.[46]

Apart from intrareligious and interreligious cooperation, there is broader inter-religious cooperation, which involves ACC[47] and GICs. In this cooperation, GICs access ACC's social capital and networks. For example, some GICs refer their refugees' cases to ACC for help (I.23:116-119). One congregant explained, »[...] especially for people without permits. If ACC stands for them [...] they get help, because ACC has many networks.« (I.23:121-122) It is interesting that ACC's role in providing refugee aid to GICs also depends on ACC's social networks probably because ACC is not able to finance legal costs. For example, one interviewee stated that, »ACC can even help you to find a good lawyer, but you must pay by yourself.« (I.24:161-162)

Both GICs' and ACC are not fully capable of helping refugees e.g. with legal costs. Hence, they depend on their networks such as knowledge of the good lawyers for helping refugees (I.12:80-84).[48] The main difference between ACC and GICs in providing refugee aid is that some GICs help with the initial legal costs while ACC does not. Perhaps because of the latter's dependency on financial support, such as from the community of East Hamburg Evangelical Lutheran churches.[49] The Kirchenkreis Hamburg-Ost, which is also very active in providing refugee social support in Hamburg.[50] Therefore, collaboration between GICs and ACC in refugee support can access the support of the network of Evangelical German churches.

---

[45]   Vgl. https://africanchristiancouncil.de/ [Aufruf: 18.9.2020].

[46]   Vgl. www.kirche-hamburg.de/wir-ueber-uns/kirchenkreis-hamburg-ost.html [Aufruf: 18.9.2020].

[47]   ACC is the mother organisation overlooking more than sixty African churches in Hamburg.

[48]   Also, refers to the discussion of GICs' role in basic and emergency support to refugees.

[49]   Vgl. https://africanchristiancouncil.de/ [Aufruf: 18.9.2020].

[50]   Vgl. o. Anm. 46.

Moreover, GICs' inter-religious cooperation in providing refugee aid has a transnational dimension. For example, some of the African refugees who are from Roman Catholic in Africa seek support in a Pentecost International GIC in Hamburg. They provide the introduction letters from their Roman Catholic pastors in their home countries. They receive the basic support such as food and emergency accommodation until they completed their documentation (I.8:81-86).[51] It is probably that some of the Pentecostal GICs in Hamburg have branches in the refugees originating countries as opposed to RC-GIC in Hamburg,[52] which is also an ethnic church compared with other GICs.[53] For instance, the previous interviewee said of her global network of her church, »since the church is international, a majority of its members also come from those countries facing problems. Usually, church is considered as a place of refuge.« (I.8:79-81) The transnational intra-religious refugees support of this Pentecost GIC is influenced by its theological self-understanding and its global network.[54] Some refugees might get informed about the existence of this Pentecostal Church in Germany similar to the ones in their home countries prior to their departure.

However, some of the refugees who received support from GICs were not of African background. One pastor explained the role of his church in helping Muslim refugees from Afghanistan, who went to his church seeking support. They were converted to Christianity and helped by the GIC. The pastor pledges the Hamburg authority to acknowledge their case for asylum protection and not to deport them to Afghanistan because of the fear of persecution (I: 25:349-364). Asylum protection for the converted Afghan-Muslims presents an exceptional case.[55] ICC alerts the baptism of Muslim refugees' and conversion to Christianity may not influence asylum procedures against deportation.[56] The case of Afghans refugees conforms to Nagel's observation of religious actors in refugees' support.[57]

---

[51]   Vgl. https://copgermany.org/ [Aufruf: 17.9.2020].

[52]   »We do not have any branches. All the Catholic churches in the world belong to the Roman Catholic Church.« (I.11:175-176).

[53]   Roman Catholic GIC has only Ghanaian immigrants and uses Twi language in conducting its masses while most of other Pentecostal GICs have multinational congregants and some have assistant pastors who are not Ghanaians.

[54]   Vgl. https://copgermany.org/about-us/ Church of Pentecost Int. e.V. has branches worldwide [Aufruf: 14.12.2020].

[55]   Christians religious minority are persecuted in Afghanistan under www.world watchmonitor.org/coe/afghan-convert-to-christianity-flees-but-persecution-follows-him/ [Aufruf: 14.9.2020].

[56]   Vgl.   https://ikk.ekir.de/post/162129115624/ratschl%C3%A4ge-des-ikk-komitees-zur-praxis-der-taufe [Aufruf: 14.9.2020].

[57]   Vgl. Nagel, Akteure (s. Anm. 32), 290f. The German Evangelical Alliance view charity love involves religious freedom of refugee's countries of origin.

The transreligious dimension of refugee's aid also exists in GICs' public role in providing refugee aid.[58] One congregant explained a case of transreligious refugee support, which closely relates to evangelism during the 2015 refugee crisis:

> »I remember there were so many refugees then. We African churches volunteered to cook for them. The church is here to help people. Refugees came to church to find help, not salvation. They had lost everything; they did not know what to do. So, the church will direct them. And through that, the church has won souls.«
> (I.16:151-156)

The statement refers to the recent 2015 refugee crisis in Europe.[59] Some of the GICs evangelize refugees alongside assisting them with material needs. Evangelism to refugees seems to be embedded within the GICs' charity work. Because there are instances of one GIC voluntarily cleaning the Hamburg city and concurrently doing evangelism. Its congregants wear T-shirts bearing slogans such as »Jesus loves you, come to the lord« while they move around collecting trash and singing in the park (I.8:72-75). Similar approaches (religious motives confined in charity) could have been practiced by some GICs during the 2015 refugee crisis. Thus, it can be reflected by Nagel and El-Menouar's observation of the majority of Muslims associations, which helped refugees. There was explicitly no motive for religious indoctrination, but few propagated their wish to win new believers.[60]

If GICs' role in refugee aid is taken by the government of Hamburg, that could lead to cooperation among various players (non-religious cooperation) in providing refugee aid. GICs' civil society potential confers to the Nagel's findings on potentialities of immigrants' religious organizations.[61] For example, one participant stated that, »[...] when there were a lot of refugees without proper accommodation, we went there and cooked for them. Other organizations did the same.« (I.18:113-115) The public involvement of GICs in the recent refugee support was built upon the civic engagement norms, which can be the catalyst for social integration of the refugees and an opportunity for social networking with institutions in Hamburg. For example, Hamburg government recognizes GICs influence on the African community as the following pastor stated:

---

[58]　Providing support to refugees from any religious identity other than Christian.

[59]　It is estimated that between 2010 and mid-2016 Germany received 850,000 Muslim refugees out of total 1,35 million immigrants. Vgl. www.pewforum.org/essay/the-growth-of-germanys-muslim-population/ [Aufruf: 16.9.2020].

[60]　Vgl. Nagel/El-Menouar, Engagement (s. Anm. 5), 8.

[61]　Vgl. Nagel, Netzwerke (s. Anm. 40), 19. Their capacity to self-organisation and resource mobilization is the potential relief to the state from the burden of certain costs associated with immigration.

»I heard, here in Hamburg, even the state senate and government acknowledge that a lot of Black immigrants are in the Church. Therefore, they often want to reach out to the African pastors through the African Christian Council. Sometimes, if they notice any problems, they contact the African Christian Council so that every church can be informed. They do that because they understand that the churches can handle such issues.« (I.3:192-199)

Hamburg government may use GICs as the bridge to reach African immigrants' community and providing refugee aid – due to the human resources of GICs such as cultural capital and experience in doing charity to people in need, e.g., refugees. For instance, some studies show Muslim organizations have the competence in assisting Muslim refugees specifically because of sharing the same migration background.[62] Similar observations were made by Nagel and El-Menouar.[63] GICs have similar factors – including congregants with shared history of immigration, African identity, and culture with African refugees.

However, the heterogeneous features such as confessions differences and micro-cultural features such as using different languages (French, English, or natives' African languages) can hinder networking. For instance, the Hamburg government uses ACC as the gatekeeper for cooperation with African churches/GICs, as opposed to working with every church separately. One GIC pastor explained the influence of the Hamburg government on the formation of the ACC. The government required African churches to operate under one umbrella (ACC), so that supportive information would easily go to the churches through the ACC (I.22:108-112). This course of cooperation can catalyze the role of GICs in refugee aid. As one congregant explained that Hamburg authorities understand they can count on her church in case of anything related to refugees (I.8:77-79). Such recognition of GICs' potentials can be helpful in situations where GICs lack the resources or face legal challenges which undermine their involvement in providing refugee aid (I.9:52-57).[64]

For example, one pastor mentioned his church co-networked in non-religious associations which in turn serve as a source of accessing information on government' facilities for refugee aid:

»[...] I think the state of Hamburg is aware of the existence of illegal immigrants in the area. Just imagine, when the people get sick, how would they seek treatment? Because of that, the government has established areas for people to get support.

---

[62]   Vgl. Bundesamt für Migration und Flüchtlinge, Das Bundesamt in Zahlen 2015. Asyl, Migration und Integration, Nürnberg 2016, www.bamf.de/SharedDocs/Anlagen/DE /Statistik/BundesamtinZahlen/bundesamt-in-zahlen-2016.html?nn=284738 [Aufruf: 19.9. 2020].
[63]   Vgl. Nagel/El-Menouar, Engagement (s. Anm. 5), 26.
[64]   This GIC had to stop providing emergency accommodation support to refugees because it could not accommodate more refugees in its place as doing so violated German laws.

Without information, you will die. So, we are fortunate in this church to have such a network. If somebody happens to be here, then we send a congregant to check on him or her. That is one area where the bishop and his wife are actively involved.« (I.3:173-181)

There are the reciprocal benefits in the collaboration between GICs and Hamburg state. Because the involvement of GICs' leaders in non-religious associations is the source of Tipp for refugees/congregants of who may lack information about existing government support facilities because of the language barrier and being new in Germany, thus refugees who are at the church are likely to access supportive links through their churches.

3. Conclusion

This article explored the role of Ghanaian immigrants' churches in supporting refugees based on the views of the congregants and church leaders. It covered areas including the individual role of GICs in providing refugee support; the aspect of collaboration in providing refugee aid and the refugee group(s) benefiting from the support provided (e.g., Christian or Muslim refugees, as well as their geographical background e.g. Africa or South-Asia i.e. Afghanistan etc.).

3.1 Refugees' groups, which receive support

GICs offer support to refugees regardless of one's ethnic background or religious belonging. Only a few cases exist whereby Muslim refugees sought direct support from GICs occurred. The findings show that in most cases Muslim refugees e.g., from Arab and neighbouring countries such as Afghanistan and Iraq seldom seek support from GICs. Probably because congregants in the GICs do not share similar ethnic or religious identity with people from Arabic speaking countries. Another reason could be that Muslim refugees prefer to seek support directly from the government. On the other hand, refugees from African countries often request direct support from GICs.

3.2 GICs collaboration with other actors in providing refugee support

Collaboration between GICs and other actors, such as German churches in providing refugee support seems to be influenced by the pre-existing ties between churches. The inner-religious collaboration is best exemplified by the cooperation between the German RC and the RC-GIC. RC-GIC belongs to the German Roman Catholic Church which had influenced the latter's efforts in lobbying the Hamburg government to stop deportation of African migrants to Africa. Besides the influence of belonging to a church and cooperation in providing refugee aid, there are cases of inner-religious cooperation between the Charismatic Pentecostal GIC and the German Evangelical Lutheran Church. It appears that their sharing of the place of worship allowed the GIC to get involved in the network of its host church in providing refugee aid. In some cases, collaboration networks take intra-religious dimensions. For instance, ACC member churches belong to different Christian denominations, and the cooperation between ACC and North German Evangelical Church has an intra-religious dimension. While the outside religious collaboration between the Hamburg government and GICs seems to take a mutual interest in solving refugees' problems, yet German regulations regarding supporting refugees may inhibit the role of GICs in providing refugee aid.

3.3 Independent role of GICs in supporting refugees

Usually, GICs support refugees through their congregants. Overall, GICs play a secondary role when congregants cannot render support to refugees. The support includes sharing information and accompanying immigrants to offices to assist them with translation. The support requires someone with time and knowledge of the German system and German language skills, which many congregants happen to possess. For instance, they may have gone through the same experience when they arrived in Germany or have helped other immigrants thereafter. While some support needs expertise such as a lawyer or financial support. In this case, GICs may use its congregants if there is a congregant who is the legal expert. Opposite to that, GICs may pay an initial legal cost, link an individual to the acquainted lawyer, or refer him/her to ACC. In few cases, GIC lobbied the government to acknowledge the converted Afghan Muslim refugees for asylum.

Alena Höfer

ASIATISCH-DEUTSCHE KONTEXTE IN DER CHRISTLICHEN KIRCHENLANDSCHAFT

1. Die Pluralität asiatisch-deutscher Kontexte und Identifizierungen

Die Kontexte asiatischer Christentümer sind so divers wie der Kontinent an sich. Tendenziell sind asiatische Christentümer Minoritäten in einer multireligiösen und -spirituellen Umgebung – Ausnahmen sind die Philippinen, Ost-Timor und Südkorea.[1] Durch vor allem asiatische Arbeits- und Bildungsmigration spätestens seit den 1960er Jahren bildet sich die Pluralität asiatischer Christentümer auch in asiatisch-deutschen Gemeinden und Kirchen ab. Der Überblicksartikel zeichnet diese Pluralität exemplarisch mit einem Schwerpunkt auf ostasiatische und südostasiatische *Migrationsgemeinden* in Deutschland nach, indem signifikante Charakteristika der jeweiligen Kontexte erhoben werden. Es zeigt sich, dass die untersuchten Kirchen und Gemeinden trotz ihrer diversen Hintergründe auch Gemeinsamkeiten aufweisen wie bspw. die Bedeutung der Bewahrung und Vermittlung kultureller Traditionen sowie z.T. auch Sprachen.

Einleitend sind die Voraussetzungen der Möglichkeit einer solchen Beschreibung von sog. asiatischen Migrationskirchen zu diskutieren. Die Erforschung von Migrationskirchen ist mit dem Dilemma konfrontiert, Phänomene zu beschreiben, die in sich so plural sind, dass jede Kategorisierung eine Fremdbeschreibung sein kann.[2] Aktuelle Beispiele für ein asiatisches Othering

---

[1] Einen einführenden Gesamtüberblick asiatischer Christentümer findet sich i.A. in den Überblickswerken von FELIX WILFRED (Hrsg.), The Oxford handbook of christianity in Asia, Oxford u.a. 2014; PETER C. PHAN (Hrsg.), Christianities in Asia, West Sussex u.a. 2011.

[2] Auf den Differenz- und Alteritätscharakter von Migration verweisen u.a. CLAUDIA WÄHRISCH-OBLAU, Migrationskirchen in Deutschland. Überlegungen zur strukturierten Beschreibung eines komplexen Phänomens, in: ZMiss 31 (2005), 19-39; WERNER KAHL, Die Präsenz von Migrationsgemeinden als Chance zur Revitalisierung und transkulturellen Neuorientierung von Kirche, in: CLAUDIA RAMMELT/ESTHER HORNUNG/VASILE-

mit rassistischer Verknüpfung finden sich in zahlreichen öffentlichen Bericht-
erstattungen über die Corona-Pandemie, in der Asiatisch-Sein bzw. -Aussehen
mit dem Covid-19 Virus verbunden wird.[3] Es zeigt sich, dass asiatische bzw.
asiatisch gelesene Menschen in der Öffentlichkeit in Deutschland mit Erfahrungen der Fremdbeschreibung und rassistischen Stereotypisierungen konfrontiert sind, unabhängig von der Eigenidentifikation mit dem zugeschriebe-
nen Asiatisch-Sein.[4] Das betrifft auch die wissenschaftliche Sprache.

Weil die Gemeinden und Kirchen in Deutschland lokalisiert sind und zugleich einen expliziten Bezug zu einem konkreten asiatischen Kontext aufweisen, wird im Folgenden von asiatisch-deutschen bzw. im Konkreten beispielsweise von Koreanisch-Deutschen Gemeinden gesprochen, um auf die transregionale Selbstverortung zu verweisen. Die Großschreibung expliziert zugleich den dennoch bleibenden konstruktiven Charakter, der zwangsläufig auf
die ein oder andere Art und Weise Ausdruck eines Otherings ist.

Die asiatisch-deutschen Kontexte in der christlichen Kirchenlandschaft
spiegeln die Pluralität des asiatischen Kontinents und ihre pluralen Vernetzungen wider. Es fällt erstens auf, dass sich Kirchen nicht als explizit asiatische Gemeinden verstehen. Vernetzungen entstehen vielmehr auf der Grundlage von Beziehungen zu spezifischen kulturellen Kontexten bzw. Ländern.
Zweitens verstehen sich nicht alle Gemeinden auch als eigenständige Kirchen
wie z.B. die römisch-katholische Philippine Community Berlin oder die landeskirchliche koreanische evangelische Kirchengemeinde Rhein-Main. Es verorten sich darüber hinaus drittens auch asiatisch-deutsche Christinnen und
Christen in nicht expliziten Migrationsgemeinden. Es stellt sich viertens auf
lange Sicht die Frage, ob der Begriff der Migrationsgemeinde noch für die
zweiten und nachfolgenden Generationen eine zutreffende Beschreibung ist
und wie sich die Gemeinden in Zukunft weiterentwickeln werden.

Die Erforschung asiatisch-deutscher Kontextualisierungen innerhalb der
christlichen Kirchenlandschaft stellt insgesamt ein Forschungsdesiderat dar.
Der Überblicksartikel nimmt exemplarischen Bezug auf bestehende empirische Studien und Veröffentlichungen sowie die medialen Selbstdarstellungen
wie z.B. auf Homepages. Das ermöglicht es, exemplarische Konturen der je eigenen asiatisch-deutschen Kontexte und Anliegen herauszuarbeiten und re-

---

Octavian Mihoc (Hrsg.), Begegnung in der Glokalität. Christliche Migrationskirchen in
Deutschland im Wandel der Zeit, Leipzig 2018, 185-198.

[3]   Vgl. www.korientation.de/corona-rassismus-medien/ [Aufruf: 15.2.2021].

[4]   Das Forschungsprojekt Soziale Kohäsion in Krisenzeiten. Die Corona-Pandemie
und anti-asiatischer Rassismus in Deutschland der Freien Universität Berlin setzt sich
derzeit mit dem Thema wissenschaftlich auseinander. Vgl. www.fu-berlin.de/presse/
informationen/fup/2020/fup_20_135-anti-asiatischer-rassismus-pandemie/index.html.
[Aufruf: 15.02.2021]. Ein Überblick über Geschichte und Gegenwart von antiasiati-
schem Rassismus Kimiko Suda u.a., Antiasiatischer Rassismus in Deutschland, in:
APuZ 70 (2020), 42-44, 39-44.

sümierend aufeinander zu beziehen. Leitend sind für diesen Artikel Bestimmungen der Migrationsgeschichte, des geographischen bzw. kulturellen Bezugs, der Konfession bzw. christlichen Bewegung, der Gottesdienstgestaltung und des theologischen Profils. Diese ermöglichen einen Vergleich von Tendenzen.

2. Vietnamesisch-deutsche christliche Gemeinden im Plural

Die Migrationsgeschichte ist jeweils für Nord- und Südvietnam zu bedenken. Ab 1980 kommen Vertragsarbeiterinnen und Vertragsarbeiter aus dem kommunistischen Nordvietnam unter strengen Kontrollen für jeweils vier Jahre in die DDR. Nach der Wende kehrt 1991 etwa ein Drittel zurück in die Heimat. Der Rest kämpft für ein gesichertes Bleiberecht, das erst durch neue Regelungen des deutschen Ausländergesetzes 1997 vollständig realisiert wird.[5] Die lange Zeit des Harrens in einem unsicheren Bleibestatus hat zu zahlreichen Konversionen der ehemaligen Vertragsarbeiterinnern und Vertragsarbeiter zum christlichen Glauben geführt.[6] Etwa 40.000 Südvietnamesinnen und -vietnamesen kommen als Geflüchtete – sog. *Boat People* (Fremdbeschreibung) oder Kontingentsflüchtlinge (politischer Begriff) – aufgrund des Vietnamkriegs zwischen 1978 und 1986 – auch durch den Druck der medialen Öffentlichkeit – nach Westdeutschland. Im Rahmen einer humanitären Hilfsaktion erhalten sie im Gegensatz zu nordvietnamesischen Migrantinnen und Migranten schnell ein gesichertes Bleiberecht und unbürokratische Familienzusammenführungen.[7]

Die vietnamesisch-deutschen Gemeinden sind eine Minderheit in der christlichen Landschaft und in sich plural. Die Mehrheit der Christinnen und Christen gehört dem römischen Katholizismus an. Darüber hinaus finden sich evangelische Gemeinden, deren soziokulturellen und theologischen Perspektiven von Thuy-Evelyn Pham und Nhan Gia Vo in diesem Band in den Blick genommen werden. Pfingstgemeinden bzw. charismatische Gemeinden hat Gertrud Hüwelmeier vertiefend erforscht.[8] Die konfessionelle Zugehörigkeit ist ein

---

[5] Vgl. PETER WIDMANN, Jenseits der Demarkationen. Die zweite Generation vietnamesicher Boat People und Vertragsarbeiter in Berlin, in: Jahrbuch für Antisemitismusforschung 13 (2004), 231-246; MAX MÜLLER, Die Vietnamesische Diaspora in Berlin. Transnationale Identitätskonstruktionen im Spannungsfeld zwischen Việt kiều und Bindestrich-Deutscher, Göttingen 2017.

[6] Thuy-Evelyn Pham und Nhan Gia Vo setzen sich in diesem Band mit dieser Thematik auseinander.

[7] Vgl. WIDMANN, a.a.O.; MÜLLER, a.a.O.

[8] Vgl. GERTRUD HÜWELMEIER, Transnational Vietnamese-Germany and beyond, in: SYLVIA HAHN/STAN NADEL (Hrsg.), Asian Migrants in Europe. Transcultural Connec-

Identitätsmarker, wobei sich einige Gemeinden nicht in den klassischen Konfessionskategorien abbilden lassen.[9]

Im Beitrag in diesem Band stellt Sabrina Weiß erste Forschungsergebnisse über den Jugendverband der Evangelisch-Vietnamesischen Tin-Lahn Gemeinden in Deutschland (jve) vor. Die Bedeutung von Räumen für Vietnamesisch-deutsche Jugendliche und junge Erwachsene der zweiten Generation wird aus kulturwissenschaftlicher Perspektive im Allgemeinen vor allem für Berlin bereits erforscht. Die identitäre Aushandlung des Seins *in-between* und zwischen den unterschiedlichen Erwartungen unterschiedlicher Bezugspersonen kommt darin zum Ausdruck.[10]

Es zeigt sich unter Einbezug der beiden Beiträge in diesem Band, dass die verschiedenen christlichen Vietnamesisch-deutschen Gemeinschaften für die erste Generation ein wichtiger soziologischer und theologischer Bezugspunkt sind und dadurch zu einem Identifizierungsmarker werden. Gegenwärtig finden in der zweiten Generation hybride Aushandlungen des *Belongings*[11] statt.

3. Chinesisch-deutsche Gemeinden und Bibelkreise und ihre diasporischen Missionsaktivitäten

Das Christentum gehört in China einer wachsenden Minderheit an. Dabei ist zwischen den staatlich kontrollierten und anerkannten Kirchen und den Hauskirchen im Untergrund zu unterscheiden. Hauskirchen stehen unter der Gefahr der staatlichen Verfolgung, wodurch die Zahl von christlichen chinesischen Geflüchteten steigt.[12]

Seit dem Beginn der chinesischen Reform- und Öffnungspolitik in den 1980er Jahren studieren Chinesinnen und Chinesen zunehmend auch im Ausland.[13] Mit 13,2% (Stand: WS 2018/19) kommt die größte Gruppe ausländischer

---

tions, Göttingen 2014, 81-94; GERTRUD HÜWELMEIER, Moving East. Transnational Ties of Vietnamese Pentecostals, in: DERS./KRISTINE KRAUSE (Hrsg.), Traveling Spirits. Migrants, Markets and Mobilities, New York-London 2010, 133-144.

[9]   Dazu auch nochmals Pham und Vo in diesem Band.

[10]   Vgl. MÜLLER, Diaspora (s. Anm. 5).

[11]   Zur Kritik am Identitätsbegriff und der Bedeutung von Belonging als fluider, lebenslanger Prozess ROGERS BRUBAKER/FREDERICK COOPER, »Beyond identity«, in: Theory and Society 29 (2000), 1-47.

[12]   Einen Überblick über die gegenwärtige Situation des Christentums in China findet sich bei RYAN DUNCH, Chinese Christianity, in: RANDALL L. NADEAU (Hrsg.), The Wiley-Blackwell Companion to Chinese Religions, West Sussex u.a. 2012, 261-282.

[13]   Ein geschichtlicher Kurzüberblick findet sich bei LIPING TU, Die chinesisch-christlichen Gemeinden in Deutschland. Ihre religionspädagogischen Aufgaben und Möglichkeiten, Kirchen in der Weltgesellschaft, Berlin 2017, 29-37, und bei JOHANNA LÜDDE, Die Funktionen der Konversion chinesischer Studierender in Deutschland zum Chris-

Studierender in Deutschland aus China.[14] Nur wenige von ihnen sind Christinnen und Christen. Dennoch lässt sich eine Tendenz der Suche »nach dem Sinn des Lebens, nach einer moralischen Perspektive für ihr Land, nach geistigen Fundamenten, aus die sich aufbauen lässt,«[15] unter den Studierenden feststellen. Die vom Kommunismus geprägte Gesellschaft ist für sie oft kein tragendes Lebenskonzept. Vor allem den Gebildeten reicht ein rein auf Materialismus orientiertes Leben nicht aus. Unter chinesischen Studierenden gewinnt darum das Christentum an Attraktivität, was zu Konversionen führt.[16]

Das Forum für Mission unter Chinesen in Deutschland (FMCD e.V.) umfasst z.B. ein Netzwerk von über 70 Bibelkreisen und Gemeinden.[17] Das Netzwerk entsteht 1985 aus einer Kooperation evangelikal-missionarischer Werke unter der Initiative des Missionars Siegfried Glaw, der zuvor in Taiwan tätig gewesen ist.[18] Die FMCD definiert ihre Mission wie folgt: »Bewegt durch Gottes Gnade und durch die Kraft des Heiligen Geistes geben wir das Evangelium von Jesus Christus weiter an Chinesen in Deutschland und helfen ihnen, Jünger des Herrn Jesus Christus zu werden, die in der Lage sind, andere zu Jüngern Jesu zu machen, wenn sie nach China zurückkehren.«[19] Die Ausrichtung liegt also auf der diasporischen Mission in Deutschland für China. Allerdings kehren nicht alle Chinesinnen und Chinesen zurück.

Neben zahlreichen Bibelkreisen gibt es nach Liping Tu jedoch nur einige wenige Gemeinden, die als Verein eingetragen sind: Berlin (2), Dortmund, Düsseldorf, Frankfurt, Hamburg, München, Nürnberg, Stuttgart (Stand: 2017). Es finden sich Bestrebungen, Tochter-Gemeinden zu gründen.[20] Tus Beobachtungen der Chinesischen Allianz Gemeinde Dortmund (CAGD) und der Christlichen Chinesischen Gemeinde Düsseldorf zufolge handelt es sich um junge Gemeinden, die sich 2009 und 1993 gegründet haben. Ihre Mitglieder sind vor allem Studierende und junge Familien. Die meisten kommen aus chinesischen Kontexten, einige wenige aus chinesisch-deutschen Familienkonstellationen. Viele von ihnen sind in Deutschland zum Christentum konvertiert. Zentrale

---

tentum (protestantischer Prägung) am Beispiel einer chinesischen christlichen Gemeinde in einer deutschen Großstadt, Leipzig 2011, 43-48.

[14] Vgl. www.wissenschaft-weltoffen.de [Aufruf: 2.3.2021].

[15] GOTTHARD OBLAU, Chinesische Studierende in Deutschland. Chancen christlicher Begegnung, Blaue Reihe, Hamburg 2006, 6.

[16] Johanna Lüdde hat in ihrer Dissertation die Beweggründe der Konversionen von chinesischen Studierenden empirisch betrachtet. Vgl. LÜDDE, Funktionen (s. Anm. 13); DIES., Nur eine Coping-Strategie unter vielen. Die Konversion chinesischer Studierender in Deutschland zum Christentum evangelikaler Prägung, in: ZfR 21 (2013), 145-176; auch OBLAU, a.a.O., 5-8.

[17] Vgl. www.chinese-library.de/cn/node/31 [Aufruf: 17.2.2021].

[18] Vgl. OBLAU, a.a.O., 84.

[19] www.chinese-library.de/cn/node/31 [Aufruf: 17.2.2021].

[20] Vgl. TU, Gemeinden (s. Anm. 13), 40.

Angebote der Gemeinden sind u.a. Gottesdienste auf Chinesisch und Deutsch mit Kindergottesdiensten, chinesische Sprachschulen, Seelsorge mit Heilungsgebeten, Evangelisation, christliche Bildungsangebote für Erwachsene und Kinder.[21] Die Relevanz der Entwicklung religionspädagogischer Konzepte für chinesisch-deutsche Kinder und Jugendliche zeigt Tu auf. Ruomin Liu beschreibt in diesem Band die Bedeutung von Ausbildungskursen für chinesische Leitungen und Pfarrerinnen und Pfarrer in chinesischen Migrationsgemeinden.[22]

Gerhard Oblau verweist in seinen Erfahrungsberichten über den Besuch chinesisch-deutscher Gemeinden auch auf Pfingstgemeinden, die z.T. auch eine Mission aller Menschen in Deutschland anstreben. Darüber hinaus gibt es eine kleine chinesisch-deutsche Minderheit innerhalb der römisch-katholischen Kirche, die nicht missionarisch ausgerichtet ist.[23]

Ein Spezifikum evangelikaler chinesisch-deutscher Gemeinden und Bibelkreise, die sich im Verband der FMCD vernetzt haben, ist die diasporische Mission in Deutschland für eine Verbreitung des Christentums in China. Dass die Mission erfolgreich ist, zeigt sich an den zahlreichen Konversionen chinesischer Studierender. Darüber hinaus zeichnen sich die Gemeinden durch ihre im asiatisch-deutschen Vergleich junge Entwicklung von Gemeinden aus sowie das durchschnittlich junge Alter ihrer Mitglieder. Die Weitergabe christlicher Traditionen und Inhalte ist für die Gemeinden auch dadurch herausfordernd, weil sie selbst einerseits nicht auf eigenes christliches Traditionsgut zurückgreifen können, da sie in Deutschland konvertiert sind, und andererseits bikulturelle bzw. transkulturelle Erfahrungen vor allem in der zweiten Generation verhandeln.

4. Evangelische (süd-)koreanisch-deutsche Gemeinden

Koreanische Migration nach Deutschland ist primär eine Gastarbeiterinnen- und Gastarbeitergeschichte. Beginnend in den 1960er Jahren werden Südkoreanerinnen und Südkoreaner für den Bergbau und die Krankenpflege angeworben. Sie arbeiten mit befristeten Verträgen, an die auch der Aufenthalt im Land gebunden ist. Ihre Tätigkeit erfolgt unter schwierigen Bedingungen sowohl in Bezug auf die zu verrichtende Arbeit als auch die erfahrenen kulturellen und sprachlichen Barrieren. Durch öffentliche Demonstrationen können die Arbeitsmigrantinnen und Arbeitsmigranten ein dauerhaftes Bleiberecht erwir-

---

[21]   Vgl. TU, Gemeinden (s. Anm. 13), 54-70.
[22]   Damit beschäftigt sich Ruomin Liu in diesem Band ausführlicher.
[23]   Vgl. OBLAU, Studierende (s. Anm. 15), 137-198.

ken. Eine weitere größere Gruppe sind koreanische Studierende in Deutschland.[24]

Koreanisch-deutsche Gemeinden sind von allen asiatisch-deutschen christlichen Gemeinschaften empirisch am weitgehendsten erforscht.[25] Yang-Cun Jeong teilt die Koreanisch-deutsche Kirchengeschichte in drei Phasen ein. Bis 1972 entstehen unorganisierte Hausgemeinschaften und Bibelkreise. Zwischen 1973 und 1992 erhalten die Gemeinschaften Unterstützung durch die EKD und dem National Council of Churches in Korea (KNNC), die auf die Entwicklung aufmerksam werden, dass koreanische Arbeiterinnen und Arbeiter langfristig in Deutschland bleiben. Erst durch den Einsatz koreanischer Pfarrer, die Gottesdienste auf Koreanisch und in koreanisch-christlicher Tradition halten können, entwickeln sich Gemeinden. Die Bedeutung der Pfarrperson ist vor dem konfuzianischen Hintergrund zu verstehen, dass es eine legitimierte Leitung braucht, um eine Gemeinde zu organisieren und zu führen. Seit 1992 entwickeln sich etwa 100 Gemeinden. Die Gemeinden sind in der Mehrheit presbyterianisch, aber es finden sich auch Baptisten, Methodisten, römisch-katholische Gemeinden und charismatische Gemeinden.[26]

Milee Woo und Yang-Cun Jeong heben beide in ihren Studien hervor, dass die Gemeinde für die erste Generation nicht nur Ort der Glaubenspraxis ist, sondern auch ein sozialer Anknüpfungspunkt aufgrund von Sprach- und Kulturbarrieren und Ort der Seelsorge in einer Lebenssituation, die von Fremdheitserfahrungen, Heimweh und Einsamkeit geprägt sind.[27] Aktuell sind die Gemeinden mit einem Generationenwechsel konfrontiert, der durch die Aushandlungen kultureller Selbstverortungen geprägt ist. Während den Eltern die Weitergabe und Bewahrung von für sie wichtigen koreanischen Traditionen und der koreanischen Sprache an ihre Kinder einen sehr hohen Stellenwert haben, sieht sich die zweite Generation inmitten bi-kultureller Verhandlungen

---

[24]   Vgl. Ji-Ung Lim, Korean Migrant Churches in Germany. An Analysis of Cultural Religious Differences between the First and Second Generation Korean Christians with Focus on Bicultural Identity, THEOS. Studienreihe Theologische Forschungsergebnisse 152, Hamburg 2020, 58f.

[25]   Exemplarische empirische Studien sind bei Ji-Ung Lim, Korean Migrant Churches in Germany zu finden; auch Sabrina Weiss, Migrantengemeinden im Wandel. Eine Fallstudie zu koreanischen Gemeinden in Nordrhein-Westfalen, Bielefeld 2017; Milee Woo, Koreanische Gemeinden in Deutschland. Praktisch-theologische Studien zu Problemen und Chancen, Kirchen in der Weltgesellschaft, Münster 2016; Yang-Cun Jeong, Koreanische Immigrationsgemeinden in der Bundesrepublik Deutschland. Die Entstehung, Entwicklung und Zukunft der koreanischen protestantischen Immigrationsgemeinden in der Bundesrepublik Deutschland seit 1963, Studien zur interkulturellen Geschichte des Christentums, Frankfurt/M. u.a. 2008.

[26]   Vgl. Jeong, a.a.O., 46-57.

[27]   Vgl. a.a.O., 41-46, 57-65; Woo, a.a.O., 148-161.

des eigenen Seins.[28] Eine dritte Gruppe sind aus Korea kommende Studierende, die in den Gemeinden Anschluss finden, weil sie in Korea selbst nicht gut auf die kulturellen Unterschiede vorbereitet wurden. Darüber hinaus sind sie für die Gemeinden Repräsentantinnen und Repräsentanten des gegenwärtigen Koreas und können z.T. aufgrund von Sprache und persönlichen Hintergründen Angebote für den Nachwuchs gestalten.[29] Insgesamt zeigt sich, dass viele Koreanisch-deutsche Gemeinden im Umbruch sind, der zahlreiche Parallelen zu Entwicklungen von koreanisch-amerikanischen Gemeinden aufweist.[30] Es ist abzuwarten, wie sich die Gemeinden in Zukunft transformieren werden.

Die Mehrheit Koreanisch-deutscher Gemeinden ist evangelisch. Die Entwicklung und Bewahrung eines eigenen geschützten Raumes für christliche Koreanerinnen und Koreaner ist das Bestreben der ersten Generation. Die Gemeinde ist nicht nur Ort des Glaubens, sondern auch der Sozialisation und Tradierung der selbstbestimmten eigenen Kultur. Gegenwärtig kommt es zu Neuverhandlungen zwischen den Generationen, was sowohl die Glaubenspraktiken innerhalb der Gemeinden als auch verschiedene Weltanschauungen, Werte und kulturelle Perspektiven betrifft.

5. Evangelische indonesisch-deutsche Gemeinden mit ökumenischem Profil

Gründe indonesischer Migration liegen primär in der Aufnahme einer Erwerbstätigkeit und eines Studiums. Vereinzelt migrieren Menschen aufgrund politischer Unterdrückung.[31] Indonesische Gemeinden sind unterschiedlich organisiert und überwiegend evangelisch geprägt. So sind Gemeinden in Frankfurt, Darmstadt und Hamburg Teil der Landeskirche, während andere selbstständige Kirchen sind. Manche von ihnen gehören dem Netzwerk der Indonesischen Christengemeinschaft (Persekutuan Kristen Indonesia, PERKI) an.[32]

---

[28]   Vgl. WOO, Gemeinden (s. Anm. 25), 143-173.

[29]   Vgl. a.a.O., 169-173.

[30]   Vgl. z.B. SHARON KIM, Shifting boundaries within second-generation Korean American churches, in: SoRel 71 (2010), 98-122; ROBERT D. GOETTE, The Transformation of a First-Generation Church into a Bilingual Second-Generation Church, in: KWANG CHUNG KIM u.a. (Hrsg.), Korean Americans and Their Religions. Pilgrims and Missionaries from a Different Shore, Pennsylvania 2001, 125-140. HENRY H. KIM/ RALPH E. PYLE, An Exception to the Exception. Second-Generation Korean American Church Participation, in: SocComp 51 (2004), 321-333.

[31]   Vgl. BIANCA DÜMLING, Migrationskirchen in Deutschland. Orte der Integration, Frankfurt/M. 2011, 118.

[32]   Vgl. ASIGOR P. SITANGGANG, Indonesische Gemeinden als Beispiel von Migrationsgemeinden, in: HAUS KIRCHLICHER DIENSTE DER EVANGELISCH-LUTHERISCHEN LANDESKIR-

Die PERKI ist eine europaweite christliche Laienbewegung, die 1969 in Wien gegründet wird. Bianca Dümling hat in einem empirischen Konglomerat exemplarischer Migrationskirchen die PERKI in Kassel erforscht.[33]

Die indonesisch-deutsche Gemeinde Jemaat Kristus Indonesia ist ein Beispiel einer landeskirchlichen Gemeinde. Sie wird 1973 in Frankfurt für den Rhein-Main Bereich für die erste Generation von Arbeitsmigrantinnen und Arbeitsmigranten der Krankenpflege gegründet und 2005 Teil der Evangelischen Kirche Hessen-Nassau (EKHN). Sie ist damit die zweite Migrationskirche nach der koreanischen evangelischen Kirchengemeinde Rhein-Main im Jahr 2001,[34] die Mitglied der EKHN wird. Auf der Homepage repräsentiert die Gemeinde ein detailliertes Profil, in dem sich die Pluralität Indonesiens widerspiegelt.[35] In der Selbstbeschreibung heißt es: »Wir leben und bezeugen gemeinsam den christlichen Glauben nach indonesisch-kultureller Tradition und vor allem in indonesischer Sprache.« Darüber hinaus versteht sich die Gemeinde als Brückenbauerin zwischen indonesischen und deutschen Kontexten und christlichen Traditionen. Die Brückenfunktion zeigt sich z.B. in der Durchführung von Gottesdiensten: »Als Christen aus Indonesien haben wir ein europäisch geprägtes evangelisches Christentum in unseren kulturellen Kontext übertragen. Wir möchten mit unseren Mitchristen in Deutschland teilen, dass wir in Indonesien den christlichen Glauben in unterschiedlicher Art und Weise leben und bezeugen. So feiern wir unsere Gottesdienste sowohl in Indonesisch wie auch in Deutsch, um auch den jeweiligen Interessierten eines jeden Landes die Teilnahme am Gottesdienst zu ermöglichen. Die Gemeinschaft wird anschließend ganz nach indonesischer Tradition, kulinarisch im Gemeindehaus fortgesetzt, wo sich Gemeindemitglieder und Besucher in einem familiären Rahmen weiter austauschen können.«[36]

Asigor Sitanggang beschreibt in einem Artikel von 2012 die indonesische Gemeinde in Göttingen, in der er zu der Zeit freiwilliger Pastor ist. Darin verweist auch er auf die Diversität der Gemeinde, in der unterschiedliche indonesische Kulturen, Sprachen und Denominationen zusammenkommen und im Sinne der Ökumene zusammen Gemeinde leben. Aufgrund der inneren indonesischen Pluralität versteht Sitanggang indonesisch-deutsche Gemeinden als Beispiel gelebter Ökumene. Ein weiterer Fokus der Gemeinde besteht in der

---

CHE HANNOVERS (Hrsg.), Glauben leben — vielfältig, international, interkulturell. Migrationsgemeinden und deutsche Gemeinden auf dem Weg, Hannover 2012, 47-50, 47.

[33] Die Gemeinde stellt sich selbst kurz auf einer Homepage vor in Kooperation mit der ev. Kirchengemeinde Kassel-Wehlheiden, www.ev-kirche-wehlheiden-kassel.de/indonesische-gemeinde-perki [Aufruf: 3.3.2021].

[34] Vgl. rmkg.info/de/about-us/ [Aufruf: 3.3.2021].

[35] Vgl. www.jki-rhein-main.com/index.php/de/about-us/gemeindeprofil.html [Aufruf: 3.3.2021].

[36] www.jki-rhein-main.com/index.php/de/about-us/gemeindeprofil.html [Aufruf: 3.3. 2021].

Begleitung indonesischer Studierender in Deutschland in ihrem Ankommen und Leben in einem für sie kulturell fremden Land. Viele der Gemeindemitglieder leben bereits seit vielen Jahren in Deutschland. Auch ihre nachfolgenden Generationen müssen ihre hybriden Identifizierungen zwischen indonesischen und deutschen Kontexten aushandeln. Die Gemeinde will ihnen Unterstützung bieten. Hier kennzeichnet Sitanggang die Notwendigkeit der Kooperation mit deutschen Kirchengemeinden.[37]

Der Überblick zeichnet ein erstes fragmentarisches Bild von indonesisch-deutschen Migrationskirchen, die sich aufgrund ihres pluralen indonesischen Kontextes als Gemeinden der gelebten Ökumene verstehen. Sie sind in der Regel evangelisch geprägt. Einige Gemeinden sind Mitglieder von Landeskirchen. Die Bewahrung und Weitergabe der eigenen Sprache(n), in der Regel Bahasa-Indonesia, Kulturen und christlichen Traditionen sind trotz aller inneren Pluralität zentral. Sitanggang zeigt auch die bi- bzw. transkulturellen Prozesse der nachfolgenden Generationen auf.

6. Römisch-katholische philippinisch-deutsche Gemeinden und charismatische Bewegungen

Christliche philippinisch-deutsche Gemeinschaften gehören zu großen Teilen der römisch-katholischen Kirche an. Der Befund ist vor dem Hintergrund philippinischer Kolonial- und Missionsgeschichte nachvollziehbar. Auf den Philippinen ist die Entsendung philippinischer Bürgerinnen und Bürger für den internationalen Arbeitsmarkt schon in den 1970ern politisch gefördert worden. Seit 1962 kommen philippinische Krankenschwestern nach Deutschland. Es folgen auch Seeleute und Angestellte in Botschaften und der Nachzug von Familien. Auch Studienaufenthalte sind zu nennen. Anfang des 21. Jahrhunderts ist eine Migration aus den Philippinen nach Deutschland nur noch durch eine Heirat möglich, wodurch familiäre Netzwerke von Heiratsvermittlungen mit deutschen Männern entstanden sind. Nach Simone Christ geht es in den Arrangements neben ökonomischen Absicherungen der Familie auch um gemeinsame Vorstellungen von Partnerschaft, Familie und Liebe.[38] Gegenwärtig werden wieder verstärkt philippinische und vietnamesische Pflegekräfte in Deutschland angeworben ohne rechtliche langfristige Perspektive.[39]

---

[37] Vgl. SITANGGANG, Gemeinden (s. Anm. 32).

[38] Vgl. SIMONE CHRIST, Philippinische Christen in Deutschland, in: MICHAEL KLÖCKER/ UDO TWORUSCHKA (Hrsg.), Handbuch der Religionen. Kirchen und andere Glaubensgemeinschaften in Deutschland, Kulmbach 2010, II-6.2.1, 1-18.

[39] Vgl. SUDA u.a., Rassismus (s. Anm. 4), 41. Im The Migrant Newsletter of the Philippine Community Berlin wirbt die Firma Globogate für Krankenpflegepersonal aus den Philippinen. Vgl. Globogate. Bridge to Germany, in: The Migrant Newsletter of the Phil-

Die Philippine Community Berlin ist z.B. eine römisch-katholische Gemeinschaft unter der englischsprachigen Mission der Erzdiözese Berlin. Sie wird 1986 gegründet und hat ihren Sitz in der Heilig-Geist-Kirche in der Bayernallee. Die Gemeinschaft dient als Haupttreffpunkt von Philippinisch-deutschen in Berlin zur Vernetzung und gegenseitigen Unterstützung durch das gemeinsame Band des christlichen Glaubens und der katholischen Tradition.[40] In ihrer Selbstbeschreibung heißt es: »We strive to live a truly Christian life inspired by the Holy Triune God and to share the richness of our Filipino culture & traditions to others.«[41] Philippinische christliche Traditionen werden auch in Deutschland fortgesetzt. Die Verehrung des Jesuskindes (Santo Niño), das Sinulog-Fest zu Ehren von Santo Niño und die Adventsmesse Simbang Gabi sind Beispiele dafür. Häufig ist die Messe auf Englisch. Besonders wichtige Punkte werden aber in Tagalog gesagt. Zentral ist auch die anschließende Gemeinschaft mit philippinischem Essen.[42] Außerdem zeigt sich ein politisches und gesellschaftliches Engagement« der Gemeinden. Politisch relevant auch für philippinisch-deutsche Gemeinden sind neben Entwicklungen auf den Philippinen gegenwärtig auch die seit 2016 verstärkt beworbene Arbeitsmigration philippinischer Pflegekräfte und die z.T. oppressiven Arbeitsverträge. Darüber hinaus haben Jingky Lozano-Kühne und Maria Renee Juan-Wolff 2016 einen praktischen Ratgeber für ankommende Filipinos und Filipinas in Deutschland entwickelt.[43] Weitere Herausforderungen stellen Menschenrechtsverletzungen und Gewalt gegen philippinische Migrantinnen und Migranten dar insbesondere von Frauen, die in verschiedenen Bereichen der Care-Arbeit tätig sind. In der Zeitschrift »The Migrant Newsletter of the Philippine Community Berlin« wird das politische Engagement sichtbar.[44]

Einen weiteren Vernetzungspunkt christlicher philippinisch-deutscher Gemeinschaften sind charismatische Organisationen wie beispielsweise die Coup-

---

ippine Community Berlin (2019), 18f, http://filipinos-in-berlin.de/issue-1-2019/ [Aufruf: 10.3.2021]. In einem Artikel derselben Ausgabe wird neuangekommenes Krankenpflegepersonal in der Gemeinschaft willkommen geheißen. Vgl. Vincent Valiente, Philippine Community welcomes new Filipinos Nurses, 16f.

[40] Vgl. Fr. Jun de Ocampo, Thirty Years Philippine Community Berlin 1986-2016, in: The Migrant Newsletter of the Philippine Community Berlin (2016), 19-21, http://filipinos-in-berlin.de/2016-december/ [Aufruf: 10.03.2021], auch in dem Newsletter Vincent Valiente, »Bayernallee«. A Place in the Sun for Pinoys in Berlin, 16-18.

[41] Filipinos-in-berlin.de/vision-mission-statement/ [Aufruf: 10.3.2021].

[42] Vgl. Christ, Christen (s. Anm. 38).

[43] Vgl. Jingky Lozano-Kühne/Maria Renee Juan-Wolff, Orientation Booklet for Filipinos in Germany 2016, http://projects.upaagermany.org/projects-germany-orient-2016.html [Aufruf: 10.3.2021].

[44] Exemplarisch Vincent Valiente, 10 Cases of Violence against Filipina migrants, in: The Migrant Newsletter of the Philippine Community Berlin (2019), 32, http://filipinos-in-berlin.de/issue-1-2019/ [Aufruf: 10.3.2021].

les for Christ (CFC). Die 1981 in Manila gegründete Organisation ist »a private international association of the faithful of pontifical right«[45] und gründet kleine Hausgemeinschaften in über 100 Ländern weltweit mit dem Ziel, das Evangelium zu verkünden. Die CFC gehört zu den evangelikalen Initiativen der römisch-katholischen Kirche, was sich auch im Selbstverständnis zeigt: »We are an evangelistic and missionary community committed to become families empowered by the Holy Spirit to renew the face of the earth. We are servants of the Church, working to renew Her children through every generation and throughout the world.«[46] Die philippinische Community der römisch-katholischen Kirche St. Marien Oldenburg gehört zum Beispiel zur CFC.[47]

Außerdem finden sich unabhängige evangelikale und charismatische Kirchen. Die Word International Ministries (WIN) versteht sich als charismatische Bewegung, die in den 1970ern auf den Philippinen gegründet wird.[48] Es gibt über 200 Kirchen, die weltweit vernetzt sind.[49] Ein anderes Beispiel ist die 1992 in New York aus der amerikanischen pro-life movement gegründete International Communion of Charismatic Episcopal Church (ICCEC). Sie versteht sich selbst als konfessionsübergreifende charismatische Kirche.[50] Kirchen der ICEEC in Deutschland sind in einem übergeordneten Netzwerk der ICCEC-Europe verbunden.[51] Beide Organisationen beschreiben sich als multikulturelle Kirchen, wobei das philippinische Gründungsprofil zugleich präsent ist. Sie sind international organisiert und vernetzt.

Es zeigt sich, dass die meisten philippinisch-deutschen Christinnen und Christen römisch-katholisch sind und im Sinne des katholischen Universalitätsanspruchs entsprechende strukturelle Anknüpfungen haben. Gemäß dessen handelt es sich nicht um Migrationskirchen, sondern um spezifische Gemeindeformen innerhalb der römisch-katholischen Kirche. Eine weitere Entwicklung sind charismatische Erneuerungsbewegungen innerhalb der römisch-katholischen Kirche sowie unabhängige charismatische Kirchen mit transregionalen Vernetzungsstrukturen. Neben der Bedeutung der Bewahrung der eigenen kulturellen, christlichen Traditionen, zeigt sich ein ausgeprägtes politisches Engagement in Deutschland und für die Philippinen.

---

[45] www.couplesforchristglobal.org/aboutcfc.aspx [Aufruf: 10.3.2021].

[46] Vgl. Couples for Christ, Foundation for Family & Life, in: The Migrant Newsletter of the Philippine Community Berlin (2018), 29, http://filipinos-in-berlin.de/the-migrant-june-2018/ [Aufruf: 10.3.2021].

[47] Vgl. www.st-marien-ol.de/angebote/internationale-gruppen/philippinische-community [Aufruf: 10.3.2021].

[48] Vgl. www.wordinternationalministries.org/weare.html [Aufruf: 10.3.2021].

[49] Vgl. www.wordinternationalgermany.com/main.about_us.html [Aufruf: 10.3.2021].

[50] Vgl. www.cec-na.org/our-beliefs/ [Aufruf: 10.3.2021].

[51] Vgl. icceceurope.org/about-us/ [Aufruf: 10.3.2021].

7. Zukunftsperspektiven

Der fragmentarische Einblick in die christliche Landschaft asiatisch-deutscher Gemeinden und Kirchen mit einem Schwerpunkt auf ostasiatischen und süd-ostasiatischen Kontexten zeigt in erster Linie auf, dass die Gemeinden von ih-ren jeweiligen Kontexten geprägt sind. Ihre Handlungsmacht zeigt sich u.a. in den je individuellen Deutungen, welche Beziehungen und theologischen Tradi-tionen für die eigene christliche Identität relevant sind. Es kommt zu Aushand-lungen, Transformationen und Verwebungen der je erfahrenen Kontexte. Hier-in zeigt sich die Relationalität eines epistemologischen Wahrheitsverständnis-ses, das die Theologin Sarah Coakley bereits 1979 beschrieben hat. Theologie und Glaubenspraxis sind relationale Wahrheitsdeutungen in Abhängigkeit ih-rer kulturellen Verflechtungen.[52] Unter welchen Voraussetzungen Theologien im Kontext von Migration und Postmigration wissenschaftlich darstellbar sind, hat Claudia Jahnel in diesem Band ausgeführt.[53] Der einleitend dargestellte ge-genwärtige Diskurs über antirassistische und antidiskriminierende Sprach-formen und die kontroversen Beziehungen von Fremd- und Selbstbeschreibun-gen ist trotz aller Diversität und Kontextualität ein verbindendes Charakteri-stikum der betrachteten asiatisch-deutschen Gemeinden. Handlungsmacht und Handlungsohnmacht bedingen sich hier gegenseitig.

Es zeigt sich die Tendenz, dass die Gemeinden auf ihre je eigenen Kontex-tualisierungen fokussiert bleiben. Das Erleben und die Bewahrung kultureller und religiöser Traditionen wird in fast allen betrachteten Gemeindeprofilen ins Zentrum gestellt. Insofern gibt es nicht *die* asiatisch-deutsche Gemeinde. In den verschiedenen konkreten Glaubenspraktiken und Theologien finden sich Aushandlungen zwischen den Heimaten, zwischen der Erfahrung des Fremd-seins und Otherings in der Gesellschaft und des Verstanden-Werdens und An-knüpfens in der Gemeinde, sowie zwischen den Konfessionen bzw. konfessi-onsüberschreitenden Strömungen.

Diese Aushandlungen verlagern sich in den zweiten und nachfolgenden Generationen. Dadurch dass diese in permanenten Relationen des *in-between* aufgewachsen sind, bestimmen sie ihre Selbstbeschreibungen durch veränder-te Relationen und Deutungen. Es kommt zu Neubewertungen und Transforma-tionen von Relationen durch eine veränderte Wirklichkeitserfahrung der nach-folgenden Generation. Diese führen z.T. zum Dissens mit den Erwartungen und Wünschen der ersten Generation. Generationenkonflikte werden in zahlrei-chen Gemeinden als gegenwärtige Herausforderung genannt.

---

[52] Vgl. SARAH COAKLEY, Theology and Cultural Relativism. What is the problem?, in: NZSTh 21 (1979), 223-243.

[53] Der Aufsatz von Claudia Jahnel in diesem Band setzt sich damit ausführlicher aus-einander.

Resümierend lassen sich für die christliche Landschaft asiatisch-deutscher Gemeinschaften bestimmte Tendenzen aufzeigen. Trotz der spezifischen Kontexte und Charakteristika, die in den einzelnen Abschnitten benannt worden sind, zeigt sich, dass das Bewahren, das Erleben und die Weitergabe der selbstbestimmten kulturellen und religiösen Traditionen im Zentrum stehen. In permanenten Aushandlungsprozessen verorten sich die Gemeinden in der christlichen Landschaft in Deutschland durch selbstgewählte Vernetzungen, Kooperationen und konfessionelle Positionen. Eine treibende, transformative Kraft stellen die nachfolgenden Generationen durch ihre transkulturellen Aushandlungen innerhalb der Gesellschaft und der Gemeinden dar. Auch die Abwendung der jungen Menschen von den Gemeinden ist hier zu nennen. Sie sind dennoch die Zukunftsperspektive der Gemeinden, deren Entwicklungsprozess und Ziel noch nicht absehbar ist. Es bleibt auch abzuwarten, ob und wie die zweiten Generationen eigene kontextuelle Theologien entwickeln.

Thuy-Evelyn Pham/Nhan Gia Vo

Soziokulturelle und theologische Perspektiven auf vietnamesisch-evangelische Gemeinden in Deutschland

»Unser tägliches Brot gib uns heute« – ein Vers aus Mt 6 inmitten der Bergpredigt. Dieser Vers des Vaterunsers schenkte Mitte der 1990er Jahre vielen damaligen vietnamesischen Asylbewerberfamilien Hoffnung. Denn in diesem Vers sahen sie Gott ganz konkret als Versorger der Vielen angesprochen, der darüber hinaus daran appelliert, gemeinsam für das kollektive Wohlbefinden zu sorgen. Die Hoffnung der damaligen vietnamesischen Familien zeigte sich in dem Wunsch nach einer unbefristeten Aufenthaltserlaubnis in der Bundesrepublik Deutschland und der damit einhergehenden Aussicht auf ein besseres und sicheres Leben für die Familie. Weil diese Hoffnung in der Kirchengemeinde real werden konnte, gründeten sich in den 1990er Jahren immer mehr vietnamesisch-evangelische Gemeinden, die zugleich stark anwuchsen. Immer mehr Menschen kamen in die Ortsgemeinden, um dort nach Zuflucht und Trost zu suchen.

Obwohl die Zahl der vietnamesisch-stämmigen Christen in Deutschland seitdem kontinuierlich gestiegen ist und die vietnamesisch-evangelischen Gemeinden in der kulturellen und kirchlichen Landschaft Deutschlands immer sichtbarer werden, gibt es gegenwärtig kaum Forschungsarbeiten zu vietnamesischen Christinnen und Christen in Deutschland und ihrer Theologie. Im deutschsprachigen Bereich hat die Berliner Sozialanthropologin Gertrud Hüwelmeier erste wichtige Studien zu vietnamesischen Pfingstgemeinden in Berlin und transnationalen religiösen Netzwerken vietnamesischer Migranten in Deutschland vorgelegt.[1] Hüwelmeier hält fest: »Former Vietnamese contract

---

[1] Vgl. u.a. Gertrud Hüwelmeier/Kristine Krause, Der Heilige Geist im Gewerbegebiet. Transformationen der religiösen Landschaft Berlins am Beispiel pentekostaler Netzwerke, in: Berliner Blätter 53 (2010), 83-95; Dies., Dämon oder Holy Spirit? Geistbesessenheit in einer vietnamesisch-pentekostalen Gemeinde in Berlin, in: Dorothea E. Schulz/Jochen Seebode (Hrsg.), Spiegel und Prisma. Ethnologie zwischen postkolonialer Kritik und Deutung der eigenen Gesellschaft, Hamburg 2010, 203-216; Diess., Performing Intimacy with God. Spiritual Experiences in Vietnamese Diasporic Pentecostal Networks, in: German History 32 (2014), 414-430.

workers from East Germany who stayed in Germany after reunification and who converted to Pentecostalism in the host country, pray for good health, a happy family and success in business.«[2] Mit einer solchen Beschreibung wird der Glaube von vielen vietnamesischen Christen in Deutschland jedoch drastisch heruntergebrochen. Inzwischen haben erste vietnamesische Migrationsgemeinden in Deutschland eine eigene Dogmatik entwickelt, die auch das Christsein in der fremden Heimat reflektiert. Um einen differenzierten Einblick in die Theologie und soziokulturellen Dimensionen von vietnamesischen Gemeinden zu bekommen, wird die Bedeutung der vietnamesisch-evangelischen Gemeinden in Deutschland für die erste und zweite Generation aus einer Innenperspektive untersucht und dargelegt werden.

1. Die soziokulturelle Bedeutung der vietnamesisch-evangelischen Gemeinden für die erste Generation

Die »Gemeinde« (vietnamesisch Hội Thánh, heilige Gemeinschaft) stellt für Christen mit vietnamesischem Migrationshintergrund sowohl aus soziokultureller als auch theologischer Sicht eine exklusive Community dar. Gerade zu Beginn der Entwicklungsgeschichte war die vietnamesische Kirchengemeinde ein Zufluchtsort, an dem die frisch konvertierten Christen soziale Kontakte und Ablenkung von der wie ein Damoklesschwert über ihnen hängenden drohenden Abschiebung seitens der Behörde erlebten,[3] wobei der kulturelle Zusammenhalt wie in anderen Migrantenkirchen eine zentrale Rolle einnahm.[4] Die vietnamesischen Protestanten in Deutschland sind im Vergleich zu anderen religiösen Gemeinschaften mit Anhängern vietnamesischer Abstammung in der Minderheit, weshalb die Anzahl der Gemeinden und ihrer Mitglieder überschaubar ist. Die Schwierigkeit besteht darin, die Konfessionen der einzelnen vietnamesisch-evangelischen Gemeinden in der Bundesrepublik Deutschland zu bestimmen, da viele evangelische Konfessionen im vietnamesischen Kontext oftmals nicht im vollen Umfang den Konfessionen entsprechen, die hierzulande gelten. Das Spektrum ist breit gefächert: Während beispielsweise die Tin-Lành-Gemeinde eng mit der EKD zusammenarbeitet,[5] ist die Vietnam-Mission-Kirche als Pfingstgemeinde auf die radikale Missionierung aller in

---

[2]   HÜWELMEIER, Performing Intimacy (s. Anm. 1), 418.

[3]   Vgl. THUY-EVELYN PHAM, Vietnamesisch-evangelische Gemeinden in Deutschland, Master-Arbeit im Rahmen des Studiengangs Lehramt zur Erlangung des Grades Master of Education, Paderborn 2018, 49.

[4]   Das Folgende greift Einsichten aus meiner eben genannten Masterarbeit auf und entwickelt diese weiter. Vieles verdankt sich zudem unseren persönlichen Erfahrungen.

[5]   Vgl. PHAM, a.a.O., 28.

Europa und Asien lebenden Vietnamesen ausgerichtet[6] und schottet sich von anderen protestantischen Gemeinden ab. Die Untersuchung der einzelnen Gemeinden hat gezeigt, dass die historische und strukturelle Verflochtenheit der vietnamesisch-protestantischen Kirchengemeinden in Deutschland keine Verallgemeinerung der Entwicklungen der Gemeinden zulässt, so dass jede (Orts-)Gemeinde ihre individuelle Geschichte und Entwicklung aufweist. Trotz alledem haben fast alle Gemeinden einen gemeinsamen Ursprung: die ehemalige »Bundesgemeinde«.

Die erste protestantische vietnamesische Gemeinde war die sogenannte Bundesgemeinde in Hagen, die mehrheitlich aus ehemaligen südvietnamesischen Bootsflüchtlingen bestand, die während des Vietnamkriegs auf der Flucht aus ihrem Heimatland im Südchinesischen Meer vom deutschen Frachtschiff Cap Anamur gerettet wurden. Der Großteil der sogenannten *Boat-People* bekannte sich bei seiner Ankunft in der Bundesrepublik zum Katholizismus.

Unter der Leitung von Pastor Banhar Trung Pham-Xuan, der ein Theologiestudium in Berlin absolviert hatte, gründeten schließlich einige vietnamesische Christen auch die erste vietnamesisch-protestantische Gemeinde als einem Ort, an dem die vietnamesischen Einwanderer in einem neuen, fremden Land zusammenkommen konnten. Das war gerade für die erste Generation von exorbitanter Wichtigkeit, eine separate Gemeinschaft für Menschen vietnamesischer Abstammung zu schaffen – hauptsächlich aufgrund der Sprachbarriere. Trotz Integrationskursen war die Sprachkompetenz der vietnamesischen Neuankömmlinge sehr eingeschränkt, was die Kommunikation mit den Einheimischen erschwerte. Die Verwendung von Gesten und Gesichtsausdrücken in Gesprächen ist ebenfalls ein Problem, da beispielsweise Sprachbarrieren dazu führten, dass Emotionen nicht richtig verstanden werden konnten. Zur Vermeidung solcher Missverständnisse war ein Ort erforderlich, an dem die Muttersprache gesprochen wurde, um die Kommunikation und das Zusammenleben zu fördern. Aufgrund der Sehnsucht nach der Familie und der Verwandtschaft in Vietnam glich die vietnamesische Kirchengemeinde einem Zuhause fernab der Heimat und fungierte in erster Linie als Community-Kirche.

Doch neben dieser emotionalen Assoziation mit der eigenen Gemeinde tritt eine starke Identifikation mit der eigenen Konfession. Trotz der überkonfessionellen Kooperation zwischen den Gemeinden wird die Zugehörigkeit zu einer bestimmten Konfession bzw. Kirche häufig hervorgehoben. Es ist also nicht nur der kulturelle Aspekt, der die vietnamesischen Gemeinden zusammenhält. Die Gemeinden sind nicht nur Kultur-, sondern auch Bekenntnisgemeinden. Nicht nur die eigene Gemeinde, sondern auch die eigene Konfession wird zu einer Art Familie, mit der sich die Glaubenden identifizieren. Die Konversion zum Protestantismus erforderte für Vietnamesinnen und Vietnamesen – spezi-

---

[6] Vgl. www.vietnamtruyengiao.com/gioi-thieu/niem-tin.html [Aufruf: 23.1.2018].

ell im pentekostalen Zusammenhang – eine radikale Veränderung des bis dahin genussfreudigen und »irdischen« Lebensstils. Verzichtet wurde auf Alkohol und Nikotin, bestimmte Orte wie Spielotheken und Diskotheken wurden gemieden und der Medienkonsum heruntergefahren. In der Glaubenspraxis wurden die Ahnenverehrung und der Geisterglaube, die in der religiösen Tradition der vietnamesischen Bevölkerung verankert sind, grundsätzlich abgelehnt.[7] Im Fokus standen nun die christlichen Feiertage, so dass sogar das chinesische Neujahr, das wichtigste Fest in Vietnam, von vielen Gläubigen nicht mehr nach vietnamesischer Tradition gefeiert wurde. Den Übergang zum Christentum nehmen viele Vietnamesen bis zum heutigen Tag als einen wichtigen Schritt in Richtung einer gelungenen Integration in Deutschland wahr. Die frisch konvertierten Christen scheuten sich nicht, anderen Migranten vietnamesischer Abstammung von ihrem Glauben zu erzählen und sie zur Gemeinde einzuladen. Auf diese Weise verzeichnete die Zahl der Gemeindemitglieder bzw. Kirchenbesucher ab Mitte der 1990er Jahre die stärkste Wachstumsphase.

Die Gottesdienste standen im Mittelpunkt der Zusammenkünfte. Dank der Predigten auf vietnamesischer Sprache wurden sowohl das Bibelverständnis als auch die Durchdringung des theologischen Inhalts erleichtert. Höhepunkte sind bis heute transnationale Konferenzen, die je nach Konfessionszugehörigkeit zwei- bis dreimal im Jahr über mehrere Tage stattfinden. Neben vietnamesischen Gläubigen aus aller Welt reisen andere (Migranten-)Gemeinden, z.B. aus den Niederlanden, Belgien, Norwegen, Schweden, Frankreich oder den USA an, um ihren Glauben und ihre Erfahrungen zu teilen. Mithilfe asynchroner Übersetzungen wird bei den Veranstaltungen das barrierefreie Verständnis für alle Teilnehmenden ermöglicht.

Die Gemeinde als Familienverband zeichnet sich durch eine besondere Gemeinschaftserfahrung aus, beispielsweise durch gemeinsames Essen nach den Gottesdiensten. Die Gemeinschaft im Rahmen von Mahlzeiten mit anderen Vietnamesen war von Anfang an von immenser Bedeutung, weil sie eine essenzielle Rolle für die Bewahrung der eigenen Kultur einnahm. Nach dem Gottesdienst wurden vietnamesische Gerichte zusammen gekocht und gegessen. Diese Praxis weckte Erinnerungen an das Essen des Heimatlandes, weshalb die Esskultur neben der Muttersprache auf kultureller Ebene einen wichtigen Bestandteil der vietnamesischen Gemeinschaft darstellte.

Die Treffen waren nicht auf Sonntage beschränkt, sondern es bestand zusätzlich die Möglichkeit, sich unter der Woche für ein Bibelstudium in Familiengruppen zu treffen. Auf diese Weise konnten sich die vietnamesischen Gläubigen privat im Glauben unterstützen und sich gegenseitig in anderen persönlichen Fragen helfen.

---

[7]   Interviewaussage von Pastor Ngoc Hoan Mai am 6.1.2018.

Nach der Wende Anfang der 1990er Jahre nahm die Relevanz der vietnamesisch-protestantischen Gemeinden in Deutschland stark zu, da viele ehemalige Vertragsarbeiter aus der ehemaligen DDR und Osteuropa, die mehrheitlich aus Nordvietnam kamen, um ihre Aufenthaltserlaubnis in der Bundesrepublik bangten. Viele von ihnen konvertierten zum christlichen Glauben – nicht zuletzt aufgrund der missionarischen Aktivitäten der ehemaligen *Boat-People* aus den vietnamesisch-evangelischen Kirchengemeinden.

Angesichts der Abschiebeankündigungen seitens der Behörde vermitteln Gottesdienste und andere kirchliche Aktivitäten den Mitgliedern »Hoffnung und Frieden«.[8] Jene Familien, die trotz ihres Gottvertrauens in Form von intensiven Gebeten in ihr Heimatland zurückkehren mussten, begriffen ihre Rückkehr als Ruf, missionarisch in Vietnam aktiv zu werden,[9] was schließlich zu einem Anstieg der Zahl der Christen in ihrem Heimatland beitrug. Um die Jahrtausendwende betrachteten die in Deutschland verbliebenen Familien ihre unbefristete Aufenthaltsgenehmigung als eine göttliche Antwort auf ihre teils jahrelangen Gebete. Sie drückten ihren Dank u.a. durch großzügige Spenden aus. Dadurch wurde es möglich, eigene Kirchengebäude zu finanzieren und in dieser Frage von anderen Kirchengemeinden unabhängig zu werden.

2. Die Relevanz der Gemeinde für die zweite Generation

Nahezu alle Familien hatten keine bzw. kaum Verwandtschaft in Deutschland, weshalb die Gemeindemitglieder als Familie wahrgenommen wurden, mit der man jeden Sonntag und alle großen Feiertage zusammen verbrachte. Das Weihnachtsfest wurde an Heiligabend groß mit einem Weihnachtsbaum, Festessen und einer Bescherung für die Kinder in der Gemeinde zelebriert. Auf diesem Wege entstanden von klein auf enge Freundschaften, die größtenteils bis heute gepflegt werden.

Bereits im Vorschulalter lernten Kleinkinder im Kindergottesdienst die wichtigsten Bibelgeschichten und -texte vorwiegend auf Vietnamesisch kennen. Im Grundschulalter und in der Jugend wurde der Spracherwerb der vietnamesischen Sprache durch die wöchentlichen Bibel- und Sprachkurse fortgeführt. Nicht selten waren die Kinder gezwungen, auch in der Freizeit Passagen aus der Bibel abzuschreiben, um die Sprech-, Lese- und Schreibkompetenz in der vietnamesischen Sprache zu vertiefen. Da viele vietnamesische Gemeinden einen zweisprachigen Gottesdienst anbieten, wurde es zunehmend zur Aufgabe der zweiten Generation, das gottesdienstliche Geschehen, aber auch andere Veranstaltungen, zu übersetzen. Hierfür werden bis heute junge Menschen mit

---

[8] Interviewaussage von Pastor Ngoc Hoan Mai am 6.1.2018.
[9] Ebd.

sprachlichen Stärken als Dolmetscherinnen und Dolmetscher direkt in der Gemeinde ausgebildet.

Außerhalb der Gemeinde wirkte sich die religiöse Sozialisation in vielen Fällen positiv auf die schulische Leistung der Kinder und Jugendlichen aus. Durch das fundierte Bibelwissen sowie die Deutungsfähigkeit biblischer bzw. theologischer Inhalte hatten sie sowohl im Religionsunterricht als auch in anderen kulturwissenschaftlichen Fächern oftmals einen bemerkenswerten Vorteil.[10]

In der Erziehung neigten einige Eltern – besonders zu Beginn ihrer Glaubensphase – zur Anwendung der physischen Züchtigung, die einerseits eine bewährte Erziehungsmethode in Vietnam war und andererseits mit der wortwörtlichen Auslegung einiger Bibelstellen gerechtfertigt wurde. Diese konservativen Erziehungsmaßnahmen führten in zahlreichen Familien zu einem gestörten Vertrauensverhältnis zwischen den Kindern und ihren Eltern. Während der Pubertät verschärften Meinungsverschiedenheiten den Generationenkonflikt, als Eltern ihre Kinder mit strengen Regeln konfrontierten. Die Verteufelung des Alkohol- und Nikotinkonsums spielte dabei eine große Rolle. Haarfärbungen, Tätowierungen und Piercings wurden nicht gern gesehen und sogar Lieder oder Filme ohne offensichtliche christliche Aussagen waren verpönt. Diese Tabus assoziierten viele Mitglieder der ersten Generation mit der Zeit vor ihrer Konversion zum Christentum und begründeten diese Verbote stets mit der Absicht, die Kinder schützen zu wollen. Doch diese strikten Vorschriften führten bei der zweiten Generation oftmals zu einem heimlichen Bruch mit den von den Eltern bzw. der Glaubensgemeinschaft beschlossenen Regeln. Die Ansichten der Eltern haben sich inzwischen jedoch geändert. Die oben genannten pädagogischen Maßnahmen und Verbote sind in dieser Form nicht mehr vorzufinden, denn heutzutage sehen vietnamesische Eltern in der Gemeinde ein, dass die permanente Kontrolle über ihre Kinder sinnlos ist. Vielmehr erblicken sie die Notwendigkeit der Förderung und Unterstützung der heranwachsenden Generationen, gewähren den Jugendlichen mehr Freiheit bei persönlichen Entscheidungen und greifen Verbesserungsvorschläge bezüglich der Gemeindearbeit auf.

---

[10]   Vgl. www.spiegel.de/lebenundlernen/schule/ehrgeizige-vietnamesen-streben-fuer-die-familienehre-a-733046.html [Aufruf: 8.2.2018].

3. Die Christologie im Werk »Đức tin căn bản« (2006) der Freien Evangelischen Christengemeinde »Jesus Zentrum«

Jenseits der soziokulturellen Perspektive sind eine Betrachtung und Analyse der theologischen Überzeugungen in den vietnamesisch-evangelischen Gemeinden von großer Bedeutung, weil die Theologie einen starken Einfluss auf die Entwicklung der Gemeinden hat. Besonders im Hinblick auf die Dogmatik lassen sich in der Christologie bemerkenswerte Merkmale hervorheben. Diese werden im Folgenden anhand eines Werks der Freien Evangelischen Christengemeinde »Jesus Zentrum« im niedersächsischem Wildeshausen vor dem Hintergrund ihrer Relevanz für die erste und zweite Generation näher beleuchtet.

Das im März 2006 in vietnamesischer Sprache erschienene Buch »Đức tin căn bản«[11] (»Glaubensgrundlagen«) der Freien Evangelischen Christengemeinde »Jesus Zentrum« stellt die eigene Dogmatik der pentekostalen Migrationsgemeinde in Wildeshausen-Bühren dar.[12] In 14 Kapiteln werden die Grundlagen des christlichen Glaubens systematisch-theologisch dargelegt – beginnend mit der Anthropologie, endend mit der Missiologie. Bereits auf der Titelseite wird deutlich, dass diese Dogmatik christozentrisch ausgerichtet ist. Alle Kapitel des Buches werden unter das Jesuswort aus Mt 28,18f gestellt. Die Glaubensgrundlagen, die im Nachfolgenden Kapitel für Kapitel entfaltet werden, stehen unter der Grundprämisse der Vollmacht Jesu Christi. Jesus Christus selbst ist derjenige, dem »cả quyền phép« (»alle Macht«) gegeben wurde und der den Menschen die Glaubenslehren gegeben hat.[13] Hier wird zum Ausdruck gebracht, dass jede Reflexion über den christlichen Glauben an die Person Jesu Christi gebunden ist. Dieser Sachverhalt wird durch die Verfasserangabe des Buches bestätigt. Ergänzend zur Nennung der Kirchengemeinde wird ein »của những người tin vào Chúa Jesus Christ«[14] (»von Menschen, die an Jesus Christus glauben«) hinzugefügt. Jesus Christus wird zu Beginn als Zentrum des Glaubens vorgestellt. Wenn also nach dem theologischen Profil der Freien Evangelischen Christengemeinde »Jesus Zentrum« gefragt werden soll, ist die Erarbeitung der Christologie im Werk »Đức tin căn bản« ein unverzichtbares

---

[11] FREIE EVANGELISCHE CHRISTENGEMEINDE JESUS ZENTRUM, Đức tin căn bản, Bühren-Wildeshausen 2006.

[12] Die Gemeinde »Jesus Zentrum« würde sich selbst weder als pentekostal noch als evangelikal bezeichnen mit der Begründung, dass diese Begriffe eine einseitige Festlegung seien und einen negativen Beiklang besitzen. Vgl. JÖRG STOLZ/OLIVIER FAVRE/CAROLINE GACHET/EMMANUELLE BUCHARD, Phänomen Freikirchen. Analysen eines wettbewerbsstarken Milieus, Zürich 2014.

[13] Der Bibeltext Mt 28,20 wird von der Gemeinde Jesus Zentrum selbst unterstrichen gesetzt.

[14] Đức tin căn bản, 1.

Unterfangen, da es ein Vorstoßen in die innerste Logik der Theologie der vietnamesischen Gemeinde ist, wobei der Name der Gemeinde selbst bereits Hinweis auf die christozentrische Ausrichtung des Glaubens ist.

Das 4. Kapitel mit der Überschrift »Đức Chúa Jêsus« (»Jesus Christus«) beginnt nach einer kurzen Einführung mit folgender Aussage: »Ngài chẳng những là nhân vật lịch sử mà còn là trung tâm của lịch sử«[15] (»Er [sc. JChr] ist nicht nur eine historische Figur, sondern auch das Zentrum der Geschichte«). Die Gemeinde will Christus nicht nur als das Zentrum des christlichen Glaubens, sondern auch als das Zentrum der Geschichte der Menschheit bekennen. Jesus Christus hat es mit der Lebensgeschichte eines jeden Menschen zu tun. Die Geburt Jesu, die die Existenz des Christus in der Welt manifestiere, sei das Wichtigste in der Geschichte, da es offenbare, dass Christus zu »100%«[16] an der Geschichte der Menschheit teilnimmt.[17] Das Kapitel zur Christologie endet mit einem Gebet, in dem es heißt: »Lạy Chúa, hãy soi sáng mắt còn để biết về sự kêu gọi của Ngài, sự giàu có, vinh hiển, quyền vô hạn Ngài đối với con«[18] (»Herr, erleuchte meine Augen, um deine Berufung, deinen Reichtum, deine Herrlichkeit, deine unendliche Macht *über mich* zu erkennen«). Deutlich wird, dass Jesus Christus vor allem als derjenige verstanden wird, der mit der eigenen Person und Lebenswirklichkeit des Menschen in Verbindung steht. Anders gewendet ist Jesus Christus zentraler Bestandteil einer jeden menschlichen Biografie. Er hat etwas mit *meinem* Leben zu tun.

In Kapitel 4.4 wird das Menschsein Jesu entfaltet. Gott wurde in Jesus Christus Mensch, um »chịu thế tội cho chúng ta« (»unsere Sünden auf sich zu nehmen«). Weil zum Menschsein die Sünde und somit der Tod dazu gehört, Gott aber den Tod des Menschen nicht will, wird Gott in Jesus Christus Mensch, um die Menschen zu erlösen.[19] Hier wird der soteriologische Aspekt der Christologie deutlich, die wiederum auf der anthropologischen Grundprämisse der sündigen Existenz des Menschen aufbaut. Gott wird aber zudem in Jesus Christus Mensch, um den Menschen Vollmacht (quyền phép) zu geben, damit sie über Teufel und Krankheit siegen.[20] Die Vollmacht Jesu Christi (quyền phép), die bereits am Anfang der Dogmatik durch das direkte Zitat aus Mt 28 unterstrichen wurde, ist also nicht nur etwas, was Jesus Christus *privatim* gegeben wurde.[21] Das Ziel der Menschwerdung Jesu ist »thắng ma quỷ và

---

[15] Đức tin căn bản, 12.

[16] Ebd.

[17] Vgl. ebd.

[18] Hervorhebungen wurden durch den Verfasser getätigt.

[19] Vgl. a.a.O., 13.

[20] Vgl. ebd.

[21] Hier lassen sich eindeutige Parallelen zur Theologie Calvins feststellen, wenn er eindrücklich betont: »Jesus Christus ist der Heilige Geist nicht für sich allein (privatim) gegeben worden, sondern er soll eben seine Fülle den Hungernden und Durstigen über-

bạn sự thắng đo cho chúng ta, những kẻ được Ngài lựa chọn«[22] (»die Überwindung des Teufels und die Weitergabe dieses Sieges an uns, die wir von ihm auserwählt wurden«). In Jesu Leben zeige sich an vielen Stellen seine Vollmacht, die dadurch zum Ausdruck kommt, dass er über den Teufel siegt. Das Menschsein Jesu zeige den Tatbestand, dass alle Menschen durch den Sieg Jesu Christi diese Vollmacht besitzen können, um über Teufel und Krankheit zu siegen. Der Aspekt der Weitergabe von Gottes Vollmacht durch Jesus Christus ist zentraler Bestandteil dieser Christologie.[23] Durch die Vollmacht Jesu Christi und die Kraft der Auferstehung hat der Mensch heute ein »sự sống [...] đắc thắng trong cuộc đời« (»siegreiches Leben in der Welt«). Die Menschen wiederum sind in Besitz dieser göttlichen Vollmacht, weil das Reich Gottes mit Jesus Christus bereits auf Erden war und nun da ist (đã đến).[24] In dem Sieg der Menschen über die destruktiven Kräfte der Welt zeigt sich bereits jetzt durch Jesus Christus das eschatologische Heil. Weil Gott in Jesus Mensch geworden ist, ist das Heil proleptisch gegenwärtig. Hier werden Christologie und Eschatologie aufs Engste miteinander verknüpft, wobei das Hauptaugenmerk auf eine vor allem präsentische Eschatologie gelegt wird.

Auch in Kapitel 4.5 wird deutlich, wie durch Jesus Christus das Göttliche im Menschlichen sichtbar wird. Dort heißt es: »Chúa Jêsus mãn bản tính thần nhân«[25] (»Jesus ist göttlicher und menschlicher Natur«). Seine göttliche Natur zeigt sich für die Gemeinde »Jesus Zentrum« dabei in seiner Macht, Wunder zu tun und Tote aufzuerwecken.[26] Indem Gott in Jesus Mensch wurde, wird diese göttliche Natur nun allen Menschen zuteil, die an Jesus Christus glauben. Man könnte auch sagen: So wie Jesus Christus wahrer Mensch und wahrer Gott ist, so hat der Mensch nun durch Christus auch Anteil am Göttlichen durch die ihm von Christus verliehene Vollmacht.[27]

---

fließend zuteil werden lassen«. Vgl. Johannes Calvin, Unterricht in der christlichen Religion, Neukirchen-Vluyn [3]2012, II, 15,5, vgl. auch II, 15,2.

[22] Đức tin căn bản, 14.

[23] Dies ist die verlässliche Erkenntnis des Glaubens, die für die Gemeinde Jesus Zentrum in der Formulierung: »Gott hat sich in Jesus Christus geoffenbart« liegt. Dieser Ansatz darf als christologischer Ansatz gewürdigt werden. Vgl. Michael Welker, Gottes Offenbarung. Christologie, Neukirchen-Vluyn [3]2016.

[24] Vgl. Đức tin căn bản, ebd.

[25] A.a.O., 13.

[26] Vgl. ebd.

[27] Hier sind Parallelen zu Werner Kahls Untersuchung zu pfingstlich-charismatischer Gemeinden aus Westafrika in Deutschland zu beobachten. Das Heil soll sich ganz konkret im Hier und Jetzt zeigen. Vgl. Werner Kahl, Zur Bibelhermeneutik pfingstlich-charismatischer Gemeinden aus Westafrika in Deutschland, in: Michael Bergunder/Jörg Haustein (Hrsg.), Migration und Identität. Pfingstlich-charismatische Migrationsgemeinden in Deutschland, BZM 8, Frankfurt/M. 2006, 127-154.

Zum menschlichen Wesen Jesu gehört für die Gemeinde »Jesus Zentrum« auch, dass Jesus ohne Sünde war. Dies wird mit der Jungfrauengeburt begründet. Der Mensch Jesus ist ohne Sünde, »vì bản tánh tội lỗi được di truyền bởi người cha sống người con, chứ không phải từ người mẹ sang người con« (»weil die sündige Natur vom Vater zum Kind vererbt wird, nicht aber von der Mutter zum Kind«). Weil Jesus keinen biologischen Vater hatte, sondern vom Geist Gottes gezeugt wurde, war er nicht unter der Macht der Sünde. Die Lehre vom *peccatum originale* fungiert als Begründungs- und Verstehenszusammenhang für das Leben Jesu ohne Sünde.

Obwohl Jesus Christus für die Gemeinde »Jesus Zentrum« sowohl wahrer Gott als auch wahrer Mensch ist, ist dieser trotzdem von den Menschen zu unterscheiden. In Kapitel 4.3 heißt es:

> »Các vĩ nhân dù có tài ba, minh triết đến đâu cũng vẫn là con người, là loài thọ tạo ở dưới định luật thiên nhiên của Đấng tạo hóa là: sinh, bệnh, lão, tử. Còn Chúa Jêsus là Đấng sáng tạo vũ trụ vạn vật cùng với Đức Chúa Trời, tự hạ mình giành sinh làm Con Người. Vì vậy tất cả mọi vật thọ tạo dù là vĩ nhân hay giáo chủ và ngay cả thiên sứ trên trời cũng không thể sanh voi Chua Jesus duoc. Ngài đã chết cho tội nhân loại, nhưng Ngài đã sống lại và thăng thiên.«

> »Egal wie talentiert und weise Menschen sind, sie sind immer noch Menschen. Sie sind Geschöpfe nach dem Naturgesetz des Schöpfers, die da sind: Geburt, Krankheit, Altern, Tod. Jesus aber ist der Schöpfer des Universums mit Gott, der sich erniedrigt hat und Mensch wurde. Aus diesem Grund können alle Geschöpfe, ob groß oder heilig[28], und sogar die Engel im Himmel, Jesus nicht gleichkommen. Er ist für die Sünden der Menschheit gestorben, aber er stand auf und stieg in den Himmel auf.«

An diesem Abschnitt wird die von der Gemeinde »Jesus Zentrum« vertretende hohe Christologie, welche sich im Duktus von Phil 2,6-11 als eine dreistufige Christologie ausweist, sichtbar.[29] Die menschliche Natur Christi wird im Zusammenhang mit seiner göttlichen Präexistenz gedacht. Er ist derjenige, der selbst an der Schöpfung beteiligt war und so von den Geschöpfen zu unterscheiden ist. Er, der göttlicher Natur war, wurde Mensch, vollbrachte das Erlösungswerk und ist nach dem Tod auferstanden und erhöht worden.

Auffallend an der Christologie in »Đức tin căn bản« ist das dort verwendete Vokabular. Das Substantiv quyền phép (»Macht«) und das Verbum thắng (»siegen«) werden allein in dem Kapitel »Jesus Christus« insgesamt achtmal verwendet. Ein möglicher Grund ist die – trotz der nach der Bekehrung stattfin-

---

[28]   Im Sinne von Heilige.

[29]   Phil 2,6-11 wird als Referenzvers für diesen Sachverhalt von der Gemeinde »Jesus Zentrum« selbst angeführt.

dende Absage an den alten Menschen – immer noch prägende sozialistische Identität[30] der Vietnamesen der 1. Generation.[31]

Es hat sich aber auch gezeigt, dass die christologische Reflexion der vietnamesischen Gemeinde »Jesus Zentrum« höchst differenziert und komplex gestaltet ist, weshalb die anfangs zitierte Behauptung Hüwelmeiers nicht zu halten ist.

4. Wer ist Jesus Christus für mich heute? Christologische Perspektiven einer zweiten Generation

Etwa zehn Jahre nach dem Erscheinen von »Ðức tin căn bản«, der »Dogmatik« der ersten Generation, kam es zu einem erneuten Fragen nach Christus innerhalb der zweiten Generation.[32] In gewisser Weise kann Dietrich Bonhoeffers Notiz »Was mich unablässig bewegt ist die Frage, was das Christentum oder auch wer Christus heute für uns eigentlich ist«[33] auf das Ringen der zweiten Generation mit den Themen des christlichen Glaubens übertragen werden. Gegen Ende des Jahres 2016 veranstaltete die Jugendgruppe »Emmanuel Youth«, die sich zum größten Teil aus der Jugend der Gemeinde »Jesus Zentrum« herausgebildet hatte, eine mehrtägige Konferenz, in der die Grundlagen des christlichen Glaubens, die im Buch »Ðức tin căn bản« gelegt wurden, hinterfragt und neu durchdacht werden sollten.

Die Gründe für das erneute Fragen nach Christus und dem eigenen Glauben sind vielfältig. Hierbei spielen soziokulturelle, gesellschaftspolitische und persönliche Gründe eine wichtige Rolle. Der vielleicht größte Beweggrund für das erneute Ringen ist der offene Dialog der Jugendgruppe »Emmanuel Youth« mit anderen christlichen Theologien. Auf der einen Seite haben inzwischen nicht wenige junge Leute der Gemeinde ein Studium der evangelischen Theologie aufgenommen oder bereits abgeschlossen.[34] Sie bringen die akademische

---

[30] Vgl. Kristin Mundt, Vom Delegierten der sozialistischen Moderne zum gläubigen Zuwanderer? Religiöser Wandel vietnamesischer Migranten in der DDR und Ostdeutschland, Berlin 2012.

[31] Eine solche Behauptung würde die Gemeinde »Jesus Zentrum« vehement abstreiten. Es lassen sich aber durchaus sozialistisch-kommunistische Elemente in der Uraufführung des Musicals Thi Thiên 90 (»Psalm 90«) der Gemeinde wiederfinden. Vgl. Freie Evangelische Christengemeinde Jesus Zentrum, Vũ kịch Thi Thiên 90 unter www.youtube.com/watch?v=iNx0om_x1R4&t=279s [Aufruf: 21.2.2021].

[32] Wir wollen explizit betonen, dass die folgende Darstellung aus der Perspektive eines Mitglieds der Emmanuel Youth und somit aus einer Innenperspektive verfasst ist.

[33] Dietrich Bonhoeffer, Widerstand und Ergebung. Briefe und Aufzeichnungen aus der Haft, DBW 8, Gütersloh 1998, 402.

[34] Neben der Autorin und dem Autor dieses Beitrags sind beiden ca. fünf weitere Per-

Theologie des Westens ins Gespräch ein und lassen nach dem *Was und Warum* fragen. Auf der anderen Seite ist die Zweite Generation nun viel mehr mit anderen deutschsprachigen Kirchengemeinden pentekostaler Ausrichtung vernetzt. Gemeinsame Jugendveranstaltungen und Themenabende lassen die Zweite Generation nach dem *Wie* fragen.

Es gibt noch keine »Dogmatik der zweiten Generation«. Jedoch sind bereits jetzt Transformationsprozesse zu beobachten, die sowohl Kontinuitäten als auch Verschiebungen zwischen den Christologien der Ersten und Zweiten Generation erkennen lassen. Martin Baumann ist entsprechend zuzustimmen, wenn er konstatiert, dass gerade die Spannung zwischen dem Wunsch nach Bewahrung und dem Drang zur Veränderung für religiöse Transformation in der Diaspora kennzeichnend ist.[35] Auf der Facebookseite der »Emmanuel Youth« stellt sich die Jugendgruppe mit folgenden Worten vor: »Wir träumen von einer Jugend, die von Jesus bewegt ist, wo Jesus im Mittelpunkt steht, die leidenschaftlich für Jesus lebt und die Jesus Tag für Tag näher kennenlernt.«[36] Hier ist nicht nur der Christozentrismus der ersten Generation in der Selbstbeschreibung der Jugendgruppe wiederzufinden, sondern auch die Dynamik in der Christologie von »Đức tin căn bản«. Jesus Christus ist derjenige, von dem sich die Jugend bewegen lassen will. Er soll weiterhin Zentrum des eigenen Lebens sein. Was aber nicht mehr einleuchtet, ist die Behauptung, durch Jesu irdisches Leben zeige sich die Weitergabe der göttlichen Vollmacht und des Sieges an die Menschen.[37] Eine solche Vorstellung hat im Blick auf Jesus einseitig dessen göttliche Dimension betont. Auch die christologische Sprache der ersten Generation trifft in der zweiten Generation auf immer mehr Zurückhaltung. Begriffe wie Sieg und Macht,[38] die die Christologie von »Đức tin căn bản« maßgeblich prägen, wirken zunehmend befremdlich.

5. Ausblick

Es lassen sich essentielle Einflussfaktoren benennen, die seit 2010 nach und nach zu Umstrukturierungen vieler vietnamesisch-evangelischer Gemeinden in Deutschland geführt haben. Dazu zählen zunächst die zunehmende Zusam-

---

sonen bekannt, die ein Theologiestudium – größtenteils im Rahmen eines Lehramtsstudiums – absolviert haben bzw. absolvieren.

[35] MARTIN BAUMANN, Migration–Religion–Integration. Buddhistische Vietnamesen und Sarna, hinduistische Tamilen in Deutschland, Marburg 2000, 17.

[36] MOVEMENT EMMANUEL, Infotext www.facebook.com/movement.emmanuel [Aufruf: 14.2.2021].

[37] Vgl. Đức tin căn bản, 14.

[38] Die Verwendung der Begriffe Sieg und Macht resultiert vor allem aus der sozialistisch-kommunistischen Prägung der 1. Generation.

menarbeit zum einen mit den landeskirchlichen Gemeinden vor Ort, zum anderen mit Freikirchen. Diese Kooperationen ermöglichten eine Öffnung und Horizonterweiterung auf kultureller und theologischer Ebene. Ebenso trug der Beitritt vieler Einzelkirchen in die Freie evangelische Gemeinde dazu bei, dass sich viele Ortsgemeinden neu definierten. In vielen Gemeinden ebnete dieser Wandel für beide Generationen den Weg für einen Aufschwung. Im Zuge der Umstrukturierungsprozesse in den Gemeinden ist dieser Wandel in den vergangenen Jahren wieder abgeflacht. Trotz der vielversprechenden Veränderungen ist der demografische Wandel in den vietnamesischen Freikirchen nicht zu übersehen: Das Durchschnittsalter in den einzelnen Gemeinden steigt. Zahlreiche junge Gemeindemitglieder ziehen aus verschiedenen Gründen (z.B. Studium, Ausbildung, Arbeit, Familiengründung) weg und verlassen dementsprechend auch die Gemeinde. An ihren neuen Wohnorten suchen sie bevorzugt deutsche bzw. interkulturelle[39] Gemeinden auf. Doch der ersten Generation bricht der Nachwuchs nicht nur durch den Umzug bestimmter Gruppen weg. Aufgrund des enormen Drucks seitens der Gemeinde und der Eltern sowie der Meinungsdifferenzen im Hinblick auf persönliche und/oder theologische Fragen, entscheiden sich viele Jugendliche für einen Gemeindewechsel oder einen Kirchen- bzw. Gemeindeaustritt. Dieser demografische Wandel lässt jedoch nur bedingt eine Prognose für die Existenz vietnamesisch-protestantischer Gemeinden in den nächsten Jahren und Jahrzehnten zu, da stets neue Wege gesucht werden, um Kirche für Jung und Alt wieder schmackhaft zu machen. Ob die Bemühungen in Zukunft Früchte tragen werden, bleibt abzuwarten. Selbst wenn die meisten jungen Gläubigen sich nicht mehr mit der Gemeinde ihrer Eltern identifizieren können, wird diese Gemeinde für viele von ihnen dennoch immer ein Stück Heimat bleiben.

Aus theologischer Perspektive kann festgehalten werden, dass die Entwicklung einer eigenen Christologie und somit Theologie der zweiten Generation ein dynamischer Prozess ist, der sich (in einer konkreten vietnamesischen Migrationsgemeinde) beobachten lässt und noch nicht abgeschlossen ist. Die skizzierten Beobachtungen hinsichtlich der Dogmatik verstehen sich als Anregungen für eine vertiefte wissenschaftliche Auseinandersetzung mit diesen Phänomenen. Inzwischen hat die Gemeinde »Jesus Zentrum« weitere Publikationen zu Themen des christlichen Glaubens in vietnamesischer Sprache veröffentlicht. Äußerst aufschlussreich wäre die Diskussion des gesamten Werkes »Đức tin căn bản«, welches für die Gemeinde »Jesus Zentrum«, aber auch für andere vietnamesisch-evangelische Migrantenkirchen in Deutschland (aufgrund der gegenseitigen Beeinflussung der Gemeinden) das Fundament ihres Glaubens darstellt.

---

[39] Vgl. dazu den Beitrag von Bendix Balke in diesem Buch.

Sabrina Weiß

Strategische Allianz
als Anerkennungspraxis?

Zur Vernetzung christlicher Jugendorganisationen in der Migrationsgesellschaft

Eine Triebfeder für die Arbeit des interdisziplinären Forschungsnetzwerkes »Begegnung mit dem globalen Christentum vor Ort. Migrationskirchen in Niedersachsen« ist es, glokale Phänomene der Migrationskirchen genauer zu erfassen und das »lebensförderliche Zusammenleben« zwischen Migrationskirchen und reformatorischen Kirchen auszuloten. Mein Beitrag[1] als Religionswissenschaftlerin für den Diskussionszusammenhang des Netzwerkes wird sein, ein organisationstheoretisch interessiertes Schlaglicht auf ein Segment der »Begegnung mit dem globalen Christentum vor Ort« zu werfen, welches in Debatten im Konnex von Migration, Religion und Pluralisierung in Deutschland oftmals eher ein Schattendasein fristet: der Selbstorganisation von jungen Christinnen und Christen in Jugendorganisationen mit (familiärer) Migrationsgeschichte.[2]

Seit den 1990er Jahren ist ein stetiger Zuwachs dieser Jugendorganisationen in Deutschland zu beobachten, die sich mal in den Migrantenselbstorgani-

---

[1]   Der Betrag ist im Rahmen des laufenden BMBF Projektes »Die religionswissenschaftliche Erforschung des Engagements von religiösen Jugendlichen mit Migrationshintergrund in Vereinen« (2019-2022) der Autorin entstanden.

[2]   Eine Studie des Deutschen Jugendinstituts weist darauf hin, dass Kinder und Jugendliche mit Migrationshintergrund in der Jugendverbandsarbeit unterrepräsentiert sind: Mike Seckinger/Liane Pluto/Christian Peucker/Tina Gadow, DJI – Jugendverbandserhebung. Befunde zu Strukturmerkmalen und Herausforderungen, München 2009, 87. Der Begriff »Migrationshintergrund« wird kritisch diskutiert, weil damit z.B. eine Eigenschaft angenommen wird, die generationenübergreifend vererblich sei und mit Stigmatisierung einhergehen kann. Wissenschaftlich geeignet ist der Begriff nur, wenn er als Differenzkategorie verwendet wird, um gesellschaftliche Ungleichheitsverhältnisse und ihr Ausmaß beispielsweise in der Analyse sozialstruktureller Teilhabe offenzulegen vermag, vgl. Barbara Schramkowski, Paradoxien des ›Migrationshintergrundes‹. Von vorder- und hintergründigen Bedeutungen des Begriffes, in: Beate Blank u. a. (Hrsg.), Soziale Arbeit in der Migrationsgesellschaft, Wiesbaden 2018, 43-51, 50.

sationen (MSO) selbst verorten, sich aus diesen heraus gegründet oder gar unabhängig von MSO und Erwachsenenverbänden etabliert haben. Diese Jugendorganisationen ermöglichen Kindern, Jugendlichen und jungen Erwachsenen, sich selbstständig zu organisieren, Freizeitaktivitäten gemeinsam zu gestalten, sich sozial und politisch zu engagieren und ihre Identität jenseits der Familie, Bildungsinstitutionen und der Erwachsenenverbände bzw. Migrationskirchen auszutarieren. Als religiöse Jugendorganisationen agieren sie strukturell unabhängig von den Migrantenkirchen und sind eng mit der Jugendverbandslandschaft vernetzt, zu der Migrationskirchen und Erwachsenenverbände nur indirekt oder keinen Zugang haben. Jugendorganisationen mit (familiärer) Migrationsgeschichte sind in den vergangenen 30 Jahren zu wichtigen Orten der Repräsentation und Teilhabe für junge Menschen geworden – insbesondere für diejenigen, die Formen von Marginalisierung und mangelnder Anerkennung erfahren und das Engagement in einer Jugendorganisation als sinnhaft und identitätsstiftend erleben.[3]

Die konfessionellen Jugendverbände, die als Träger der freien Jugendhilfe anerkannt sind und durch ihre Mitgliedschaft in Jugendringen und dem Deutschen Bundesjugendring eine auf Dauer angelegte Förderung erhalten, stehen seit Jahrzehnten wiederum vor der Herausforderung, mit ihren Angeboten Kinder und Jugendliche mit und ohne Migrationshintergrund nur bedingt zu erreichen. Im Zuge der interkulturellen Öffnung[4] bzw. rassismuskritischen Jugendarbeit ist eine zunehmende Vernetzung zwischen anerkannten Jugend-

---

[3]   Vgl. BIRGIT JAGUSCH, Praxen der Anerkennung. »Das ist unser Geschenk an die Gesellschaft«. Vereine von Jugendlichen mit Migrationshintergrund zwischen Anerkennung und Exklusion, Schwalbach/Ts. 2011.

[4]   Unter interkultureller Öffnung wird hier eine Form der Organisationsentwicklung verstanden, »in der es darum geht, eine Organisation für die Herausforderungen in einer durch Migration geprägten Gesellschaft vorzubereiten«, MARC WITZEL, Interkulturelle Öffnung durch Teilhabe. Verbandliche Jugendarbeit in der postmigrantischen Gesellschaft, Frankfurt/M. 2020, 73. Jagusch verweist auf das partizipative Moment, welches der interkulturellen Öffnung innewohnt und welche darauf abzielt »Organisationen und deren Arbeitsweisen, Aufgabengebiete, Angebote und Strukturen so zu verändern, dass alle Personen, die prinzipiell als Nutzerinnen und Nutzer, Adressatinnen und Adressaten oder Mitarbeitende infrage kommen, tatsächlich die Möglichkeit der Partizipation erhalten«, BIRGIT JAGUSCH, Interkulturelle Öffnung der Jugendverbände, in: MELANIE OECHLER/HOLGER SCHMIDT (Hrsg.), Empirie der Kinder- und Jugendverbandsarbeit. Forschungsergebnisse und ihre Relevanz für die Entwicklung von Theorie, Praxis und Forschungsmethodik, Wiesbaden 2014, 195-207, 195. Jedoch wurde das Konzept der interkulturellen Öffnung vielfach kritisch diskutiert, weil es Gefahr läuft, Gruppen spezifische kulturelle Eigenschaften zuzuschreiben. Daher wird in jüngerer Zeit in der Migrationspädagogik und Jugendsozialarbeit von rassismuskritischer Jugendarbeit gesprochen, wobei dabei weniger der Wandel organisationaler Strukturen angesprochen wird.

verbänden und christlichen Jugendorganisationen[5] zu beobachten, welche vor allem im Rahmen projektgebundener Förderungen mit den Dachverbänden katholischer und evangelischer Jugendverbände (Bund der Katholischen Jugend e.V. (BDKJ) und Arbeitsgemeinschaft der Evangelischen Jugend e.V. (aej)) stattfindet.[6] Die Arbeitsgemeinschaft der Evangelischen Jugend engagiert sich für diese Form der Netzwerkarbeit seit 2008, die auf die strukturelle Förderung von Vereinen junger Menschen mit Migrationshintergrund (VJM) und Demokratiebildung abzielt.

Ziel des Beitrags ist es, die Form dieser Begegnung anhand der Zusammenarbeit zwischen der aej und dem Jugendverband der Evangelisch Vietnamesischen Tin-Lanh Gemeinden in Deutschland (jve) zu beleuchten, zu definieren und den Rahmen dieser Vernetzung zu kontextualisieren. Durch die organisationstheoretische Verortung möchte der Beitrag eine ergänzende Perspektive auf die Diskussion zum Begriff der Begegnung des Netzwerkes eröffnen. Claudia Rammelt und Esther Hornung haben im Hinblick auf die Beschäftigung mit christlichen Migrationskirchen aus theologischer Perspektive die Dimensionen aufgezeigt, in denen sich die Begegnung mit Migrationskirchen vollzieht; als Reflexion von Gewohnheiten, als offenes Geschehen und als gelebte Ökumene.[7] Die ergänzende Perspektive, die der Beitrag zu leisten versucht, richtet sich hingegen auf die Gelingensbedingungen für die Begegnung (konkret: die Beziehungsform) zwischen einer christlichen Migrantenjugendselbstorganisation und einem Jugendverband der Evangelischen Kirche in Deutschland. Dabei sind folgende Fragen leitend für die folgenden Ausführungen: In welchem Rahmen begegnen sich die Akteure, warum gehen sie die Zusammenarbeit miteinander ein, welcher Art ist die Begegnung und wie wirkt sich die Vernetzung auf ihr jeweiliges Selbstverständnis aus? Im folgenden

---

[5] Kooperationen finden darüber hinaus seit einigen Jahren mit weiteren Jugendorganisationen statt, die nicht christlich geprägt sind, wie z.B. mit der Muslimischen Jugend in Deutschland e.V. (MJD), dem Bund der Alevitischen Jugendlichen in Deutschland e.V. (BDAJ) oder dem Muslimischen Jugendwerk (MJW). Zum Netzwerk der aej vgl. www.aej.de/ueber-uns/wer-wir-sind [Aufruf: 26.4.2021].

[6] Der Begriff der Anerkennung ist im Kontext der Jugendverbandsarbeit mit verschiedenen Bedeutungen belegt. Zum einen meint er die formale Anerkennung von Jugendverbänden und Jugendgruppen (§ 12 Abs. 1 und 2 SGB VIII) als Träger der freien Jugendhilfe nach § 75 SGB VIII, was eine auf Dauer angelegte Förderung und Mitgliedschaft in Jugendringen mit sich bringt. Für eine Vollmitgliedschaft im Deutschen Bundesjugendring muss beispielsweise eine Mitgliederzahl von 25.000 Personen erfüllt sein. VJM ringen nicht nur um formale Anerkennung, die sie aufgrund der gesetzten Kriterien (noch) nicht erreichen können, sondern vor allem um gesellschaftliche Anerkennung für ihr Engagement. Vgl. JAGUSCH, Praxen (s. Anm. 3); DIES., Öffnung (s. Anm. 4).

[7] Vgl. CLAUDIA RAMMELT/ESTHER HORNUNG, Begegnung in der Glokalität. Christliche Migrationskirchen in Deutschland im Wandel, in: DIESS./VASILE-OCTAVIAN MIHOC (Hrsg.), Begegnung in der Glokalität. Christliche Migrationskirchen in Deutschland im Wandel der Zeit, Leipzig 2018, 15-28.

Abschnitt wird zunächst geklärt, inwieweit anerkannte christliche Jugendverbände ihr Selbstverständnis und ihre Rolle in der Migrationsgesellschaft reflektieren.

1. Christliche Jugendverbandsarbeit in der Migrationsgesellschaft. Eine Problembeschreibung mit Blick auf das Selbstverständnis anerkannter Jugendverbände

Jugendvereine und -verbände gelten als wichtige Sozialisationsarenen für alle Kinder, Jugendliche und junge Erwachsene in unserer Gesellschaft unabhängig von ihrer sozialen Herkunft und sind somit wichtige Ermöglichungs- und Teilhabeorte für zivilgesellschaftliches Engagement. Bürgerschaftliches Engagement – gerade von Kindern, Jugendlichen und jungen Erwachsenen – wird gesellschaftlich als hohes Gut für eine demokratisch funktionierende Gesellschaft angesehen. In der politischen Diskussion werden gerade Vereine und Verbände im Hinblick auf Kinder und Jugendliche mit Migrationshintergrund als zivilgesellschaftliche Handlungsräume verstanden, an die die Erwartung herangetragen wird, demokratiefördernd und integrativ wirksam zu werden, der Radikalisierung entgegen zu wirken und sinnstiftend zu sein.[8] Allerdings belegen bisherige Studien, dass nicht alle Kinder und Jugendlichen in Deutschland in gleichem Maße von den Angeboten der Jugendverbände angesprochen bzw. ihre Interessen von diesen vertreten werden – dies gilt insbesondere für Kinder und Jugendliche mit (familiärer) Migrationsgeschichte, welche rund ein Viertel der 15- bis unter 25-Jährigen in Deutschland ausmachen.

Quantitative Studien zeigen: Die »Chance von Jugendlichen mit Migrationshintergrund, von handlungs- und erfahrungsorientierten Lernmöglichkeiten des Bildungsort Jugendverband zu profitieren, ist geringer als von Jugendlichen ohne Migrationshintergrund. [...] 2009 gibt knapp die Hälfte von 352 befragten Jugendverbänden an, dass von ihren Mitgliedern weniger als 5% einen Migrationshintergrund haben.«[9] Darüber hinaus haben in den wenigsten Jugendverbänden Jugendliche mit Migrationshintergrund eine Vorstandsfunktion inne oder sind gar als hauptamtliche Mitarbeiterinnen und Mitarbeiter tätig.[10] Die mit der mangelnden Repräsentation einhergehende Chancenungleich-

---

[8] Vgl. Ursula Boos-Nünning/Yasmin Karakaşoğlu, Partizipation von Jugendlichen mit Migrationshintergrund, in: Marianne Krüger-Potratz/Hans H. Reich (Hrsg.), Familien- und Jugendpolitik in der Einwanderungsgesellschaft, Göttingen 2012, 53-78.

[9] Kirsten Bruhns/Iris Bednarz-Braun, Jugend und Migration, in: Yvonne Kaiser u.a. (Hrsg.), Handbuch Jugend. Evangelische Perspektiven, Opladen 2013, 95-99, 96.

[10] Bruhns/Bednarz-Braun, Jugend (s. Anm. 9), 97.

heit zeigt sich auch in christlichen Dachverbänden wie der aej und dem BDKJ. Trotz der programmatischen Wende hin zu einer interkulturellen Öffnung der Organisationen blieben die erhofften Effekte aus. So konnte gezeigt werden, dass Angebote der evangelischen Kinder- und Jugendarbeit hauptsächlich evangelische junge Menschen ohne Migrationshintergrund erreichen – jedoch mit unterschiedlichem Gewicht im Vergleich zwischen dem Osten und dem Westen Deutschlands.[11] Mit Verweis auf eine Erhebung der Forschungsgruppe Weltanschauung in Deutschland stellt Simone Kalisch-Humme, die als Sozialpädagogin von 2008 bis 2011 als Projektleiterin bei der aej im Projekt TANDEM tätig war, fest, dass sich rund 64% der jungen Menschen mit (familiärer) Migrationsgeschichte in Deutschland zwar als Christinnen und Christen verstehen (davon ca. 27% mit evangelischer Religionszugehörigkeit), jedoch nicht von den Angeboten der evangelischen Kinder- und Jugendarbeit erreicht werden.[12] Mit Verweis auf die Jugendangebote der Migrationskirchen wie z.B. der Evangelischen Gemeinde eritreischer Christen, der koptisch-orthodoxen Kirche in Deutschland und Kirchen und Gemeinden iranischer, russischer, indonesischer und verschiedener Gemeinden afrikanischer Herkunft und der Gründung von christlichen Migrantenjugendselbstorganisationen (MSJO), lenkt sie den Blick auf alternative christliche Sozialisationsarenen, die VJM. Diese sind bislang von der theologischen wie auch religionswissenschaftlichen Forschung weitestgehend unberücksichtigt geblieben.

Aus Sicht der reformatorischen Kirchen, bzw. ganz konkret aus Sicht ihrer Jugendverbandsarbeit, markiert die Anerkennung einer kulturell und religiös pluralen Gesellschaft in einem von Migration geprägten Land einen Wendepunkt, der die christliche Jugendverbandsarbeit zu einer grundlegenden Neujustierung der verbandlichen Jugendarbeit und Reformulierung des eigenen Selbstverständnisses auffordert. Zwar haben Dachverbände wie die aej und der BDKJ noch eine Monopolstellung inne und sind sowohl strukturell als auch rechtlich fest in der Jugendverbandslandschaft etabliert, jedoch nehmen sie zunehmend die wahrgenommene religiöse Pluralität als Umweltbedingung wahr, die sowohl das eigene jugendverbandliche Handeln als auch das Selbstverständnis herausfordert.[13] Dabei handelt es sich um einen Prozess, der die

---

[11]　Vgl. KATRIN FAUSER/ARTHUR FISCHER/RICHARD MÜNCHMEIER (Hrsg.), Jugendliche als Akteure im Verband. Ergebnisse einer empirischen Untersuchung der Evangelischen Jugend, Opladen u.a. 2008, 215f.

[12]　Vgl. SIMONE KALISCH-HUMME, Migration, in: LOTHAR BÖHNISCH/HANS GÄNGLER/THOMAS RAUSCHENBACH (Hrsg.), Handbuch Jugendverbände. Eine Ortsbestimmung der Jugendverbandsarbeit in Analysen und Selbstdarstellungen, Weinheim/München 1991, 413-416, 414; CHRISTIAN PEUCKERT, Mut zur interkulturellen Öffnung!? Ergebnisse einer bundesweiten Erhebung bei Jugendverbänden, in: deutsche jugend 58 (2010), 531-539.

[13]　Als ein Beispiel dafür, wie die Auseinandersetzung mit religiöser Pluralität einen Prozess der Selbstvergewisserung anstößt, kann der Bericht »Christliche Jugendarbeit

evangelische Kinder- und Jugendarbeit langfristig fordert und eine Klärung des eigenen Selbstverständnisses verlangt, »mit welcher Haltung, Kompetenz und Aktivität sie Kindern und Jugendlichen in der Migrationsgesellschaft« begegnen will und »welche Rolle sie für Kinder und Jugendliche, für die Pluralität längst schon Normalität ist, in Zukunft spielen möchte«.[14]

Der folgende Abschnitt ist der Etablierung von Jugendorganisationen mit (familiärer) Migrationsgeschichte, ihrer begrifflichen Eingrenzung und einer kurzen Verhältnisbestimmung zu anerkannten Jugendverbänden gewidmet.

2. Zur Etablierung von VJM in der Migrationsgesellschaft

Die Etablierung der sogenannten Vereine von Jugendlichen mit Migrationshintergrund (VJM), die von formal anerkannten Jugendverbänden in der Jugendverbandsforschung unterschieden werden, hat sich in den vergangenen 30 Jahren vollzogen und ist nicht nur als ein Ausdruck zunehmender Ausdifferenzierung der Jugendverbandslandschaft zu verstehen, sondern zugleich als

---

in einer multikulturellen und multireligiösen Gemeinschaft« von Gottfried Heinzmann, dem Leiter des EJW, angeführt werden, Gottfried Heinzmann, Christliche Jugendarbeit in einer multikulturellen und multireligiösen Gesellschaft, Bericht der Leitung des EJW zur Delegiertenversammlung am 4. Juni 2016, Evangelisches Jugendwerk in Württemberg 2016, 11-29. Heinzmann betont, dass Abgrenzung und auf sich selbst beschränkt sein keine Option im Umgang mit dieser Herausforderung sein können. Die Förderung der Kontaktaufnahme und Begegnung seien vielmehr notwendige Maßnahmen, denen zunächst die Klärung der eigenen Identität und der organisationalen Ziele vorausgehen müsse. Im Bericht wird deutlich, dass der Jugendverband auf sich ändernde Umweltbedingungen mit der Sorge reagiert. So beinhaltet der zweite Abschnitt den Merksatz: »Die Vergewisserung des eigenen Glaubens ist die Grundlage für christliche Jugendarbeit in einer multikulturellen und multireligiösen Gesellschaft. Um unsere eigene Identität zu finden und zu behalten, brauchen wir im EJW eine neue Leidenschaft für eine intensive Auseinandersetzung mit den Inhalten unseres Glaubens an Jesus Christus«, a.a.O., 20. Er postuliert, dass sich christliche Jugendarbeit klar als evangelisch zu erkennen geben muss und sich zugleich wieder intensiver mit dem eigenen Glauben, z.B. durch intensive Bibellektüre, und weniger durch Formate, die auf das persönliche Erleben abzielen, auseinandersetzen sollte. – Die Zielgruppe ihrer evangelischen Jugendarbeit richte »sich an alle jungen Menschen gleichgültig welche Konfession oder Religion sie haben, gleichgültig welche Hautfarbe sie haben und aus welchem Herkunftsland sie kommen« und die Begegnung mit Migrantenverbänden bekräftigt: »Für den Sohn Gottes gibt es keine Grenze, wenn es darum geht, Menschen anzunehmen und ihnen die Liebe Gottes zu bringen«, ebd. Migrantenverbänden attestiert er »eine Frische und Dynamik« (25), die er in der evangelischen Jugendverbandsarbeit oftmals vermisse und verweist auf bislang wenig genutzte Möglichkeiten der Begegnung.

[14] Kalisch-Humme, Migration (s. Anm. 12), 416.

ein sichtbarer Hinweis auf die kulturelle und religiöse Vielfalt in der Migrationsgesellschaft.

Birgit Jagusch definiert VJM als einen auf Dauer angelegten Zusammenschluss von Jugendlichen mit Migrationshintergrund, der auf Ehrenamtlichkeit und freiwilligem Engagement seiner Mitglieder fußt und spezifische Ziele verfolgt.[15] Ergänzend muss hinzugefügt werden, dass es sich dabei nicht ausschließlich um Vereine handelt, die von Jugendlichen für Jugendliche geleitet werden, da die Vorstandsmitglieder und Aktiven, wie die Empirie zeigt, oftmals Erwachsene im Alter zwischen 20 und 40 Jahren sind. Jedoch verstehen sie sich in ihrem Selbstverständnis erstens primär als Jugendverein oder -verband und pflegen den Bezug zu einem bestimmten Herkunftsland oder Herkunftsländern ihrer Mitglieder, was die Zuschreibung »mit Migrationshintergrund« begründe.[16] Unter VJM werden konkret Vereine und Verbände gefasst, die sich organisationstheoretisch von losen Gruppen, Kirchen, Bewegungen, Initiativen und der kirchlich-gemeindlichen Arbeit mit Jugendlichen unterscheiden lassen.

Jugendvereine und -verbände werden allgemein nach ihren primären Aktivitäten unterschieden, wie z.B. Sportvereine, konfessionelle Jugendvereine oder parteipolitische Jugendvereine. Durch ihre Milieubezogenheit und Offenheit wird ihnen ein hohes Integrationspotenzial zugesprochen.[17] Der Sozialpädagoge Werner Thole unterscheidet typologisch zwischen fach- und sachbezogenen und weltanschaulichen Jugendvereinen und -verbänden, wobei er bei weltanschaulichen Jugendorganisationen nicht das geteilte Interesse, sondern die geteilten Überzeugungen betont.[18] Jagusch weist zu Recht darauf hin, dass diese Unterscheidung lediglich primär heuristisch gedacht sein kann, da sich in der Empirie zeige, dass Jugendvereine sich nicht allein unter einem Primäranliegen zusammenfassen lassen.[19] Die analytische Differenzierung gerät dann insbesondere bei der Bestimmung von VJM in Schieflage, die primär

---

[15] Vgl. BIRGIT JAGUSCH, Vereine von Jugendlichen mit Migrationshintergrund (VJM) in Rheinland-Pfalz. Bestandsaufnahme – Chancen – Herausforderungen. Expertise im Auftrag des Bundesamtes für Migration und Flüchtlinge, Duisburg 2009, 16.

[16] Dass VJM von anerkannten Jugendverbänden, bzw. aus Sicht der Evangelischen Kirche, vor allem als »migrantisch« geprägt und auf diese Zuschreibung reduziert wahrgenommen werden (anstatt beispielsweise auf Ähnlichkeiten in der Kinder- und Jugendarbeit oder konfessionelle Gemeinsamkeiten oder Unterschiede abzuheben), zeigt sich beispielsweise, wenn bei KAISER, Handbuch Jugend (s. Anm. 9), unter den zahlreichen Kurzbeiträgen religiöse VJM weder in Beiträgen zur Jugendverbandsarbeit noch im letzten Segment zur katholischen, muslimischen und jüdischen Arbeit mit Jugendlichen in Deutschland aufgeführt werden, sondern im Beitrag von KALISCH-HUMME, Migration (s. Anm. 12), 413-416.

[17] Vgl. KALISCH-HUMME, a.a.O., 414.

[18] Vgl. WERNER THOLE, Kinder- und Jugendarbeit. Eine Einführung, Weinheim 2000, 124.

[19] Vgl. JAGUSCH, Anerkennung (s. Anm. 6), 30.

über den Migrationshintergrund ihrer Mitglieder klassifiziert und erst in nächster Instanz nach fach- und sachbezogenen bzw. weltanschaulichen Kriterien durch Dritte (Akteure aus Wissenschaft, Politik und Gesellschaft) differenziert werden. Somit versteht sich nicht jede Jugendorganisation als dezidiert religiös oder als durch Migration geprägt. Manche wenden sich gegen diese Zuschreibungen, indem sie sich bewusst z.B. als überkonfessionell oder international ausgerichtete Jugendorganisationen verstehen. Dieser Umstand verweist einerseits auf ihre selbstbewusste Identitätsarbeit, andererseits lässt sich an dieser Grenzarbeit das Ringen um Anerkennung erkennen.

Wodurch zeichnen sich Jugendverbände aus organisationaler Sicht aus? Laut Thole definiert sich ein Jugendverein dadurch, dass sich die Mitglieder freiwillig engagieren, das Ehrenamt eine zentrale Rolle in der Organisation spielt, Aufbau und Arbeitsweise demokratisch organisiert sind, der Verein autonom und unabhängig agieren kann (gegenüber staatlichem Einfluss).[20] Sie werden darüber hinaus typologisch im intermediären Sektor angesiedelt, da sie einerseits die Interessen ihrer Mitglieder vertreten und andererseits selbst Mitglied im nationalstaatlichen Institutionensystem sind.[21] Ergänzend muss hinzugefügt werden, dass Jugendvereine und -verbände je nach Größe verschiedene Wirkungskreise entfalten können, die von Orts-, Kreis-, Landes- bis zur Bundesebene reichen. Während anerkannte Jugend- und Dachverbände wie z.B. BDKJ und aej strukturell sowohl weit ausdifferenziert und bundesweit aktiv sind als auch über hauptamtliche Mitarbeiterinnen und Mitarbeiter verfügen, zeichnen sich hingegen VJM überwiegend durch eine geringe Größe, wenige Ressourcen, einen lokalen Wirkungskreis und eine auf Ehrenamt basierende Tätigkeit aus. Sie kooperieren nur in begrenztem Maße mit Stadt-, Kreis- und Landesjugendringen sowie dem Deutschen Bundesjugendring (DBJR), weil sie oftmals nicht die notwendigen Voraussetzungen für eine Mitgliedschaft erfüllen. Eine Ausnahme bildet der Bund der Alevitischen Jugendlichen in Deutschland (Gründung 1994), der nicht nur der erste von Migrantinnen und Migranten selbstorganisierte bundesweite Jugendverband ist, sondern ist seit dem 28. Oktober 2011 Vollmitglied im DBJR ist, weil er als notwendige Bedingung für die Aufnahme über 25.000 Mitglieder aufweisen kann.[22] Somit muss konstatiert werden, dass die gesellschaftliche und strukturelle Anerkennung dieser Jugendorganisationen ein langsam fortschreitender Prozess ist.[23]

---

[20] Vgl. Thole, Kinder- und Jugendarbeit (s. Anm. 18), 125.

[21] Vgl. Wolfgang Streeck, Vielfalt und Interdependenz. Überlegungen zur Rolle von intermediären Organisationen in sich ändernden Umwelten, in: Kölner Zeitschrift für Soziologie und Sozialpsychologie 39 (1987), 471-495, 472.

[22] Vgl. Bund der Alevitischen Jugendlichen in Deutschland e.V. (BDAJ), www.alevitische-gemeinde-kiel.de/de/kooperationspartner-eintraege/articles/bund-der-alevitischen-jugendlichen-in-deutschland-e-v-bdaj.html [Aufruf: 16.11.2020].

[23] Vgl. Jagusch, Anerkennung (s. Anm. 6); Yasmine Chehata, »Und sie engagieren sich doch.« Engagement von Jugendlichen mit Migrationshintergrund und ihren Verei-

Nachdem nun die Ausgangssituation und Entwicklungen in der Jugendverbandslandschaft im Kontext einer durch Migration und Pluralisierung geprägten Gesellschaft skizziert worden sind, wird nachfolgend in Kürze die
Leerstelle in der wissenschaftlichen Auseinandersetzung mit christlicher Jugendarbeit in der Migrationsgesellschaft aufgezeigt, die erst seit wenigen Jahren in den Blick der Forschung gerät.[24]

3. Christliche VJM in der Jugendverbandslandschaft

Möchte man sich einen ersten Überblick über VJM in Deutschland verschaffen,
bietet sich als Recherchetool die Datenbank des Informations- und Dokumentationszentrums für Antirassismusarbeit e.V. (IDA) an. IDA wurde 1990 initiativ
durch Jugendverbände in der BRD ins Leben gerufen, um ein Zeichen gegen
Rassismus zu setzen.[25] Die Datenbank (erstellt 2009 listet über 270 VJM, wobei
sie auch religiöse Einrichtungen (z.B. Moscheen, jüdische Gemeinden) umfasst,
da sich dort Jugendliche in Gruppen engagieren.[26] Die Datenbank lässt sich
über die Suchmaske nach verschiedenen Kriterien filtern. So bietet sich für die
Recherche nach christlichen VJM unter »Arbeitsschwerpunkt« zur Eingrenzung die Kategorie »Religion« an, was in Kombination mit »Art der Institution«
wie z.B. »Jugendorganisation« oder »Verein« zu Ergebnissen führt. Eine feiner
abgestimmte Suchfunktion, z.B. nach Herkunfsland oder Konfession, ist auf
den ersten Blick nicht möglich. So werden für »Verein« und »Religion« acht Ergebnisse angezeigt, von denen der Orthodoxe Jugendbund Deutschland (OJB)
als einzig christlicher Verein neben jüdischen und muslimischen VJM genannt
wird. Die Kombination »Jugendorganisation« und »Religion« liefert 32 Ergebnisse, von denen vier als christliche VJM eingeordnet werden können: Jugend
der Griechischen Gemeinde Offenbach, Jugendgruppe der Russisch-Orthodoxen
Kirche des Moskauer Patriarchats, Jugendorganisation der Vietnamesischen
Gemeinde Stuttgart, Jugendorganisation des Zentrums der finnischen kirchlichen Arbeit in Hannover Rengas und die Koptische Jugend in Deutschland.
Dass diese Ergebnisse nicht die tatsächlich existierenden VJM abbilden, lässt
sich dadurch erklären, dass die Jugendverbandslandschaft sich fortlaufend dy-

---

nen und Verbänden anerkennen, in: ANDREAS THIMMEL/DIES. (Hrsg.), Jugendarbeit in
der Migrationsgesellschaft. Praxisforschung zur interkulturellen Öffnung in kritisch-
reflexiver Perspektive, Schwalbach/Ts. 2015, 155-170.
[24]   Vgl. BIANCA DÜMLING/KERSTIN LÖCHELT/GERMO ZIMMERMANN, Christliche Jugendarbeit in der Migrationsgesellschaft. Begegnungen mit kultureller und religiöser Vielfalt
gestalten, Neukirchen-Vluyn 2018.
[25]   Webseite des INFORMATIONS- UND DOKUMENTATIONSZENTRUMS FÜR ANTIRASSISMUS-
ARBEIT E.V. (IDA), www.idaev.de/startseite [Aufruf: 17.11.2020].
[26]   Vgl. www.idaev.de/recherchetools/vereine-junger-migrantinnen [Aufruf: 17.11.2020].

namisch entwickelt und die Datenbank nach dem Projektende nun von freiwilligen Eintragungen lebt. Eigene Recherchen[27] haben ergeben, dass diese Liste um den Russisch-Orthodoxen Jugendrat in Stuttgart, die Syrisch-Orthodoxe Kulturvereinigung Kirchardt in Heilbronn, die Indische Jugend der Katholischen Gemeinde Köln, die Thanh Nien Cong Giao (TNCG) - Gemeinschaft aus vietnamesisch-katholischen Jugendlichen - und den Jugendverband der Evangelisch-Vietnamesischen Tin-Lanh Gemeinden in Deutschland ergänzt werden kann, welcher in mehreren Städten vertreten ist. Insgesamt lässt sich feststellen, dass christliche VJM im Vergleich zu jüdischen und muslimischen VJM entweder unterrepräsentiert oder weniger sichtbar sind.

3.1 Begegnung als strategische Allianz. Der Jugendverband der Evangelisch-Vietnamesischen Tin-Lanh Gemeinden in Deutschland (jve) und die aej

3.1.1 Gründungsgeschichte und Selbstverständnis von jve

Der Jugendverband der Evangelisch-Vietnamesischen Tin-Lanh Gemeinden in Deutschland e.V. (jve) wurde am 12. März 2011 offiziell durch 15 Jugendliche und Jugendleiter in Hannover gegründet. Begleitet wurde die Gründungsversammlung durch Vertreter der Erwachsenenorganisation der Tin-Lanh Gemeinden als auch durch Vertreter der aej, die als Partnerorganisation die Vereinsgründung unterstützten.[28] Im Interview mit einem Vereinsmitglied,[29] welches an der Vereinsgründung beteiligt war, wird deutlich, dass mit der Gründung zwar eine Struktur für eine bundesweite Interessenvertretung geschaffen worden ist, jedoch die Angebote für Jugendliche, wie sie bis heute praktiziert werden, bereits seit den 1980er Jahren bestehen. Die Interviewpartnerin A, die sich bei jve engagiert, erläutert in diesem Zusammenhang, dass sie bis dahin »als Jugendbewegung in den vietnamesischen Gemeinden immer ein bisschen im Hintergrund unterwegs gewesen sind zu den Erwachsenenverbänden«.[30] Womöglich hätte sich zum damaligen Zeitpunkt an dieser Situation nichts geändert, wäre es im Projekt »Integration fördern – Demokratiepotentiale entwi-

---

[27] Recherche im Handelsregister, dem Gemeinsamen Registerportal der Länder, in den Mitgliedschaftslisten der Stadtjugendringe, Landesringe und dem Bundesjugendring, Webpräsenzen von MSO und soziale Medien wie Facebook, Instagram und Twitter, da letztere eher von Kleingruppen genutzt werden, die z.B. (noch) keinen Vereinsstatus haben und darüber die Jugend eher erreichen.

[28] Vgl. die Selbstdarstellung des Vereins unter http://jve-tinlanh.de/about.html [Aufruf: 17.11.2020].

[29] Allen Interviewten wurde eine Anonymisierung ihrer personenbezogenen Daten zugesichert.

[30] Sie meint damit den Erwachsenenverband der »Vietnamesischen Tin-Lanh Gemeinden in Deutschland e.V.« und Jugendgruppen in den Ortsgemeinden.

ckeln – Selbstorganisation stärken«[31] (2009-2011) der aej nach einem Jahr Projektlaufzeit nicht zu einer Veränderung gekommen. Die Jugendarbeit des Bundes Taufgesinnter Gemeinden – russische Mennoniten (BTG) war aus dem Projekt ausgeschieden und die aej suchte nach einem neuen Projektpartner für die restliche Laufzeit. Da die Evangelische Kirche bereits Kontakte zum Erwachsenenverband der Tin-Lanh Gemeinden unterhielt, wurde ihre Jugendgruppe als Ersatz angesprochen, was die Vereinsgründung mit sich brachte. Hao Nguyen, ehemaliges Vorstandsmitglied von jve, deutet die Kooperationsanbahnung wie folgt:»Kurze Zeit später ist die aej an uns herangetreten und haben gesagt, sie haben ein Förderprogramm. Ein Förderprogramm für Gemeinden mit Migrationshintergrund. Das war für uns wie eine Fügung Gottes. Das kann kein Zufall gewesen sein, so dass wir zusammen mit der aej, der Arbeitsgemeinschaft der Evangelischen Jugend in Deutschland, dieses Angebot entgegengenommen haben und so unseren Verein, den Jugendverband der Evangelisch-Vietnamesischen Tin-Lanh Gemeinden, gegründet haben.«[32]

Ziel war es, die vietnamesische Jugendarbeit in offizielle Strukturen (Vereinsgründung) zu überführen, ihre Arbeit zu professionalisieren und ihnen zu mehr Sichtbarkeit zu verhelfen. Im Verlauf der Kooperation mit der aej wurde jve darin unterstützt, ein eigenes Netzwerk an ehrenamtlichen Mitarbeiterinnen und Mitarbeitern aufzubauen und diese für die Jugendarbeit zu qualifizieren (Juleica-Schulung). Die Aktivitäten des Vereins umfassen die Organisation jährlicher Oster- und Pfingstfreizeiten und Wochenendfreizeiten mit Bibelprogramm, Spielen und Ausflügen. Die Freizeiten werden mit zweijährig wechselnden Leitthemen verknüpft, die sich an den Interessen der Jugendlichen orientieren, wie z. B. 2009-2010 »Echte Beziehungen« oder 2014-2016 »Mein Weg – Sein Plan«. Darüber hinaus finden seit der Vereinsgründung regelmäßig Vorstandswahlen und Mitarbeiterwochenenden statt.

In der Vereinssatzung vom 12. März 2011 formuliert der Verband, welcher seinen Sitz in Stuttgart hat, in der Präambel sein Selbstverständnis. Junge evangelisch-vietnamesische Christen »verfolgen die Absicht, ihren christlichen Glauben auf dem Hintergrund der deutsch-vietnamesischen Identität zu leben und weiterzugeben«. Der Verband »hat zur Grundlage die Heilige Schrift des Alten und Neuen Testaments. Er bekennt sich zu Gott als dem Schöpfer, zu Jesus Christus als dem Erlöser und weiß sich geführt durch den Heiligen Geist.« Als Vereinszweck wird angeführt, die evangelische Jugendarbeit auf Bundesebene zu vernetzen, die Jugendarbeit in den Ortsgemeinden der Tin-Lanh-Ge-

---

[31] Das Projekt sah VJM als Beispiel der Systemintegration (in das politische System) und als Voraussetzung der Sozialintegration. Die Förderung der VJM zielte auf Strukturentwicklung, Kompetenzentwicklung und Finanzierung ab.

[32] EVANGELISCHES JUGENDWERK IN WÜRTTEMBERG (EJW), Vietnamesische Osterfreizeit 2015. Jugendarbeit in Gemeinden anderer Sprachen und Herkunft, www.youtube.com/watch?v=1oriYNvrBKo&feature=emb_logo [Aufruf: 17.11.2020].

meinden zu stärken, die Vernetzung mit evangelischen Partnern voranzutreiben und diakonische und missionarische Projekte und Aufgaben zu unterstützen.[33]

Im Vergleich zu anderen VJM, die sich als überkonfessionell verstehen (z.b. der Jugend- und Studentenring der Deutschen aus Russland) und Jugendliche unabhängig von ihrer Herkunft adressieren (z.B. Orthodoxer Jugendbund Deutschland), positioniert sich jve als eindeutig christlicher Jugendverband. Ein weiterer Unterschied ist, dass sie sich in ihrem Selbstverständnis als selbstständiger Teil des Erwachsenenverbandes verstehen und dass »Teil eines Ganzen«[34] innerhalb der deutschlandweiten Jugendverbandsarbeit sein zu können wichtig für ihr Selbstbewusstsein und für das Gefühl der gesellschaftlichen Anerkennung ist.

Auffällig ist, dass die Vernetzungsarbeit einen wesentlichen Anteil am Vereinszweck hat, was als ein Ergebnis der engen Kooperation zwischen aej und jve gedeutet werden kann, die der Vereinsgründung voranging. Als Verband unterstützen sie die Jugendarbeit in den sieben Ortsgemeinden in Berlin, Hannover, München, Reutlingen, Stuttgart und Wuppertal. Darüber hinaus weisen sie auf ihrer Webseite auf weitere vietnamesische Ortsgemeinden in Frankfurt und Hamburg hin. Die Kommunikation mit ihren Mitgliedern findet überwiegend über ihre Social-Media-Kanäle (Facebook und Instagram)[35] statt.

3.1.2 Begegnung als strategische Allianz mit systemintegrativer Wirkung

Anhand der Gründungsgeschichte zeigt sich bereits, dass die Vernetzung und Kooperation zwischen jve und aej maßgeblich ihre Jugendverbandsarbeit der letzten 10 Jahre prägte. Eine Gelingensbedingung für die Zusammenarbeit sind die Förderstrukturen des Kinder- und Jugendplans des Bundes. Dadurch kann sich die aej an strukturbildenden Maßnahmen und der Professionalisierung von VJM beteiligen, was auch dem jve zu seiner Vereinsgründung, Sichtbarwerdung in der Jugendverbandslandschaft und einer strukturierten Arbeitsweise verholfen hat. Der Anlass zur Begegnung ist nicht primär auf einen intrakonfessionellen Austausch, verstanden als ein wechselseitiges Lernen über das jeweilige Christsein, ausgerichtet, sondern vielmehr als strategische Allianz zu verstehen, die eine systemintegrative Wirkung für beide Akteure entfal-

---

[33] Vgl. Satzung des Vereins Jugendverband der Evangelisch-Vietnamesischen Tin-Lanh Gemeinden in Deutschland unter http://jve-tinlanh.de/downloads/jve_vereins satzung.pdf [Aufruf: 20.11.2020].

[34] REBECCA PHAM-XUAN u.a., Der Jugendverband der evangelisch-vietnamesischen Tin-Lanh Gemeinden in Deutschland, in: ARBEITSGEMEINSCHAFT DER EVANGELISCHEN JUGEND IN DEUTSCHLAND E.V. (Hrsg.), Jugendverband unterstützt Jugendverband, Hannover 2011, 46f, 46.

[35] Instagram unter www.instagram.com/jvedeutschland/ mit 119 Abonnenten und Facebook unter www.facebook.com/jve.deutschland/ mit 326 Abonnenten [Aufruf: 17.11. 2020].

tet. Dass jve sich als evangelischer Jugendverband verortet und somit eine konfessionelle Nähe zwischen den Partnern gegeben ist, erleichtert die Begegnung.

Systemintegration auf gesellschaftspolitischer Ebene: Für die aej ergibt sich durch die Kooperation die Möglichkeit, ihren Handlungsbedarf als Jugendverband in Richtung einer interkulturellen Öffnung voranzutreiben, die sie vor dem Hintergrund zunehmender kultureller und religiöser Pluralisierung in Deutschland als notwendig erachtet. In dem Strategiepapier »Migration, Integration und die interkulturelle Öffnung der aej« aus dem Jahr 2009 erfährt die interkulturelle Öffnung als Strategie Legitimierung durch drei Begründungen:

> »Auf politischer Ebene legitimiert die Evangelische Jugend ihre Funktion als demokratische Interessenvertretung von einer repräsentativen Zahl an Jugendlichen. Damit erfüllt die aej mögliche Förderkriterien im Kinder- und Jugendplan des Bundes und den Plänen der Länder. Neben diesen Interessen als Jugendverband fördert die interkulturelle Öffnung eine Kultur der Wertschätzung von Vielfalt und der bewussten Auseinandersetzung mit Diskriminierung und Fremdenfeindlichkeit.«[36]

Mit dieser Strategie zur interkulturellen Öffnung möchte der Jugendverband weiterhin politische, strukturelle und ethische Legitimation in der Gesellschaft erfahren und somit seine gesellschaftliche und politische Stellung sichern. Diese Strategie lässt sich systemtheoretisch fundiert als idealtypischen Vorgang einer intermediären Organisation beschreiben, die »Imperativen der Systemintegration«[37] folgt. Der intermediäre Charakter des Jugendverbands zeigt sich darin, dass er einerseits die Interessen seiner Mitglieder vertreten muss, andererseits zugleich als Mitglied in einem Netz unter vielen anderen Organisationen (Jugendverbandslandschaft) agiert. Hieraus ergibt sich eine Spannung zwischen der Mitgliedschaftslogik (Mitglieder erwarten eine Sozial- und Wertestruktur von ihrer Organisation) im Inneren des Jugendverbands (bzw. der Evangelischen Kirche) und der Einflusslogik, in der die Umwelt (andere Jugendverbände, Gesellschaft, Politik) Erwartungen an den Jugendverband heranträgt. So formuliert beispielsweise Interviewpartnerin C, die als Projektleiterin bei der aej beschäftigt ist, dass der Impuls zur interkulturellen Öffnung der aej seit Anfang der 2000er Jahre durch andere Jugendverbände angestoßen wurde, wie z.B. vom Netzwerk interkultureller Jugendverbandsarbeit und -

---

[36] DORIS KLINGENHAGEN/SIMONE KALISCH/FRIEDERIKE PIDERIT, Strategiepapier. Migration, Integration und die interkulturelle Öffnung der aej, Hannover 2009, 1, www.evangelische-jugend.de/fileadmin/user_upload/aej/Migration_und_Integration /Downloads/aej-_Strategiepapier_Migration-Integration_2009.pdf [Aufruf: 20.11.2020].
[37] KARL GABRIEL, Liquid Church? Organisationssoziologische Anmerkungen, in: PThI 34 (2014), 45-56, 52.

forschung (NiJaf)[38] und dem Deutschen Bundesjugendring. Sie weist darauf hin, dass sie in den 1990er Jahren die interkulturelle Öffnung als interreligiösen Dialog verstanden haben, heute die Zusammenarbeit eher als rassismuskritische Jugendarbeit definieren, dabei eine »Verbandsfreundschaft« mit VJM pflegen und das Ziel eine sachlich-funktionelle Beziehung sei, die sie als »angemessen« bewertet. Aus ihrer Sicht wenden sich vor allem religiöse VJM an die aej, weil sie gegenüber diesem religiösen Träger eine »größere Offenheit erwarten oder auch erwarten können [...] das sie weniger verurteilt werden, wenn sie sogar streng religiös oder orthodox sind«.[39]

Die eingangs zitierte Legitimationsstrategie bringt zum Ausdruck, dass sich die aej vor dem Hintergrund einer sich wandelnden Umwelt den »Maximen der Einflusslogik, die an der Sicherung der Position in der Gesellschaft, dem Zugang zu Ressourcen und der Durchsetzung von Interessen orientiert ist« (ebd.), folgt, welche sich an der zitierten politischen Legitimierung, dem Zugang zu Fördermitteln und gesellschaftsfähigem Handeln (»Wertschätzung von Vielfalt«) zeigt. Der angestoßene Prozess, der sich systemintegrativ stabilisierend auf die aej auswirken soll, ist nicht frei von Herausforderungen, welche der Jugendverband reflektiert. Die aej verweist zwar auf die Vorteile der strukturellen Öffnung der Jugendverbandsarbeit, welche zur »Initiierung und Intensivierung von Diskussionen in Entscheidungs- und Partizipationsstrukturen« führen würde, jedoch ergäbe sich im Hinblick auf die interkulturelle Öffnung das Problem »einer latenten Konkurrenz zwischen etablierten Verbänden und ›neuen‹ VJM durch Vertretungsprobleme zur Verfügung stehender Ressourcen, die nicht adäquat mit steigenden Bedarfen verändert, ausgebaut und erweitert werden«.[40] Außerdem wurde bereits im oben genannten Strategiepapier eine Herausforderung als Schlüsselfrage formuliert, die das Selbstverständnis der aej betrifft: »Wie können wir unser ›evangelisches Profil‹ im Öffnungsprozess bewahren und gleichzeitig Kinder und Jugendliche anderer (religiöser) Herkunft erreichen und beteiligen?«[41]

Systemintegration auf jugendverbandlicher Ebene: Für jve wirkt sich die Kooperation mit der aej insofern systemintegrativ aus, als sie durch die Unterstützung der aej und der damit einhergehenden gesellschaftlichen Sichtbarwerdung und Professionalisierung an Förderstrukturen in zweiter Reihe (mithilfe der aej als Trägerin) partizipieren können und Teil desjenigen politi-

---

[38] Informationen zum Netzwerk NiJaf finden sich auf der Webseite des Informations- und Dokumentationszentrums (IDA) unter www.idaev.de/wir-ueber-uns/nijaf [Aufruf: 20.11. 2020].

[39] Interview_6 vom 1.12.2020.

[40] Andreas Langer, Systemintegration durch das Coaching-Projekt. Bericht der wissenschaftlichen Begleitung, in: Arbeitsgemeinschaft der Evangelischen Jugend in Deutschland e.V. (Hrsg.), Jugendverband unterstützt Jugendverband, Hannover 2011, 30-42, 30.

[41] Klingenhagen/Kalisch/Piderit, Strategiepapier (s. Anm. 36), 4.

schen Diskurses werden, der sich mit der Regulierung[42] kultureller und religiöser Pluralität – allgemeiner auch als »Governance of Diversity«[43] beschrieben – befasst.

Beispielhaft kann die Teilnahme des jve an der Migrationsfachtagung DRANBLEIBEN der aej im Jahr 2019 genannt werden, in der die damalige Vorstandsvorsitzende Thai-An Vu des Jugendverbands die Bedeutung der Teilnahme an solchen Netzwerkveranstaltungen mit anderen VJM bekräftigt: »Es ist eine tolle Plattform gerade für junge Menschen, ihre Meinung zu vertreten, ihre Interessen zu vertreten, und mit etablierten Fachmenschen, Politikern, zu reden, wo sie lokal keine Chance hätten oder sich nicht trauen.«[44] Darüber hinaus betont sie, dass sie im Kontakt mit anderen VJM, wie z. B. muslimischen Jugendorganisationen, lernen, ihre jeweiligen Situationen miteinander in Relation zu setzen, den eigenen Standpunkt zu reflektieren, aufmerksam für strukturelle Ungleichheit zu werden, und selbstbestimmt die eigenen Inhalte zu platzieren und durchzusetzen.[45]

Die Motivation, sich auf die Kooperation mit der aej einzulassen, begründet die Interviewpartnerin A damit, professionelle Strukturen schaffen zu wollen, in der Jugendarbeit so weit strukturiert aufgestellt zu sein, dass Wissen von einer Generation (also von einem Jugendvorstand zum nächsten) weitergegeben werden kann, eigene Fördergelder beantragen und unabhängig vom Erwachsenenverband agieren zu können.[46] Die Kooperation und die Vereinsgründung hatten zur Folge, dass jve nun seine Jugendarbeit überwiegend in deutscher Sprache anbietet und somit mehr Jugendliche erreicht, er seine Arbeit auf eine breitere Mitarbeiterbasis stützen kann, was durch transparente Netzwerkarbeit zwischen dem Vorstand und seinen Mitgliedern realisiert wird, und sie präsenter in den sozialen Medien sind, was ihre Sichtbarkeit erhöht

---

[42] Jahn und Stander-Dulisch weisen darauf hin, dass religiöse Pluralität kein neues Phänomen innerhalb der europäischen Religionsgeschichte ist und bis heute Fragen nach Toleranz und Anerkennung in rechtlichen, politischen und gesellschaftlichen Debatten prägen. Vgl. SARAH J. JAHN/JUDITH STANDER-DULISCH, Problemaufriss. Regulierung religiöser Pluralität als große gesellschaftliche Herausforderung in der Region, in: DIESS. (Hrsg.), Vielfalt der Religionen. Ein Praxishandbuch zur Regulierung von religiöser Pluralität in Nordrhein-Westfalen, Frankfurt/M. 2021, 16-29.

[43] GUNNAR F. SCHUPPERT, Governance of Diversity. Zum Umgang mit kultureller und religiöser Pluralität in säkularen Gesellschaften, Frankfurt/M. 2017.

[44] ARBEITSGEMEINSCHAFT DER EVANGELISCHEN JUGEND, DRANBLEIBEN! Interview mit Thai-An Vu – aej Migrationsfachtagung 2019 unter www.youtube.com/watch?v=oaW6 GmcXFwY&ab_channel=ArbeitsgemeinschaftderEvangelischenJugendinDeutschlande.V .%28aej%29 [Aufruf: 17.11.2020].

[45] Ebd.

[46] Interview_1 vom 18.8.2020.

hat. Der Etablierungsprozess von jve ist so weit voran geschritten, dass sie am 20.11.2020 als außerordentliches Mitglied in die aej aufgenommen wurden.[47]

Die Interviewpartnerin B der aej sieht in diesem Format der außerordentlichen Mitgliedschaft eine Partizipationsmöglichkeit für VJM, die aufgrund ihrer religiösen Orientierung in der Jugendverbandslandschaft anderweitig nicht anschlussfähig wären, wie z.B. die koptische Jugend und die orthodoxe Jugend, die sie nicht nur als eine »frommere Ausprägung«[48] einstuft, sondern die regulär nicht Mitglied werden könnten, weil sie nicht evangelisch sind. Die Gelingensbedingung für eine Kooperation mit der aej erfordere darüber hinaus die Bereitschaft, sich für die »jugendpolitische Kraft« der Verbandsarbeit zu interessieren, was aus ihrer Sicht mehr Engagement erfordere, als nur »religiöse Jugendarbeit« machen zu wollen.[49] Für die Interviewpartnerin B bedeutet die wechselseitige Zusammenarbeit, dass »gemeinsam etwas Neues erfunden werden muss, weil sich nicht nur einer öffnen muss und sich der andere da rein begibt.«[50] Die aej hat somit eine strukturelle Kopplung mittels der strategischen Allianz mit VJM geschaffen, die es mit ausgewählten Partnern, wie dem jve, ermöglicht, die Vernetzung auf Dauer zu stellen, die ansonsten nur projektbasiert vollzogen werden könnte. Die Verstetigung der Begegnungsarbeit realisiert die aej über ein jährlich stattfindendes Vernetzungstreffen.

4. Fazit

Am Beispiel der Kooperation zwischen der Evangelischen Jugend und dem Jugendverband der Evangelisch-Vietnamesischen Tin-Lanh Gemeinden in Deutschland (jve) wurde ausgehend von der Frage des Forschungsnetzwerkes zur »Begegnung mit dem globalen Christentum vor Ort« das Verhältnis zwischen einem anerkannten, christlichen Dachverband der Evangelischen Kirche und einem christlichen VJM in den Blick genommen. Ziel war es, die Art und Weise der »Begegnung« zu beschreiben, organisationstheoretisch zu rahmen und vor dem Hintergrund der Diskussionen um religiöse Vielfalt in der Migrationsgesellschaft zu kontextualisieren. Aus religionswissenschaftlicher Sicht

---

[47] Vgl. die Nachricht auf der Webseite des evangelischen Infoportals unter www.evangelische-jugend.de/nc/news-single/archive/2020/november?tx_ttnews%5B day%5D=20&tx_ttnews%5Btt_news%5D=2387&cHash=aa4877046f22783450375f1ec8d 95bb2 [Aufruf: 17.11.2020]. Neben jve gehören weitere sieben Vereine zu den außerordentlichen Mitgliedern der aej, worunter jve die erste VJM ist. Der Jugendverband kann nun eine/n Delegierte bzw. Delegierten und eine Stellvertretung in die aej-Mitgliederversammlung entsenden.

[48] Interview_4 vom 11.9.2020.

[49] Ebd.

[50] Ebd.

wird die Kooperation zwischen den beiden Jugendorganisationen als strategische Allianz zwischen zwei religiösen Akteuren beschreibbar, die weniger den Charakter einer intrareligiösen Begegnung als vielmehr den Charakter einer Strukturförderung hat – die im Fall von jve auch mit einer Einbindung in die Strukturen der aej einhergeht und an Gelingensbedingungen gekoppelt ist. Die Definition von Jagusch zur interkulturellen Öffnung, nach der Organisationen und deren Arbeitsweisen, Aufgabengebiete, Angebote und Strukturen so zu verändern seien, dass alle Personen, die prinzipiell als Nutzerinnen und Nutzer, Adressatinnen und Adressaten oder Mitarbeitende infrage kommen, tatsächlich die Möglichkeit der Partizipation erhalten, wurde über die strategische Allianz ermöglicht. Der vietnamesische Jugendverband hat seine Strukturen an die Jugendverbandslandschaft angepasst, die Organisation der Verbandsarbeit professionalisiert und seine Sichtbarkeit erhöht. Organisationstheoretisch lässt sich dieser Prozess mit struktureller Isomorphie beschreiben, wobei die Frage offen bleibt, inwiefern dies Auswirkungen auf das religiöse Selbstverständnis haben könnte.

Die Landeskirchen diskutieren die Chancen und Herausforderungen für Theologie, Kirche und Ökumene im Umgang mit religiöser Vielfalt, die mit der Bemühung einhergeht, Migrationskirchen in die eigenen Institutionszusammenhänge einzubinden. Im Vergleich zur Vernetzung zwischen lokalen evangelischen Kirchen und Migrationskirchen, die vor manchen strukturellen und theologischen Herausforderungen stehen, zeigt sich in der Zusammenarbeit zwischen aej und jve exemplarisch, wie über projektgebundene Strukturförderung der christlichen Jugendorganisation eine organisationale Inklusion möglich wird. Begegnung wird in diesem Fall über Anreize geschaffen, die für beide Seiten einen konkreten Mehrwert schaffen. Mittels der strategischen Allianz wird den VJM einerseits zu mehr Teilhabe, Anerkennung und Sichtbarkeit in der Jugendverbandslandschaft verholfen, andererseits wird die aej dem Anspruch der organisationalen Öffnung und gesellschaftspolitischen Anforderungen gerecht. Dies wirkt sich wiederum stabilisierend auf ihre Position im Bereich der konfessionell geprägten Jugendverbandslandschaft aus, macht jedoch zugleich stärkere Reflexionsprozesse über das eigene religiöse Selbstverständnis notwendig. Hieran zeigt sich exemplarisch die Begegnung in der Glokalität als Chance und Herausforderung für Theologie und Kirche, wie sie Rammelt und Hornung beschreiben.[51]

---

[51] Vgl. RAMMELT/HORNUNG, Begegnung (s. Anm. 7), 28.

Ruomin Liu

Chinesische Kirchengemeinden in Deutschland und das chinesische Kompaktseminar an der Missionsakademie Hamburg

Herausforderungen und Forderungen für ein ökumenisches Miteinander in Deutschland

1. Chinesische Einwanderung bis 1990

Viele chinesische Menschen, die zwischen 1950 und 1980 nach Deutschland kamen, waren entweder selbst Christinnen bzw. Christen oder stammten aus christlichen Familien. Sie waren zumeist Geschäftsleute oder Restaurant-Besitzer. Einige von ihnen sind im Zusammenhang der Flüchtlingswelle während des Vietnamkriegs aus Vietnam gekommen. Andere kamen zwischen 1960 und 1970 aus Malaysia und Singapur nach Deutschland. Darunter waren einige sehr hochqualifizierte Fachleute. Die Begleitumstände der Flucht bis zur Ankunft in Deutschland waren unvorstellbar hart.[1]

Schon seit den 1950ern kamen Chinesinnen und Chinesen zum Theologiestudium nach Deutschland. Zu dieser Gruppe zählen die Stipendiaten an der Missionsakademie an der Universität Hamburg, z.B. Sing-Sang Leung (1957), und Alvin Tsang (1958-1959 und 1963-1964). Tsang war von 1968 bis 1977 Pastor in der Emmaus-Kirchengemeinde in Hamburg.[2] Seine Tochter ist heute Pastorin an der Hauptkirche St. Jakobi in Hamburg. Dennoch gab es bis 1980 keine chinesisch-sprachigen Gottesdienste in Deutschland.

Seit 1980 kommen immer mehr Studierende sowohl vom chinesischen Festland als auch aus Hong Kong und Taiwan zum Studium nach Deutschland,

---

[1] Vgl. Lars Amenda, Fremde – Hafen – Stadt. Chinesische Migration und ihre Wahrnehmung in Hamburg 1897-1972, Hamburg 2006.
[2] Vgl. Hildebrand Henatsch, Zwischen Industrie und grünen Wiesen. 100 Jahre Kirchengemeinde im Reiherstieg auf der Elbinsel Hamburg-Wilhelmsburg 1896-1996, Hamburg 1996, 199.

darunter auch einige Theologiestudierende aus Hong Kong und Taiwan. Die chinesischen Studierenden, die vor 1989 in Deutschland studierten, sind fast alle nach ihrem Studium sofort in ihr eigenes Land zurückgekehrt. In dieser Zeit bildeten sich erste chinesische Bibelkreise in Regensburg, Frankfurt am Main und Berlin. Aber vor 1990 gab es in Deutschland keine chinesisch-sprachige Gemeinde, in der regelmäßige Gottesdienste stattgefunden hätten.

2. Die Entstehung chinesischer Kirchengemeinden in Deutschland

Nach der Wiedervereinigung Deutschlands wurden politische Befürchtungen gegenstandslos, die bisher Studierende aus Festlandchina davon abgehalten hatten, zum Studium nach Deutschland zu kommen. 1998 fand in China zudem eine große Reform des Ausbildungssystems statt.[3] Studierende werden ermutigt, im Ausland zu studieren. Seit 2010 muss zudem jede und jeder in China, der an einer Universität lehren möchte, mindestens ein Jahr im Ausland studiert haben. Diese Regelungen führten dazu, dass immer mehr chinesische Studierende (auch) nach Deutschland kommen. Die gute Ausbildungsqualität, niedrige Studiengebühren oder sogar Gebührenfreiheit machen ein Studium in Deutschland – im Gegensatz zu vielen anderen westlichen Ländern – sehr attraktiv. Der gute Ruf von Deutschland in China führt dazu, dass viele junge Chinesinnen und Chinesen gerne die Möglichkeit wahrnehmen, in Deutschland ein Studium oder einige Gastsemester zu absolvieren.

Viele junge Chinesinnen und Chinesen studieren naturwissenschaftliche und technische Fächer. Mittlerweile stellt die Volksrepublik China mit deutlichem Abstand die größte Anzahl an ausländischen Studierenden in Deutschland. Im Wintersemester 2015-2016 studierten 32.366 Chinesinnen und Chinesen an deutschen Universitäten.[4] Die Präsenz der chinesischen Studierenden ist die wichtigste Säule der Entwicklung der chinesisch-sprachiger Kirchengemeinden in Deutschland.[5]

Viele Chinesinnen und Chinesen suchen nach echtem Glauben. Viele Leute im heutigen China sind unzufrieden mit der allgemein verbreiteten Jagd nach Geld, dem korrumpierenden Materialismus und der Ellenbogenmentalität der Gesellschaft. Sie finden, nachdem die ideologische Kraft des Marxismus erlo-

---

[3]   Vgl. http://theory.people.com.cn/GB/40557/134502/141296/ [Aufruf: 13.7.2016].

[4]   Vgl. www.wissenschaftweltoffen.de/daten/1/2/1 [Aufruf: 20.5.2020].

[5]   Etwa vier Prozent der chinesischen Studierenden lassen sich in Deutschland taufen. Vgl. JOHANNA LÜDDE, Die Funktionen der Konversion chinesischer Studierender in Deutschland zum Christentum (protestantischer Prägung) am Beispiel einer chinesischen christlichen Gemeinde in einer deutschen Großstadt (Dissertation), Leipzig 2011, 1, https://nbn-resolving.org/urn:nbn:de:bsz:15-qucosa-147201 [Aufruf: 12.4.2021].

schen ist und der Konfuzianismus sich erst sehr zögerlich regeneriert, im Christentum die Idee der allgemeinen Menschenliebe und des Dienstes am Nächsten. Vor allem die Studierenden aus China sind sich der Tatsache bewusst, dass sie sich in Deutschland in einem »christlichen« Land bzw. in einem Land mit einer christlichen Tradition befinden. Viele sehen einen deutlichen Zusammenhang zwischen der wirtschaftlichen Entwicklung Deutschlands und der christlichen Grundlage der Gesellschaft. Eine weitverbreitete Überzeugung ist, dass nur auf dem Boden einer christlichen Ethik Käufer und Verkäufer einander vertrauen können und dadurch die Wirtschaft florieren kann.

Die Hinwendung vieler Studierender zum christlichen Glauben während ihres Aufenthalts in Deutschland ist eine große Chance für die Entwicklung des chinesischen Christentums. In vielen Fällen ist die Bekehrung viel mehr als eine kultur-religiöse Erfahrung. Aufgrund einer Begegnung mit Jesus entscheiden sich Menschen bewusst, Christinnen und Christen zu werden. Um Jesus zu begegnen, bedarf es freilich Menschen, die den Studierenden das Evangelium erklären – und zwar am besten in ihrer Muttersprache bzw. in einer ihnen kulturell vertrauten Weise. Da christliche Gemeinden oftmals Worte verwenden, die in der Alltagssprache kaum vorkommen, verstehen junge Chinesinnen und Chinesen in deutschen Gottesdiensten häufig nicht viel, obwohl sie an den Universitäten mit der deutschen Sprache ganz gut zurechtkommen.

3. Missionarische Organisationen, chinesische Kirchengemeinden und Bibelkreise in Deutschland

Obwohl die Prozentzahl christlicher Chinesinnen und Chinesen in Deutschland – etwa im Vergleich zu den USA – sehr niedrig ist,[6] wurden in vielen Städten in den letzten Jahren chinesische Gemeinden und Bibelkreise gegründet. Nach den statistischen Angaben der Website der Chinese Church in Germany gibt es heute 88 chinesische evangelische Versammlungsgemeinschaften in 68 Städten über ganz Deutschland verteilt.[7] In den großen Städten existieren oft meh-

---

[6] »Von den knapp 25.000 chinesischen Studierenden lassen sich, konservativen Schätzungen zufolge, etwa 1000 in Deutschland taufen, d.h. vier Prozent. Dabei reist nur ein verschwindend geringer Anteil bereits als Christen ein. Obwohl diese geschätzte Zahl, die sich bisher auf noch keine geprüfte Statistik berufen kann, auf den ersten Blick nicht groß erscheint – demgegenüber sind in den USA bereits 24 bis 32 Prozent der Chinesen Christen – stellt die Zahl der Konversionen von jungen chinesischen Einwanderern mit hohem Bildungsgrad in Deutschland bereits ein sichtbares Phänomen dar. So beträgt der Anteil aller Protestanten in China bei einer Zahl von schätzungsweise 25 bis 50 Millionen lediglich 1,9 bis 3,8 Prozent. In Taiwan machte er im Jahr 2002 ebenfalls nur zwei Prozent aus.« Ebd.

[7] Vgl. https://sites.google.com/site/cdeutschland/germany-church1 [Aufruf: 13.7.2016].

rere chinesische Gemeinden und Bibelkreise, so z.B. in Berlin, Bonn, Frankfurt, Hamburg, München, Nürnberg und Stuttgart. 2015 gab es – Angaben vom Forum für Mission unter Chinesen in Deutschland (FMCD) folgend – 2.339 Chinesinnen und Chinesen in Deutschland, die regelmäßig evangelische Gottesdienste in chinesischen Gemeinden besuchten. Darüber hinaus existieren Gemeinden, die nicht dem Netzwerk des FMCD angehören und die gesondert genannt werden müssten.[8]

Das Wachsen der chinesischen Gemeinden in den letzten 20 Jahren ist zum einen auf Aktivitäten von Vertretern chinesischer Gemeinden aus Nordamerika und Asien zurückzuführen. Zum anderen wurden aber auch mit Hilfe deutscher Gemeinden und missionarischer Organisationen chinesisch-sprachige Gemeinden und Bibelkreise gegründet. Deutsche Kirchengemeinden und missionarische Organisationen haben in der Regel die Räume für Gottesdienste zur Verfügung gestellt und Hilfestellung bei der Eintragung der chinesischen Gemeinde als Verein geleistet.

Unterschiedliche chinesische missionarische Organisationen sowie Gemeinden aus Nordamerika, Taiwan und Hong Kong (oft in Kooperation mit chinesischen Gemeinden in den USA) entsenden Pastorinnen und Pastoren zu den chinesischen Gemeinden in Deutschland. Fast alle chinesischen Pastorinnen und Pastoren haben einen klar erkennbaren konfessionellen Hintergrund,

---

[8]   Als Beispiel sei hier die Christliche Chinesische Gemeinde Düsseldorf genannt. Diese existiert seit 18 Jahren. Im August 1993 wurde die Gemeinde in Düsseldorf durch eine Gruppe christlicher Frauen, die Chinesisch verstehen können, unterschiedlicher konfessioneller Herkunft gegründet. Ihnen war bewusstgeworden, dass sie ihren Glauben in der Fremde nicht mehr ausüben konnten. Sie trafen sich zunächst seit 1993 im Büro eines Gemeindemitglieds, von 1996 bis 2000 in einem Restaurant eines anderen Gemeindemitglieds. Seit dem Jahr 2000 treffen sie sich in den Räumen einer freikirchlichen Gemeinde in Ratingen. Anfang 2014 hat die Gemeinde ein Pfarrer-Ehepaar mit Namen Chen aus Taiwan eingestellt. Herr Chen war Elektroingenieur und begann nach dem Berufsabschluss eine theologische Ausbildung in Taiwan. Nach deren Abschluss wurde er mit seiner Frau im Jahr 2012 von Overseas Missionary Fellowship nach Deutschland entsandt. – Zurzeit hat die Gemeinde ca. 170 Mitglieder, davon sind 120 Erwachsene und 50 Kinder. Die Mehrheit der Mitglieder sind chinesische Familien, aber auch einige chinesisch-deutsche Familien nehmen am Gemeindeleben teil. Die meisten Gemeindemitglieder sind etwa seit zwanzig Jahren in Deutschland und können sich auf Deutsch verständigen. Unter den Mitgliedern sind Studierende, Berufstätige, Arbeitsuchende und deren Familien sowie Selbständige. Männer und Frauen sind etwa gleichmäßig verteilt. Außerdem nehmen einige Deutsche an den Gemeindeaktivitäten teil, wobei die meisten Ehepartner von Gemeindemitgliedern sind. – Die Gemeinde ist eine chinesisch-sprachige Gemeinde. Wenn sie besondere Gottesdienste feiert, sorgt sie dafür, dass es eine deutsche Übersetzung gibt. Ein typisches Wochenprogramm besteht neben dem sonntäglichen Gottesdienst aus einer Gebetsgruppe am Mittwochabend und einer Chorprobe sonntags. Es gibt weitere Aktivitäten, die zeitlich nicht exakt festgelegt sind. Dazu gehören verschiedene Bibelkreise, die bei unterschiedlichen Familien stattfinden. Vgl. http://duesseldorf.china-church.de/ [Aufruf: 12.4.2021].

obwohl die Gemeinden in der Absicht gegründet wurden, überkonfessionell zu sein.[9] Für Gemeindemitglieder, die nach Festlandchina zurückkehren, stellt dies eine Herausforderung dar: Nachdem sie in Deutschland eine Gemeinde mit denominationeller Prägung besucht haben, sollen sie sich nun in eine postkonfessionelle Kirche integrieren.[10] Sie bringen dabei aber ihre frühere konfessionelle Prägung mit, was zur Pluralisierung des Christentums in China führt. So gibt es mittlerweile in China eine Tendenz »in Richtung einer Rückkehr zum Denominationalismus und zu weniger Einheit« der Kirchen.[11]

Derzeit arbeiten 25 chinesische Pastorinnen und Pastoren auf relativ festen Stellen für unterschiedliche chinesische Kirchengemeinden in Deutschland.[12] Sie arbeiten als Missionare für unterschiedliche chinesische Kirchen und Missionsgesellschaften aus den USA, Kanada, Taiwan und Hong Kong. Einige von ihnen sind theologisch ausgebildet, andere haben kein theologisches Studium absolviert. Die meisten von ihnen sind von evangelischen Organisationen in den USA, Hong Kong oder Taiwan nach Deutschland entsandt worden und werden von diesen auch finanziell unterstützt. Nur wenige chinesische Kirchengemeinden in Deutschland können ihre Pastorin bzw. ihren Pastor

---

[9] Vgl. LÜDDE, Konversion (s. Anm. 5), 1f.: »Ein Trend, welcher nicht nur hierzulande, sondern weltweit zu beobachten ist, besteht darin, dass die meisten chinesischen Gemeinden in Deutschland überkonfessionell, evangelikal-konservativ und unabhängig, d.h. wie Freikirchen organisiert sind. Ihre überseechinesischen Pastoren blicken häufig auf eine Ausbildung an einer Bibelschule bzw. einem theologischen Seminar in den USA zurück [...]. Die Studierenden, die in Deutschland zum protestantischen Christentum dieser Prägung konvertiert sind, werden wiederum in ihr Heimatland zurückkehren und dort einen kleinen, aber sichtbaren Teil der Bildungselite ausmachen. Es ist demnach zu erwarten, dass ihr Einfluss auf die chinesische Gesellschaft in einigen Jahren anwachsen wird [...].« Auch wenn die hier gemachten Aussagen überwiegend richtig sind, muss klar gesagt werden, dass die chinesischen Gemeinden in Deutschland in der Regel nicht überkonfessionell sind.

[10] Eine der Grundlagen des chinesischen protestantischen Geisteslebens in Festlandchina ist die siebzigjährige Erfahrung als sogenannte postkonfessionelle Kirche. Im Gegensatz dazu sind fast alle Kirchen in Taiwan, Hong Kong, Macao sowie die chinesischen Überseegemeinden konfessionell gebunden und orientieren sich an den entsprechenden Traditionen. Die konfessionellen Eigenarten sind ein Erbe der Mission des 19. Jh.s. Unter dem Eindruck des schärfer werdenden politischen Drucks und der Trennung der Kirchen in Festland-China von den ausländischen konfessionellen (Mutter-)Kirchen und ihren Missionswerken nach 1949 sind die Kirchen in Festland-China unter dem Stichwort »vereinigter Gottesdienst« (lianhe libai) einen eigenen postkonfessionellen Weg gegangen, der zu Beginn der 1980er Jahre noch einmal mit gezielten Bemühungen um eine Vereinheitlichung verstärkt wurde, z. B. durch die Erstellung eines gemeinsamen Katechismus und eines gemeinsames Gesangbuches.

[11] FREDERIK FÄLLMAN, Evangelisierung in der evangelischen Kirche in China. Reflexionen eines westlichen Sinologen, in: China Heute XXXVI (2017), 97-102, 97.

[12] Vgl. www.chinese-library.de/cn/content/%E5%BE%B7%E5%9B%BD%E5%8D%8E%E4%B A%BA%E5%9F%BA%E7%9D%A3%E5%BE%92%E8%81%94%E7%B3%BB [Aufruf: 29.12.2020].

selbst finanzieren. Letzteres ist nur in vier Gemeinden der Fall, nämlich jeweils in einer Gemeinde in Hamburg, Frankfurt, Leipzig und Berlin.

Auch einige deutsche Pfarrer sprechen sehr gut Chinesisch und können auf Chinesisch predigen. Sie arbeiten aktiv als ehrenamtliche Pfarrer für die chinesisch-sprachigen Gemeinden und Bibelkreise in Süddeutschland, z. B. Frau und Herr Volz aus Karlsruhe und Herr Eick aus Großbottwar.

Folgende missionarische Organisationen und Gemeinden entsenden Pastorinnen und Pastoren nach Deutschland und unterstützen sie auch finanziell:

- Hong Kong Chinese Christian Church
- Christian und Missionary Allianz
- Overseas Campus Ministries
- Evangelical Free Church of China in Hong Kong – Yan Fook Church
- Rutgers Community Christian Church in Chicago
- Bread of Life Christian Church in Taipei
- Wahre Jesus Gemeinde
- Ortsgemeinden (*little flock*)

Einige chinesische Kirchengemeinden in Deutschland wurden von Restaurantbesitzern und Geschäftsleuten aus der Stadt Wenzhou in China gegründet. Sie sind deshalb relativ unabhängig von anderen Organisationen und Kirchen. Außerdem wurden viele chinesische Bibelkreise auf Initiative von Chinesinnen und Chinesen – meist chinesischen Studierenden – gegründet. Diese Bibelkreise treffen sich regelmäßig in den Privatwohnungen der Teilnehmenden oder an anderen Versammlungsorten, wie zum Beispiel im Studierendenwohnheim. Die letzten zwei Gruppen sind aufgrund ihrer Selbständigkeit relativ liberal und offen. Von der konservativen Theologie und einseitigen politischen Sichtweisen, für welche die großen ausländischen Organisationen stehen, sind sie kaum beeinflusst. Ihnen mangelt es aber an gut ausgebildeten Pastoren und Leiterinnen für die Bibelkreise.

4. Die Möglichkeit der theologischen Aus- und Fortbildung von Chinesinnen und Chinesen in Deutschland

Seit einiger Zeit erreichen unterschiedliche Signale die Missionsakademie an der Universität Hamburg, dass chinesisch-sprachige Christenmenschen in Deutschland eine sinnvolle Zielgruppe für ein theologisches Ausbildungsprogramm sein könnten. Die Missionsakademie hat einen reichen Erfahrungsschatz, was die theologische Fortbildung für Mitglieder von Migrantengemeinden betrifft. Deswegen eignet sie sich hervorragend als Ort für eine theologische Ausbildung von Chinesinnen und Chinesen in Deutschland (sowie Nordeuropa). In der Studienleitung der Missionsakademie arbeitet seit Mai

2016 ein promovierter Theologe und Pastor aus China, der Autor dieses Beitrags.

4.1 Die Missionsakademie als Begegnungsraum zwischen chinesischer und deutscher Theologie

Die Missionsakademie hat eine lange Tradition in der Beschäftigung mit China. Walter Freytag (1899-1959), Spiritus Rektor und Gründer der Missionsakademie, hat selbst zwei Reisen nach China unternommen. Eine erste in den dreißiger Jahren, die Freytag in seiner Monographie »Die junge Christenheit im Umbruch des Ostens«[13] reflektiert. In diesem Buch stellt er die Frage, unter welchen Bedingungen das werdende Christentum im Osten seinen eigenen Weg finden kann. Diese Frage verdeutlicht, wie sensibel Freytag für die Bedeutung einer eigenen chinesischen Ausgestaltung des Christentums ist. Er hält fest, dass die Missionare aus dem Westen die koloniale Schwächung Chinas für ihre Absichten ausgenutzt haben und dass »die werdende Kirche [...] sich selbst nicht recht verstehen [kann], ohne zu erinnern, dass sie sich in ihren Entstehungsbedingungen der kolonialen Demütigung Chinas verdankt.«[14] Freytag gelangt zu der Überzeugung, dass das Christentum in China sich nur in Form eines »Wachstums in die Tiefe« entwickeln kann.[15] 1957 beschrieb Freytag seine zweite Reise nach China in einem Aufsatz. Hier hält er fest: »Wir sollten uns dessen enthalten, von außen her an die chinesische Christenheit Erwartungen heranzutragen oder gar Vorschriften zu machen, wie sie in ihrer Lage das Evangelium zu bezeugen haben.«[16] Meines Erachtens ist dieser durch Freytag begründete Geist für die Begegnung mit China auch heute noch hoch aktuell. Er bietet eine gute Ausgangslage für theologische Begegnungen und wechselseitige Bereicherungen zwischen dem deutschen und dem chinesischen Kontext.

Im Laufe der Jahrzehnte (die Missionsakademie existiert in Hamburg seit 1957) haben einige chinesische Theologen an der Missionsakademie Qualifizierungsarbeiten geschrieben und anschließend in ihrem Heimatland wichtige Funktionen in Kirche und Gesellschaft innegehabt. Sie haben bei der Gestaltung des Christentums zur notwendigen Vielfalt der Ausdrucksformen des Christlichen beigetragen. Fu Long Lien beschäftigte sich Ende der achtziger

---

[13]   WALTER FREYTAG, Die junge Christenheit im Umbruch des Ostens. Vom Gehorsam des Glaubens unter den Völkern, Hamburg 1938.

[14]   So zusammenfassend THEODOR AHRENS, Missionswissenschaft als Zeitansage. Carl Mirbt – Walter Freytag – Hans Jochen Margull, in: JOHANN A. STEIGER (Hrsg.), 500 Jahre Theologie in Hamburg. Hamburg als Zentrum christlicher Theologie und Kultur zwischen Tradition und Zukunft, Berlin 2005, 245-316, 273.

[15]   FREYTAG, a.a.O., 125.

[16]   DERS., Begegnung mit Christen in China, in: JAN HERMELINK/HANS JOCHEN MARGULL (Hrsg.), Walter Freytag. Reden und Aufsätze 1, München 1961, 56-65, 65.

Jahre mit der Ekklesiologie Karl Rahners und hatte dabei die Kirchwerdung im chinesischen Kontext im Blick. Sun Xiaoping untersuchte exemplarisch anhand der Übersetzung des griechischen Begriffs *logos* ins Chinesische, welche Herausforderungen eine richtige Übersetzung mit sich bringt und welche Leistungen der Inkulturation in einer gelungenen Übersetzung liegen. In den späten sechziger Jahren studierte Deng Zhaoming (engl. Joe Dunn) an der Missionsakademie. Er gab später jahrelang die Zeitschrift Bridge in Hong Kong heraus, die u. a. über die Entstehung von Gemeinden in Festlandchina, die sich nicht unter dem Dach des nationalen Kirchenrates organisierten, berichtete. Der letzte Doktorand an der Missionsakademie war Joseph Chung, der 2011 zu einem alttestamentlichen Thema promovierte. Auch ein Kurzzeitstipendium konnte an einen chinesischen Theologen vergeben werden: Der Nanjinger Professor Aiming Wang verbrachte 2005 einen sechsmonatigen Forschungsaufenthalt in Hamburg. Der Theologische Fachbereich der Universität Hamburg hat zudem eine langjährige Partnerschaft mit Forschungseinrichtungen in Shanghai, u.a. mit der Fudan-Universität und der Shanghaier Akademie der Sozialwissenschaften. Eine erste chinesisch-deutsche interreligiöse Konsultation fand 2016 in Hamburg, eine zweite 2018 in Shanghai statt. Dabei handelte es sich um ein Dialogforum von Vertreterinnen und Vertretern evangelischer, katholischer und muslimischer Religionen, sowie Wissenschaftlerinnen und Wissenschaftlern und Religionsbeamten, jeweils vorbereitet von den evangelischen Partnerorganisationen. Beide Konsultationen schufen viel Annäherung und vertieften das gegenseitige Interesse.

4.2 Die Erfahrung der Missionsakademie mit der theologischen Fortbildung von Migrantinnen und Migranten

Von 2001 bis 2014 wurde an der Missionsakademie ein Programm zur theologischen Weiterbildung von Gemeindeleitern und anderen in der Verkündigung aktiven Gemeindemitgliedern von Migrantengemeinden afrikanischer Provenienz angeboten. Dieses Programm »African Theological Training in Germany« (ATTiG) hat beispielgebend auf den deutschsprachigen Raum und nach Skandinavien ausgestrahlt, wo es inzwischen ähnliche Programme gibt. Im ATTiG wurden Afrikanerinnen und Afrikanern von Referentinnen und Referenten aus Kirche und Universität mit grundlegenden theologischen Fragestellungen und Methoden vertraut gemacht. Ein großer Teil der Ausbildung, die zwei Jahre dauerte und monatlich in Form eines Wochenendseminars durchgeführt wurde, bestand in der kritischen Auseinandersetzung mit den Lerninhalten und der Applikation oder Transformation im Blick auf den Kontext einer afrikanischen Migrantengemeinde in Deutschland. Lehrende waren hier immer zugleich Lernende und Lernende sind immer auch Lehrende. Das ATTiG Programm wurde inzwischen in eine interkulturelle Fortbildung unter dem Titel »Ökumenische Fortbildung in Theologie« (ÖkuFiT) umgewandelt. Auch hier beschäftigen sich Gemeindeleiterinnen und Gemeindeleiter mit theologischen

Konzepten im Dienst einer interkulturellen Öffnung von Kirche, sowohl aus sogenannten Migrationskirchen als auch aus deutschen Gemeinden. Die Fortbildung für Christinnen und Christen aus China würde das ÖkuFiT Programm um ein Angebot ergänzen, das eher an ATTiG angelehnte Methoden und Zielrichtungen verfolgt.

Als vorbereitende Maßnahmen für das Projekt »Chinesisches Kompaktseminar in Theologie« fanden 2014 und 2015 an der Missionsakademie zwei Sondierungstreffen statt, auf denen der Bedarf an theologischer Aus-, Fort- und Weiterbildung für Chinesinnen und Chinesen in Deutschland bzw. Nordeuropa ausgelotet wurde.[17] Beim ersten Treffen berichtete Gotthard Oblau von zwei Jahrestreffen, die er unter Aufwendung von viel vertrauensschaffender Beziehungsarbeit für chinesische Theologiestudierende in Deutschland organisiert hatte. Die Teilnehmenden an diesen Jahrestreffen empfanden es als besonders wertvoll, sich über ihre Seminararbeiten und Dissertationsprojekte in ihrer eigenen Sprache austauschen zu können. Die Übersetzung des in Deutschland Erarbeiteten und Gelernten in den eigenen Kontext begann für sie quasi mit dieser Übersetzung vor Landsleuten in die eigene Sprache. Während der Treffen wurden drei Gruppen identifiziert, für die ein jeweils eigenes theologisches Bildungsprogramm von großem Nutzen wäre: 1. Studierende (Bachelor, Master, Promotion) der Theologie, Religionspädagogik, Interkulturellen Theologie und Religionswissenschaft, 2. Gemeindeleiterinnen und -leiter/Katechetinnen und Katecheten und andere im verkündigenden Dienst stehende Personen aus chinesischen Migrantengemeinden, 3. Chinesinnen und Chinesen in Deutschland (Studierende aller Fachrichtungen, Geschäftsleute, Expats aus China u. a. m.), die Interesse haben, das Christentum als kulturell-religiöse Prägung des Gastlandes, als Quelle ethischer Urteilsbildungen und Gesellschaftsentwicklung kennenzulernen. Die zweite Austauschrunde war wichtig für die Einbeziehung von Chinesinnen und Chinesen in die Entwicklung des Projekts. Während zweier Sitzungen des Ökumenischen China Arbeitskreises (ÖCAK) im Jahr 2015 konnten weitere Stimmen zu dem Vorhaben eingeholt werden. Besonders der ÖCAK hielt in seinem Protokoll vom 27./28. April fest, dass man das Vorhaben der Missionsakademie begrüße und ausdrücklich dazu ermutige, dieses zu realisieren.

---

[17]   Am ersten Treffen nahmen Dr. Gotthard Oblau (ehemals Amity Foundation Hong Kong, jetzt Pfarrer im Ruhestand in Essen), Dr. Sigurd Kaiser (bis Juni 2014 Professor für Neues Testament in Nanjing/China, jetzt Pfarrer der Bayerischen Landeskirche), Martin Krieg (ehemals Referent für Asien im EMW, jetzt bei Brot für die Welt), Dr. Katrin Fiedler (ehemals China Infostelle, Hamburg), Dr. Dietrich Werner (Brot für die Welt) und Dr. Uta Andrée (damals Geschäftsführende Studienleiterin der Missionsakademie) teil. Zur zweiten Verabredung kamen darüber hinaus Martin Langstädtler vom Forum für Mission unter Chinesen in Deutschland (FMCD), Herr Chao von der chinesischen Gemeinde in Dortmund, Benedikt Kwok, Theologieprofessor in Hong Kong, und Samuel Ng von der chinesischen Gemeinde in Hamburg, der Präsident des FMCD.

4.3 Der Kurs des chinesischen Kompaktseminars in Theologie (CHINA-KIT)

Mit großer Unterstützung durch die Kolleginnen und Kollegen des EMW hat die Missionsakademie ein konkretes Konzept sowie ein detailliertes Kursprogramm erarbeitet. Ein erster Kurs startete im September 2017. An diesem nahmen acht Chinesinnen und Chinesen teil. Ein Jahr später (2018-2019) stieg die Teilnehmerzahl auf 17, am dritten Kompaktseminar (2019-2020) nahmen 25 Menschen teil. Die meisten von ihnen waren Leitende eines Bibelkreises in chinesischen Kirchengemeinden in Deutschland. Sie stammten aus Festlandchina, Hong Kong, Macau und Taiwan. Einige von ihnen hatten bereits ein Studium der Theologie mit Bachelorabschluss absolviert.

Themen des dritten Kompaktseminars waren u.a.: Die Jesus-Traditionen der Evangelien; Depression, Bipolare Störung, Persönlichkeitsstörungen: Therapie und Hilfe; Die Geschichte der Reformation; Theologie und das Leben; Systematische Theologie; Mission, Glauben und Handeln. Die Kurse wurden teils auf Deutsch (dann mit dem Angebot, ins Chinesische zu übersetzen), teils auf Chinesisch durchgeführt.

Das Feedback der Teilnehmenden war stets sehr positiv. Viele Teilnehmerinnen und Teilnehmer haben deutlich gemacht, dass sich ihr Eindruck sowohl von den deutschen Kirchen und ihren Pastorinnen und Pastoren als auch von der deutschen Theologie durch das Seminar positiv verändert hat. Im Blick auf die Zukunft äußerten die Teilnehmenden zum einen den Wunsch, die Kompaktseminare zu »echten« Ausbildungskursen mit universitärem Abschluss weiterzuentwickeln. Zum anderen solle die Dauer der Tagung verlängert werden, um Themen intensiver diskutieren zu können.

Die theologische Ausbildung hat eine große Bedeutung für die Integration von chinesischen Christinnen und Christen in Deutschland. Denn viele chinesische Kirchengemeinden in Deutschland werden von konservativen missionarischen Organisationen und Kirchen aus den USA und Hong Kong unterstützt und kontrolliert. Sie sind keine unabhängigen christlichen Gemeinden und haben große Vorurteile gegenüber deutschen Kirchen und deutscher Theologie. Es mangelt den meisten chinesischen Kirchengemeinden in Deutschland an persönlichen Kontakten zu lokalen Kirchen und ihren Vertretern und Mitgliedern.

Die theologische Aus-, Fort- und Weiterbildung von Chinesinnen und Chinesen in Deutschland bietet Hilfestellung bei der Gründung von Gemeinden, leistet einen Beitrag zur Integration von chinesischen Christinnen und Christen in die hiesige Gesellschaft und fördert den Dialog zwischen deutscher und chinesischer Theologie. Eine besondere Bedeutung kommt der theologischen Aus-, Fort- und Weiterbildung von Chinesinnen und Chinesen in Deutschland, aber auch im Blick auf die Entwicklung Chinas und des dortigen Christentums zu. Denn China bezeichnet einen globalen Kontext, in dem sich das Christentum rasant ausbreitet und verändert. Obwohl die chinesisch-sprachigen Gemeinden in Deutschland sehr klein sind und die Situation der Gemeinden sehr kompliziert ist, wirkt das, was hier geschieht, auf den globalen Kontext China zurück. Chinesinnen und Chinesen, die in Deutschland an einem interkulturellen Dialog über Werte, Religion und Glauben teilnehmen, werden ihre Erfahrungen in ihren Kontext einspeisen. Viele der Chinesinnen und Chinesen, die zurzeit in Deutschland leben, insbesondere Studierende, Wissenschaftlerinnen und Wissenschaftler, haben entweder jetzt schon oder werden in Zukunft großen Einfluss auf die Entwicklungen in China selbst, aber auch in der globalen chinesischen Community haben. Mit ihnen in Kontakt zu kommen, ist das Ziel des chinesischen Kompaktseminars in Theologie an der Missionsakademie an der Universität Hamburg. Es lohnt sich, das Konzept weiterzuentwickeln.

Heidi Josua

Arabischsprachige evangelische Christen in der Landeskirche am Beispiel der Arabischen Evangelischen Gemeinde Stuttgart

1. Arabisch und evangelisch in Deutschland

Büchertisch unserer Arabischen Evangelischen Gemeinde in Stuttgart in der Fußgängerzone. Wir informieren in Deutsch und in Arabisch und sind – so meinen wir es zumindest – anhand unsrer Banner mit Gemeindename, Bibelversen und Kreuz eindeutig als christlich zu erkennen. Dann kommt die Polizei: Passanten hätten sie gerufen, denn im Herzen von Stuttgart seien Salafisten zugange und würden den Koran auslegen. Das Missverständnis ist schnell aufgeklärt, und die Polizei entschuldigt sich. Arabische Schrift in der Öffentlichkeit triggert sofort einschlägige Vorstellungen und Ängste. Man schaut gar nicht mehr genau hin; selbst das Kreuz wird von arabischer Schrift übertönt. Und selbst wenn das Kreuz wahrgenommen wurde, gab es dafür eine Erklärung: Eine ältere Dame bleibt stehen und fragt: »Seid Ihr Muslime?« »Nein!« erwidert eine ehrenamtliche Mitarbeiterin, »Wir sind Christen! Schauen Sie das Kreuz hier.« »Ja und? Das ist *taqiya*. Ihr täuscht die Menschen bewusst!«

So erleben wir es häufig: Arabische Christen in Deutschland werden von ihrer Umwelt primär über ihr Arabischsein und ihre nationale Herkunft definiert: »Araber? Aha, also Muslim – und eine Gefahr.« Für orientalische Christen, die vor Diskriminierung und Ausgrenzung durch die muslimische Mehrheitsbevölkerung aus ihrer Heimat geflohen sind, die teils Vorfahren oder Verwandte vor hundert Jahren im Genozid in der heutigen Südosttürkei verloren haben, die über die Jahre hinweg vor Marginalisierung und Diskriminierung oder in den vergangenen Jahren vor dem radikalislamischen IS geflohen sind, ist das eine gewaltige Zumutung.

Andererseits: Evangelisch-Sein hatte bis vor Kurzem bei Christen aus den historischen Kirchen im Nahen Osten nicht den allerbesten Klang. Damit wird alles assoziiert, was sich außerhalb der alten und vertrauten orientalischen Kirchen tummelt – in erster Linie die Zeugen Jehovas, aber auch nicht-kultursensible westliche Missionare, die nach dem Prinzip »hit and run« vorgehen und den einheimischen Christen immer wieder die Scherben ihres Übereifers hinterlassen.

Im Gegensatz zu den orientalischen Kirchen gibt es für evangelische Araber in Deutschland keine Kirchenstruktur. Unter der Minderheit der Christen im Orient sind Protestanten wiederum eine Minderheit, die überhaupt erst seit ca. 150 Jahren existiert, durch die Missions- und v.a. Schularbeit westlicher Kirchen. Im Nahen Osten gibt es heute nationale evangelische Kirchen fast aller Denominationen; doch spiegelt sich dies noch nicht in der Diaspora wider. Aufgrund der Kürze der Zeit gibt es hier noch keine gewachsenen Strukturen. In Deutschland sind es viele freie Gründungen, häufig um existierende Familienstrukturen oder alte Dorfgemeinschaften herum und ohne ordinierte Gemeindeleitung. Die wenigsten haben eine Verortung oder gar Anbindung an eine lokale deutsche Kirche, einen Gemeinschaftsverband oder eine Missionsgesellschaft. Theologisch sind sie unterschiedlich gestrickt; meist zählen sie sich zum evangelisch-freikirchlichen und charismatischen Spektrum, häufig auch mit Ausrichtung an Brüdergemeinden. Arabische Fernsehsender und -prediger haben weit größeren Einfluss auf sie als die deutsche kirchliche Landschaft. Aufgrund der eher konservativen kulturellen Prägung wollen sich viele auch nicht in landeskirchliche Strukturen eingliedern. Fluktuation scheint ein Merkmal zu sein: Gruppen und Gemeinden werden relativ leicht und rasch gegründet, wo immer es Interessierte gibt. Durch fehlende Ausbildung der Gemeindeleitenden, die fluide Organisation, fehlende Finanzierung und fehlende eigene Integration können sie aber genauso leicht wieder eingestellt werden. Gruppen teilen sich häufig nicht, wenn sie eine bestimmte Größe erreicht haben, sondern wenn theologische oder menschliche Streitigkeiten auftauchen. Eine Dienstaufsicht oder schlichtende Stelle gibt es nicht. Inzwischen gibt es einen losen Zusammenschluss einiger Gruppen und Gemeinden in der »Evangelical Alliance of Arabic Speakers in Europe«, die ihren Sitz in Deutschland hat.

2. Die Arabische Evangelische Gemeinde Stuttgart

2.1 Entstehung

Aus der seelsorgerlichen Arbeit der 1989 gegründeten Evangelischen Ausländerseelsorge (heute: Evangelisches Salam-Center) entstanden arabische Treffen im Großraum Stuttgart, die sich zu einer Gemeindearbeit entwickelten. 1997 ordinierte die evangelische Landeskirche in Württemberg den aus dem Libanon stammenden Theologen und Politikwissenschaftler Hanna Josua zum Pfarrer, der danach noch promovierte. Durch persönliche Kontakte konnte die Arabisch-Evangelische Gemeinde Stuttgart mit der Stiftsgemeinde verbunden werden. In Singen am Bodensee, in Weißenburg bei Nürnberg und in Heilbronn entstanden Filialgemeinden mit einer eigenen lokalen Gemeindeleitung und Anbindung an die gastgebende Ortsgemeinde. Dass dies in Weißenburg die methodistische Kirche ist, zeigt die Wichtigkeit von persönlichen Kontakten, die theologische Weite und den ökumenischen Geist. Andere wurden im Zuge der Flüchtlingswelle in Zusammenarbeit mit den Gemeinden vor Ort gegründet. Außer der Gemeinde in Weißenburg, die von einem Iraker mit theologischer Ausbildung geleitet wird, werden die anderen drei Gemeinden gottesdienstmäßig von Stuttgart aus versorgt.

2.2 Gemeindeleben

Trotz der einheitlichen Ausrichtung und gemeinsamen Leitung hat jede dieser Gemeinden ihre eigene Prägung, sowohl was die nationale Herkunft der Gemeindeglieder als auch die religiöse Zusammensetzung anbelangt: geographisch von Nordafrika über Ägypten bis zum Irak, religiös von »echten« Evangelischen über Orientalisch-Orthodoxe und Freikirchler bis zu Konvertiten und interessierten Muslimen. Ein Grundsatz lautet, dass jeder Gottesdienstbesucher Glied seiner Herkunftskirche bleibt; schließlich ist die Kirchenzugehörigkeit für die meisten orientalischen Christen der höchste Identitätsfaktor, oft noch vor der Nationalität. In dieser großen ökumenischen Weite bedeutet »evangelisch«: auf der Basis des Evangeliums von Jesus Christus. So sind die Gemeinden zwar überkonfessionell zusammengesetzt, die Gottesdienste haben jedoch eine klare evangelische Ausrichtung. Auch wer neu getauft wird, wird in die Evangelische Landeskirche hineingetauft.

Die Gottesdienstsprache und die Lieder sind arabisch. Damit können nicht nur Arabischsprechende aus allen arabischen Ländern teilnehmen, sondern auch interessierte Muslime und Konvertiten, die bei einer nicht-arabischen Liturgiesprache wie Koptisch, Syrisch, Chaldäisch oder Armenisch zumindest partiell ausgeschlossen wären. Zudem müssen orientalische Kirchen, die teils kollektive Verfolgung und Diskriminierung erlitten, Rücksicht auf die religiösen Spannungen in den jeweiligen Heimatländern und die Befindlichkeit ihrer Kirchenmitglieder nehmen. Daher finden Konversionen in Deutschland hauptsächlich in evangelischen und in deutschen Gemeinden statt.

Zusätzlich zu den Gottesdiensten gibt es Bibelstunden und arabische Freizeiten. Zu Beginn war das ungewohnt: Nein, die Bibel sei so heilig, die dürfe nur der Priester lesen. Ein Syrer aus dem ländlichen Nordosten des Landes rief seine Mutter in der Heimat an und erzählte ihr voller Stolz, dass er tatsächlich die Bibel lese und auch noch öffentlich. Auch ein Bibelgespräch und eine Diskussion zu führen ist eine Entdeckung, Fragen zu stellen sowieso: In undemokratischen Ländern wird Fragen leicht mit Hinterfragen, In-Frage-stellen verbunden. Und wer will schon wagen, das Wort Gottes zu hinterfragen? So sind Bibelstunden, ohne es explizit zu sagen, Übungen in Demokratie – und in der Freiheit eines Christenmenschen.

Zu den seelsorgerlichen und pastoralen Angeboten kommen sozial-diakonische Hilfestellungen hinzu: Beratungsstunden, die Menschen in die sozialen Hilfsangebote vor Ort eingliedern, Begleitung zu Behörden und im Asylverfahren.[1] Durch die interkulturelle Gemeindeleitung erhält die Gemeinde ihre integrationsorientierte Ausrichtung. Mit ihr, einigen deutschen ehrenamtlichen Mitarbeitern und Begleitern arabischer Christen sind immer Deutsche mit im Gottesdienst. Problemlos wird zwischen den Sprachen gewechselt; nach Bedarf wird simultan gedolmetscht. Inzwischen übernimmt auch Heidi Josua arabische Predigtdienste – ein Novum in einer männerdominierten Kultur und Herkunftskirche. Durch das langjährige Vertrauensverhältnis ist das jedoch nicht »deutsch übergestülpt«, sondern organisch gewachsen und daher akzeptiert.

Auf den Freizeiten kann christliches Leben gemeinsam ge- und erlebt, gestaltet und gefeiert werden, kann christliche Ethik eingeübt werden – oder einfach emotional und geistlich aufgetankt werden nach Monaten oder gar Jahren in Flüchtlingsunterkünften und oft genug sozial brisanten Wohnverhältnissen und in sozialer Isolation. In den Freizeiten ist neben geistlichen Themen auch Raum für intensive Auseinandersetzung mit der freiheitlich-demokratischen Grundordnung und pädagogischen Werten im Familienleben und in der Kindererziehung.

2.3 »Flüchtlingswelle« und Konversionen

Über die Jahre hinweg und vor allem während der akuten Phase der Flüchtlingsbewegung 2015-2017 kamen und kommen interessierte und fragende Muslime in die Gemeinde. Manche sind neugierig, manche wollen von der Möglichkeit der freien Information Gebrauch machen, und manche haben sich schon lange innerlich von ihrer Herkunftsreligion distanziert oder sind durch christliche Fernsehsender schon auf dem Weg zum Glauben an Jesus Christus. Durch die arabische Sprache und durch die Offenheit der Gemeindeleitung sind unsere Gemeinden Anlaufstellen für fragende Muslime und für Konvertiten geworden. Das geht nicht ohne Widerstand der traditionellen Christen, die fragen: »Wir sind vor den Muslimen geflohen – und jetzt sitzen sie neben uns im Gottesdienst?« Das bedeutet, dass arabische Christen lernen, in Muslimen keine Feinde und keine Bedrohung zu sehen, sondern sie im Geist Jesu willkommen zu heißen, ihre Fragen zu beantworten und in die Gemeinde zu integrieren. Das bedeutet auch, den christlichen Glauben mit der Feindesliebe in die Tat umsetzen. Der innere Kampf bei orientalischen Christen, die mit der Abgrenzung von Muslimen sozialisiert wurden und selbst zahlreiche negative Erfahrungen gemacht haben, kann nicht hoch genug eingeschätzt werden. Muslimische Gäste haben selbstverständlich gleichen Zugang zu den gemeindlichen Hilfsangeboten.

Als daher in den Jahren 2015-2017 in manchen unserer Gemeinden mehr Muslime als Christen zu den Gottesdiensten kamen, hat das die Atmosphäre verändert; ein ganz anderer Predigtstil und andere Predigtthemen wurden nö-

---

[1] Pfr. Dr. Hanna Nouri Josua ist mit der schwäbischen Religionspädagogin und Orientalistin Heidi Josua verheiratet.

tig. Und für Taufbewerber wurden zusätzlich zur persönlichen Begleitung Taufkurse angeboten.

Einer unserer wichtigsten Schritte war, Taufen von Konvertiten nicht mehr in unserer arabischen Gemeinde durchzuführen, sondern im regulären Gottesdienst der Stiftsgemeinde. Die Überlegungen dahinter waren:

- Taufe ist ein öffentliches Bekenntnis. Darum sollte sie nicht hinter verschlossenen Türen stattfinden.
- In Deutschland herrscht Gewissens- und Religionsfreiheit. Jeder Geflüchtete und jeder Konvertit kann dieses grundgesetzlich verbriefte Recht in Anspruch nehmen. Wer ihm dieses Recht verweigert, stellt sich selbst außerhalb des Grundgesetzes.
- Öffentlichkeit bedeutet immer auch Schutz für die Konvertiten.
- Taufe geschieht innerhalb und unter der Fürbitte der Gemeinde. Wie sollen deutsche Gemeinden Fürbitte tun können, wenn sie nicht um die Taufe wissen?
- Der Leib Christi sprengt alle Grenzen von Nationen, Kulturen und Sprachen. Diese universale Dimension wird mit Taufen von Arabischsprechenden sichtbar gemacht (Eph 2,14-21).

Allerdings: Nicht jedes Taufbegehren mündete in einer Taufe. Manche äußerten den Wunsch in einer Phase der Euphorie über die geglückte Flucht vor dem menschen- und lebensfeindlichen IS und Begeisterung über die freundliche Aufnahme im »Land der Christen«. Klarzustellen, dass dies als Motivation für einen Glaubenswechsel nicht ausreicht, ist Aufgabe der Taufbegleitung. Doch auch die gründliche Vorbereitung über einen längeren Zeitraum hinweg ist keine Garantie dafür, dass der Getaufte in der Gemeinde bleibt. So sind auch bei uns manche dabeigeblieben, manche finden Heimat in der Gemeinde ihres Wohnorts, und manche sind einfach weggeblieben.

Der *kairos* der Taufen ist im Moment vorüber. Lebendige Gemeindearbeit reagiert flexibel auf die Erfordernisse. Daher werden jetzt Kurse für Konvertiten zum Wachsen im Glauben angeboten. Auch entsteht zurzeit ein Leitfaden für Gemeinden zur Begleitung von Konvertiten nach der Taufe.

All dies wäre nicht möglich ohne einen Stamm von ehrenamtlichen arabischsprechenden Mitarbeitern; die meisten von ihnen sind Konvertiten, die im Laufe der Zeit zur Gemeinde gekommen sind. Diese Gruppe ist der Schatz unserer Gemeinden. Einige ihrer Lebensgeschichten wurden niedergeschrieben.[2] Die Tiefe des Glaubens dieser Konvertiten und ihr persönliches und geistliches Wachstum ist ein Ansporn sowohl für unsre christlich sozialisierten Gemeindeglieder als auch für Deutsche.

---

[2] Heidi Josua, Mein neues Leben. Christus begegnet Muslimen, Leipzig 2019.

3. Außenwirkung - Interkulturelle Projekte

Die interkulturelle und integrative Ausrichtung betrifft nicht nur die Gemeinden selbst. Es sind interkulturelle Projekte entstanden, die in die deutschen Kirchen und die Gesellschaft hineinwirken, indem sie über die Kultur Begegnungen schaffen und den christlichen Orient wertschätzend und als geistlichen Reichtum präsentieren:

- Sprachliche Brücken: Alle Publikationen sind bilingual wie u.a.»Grundtexte christlichen Glaubens«, Kalligraphie-Karten. Auch die Liturgie der württembergischen Landeskirche wurde übersetzt. Es gibt Listen mit christlichen Liedern, die sowohl in Deutsch als auch auf Arabisch gesungen werden können.

- Orientalischer Kirchenkalender mit Motiven des arabischen Christentums aus allen Konfessionen in Geschichte und Gegenwart (viersprachig Deutsch-Englisch-Französisch-Arabisch). Dieser Kalender verbindet Kirchen und wird auch im Nahen Osten gedruckt und verbreitet. Er macht orientalisches Christentum in seiner ganzen ökumenischen Weite sichtbar, beleuchtet die gegenwärtige Situation und ruft zum Gebet auf.

- Kalligraphien »GottesZeichen«: Arabische Bibelverse wurden von dem irakischen Leiter der Weißenburger Gemeinde kalligraphisch gestaltet – ein neuer und einzigartiger Zugang zur Bibel. Mit den Kalligraphien kann eine Ausstellung konzipiert werden. Sie sind auf Faltkarten und Banner gedruckt. Und sie sind als Präsentationen einsetzbar in deutschen Gemeinden.

- Konzerte »Ex oriente vox« mit christlich-arabischen Sängerinnen und Musikern als gemeinsames geistliches und kulturelles Erleben für Araber und Deutsche.

- Stand auf der Frankfurter Buchmesse: In der Sektion der arabischen Verlage und islamischen Organisationen sind wir der einzige christliche Stand. Dort ergeben sich Begegnungen und Gespräche mit hochrangigen arabischen Intellektuellen, Schriftstellern, Journalisten und Kultusministern, den »Influencern« und Multiplikatoren aus der arabischen Welt. Für viele ist dies die erste Möglichkeit, sich auf neutralem Boden über den christlichen Glauben zu informieren.

4. Aus Corona-Wüste wird Ausweitung

Wie allen Kirchen hat die Pandemie uns zunächst Stillstand und Einschränkungen gebracht. Doch schnell stellten wir fest, dass Menschen in der Diaspora viel vertrauter mit den *social media* sind als die Durchschnittsbevölkerung. Arabische Christen sind mit YouTube und Facebook vertraut, da sie mit diesen Medien Kontakt zu ihrer Herkunftsregion halten. Die Gemeindeglieder baten uns, digital zu gehen. Sie wollten vertraute Gesichter und geistlichen Zuspruch. Schon zwei Wochen nach dem Lockdown streamten wir Gottesdienste und Andachten. Vom Echo waren wir überwältigt: viele aus der weiteren Umgebung, die aufgrund der geographischen Entfernung nicht zu den Gottesdiensten kommen konnten, riefen die Sendungen auf. Christen »in der Zerstreuung« trafen sich nun in der digitalen Gemeinde. Und sie teilten die Sendungen in ihren jeweiligen Netzwerken, so dass sich unser Einzugsgebiet ständig vergrößerte. Arabischsprechende im Nahen Osten, in den USA, auf der Arabischen Halbinsel kamen dazu. Wir konnten auch unsere Angebote technisch weiterentwickeln und können nun Interviews über Zoom sowie in Ägypten aufgenommene Musikvideos integrieren.

Rasch wurde deutlich, dass gottesdienstliche Angebote nicht ausreichten. Viele Flüchtlinge hatten keinen Zugang zu den Informationen über die Corona-Maßnahmen und wussten nicht, wie sie sich verhalten sollten. Auch das Ausmaß der Fake-News war erschreckend – kein Wunder, ohne seriöse Informationen haben Verschwörungsmythen und Horrormeldungen leichtes Spiel. So begannen wir eine Sendung, die wir »Infos zum Leben« nannten: seriöse Meldungen zu Corona, Widerlegung von Fake-News, aktuelle Situation und Maßnahmen, präsentiert in Interview-Form. Dieses Format soll ausgebaut werden und künftig auch Integrationsfragen und -tipps aufnehmen. Dabei werden zwei unserer Mitarbeiter, die interkulturelle Coaches sind, mitwirken.

Mit beiden Arten von Sendungen soll geistliches Leben und Integration in das gesellschaftliche Leben gefördert werden. Daneben werden Bibelstunden und Mitarbeitertreffen nun über Zoom interaktiv durchgeführt. Wir stellten überrascht fest, wie stark sich insbesondere Frauen dabei engagieren. Sie, die kulturbedingt abends kaum mehr das Haus verlassen, schalten sich hier zu. Inzwischen bereitet jedes Mal ein anderes Gemeindeglied die Bibelstunde vor. Das ist ein großer Schritt für die Frauen, die ihre Begabung entdecken und sich in diesem Rahmen Leiterfunktion übernehmen. So entwickelt sich bei vielen ein neues Selbstwertgefühl.

5. Was wollen arabische evangelische Christen in Deutschland?

Zunächst wollen sie heraus aus der defizitorientierten Sicht auf sie. Sie leiden darunter, dass Berufstätigkeit meist nur unter dem früheren Niveau möglich ist sowie an gesellschaftlicher Marginalisierung. Und: Sie wollen sichtbar werden als Christen, und sie wollen Teilhabe am kirchlichen und am gesellschaftlichen Leben. Dabei sind alle Zeichen der Zugehörigkeit zur Gesellschaft und zur Kirche wichtig. Dass unsere Taufen nicht mehr intern, sondern im deutschen Sonntagsgottesdienst der jeweils gastgebenden Gemeinde stattfinden, signalisiert: Wir sind Teil dieser Kirche, wir sind kein Sonderfall mit einer anderen Sprache und Herkunft. Manchmal sind es die kleinen Zeichen, die Großes bewirken:

Beim inzwischen gemeinsam gefeierten Sommerfest mit der Stiftsgemeinde sagte der Pfarrer: »Wir danken unseren Gästen von der arabischen Gemeinde, dass sie diesen Nachmittag bereichert haben. – Aber nein, sie sind keine Gäste, sie sind ein Teil von uns.«

Arabische evangelische Christen wollen kein Biotop sein, weder unter Naturschutz stehend noch bewundert und quasi ausgestellt als Exoten. Sie wollen ein selbstverständlicher Teil der Kirche als Leib Christi sein. In diesem Leib ergänzt eins das andere, lernt vom jeweils anderen und bereichert es. Und da wird auch an den Leiden des anderen mitgelitten und mitgetragen.

Arabische evangelische Christen können eine wichtige Brückenfunktion einnehmen zwischen der deutschen Gesellschaft und der arabisch-islamischen Community. Die Voraussetzung dafür ist jedoch ein versöhnter Umgang mit Muslimen. Als sich die Flüchtlingsunterkünfte füllten, ermutigten wir unsere Gemeindeglieder, sich als Sprach- und Kulturmittler oder Security zu melden. Wir ermutigen zu Ausbildungen im pädagogischen Bereich, damit sie ihre Kenntnisse der orientalischen Kultur in den multikulturellen Settings von Kindergarten und Schule einbringen.

6. Themen der Zukunft
Fragen an die evangelischen Kirchen

- Was bedeutet Interkulturelle Öffnung konkret für die Kirchen? Dass die württembergische Landeskirche an Pfingstmontag den Tag der Weltweiten Kirche feiert, ist ein wundervoller Anfang. Die Vielfalt des Leibes Jesu wird da sichtbar. Jetzt wäre die nächste Stufe der Teilhabe dran. Arabische Christen möchten mehr als einige Vorzeigetermine mit schönen Fotos und ein bisschen Folklore. Die Kirchengemeinden können nur gewinnen, wenn sie sich öffnen und nicht länger rein deutsche Oasen sind.

- Inwieweit sind Landeskirchen flexibel in der Gottesdienstgestaltung, so dass sich Christen anderer Herkunft und Kultur darin wiederfinden?

- Die Integration arabischsprachiger Christen braucht einen doppelten Ansatz: von den Migrantengemeinden und von den Ortsgemeinden bzw. den Landeskirchen her. Dafür bedarf es Brückenmenschen auf beiden Seiten. Auch bedarf es der Flexibilität, dass sich örtlich Formen der Interkulturalität und Transkulturalität in lokal unterschiedlicher Ausprägung entwickeln können. Christen mit Migrationserfahrung sind dabei unverzichtbare Akteure. Ihr Potential muss aktiv abgerufen werden.

- Inwieweit sehen Landeskirchen die arabischen Gemeinden als Bestandteil der Kirchen, ohne die die Kirche eben nicht Kirche ist? Natürlich wird sich die 2. und 3. Generation vermutlich in deutsche Gemeinden integrieren, aber das geschieht nicht automatisch, sondern nur, wenn sie angesprochen und dezidiert eingeladen und involviert werden. Doch es wird immer auch Flüchtlinge geben, die eben zusätzlich muttersprachliche und kulturimmanente Angebote brauchen. Dies muss sich in Finanzierung, in theologischer Ausbildung und in Anstellungen niederschlagen.

- Wie kann die 2. Migrantengeneration geistlich erreicht werden, die sich weder zu den reinen Migrantengemeinden noch zu den deutschen Gemeinden zugehörig fühlen? In Deutschland aufgewachsene Kinder arabischer Christen beherrschen meist nur den Dialekt der Eltern und können zum größten Teil Arabisch weder lesen noch schreiben.

- In welcher Weise werden die Kirchen die Kompetenzen und das Potential der arabischen evangelischen Gemeinden in Sachen Konversion abrufen und nutzen? Jetzt sind Kurse zum geistlichen Wachstum von Konvertiten dran, Schulungen für Konvertitenpaten – ein Kompetenzzentrum Konversion.

- Konvertiten können auf Dauer nur überleben, d.h. im Glauben bleiben, wenn sie integriert werden. Wie aber können sie in Gemeinden und Landeskirchen Heimat finden, indem sie in kultur- und religionssensibler Weise begleitet werden in den riesigen Herausforderungen des Glaubens- und damit Identitätswechsels?

7. Gemeinsam Leib Jesu Christi sein
Gemeinsam Frieden – Schalom – Salam erleben und gestalten

Gemeinsam Leib Jesu Christi sein. Gemeinsam ein Segen für die Gesellschaft sein. Das ist unser Ziel als arabische evangelische Gemeinde in Süddeutschland. Bislang sind wir mehr ein freies Werk innerhalb der Landeskirche als fester Bestandteil dieser Landeskirche. Doch wir sind der guten Zuversicht, dass das Reich Gottes wächst, sich entwickelt und die Herausforderungen der Interkulturalität annimmt, weil sie eine einmalige Chance sind. Darum hat sich der Träger der vier arabischen evangelischen Gemeinden einen neuen Namen gegeben: Evangelisches Salam-Center.

- Evangelisch: Unser Fundament, unsere Mitte und unser Ziel ist das befreiende Evangelium von Jesus Christus, in dem sich Gott jedem Menschen zuwendet.

- Salam: Mit dem arabischen Begriff für Frieden/Schalom setzen wir in der deutschen Öffentlichkeit einen Kontrapunkt zu den negativ besetzten arabischen Begriffen. Denn Christus macht alles neu. Jesus, der Friedefürst, schafft Frieden – mit Gott, mit mir selbst, mit dem Nächsten und in unserer Gesellschaft. In diesem Frieden sind wir miteinander vor dem Angesicht Gottes verbunden.

- Center: Das eine Zentrum – Jesus Christus – verbindet uns als geistliche Geschwister über Konfessions- und Sprachgrenzen hinweg. Von dieser Mitte her sind wir gesandt als Friedensboten und Segen für unsere Gesellschaft. Wir leben Geschwisterlichkeit mit Christen jeder Denomination und Herkunft. Denn alle sind wir Gäste auf Erden und wanderndes Volk Gottes, unterwegs zu unserer gemeinsamen himmlischen Heimat.

Gabriele Beckmann/Bianca Dümling/Andrea Fröchtling

»Uninstitutionalisierte Formen der Liebe«[1]

Diakonisches Engagement internationaler Gemeinden im Bereich Alter(n)

2019 lebten ca. 21,2 Millionen Menschen mit Migrationshintergrund in Deutschland. Das entspricht etwa 26% der Gesamtbevölkerung.[2] Ältere Menschen mit Migrationshintergrund gehören hier zu einer schnell wachsenden Bevölkerungsgruppe: 2010 zählten 7% zur Altersgruppe 60+ (1,3 Millionen). Für das Jahr 2030 wird mit einem Anwachsen dieser Gruppe auf 2,9 Millionen (24%) gerechnet.[3] Für Menschen mit Migrationshintergrund, insbesondere in der 1. Generation, bieten Migrantenselbstorganisationen (MSO), z.B. Moscheegemeinden, Kulturvereine oder christliche Gemeinden, die sich im Kontext von Migration entwickelt haben, kulturelle, soziale und geistliche Heimat. In den letzten Jahrzehnten gewannen diese Gemeinschaftsformen darüber hinaus als zivilgesellschaftliche und ökumenische Akteure zunehmend an Bedeutung. Ihr soziales Engagement reicht zum Teil auch über die unmittelbaren Gemeindeglieder hinaus und nimmt Unterstützungsbedarfe sowohl im Quartier als auch in der Mehrheitsherkunftsregion der Mitglieder in den Blick.

Dieser Artikel konzentriert sich auf christliche Gemeinden, die sich oft durch vielfältige nationale Herkunftskontexte ihrer Mitglieder auszeichnen. Wir wollen in unserem Beitrag das diakonische Engagement für und die Begleitung von älteren Gemeindegliedern durch diese internationalen Gemeinden (IG)[4] untersuchen. Gerade in den Gemeinden, die in der zweiten Hälfte des letz-

---

[1] Aussage des Befragten aus Int. 1.

[2] BUNDESMINISTERIUM DES INNERN, FÜR BAU UND HEIMAT (Hrsg.), Migrationsbericht der Bundesregierung. Migrationsbericht 2019, Berlin 2020, 11.

[3] BUNDESMINISTERIUM FÜR FAMILIE, SENIOREN, FRAUEN UND JUGEND (BMFSFJ), Siebter Altenbericht. Sorge und Mitverantwortung in der Kommune. Aufbau und Sicherung zukunftsfähiger Gemeinschaften und Stellungnahme der Bundesregierung, Berlin 2016, 67.

[4] Als Autorinnen haben wir uns in Anlehnung an einen Vorschlag der Evangelischen Kirche in Deutschland (EKD) für die Bezeichnung »Internationale Gemeinden« entschieden, da diese Bezeichnung der Eigenbezeichnung und dem Selbstverständnis

ten Jahrhunderts gegründet wurden, werden die Mitglieder immer älter. Aus diesem Grund gewinnt dort die Auseinandersetzung mit Alter(n) an Bedeutung, vor allem wenn kein tragendes familiäres Netzwerk in der unmittelbaren Nachbarschaft existiert.

IG sind akademisch innerhalb der letzten Jahrzehnte unter unterschiedlichsten Perspektiven als Akteure untersucht worden: Geforscht wurde u.a. über Entstehung und Weiterentwicklung, Integrationshilfe, Transnationalität, theologische Ausrichtung und missionarischen Impetus der IG.[5] Nur vereinzelt wurde das diakonische Engagement gerade auch bezüglich ihrer älter werdenden Mitglieder in den Blick genommen.[6] Da es in diesem Feld noch wenige Forschungsarbeiten gibt, wurden fünf leitfadenbasierte Interviews mit Gemeindeleitenden von IG durchgeführt. Dieser explorative Ansatz dient als Grundlage für weitere geplante Studien über das diakonische Engagement von IG.

1. Altern im Migrationskontext

Älterwerden geht mit einer Vielzahl von gesundheitlichen und sozialen Herausforderungen einher, die Lebensqualität und Teilhabemöglichkeiten beeinflussen. Der Siebte Altenbericht des Bundesministeriums für Familie, Senioren, Frauen und Jugend (BMFSFJ) verweist auf den engen Zusammenhang zwischen sozioökonomischem Status und Gesundheitszustand und betont, dass der »Zugang zu gesundheitlicher, medizinischer und pflegerischer Versorgung [...] wesentlich die individuellen Verwirklichungschancen [bestimmt].« Sozioökonomischer Status und Gesundheitszustand seien »relevant als Ausgangsbedingung für soziale Teilhabe und Engagement«.[7] Geht man davon aus, dass die Trias von Bildung, Erwerbstätigkeit und Einkommen eine wesentliche Determinante der sozioökonomischen Lebenssituation darstellt, so sind zugewan-

---

zahlreicher dieser Gemeinden entspricht. Vgl. Evangelische Kirche in Deutschland, Internationale Gemeinden, https://internationale-gemeinden.de/ [Aufruf: 28.12.2020]. Damit haben wir versucht, von einer Fremdzuschreibung, als die der Begriff Migrationskirchen häufig empfunden wird, mehr zu einer Selbstbeschreibung zu kommen. Dass auch der Terminus »Internationale Gemeinden« sowohl begriffliche Unschärfen aufweist als auch vermutlich der Selbstbeschreibung vieler orthodoxer Kirchen nicht entspricht, ist uns bewusst.

[5] Vgl. Bianca Dümling, Migrationskirchen in Deutschland. Orte der Integration, Frankfurt/M. 2011; Anna Quaas, Transnationale Pfingstkirchen. Christ Apostolic Church und Redeemed Christian Church of God, Frankfurt/M. 2011; Claudia Währisch-Oblau, The Missionary Self-Perception of Pentecostal/Charismatic Church Leaders from the Global South in Europe. Bringing Back the Gospel, Leiden-Boston 2009.

[6] Z.B. Sabrina Weiss, Migrantengemeinden im Wandel. Eine Fallstudie zu koreanischen Gemeinden in Nordrhein-Westfalen, Bielefeld 2017.

[7] BMFSFJ, Altenbericht (s. Anm. 3), 54.

derte Menschen insbesondere in der 1. Generation besonderen Benachteiligungen ausgesetzt. Zu den generellen Faktoren, die zu Benachteiligungen führen, zählen in der Regel erschwerte Arbeitsmarktteilhabe, geringeres Renteneinkommen, schlechtere Wohnverhältnisse und ein infrastrukturell defizitäres Wohnumfeld, z.t. geringere soziale Integration, ein im Vergleich schlechterer Gesundheitszustand, häufige Diskriminierungserfahrungen und strukturelle Benachteiligungen, Sprachbarrieren sowie Angst vor ausländerrechtlichen Konsequenzen bei Inanspruchnahme von Sozialleistungen bei volatilen Aufenthaltstiteln.[8] Ungleichheits-, Benachteiligungs- und Defiziterfahrungen ziehen sich somit durch alle zentralen Lebensbereiche; ein wesentlich höheres Armutsrisiko wurde bei 27,5% der Menschen mit Migrationshintergrund im Vergleich zu 12,5% der Menschen ohne Migrationshintergrund festgestellt.[9] Gleichzeitig beobachtet der Siebte Altenbericht eine geringere Reservekapazität bei dieser Bevölkerungsgruppe.[10]

Netzwerke sind neben familiären Settings oft erste Anlaufstelle, um Unterstützung in herausfordernden Lebenslagen zu bekommen. Helen Baykara-Krumme sieht soziale Netzwerke als Stabilisator bei kritischen Lebensereignissen mit positiven Auswirkungen auf kognitive Kompetenzen, körperliche und mentale Gesundheit.[11] Im Kontext von Migration stellen Fidan Sahyazici und Oliver Huxhold fest, »dass die wenigen, aber qualitativ sehr bedeutsamen Netzwerkmitglieder für die Migrantinnen und Migranten wichtige soziale Ressourcen für deren Gesundheitszustand darstellen«.[12] Neben den unterschiedlichsten Netzwerken im Bereich allgemeiner MSO spielen auch religiöse Netzwerke und Gemeindebildungen eine zentrale Rolle – als Übersetzungshilfe und Brücke in die Aufnahmegesellschaft hinein, aber auch als (informelle) Unterstützer bei Hilfe-Bedarfen ganz unterschiedlicher Art. Für christliche Zugewanderte sind deshalb IG ein entscheidender Teil eines Netzwerkes, das u.a. auch Älterwerden begleitet.

---

[8]   Vgl. u.a. MIN-SUNG KIM, Unsichtbare Migrantinnen und Migranten. Erste Einwanderergenerationen aus asiatischen Ländern. Altersbilder, Pflegevorstellungen und Inanspruchnahme-Barrieren, in: LIANE SCHENK/MONIKA HABERMANN (Hrsg.), Migration und Alter, Berlin-Boston 2020, 47-56.
[9]   Vgl. LIANE SCHENK/LISA PEPPLER/MONIKA HABERMANN, Grundlagen, in: SCHENK/HABERMANN, a.a.O., 7-19, 17.
[10]   Vgl. BMFSFJ, Altenbericht (s. Anm. 3), 54.
[11]   Vgl. HELEN BAYKARA-KRUMME, Die Bedeutung der Migrationserfahrung für die soziale Einbindung im Alter. Konzeptionelle Überlegungen und empirische Befunde, in: HELEN BAYKARA-KRUMME/ANDREAS MOTEL-KLINGEBIEL/PETER SCHIMANY, Viele Welten des Alterns. Ältere Migranten im alternden Deutschland, Wiesbaden 2012, 255-287, 256.
[12]   FIDAN SAHYAZICI/OLIVER HUXHOLD, Depressive Symptome bei älteren türkischen Migrantinnen und Migranten, in: BAYKARA-KRUMME/MOTEL-KLINGEBIEL/SCHIMANY, a.a.O., 181-200, 185.

2. Internationale Gemeinden (IG)

Als Internationale Gemeinden (IG) werden Gemeinden bezeichnet, die von einem Pastor oder in Einzelfällen einer Pastorin mit Migrationshintergrund gegründet wurden, deren Hauptsprache nicht Deutsch ist und in der über 80% der Mitglieder einen Migrationshintergrund haben. Viele IG existieren in der 1. Generation und werden oft noch vom jeweiligen Gründungspastor, sehr selten von einer Gründungspastorin geleitet.[13] IG sind keine homogenen Gruppen und nur selten monokulturell; sie repräsentieren unterschiedliche Strömungen der Weltchristenheit. Neben der Zugehörigkeit zum Christentum verbindet sie oft allein die Migrationserfahrung.[14] Die Mehrheit der IG in Deutschland organisiert sich als eingetragener Verein.[15]

IG können auch als Migrantenselbstorganisationen (MSO) bezeichnet werden. Darunter sind »sowohl formale als auch informelle soziale Beziehungen von Migrant*innen innerhalb einer bestimmten territorialen Einheit [zu] verstehen, die auf Freiwilligkeit beruhen und gemeinsame Ziele verfolgen, die über rein private Interessen hinausgehen und die autonome Bestimmung von ökonomischen als auch soziokulturellen Lebensbedingungen verfolgen.«[16] IG als religiöse MSO »schaffen besonders in ihrer sozialen und geistlichen Funktion als Orte der ›Hilfe zur Selbsthilfe‹ und der ›Hilfe von Gott‹ wertvolle Voraussetzungen für einen erfolgreichen Integrationsverlauf ihrer Mitglieder. Psychische Stabilität, Schutz und Solidarität, geistliche und soziale Heimat sind entscheidende Bedingungen, sich mit der deutschen Gesellschaft konstruktiv auseinandersetzen zu können.«[17]

IG entstehen in der Regel parallel zu Migrationsbewegungen. Ihre Geschichte in Deutschland geht weit zurück. Bereits 1544 konnte eine niederländische Gemeinde in Köln/Frankenthal nachgewiesen werden.[18] Seit dem späten 17. Jh. etablierten sich orthodoxe Kirchen in Deutschland, aber erst durch die

---

[13]　Vgl. Bianca Dümling, Migrationskirchen. Lebendige Vielfalt und vielfältige Lebendigkeit, in: Stefan Jung/Thomas Katzenmayer (Hrsg.), Lebendige Kirchen, Göttingen 2018, 207-213.

[14]　Vgl. Bianca Dümling, Migration verändert die kirchliche Landschaft in Deutschland. Entwicklung und Geschichte der Migrationskirchen, in: Claudia Rammelt/Esther Hornung/Vasilie-Octavian Mihoc (Hrsg.), Begegnung in der Glokalität. Christliche Migrationskirchen in Deutschland im Wandel, Leipzig 2018, 77-90.

[15]　Vgl. Dümling, Migrationskirchen in Deutschland (s. Anm. 5), 114f.

[16]　Karin Weiss/Dietrich Thränhardt, Selbsthilfe, Netzwerke und Soziales Kapital in der pluralistischen Gesellschaft, in: Diess. (Hrsg.), SelbstHilfe. Wie Migranten Netzwerke knüpfen und soziales Kapital schaffen, Freiburg 2005, 8-44, 31.

[17]　Dümling, a.a.O., 272.

[18]　Vgl. Christfried Berger, Zur Geschichte der Kirchen und Gemeinden anderer Sprache oder Herkunft in Deutschland, in: Kirchenamt der EKD (Hrsg.), Kirchen und Gemeinden anderer Sprache und Herkunft, Frankfurt/M. 1997, 15-28, 15f.

Migrationsbewegungen der letzten Jahrzehnte gewannen sie an Bedeutung. Heute gibt es elf orthodoxe Diözesen, wobei die Zuständigkeiten nach den verschiedenen Nationalkirchen aufgeteilt sind.[19] Während des Zuzugs sog. Gastarbeiterinnen und Gastarbeiter z.B. aus Spanien, Italien oder Kroatien seit Mitte der 1950er Jahre wurden zur geistlichen Versorgung der Katholikinnen und Katholiken unter ihnen muttersprachliche Missionen gegründet, die bis heute bestehen. Sie verstehen sich als Teil der katholischen Weltkirche und werden zentral organisiert. Derzeit gibt es in Deutschland ca. 450 muttersprachliche Gemeinden in 35 Sprachgruppen.[20] Zwischen 1960 und 1970 nahmen dann ungefähr 18.000 koreanische Arbeitsmigrantinnen und -migranten, vor allem im Bergbau und in der Krankenpflege, eine Tätigkeit in Deutschland auf, oftmals verbunden mit der Gründung von koreanisch-protestantischen IG.[21] Die Gemeinden sehen es oft als ihre primäre Aufgabe, eine geistliche und soziokulturelle Heimat für die jeweilige christliche Diaspora zu schaffen. Dabei sind die ethnische und nationale Zugehörigkeit sowie die Sicherung der eigenen kulturellen Identität in der Fremde sehr wichtig. Claudia Währisch-Oblau bezeichnet diese Gemeinden als etabliert-denominationelle Diaspora-Gemeinden.[22]

Die Ost-West-Migration in den 1990er Jahren begünstigte dann die Gründung der sogenannten Aussiedlergemeinden, die protestantisch und zum Teil russischsprachig sind.[23] Ebenso entstanden sogenannte Freikirchliche Missionskirchen mit Unterstützung von freikirchlichen Gemeinden und Missionswerken. Die Gemeinden fokussieren sich hauptsächlich auf die eigene Diaspora, um nicht-christlichen Landsleuten, z.B. aus Vietnam, China, Iran oder der Türkei, das Evangelium nahezubringen.[24] Durch die vermehrte Anzahl von Bürgerkriegsflüchtlingen aus afrikanischen Ländern Anfang der 1990er Jahren nahm die afrikanische Präsenz in Deutschland zu. Zugewanderte organisierten sich selbst in Gebetskreisen und Hausgemeinden, die oft durch einen pentekostal-charismatischen Frömmigkeitsstil geprägt sind. Diese Gemeinden zeichnen sich durch einen starken missionarischen Impetus aus und betrach-

---

[19] Vgl. OID (2020). Orthodoxe Bistümer in Deutschland. www.orthodoxie-in-deutschland.de/02_die_orthodoxe_kirche/02_bistuemer_in_deutschland.html [Aufruf: 23.12.2020].
[20] Vgl. SEKRETARIAT DER DEUTSCHEN BISCHOFSKONFERENZ, Katholische Kirche in Deutschland. Zahlen und Fakten 2019/20, Bonn 2020, 47.
[21] Vgl. SABRINA WEISS, Die zivilgesellschaftlichen Potentiale koreanischer Freikirchen, in: ALEXANDER NAGEL (Hrsg.), Religiöse Netzwerke. Die zivilgesellschaftlichen Potentiale religiöser Migrantengemeinden, Bielefeld 2015, 77-98, 77f.
[22] Vgl. CLAUDIA WÄHRISCH-OBLAU, Migrationskirchen in Deutschland. Überlegungen zur strukturierten Beschreibung eines komplexen Phänomens, in: ZMiss 31 (2005), 19-39, 36.
[23] Vgl. LOTHAR WEISS (Hrsg.), Russlanddeutsche Migration und evangelische Kirchen, Göttingen 2013.
[24] Vgl. WÄHRISCH-OBLAU, ebd.

ten Deutschland als ihr Missionsfeld. Währisch-Oblau bezeichnet sie als Missionskirchen.[25] Durch verstärkte Fluchtbewegungen seit 2015 wuchsen in Deutschland die Syrisch-Orthodoxen Kirchen. Darüber hinaus entstanden neue, meist protestantische farsi- oder arabischsprachige Gemeinden. In den letzten Jahren wurden auch vermehrt Gemeinden durch Pastorinnen und Pastoren der 2. Generation gegründet, deren Ziel es ist, eine geistliche Heimat für die 2. Generation zu schaffen, die sich weder von den IG noch von den einheimischen Gemeinden angesprochen fühlt. Das Verbindende ist hier nicht die ethnische Herkunft, sondern der Migrationshintergrund allgemein.[26]

Die genaue Anzahl von internationalen Gemeinden kann kaum benannt werden. Viele entwickeln sich meist unbemerkt aus Gebetskreisen oder Bibelstunden. Schätzungen vermuten bundesweit die Existenz von etwa 2.500 bis 3.500 IG.[27] Ihre Anzahl nimmt jedoch kontinuierlich zu. So hatte z.B. der Bund freier Pfingstkirchen (BfP) 1992 insgesamt 351 Gemeinden. Darunter waren 13 IG. Heute gehören 325 IG zum BfP. Das entspricht 38,9% aller Mitgliedskirchen.[28]

3. Internationalen Gemeinden und Diakonie

Im Folgenden wird vorgestellt, wie sich diakonisches Handeln der IG entfaltet. Dafür sollen verwendete Kategorisierungen diakonischen Handelns eingeführt und in Hinblick auf IG konkretisiert werden. Dabei geht es zunächst um allgemeine Beobachtungen und Zuordnungen.

3.1 Kategorien diakonischen Handelns

Diakonie wird oft beschrieben als Lebens- und Wesensäußerung der Kirche. Der Begriff »bezeichnet sowohl das Handeln jedes Christen im sozialen Bereich als auch den sozialen Dienst der Kirche.«[29] Diakonie als eine Ausdrucksform

---

[25] Vgl. Währisch-Oblau, Migrationskirchen (s. Anm. 22), 37.

[26] Vgl. Interkulturelle Kirche. Strategien zur Verwirklichung der Wohngemeinschaft Gottes, Zweite Studientagung der EKD zur migrationssensiblen Kirchenentwicklung, Evangelische Akademie Hofgeismar, 24. bis 25. Februar 2020, epd-Dokumentation 16-17, Frankfurt/M. 2020.

[27] Vgl. Evangelische Kirche in Deutschland, Internationale Gemeinden, https://internationale-gemeinden.de/ [Aufruf: 28.12.2020].

[28] Vgl. Bund freikirchlicher Pfingstgemeinden, Statistiken und Zahlen zum Bund freikirchlicher Pfingstgemeinden, www.bfp.de/statistiken-und-zahlen-zum-bfp [Aufruf: 28.12.2020].

[29] Ingolf Hübner, Diakonische Handlungsfelder, in: Johannes Eurich/Heinz Schmidt (Hrsg.), Diakonik. Grundlagen – Konzeptionen – Diskurse, Göttingen 2016, 277-306, 277.

von Nächstenliebe nimmt vielfältige Formen an, von der spontanen Hilfeleistung über Komplexeinrichtungen bis hin zu internationaler humanitärer Hilfe im Katastrophenfall. Hierbei unterscheiden sich die Ebenen diakonischen Handelns und damit auch die Ausdrucksformen. Differenziert werden kann neben dem allgemeinen Hilfehandeln einzelner Christinnen und Christen (individuelle Diakonie) u.a. zwischen:

- *gemeindlicher Diakonie:* Hilfehandeln durch Kirchengemeinden. Gemeindliche Diakonie zeichnet sich oft durch einen hohen Level an Spontanität und Informalität aus, während institutionalisierte und internationale Diakonie eher als strukturiertes, professionelles Handeln erfolgt, dem Standards zugrunde liegen. Kirchengemeinden, unabhängig von ihrer Zugehörigkeit zu landeskirchlichen, freien, pentekostalen oder anderen Netzwerken und Institutionen, sind häufig niedrigschwelliger Anlaufpunkt für Menschen in schwierigen Lebenslagen.[30]
- *institutionalisierter Diakonie*: Hilfehandeln im Rahmen fester, etablierter Strukturen und Einrichtungen. Das Engagement erfolgt häufig in Form eines Wohlfahrtsverbands. Institutionalisierte Diakonie basiert auf Grundsätzen, die sowohl die konzeptionelle, die programmatische und die operative Ebene leiten. Klassische Arbeitsfelder verbunden mit Diakonie Deutschland sind u.a. Gesundheitsversorgung, Altenarbeit, Eingliederungshilfe und Migrationsfachdienste. Als gemeinnützige Organisation kooperiert Diakonie Deutschland unter dem Prinzip der Subsidiarität mit staatlichen Sozialleistungsträgern; viele Arbeitsfelder können durch staatliche Mittel (partiell) refinanziert werden. Dabei gilt das Gebot der weltanschaulichen Neutralität bei der Ausführung diakonischer Dienstleistungen. Diakonie Deutschland versteht ihren Auftrag als »gelebte Nächstenliebe« und Engagement »für Menschen [...], die am Rande der Gesellschaft stehen, die auf Hilfe angewiesen oder benachteiligt sind«.[31]
- *internationaler/ökumenischer Diakonie:* diakonisches Handeln organisierter Akteure (wie z.B. Act Alliance)[32] auf globaler Ebene. Neben der humanitären Hilfe im Katastrophenfall nehmen Projekte und Programme in den Bereichen Entwicklung, Bildung und Menschenrechte einen großen Raum ein. Wie bei der institutionalisierten Diakonie spielen auch hier Strukturen und Standards eine große Rolle.

---

[30] Vgl. www.diakonie.de [Aufruf: 28.12.2020].

[31] Ebd.

[32] Die ACT-Alliance (Action by Churches Together) existiert in seiner gegenwärtigen Form seit 2010. Als kirchliches Netzwerk mit Sitz in Genf engagiert es sich in den Bereichen Lobbyarbeit, humanitäre Hilfe und Entwicklungszusammenarbeit. Vgl. https://actalliance.org [Aufruf: 28.12.2020].

Ehrenamtliche sind in allen Bereichen diakonischen Handelns aktiv; in der gemeindlichen Diakonie meist als primäre Akteurinnen und Akteure, in der institutionalisierten und der internationalen Diakonie als ein sehr wesentliches Additivum, das die professionelle Arbeit ergänzt und diese oft erst ermöglicht.

3.2 Diakonisches Engagement Internationaler Gemeinden

Im Folgenden werden die obigen Kategorien benutzt, um Ausdrucksformen diakonischen Handelns in IG zu erläutern. Dabei gibt es unterschiedliche Formen der Eigenständigkeit und des Eingebundenseins von IG. Während z.B. pentekostal-charismatische Gemeinden häufig Allein-Akteure oder Kooperationspartner anderer unabhängiger zivilgesellschaftlicher Akteure vor Ort sind, ist das diakonische Engagement der katholischen muttersprachlichen Gemeinden sehr stark mit der Caritas verbunden. Zu beachten ist auch, dass sich im Gegensatz z.B. zu den regional und national organisierten Landeskirchen, Diözesen, diakonischen Werken und der Caritas, protestantische und pentekostal-charismatische Gemeinden vor allem vor Ort organisieren.

3.2.1 Gemeindliche Diakonie

Neben klassisch-kirchlichen, seelsorglichen und z.T. missionarischen Aufgaben fungieren IG zugleich als Orte der Selbsthilfe und des diakonischen Handelns.[33] Anhand einer Untersuchung mehrerer IG kommt Bianca Dümling zu dem Schluss, »dass diakonisches Handeln oft der Ausgangspunkt für die Entstehung und Entwicklung einer Migrationskirche ist. Es sind ›Kirchen von unten‹, die nicht nur die religiösen Bedürfnisse im Blick haben, sondern den Menschen in seiner Gesamtheit.«[34] Der hohe Stellenwert diakonischen Handelns zeigt sich auch auf struktureller Ebene, wenn in vielen, vor allem pentekostal-charismatischen, Gemeinden Diakoninnen und Diakonen eingesetzt und *social ministries* etabliert werden. Ausmaß und Wirkung des diakonischen Engagements der IG sind nur schwer in Zahlen zu fassen. Eine Studie der Oikos Stichting aus dem Jahr 2006 hat für den Kontext Niederlande ergeben, dass 23 IG in Den Haag ca. 39.369 Stunden Arbeitszeit in gesellschaftlich relevante Aktivitäten, jenseits klassisch kirchlich-missionarischer Aktivitäten, investiert haben. Das entspricht fast 89 Vollzeitstellen und besitzt einen Wert von 4.186.402 €. Dieser Betrag wird von den IG aus eigenen Mitteln finanziert.[35]

---

[33] Als ein Beispiel für das vielfältige sozial-diakonische Engagement die Untersuchung von Sabrina Weiß zu koreanischen internationalen Gemeinden in NRW. Vgl. WEISS, Migrantengemeinden (s. Anm. 21).

[34] DÜMLING, Migrationskirchen (s. Anm. 5), 173.

[35] Vgl. OIKOS STICHTING u.a. (Hrsg.), Gratis en Waardevol. Rol, positie en maatschappelijk rendement van migrantenkerken in Den Haag, Den Haag 2006, 26ff.

Ein ähnlich substanzieller Beitrag der IG lässt sich auch für den deutschen Kontext vermuten. Es ist dabei zu beachten, dass die Zahl der IG und ihrer Mitglieder in den Niederlanden wie in Deutschland, wie bereits erwähnt, inzwischen stark angewachsen ist.

3.2.2 Institutionalisierte Diakonie

IG agieren als Interessensvertretung ihrer Mitglieder im zivilgesellschaftlichen und im kirchlichen Kontext.[36] Wie bei anderen MSO sind auch in den IG z.T. Ansätze der Verstetigung und Professionalisierung erkennbar. So z.B. die Akebulan Global Mission, die gemeinsam mit dem Evangelischen Blindendienst Berlin ein durch die Aktion Mensch gefördertes Inklusions-Gospelprojekt durchführt oder der Verein Rat plus Hilfe e.V. der International Revival Church, gegründet um unabhängig von ihren gemeindlichen Angeboten Ratsuchende aller Nationen zu unterstützen.[37]

Institutionalisierte Diakonie als (partiell unternehmerisches) Hilfehandeln im Rahmen fester, etablierter Strukturen und Einrichtungen kommt in IG kaum vor. Dies ist u.a. begründet durch:

* die oft bewusste Verknüpfung zwischen diakonischen und missionarischen Aktivitäten, was dem Gebot der weltanschaulichen Neutralität widerspricht,
* eine eher lokale als nationale Organisation,
* fehlende Ressourcen,
* oft Nichterfüllung von Kriterien für den Zugang zu finanziellen Mitteln für eine subsidiäre Erfüllung von Wohlfahrtsaufgaben und
* häufig mangelnden Kenntnisse über Fördermöglichkeiten diakonischer Programme und Projekte.

3.2.3 Internationale Diakonie

IG verfügen weder über die Infrastruktur noch die finanziellen Ressourcen der Akteure der internationalen Diakonie. Dennoch sind sie und ihre Mitglieder oft international und entwicklungspolitisch aktiv. Auf verschiedenen Ebenen und in unterschiedlichen Formen initiieren und unterstützen IG und ihre Mitglieder Entwicklungsvorhaben in ihren Heimatländern. Es fehlen jedoch empirische Grundlagen, um das genaue Ausmaß dieses informellen entwicklungspolitischen Engagements benennen zu können.

---

[36] Vgl. Hartmut Häussermann/Andreas Kapphan, Integrationspolitik der Städte. Ein Paradigmenwechsel, in: Michael Bommes/Marianne Krüger-Potratz (Hrsg.), Migrationsreport 2008. Fakten-Analysen Perspektiven, Frankfurt/M.-New York 2008, 15-48, 31.
[37] Vgl. Akebulan (Globale Mission) e.V., www.akebulan-gm.org [Aufruf: 28.12.2020], und Rat+Hilfe e.V., www.ratplushilfe.de [Aufruf: 28.12.2020].

4. Diakonische Begleitung älterer Mitglieder in internationalen Gemeinden

Nach diesen grundlegenden Überlegungen zum diakonischen Handeln ist jetzt der Fokus auf die älter werdenden Menschen in den internationalen Gemeinden zu lenken. In den Mittelpunkt tritt nun die Auswertung der geführten Interviews.

4.1 Methodisches Vorgehen

Die fünf leitfaden-gestützten Experteninterviews dauerten durchschnittlich 60 Minuten und wurden per Telefon oder Zoom durchgeführt. Die Interviews wurden anonymisiert, stichwortartig transkribiert und im Rahmen einer qualitativen Inhaltsanalyse ausgewertet. Um auch bei dieser kleinen Stichprobe eine möglichst breite Diversität an IG sicherzustellen, wurde die von Währisch-Oblau vorgestellte Kategorisierung von IG berücksichtigt.[38] Die Experteninterviews beziehen sich auf die folgenden Gemeinden:

Int. 1: Eine Griechisch-Orthodoxe Kirchengemeinde in einer Großstadt, die in den späten 50er Jahren gegründet wurde. Der Anteil der Gruppe der über 65-Jährigen liegt bei 50%.

Int. 2: Eine 1984 gegründete Koreanisch-presbyterianische Gemeinde in einer Großstadt, die mehr als 100 Mitglieder hat, von denen etwa 20-25 % über 65 Jahre alt sind.

Int. 3: Eine pentekostal-charismatische Missionskirche mit starkem Anteil westafrikanischer und deutscher Mitglieder. Diese Gemeinde wurde 2003 gegründet und hat inzwischen etwa 150 Mitglieder, von denen etwa 60% konstant und etwa 40 % zeitweilig für Ausbildung, Studium oder Asylantragstellung vor Ort leben. Der Anteil älterer Mitglieder ist in dieser Gemeinde eher niedrig.

Int. 4: Eine weitere pentekostal-charismatische Missionskirche mit 60 festen Mitgliedern und weiteren Gästen. Die meisten Mitglieder sind deutscher oder afrikanischer Herkunft. Die Gruppe der Älteren ist schwankend und zurzeit eher klein.

Int. 5: Eine sieben Gemeinden umfassende spanischsprachige Katholische Mission mit über 10.000 Mitgliedern. Der Anteil der über 65-Jährigen ist vergleichsweise hoch, aber durch Remigration nach Spanien und durch den Zuzug jüngerer Mitglieder aus Lateinamerika und Äquatorial Guinea schwankend.

Die Befragten sind Gemeindeleitende. Alle Befragten sind Männer, da die Anzahl an Gemeindeleiterinnen in IG verschwindend gering ist. Für eine weitergehende Studie wäre der Einschluss von Gemeindeleiterinnen von großer

---

[38] Vgl. WÄHRISCH-OBLAU, Migrationskirchen (s. Anm. 22).

Bedeutung, um eventuelle gender-spezifische Ausprägungen und Deutungen diakonischen Handelns erfassen zu können.

4.2 Ergebnisse

Die Studie bietet Denkanstöße und Anreiz für einen vertieften Dialog mit IG und anderen diakonischen Playern wie z.b. den diakonischen Werken der einzelnen Landeskirchen oder der Caritas. An Ergebnissen ist festzuhalten:

4.2.1 Ältere Gemeindeglieder

Ältere Menschen, junge Alte, Seniorinnen und Senioren sowie Hochbetagte sind Bezeichnungen für Menschen, die sich primär am kalendarischen Lebensalter orientieren. In der Alltagssprache, der Wohlfahrtspflege oder der Diakonie sind diese Kategorisierungen üblich und sinnvoll, da mit ihnen spezifische Lebenssituationen und Bedarfe verknüpft werden. In den Interviews zeigt sich hingegen, dass die Kategorie ältere Menschen für IG für die Gestaltung des Gemeindelebens deutlich weniger relevant ist. Zwar verfügen die etabliert-denominationellen Kirchen über spezifische Angebote für ältere Menschen, dennoch verstehen die befragten IG den Menschen im höheren Lebensalter primär als Erwachsenen. Besondere Aufmerksamkeit gilt dagegen den Altersgruppen der Kinder und Jugendlichen (Int. 5).

4.2.1.1 Ältere Menschen als Ressource

Was zeichnet die Gruppe der älteren Gemeindemitglieder besonders aus? Die Befragten sehen die Situation älterer Mitglieder in ihren Gemeinden vor allem dadurch bestimmt, dass diese zur ersten Migrationsgeneration gehören und daher einen Teil ihres Lebens bewusst im Herkunftsland erlebt haben. Kulturelle und spirituelle Orientierungen, Praktiken und Erfahrungen haben sich bereits im Herkunftsland oder der Herkunftsregion geformt. Teilweise berichten die Befragten davon, dass Gesellschaft, Kultur und spirituelle Praxis der Herkunftsregion im höheren Lebensalter schmerzlich vermisst wird (»Heimat bleibt Heimat«, Int. 5). Dies bedeutet keineswegs, dass Deutschland nicht auch zur Heimat geworden ist, wie auch die IG für viele zu einer neuen geistlichen, soziokulturellen und emotionalen Heimat geworden sind (Int.1, 2).

Aufgrund ihrer Lebensgeschichte in der Herkunftsregion werden ältere Menschen als Trägerinnen und Träger kulturellen Wissens und christlicher Glaubenspraxis in den IG sehr geschätzt.

> »Die Alten sind kleine Geschichtenbücher« /»Los ancianitos son libros chiquititos.« (Int. 5, übersetzt GB).

Dieses Zitat zeigt, dass die älteren Gemeindemitglieder nicht nur als Personenkreis mit besonderen Bedürfnissen und Erwartungen gesehen werden, die

die Fürsorge und Fürsprache der Gemeinde brauchen, sondern auch als Mitglieder mit besonders geschätzten Ressourcen, vor allem mit besonderem Wissen, auf die sich die Gemeinde stützen kann (Int. 2-5). Sehr oft werden sie deshalb für die 2. und 3. Generation zu Orientierungsgrößen für die Definition der eigenen (post-)migrantischen Identität (Int. 3). Darüber hinaus werden die Älteren in einigen Gemeinden auch wegen ihrer Lebenserfahrung (Int. 2-4) und als Großväter und Großmütter geschätzt, die eine besondere Verbindung zur ganz jungen Generation der Enkel haben (Int. 5). Auch die gestiegene Zeitsouveränität, die den älteren Mitgliedern in den IG mehr ehrenamtliches Engagement erlaubt, wird von den Interviewpartnern sehr geschätzt.

Aus diesen Zuschreibungen leiten sich auch bestimmte Rollen ab: Insbesondere in den charismatisch-pentekostalen Missionskirchen ist der Ältestenrat, der wichtige moralisch wie organisatorisch-finanzielle Entscheidungen des Gemeindelebens zu treffen hat, ein Gremium, das sich vorwiegend aus Gemeindemitgliedern höheren Lebensalters und mehrheitlich männlichen Geschlechts zusammensetzt. Die höhere Zeitverfügbarkeit und ein Rückgang an anderweitigen Verantwortungen für Familie und im Beruf ermöglichen es den älteren Gemeindemitgliedern im noch sehr aktiven und gesunden Rentenalter verstärkt in der Rolle freiwilliger Helferinnen und Helfer an der Gestaltung des Gemeindelebens engagiert mitzuwirken.

4.2.1.2 Ältere Menschen als Menschen mit Bedürfnissen und Erwartungen

Die Ressourcen und Kapazitäten älterer Gemeindeglieder scheinen für IG im Vordergrund zu stehen. Dennoch sehen sie die Älteren auch als Menschen mit besonderen Bedürfnissen und Erwartungen. Besonders die älteren Gemeindemitglieder sind aufgrund der im vorausgegangenen Abschnitt (4.2.1) kurz skizzierten intersektionalen Faktoren häufig in prekären sozialen Lagen:

> »Wir haben hier viele Geflüchtete, die haben emotionale und psychische Probleme. Eine ältere Frau aus Kamerun, die auch den Krieg erlebt hat, hat viele psychische Probleme, z.B. wenn es an der Tür klopft [...] sie denkt an die Polizei und hat Angst. Sie braucht viel Ermutigung und fragt manchmal die gleichen Fragen [...]« (Int. 3)

Exemplarisch zeigt dieses Zitat, dass Gemeindeglieder auch häufiger in der Rolle von Hilfe-, Schutz- und Unterstützungsbedürftigen sind. IG sehen somit diakonisches Handeln neben der geistlichen Begleitung als ihre Aufgabe an. Die sozioökonomische und die gesundheitliche Situation der älteren Gemeindeglieder werden in den befragten IG als sehr unterschiedlich beschrieben. Sie sind im Wesentlichen abhängig von Einkommen und der familiären Situation der älteren Menschen. Es wird deutlich, dass die etabliert-denominationellen Kirchengemeinden durchschnittlich weniger von Armutsrisiken betroffen sind. In der Griechisch-Orthodoxen Gemeinde verfügt ein relativ großer Teil der Gemeindeglieder über akademische Ausbildungen (Int. 1). In der spanischsprachigen Mission und der koreanisch-presbyterianischen Gemeinde kam die 1. Generation als gerufene Arbeitsmigrantinnen und -migranten (Bergbau, Krankenpflege). Entsprechend haben diese Menschen auch im Alter ein mindestens ausreichendes Einkommen und einen rechtlich abgesicherten Status (Int. 2, 5). Anders ist die demographische Zusammensetzung in den pentekostal-charismatischen Missionskirchen. In diesen Gemeinden gibt es unter den Mitgliedern einen erheblichen Anteil von Menschen mit sehr geringem Einkommen und ungeklärtem Aufenthaltsstatus (Int. 3, 4). Nicht wenige von diesen Menschen leben, abgesehen von ihrer Mitgliedschaft in der Gemeinde, sozial isoliert. Unter den älteren Mitgliedern sind Menschen mit traumatisierenden Erfahrungen durch Krieg und Flucht. Einige sind erst im höheren Lebensalter als Geflüchtete in Deutschland angekommen. Insbesondere diese vulnerable Gruppe hat nach Aussagen der befragten Leiter pentekostal-charismatischer Gemeinden immense Bedürfnisse und Erwartungen an unterschiedlichste Hilfestellung durch die Gemeinde (Int. 3, 4).

4.2.2 Formen diakonischen Handelns in den internationalen Gemeinden

Die Liste der unterstützenden Aktivitäten, die in den Interviews genannt werden, ist lang. Betont wird von den Befragten, dass ältere Gemeindemitglieder oft einen höheren Bedarf an Hilfe hinsichtlich Mobilität und Begleitung zu Behörden und medizinischer Behandlung haben und auch sprachlich oft stark auf Übersetzungshilfen durch die Gemeinde angewiesen sind.

Generell lässt sich zwischen einzelfallbezogenen Aktivitäten und regelmäßigen Angeboten unterscheiden. Zu den genannten Einzelfall- und bedarfsbezogenen Angeboten zählen:

- seelsorgliche Beratung und geistliche Begleitung (Int. 1-5)
- Sozialberatung im Bedarfsfall (Int. 3, 4; Int. 1, 5: Übernahme durch Diakonie oder Caritas)
- Transport und Begleitung zu medizinischer Behandlung und Behörden (Int. 3 und 4)
- Fürsprache bei Behörden (Int. 3, 4)
- Übersetzungshilfe, Hilfe beim Einholen von Informationen, Ausfüllen und Verfassen von Dokumenten (Int. 3, 4)
- Praktische Hilfe und Begleitung in Krisen und besonderen Lebenslagen (Int. 3 und 4: Besuche im Krankenhaus, Trauerfälle, Umzugshilfe)
- im kleineren Umfang auch finanzielle Hilfen in entsprechenden Notlagen (Int. 3, 4; Int. 1, 5: Übernahme durch Diakonie oder Caritas)
- Sterbebegleitung
- Organisation von Beerdigungen für Alleinstehende, Gottesdienste für Verstorbene.

Insgesamt scheinen in den pentekostal-charismatischen Missionskirchen Umfang und Bandbreite solcher bedarfsbezogenen und nicht-regelmäßigen Hilfeleistungen erheblich größer zu sein als in den etabliert-denominationellen Kirchengemeinden. Die unterschiedlichen Grade der Einforderung bedarfsbezogener Hilfeleistung erklären sich durch die unterschiedliche sozioökonomische Situation der Gemeindeglieder und deren familiäre Einbindung.

Zu den regelmäßigen Angeboten gehören:

- Veranstaltungen, in denen die Älteren sich gegenseitig oder anderen von ihrem Leben erzählen (Int.1, 3, 5),
- in etabliert-denominationellen Gemeinden Treffen und Veranstaltungsformate, die sich an die älteren Gemeindemitglieder richten (Int. 1, 5: Reisen, Vorträge, Erzählnachmittage).

In den Missionskirchen werden seltener speziell an Ältere adressierte regelmäßige Angebote gemacht.

4.2.3 Kooperation mit anderen relevanten Akteuren der Altenarbeit und Altenpflege

Gemeindeleitende der befragten Missionskirchen stehen oft in Kontakt mit Leitungspersonal von Pflegeeinrichtungen, kommunalen Sozialarbeitenden, mit Erstaufnahmeeinrichtungen und den zuständigen Behörden. Es gibt vielfältige einzelfallbezogene Kooperationen, in denen vor allem die kulturellen, sprachlichen und sozialen Kontextkenntnisse und das Einfühlungsvermögen der IG gefragt sind (Int. 3, 4):

»Ja, die freuen sich [...] (dass es uns gibt) [...] denn wir haben den kulturellen Hintergrund [...] z.B. M. G., die im Rathaus arbeitet [...] sie ruft mich noch an [...] (sagt zu mir:) ›Es kommt noch ein alter Mann.‹ [...] manchmal müssen wir in unserer Gemeinde einen Dolmetscher suchen, die diese Sprache noch kennen [...] wir schaffen die *connections*, wir bringen diese Leute zusammen [...]« (Int. 3)

Hier deutet sich eine gewisse Einseitigkeit in der Flussrichtung von Ressourcen an: IG zeigen oft große Bereitschaft, Zeit, Empathie und (trans-)kulturelle Kompetenz zu investieren, ohne selbst Ressourcen für ihre diakonische Arbeit zur Verfügung gestellt zu bekommen. Die diakonische Arbeit wird nur durch Spenden finanziert (Int. 1, 2) und bleibt aus diesem Grund nur provisorisch, wie in folgendem Zitat deutlich wird:

»Ich frage mich manchmal, warum wir nicht mehr unterstützt werden. Wir könnten noch mehr machen [...] die wissen schon was wir für einen tollen Job machen [...] aber wenn wir kommen und nach Hilfe fragen [...] zum Beispiel für einen Aufzug oder ein Behinderten-WC [...] das ist so schwer [...].« (Int. 3)

4.2.4 Motivationen und Charakteristika des diakonischen Handelns in internationalen Gemeinden

> »Die Soziale Arbeit sieht man im Geiste der orthodoxen Tradition als etwas was vom liturgischen Leben der Kirche entspricht. Deswegen verknüpft man [...] die Nächstenliebe mit der Heiligen Schrift. Genau das, was Christus uns gezeigt hat. Wir lesen oft, wenn der Herr etwas Gutes getan hat, dann sagte er zu den Menschen: gehe und tue das gleiche. Bis heutzutage das ist unsere Verantwortung diese Nächstenliebe zu unseren Mitmenschen zu zeigen und die Menschen auf ihren beruflichen und sozialen Weg zu unterstützen.« (Int. 1)

Diese Aussage verdeutlicht, dass der Impetus für diakonisches Handeln in der Liebe Gottes gesehen wird, die unter den Mitgliedern der Gemeinde ganz unmittelbar zu praktischer Nächstenliebe wird und auch an Bedürftige im nahen Umfeld der Gemeinden weitergegeben wird (Int. 3). Die Gemeinden verstehen sich auf sehr praktische und anpackende Weise als »Gemeinschaften im Leben und Sterben« (Int. 1). Die Helfenden sehen sich selbst zugleich als Empfangende, die im helfenden Handeln Liebe erfahren und lernend wachsen (Int. 1, 3). Das Vorbild Jesus spielt dabei als unmittelbarer Motivationsgrund eine große Rolle:

> »Das sind Sachen, die hat Jesus so gemacht. Wir haben die Aufgaben, das (auch) so zu machen. We don´t have to overlook (die Bedürftigen) [...].« (Int. 3)

Das diakonische Handeln wird als Fortführung der Liturgie und als diakonisch »uninstitutionalisierte Form der Liebe« verstanden und grenzt sich damit von der professionellen Sozialen Arbeit ab (Int. 1). In den Interviews wird deutlich, dass diakonisches Handeln über Betreuung und praktische Hilfe hinausgeht. Es zeigt sich, dass es darum geht, Menschen Wertschätzung und Anerkennung zu zeigen und sie in die Gemeindeaktivitäten aktiv einzubeziehen (Int. 3). Die Hilfestellungen zeichnen sich nach Ansicht der Befragten besonders dadurch aus, dass sie zu jeder Zeit angefragt werden können. Hilfeleistungen sind unbürokratisch und erfolgen nach Bedarf und Vermögen und mit menschlicher Wärme:

> »Dann bringen wir das [Essen] hin und zeigen unsere Liebe an die älteren Leute.« (Int. 2)

Dabei steht für Helfende wie Hilfeempfangende die Begegnung im Mittelpunkt, die sich oft in gegenseitiger Empathie auf Grundlage der gemeinsamen Migrationserfahrung vollzieht. Gleichzeitig sind die Möglichkeiten der Hilfe und Begleitung begrenzt: für die Vielzahl an psychosozialen und finanziellen Notlagen unter den Mitgliedern einiger IG stehen oft sehr geringe personelle und finanzielle Ressourcen zur Verfügung (Int. 3, 4). Hier scheinen nicht selten die Grenzen zur Überforderung nahe:

> »They have a lot of expectations [...] every day people are going through difficulties [...] and living in a community and the church is kind of a community [...] if you do not get help they would be disappointed. They have great expectations.« (Int. 4)

Ferner zeichnet sich das diakonische Handeln in den befragten IG durch hohe Flexibilität und Raum für kreative Lösungen aus. Dabei geht es nicht nur um praktische ad-hoc Hilfe(n), sondern auch darum, spirituellen und psychologischen Bedürfnissen zu begegnen und Prozesse zu begleiten. So wurde z.B., um die Infektionsschutzauflagen im Zuge der Corona-Pandemie nicht zu verletzen und trotzdem dem großen Bedarf an Beistand und Beratung gerecht zu werden, in einer der befragten Gemeinden eine Telefonseelsorge eingerichtet (Int. 3).

Für die Koordination von diakonischen Aktivitäten und Ressourcen gibt es innerhalb der IG meistens spezielle Strukturen. Praktisch alle IG haben ein »social ministry« oder »welfare-committee«, deren Rollen von denen des Pastors abgegrenzt sind:

> »Wir haben ein *welfare-committee*. Diese Leute kümmern sich auch um die alten Leute. Die gehen zum Beispiel zu ihnen nach Hause um sie zu besuchen. Oder z.B. wenn einer (plötzlich) nicht (mehr) kommt (zur Gemeinde). Vielleicht weil es ihm schlechter geht. Diese Leute werden dann besucht. Manchen landen im Altersheim. Die müssen wir dann manchmal besuchen oder abholen und zur Gemeinde bringen und wieder zurück [...] die schaffen das nicht.« (Int. 3)

Ein weiteres Spezifikum der IG sind ihre Potenziale als Netzwerkspezialisten. Dabei stellen die Gemeinden selbst umfangreiche Netzwerke dar. Gleichzeitig zeichnen sich viele ihrer Gemeindeleitenden und aktiven Mitglieder durch eine überdurchschnittliche Fähigkeit und Bereitschaft zum Aufbau neuer Netzwerke aus.

Die Aussagen der Befragten zeigen, dass IG nicht nur wichtige Orte gelebter Solidarität sind, sondern zugleich auch Orte, an denen diakonische Selbstwirksamkeit erlebt wird (Int. 3). Menschen, die sich auf dem Arbeitsmarkt als untauglich, diskriminiert oder marginalisiert erleben und die sich gegenüber dem Staat und seinen sozialen Einrichtungen als Bittsteller erfahren, spüren in den IG, dass ihr Wissen und ihre Fähigkeiten in alltagspraktischen Problemen wie auch in der Gestaltung religiöser und soziokulturellen Praxis gefragt und geschätzt sind.

5. Fazit

Die Beobachtungen spiegeln die Ergebnisse anderer Forschungsergebnisse der letzten Jahre wider, bei denen religiöse MSO vor allem unter der Fragestellung der Professionalisierung von Dienstleistungen im diakonischen Bereich in den Blick genommen worden war.[39] Über diese Studien hinaus ist wichtig festzuhalten ist, dass

- ältere Mitglieder, wie oben beschrieben, diverse aktive Rollen übernehmen und somit nicht primär in der Rolle als passive Hilfsbedürftige wahrgenommen werden und
- die diversen von IG organisierten und durchgeführten Hilfen von den befragten Gemeindeleitenden nicht als Leistungen im Sinne von Dienstleistungen gesehen werden.

Die Dienstleistungskategorie entspricht hier eher einer sozialwissenschaftlichen Außenperspektive. Stattdessen sehen die befragten Gemeinden diakonisches Handeln eher als Ausdrucksformen der Nächstenliebe. In der orthodoxen Tradition gilt helfendes Handeln als eine Art Liturgie nach der Liturgie (Int. 1). Solidarisches Helfen, Begleiten und Unterstützen, sei es höchst alltagspraktisch oder religiös-spirituell, sind in ihrem Wert und ihrer Bedeutung untrennbar ineinander verwoben. Die Quantifizierung der diakonischen Aktivitäten und eingebrachten Ressourcen ist für die befragten IG demzufolge kein Thema, da sie diese nicht als Beitrag oder Dienstleistung verstehen. Sie werden auf keinem, auch keinem imaginierten, Konto verbucht, vielmehr gelten Hilfeleistungen als genuiner Bestandteil religiöser Praxis. Somit werden die diversen »uninstitutionalisierten Formen der Liebe« (Int. 1) als Ausdrucksformen eines Nächstenliebe-geleiteten Handelns zum Qualitätsmarker diakonischen Handelns in den IG.

Flexibilität und Netzwerkkapazität, die insbesondere die missionskirchlichen IG auszeichnen, legen eine systematischere und regelmäßigere Zusammenarbeit mit der etablierten institutionalisierten Diakonie nahe, da sich Stärken und Schwächen hier ergänzen: hohe Flexibilität und Kreativität in der Gestaltung diakonischen Handelns, lebensgeschichtlich erworbenes Expertenwissen und Sensibilität für kulturelle, religiöse und migrationsbedingte Diversität auf Seiten der IG und staatliche Anerkennung, Zugang zu Ressourcen und professionelles Wissen auf Seiten der etablierten institutionalisierten Diakonie bieten vielfältige Möglichkeiten der Kooperation.

Damit eine solche Kooperation im Sinne von diversitätssensibler Diakonie auf Augenhöhe geschieht, sind neben der verstärkten interkulturellen Öffnung

---

[39] ALEXANDER-KENNETH NAGEL, Religiöse Migrantenorganisationen als soziale Dienstleister. Eine potenzialorientierte Perspektive, in: Soz Passagen 8 (2016), 81-97.

von Werken und Einrichtungen etablierter institutionalisierter Diakonie auch
die Respektierung und institutionelle Förderung von nicht oder semi-profes-
sionell agierenden Akteuren der IG in sozialdiakonischen Aufgabenbereichen
notwendig. Dass hier große Potenziale in IG schlummern, sollte in diesem Artikel am Beispiel der Begleitung älterer Menschen deutlich gemacht werden.
Der Zugewinn einer solchen Kooperation liegt gerade in der gegenseitigen Anerkennung verschiedener Rollen und Handlungsmöglichkeiten. Die von uns
durchgeführten Interviews legen nahe, dass die Unterstützung älterer Menschen mit einer Migrationsbiografie wirksamer werden kann, wenn die verschiedenen Formen diakonischen Handelns in der institutionalisierten Diakonie und den IG komplementär zueinander und gut abgestimmt zum Einsatz
kommen.

Martin Radermacher

MIGRATION UND EVANGELIKALISMUS

Aspekte einer Verhältnisbestimmung

In diesem Beitrag erörtere ich das Verhältnis von Migration und Evangelikalismus in Deutschland an ausgewählten Fallbeispielen. Die Ausgangshypothese ist, dass Migration und Evangelikalismus eng miteinander verwoben sind und dass sich dies in den praktischen und diskursiven Vorgängen in und zwischen Migrations-, Landes- und Freikirchen zeigt.[1] Es geht dabei um eine systematisierende Einordnung aus religionswissenschaftlicher Sicht.

Der Begriff Migrationskirche kann wie folgt definiert werden: »Kirche ist, theologisch gesehen, dort, wo Menschen sich im Namen Jesu versammeln – und wo diese Versammlungen entscheidend durch deren Migrationshintergrund mitgeprägt sind, handelt es sich um Migrationskirchen.«[2] Was eine Migrationskirche ist, hängt somit davon ab, wer Mitglied einer Kirche ist,[3] und nicht – wie prinzipiell auch denkbar – davon, ob die konfessionelle oder theologische Ausrichtung einer Gemeinde schon länger in Deutschland ansässig ist oder erst kürzlich aus anderen Regionen der Welt importiert wurde. Dann wären beispielsweise auch deutsche Ableger der US-amerikanischen Mega-Kirchen wie Saddleback oder Vineyard als Migrationskirchen zu bezeichnen, was das Forschungsfeld und seine ohnehin schon beträchtliche Heterogenität noch erweitern würde.[4]

---

[1]   Ich danke Gregor Etzelmüller und Claudia Rammelt für die Anregung, dieses Thema zu bearbeiten, sowie den Kolleginnen und Kollegen im Netzwerk für wertvolle Rückmeldungen zu verschiedenen Entwürfen des Beitrags.

[2]   GREGOR ETZELMÜLLER, Begegnung mit dem globalen Christentum vor Ort. Migrationskirchen in Niedersachsen, www.migrationskirchen.uni-osnabrueck.de/wordpress/?page_id=2423 [Aufruf: 15.3.2021].

[3]   So auch CLAUDIA RAMMELT/ESTHER HORNUNG, Begegnung in der Glokalität. Christliche Migrationskirchen in Deutschland im Wandel, in: DIESS./VASILIE-OCTAVIAN MIHOC (Hrsg.), Begegnung in der Glokalität. Christliche Migrationskirchen in Deutschland im Wandel, Leipzig 2018, 15-28, 15.

[4]   Eine etwas breitere Definition des Begriffs Migrationskirche lautet: »Migrationsgemeinden sind christliche Gemeinschaften, die von Menschen mit Migrationshintergrund gegründet und geleitet und/oder geprägt und von Theologien, Themen und Prak-

In Deutschland leben etwa 10 Mio. Christinnen und Christen mit Migrationshintergrund. Etwa 55% aller Menschen mit Migrationshintergrund betrachten sich als christlich (und etwa 25% als muslimisch); nur bei den Geflüchteten seit 2012 sind Christinnen und Christen mit ca. 70% mehrheitlich vertreten.[5] Selbst wenn nicht alle Christinnen und Christen mit Migrationshintergrund aktive Mitglieder einer lokalen Kirchengemeinde sind, so dürfte doch die Zahl der Gemeinden, die »entscheidend durch [den] Migrationshintergrund« ihrer Mitglieder geprägt sind, insgesamt höher anzusetzen sein als von Öffentlichkeit und Wissenschaft bisher wahrgenommen. Die christlichen Menschen mit Migrationshintergrund fühlen sich teils den landeskirchlichen Gemeinden zugehörig, teilweise gründen und besuchen sie eigene Gemeinden, von denen es in Deutschland ungefähr 2.000 bis 3.000 gibt, die dem protestantischen Spektrum zugeordnet werden können.[6]

Wir haben es mit einem ausgesprochen relevanten, aber in der theologischen, religionswissenschaftlichen und religionssoziologischen Forschung noch wenig erforschten Phänomen zu tun. In diesem Beitrag präsentiere ich zuerst einige Überlegungen zum Konzept »Migration«, dann zum Konzept »Evangelikalismus« und führe beide Themenbereiche schließlich unter der Fragestellung zusammen, ob und wie evangelikale Gemeinden auf Migration reagieren. Diese Überlegungen werden anhand von ausgewählten Beispielen illustriert und reflektiert. Abschließend soll auch diskutiert werden, ob, und wenn ja, wie die Zuwanderung von Christinnen und Christen nach Deutschland evangelikalen Gemeinden und auch die evangelikalen Strömungen innerhalb der evangelischen Landeskirchen beeinflusst.

Eine Ausgangsbeobachtung, die unter anderem von Friedemann Burkhardt deutlich formuliert wird, ist, dass kulturelle und religiöse Diversität in Deutschland zwar seit Jahren erkannt und diskutiert wird, in den evangelisch-landeskirchlichen Gemeinden aber längst nicht allerorten eine interkulturelle

---

tiken des religiösen Alltags aus Süd-/Osteuropa, Asien oder dem globalen Süden bestimmt werden.« FRIEDEMANN BURKHARDT, Vom Nebeneinander zum Miteinander. Aspekte und Perspektiven einer migrationssensiblen Kirchentheorie für den deutsch-sprachigen Raum, in: epd-Dokumentation 20 (2019), 6-21, 20, Anm. 49 mit Verweis auf BIANCA DÜMLING, Neue Gemeinden hat die Stadt, in: HARALD SOMMERFELD (Hrsg.), Mit Gott in der Stadt. Die Schönheit der urbanen Transformation, Transformationsstudien 8, Marburg 2016, 407-424. Auch diese Definition schließt aber Importe aus dem globalen Norden aus. Ein Begriffsvorschlag, der sich zunehmender Beliebtheit erfreut, ist »Internationale Gemeinden«. So z.B. WERNER KAHL, Evangelische Kirche und Internationale Gemeinden. Erfahrungen – Beobachtungen – Reflexionen – Thesen, in: epd-Dokumentation 16/17 (2020), 33-41, 33f.; auch BENDIX BALKE, Abschlussbericht der Projektstelle »Gemeinden anderer Sprache und Herkunft«, Hannover 2020, 3.

[5] Vgl. BENDIX BALKE, Religiöse Zugehörigkeit von Zugewanderten. Zahlen und Hintergründe, in: ZMiss 46 (2020), 112-134, 112f.

[6] Vgl. BALKE, Abschlussbericht, 4.

Öffnung stattgefunden hat.[7] Nur wenige landeskirchliche Gemeinden können ihre Gottesdienste mehrsprachig gestalten[8] – so bleibt die Sprachbarriere oft auch eine Barriere zwischen neu Hinzugezogenen aus dem globalen Süden und deutschen Gemeindemitgliedern.[9] Die evangelikalen Gemeinden, so eine vorsichtige Vermutung, sind manchmal stärker darauf ausgelegt, das Prinzip der Weltkirche in ihren Gottesdiensten umzusetzen, z.B. weil sie ohnehin Gottesdienste in englischer Sprache veranstalten oder weil sie von Beginn an stärker auf Zugewanderte eingestellt bzw. von ihnen gegründet worden sind. An diesem Punkt besteht die Möglichkeit, dass die evangelischen Landeskirchen in Deutschland von den Migrationskirchen lernen können.[10]

1. Migration und Religionskontakt

Es darf als Konsens gelten, dass Migration schon immer Teil der Religions- und Kirchengeschichte war und »weder linear verstanden noch auf einseitige Prozesse reduziert werden« kann.[11] Im allgemeinen Sinn bezeichnet Migration die temporäre oder dauerhafte Wanderungsbewegung von Einzelpersonen oder Gruppen, die oft durch ungünstige oder existenzbedrohende Bedingungen im Heimatland, seien sie politischer oder wirtschaftlicher Natur, motiviert sind.

Spätestens mit George Marcus' einflussreichem Ansatz der »Multi-Sited Ethnography«[12] ist Migration ein vielfach untersuchter Gegenstand der Kultur- und Sozialwissenschaften geworden. Die untersuchten Menschen und Gemeinschaften sind nicht mehr – wie in der klassischen Ethnologie oftmals angenommen – sesshafte, geografisch begrenzte und kulturell homogene Einheiten, sondern zu *moving targets* geworden. Das Forschungsinteresse richtet sich somit auf Migrationswege, Kommunikationskanäle, Handelsbeziehungen, Kon-

---

[7] Vgl. Burkhardt, Nebeneinander (s. Anm. 4), 6.

[8] Vgl. Gregor Etzelmüller, Migrationskirchen als Herausforderung für das Selbstverständnis evangelischer Kirchen in Deutschland, in: epd-Dokumentation 20 (2019), 29-35, 30.

[9] Ein Gegenbeispiel sind Publikationen wie die Broschüre »Auf dem Weg ...«, die als »Reise durch die Bibel für Migrantinnen und Migranten« in verschieden Sprachen erhältlich ist und in Deutschland von der Deutschen Bibelgesellschaft in Zusammenarbeit mit dem Kirchenamt der EKD herausgegeben wird. Vgl. Xavier Andriamiantso u.a., Auf dem Weg ... Eine Reise durch die Bibel für Migrantinnen und Migranten, Stuttgart 2019.

[10] Dies schlägt z.B. Etzelmüller, a.a.O., 30, vor.

[11] Rammelt/Hornung, Begegnung (s. Anm. 3), 24.

[12] George E. Marcus, Ethnography in/of the World System. The Emergence of Multi-Sited Ethnography, in: Annual Review of Anthropology 24 (1995), 95-117.

fliktlinien und Kontaktzonen.[13] Dies hat auch ein Umdenken bezüglich des Forschungsgegenstandes zur Folge gehabt: Man spricht nicht mehr von »ethnischen Gruppen«, sondern von »transnationalen Gemeinschaften«.[14]

Religion wurde als Faktor von transnationalen Gemeinschaften aber anfangs zu wenig beachtet, weil man sich auf wirtschaftliche und politische Faktoren konzentrierte.[15] Inzwischen ist in der Migrations- und Diasporaforschung aber deutlich geworden, dass religiöse Zugehörigkeiten und Veränderungsprozesse eine zentrale Komponente von und zugleich wesentliche Ressource für Migration sind. Auf Migrationskirchen bezogen bedeutet das, deren Mitglieder mit Migrationshintergrund nicht nur hinsichtlich ihres Andersseins[16] vor Ort, sondern auch hinsichtlich ihrer Verbindungen in internationalen Netzwerken zu untersuchen: Warum, wann und wie sind Menschen nach Deutschland und Niedersachsen gekommen, welche Kontakte bestanden und bestehen zu den Herkunftsregionen und in andere Länder, welche neuen Verbindungen ergeben sich durch die Kontakte mit anderen Migrantinnen und Migranten in der neuen Heimat?

In Bezug auf Religion und Migration spielt der Aspekt des Religionskontakts eine besondere Rolle: Wenn Angehörige religiöser Traditionen transnational auftreten, sind Religionskontakte unvermeidlich.[17] Die Religionsgeschichte ist voll von Beispielen für solche Kontakte und es handelt sich nicht um ein neues Phänomen. Dabei ist zu betonen, dass Migration in der Literatur oft als produktiver und revitalisierender Faktor wahrgenommen wird. So schreibt Peter van der Veer: »It is evident that religion is not in retreat and that migration and globalization in general encourage an aspect of religious revitalization.«[18]

---

[13] Vgl. Gisela Welz, Moving Targets. Feldforschung unter Mobilitätsdruck, in: ZVK 94 (1998), 177-194, 183f.

[14] Bruno Riccio, From »Ethnic Group« to »Transnational Community«? Senegalese Migrants' Ambivalent Experiences and Multiple Trajectories, in: Journal of Ethnic and Migration Studies 27 (2001), 583-599, 583.

[15] Vgl. Peggy Levitt, »You Know, Abraham Was Really the First Immigrant.« Religion and Transnational Migration, in: The International Migration Review 37 (2003), 847-873, 851f.

[16] Man darf hierbei nicht vergessen, dass das Anderssein der Anderen nicht ausschließlich in ihrer Religion liegt. Oftmals wird in öffentlichen Diskursen das kulturelle Anderssein auf Religion zugespitzt, auch wenn es mit Religion längst nicht immer zu tun hat.

[17] Vgl. Volkhard Krech, From Religious Contact to Scientific Comparison and Back. Some Methodological Considerations on Comparative Perspectives in the Science of Religion, in: Antje Flüchter/Jivanta Schöttli (Hrsg.), The Dynamics of Transculturality. Concepts and Institutions in Motion, Transcultural Research, Heidelberg Studies on Asia and Europe in a Global Context, Cham 2015, 39-73.

[18] Peter van der Veer, Urban Aspirations in Mumbai and Singapore, in: Irene Becci/Marian Burchardt/José Casanova (Hrsg.), Topographies of Faith. Religion in Urban Spaces, International Studies in Religion and Society 17, Leiden 2013, 61-71, 62f.

Auch wenn Migration mit geographischer und grenzüberschreitender Mobilität zu tun hat, ist nicht zu vergessen, dass Globalisierung und transnationale Netzwerke nur für einen Bruchteil der Weltbevölkerung überhaupt mobilitätsförderlich sind. Für die allermeisten Menschen sind nationale Grenzen in der Regel zugleich schwer oder gar nicht zu überwindende Grenzen ihrer geographischen Bewegungsfreiheit.[19]

2. Evangelikalismus – Annäherungen an ein Konzept

Die Bestimmung des Begriffs Evangelikalismus ist ein breit debattiertes Thema in den damit befassten Fächern und Studien.[20] Sowohl im Feld als auch seitens der religionswissenschaftlichen, theologischen oder soziologischen Forschung wird der Begriff evangelikal bzw. evangelical in vielfältigen Variationen und Bedeutungen verwendet. In Deutschland ist der Begriff eng mit dem Konzept Freikirchen verknüpft – wenn es freilich auch katholische und andere Freikirchen gibt –, für das es in vielen anderen Sprachen und Regionen keine direkte Entsprechung gibt: Freikirchen im Wortsinn kann es nur dort geben, wo es Staatskirchen gibt oder gab, von denen sich Freikirchen als unabhängig verstehen.

Die Verwendung des Begriffs Evangelikalismus im wissenschaftlichen Kontext wird außerdem dadurch erschwert, dass die Bezeichnung evangelikal für viele einen negativen Beiklang hat.[21] Der Begriff ist einigen – gerade im deutschsprachigen Raum – zu eng mit dem Fundamentalismus verknüpft. Daher wählen christliche Gemeinden für sich oft andere Begriffe wie bibeltreu oder schlicht christlich. Andere Evangelikale dagegen greifen bewusst auf diese Bezeichnung zurück, um ihre Verbundenheit mit einer globalen Bewegung auszudrücken.

Die Verwendung eines solchen Begriffs kann nahelegen, dass es sich um ein einheitliches Phänomen handelt. Während in evangelikalen Publikationen ein verständliches Interesse daran besteht, sich als Teil einer globalen und bei aller Heterogenität doch relativ einheitlichen Bewegung darzustellen, ist in einem wissenschaftlichen Kontext auch ein Verständnis der Unterschiede und

---

[19]   Vgl. MANUEL A. VÁSQUEZ, More than Belief. A Materialist Theory of Religion, Oxford 2011, 294.

[20]   In diesem Abschnitt greife ich weitgehend zurück auf die gemeinsam mit Kollegen verfasste Einleitung zum Handbuch Evangelikalismus. Vgl. FREDERIK ELWERT/MARTIN RADERMACHER/JENS SCHLAMELCHER, Einleitung, in: DIESS. (Hrsg.), Handbuch Evangelikalismus (Religionswissenschaft 5), Bielefeld 2017, 11-20, 13-16.

[21]   Vgl. JÖRG STOLZ u.a., Phänomen Freikirchen. Analysen eines wettbewerbsstarken Milieus, CULTuREL 5, Zürich 2014, 9; KATJA GUSKE, Zwischen Bibel und Grundgesetz. Die Religionspolitik der Evangelikalen in Deutschland, Wiesbaden 2014, 90.

Brüche erforderlich. Man kann daher nicht von ›dem Evangelikalismus‹ sprechen, sondern sollte genauer von vielfältigen evangelikalen Traditionen und Gemeinschaften sprechen, die etwas eint, das ihre gemeinsame Bezeichnung als evangelikal rechtfertigt.

David Bebbington formuliert in seiner vielzitierten Definition nicht nur ein solches Merkmal, sondern gleich vier: »conversionism«, »activism«, »biblicism«, »crucicentrism«.[22] Diese Merkmale werden, manchmal auch in abgewandelter Form, sowohl von Evangelikalen als auch von Forscherinnen und Forschern genannt. Nähert man sich der Definitionsfrage aber systematischer und ohne Bezug auf Bebbington, so können zwei Möglichkeiten der Begriffsverwendung notiert werden:

1. Als Selbstbeschreibung: Im Fokus der Forschung steht dann die Verwendung des Begriffs evangelikal im Feld und die Art und Weise, wie sich Gruppen oder Individuen dazu positionieren. Evangelikalismus ist in dieser Perspektive ein Diskursphänomen, das sich durch kommunikative Aushandlungsprozesse und Grenzziehungen konstituiert. Gläubige verwenden den Begriff, um sich und andere zu beschreiben und um sich voneinander abzugrenzen; teils mit ganz verschiedener inhaltlicher Füllung.

2. Als Fremdbeschreibung im Sinne einer religionswissenschaftlichen Analysekategorie:

a) In systematischer Hinsicht können bestimmte Eigenschaften – wie Nicht-Verfasstheit, Netzwerkcharakter, Bewegungsförmigkeit, theologische Grundsätze – zugrunde gelegt werden, um bestimmte Gemeinschaften als evangelikal zu beschreiben. Einzelne dieser Merkmale, wie etwa die soziostrukturellen Eigenschaften Netzwerkcharakter oder Bewegungsförmigkeit, treffen jedoch auch auf andere religiöse Traditionen zu, beispielsweise die in den 1980er Jahren so bezeichnete New-Age-Bewegung.

b) In historisch-genetischer Hinsicht kann ausgehend von der Reformation und deren nicht staatlich legitimierten Ablegern ein sich von der Aufklärung abgrenzendes Christentum seit Ende des 18. Jh.s beschrieben werden, das zunächst in Europa entstand, dann in Großbritannien und den USA Verbreitung fand und schließlich globale Transformationen durchlief. Ein solcher Ansatz zielt eher auf die Genealogie der Bewegung und ihre historischen, aber auch geographischen Verflechtungen. In diesem Sinne bezieht der Begriff evangelikal sich auf die sogenannten Erweckungsbewegungen seit dem 18. Jh. in Europa, in den USA und darüber hinaus, also Baptisten, Methodisten und Presbyterianer sowie einige Strömungen der Anglikaner sowie pfingstliche und charismatische Christen.[23]

---

[22] David W. Bebbington, Evangelicalism in Modern Britain. A History from the 1730s to the 1980s, London 1989, 2f.

[23] Vgl. Simon Coleman/Rosalind I.J. Hackett, Introduction. A New Field?, in: Diess. (Hrsg.), The Anthropology of Global Pentecostalism and Evangelicalism, New York 2015, 1-37, 9f.

Aus den beiden Aspekten systematisch und historisch-genetisch ergibt sich ein Geflecht von Kriterien, die nie alle erfüllt sein müssen/können, wenn es um den konkreten Gegenstand geht. Daraus ergibt sich die Möglichkeit, den Begriff Evangelikalismus nicht auf spezifische Entwicklungen in den USA im 19. und 20. Jh. zu begrenzen. Stattdessen schlagen die Herausgeber des Handbuch Evangelikalismus einen breiteren Begriff vor, der Familienähnlichkeiten im Frömmigkeitstypus zugrunde legt (systematische Beschreibung) und historisch in der radikalen Reformation (z.B. Täuferbewegung) sowie im Pietismus ansetzt (genealogische Beschreibung). Dann ist es möglich, auch pfingstliche[24] und evangelikale Gruppierungen unter diesem Begriff zu untersuchen, auch wenn es im Feld teils deutliche Abgrenzungen voneinander gibt, die sich auch in den organisatorischen Strukturen und getrennten Gemeinden vor Ort zeigen. Evangelikale Strömungen können dann auch innerhalb der landeskirchlichen Gemeinden identifiziert werden.

3. Migrationskirchen und Evangelikalismus – Evangelikale Migrationskirchen?

Wenn man nun vor diesem konzeptuellen Hintergrund versucht, die Migrationskirchen einzuordnen, so fällt auf, dass auch Migrationskirchen Merkmale aufweisen, die in der Literatur üblicherweise als evangelikal betrachtet werden:

a) Verhältnis zur Bibel: Etzelmüller schreibt mit Verweis auf die Studie von Röthlisberger und Wüthrich,[25] dass Migrationskirchen mit der Bibel »ungebrochen« und »unmittelbar« umgehen und Gemeindemitglieder ihre Biografien eng mit biblischen Geschichten verweben.[26] Die Bibel alltagstauglich und lebensnah zu machen, ist auch unter vielen Evangelikalen ein erklärtes Ziel.[27] Historisch-kritische Exegese oder eine systematisch-theologische Auslegung der biblischen Überlieferung sind dafür weniger zentral.

b) Dies geht einher mit einer stärkeren Betonung von Emotionalität und Gefühl, die der rationalen Auslegung des biblischen Textes Alternativen entgegensetzt: »Eine aufgeklärte sachliche Theologie erreicht die Herzen oft

---

[24] Zur Pfingstbewegung vgl. z.B. die beiden umfangreichen Sammelbände: COLEMAN/HACKETT (s. Anm. 23); STANLEY M. BURGESS (Hrsg.), Encyclopedia of Pentecostal and Charismatic Christianity, New York 2006.

[25] Vgl. SIMON RÖTHLISBERGER/MATTHIAS D. WÜTHRICH, Neue Migrationskirchen in der Schweiz, SEK-Studie 2, Bern 2009, 97.

[26] ETZELMÜLLER, Migrationskirchen (s. Anm. 8), 30.

[27] Vgl. SIMON RÖTHLISBERGER/MATTHIAS D. WÜTHRICH, Shaking the World for Jesus. Media and Conservative Evangelical Culture, Chicago 2004, 4.

nicht!«[28] »Gottes Domäne«, so Etzelmüller, erstreckt sich nicht nur auf das »Innerliche und Ewige, sondern auch das Äußerliche und Zeitliche«[29], was ebenfalls ein Charakteristikum ist, das vielfach evangelikalen Strömungen zugeschrieben wird.[30]

c) Das Vertrauen in die Autorität der Bibel, freies Beten und die Betonung von Charismen sind, so Uzuh,[31] für Migrationskirchen wichtige Elemente, die ebenfalls auch für evangelikale Gruppierungen gelten.[32] Dies geht einher mit einer Ermächtigung der individuellen Bibellektüre und -deutung, die nicht zwingend auf eine akademisch-theologisch akzeptierte Interpretation angewiesen ist. Uzuh fordert daher: »Es ist an der Zeit, dass die Kirche des Nordens akzeptiert, dass es andere Zugänge zur Bibel gibt als die historisch-kritische Methode.«[33]

d) Daneben ist auch die dualistische Weltsicht in der Theologie von Migrationskirchen[34] ein Merkmal, das sich auch in evangelikalen und pfingstlichen Kreisen verstärkt findet.[35]

c) Nicht zuletzt ist das Missionsverständnis von migrantischen Gemeinden in Deutschland häufig näher am evangelikalen als am evangelisch-landeskirchlichen Verständnis: »Menschen, die als Christen geflohen sind, interpretieren ihre Flucht gelegentlich als Gottes Auftrag, nun in Europa zu missionieren.«[36] Für Evangelikale gehört es – oftmals stärker als für landeskirchliche Evangelische – zum Christsein dazu, von Jesus und von ihrem Glauben zu erzählen und so missionierend tätig zu sein.[37]

4. Fallbeispiele

Ich präsentiere in diesem Abschnitt zwei Fallbeispiele, um das zuvor Erörterte zu veranschaulichen und zu vertiefen. Es geht in beiden Fallbeispielen um die Frage, wie eine konkrete Gemeinde vor Ort auf Menschen mit Migrationshin-

---

[28] John Uzuh, Erwartungen von Migrationskirchen an deutsche Landeskirchen, in: epd-Dokumentation 20 (2019), 41-46, 44.

[29] Etzelmüller, Migrationskirchen (s. Anm. 8), 31.

[30] Vgl. Alan Wolfe, The Transformation of American Religion. How we actually live our faith, Chicago 2005, 94f.

[31] Uzuh, a.a.O., 45.

[32] V gl. James S. Bielo, Words Upon the Word. An Ethnography of Evangelical Group Bible Study, Qualitative Studies in Religion, New York 2009, 70f.

[33] Uzuh, a.a.O., 42.

[34] Vgl. Etzelmüller, a.a.O., 31.

[35] Vgl. Randall Herbert Balmer, Mine Eyes Have Seen the Glory. A Journey into the Evangelical Subculture in America, New York [3]2000, 316f.

[36] Etzelmüller, ebd.

[37] Vgl. Wolfe, a.a.O.,186.

tergrund eingeht und welche Rolle evangelikale Inhalte und Praktiken dabeihaben. Dazu habe ich mich mit zwei Gemeinden in Münster (Westfalen) befasst: Der All Nations Christian Church sowie der Matthäus-Gemeinde. Erstere ist eine relativ junge internationale Gemeinde, die ihre Gottesdienste zurzeit (d.h. im Herbst 2019) in den Kellerräumen einer Kindertagesstätte im Münsteraner Südviertel feiert. Die zweite ist eine evangelisch-landeskirchliche Gemeinde, ebenfalls in Münster, die in ihren Angeboten unter anderem auch auf Migrantinnen und Migranten zugeht.

4.1 All Nations Christian Church Münster

Der Leiter der Gemeinde, John Uzuh, stammt aus Nigeria und ist seit 1992 in Deutschland; er wurde ordiniert im Bund Freikirchlicher Pfingstgemeinden (BFP). Seit 2009 ist er in Münster und gründete 2014, nach Tätigkeit in einer freikirchlichen Gemeinde, zusammen mit seiner Frau die All Nations Christian Church, zunächst als Hauskreis, dann in gemieteten oder zur Nutzung zur Verfügung gestellten Räumlichkeiten, wobei die Suche nach einem geeigneten Raum ein Problem ist, das die Gemeinde von Anfang an und immer noch begleitet.[38] Uzuh bezeichnet seine Gemeinde als »Migrantengemeinde« und der Fokus der Darstellung in diesem Beitrag liegt auf der Frage, wie sich evangelikale Elemente in dieser Gemeinde zeigen.

Viele der Mitglieder seiner Gemeinde haben eine lange und schwierige Reise hinter sich, manche bleiben nur für kurze Zeit, weil sie keine Aufenthaltsgenehmigung erhalten oder weiterreisen. Sie kommen unter anderem aus afrikanischen Ländern wie Nigeria oder Kamerun, manche auch aus Osteuropa (z.B. Rumänien).

Uzuh berichtet, dass manche der Migrantinnen und Migranten, die länger in Münster oder Deutschland bleiben, sich in den landeskirchlichen Gottesdiensten nicht wohl fühlen. Die Sprachbarriere ist dabei das größte Problem. Deshalb sind die Gottesdienste in der All Nations Christian Church auf Englisch. Daneben scheint der Stil in landeskirchlichen Gemeinden für manche Migrantinnen und Migranten zu distanziert zu sein. Uzuh will dagegen eine »Mitmach-Kirche« gestalten, in der jeder sich aufgehoben fühlt und singen, beten und tanzen kann, so wie er oder sie es gewohnt ist.

Um die Erfahrung von Flucht und Fremdheit theologisch aufzunehmen, verfolgt Uzuh eine »situative Theologie«. Er will den Gottesdienstbesucher/innen Antworten auf die Fragen ihres Alltags geben: Fragen der Flucht und des Gefühls von Fremdheit und Isolierung in Deutschland; das Gefühl, nicht verstanden zu werden oder entwurzelt zu sein. Es soll sich um eine alltagstaugliche Verkündigung handeln. Dabei betont Uzuh, dass die biblischen

---

[38] Die folgende Darstellung basiert auf einem qualitativen Leitfadeninterview mit John Uzuh, das am 2.12.2019 in Münster geführt wurde.

Texte von Beginn an eine Geschichte der Migration erzählen. Aus dieser Sicht kann er der Gemeinde eine Deutung ihrer Flucht- und Migrationserfahrung anbieten: Vielleicht, so Uzuh, hat ihre Flucht eine Bedeutung; vielleicht haben die Geflüchteten einen Auftrag von Gott. Uzuh schlägt ihnen vor, dass sie über Gottes Auftrag nachdenken und ihn bitten, seine Pläne für sie zu erkennen. Die Migrationserfahrung hat dann nicht nur einen wirtschaftlichen oder politischen Zusammenhang, sondern wird von den Menschen als Teil ihrer religiösen Biografie gedeutet.[39]

Uzuh ist in der Gemeinde ehrenamtlich tätig; die Spenden von Gemeindemitgliedern reichen in der Regel nur für die notwendigen Betriebskosten und nicht für hauptamtliches Personal. Wie viele andere Leitungspersonen in internationalen Gemeinden ist er häufig Ansprechpartner in allen Lebenslagen.[40] Aber er tut, was er tut, aus der Überzeugung heraus, dass es »Gottes Wille« ist. Interkulturalität sei, so Uzuh, ein »Vorgeschmack der Ewigkeit« – denn im Jenseits seien die Menschen nicht getrennt nach Herkunft oder Nationalität.

Nach Frömmigkeitsstil, theologischer Orientierung und organisatorischem Kontext im BFP handelt es sich um eine evangelikale Gemeinde, was nicht zuletzt dadurch begünstig wird, dass viele der regelmäßigen oder kurzzeitigen Gemeindemitglieder aus Ländern des globalen Südens, insbesondere aus Nigeria und anderen afrikanischen Ländern stammen, in denen kirchliche Formate nach dem Vorbild der deutschen evangelischen Landeskirchen eine untergeordnete Rolle spielen (obwohl sie historisch oftmals aus deutschen evangelischen Missionen entstanden sind, inzwischen aber überwiegend charismatisch oder pfingstlich sind[41]).

4.2 Evangelische Matthäusgemeinde Münster

Mit der Matthäusgemeinde führe ich als Kontrastbeispiel eine landeskirchlich verfasste und traditionell lutherische Kirchengemeinde ein, die recht erfolgreich Migrantinnen und Migranten, und zwar insbesondere aus dem Iran und aus Afghanistan, integriert. Die Gemeinde ist insgesamt heterogen, was sich unter anderem in der Gottesdienstgestaltung zeigt, z.B. wenn Lieder teilweise auf Englisch oder Farsi gesungen werden oder wenn einzelne Anwesende expressivere Formen des Gebets wählen.[42]

---

[39] Vgl. auch Claudia Währisch-Oblau, The Missionary Self-Perception of Pentecostal/Charismatic Church Leaders from the Global South in Europe. Bringing back the Gospel, Global Pentecostal and Charismatic Studies 2, Leiden 2009.

[40] So beobachtet es z.B. auch Balke, Abschlussbericht (s. Anm. 4), 12.

[41] Vgl. Kahl, Kirche (s. Anm. 4), 36.

[42] Die folgende Darstellung basiert auf einem qualitativen Leitfadeninterview mit Volker Roggenkamp, das am 5.2.2020 in Münster geführt wurde.

Was Menschen mit Migrationshintergrund betrifft, so hat die Gemeinde in erster Linie Erfahrungen mit Menschen aus dem Iran und Afghanistan. Die ersten Iranerinnen und Iraner kamen durch die Vermittlung eines Sozialarbeiters mit der Gemeinde in Kontakt, wodurch sich ein Netzwerk entwickelte; weitere Menschen kamen und schließlich entschied die Gemeinde, einen Bibelabend für diese Gruppe einzurichten. Ohne Werbung (und ohne besondere Erwartungen) erwies sich dieses Format alle zwei Wochen freitags als außerordentlich erfolgreich, so dass als ein weiteres Format Taufkurse und letztlich sogar gemeinsame Freizeiten hinzukamen. Die prinzipielle Haltung der Gemeinde gegenüber diesen Menschen formuliert Roggenkamp wie folgt: »Wir glauben, dass Gott uns die ans Herz gelegt hat, also wollen wir die Verantwortung wahrnehmen.« Um Kommunikationshürden zu reduzieren, wurde für die Frauen ein eigener Bibelabend eingerichtet. Der Schwerpunkt der Interaktion mit iranischen Migrantinnen und Migranten liegt nach wie vor auf den Bibelabenden und den Sonntagsgottesdiensten – einige der Iranerinnen und Iraner besuchen regelmäßig den Sonntagsgottesdienst; für andere ist die sprachliche Hürde hier noch zu hoch.

Während das Engagement und die Motivation bei allen Beteiligten groß sind, erleben sowohl die Migrantinnen und Migranten als auch die meist ehrenamtlich Mitwirkenden der Gemeinde die unklaren Bleibeperspektiven und teilweise auch die Unterbringung als große Belastung. Auf sozialer Ebene sind die unterschiedlichen Kulturen wie auch (erwartungsgemäß) die Sprache die größten Herausforderungen. Hier besteht auf beiden Seiten noch Lernpotenzial hinsichtlich der ›normalen‹ Kommunikation im Alltag.

Da die meisten Iranerinnen und Iraner in ihrer Heimat nur sehr wenige Berührungspunkte mit dem Christentum hatten, sind die Inhalte der Bibelkurse einführend und an praktischen Bedürfnissen orientiert. Das liegt auch daran, dass die Bedarfe oft in ganz praktischen Punkten des Glaubensalltags begründet sind, z.B. wie und wie oft man als Christ betet, wie es um Fastenregeln steht etc. Im Taufkurs werden dann auch theologisch komplexere Themen vermittelt. Die eigene Fluchterfahrung wird von den meisten Migrantinnen und Migranten gar nicht oder nur sehr ungern angesprochen, so dass hier – im Gegensatz zur Gemeinde von Uzuh – auch keine theologische Rahmung der Flucht- und Migrationserfahrung stattfinden kann.

Mit einer kritischen Menge iranischer Gemeindemitglieder wurde schon relativ bald eingeführt, dass in den Sonntagsgottesdiensten Texte und Lieder teilweise auf Farsi und/oder Englisch vorkommen.[43] Damit wird die sprachliche

---

[43] Ganz in diesem Sinne notiert Balke in den Handlungsempfehlungen der Projektstelle »Gemeinden anderer Sprache und Herkunft«: »Interkulturelle Öffnung verlangt verständliche Sprache. Die EKD sollte Dokumente von hoher Relevanz für Menschen mit eingeschränkten Sprachkenntnissen schon bei der Erstellung auf ihre Verständlichkeit prüfen oder zeitnah in Leichte, einfache oder verständliche Sprache überset-

Hürde zumindest reduziert, auch wenn das parallele Übersetzen von Predigten sich als wenig nützlich erwiesen hat – dafür seien die inhaltlichen Konzepte, die in deutschen Predigten vorkommen, zu fremd und neu für die iranischen Gäste. Wichtig ist aber, so betont Roggenkamp, dass man die Menschen durch Lieder in ihrer eigenen Sprache auch emotional erreichen kann. In diesem Punkt ähnelt der Ansatz dem von Uzuh. So schildert Roggenkamp auch, dass ein Seelsorger für persisch-sprachige Christinnen und Christen, Pfarrer Mehrdad Sepehri Fard, der in der evangelischen Kirche Paderborn tätig ist, einmal im Jahr in der Matthäuskirche zweisprachig predigt und durch seinen emotionalen und pfingstlich inspirierten Stil die Iranerinnen und Iraner sehr gut erreicht.[44]

Neben dieser Gruppe von Migrantinnen und Migranten ist die Gemeinde insgesamt relativ heterogen im Vergleich mit anderen evangelischen Gemeinden in Münster. Die internationalen Gemeindemitglieder finden in einem internationalen Hauskreis zusammen; viele von ihnen sind schon lange und dauerhaft in Deutschland.

Auf die Frage, ob die Aufnahme von Migrantinnen und Migranten auch den Frömmigkeitsstil und die Andachtsformen verändert, erklärt Roggenkamp, dass es zwar in den letzten etwa 20 Jahren eine deutliche Veränderung gab, diese aber weniger von Menschen mit Migrationshintergrund beeinflusst war als von Entwicklungen in der Gemeinde selbst. So hat sich der Stil der Musik in eine Richtung entwickelt, die man pfingstlerisch nennen könnte – insbesondere einen längeren Lobpreis-Teil zu Beginn des Gottesdienstes –, auch wenn die klassischen evangelischen Kirchenlieder immer noch gesungen werden. Weil aber der traditionelle lutherische Gottesdienst für immer weniger Gemeindemitglieder das Richtige war, fand eine stetige Entwicklung statt, die man in einem bestimmen Sinne auch als Trend zum Evangelikalen bezeichnen darf, nämlich, so Roggenkamp, in einem gemäßigten Sinne evangelikal in der Tradition von William Wilberforce. Dennoch verwendet Roggenkamp den Begriff evangelikal aufgrund seiner potenziellen Missverständlichkeit selten.

Mit dieser Entwicklung steht die Matthäusgemeinde nicht allein da – viele landeskirchliche Gemeinden, insbesondere, wenn sie in der Evangelischen Allianz organisiert sind – haben in den letzten Jahren Praktiken aus der internationalen evangelikalen und auch pfingstlichen Landschaft aufgegriffen. Das ist

---

zen.«, BENDIX BALKE, Handlungsempfehlungen der Projektstelle „Gemeinden anderer Sprache und Herkunft", Hannover 2020, 4.

[44] Ähnliche Erfahrungen mit iranischen Gemeindemitgliedern schildert Cordula Haase in einem Bericht über einen Workshop »Wie verändert die Konversion von Geflüchteten die Gemeinden?«, der auf der Tagung »Interkulturelle Kirche: Strategien zur Verwirklichung der Wohngemeinschaft Gottes« im Februar 2020 an der Evangelischen Akademie Hofgeismar stattgefunden hat. Vgl. CORDULA HAASE, Workshop „Wie verändert die Konversion von Geflüchteten die Gemeinden?", in: epd-Dokumentation 16/17 (2020), 53f.

nur zum Teil auf Migration zurückzuführen, hat aber, so Roggenkamp, mit einer zunehmenden internationalen Vernetzung zu tun. Die iranischen und afghanischen Gemeindemitglieder profitieren damit – so meine Deutung – von Prozessen, die sie selbst nicht angestoßen haben: Eine milde Evangelikalisierung und Internationalisierung der Gottesdienste und Frömmigkeitsformen kommt letztlich der Integration von Migrantinnen und Migranten zugute, gleich aus welcher Region der Welt sie kommen – und auch, wenn sie das evangelische Christentum erst in Deutschland näher kennenlernen.

Die Matthäusgemeinde ist mit ihrem Kirchengebäude auch Gastgeber für die koreanische Gemeinde in Münster. Diese Gemeinde mietet seit ca. 20 Jahren den Kirchenraum für ihre Gottesdienste, es hat sich aber bislang kein dauerhaftes engeres Verhältnis entwickelt, was unter anderem daran liegt, dass die koreanische Gemeinde oftmals aus Studierenden besteht, die nicht lange in Deutschland bleiben, und ihre Pastoren in der Regel nach einigen Jahren wechseln. Zu den Migrationskirchen im engeren Sinne in Münster – also solchen wie der Gemeinde von Pastor Uzuh – besteht insgesamt nur wenig Kontakt, es sei denn man trifft sich im Rahmen der Evangelischen Allianz. Weder die landeskirchlichen Gemeinden noch die vereinsmäßig organisierten Migrationskirchen haben offenbar ein verstärktes Bedürfnis nach Austausch und Kooperation, so Roggenkamp, was vielleicht damit zu haben könnte, dass die eher pfingstlich geprägten Migrationskirchen für viele Landeskirchen theologisch und liturgisch schwer einzuordnen sind – manchmal wird ihnen gar mit offener Ablehnung begegnet. Anfang der 1990er Jahre wurden sie in der Tat vielfach noch als Sekten betrachtet.[45]

Die Matthäusgemeinde tritt aber dafür ein, dass eine zukunftsfähige Kirche nur möglich ist, wenn man sich auf die pfingstlichen Bewegungen einlässt. Eine Offenheit für pfingstliche – und damit auch im oben skizzierten Sinne des Begriffs evangelikale – Überzeugungen und Praktiken sei notwendig, auch wenn man inhaltlich stets genau prüfen und abwägen müsse. Ähnlich argumentiert Werner Kahl im bereits zitierten Artikel, dass die »Bereitschaft zu einem Abbilden der ethnischen, kulturellen und spirituellen Vielfalt [...] zu einer Revitalisierung von Kirche beitragen« könnte.[46] Diese Revitalisierung kann durchaus mit einer Evangelikalisierung einhergehen, aber es ist dann eine empirisch weiter zu untersuchende Frage, was die jeweiligen Akteure in den Gemeinden unter evangelikal und Evangelikalisierung verstehen. Manche mögen das als Emotionalisierung der mitunter als kopflastig angesehenen Liturgie einordnen, andere mit Blick auf stärkere Bemühungen in der Mission, wieder andere als einen intensiveren Bibelbezug. Wieder andere mögen den Begriff evangelikal ob seiner negativen Konnotationen ganz ablehnen und dennoch bestimmte inhaltliche oder Stilelemente aufgreifen.

---

[45] Vgl. KAHL, Kirche (s. Anm. 4), 35.

[46] A.a.O., 40.

5. Evangelikalismus und Migration
Aspekte einer systematischen Betrachtung

In diesem Beitrag geht es um das Verhältnis von Migration und Evangelikalismus in Deutschland am Beispiel von ausgewählten Gemeinden. Dabei interessieren Migrations-, Landes- und Freikirchen und deren Verhältnis zu evangelikalen Strömungen (was auch charismatische/pfingstliche Strömungen beinhalten kann). Nach einer begrifflichen Hinführung (»Migration«, »Evangelikalismus«) sowie kontrastiv ausgewählten Fallbeispielen unternehme ich in diesem Abschnitt den Versuch einer systematisierenden Einordnung. Die kurze Darstellung der beiden Fallbeispiele gibt zwar keinen verallgemeinerbaren Einblick in das Verhältnis von Migration und Evangelikalismus in Migrations- und Landeskirchen, erlaubt aber doch einige vorsichtige Schlussfolgerungen und Einordnungen, die hier zusammengefasst werden.

Grundsätzlich lässt sich die Christentums- und Kirchengeschichte insgesamt als Migrationsgeschichte schreiben[47] – eine Tatsache, die auch von Vertreterinnen und Vertretern der Migrationskirchen selbst in emanzipativer Absicht erkannt und betont wird: Die Bibel selbst, so Uzuh im Interview, kann »von Abraham bis Jesus« als Migrationsgeschichte gelesen werden. Der Blick auf die Migrationsgemeinden in Deutschland erfordert zugleich auch eine Perspektivenverschiebung der Theologien und religionsbezogenen Fächer. In einer weltkirchlichen und globalgeschichtlichen Perspektive wird deutlicher als zuvor betont, dass »das Christentum der Gegenwart größer ist als die europäische und nordatlantische Welt und dass seine Zentren längst außerhalb des christlichen Abendlands in Asien, Afrika und Latein- und Südamerika liegen.«[48]

Auf evangelikale Bewegungen und Gemeinden, verstanden im oben skizzierten Sinne, trifft diese Aussage ebenfalls zu – und vielleicht sogar in besonderer Weise. Evangelikalismus ist in seiner Bewegungsförmigkeit und teilweise wellenförmigen Ausbreitung selbst ein migrierendes Phänomen, sowohl durch geografisch mobile Akteure als auch durch die internationale Weitergabe und Aufnahme evangelikaler Stile und Inhalte. Darüber hinaus sind Evangelikale oft besonders aktiv, wenn es darum geht, christliche und nichtchristliche Menschen aus verschiedenen Herkunftsländern anzusprechen und ihnen eine spirituelle Gemeinschaft anzubieten.[49] Das mag zum einen an der manchmal geteilten Herkunft liegen, kann zum anderen aber auch an inhaltlichen Angeboten und Frömmigkeitsstilen liegen, die für Migrantinnen und

---

[47] Vgl. Claudia Rammelt, Migrationskirchen. Eine kirchengeschichtliche Perspektive, www.migrationskirchen.uni-osnabrueck.de/wordpress/?page_id=2423 [Aufruf: 15.3.2021].

[48] Burkhardt, Nebeneinander (s. Anm. 4), 21 Anm. 62 u.a. mit Verweis auf Ciprian Burlacioiu/Adrian Hermann (Hrsg.), Veränderte Landkarten. Auf dem Weg zu einer polyzentrischen Geschichte des Weltchristentums, Wiesbaden 2013.

[49] So z.B. Währisch-Oblau, Missionary Self-Perception (s. Anm. 39), 8f.

Migranten teilweise attraktiver und anschlussfähiger an ihre eigenen Erfahrungen sind. Empirische Daten, die diese Vermutung auf breiter Ebene stützen könnten, stehen noch aus.

In der Literatur wird die globale kulturelle Anpassungsfähigkeit evangelikaler Strömungen unter dem Begriff der diskursiven Offenheit diskutiert. Evangelikale Akteure sind im Zuge globaler Wanderung und lokaler Adaption in der Lage, fremd-kulturelle und nicht-christliche Ressourcen zu nutzen und in evangelikale Diskurse zu übersetzen.[50] Beispielsweise notiert Joel Robbins in Bezug auf pfingstlich-charismatische Christentümer in Asien, dass sie lokale, nicht-christliche religiöse Vorstellungen und Praktiken umdeuten (z. B. als das Wirken von Dämonen) und somit in christliche Diskurse und Praktiken integrieren.[51] Man kann in diesem Zusammenhang auch von der lokalen Einbettung abstrakter religiöser Konzepte sprechen: Evangelikalismus hält solche abstrakten Konzepte bereit, die in je verschiedener Weise an kulturelle und soziale Kontexte angepasst werden können. Ein Beispiel dafür ist auch die theologische Einbettung der Migrations- und Fremdheitserfahrung in internationalen Gemeinden in Deutschland, wie in der Fallstudie zur All Nations Christian Church in Münster zu erkennen ist.

Aus der Perspektive der Forschungsfragen unseres »Netzwerks Migrationskirchen« mag es hilfreich sein, abschließend zwei Beobachtungen zusammenzufassen und davon ausgehend Hypothesen zu formulieren:

1) Für Christinnen und Christen aus dem globalen Süden sind landeskirchliche Gemeinden manchmal schwer zugänglich: »Die Volkskirchen gehen nicht auf die religiösen Bedürfnisse von MigrantInnen ein.«[52] Das kann bis zum offenen Konflikt zwischen internationalen Gemeinden und landeskirchlichen Gemeinden vor Ort führen. Wenn das Bedürfnis nach einer neuen religiösen Heimat in den landeskirchlichen Strukturen nicht erfüllt werden kann, bieten vereinsförmig organisierte, evangelikale Migrationskirchen aufgrund ihrer besonderen Eigenschaften (Stichworte Sprache, Emotionen) Alternativen an. Das legen beispielsweise die Ausführungen von Uzuh nahe. Dieses Problem verschärft sich auf Ebene der Gemeindeleitung. Wo akademische Ausbildungen notwendig sind, können Akteure aus dem globalen Süden oftmals kaum die Leitungsebene der Landeskirchen erreichen. Evangelikale Gemeinden und freikirchliche Verbände (wie der Bund Freikirchlicher Pfingstgemeinden) in

---

[50] Vgl. CANDY G. BROWN, Conservative Evangelicalism. Safeguarding Theology and Transforming Society, in: STEPHEN J. HUNT (Hrsg.), Handbook of Global Contemporary Christianity. Themes and Developments in Culture, Politics, and Society, Brill Handbooks on Contemporary Religion 10, Leiden 2015, 49-74, 50.

[51] Vgl. JOEL ROBBINS, The Globalization of Pentecostal and Charismatic Christianity, in: Annual Review of Anthropology 33 (2004), 117-143, 129; auch ESTHER BERG, Evangelikalismus in Asien, in: ELWERT/RADERMACHER/SCHLAMELCHER, Handbuch (s. Anm. 20), 157-171, 162.

[52] UZUH, Erwartungen (s. Anm. 28), 41.

Deutschland sind an dieser Stelle flexibler und bieten Möglichkeiten der Ausbildung und Ordination an.[53]

2) Andererseits ist zu notieren, dass auch die evangelischen Landeskirchen Bemühungen unternehmen, Migrantinnen und Migranten mit ihren Erfahrungen von Flucht und Vertreibung aufzunehmen und ihnen Möglichkeiten
zu geben, ihre Fluchterfahrung religiös zu deuten und zu verarbeiten. So hat
das Kirchenamt der Evangelischen Kirche in Deutschland zusammen mit der
Deutschen Bibelgesellschaft eine Broschüre herausgegeben, die ursprünglich
von der französischen Bibelgesellschaft zusammen mit Migrantinnen und Migranten entwickelt wurde.[54] Es handelt sich dabei um den Versuch, die Migrationserfahrung als Einstieg in die Bibellektüre und letztlich auch in den christlichen Glauben zu nutzen – was durchaus mit missionarischer Absicht geschieht. Andere landeskirchliche Gemeinden, wie die Matthäus-Gemeinde in
Münster, gehen mit gezielten Angeboten auf bestimmte Migrantinnen und
Migranten zu und nehmen dabei diejenigen Angebote aus evangelikalen und
pfingstlichen Strömungen auf, die sie mit ihrer Tradition und Theologie als
vereinbar betrachten.

---

[53] Vgl. Uzuh, Erwartungen (s. Anm. 28), 42. So fordert beispielsweise auch Kahl, dass
»Zugangsmöglichkeiten von Neuhinzugekommenen zu kirchlichen Diensten und Beru-
fen inklusive dem Pfarramt [...] durchlässiger zu gestalten« seien. Vgl. Kahl, Kirche (s.
Anm. 4), 40.

[54] Vgl. Andriamiantso u.a., Weg (s. Anm. 9).

3. Migrationskirchen als Chance und Herausforderung der vor Ort etablierten Kirchen

Claudia Hoffmann

Einleitung

Im zweiten Teil dieses Bandes wurde deutlich, wie breit gefächert die gegenwärtige Lage ist, wenn wir über Kirche und Migration nachdenken. Nicht nur finden wir eine kulturelle und konfessionelle Vielfalt an Kirchen und Gemeinschaften vor, sondern die Form der Beziehungen und Zusammenarbeit, die Themen und Fragen, die sich in den untersuchten Gemeinden stellen, sind genauso divers. Wie kann es weitergehen, fragen sich die Wissenschaftlerin und wahrscheinlich alle, die in unterschiedlichen Kirchen und Gemeinschaften Verantwortung übernehmen und Entscheidungen treffen. Inwiefern sind Migrationskirchen für die vor Ort etablierten Kirchen eine Chance? Welche Herausforderungen zeigen sich? Diesen Fragen geht der dritte Teil dieses Bandes anhand von neun Beiträgen nach. Die Beiträge machen alle deutlich, dass alle Kirchen, seien es nun etablierte Landeskirchen, klassische Freikirchen oder Migrationskirchen, sich heute und auch in Zukunft noch in einer Pendelbewegung zwischen ökumenischer Beziehungsarbeit und interkultureller Öffnung befinden. Diese Spannung gilt es nicht aufzulösen, vielmehr müssen Kirche und Theologie sprachfähig werden für Phänomene, die sich durch Migrationsprozesse oder auch durch die oben beschriebene Pendelbewegung ergeben. Zu dieser Sprachfähigkeit leisten vor allem Johannes Weth, Henning Theißen und Gregor Etzelmüller im dritten Teil dieses Sammelbandes einen Beitrag. Der Beitrag von Claudia Hoffmann zeigt eine konkrete Möglichkeit auf, wie das ökumenische Nebeneinander analysiert werden kann, Amélé Adamavi-Aho Ekué macht Vorschläge zu einer migrationssensiblen Ekklesiologie. Während der Beitrag von Bendix Balke die interkulturelle Öffnung von Kirchen anhand verschiedener Merkmale beschreibt, beleuchten die Beiträge von Andrea Bieler/Tabea Eugster, Heike Ernsting und Esther Hornung unterschiedliche Aspekte solcher Öffnungsprozesse.

Nicht nur in der akademischen Auseinandersetzung, sondern auch in der kirchlichen Arbeit fällt auf, dass nicht die eben beschriebene Pendelbewegung im Zentrum des Interesses steht, sondern nach wie vor gefragt wird: Wie integrieren sich Migrationskirchen und ihre Mitglieder sowohl in unsere Gesellschaft, als auch in die kirchliche Landschaft? Integrationspolitische Themen

prägen den Diskurs auf allen Ebenen und bestimmen oft auch Prozesse interkultureller Öffnung. Während die Frage nach interkultureller Öffnung unlängst
zumindest in der Evangelischen Kirche in Deutschland deutlich Fahrt aufgenommen hat, rückt die ökumenische Frage nach zwischenkirchlichen Beziehungen auf Augenhöhe viel weniger ins Blickfeld. Da mir aber genau diese
Frage und damit verbundene Implikationen für die Zukunft von Migrationskirchen und vor Ort etablierten Kirchen wichtig erscheinen, werden sie im Folgenden kurz beleuchtet, bevor dann die einzelnen Beiträge näher vorgestellt
werden.

1. Zwischenkirchliche Beziehungen auf Augenhöhe

Etablierte Kirchen verstehen die Beziehung zwischen Landes- und Migrationskirchen nicht selten als »ökumenische Herausforderung«. Eine Broschüre der
größten Schweizer Kantonalkirche betont die durch die Missionsgeschichte
hergestellte gemeinsame Herkunft der Kirchen. Gemeinsam unterwegs zu
sein, bedeute sich für einander zu öffnen, sich mit dem Anderen auseinanderzusetzen. Gleichzeitig werden diese Gedanken zu einer Beziehung, die auf
Respekt vor dem Anderen gründet, begleitet von einem Aufruf zur diakonischen Verpflichtung, die Landeskirchen gegenüber Migrationskirchen haben.[1]
Wird durch eine solche diakonische Selbstverpflichtung nicht eine ökumenische Beziehung auf Augenhöhe regelrecht verhindert? Verhindert das »Hilfs-
syndrom christlicher Pro-Existenz«[2] nicht das Zusammenleben? Darüber hinaus fällt auf, dass Überlegungen zum Zusammenleben von Migrations- und
Landeskirchen sich lange Zeit einzig und allein auf das Thema der Gastfreundschaft konzentrierten. Dies greift aber zu kurz, wie das die Evangelische Kirche in Deutschland (EKD) bereits 2014 bemerkte. Im Bild der Gastfreundschaft
bleiben die Gäste immer Fremde und die Gastgeber bestimmen, ein Machtgefälle wird geradezu zementiert. Der EKD-Text betont, dass hier ein Mentali-
tätswandel nötig ist, der zugewanderte Christen und Christinnen als Geschwister, als Teil unserer selbst erkennen lässt.[3] Interkulturelle Öffnung scheint das

---

[1]   Vgl. Reformierte Kirchen Bern-Jura-Solothurn, Gottes Volk hat viele Farben. Migrationskirchen als Herausforderung und Chance für die Reformierten Kirchen Bern-Jura-
Solothurn, 19–22, www.refbejuso.ch/fileadmin/user_upload/Downloads/OeME_Migration/
Migration-Integration/OM_2017_Gottes_Volk_hat_viele_Farben.pdf [Aufruf: 5.3.2021].
[2]   Theo Sundermeier, Konvivenz als Grundstruktur ökumenischer Existenz heute, in:
Wolfgang Huber/Dietrich Ritschl/Theo Sundermeier (Hrsg.), Ökumenische Existenz
heute, München 1986, 49–100, 65.
[3]   Vgl. Evangelische Kirche in Deutschland (EKD) (Hrsg.), Gemeinsam evangelisch!
Erfahrungen, theologische Orientierungen und Perspektiven für die Arbeit mit Gemeinden anderer Sprache und Herkunft, EKD-Texte 119, Hannover 2014, 18f.

neue Schlagwort zu sein, das den kirchlichen Integrationsdiskurs heute prägt, wie das auch der Beitrag von Bendix Balke in diesem Band deutlich aufzeigt. Das Besondere an der Figur der interkulturellen Öffnung ist, dass beide Seiten sich bewegen und verändern müssen, das wird deutlich in den Beiträgen von Heike Ernsting und Andrea Bieler/Tabea Eugster. Problematisch am Plädoyer zur interkulturellen Öffnung scheint mir, dass dabei die Realität etwas aus dem Blickfeld gerät, dass längst nicht alle Gemeinden, seien es landes-, frei- oder migrationskirchliche Gemeinden an einer solchen Öffnung interessiert sind, wie das auch Johannes Weth, Claudia Hoffmann, Henning Theißen oder Gregor Etzelmüller in ihren Beiträgen schildern. Auch deshalb gilt es die Frage nach »ökumenischen Konnektivitäten«[4] stärker ins Blickfeld zu rücken. Amélé Adamavi-Aho Ekué geht der Frage, wie Kirche sich gestalten muss in Zeiten von Flucht und Migration, dezidiert aus einer ökumenischen Perspektive nach. Wie sehen ökumenische Beziehungen aus, die Migrationskirchen pflegen?

Beziehungen zwischen Migrationskirchen und einheimischen Kirchen unter dem Stichwort der Ökumene zu bedenken, erscheint mir für die kirchliche Arbeit und die weitere Forschung am Thema vielversprechend. Es zeigt sich, dass das Feld ökumenischer Beziehungen in der Schweiz und in Deutschland in den letzten Jahrzehnten breiter und komplizierter geworden ist. Das hat sich aber in unserem Verständnis von Ökumene meist noch nicht niedergeschlagen. In Zukunft wird es darum gehen, in unseren Breitengraden Ökumene interkultureller zu verstehen. Dies erneuert dann auch die Fragen, welche sich um die Beziehungen zwischen Landes- und Freikirchen drehen. Der ökumenische Diskurs vor Ort wird so erweitert. Einerseits um Gesprächspartner. Neben Migrationskirchen sollten auch vermehrt Freikirchen miteinbezogen werden, die in der Zusammenarbeit und Beziehung mit Migrationskirchen aus einer reichen Erfahrung schöpfen, was auch der Beitrag von Esther Hornung zeigt. Gleichzeitig gilt es den ökumenischen Diskurs auch in seiner Beschaffenheit zu erweitern nach dem Vorbild des Global Christian Forum,[5] wie das bereits Andreas Heuser vorgeschlagen hat.[6] Ein Forum ist ein Raum, keine Institution, ein runder Tisch, der unstrukturiert funktioniert. In einem solchen Forum gehen alle Teilnehmenden davon aus, dass religiöse Vielfalt religiöse Lebendigkeit fördert. Das Hören auf den anderen und eine geteilte Spiritualität stehen im Zentrum. Das Forum kann auch als eine Art »dritter Raum« verstanden werden, in dem auch theologische Fragen diskutiert werden und Schritte in

---

[4] Andreas Heuser/Claudia Hoffmann, Afrikanische Migrationskirchen und ihre selektive ökumenische Konnektivität, in: Pastoraltheologie 107 (2018), 293-306.

[5] Das Global Christian Forum betreibt eine Homepage, auf der die wichtigsten Informationen zusammengefasst werden, die Geschichte nachgelesen werden kann und ein Newsletter abonniert werden kann. Vgl. httpsp://globalchristianforum.org/ [Aufruf: 5.3.2021].

[6] Vgl. Andreas Heuser, Noch weithin unbekannte Nachbarn, in: SKZ 18 (2018), 386f, 387.

bestimmten Lernfeldern, wie sie im Beitrag von Gregor Etzelmüller vorge-schlagen werden, erprobt werden können.

2. Zu den einzelnen Beiträgen

AMÉLÉ ADAMAVI-AHO EKUÉ beschäftigt sich in ihrem Beitrag mit einer migrati-onssensiblen Ekklesiologie. Wie können Migration und Flucht zu einem reflek-tierten Selbstverständnis von Kirche beitragen? Wie kann und muss sich Kir-che gestalten, um den gesellschaftlichen Trennungen und Polarisierungen entgegenzutreten und die befreiende und einende Botschaft des Evangeliums zu verkündigen? Ekué bestimmt die weltweite Kirche als Horizont, vor dem universale und partikulare Erfahrungen mit dem Segen Gottes im Leben aller Menschen und der Schöpfung sichtbar werden. Migration und Flucht stellen wichtige Prismen dar, die zur theologischen Bestimmung des Kirche-Seins im gegenwärtigen Zeitalter beitragen. Kirche müsse als ein Ort auferstehender Wunden verstanden werden. Erfahrungen von Flucht und Migration können und müssen dieser Bestimmung von Kirche ekklesiologische Tiefe verleihen. Die Erzählungen von Kreuz und Auferstehung werden so interkulturell durch-lässig und zum zentralen Text einer Kirche, in der Wunden nicht geleugnet, sondern integriert werden. Abschließend widmet sich Ekué den Fragen, wie es gelingen kann, eine Kirche zu gestalten, die das in Christus begründete Zu-gleich von Vielfalt und Einheit bezeugt. Kirche sollte sich als eine weltum-spannende Gemeinschaft verstehen, die Spannungen aushält, den Dialog in-nerhalb und außerhalb ihrer Grenzen sucht und in der Menschen gemeinsam und voneinander lernen.

Der Beitrag von JOHANNES WETH setzt sich grundsätzlich mit der systematisch-theologischen Frage auseinander, wie Kirche interkulturell zu verstehen ist, und zieht daraus praktische Konsequenzen, wie Kirche interkulturell gelebt werden kann. Der Beitrag stellt eine systematisch ausgebaute, zugleich aber mit vielen Vorschlägen für die Praxis versehene interkulturelle Ekklesiologie vor, die sich aus Differenzerfahrungen nährt. Vier unterschiedliche Aspekte der Differenzerfahrung – Diversität, Ethnizität, Identität und Dispositivität – werden neu wahrgenommen und dynamisiert. In diesen vier Dimensionen können die wesentlichen Diskurse um Kulturalität neu perspektiviert werden. Die Differenzerfahrungen werden dann in einem zweiten Schritt ekklesiolo-gisch verortet und dynamisiert. Diese neuen Perspektivierungen und ekklesio-logischen Verortungen ziehen dann vier praktische Konsequenzen nach sich, die wichtige Impulse für eine interkulturelle Spiritualität und kirchliche Praxis geben. Im Blick auf die Praxis gelebter Gemeinschaftsformen zeigt Weth auf, dass sich ein komplementäres Spannungsfeld alternativer und zeichenhafter Gemeinschaftsformen interkultureller Kirche eröffnet. Haus-, Gottesdienst-,

Sendungs- und Lebensgemeinschaften werden besprochen und bieten Hilfe zur Analyse bestehender Formen, aber auch ein normatives Raster.

Der Beitrag von CLAUDIA HOFFMANN beleuchtet die Beziehungsdynamiken zwischen neuen christlichen Gruppen, die durch Migrationsprozesse entstanden sind, und der kirchlichen Mehrheitsgesellschaft. Mit qualitativ-empirischen Forschungsmethoden wurde dazu die Zusammenarbeit zwischen unterschiedlichen Kirchen im Kanton Aargau, ein in seiner Demographie repräsentativer Kanton für die Schweiz, untersucht. Es wird gezeigt, dass Beziehungen zu lokalen Gemeinden für sogenannte Migrationskirchen oft von Beginn an prägend sind und ihre Gestaltung prägen. Die gelebten Beziehungen werden in vier Beziehungsmodelle gefasst, die unterschiedlich begründet werden: das Vermietungsmodell, das Kooperationsmodell, das Integrationsmodell und das Partnerschaftsmodell. Die Modelle sind nicht wertend zu verstehen oder im Sinne einer zeitlichen Abfolge. Mit diesen Beziehungsmodellen können aber die gelebten ökumenischen Beziehungen sichtbar gemacht und die lokale (Migrations)ökumene besser analysiert und verstanden werden. Letztlich wird deutlich, dass Migrationskirchen als Akteure zu verstehen sind, nicht einfach als Empfängerinnen von diakonischen Leistungen.

Der Beitrag von ESTHER HORNUNG widmet sich einem Themenfeld, dem bislang in der Forschung eher wenig Aufmerksamkeit geschenkt wurde: christliche Migration und der Bezug zu Freikirchen. Sie geht dabei auf die Frage ein, wie sich Migration auf eine sogenannt klassische Freikirche, die Evangelisch-methodistische Kirche in Deutschland (EmK), ausgewirkt hat. Dazu präsentiert der Beitrag Ergebnisse aus Experteninterviews mit zwei Bischöfen und einer Bischöfin der EmK. Somit bietet der Beitrag Einblick in kirchliche Narrative über Migrationsentwicklungen in der EmK seit 1990. Im Ergebnis kann dazu festgehalten werden, dass Migration zu vielfältigen Gemeindeformen in der EmK geführt hat. Connexiale Zugehörigkeiten, formale Integration – beispielsweise ghanaischer Gemeinden in die Strukturen der EmK – führen zu einer Reihe von Herausforderungen, die sich vor allem auf drei Ebenen zeigen: auf der Ebene des Zusammenlebens verschiedener Ethnien, auf der intergenerationalen Ebene und auf der Konversions-Ebene. Ob die Vision eines pluralistischen Miteinanders, die die EmK trägt, auch als Vorbild für Ökumene, Gesellschaft und Politik dienen kann, wird sich daran messen lassen müssen, wie die weitere Diskussion um Bibelverständnis, Moral und Tradition, der Umgang mit homosexuellen Menschen verlaufen wird.

Der Beitrag von BENDIX BALKE beschreibt den interkulturellen Öffnungsprozess, den landes-, freikirchliche und migrantische Gemeinden an unterschiedlichen Orten in Deutschland in jüngster Zeit begonnen haben. In sogenannt interkulturellen Gemeinden verbinden sich Einheimische und Zugewanderte, unabhängig von ihrer Gründungsgeschichte und der Mehrheit ihrer Gemeindeglieder. Der Beitrag von Bendix Balke macht deutlich, dass und wie interkulturelle Gemeinden eine Bereicherung für die vor Ort etablierten Kirchen darstellen. Dazu werden Erfahrungen von 36 Good-Practice-Beispielen ausgewertet, die auf der Webseite »Landkarte der Ermutigung« versammelt sind. Die Auswertung läuft auf achtzehn Merkmale interkultureller Gemeinden hinaus, die jeweils in Frageform formuliert sind und so eine »Checkliste« darstellen können für weitere Gemeinden, die sich interkulturell öffnen wollen.

Der Beitrag von HEIKE ERNSTING beschreibt, was passiert, wenn christliche Migranten und Migrantinnen auf eine evangelische Volkskirche treffen. Sehr praxisnah schildert sie die neue Beheimatung und interkulturellen Öffnungsprozesse, die in der Gemeinde geschehen, in der sie als Pfarrerin tätig ist. Ernsting hat leitfadengestützte Interviews mit iranischen Geflüchteten geführt und identifiziert so Handlungsfelder für die Gemeinde, die für einen interkulturellen und transkulturellen Transformationsprozess relevant sind. Der Beitrag fragt zudem nach den pastoralen Herausforderungen, damit dieser Prozess konstruktiv gestaltet werden kann. Die Veränderung der Gemeinden, die sich durch den Zuwachs christlicher Migranten und Migrantinnen ergeben, führen zu einem theologischen Identitätsdiskurs, rufen aber auch Enttäuschungen, Spannungen und Konflikte hervor.

Der Beitrag von HENNING THEISSEN beschreibt, was bei Konversionen von Geflüchteten passiert, und möchte die Theologie für dieses Phänomen sprachfähig machen. Religiöse und nichtreligiöse Aspekte überschneiden sich, so dass das Phänomen ein Beispiel von Intersektionalität darstellt. Theißen geht bei seiner systematisch-theologischen Betrachtung des Themas vom Begriff der Taufe aus. Die Taufe beschreibt in dogmatischer Hinsicht den lebenswendenden Charakter einer Konversion und hat Auswirkungen auf das gesamte Leben der Getauften. Ausgehend vom Verständnis der Taufe als Eingliederung in den Leib Christi betrachtet der Beitrag drei Aspekte der Taufe näher und zeigt auf, in welche Richtung weitere Forschung gehen könnte. Erstens wird die Konversionstaufe als ein eigenes Modell neben der Säuglings- und Erwachsenentaufe verstanden. Die Funktionen von solchen Konversionstaufen gilt es in Zukunft vermehrt religionswissenschaftlich auszuloten. Zweitens führt Theißen aus, dass diese unterschiedlichen Taufformen auch zu verschiedenen Formen von Kirchlichkeit führen können. Flüchtlingskonversionen zeigen, dass Kirche nicht nur als parochiale oder Personalgemeinden bestehen, sondern auch als fluide Netzwerke. Dieses christliche Gemeinschaftsleben unter Konvertiten und Konvertitinnen gilt es auch zukünftig mit Mitteln empirischer Sozialforschung zu beleuchten. Die nähere Betrachtung von Flüchtlingskonversionen rückt drittens die Bedeutung des Glaubens bei der Taufe in ein neues Licht: Es gilt, die Taufe als einen biographischen Aneignungsprozess, als einen Weg, zu verstehen.

Der Beitrag von ANDREA BIELER und TABEA EUGSTER-SCHÄTZLE behandelt Themen, die sich in interkulturell geöffneten Gemeinden ergeben. Wie kann hier das Zusammenleben gestaltet und wie können die Verschiedenheiten fruchtbar genutzt werden? Der Beitrag befasst sich mit der Gottesdienst- und Seelsorgepraxis von Gemeinden, in denen sich Menschen verschiedenster Herkunft zusammenfinden. Der Beitrag behandelt folglich Fragen, die in Zukunft für die gesamte Kirchenlandschaft Deutschlands und der Schweiz immer wichtiger werden. Die Autorinnen sprechen sich für eine differenzsensible Konvivialität aus, in der kulturelle Verschiedenheit und ethnische Zuschreibungen als Konstrukte erkannt werden. Dabei ist auch das Thema Rassismus in den Blick zu nehmen. Für die Seelsorgepraxis bedeutet eine differenzsensible Konvivialität konkret, die Produktivität von Unverständnis zu entdecken und die Forderung nach Empathie zu problematisieren. Darüber hinaus fokussiert eine solche Seelsorgepraxis auf Vertrauen, das jenseits von Worten entsteht. Eine differenzsensible konviviale Gottesdienstpraxis zeichnet sich dadurch aus, dass Gottesdienste in zeitliche und räumliche transkulturelle Dynamiken eingebunden sind. Gottesdienste leben von Texten, Liedern und Ritualen aus vergangenen Zeiten und aus verschiedenen Erdteilen. In Gottesdiensten erklingen so Stimmen von Anwesenden und Abwesenden, von Lebenden und Toten, was eine besondere Form der Konvivialität ausmacht.

Der Beitrag von GREGOR ETZELMÜLLER steigt mit einer ekklesiologischen Problemanzeige ein. Dass getrennt in Migrationskirchen und in vor Ort schon länger etablierten Gemeinden Gottesdienst gefeiert wird, widerspricht den biblischen Überlieferungen, die nur ein Ziel kennen: gemeinsam Kirche zu sein. Das Phänomen der Kirche wird von der reformierten Lehre des dreifachen Amtes Jesu Christi her erschlossen. Kirchen sind sich ihres königlichen Amtes bewusst und nehmen sich Menschen in Not an und werden in vielfältiger Art und Weise auch ihrem prophetischen Amt gerecht. Wendet man sich der priesterlichen Gestalt des einen Amtes der Kirche Jesu Christi zu, erstaunt es, dass es der Evangelischen Kirche in Deutschland so schwerfällt, mit Christenmenschen anderer Sprache und Herkunft gemeinsam Kirche zu sein. Der Beitrag beschäftigt sich in erster Linie mit dem Umstand, dass internationale, transkonfessionelle und milieuübergreifende Gemeinden noch nicht oder vielleicht auch nie die Mehrheit der evangelischen Gemeinden in Deutschland darstellen werden. Ebenfalls wird es eine Realität darstellen, dass Migranten und Migrantinnen nicht unbedingt daran interessiert sind, ihre monokulturellen Schutzräume zu internationalen und interkulturellen Gemeinden fortzuentwickeln. Deshalb gilt es, das Augenmerk auch auf das Nebeneinander und Miteinander verschiedener Gemeindeformationen zu richten, die in versöhnter Verschiedenheit zusammenleben. Dazu formuliert Etzelmüller fünf mögliche Lernfelder, in denen sich reformatorische, vor Ort etablierte Kirchen herausfordern lassen sollten: Schriftlektüre, Materialität des Heils, Leiden um Christi willen, dualistische Weltsicht, Mission und Bekehrung werden in diesem Beitrag besprochen. Idealerweise würde die Frage nach Lernfeldern wechselseitig gestellt werden. Bewusst werden diese Lernpotentiale aber einseitig besprochen, da die Forderung nach Wechselseitigkeit in diesem asymmetrischen Dialog zwischen Migrationskirchen und etablierten Kirchen auch als Herrschaftsinstrument missbraucht werden kann.

Die Frage »Wie weiter?« stellt sich nicht nur für das kirchliche Leben, sondern insbesondere auch für die Migrationskirchenforschung. Diese, so hat sich in diesem Band aber auch an anderen Orten gezeigt, kann verschiedene Fokusse haben. Grundsätzlich kann man zwischen zwei Perspektiven unterscheiden. Entweder fragt ein Projekt danach, welche Bedeutung die Religion für die Migration und die migrierenden Menschen hat, oder es untersucht, welche Bedeutung die Migration und der veränderte Kontext für die Religion haben. Der ersten Frage wurde bislang viel mehr Gewicht gegeben. Die Frage nach Theologien oder eben ökumenischen Beziehungen in Migrationskirchen wurde bislang nur am Rande oder gar nicht bearbeitet. Vieles gibt es noch zu entdecken, wenn man die Frage stellt, ob und wie Migrationserfahrungen das religiöse Selbstverständnis und das Kirche-Sein von zugewanderten und sogenannt einheimischen Kirchen prägen. Dazu finden sich in diesem Band bereits einige wertvolle Beiträge.

Amélé Adamavi-Aho Ekué

Kirche als Ort der auferstehenden Wunden

Ökumenische Einsichten zur Gestalt von Kirchen angesichts von Migration und Flucht[1]

Heilsame Irritationen. Regelmäßig habe ich mit Studierenden meines Ethikmoduls Exkursionen in die Region Genf unternommen. Wir besuchten Projekte, Kirchen, öffentliche Einrichtungen, die ethische, soziale und ökumenische Relevanz haben. Es geht mir in diesen Exkursionen darum, die theoretische Grundierung gemeinsamen Lernens in einem praktischen Handlungsfeld exemplarisch zu beleuchten und zu erproben. Zudem möchte ich den Studierenden die Gelegenheit geben zu erkunden, wie *oikoumene*, die gesamte bewohnte Erde, als Horizont der Suche nach Einheit der Kirchen und der Menschheit zum Tragen kommt, und umgekehrt, wie dieser weltweite Horizont in den Nahbereich dieser Stadt hineinreicht.

Eines dieser Exkursionsziele ist eine entwidmete Kirche im Bahnhofsviertel von Genf. In den neunziger Jahren hatte die Reformierte Kirche des Stadtkantons in Folge abnehmender Gemeindeglieder beschlossen das Kirchengebäude einem Verein im Stadtteil von *Pâquis* zu überlassen. Dieser Verein hatte sich zur Aufgabe gemacht, einen Ort zu schaffen, an dem in dieser wohlhabenden Stadt Gestrandete,[2] also Einwanderer aus verschiedenen Ländern, Obdach- und Arbeitslose sowie Touristen in Not vorübergehend Aufnahme und Unterstützung durch Sprachkurse, Rechtsberatung in Asylverfahren und Begleitung bei der Arbeitssuche finden können. Die Kirche leistet einen Beitrag zu diesem sozialen Nachbarschaftsprojekt durch die Entsendung eines Pfarrers, ist jedoch nicht Träger der Einrichtung. Die Projektleitung versteht sich als nichtkirchlich. So entsteht ein Paradoxon: »Dieser Ort

---

[1] Diesem Beitrag liegt ein Vortrag zugrunde, den die Autorin im Rahmen des EKD-Studientages zu einer migrationssensiblen Ekklesiologie »Neue Regeln in der Wohngemeinschaft Gottes«, vom 1. bis 2. April 2019 in Bad Boll gehalten hat. Er wurde zuerst in der epd-Dokumentation 20 (2019), 22-28, veröffentlicht.

[2] Der Projektträger verwendet den Begriff *passant(s)*, der im Französischen den vorübergehenden vorläufigen sozialen Status dieser Menschen unterstreicht.

fordert heraus«, sagt Pfarrer Philippe Leu, der das Projekt begleitet, »er ist nicht Kirche, und doch ist es eine Kirche.«[3]

Meine Studierenden, die aus verschiedenen Ländern und Kirchen der Welt stammen, sind überwältigt. Sie sehen von außen ein Kirchengebäude, das innen so gar nicht einer traditionellen Kirche ähnelt und dem, was sie von zu Hause kennen. Sie sind irritiert. »Wo sind die Gemeindemitglieder geblieben?« »Wer betet und wer verkündigt heute in dieser Kirche das Evangelium?«, fragen sie.[4] Aber sie kommentieren auch engagiert vor dem Hintergrund ihrer eigenen Erfahrungen als Pastoren, die der Gefängnisseelsorge in Sri Lanka dienen, die mit jungen Gangmitgliedern in den USA arbeiten, oder mit Opfern sexueller Gewalt im Kongo. »Hier wird vielleicht kein Gottesdienst mehr gefeiert im traditionellen Sinn«, schreibt einer meiner Studierenden in seinem Auswertungsessay, »hier wartet niemand bis die Menschen in die Kirche kommen, sondern sie gehen auf Menschen in den Straßen zu und laden sie ein. Sie sind daher Nachfolger Jesu, auch wenn sie sich nicht als solche verstehen, und machen die Kirche damit zu einem lebendigen, einladenden Zeichen in der Welt.«

Irritationen also, aber auch die Erkenntnis, dass die Migranten, die *sans papiers* und Flüchtlinge, die hier – an diesem Ort, der scheinbar unübersichtlich, unorganisiert, fast chaotisch wirkt – eine vorübergehende Heimat und die Fürsorge des Teams in *Espace Solidaire Pâquis* finden, wie mit einem unsichtbaren Band mit der Geschichte Jesu in den Evangelien verknüpft sind.

Aus dieser Geschichte speist sich immer wieder neu – damals wie heute – die Hoffnung von Menschen, dass sich Gemeinschaft in Gott, das Selbstverständnis, die Glaubenspraxis und der Dienst, der aus ihr erwächst nicht territorial, geografisch, kulturell und ethnisch engführen lässt. Kirche lebt gerade nicht aus der Abgrenzung gegenüber Anderen, sondern bezieht ihre Identität daraus, dass im Zeichen des Gottesfriedens Menschen aus verschiedenen Horizonten in der Verkündigung des Wortes, im Feiern der Sakramente, im Zeugnis und im Handeln an dieser Welt zusammenfinden. Tatsächlich gelingt es in der Realität nicht immer, eine solche Gemeinschaft zu bilden. Sie muss oftmals errungen werden. Allzu häufig erweist sich Kirche in der alltagsweltlichen Realität als eine milieuspezifische Kirche, die in ihrer Verkündigung und in ihrem Dienst meist monokulturell geprägt ist. Die aktuelle gesellschaftliche Diskussion um Migration und Flucht aktualisiert und verschärft für Kirchen den Bedarf einer dem Evangelium gemäßen Selbstklärung. Wie können und müssen wir Kirche sein, die den gesellschaftlichen Trennungen und Polarisie-

---

[3]   PHILIPPE LEU, Genf, mündliche Mitteilung November 2017 (Übers. Ekué).
[4]   Dieses und nachfolgende Zitate sind den Auswertungsessays zur ökumenischen Exkursion des Ethikmoduls des Ökumenischen Instituts Bossey im akademischen Jahr 2018-2019 anonymisiert entnommen.

rungen entgegensteht und die befreiende und einende Botschaft des Evangeliums zentral stellt?

Die folgenden Reflexionen gehen dieser Frage aus einer dezidiert ökumenischen Perspektive in drei Suchbewegungen nach. *Erstens* möchte ich die weltweite Kirche als Horizont bestimmen, in dem die partikularen und die universalen Erfahrungen mit dem Segen Gottes im Leben aller Menschen und seiner Schöpfung sichtbar werden – und zwar sowohl in ihren erfüllenden und durchkreuzten Dimensionen. *Zweitens* werde ich Kirche als Ort auferstehender Wunden zu beschreiben suchen, und ausführen, wie Erfahrungen von Flucht und Migration dieser Bestimmung ekklesiologische Tiefe verleihen können, und *drittens* mich den Fragen widmen, wie es gelingen kann, Kirche zu gestalten, die eine in Christus gestiftete Vielfalt und Einheit bezeugt.

1. Kirche als Ort des Segens Gottes für die gesamte bewohnte Erde

Mit der Frage nach einer migrationssensiblen Ekklesiologie begeben wir uns zugleich auf ein ökumenisch umstrittenes Terrain. Der Gegensatz zwischen den Konfessionen scheint am größten, wenn es um das Kirchenverständnis geht. Zugleich gibt es immer wieder Annäherungen zwischen den Kirchen, um sich darüber zu verständigen, was Kirche-sein heute bedeutet. In der ökumenischen Bewegung hat die Vision der *koinonia*, die Gemeinschaft der Kirchen und Christen in Glauben, Zeugnis, Feier und Dienst, in verschiedenen Phasen ihrer Geschichte, Anlass für eine solche Verständigung gegeben.

Die Studie der Kommission für Glauben und Kirchenverfassung »Die Kirche. Auf dem Weg zu einer gemeinsamen Vision«,[5] schlägt einen solchen Prozess der Verständigung vor. Dabei ist der Verstehenshorizont der Mission Gottes und der Einheit der Kirche bedeutsam. Autoren unterschiedlicher christlicher Traditionen und getrennter Kirchen sprechen gemeinsam über das Wesen der Kirche und ihrer Einheit. Sie tun es in dem Bewusstsein, dass die Kirche eine wichtige Rolle spielt in dem Zeugnis Gottes liebender und beständiger Zuwendung zu der Welt. Dieses Zeugnis, so die ökumenische Vision, kann und soll in Einheit geschehen. Diese ökumenische Vision umfasst die Anforderung an alle Kirchen, Einheit als konstitutiv für die Beschreibung von Kirche zu verstehen und sie in und für die gebrochene Welt zu bekennen. Darin liegt Zumutung und Hoffnung zugleich, dass die Trennung der Kirchen und der Menschheit in Gott versöhnt werden.

---

[5] Vgl. WCC Publications, Die Kirche. Auf dem Weg zu einer gemeinsamen Vision. Studie der Kommission für Glauben und Kirchenverfassung 214, Genf 2013, www.oikoumene. org/sites/default/files/Document/Die_Kirche_korrigiert.pdf [Aufruf: 22.3.2019].

Gottes Segen gilt der gesamten Welt. Er gilt allen Menschen unteilbar, unabhängig von ihrer ethnischen Zugehörigkeit, ihres Geschlechts oder ihrer Sesshaftigkeit. Getrennte Christen können keine glaubwürdigen Zeugen des einheitsstiftenden, glaubwürdigen Wortes Gottes sein. Daher besteht eine grundlegende ekklesiologische Aufgabe darin, Kirchen in ihrer ökumenischen Orientierung so zu stärken, dass in ihnen Versöhnung und Einheit sichtbar werden, so wie Desmond Tutu es formuliert hat: »Ja, in der Tat, Gott hat die Welt so geliebt, nicht die Kirche [...]. Wir können nicht ernsthaft die Welt für die Kirche gewinnen, wenn wir die christliche Einheit nicht ernstnehmen.«[6]

Kirche als Ort des Segens Gottes für die gesamte bewohnte Erde, für alle Menschen und die Schöpfung, zu verstehen, zu leben und zu bezeugen wird so zu einer ökumenischen Grundsatzaufgabe. Sie wird zunächst in den jeweiligen Nahbereichen wahrzunehmen sein. Sie wird Kirche sein bezogen im Leben und Zeugnis, das Menschen in ihren unmittelbaren Kontexten als Antwort auf das Evangelium geben, und umgekehrt zeigen, wie das Evangelium in das Leben der Menschen wirkt. Kirche, die ihrem Einheitszeugnis treu bleibt, wird aber immer auch nachvollziehen helfen, wie ein aus dem Evangelium motiviertes Leben im Nahbereich auf die Existenz der Kirche und Christen weltweit bezogen bleibt. Dabei ist Gottes Segen für die gesamte Schöpfung auch als ein verborgener, unsichtbarer Segen zu verstehen. Daher gehört es zum Verständnis von Kirche, aus einer gelebten Praxis des Glaubens heraus, Menschen angesichts von dunklen Lebenserfahrungen zu begleiten und ihnen Hoffnung aufzuzeigen.

Kirche konstituiert sich in dem Bewusstsein für diese Ambivalenz von Segen und Segen, der sich nicht erfüllt oder verhüllt bleibt, und schafft Raum für ein Leben in der zugewandten Liebe Gottes. Kirche deckt auch auf, wo dieser Segen in ihrem eigenen Inneren beschädigt wird, und die Kirche das glaubwürdige Wort des befreienden Evangeliums unglaubwürdig bezeugt. Aus dieser bekennenden, selbstkritischen Haltung wird sie auch nach außen zu einer vertrauenswürdigen Anwältin der Gerechtigkeit Gottes in der Welt, und trägt dazu bei, dass in ihr und in der Welt ein Bewusstsein eines in Gott erneuerten und versöhnten Menschen und einer neuen Schöpfung wachsen kann.

Migration und Flucht sind in diesem Zusammenhang nicht *per se* ekklesiologische Kennzeichen. Sie stellen jedoch wichtige Prismen dar, die dazu verhelfen, theologisch zu bestimmen, was Kirche-Sein im gegenwärtigen Zeitalter bedeutet. Dies betrifft drei zentrale Bereiche. *Erstens* die Notwendigkeit für Kirche, ihrer eigenen Binnenorientierung und Milieubezogenheit entgegenzuwirken, gesellschaftlich gesetzte Grenzen zu überschreiten und damit ein

---

[6]   DESMOND TUTU, Towards Koinonia in Faith. Life and Witness, in: AMÉLÉ ADAMAVI-AHO EKUÉ u.a. (Hrsg.), Translating the Word, Transforming the World. An ecumenical reader, Genf 2018, 11-18, 16 (Übers. Ekué).

lebendiges Zeugnis der Christusbotschaft zu geben, das alle Menschen angeht. *Zweitens* sich als moralische Gemeinschaft zu konstituieren, die die Ungerechtigkeiten – zuerst nach innen, dann nach außen – im Horizont des Gottesreiches anmahnt und zu korrigieren sucht. Und *drittens* schließlich die Kulturen übergreifende Realität eines Lebens, das in Christus Sinn und Orientierung findet, verkündet und lebt.

2. Kirche als Ort der auferstehenden Wunden

Migration und Flucht gehören seit je her zu den prägendsten Wirklichkeitserfahrungen von Menschen.[7] Im 21. Jh. sind diese Erfahrungen als historische Wunden erneut sichtbar geworden. Eine migrationssensible Ekklesiologie kann es daher nur geben, wenn diese realen Wunden theologisch ernstgenommen werden. Dabei geht es um die Wunden, die Menschen auf ihrer Wanderschaft und Flucht erleiden. Zugleich geht es aber auch um jene Wunden, die sich offenbaren, wenn Gesellschaften um politisch-ordnende Bewertungen von Migration und Flucht ringen. Migration wird in diesem Zusammenhang oft als soziale und ökumenische Belastungsprobe und als veritable Krise gesellschaftlicher Kohärenz beschrieben. Die Debatte reicht auch in den kirchlichen Raum hinein. In Europa kann beobachtet werden, wie es einigen Kirchen gelingt, konstruktiv zu dem Migrationsdiskurs beizutragen, andere jedoch populistischen Tendenzen in ihren eigenen Reihen kaum Einhalt bieten können. Migration stellt also auch für die Kirchen und ihr Selbstverständnis angesichts sich wandelnder gesellschaftlicher Konstellationen eine Irritation und Herausforderung dar.

Ich stelle zur Diskussion, dass es sich bei der oft beschriebenen Migrationskrise in Wahrheit nicht um eine durch die Präsenz einer größeren Anzahl von Migranten ausgelöste Krise handelt, sondern vielmehr um eine Wahrnehmungs- und Identitätskrise, die sich nicht nur, aber prominent in Affekten der Angst und Abwehr äußert. Die Ursache sehe ich darin, dass lange versäumt worden ist, einen Konsens herzustellen zu zentralen gesellschaftlichen Fragen: Wie wollen wir zusammenleben? Welche Werte sollen unsere Gemeinschaft tragen? Dieses Versäumnis hat auch Implikationen für die Positionierung und das Selbstverständnis der Kirchen angesichts von Migration und Flucht.[8] Füh-

---

[7] Vgl. KLAUS J. BADE, Europa in Bewegung. Migration vom späten 18. Jahrhundert bis zur Gegenwart, München 2000 sowie zu aktuellen gesellschaftlichen Diskursen HANS-JÜRGEN HEINRICHS, Fremdheit. Geschichten und Geschichte der großen Aufgabe unserer Gegenwart, München 2019; FATMA AYDEMIR/HENGAMEH YAGHOOBIFARAH (Hrsg.), Heimat ist unser Albtraum, Berlin 2019.

[8] Diesen Zusammenhang beleuchte ich ausführlicher in folgendem Beitrag: AMÉLÉ ADAMAVI-AHO EKUÉ, Heimat suchen. Interkulturell-theologische Suchbewegungen zu

len sich Kirchen vornehmlich sozialethisch und diakonisch herausgefordert, verlieren sie eine wichtige Dimension kirchlicher Identität, die darin besteht, in der Interpretation des Christusgeschehens, seiner Passion, seines Todes und seiner Auferstehung, und im rituellen Zusammenhang kirchlichen Lebens, die Erinnerung an den Menschensohn wachzuhalten, der »keine Stätte hatte, wohin er sein Haupt legen kann« (Lk 9,58). Eine solche Rolle von Kirche, die Erfahrungen von Migration nicht nur als gesellschaftliche Herausforderungen sieht, sondern theologische Anknüpfungspunkte, gleichsam Anker im biblischen Erzählzusammenhang für die Geschichten der Menschen bereithält, trägt viel zur Korrektur ungleicher Verhältnisse und Wahrnehmungen bei. Plötzlich kann erkennbar werden, wie Menschen, die migriert sind, und Menschen, die ansässig geblieben sind, sich Geschichten von Verwundbarkeit und Hoffnung zu erzählen haben.[9]

Die amerikanische Theologin Shelly Rambo hat m.E. zu Recht geltend gemacht, dass insbesondere für die theologische Praxis der Kirchen eine stärkere Achtung traumatischer Erfahrungen notwendig ist, und entwickelt im Zuge dieser Erkenntnis, eine »Theologie des Verbleibens.«[10] Rambo stützt sich auf empirische Beobachtungen nach dem Orkan Katrina, der 2005 in den Südstaaten der USA für Zerstörung und Tod gesorgt hat, und zitiert einen Diakon aus der Gegend um New Orleans: »Die Leute sagen uns, dieses Kapitel abzuschließen. Der Sturm ist vorbei, aber der Sturm-nach-dem-Sturm ist immer noch bei uns.«[11] Die Überlebenden des Orkans leiden unter der traumatischen Gegenwart des Erlebten und sind schmerzhaft herausgefordert, die Fortdauer dieser Erfahrung, so Shelly Rambo, mit der allgemeinen Ungeduld, die schmerzhafte Vergangenheit allzu schnell hinter sich zu lassen, zu versöhnen. Es gäbe, so die Forscherin weiter, ein theologisches Schweigen angesichts der Wunden, die verbleiben und das Leben verändern. Es sei angezeigt, dieses Schweigen durch eine Theologie zu füllen, die die Bedeutung des traumatischen Ereignisses anerkennt und erlaubt, diesen Zwischenraum des Überlebens zwischen Tod und Leben zu benennen.[12]

Rambo regt zum Nachdenken über eine migrationssensible Ekklesiologie an. Vielleicht muss Kirche-sein im Zeitalter von Flucht und Migration viel

---

Heimat und Migration, in: DIES. u.a. (Hrsg.), Heimat(en)? Beiträge zu einer Theologie der Migration, Zürich 2017, 39-80.

[9]   Vgl. MARCO HOFHEINZ, Ethik erzählen? Zur Aufgabe und zum Wesen narrativer Ethik, Konstruktiv, in: Beilage zur Reformierten Presse 40 (2007), 3f., gibt methodologische Anregungen zum Nachdenken darüber, wie solche Migrationsgeschichten für ein theologisch begründetes Handeln und Urteilen anschlussfähig gemacht werden könnten.

[10]   Vgl. SHELLY RAMBO, Spirit and Trauma. A Theology of Remaining, Louisville 2010; DIES., Resurrecting Wounds. Living in the Afterlife of Trauma, Waco 2017.

[11]   RAMBO, Spirit, 2 (Übers. Ekué).

[12]   Vgl. a.a.O., 7.

deutlicher vor dem Hintergrund einer solchen theologischen und biblischen Re-Lektüre definiert werden. Kirche wäre somit zu bestimmen als ein Ort der Begegnung mit Christus, dem Verwundeten, der am Kreuz Gewalt erlebt und mit Liebe beantwortet hat. Damit ist er allen Menschen nah: Migranten, Flüchtlingen und denen, die schon seit längerer Zeit vor Ort sind. Allen ist diese Geschichte – in unterschiedlicher Weise – zugänglich, weil sich in ihr die eigenen Geschichten spiegeln. Damit aus den traumatischen Wunden, Rambo folgend, »auferstehende Wunden«[13] werden können, müssen sie zunächst als reale, körperlich sichtbare und schmerzende Wunden wahrgenommen und berührt werden.[14]

Hierin liegt eine zentrale Aufgabe für Kirchen angesichts von Migration und Flucht, und zugleich eine genuine Chance für das ökumenische Gespräch. Die Gestalt und Sprachfähigkeit von Kirchen stehen in einer Ära, in der Tausende von Menschen ertrinken, weil sie sich gefahrvollen Traversen über das Mittelmeer aussetzen, neu auf dem Prüfstand. Wie gelingt es ihnen, den biblischen Erzählzusammenhang, den rituell-liturgischen Rahmen und das Zeugnis – also drei konstitutive Momente für kirchliche Gemeinschaft – so lebendig werden zu lassen, dass sich aus diesen Dimensionen christlichen Lebens Hoffnung für ein Weiterleben schöpfen lässt, ohne die Narben zu übersehen? Vielleicht ist für die Kirchen in Ländern, die vermehrt Migranten empfangen, insbesondere das Zeugnis nicht nur in Bezug auf die Verkündigung auszulegen, sondern auch auf die Anschauung und Verwandlung von Wunden. »Because Jesus lives today, I can live tomorrow!«[15], sagte mir eine Geflohene, die ihre eigene Fluchtgeschichte immer wieder mit der Passionsgeschichte Jesu und seinen erlittenen Wunden in Verbindung bringt.

Migration und Flucht sind keine abstrakten Realitäten und können auch nicht sozialdiakonisch ausgelagert werden, sondern gehören in die Mitte der Kirche und ihres missionarischen Auftrags. Das ist die große ökumenische Herausforderung für die Kirchen der länger Ansässigen und diejenigen, die sich überwiegend aus Einwanderern zusammensetzen. Kirche konstituiert sich nicht nach innen gewandt, sondern nach außen. Sie ist auf Teilen in Bekennt-

---

[13] Rambo, Wounds (s. Anm. 10); auch Serene Jones, Trauma and Grace. Theology in a Ruptured World, Louisville 2009; Cathy Caruth (Hrsg.), Trauma. Explorations in Memory, Baltimore 1995; James H. Cone, The Cross and the Lynching Tree, Maryknoll 2017; Br. John of Taizé, Life on the Edge. Holy Saturday and the Recovery of the End of Time, Taizé 2017.

[14] Vgl. Rambo, a.a.O, 43ff., verweist auf die sogenannte »Narben-Szene« in Gregor von Nyssas Hagiographie über Macrina, in der Vetiana, eine an Macrinas Beerdigungszeremonie Beteiligte, Gregor von Nyssa auffordert, nicht über das Zeichen auf dem Körper hinwegzusehen.

[15] Anonymisierter Befragungsbefund aus einer Feldforschungsperiode der Autorin zu Migrationskirchen in Deutschland und Gewalterfahrungen zwischen 2001-2005 in Hamburg.

nis, Feiern und Handeln ausgerichtet; und sie tut dies im Gestus wechselseitiger Einladung, indem sie darauf insistiert, dass die Geschichte eines
Einzelnen, die Geschichte aller sein könnte.

Die Kreuz- und Auferstehungsgeschichte wird interkulturell durchlässig,
mitteilbar über sprachliche und kulturelle Grenzen hinweg, und so zu einem
zentralen Teil einer Kirche, die sich für eine Praxis eines wechselseitigen Be-
gleitens einsetzt und für einen heilenden Diskurs, der die Wunden nicht
leugnet, sondern sie in der Perspektive eines veränderten und nicht allein auf
die menschliche Kraft zurückgeworfenen Lebens zu integrieren sucht.[16]

3. Kirche als Ort der Gestaltung von Leben in Vielfalt und Einheit

Die Präsenz von Migranten und Flüchtlingen fordert Kirche überall in der Welt
heraus sich der doppelten Wurzel des Christlichen neu zu stellen: Wie spricht
das Evangelium in die jeweiligen lokalen Realitäten? Welches kritische Potenzial entfaltet es für Kirche und Gesellschaft, zum Beispiel in Bezug auf polari-
sierende Migrationsdiskurse und rassistische Tendenzen? Zum anderen, wie
sind die Erfahrungen aus dem Nahbereich mit denen in anderen Regionen verbunden und sind sie auf das universale Zeugnis des Christlichen bezogen?

Die ökumenische Bewegung lebt mit den Spannungen und Ungleichzeitig-
keiten, die sich aus den verschiedenen Antwortversuchen der Kirchen auf
diese Fragen ergeben. Die einen artikulieren ihr Selbstverständnis als Kirche
im Gegenüber und in Abwehr von säkularen und pluralisierenden gesellschaftlichen Tendenzen, andere sehen Kirchen herausgefordert, aus dem Inneren der
eigenen Tradition zur Gestaltung des Zusammenlebens der Menschen und der
Schöpfung beizutragen. Entsprechend fallen auch die Haltungen und ekklesiologischen Verortungen angesichts von Migration aus.[17]

Kirche, die sensibel ist für Migration und Flucht stellt sich diesen Fragen
daher bewusst als Fragen des Glaubens und der Zeitansage. Sie besinnt sich
immer wieder neu auf ihre Bestimmung als universelle Gemeinschaft. Sie trägt
dazu bei, dass sich Christsein als Zugehörigkeit zur weltweiten Kirche definiert. In der ökumenischen Gemeinschaft realisiert sich die Anerkennung der

---

[16] Vgl. STANLEY HAUERWAS, Being with the Wounded. Pastoral Care within the Life of
the Church, www.abc.net.au/religion/wounded-pastoral-care-within-the-life-of-the-church/
10708802 [Aufruf: 22.3.2019].

[17] Zu kirchlichen Positionen in Europa: DARRELL JACKSON/ALESSIA PASSARELLI (Hrsg.),
Mapping Migration. Mapping Churches' Responses in Europe, Brüssel-Genf ²2016, sowie zu ökumenischen und ekklesiologischen Überlegungen zu Migration die Publikation des ÖKUMENISCHEN RATES DER KIRCHEN, The »Other« is my Neighbour. Developing an Ecumenical Response to Migration, Genf 2013.

Vielfalt und auch das Aushalten von Spannungen und Gegensätzen, die sich daraus ergeben. Zugleich ist die Gestaltung kirchlichen Lebens in Vielfalt nicht die Spiegelung ethnischer, sozialer und politischer Fragmentierungen, sondern ihre Überwindung in der Loyalität zu Christus.

Kirche wird auch in Bezug auf ihr prophetisches Amt zu definieren sein, das dazu beiträgt eine öffentliche Theologie zu entwickeln, die den Dialog innerhalb und außerhalb der Kirchen sucht.[18] Eine solche öffentliche Theologie wird dazu beitragen, dass Migration und Flucht weder in kirchlicher noch in gesellschaftlicher Diskussion missbraucht werden, um eine Politik der Abwehr, und der Kriminalisierung oder Haltungen der Ausgrenzung und Abwertung zu legitimieren.

Schließlich gehört zum Verständnis von Kirche im Zeitalter von Migration und Flucht auch die ökumenische Einsicht, sich in einer »Gemeinschaft des Lernens« zu befinden. Philip Potter hat in seiner Rede aus Anlass der Vollversammlung des ÖRK in Vancouver 1983 diesen Begriff geprägt und damit verbunden, dass Kirchen voneinander lernen, wie die Gottesgerechtigkeit ein gemeinsamer Horizont des glaubenden Handelns aller Menschen werden kann, um die Welt so zu gestalten, dass sie zu einem *oikos* – einem gemeinsamen Haus, wie Potter es nennt, einem Haus aus lebendigen Steinen – für alle wird.[19]

Die an vielen Orten aus Migrationsbewegungen entstandenen Kirchen sind ein Zeichen für die Realität einer sich pluralisierenden kirchlichen Landschaft. Sie bereichert die Ortskirchen und die Kirche weltweit, sie fordert aber auch heraus, theologisch zu bearbeiten,[20] wie die Spannung zwischen Vielfalt und Einheit des Christlichen zu beschreiben ist.

---

[18] Öffentliche Theologie (*public theology*) bezeichnet ein Fach- und Diskursgebiet, das auch im deutschsprachigen kirchlichen Raum an Popularität gewonnen hat und aus verschiedenen Quellen theologischer Diskussion hervorgegangen ist. Es geht dabei um die Ordnung zivilreligiöser Inhalte im Zusammenhang politischer Debatten, in der christlich-theologischen Orientierung zu gesellschaftlichen Fragen und in einer kritisch-korrektiven Funktion von Theologie und Kirche gegenüber von Zivilreligion. Vgl. HEINRICH BEDFORD-STROHM, Position beziehen. Perspektiven einer öffentlichen Theologie, München 2012; RAIMUNDO BARRETO u.a. (Hrsg.), World Christianity as Public Religion, Minneapolis 2017.

[19] Vgl. PHILIP POTTER, A House of Living Stones, in: AMÉLÉ ADAMAVI-AHO EKUÉ u.a. (Hrsg.), Translating the Word, Tranforming the World. An ecumenical reader, Genf 2018, 4-11.

[20] Vgl. DANIEL G. GROODY/GIOACCHINO CAMPESE (Hrsg.), A Promised Land, a Perilous Journey. Theological Perspectives on Migration, Notre Dame 2008.

4. Fazit. Zur ökumenischen Zukunft von Kirche angesichts von Flucht und Migration

Migrationssensible Ekklesiologie – ein großes Wort, das es zu füllen gilt. In diesem Beitrag sollte aufgezeigt werden, wie Migration und Flucht aus einem theologischen – um die Jesusgeschichte formierten – Grund zu einem reflektierten Selbstverständnis von Kirche ermutigen und befähigen.

Migration und Flucht müssen um des verkündigenden, erinnernden und pastoralen Auftrags der Kirchen willen ernstgenommen werden. Die Erfahrung von Migration ist eine partikulare für Menschen, die wandern, und für die, die fliehen müssen, allerdings ist sie für alle Christen eine identitätsstiftende und universale Erfahrung, die untrennbar mit dem Kern der Evangeliumsbotschaft zusammenhängt. Diesen Zusammenhang zu erschließen, ist die ökumenische Zukunftsaufgabe. Migration und Flucht gehörten daher in das Zentrum der feiernden, bekennenden und handelnden Gemeinschaft der Christen.

Diese Gemeinschaft findet ihren Ausdruck zunächst anamnetisch in der Erinnerung an die Wanderungen, die Exils- und migrationsbezogenen Rahmungen in den biblischen Erzählungen mit ihrem Kern in der Jesusgeschichte. Diese Erinnerung kann erst in einer sich über kulturelle und ethnische Grenzen hinweg konstituierenden Gemeinschaft lebendig und anschlussfähig werden. Hier schafft sie tragfähige Brücken zu gemeinsamer Handlungs- und Daseinsorientierung. Kirche gewinnt Gestalt aus dem Rückbezug auf diesen Traditionsrahmen, nicht jedoch als rückwärtsgewandte Bewegung *ad fontes*, sondern als eine auf die Zukunft gerichtete, gestaltende, hoffende und glaubende Gemeinschaft.

Verkündigend wird Kirche aufzeigen, wo das Evangelium in die Alltagswelt von Menschen spricht und einen Hoffnungshorizont eröffnet, der durch die bleibende Liebe Gottes Tiefe gewinnt. Die Erfahrung dieser Liebe und dieses Segens Gottes steht allen Menschen offen, allerdings benötigt sie immer wieder exemplarische Geschichten, in denen sie sichtbar werden kann. Flucht und Migration stellen einen solchen exemplarischen, erzählerischen Rahmen in der Gegenwart dar. Angesichts der leidenden und hoffenden Erfahrungen von Migranten und Flüchtlingen wird Kirche sich in ihrem Verkündigungsauftrag auch stärker dem Durcharbeiten von Wunden widmen müssen. Sie wird aufzeigen wo, indem diese Wunden sichtbar gemacht werden, sie auf eine neue, verwandelte Realität und Existenz in Christus verweisen können. Nicht zuletzt wird sie sich dafür einsetzen, Menschen und Schöpfung in dieser Aufmerksamkeit für die auferstehenden Wunden als glaubwürdige Zeugin und Anwältin des Wortes Gottes zu begleiten.

Johannes Weth

Dynamische und kreative Spannungsfelder interkultureller Ekklesiologie[1]

Wenn in den folgenden Überlegungen von Spannungsfeldern »interkultureller« Ekklesiologie gesprochen wird, wird der Begriff »interkulturell« bewusst nicht im Sinne der Verstetigung eines bestimmten Kulturbegriffs verwendet. Interkulturalität versteht sich hier dem Adjektiv »kulturell« als dem Substantiv der »Kulturen« mit dessen Assoziation eindeutig voneinander unterscheidbarer

---

[1] Dieser Artikel stellt eine Kurzfassung der ekklesiologischen Standortbestimmung dar, die der Autor im Rahmen seiner Dissertationsschrift ausführlich erarbeitet hat. Die Überlegungen haben dabei einen zweifachen Bezugspunkt: 1. Eine detaillierte Analyse der theologischen und ekklesiologischen Entwürfe Wolfhart Pannenbergs und Jürgen Moltmanns im Blick auf Potentiale und Defizite interkultureller Ekklesiologie. Ziel dieser Analyse ist die Zugänglich- und Fruchtbarmachung zentraler ekklesiologischer Ressourcen etablierter evangelischer Theologie für den gegenwärtigen interkulturellen Diskurs. Von Pannenberg profitieren die Überlegungen dabei insbesondere im Blick auf die systematisch-theologische Ordnung und die ekklesiologische Verortung, die sich grundlegend im Motiv der Notwendigkeit einer zeichenhaften Selbstunterscheidung der Kirche vom Reich Gottes ausdrücken. Von Moltmann profitieren die Überlegungen insbesondere in der Aufnahme der theologisch-messianischen Dynamik, die Moltmanns ganzes Werk durchzieht und mit der er die bestehenden Grundbestimmungen der Theologie auf immer neue Weise vitalisiert. 2. Der Autor ist selbst Teil einer »interkulturellen« und ökumenischen Dienst- und Lebensgemeinschaft auf dem Himmelsfels im nordhessischen Spangenberg. In dieser Gemeinschaft werden produktive Spannungsfelder »interkultureller« Kirche seit 15 Jahren in der Praxis gemeinsam erfahren, eröffnet und reflektiert. Als Priorität für den gemeinsamen Diskurs und die gemeinsame spirituelle Praxis gilt in dieser Praxis die wechselseitige und zuvorkommende Wertschätzung und das stetige Bemühen um die Herstellung von Augenhöhe, selbst in strukturellen Belangen. Die hier vorgelegte Darstellung kann als grobe Skizze einer gegenwartsbezogenen Theorie »interkultureller« Ekklesiologie verstanden werden, die zugleich ihr Kriterium in gegenwärtiger Praxis findet. Für die komplexeren Zusammenhänge sei im Blick auf 1. verwiesen auf die entsprechende Dissertationsschrift, die etwa zeitgleich mit dem Beitrag erscheint, und im Blick auf 2. auf die Darstellung der »interkulturellen« Praxis in Johannes Weth/Steve Ogedegbe, Himmelsfels. Berg aus Bauschutt und Hoffnung, Spangenberg 2016.

und abgeschlossener Entitäten verpflichtet.[2] Die Frage gilt nicht unterschiedlichen Theologien verschiedener »Kulturen« und deren Vermittlung, sondern einer Theologie inmitten der unterschiedlichsten Dimensionen von Kulturalität im Sinne der Erfahrung, Betonung, Behauptung, Einbildung und Differenzierung von Differenz. Das Wort »Differenz« beschreibt dabei jene Erfahrung, die kultureller Selbst- und Fremdwahrnehmung in der Regel zugrunde liegt und daher den theoretischen Ausgangspunkt der Reflexion über Kulturalität bildet. Es muss sich dabei dezidiert nicht um eine ontologische, substantielle oder auch empirisch nachweisbare Differenz handeln. Vielmehr kann Kulturalität auch eine Differenz thematisieren, die durch den Diskurs über jene Differenz selbst oder gar nur durch die Behauptung der Existenz einer solchen Differenz wirkmächtig wird.

Die gegenwärtige Begegnung der verschiedenen christlichen Kirchen und Gemeinden in der Migrationsgesellschaft ist geprägt von einer Vielzahl an Differenzkategorien und Differenzbegriffen, mit denen die vermeintlich »Verschiedenen« einander in den Blick nehmen. Der kategorialen und begrifflichen Differenzierung liegt dabei in der Regel das wohlmeinende Anliegen zugrunde, durch eine immer genauere Wahrnehmung des »Anderen« auch zu einer genaueren Klärung der Möglichkeiten und Grenzen des »interkulturellen« Zusammenlebens zu finden. Doch die fortschreitende begriffliche Differenzierung führt zwangsläufig selbst zu einer Betonung des Differenten, auch dort, wo nach dem Gemeinsamen bzw. nach dem gemeinschaftlich Möglichen gefragt wird. So resultiert aus dem Anwachsen der begrifflichen Differenzierung nicht selten zugleich auch eine Verstärkung sozialer Rollenzuschreibungen und die differenzierten Begriffe werden – entgegen ihrer Intention – selbst zu neuen »Containerbegriffen«[3] für vielfältige Wirklichkeiten.

Im Folgenden soll der Blick von einer immer präziseren Klärung des Differenten hin zur Wahrnehmung einer produktiven Dynamik gelenkt werden, die möglicherweise im »Zwischenraum« der verschiedenen Differenzerfahrungen zu finden ist. Gegenwärtig werden Differenzerfahrungen häufig als genuine Quelle von sozialen Konflikten und menschlichen Separationsprozessen ins Feld geführt, auch im Raum der Kirchen. Doch die Spannung, die aus einer Differenz entsteht, entlädt sich nicht zwangsläufig in Konflikten, sondern sie kann schon physikalisch und biologisch auch als eine grundlegende Voraus-

---

[2] Vgl. zur Kritik an einem solchen Kulturbegriff beispielsweise HAKAN GÜRSES, Funktionen der Kultur. Zur Kritik des Kulturbegriffs, in: STEFAN NOWOTNY/MICHAEL STAUDIGL (Hrsg.), Grenzen des Kulturkonzepts. Meta-Genealogien, Wien 2003, 13-34. Zur Kenntlichmachung dieser Problematik eines »kulturellen« und »interkulturellen« Diskurses wird der Begriff in diesem Beitrag in der Regel in Anführungszeichen gesetzt.

[3] Vgl. zum Terminus JÖRG SCHEFFER, Gefangen im Container. Kulturvergleiche und ihre räumliche Vorbestimmung am Beispiel des Films »Willkommen bei den Sch'tis«, in: interculture journal (2009) 10, 19-33.

setzung energetischer Prozesse und als ein Grundprinzip von Vitalität und Kreativität angesehen werden. Die (Wieder-)Herstellung von Einförmigkeit bzw. Einstimmigkeit einerseits oder die stärkere räumliche Trennung der Spannungspole andererseits erscheinen als Methoden der Überwindung von Konflikten und Reibungen klar defizitär. Denn sie haben nicht nur eine vermeintliche Befriedung der vorgefundenen Spannung zur Folge, sondern bedeuten häufig zugleich eine Verödung oder Vereinseitigung des Spannungsfeldes und damit einhergehend den Verlust einer vitalen Differenz. Auch im Raum der Kirchen gilt es demnach, zu klären, ob in der gegenwärtigen glokalen Herausforderung wichtige vitale und produktive Spannungen harmonisierend vermieden oder durch vorschnelle Differenzierung in unterschiedliche Einseitigkeiten aufgelöst werden. Ekklesiologisch kann hingegen gefragt werden, welche Wandlungen diese Spannungsfelder der Differenz *coram deo* erfahren und ob sie durch solch einen theologischen Perspektivwechsel zu kreativen und dynamischen Spannungsfeldern erneuert werden können, in denen die Gemeinschaft der Christinnen und Christen ihre gemeinsame Berufung und einen gemeinschaftlichen Entfaltungsraum entdecken kann.

Die folgende ekklesiologische Skizze schlägt vor, vier sehr unterschiedliche Dimensionen der Differenzerfahrung (A-D) neu wahrzunehmen, zueinander in Beziehung zu setzen und durch theologische und ekklesiologische Verortung und Dynamisierung in ein neues Licht zu rücken.

Nach einer kurzen Einführung werden diesen vier Dimensionen jeweils zwei Spannungsfelder »interkultureller« Ekklesiologie beigesellt (z.B. A.1 und A.2). Das erste Spannungsfeld fragt jeweils nach einer grundlegenden theologisch-ekklesiologischen Perspektivierung und das zweite nach der Erschließung einer ihr entsprechenden praktisch-theologischen Dynamik.

1. Dimensionen interkultureller Differenzerfahrung[4]

In den folgenden vier Dimensionen der Differenzerfahrung können die wesentlichen Diskurse der gegenwärtigen Auseinandersetzung um Kulturalität fast ausnahmslos verortet und neu perspektiviert werden. In den Spannungsräumen innerhalb und zwischen diesen Dimensionen werden jene Diskurse zugänglich für theologische Impulse und Verortungen und in Konsequenz auch zugänglich für Fragen der Ekklesiologie. Für alle Spannungsfelder, die durch diese Konfrontation im Folgenden sichtbar werden, gilt dabei das Leitmotiv einer konstitutiven »Unschärferelation«.[5] Je genauer ein Betrachter sich nur in

---

[4] Vgl. dazu auch die Überlegungen zu einer »differenzsensiblen Konvivialität« im Beitrag von Andrea Bieler und Tabea Eugster-Schaetzle in diesem Band.

[5] Diesem Gedanken liegt das Motiv der Heisenbergschen Unschärferelation zugrun-

einer dieser Dimensionen präzise verortet, desto stärker geht ihm das Bewusstsein der Dynamik des Eingebundenseins in komplexe wechselseitige Relationen verloren. Doch auch im Umgekehrten gilt: Wenn nur die Relationen und die Dynamik in den Fokus genommen werden, ist der Blick auf das Konkrete zwangsläufig nicht mehr präzise und wird unscharf.

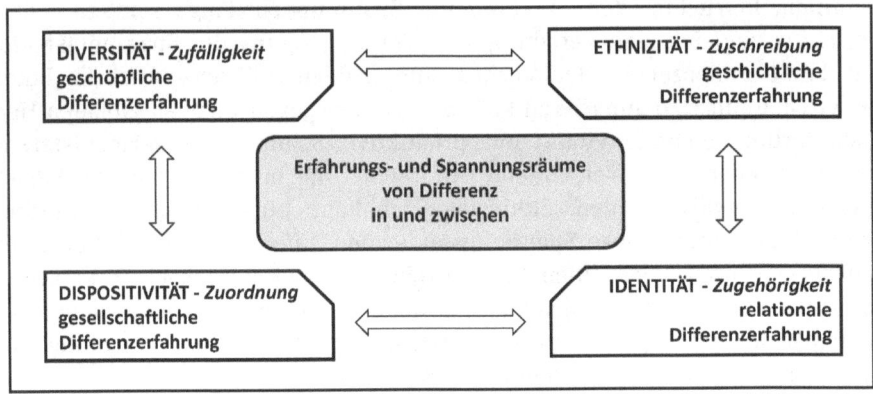

Schaubild: Glokale Erfahrungs- und Spannungsräume von Differenz

A. Diversität. Geschöpfliche Differenzerfahrung

Diversität bezeichnet die Erfahrung grundlegender Vielfalt und Differenz der geschöpflichen Lebenswelt, an der der Mensch wesentlich teilnimmt. Diversität beschreibt die Erfahrung der Kontingenz und Zufälligkeit allen Daseins, in der jedes menschliche Leben sich vorfindet. Menschen sind als geschöpfliche Wesen grundlegend voneinander verschieden, noch lange bevor sie es durch geschichtliche, politische, ethnische oder selbstidentifikatorische Prozesse der Differenzierung und Diversifikation sind. Diversität ist daher zunächst eine geschöpfliche Differenzerfahrung. Kein Leben gleicht völlig einem anderen, weder in Raum noch in Zeit. Kein neues Leben reproduziert identisch das Leben, aus dem es hervorgegangen ist. An dieser endlosen Diversität nimmt auch das soziale Leben des Menschen teil, da es vor jeder weiteren geschichtlichen Begründung ebenfalls ein Ausdruck der Geschöpflichkeit des Lebens ist. So können auch Erfahrungen sozialer Vielfalt und Verschiedenheit zunächst als Teil geschöpflicher Differenzerfahrung verstanden werden. Die Entwicklungen menschlicher Gemeinschaftsformen, Kultur und Sprache müssen daher nicht nur als Fragen nach kollektiver Identität und geschichtlicher Differenzierung in den Blick kommen, sondern sind zunächst Ausdruck geschöpflicher Differenzerfahrung.[6]

---

de, die im Bezugsrahmen der Quantenphysik feststellt: Je genauer der Ort eines Teilchens bestimmt wird, desto ungenauer lässt sich sein Impuls bestimmen und umgekehrt.

[6]   An dieser Stelle wird ausdrücklich nicht nur auf die problematischen Aspekte ge-

B. Ethnizität. Geschichtliche Differenzerfahrung

Die geschichtliche Differenzerfahrung ist die Erfahrung der unterschiedlichen Zuschreibung von Menschen zu sozialen Lebenswelten im Sinne verschiedener Völker, Nationen und »Kulturen«. Wie die geschöpfliche Differenzerfahrung geht auch die geschichtliche Differenzerfahrung jeder individuellen menschlichen Selbstidentifikation voraus, selbst wenn sie durch andere Menschen vollzogen wird. Der Mensch findet sich mit seinem Leben in einer bestimmten menschheitsgeschichtlichen Situation vor und erfährt sich in dieser von Beginn an in Differenz zu anderen ethnischen und kulturellen Zuschreibungen. Lange Zeit ist die Ethnizität als Grundmotiv der Kulturalität angesehen worden und ethnische und ethnologische Zuschreibungen dominieren die Diskurse der »interkulturellen« Verständigung bis heute, auch im Raum der Kirchen. Gegenwärtig werden jedoch die »Ethnie« und die »Kultur«, ähnlich wie zuvor der Begriff der »Rasse«, zunehmend als vereinseitigende oder vereinnahmende Containerbegriffe sichtbar und im Kontrast dazu die Freiheit der individuellen Lebensverortung betont. Diese Entwicklung darf jedoch nicht darüber hinwegtäuschen, dass die geschichtliche Differenzerfahrung der Zuschreibung zu unterschiedlichen ethnischen, kulturellen und nationalen Bezugsgruppen die Alltagserfahrung fast aller Menschen bleibend prägt und vermutlich noch lange Zeit prägen wird. Die geschichtliche Dimension der Differenzerfahrung darf daher in der Reflexion nicht ausgeblendet bleiben, selbst, wenn das ihr zugrundeliegende Prinzip eines essentialistischen Kulturbegriffs und einer wesentlichen Homogenität und eindeutigen Unterscheidbarkeit verschiedener Völker und Kulturen sich als überholt erweisen sollte.

C. Identität. Relationale Differenzerfahrung

Differenzerfahrungen entstehen nicht nur durch äußere Faktoren, sondern auch im Prozess der Bewusstmachung und Selbstvergewisserung eigener Zugehörigkeit, Identifikation und Beheimatung. Eine solche Differenzerfahrung ist eine dynamische Erfahrung des Weges und der vielfältigen Relationalität und Abgrenzung. Sie ist ein zwingendes Korrektiv zu allen kulturell-ethnischen Zuschreibungen und gesellschaftlichen Zuordnungen und eine aneignende und selbstbewusste menschliche Entfaltung der erfahrenen geschöpflichen Diversität. Der Prozess solcher Entwicklung und Wandlung von Identität ist nicht zwingend dem Einzelnen vorbehalten, sondern kann auch den Identifikationsprozess von sozialen Gruppen beschreiben.

---

schöpflicher Zufälligkeit und Kontingenzerfahrung rekurriert, die i.d.R. im Rahmen des Theodizee-Diskurses thematisiert werden, sondern diese werden als eine zwar durchgehend ambivalente geschöpfliche Grunderfahrungen thematisiert, die jedoch im Rahmen der Thematisierung von Vielfalt durchaus zunächst auch bejaht werden kann.

D. Dispositivität. Gesellschaftliche Differenzerfahrung

Kulturelle Differenzerfahrungen sollten in ethischer und soziologischer Perspektive nicht als wertneutral betrachtet werden, denn sie sind selbst vorgeprägt durch mannigfaltige Prozesse machtvoller gesellschaftlicher Zuordnung. Menschen finden sich in diversen gesellschaftlichen Zuordnungen ohne jegliches Zutun vor. Sie erfahren sich aufgrund einer von außen auferlegten Zuordnung zu bestimmten Gruppen als gesellschaftlich machtvoll oder machtlos. Sie genießen oder entbehren wie selbstverständlich Privilegien. Sie empfinden sich als natürlich überlegen oder erleben sich als systemisch und systematisch diskriminiert. »Dispositivität« bezeichnet in Anschluss an Michel Foucault eine soziologische Differenzerfahrung, der überkommene strategische Machtasymmetrien im gesamtgesellschaftlichen Diskurs selbst zugrunde liegen.[7] Diese müssen zuerst aufgedeckt und benannt werden, um Stereotype, Privilegien und Rollenverhältnisse für eine neue Dynamik überhaupt zugänglich zu machen.

2. Dynamische und kreative Spannungsfelder interkultureller Ekklesiologie

Den genannten vier Dimensionen interkultureller Differenzerfahrung (A-D) werden im Folgenden jeweils ein grundlegendes theologisch-ekklesiologisches (1) und ein praktisch-theologisches Spannungsfeld (2) an die Seite gestellt und dadurch Perspektiven angedeutet, in denen die Kirche sich in den Herausforderungen der Interkulturalität auf neue Weise verorten und investieren kann.

A.1 Ekklesiologische Verortung und Dynamisierung in den Differenzerfahrungen der Diversität

Die Kirche findet sich in einer Welt ausgreifender Diversität und Komplexität vor. Sie nimmt als menschliche Gemeinschaft ausnahmslos Anteil an dieser Pluralität und *Zufälligkeit* aller geschöpflichen Lebensgestalten und Ausdrucksformen. Ihre eigene konfessionelle, kulturelle und spirituelle Vielfalt ist nicht nur Ergebnis einer konfessions- und theologiegeschichtlichen Entwicklung, sondern auch sinnfälliger Ausdruck dieser Anteilnahme. Doch geschöpfliche Diversität verlangt im Sozialen nicht zwangsläufig nach Strategien der Diversifizierung, Distanzierung und Segregation. Vor dem Angesicht Gottes (*coram deo*) erlebt die Kirche ihre Diversität vielmehr als ein dynamisches und kreatives Spannungsfeld von Einheit, Vielfalt und Ganzheit:

---

[7] Zum Dispositivbegriff bei Michael Foucault u.a. Michel Foucault, Dits et Ecrits III. 1976-1979, Berlin 2003, 391-429, 392-395.

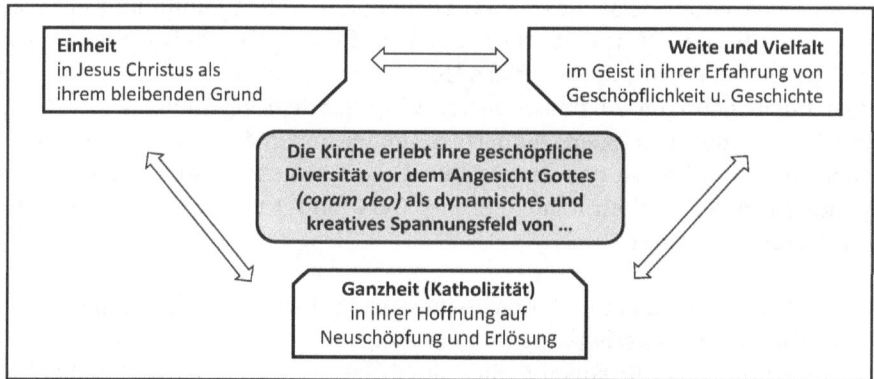

Schaubild: Ekklesiologische Verortung und Dynamisierung in den Differenzerfahrungen der Diversität

a) Einheit in Jesus Christus als bleibender Grund der Kirche

Die Einheit geht der Kirche voraus. Sie liegt in Jesus Christus. Sie ist nicht zu-erst eine *Aufgabe* der Kirche, sondern ihre *Existenzform* in Christus. Wer in Christus ist, gehört zu seinem Leib und dieser Leib ist *einer*. Es begegnen sich in interkonfessionellen, interkulturellen und konziliaren Gottesdiensten und Versammlungen nicht verschiedene Kirchen, die sich um Einheit bemühen, sondern verschiedene Gestalten der *einen* Kirche Jesu Christi. Sie treffen sich in Christus, dem Grund ihrer Einheit. Das gilt selbst dort, wo um die theologi-sche Wahrheit und den rechten Gottesdienst gestritten wird. Auch solche Kon-frontation findet *in* Christus und nicht als zwischenmenschlicher Streit *um* Christus statt. Die Einheit, die in Jesus Christus selbst liegt, ist der bleibend gemeinsame Grund der Kirche. Die Kirche muss nicht eins *werden*, sondern sie *ist* eins in Christus.[8] Diese Einheit in Christus ist zugleich keine monadische Einheit, sondern zentraler Wesensausdruck der Vitalität, Relationalität und des vereinigenden Wesens des trinitarischen Gottes, an dem Christus Anteil hat und an dem er seiner Gemeinde Anteil gibt.

b) Weite und Vielfalt im Geist und im Leib Christi als ekklesiologische
    Erfahrung der Geschöpflichkeit

Die Gemeinschaft der Kirche ist eins in Jesus Christus. Doch die Grenzen der Kirche und der Gemeinde sind noch nicht die Grenzen des Leibes Christi. Die Versöhnung, die von Jesus Christus ausgeht, zielt auf die ganze Menschheit und darüber hinaus auf den ganzen Kosmos. *Die Kirche ist der Leib Christi,* *doch der Leib Christi ist nicht nur die Kirche.* Der Weg Jesu setzt sich in der Ge-schichte und der Schöpfung fort in der Kraft des Heiligen Geistes. Denn der

---

[8] Vgl. zu diesem Aspekt der vorlaufenden Einheit Christi und deren ekklesiologi-schen Konsequenzen besonders WOLFHART PANNENBERG, Systematische Theologie, Göt-tingen 1993, 404-469.

Heilige Geist ist die Kraft des neuen Lebens, der Auferstehung und der Neuschöpfung, die darauf drängt, *alles* Leben in die Gemeinschaft Gottes zu führen. Die Kirche, die aus der Kraft des Heiligen Geistes lebt, wird daher von ihm
selbst hinausgetragen zu immer neuer *Vielfalt.* Nicht zu immer neuer *Größe*
von Kirchen und Gemeinden, sondern zu immer neuer *Weite.* Wie aus endlosen
Fragmenten und Provisorien des Reiches Gottes bestehend steht dann die Kirche mitten in dem weiten Raum, den der Geist öffnet und in dem er die Liebe
Christi zum Ziel bringt.

c) Ganzheit (Katholizität im Sinne vielfältiger Einheit[9]) in der Hoffnung
   der Kirche auf Neuschöpfung und Erlösung

Die Einheit in Jesus Christus und die Vielfalt im Heiligen Geist sind nicht alles,
was ekklesiologisch über Diversität gesagt werden kann. Christinnen und
Christen bekennen gemeinsam im Apostolikum und im Nicäno-Konstantinopo-
litanum auch die eine *katholische* Kirche. Nicht die konfessionelle römisch-
katholische Kirche, aber gemeinsam mit dieser eine Kirche, die in allem auf
Ganzheit zielt. Denn καθολικός bedeutet wörtlich »gemäß dem Ganzen«, »auf
das Ganze bezogen«. Die Kirche bekennt, dass Gott mit der Einheit und der
Vielfalt nicht nur zwei Spannungspole geschaffen hat, sondern sie in ihm und
in der Vollendung der Welt zu einer Ganzheit finden, d.h. zu einer Einheit, der
die Vielfalt nicht verloren gegangen ist und einer Vielfalt, die sich in der ewigen Gegenwart Gottes als Einheit erfährt. In diesem Glauben und Vertrauen
kann die erfahrene Diversität nicht nur als zweipoliger Spannungsraum beschrieben, sondern auch heute schon als ein von Gottes Verheißungen geprägter Vollendungsraum angenommen werden. An genau dieser Welt, dieser
Schöpfung und dieser Geschichte in ihrem Ganzen wird Gott mit seinem Handeln zum Ziel kommen. Die Gemeinschaft der Kirche ist eins, sie ist endlos
vielfältig und in der Vorfreude auf Gottes Reich ist sie heute schon »ganz«.

A.2 Spannungsfeld »interkultureller« Spiritualität und kirchlicher Praxis in den Differenzerfahrungen der Diversität

Coram deo ist die »interkulturelle« Herausforderung am richtigen Ort. Denn die
Diversität der Welt gewinnt aus den trinitarischen Bewegungen Gottes ihre Vitalität. Die Gemeinschaft der Kirche ist dazu berufen, zeichenhafter Ort dieser
göttlichen Vitalisierung und Dynamisierung von Differenz zu sein, wenn in ihrer Gemeinschaft, ihrem gottesdienstlichen Leben, ihrem Gebet und in ihren

---

[9] Eine ähnliche theologische Erschließung von Katholizität angesichts der Herausforderungen von Kirche in der Migrationsgesellschaft macht auch Tobias Keßler im Anschluss an die katholische Communio-Ekklesiologie stark. Vgl. Tobias Kessler, Kann
denn aus Nazaret etwas Gutes kommen? Perichoretisch-kenotische Entgrenzung als Paradigma des Verhältnisses zwischen zugewanderten und einheimischen Katholiken,
Weltkirche und Mission 9, Regensburg 2018, 267-325.

Sakramenten die eigenen Differenzerfahrungen explizit der Gegenwart Gottes ausgesetzt werden. Als Gemeinschaft der Glaubenden erlebt sie ihre individuelle und ihre gemeindliche Spiritualität in einem dynamischen und kreativen Spannungsfeld von Ambiguitätsakzeptanz, Einübung in Weite und heilsamer sakramentaler Erfahrung.

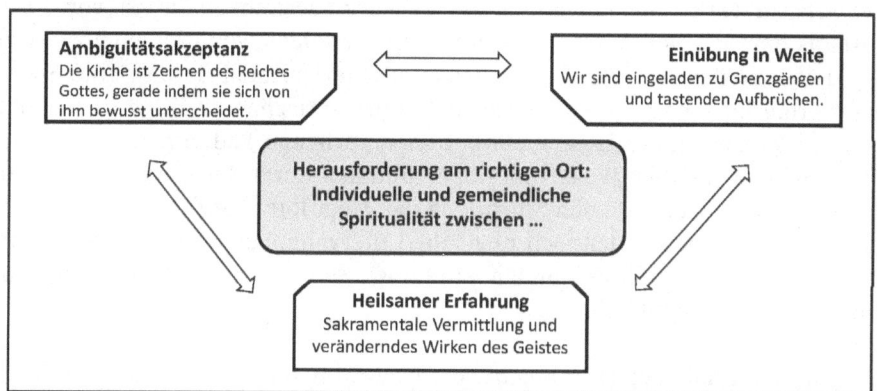

Schaubild: Spannungsfeld "interkultureller" Spiritualität und kirchlicher Praxis in den Differenzerfahrungen der Diversität

a) Ambiguitätsakzeptanz (Selbstunterscheidung und Zeichenhaftigkeit)
Mit Ambiguitätstoleranz wird in der interkulturellen Pädagogik die Fähigkeit bezeichnet, mit Spannungen, Doppeldeutigkeit und Vorläufigkeit umzugehen.[10] Ekklesiologisch kann dies noch zugespitzt werden: Wenn die Kirche die Einheit nicht selbst herstellt, sondern *aus* ihr lebt und wenn die eschatologische Ganzheit der Horizont ihrer Hoffnung ist, den sie doch selbst nicht herbeiführt, verschafft ihr dies in ihrer Praxis eine große Gelassenheit im Umgang mit aller sichtbaren und erfahrenen Verschiedenheit. Als Kirche in der Nachfolge Jesu ist sie dazu herausgefordert, Zeichen des Reiches Gottes in dieser Welt zu sein. Ein Zeichen jedoch behält nur dann seinen Sinn, wenn es sich nicht selbst schon anmaßt, das zu sein, worauf es verweist. Gerade im ehrlichen und schmerzhaften Bekenntnis ihrer Spannungen wird ihr Verweis auf das Reich Gottes glaubwürdig. Im Bewusstsein ihrer Trennungen bezeugt die Gemeinschaft der Kirche eine Ganzheit, die sie selbst erst vom Reich Gottes erwartet und die ihre eigene kirchliche Bestimmung deutlich überschreitet.

b) Einübung in Weite (Grenzgänge und tastende Aufbrüche)
Die Kirche ist jedoch zugleich dazu berufen, sich immer neu aus den eigenen Bezügen und Begrenzungen hinauszuwagen. Dies gilt insbesondere im Blick

---

[10] Vgl. beispielsweise WOLF RAINER LEENEN/ANDREAS GROSS/HARALD GROSCH, Interkulturelle Kompetenz in der Sozialen Arbeit, in: GEORG AUERNHEIMER (Hrsg.), Interkulturelle Kompetenz und pädagogische Professionalität Interkulturelle Studien, Wiesbaden 2013, 105-126.

auf die gegenwärtige glokale und interkulturelle Herausforderung. Sie ist dazu befähigt, ihrer Zeichenhaftigkeit im Blick auf das Reich Gottes nicht nur durch ihre Selbstunterscheidung, sondern auch durch messianische Gleichnisse und antizipatorische Aufbrüche einen sinnfälligen Ausdruck zu verleihen. Als Gemeinschaft von Jüngerinnen und Jüngern ist sie von Jesus Christus berufen, das Alte zu verlassen und ein neues Leben zu ergreifen. Sie ist von Jesus Christus bewegt, nicht nur zu ersten und notwendigen, sondern auch zu zweiten Meilen an der Seite ihrer »fremden« und unerwarteten Geschwister. Sie ist sogar ermutigt – entgegen aller westlich aufklärerischen Tradition – zur zeitweiligen Erfahrung der Entgrenzung ihrer natürlichen Bedingtheit,[11] ermutigt, einige Schritte auf dem Wasser zu wagen und den Herrn der Kirche so sehr vor Augen zu haben, dass sie den Sturm und das Meer kurz vergisst. Und wenn sie darin untergeht, ist es dennoch nicht ihr Untergang, sondern die Erinnerung, wie sehr sie dieser Welt verbunden ist und wie sehr sie an ihrer Seite auf Jesus Christus angewiesen bleibt.

c) Heilsame Erfahrung (Sakramentale Vermittlung und ekstatisches Geistwirken)

Vor dem Angesicht Gottes stehen Christinnen und Christen als Schutzbedürftige, doch zugleich mit offenen, erwartungsvollen und unverschränkten Armen. Das ist das Geheimnis aller gottesdienstlichen und sakramentalen Erfahrung. Gott lässt Menschen an seiner Gemeinschaft und seiner Wirklichkeit vorscheinend teilhaben. Im Abendmahl werden sie vergewissert, dass sie am Tisch Gottes sitzen, ihre Schuld in Christus vergeben ist und sie Teil einer erneuerten Gemeinschaft der Menschheit und der Schöpfung sind.[12] In der Taufe erfahren sie, dass das neue und ewige Leben in Christus schon heute beginnt. Die Kraft des Geistes enthebt sie aus ihrer Selbstbezogenheit, ihrer Einseitigkeit und ihren inneren Begrenzungen. Die Kirche und der Einzelne leben daher mitten in der Erfahrung der eigenen Ambiguität und des Stolperns in den

---

[11] Die Bezeichnung der Geistbegabung als einer »übernatürlichen Kraft« bzw. »supernatural power« begegnet derzeit häufig im Gegenüber und Gespräch mit charismatisch und pfingstlerisch geprägten Geschwistern in den internationalen Gemeinden. Ein solcher Anspruch erscheint der einheimischen Perspektive häufig nicht vermittelbar mit einem naturwissenschaftlich-aufklärerischen Weltbild. Er wird jedoch ökumenisch verständlich im Rahmen der pneumatologischen Fragestellung nach einer anfänglichen und zeichenhaften Begabung der Kirche mit den Geistkräften der Neuschöpfung und Vollendung. Vgl. dazu besonders Jürgen Moltmann, Der Geist des Lebens. Eine ganzheitliche Pneumatologie, München 1991, 194-210.

[12] Moltmann betont den Charakter der Sakramente als »messianische Vermittlungen« zwischen kommendem Reich und gegenwärtiger Geschichtserfahrung und versteht dabei das Abendmahl als »Zeichen des Weges« und die Taufe als das »Zeichen des Aufbruchs«. Vgl. Jürgen Moltmann, Kirche in der Kraft des Geistes, Gütersloh 1975/2016, 252-286.

eigenen Aufbrüchen zugleich aus einer Erfahrung der *Fülle* im Geheimnis der Gegenwart Gottes in ihrer Mitte. In erwartungsvollen Räumen und in ausgesonderten Zeiten der gemeinsam erfahrenen Gottesgemeinschaft kann auch dem Einzelnen der vermeintlich »Andere« zu einem Sakrament Christi werden, zu seiner geheimnisvollen Gegenwart im eigenen Leben und zu einem sinnfälligen Zeichen verheißener Fülle.[13]

B.1 Ekklesiologische und theologische Perspektivwechsel auf die geschichtlichen Differenzerfahrungen der Ethnizität

Christinnen und Christen finden sich als geschichtliche Wesen in einer Welt weitgehender ethnischer, nationaler und sozialer *Zuschreibungen* vor. Dabei werden nicht nur die Begriffe des »Volkes« und der »Nation«, sondern häufig auch der Begriff der »Kultur« im Duktus eines »totalitätsorientierten Kulturbegriffs«[14] als Bezeichnung für voneinander klar abgrenzbare und in sich homogene Lebenswelten ins Spiel gebracht. Doch Christinnen und Christen sind als Glieder der Kirche Jesu Christi theologisch nicht gebunden an kulturelle, nationale und ethnische Zuschreibungen, nur weil sie sich zufällig in ihnen vorfinden. Die Kirche gehört theologisch nicht den Kulturen und Nationen, sondern dem Messias Jesus.[15] Und dies verändert ihren Blick auf die Frage nach dem »Volk« und ihrer Zugehörigkeit zu nationalen Identitäten.

---

[13] Solche Erfahrungsräume sakramentaler Vermittlung leben insbesondere von einer ästhetischen und leiblichen Dimension und überschreiten so die Linearität klassischer ekklesiologischer Konzepte. Vgl. dazu auch die Ausführungen zur Körperlichkeit im Beitrag von Claudia Jahnel in diesem Band.

[14] Andreas Reckwitz, Die Kontingenzperspektive der »Kultur«. Kulturbegriffe, Kulturtheorien und das kulturwissenschaftliche Forschungsprogramm, in: Friedrich Jaeger u.a. (Hrsg.), Handbuch der Kulturwissenschaften 3: Themen und Tendenzen, Stuttgart 2004, 1-20, 5.

[15] Zu dieser »messianischen« Perspektivierung von Kirche und ihrer darin beschlossenen Selbstbeschränkung insbesondere Moltmann, Kirche (s. Anm. 12), 156-171.

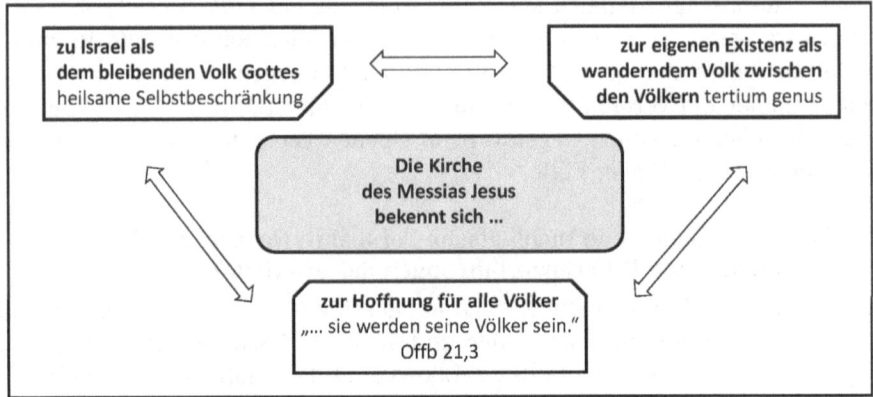

a) Die Kirche des Messias Jesus bekennt sich zu Israel als dem bleibenden
   Volk Gottes (heilsame Selbstbeschränkung der Kirche)

Im Gegensatz zur Kirche kann sich Israel mit biblischem Recht als erwähltes
»Volk« und sogar als erwähltes »Land« begreifen. Die Kirche hat sich diesen
Anspruch lange Zeit eigenmächtig angeeignet und zugleich Israel abgespro-
chen. Doch in der besonderen Erwählung Israels findet die weltweite Kirche
ihre heilsame Selbstbeschränkung. Denn in der Kirche Jesu streiten theolo-
gisch eben nicht verschiedene Nationalkirchen und nationale und territoriale
Konfessionen um den Grad ihrer Erwählung. Die Gemeinschaft von Christin-
nen und Christen ist vielmehr eine Gemeinschaft der Hinzugekommenen und
Aufgenommenen in den bleibenden Bund Gottes mit Israel. So weitet sich die
Erwählung Israels im Messias Jesus zur weltumspannenden messianischen
Gemeinschaft. Zugleich findet diese weltweite Kirche die Grenze ihrer kultu-
rellen, nationalen und territorialen Selbstverwirklichung in der bleibenden
Erwählung Israels.

b) Die Kirche des Messias Jesus bekennt sich zur eigenen Existenz als
   wanderndes Volk zwischen den Völkern (*tertium genus*)

Doch lassen sich die Christinnen und Christen nicht auch als ein eigenes
»Volk« und eine eigene »Volksgemeinschaft« verstehen? Der Diognet-Brief aus
dem 2. Jh. – und damit aus einer Zeit vor aller Staatskirchlichkeit – beschreibt
es so:[16] »Denn die Christen sind weder durch Heimat noch durch Sprache und
Sitten von den übrigen Menschen verschieden. [...] Sie bewohnen jeder sein
Vaterland, aber nur wie Beisassen; sie beteiligen sich an allem wie Bürger und

---

[16]   Diese Entdeckung verdanke ich der Eschatologie Moltmanns, der die Stelle ebenfalls zitiert (allerdings mit anderer Kapitelangabe!). Vgl. JÜRGEN MOLTMANN, Das Kommen Gottes. Christliche Eschatologie, Gütersloh 1995, 340.

lassen sich alles gefallen wie Fremde; jede Fremde ist ihnen Vaterland und jedes Vaterland eine Fremde.« (Diog 5)[17] Die Christen wurden in ihren frühen Tagen daher als *tertium genus* verspottet, als drittes Geschlecht, als ein Dazwischen-Volk, dass sich nicht richtig zuordnen lässt.[18] Diese alte Beschreibung der Kirche kann in gegenwärtiger interkultureller Perspektivierung neu als Teil des christlichen Selbstverständnisses entdeckt werden. In einer Welt nationaler und territorialer Zuordnung – auch im Raum der Kirchen – gilt es, sich wieder als »Gast auf Erden« (Ps 119,19) zu begreifen. Das ist in der glokalen Situation insbesondere für die einheimischen Christinnen und Christen eine deutliche Zumutung, aber sie ist wesensnotwendig, um die Dominanz nationaler Zuschreibungen im Raum der Kirche zumindest deutlich infrage zu stellen.

c) Die Kirche des Messias Jesus bekennt sich zur bleibenden Hoffnung
    für alle Völker (»seine Völker«, Offb 21,3)

In biblischer Perspektive kann die Existenz von verschiedenen Völkern und deren verschiedenen Gestalten und Eigenarten trotz des zuvor Dargestellten dennoch nicht einfach als ein vorläufiges Konstrukt weltlich politischer Ordnung und Zuschreibung dekonstruiert und auf diese Weise theologisch verworfen werden. Die Völker werden als selbständige Sozialkörper auch im Neuen Testament nicht durch die Kirche abgelöst und sollen auch eschatologisch nicht völlig aufgelöst werden. Vielmehr bekennt sich die Kirche, obwohl sie sich selbst in den Völkern und Nationen nie ganz zuhause weiß und ihr eigenes Bürgerrecht im Himmel verortet (Phil 3,20), zu einer Hoffnung für die Völker sogar noch in dieser eigenen himmlischen Heimat. In Offb 21,3 heißt es bewusst im Plural: »Siehe da, die Hütte Gottes bei den Menschen! Und er wird bei ihnen wohnen, und sie werden seine Völker sein, und er selbst, Gott mit ihnen, wird ihr Gott sein.« Obwohl sich die Kirche in der Nachfolge Christi zwangsläufig im Konflikt mit jedweden ethnischen und kulturellen Zuschreibungen vorfindet und deren totalen Anspruch in der Geschichte bestreitet, bekennt sie doch zugleich von Christus her einen ewigen Zuspruch für die Menschheit als einer Gemeinschaft verschiedener Völker. Die Kirche ist genau darin nicht schon das Reich Gottes, dass sie die Menschheit bereits gegenwärtig in sich vereinigt, sondern sie ist nur die Gemeinschaft, die die kommende Einheit der Menschheit im Reich Gottes gegenwärtig zeichenhaft bezeugt.[19] Doch solch ein demütiges Bekenntnis der Kirche zu einer ewig bleibenden Existenz verschiedener Völker und einer vielfältigen Menschheit im Reich Gottes ist dennoch nicht zu verwechseln mit einem Bekenntnis zur Notwendigkeit

---

[17] GERHARD RAUSCHEN, Frühchristliche Apologeten und Märtyrerakten I, BKV I/12, München 1913, 161-173, 165.
[18] Im Neuen Testament findet sich dieser Gedanke grundlegend in Gal 3,28.
[19] Dies ist auch das Grundmotiv der Ekklesiologie Pannenbergs. Vgl. PANNENBERG, Systematische Theologie (s. Anm. 8), bes. 40-51.

ethnischer Abgrenzung und Unterscheidung zwischen den verschiedenen Völkern mit ihren nationalen Selbstbehauptungen in der Gegenwart. Christinnen und Christen stehen genau in diesem Spannungsfeld. Sie sind durch ihr Menschsein, durch ihre Hoffnung und ihr Beten ganz in den verschiedenen Völkern beheimatet und stehen für die verschiedenen Völker vor Gott ein. Doch sie dienen niemals ihrer gegenseitigen Abgrenzung und kulturellen Konkurrenz. Durch ihre »interkulturelle« Gemeinschaft als Geschwister aus allen Völkern in der einen Kirche stehen die verschiedenen Christinnen und Christen, verbunden im gemeinsamen Gebet, zugleich auch für die anderen Völker als »ihren« geschwisterlichen Heimaten ein. Sie dienen diesen daher mit der gleichen Hingabe. Eine unzweideutige nationale Identifikation ist Christinnen und Christen daher in der Regel verwehrt.

B.2 Spannungsfeld kultureller Selbstverortung der Kirche im Blick auf einen totalitätsorientierten Kulturbegriff

Wie zuvor beschrieben ist die Kirche in ihren empirischen Sozialgestalten grundsätzlich nicht der Diversität der geschöpflichen Existenz und somit auch nicht der Pluralität soziokultureller Prägungen enthoben und nimmt wie selbstverständlich an der Vielfalt von Kulturalität teil. Kirche kann daher in ihrer konkreten Kontextualität grundsätzlich als kulturbejahend, kulturpartizipierend und kulturgeprägt beschrieben werden.[20] Dennoch wird in den folgenden Überlegungen diese Perspektive noch einmal überschritten und danach gefragt, in welches Freiheits- und Dienstverhältnis die Kirche in ihrer Teilnahme an der Geschichte Christi und der Geschichte des Heiligen Geistes zu den diversen *Zuschreibungen* menschlicher Kulturalität gerät. Sie ist in der Nachfolge Jesu Christi und in der Kraft des Heiligen Geistes aus der Totalität dieser Zuschreibungen befreit und erscheint in dieser christologischen und pneumatologischen Neuverortung als kulturverlassend, kulturversöhnend und kulturschaffend.

---

[20] Vgl. etwa Christian Grethlein, Praktische Theologie, Berlin-Boston ²2016, 190-195.

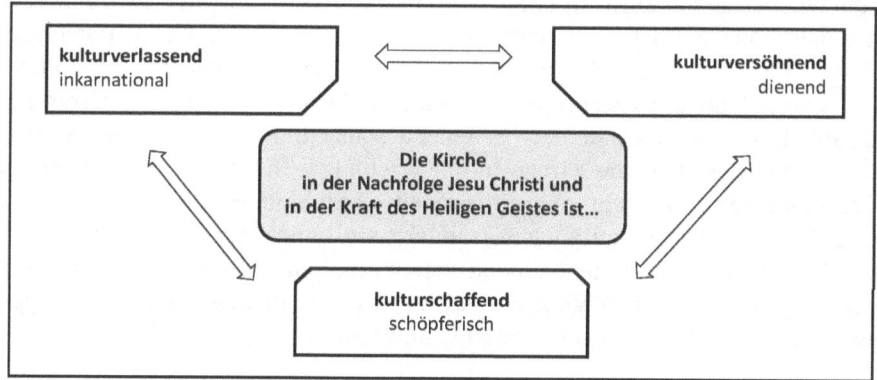

Schaubild: Spannungsfeld kultureller Selbstverortung der Kirche im Blick auf einen totalitätsorientierten Kulturbegriff

a) Kulturverlassende (inkarnationale) Kirche

Das Kreuz Jesu ist der äußerste Ausdruck der Identifikation Gottes mit der menschlichen und geschöpflichen Welt. Im Kreuz Jesu identifiziert sich Gott insbesondere mit allen Tiefen des sterblichen und geschöpflichen Lebens, mit den Gräben, Niemandsländern und Totenfeldern, die zwischen all der Schönheit und Vielfalt menschlicher »Kulturen« und Geschichte aufklaffen. Dies ist das Geheimnis der Inkarnation. Jesus Christus verlässt die Lebenswelt (übertragen gesprochen: die Kultur) des Himmels, um als einer der »Geringsten« in einer Welt kultureller Selbstbehauptung erkannt zu werden. Die Kirche ist nach Phil 2 dazu bestimmt, mit ihrer Gemeinschaft genau diesem Bild Christi zu entsprechen. Christinnen und Christen sind daher nicht nur zu ihrem eigenen, sondern auch zu anderem Leben hin berufen, zur Hingabe in diese Welt hinein. Doch nicht selten finden sie sich durch diese Hingabe zuletzt im Zwischenraum und Niemandsland zwischen den Kulturen, ihren Selbstbehauptungen und ihrem Stolz wieder. Sie erkennen in diesem Zwischenraum all die, die in den kulturellen Zuschreibungen der Welt keine Heimat und kein Heil gefunden haben. Und sie erkennen dort den bleibenden Ort des Kreuzes Christi mitten in der menschlichen Welt.

b) Kulturversöhnende (dienende) Kirche

In »interkulturellen« Begegnungsräumen wird gegenwärtig häufig die Metapher verwendet, miteinander und auf Augenhöhe am gemeinsamen Tisch zu sitzen. So wird die »interkulturelle« Gemeinschaft der Kirche mit Lk 13,29 als Wohn- und Tischgemeinschaft Gottes interpretiert, zu der Christus die Völker einlädt.[21] Doch genau dieses Bild ergänzt Jesus selbst in Lk 22,27, indem er

---

[21] Zur Begrifflichkeit vgl. Neue Regeln in der Wohngemeinschaft Gottes. Studientagung zu einer migrationssensiblen Ekklesiologie, Evangelische Akademie Bad Boll, 1. bis 2. April 2019, epd-Dokumentation 20 (2019).

seine eigene Person darin in einer irritierenden Weise verortet. Er fragt: »Wer ist größer: der zu Tisch sitzt oder der dient? Ist's nicht der, der zu Tisch sitzt? Ich aber bin unter euch wie ein Diener.« Jesus Christus selbst nimmt in dieser Welt seinen Platz am Tisch noch nicht ein, sondern ermöglicht durch sein Dienen die Tischgemeinschaft der Vielen. Zu solch dienender Hingabe ist auch seine Kirche berufen. Die Kirche in der Nachfolge Christi hat daher in ihrem Versöhnungsauftrag nicht nur die Gemeinschaft und den Konsens der verschiedenen »Kulturen« zu suchen, sondern sie findet ihre Berufung zugleich als Dienstgemeinschaft im bleibend schmerzhaften Zwischenraum, der zwischen den verschiedenen Völkern und ihren kulturellen Selbstbehauptungen, Vereinnahmungen und Zuschreibungen aufklafft.

c) Kulturschaffende (schöpferische) Kirche

Doch das Evangelium ruft die Kirche gerade im Konflikt solcher kulturellen Zuschreibungen nicht *nur* in die Position eines stummen Dienstes. Es ist vielmehr selbst eine kulturelle Kraft und schafft seine eigene Kultur in den schmerzhaften Zwischenräumen kultureller Zuschreibungen. Die Auferstehung hat ein unvergängliches Leben mitten in der Erfahrung des Todes hervorgebracht. Das Evangelium ermöglicht mitten in den Krisen der Menschheitsgeschichte und mitten in der Vergänglichkeit der Geschöpflichkeit selbst neue Beziehungen, es konstituiert eine neue Familie und eine neue Geschwisterschaft. Es entwirft sein eigenes Verständnis von Zeit, von Vergangenheit, Gegenwart und Zukunft. Es schenkt eine eigene und neue geschwisterliche Wahrnehmung der den Einzelnen umgebenden Welt, sowohl in menschheitlicher als auch geschöpflicher Perspektive. Im Heiligen Geist gewinnt die Kirche eine neue Sprache der Anbetung und neue Ausdrucksformen in Liturgie und Sakramenten. Das Evangelium schafft inmitten aller kulturellen Fremdzuschreibung selbst Kultur. So ist für Christinnen und Christen die ihnen zugeschriebene Kultur kein Schicksal mehr, keine einseitige biographische oder gar nationale Eigenschaft, kein zu verteidigendes Territorium, sondern ein Ruf in die Freiheit der Kreativität. Die Kirche darf in der Kraft des Heiligen Geistes mit Kultur kreativ umgehen, Kulturen ins Spiel miteinander und mit dem Evangelium bringen.

C.1 Theologisch-anthropologisches Spannungsfeld in den relationalen Differenzerfahrungen der Identität

»Identität« im Sinne der Identifikation, der *Zugehörigkeit* und der Heimatlichkeit wird in der interkulturellen Debatte und in den genannten Differenzerfahrungen meist auf die Frage nach der Herkunft begrenzt. Doch theologisch erscheint diese Perspektive als einseitig. Sowohl die individuelle menschliche und christliche als auch die gemeinsame kirchliche Identität und Heimatlichkeit sind geprägt durch das Spannungsfeld von Herkunft und Hoffnung, durch das Gegenüber der »Anderen« und durch die entgrenzenden Verheißungsdimensionen der Wirklichkeit Gottes.

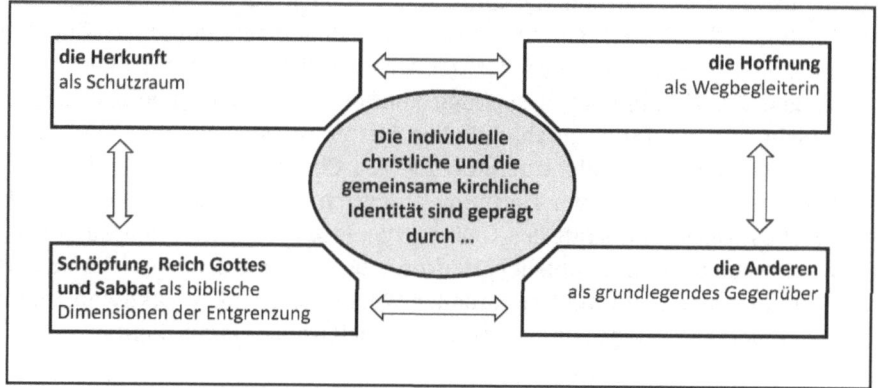

Schaubild: Theologisch-anthropologisches Spannungsfeld
in den relationalen Differenzerfahrungen der Identität

a) Herkunft als Schutzraum

Die eigene Herkunft bestimmt die eigene Identität, noch bevor ein Mensch sich mit ihr identifizieren muss. Sie ist damit als Ort der »Enkulturation"[22] etwas grundlegend anderes als die kulturellen Prägungen, die Menschen sich im Lauf des eigenen Lebens selbstbewusst aneignen. Sie ist im besten Fall ein Schutzraum, ein Ort der Selbstverständlichkeit des eigenen Seins und der Geborgenheit, der Menschen ins Leben hilft und ihre kulturelle Weltwahrnehmung von daher ein Leben lang prägt. Dies betrifft ekklesiologisch auch die verschiedenen Schutzräume bestimmter Konfessionalität, die in dieser Hinsicht als Spezialfälle der Kulturalität verstanden werden können. Solche Beheimatung im Schutzraum der Herkunft kann durchaus plural sein und sich auf eine Vielzahl von erfahrenen Heimaten beziehen, insbesondere, wenn die eigene Geschichte durch einen »Migrationshintergrund« vorgeprägt ist.[23]

b) Hoffnung als Wegbegleiterin

Doch Menschen sind keine Bäume. Sie sind nicht automatisch »entwurzelt«, wenn sie sich an einem anderen Ort als dem Ort ihrer Herkunft in ihrem Leben wiederfinden.[24] Menschen sind in biblischer Perspektive darauf angelegt, Vater und Mutter zu verlassen und mit anderen eins zu werden. Sie sind in ihrer Biographie zu neuen Wegen herausgefordert.[25] Menschliche Identität ist nicht nur

---

[22] Vgl. zum Terminus CLIFFORD GEERTZ/BRIGITTE LUCHESI, Dichte Beschreibung. Beiträge zum Verstehen kultureller Systeme, Frankfurt/M. 2012.

[23] Vgl. AMÉLÉ ADAMAVI-AHO EKUÉ/FRANK MATHWIG/MATTHIAS ZEINDLER, Heimat(en)? Beiträge zu einer Theologie der Migration, Zürich 2017.

[24] Vgl. MAURIZIO BETTINI, Wurzeln. Die trügerischen Mythen der Identität, München 2018.

[25] Vgl. zu dieser Unterscheidung von »roots« und »routes« auch LIISA MALKKI, National Geographic. The Rooting of Peoples and the Territorialization of National Identity among Scholars and Refugees, in: Cultural Anthropology 7 (1992), 24-44.

vom Schutzraum der eigenen Herkunft, sondern auch durch eigene Hoffnungen geprägt. So ergibt sich ein ganz neues Feld der Relationen, der Überschneidungen mit anderen Hoffenden und der gemeinschaftlichen Identität über die Begrenzungen der Herkunft hinweg. Auch konfessionelle Identifikationen dürfen daher nicht nur aus ihren geschichtlichen Herleitungen und ihren Traditionen begründet werden. Durch die Auferstehung Jesu Christi von den Toten ist in dieser Welt das neue Gesetz der Hoffnung aufgerichtet worden und seine Kirche bezeugt dies. Durch die Kraft des Geistes, der Jesus von den Toten auferweckt hat, werden auch die individuellen Herkunftsbiographien und ihre besonderen Potentiale in neuer und transformierender Weise charismatisch aktiviert und in Dienst genommen für eine Kirche, die den Verheißungen Gottes dient.

c) Die »Anderen« als grundlegendes Gegenüber der eigenen Selbstverortung
Doch nicht nur die Beziehung zu Verwandten und Nächsten, die dem Eigenen mit ihrem Glauben und ihrer Hoffnung weitgehend entsprechen, sind identitätsprägend. Kein Leben kann sich selbst erkennen und sich der eigenen Identität vergewissern ohne das Gegenüber wahrhaft »anderen« Lebens. Die vielfältig »Anderen« repräsentieren eine Vielheit des sozialen Lebens, die das eigene Leben heilsam entgrenzt. Die »Anderen« bleiben dem eigenen Erkennen dabei nicht äußerlich. Obgleich sie nicht ins Eigene integriert werden und zudem nicht durch Verobjektivierung dem Eigenen gewaltsam entfremdet werden dürfen, repräsentieren sie selbst doch eine Art fremder Heimat der eigenen Identität. So werden in »interkultureller« und auch in konfessionell-ökumenischer Begegnung, in der sich das Eigene dem vielfältig »Anderen« angstfrei zuwendet, oft aus den fremden Fremden nahe Fremde und zugleich aus den vermeintlich nahen Nahen im Gegenzug fremde Nahe. Der Balken im eigenen Auge wird erst offenbar im Splitter im Auge des »Anderen«. Und das Verstehen des Anderen wird selbst ein Anderes, wenn es vom Anderen bewegt ist und so selbst ein Anderes im Eigenen wird.

d) Schöpfung, Reich Gottes und Sabbat als Dimensionen menschlicher
und ekklesiologischer Entgrenzung der eigenen Identität[26]
Die Bibel geht in ihren Bildern und Motiven noch weiter. Die menschliche Identität und Selbst-Identifikation wird von Gott her entgrenzt durch die Berufung in die Gemeinschaft mit aller *Schöpfung*. Mit aller Kreatur beten, jubeln und seufzen der Einzelne und die Gemeinschaft der Kirche und warten auf die Vollendung dieser Schöpfung. Sie erwarten vom *Reich Gottes* eine Gerechtig-

---

[26] Diese verschiedenen Aspekte der schöpfungstheologischen, der kosmologischen und der sabbatlichen Entgrenzung menschlicher Identität, aber auch der Kirche und der Theologie prägen in besonderer Weise das Spätwerk Moltmanns. Ihm geht dabei vorrangig um die Überwindung einer anthropozentrischen Engführung in Theologie und Ekklesiologie, die an dieser Stelle positiv aufgenommen wird.

keit, die über alle zwischenmenschlichen Belange deutlich hinausreicht. Der *Sabbat* als das ursprünglichste Bild und erfahrbare »Sakrament« ihrer Beheimatung in Gott erinnert sie immer neu daran, dass sie mit aller Schöpfung gemeinsam in der Ruhe und Gemeinschaft Gottes zum Frieden finden werden. Vielleicht scheint es hoch gegriffen, diese theologischen Motive auch als identitätsstiftend und beheimatend zu begreifen, aber womöglich liegt der Grund dafür darin, dass der Begriff der Identität bisher so stark an die Herkunft gebunden wird. Im Raum der Spiritualität, in Liedern, in den geistlichen Erfahrungen des Einzelnen und in den gottesdienstlichen Erfahrungen der versammelten Gemeinde wird diese entgrenzende Heimat häufig als durchaus präsent und identitätsstiftend erlebt.

C.2 Prozessuales Spannungsfeld kultureller Identitäts- und Identifikationsprozesse zwischen »ein-heimischen« und »mehr-heimischen« christlichen Geschwistern am gemeinsamen Ort

Der dargestellte theologische Perspektivwechsel auf Identität ermöglicht zugleich die Reflexion eines Spannungsfeldes prozesshafter Praxis »interkultureller« Ökumene der Verschiedenen am konkreten Ort der gegenwärtigen glokalen Herausforderung zwischen Mono-, Multi-, Inter-, Trans- und Postkulturalität.[27]

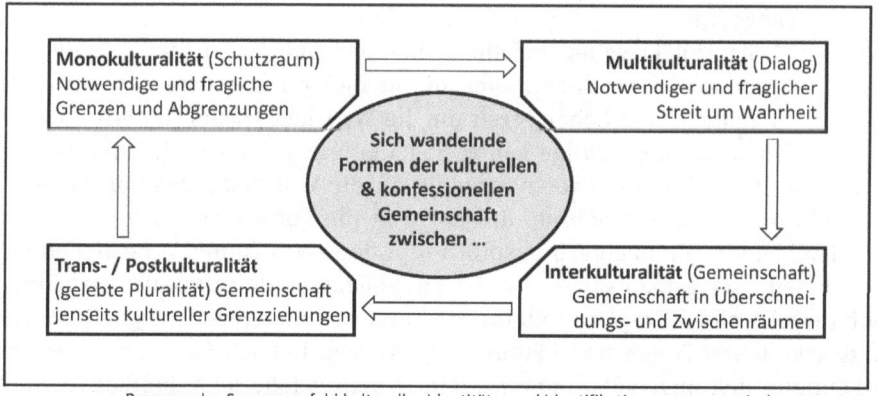

Schaubild: Prozessuales Spannungsfeld kultureller Identitäts- und Identifikationsprozesse zwischen "ein-heimischen" und "mehr-heimischen" christlichen Geschwistern am gemeinsamen glokalen Ort

a) Monokulturalität (Schutzraum – notwendige und fragliche Grenzen und Abgrenzungen)

Verschiedene kulturelle und konfessionelle Gruppierungen können in Kirchen und Gemeinden in der gegenwärtigen glokalen Situation an einem Ort aufeinandertreffen und zugleich in einem Nebeneinander der *Monokulturalität* verharren. Dies kann zunächst durchaus legitim sein und wird bspw. im Blick auf

---

[27] Vgl. auch zu einer stärker empirischen Typisierung von Beziehungsmodellen zwischen einheimischen und migrantischen Kirchengemeinden den Beitrag von Claudia Hoffmann in diesem Band.

orthodoxe Kirchen und Gemeinden auch in einem geschlossenen bzw. traditionsorientierten konfessionellen Selbstverständnis begründet sein.[28] Mit Sicherheit ist es darüber hinaus auch nachvollziehbar für all die Menschen, die sich von jetzt auf gleich mit ihrem Leben in einer neuen geographischen und kulturellen Situation wiederfinden. Sie suchen nach einem Schutzraum des Bekannten und benötigen ihn möglicherweise auch für die Stärkung und Wiederherstellung ihrer Identität und Integrität in der erfahrenen Diasporasituation. Eventuell gibt es auch eine begrenzte Legitimität einer solchen monokulturellen Gestalt für die »einheimische« Gruppierung, zumindest dann, wenn diese einen solchen Schutzraum gegenwärtig ebenfalls noch braucht, um zuerst zur eigenen Stabilität zu finden, bevor sie sich kulturell herausfordern lässt. Doch dieses Zugeständnis legitimiert nicht, dass das getrennte Nebeneinander der Monokulturalität die derzeit am häufigsten vorfindliche Situation in der Begegnung von »einheimischen« und »internationalen« Gemeinden an einem gemeinsamen Ort ist. Die vermeintlich weltoffene Begegnung im Raum der Kirche kann dann selbst zu einer Quelle der Reproduktion kulturalistischer und ethnozentrischer Zuschreibungen und Grenzziehungen verkommen.

b) Multikulturalität (Dialog bzw. Polylog – notwendiger und fraglicher Streit um Wahrheit)

Wenn sich der Blick weitet und die »Anderen« und ihre Unterschiedlichkeit wahrgenommen werden, finden sich die einander begegnenden Geschwister schnell im gemeinschaftlichen Streit um die Wahrheit wieder, im Streit um die richtige Form und die richtige Lehre. Solch eine multikulturelle Situation und solch ein Streit sind durchaus notwendig für die Wahrnehmung von Verschiedenheit. Im besten Fall könnte dieser Streit die Form eines »guten Nebeneinanders« oder – ökumenisch gesprochen – der »versöhnten Verschiedenheit« annehmen. Am gemeinsamen Ort ist ein solches multikulturelles Gegenüber auf respektvollen Umgang miteinander und auf das gegenseitige Gewähren und Achten von Zeiten und Räumen angewiesen. Je nach Bereitschaft der Anerkennung des bleibend Anderen können eine solche kommunikative Nachbarschaft und solch ein Streit um die Wahrheit durchaus positiv die Form eines konstruktiven ökumenischen Dialogs bzw. Polylogs annehmen und gut moderierte Austauschformen finden.

c) Interkulturalität (Gemeinschaft in Überschneidungs- und Zwischenräumen)

Interkulturelle Gemeinschaft in Kirche und Gemeinde entsteht dort, wo die unterschiedlichen Geschwister ihre Gemeinsamkeiten entdecken und daraus ge-

---

[28] Vgl. dazu auch die Beiträge von Claudia Rammelt und Amill Gorgis in diesem Band.

meinsame Lebensformen entwickeln. Sie wächst dort, wo die Verschiedenen bereit sind, die eigene Identifikation nicht länger nur in den bestehenden Kollektiven, sondern auch im Anderen und im Gemeinschaftlichen zu verorten. Sie erblüht darüber hinaus dort, wo die verschiedenen Geschwister Christus in den Zwischen- und Spannungsraum zwischen den verschiedenen kulturellen Prägungen und ihren Vereinnahmungen folgen. Denn die interkulturelle christliche Ökumene findet ihre Einheit nicht im Konsens, sondern *in* Christus, der sie verbindet.[29] Christus beruft die Glieder seines Leibes aus ihrer Herkunftsidentität zur neuen Identität in ihm. So werden ihnen die, die vorher »die Anderen« waren, zu neuen Geschwistern in Christus. Interkulturelle Kirche und Gemeinde ist daher nicht nur Kompromissökumene, sondern bedeutet auch die Erfahrung der Fülle in der Gegenwart Christi im Zwischenraum.

d) Trans- und Postkulturalität (gelebte Pluralität – Gemeinschaft jenseits kultureller Grenzziehungen)

Wenn Menschen einseitige Herkunftsorientierungen hinter sich lassen und vom Leben in eine neue Situation oder vom Heiligen Geist in eine neue Weite geführt werden, entsteht eine trans- und postkulturelle Gemeinschaft. In der transkulturellen Profilierung der Gemeinde wir Pluralität als grundlegende Vielfalt des Lebens und als wesentlicher Ausdruck des Geistes bejaht. Eindimensional herkunftsbezogene Identitätsherleitungen erscheinen hier nicht mehr als zielführend, weil die eigene Identität als durch viele, miteinander vernetzte kulturelle Prägungen hervorgebracht erlebt wird. Das Wort »Kultur« muss in solchen Gemeinschaften in Konsequenz möglicherweise sogar ganz überwunden werden (im Sinne einer »Postkulturalität«), weil es selbst immer wieder zurückführen würde zu einer Vorstellung abgeschlossener kultureller Identitäten und Entitäten. Gegenwärtig entstehen auch solche trans- und postkulturellen Gemeinschaftsformen in der glokalen Ökumene vor Ort.[30] Sie ergeben sich als selbstverständliche Konsequenz auf dem dargestellten Weg fortschreitender Entgrenzung von Identitätsherleitungen. Sie erscheinen zwangsläufig bei denen, die biographisch von Geburt an zwischen verschiedenen kulturellen Prägungen aufgewachsen sind. Und sie werden – im Sinne eines glokalen Fernwehs – zum Wunsch bei jenen, die auf den entgrenzenden Wegen, die das Leben sie geführt hat, zu einer geweiteten Identität jenseits ihrer Herkunftsprägung gefunden haben.[31]

---

[29] Vgl. dazu auch oben die Ausführung unter 2.A.1.

[30] Vgl. Werner Kahl/Barbara Matt, Gute »Vibes«. Postmigrantische Glaubensgemeinden als transkulturelle Resonanzräume, Hamburg 2020.

[31] Vgl. Werner Kahl, Transkulturelle Gemeindeformate als Realisierungen des grenzüberschreitenden Evangeliums, in: ZPTh 37 (2017), 169-180.

D.1 Theologisch-anthropologisches Spannungsfeld in den soziologischen Differenzerfahrungen der Dispositivität

Die Kirche nimmt als gesellschaftliche Sozialgestalt in ihrer jeweiligen Ordnung und Gestalt wie selbstverständlich an politischen und gesellschaftlichen *Zuordnungen* und den damit einhergehenden Machtasymmetrien teil. »Interkulturelle« Kirche und Gemeinde im glokalen Kontext ist daher wie alle zwischenmenschliche Gemeinschaft geprägt von Fragen der Gerechtigkeit, der Machtverhältnisse und der unterschiedlichen Privilegien, nicht nur in individueller, sondern auch in struktureller und systemischer Perspektive.[32] Die Kirchen dürfen im Blick auf die wachsende »interkulturelle« Gemeinschaft in den konkreten lokalen Bezügen Fragen der Gerechtigkeit und der Macht nicht ausblenden – theologisch gesprochen im Gegenteil: Das befreiende Evangelium und das ebenfalls befreiende Gericht Gottes ermöglichen der Kirche den schonungslosen Blick auf Machtasymmetrien in den eigenen Diskursen, auf unterschiedliche Privilegien, auf ungleichen Wohlstand und auf die zerstörerischen Kräfte von »Rassismus«[33], Sexismus und Elitarismus.

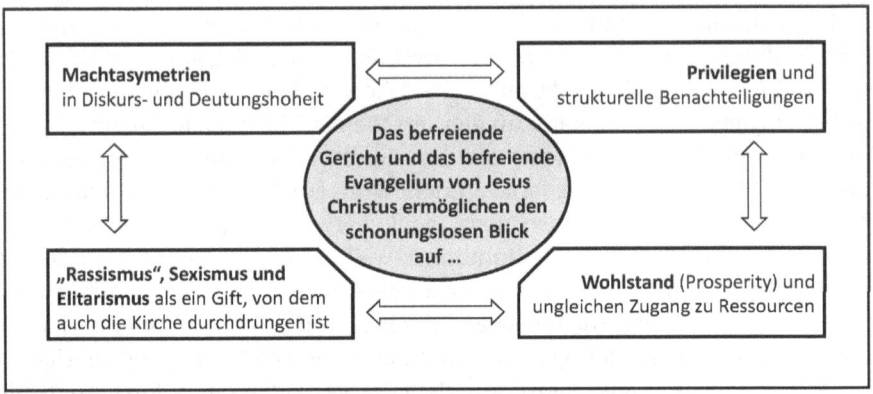

Schaubild: Theologisch-anthropologisches Spannungsfeld
In den soziologischen Differenzerfahrungen der Dispositivität

a) Machtasymmetrien in Diskurs- und Deutungshoheit
Es gibt deutliche Machtasymmetrien in gesellschaftlichen und politischen Diskursen. Sie prägen die »interkulturelle« Begegnung im Raum der Kirche, noch

---

[32] Vgl. zu dieser dispositiven Zuordnung die Definitionen eines »normativen« Kulturbegriff Reckwitz, Kontingenzperspektive (s. Anm. 14), 3-5.

[33] Das Wort »Rassismus« wird hier bewusst in Anführungszeichen gesetzt, um zu verdeutlichen, dass die damit verbundene Wiederholung des Konzepts der Existenz unterschiedlicher »Rassen« selbst als Teil der Reproduktion von Rassismus verstanden werden kann und zukünftig möglichst vermieden werden sollte. Vgl. dazu die Jenaer Erklärung. Das Konzept der Rasse ist das Ergebnis von Rassismus und nicht dessen Voraussetzung, www.uni-jena.de/190910_JenaerErklaerung.html [Aufruf: 10.1.2021].

bevor das erste Wort gesprochen wurde. Sie haben dispositiven Charakter, d.h. sie bestimmen vorab jeder Reflexion, was in einem gesellschaftlichen Diskurs als gültig, denkbar und angemessen aufgefasst wird. Solche soziologischen Machtasymmetrien sind in der Regel historisch infolge aus strategischen Interessen der Selbstbehauptung der Einen gegenüber den Anderen entstanden. Das gewachsene Ungleichgewicht der Macht im gesellschaftlichen Diskurs findet gegenwärtig seinen sinnfälligen Ausdruck in den vielfältigen Differenzbegriffen, die die Mehrheitsgesellschaft – sozusagen als taxonomische Hoheitsmacht – für den Diskurs entwickelt hat und weiterentwickelt und die wie selbstverständlich auch in der »interkulturellen« Kommunikation der Kirchen Verwendung finden. Der innerkirchliche Diskurs nimmt daher noch vor jeder bewussten Reflexion dieser soziologischen Dimension teil an deren politischen Machtasymmetrien zwischen Einheimischen und Zuwanderern und kulturellen Machtasymmetrien zwischen Mehrheiten und Minderheiten. Doch Jesus Christus, der Gekreuzigte und »Ohn-mächtige«, wirkt in ihnen als ein heilsames Gegenbild zu allen menschlichen Herrschaftsansprüchen und als das Gericht Gottes über alle Götzen der Macht.

b) Privilegien und strukturelle Benachteiligungen
Die »interkulturelle« glokale Gemeinschaft im Raum der Kirchen partizipiert wie selbstverständlich an der unterschiedlichen Zuordnung gesellschaftlicher Privilegien, die in ihrer Verteilung maßgeblich durch die verschiedene soziale, kulturelle und ethnische Herkunft der Einzelnen bestimmt sind. So nimmt sie unbewusst teil an systemischen und strukturellen Bevorzugungen und Benachteiligungen. Diese unterschiedliche Privilegierung erscheint der »interkulturellen« Gemeinschaft möglicherweise – hier wie dort – zunächst als »natürlich« oder selbstverständlich. Doch in der Regel ist sie Ausdruck einer als gegeben hingenommenen strukturellen Ungleichbehandlung und Ungerechtigkeit. Die geschwisterliche Gemeinschaft in der Freundschaft Jesu kann diese bestehende Asymmetrie in eine neue Dynamik versetzen, wenn sie die unterschiedlichen Privilegien schonungslos wahrnimmt und das bewusste Teilen der Privilegien in den Mittelpunkt ihrer Bemühungen stellt. Das explizite »Fasten« bzw. die Zurverfügungstellung der eigenen einheimischen oder mehrheitsbezogenen Privilegien dem Anderen zugute kann dabei ein notwendiger Schritt zur Überwindung der vorgefundenen Ungerechtigkeit sein. Ekklesiologisch könnte sich der Umgang mit verschiedenen Privilegien, zumindest in einem ersten Schritt der Neuperspektivierung, am Motiv der unterschiedlichen Charismen in der Gemeinde orientieren. Auch mit den verschiedenen Gaben des Geistes werden Christinnen und Christen von Gott nicht voreinander privilegiert, sondern sie werden den Einzelnen verliehen, um damit den Anderen zu dienen und einander durch sie zu erbauen.

c) Wohlstand (Prosperity) und ungleicher Zugang zu grundlegenden
   Ressourcen

Die wachsende »interkulturelle« Gemeinschaft im Raum der Kirchen sieht sich
in vielen »westlichen« Gesellschaften mit einer Situation des Wohlstands und
des Überflusses konfrontiert. Dieser Wohlstand könnte im Blick auf die verschiedene soziale, »ethnische« und migrationssoziologische Herkunft der Menschen nicht ungleicher verteilt sein. Das wirtschaftliche Ungleichgewicht prägt
folglich wesentlich auch das Gegenüber von einheimischen und »migrantischen« Kirchengemeinden und Glaubensgeschwistern in den westlichen Gesellschaften, sowohl im Blick auf die finanziellen Möglichkeiten der Einzelnen
als auch der Gemeinden als Ganzen und deren wirtschaftlicher und organisatorischer Stabilität. Protestantinnen und Protestanten europäischer Prägung
sprechen in Raum der Gemeinde ungern über Geld und Gott in einem Atemzug, denn Geld erscheint ihnen in der Situation der Möglichkeit des jederzeiti-
gen Rückgriffs auf gesellschaftliche Absicherung eher als eine Verwaltungsan-
gelegenheit denn als eine theologische Herausforderung. In der »interkulturellen« Begegnung mit Geschwistern, die diese Rückgriffsmöglichkeiten seltener
haben, erscheint der Wohlstand daher als einseitiges gesellschaftliches Privileg. Doch die Kirche ist theologisch nicht der Ort des Besitzes und der finanziellen Sicherheit, sondern der Abhängigkeit von Gott. Als auf Gott Angewiesene
beten die Glaubenden gemeinsam »Unser täglich Brot gib uns heute« – das
schließt zwei Perspektivwechsel ein: Das Brot ist ein gemeinsames, es steht allen gemeinsam zu. Und an den nächsten Tag ist in dieser Angewiesenheit auf
Gott noch gar nicht zu denken. Gemeinsam ist die Kirche von Jesus Christus
zur Armut berufen, um in ihm ihre Fülle zu finden. Erst die Solidarität der Armut, aber mindestens des geteilten Wohlstandes ermöglicht der »interkulturellen« Gemeinschaft der Kirche miteinander und auf Augenhöhe am Tisch des
Herrn zu sitzen.

d) »Rassismus«, Sexismus und Elitarismus als ein Gift, von dem auch die
   Kirche durchdrungen ist

Die »interkulturelle« Gemeinschaft im Raum der Kirchen findet sich soziologisch auch in einem Raum wieder, in dem »Rassismus«, Sexismus und Elitarismus das Miteinander über Jahrhunderte vergiftet haben. Die Lüge des »Rassismus« hat die Wahrnehmung, die Sprache, die gesellschaftlichen Narrative
und den politischen Diskurs nachhaltig geprägt. Ähnliches lässt sich für die
Machtasymmetrien des Sexismus festhalten. Doch die Befreiungsbewegung
der Frauen hat längst verdeutlicht, dass das Ziel einer solchen Bewegung der
Befreiung von Frauen nicht die Erlangung der Augenhöhe in einer »männlichen« Welt sein kann. Es muss vielmehr die neue gesamtgesellschaftliche
Wahrnehmung und Anerkennung einer größeren und grundlegenderen Diversität sein. Daher kann sich auch die Überwindung des »Rassismus« nicht mit
einer wohlmeinenden Integration oder Gleichberechtigung in einer »weißen«
Welt zufriedengeben und muss daher gegenwärtig mit Nachdruck auch nach

einer Umkehr der »Weißen« von der Behauptung und Verteidigung einer »weißen« Normalität und Normativität fragen. Der Elitarismus wiederum drückt eine innergesellschaftliche Spaltung aus, die zunächst harmloser als »Rassismus« und »Sexismus« zu sein scheint. Doch sie wird vermutlich auch deswegen nicht pointiert thematisiert, da die Wortführenden in den verschiedenen gesellschaftlichen und akademischen Diskursen selbst von der Unterscheidung einer gesellschaftlichen Elite gegenüber der Masse der Bevölkerung profitieren, nicht zuletzt in der Form besonderer gesellschaftlicher Anerkennung und finanzieller Sicherheit. Die Kirche hat dieses Gift des »Rassismus«, des Sexismus und des Elitarismus geschichtlich auf vielfache Weise in sich aufgenommen und nicht selten theologisch legitimiert. Sie ist daher neu auf den schonungslosen Blick, auf Umkehr und auf eine göttliche Erneuerung ihres Sinnes angewiesen. Die gemeinsame »interkulturelle« Gemeinschaft vor dem Angesicht Gottes ermöglicht in solcher Gefangenschaft einen Perspektivwechsel der Befreiung. Als »interkulturelle« Gemeinde bringt sie vor Gott auch ihre »Gebundenheiten«[34]. Sie lebt aus der Freude daran, dass das Gift menschlicher Machtideologien sie nicht zerstören kann und so ist sie dankbar für jeden schmerzhaften Lernschritt. Erst der lange und ehrliche gemeinsame Weg wird ihre Befreiung schmerzhaft und fruchtbar zugleich zutage fördern.

D.2 Komplementäres Spannungsfeld alternativer und zeichenhafter Gemeinschaftsformen »interkultureller« Kirche

Der dargestellte Perspektivwechsel auf die Differenzerfahrungen soziologischer Dispositive verlangt in der Kirche nicht allein nach dem neuen theologischen Blick, sondern auch nach der neuen menschlichen Tat einer umkehrenden Gemeinschaft und der sichtbaren und zeichenhaften Darstellung einer sozialen Alternative. So kommen abschließend vier Gemeinschaftsformen »interkultureller« Kirche und Gemeinde in den Blick, die einander als alternative und zeichenhafte Realitäten einer neuen lokalen Katholizität komplementieren. Der Begriff der »Gemeinschaft« wird hier nicht als romantische oder eskapistische Alternative zum Begriff der Gemeinde oder der Kirche genutzt, sondern als deren grundlegende Bestimmung im Apostolikum als »Gemeinschaft der Heiligen«. Insbesondere die »interkulturelle« Gemeinschaft der Kirche in der gegenwärtigen glokalen Herausforderung bedarf neuer Sozialgestalten und der großzügigen Zulassung neuer Erfahrungen dessen, wie sich Gemeinde als Gemeinschaft in Christus ereignen kann, denn die überkommenen Gemeinschaftsgestalten erscheinen selbst in einem hohen Maß als kulturell einseitig und voreingenommen.

---

[34] Mit diesem Begriff wird hier bewusst eine Terminologie aus dem Dialog mit pentekostaler Theologie aufgenommen, die der Möglichkeit eines »Gebunden-Seins« durch teuflische oder dämonische Mächte und der Befreiung von diesen durch Jesus Christus einen großen Raum gibt.

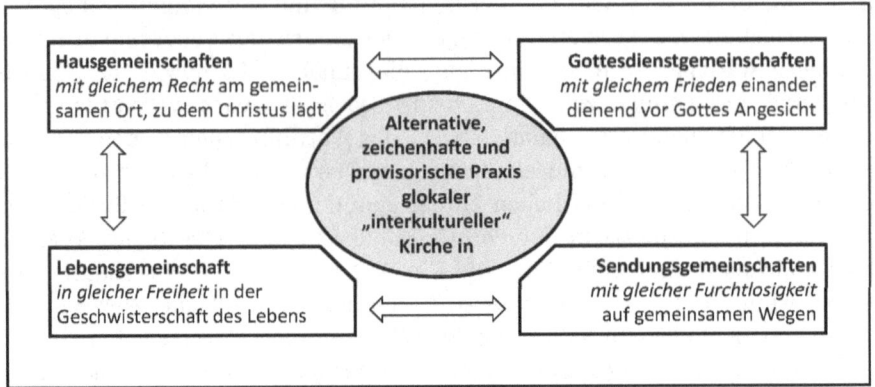

Schaubild: Komplementäres Spannungsfeld alternativer und zeichenhafter
Gemeinschaftsformen „interkultureller" Kirche

a) Hausgemeinschaften

Die häufigste Form »interkultureller« Gemeinschaft in der Kirche ist gegenwärtig die »Hausgemeinschaft« von Gemeinden verschiedener kultureller und konfessioneller Prägung an einem gemeinsamen Ort. In diesen kirchlichen Hausgemeinschaften sollten die verschiedenen Geschwister *mit gleichem Recht*
zuhause sein, unabhängig vom Ort ihrer Herkunft oder ihrem gesellschaftlichen Status. Denn Kirchengebäude gehören nicht den einen oder den anderen,
nicht einer bestimmten Herkunft, sondern sind – ekklesiologisch gesprochen –
Herbergen Christi auf dem gemeinsamen Weg der Hoffnung.[35] »In unseren Kirchengebäuden kehren die verschiedenen Geschwister gemeinsam bei Jesus
Christus ein.« Dieser Satz würde sich als Präambel für jeden Mietvertrag zwischen »einheimischen« und »internationalen« Gemeinden eignen. Es ist absehbar, dass dies in der Praxis mit organisatorischen Schwierigkeiten, diffizilen
juristischen Komplikationen und mancherlei Haftungsfragen verbunden ist.
Doch der Perspektivwechsel der Gerechtigkeit und der Umkehr ermutigt zu
fragen: Wozu will Christus seine Kirche befreien? Was geschieht, wenn Christus die Häuser seiner Kirche neu zu seinen Herbergen auf dem gemeinsamen
Weg macht?

b) Gottesdienstgemeinschaften

In gemeinsamen »interkulturellen« Gottesdiensten stehen Christinnen und
Christen verschiedener kultureller und konfessioneller Prägung *mit gleichem
Frieden* vor dem Angesicht Gottes. Sie werden gemeinsam überrascht von der
Gegenwart Christi im Anderen. Sie dienen einander mit den Gaben und Beson-
derheiten, die der Geist ihnen schenkt. Sie bekehren nicht einander, sondern

---

[35]   Vgl. zum Terminus JAN HENDRIKS/KLAUS BLÖMER/JENS HAASEN, Gemeinde als Her-
berge. Kirche im 21. Jahrhundert. Eine konkrete Utopie, Gütersloh 2001.

Christus bekehrt sie *zu*einander. Sie schützen einander vor dem, was den Anderen am Eigenen überfordern könnte. Sie machen aus den Spannungen, die sie in der Gemeinschaft erleben, ihre stillen Gebete und bewegen sie vor Gott, bis daraus neue Freiheiten werden. Sie treten füreinander vor Gott ein – auch im Gottesdienst des Alltags. So wird der Gottesdienst zum Ausgangspunkt geteilter Privilegien und gerechten Wohlstands. Sie erleben die Gegenwart Gottes in ihren grenzüberschreitenden Gemeinschaften als eine Befreiung aus Enge und dem, was die Wahrnehmung des Anderen so lange vergiftet hat.

c) Sendungsgemeinschaften

Die neu entstehende »interkulturelle« Gemeinschaft von Christinnen und Christen ist in der gegenwärtigen glokalen Herausforderung nicht nur zu neuen Strukturen und neuen gottesdienstlichen Formen herausgefordert, sondern auch zu neuen gemeinsamen Wegen. Die verschiedenen Christinnen und Christen sind nicht nur gemeinsam Kirche in einem Haus, sondern als eine Gemeinschaft in der Nachfolge Jesu zuerst gemeinsame Kirche auf dem Weg. So leben sie miteinander auch in Sendungsgemeinschaften. Möglicherweise gelingt ihnen dies sogar besser als ihre Haus- und Gottesdienstgemeinschaften, da in jenen Orten der klassischen Beheimatung die kulturelle Komplexität wohl häufiger als trennende Differenz erfahren wird. Auf gemeinsamen Wegen sind die verschiedenen Geschwister miteinander unterwegs als Botschafterinnen und Botschafter des Evangeliums. Gemeinsam sind sie Diakoninnen und Diakone für die, die in der Gesellschaft auf Solidarität angewiesen sind. Gemeinsam sind sie Kämpferinnen und Kämpfer, Prophetinnen und Propheten und Vorbilder der Buße im Kampf gegen »Rassismus« und Sexismus. Für diesen gemeinsamen Weg verlassen sie ihre Komfort-Zonen und ihre Selbstsicherheit. Stattdessen gewinnen sie einander als Schutzraum auf dem gemeinsamen Weg. Sie fürchten sich, aber einander stärkend, einander segnend und füreinander eintretend gehen sie *mit gleicher Furchtlosigkeit* in die Weite, in die der Geist sie führt.

d) Lebensgemeinschaft

In »interkultureller« Lebensgemeinschaft begegnen die verschiedenen Christinnen und Christen einander als Geschwister *in gleicher Freiheit*. Denn sie sind nicht nur Christinnen und Christen. Sie leben nicht nur in ihren Kirchen und Gemeinden. Sie sind nicht ständig in ihren Gottesdiensten und nicht durchgehend in ihren geistlichen Ämtern. Sie sind zuerst Menschen mit ihren Bedürfnissen, ihren sozialen Beziehungen und ihren Tätigkeiten. Wenn ihre »interkulturelle« Gemeinschaft diese Wirklichkeit ausblendet, bleiben sie trotz aller Annäherung getrennt. In Jesus Christus entdecken sie einander als Geschwister, die sich nicht kannten und doch lange vermisst haben. Sie sind berufen zum geschwisterlichen und mitmenschlichen Leben an jedem Tag. Ihre geschwisterliche Lebensgemeinschaft im Alltag sprengt auch die Grenzen der christlichen und kirchlichen Gemeinschaft und weitet sie zur menschheitlichen Geschwisterschaft und zur geschwisterlichen Schöpfungsgemeinschaft. Für ihre grenzüberwindende Lebensgemeinschaft gilt der Satz: »Was dich betrifft, betrifft auch mich.«

Die Kirche wird das Reich Gottes auch in ihren »interkulturellen« Gemeinschaften nicht vorzeitig realisieren, und dennoch kommt dieses Reich schon zeichenhaft in jenen Gemeinschaften zur Darstellung. Dort, wo die verschiedenen Geschwister *mit gleichem Recht, mit gleichem Frieden, mit gleicher Furchtlosigkeit und in gleicher Freiheit* gemeinsam vor dem Angesicht Gottes stehen und in seiner Gegenwart leben.

Claudia Hoffmann

BEZIEHUNGSDYNAMIKEN IN SCHWEIZER MIGRATIONSKIRCHEN[1]

Das für drei Jahre angelegte Forschungsprojekt (Mai 2017 bis April 2020) mit dem Titel »Migrationskirchen in der Schweiz: Interkulturell-theologische Profile und ökumenische Perspektiven« untersucht Theologien in Migrationskirchen im Kanton Aargau und soll insbesondere zeigen, wie sich Beziehungen zwischen diesen neuen christlichen Gruppierungen und der kirchlichen Mehrheitsgesellschaft entwickeln. Ziel dieses Forschungsprojektes, das von der Reformierten Landeskirche Aargau mitfinanziert wird, ist es, das Verständnis für die je verschiedenen Kulturen und Theologien zu fördern.[2] Der hier folgende Beitrag möchte sich einem Teil aus dem Forschungsprojekt zuwenden. Er wird der Frage nach lokalen ökumenischen Beziehungen vertieft nachgehen, indem die Art und Weise und die Gründe für eine Zusammenarbeit zwischen Migrationskirchen und anderen Kirchgemeinden in drei Kleinstädten ausgewertet werden. Modelle der Zusammenarbeit werden gezeigt, mit denen die lokale Migrationsökumene[3] gefasst und analysiert werden kann.

---

[1]   Eine ausführliche Fassung dieses Beitrages in: CLAUDIA HOFFMANN, Migration und Kirche. Interkulturelle Lernfelder und Fallbeispiele aus der Schweiz, Zürich 2021.

[2]   Vorlage zum Traktandum Forschungsprojekt Migrationskirchen in der Schweiz, Synode Reformierte Landeskirche Aargau, 1.6.2016.

[3]   Ich beziehe mich mit dem Begriff der Migrationsökumene auf MORITZ FISCHER, Typologisierung »Neuerer Migrationskirchen« als Aufgabe der Interkulturellen Theologie, in: Interkulturelle Theologie 37 (2011), 185-203, 202. Der Begriff wird hier nicht weiter ausgeführt. Heuser meint damit einen Dritten Raum (Homi K. Bhabha), in dem herkömmliche Muster ökumenischer Zusammenarbeit verändert werden. Vgl. ANDREAS HEUSER, »Umkehrmission«. Vom Abgesang eines Mythos im Treppenhaus migratorischer Ökumene, in: Interkulturelle Theologie 42 (2016), 25-54, 48f.

1. Der Begriff Migrationskirche

Sowohl im akademischen als auch im gesellschaftlichen Sprachgebrauch hat sich der Begriff Migrationskirche (oder Migrationsgemeinde in katholischer Nomenklatur) eingebürgert, um das Phänomen von zugewanderten Christinnen und Christen zu beschreiben, die in der neuen Heimat gemeinsam Gottesdienste feiern und Bibelgruppen und Kirchen gründen.

Obwohl Migrationskirche ein problematischer Begriff ist – es handelt sich dabei um eine Fremdbezeichnung, die zudem Prozesse eines sog. *Othering* fördern – halte ich es für angebracht, ihn zu benutzen. Erstens weil wir keinen besseren Begriff haben, mit dem wir die unterschiedlichen Erfahrungen und Verständnisse dieses Phänomens fassen können, alle anderen in der Diskussion verwendeten Begriffe bringen wieder ganz eigene Schwierigkeiten mit sich.[4]

Zweitens unterstreicht dieser Begriff zwei wichtige Charakteristika: Migration und Kirche. Migrationserfahrungen prägen die Lieder und Gebete, die Predigten in den Kirchen, die als Resultat von Migrationsprozessen in der Schweiz in einem neuen Kontext entstanden sind. Ohne den Begriff Migration im Namen würden wir ein wesentliches Charakteristikum solcher Kirchen verlieren. Ebenfalls könnte die gesellschaftspolitische Verortung solcher kirchlichen Phänomene nicht mehr präzise diskutiert werden, Fragen der Integration oder Assimilation und Fragen der Handlungsmacht könnten weniger direkt angesprochen werden, wenn der Begriff Migration in der Bezeichnung des Phänomens fallen gelassen würde. Nicht zuletzt hat der Begriff Migration auch eine theologische Spitze: er bezieht sich insbesondere auf die alttestamentlichen Teile der Bibel, die über das migrierende Gottesvolk nachdenken. Sogenannte Migrationskirchen können uns also auch daran erinnern, dass Migration ein wichtiges Wesensmerkmal der gesamten Christenheit ist. Der zweite Teil des Begriffs Migrationskirche trägt dem Umstand Rechnung, dass alle diese christlichen Gemeinden, Gruppen, Kirchen zur Weltchristenheit gehören und sich selbst als Kirche verstehen, sei dies als Gemeinde einer Kirche oder als eigenständige Kirche, und nicht als ein Kulturverein, der lediglich Traditionen aus dem Herkunftsland pflegt.

Ich wende den Begriff Migrationskirchen auf Gruppen an, die sich selber als Kirche oder Gemeinde verstehen und die zu einem großen Teil von Menschen mit einem Migrationhintergrund aus dem globalen Süden gegründet, geleitet und besucht werden.[5]

---

[4]　Vgl. die übersichtliche Darstellung verschiedener Begriffe bei CLAUDIA WÄHRISCH-OBLAU, The Missionary Self-Perception of Pentecostal/Charismatic Church Leaders from the Global South in Europe. Bringing back the Gospel, Global pentecostal and charismatic studies 2, Leiden 2009, 33-36.

[5]　Dazu die Beiträge von Gregor Etzelmüller und Alexander Kenneth-Nagel in diesem Band, die ähnlich votieren. Zum Vergleich auch der Beitrag von Bendix Balke. Hier

2. Forschungsdesign und Sample

Zur Beantwortung der unterschiedlichen Fragen in diesem Forschungsprojekt wurde eine qualitativ-empirische Studie durchgeführt.[6] Die Datenerhebung besteht aus Leitfadeninterviews und teilnehmender Beobachtung.

Bei den Leitfadeninterviews handelt es sich um fokussierte Interviews, die mit einem Anfangsimpuls arbeiten, die den Fokus des Gespräches vorgeben.[7] Die Interviews wurden auf Deutsch, Französisch oder Englisch geführt. Vor allem bei den Interviews auf Deutsch stellte die Sprache ein Hindernis für den Redefluss dar, da viele meiner Interviewpartner[8] (noch) nicht fließend Deutsch sprachen. Deshalb war es überaus wichtig, dass ich einfache und kurze Fragen stellte. Diese fokussierten Interviews waren fast ausschließlich Experteninterviews, da meine Interviewpartner Kirchenleitende waren, Experten und Repräsentanten ihrer Kirchen. Das Setting war für das Gelingen der Interviews von großer Bedeutung. Hier ist vor allem auch die Rolle der Interviewführerin zu bedenken. Ich kam nicht nur als Forscherin der Theologischen Fakultät zum Interview, sondern auch als Mit-Christin, sogar als ordinierte Pfarrerin der reformierten Kirche. Diese Rolle war nicht nur türöffnend, sondern verhalf auch dazu, dass es mir gelang, während den Interviews eine Atmosphäre zu schaffen, in der sich meine Interviewpartner wohl, sich nicht an Prüfungen oder Interviews im Asylverfahren erinnert fühlten. Ich ließ die Interviewpartner Ort und Zeit des Interviews bestimmen, ich betete mit, wenn vor und nach dem Interview dazu aufgefordert wurde, ich beantwortete auch Fragen zu meiner Person.

---

wird die von der EKD in jüngster Zeit priorisierte Bezeichnung Internationale Gemeinden stark gemacht. Deutlich wird: die Bezeichnung von Gemeinden, die mit Migration in Zusammenhang stehen, ist komplex und fluide. Es gibt gute Gründe den Begriff Migrationskirche beizubehalten (wie oben beschrieben) und nicht den sehr allgemeinen Begriff Internationale Gemeinden zu verwenden. Es gibt aber auch gute Gründe, den Begriff Internationale Gemeinden zu verwenden, allen voran das Argument der Selbstbezeichnung. Viele der betroffenen Gemeinden bezeichnen sich selbst als Internationale Gemeinden.

[6] Vgl. zur Bedeutung von qualitativer Forschung Ernst Kardorff, Einleitung, in: Uwe Flick u.a. (Hrsg.), Handbuch qualitative Sozialforschung. Grundlagen, Konzepte, Methoden und Anwendungen, München [2]2012, 3-10.

[7] Kurze Informationen, was Leitfadeninterviews sind, und wie man sie in der theologischen Forschung anwenden kann, finden sich bei Kerstin Söderblom, Leitfadeninterviews, in: Astrid Dinter/Hans-Günter Heimbrock/Kerstin Söderblom (Hrsg.), Einführung in die Empirische Theologie. Gelebte Religion erforschen, Göttingen 2007, 254-269. Weiterführende Literaturhinweise zu Leitfadeninterviews: Uwe Flick, Qualitative Sozialforschung. Eine Einführung, Reinbek bei Hamburg [2]2009, 194-226.

[8] Ich hatte von insgesamt 16 Personen nur drei Interviewpartnerinnen. Dies lässt den Schluss zu, dass Kirchenleitende oder Funktionsträger in Migrationskirchen selten Frauen sind. Diesen Umstand verfolge ich in meiner Forschung nicht weiter, er kann aber für weitere Forschungen interessant sein.

Die zweite Methode zur Erhebung meiner Daten stellt die teilnehmende Beobachtung dar. An unterschiedlichen Gottesdiensten in verschiedenen Kirchen und Gemeinden richtete ich mein Augenmerk nicht nur auf Sprache und Inhalte, sondern andere Zugänge wurden wichtig: die Atmosphäre im Raum, Bilder, Musik und Geräusche, die verschiedenen Handlungen. Dabei habe ich versucht, mich an vier Maximen zu halten: Das Feld durch meine Anwesenheit möglichst wenig zu verändern, am Gottesdienst wirklich teilzunehmen, Notizen in einem Feldtagebuch festzuhalten und die Beobachtung mit einem reflektierten Forschungsbericht abzuschließen.[9] Der Zugang zum Feld, zu den Gottesdiensten, spielte dabei eine besonders große Rolle. Ohne sogenannte Türöffner, Türsteher oder Sponsoren, die mir nicht nur den Zugang gewährten, sondern auch Interviewpartner waren und weitere Interviews ermöglichten, wäre eine erfolgreiche Erforschung der Kirchen und Gemeinden unmöglich.[10] Die Notizen der Forscherin sind in der Feldforschung von großer Bedeutung, durch solche Texte wird Wirklichkeit hergestellt. Es ist wichtig, dass diese Notizen unmittelbar nach dem Feldkontakt gemacht werden, damit Wesentliches nicht verloren geht. Eine so hergestellte Wirklichkeit ist geprägt von der selektiven Wahrnehmung der Forscherin. Um diese Selektivität zu relativieren, habe ich das Beobachtete und meine dabei erlebten Gefühle in den Notizen durch Verwendung von zwei verschiedenen Farben voneinander getrennt.[11]

Über die Datenerhebung wird in der empirisch-theologischen Forschung viel Auskunft gegeben. Auch werden die Schwierigkeiten dabei benannt und nach kreativen Lösungen gesucht. Mit der Frage der Datenauswertung wird aber viel unkritischer umgegangen. Nicht selten werden über die Datenauswertung nur wenige Worte verloren, die Probleme werden nicht benannt. Deshalb soll in diesem Beitrag die Frage der Datenauswertung etwas breiteren Raum einnehmen.

Die Interviews wurden zuerst in drei Schritten erschlossen und dann analysiert. Zuerst wurden sie in der Sprache, in der sie geführt wurden, transkribiert, d.h. Wort für Wort abgetippt, dann Zeile für Zeile durchgelesen, wobei mit Blick auf die Fragestellung relevante Textstellen markiert werden. Dieser zweite

---

[9] Vgl. CHRISTOPHER P. SCHOLTZ, Teilnehmende Beobachtung, in: ASTRID DINTER u.a. (Hrsg.), Einführung in die Empirische Theologie. Gelebte Religion erforschen, Göttingen 2007, 214–226, 215; vgl. auch BETTINA E. SCHMIDT, Einführung in die Religionsethnologie. Ideen und Konzepte, Berlin 2008, 61–78.
[10] Vgl. zur Funktion eines Türöffners THEO SUNDERMEIER, Den Fremden verstehen. Eine praktische Hermeneutik, Göttingen 1996, 99.224; Hubert Knoblauch, Qualitative Religionsforschung. Religionsethnographie in der eigenen Gesellschaft, Paderborn 2003, 82f.
[11] Eine ausführliche und differenzierte Anleitung zum Verfassen von Feldnotizen bietet ROBERT M. EMERSON u.a. (Hrsg.), Writing Ethnographic Fieldnotes, Chicago ²2011, 21–128. Eine kurze Einführung bietet FLICK, Sozialforschung (s. Anm. 6), 374–378.

Schritt im Analyseprozess stellte die »initiierende Textarbeit«[12] dar. Sie war insbesondere wichtig, da ich die Interviews nicht selbst transkribierte. Auffälligkeiten, spannende Textstellen und wichtige Fakten wurden in Memos festgehalten. Der dritte Schritt war das eigentliche Codieren. Das geschah einerseits durch ein im Vorfeld erstelltes Codegerüst, andererseits wurden auch induktiv Kategorien gebildet. Diese drei Schritte bildeten die Vorarbeit zur eigentlichen Analyse. Die eigentliche Analyse der so aufbereiteten Daten folgte erst jetzt. Ziel der Kodierung und Kategorisierung der Daten war es, relevante Passagen und Textteile zu identifizieren und sie entlang von bestimmten Kategorien zu benennen und zu gruppieren.[13] Abschließend wurden die Erkenntnisse in Fall- oder Themenzusammenfassungen gebündelt.

Die Datenauswertung war inhaltsanalytisch orientiert. Ich lehnte mich bei meiner Analysemethode an die von Mayring vorgeschlagene qualitative Inhaltsanalyse an.[14] Mit einer qualitativen Inhaltsanalyse wird der vorhandene Inhalt verdichtet und strukturiert, dann wird das Material zusammengefasst oder auf Besonderheiten, Zusammenhänge und auf Unterschiede hin untersucht. Das umfangreiche Material wurde mithilfe von induktiven Codes kategorisiert, um verschiedene Klassifizierungen von Theologie sichtbar zu machen. Dann nahm ich eine strukturierende Inhaltsanalyse vor, die deduktiv mit einem im Vorfeld erstellten Kodierleitfaden arbeitet, den ich aus Hypothesen in der Forschungsliteratur und Themen aus dem Interviewleitfaden erstellt habe.[15] Dem deduktiven Kodieren wurde nicht nur ein induktives Kodieren vorgeschaltet, sondern der ganze Kodierprozess startet mit der initiierenden Textarbeit, einem offenen-interpretativen Verfahren, um zu verhindern, dass einfach eine Reifikation bereits bekannter Konzepte entsteht.

3. Das Forschungsgebiet in seiner Verfasstheit

Die qualitativ-empirische Forschung wurde im Kanton Aargau durchgeführt. Der Aargau ist im Norden der Deutschschweiz gelegen und für die Schweiz repräsentativ: Im Aargau gibt es Kleinstädte und ländlich gelegene Dörfer, Industrie und Landwirtschaft. Die religiöse Verteilung spiegelt die nationale Verteilung wider. Die Situation der römisch-katholischen Kirche ist relativ stabil geblieben in den vergangenen 40 Jahren, Mitgliederzahlen in der evangelisch-reformierten Landeskirche aber haben stark abgenommen. Dies ist einerseits

---

[12] UDO KUCKARTZ, Qualitative Inhaltsanalyse. Methoden, Praxis, Computerunterstützung, Grundlagentexte Methoden, Weinheim-Basel ³2016, 56.

[13] Vgl. FLICK, Sozialforschung (s. Anm. 6), 369.

[14] Vgl. PHILIPP MAYRING, Qualitative Inhaltsanalyse. Grundlagen und Techniken, Weinheim ¹²2015.

[15] Vgl. a.a.O., 97-109.

als eine Folge von Säkularisierungsprozessen zu deuten, die in einer Abkehr von institutionalisierten Formen von Religion mündet, andererseits hat diese Entwicklung auch viel mit Migrationsbewegungen zu tun. Religionen pluralisieren sich und das Christentum diversifiziert sich.[16] Die Studie fokussiert mit dem Kanton Aargau eine nicht-urbanisierte Gegend. Dies scheint im Vergleich zu anderen Studien in der Migrationskirchenforschung ein Novum zu sein. Untersuchungen richten sich sonst meist auf Großstädte.

Im Kanton Aargau wurden 23 Migrationskirchen gefunden, zehn davon lassen sich zur evangelischen Familie rechnen, bei neun handelt es sich um katholische Migrationsgemeinden, sogenannten Missionen oder anderssprachigen Seelsorge, vier gehören zur Familie der orthodoxen Christenheit. Die vorliegende Studie hat sich nun mit sechs außereuropäischen evangelischen Kirchen und zwei eritreisch-orthodoxen Gemeinden befasst, die mit einer evangelisch-reformierten Gemeinde in einer Beziehung stehen.

4. Beziehungsmodelle

Migrationskirchen sind Akteurinnen, nicht einfach Empfängerinnen von diakonischen Leistungen, deshalb halte ich die Fragen nach den gelebten, ökumenischen Beziehungen in der Migrationskirchenforschung für zentral.[17] Die Auswertung des deduktiven Codes »Zusammenarbeit mit Gemeinden vor Ort« hat im Ergebnis vier unterschiedliche Beziehungsmodelle hervorgebracht. Es sind dies das Vermietungsmodell, das Kooperationsmodell, das Integrationsmodell und das Partnerschaftsmodell.[18] Die codierten Passagen tauchen im Interview in der Regel dann auf, wenn ich nach Zusammenarbeit gefragt habe. Auffallend ist aber auch, dass in den Abschnitten der Interviews, wo die Interviewpartner die Entstehungsgeschichte ihrer Kirchen ausgeführt haben, öfter auch von Beziehungen zu lokalen Gemeinden die Rede war. Ebenfalls war die Zusammenarbeit teilweise ein Thema, wenn ich nach Auftrag und Angebot der Kirche gefragt habe oder bei der Frage, wer ihre Kirche besucht. In einem Interview kam das Thema der Zusammenarbeit vor allem bei der Frage nach den finanziellen Möglichkeiten der Kirche vor. Diese kurze Aufzählung, wann über Beziehungen und Zusammenarbeit gesprochen wird, lässt bereits einen ersten Schluss zu: Beziehungen zu lokalen Gemeinden sind für Migrationskirchen meist von Beginn an prägend und gestalten auch ihre Entstehung mit.

---

[16] Vgl. BUNDESAMT FÜR STATISTIK, Religionen unter www.bfs.admin.ch/bfs/de/home/statistiken/bevoelkerung/sprachen-religionen/religionen.html [Aufruf: 11.12.2020].

[17] Vgl. zu den ökumenischen Beziehungen, in denen Migrationskirchen stehen, auch den Beitrag von Regina Polak und die Einleitung zum 3. Teil dieses Bandes.

[18] Die Namen für die Modelle haben sich aus den Codes bei der Interviewauswertung ergeben.

Im Folgenden werden in einem ersten Schritt die vorgefundenen Beziehungskonstellationen und Beziehungsinhalte vorgestellt.[19] Um in einem zweiten Schritt dann Beziehungsmodelle abzuleiten, ist es wichtig, die Eigenschaften der Beziehungen genau zu kennen. Wer tritt mit wem in Beziehung? Warum? Was wird in diesen Beziehungen verhandelt? Die Beziehungsmodelle, die sich aus dieser Eigenschaftsanalyse ergeben, werden dann jeweils für sich beschrieben und mit Blick auf ihre Stärken und Schwächen diskutiert.

4.1 Beziehungskonstellationen und Beziehungsinhalte

Die formalen Eigenschaften der von mir untersuchten Beziehungen lassen sich anhand dessen beschreiben, wer mit wem in Beziehung tritt. Sind es Einzelpersonen oder sind es Gruppen? Und in welchem religiösen Kontext finden diese Beziehungen statt? Der Fokus meiner Untersuchung liegt auf Beziehungen zwischen Migrationskirchen und einheimischen Kirchen, zwischen einzelnen Gemeinden und größeren Zusammenschlüssen, also auf Beziehungen zwischen Gruppen. Die von mir untersuchten Beziehungen gestalten sich in einem christlichen Kontext aus, meist innerhalb der gleichen Konfession oder in einem ähnlichen Frömmigkeitssetting. Nur wenige Beziehungen stellen Beziehungen zwischen verschiedenen Konfessionen dar.

Zentral für meine Frage nach den Beziehungen sind aber nicht nur die formalen Kriterien, sondern vor allem auch die Inhalte der vorgefundenen Beziehungen. Wie treten die verschiedenen Gruppen miteinander in Beziehung? Was tauschen sie aus? Was sind gemeinsame Themen zwischen den Gruppen? Es lassen sich vier Inhalte ausmachen, die in jeder Beziehung da sind, aber in unterschiedlichen Abstufungen auftreten.[20] Es geht in allen Beziehungen erstens um eine Form von Kontaktpflege. Das Interesse für das jeweilige Gegenüber kann unterschiedlich ausgeprägt sein, ebenso der Grad des Vertrauens und des Vertrauensaufbaus. Zweitens geht es um einen materiellen Austausch, der sehr unterschiedlich ausgestaltet wird. Eine gemeinsame Raumnutzung für Gottesdienste bedeutet eine Form des materiellen Austausches, der einen Geldtransfer von der einen auf die andere Seite umfasst. Unter das Stichwort des materiellen Austausches fallen auch Spenden und gemeinsam finanzierte Projekte, aber auch

---

[19]   Ich lehne mich damit an den Vorschlag von Nagel an, der im Rahmen der NRW-Nachwuchsforschergruppe »Religion vernetzt« mithilfe einer Netzwerkanalyse soziale Wirklichkeit von Migrationskirchen durch Beziehungen beschreibt. Die Knoten in einem solchen Netzwerk stehen für die Akteure, die Kanten für Inhalte, Richtung und Intensität der Beziehungen. Vgl. ALEXANDER-KENNETH NAGEL, Religiöse Netzwerke. Die zivilgesellschaftlichen Potentiale religiöser Migrantengemeinden, in: DERS. (Hrsg.), Religiöse Netzwerke. Die zivilgesellschaftlichen Potentiale religiöser Migrantengemeinden, Kultur und soziale Praxis, Bielefeld 2015, 11-35, 21-27.

[20]   Die folgenden Beziehungsinhalte habe ich in Anlehnung an Nagel formuliert, vgl. a.a.O., 24f.

das Finanzierungssystem von Gemeinden. Die dritte Gruppe von Beziehungsinhalten umfasst jeglichen spirituellen Austausch, seien dies Gebete, Gottesdienste, Seelsorge oder Evangelisationen. Die vierte Art von Beziehungsinhalten lässt sich mit Öffentlichkeit überschreiben. Beziehungen können auf eine öffentliche Wirksamkeit hinzielen, auf eine Möglichkeit ein gemeinsames Forum zu haben oder darauf, gemeinsam etwas zu erreichen.

Während es in allen gelebten Beziehungen um eine Art Kontaktpflege und auch um einen materiellen Austausch geht, findet sich die Dimension des spirituellen Austausches und der Öffentlichkeit nur in Einzelfällen oder punktuell. Diese beiden Beziehungsinhalte erfordern ein gegenseitiges Interesse und einen größeren Grad des Vertrauens zwischen den Partnerinnen. Gleichzeitig ist aber auch festzuhalten, dass die Beschreibung der Beziehungsinhalte allein noch nichts über die Intensität einer Beziehung aussagt. Auch eine Beziehung auf der spirituellen Dimension kann sehr oberflächlich bleiben, wenn sich die Partnerinnen dabei nicht wirklich begegnen.

4.2 Vermietungsmodell

Das erste Modell ist das Modell, das zwischen Migrations- und Landeskirchen im Kanton Aargau und darüber hinaus in weiten Teilen der Schweiz üblicherweise gelebt wird. Der Wunsch für eine Zusammenarbeit geht in der Regel von einer Migrationskirche aus, die auf der Suche nach einem geeigneten Gottesdienstort ist. Es geht in dieser Art von Beziehung also vor allem um einen materiellen Austausch. Die Beziehung besteht oft zwischen ungleichen Partnern, die einander über weite Strecken fremd bleiben. Die Kontaktpflege beschränkt sich auf ein Minimum, die sich auf die Art und Weise der Raumnutzung bezieht. Für diese Form von Beziehung sind Regeln nötig, die normalerweise hierarchisch, von der Kirchenpflege der Schweizer Kirche, gesetzt werden. Es bestehen zwischen den Migrationskirchen und den Landeskirchen Mietverträge (oder auch Partnerschaftsverträge genannt), wo die Zeiten für die Raumbenutzung und die Kosten festgelegt werden. Nicht selten wird der Anspruch der vermietenden Kirchgemeinde höher gesetzt als die der mietenden Gemeinde, d.h. wenn die Räume benötigt werden, müssen die Mieter zurücktreten. Reinigung nimmt einen eigenen Punkt im Vertrag ein.[21] Zusammenarbeit bedeutet in dieser Form nicht selten eine relativ große Abhängigkeit und geht wenig über das Raumteilen hinaus, gemeinsame Aktivitäten spiritueller Art sind schwierig auf die Beine zu stellen und werden darüber hinaus von Misstrauen begleitet. Der spirituelle Austausch beschränkt sich auf ganz wenige, meistens

---

[21] Vgl. z.B. den Muster-Mietvertrag der Reformierten Kirche Zürich, Arbeitsgruppe »Migrationskirchen« des Stadtverbands, Mietvertrag, unter www.refbejuso.ch/fileadmin/user_upload/Downloads/OeME_Migration/Migration-Integration/OM_Inhalte_Mietvertrag.pdf [Aufruf: 1.2.2019].

einmalige Erlebnisse im Kirchenjahr oder auf den Kontakt zwischen einzelnen Vertretern der Gemeinden. Inwiefern die Öffentlichkeitswirksamkeit in dieser Form von Beziehungsmodell eine Rolle spielt, ist schwer zu sagen. In der Regel finden die Gastgemeinden, wenn sie lediglich in einem Vermietungsmodell mit der lokalen Gemeinde zusammenarbeiten, nicht einmal Eingang auf deren Website.

Seit wenigen Monaten beherbergt eine reformierte Kirchgemeinde in Stadtnähe eine eritreisch-orthodoxe Kirchgemeinde. Zuständig für die Raumvermietung und -benutzung ist in erster Linie das Sekretariat der Schweizer Kirchgemeinde. Die eritreische Gemeinde hat einen Beauftragten für Öffentlichkeitsarbeit, der gut deutsch spricht und schon einige Jahre in der Schweiz in einem geregelten Aufenthaltsstatus lebt und einer regelmäßigen Arbeit nachgeht. Der Pfarrer der Schweizer Gemeinde hat wenig Zeit, sich vertieft mit der Gastgemeinde auseinanderzusetzen. Wichtig ist für ihn in erster Linie, dass die aufgestellten Bedingungen eingehalten werden.

> »Ja eben. // Wir haben weder Zeit // noch die Energie, noch das Wissen, um uns da groß damit auseinanderzusetzen. Wir haben einfach den Eindruck, diese Leute sind seit einem Jahr da. Sie haben nie Probleme gemacht. Sie halten sich an die Regeln. [...] Sie sind freundlich. Sie bemühen sich um das Einhalten der Termine, ja.« (Interview Daniel & Therese, 2.7.2018, 25)

Eine französisch sprechende afrikanische Gemeinde, die seit rund 30 Jahren in und um eine Kleinstadt existiert und zu den ersten afrikanischen Gemeinden in der Schweiz gehört, hat schon öfters ihre Räumlichkeiten wechseln müssen. Seit dem Jahr 2000 mieten sie sich bei einer baptistischen Gemeinde ein, einer Schweizer Freikirche, die mehrheitlich aus deutschen Zuwanderern besteht. Ihre Beziehung beschränkt sich auf den geteilten Gottesdienstraum und punktuelle Gespräche und Gebete zwischen den Pfarrpersonen. Ein gemeinsam stattfindender Wald-Gottesdienst jeweils im Sommer mit anschließendem Picknick funktioniert in den Augen des kongolesischen Pfarrers nicht optimal.

> »Wir haben es gut / also / wir leben sehr, sehr gut zusammen. Kein Problem, nichts zu klagen. Aber wir merken einfach, wenn wir gemeinsame Aktivitäten haben / es gibt immer einen Teil, der nichts von uns wissen will. Und auch wenn wir, wenn wir unser Essen teilen, unser afrikanisches Essen, dann gibt es einen Teil, die kommen und sagen, ah, das ist gut, das ist gut. Und der andere Teil / der andere Teil, der schmollt.« (Interview Olivier, 16.4.2018, 95, Übersetzung CH).

Das Vermietungsmodell zeichnet sich durch ein Machtgefälle zwischen den Partnern aus und dadurch, dass man dank Regeln gemeinsam unter einem Dach leben kann. Dazu brauchen die beiden (oder in manchen Fällen auch mehrere) Gemeinden nichts oder nicht viel voneinander zu wissen. Die Zusammenarbeit funktioniert auch so. Im Vordergrund steht, dass die Zusammenarbeit möglichst reibungslos klappt und Kirchenräume optimal genutzt werden können.

4.3 Kooperationsmodell

Dieses zweite Modell umfasst Projekt-Beziehungen, die einzelne Gemeinden mit anderen Gemeinden oder Gemeindebünden eingehen. Für gemeinsame Gottesdienste, eine Gebetsnacht oder eine Straßenevangelisation werden geeignete Partnerinnen gesucht, der spirituelle Austausch zwischen Gemeinden steht in dieser Art von Beziehung im Vordergrund. Nicht selten befinden sich die Projektpartnerinnen in einem ähnlichen Frömmigkeitssetting. Das gemeinsam realisierte Projekt, die Kooperation, kann aber auch sozial-diakonisch ausgerichtet oder materieller Natur sein, ein offener Begegnungstreff oder eine Spende zur Überbrückung einer Notlage sind hier Beispiele. Der materielle Austausch spielt in dieser Beziehungsform also ebenfalls eine relativ große Rolle. Die Beziehung kann als spirituelle Bereicherung verstanden werden, aber auch als soziales Engagement, zu dem eine Kirchgemeinde verpflichtet ist. Der Kontakt zwischen Gemeinden wird anhand solcher Projekte aufrechterhalten und immer weiter vertieft. Die öffentliche Wirksamkeit von Straßenevangelisationen und großen Gottesdiensten ist nicht zu unterschätzen und spielt in diesem Beziehungsmodell eine tragende Rolle. Unterschiedliche Gemeinden treten zusammen auf und drücken so ihr Kirchenverständnis aus. Das Kirchenverständnis, das hinter diesem Beziehungsmodell steht, lässt sich mit dem Bild des Leibes Christi umschreiben. Der Leib Christi ist größer als eine Gemeinde. Es gibt in den Gemeinden ein Bewusstsein dafür, dass zum Kirche-Sein mehr dazu gehört als die Gemeinde in den eigenen vier Wänden.

Wie etwa die Hälfte der Pfarrer in evangelischen Migrationskirchen im Kanton Aargau ist auch ein nigerianischer Pfarrer Mitglied bei der lokalen Evangelischen Allianz. Durch diese Mitgliedschaft steht seine international ausgerichtete, englischsprachige Gemeinde in einer Beziehung mit unterschiedlichen, aber theologisch ähnlich ausgerichteten Gemeinden, die regelmäßig, aber punktuell, gemeinsame Aktivitäten unternehmen. Durch gemeinsame Projekte erreichen auch die Migrationskirchen eine größere Menge an Menschen, sie haben so ein größeres Forum.

> »Wir sind Teil der Allianz. So arbeiten wir hier in der Gemeinde zusammen. Als Mitglieder der Allianz arbeiten wir zusammen, legen Geld zusammen jedes Jahr. Und wir haben soziale Verpflichtungen innerhalb der Gemeinde. Wir machen Dinge zusammen, als Kirchen. Wir Leute der Kirchen kommen zusammen. Wir haben mindestens einen Gottesdienst zusammen. Jedes Jahr haben wir zwei gemacht. Zusammen. Und wir machen auch Ausstellungen, um die Gemeinde zu erreichen. Alles das als Mitglied der Allianz.« (Interview Dot, 20.6.2017, 95, Übersetzung CH)

Der Pfarrer der kongolesischen Gemeinde berichtet eindrücklich, wie die Beziehung zur Allianz ihn und seine Gemeinde aus einer finanziellen Notlage befreit hat. Nachdem der Kassier Geld veruntreut hatte, stand die Kirche an einem totalen Tiefpunkt. Die Beziehung zur Allianz war in dieser schwierigen Zeit nicht nur eine seelische Unterstützung für die Gemeinde, sondern auch eine praktische, materielle. Die Schulden der Kirche wurden von der Allianz übernommen.

> »Ja, ja, das hilft uns in dem Sinn/ dass wir nicht allein sind. Und / [...] sie sind / die Allianz ist da, genau dann / sie unterstützen jede Kirche. Wir tragen also jede Kirche in unseren Herzen [...] Wir fanden uns also wirklich/ wir hatten nichts. Und ich habe diese Situation in der Allianz geschildert. [...] Und die Allianz war wirklich da, um uns zu helfen, uns zu beraten, und dann/ bis es wirklich ganz beendet war.« (Interview Olivier, 16.4.2018, 119, Übersetzung CH)

Diese Form der Beziehung lebt davon, dass sie punktuell ist, kurzfristige Projekte angedacht und durchgeführt werden. Danach gehen die Projektpartner wieder auseinander und gehen ihre eigenen Wege. Die Partner für eine solche Projektarbeit werden bewusst ausgesucht, zum Gelingen eines Projektes tragen gemeinsame Grundlagen, wie eine ähnliche Theologie, viel bei.

4.4 Integrationsmodell

Dieses Modell hat mit dem folgenden Partnerschaftsmodell viel Ähnlichkeit. In beiden Modellen leben eine Migrationskirche und eine einheimische Kirche in einer engen Beziehung. Die Gemeinden leben zusammen, was viel mehr umfasst als ein Raum-Teilen wie im Vermietungsmodell. Der Kontakt wird intensiv gepflegt, sich gegenseitig zu vertrauen spielt in diesem Beziehungsmodell eine große Rolle. Es werden Programme gemeinsam gestaltet, das Gemeindeleben und die Finanzen werden geteilt. Der materielle und der spirituelle Austausch werden ebenso gepflegt, wie die öffentliche Wirksamkeit. Auf den Internetseiten der lokalen Kirchgemeinde ist die Website der Partnergemeinde aufgeführt und verlinkt.

Der Unterschied, zwischen dem Integrations- und dem Partnerschaftsmodell besteht darin, dass im Integrationsmodell die Migrationskirche regelrecht in der bestehenden einheimischen Gemeinde aufgeht. So berichtet die Pfarrerin der arabisch sprechenden Gemeinde innerhalb der methodistischen Gemeinde, dass sie in der Schweizer Gemeinde eine neue Heimat gefunden haben, und sie sich aufgehoben fühlen.

> »Sie haben uns total adoptiert. Ich nenne sie bis heute Muttergemeinde. Das finde ich ein sehr schöner Begriff, weil sie umarmen uns richtig so wie eine Mutter.« (Interview Sara, 14.12.2017, 6)

Die Kirchen wollen nicht als eigenständige Gemeinden parallel weiterbeste-
hen, sondern eine Untergemeinde der bestehenden Gemeinde sein, auf der sie
aufbauen können.

> »Wir wollen Wurzeln haben in [der] einheimischen Gemeinde.« (Interview Sara,
> 14.12.2017, 28)

Die eigene Identität wird in diesem Beziehungsmodell gegenüber dem Heimisch-Werden als zweitrangig empfunden. Diese Form von Zusammenarbeit
ermöglicht ein Ankommen in der Fremde, Ziel der Zusammenarbeit ist es, eine
neue Heimat zu finden. Sie ist aber wiederum von einem deutlichen Machtgefälle gekennzeichnet. Die einheimische Kirchgemeinde gibt den Ton an und
setzt die Spielregeln.

4.5 Partnerschaftsmodell

Diese Form von Zusammenarbeit unterscheidet sich von einer einfachen
Raum-Vermietungs-Beziehung, da nicht nur der materielle Austausch gepflegt
wird, sondern alle vier Beziehungsinhalte in gleichem Maße vertreten sind,
wie das auch im Integrationsmodell der Fall ist. Der Unterschied zum Integrationsmodell besteht im Versuch, das Machtgefälle zu überwinden. Dieses Modell der Beziehung stellt eine Partnerschaft zwischen Gleichwertigen dar. Zwei
Gemeinden finden sich, tun sich zusammen und teilen ihre Räume, Programme und Finanzen. Sie bleiben dabei aber autonome Gemeinden. Zusammenarbeit wird als ein Geben und Nehmen verstanden, als ein gegenseitiger Lern-
prozess und sein Gelingen wird als übernatürliches Geschehen verstanden. Die
Beziehungen gestalten sich also sowohl als ein Austausch auf materieller Ebene, als auch als spiritueller Austausch. Strukturelle Lösungen einer Zusammenarbeit können nur auf der Grundlage des gegenseitigen Vertrauens bestehen und wachsen. Deshalb ist es äußerst wichtig, dass der Kontakt vor allem
zwischen den Gemeindeleitenden, aber auch zwischen den Gemeinden insgesamt regelmäßig gepflegt wird. Die Menschen müssen sich kennen und vertrauen, um miteinander eine Partnerschaft eingehen zu können. Diese Art von
Zusammenarbeit zielt darauf, miteinander als Geschwister verbunden zu sein,
die gemeinsam unterwegs sind. Die Partnerschaft wird deutlich öffentlich
sichtbar.

Die eritreische charismatische Gemeinde lebt eine solche Partnerschaft mit
einer Schweizer Freikirche. Der Schweizer Pfarrer streicht das Miteinander in
der Zusammenarbeit zwischen den beiden Gemeinden, das auch öffentlich sein
muss, deutlich hervor.

> »Aber auf der anderen Seite ist uns wichtig, den Öffentlichkeitscharakter und das
> Miteinander auch, den Ausdruck, wir sind miteinander unterwegs, das Feiern, das

gemeinsame Anteilgeben, das ist für uns irgendwie schon wichtig.« (Interview Christoph & David & Susanne, 27.6.2017, 314)

Die persönliche vertrauensvolle Beziehung zwischen den Leitenden der Gemeinden ist für das Gelingen der Zusammenarbeit zentral.

»Ja, wir vertrauen einander. Und wir spüren eben, wie David das gesagt hat, das ist etwas Übernatürliches, wie Gott uns zusammengeführt hat. Wir spüren/ wir gehören zusammen. Ohne jetzt eine Überverantwortung zu haben. [...] Und eigentlich, das Wichtigste war für uns von Anfang an, dass einfach unsere Beziehung funktioniert, deshalb treffen wir uns regelmäßig, beten zusammen. Unternehmen Dinge zusammen. Und eigentlich mein Versuch war auch immer, dass wir auf Führungsebenen guten Austausch haben.« (Interview Christoph & David & Susanne, 27.6.2017, 387)

Dieses Beziehungsmodell ist nicht nur von Langfristigkeit geprägt, sondern setzt Interesse am anderen voraus. Während vor allem das Vermietungsmodell mit wenig oder gar keinem Interesse oder Kenntnis des Partners auskommt, kann eine solche Zusammenarbeit ohne gegenseitiges Interesse nicht zu Stande kommen.

4.6 Analyse der Beziehungsmodelle

In einer kritischen Diskussion der Modelle werden im Folgenden die Stärken und Schwächen jedes Modells benannt. Dadurch kann zum Vorschein treten, wann und warum welches Beziehungsmodell in der Anwendung Sinn macht. Weder die Auflistung, noch die Beschreibung oder die Analyse der Modelle soll aber dazu führen, eines der Beziehungsmodelle in der ökumenischen Zusammenarbeit zu favorisieren. Die folgende Analyse hat zum Ziel, Kirchgemeinden (oder die Partner in solchen Beziehungen) dafür zu sensibilisieren, dass es verschiedene Formen und Modelle der Zusammenarbeit gibt, die ihren je spezifischen Ort und ihre Zeit haben.

Das Vermietungsmodell hat den großen Vorteil, dass es mit wenig Aufwand zu tun ist. Es braucht keine lange Vorlaufzeit, es kann sofort damit begonnen werden, wenn die Parameter klar sind. Beide Seiten müssen wenig in die Zusammenarbeit investieren. Darüber hinaus können leere Kirchengebäude mit neuem Leben gefüllt werden. Selten gehen Menschen aus den beiden unterschiedlichen Gruppen aber aufeinander zu, beide Seiten sind froh, wenn es keine Probleme gibt. So wird es auch vermieden, in einen näheren Kontakt mit den anderen zu treten. Das gegenseitige einander auf Distanz halten ist die Schwäche dieses Modells.

Das Kooperationsmodell stellt oft einen ersten Versuch dar, mit »fremden Geschwistern«[22] wirklich in einen Kontakt zu treten. Man versteht sich hier als ein großes Ganzes. Die Kurzzeitigkeit eines Projektes und der klar begrenzte Zeitrahmen helfen dabei, dass sich verschiedene Parteien eher auf eine Zusammenarbeit einlassen und sich für etwas verpflichten. Ein Nachteil ist darin zu sehen, dass solch kurzzeitig angelegte Projekte oft ohne Konsequenzen für weitere ökumenische Beziehungen bleiben.

Der deutliche Vorteil sowohl im Integrations- als auch im Partnerschaftsmodell liegt darin, dass sie nur durch ein wirkliches Engagement, durch ein sich Öffnen auf beiden Seiten und den Austausch funktionieren. Eine Gefahr in diesen engen Partnerschaftsmodellen liegt darin, die eigene Identität zu verlieren und ganz im Anderen aufzugehen.

Während das erste Modell noch mit wenig Interesse am Untermieter auskommen kann, ist das in den drei anderen Modellen nicht möglich. Sie setzen ein deutliches Interesse am Andern voraus. Wenn man in eine Beziehung mit einer anderen Gemeinde einsteigt, gilt es also auf beiden Seiten zuallererst abzuklären, wie hoch das Interesse an der anderen Gemeinde wirklich ist. Weiter wichtig zu bedenken scheint mir, dass eine Zusammenarbeit immer auch eine Art von Kontrollverlust mit sich bringt. Dies zeigt sich vor allem auf der Seite der Schweizer etablierten Gemeinden. Der Kontrollverlust ist in jedem Modell unterschiedlich groß. Während das Vermietungsmodell mit einem kleinen Kontrollverlust einhergeht, wird er im Kooperations- und in den Partnerschaftsmodellen immer größer. Während sich die Frage eines möglichen Kontrollverlustes vor allem in den Schweizer Gemeinden stellt, sollte über die Frage des gegenseitigen Interessens, des Interessens am Andern und am dem Eigenen Fremden in Schweizer Gemeinden und in Gemeinden mit einem Migrationshintergrund in gleichem Maße nachgedacht werden.

In der Analyse der Beziehungen zeigt sich, dass eine Gemeinde ihre Beziehungen nicht selten mehr als in einem Modell lebt. Die unterschiedlichen Beziehungsmodelle werden dann oft in der Reihenfolge durchlaufen, wie sie von mir weiter oben beschrieben wurden. Die Modelle sind aber weder als eine abgeschlossene Reihe, noch als eine chronologische oder hierarchisch-wertende Abfolge gedacht. Die Beziehungen beginnen zwar oft mit einem Vermietungsmodell, das muss aber nicht so sein. Nicht jede Zusammenarbeit startet mit einem Vermietungsmodell. Das Übergehen in eine andere Stufe der Beziehung ist aber keine Bedingung für eine gute Beziehung. Jedes Modell kann auch ganz für sich allein gelebt werden, ohne zu einem späteren Zeitpunkt in ein nächstes Modell überzugehen. Eine gelebte und gepflegte Beziehung in einem Vermietungsmodell hat genauso ihre Berechtigung wie ein enges Partnerschaftsmodell.

---

[22] Nicht selten wurde die andere christliche Gemeinde, mit der man in einer Beziehung steht, von den Interviewpartnern mit diesem etwas widersprüchlichen Begriff bezeichnet, der meines Erachtens ins Herz der Diskussion vorstößt.

Unterschiedliche Konstellationen und Kontexte erfordern verschiedene Beziehungsmodelle. Wichtig ist, dass die Gemeinden, die miteinander in einer Beziehung stehen, wissen, was sie tun. Und dieses Wissen muss auf beiden Seiten der Beziehung vorhanden sein. Meines Erachtens geschieht in der Praxis nicht selten der fatale Fehler, dass eine Gemeinde das Gefühl hat, sie befinde sich in einem engen Partnerschaftsmodell, die zweite Seite der Beziehung aber davon ausgeht, dass es sich um eine Raumbeziehung handelt. In Wirklichkeit also geht die gelebte Beziehung nicht über ein Vermietungsmodell hinaus. Erwartungen und Engagement befinden sich bei den beteiligten Gemeinden bei einem solchen Missverständnis nicht auf der gleichen Ebene, die Zusammenarbeit wird schwierig.

Die von mir in der Empirie vorgefundenen Modelle sind nicht als eine abgeschlossene Reihe gedacht. Sie können und sollen weiter ergänzt werden. Dies kann beispielsweise durch das in Dänemark beobachtete Rad-Modell geschehen, das für den Schweizer Kontext zur Zeit noch ein nicht existierendes Zukunftsmodell darstellt.[23] Das Rad-Modell funktioniert so, dass verschiedene Gemeinden über eine gemeinsame Nabe miteinander verbunden sind. Die Schwierigkeit ist, dass noch unklar ist, was denn die gemeinsame Nabe sein soll. Ist das ein gemeinsam gefeierter Gottesdienst, ist das ein Leitungsgremium, in dem immer Vertreter der einzelnen Gemeinden Einsitz haben? Der große Gewinn dieses Modells ist, dass es möglich wird, dass sich hybride Identitäten bilden. Gemeindemitglieder haben die Möglichkeit in verschiedenen Gemeinden mitzumachen. Dies könnte für die zweite und dritte Generation von Migrationskirchen ein interessantes Modell von Kirche sein.

Darüber hinaus hat Friedemann Burkhardt aus kirchentheoretischer Sicht unlängst vier Modelle interkultureller Kirchen- und Gemeindeentwicklung zur Diskussion gestellt, mit denen die »Neugestaltung kirchlichen und gemeindlichen Lebens« in einer multikulturellen Gesellschaft angeregt werden soll.[24] Burkhardt betont, dass die Aufnahme des Aspekts der Interkulturalität in die Debatte um kirchentheoretische Konzepte in der Praktischen Theologie unabdingbar ist. Burkhardt spricht in diesem Zusammenhang von offen-assimilierenden Gemeinden, vom multikongregationalistisch-ökumenischen Kirchen- und Gemeindetyp, von multikulturellen und integrativ-interkulturellen Gemeinden. Jedes dieser Modelle nimmt auf seine Art und Weise die besonderen Bedürfnisse einer multikulturellen Bevölkerung auf. Es geht in diesen Modellen also anders als in den von mir für eine Analyse vorgeschlagenen Modellen nicht um zwi-

---

[23] Für weitere Informationen zu interkulturellen Kirchenmodellen in Dänemark Søren Dalsgaard, Modeller for menighed og mission blandt migranter i Danmark, in: Ny Mission 31 (2016), 133-143, unter https://issuu.com/danishmissioncouncil/docs/nymssion_31 [Aufruf: 4.2.2019].

[24] Friedemann Burkhardt, Modelle interkultureller Kirchen- und Gemeindeentwicklung, in: PTh 107 (2018) 7, 307-318, 318.

schenkirchliche Beziehungen, sondern um multi- und interkulturellen Gemeindeaufbau. Die Modelle unterscheiden sich in ihren integrativen und inklusiven Bemühungen voneinander.

5. Begründungen für und Diskurse über Beziehungen

Nicht nur das Erfassen der Zusammenarbeit zwischen verschiedenen Gemeinden in Modellen ist interessant, sondern auch die Deutungen der Praxis der Zusammenarbeit. Wie sprechen die Menschen darüber? Wie begründen sie die Zusammenarbeit, welche Metaphern verwenden sie? Welche Bedeutungen schreiben sie ihnen zu? Und welche bereits existierenden Diskurse tauchen dabei auf?

Nicht alle meine Interviewpartner sprechen über die Gründe für eine Zusammenarbeit oder deuten sie. In der Tat tut das nur rund die Hälfte. Die orthodoxen Geschwister begründen ihre Zusammenarbeit damit, dass sie Räume brauchen. Am liebsten hätten sie eine Kirche für sich allein, wo sie ihre Ikonen nicht immer versorgen müssen, zu den für sie günstigen Zeiten Gottesdienst feiern können und sich nicht nach den Zeiten der gastgebenden Kirche richten müssen. Diese eher lebenspraktische Art eine Zusammenarbeit zu begründen, könnte auch damit zusammenhängen, dass sich die Gemeinden, die zusammenarbeiten, theologisch ganz fremd sind. Die orthodoxen Gemeinden sind in reformierten Kirchen eingemietet.

> »Die Schweiz, oder die Schweizer Leute haben uns positiv geantwortet wegen Kirche. Die geben uns jeden Samstag oder jeden Sonntag frei euren Raum / bei manchen Kantonen zahlen wir ein bisschen.« (Interview Nardos & Ogbamichael, 25.9. 2017, 33)

Auffällig ist, dass in dieser Art und Weise, eine Zusammenarbeit zu begründen, gar keine theologischen Diskurse oder Metaphern benutzt werden, sondern eher politische. Dadurch, dass die Kirchen ihre Räume zur Verfügung stellen, bekommt die Integrationspolitik der Schweiz insgesamt einen positiven Anstrich. Das Klima in der Schweiz wird so im Sinne einer Willkommenskultur gedeutet.

Der nigerianische Pfarrer einer internationalen Kirche setzt dem gegenüber einen deutlich theologischen Grund für eine Zusammenarbeit mit anderen christlichen Gemeinden:

> »Wir sind alle Kinder des Herrn überall auf dieser Welt. Und wir müssen lernen, wie wir zusammenarbeiten können als Körper Christi. Die Kirche ist größer als seine Gruppe oder eine Denomination. Es ist notwendig, dass wir Menschen fin-

den, mit denen wir zusammenarbeiten können.« (Interview Dot, 23.10.2017, 126, Übersetzung CH)

Der nigerianische Pfarrer betont, dass wir als Kinder Gottes dazu verpflichtet sind, miteinander zu arbeiten. Er merkt aber auch an, dass es immer darum geht, genau zu prüfen, mit wem man zusammenarbeitet. Es sind Leute gefragt, die an Gott glauben und die christliche Lehre nicht verletzen.

> »Wir müssen aufpassen, dass die Partner, die wir haben, Menschen sind, die an Gott glauben, und dass ihre Doktrin der Lehre Christi nicht schadet.« (Interview Dot, 23.20.2017, 126, Übersetzung CH)

Der nigerianische Pfarrer begründet die Zusammenarbeit zwar mit einer sehr weiten Metapher, wir sind alle Kinder Gottes, überall auf der Welt. Aber er schränkt die Zusammenarbeit in einem zweiten Satz gleich wieder ein. Er betont, dass die Partner, mit denen er zusammenarbeiten will, gläubig sein und eine Lehre vertreten müssen, die der Lehre Christi nicht schaden kann. In seinen Augen gibt es also geeignete und ungeeignete Partner für eine Zusammenarbeit, die Qualität eines Partners lässt sich an seiner Rechtgläubigkeit messen.

Ein kongolesischer Pfarrer begründet seine Initiative für Zusammenarbeit ebenfalls theologisch mit dem Leib Christi und der Verwandtschaft zwischen den Glaubensgeschwistern, also ganz ähnlich wie der nigerianische Pfarrer in familialen Metaphern, aber ohne in das Diskursfeld der Rechtgläubigkeit einzutreten.

> »Und auch unsere Freude, wirklich Teil dieser Familie zu sein, die wir hier in der Schweiz kennen gelernt haben. Das sind unsere Brüder und Schwestern, also / wir wollen unseren Glauben teilen, wir alle. Wir wollen zusammen sein, Gemeinschaft haben. Und dann/ also, das ist unsere Sorge Nummer 1. Wir wollen nicht noch isoliert werden. Deshalb sind wir hier in der Allianz dabei. Wir sind auch / Wir machen / einen Teil des Leibes Christi aus. Also für die Bewegung, das ist / das ist unser Ziel. Unser Ziel.« (Interview Olivier, 16.4.2018, 171, Übersetzung CH)

Neben der familialen Metapher, die der Pfarrer für die Begründung einer Zusammenarbeit benutzt, fällt hier auf, dass der Pfarrer sehr deutlich betont, dass sie als Gemeinde auf keinen Fall isoliert sein wollen. Damit tritt er in ein integrationspolitisches Diskursfeld ein, in dem davon ausgegangen wird, dass Migrationskirchen (und vor allem auch Moscheegemeinden) sich zu gefährlichen Parallelgesellschaften entwickeln können. Der Leiter einer Latinogruppe begründet seinen Wunsch nach Zusammenarbeit ebenfalls in diesem Diskursfeld. Er macht unmissverständlich deutlich, dass er und seine Gemeinde auf keinen Fall eine Parallelgesellschaft darstellen wollen:

>»Aber wir müssen nicht lassen/ die Beziehungen zu der/ schweizerischen Gesell-
schaft. Weil es ist wichtig, auch. (.) Wir können es nicht vergessen. [...] Wir können
nicht isoliert eine / (.) Parallelgesellschaft gründen.« (Interview Thiago, 12.2.2018,
24)

Eine weitere, ebenfalls eher lebenspraktische Art, die Zusammenarbeit zu begründen, findet sich wiederum in der Latinogruppe, die zu einer reformierten
Kirchgemeinde eine enge Partnerschaft pflegt. Die Zusammenarbeit hilft der
kleinen, jungen Gemeinde zu überleben.

>»Der kleine Hahn ist immer verletzlich und dann nicht Kraft. Und wenn kalte Zei-
ten kommen, könnte er einfach sterben. Wenn die Mutter kommt/ kann ihn auch
unterstützen. Mit ihren Flügeln. Später diese/ dieses kleine Hähnchen ist größer
und größer und plötzlich ein Hahn. Das ist die Iglesia Latina. Könnte größer sein.
Aber jetzt ist sie dieses verletzliche/ Güggeli.« (Interview Thiago, 12.2.2018, 77)

Es fällt auf, dass auch hier wieder eine familiale Metapher verwendet wird. Im
Gegensatz zur Gotteskindschaft und einer geschwisterlichen Beziehung innerhalb der Familie, die durch Christus begründet wird, wird hier eine asymmetrische Beziehung zwischen den Gemeinden beschrieben. Es handelt sich bei
der Beziehung zwischen den Gemeinden, um eine Mutter-Kind-Beziehung, die
ein deutliches Gefälle aufweist. Man könnte von einer Selbst-Infantilisierung
der Gemeinde sprechen, die sich in eine große Abhängigkeit von einer Schweizer Gemeinde begibt. Das Kind sucht und braucht den Schutz der Mutter.

Begründungen für eine Zusammenarbeit haben also theologische, aber auch
lebenspraktische Gründe. Die verwendeten Metaphern sagen viel über das ekklesiologische Selbstverständnis und über die Identitätssuche einer Gemeinde
aus. Die Gemeinden verstehen sich oft als im Werden und auf der Suche, gleichzeitig ist ihnen das Eingebundensein in einen größeren Kontext für ihre Existenz
sehr wichtig.

Die Metapher der Gastfreundschaft oder das biblische Bild der Einheit in
Vielfalt - beides aus ökumenischen Dokumenten wohl vertraut - taucht in den
Interviews nie auf. Dafür steht das Bild des Leibes Christi, die Geschwisterschaft
und das Bild der Familie stark im Vordergrund. Interessant ist aber, dass die familialen Metaphern im Sinne einer Mutter-Kind-Beziehung, ein kleinräumiges
und inklusives Beziehungsmuster, in ihrer Asymmetrie sehr nahe an der Metapher der Gastfreundschaft sind. Die neuen Gemeinden sind angewiesen auf
Schutz und Hilfe der einheimischen, etablierten Gemeinden. Die Zusammenarbeit wird also funktionell begründet. Die Muttergemeinde, um bei den familialen
Metaphern zu bleiben, hilft den neu ankommenden Menschen in der Schweiz
eine neue Heimat zu finden. Hier spielt die gesellschaftspolitische Debatte darüber, wie Menschen in der Fremde eine neue Heimat finden, wie sie in der neu-
en Welt integriert werden können, mit hinein. Muttergemeinden werden als große Hilfe zur Integration im Sinne von Heimat finden empfunden.

Es gilt in Zukunft der Frage nachzugehen, welche Metaphern und Begründungsmuster denn für eine ökumenische Zusammenarbeit besonders fruchtbar oder auch schwierig sind. Die theologische Begründung für eine Zusammenarbeit durch das Argument der Rechtgläubigkeit, wie sie manche meiner Interviewpartner explizit oder unterschwellig eingebracht haben, scheint mir ein kritischer Punkt zu sein. Eine Qualifizierung und Unterscheidung zwischen geeigneten und ungeeigneten Partnern innerhalb der Christus-Familie erschwert eine wirkliche ökumenische Zusammenarbeit. In der ökumenischen Zusammenarbeit geht es ja darum, Unterschiede auf verschiedenen Ebenen auszuhalten und damit einen Umgang zu finden. Die Einschränkung unserer Partner und Partnerinnen auf solche, die die gleichen theologisch-dogmatischen Voraussetzungen teilen, begrenzt die Ökumene. Die Diskussion um geeignete Partner und Partnerinnen für eine Zusammenarbeit weist auf den großen theologischen Diskurs über «wahre» und «falsche» Christinnen und Christen hin, der teilweise hitzig geführt wird und in dem die einen Christen den andern ihren Glauben absprechen. Indem ein Pfarrer die Fragen der Zusammenarbeit mit dem Kommentar zu geeigneten und ungeeigneten Partnern zuspitzt, wird etwas davon deutlich, welchen Stellenwert Fragen der Zusammenarbeit, ja ökumenische Fragen allgemein, in manchen Gemeinden einnehmen. Sie stellen ein Unterkapitel zu Fragen der Rechtgläubigkeit dar.

6. Zusammenfassung und Schlussfolgerungen für eine lokale (Migrations)Ökumene

Die Angaben in den Interviews, die zur Zusammenarbeit mit einer Gemeinde vor Ort gemacht wurden, haben zu den oben beschriebenen Modellen geführt. In jedem der Modelle treten die Akteurinnen freiwillig und aus eigenem Antrieb in eine gewisse Form von Beziehung. In jedem Modell konnte ein Schlüsselmoment ausgemacht werden, wann und wodurch die Beziehung begann. Meistens ging die Initiative für eine Beziehung von Seiten einer Migrationskirche aus, die auf der Suche nach einem Raum ist. Die Beziehungen werden dann, wie wir gesehen haben, ganz unterschiedlich ausgestaltet, sie können holzschnittartig als Vermietungs-, Kooperations-, Integrations- oder Partnerschaftsmodell gefasst werden. Die Beziehungen können distanziert sein, sich auf organisatorische Fragen beziehen, oder sie können sehr nah und intensiv sein. Sie können durchaus auch eine spirituelle Qualität haben und als ein übernatürliches Geschehen gedeutet werden. In allen Beziehungsmodellen braucht es eine gewisse Bereitschaft für Gespräche und eine gegenseitige Akzeptanz.

Aus den vier beschriebenen Modellen lassen sich nun allgemeine Einsichten für die Zusammenarbeit und die Beziehung zwischen verschiedenen Gemeinden ableiten.

Eine wichtige Grundvoraussetzung für eine gute lokale Zusammenarbeit zwischen verschiedenen Gemeinden ist das gegenseitige Vertrauen. Dazu ist ein intensives Kennenlernen notwendig. Das gegenseitige Kennenlernen und auch der Vertrauensaufbau wird über Schlüsselpersonen aus beiden Gemeinden geleistet. In allen Interviews war immer wieder von der zentralen Position solcher Personen die Rede. Oft sind das Pfarrpersonen, es können aber auch Sekretariatsmitarbeitende von Schweizer Gemeinden sein oder Öffentlichkeitsbeauftragte einer Migrationskirche. Auf der Seite der Migrationskirche spielen Deutschkenntnisse und Kenntnisse des Schweizer Kontextes eine wichtige Rolle, die zur Übernahme einer solchen Mittler-Rolle führen. Auf der Schweizer Seite scheinen nicht unbedingt Kenntnisse über die fremden Geschwister ausschlaggebend zu sein, sondern viel mehr, wer Lust und Zeit dazu hat.

Zusammenarbeiten bedeutet Konflikte aushalten zu können. Zusammenarbeit braucht Zeit und Nerven und heißt, dass man die eigene Komfortzone verlassen, Grenzverschiebungen zulassen muss. In allen Interviews wurde aber darauf verwiesen, dass eine Zusammenarbeit einen Nutzen hat, dass man durch Zusammenarbeit mit anderen Gemeinden Zeichen setzen kann. Was für Zeichen das sind oder sein sollen, wird unterschiedlich verstanden. Die Angaben umfassen eine große Breite und pendeln sich ein zwischen spirituell verstandenen Zeichen, die beispielsweise auf eine Weltevangelisation verweisen, und mehr weltzugewandte Zeichen, wie ein Zeichen zu setzen für mehr Gerechtigkeit in der Asylpolitik.

Die Zusammenarbeit zwischen unterschiedlichen Gemeinden wird oft hierarchisch organisiert. Das heißt, es wird von einem höheren Gremium entschieden, ob eine Zusammenarbeit möglich ist. Auf der Schweizer Seite liegt die Entscheidungsgewalt oft in der Kirchenpflege, manchmal kann sie aber auch bei einer Pfarrperson, im Pfarrteam oder im erweiterten Mitarbeitenden-Team liegen, je nachdem wie die Gemeinde organisiert ist. In Migrationskirchen scheint die Entscheidungsgewalt sehr oft bei der Pfarrperson allein zu liegen. Gewöhnliche Kirchgemeindeglieder haben auf beiden Seiten über eine Beziehung zu anderen Gemeinden nicht viel zu sagen, zumindest kam das in den Interviews nie zur Sprache. Die Zusammenarbeit wird nicht nur hierarchisch organisiert, sondern sie beschränkt sich in den von mir interviewten Gemeinden zu einem großen Teil auf eine Zusammenarbeit zwischen Leitungspersonen. Dort scheint eine Zusammenarbeit meist sehr gut zu funktionieren. Freundschaften fördern also ökumenische Beziehungen.

Die lokale (Migrations)Ökumene lehrt uns nicht zuletzt Partner und Partnerinnen in ökumenischen Beziehungen überdenken. In unseren Schweizer Landeskirchen wird unter Ökumene nicht selten die Beziehung zwischen reformierten und katholischen Gemeinden verstanden. Ein solches Ökumeneverständnis greift aber in zweierlei Hinsicht zu kurz. Erstens wird so die weltweite Dimension des Christentums mehr oder weniger ausgeklammert und zweitens sind Beziehungen zwischen Schweizer Landes- und Freikirchen überhaupt nicht im Blick. Migrationskirchen rücken beide Themen ins Bewusstsein, sowohl die globale Familie aller Christinnen und Christen als auch die innerevangelische Ökumene. Hier in der Schweiz sind es nämlich nicht selten evangelische Freikirchen, die mit Migrationskirchen enge Beziehungen eingehen. Das mag an einer ähnlichen theologischen Ausrichtung liegen oder aber auch an der geteilten Minderheitenposition.[25] Die Auseinandersetzung mit Migrationskirchen lässt uns also auch die Zusammenarbeit zwischen Landes- und Freikirchen neu bedenken. Ökumene bedeutet schließlich, dass sich alle auf dem bewohnten Erdkreis verstreuten Christinnen und Christen um Einheit bemühen. Um dies zu erreichen ist eine mannigfaltige Zusammenarbeit gefragt. In der Auseinandersetzung mit der Zusammenarbeit zwischen Migrationskirchen und einheimischen Gemeinden wird es weiterhin darum gehen, die theologischen Motive und Begründungsmuster für eine Zusammenarbeit in der Empirie aber auch in kirchlichen Dokumenten herauszuschälen.

---

[25] Zur Nähe zwischen Evangelikalismus und Migrationskirchen sei verwiesen auf den Beitrag von Martin Radermacher in diesem Band.

Esther Hornung

DIE EVANGELISCH-METHODISTISCHE KIRCHE – EINE KIRCHE IN GLOBALER *connexio* IN DEUTSCHLAND

Erste Eindrücke von bischöflichen Narrativen über den Zeitraum 1989 bis 2017

Freikirchen und Migration ist aus zweierlei Gründen ein bisher eher unterbelichtetes Thema: Zum einen bewegt sich die politische Diskussion um Migration und religiöse Pluralisierung hauptsächlich um das Verhältnis zu den muslimischen Mitbürgerinnen und Mitbürger. Migrantinnen und Migranten, die sich als Christen verstehen, stehen weniger im Mittelpunkt des Interesses.[1] Anders sieht es in Religionswissenschaft aus: In ihr gibt es inzwischen einen ganzen Forschungszweig zur Pfingstbewegung in globaler Perspektive.[2] Die bisherigen Arbeiten zu Migrationskirchen jedoch sind vorwiegend religionssoziologisch ausgerichtet, wobei ebenso wie bei der Diskussion um »den Islam« die Frage der Integrationsfähigkeit immer mitschwingt.[3] Globalisierung und

---

[1] Statistisch demographisch hat z.B. die Bertelsmann Stiftung seit 2007 drei Religionsmonitore herausgegeben, die versuchen, die religiöse Pluralisierung in der Bundesrepublik Deutschland für ein größeres Publikum zu erschließen. Vgl. www.bertelsmann -stiftung.de/de/unsere-projekte/religionsmonitor/ [Aufruf: 27.3.2017]. Auch hier springen die Schlagworte »Muslime«, »Einwanderungsland Deutschland« und »Flüchtlingshilfe« ins Auge.

[2] Vgl. u.a. MICHAEL BERGUNDER/JÖRG HAUSTEIN (Hrsg.), Migration und Identität. Pfingstlich-charismatische Migrationsgemeinden in Deutschland, Beiheft der Zeitschrift für Mission 8, Frankfurt/M. 2006.

[3] Vgl. u.a. MARKUS HERO/VOLKHARD KRECH/HELMUT ZANDER (Hrsg.), Religiöse Vielfalt in Nordrhein-Westfalen. Empirische Befunde und Perspektiven der Globalisierung vor Ort, Religion plural, Paderborn 2008; ALEXANDER-KENNETH NAGEL (Hrsg.), Diesseits der Parallelgesellschaft. Neuere Studien zu religiösen Migrantengemeinden in Deutschland, Bielefeld 2012; FREDERIK ELWERT, Religion als Ressource und Restriktion im Integrationsprozess. Eine Fallstudie zu Biographien freikirchlicher Russlanddeutscher, Veröffentlichungen der Sektion Religionssoziologie der Deutschen Gesellschaft für Soziologie, Wiesbaden 2015; SABRINA WEISS, Migrantengemeinden im Wandel. Eine Fallstudie zu koreanischen Gemeinden in Nordrhein-Westfalen, Kultur und soziale Praxis,

Migration waren in der Theologie bisher Themen, die primär von der Missionswissenschaft und der Ökumene[4] abgedeckt wurden.

Durch migrantische christliche Gemeindegründungen und die sog. Flüchtlingskrise seit 2015 herausgefordert, haben sich Landeskirchen und EKD in den letzten Jahren zunehmend des Themas Migration als Anfrage an und Chance für die eigene kirchliche Zukunft angenommen.[5] Neben diakonischen und politischen Anfragen stehen auch Fragen nach der Zukunft der Landeskirchen und die Entwicklung der Ökumene in Deutschland auf dem Prüfstand. Die EKD mit ihren Mitgliedskirchen und die Römisch-Katholische Kirche, und dies ist der zweite Grund, bestimmen als die zwei Großkirchen den kirchlich-politischen Diskurs in Deutschland. So kommt es, dass die Wahrnehmung der in Deutschland kleineren Kirchen und die multilaterale Ökumene der ACK an den Rand gedrängt wird.

Um diesem Umstand etwas entgegenzuwirken, widmet sich dieser Aufsatz einem bisher in zweierlei Hinsicht weniger prominenten Bereich: Migration mit christlichem Hintergrund in Bezug auf Freikirchen, hier der Evangelisch-methodistischen Kirche in Deutschland (EmK). Welche Auswirkungen hat Migration auf diese sog. klassische Freikirche in Deutschland? Mit welchen Herausforderungen in der EmK gehen verschiedene Migrationsformen einher und bringen welche weiteren Herausforderungen mit sich?

Um dem gerecht zu werden, werden drei Experteninterviews mit zwei Bischöfen und einer Bischöfin der EmK präsentiert. Sie bieten einen Einblick in kirchliche Narrative über die Migrationsentwicklung der EmK seit 1990. Zuvor wird sich in historisch-theologischen Skizzen einführend der EmK genähert.

Bielefeld 2017; auch das Göttinger Projekt CAROLINE SCHUBERT, Vergessene Minderheiten. Integrationsleistungen christlicher Migrationskirchen in Niedersachsen unter www.uni-goettingen.de/de/551327.html [Aufruf: 27.3.2021].

[4]   Vgl. z.B. ERICH GELDBACH, Vielfalt und Wandel. Lexikon der Religionsgemeinschaften im Ruhrgebiet, Essen 2009.

[5]   Stellvertretend seien genannt die Missionsakademie in Hamburg, die Vereinte Evangelische Mission in Wuppertal, die Fachhochschule für Interkulturelle Theologie in Hermannsburg oder Dokumentationen und Handreichungen wie Neue Regeln in der Wohngemeinschaft Gottes. Studientagung zu einer migrationssensiblen Ekklesiologie, Evangelische Akademie Bad Boll 1.-2.04.2012, epd-Dokumentation 20 (2019); Gemeinsam evangelisch! Erfahrungen, theologische Orientierungen und Perspektiven für die Arbeit mit Gemeinden anderer Sprache und Herkunft, Texte 119, Hannover 2014; für zwei Landeskirchen LANDESKIRCHENAMT DER EKvW/LANDESKIRCHENAMT DER EKiR (Hrsg.), Gemeinden anderer Sprache und Herkunft. Eine Orientierungshilfe für die evangelischen Gemeinden und Werke im Rheinland und in Westfalen, Bielefeld-Düsseldorf 2015.

1. Historische und ekklesiologische Grundlegungen

Die EmK nimmt in Deutschland den Status einer Freikirche ein, d.h. sie versteht sich als Kirche »frei« vom Staat: Freikirchen in Deutschland wie die EmK, der Bund Evangelisch-Freikirchlicher Gemeinden (BEFG), der Bund Freier Evangelischer Gemeinden (BFEG) oder der Bund Freikirchlicher Pfingstgemeinden (BFP) sind zwar Körperschaften des öffentlichen Rechts und dürften als Kirchen somit Kirchensteuern einziehen lassen. Jedoch verzichten sie freiwillig wegen der Überzeugung der Trennung von Kirche und Staat auf dieses Privileg. Gemeinsam ist der EmK mit anderen Freikirchen Diskriminierungserfahrungen seit dem 19. Jh. und das Bewusstsein, Teil von globalen Bewegungen zu sein. Migration und Internationalismus sind nicht nur für das Selbstverständnis der EmK prägend, trotz der Herausforderungen durch nationalistischen Druck sowie Akkommodation und hybride Ausformungen in der Frömmigkeit – insbesondere aus dem pietistischen Bereich.

1.1 Kurzer historischer Überblick

Ihren Ursprung hat die methodistische Bewegung im England des 18. Jh.s. Sie erwuchs aus einer Gruppe anglikanischer Theologie-Studenten am Christ Church College in Oxford. Der disziplinierte Tagesablauf dieser Studenten führte zur den ursprünglich als Schimpfwort gedachten Fremdbezeichnungen »Holy Club« und »Methodists«. Drei Personen wurden prägend für die sich daraus entwickelnde Bewegung: John Wesley (1703-1791), Charles Wesley (1707-1788) und George Whitefield (1714-1770). Während Whitefield in seiner Soteriologie stärker calvinistisch geprägt war, vertraten die Brüder John und Charles Wesley einen dezidierten Arminianismus. So spaltete sich der Methodismus bald in zwei Richtungen, von der sich die Wesleyanische Richtung als durchsetzungsfähiger erwies. Die Bewegung wuchs schnell und breitete sich in ganz England und in den britischen Kolonien Nordamerikas aus. Sie konnte dabei von anderen Bemühungen um Kirchenreformen profitieren, mit der sie in enger Verbindung stand und die als *First Great Awakening* eher selbstverklärend als empirisch belegbar in die Kirchengeschichte, insbesondere der USA, einging. Verstanden sich die Initiatoren der Bewegung als inneranglikanische Reformer, sah sich John Wesley durch die Unabhängigkeit der USA schließlich damit konfrontiert, der einstigen Bewegung in den USA mit der Methodist Episcopal Church (Bischöfliche Methodistenkirche) eine eigene kirchliche Gestalt geben zu müssen. Vier Kirchen methodistischer Tradition in Amerika brachten zunächst durch Re-Migration und schließlich durch gesteuerte Mission den Methodismus im 19. Jh. nach Kontinentaleuropa und somit auch in die deutschen Staaten.

1.2 Ekklesiologische Selbstverständnisse des Wesleyanischen Methodismus

Durch seinen Anglikanischen Ursprung, die engen Verbindungen zum Britischen Dissidententum und der transatlantischen Erweckung, sowie über die Herrnhuter Brüdergemeine zum Pietismus, weist der Methodismus einige fundamentale ekklesiologische Selbstverständnisse auf, die durch die frühen Migrationserfahrungen noch verstärkt wurden: Für John Wesley ist ein Methodist einfach ein Christ, der Name nur eine Bezeichnung, der keine wie auch immer durch Bekenntnisschriften festgeschriebene Wahrheit beinhaltet.[6] Zentral für das Christsein ist eine individuelle Glaubenserfahrung, die als wandelbar und weiter entwickelnd begriffen wird, und eine praktisch-soziale Ethik – Heiligung. In logischer Konsequenz bricht der Methodismus das Parochialsystem auf: Die Kirche müsse zu den Menschen kommen, zu allen, die das Evangelium hören wollen, nicht die Menschen in die Kirche. Das Kirchengebäude wird zum Versammlungshaus der freiwillig und verbindlich Gläubigen, zur Chapel, nicht zur Kirche der Dorf-, bzw. politischen Gemeinschaft, in die man hineingeboren wird. Deshalb sind auch Taufe und Abendmahl Heilsangebote Gottes an die Einzelnen, auf die der Mensch individuell reagieren kann – vorlaufende Gnade. Man wird nicht Christ durch die Taufe, sondern durch eigene Entscheidung. Damit kommt John Wesley sehr nahe an das baptistische Taufverständnis heran ohne die Kindertaufe als Sakrament abzulehnen.

Ein zentrales Strukturmerkmal des Methodismus ist der Begriff der *Connexio*: Keine Kirche – ob methodistisch oder von anderer Denomination – ist für sich alleine Kirche, kein Mensch für sich alleine Christ. Nur zusammen bilden alle Kirchen gemeinsam den Leib Christi. Das Prinzip der *Connexio* bildet die Essenz methodistischer Ekklesiologie. Für die methodistischen Kirchen bedeutet dies ein Gewebe unterschiedlicher gegenseitiger Verbindlichkeiten: Es gibt, wie z.B. mit der United Methodist Church (UMC), zu der auch die EmK gehört, eine strukturell verbindliche Zugehörigkeit mit gemeinsamen Leitungsstrukturen und Kirchenordnung (Book of Discipline/Verfassung, Lehre und Ordnung der Evangelisch-methodistischen Kirche). Die weltweite *Connexio* der UMC ist von unten nach oben aufgebaut: Den Grund legen die Kirchengemeinden mit der Gemeindeleitung. Diese sind jeweils in Distrikte zusammengefasst mit einer Superintendentur, bzw. einem Regionalbischof. Darüber liegt als regionales Beschlussorgan die Jährliche Konferenz. Alle vier Jahre tagt die Zentralkonferenz. Abstimmungsberechtigt sind alle Pastorinnen und Pastoren zusammen mit den Laiendelegierten im Verhältnis 1:1. Integratives und repräsentatives Leitungsamt ist hier das Bischofsamt, wobei die eigentlichen Beschlüsse von der Konferenz verabschiedet werden. Direkte Amtsfunktionen des Bischofsamts sind Ordination ins Pastorinnen- und Pastoren-Amt und, zusammen mit den betroffenen Ortsgemeinden und Superintendentinnen und Superintenden-

---

[6]   JOHN WESLEY, Advice to the People Called Methodists, London 1745.

ten, die Berufung eines Pastors/einer Pastorin zur Gemeindeleitung, bzw. zu einem anderen Amt in der Kirche. Ebenfalls alle vier Jahre tagt die General-konferenz für die gesamte UMC, zu der alle Konferenzen im besagten Verhält-nis Delegierte in der Regel in die USA schicken. Gleichzeitig sind die Konfe-renzen mehr als bloße Synoden: Wesley spricht vom »holy conferencing«: Im Miteinander des gemeinsamen Ringens, Feierns, Brot-Brechens, Beschlüsse Fassens lebt, entfaltet sich der Leib Christi und geschieht Offenbarung, entfal-tet sich das Heilsgeschehen Gottes. Es inkarniert sich im Hier und Jetzt – von der Ortsgemeinde bis hin zur globalen *Connexio*.[7]

Kommen Migrierende aus der UMC nach Deutschland, können sie leicht als vollwertiges Kirchenglied in die Strukturen der EmK integriert werden. Für Angehörige aus anderen methodistischen Kirchen gilt das Prinzip der weltwei-ten *Connexio* unter methodistischen Kirchen. Dies trifft zu für die ghanaischen und koreanischen Gemeinden, aber auch für Methodisten aus England. Hier haben sich unterschiedliche Formen der Zugehörigkeit und des Miteinanders ausgeprägt.

2. Drei Interviews

Um einen ersten Einblick in Deutungsmuster und Selbstrepräsentation auf der in Deutschland höchsten Leitungsebene zu bekommen, wurden hierfür drei Leitfaden gestützte Interviews geführt mit Dr. Walter Klaiber (Bischof 1989-2005), Rosemarie Wenner (Bischöfin 2005-2017) und Harald Rückert (Bischof seit 2017).

2.1 Fragestellungen und Interview-Design

Diese drei Interviews sind als Selbstzeugnisse und Expertinnen- und Experten-Interviews einzuordnen. Für die drei Interview-Partnerinnen und Interview-Partner entwickelte ich einen ausführlichen Fragekatalog, der zwar im Prinzip gleich angelegt war, jedoch gleichzeitig biographische Besonderheiten berück-sichtigte. Die Fragen gingen jeweils in zwei Richtungen: Ein Themenkomplex war zur allgemeinen Entwicklung der EmK. Der andere Themenkomplex be-handelte Migration und EmK. In beiden Fällen sollten die Befragten ihre ver-schiedenen Ämter in der EmK und jeweilige Beiträge und Akzent-Setzungen während dieser Ämter incl. des Bischofsamtes präsentieren. Auch wurde für beide Themenkomplexe die deutsche EmK eingebettet in den europäischen

---

[7] Zur methodistischen Theologie vgl. WALTER KLAIBER/MANFRED MARQUARDT, Gelebte Gnade. Grundriss einer Theologie der Evangelisch-methodistischen Kirche, Göttingen 1992.

und weltweiten Methodismus, sowie in die nationale, europäische und weltweite Ökumene. Abschließend wurde den Interviewten Raum für eine Schlussreflexion mit Eigenkritik und Vision gegeben. Der Fragekatalog wurde den zu Befragenden vorab zugeschickt. So konnten sich diese darauf einstellen und ihr Narrativ vorbereiten.

2.2 Die Interviewten im Einzelnen. Ein erster Einblick

Von den drei Interviews wurden bisher 1½ transkribiert: zur Hälfte das Interview mit Rosemarie Wenner, vollständig das Interview mit Harald Rückert. Bei den transkribierten Teilen wurde bei den Zitaten die entsprechende Seite der Transkription angegeben. Zudem wurden Gesprächspartikel wie „äh", „a", kurzes „ähm" ausgelassen, allerdings mit » . « kenntlich gemacht. Für die Zitate aus den nicht transkribierten Teilen wurde die jeweilige Zeitangabe der Audiodatei in Klammern aufgeführt.

2.2.1 Bischof i.R. Dr. Walter Klaiber

Walter Klaiber (*17.04.1940 in Ulm) studierte evangelische Theologie am theologischen Seminar der Evangelischen Gemeinschaft in Reutlingen und an den theologischen Fakultäten der Universitäten Tübingen und Göttingen. 1966 wurde er zum Pastor der Evangelischen Gemeinschaft ordiniert. In der Ökumene zeigte Klaiber in mehrfacher Weise Präsenz: 1989-2005 war er Vorstandsmitglied der VEF (Vereinigung Evangelischer Freikirchen), davon neun Jahre als deren Präsident. Ebenfalls als Vorstandsmitglied (1989-2007) und Vorsitzender (2001-2007) wirkte er in der ACK. 1999-2009 stand er der Deutschen Bibelgesellschaft als Präsident vor.

Das Interview mit Walter Klaiber fand am 20.12.2018 in seiner Wohnung, seinem Arbeitszimmer in Tübingen statt. Es dauerte knapp 1½ Stunden. Das Interview war in drei Themenkomplexe mit abschließender Eigenbewertung gegliedert: Der erste Fragenkomplex widmete sich seiner Rolle als neu gewählter Bischof, der im Jahr seiner Amtseinführung kurz darauf mit dem Mauerfall konfrontiert war:»Mauerfall, Wiedervereinigung und die Folgen«. Besonders stolz war er in seiner Amtszeit auf die Herausgabe des neuen Gesangbuches unter seiner Ägide. An diesem Gesangbuch zeige sich die Ökumenizität, Internationalität und Multikulturalität der weltweiten methodistischen *Connexio*, die es so nicht in den Landeskirchen gäbe, so Klaiber.

Der zweite Teil befasste sich mit der Internationalisierung der EmK. Klaibers Beobachtung nach internationalisierten sich die Gemeinden stärker seit den 1990er Jahren. Klaiber sah allerdings die Wiedervereinigung nicht als ausschlaggebend an. Diese Internationalisierung habe drei Facetten: Erstens gäbe es nur einige wenige dezidiert internationale Gemeinden, die aus ihrer anfänglichen Geschichte heraus (Engländer und Amerikaner) meist als englischsprachig firmieren, sich mittlerweile allerdings im Spektrum weit geöffnet hätten: die Peace Church in München, die Internationale Gemeinde in Hamburg, Ansätze in Berlin, Cottbus und Frankfurt am Main. Das zweite Modell bildeten die koranischen Kirchen: Viele koreanischen Gemeinden gründeten sich, die auf dem Boden der Korean Methodist Church arbeiteten und ihre Pastoren bezogen (KMC). In Hinblick auf die ökumenische Situation in Deutschland gerieten die KMC und die EmK in eine diffizile Lage, weil die KMC kein Mitglied der UMC ist: Aus Unkenntnis über die deutsche Kirchenlandschaft habe einst ein koreanischer methodistischer Bischof als Vorsitzender des Korean Council of Churches (KCC) ein Abkommen mit der EKD getroffen. Der legitime Gesprächspartner, der dem NCC entsprochen hätte, wäre jedoch die ACK gewesen. Dieser Vertrag besagt, dass alle koreanischen Gemeinden in Deutschland Mitglieder der Landeskirchen werden. Während dieser Vertrag von den koreanischen presbyterianischen Kirchen als verbindlich angesehen werde, werde er von der KMC ignoriert. Diese habe ihrerseits einen Kooperationsvertrag mit der EmK geschlossen, der von Seiten der EmK auch offiziell ratifiziert wurde. Ansonsten blieben die koreanischen methodistischen Gemeinden als dezidiert ethnisch orientierte Gemeinden allerdings für sich. Kontakte mit der EmK blieben auf praktische Hilfen und symbolische gelegentliche Treffen beschränkt. Das dritte Modell seien die ghanaischen Gemeinden: Im Unterschied zu den legalen koreanischen Migrantinnen und Migranten seien diese Gemeinden sehr stark von illegaler Migration betroffen. Die Ursprünge dieser Gemeinden lagen in der Missionsakademie in Hamburg. Von dort aus gründete um 1990 ein ghanaischer Pastor die erste Gemeinde. Die EmK habe dann versucht, an verschiedenen Orten wie Hamburg oder Düsseldorf ghanaische und deutsche Gemeindearbeit gemeinsam zu koordinieren und zu leben. Alle diese Integrationsversuche seien jedoch an den kulturellen Unterschieden gescheitert. »Für die Ghanaer war des gebremster Schaum. Und für die Deutschen war des viel zu wild (lacht).« (Klaiber1, 46:18-27) Kirchenrechtlich hingegen konnte auf der Systemebene das Verhältnis zwischen EmK und Methodist Church Ghana (MCGh) gut gelöst werden: Wie die KMC ist auch die ghanaische kein Mitglied der UMC, sondern selbständig. Es wurde vertraglich festgelegt, dass die ghanaischen Gemeinden in Deutschland reguläres Mitglied der EmK sind – mit (fast) allen Rechten und Pflichten.

Angesprochen auf Russlanddeutsche Einwandernde, sah Walter Klaiber den BEfG (Baptisten) eher herausgefordert als die EmK. Aber auch in der EmK sei das Miteinander streckenweise recht schwierig verlaufen. So lange nur wenige Russlanddeutsche in die Gemeinden kamen, funktionierte die Integration, ab einer größeren Anzahl nicht. Es habe zwei geographische Schwerpunkte gegeben: einen in Lahr, wo sich ein Auffanglager für Aussiedlerinnen und Aussiedler befand, eine ehemalige kanadische Kaserne. Dort wurde eine russlanddeutsche Gemeinde mit einem russlanddeutschen Pastor gegründet. Ähnlich wie beim BEfG (Baptisten) lagen auch hier die Schwierigkeiten in der konservativen Ausrichtung der russlanddeutschen Christen. Der andere Schwerpunkt wurde als Jugendarbeit in einem sozialen Brennpunkt mit Russlanddeutschen von der EmK-Gemeinde in Rothenbergen bei Gelnhausen getragen.

Einen Sonderfall stelle die einzige vietnamesische Gemeinde in der EmK dar, die in Frankfurt am Main angesiedelt ist. Sie wurde von einem vietnamesischen Theologiestudenten in Reutlingen gegründet, der Pastor der EmK wurde. Die jüngste Internationalisierungswelle sei die Arbeit mit ehemaligen Musliminnen und Muslimen, vorwiegend aus dem Persisch sprachigen Raum (Iran, Afghanistan), die zum Christentum konvertieren. Eine richtige Gemeinde mit Pastor gäbe es in der Erlöserkirche in München. An manchen Stellen würde zudem mit Arabisch sprachigen Menschen gearbeitet. Insgesamt reagierten deutsche Gemeinde eher passiv als dass sie aktiv Mission betrieben.

Ursprünglich habe es während des Kalten Krieges in der Kirchenkanzlei in Frankfurt am Main eine zivile Kontaktstelle zu den US-amerikanischen methodistischen Chaplains gegeben. Diese sei dann, als die US-Armee abgezogen war und sich die ethnische Zusammensetzung änderte, umgewidmet worden zu einer Koordinationsstelle für internationale Gemeinden, die allerdings nach wie vor vom General Board of Global Ministries (GBGM) in den USA finanziert und von US-amerikanischen Staatsangehörigen besetzt wurde. Überhaupt sei die enge Anbindung an die USA und die Internationalität der UMC kein Hemmschuh, sondern eher eine Chance für die innerdeutschen Beziehungen der west- und ostdeutschen EmK gewesen. So wurde es bspw. Bischof Minor erlaubt, an Treffen und Kongressen der UMC in den USA oder der Zentralkonferenz Mittel- und Südeuropa in der Schweiz teilzunehmen, während es den beiden Bischöfen nicht erlaubt wurde, sich in einer der deutschen Republiken zu treffen. Diese Treffen fanden somit mit Hilfe der weltweiten *Connexio* über Umwege in Drittländern statt. Die UMC aus den USA unterstützte einzelne Projekte in der Ostdeutschen Jährlichen Konferenz wie »z.B. das Ferienheim Schwarzenshof, oder praktische Hilfen durch Partnergemeinden.«[8]

Herausfordernder als das Verhältnis zu Migranten aus methodistischen Kirchen sah Klaiber »für die Ökumene als Ganze« allerdings die Fülle an »unabhängigen Kirchen, [die] nach Deutschland gekommen sind. Teilweise für uns sehr exotische Kirchen, ja.« (Klaiber2, 01:07-01:08, 01:12-19) Es war Klaiber sichtlich anzumerken, welche Schwierigkeiten er mit den damit gemeinten Afrikanischen Pfingstkirchen hatte, ohne die Bezeichnungen »Pfingstgemeinden« in den Mund zu nehmen, obwohl er konstatieren musste, dass diese »teilweise ernstzunehmen sind« (Klaiber2, 01:21-29). In diesem Zusammenhang erwähnte er auch das African Christian Council in Hamburg als gelungene gemeinsame ökumenische Initiative der ACK. Insgesamt jedoch war ein persönliches Unbehagen deutlich zu erkennen, trotz seines Ethos einer gelebten Willkommenskultur (Klaiber2, 1:00-3:40).

Gefragt nach dem, was Walter Klaiber aus seiner Erfahrung heraus der EmK für die Zukunft mitgeben wolle in Hinblick auf die Internationalisierung und Strukturveränderungen der EmK antwortete er: »Das, was wir schon als

---

[8]   Korrektur durch Walter Klaiber am 29.7.2019.

Pfund haben, damit weiter arbeiten und wuchern. Wir sind eine internationale Kirche [...], und da einfach dazu zu helfen, dass es immer wieder neu solche Begegnungsmöglichkeiten gibt. [...] Wo sind Menschen hier bei uns, die uns brauchen, aber auf der anderen Seite auch wiederum zu schauen, ja, wo wo kommen die her und wo können wir dort helfen und wie können wir hier weiter miteinander arbeiten.« (Klaiber2, 06:12-36, 07:11-26)

Daraufhin lenkte Klaiber den Blick weg vom Thema Migration hin zur globalen *Connexio* und deren Herausforderungen interkultureller Kommunikation, indem er ein für ihn einschneidendes Beispiel interkulturellen Lernens bei einer internationalen Konferenz in Wuppertal Sierra Leone betreffend erzählte. Klaiber zeigte anhand des »berüchtigten African Ethos« (Klaiber2, 08:15-17), dem Vorurteil »die Afrikaner sagen nicht die Wahrheit« (Klaiber2, 08:20-24) kulturelle Missverständnisse und Fallstricke auf: Bei diesem Ethos ginge es nicht um Wahrheit und Lüge, sondern um Höflichkeit, Rücksicht und Gesichtswahrung: Hierarchisch erlebte Beziehungen können Auswirkungen haben auf den Tatsachengehalt von Informationen, indem aus Rücksicht Unangenehmes schön geredet oder verschwiegen wird, um den Gesprächspartner nicht zu kränken. Für Klaiber verdeutlichte dieses Beispiel die Erfahrung der gegenseitigen Fremdheit, der Schwierigkeit interkultureller Kommunikation. Als Fazit resümierte er schließlich, blickend auf die methodistische Soteriologie der vorlaufenden Gnade und der Heiligung: »Ich habe in meinem Leben auf allen Kontinenten gepredigt. [...] Und ich habe immer wieder den Eindruck gehabt, dass das Evangelium von allen verstanden wird. .. Und ich denke, das ist auch etwas, was wir dann in unserm kleinen Mikrokosmos (lacht) erhoffen und versuchen können zu leben.« (Klaiber2, 11:47-12:15)

2.2.2 Bischöfin i.R. Rosemarie Wenner

Rosemarie Wenner (*1955 in Eppingen) studierte 1975-1979 am Theologischen Seminar in Reutlingen. Nach ihrer Ordination 1981 arbeitete sie als Gemeindepastorin in drei Gemeinden. 1996 wurde sie Superintendentin des Frankfurter Distrikts. 2005 wurde sie zur Nachfolgerin von Walter Klaiber in das Bischofsamt gewählt. Sie war damit die erste Frau im Bischofsamt der UMC außerhalb der USA. Wie ihr Vorgänger gehörte sie zum Vorstand der ACK in Deutschland. Seit ihrem Ruhestand 2017 engagiert sie sich für den Weltrat Methodistischer Kirchen als Sekretärin im World Council of Churches in Genf.

Das Interview mit Rosemarie Wenner fand am 17.12.2018 in der Kirchenkanzlei der EmK in Frankfurt am Main statt. Es dauerte knapp eine Stunde und zehn Minuten. Das Interview war ähnlich Walter Klaibers gegliedert: Zunächst sollte die Interviewte ihren Werdegang und ihr Wirken präsentieren. Hierbei legte sie besonderen Wert auf Seelsorge, die »Begleitung von Menschen in Lebenskrisen« (Transkription_Wenner1, S. 1) entsprechend ihrer Zusatzausbildungen. Angesichts von Schrumpfungsprozessen und beschränkten Möglichkeiten sei es wichtig, aus dem eigenen Selbstverständnis heraus als ökumenisch offene Kirche den eigenen Beitrag, die eigenen Möglichkeiten zu finden. Gleichzeitig hieße das, Wege zu finden, die Gemeinden zu motivieren. Das habe sie als ihren Arbeitsschwerpunkt als Pastorin, Superintendentin und Bischöfin gesehen. Eng damit verbunden war die Integration von Vielfalt in die EmK, auch von kultureller Vielfalt, definiert durch das Schlagwort »das Verbindende stärken« (Transkription_Wenner1, S. 5). Das gelte insbesondere für das Thema Migration. Als weiteres Anliegen nannte sie die missionarische Verkündigung. Bereits zu Beginn ihrer Amtszeit als Bischöfin entdeckte sie für sich und die EmK die Feier des offenen Abendmahls als besonderes Markenzeichen des Methodismus als Einladung an alle Menschen. Diese Impulse für eine Liturgiereform würden sich nun unter ihrem Nachfolger fortsetzen.

»Wir sind ne Kirche, [...] und damit sicherlich auch besonders unter den Freikirchen, die theologische Vielfalt als Plus ansieht, die theologische Vielfalt fördern möchte, [...] sind ne Kirche, die [...] sich als weltweite Connexio versteht, die also . immer wieder [...] dieses Spagat [...] zu leben versucht, dass Gemeinde vor allem vor Ort existiert, aber dass die Gemeinde vor Ort verbunden ist mit Gemeinden in aller Welt, sind ne Kirche, die ökumenisch . unterwegs sein will, . und die Ökumene nich als ne Zusatzaufgabe ansieht, sondern als ne Kernaufgabe.« (Transkription_Wenner1, S. 6) Hier habe es in der Ökumene in den letzten Jahren durchaus Fortschritte gegeben. Als weitere Eigenheit der EmK betonte sie wie Walter Klaiber, »dass wir nicht [...] weder kongregationalistisch noch national verfasst sind, und dass wir von daher eben auch Vielfalt . auch . auch [sic!] auf geographische Vielfalt bezogen in ner andern Weise leben können als des andre Kirchen tun.« (Transkription_Wenner1, S. 4) Zentrale Aufgabe der EmK sei, Menschen zu Jüngerinnen und Jünger Jesu Christi zu machen, damit die Welt verändert wird (vgl. Transkription_Wenner1, S. 5).

Den zweiten Themenkomplex Migration und EmK begann Wenner mit ihren Erfahrungen mit koreanischen Gemeinden während ihrer Zeit als Superintendentin. So wurde ein Kirchengebäude der EmK an eine koreanische Gemeinde verkauft. Der Verhandlungsprozess erwies sich für Wenner dahingehend als Lernfeld, dass sie als weibliche Amtsträgerin unvermittelt mit geschlechtlich definierten Machtfragen konfrontiert war. In Bezug auf die koreanischen Gemeinden führte dies zu einer gemeinsamen schriftlichen Erklärung, sich gegenseitig wahrzunehmen, zu begegnen und dass die EmK sich als helfende Partnerin bei rechtlichen Fragen zur Verfügung stellt. Wie Klaiber kam Wenner als nächstes auf die ghanaische Migration zu sprechen – als zunächst politisch motivierter und später als Wirtschaftsmigration. Hierbei spezifizierte Wenner die Regelungen bezüglich der Mitbestimmungsrechte der ghanaischen Gemeinden in der EmK: »Die Pastoren sind dann hier affiliierte Mitglieder in unsren Konferenzen, . und die Laienmitglieder in den Gemeinden sind genauso Laienmitglieder wie alle andern Gemeinden, also die meisten sind ganz in die Struktur eingebunden, aber mit gewissen . Sonderregelungen was vor allem Liturgie anbetrifft, aber auch manche Leitungsstrukturen, die für die Geschwister wichtig sind, dass sie . nach ihrem vertrauten Modell dann quasi sind. [...] Also Landeskirchen hamm da oft größre Mühe ein Organisationsmodell zu finden für die internationalen Gemeinden. Für uns is . ne ghanaische Gemeinde ne Gemeinde wie jede andre zunächst mal. [...] . manchmal . is es dann der ghanaische Bezirk Hamburg, der mehrere ghanaische Gemeinden hat. Manchmal, wie im Rheinland aber auch [...] der Bezirk Rheinland, wo die ghanaische Gemeinde eine Gemeinde unter anderen ist. . Und die Pastoren und Pastorinnen [...], die sind Konferenzmitglieder für die Zeit, in der sie hier sind mit eingeschränktem Stimmrecht, aber des bezieht sich nur auf Wahlen zur Generalkonferenz und Zentralkonferenz. Alle anderen . Abstimmungen können mitgetragen werden.« (Transkription_Wenner1, S. 10)

Im Zuge einer Strategieberatung für Gemeinden in der Norddeutschen Konferenz wurde Bischöfin Wenner auf sprachliche und kulturelle Hürden aufmerksam gemacht. Daraus entwickelte sich 2005 ein Studientag für fremdsprachige Gemeinden, den schließlich das Bischofsbüro übernahm und zu einer regelmäßigen jährlichen Tagung ausbaute, die sogar europäisch angefragt wurde. Auf Grund des großen Erfolgs dieser Initiative erfuhr die Tagung fachliche Unterstützung durch die Theological School Ohio der UMC und die Theologische Hochschule in Reutlingen. Das Wesentliche dieser Veranstaltung sah Wenner im miteinander Lernen, in den interkulturellen Begegnungen wo Menschen aus allen Erdteilen zusammen waren (vgl. Transkription_Wenner1, S. 11).

Durch Italien lernte die EmK das Modell »Miteinander Kirche sein« kennen: Von den Gemeinden und den Migranten dort werde erwartet, dass sie gemeinsam in einer Gemeinde zusammen sind, keine neuen Gemeinden gründen. Sie erfahren dafür eine intensive interkulturelle Betreuung. In Deutschland würde dieses Modell insbesondere seit 2015 bei einigen Gemeinden versucht, die sich durch Flüchtlinge stark internationalisiert haben. Die behäbige und restriktivere deutsche Kultur erlaube allerdings nicht die alleinige Übernahme des italienischen Modells. Als weitere Strukturmaßnahme schilderte Wenner die Entwicklung der Koordinationsstelle für internationale Gemeinden. Laut Wenner komme ein Teil des Geldes noch immer vom Board of Higher Education für die Arbeit mit den Chaplains, von denen es noch einige wenige gäbe. Ermutigt durch das International Council der UMC erreichte Wenner eine Neubesetzung der damals vakanten Stelle. Im Unterschied zu Klaiber ging Wenner weit konkreter auf die Ausformung dieser Arbeit ein: Als erstes Ehepaar während Wenners Amtszeit wirkten Carol und Kevin Seckel. Während sie die Koordination übernahm, gründete er in Frankfurt am Main eine kleine englischsprachige Gemeinde.

Die Internationalisierung stelle, so Wenner, auch eine Herausforderung in der Begleitung der Gemeinden für die Superintendentinnen und Superintendenten dar: Es sei eine sprachliche und eine kulturelle Hürde. Hier würden inzwischen Hilfestellungen und Weiterbildungsmöglichkeiten angeboten, die von der General Commission on Religion and Race der UMC/Kommission für Glaube und ethnische Vielfalt unterstützt würden. Vermittelnd hierfür habe Åsa Nausner gewirkt. Ein bilingualer Ausbildungsgang für Laienpredigerinnen und Laienprediger konnte sich allerdings nicht durchsetzen. Dafür wird erstmals ein englischsprachiger angeboten. Nach dem letzten Koordinator George Miller, dessen Frau, ursprünglich landeskirchliche Pastorin für eine deutschsprachige Gemeinde in den USA, in Frankfurt am Main versucht hatte, eine deutsche und eine ghanaische Gemeinde zusammenzuführen, fülle seit Ende 2018 mit Yvette Hovsepian Bearce[9] eine Iranerin aus den USA die Koordinationsstelle aus. Damit versuche die EmK, den Entwicklungen seit 2015 Rechnung zu tragen.

Nach wie vor stelle die größte Anzahl selbständiger Gemeinden anderer Muttersprache die ghanaischen Gemeinden dar. Von den wenigen internationalen Gemeinden – Dortmund, Berlin Frankfurt/M. – sei die Peace Church in München die größte mit über dreißig Nationen unter einem Dach. Einige Gemeinden würden inzwischen übersetzen, z.B. Hannover oder Wiesloch mit zweisprachiger Gemeindearbeit. Dennoch zeigten sich neben dem interkulturellen theologischen Ringen auch praktische Konfliktlinien wie z.B. bei Finanzierungsfragen, der Berechnung der Umlage. Jedoch, so Wenner, habe man hier stets der missionarischen Möglichkeit den Vorzug gegeben. Zudem habe man große, auch finanzielle Unterstützung der Arbeit mit Migrantinnen und Migranten durch England erfahren. Entsprechend ihres Engagements habe davon die Norddeutsche Jährliche Konferenz den größten Anteil bekommen.

Insgesamt gesehen ließen sich Konfliktlinien nicht unbedingt an Migrationslinien festmachen, so Wenner. Vielmehr würden die Gemeinden hier jene Linien nachzeichnen, die ohnehin weltweit in der UMC diskutiert würden. Aktuell sei es der Konflikt um den Umgang mit Homosexualität, bei dem die bischöfliche Empfehlung dahingehend gehe, sich in seinen Unterschieden dennoch gegenseitig zu respektieren. Dies sei schwer aushaltbar, auch für Menschen in Deutschland. Auf ökumenischer Seite habe sich die Migration kaum in den jeweiligen Gremien widergespiegelt. Ähnlich sähe es in den Leitungsgremien der EmK aus. Hier brauche es den langen Atem, aber Anfänge wären zumindest gemacht. In der Ökumene würde Migration eher auf Fachtagungen thematisiert. Kirchlicherseits könne die EmK am meisten vom BFP lernen. Dieser sei der EmK weit voraus.

Aus ihrem neuen Amt als Sekretärin im WCC sieht Wenner neue Herausforderungen für die Ökumene: z.B. die Überlagerung von Kirchenfusionen und Migration. So sei z.B. die methodistische Kirche in Kanada mit anderen Kirchen zur United Church of Canada fusioniert. Einwandernde Methodistinnen und Methodisten aus den Philippinen würden nun jedoch neue methodistische Gemeinden gründen, entgegen der Erwartungshaltung der United Church of Canada. Spannend seien auch ähnliche Entwicklungen über Kontinente hin-

---

[9] Name durch die Verfasserin ergänzt.

weg: So gliche die Situation in Neuseeland der deutschen in Bezug auf koreanische Gemeinden und Mission. Ein politischer Brennpunkt sei die methodistische Kirche in Mexiko, die sich stark für die Migranten einsetze. Die nächste
methodistische Weltkonferenz 2020/2021 in Göteborg stünde unter dem Motto
»On the Move« Dies beinhalte die Aspekte Nachfolge, Mobilität, Migration. Das
WCC wiederum habe mit dem Schlagwort »Pilgerschaft« das Thema ebenso
aufgegriffen. Allerdings stünde man noch sehr am Anfang, eine methodistische
Theologie der Migration zu entwickeln. Dies sei eine Vision für die Zukunft.

2.2.3 Bischof Harald Rückert

Harald Rückert (*1958 in Nürnberg) studierte nach Lebensmitteltechnik 1980-
1984 Theologie am Theologischen Seminar in Reutlingen. Nach seiner Ordination 1986 arbeitete er zunächst »vier Jahre in Oberfranken auf dem Gemeindebezirk Hof-Stammbach in einer missionarisch herausfordernden Neulandmis-
sionsarbeit, [im] Gemeindeneuaufbau«. (Transkription_Rückert, S. 1) Danach
führte ihn 1988 der Weg in die Gemeinde Schweinfurt-Würzburg. Dort spielte
er im Ökumenischen Gesprächskreis eine zentrale Rolle. 2000 wurde er Superintendent des Reutlinger Distrikts und danach Pastor im Bezirk Reutlingen-
Erlöserkirche. 1995 führte ihn ein Austauschprogramm des Weltrats Methodistischer Kirchen nach Arkansas, USA. Als Superintendent war er »Vorsitzender
des ›Ausschusses für Neulandmission‹ (später Fachgruppe Gemeindegründung)«.[10] In Reutlingen engagierte er sich maßgeblich im interreligiösen Frie-
densgebet und Dialog. 2017 wurde er zum Bischof der Zentralkonferenz von
Deutschland gewählt.

Das Interview mit Bischof Rückert fand am 8.01.2019 in der Kirchenkanzlei der EmK in Frankfurt am Main statt. Es dauerte eine gute dreiviertel Stunde. Dieses Interview war ähnlich gegliedert wie das Rosemarie Wenners. Als
erstes Arbeitsfeld standen für Rückert »von Anfang an Fragen der Kybernetik,
also der Gemeindeleitung. im Vordergrund, zum einen weil mir klar war als
Pastor selber, ich hab' das so erlebt, dass die Frage nach der Gemeindeleitung
ganz zentral ist für den Aufbau und der der der Kirche, hab mich sehr damit
beschäftigt [...]. Also die Frage nach der Gemeindeleitung, nach partizipatori-
scher Gemeindeleitung, nach Befähigung von Gemeindemitarbeitenden, nach
zielorientiertem Arbeiten, das war für mich in meiner Zeit als Gemeindepastor
eine der großen Herausforderungen und eines der interessantesten . Arbeitsfelder.« (Transkription_Rückert, S. 1).

Die EmK sieht sich somit mit ähnlichen Herausforderungen konfrontiert
wie die Landeskirchen, wobei Rückert dies als heilsame Rückbesinnung zum
Gemeindeverständnis des Methodismus deutete: »Aber strukturell isses notwendig geworden, diesen alten methodistischen Gedanken, dass wir eben nicht

---

[10] Porträt Bischof Harald Rückert unter www.emk.de/emk-presseinformationen/
presseinfo-bischof-rueckert/ [Aufruf: 27.3.2021].

eine Gemeinde oder eine Kirchen sind, die sich nur um einen Kirchturm in . einer . innerhalb eines Ortes versammelt, sondern dass wir als Methodisten gesandt wissen in eine ganze . in ein ganzes Gebiet. Diesen Gedanken wieder zu beleben und wieder zu entdecken, war eine große Herausforderung, an der wir immer noch dran sind.« (Transkription_Rückert, S. 3).

Als zweites Arbeitsfeld nannte er die Frage nach der Relevanz methodistischen Kirche-Seins für den jeweiligen Ort, in die hinein sie sich gestellt sieht: der »missionarische[.] Auftrag [...], dass sowohl das Glauben als auch das Handeln, die Evangelisation und die Diakonie Hand in Hand gehen als zwei Seiten ein und derselben Münze.« (Transkription_Rückert, S. 2). Diesen Auftrag fächerte Rückert in mehrere Punkte auf:

Auf der strukturellen Ebene sollen neue Formen der Gemeindegründung und des Miteinanders ausprobiert werden in Verbindung mit mehr Durchlässigkeit und Flexibilisierung in den hauptamtlichen Dienst. »Wir brauchen ein bisschen mehr schräge Typen, die sich was *traun*, ohne dabei aber den theologischen und den ekklesiologischen Konsens, den der unsre Kirche ausmacht, zu sehr zu strapaziern (lacht), mit uns etwas Neues auszuprobiern.« (Transkription_Rückert, S. 5, kursiv durch die Verfasserin, um die starke Betonung im Interview zu signalisieren) Dabei ist auch für Rückert, wie bereits bei Klaiber und Wenner, die Spannung zwischen Bewahren und Erneuern ein zentrales Thema, wobei für Rückert der Schwerpunkt klar auf Erneuerung liegt, Mut zum Risiko gefragt sei, »ohne dabei Bewährtes und Tragfähiges und Heimat Bietendes einfach Preis zu geben.« (Transkription_Rückert, S. 4).

Gefragt nach der Positionierung der EmK im weltweiten und ökumenischen Kontext antwortete Rückert ekklesiologisch: Als Teil der UMC verstehe sich die EmK im Unterschied zum doch recht kleinen Horizont der Landeskirchen als weltweite Kirche. »Wir sind dezidiert keine Nationalkirche und wolln das auch nicht sein. Ich denk, wir tragen als Evangelisch methodistische Kirche weltweit die . nicht . die große Herausforderung, aber auch die große Chance in uns, dass wir allem nationalistischen Klein Klein entgegentreten können, weil wir uns als weltweite Familie nicht nur verstehn, sondern an vielen Stellen auch erleben. Dass des auch anstrengende Seiten hat, steht außer Frage. Aber letztlich isses ein enorm hohes Gut. Gerade im unsren Zeiten, wo so viel Enge, so viel Nationalismus, so viel . Rassismus, Abgrenzung, Ausgrenzung passiert, denk ich, dass wir als weltweit verfasste Kirche mit unsern Partnern innerhalb der UMC, aber eben auch innerhalb des Weltrats methodistischer Kirchen gute Möglichkeit haben, ein andres Modell von Gemeinschaft zur zu leben.« (Transkription_Rückert, S. 6). Wie Klaiber und Wenner bestätigte auch Rückert die starken und stabilen ökumenischen Partnerschaften der Emk und UMC in Europa und weltweit.

Das Verständnis der EmK als Teilkirche innerhalb einer weltweiten und ökumenischen Kirchengemeinschaft spiegelte sich schließlich in Rückerts Schilderung und Deutung von Migrationsbewegungen wider: Zunächst nahm er eine ähnliche Periodisierung wie Klaiber und Wenner vor und nannte dabei die gleichen regionalen, bzw. ethnischen Zuordnungen: englischsprachige Gemeinden in städtischen Zentren, enge Verbindung zu den USA, russlanddeutsche Immigration (diese habe das Gemeindeleben in Schweinfurt zeitweise belebt und herausgefordert), Vietnamesische Gemeinde, ghanaische und koreanische Gemeinden, schließlich im Zuge der Fluchtmigration Farsi und arabisch sprechende Gemeinden, aber auch eine Arbeit mit chinesisch sprechenden Menschen.»Die große Veränderung kam dann tatsächlich . in den letzten zehn, fünfzehn Jahren, wo der Anteil an internationalen Gemeinden oder an Gemeinden andrer Sprache und Herkunft wie es manches Mal genannt wird (lacht kurz), zugenommen hat. [...] Da hat sich dann für uns als EmK in Deutschland an vielen Stellen tatsächlich das Gemeindeleben auf den Kopf gestellt.« (Transkription_Rückert, S. 7)

Wie die sog. »Flüchtlingskrise« zu einer Chance, aber auch Herausforderung wurde, schilderte Rückert am Beispiel seines letzten Gemeindedienstes auf dem Gemeindebezirk Reutlingen-Erlöserkirche, einer großen, alteingesessenen Methodistenkirche, die sich bis dorthin sehr schwer getan habe mit Veränderungen: Aus einer kleinen Initiative, Freitags die Gemeinderäume zum Kaffeetrinken zu öffnen, habe sich durch die unmittelbare Nähe einer Flüchtlingsunterkunft schließlich eine diakonische Anlaufstelle für eine ökumenische und städtische Migrationsarbeit entwickelt, die schließlich zu einer Öffnung der Gemeinde geführt habe: »Und gleichzeitig wurde unsre Gemeinde mehr und mehr ein Ort, wo Migranten einfach wussten, Freitagnachmittag kann ich hingehen. Da ist eine Rechtsanwältin da. Da ist ein Arzt da. Da sind Leute da, die mit mir auch mal einen Gang machen auf eine der Behörden oder zu einem der Arbeitgeber, Menschen, die mit mir Sprachkurs machen. Und allein diese Herausforderung hat viele in der Gemeinde beflügelt. Plötzlich war für viele wieder spürbar oder erlebbar, weswegen sie Methodist und Christ sind und was ihr Christsein für andere bedeuten kann. Und auch die Fragen nach der interreligiösen Begegnung mit Muslimen und Menschen andren oder gar keines Glaubens hat plötzlich einen ganz andren Horizont erfahrn, und Gespräche darüber sind völlig anders gelaufen als vorher im Elfenbeinturm. Und solche und ähnliche Erfahrungen haben viele unsrer Gemeinden in Deutschland gemacht.« (Transkription_Rückert, S. 7f.).

Dennoch sei das Begleiten von Menschen, die vom Islam zum Christentum konvertiert sind, eine größere Herausforderung als anfangs gedacht. Der Übergang von einem religiösen Denksystem in ein anderes sei nicht mit einer gründlichen Taufunterweisung abgeschlossen. Vielmehr sei die Taufe nur der Beginn in eine neue, christliche Lebensführung (vgl. Transkription_Rückert, S. 11). Überhaupt, so Rückert, sei das »Thema Migration [...] das Zukunftsthema für alle Kirchen in den nächsten Jahrzehnten. Die weltweite Migration, wir bekommen ja in Europa und Deutschland nur einen Bruchteil davon mit [...]. Diese Herausforderungen wird für uns als Kirche eher noch zunehmen, und die is nur zu bewältigen, wenn wir als Kirche zusammenstehn weltweit, wenn wir aber auch weltweit zusammenstehn mit allen politischen Kräften, die hier an sinnvollen Lösungen interessiert sind.« (Transkription_Rückert, S. 8)

Als »sinnvolle Lösungen« führte Rückert daraufhin klare politische Positionierungen aus, die in Deutschland durch gemeinsame freikirchliche Lobbyarbeit über die VEF und europäisch über den Europäischen Rat methodistischer Kirchen dann auf Politik und Behörden einwirken sollen: ein klares Ja zu einer Willkommenskultur, die Wahrung von Menschenrechten, insbesondere das Recht auf Asyl, sowie das Widerstehen von Ideologisierungen und Freund-Feind-Stereotypen. Hier erwiesen sich auch die Landeskirchen als verlässlicher und starker Partner, »der auch Manches auf Grund der Größe stemmen kann, was wir als in Deutschland kleine Kirche aus eigener Kraft niemals würden leisten können.« (Transkription_Rückert, S. 9).

3. Zusammenschau

3.1 Kybernetik, Migrationsregime und ekklesiologisches Selbstverständnis in der EmK

Hinsichtlich der Migrationsregime der EmK ließen sich bei Rückert in Zusammenschau mit Klaiber und Wenner folgende Faktoren ausmachen: Anfangs war Migration in der EmK eine Angelegenheit von seelsorglicher Betreuung nicht zuletzt des US-Militärs, die durch das GBGM im Bereich von Mission angesiedelt war und von dort aus finanziert wurde. Nach dem Mauerfall wurde diese Stelle zu einer Koordinationsstelle für internationale Gemeinden und Migration umgewandelt, nach wie vor finanziell und personell von den USA getragen. Dabei stand zunächst weniger eine Eingliederung in die Strukturen der EmK in Fokus, sondern vielmehr die gegenseitig unterstützende Zusammenarbeit mit methodistischen Gemeinden, die nicht zur UMC gehörten – KMC, MCGh. Während die KMC legale Wirtschafts- und Bildungsmigrantinnen und Bildungsmigranten von Seoul aus betreut und sich daher die Begegnung mit der EmK eher auf administrative Hilfe beschränkt, war das Verhältnis zur MCGh anfangs hierarchisch geprägt: als diakonische Unterstützung hilfesuchender Migrantinnen und Migranten, nur zu oft mit illegaler Migration, die zunächst politischer, dann eher wirtschaftlicher Natur war. Als jedoch die afrikanischen Gemeinden zu wachsen begannen während die deutschen schrumpften, ghanaische Gemeinden die Methodist Church in England belebten und auch afrikanische Flüchtlinge in Italien Methodisten und Waldensern neue Impulse gaben, wendete sich das Blatt: Mit Unterstützung und Hilfe aus England wurden Mechanismen zur formalen Integration der ghanaischen Gemeinden in die Strukturen der EmK geschaffen, die dann zwar durch Pastoren aus Ghana betreut, aber von der EmK finanziert wurden. Auf administrativer Eben konnten somit EmK und MCGh von den abgestuften connexialen Zugehörigkeiten profitieren. Dabei lief jedoch die Zusammenlegung von ghanaischen und deutschen Gemeinden nur zu oft nicht glücklich ab. Innerhalb eines Kirchengebäudes blieb es nicht selten bei einem spannungsvollen Nebeneinander einer kleinen deutschen und einer großen ghanaischen Gruppe. Lediglich die von Anfang an als international angelegten Gemeinden wie z.B. in Hamburg oder die Peace Church in München wiesen ein ethnisch pluralistisches Gemeindeleben auf.

Die von Harald Rückert mit »die letzten fünfzehn Jahre« konstatierte starke Veränderung bringt, noch einmal gepuscht durch die Fluchtbewegungen seit 2015, nicht nur für die EmK, sondern für die gesamte UMC auf verschiedenen Ebenen eine ganze Reihe von Herausforderungen mit sich:

Auf der Ebene des Zusammenlebens verschiedener Ethnien innerhalb von Gemeinden, nicht nur zwischen ehemals Einheimischen und Immigrierenden, sondern auch, wie z.B. in den »ghanaischen« Gemeinden innerhalb der national konnotierten Gruppe die nach Sprache unterscheidenden Ethnien Twi und Akan: Wie kann hier gleichwertige Partizipation hergestellt und gleichzeitig Wandel gesteuert werden? Dabei betrifft Partizipation nicht nur das Recht auf Mitbestimmung, sondern auch die Pflicht der geteilten und zuverlässigen Finanzierung. Die bisherige Lösung zugunsten diakonischer Zugeständnisse lässt sich auf Dauer nicht durchhalten bei knapper werdenden Mitteln auf deutscher Seite.

Dies führt direkt zur intergenerationalen Ebene: den Spannungen zwischen erster, zweiter und inzwischen auch dritter Generation, eine Spannung, die sich in den meisten Migrationsgemeinden finden lässt. Gleichzeitig verschärft der Marker Rasse bei insbesondere den afrikanischen Jugendlichen und jungen Erwachsenen die Dazwischen-Erfahrung zwischen der Herkunftsgeneration und der Gesellschaft, in die sie hineingeboren wurden. Darüber hinaus bietet die EmK das Narrativ international verbundener Gemeinden in verschiedenen connexialen Beziehungsformen, so dass methodistische Gemeindeangehörige sich stets, im Unterschied zu den ethnisch deutsch konnotierten Landeskirchen, als christliche Weltbürgerinnen und Weltbürger verstehen. Diese weltumspannende Gemeinschaft ist allerdings nicht im deutschen Umfeld der Mehrheitsgesellschaft erfahrbar, in der die EmK wie ihre Migrationsgemeinden auch, die Erfahrung macht, Minderheit zu sein. Es wird zu beobachten sein, ob diese Erfahrungswelten in Zukunft, bei stärkerer Integration, zu einer Stärkung oder zu einer Erosion methodistischen Selbstverständnisses führen.

Eine dritte Ebene, die seit 2015 dringlich wurde, mag als Konversions-Ebene bezeichnet werden. Hier kommt zur Notwendigkeit interkultureller und fremdsprachlicher Kompetenzen die der interreligiösen Sprachfähigkeit hinzu.

Bischof Rückert brachte die Gesamtproblematik folgendermaßen auf den Punkt: »Die pastorale oder theologische Herausforderung wird sein, immer wieder zu versuchen, zu unterscheiden, also nicht separieren, aber zu unterscheiden zwischen dem, was kulturbedingt ist und dem, was theologisch be-

dingt an Überzeugungen und vorfindlicher Kirche da ist. Und hier immer wieder Wege auszuloten und zu suchen, wie viel geht tatsächlich in guter Weise
miteinander und wo müssen wir einander Freiraum lassen. [...] Wir brauchen
hier das ehrliche Gespräch, wo wir des Miteinander, des was uns theologisch
verbindet, als Kirche verbindet, festhalten und stärken, ohne dass wir uns
knebeln. Viel Flexibilität wird erforderlich sein an dieser Stelle.« (Transkripti-
on_Rückert, S. 10).

Aus diesem Grund wurde 2018 die bisherige Koordinationsstelle umge-
wandelt in das Referat für internationale und Migrantengemeinden der EmK in
Deutschland. Dessen Leitung übernahm im Oktober gleichen Jahres Yvette
Hovsepian Bearce, eine US-Amerikanerin, Gesellschaftswissenschaftlerin und
Nahost-Expertin mit iranischem Hintergrund. Ihr Aufgabenfeld umfasst Über-
setzungstätigkeiten nicht zuletzt auch in Farsi gepaart mit Supervision der
Farsi-sprechenden Gemeinden und Gemeindegruppen, zusammen mit der Kirchenleitung Gesprächsmoderation zwischen den afrikanischen und deutschen
Gemeinden, sowie das Schaffen von neuen Plattformen für die jüngere Generation. Zudem wurde mit der Eröffnung eines neuen internationalen Schulungs-
programms für multikulturelle Gemeindearbeit (Institute for Multicultural Ministry) im Sommer 2019 an der Theologischen Hochschule in Reutlingen die
bisherige Fortbildung in diesem Bereich ausgeweitet und verstetigt. Erneut
greifen das GBGM bei der Finanzierung und beim Lehrangebot das General
Board of Church and Society (GBCS), das General Board of Higher Education
and Ministries (GBHEM) und Dozierende von US-amerikanischen Universitäten und methodistischen Seminaren unter die Arme.[11]

3.2 Herausforderungen für eine wesleyanische Ekklesiologie der Begegnung in der Glokalität. Impulse für Ökumene, Gesellschaft und Politik

Wie konkret, dringlich und schwierig sich die pastoraltheologischen Floskeln
»zuhören«, »unterscheiden«, »nicht sofort werten«, »Flexibilität« und »Freiraum
lassen« tatsächlich aktuell in der UMC und damit auch der EmK gestalten, eröffnete Bischof Rückert zum Ende seines Interviews: Als unmittelbares Ereignis stehe die außerordentliche Generalkonferenz in den USA vom 23.-
26.02.2019 in St. Louis an. Einziger Tagungspunkt werde der weltweite Umgang der UMC mit Fragen zu Homosexualität sein. Die Kirche stehe hier vor
einem Scheideweg über Einheit oder Spaltung. Dieser Konflikt schwele seit
über vierzig Jahren und habe in den letzten Jahren an Schärfe zugenommen.
»Wie kann das gelingen, sich hier zu verständigen? Das wird die große Herausforderung sein.« (Transkription_Rückert, S. 12) Es werde sicherlich keine einheitliche Formulierung geben. »Die Lösung [...] besteht nur in dem einen Vor-

---

[11] Vgl. Klaus Ulrich Ruof, »Das Andere« integrieren, unter www.emk.de/nc/de/
meldungen-2019/das-andere-integrieren [Aufruf: 27.3.2021].

schlag, der sagt, lass uns einen Weg finden, wie wir einander frei geben können, um in unterschiedlichen Kontexten an dieser einen Stelle in großer Freiheit unterschiedlich zu agieren. Also wir müssen hier ein bisschen was von dem weltweit als Kirche praktizieren, meiner Meinung nach, was auch sonst in Fragen der Migration oder der Integration notwendig ist: das Gemeinsame stärken, um dann in einigen bestimmten Dingen auch tatsächlich frei geben zu können. Ob uns das bei der außerordentlichen Generalkonferenz im Februar gelingen wird, weiß niemand. Ähm, ich hab die große Hoffnung, dass es gelingen wird, weil nur so, denk ich, kann ein Weg in die Zukunft gehen. Wenn es uns gelingt, als Kirche diesen Weg zu gehen, glaub ich, können wir richtig stolz auf uns als Methodisten sein, weil wir dann etwas verwirklichen, was tatsächlich in vielerlei Hinsicht ein Alternativentwurf von Gemeinschaft ist zu dem, was derzeit global abläuft.« (Transkription_Rückert, S. 12).

Bei aller Skepsis und Sorge für eine Lösung sah Rückert somit in dieser Generalkonferenz auch die Chance, zum Vorbild für Politik, Gesellschaft und Ökumene zu werden: Eine gelungene Übereinkunft in St. Louis werde Auswirkungen haben für das Miteinander innerhalb der EmK in Deutschland, in Europa und mit den migrantischen Geschwistern. Zudem werde diese Generalkonferenz von der Ökumene auch in Deutschland aufmerksam verfolgt. Das gelte für Freikirchen wie für Landeskirchen.

Insgesamt gesehen sei das Thema Migration ein dringendes Anliegen, das nur in der vernetzten Ökumene angegangen werden könne. Dazu gehörte der Austausch von Positionspapieren, Verlautbarungen und anderen Dokumenten der einzelnen Kirchen und von Informationen der verschiedensten kirchlichen Initiativen untereinander. Dieser Austausch müsse zwischen den Kontinenten und Regionen auf Augenhöhe geschehen der gegenseitigen Anerkennung und der Notwendigkeit wegen, voneinander über die verschiedensten Formen von und Situationen in Migration zu lernen. »Als es tun sich in der Zukunft noch viel weitere Migrationsströme auf, und es braucht hellwache Sinne und viel Offenheit eben in diesen Gremien wo wir weltweit unterwegs sind, damit Menschen uns nicht aus dem Blick geraten. Also, da is unsre weltweite Verbundenheit Chance und Herausforderung zugleich.« (Transkription_Rückert, S. 13)

Am Beispiel Homosexualität werden somit Verwerfungslinien zwischen Liberalität und Konservativität, Pluralität und Autoritarismus sichtbar, wie sie auch in anderen Mainstream Kirchen und politisch zu beobachten sind. Zugleich wird die Globalisierung in ihrer Vernetzung und ihren Auswirkungen vor Ort – Glokalisierung – das große Thema aller Kirchen in der Zukunft sein, nicht nur der EmK/UMC.

4. Ein Ausblick: Nach St. Louis und die Pandemie

Seit der außerordentlichen Generalkonferenz in St. Louis herrscht große Betroffenheit, auch in weiten Teilen der EmK, die gehofft hatten, dass sich an den bisherigen restriktiven Bestimmungen zum Status von homosexuellen Menschen in der UMC etwas ändern könnte. Das konservative Lager siegte knapp mit seinem Traditional Plan, indem es ihm gelang, die Kirchen des sog. »Südens« auf seine Seite zu ziehen. Selbst der Kompromissvorschlag der Bischöfe/Bischöfinnen blieb auf der Strecke. In der Folge haben die zentrifugalen Kräfte zugenommen. Eine weitere Konferenz für 2020 fiel der Pandemie zum Opfer. Wie dieser Kampf um Bibelverständnis, Moral und Tradition weitergeht, wie die UMC bald aussehen wird, welche neuen methodistischen Denominationen daraus erwachsen werden, ist offen. Fakt ist jedoch, dass dieser Streit auch Auswirkungen haben wird auf die Zukunft der EmK in Deutschland mit ihrer mannigfaltigen Gemeindelandschaft und der Vision eines pluralistischen Miteinanders als Vorbild für Ökumene, Gesellschaft und Politik.

Bendix Balke

MERKMALE INTERKULTURELLER GEMEINDEN

Die Evangelische Kirche in Deutschland (EKD) bezeichnet Migrationsgemeinden seit 2020 als »Internationale Gemeinden«.

> »Internationale Gemeinden sind international, weil sich ihre Mitglieder in Deutschland heimisch fühlen und zugleich mit anderen Weltregionen verbunden sind. So werden sie zu Bindegliedern zwischen verschiedenen Nationalitäten und Brückenbauerinnen der weltweiten Christenheit. [...] So begegnen sich Internationale, die heimisch werden, und Einheimische, die international werden. Beide können sich gegenseitig stärken und voneinander lernen. Mehr und mehr entstehen daraus Gemeinden, die zugleich international wie heimisch sind. Nur gemeinsam können sie die von Gott ausgehende Mission ins Leben tragen.«[1]

Dieser Begriff ist eine selbstbewusste und positive Eigenbezeichnung vieler dieser Gemeinden und verzichtet auf einen Bezug zur oft defizitär konnotierten Migration oder einem angeblichen »Fremd-« oder »Anderssein«.

Aus der gemeinsamen Sendung durch den dreieinigen Gottes leitet die EKD auf der zitierten Webseite zwei sich ergänzende Ziele für migrantische wie für etablierte Gemeinden ab: Das Heimisch-Werden der internationalen und die interkulturelle Öffnung der einheimischen Gemeinden.[2] Beides lässt sich als Inkulturation kirchlicher Gemeinden in der Migrationsgesellschaft verstehen: Aus Migration hervorgegangene monoethnische Gemeinden öffnen sich für den Lebenskontext der Aufnahmegesellschaft, unter Umständen auch für andere migrantische Milieus. Einheimische Gemeinden, die schon länger vor Ort sind, beziehen Zugewanderte auf allen Arbeits- und Entscheidungsebenen ein.

Von Internationalen Gemeinden, die aus Migration entstanden sind, unterscheide ich in diesem Artikel interkulturelle Gemeinden. Interkulturelle Gemeinden verbinden Einheimische und Zugewanderte, unabhängig von ihrer

---

[1] https://internationale-gemeinden.de/was-verstehen-wir-unter-einer-internationalen-gemeinde [Aufruf: 8.1.2021].

[2] Vgl. BENDIX BALKE, Interkulturelle Öffnung der Kirche, in: Jahrbuch Sozialer Protestantismus 12, Leipzig 2019, 208-219.

Gründungsgeschichte und der Mehrheit ihrer Gemeindeglieder. Kriterien dafür übernehme ich von der »Landkarte der Ermutigung«[3], einer Webseite des ökumenischen Netzwerks »Gemeinde auf Augenhöhe«[4] vom Juni 2020. Die Redaktionsgruppe hatte vier Kriterien zur Aufnahme auf die Webseite definiert:

- Zugewanderten und Einheimischen gehören zu Gemeindeleitung und allen Ebenen haupt- und ehrenamtlicher Mitarbeit. Sie bemühen sich, achtsam und partnerschaftlich zusammenzuarbeiten und orientiert sich am Ideal des Umgangs »auf Augenhöhe«.
- Die Gemeinde zählt Interkulturalität zu ihrem Selbstverständnis, wie es z.B. in Leitbild, Mission-Statement oder Öffentlichkeitsarbeit ablesbar ist.
- Kommunikation findet auf Deutsch und wenn nötig in weiteren Sprachen statt. Übersetzungen und Angebote in weiteren Sprachen folgen dem Bedarf der Teilnehmenden.
- Interkulturalität wird im Gottesdienst und in anderen Gemeindeangeboten erkennbar (z.B. durch Sprache, Musik, liturgische Formen und beteiligte Personen).

Die Webseite stellt derzeit 36 Gemeinden vor, die als Beispiele zur interkulturellen Gemeindeentwicklung ermutigen möchten. Sie bezeichnet sie nicht als Best Practice, da der experimentelle Charakter dieser Gemeinden immer auch Scheitern und Neuanfang einschließt.

Die »Landkarte der Ermutigung« möchte eine möglichst große Mischung solcher interkulturellen Gemeinden in Deutschland abbilden, geographisch, konfessionell, nach Herkunftsland und -sprache der migrantischen Gemeindeglieder, Altersgruppe, Größe der Gemeinde, Milieu und Bildungsstand.[5]

Das Netzwerk »Gemeinde auf Augenhöhe« hat dazu alle Mitgliedskirchen der ACK angeschrieben (top-down) und unter ihren Mitgliedern nach Vorschlägen gefragt (bottom up), das die Redaktionsgruppe und der Lehrstuhl für Systematische Theologie an der Universität Osnabrück unter Leitung von Prof. Dr. Gregor Etzelmüller redaktionell bearbeitet hat. Der Autor dieses Artikels war Koordinator des Projekts.

Vierzehn Gemeinden gehören zu evangelischen Landeskirchen, zwölf sind freikirchliche Gemeinden, die sich als von Deutschen gegründete Gemeinden

---

[3] Vgl. https://landkarte-der-ermutigung.de [Aufruf: 8.1.2021].
[4] Zu diesem Netzwerk und seinen anderen interkulturellen Projekten unter www.gemeinde-auf-augenhoehe.de [Aufruf: 8.1.2021].
[5] Protokoll der Redaktionsgruppe »Landkarte der Ermutigung« vom 20.2.2019. Einige Kriterien wurden übernommen aus BIANCA DÜMLING, Neue Gemeinden hat die Stadt. Migranten, Migrationskirchen und interkulturelle Gemeinden, in: HARALD SOMMERFELD (Hrsg.), Mit Gott in der Stadt. Die Schönheit der urbanen Transformation, Marburg 2016, 407-424.

interkulturell geöffnet haben, sechs wurden von Migranten gegründet, drei Projekte sind keinem Kirchenbund angeschlossen und eines ist ein koptisch-orthodoxes Kloster. Mehrere Gründe haben dazu beigetragen, dass die konfessionelle Zusammensetzung nicht als repräsentativ betrachtet werden kann. 26 einheimische Gemeinden stehen sieben migrantischen Gemeinden gegenüber. Die Redaktionsgruppe war enger mit autochthonen Gemeinden vernetzt und fragte sie verstärkt an. Auch taten sich migrantische Gemeinden schwerer, den Fragebogen für die Gemeindeprofile auszufüllen. Nachfragen bei römisch-katholischen Bistümern ergaben, dass deren muttersprachliche Gemeinden von den Parochialgemeinden strukturell getrennt sind und eher punktuell kooperieren.[6] Parochiale Gemeinden haben zwar häufig ehren- und hauptamtliche Mitarbeitende mit Migrationserfahrung, auch im Klerus, verstehen sich aber in ihrem Selbstverständnis nicht explizit interkulturell. Das Koptisch-Orthodoxe Kloster in Höxter-Brenkhausen stellt unter orthodoxen und altorientalischen Gemeinden in seiner bewussten interkulturellen Ausrichtung wohl eine Ausnahme dar. In einigen Landeskirchen werden orthodoxe und altorientalische Kirchen zu den Internationalen Gemeinden gezählt; andere fassen darunter nur evangelische Gemeinden, die aus Migration hervorgegangen sind. Unter den landeskirchlichen Gemeinden finden sich auffällig viele Personalgemeinden, Stadtmissionen und Erprobungsräume. Als nichtparochiale Gemeinden können sie ihr eigenes Profil stärker herausbilden und müssen weniger auf traditionell Verbundene Rücksicht nehmen. Noch mehr landeskirchlichen Gemeinden kämen für die »Landkarte der Ermutigung« infrage, sie sollten die Webseite jedoch nicht dominieren. Unter den etablierten freikirchlichen Gemeinden der Landkarte fällt auf, dass die Hälfte der zwölf aufgenommenen Gemeinden zum baptistischen Bund Evangelisch-Freikirchlicher Gemeinden in Deutschland (BEFG) gehört. Dieser Bund hat internationalen Gemeinden seit den 2000er Jahren die Möglichkeit gegeben, vollwertige Gemeinden des Kirchenbunds zu werden. Inzwischen zählen 41 internationale Gemeinden zum BEFG, etwa 5% seiner 801 Gemeinden. Weitere 250 einheimische BEFG-Gemeinden bieten auch Angebote in anderen Sprachen an. Seit 2010 werden internationale Gemeindeleitende durch einen besonderen Ausbildungsweg fortgebildet und als Pastorinnen und Pastoren anerkannt.[7] Drei einheimische Gemeinden der Landkarte gehören zum Bund Freier evangelischer Gemeinden (FEG), zwei zur Evangelisch-methodistischen Kirche (EmK), eine ist selbstständig. Von den sechs Migrationsgemeinden auf der »Landkarte der Ermutigung« haben sich zwei dem Bund Freikirchlicher Pfingstgemeinden (BFP) an-

---

[6] Vgl. TOBIAS KESSLER, Kann denn aus Nazaret etwas Gutes kommen? Perichoretisch-kenotische Entgrenzung als Paradigma des Verhältnisses zwischen zugewanderten und einheimischen Katholiken, Regensburg 2018, 235-240.

[7] Vgl. THOMAS KLAMMT (Hrsg.), Gott schafft das! Gemeinde mit Menschen aus aller Welt, Kassel 2020, 35f.

geschlossen. Sicherlich lassen sich im BFP mehr interkulturelle Gemeinden finden. Es ist der Kirchenbund, der durch Aufnahme migrantischer Gemeinden am stärksten gewachsen ist: 325 seiner Gemeinden gehören zur Arbeitsgemeinschaft internationaler Gemeinden des BFP, das sind 39% seiner 836 Gemeinden. Von den migrantischen Gemeinden der Landkarte zählen weitere zwei zum BEFG, eine zum Mülheimer Verband und eine ist selbstständig.

Von der Entstehung her lassen sich bei den interkulturellen Gemeinden drei Typen unterscheiden:

1. Eine Gemeinde wird bereits als interkulturelle Gemeinde gegründet. Viele Migrationsgemeinden erreichen überwiegend Gemeindeglieder aus einem/r Herkunftsland bzw. -region. Ihnen schließen sich einzelne autochthone Deutsche an, insbesondere Partnerinnen und Partner von Gemeindegliedern. Einige haben ihren verbreiteten Wunsch, multiethnisch zu werden, umsetzen können, indem sie Menschen mit einheimischem oder ganz anderem Hintergrund gezielt für Leitungsaufgaben gewonnen haben, etwa als Hilfspastor oder zweite Pastorin (z.B. IRC Berlin-Wedding und ICG Hannover). Andere wurden bereits von einem interkulturellen Team gegründet (z.B. Spectrum Düsseldorf und Himmelsfels Spangenberg). Einige dieser Gemeinden werden von bikulturellen Ehepaare geleitet (z.B. Akebulan Berlin und Centre Chretien Berlin).

2. Neuartige hybride Gemeinden entstanden, als junge Erwachsene der zweiten Generation Gemeinden für ihre Peergroup gründeten.[8]

3. Bestehende einheimische Gemeinden öffneten sich oft als Antwort auf besonders sichtbare Migrationsbewegungen. 12 der 36 Gemeinden der »Landkarte der Ermutigung« begannen ihre interkulturelle Arbeit mit der zunehmenden Zahl von Geflüchteten ab 2012, vor allem 2015 und 2016. Frühe Beispiele gehen weiter zurück, wie die EFG Hannover-Linden, die 1973 spanische Christinnen und Christen als Teilgemeinde aufnahm, die als Gastarbeiter einwanderten. Gemeinden mit weltkirchlichem Selbstverständnis wie die methodistische Christuskirche in Frankfurt am Main kooperierten seit den 70er Jahren mit koreanischen, später mit vietnamesischen Gemeindegruppen. Die älteste bestehende Migrantengemeinde in Deutschland ist die evangelische Französisch-reformierte Gemeinde Frankfurt, die 1554 von wallonischen Glaubensflüchtlingen gegründet wurde. Sie sprach 361 Jahre (bis 1916) als Gemeindesprache ausschließlich Französisch. Ihre nur in der NS-Zeit unterbrochene Tradition, französische Gottesdienste zu feiern, führte 2004 zu einer Öffnung für frankophone Afrikaner.

Aus den Erfahrungen von Gemeinden wie auf der »Landkarte der Ermutigung« lassen sich 18 Merkmale interkultureller Gemeinden ableiten. Die Überschriften in Frageform ergeben eine Checkliste für Gemeinden, die sich inter-

---

[8] Dazu der Beitrag von Werner Kahl über die Living Generation Church in Hamburg in diesem Band.

kulturell öffnen wollen. Die Merkmale wollen keine Bewertung darstellen oder interkulturelle Öffnung normieren. Sie abstrahieren empirische Beobachtungen und regen zur vertieften Selbst- und Fremdbeobachtung an. Jede Gemeinde steht vor spezifischen Herausforderungen und muss ihren eigenen Umgang damit finden.

1. Möchte die Gemeinde Mitglieder aus verschiedenen ethnischen Gruppen gewinnen?

Nur wenige Gemeinden werden die Frage verneinen. Unter Migrationsgemeinden bieten etabliert-denominationelle Diaspora-Gemeinden[9] einer spezifischen ethnischen Gruppe geistliche und soziokulturelle Heimat und wollen keine weiteren Zielgruppen erreichen. Zu ihnen gehören die meisten orthodoxen Gemeinden, katholische muttersprachliche Missionen und viele europäische und asiatische evangelischen Gemeinden. Einheimische Freikirchen setzen möglicherweise unbewusst auf das Homogenous Unit Principle des Church Growth Movement, nach dem der Anschluss an eine Gemeinde am leichtesten in kulturell homogenen Einheiten gelingt.[10] Die meisten Gemeinden gehen jedoch davon aus, dass sie für Menschen aller kulturellen Hintergründe offenstehen. Zugewanderte berichten dagegen insbesondere aus landeskirchlichen Gemeinden, dass sie bei ersten Kontakten übersehen oder ablehnend behandelt wurden. Wer geblieben ist, musste sich in hohem Maße anpassen.

Eine Gemeinde, die sich bewusst für Menschen mit Migrationserfahrung öffnet, wird Veränderungen erfahren. Gegenseitige Irritationen sind zu erwarten, Gewohntes wird infrage gestellt, Aspekte von geistlicher Heimat können verloren gehen. Eine Gemeinde, die sich diesen Herausforderungen stellt, braucht eine starke Motivation: Manche wollen gegen den Trend an Gaben, Mitgliedern und Mitarbeitenden wachsen. Sie sehen in der Begegnung mit Marginalisierten einen Ausdruck gelebter Nächstenliebe, neue gesellschaftliche Relevanz oder missionarische Chance. Andere motiviert die Erfahrung, dass Migranten Selbstverständliches in Frage zu stellen, so dass sich die Gemeinde ihres Auftrags bewusster wird.

2. Versucht die Gemeinde, von einem Nebeneinander zu einem Miteinander der ethnischen Communities zu gelangen?

Menschen haben ein tiefes Bedürfnis nach Orten, wo sie sich nicht erklären müssen. Auch in interkulturellen Gemeinden tauschen sich viele am liebsten in einer vertrauten Sprache innerhalb ihrer eigenen Altersgruppe oder ihrem

---

[9] Zur Begrifflichkeit dieser Typologie CLAUDIA WÄHRISCH-OBLAU, Migrationskirchen in Deutschland. Überlegungen zur strukturierten Beschreibung eines komplexen Phänomens, in: ZMiss 31 (2005), 19-39, 35-39.

[10] Darstellung und Kritik bei HENNING WROGEMANN, Missionstheologien der Gegenwart. Globale Entwicklungen, kontextuelle Profile und ökumenische Herausforderungen, LIThM 2, Gütersloh 2013, 217.220f.

Milieu aus. Deshalb ist es spannend herauszufinden, ob es in der Gemeinde Begegnungsfelder gibt, wo Herkunft und Sprache keine Rolle spielt. Oft gilt dies für nachfolgende Generationen von Eingewanderten, die gemeinsam im Aufnahmeland heranwachsen. Chöre und Musikensembles verbindet oft die Sprache der Musik. Gruppen, die gemeindliche Dienste übernommen haben, identifizieren sich gemeinsam über diesen Dienst. Wer von den Einheimischen eine Zeit im Ausland gelebt hat oder in einer bikulturellen Familie lebt, fühlt sich Zugewanderten häufig näher.[11]

3. Gehört interkulturelle Begegnung zum Selbstverständnis der Gemeinde (z.B. im Leitbild, auf der Webseite etc.)?

Die meisten Gemeinden reagierten auf gestiegene Zuwanderung in ihrer Region oder auf konkrete Migranten, die im Gemeindeleben ihren Platz suchten. Nur bei einer von 36 Gemeinden auf der »Landkarte der Ermutigung« stand am Anfang ihres interkulturellen Engagements ein Grundsatzbeschluss der Mitgliederversammlung, bevor sie gezielt auf Eingewanderte zuging.[12]

Kommt es zu gelingenden Begegnungen, steht die Gemeinde vor der Frage, welche Bedeutung sie dem geben möchte: Gehört Interkulturalität zum dauerhaften Selbstverständnis der ganzen Gemeinde oder ist sie das temporäre Anliegen einiger Aktiver? Sieht die Gemeinde dies als Interessensgebiet einzelner, kann mit dem Dienst dieser Personen auch das interkulturelle Engagement enden.

Der Bezug zur Interkulturalität in zentralen Dokumenten der Gemeinde markiert eine höhere Verbindlichkeit und verstetigt die grenzüberwindende Arbeit. Es bestimmt das gemeindliche Selbstverständnis tiefgreifender und hat Auswirkungen auf die Suche nach neuen Mitarbeitenden und Leitungspersonen.

4. Achtet die Gemeinde darauf, dass Zugewanderte ausreichend verstehen und sich ausdrücken können (verständliche Landessprache oder Übersetzungen)?

Kommunikation ist nicht notwendig an Worte gebunden, Verständigung bedarf aber der gemeinsamen Sprache. So ist zu fragen, ob im Gottesdienst alle Gebete, Lesungen und Lieder zu übersetzen sind. Oft hilft ein Hinweis auf Bibelstelle bzw. Thema oder ein Wechsel der Sprachen. Vaterunser und Credo können mehrsprachig gesprochen werden. Verkündigende und erläuternde Gottesdienstelemente sind dagegen auf Übersetzung angewiesen. Dafür kommen vier Formen in Frage:

---

[11] Weitere theologische und soziologische Kriterien bietet Friedemann Burkhardt, Vom Nebeneinander zum Miteinander. Aspekte und Perspektiven einer migrationssensiblen Kirchentheorie für den deutschsprachigen Raum, in: Neue Regeln in der Wohngemeinschaft Gottes. Studientagung zu einer migrationssensiblen Ekklesiologie, Evangelische Akademie Bad Boll, in: epd-Dokumentation 20 (2019), 6-21, 8-11.

[12] Vgl. https://landkarte-der-ermutigung.de/.

Konsekutives Dolmetschen: Nach einer Sinneinheit von ein bis drei Sätzen wird für alle eine Übersetzung in gleicher Länge oder eine sinnerhaltende Zusammenfassung vorgetragen. Die Predigt wird dadurch doppelt so lang und muss stark fokussieren.

Simultanes Dolmetschen: Der Dolmetscher übersetzt fast zeitgleich. Diese Fähigkeit ist eine seltene Begabung und kann ohne Übersetzungsanlage störend wirken.

Schriftliche Übersetzung: Die vorab übersetzte Predigt wird gedruckt, an die Wand projiziert oder digital für Smartphones etc. zur Verfügung gestellt. Das spart im Gottesdienst Zeit, ist qualitativ besser und kann schriftlich weitergegeben werden. Es verlangt allerdings Selbstdisziplin der Predigenden, die Predigt ca. einen Tag vorher abzuschließen, und die Mühe von Übersetzenden in der Zwischenzeit.

In einer *zweisprachigen Dialogpredigt* fasst ein Prediger die Überlegungen des anderen in zwei oder drei Sätzen zusammen und trägt anschließend seinen Gedankengang in drei bis fünf Minuten vor (»Dir war wichtig, dass [...]. Dazu denke ich, dass [...].«). Diese Form ist anregend für Mehrsprachige und erhält die Aufmerksamkeit bei Einsprachigen.

Wenn Zugewanderte sich mit der Landessprache vertraut gemacht haben, kann sich eine Gemeinde auf gut verständliche Landessprache in einem mittleren Sprachniveau (B1 oder B2) verständigen. Das verlangt besonders von akademisch Ausgebildeten den Verzicht auf sprachliche Finessen. Eine Annäherung an Alltagssprache dient dabei auch der Inklusion vieler weiterer Gemeindegruppen.

5. Werden unaufdringlich Personen angesprochen, die zum ersten Mal an Gemeindeveranstaltungen teilnehmen?

Die Willkommenskultur in landeskirchlichen Gemeinden ist oft unterentwickelt. Wer dagegen erstmals eine Migrationsgemeinde oder eine Freikirche besucht, wird in der Regel persönlich begrüßt. Viele dieser Gemeinden haben Beauftragte, die Erstbesucher willkommen heißen und über Unsicherheiten hinweghelfen. Im Gottesdienst gibt es Zeiten, in denen sich neue Besucher der Gemeinde vorstellen, mit Beifall begrüßt werden oder einen besonderen Segen erhalten. Beim Imbiss nach dem Gottesdienst kommen ohne vorherige Absprache Gemeindeglieder auf neue Gäste zu. Manche Gemeinden halten für Erstkontakte Informationsmaterialien (Flyer, Gemeindebrief, Gottesdienstordnung, Visitenkarten, Rückmeldebogen bis hin zu Giveaways) bereit. Viele Mitteleuropäer haben ein hohes Bedürfnis nach Distanz, Anonymität und Individualität und können solche Begrüßungsrituale als übergriffig erleben. Eine angemessene Form des Willkommens verlangt viel Empathie und Fingerspitzengefühl.

6. Setzt die Gemeinde auf ethnisch diverse Teams von Ehren- und Hauptamtlichen?

Ethnisch gemischte Teams können auf unterschiedliche Bedürfnisse besser eingehen, indem sie mehrere Sprachen sprechen und sich leichter in diverse kulturelle Voraussetzungen einfühlen. Da sie ihre Aufgabe gemeinsam erfüllen, lernen sie die Reaktionen der anderen Teammitglieder kennen und können sich aus ihrer kulturellen Vorerfahrung heraus austauschen. Genauso befruchtend können diverse Teams in Kindergottesdienst, Chorleitung, Seelsorge, Verkündigung oder Gemeindeleitung sein. Der Umgang dieser Gruppen miteinander kann für die Gemeinde zum Rollenmodell werden: Gehen die Verantwortlichen miteinander wertschätzend und kultursensibel um, inspiriert dies auch andere Gemeindeglieder.

In interkulturellen Gemeinden hat sich bewährt, gemischte Teams mit vielen Bereiche der Gemeindearbeit zu beauftragen. Es braucht Zeit, um ehrenamtlich wie hauptamtlich Mitarbeitende so zusammen zu führen und ihnen bei Schwierigkeiten zur Seite zu stehen. Solche Teams mögen weniger effektiv sein, weil sie mehr Zeit benötigen. Sicherlich sind sie effizienter, weil von ihren Aushandlungsprozessen die ganze Gemeinde profitieren kann.

7. Übernehmen Gläubige mit Migrationsgeschichte gleichberechtigt Aufgaben in Gottesdienst und hauptamtlichen Dienst?

Viele Kirchen spiegeln das gesellschaftliche Hierarchiegefälle wider, wonach Migranten vor allem in den 3D-Berufen (dirty, dangerous and demanding/degrading/demeaning) Arbeit finden, die Einheimischen zu schmutzig, gefährlich oder anspruchsvoll erscheinen wie etwa in Hauswirtschaft und Pflege. Je höher Qualifikation und Vergütung, desto seltener werden auch im kirchlichen Kontext Stellen mit Zugewanderten besetzt. Zugewanderten wird der Zugang zu nötigen Qualifikationen nicht selten erschwert und erforderliche Fähigkeiten werden ihnen abgesprochen.

Will sich eine interkulturelle Gemeinde darum bemühen, diesem kolonialen und rassistischen Erbe[13] eine migrationssensible Ekklesiologie entgegensetzen, kommt der Gestaltung des Gottesdienstes und anderer Formen der Verkündigung besonderes Gewicht zu. Eine Lesung verändert ihren Charakter, wenn jemand vorträgt, der gesellschaftlich marginalisiert ist. Gebete oder Auslegung erhalten eine andere Färbung, wenn jemand die selbst erlebte Verunsicherung und Bewahrung in Migrationssituationen auf biblische Aussagen bezieht, die ja vielfältig Migration reflektieren.

Interkulturelle Gleichberechtigung wird auch dadurch erschwert, dass migrantische Hauptamtliche tariflich schlechter eingruppiert werden, weil ihnen der Zugang zu formalen Bildungsabschlüssen erschwert wurde. Interkulturelle

---

[13] Dazu der Beitrag von Claudia Jahnel in diesem Band.

Öffnung erfordert gezielte Personalförderung und einen Ausgleich struktureller Nachteile.

8. *Spiegeln sich in Texten und Liedern der Gottesdienste Erfahrungen von Zugewanderten?*

Wer Gottesdienste in einer interkulturellen Gemeinde gestaltet, bezieht sie auf die Lebenswirklichkeit der Teilnehmenden: Werden ein sicheres, planbares und kontinuierliches Leben oder stärker ein vulnerables und kontingentes Leben vorausgesetzt? Welche Rolle spielen Klein- und Großfamilie, Freunde und Beruf? Vor welchen Bedrohungen und Nöten wird Gottes Hilfe erwartet, und welche positiven Erfahrungen werden auf die Hilfe Gottes zurückgeführt? Predigten, liturgische Stücke und Lieder der Gottesdienste können diese Aspekte aufnehmen und in Resonanz zu biblischen Motiven bringen.

9. *Gehören zum Leitungsorgan gleichberechtigt Personen mit und ohne Migrationshintergrund?*

Entscheidungen eines Leitungsgremiums wirken sich auf alle Bereiche des Gemeindelebens aus. In welchem Maß Menschen mit und ohne Migrationsreichtum beteiligt sind (*shared leadership*), zeigt die Ernsthaftigkeit der Gemeinde im Blick auf ihre interkulturelle Öffnung. Eine gemischte Zusammensetzung beweist die Bereitschaft zum Teilen von Macht und repräsentiert das gemeindliche Selbstverständnis. Wenn einzelne Zugewanderte in einen Kirchenvorstand gewählt werden, besteht die Gefahr, sie als Repräsentant aller zu verstehen und interkulturelle Aufgaben an sie zu delegieren. Interkulturelle Gemeinden bemühen sich darum, Gemeindeglieder mit Migrationsgeschichte entsprechend ihrem Anteil an der Gemeinde in allen Funktionen der Leitung einzubeziehen. Wie im Blick auf Gender kann es sich als sinnvoll erweisen, intern vereinbarte oder formale Quoten einzuführen. Oft ist es nicht leicht, geeignete Personen für Leitungsorgane zu finden, sodass es in Praxis zur Unter- oder Überrepräsentation kommt. Wie bei allen Maßnahmen positiver Diskriminierung bleibt es das Ziel, dass sich nach einer Übergangszeit eine gute Mischung wie von selbst einstellt, weil ethnische Herkunft keine Rolle mehr spielt.

10. *Tauschen sich Mitarbeitende über ihre interkulturellen Erfahrungen aus und erhalten sie dafür Trainings oder Supervision?*

In allen interkulturellen Begegnungen kommt es zu Irritationen. Findet dazu kein Austausch statt, können daraus Verletzungen und Konflikte erwachsen. Engagement nimmt ab, die Identifikation geht zurück. In vielen Anwendungsfeldern interkultureller Öffnung haben sich kultursensible Trainings, Coaching oder Supervision bewährt. Im gemeindlichen Kontext stehen dafür oft keine Gelder zur Verfügung. Umso wichtiger ist es, in Mitarbeiterbesprechungen, Workshops oder Teamsitzungen die Möglichkeit zum kollegialen Austausch über interkulturelle Spannungen oder Missverständnisse zu geben.

11. Können vorgefasste Meinungen und Bewertungen über ethnische Gruppen
in Frage gestellt werden?

Begegnungen mit anderen Kulturen führen nicht immer dazu, gesellschaftliche Stereotype zu hinterfragen und zu relativieren. Sie können diese auch verfestigen. Wer gelernt hat, dass Afrikaner das Tanzen und Trommeln im Blut haben, wird beim Austausch über diesen vielfältigen Kontinent Tanz und Trommelmusik erwarten, so dass sich ein koloniales Klischee verstetigt. Interkulturelle Gemeinden lernen, kulturalisierende und rassistische Zuschreibungen zu hinterfragen. Sie ermutigen dazu, Stereotypen zu durchbrechen, indem z.B. eine Afrikanerin beschreibt, wie schwer ihr das Tanzen fällt, oder ein Trommler erzählt, wie lange er seine Kunst lernen musste.

12. Berücksichtigt die Gemeinde Unterschiede ihrer Mitglieder im Rechtsstatus
und in wirtschaftlichen Ressourcen?

Das deutsche Recht legt fest, dass Asylsuchende in ihrer Stadt oder ihrem Landkreis, Geduldete in ihrem Bundesland und Drittstaatsangehörige in einem Staat bleiben oder eine Erlaubnis bzw. ein Visum beantragen müssen. Wenn eine interkulturelle Gemeinde Aktivitäten an einem anderen Ort plant, wird dies durch juristische Vorgaben erschwert. Auch wirtschaftliche Unterschiede schränken die Möglichkeiten zu einem Ausflug oder einer Gemeindefahrt ein. Besondere Sensibilität verlangt die Erstattung von Sachkosten sowie die Zahlung von Aufwandsentschädigungen und Honoraren. Wer von Transferleistungen oder prekärer Arbeit lebt, möge in der Kirchengemeinde keine Benachteiligung erfahren.

13. Wenn Andersgläubige zur Gemeinde finden: Gibt die Gemeinde ihnen sowohl die
Möglichkeit, zu konvertieren als auch an ihrem Glauben festzuhalten?

Die Konversion von vielen tausend Geflüchteten in den letzten Jahren v.a. aus dem Iran hat oft in Gemeinden zu neuen Erfahrungen mit Mission und Taufe geführt.[14] Pietistische und evangelikale Gemeinden begrüßten diese missionarische Chance. Sie tun sich aber zum Teil schwer, wenn Menschen zur Gemeinde finden, aber an ihrer bisherigen Religion festhalten oder sich nach einer Taufe distanzierter verhalten. Liberale und volkskirchliche Gemeinden verstehen ihre Arbeit mit Asylsuchenden oft diakonisch und haben unter Umständen Vorbehalte, wenn sich Geflüchtete für das Christentum interessierten und konvertierten. Interkulturelle Gemeinden verbinden die Einladung zum christlichen Glauben mit einer respektvollen Haltung gegenüber Menschen anderen Glaubens und ihren Glaubensgemeinschaften. Auch Gemeinden, die ehemaliger Muslime tauften, pflegen zum Teil gute nachbarschaftliche Beziehungen zu Moscheegemeinden.

---

[14] Dazu die Artikel von Heike Ernsting und Henning Theißen in diesem Band.

14. Bejaht die Gemeinde unterschiedliche Frömmigkeitsstile und theologische Prägungen?

In der weltweiten Ökumene gibt es vielfältige Formen, wie man betet und die Bibel liest, wie lang ein Gottesdienst dauert, wer dabei welche Aufgaben übernimmt oder wie Krankheit und Behinderungen verstanden werden. Wenn Zugewanderte deutsche Kirchengemeinden bereichern, ist mit einer großen Bandbreite spiritueller Praxis und theologischer Deutungen zu rechnen. Interkulturelle Gemeinden verbinden eine große Offenheit für religiösen Praktiken und Überzeugungen mit einer tragenden Ausrichtung auf den trinitarischen Gott. Die paulinischen Briefe ermutigen transkulturelle und differenzsensible Gemeinden, die den auferstandenen Christus in der Kraft des Geistes Gottes als Zentrum, Maß und Ziel setzen.

15. Versucht die Gemeinde, Irritationen und Konflikte im vertraulichen Gespräch aus dem Weg zu räumen?

Interkulturelle Gemeinden lernen, das Sich-Wundern und Aneinander-Reiben als selbstverständlichen Teil des Miteinanders anzunehmen. Oft entwickeln diese Gemeinden einen ausgeprägten Sinn für Humor, der Spannungen die Schärfe nimmt. Sie bieten niedrigschwellige Formen des Konfliktmanagements, indem geeignete Gemeindeglieder oder Leitungspersonen zeitnah einbezogen werden, wenn es zu Missstimmungen kommt. Zur Deeskalation tragen Gespräche zwischen Konfliktbeteiligten und ein oder zwei vermittelnden Personen bei.

16. Bietet die Gemeinde ganzheitliche Seelsorge an?

Eingewanderte sind vielfältig begabt und wollen nicht einseitig auf Defizite oder Hilfsbedarfe festgelegt werden. Zugleich stellen sie eine besonders vulnerable Bevölkerungsgruppe dar, die überdurchschnittlich mit wirtschaftlicher Not, physischen und psychischen Erkrankungen, sprachlichen und kulturellen Benachteiligungen, rechtlichen Schwierigkeiten sowie Diskriminierung und Rassismus konfrontiert wird. Verlust- und Gewalterfahrungen vor, während und nach der Migration können die pastorale Begleitung herausfordern. Ganzheitlich verstandene Seelsorge schließt kompetente Beratung, materielle Soforthilfe und geistlichen Zuspruch etwa durch Gebet und Segen ein. Das diakonische Engagement für Geflüchtete stand vielerorts am Beginn gemeindlicher Öffnungsprozesse. Eine interkulturell ausgerichtete Gemeinde kommt nicht umhin, Unterstützungsangebote breit aufzustellen.[15]

---

[15] Dazu der Beitrag von Gabriele Beckmann, Andrea Fröchtling und Bianca Dümling in diesem Band.

*17. Setzt sich die Gemeinde für globale Solidarität, Versöhnung und
Gerechtigkeit ein?*

Eine Gemeinde reagiert sensibler auf aktuelle Katastrophen und strukturelle
Fehlentwicklungen, wenn sie Menschen aus betroffenen Ländern vor Augen
hat. Einige Gemeinden haben eigene kleinere Entwicklungsprojekte, die oft eine hohe Wirkung erreichen. Andere kooperieren mit etablierten Organisationen der Katastrophenhilfe, Friedensarbeit oder Entwicklungszusammenarbeit.
Die größere Nähe zu Konfliktregionen kann auch dazu führen, dass Auseinandersetzungen in die Gemeinde hineingetragen werden und sich mit anderen
Spannungen überlagern.

*18. Arbeitet die Gemeinde in der Unterstützung von Zugewanderten mit anderen
einheimischen und migrantischen Kirchen sowie Religionsgemeinschaften
zusammen?*

Die Inklusion von Migrantinnen und Migranten bildet eine gemeinsame Herausforderung, in der einheimische Gemeinden ihre gesellschaftliche Anerkennung und Netzwerke und migrantische Gemeinden sprachliche und kulturelle Nähe einbringen können. Die gilt für die ökumenische Zusammenarbeit
der Kirchen wie für interreligiöse Kooperationen. Migrationsgemeinden werden den letzten Jahren in Landes- und Freikirchen sowie in den theologischen
Fachdisziplinen stärker wahrgenommen. Sie haben einheimische Gemeinden
inspiriert, sich bewusst für migrantische Gemeindeglieder zu öffnen. Die EKD
hat 2014 zu einem Migrationsmainstreaming[16] aufgerufen: Es gibt keinen Bereich kirchlichen Handelns mehr, der die wachsende Zahl von Zugewanderten
ausblenden kann. Interkulturelle Gemeinden tragen als Experimentierfeld zu
einer innovativen und differenzsensiblen Kirchenentwicklung bei. Die Katholizität und Ökumenizität der Kirchen misst sich auch an der achtsamen Einbeziehung von Eingewanderten.

---

[16] Vgl. Kirchenamt der EKD, Gemeinsam evangelisch! Erfahrungen, theologische
Orientierungen und Perspektiven für die Arbeit mit Gemeinden anderer Sprache und
Herkunft, EKD Texte 119, Hannover 2014, 40.

Heike Ernsting

»Kommen die jetzt immer?!«

Christliche Migration als Herausforderung für pastorales Handeln

1. Interkulturelle und transkulturelle Begegnungen in der evangelischen Ortsgemeinde

1.1 Christliche Migration in der evangelischen Ortsgemeinde als neue Herausforderung

Seit der Flüchtlingswelle im Jahr 2015 kommen verstärkt auch Geflüchtete insbesondere aus islamischen Ländern des Mittleren Ostens und Afrikas in deutsche Gemeinden mit dem Wunsch der Taufe und Gemeindezugehörigkeit. Der weit überwiegende Teil kommt aus dem Iran und hat hier vor ihrer Flucht bereits einige Zeit christliche Hauskirchen besucht. Hierbei handelt es sich um illegale gottesdienstliche Treffen in Privatwohnungen, bei denen 5 bis 40 Personen zu Bibelarbeit, Gebet und Singen zusammenkommen. Eine offizielle Taufe und Konversion stehen in der Islamischen Republik Iran unter strenger Strafe, und es gibt auch keine offiziellen Gemeinden und Pastoren, so dass eine Taufe in der Regel nicht stattfindet. Es kommt häufig zu Razzien oder Verhaftung von Teilnehmerinnen und Teilnehmern, so dass damit auch andere Mitglieder der Hauskirche schnell in den Fokus der Geheimdienste geraten. Solche Razzien und Verhaftungen sind oft Auslöser für Fluchten.

In Deutschland angekommen suchen viele Geflüchtete gezielt Kontakt zu evangelischen Gemeinden, freikirchlichen, aber auch landeskirchlichen. Sie wünschen sich vertiefte Informationen über den christlichen Glauben durch ausgebildete Theologinnen und Theologen und eine Überprüfung ihrer erworbenen Kenntnisse. Nach einer Zeit der Unterdrückung und heimlichen Glaubensausübung gibt es eine große Sehnsucht danach, den Glauben in Freiheit zu leben. Durch die Trennung von ihrer Familie und Freunden im Herkunftsland besteht der Wunsch nach Anschluss und Teilhabe am Gemeindeleben und einem Beziehungserleben von neuer Geschwisterschaft im Glauben. Ein junger Iraner ist schon wenige Tage nach dem Eintreffen in Deutschland von dem Gedanken, eine Gemeinde zu finden, bewegt: »Ich muss eine Kirche finden, weil ich jetzt Christ bin. Meine Heimat habe ich gelassen, weil ich jetzt Christ bin, ich muss zur Kirche gehen.«

Obwohl das Phänomen christlicher Migration nicht neu ist, entsteht durch diese Migration in die Gemeinden der evangelischen Landeskirche eine neue Situation. Der größere Teil christlicher Migrantinnen und Migranten aus afrikanischen oder asiatischen Ländern schließen sich landesgenossenschaftlich zu Gemeinden zusammen, Gemeinden anderer Sprache und Herkunft (GaSH), oder - neuerdings favorisiert - Internationale Gemeinden, genannt, so dass sich hier interkulturelle und internationale Kontakte, wenn überhaupt über die Gemeindegrenzen hinaus ereignen. Protestantisch orientierte iranische, afghanische oder irakische Christinnen und Christen werden eher Teil einer deutschen Gemeinde. Die interkulturelle Öffnung geschieht nicht so sehr nur nach außen, sondern nach innen.

In vielen Gemeinden wird diese interkulturelle Öffnung als segensreich und bereichernd erlebt. Konflikte und Ressentiments bleiben jedoch nicht aus. Es gibt viele Fragen und Verunsicherungen auf allen Seiten. Erfahrungen und Kompetenzen fehlen. Insbesondere Pfarrerinnen und Pfarrer und andere Verantwortliche in den Gemeinden betreten Neuland und lernen gewissermaßen auf dem Weg.

1.2 Erfahrungen und Erforschungen in der Ortsgemeinde

Ich bin Gemeindpfarrerin in einer Kirchengemeinde am Stadtrand von Wuppertal, die mit gewachsenen Strukturen und einer guten Vernetzung im Stadtteil ein volkskirchliches und sozialdiakonisches Profil hat. Seit einigen Jahren erlebt sie einen Prozess der interkulturellen Veränderung durch iranische Christinnen und Christen, die mit der Taufe zu aktiven Gemeindegliedern geworden sind. Es sind verschiedene Faktoren, wodurch Veränderungen ausgelöst werden. Ich habe diesen interkulturellen Zuwachs der Gemeinde als eine Bereicherung und als Kairos erlebt, der uns neu auf den Weg bringt, nach den Fundamenten und Vorbildern des Glaubens zu fragen und gemeinsam das Reich Gottes zu suchen. Zugleich bedeutet es eine einschneidende Veränderung, indem aus ausländischen Gottesdienstbesucherinnen und -besucher gleichwertige Gemeindeglieder werden. Die Frage »Kommen die jetzt immer?«, ist mir in dieser Form tatsächlich nicht begegnet, jedoch unausgesprochen in dem Fremdeln einiger Gemeindeglieder mit der neuen Situation. Die Frage steht stellvertretend und provokant als Initial einer neuen Herausforderung für Gemeinden, die mit christlicher Migration befasst sind. Ich gehe davon aus, dass interkulturelle Veränderung durch Fremdheitserfahrungen angestoßen werden. Dabei geht es um interkulturelle Verständigung über die jeweils eigene und fremde Kultur hinaus, um Fragen von neuer Beheimatung in der Fremde, einer heilsamen Verfremdung der vorfindlichen Gemeindestruktur aber auch darum, gemeinsam neue Erfahrungsräume zu betreten.

Ich möchte einige Ereignis- und Spannungsfelder identifizieren und untersuchen, die für die Veränderungsprozesse in der Gemeinde relevant und zentral sind. Als Pfarrerin aus der Praxis mit dem theoretischen Werkzeugkasten der Praktischen Theologie möchte ich nach den pastoralen Herausforderungen fragen. Ziel ist es, die Implikationen, die sich daraus für pastorales Handeln ergeben, zu skizzieren, um diese Veränderung zu begleiten und zu gestalten, das positive Erleben und gegenseitige Verständnis zu befördern und Konflikte, Ressentiments und Verunsicherungen moderierend zu lösen.

Die Erfahrungen und Situation meiner Gemeinde nehme ich exemplarisch als Forschungsgegenstand. Dabei stütze ich mich auf eigene Erfahrungen im Pfarrdienst und auf Gespräche und leitfragengestützte Interviews mit konvertierten Christinnen und Christen sowie mit Gemeindegliedern und Presbyterinnen und Presbytern.[1] Insgesamt wurden fünf Interviews mit sechs Personen durchgeführt. Eine Übersetzung wurde jeweils angeboten, auf eigenen Wunsch hat nur eine Person davon Gebrauch gemacht. Alle anderen Interviews wurden auf Deutsch geführt. Der Sprachstand der Interviewten war zum Zeitpunkt der Interviews zwischen B1 und B2, so dass eine Verständigung gut möglich war. Der Fragebogen erfasste einleitend die Vorgeschichte, d.h. wie es zur Flucht nach Deutschland kam und wie sie in die deutsche Gemeinde gefunden haben. Ein zweiter Komplex fragt nach den ersten Erfahrungen und Schlüsselerfahrungen, nach Erwartungen, nach verstörenden oder negativen Erlebnissen. Es wurde erhoben, was die Personen in der Gemeinde bereits kennengelernt haben, an welchen Veranstaltungen sie teilnehmen, wie sie den Gottesdienst erleben und ob sie sich irgendwo Veränderungen oder weitere Angebote wünschen. Die Taufe und die Bedeutung für sie wurden in einem eigenen Cluster erfragt. Die Interviews mit einer Länge von 90–120 Minuten wurden transkribiert und inhaltsanalytisch ausgewertet. Für die Auswertung ergaben sich Kategorien deduktiv aus dem Fragebogen (Taufe, Status in der Gemeinde und Gottesdienst) als auch induktiv aus dem Gespräch (Zusammenhang von Ethik und Glauben, kulturelle Indikatoren). Als Pfarrerin wissenschaftliche Forschung in der eigenen Gemeinde zu betreiben, hat die Chance des involvierten Einblicks in komplexe Zusammenhänge und Prozesse. Es zieht aber auch einen Rollenkonflikt nach sich sowie auch das Problem, die Anonymität der Interviewten zu schützen. Über ein Abstrahieren und Systematisieren der Praxis in Spannungsfelder und eine anonymisierte Zuordnung von Interviewaussagen dazu, habe ich versucht, diese methodischen Probleme zu entschärfen.

Interviews mit Presbyterinnen und Presbytern sowie engagierten Gemeindegliedern wurden schriftlich mithilfe eines Fragebogens geführt und einzelne Punkte durch mündliche Nachfrage vertieft und protokollarisch festgehalten.

---

[1] Ich habe die Interviews gemeinsam mit einer Mitarbeiterin der Migrationsdienste der Diakonie Wuppertal, die sich ehrenamtlich in der Flüchtlingsarbeit der Kirchengemeinde Langerfeld engagiert, Sabine Kersebaum, entwickelt und durchgeführt.

Auch sie wurden nach Schlüsselerlebnissen und Erfahrungen aus der Anfangszeit befragt, nach möglichen Veränderungen, die sie in der Gemeinde
wahrnehmen, wie sie die Veränderung und die Integration in die Gemeinde
bewerten und ob sie Bedarfe sehen, etwas zu verändern oder zu agieren.[2]

1.3 Interkulturelle Begegnung und transkulturelles Unterwegssein

Kultur verstehe ich in Anlehnung an den Ansatz von Henning Wrogemann
semiotisch als ein Zeichensystem. Zeichen können Bedeutungsträger für Kultur sein, hierbei kann es sich um Texte oder Geschichten handeln, aber auch
um »handlungsleitende Ausdrucksformen im Medium ganz unterschiedlicher
symbolisierter, ritueller oder allgemein medialer Gestalt.«[3] Hierunter fallen
Sprache, Religion, Kleidung, Speisen, Feste, Umgangsformen, Musik und geistige Kulturgüter und vieles mehr. Kultur als solche ist dementsprechend nichts
Gegebenes, sondern immer repräsentiert und »gezeigt«. Kultur ist performativ.
Über gemeinsame Kulturperformanzen ergeben sich Wir-Formationen. Treffen
Menschen aus unterschiedlichen Kulturen zusammen, entsteht eine Diffe-
renzerfahrung von »Wir« und »Ihr«. Die Identität mit der eigenen »Wir-
Formation« tritt hervor im Unterschied oder in der Abgrenzung zur anderen
»Wir-Formation«. Identität ist oft gar kein Thema, sondern gefühlt eher Nor-
malzustand. Wenn die eigene Identität mit einer Differenz konfrontiert wird,
kommt es zu einer Irritation, einem Impuls zum Nachdenken über die eigene
Identität und die »andere«. Interkulturelle Begegnung geht davon aus, dass es
nicht nur ein »entweder-oder« gibt, sondern ein »Dazwischen«. »Die Wortver-
bindung ›inter-kulturell‹ setzt voraus, dass es ein Zwischen gibt, das heißt einen näher zu bestimmenden Raum zwischen zwei oder mehreren kulturell-
religiösen Wir-Formationen.«[4] Von den Begegnungen im »Zwischenraum« gehen Impulse zur Veränderung aus, nach innen gerichtet auf die eigene »Wir-
Formation«, aber auch nach außen auf den/die anderen oder es entsteht etwas
gemeinsames Neues.[5] Dabei ist nicht im Sinne einer Hybridisierung davon
auszugehen, dass kulturelle Unterschiede sich völlig amortisieren, sondern

---

[2]   In die Überlegungen fließt auch mit ein der wertvolle Erfahrungsaustausch in einer
Kollegialen Beratungsgruppe von Pfarrerinnen und Pfarrern »Kirche sein MIT Geflüch-
teten« aus der Region Bergisch-Land, beim großen Studientag »Kirche sein MIT Ge-
flüchteten« im Januar 2019 und der Austausch bei der EKD-Tagung »Strategien zur
Verwirklichung der Wohngemeinschaft Gottes« insbesondere in der Arbeitsgruppe
»Wie verändert die Konversion von Geflüchteten die Gemeinden?« im Februar 2020.

[3]   Henning Wrogemann, Interkulturelle Theologie. Zu Definition und Gegenstands-
bereich des sechsten Faches der Theologischen Fakultät, in: BThZ 32 (2015), 219-239,
225.

[4]   A.a.O., 224.

[5]   Ähnlich gebraucht Johannes Weth den Begriff von Überschneidungs- und Zwischenräumen in seinem Aufsatz in diesem Band.

vielmehr, »dass Kulturen immer auch inszeniert und stilisiert werden, um Abgrenzungen zwischen der eigenen Wir-Formation und den Anderen aufrecht zu erhalten, aufzubauen oder neu zu justieren.«[6]

Darüber hinaus geht es um ein gemeinsames transkulturelles Unterwegssein. Ein auf EKD-Ebene angestoßener Verständigungsprozess zur Interkulturellen Öffnung der Kirche stellt das Bild der Wohngemeinschaft Gottes ins Zentrum, in dem neue Regeln des Miteinanders durch die Taufe gelten und im Miteinander verwirklicht werden sollen.[7] Grundlegend führt der Professor für Systematische Theologie Gregor Etzelmüller aus: »Das Neue Testament setzt voraus, dass sich die eine weltumspannende Kirche vor Ort in einer Gemeinde darstellt. Eben deshalb kommt es in dieser Gemeinde zur Überwindung jener sozialen und kulturellen Differenzen, die gewöhnlich regeln, wer sich mit wem trifft. In der Gemeinde werden sowohl traditionell religiöse als auch ethnische und soziale Differenzen überwunden. ›Da ist weder Jude noch Grieche, da ist weder Sklave noch Freier, da ist nicht Mann und Frau. Denn ihr seid alle eins in Christus Jesus.‹ (Gal 3,28; vgl. Kol 3,11).«[8] Die Gestaltung dieses Miteinanders, das Unterwegssein motiviert von der Vision der Wohngemeinschaft Gottes bezeichne ich als transkulturelle Erfahrung. Dabei geht es um die gemeinsame Vergewisserung, dass unsere Heimat als Christinnen und Christen das Reich Gottes ist, das wir gemeinsam schon hier auf Erden suchen und in der Verheißung der kommenden Welt erwarten. Das bedeutet eine durch die Taufe begründete und geglaubte Identität in der Einheit im Leib Christi, der eine integrale Differenz und kritische Distanz zu kulturellen Zuschreibungen und vermeintlichen Determinanten in sich trägt.[9]

2. Spannungsmomente interkultureller Begegnung und Erfahrung

2.1 Die Taufe

Der Taufe von Erwachsenen geht ein Taufkurs voraus, in dem die Grundthemen des christlichen Glaubens, ein Überblick über die Feste im Kirchenjahr, eine bibelkundliche Orientierung und eine praktische Unterweisung in Aus-

---

[6] Wrogemann, Interkulturelle Theologie (s. Anm. 3), 225.

[7] Vgl. die einleitenden Ausführungen von Oberkirchenrat Bendix Balke, Begrüßung zur EKD-Studientagung »Neue Regeln in der Wohngemeinschaft Gottes. Studientagung zu einer migrationssensiblen Ekklesiologie«, in: epd Dokumentation 20 (2019), 4f.

[8] Gregor Etzelmüller, Migrationskirchen als Herausforderung für das Selbstverständnis evangelischer Kirchen in Deutschland, in: epd Dokumentation 20 (2019), 29f.

[9] Vgl. auch Barmer Theologische Erklärung, These 2.

drucksformen des Christseins und den evangelischen Gottesdienst vermittelt werden. Für die Taufvorbereitung von Konvertitinnen und Konvertiten sind mehrsprachige Taufkurse entwickelt worden.[10] Dabei ist zum einen die sprachliche Hürde zu überwinden und eine Übersetzung je nach Sprachstand wahrscheinlich erforderlich und wichtig. Zum anderen ist eine Sensibilität für bereits erworbenes christliches Vorwissen nötig sowie für die Unterschiede des christlichen Glaubens zur islamischen Glaubensprägung.

Die Taufe im Gottesdienst wird von den Täuflingen als initialer Akt der Zugehörigkeit und *rite de passage* erlebt mit einer erlebten Veränderung von Vorher und Nachher. Auch Gemeindeglieder erleben das Taufgeschehen als Schlüsselereignis in ihrer Beziehung zu den neuen iranischen Gemeindegliedern und Motivation, sich für ihre Belange und Integration in Gemeinde und Gesellschaft zu engagieren.

Ein junger Iraner legt dar, dass die Taufe für ihn eine bewusste Entscheidung war. Der Wunsch bestand bereits im Iran, aber in Deutschland wollte er zunächst vertiefte Informationen über den christlichen Glauben erhalten.

»Für mich ist es ein großer Unterschied, ob ich getauft bin oder nicht. Im Iran versuchten wir es auch, aber es gab niemand, der richtig taufen kann. Aber wir müssen am Anfang erstmal bisschen Erfahrung bekommen, bisschen Informationen bekommen, dann verstehen, was der Unterschied zwischen Christen und Muslimen ist, dann muss man sich entscheiden.«

Die Taufe bedeutet auch der existentiell erlebte Einschnitt und Beginn eines neuen Lebensabschnitts.

»Taufe ist neues Leben. Für mich war es neues Leben. Ich bin neugeboren. Gott mag mich sehr. Ich habe viel gelernt und: das ist mein Glaube, ich bin neu geboren.«

---

[10] Es gibt verschiedene mehrsprachige Taufkurse für Erwachsene. Kompakt und zum Download: Zweisprachige Unterlage für den Taufunterricht Deutsch-Farsi, hrsg. von der Iraner Seelsorge der Ev.-luth. Landeskirche Hannovers unter www.iranerseelsorge. landeskirche-hannovers.de/damfiles/default/iranerseelsorge/iranerseelsorge/textseiten/ Handreichung-f-r-den-Taufunterricht–gek-rzt0-0f5fa5543a9492f309d9e78093d0630d.pdf [Aufruf: 26.4.2021]. Die Österreichische evangelische Kirche hat den Entwurf der Hannoverschen Landeskirche erweitert um Informationen zu Taufe und Konfirmation, einen Abriss der Geschichte der evangelischen Kirche in Österreich sowie einem instruktiven Glossar Evangelisch von A bis Z. Zu finden auf der EKD-Seite unter www.interkulturel lerglaubenskurs.de/ [Aufruf: 26.4.2021]. Die Badische Landeskirche hat einen mehrsprachigen interkulturellen Glaubenskurs herausgegeben, der unter www.interkultu rellerglaubenskurs.de/ [Aufruf: 26.4.2021] abrufbar ist.

Die Taufe besiegelt das neue Leben, das festgemacht wird an einer persönlichen Aneignung des Glaubens und seiner Inhalte, herausgehoben ist dabei die Erkenntnis: Gott mag mich sehr, die auf eine persönliche Gottesbeziehung hindeutet.

Ein anderer Täufling erlebt die Taufe als neues Leben im Sinne einer ethischen Neuorientierung:

> »Die Taufe heißt, dass man neu geboren ist, ich denke, ich persönlich denke, ich bin jetzt neu geboren, ich bin Christi, alle Sünden und Schuld sind alle weg, wenn man getauft ist, und ich versuche gut zu leben und immer anderen zu helfen, ja!«

Der frühere Lebenswandel, der sich im Rückblick offenbar als schuldhaft und ethisch fehlorientiert darstellt, wird mit der Taufe abgeschlossen. Das neue Leben als Christ soll sich an einer neuen Ethik orientieren.

Der Besuch im Gottesdienst war vor der Taufe noch begleitet von einem Gefühl, noch nicht vollumfänglich dazuzugehören. Die innere, bekenntnismäßige Zugehörigkeit war bereits fraglos, aber die äußere Zugehörigkeit mit den vollen Rechten an der Teilhabe am Gottesdienstvollzug, insbesondere am Abendmahl, war vor der Taufe noch fraglich.

> »Als ich noch nicht getauft war, ich dachte immer, ich bin nicht Christ, aber in meinem Herz, Gott ist immer in meinem Herzen. Ich dachte immer, ich muss erst getauft sein, dann ich kann alles machen, alle Sachen, aber als ich noch nicht getauft war, sind wir im Gottesdienst immer hinten sitzen geblieben und nicht nach vorne gegangen zum Abendmahl. Ich dachte: wir dürfen das nicht machen oder das machen, aber als wir getauft waren, dann dachte ich, ja, ich kann alles machen, ich bin jetzt Christ.«

Ein anderer Täufling hat bei Gemeindegliedern ein verändertes Verhalten ihm gegenüber vor und nach der Taufe erlebt. Er beschreibt es so:

> »Vor der Taufe haben die Leute im Gottesdienst immer sehr leise gesagt: Hallo! Hallo! Haben nicht mit mir gesprochen und nicht viel Kontakt aufgenommen. Aber nach der Kirche, nach der Taufe, kamen sofort viele Menschen in der Kirche zu mir: das war ganz anders. Hallo! Viel Lachen, herzlichen Glückwunsch, dann ich fühle, ich bin auch so wie die deutschen Leute. Das war sehr, sehr verschieden vor der Taufe und nach der Taufe.«

Dass die Taufe Zugehörigkeit und Gemeinschaft für die Täuflinge aber auch die beteiligte Gemeinde stiftet, bestätigen zahlreiche Erfahrungen.[11] Umgekehrt

---

[11] Eine Kollegin berichtet aus einer Gemeinde in Schleswig-Holstein, wo viele Täuflinge nur auf einer Zwischenstation waren, dass die Kontakte fortbestehen und viele

gibt es auch die Erfahrung, dass es schwerer fällt, in einer Gemeinde Anschluss zu finden, wenn man zuvor in einer anderen getauft wurde. Die Taufe und die Erfahrung von Gemeinschaft und Zugehörigkeit bleiben prägend und bestehend. Eine Person, die in einer anderen Gemeinde getauft wurde, bevor sie nach Wuppertal kam, nennt als besonderes Ereignis der Anfangszeit in Deutschland:

> »Die Zeit der Taufe und wir erinnern uns immer daran. Deutsche verhalten sich zu uns als Ausländer sehr gut und sind freundlich, obwohl wir früher gehört haben, dass Deutsche kalt sind. Die Gemeinde, in der wir getauft sind, war für uns besser. Hier kennen wir nur ungefähr 10 Personen und sie knüpfen keinen Kontakt zu uns. Aber in unserer Taufgemeinde kennen wir alle Mitglieder, vielleicht hundert Personen oder mehr. Vielleicht akzeptieren sie uns hier noch nicht, weil wir hier keine Taufe hatten, und bekommen nicht so viel Hilfe wie andere.«

Der Taufgottesdienst wird auch von Gemeindegliedern der residenten Gemeinde als ein Schlüsselerlebnis beschrieben. Die Taufe ist ein besonderer Ausdruck einer Glaubensentscheidung, die bewusst getroffen wird. Für die meisten Getauften in Deutschland ist die Taufe ein Ritual im Lebenslauf, das ihre Eltern entschieden haben. Die Freiheit des Glaubens ist eine Selbstverständlichkeit. Im Spiegel der Taufe der Konvertiten wird ein Nachdenken über die Bedeutung der eigenen Taufe und die Ausübung des Glaubens in Freiheit ausgelöst. Die Konvertiten zahlen einen hohen Preis für die Taufe. Für die Täuflinge bedeutet es einen Schnitt mit ihrer Heimat und ihrer Familie, denn als Getaufte und damit offiziell Konvertierte gibt es kein Zurück mehr in das islamische Herkunftsland. Die neue Zugehörigkeit zur Kirche und zur Gemeinde, die mit der Taufe begründet wird, bedeutet ausdrücklich auch für die deutschen Geschwister den Auftrag, den neu Getauften »in ihrer Mitte Heimat zu geben nach bestem Vermögen«. Bei der Taufe hat sich die Gemeinde zu ihrer Verantwortung verpflichtet.[12]

Für die Kinder aus den Tauffamilien haben Gemeindeglieder Taufpatenschaften übernommen. Diese haben sich in vielen Fällen zu Familienpaten-

---

Täuflinge zu größeren Veranstaltungen und Seminaren immer wieder in Verbundenheit in ihre Taufgemeinde zurückkehren. Ähnliches berichtet ein Pfarrer, der iranische Christinnen und Christen in Westfalen und Lippe betreut.

[12] In der Wuppertaler Taufgemeinde wird bei Taufen auch die Gemeinde mit einer Tauffrage gemeinsam mit den Eltern und Paten in die Verantwortung für Täuflinge jeden Alters gerufen. Die entsprechende Ansprache mit Tauffrage lautet: Liebe Gemeinde, auch wir als Gemeinde sind gefragt, dass Täuflinge in der christlichen Gemeinde einen guten Ort für sich finden, Gott kennenlernen und im Glauben wachsen können, darum frage ich euch: Wollt ihr NN mit euren Worten und Eurem Leben die Botschaft von den großen Taten Gottes weitergeben und ihm/ihr in Eurer Mitte Heimat geben nach bestem Vermögen, so antwortet: Ja mit Gottes Hilfe.

schaften entwickelt, indem die Patinnen und Paten bei den vielfältigen organisatorischen und bürokratischen Problemen des Ankommens in der neuen Heimat unterstützt und vermittelt haben und wichtige Ansprech- und Vertrauenspersonen wurden.

Die Taufe erscheint als Spannungsmoment in seiner Bedeutung für die Neugetauften als Initiation und Aufnahme in die Gemeinde. Im Spiegel dieser existentiellen Bedeutung für die Konvertiten werden Reflexion über die eigene Bedeutung des Glaubens und neue Glaubenserfahrungen bei den residenten Gemeindegliedern ausgelöst. Für beide Gruppen ist die Taufe ein Schlüsselerlebnis der Zugehörigkeit und erlebter interkultureller Geschwisterschaft.

Ein weiteres Spannungsmoment wird durch die asylrechtliche Bedeutung der Taufe hineingetragen. Beim BAMF und Verwaltungsgerichten wird die Glaubwürdigkeit der Konversion und des Taufbegehrens auf der Grundlage einer Hermeneutik des Verdachts geprüft. Asylbewerberinnen und -bewerber müssen sich gegen den Generalverdacht, dass sie nur aus strategischen Gründen konvertiert sind, glaubhaft als Christinnen und Christen erklären.[13] Gemeinden, die Konvertiten im Asylverfahren taufen, werden mit diesem Generalverdacht konfrontiert und sehen sich herausgefordert sich dazu zu verhalten und unter Umständen sogar für die eigene Taufpraxis zu rechtfertigen. Einige Gemeinden strecken die Taufvorbereitung auf einen langen Zeitraum, um sich ein differenzierteres Bild über die Ernsthaftigkeit der Motivation zur Taufe zu machen. Das Presbyterium der Gemeinde, in der ich tätig bin, hat sich nach eingehender Beratung dafür entschieden, sich diese Hermeneutik des Verdachts nicht zu eigen zu machen, sondern im Sinne einer Willkommenskultur Zugänge zur Gemeinde zu ermöglichen. An die Taufvorbereitung der Geflüchteten werden keine höheren Kriterien angelegt als an die übliche Taufunterweisung für Erwachsene.[14] Wer nach entsprechender Taufunterweisung den Wunsch hat, getauft zu werden, kann die Taufe empfangen. Nach der Taufe ereignet sich ein gemeinsames Wachsen im Glauben, das durch Angebote wie Seminare, Hauskreis, kulturelle Veranstaltungen, gemeinsame Gottesdienstgestaltung und Freizeitaktivitäten gestaltet wird.

---

[13] In seiner Dissertation hat Krannich die Perspektive der Entscheiderinnen und Entscheider in Asylverfahren eingehend untersucht und führt theologisch die Unverfügbarkeit der Taufe ins Feld gegen Bewertungskategorien in den Asylverfahren, die die Ernsthaftigkeit des Taufwunsches abfragen. Vgl. Conrad Krannich, Recht macht Religion: Eine Untersuchung über Taufe und Asylverfahren, Göttingen 2020, 340ff.

[14] So urteilt auch eine Handreichung der EKD und der Vereinigung freikirchlicher Gemeinden: »Die Taufe von erwachsenen Asylsuchenden ist nichts anderes als die Taufe eines anderen Erwachsenen.« Wenngleich natürlich die besondere Lebenssituation der Täuflinge und die politische Bedeutung der Taufe im Asylverfahren berücksichtigt werden müssen. Vgl. Kirchenamt der Evangelischen Kirche in Deutschland (EKD)/ Vereinigung Evangelischer Freikirchen (VEF), Zum Umgang mit Taufgesuchen von Asylsuchenden, Hannover 2013, 6.

2.2 Der Gottesdienst

Ein zweites Spannungsmoment liegt in der Veränderung in der Gottesdienstgemeinde. In landeskirchlichen Gemeinden besteht diese überwiegend aus älteren Gemeindegliedern. Mit den Geflüchteten kommen plötzlich religiös interessierte jüngere Teilnehmerinnen und Teilnehmer hinzu. In einigen Gemeinden bilden sie sogar einen nennenswerten Anteil an der gesamten Besucherzahl. Kinder werden in den Gottesdienst mitgebracht. Ein junger Christ aus dem Iran formuliert:

> »Es wäre besser, wenn auch andere jüngere deutsche Leute zur Kirche kommen. Für uns wäre es besser. Ich habe in der Kirche gesehen, dass immer alte Leute kommen. Vielleicht bei besonderen Gottesdiensten kommen auch andere, aber bei normalen Gottesdiensten kommen nur alte Leute, aber ich weiß nicht, warum?«

Interessant ist, dass diese Frage und dieses Anliegen auch die residenten Gemeinden beschäftigt und umtreibt. Dieses Spannungsmoment zwischen der Gruppe älterer, regelmäßiger Gottesdienstbesucherinnen und -besucher und der Gruppe junger Neuankömmlinge kann als Katalysator fungieren, um Veränderungsprozesse in der Gottesdienstgestaltung anzustoßen. Es eröffnet eine Projektionsfläche für bestehende und neu entstehende Wünsche nach neuen Formen im Gottesdienst, jüngere Menschen und Familien anzusprechen und für den Gottesdienst zu interessieren und einer Stärkung des Gemeinschaftsgedankens.

Zahlreiche Gemeinden führen Lesungen oder Lieder in den Sprachen der neuen Gemeindeglieder ein, übersetzen Predigten oder gestalten gemeinsam Gottesdienste. Über die Mehrsprachigkeit und über die unterschiedlichen Erfahrungshorizonte von Glauben wird eine binnenorientierte Perspektive heilsam aufgebrochen und die Interkulturalität bzw. Kultur transzendierende Perspektive des Glaubens wird erfahrbar. Der Gottesdienst wird zum ersten Erfahrungsraum der Kerngemeinde für eine interkulturelle Öffnung der Gemeinde. Da wo die Neuankömmlinge neue Heimat und Beheimatung in einer tragenden und wiedererkennbaren Form der Liturgie suchen, wird es für die residente Gemeinde zum Kairos für Neuüberlegungen und Veränderung.

Es kommt zu einer konstruktiven Spannung zwischen der Erwartung, den Glauben in einer Gemeinschaft kennenzulernen zu teilen, und einer milieu- und altershomogenen Gottesdienstgemeinde, in der sich auch andere Alters- und Milieugruppen der Gemeinde oft wenig repräsentiert und adressiert fühlen. Auch wenn das Verstehen der Sprache, der Lesungen und insbesondere der Predigt anfangs noch schwer und auch langweilig war, waren es atmosphärisches Erleben und gemeinsames Singen und Beten, die zu einem sehr positiven Erleben des Gottesdienstes geführt haben. »Als ich noch nicht viel verstehen konnte, war für mich der Gottesdienst auch sehr langweilig«, schildert ein junger Iraner:

»[...] aber ich kann nicht die Atmosphäre vergessen früher in der Kirche: sehr, sehr gut, und wenn wir das Vaterunser im Himmel zusammen gebeten haben, dann fühle ich mein Herz, ich fühle Jesus Christus in meinem Herzen. Denn alle zusammen haben Vater unser im Himmel gesprochen und dann, ding ding, die Glocke dazu.«

Dass gerade das Gebet und das Vaterunser als Kernmarker des christlichen Glaubens erlebt und beschrieben wird, ist sicher auch zu verstehen vor dem Hintergrund der Bedeutung der Gebetszeiten und -gemeinschaften im Islam. Die eigene Prägung wird zum Eingangstor in die neue Frömmigkeitspraxis.

Unabhängig voneinander beschreiben konvertierte Christinnen und Christen, dass sie im Gottesdienst eine wohltuende Ruhe und Frieden finden.

»Aber in Gemeinde für mich ist gut, immer bin ich ruhig im Gottesdienst, ja, das gefällt mir gut.«

»Ich habe viele Probleme, und ich weinte immer ein bisschen, aber wenn ich zur Kirche gehe: alles war weg aus meinem Kopf. Und mein Herz, ein bisschen Sorge, ein bisschen nicht gut vielleicht: ich gehe zur Kirche: alles vergessen!«

»Frieden! Wir haben Frieden in der Kirche. Und wenn gebetet wird, haben wir Frieden.«

Das Erleben von Ruhe und Sicherheit wird erlebt als Entlastung eines ansonsten als belastet empfundenen und stressigen Lebens im neuen Land mit vielen Problemen, Erfahrungen von Flucht und Verfolgung und der Sehnsucht danach, Sicherheit und eine neue Heimat zu finden.

Insgesamt ist das Erleben tragend, nach der Taufe zur Kirche zu gehören und nicht mehr Gast im Gottesdienst, sondern zugehörig zu sein. Auch wenn ein bleibendes Fremdeln durch einige »deutsche Frauen« wahrgenommen wird, sind doch das Erleben von Akzeptanz und die innere Überzeugung der Zugehörigkeit stärker.

Auf die Frage, ob sie sich in der Gemeinde als Gast fühlt, antwortet eine iranische Frau:

»Ich denke nicht, ich bin Gast, mein Gott möchte, dass ich hierherkomme. Ich bin kein Gast. Vielleicht für deutsche Frauen, ich bin Gast. Aber ich weiß, ich bin kein Gast.« Jemand anders erlebt es so: »Gottesdienst ist für uns sehr gut. Sie akzeptieren uns, ja, sie akzeptieren uns in der Kirche und in der Gemeinde, und das gefällt mir gut.«

2.3 Hilfebedürftigkeit und Hilfsbereitschaft

Ein dritter großer Bereich, in dem sich Begegnung und Veränderung ereignet, ist der Bereich der diakonischen Hilfe. Die Geflüchteten, die neu zur Kirchengemeinde hinzukommen, fangen in Deutschland gewissermaßen bei null an. Das Leben und den Alltag neu aufzubauen, ist es ein langer, schwieriger Weg. Asylverfahren, Wohnungssuche und Wohnungseinrichtung, Deutschkurse, Kindergarten- und Schulplätze für Kinder, behördliche Angelegenheiten mit Jobcenter und Ausländerbehörde, therapeutische und gesundheitliche Behandlung und Ausbildungsplatzsuche ist eine Zusammenstellung der wichtigsten organisatorischen Aufgaben auf dem Weg der Integration und Neubeheimatung. Hinzu kommen persönliche und private Probleme und Sorgen. Da die Kirchengemeinden erste Anlaufstellen der Geflüchteten sind und sie hier Ansprechpersonen und Vertrauenspersonen finden, geschieht viel diakonische und sozialarbeiterische Hilfe durch Haupt- und Ehrenamtliche.

Einige Geflüchtete waren zwischenzeitlich in einer großen Traglufthalle in einer anderen Stadt untergebracht. Die Zustände dort waren sehr belastend. Ein Presbyter hat sich in dieser Situation für sie engagiert und erinnert sich:

»Die Geflüchteten waren am Wochenende bei uns im Gemeindehaus und mussten unterhalb der Woche wieder zurück in das Lager. Ich habe die Angst vor der Rückkehr gespürt und mitbekommen, dass sie in dem Lager kaum schlafen konnten. Ich habe angeboten, sie mit dem Gemeindebus zu fahren, dadurch verkürzte sich die Fahrzeit von drei bis vier auf eine Stunde. Ich habe die Situation vor Ort gesehen. Die Familien waren in einer Traglufthalle untergebracht, in abgetrennten Stoffboxen standen 3 doppelstöckige Feldbetten und 3 je 1m breite Spinde auf ca. 14m^2. Man konnte sich dort nur zum Schlafen aufhalten. Die Gerüche und die Geräuschkulisse in dieser Halle waren sehr unangenehm. Ich war froh, dass ich sie nach einigen Wochen mit ihrem ganzen Gepäck dort abholen konnte und sie wieder zurück nach Wuppertal kamen.«

Der großen Hilfebedürftigkeit und Angewiesenheit auf Hilfe steht eine große Bereitschaft zu helfen gegenüber, ein sich-Affizieren-lassen von der Not und unzumutbaren Zuständen. Gemeindeglieder haben Lebensumstände und Lebenswelten von Geflüchteten kennengelernt, die ihnen bis dahin völlig fremd waren. Das Gefühl der Zusammengehörigkeit bringt Empathie und Verantwortungsübernahme hervor.

Die Anfragen an Hilfe und Unterstützung werden aber auch als belastend erlebt. Eine Unterstützerin sagt: »Ich spüre einen großen Erwartungsdruck, der auf mir lastet.« Einige Anfragen bedeuten für Ehrenamtliche eine Überforderung der Bitte zu entsprechen. Es gibt auch Anfragen, für die die Bereitschaft, sich für das Anliegen einzusetzen, fehlt. Dies dann zu kommunizieren ist schwierig und hat schon zu zeitweisen Kommunikationsabbrüchen geführt.

Ohne dass dieser Komplex gezielt abgefragt wurde, stellen die Geflüchteten in den Interviews die erlebte Hilfsbereitschaft besonders heraus. In ihrer Verbindlichkeit werden die helfenden und unterstützenden Menschen wie Familienangehörige erlebt. Eine Iranerin erinnert sich an die Anfangszeit:

»Wir haben wirklich nie erwartet, dass ihr uns so viel helft. Das war für uns eine ruhige Situation, ja, wir dachten, vielleicht haben wir wieder eine Familie in Deutschland.«

Ein Iraner hat es auch mit Blick auf die erste Zeit ähnlich erlebt:

»Ja, sie haben mir am Anfang viel geholfen. Ich kann nicht vergessen. So wie die Familie! Ich habe mit meiner Familie im Iran gesprochen, sie haben immer Sorgen, dass ich alleine bin. Ich habe gesagt: Ich habe hier Familie. Keine Sorge, viele helfen und kommen.«

Verbindlich und auch verlässlich wie die Hilfe der Familie wird die Unterstützung erlebt. Eine andere Geflüchtete erlebt es als eine Gebetserhörung und Gottes Hilfe durch Menschen:

»Mein Gott hat meiner Familie viel geholfen. Andere Menschen helfen eine gute Wohnung, eine gute Schule zu finden. Gott hat uns viel geholfen.«

Es gab einmal eine Situation, als längere Zeit nicht klar war, ob jemand in Wuppertal bleiben konnte. Es wurde über den behördlichen Weg versucht, einen Verbleib in der Stadt zu erreichen, aber es war unsicher, ob die Versuche und Anschreiben erfolgreich sein würden. Diese Situation wurde so erlebt:

»Ich sehe, die Frau möchte mir helfen, aber die Hände sind leer. Sie schreibt Briefe und Emails, sie versuchen viel, und sagt: keine Antwort, tut mir leid. Dann schreiben sie eine Adresse für eine andere Kirche in einer anderen Stadt, und in dem Moment: mein Herz, alles kaputt, ich denke, die Frau hilft mir nicht mehr.«

Hier zeigt sich die Kehrseite der hohen Erwartung, der Angewiesenheit auf die Wenigen und des überhöhten Verständnisses von menschlicher Hilfe als gewissermaßen Vollstreckungsgehilfen Gottes. Wenn Versuche erfolglos bleiben, sind die Enttäuschung und Verzweiflung immens groß.

Wieder andere sehen in der Hilfsbereitschaft einen Ausdruck christlicher Nächstenliebe und ein genuines glaubwürdiges Glaubenszeugnis.

»Sie haben uns immer geholfen, aber sie erwarten nicht, dass wir auch helfen. Sie helfen für Gott. Ja, das ist sehr gut, eine Person muss sehr gut sein, und wir sind sicher, dass sie uns auch später helfen.«

Die Selbstlosigkeit und Uneigennützigkeit der Hilfsbereitschaft hat Geflüchtete nachhaltig beeindruckt und hatte Vorbildcharakter für eine christliche Lebenshaltung.

Auch wenn anfangs die Hilfebedürftigkeit sehr im Vordergrund stand, wurde doch über einen längeren Zeitraum des Kontakts deutlich, dass sich in dem Beziehungsmuster von Hilfebedürftigen und Unterstützerinnen und Unterstützern eine problematische Asymmetrie herausbilden kann. Das Selbstverständnis zu helfen und diakonische Gemeinde zu sein kann dazu führen, dass eine Begegnung auf Augenhöhe und ein gegenseitiger Austausch nicht stattfinden. Es bildet sich ein paternalistisches Gefüge, wie es in der gemeindlichen Flüchtlingsarbeit oft anzutreffen ist. Das Leitbild »Kirchesein MIT Geflüchteten« reagiert auf eine beobachtete Engführung und möchte Visionen einer interkulturellen Geschwisterschaft entwickeln und verwirklichen. Ohne gezielte Maßnahmen und Angebote kann ein asymmetrisches Verhältnis vorherrschend bestehen bleiben oder sich sogar Abhängigkeitsbeziehungen bilden.

2.4 Kulturelle Aspekte

Das Kennenlernen von Kultur vollzieht sich primär über Sprache, aber auch über Umgangs- und andere Ausdrucksformen. Ein Bereich, der für die Bildung und Repräsentation und Stabilisierung von kultureller Identität eine herausragende Rolle spielt, sind Feste. Feste ermöglichen eine Öffnung und Einladung mitzufeiern und teilzunehmen. Sie können Kultur verständlich machen und im Vollzug vermitteln. Zugleich liegt hier aber auch eine hohe Anfälligkeit für Irritation, Missverständnis und Konflikt.

Eine Gruppe persischer Gemeindeglieder wurde gebeten, sich mit einem Essensstand bei einem Weihnachtsmarkt des Stadtteils zu beteiligen. Die deutschen Veranstalter machten bestimmte Vorgaben, was den Umfang des Angebots und die Organisation des Standes betraf. Es kam zu einem Konflikt, als die iranischen Frauen eine Vielzahl unterschiedlicher Speisen anbieten wollten. Zudem gab es wenig Abstimmung und Absprache der Frauen untereinander, so dass jede ein eigenes Gericht kochte und anbot. Es kam zu einem offenen Konflikt während des Weihnachtsmarktes. Für die deutschen Veranstalter war die Art der Standorganisation ein Störmoment in einem komplexen Gesamtgefüge, das Verunsicherung und Stress auslöste. Für die iranischen Frauen waren die Art der Organisation und die Vorgaben eigentlich inakzeptabel für ihr Selbstverständnis und kulturelle Handhabung viel und unterschiedliches Essen anzubieten. Sie standen ebenfalls unter großem Druck und zerrissen zwischen den Erwartungen der Veranstalter und ihren eigenen Vorstellungen eines iranischen Essensangebots. Es war weniger ein sprachliches Verständigungsproblem, sondern vielmehr auf beiden Seiten eine fehlende Fähigkeit, über unterschiedliche Erwartungen zu sprechen und Bereitschaft, Kompromisse zu machen.

Dieser interkulturelle Konflikt wurde mit den Beteiligten später am runden Tisch aufgearbeitet. Der Pfarrer benannte als Problem:

> »Und da war es für uns schwierig, dass ihr als Iraner euch nicht miteinander abgesprochen habt, zum Beispiel über die Töpfe. Ihr sprecht ja Persisch miteinander, das ist ja einfach, wir müssen immer Deutsch-Persisch übersetzen. Und dann war

es für uns ein bisschen schwierig und ich habe mich gefragt: warum sprechen die nicht miteinander?«

Es wurde darauf geantwortet mit dem Hinweis auf Differenzen und Heterogenität innerhalb der Gruppe:

> »Wir haben im Iran auch verschiedene Kulturen, Nord, Süd, Ost, West, und wir haben uns hier kennengelernt, wie haben auch verschiedene Kulturen, und wir können nicht automatisch gut zusammenarbeiten.«

Die Aussprache endete mit einem Zugeständnis, dass das vielfältige Angebot am Essensstand letztlich überzeugend war und gut angenommen wurde und die persönlichen Differenzen wie auch die kulturellen wahrgenommen und akzeptiert wurden.

> »Also wir merken das natürlich auch, das ist ja auch normal, man versteht sich auch nicht mit allen Deutschen gleich gut. Ihr habt das aber auch gut gemacht. Wir haben dann ja auch gesagt: es war gut so! Wir haben dabei viel über eure Kultur gelernt.«

Auf die Frage, was ihnen im Miteinander als Gemeinde wichtig ist, wurde der Wunsch benannt, auch die eigene Kultur des Herkunftslandes zu vermitteln und mit den deutschen Geschwistern zu teilen, was ihnen daran wichtig ist.

> »Für einen guten Kontakt ist es wichtig, dass man Kulturen und Sitten kennt. Manches ist fremd oder gefällt ihnen oder uns auch nicht. Zum Beispiel wir bieten viel an, wir sprechen viel und laut. Deutsche machen viel Organisation und planen weit im Voraus. Iraner sind spontaner. Ich denke, dass Deutsche Taroof kennen sollten. Taroof bedeutet, dass wir mehrmals etwas aus Höflichkeit anbieten, z.B. Essen, Geld, Getränke oder andere Sachen. Wir haben alte iranische Feste, Nourouz und Yalda, das Kyrus-Edikt und eine alte Kultur, auf die wir stolz sind. Nourouz ist das Neujahrsfest. Leider konnten wir es letztes Jahr nicht mit Deutschen feiern, weil wir keinen Platz im Gemeindehaus gefunden haben. Ich wünsche mir das Fest zusammen mit Deutschen zu feiern, um auch unsere Kultur besser kennenzulernen.«

Die Umgangsform des Taroof sowie insbesondere das Neujahrsfest Nourouz werden als kulturelle Ausdrucksformen und Identitätsmarker benannt. Der Wunsch ist einerseits diese zu präsentieren als ein Kulturgut, das man mit Stolz bewahren und zeigen möchte. Andererseits geht es aber auch darum, diese Zeichensprache der Kultur zu vermitteln, um das Kennenlernen und Verstehen zu verbessern.

Diesem Anliegen entsprechend wurde durch persische Gemeindeglieder ein Nourouzfest organisiert und gemeinsam mit deutschen Gemeindegliedern

gefeiert. Es war für alle Beteiligten eine positive und beglückende Erfahrung:
Eine Iranerin erinnert sich:

> »Nourouz! Wir haben viel Essen gemacht, iranisches Essen und eine große Feier.
> Sehr schön!«

Hier wurden in der Fremde ein Ort und ein Rahmen geschaffen, um sozusagen
auch im Exil die identitätsstiftende und -stabilisierende Kultur auszuüben und
zu teilen. Es ging nicht um eine abgrenzende Ausübung von Kultur, die die
Wir-Formation stärker abgrenzt gegen die anderen, sondern vielmehr eine kul-
turvermittelnde und -teilende Form. Von Seiten deutscher Teilnehmer ist dieses Nourouzfest als ein Schlüsselerlebnis im Miteinander bezeichnet worden.
Ein Gemeindeglied formuliert:

> »Wir haben gemeinsam das persische Neujahrsfest gefeiert. Wir haben gut geges-
> sen und getrunken, haben getanzt, gelacht, gesungen und zum Schluss alle ge-
> meinsam aufgeräumt. Danach war etwas anders, in positiver Hinsicht. Das beson-
> dere war: die haben uns gezeigt, wie es geht.«

Der letzte Hinweis ist sehr erhellend. Hier hat sich etwas umgekehrt. Die kulturellen Ausdrucksformen der Migrantinnen und Migranten sind im Ankunftsland natürlicherweise unterrepräsentiert, möglichweise ort- und zeitlos. Es besteht eine Asymmetrie in der Notwendigkeit die fremde Kultur kennenzulernen. Wer sich im fremden Land niederlassen möchte, muss sich mit der Kultur
und den Umgangsformen im Ankunftsland auseinandersetzen. Dieses »Muss«
ist von der anderen Seite zwar im Sinne eines gelingenden Zusammenlebens
auch vorhanden, aber deutlich in einer anderen existenziellen Bedeutung und
Notwendigkeit. Im ersten Jahr konnte das Nourouzfest nicht gefeiert werden
und es wurde so erlebt, dass es für die eigene Kultur buchstäblich keinen
Raum im Gemeindehaus und damit auch in der Gemeinde gibt. Dass es ein
Jahr später möglich war, das Fest zu feiern, wurde dann als Interesse und
Wertschätzung ihrer Kultur erlebt, bei dem sie nicht nur Lernende oder Empfangende waren, sondern als Kulturmittler, Einladende und Akteure agieren
konnten.

3. Implikationen für pastorales Handeln

Auch wenn eine Vielzahl von Personen in den Gemeinden sich für die Unterstützung und Integration von Geflüchteten engagiert, sind Pfarrerinnen und
Pfarrer zumeist Schlüsselpersonen. Sie sind erste Kontaktpersonen, besonders
wenn eine Taufe begehrt wird. Als Zuständige für Gottesdienste sind sie mit
einer neuen Gottesdienstsituation konfrontiert. Pfarrerinnen und Pfarrer sind

Schnittstellen der Kommunikation ins Leitungsgremium sowie zu anderen Haupt- und Ehrenamtlichen und zwischen den verschiedenen Gruppen der Gemeinde. Sie sehen sich starken Ansprüchen an ihre Person ausgesetzt, zum einen durch die offensichtliche und auch artikulierte Hilfsbedürftigkeit der Geflüchteten, zum anderen aber auch durch Unmut von Gemeindegliedern, die sich plötzlich in Konkurrenz um die knappen Zeitressourcen von Pfarrerinnen und Pfarrer zurückgesetzt fühlen. Als Professionelle sind sie herausgefordert, diese neue interkulturelle Situation gemeinsam mit der Gemeinde zu reflektieren und zu gestalten. Die Handlungsfelder, in denen diese Herausforderung zum Tragen kommt, sind interkulturelle und theologische Bildung, Gottesdienstgestaltung, Seelsorge und diakonisches Handeln sowie Leitung und Gemeindeentwicklung. Handlungsleitend kann dabei sein, zunächst interkulturelle Verständigung zu fördern, gegenseitiges Kennenlernen und Begegnungen zu ermöglichen.

»Die Begegnung fragt Selbstverständnisse an und lässt diese reflektieren. Möglicherweise erscheinen sie in einem neuen Licht und können auch neu verstanden werden. Indem vertraute Gewohnheiten mit unbekannten Gewohnheiten zusammentreffen, erweitern sich die Definitionen von Begegnung um die der verschiedenen kulturellen Felder.«[15]

Transkulturelle Erfahrungen und Lernen zu ermöglichen, ist die Zielperspektive. Denn es geht darum, gemeinsam im Glauben neue Erfahrungen zu machen, die man ohne den fremden Blick, der die eigene Perspektive verfremdet, korrigiert und erweitert, nicht erhalten würde. Es geht darum, gemeinsam im Glauben und in dem Verständnis zu wachsen, was es heißt, Gemeinde Jesu Christi zu sein. Die ökumenische Theologin Amélé Ekué beschreibt die Herausforderungen von Migration für die Kirche mit drei Aspekten: »Erstens, die Notwendigkeit für Kirche ihrer eigenen Binnenorientierung und Milieubezogenheit entgegenzuwirken, gesellschaftlich gesetzte Grenzen zu überschreiten und damit ein lebendiges Zeugnis der Christusbotschaft zu geben, das alle Menschen angeht. Zweitens, sich als moralische Gemeinschaft zu konstituieren, die die Ungerechtigkeiten – zuerst nach innen, dann nach aussen – im Horizont des Gottesreiches anprangert. Und drittens schliesslich, die kulturenübergreifende Realität eines Lebens, das in Christus Sinn und Orientierung findet, verkündet und lebt.«[16]

---

[15] CLAUDIA RAMMELT/ESTHER HORNUNG, Begegnung in der Glokalität. Christliche Migrationskirchen in Deutschland im Wandel, in: DIESS./VASILE-OCTAVIAN MIHOC (Hrsg.), Begegnung in der Glokalität. Christlicher Migrationskirchen in Deutschland im Wandel, Leipzig 2018, 15-28, 26.

[16] AMÉLÉ ADAMAVI-AHO EKUÉ, Ökumenische Einsichten zur Gestalt von Kirchen angesichts von Migration und Flucht, in: epd-Dokumentation 20 (2019), 22.

Wie kann dieser Anspruch im Leben der Gemeinde Gestalt gewinnen? Es beginnt im Kleinen mit einer anderen Wahrnehmung von Menschen und ihren Kulturen und einer größeren Sensibilität für Nachrichten aus aller Welt. Andrea Bieler und Tabea Eugster-Schaetzle beschreiben das Erfordernis einer ausgeprägteren Differenzsensibilität, um den Umgang mit Fremd- aber auch Selbstwahrnehmung zu schärfen.[17] Mit den Menschen rücken auch ihre Herkunftsländer in ein neues Licht und ein Verständnis der Vielfältigkeit und Internationalität des Leibes Christi. Es kann Gestalt gewinnen im gemeinsamen Eintreten für Gerechtigkeit. Eine Kollegin erzählt, wie ein iranischer Konvertit aus ihrer Gemeinde sich an einer Mahnwache anlässlich der grausamen Ermordung von George Floyd in den USA im Mai 2020 beteiligte. Sie hat es als ein sehr beeindruckendes und bewegendes gemeinsames Zeugnis gegen Rassismus erlebt.

3.1 Interkulturelle Begegnung fördern und gestalten

Interkulturelle Kompetenz ist von Pfarrerinnen und Pfarrern angesichts dieser neuen Herausforderung gefragt, diese ist aber nicht Bestandteil ihrer Ausbildung. So wie vor Jahren der milieusensible Blick Einzug in den Pfarrberuf genommen hat, erfordert die Internationalisierung und Glokalisierung der Gemeindearbeit die Einübung einer kultursensiblen Wahrnehmung.

Die Ergebnisse der Interviews insbesondere aus dem Bereich kultureller Reflexion stützen die Grundannahme der Interkulturellen Pädagogik, dass es Differenzerfahrungen sind, denen eine Produktivität für Veränderungsprozesse innewohnt. Diese können sich konstruktiv im Sinne einer interkulturellen Öffnung, eines gemeinsamen Nachdenkens über und Neuverstehens von Glauben auswirken. Sie können sich negativ auswirken, indem Vorurteile bestätigt werden und zu Unsicherheit und Ablehnung führen. Diese Differenzerfahrungen betrifft die deutsche Gemeinde in ihrer Begegnung mit den ankommenden Migrantinnen, aber auch die Migrantinnen in ihrer Auseinandersetzung mit den religiösen und kulturellen Erfahrungen, die sie aus ihrem Heimatland mitbringen. Ich halte diesen Ansatz der Interkulturellen Pädagogik hilfreich und weiterführend auch für pastorales Handeln. Interkulturelle Bildung geht zunächst einmal von der grundsätzlichen Kontingenz der geistigen und kulturellen Konstrukte und einer Komplexität der Zusammenhänge aus.[18] »Der Bildungsprozess lässt sich daher auffassen, als Transformationsprozess, in dem das Welt- und Selbstverhältnis eines Menschen durch die Konfrontation mit

---

[17] Vgl. dazu der Aufsatz von Andrea Bieler und Tabea Eugster-Schaetzle über Differenzsensible Konvivialität in diesem Band.

[18] Vgl. GEORG AUERNHEIMER, Einführung in die interkulturelle Pädagogik, Darmstadt [7]2012, 69.

neuartigen Problemlagen eine weitreichende Veränderung erfährt.«[19] »Bildung in diesem Verständnis ist nicht abschließbar, sie impliziert von Zeit zu Zeit eine Neustrukturierung des Wissens und damit des Weltbilds, angestoßen durch Verunsicherung oder innere Konflikte.«[20] Aus diesem Ansatz halte ich die Erkenntnis weiterführend, dass Bildung immer lebenslanges Lernen bedeutet, was insbesondere durch Impulse und Anregungen von außen inspiriert und angestoßen wird. Eine anregungsarme, monokulturelle und homogene Umgebung kann mir weniger Impulse und Anregungen geben als eine diverse, heterogene, differente. Ich lerne darin neue Perspektiven des/der anderen kennen aber darin auch neue Perspektiven auf mich selbst. »Ich lerne mich – oder auch die Welt – mit anderen Augen zu sehen.«[21] Es geht um den Perspektivwechseln und um das Eingeständnis von Diversität. Eine pastorale Herausforderung besteht darin, diese Konflikt- oder Irritationsmomente zu erkennen und für interkulturelle Bildungs- und Identitätsprozesse furchtbar zu machen, was sich in der Regel in einem Einzel- oder Gruppengespräch vollzieht. »Die durch Kulturdifferenz bedingten Kommunikationsstörungen können vielfältiger Art sein. Beispiele aus der Literatur machen unter anderem auf Unterschiede der Höflichkeitsformen, der Normen für Gast und Gastgeber, des Kooperationsstils, des Umgangs mit sozialen Hierarchien oder mit der Zeit aufmerksam. Wie alle Verständigungsschwierigkeiten sind auch interkulturelle dadurch behebbar, dass man darüber spricht.«[22] Die Interkulturelle Pädagogik geht davon aus, dass eine erfolgreiche, konstruktive Bearbeitung von Konflikten oder Störungen einerseits zu einem individuellen Erkenntnisgewinn und Zugewinn von Komplexität führt, andererseits auch zur Qualität von Beziehungen beitragen kann.

Zugleich gilt es aber auch Begegnungen und Situationen zu fördern, in denen außeralltägliche, sinnstiftende interkulturelle Begegnung möglich wird, wie etwa Feste oder Feiern. Interkulturelle Kompetenz bedeutet dann:

- eine Gesprächssituation zu schaffen, in der offen, persönlich, respektvoll und ohne Angst vor Gesichtsverlust gesprochen werden kann
- sprachliche Barrieren möglichst zu ebnen
- Machtasymmetrien zu erkennen und zu minimieren
- Irritationen zu benennen, ggf. zu erklären und gemeinsam nach Klärung zu suchen
- Stereotypisierung und Vorurteile erkennen und ansprechen
- Sensibilität für kulturelle Codes sowie auch für Individualität entwickeln

---

[19] Auernheimer, Einführung (s. Anm. 18), 69.
[20] A.a.O., 70.
[21] Ebd.
[22] A.a.O., 116.

- Sensibilität für Diversität fördern
- Räume und Zeiten für interkulturelle Begegnung gestalten.

Ergänzend möchte ich noch die Wahrnehmung von Kollektivität versus Individualität heranziehen. In einem Interview wurde deutlich, dass es der Person wichtig ist, dass Deutsche beispielsweise iranische Feste kennenlernen oder die Höflichkeitskonventionen des Taroof kennen. Andererseits wird auf die Heterogenität innerhalb der iranischen Gruppe hingewiesen mit dem Wunsch, auch als Individuen erkennbar zu sein. Hofstedes Kulturmodell hat diese Dimension mit dem Wertepaar »Individualismus versus Kollektivismus« kategorisiert. Diese Dimension bezieht sich auf die Frage, ob jemand sich loyal zu einer identitätsstiftenden Gruppenzugehörigkeit verhält oder sich bewusst individuell davon abwendet.[23] Wer vom Islam zum Christentum konvertiert vollzieht einen großen Bruch mit den identitätsstiftenden Codes und kollektiven Werten der Herkunftsgesellschaft. In der Frage nach Rollenbildern von Mann und Frau, dem Tragen eines Kopftuchs in der Öffentlichkeit und vielem mehr, was der residenten Bevölkerung verborgen bleibt, besteht der Wunsch, Werte und Umgangsformen der Kultur im Ankunftsland anzunehmen. In anderen Bereichen wird an kulturellen Formen des Herkunftslandes festgehalten. Eine Sensibilität für Gruppenhomogenität wie auch -heterogenität zu entwickeln, ist daher wichtig und hilfreich.

Interkulturelle Begegnung braucht Räume und Settings. Hierbei kann es sich um Gesprächsgruppen handeln, um Gottesdienste oder Freizeitaktivitäten. Ein besonderes Augenmerk sollte auf die Performanz identitätsstiftender Kulturträger wie Feste oder besondere Rituale liegen. Hier liegt viel Potential zum interkulturellen Lernen und Erleben von Gemeinschaft. Zugleich geht es auch um ein gemeinsames Entdecken und Betreten eines Dritten Raumes, in dem sich interkulturelle oder transkulturelle Geschwisterschaft ausdrückt und bezeugt wird. Dafür Erfahrungsräume zu öffnen und Formen der Performanz zu entwickeln und zu erleben, ist eine wichtige Aufgabe für Pfarrerinnen und Pfarrer sowie auch Leitungsgremien. Gottesdienste, Andachten, Lobpreisabende, Hauskreise, musikalische Projekte oder Gemeindeseminare sind mögliche Formen, in denen diese Dimension zum Tragen kommt.

Interkulturelle Begegnung braucht herausgehobene, außeralltägliche Zeiten. Feste im Kirchenjahr, Gemeindefeste oder das persische Neujahrsfest haben die besondere Fähigkeit, auch nur punktuell an anderen kulturellen Formen teilzunehmen, ohne sie schon zu verinnerlichen oder anzueignen. »Durch die Hochstimmung wird der soziale Zusammenhalt gestärkt, die natürlichen und auch die kulturellen Bindungen der Feiernden werden mit dem Fest sozial

---

[23] Vgl. Martin Kempen, Interkulturelle Vielfalt als Chance für die Pastoral, in: Klaus Kiessling/Jakob Mertesacker (Hrsg.), Seelsorge interkulturell. Pastoralpsychologische Beiträge, Göttingen 2019, 113-124, 115.

erlebbar, der Sinn des eigenen wie gemeinsamen Daseins wird bekräftigt.«[24] Es ist eine Qualität des Festes und der Feier, dass sie auf Teilen ausgelegt ist, einen partizipativen und integrierenden Charakter hat. Im Rahmen eines Festes kann ich an den Ritualen und Bräuchen einer anderen Kultur teilnehmen und sie im Vollzug kennenlernen. Fremdheitserfahrungen können zu einem positiven Verständnis verändert werden.[25]

3.2 Glauben lernen – im Glauben gemeinsam wachsen

Auch wenn das Taufbegehren von Geflüchteten seitens der Behörden in seiner Ernsthaftigkeit und Glaubwürdigkeit angezweifelt wird, sprechen Gründe dafür, sich kirchlicherseits diese Perspektive nicht unkritisch zu eigen zu machen. Grundsätzlich ist die Kirche an den Taufauftrag Jesu gebunden: Gehet hin in alle Welt, taufet alle Völker [...] und lehret sie halten alles, was ich euch befohlen habe (Mt 28,18–20). In einem Taufunterricht werden Grundlagen des christlichen Glaubens und eine Einübung in die Glaubenspraxis vermittelt und ggf. durch Übersetzung und entsprechendes Material sichergestellt, dass die Inhalte verstanden werden können. Wenn im Verlauf des Taufkurses keine grundlegenden Zweifel oder andere schwerwiegenden Gründe aufkommen, kann eine Taufe zumindest laut Kirchenordnung der Evangelischen Kirche im Rheinland nicht verweigert werden. Es gibt m.E. wichtige Gründe, die Taufe von Konvertiten nicht wesentlich von der Taufe anderer Erwachsener zu unterscheiden.[26] Auch für Konvertiten gilt der evangelische Grundsatz der Freiheit des Glaubens und die persönliche Gewissensentscheidung jedes und jeder Einzelnen, vor Gott und der Gemeinde mit dem Wunsch der Taufe zu treten. Es gibt aus guten Gründen keine Prüfung und keine Kriterien für eine Prüfung der Echtheit oder Reinheit der Motive, die einem Taufwunsch zu Grunde liegen. Ein öffentliches »Ja« zur eigenen Taufe oder der der Kinder ist letztlich ausschlaggebend.

Zweitens zeigen die Erfahrungen, dass die Taufe ein Schlüsselereignis für die Täuflinge aber auch für die bezeugende Gemeinde ist. Für viele Gemeindeglieder werden die Geflüchteten erst mit der Taufe persönlich bekannt und als Gemeindeglieder und Teil von ihnen erkennbar. Für die Täuflinge bedeutet es den erlebten Akt der Zugehörigkeit und Zueignung der vollen Mitgliedschaft und Gnade Gottes. Mit der Taufe geschieht eine statusmäßige Gleichstellung. Wenn Gemeindeglieder Patenschaften übernehmen, so geschieht mit der Taufe

---

[24] Jörg Neijenhuis, Feste und Feiern. Eine theologische Theorie, Leipzig 2012, 158.

[25] Vgl. a.a.O., 145.

[26] Anders argumentiert Henning Theißen in diesem Band, der neben Kinder- und Erwachsenentaufe eine neue Kategorie der Taufe von Konvertitinnen und Konvertiten fordert, in der der Umstand des Wechsels von einer Religion zu einer anderen stärker berücksichtigt wird.

ein öffentlicher Akt der Verantwortungsübernahme und auch Teilung von Verantwortung. Der Taufunterricht ist zumindest fachlich sehr an die Kompetenz der Pfarrerinnen und Pfarrer gebunden. Es ist sinnvoll, hier bereits Personen aus der Gemeinde und möglicherweise auch Konvertiten, die sozusagen schon etwas weiter auf dem Weg des Glaubens sind, einzubinden. Taufunterricht mit Erwachsenen ist nicht nur Wissensvermittlung in eine Richtung, sondern Gespräch und Erfahrungsaustausch. Es braucht Raum für Fragen und Themen, die eingebracht werden. Zugleich ist ein Taufkurs orientiert an einem Curriculum und einer Lehr- und Lernsituation mit entsprechenden Rollen. Die Taufe entlässt die Beteiligten aus dieser asymmetrischen Rollensituation und öffnet den Raum für ein gemeinsames Wachsen und Lernen im Glauben. Asymmetrischen Rollen und Beziehungsgefügen entgegenzuwirken und abzubauen, erscheint ein wichtiges Ziel für ein Miteinander in der »Wohngemeinschaft Gottes«. Vielleicht könnte die Taufe mit ihrer sinn- und identitätsstiftenden Wirkung mit einer Tauferinnerung gemeinsam neu gefeiert werden.

Nach der vollzogenen Taufe gibt es Bedarf, der auch formuliert und eingefordert wurde, gemeinsam weiter im Glauben zu wachsen. Bibelkreise, Hauskreise oder auch Seminare sind verbreitete Formate, um über Glaubensthemen ins Gespräch zu kommen und sich persönlich auszutauschen. Der Kreis aus deutschen und migrantischen Gemeindegliedern kann sich über unterschiedliche Kulturerfahrungen und -gepflogenheiten austauschen, Wünsche und Bedarfe können hier formuliert und erfüllt werden, gemeinsame Aktivitäten in der Gemeinde oder Beteiligung im Gottesdienst geplant und durchgeführt werden. Zugleich ist hier der Ort, an dem sich alle Beteiligten über ihre gemeinsame Mitte, den Glauben an Jesus Christus, verständigen und ihre Vision miteinander teilen. Es sind progressive Zellen und/oder Schutzräume, in denen sich Interkulturalität entfalten kann und idealerweise ausstrahlt auf weitere Teile der Gemeinde. Haus- oder Bibelkreise fördern Partizipation und Vergemeinschaftung. Durch eine überschaubare Größe ist eine bi- oder multilinguale Verständigung möglich, so dass die Barrieren für eine aktive Beteiligung abgebaut werden.[27]

---

[27]   So beschreibt es auch idealtypisch Friedemann Burkhardt, der Gemeindetypen hinsichtlich ihrer Inklusivität und Interkulturalität beschreibt. Das Modell einer interkulturell-inklusiven Gemeinde zeichnet sich dadurch aus, dass es viele Menschen aus unterschiedlichen Kulturen, Altersgruppen, Berufen und Lebensstilen verbindet. „Der Gottesdienst folgt meist einer einheitlichen Liturgie in der Lingua franca als der sprachlich kleinste gemeinsame Nenner. Identitätsstiftende Feste und Feiern kennzeichnen Elemente verschiedener Kulturen. Hauskreise konstituieren sich nach dem Lokalprinzip und werden bei Bedarf bi- oder trilingual gestaltet. Ihre nach Alter, Bildung, Sprache oder Einkommen heterogene Besetzung dient als Chance der Organisation schneller und unbürokratischer Sozial- und Lebenshilfe." FRIEDEMANN BURKHARDT, Vom Nebeneinander zum Miteinander. Aspekte und Perspektiven einer migrationssensiblen Kirchentheorie für den deutschsprachigen Raum, in: epd-Dokumentation 20 (2019), 10.

Begegnungen und Kennenlernen zu ermöglichen mit anderen vielleicht weniger offenen Gruppen in der Gemeinde, sind Maßnahmen, die aus einem Hauskreis heraus oder durch Initiativen von Leitung initiiert werden können. Hilfreich sind Brückenmenschen, das können neben Pfarrerinnen und Pfarrer auch Patinnen und Paten sein, Presbyterinnen und Presbyter oder andere Haupt- und Ehrenamtliche, die sich für die Integration von Geflüchteten in die Gemeinde engagieren.

Im Sinne eines transkulturellen Lernens und Weggemeinschaft ist es eine bleibende und spannende Herausforderung, sich über die Beziehungsbilder auszutauschen, die die Gemeinde Jesu Christi ausmacht. Neben das Bild der Wohngemeinschaft wird in den Interviews das Bild der Familie sehr stark gemacht und die Vorstellung der Gemeinde als Familie aus Brüdern und Schwestern mit einer hohen Bindung, Nähe und Verbindlichkeit. Unterschiedliche Verständnisse von Nähe und Distanz kommen darin zum Ausdruck. Welche Vision von Gemeinschaft treibt uns an? Welche Bilder von Kirche inspirieren in der Gestaltung des Miteinanders? Diese Fragen interkulturell in den Gruppen und Kreisen der Gemeinde zu behandeln, hat das Potential nicht nur für die Gemeinde und ihre Mitglieder viele grundlegende Impulse zu geben, sondern auch eine eigene theologische und ekklesiologischen Perspektive in die aktuelle Diskussion über Strukturreformen der evangelischen Kirche einzubringen.

Transkulturelle Gemeinschaft braucht Begegnung im »Zwischenraum« und zu außeralltäglichen Zeiten. Der Gottesdienst ist eine aus dem Alltag herausgehobene Zeit. Die biblische Stiftung markiert ihn als heilig, als Tag des Herrn. Im Gottesdienst trifft sich die Gemeinde in ihrer ganzen Diversität, um gemeinsam sich zu verbinden in der Kontaktaufnahme zu Gott. »Eine Gemeinschaft von Menschen, die sich als Glaubensgemeinschaft versteht, geht davon aus, dass der Sinn transzendent begründet ist und in Kontakt mit dieser Transzendenz der Sinn vermittelt wird. Diese Kontaktaufnahme ereignet sich in der Feier [des Gottesdienstes HE].«[28] Der Gottesdienst kann zu einer Gelegenheit werden, bei der transkulturelle Erfahrungen möglich werden, indem der Bezugsrahmen überkulturell ist und Sinn als transzendent erwartet wird. Zugleich ist der Gottesdienst überzeitlich, indem Texte, Lieder, Erfahrungen aus Jahrtausenden und verschiedener Kontinente in der Gegenwart gehört und erlebt werden.[29] Johannes Weth beschreibt sehr differenziert einen Prozess der Identitätstransformation durch Begegnung mit dem/der Anderen, durch Dialog und Suche nach Wahrheit, sowie ein Überschreiten kultureller Festschreibungen zugunsten einer transkulturellen Erfahrung einer geistlichen Gemeinschaft.[30] Im Sinne einer transkulturellen Erfahrung und performativen Hand-

---

[28] Neijenhuis, Feste (s. Anm. 24), 150.

[29] Vgl. dazu den Beitrag von Bieler/Eugster-Schaetzle in diesem Band.

[30] Vgl. dazu den Beitrag von Weth in diesem Band.

lung fällt auch dem Abendmahl eine besondere Bedeutung zu, in dem Gläubige in aller Verschiedenheit sich als eine sichtbare und sinnenfällig erfahrbare Gemeinschaft in Christus erleben.[31]

---

[31]   Vgl. dazu Bieler/Eugster-Schaetzle in diesem Band.

Henning Theißen

FLÜCHTLINGSKONVERSIONEN

Theologische Zugänge zu einem intersektionalen Phänomen[1]

1. Konfessionelles und intersektionales Paradigma

Seit einigen Jahren wird die Aufmerksamkeit christlicher Kirchen verstärkt vom Phänomen der Flüchtlingskonversionen beansprucht.[2] Darunter versteht man den Sachverhalt, dass sich Menschen, die aus einem Land mit islamisch geprägter Gesellschaft fliehen, im Kontext ihrer Migration dem Christentum zuwenden und in Deutschland (oder einem anderen westlichen Staat), seltener auch während der Flucht in einem Transitland, z.B. der Türkei, taufen lassen. Häufig markiert die empfangene Taufe ein zumindest vorläufiges Ziel der Migrationsbewegung und hängt daher mit der Fluchtgeschichte nicht nur äußerlich zusammen. Vielmehr ist für viele Betroffene die Hinwendung zum Christentum schon im Herkunftsland der maßgebliche Fluchtgrund. Diese Menschen leben also bereits in ihrem persönlichen Heimatumfeld christlich, auch wenn dieses individuelle Christsein dort wegen drohender staatlicher oder vom Staat nicht verhinderter gesellschaftlicher Verfolgung fast nie durch den formellen Schritt zur Taufe öffentlich gemacht wird.

Das Phänomen hat seit dem sog. »Sommer der Migration« 2015 erheblich zugenommen und betrifft heute weit überwiegend Menschen aus der Islamischen Republik Iran. Sie stellt als schiitische Theokratie einen Sonderfall unter

---

[1]   Der Beitrag geht auf einen Vortrag zurück, den ich beim Fachtag »Asyl und Konversion« der Evangelischen Kirche in Deutschland am 29.9.2020 gehalten habe. Für eine stärker auf die Probleme der Einzelsituation eingehende Darstellung sei auf die Tagungsdokumentation »Integration und Konversion« verwiesen, die die Ergebnisse eines von mir geleiteten Forschungsvorhabens zur Thematik darstellt. Vgl. HENNING THEISSEN/KNUD HENRIK BOYSEN (Hrsg.), Integration und Konversion. Taufen muslimischer Flüchtlinge als Herausforderung für Kirchen und Gesellschaft, Paderborn 2021.

[2]   Vgl. zusammenfassend HENNING THEISSEN, Flüchtlingskonversionen. Einführende Sondierung des Problemfeldes, in: DERS./BOYSEN (Hrsg.), a.a.O., 1-53, wo viele der hier behandelten Themen ausführlicher dargestellt werden, doch ohne den methodischen Fokus auf Intersektionalität.

den Staaten und Gesellschaften des Nahen und Mittleren Ostens dar, was sich religionssoziologisch auch darin niederschlägt, dass Migranten, die seit der Islamischen Revolution (1979) aus dem Iran nach Deutschland gekommen sind – ohne zum Christentum zu konvertieren –, bei repräsentativen Befragungen wie z.B. dem Religionsmonitor der Bertelsmann-Stiftung über die Jahrzehnte hinweg charakteristische Inzidenzen bei den statistisch einschlägigen Parametern individueller Religiosität aufweisen. Im Vergleich zu muslimischen Migranten aus anderen Ländern der Region weisen Personen, die aus dem Iran stammen, signifikant niedrigere Werte bei der abgefragten Verbindlichkeit religiöser Überzeugungen und der praktischen Observanz auf.[3] Diese religionssoziologische Evidenz bezieht sich allerdings offensichtlich nicht auf diejenigen iranischen Migranten, die zum Christentum konvertieren, und sie sagt auch nicht unmittelbar etwas über die Situation nach 2015 aus. Dennoch ist sie als Hintergrund auch für das gegenwärtig angemessene Verständnis und den Umgang mit dem Phänomen der Flüchtlingskonversionen von Gewicht, und sei es nur, um den Sichtweisen, die naheliegender Weise die asylrechtliche Beschäftigung von Behörden (BAMF) und Verwaltungsgerichten mit dem Thema prägen, ein differenzierteres Bild der vielgestaltigen Wirklichkeit des Phänomens der Flüchtlingskonversionen an die Seite zu stellen.

In der bundesdeutschen Öffentlichkeit mit ihrer weitgehend indifferenten Einstellung gegenüber Bekenntnisfragen ist immer wieder die Auffassung anzutreffen, Konversionen seien nur etwas für die schon vorher besonders Eifrigen unter den Sinnsuchenden, so wie sich angeblich abgeschworene Raucher zu den schärfsten Verfechtern des Nichtrauchens entwickeln sollen. Der Wortsinn von Konversion als Bekehrung leistet dieser Auffassung Vorschub. Von zum Christentum bekehrten Muslimen erwartet man dann eine besonders tiefgreifende Auseinandersetzung mit Fragen des religiösen Bekenntnisses und eine entsprechende intensive Praktizierung der neu angenommenen Konfession.

Diese konfessionelle Betrachtungsweise, wie man sie zusammenfassend nennen kann, scheint sich im Blick auf den Iran und die dortige Situation der christlichen Kirchen seit der Islamischen Revolution zu bestätigen, doch ist die Lage komplex. Auf der Linie der skizzierten Beobachtung liegt etwa der Länderreport zum Iran, den das BAMF 2019 als Grundlage seiner Einschätzung konvertierter Flüchtlinge erarbeitete.[4] Dort wird unterschieden zwischen »anerkannten« Kirchen (d.h. Kirchen armenischer oder syrischer Tradition), die schon lange vor 1979 etabliert waren und heute relative Kultusfreiheit und staatlichen Schutz genießen, und den christlichen Gruppen pfingstlicher Prägung, die gegenwärtig ohne anerkannte Strukturen eine Missionstätigkeit in

---

[3]   Für entsprechende Hinweise danke ich Dr. Yasemin El-Menouar, Gütersloh.

[4]   Vgl. zum Folgenden BUNDESAMT FÜR MIGRATION UND FLÜCHTLINGE, Länderreport 10. Iran. Situation der Christen, Nürnberg 3/2019, bes. 4-6.

meist individueller Initiative ausüben. Abgesehen davon, dass auch pfingstliche Kirchen schon eine längere Tradition im Iran besitzen,[5] ist vor allem ihre Einschätzung als »sehr konservative Vertreter einer reinen Lehre«[6] (so der Länderreport des BAMF zu den Assemblies of God) zu differenzieren. Dahinter dürfte das konfessionelle Paradigma stehen, das den betreffenden Kirchen das beschriebene Verständnis der Konversion als Bekehrung zu einem bestimmten Bekenntnis unterschiebt. Unausgesprochen geistert hier das Verdikt der Sekte durch den Länderreport.

Wie schon die Masse der seit 1979 aus dem Iran Geflüchteten, die religionsdemographisch als eher unterdurchschnittlich religiös beschrieben wird (s.o.), kein diesbezüglich einheitliches Profil aufweist, so scheinen nach den noch wenigen empirischen Studien zum Thema[7] auch diejenigen Iranerinnen und Iraner, die sich christlich taufen lassen, keine klar identifizierbare religiöse Prägung als gemeinsames Merkmal aufzuweisen. Allerdings gibt es Anzeichen dafür, dass die Hinwendung zum Christentum zumindest in den größeren Städten für mehr Menschen als noch in vergangenen Jahren auch durch persönliche, nachbarschaftliche Kontakte mit Angehörigen der staatlich geduldeten Kirchen angeregt ist, deren Lebenswandel als anspornend und befreiend erfahren wird.[8]

Nach der Logik des konfessionellen Paradigmas müssten die Lebenswelten der Angehörigen dieser etablierten Kirchen gegen die der iranischen Konvertiten, die sich im Land meist baptistisch oder pfingstlich orientieren, streng abgeschottet sein. Doch diese Trennung existiert, nach den eben angeführten Indizien zu urteilen, nicht in der behaupteten Durchgängigkeit. Mögen staatlich geduldete Kirchen im Iran auch keine Konvertiten taufen, so ist deren anderweitige kirchliche Orientierung doch nicht mit konfessionellen Gründen zu erklären. Vielmehr lernen die meisten Konvertiten die Eigenarten und Unterschiede der Konfessionen überhaupt erst im weiteren Verlauf ihrer Migrationsgeschichte in den Ländern kennen, wo sie schließlich getauft werden. Im Iran hingegen dürfte der wachsende Homogenisierungsdruck, den die Islamische Republik für alle Lebensbereiche der Einzelnen erzeugt, eher dazu führen, dass Menschen in der Abwehr dieses Drucks zusammengeführt werden, die ansonsten durch religiöse, ethnische oder soziale Schranken getrennt sind.

---

[5] Vgl. hierzu neben BAMF, Länderreport (s. Anm. 4), 6, z.B. CONRAD KRANNICH, Taufwillige Muslime? Zur asylrechtlichen Verhandlung »religiöser Konversionen«, in: THEISSEN/BOYSEN (Hrsg.), Integration (s. Anm. 1), 67-85, 75.

[6] BAMF, ebd.

[7] Vgl. z.B. SUSANNE STADLBAUER, Between Secrecy and Transparency. Conversions to Protestantism Among Iranian Refugees in Germany, in: Entangled Religions 8 (2019), unter https://er.ceres.rub.de/index.php/ER/article/view/8322/7670 [Aufruf: 10.2.2021].

[8] Für den landeskirchlichen Bereich GÜNTHER OBORSKI, Die Iranerseelsorge der Evangelisch-lutherischen Landeskirche Hannovers, in: THEISSEN/BOYSEN, a.a.O., 197-208, 201.

Die Tatsache, dass auch armenische Christen, die einer national homogenen Kirche angehören, für ihre nicht-armenischen Nachbarn zum Anreger einer religiösen Konversion werden, ist ein anschauliches Beispiel dafür, dass diese Konversionen alle Sektoren des individuellen Lebens in einem Staat erfassen, der seinerseits das Leben seiner Bürgerinnen und Bürger in so vielen Bereichen wie möglich bestimmen will. Konversionen iranischer Flüchtlinge können deshalb nicht mithilfe des konfessionellen Paradigmas erfasst werden, sondern verlangen die Einsicht in den intersektionalen Charakter solcher Vorgänge. Menschen, die als Geflüchtete aus dem Iran zum Christentum konvertieren, bringen damit eine Haltung zum Ausdruck, die in verschiedenste Bereiche ihres Lebens – nicht nur das religiöse Bekenntnis – eingreift, in denen sie jeweils Übergänge vollziehen, am offensichtlichsten darin, dass ihr individuelles Konversionsnarrativ eng mit ihrer Migrationsgeschichte verbunden ist. Das schließt natürlich nicht aus, dass Menschen aus im engeren Sinne konfessionellen Motiven vom schiitischen Islam zum Christentum konvertieren, weil sie u.U. schon seit längerer Zeit von religiösen Fragestellungen bewegt sind, für die sie mit einer Konversion die Lösung erhoffen. Derartige Motive sind in der Literatur zum Thema belegt.[9]

Eine angemessene Beschäftigung mit dem Thema Flüchtlingskonversionen verlangt deshalb die Respektierung des intersektionalen Paradigmas in der Betrachtung religiöser Veränderungen im Leben von Menschen. Im Folgenden äußere ich mich aber als Fachwissenschaftler und Repräsentant der systematischen Theologie. Ihr steht das Konzept der Taufe zur Verfügung, das in dogmatischer Hinsicht den lebenswendenden Charakter der Konversion beschreibt und dabei gerade wegen deren Auswirkungen auf das ganze Leben der Getauften nicht bei der dogmatischen Beschreibung verharren kann, sondern eine Anzahl weiterer Faktoren solcher Konversionen einbeziehen muss. Die Beschreibung folgt damit zwar noch keiner intersektionalen Methode, trägt aber dem Phänomen der Intersektionalität Rechnung und führt so an mehreren Stellen zur Revision etablierter theologischer Kategorien. Das will ich in Ziff. 2.1-2.3 der vorliegenden Überlegungen entfalten. Es geht darum, die Theologie sprachfähig für das Phänomen der Flüchtlingskonversionen zu machen. Mit herkömmlichen Denkmitteln werden die zunehmenden Taufen iranischer Christinnen und Christen kaum angemessen zu erfassen sein, auch scheint mir auf dieser Basis der Versuch zum Scheitern verurteilt, als Kirche breitere Gesellschaftsschichten für das Thema auch nur zu interessieren oder gar mahnende, womöglich klärende Worte an die staatlichen Behörden zu richten, die mit Flüchtlingskonversionen befasst sind.

---

[9]   Z.B. beobachten SZABOLCS KÉRI/CHRISTINA SLEIMAN, Religious Conversion to Christianity in Muslim Refugees in Europe, in: Archive for the Psychology of Religion 39 (2017), 283-294, entsprechende Motive bei über der Hälfte ihres Samples.

2. Die Taufe iranischer Flüchtlinge

Die Taufe ist das Schlüsselgeschehen im Zuge einer Flüchtlingskonversion. Darin waren sich die evangelischen Landeskirchen mit den protestantischen Freikirchen einig, als sie 2013 in einer Handreichung zum Thema formulierten: »Die Taufe von erwachsenen Asylsuchenden ist nichts anderes als die Taufe eines anderen Erwachsenen.«[10] Diese dogmatische Aussage wäre allerdings irrig, sollte damit gesagt sein, dass die besonderen Umstände wie etwa der Migrations- oder der Konversionskontext, die Flüchtlingskonversionen von anderen Taufen unterscheiden, theologisch belanglos wären. Vielmehr ist jede Taufe eingebettet in ein umfassenderes Geschehen der Integration, bei deren Gelingen die individuell höchst verschiedenen Lebensumstände der Getauften ihre volle Gemeinschaft am und im Leben als Gläubige bereichern und nicht einschränken. Der mit der Taufe einhergehende Integrationsauftrag kann mit anderen Worten als deren gemeinschaftliche Dimension betrachtet werden, die mit der stets individuellen Spende des Taufritus zusammenzudenken ist. Die theologische Dogmatik trägt dieser Korrelation von individueller und gemeinschaftlicher Dimension Rechnung, indem sie die Taufe nicht nur als Heilszuwendung und Lebenswende Einzelner begreift, sondern als deren Eingliederung in den Leib Christi.

Die Taufe ist als Eingliederung in den Leib Christi mehr und anderes als die mit ihr verbundene Mitgliedschaft in der Kirche, obwohl ja auch diese rechtliche Beschreibung sich an der Metapher von Glied und Organismus orientiert. Der Unterschied liegt darin, dass die Vorstellung der Kirchenmitgliedschaft auf dem Begriff einer institutionellen Kirche beruht, die über Gewährung oder Verweigerung von Zugehörigkeit (durch Spende oder Versagung des Taufritus) Entscheidungsautorität besitzt. Demgegenüber bezeichnet die biblische Metapher des Leibes Christi den realen Lebenszusammenhang der von Jesus Christus ausgehenden Heilswirkungen, der keine solche Entscheidungsinstanz aufweist, sondern im Zusammenwirken seiner Glieder besteht. Der maßgebliche biblische Grundtext hierfür ist 1Kor 12,12-31, wo der Apostel Paulus in Umkehrung antiker politischer Philosophien das Leben der christlichen Gemeinde mit einem Organismus vergleicht, der kein Zentralorgan kennt (in dem von Paulus persiflierten Gleichnis des Menenius Agrippa war dies der Magen). Im Ergebnis heißt das, dass die Taufe als Eingliederung in den Leib Christi nicht die Gleichförmigkeit der Unterordnung unter die von einer Entscheidungsinstanz aufgestellten Kriterien der Zugehörigkeit mit sich bringt. Der Leib Christi wird vielmehr vom Miteinander seiner Glieder zusammengehalten. Ohne Bild gesagt: In der dogmatischen Betrachtung der Kirche als Leib Christi ist Diversität das Prinzip der Einheit. Es erklärt die dogmatische

---

[10] EVANGELISCHE KIRCHE/VEREINIGUNG EVANGELISCHER FREIKIRCHEN (Hrsg.), Zum Umgang mit Taufbegehren von Asylsuchenden, Hannover 2013, 6.

Schlüsselstellung der Taufe, da sie mit der Verbindung von individueller und gemeinschaftlicher Dimension des Christseins dieses Prinzip verkörpert.

Ausgehend von einschlägigen Aussagen der Bibel zur Taufe, soll dieser Grundgedanke im Folgenden für drei inhaltliche Aspekte von Taufen iranischer Flüchtlinge entfaltet werden.

2.1 Diversität der Taufmodelle

Während die Taufe in dogmatischer Hinsicht für alle Getauften als Eingliederung in den Leib Christi beschrieben werden kann, lassen sich unterschiedliche Tauftypen beschreiben je nachdem, wie der Herkunftskontext beschaffen ist, den die Täuflinge mitbringen. Hilfreich ist hier die Äußerung des Apostels Paulus in Röm 8,15, wo er (wenngleich ohne nähere Ausführungen zur Taufe) das Leben der Gläubigen ein Dasein als Kinder Gottes nennt, die Gott adoptiert habe. Dass Paulus hier den *terminus technicus* der hellenistischen Antike für die Kindesannahme (griech. υἱοθεσία) benutzt, hat für eine heutige Betrachtung im Vergleich zu dem sonst in der paulinischen Theologie bevorzugten Begriff der Gerechtigkeit (Gottes) oder Rechtfertigung den besonderen Vorzug, dass die Adoption zu Kindern Gottes das Leben der Gläubigen, das sie abseits des Glaubens geführt haben oder noch führen, vollwertig in die Betrachtung der Gotteskindschaft einbezieht. Wie nun bei einer modernen Adoption drei Modelle unterschieden werden können in Abhängigkeit davon, wie der Einbezug der Herkunft in die Adoption beschaffen ist, so lassen sich auch für die Taufe, durch die Menschen zu Kindern Gottes adoptiert werden, drei Typen je nach Beschaffenheit des religiösen Herkunftskontextes differenzieren.

Recht eingespielt ist in den historischen Konfessionskirchen die Unterscheidung von Säuglings- und Erwachsenentaufen. Die mit der Taufe einhergehende Lebenswende lässt sich für Täuflinge, die als neugeborene Kinder ohne extensive Vorgeschichte getauft werden, theologisch nur denken, wenn eine Heilsbedürftigkeit der Menschen ab Geburt angenommen wird, wenn also die Erbsünde als theologischer Standard gilt, der die Taufe als selbstwirksames Werk der göttlichen Gnade entgegengesetzt wird. Das ist der Fall in den Landeskirchen, die sich selbst die religiöse Versorgung der gesamten christlichen Bevölkerung eines Gebietes auf die Fahnen schreiben. Man kann diesen volkskirchlichen Tauftyp mit dem bis vor kurzem relativ unangefochtenen Goldstandard der Adoption als sog. Inkognito-Adoption vergleichen, bei der die leibliche Herkunft des Adoptivkindes nicht vor ihm selbst und seinem unmittelbaren Umfeld, wohl aber in der Öffentlichkeit geheim gehalten wird, um ihm in der Adoptivfamilie ein Aufwachsen in möglichst ungestörter Normalität zu ermöglichen. Herkunftskontakte zur leiblichen Familie sind in diesem Modell nicht vorgesehen, vielmehr soll die Belastung, die mit der Adoptionsfreigabe durch eine Familie einhergeht, in der ein Aufwachsen nicht möglich war, in der neuen Familie überwunden werden, so wie die Gnade der Taufe den Makel der Erbsünde tilgt.

Die Säuglingstaufe der Landeskirchen gerät nicht so sehr dort ins Wanken, wo ihr von freikirchlicher Seite das Erfordernis eines persönlichen Bekenntnisses als Voraussetzung für die Taufe entgegengesetzt wird, steht doch auch diese Auffassung auf dem Boden der Erbsündenlehre und stellt lediglich die bewusste Annahme der allein gegen die Sünde wirksamen Gnade Gottes in den Vordergrund. Vielmehr bröckelt hingegen die Säuglingstaufe als Säule der Volkskirche dann, wenn abnehmende kirchliche Sozialisation dazu führt, dass von den Eltern, die ja allein das Taufbegehren äußern können, die Taufe kaum noch nachgefragt wird. Weitgehend unabhängig vom tauftheologischen Dissens mit den Freikirchen rückt dann die Erwachsenentaufe auch in den Landeskirchen in den Fokus des Interesses, nur, dass diese Täuflinge in ihrem Herkunftskontext eine weitgehende religiöse Indifferenz zur Taufe mitbringen, wie man sie in den letzten Jahrzehnten in Deutschland (vor allem Ostdeutschland) immer mehr beobachten kann. Freilich lässt sich auch von diesen Taufen sagen, dass die Täuflinge als Kinder Gottes adoptiert werden, doch ist der Vergleichspunkt dann die sog. halboffene Adoption, bei der das rechtliche Inkognito gewahrt bleibt, aber anonyme Kontakte zur Herkunftsfamilie gepflegt werden können, soweit die Adoptivfamilie darauf eingeht. Das charakteristische Ungleichgewicht, das bei halboffenen Adoptionen zwischen abgebender und annehmender Familie entsteht, spiegelt die religiöse Indifferenz, aus der heraus heute vielfach Erwachsene in den Landeskirchen getauft werden. In beiden Fällen soll das Vorleben der Betroffenen nicht verschwiegen werden, aber doch im neuangenommenen Dasein als adoptiertes Kind (Gottes) aufgehen.

Wenn nicht die zwischen Landes- und Freikirchen strittige Tauftheologie (Unmündigen- versus Bekenntnistaufe), sondern die Erosion des volkskirchlichen Hintergrundes den Unterschied zwischen Säuglings- und Erwachsenentaufe ausmacht, wird man einräumen müssen, dass die Taufe iranischer Flüchtlinge mit keinem der beiden Modelle verbunden werden kann. Der Herkunftskontext soll hier ja nicht überwunden werden (wie es die Erbsündenlehre dogmatisch nahelegt) und kann auch nicht als indifferent gelten (wie es unter den Bedingungen bröckelnder Volkskirchlichkeit der Fall ist). Das intersektionale Paradigma zeigt vielmehr, dass die Konversionsnarrative iranischer Flüchtlinge eng mit ihrer Fluchtgeschichte und damit ihrer Herkunft aus einem Staat und einer Gesellschaft verbunden sind, wo Christentum weithin nur im Untergrund existieren kann. Die Herkunft dieser Täuflinge spielt also eine gewichtige Rolle, und das keineswegs nur als Konversion im Sinne des Religionswechsels, bei der die eine Religion aufgegeben und die andere ergriffen wird. Bleibt man bei der biblischen Metapher der Adoption, so entspricht die Taufe iranischer Flüchtlinge am ehesten der offenen Adoption, bei der von Beginn an personalisierte Kontakte zwischen abgebender und annehmender Familie bestehen und die Adoptierten mit zwei Familiensystemen leben. In ähnlicher Weise ist bei Taufen iranischer Flüchtlinge die Migrations- und Konversionsgeschichte bleibend relevant für die Gestalt des Christseins, die ihr

Leben annimmt. Also nicht der im Iran staatlicherseits vorgegebene Islam, sondern die persönliche Geschichte der Auseinandersetzung mit diesem Herkunftskontext ist von bleibender Bedeutung für diese Getauften. Diese Herkunftskontexte werden mit den in deutschen Landes- oder auch Freikirchen sonst anzutreffenden Herkunfts- und Lebenshintergründen in aller Regel kaum vergleichbar sein. Aus diesem Grund geht das Gewicht, das diese Hintergründe für iranische Christinnen und Christen haben, über die Bedeutung hinaus, die auch andere als Erwachsene Getaufte ihrer Herkunftsgeschichte zuschreiben werden.

Im Ergebnis dessen legt die Analogie der drei Adoptionsformen (inkognito, halboffen, offen) für die als Adoption zu Kindern Gottes verstandene Taufe nahe, dass man neben der in Deutschland etablierten Unterscheidung von Säuglings- und Erwachsenentaufe die *Konversionstaufe als einen eigenen Typ* auffassen sollte, ohne dass diese Diversität die Einheit der Taufe gefährden würde; im Gegenteil: Damit die Taufe iranischer Flüchtlinge in demselben Sinn wie Säuglings- und Erwachsenentaufe als Eingliederung in den Leib Christi angesprochen werden kann, bedarf es einer bei diesen beiden nicht gekannten Aufmerksamkeit für den Herkunftskontext der Täuflinge. Aus ihm ergibt sich angesichts der Verflechtung von Konversionsnarrativ und Migrationsgeschichte eine Vielzahl von Funktionen, die die Taufe für iranische Flüchtlinge erfüllen kann und die zum großen Teil abseits des konfessionellen Paradigmas von Konversion als Religionswechsel liegen. Z.B. wird die Taufe als Bestätigung für das mit der Flucht eingegangene Wagnis eines im Iran nicht realisierbaren freien und eigenen Weges für das Leben der Täuflinge erfahren.[11] Oder Konvertiten, die auf ihrer Flucht Missbrauchsopfer von Schleppern wurden, wünschen die Taufe als symbolische Reinigung vom Erlittenen (konkret: durch Untertauchen) zu erfahren.[12] Die hier denkbaren Funktionen einer Flüchtlingskonversion sind noch keinesfalls ausgelotet. Damit dies geschieht, ist es nötig, den Begriff der Konversion nicht theologisch auf eine Bekehrung (konfessionelles Paradigma) oder rechtlich auf den Religionswechsel (unter Vernachlässigung des Herkunftskontextes) zuzuspitzen, sondern mit religionswissenschaftlicher (nicht-theologischer) Methodik nach den vom Täufling selbst wahrgenommenen Funktionen der Taufe für das weitere Leben zu fragen.[13]

---

[11] Vgl. hierzu Krannich, Taufwillige Muslime? (s. Anm. 5), 76.

[12] Mündlicher Hinweis von Prof. Dr. Christian Grethlein, Münster.

[13] Vgl. hierzu Amrei Sander, Konversion als multifunktionales Phänomen. Eine religionswissenschaftliche Betrachtung, in: Theissen/Boysen (Hrsg.), Integration (s. Anm. 1), 131-142, mit weiterer Literatur.

2.2 Diversität der Kirche

Wenn die Adoptionsmetapher in Röm 8,15 die individuelle Bedeutung der Taufe beleuchtet, so formuliert der klassische Taufauftrag in Mt 28,19 eine überindividuelle Perspektive: »Gehet hin und lehret alle Völker. Taufet sie auf den Namen des Vaters und des Sohnes und des Heiligen Geistes.« Wenn auch für einen neutestamentlichen Text nur in ahistorischer Weise von einer großkirchlichen Blickrichtung die Rede sein kann, so erscheint es doch verständlich, dass dieser Vers weithin als maßgeblicher biblischer Bezugspunkt der landeskirchlichen Taufpraxis aufgefasst wird (während die Parallelstelle Mk 16,15f. mit der ausdrücklichen Nennung des Glaubens der Getauften eher freikirchlichen Geist zu atmen scheint). Der zitierte Vers aus dem Matthäusevangelium bildet damit auch den Begründungszusammenhang dafür, dass die Taufe konstitutiv für die Kirchenmitgliedschaft ist.

Wie aber schon das Nebeneinander von matthäischem und markinischem Taufauftrag die unterschiedlichen Kirchenmodelle der Landes- und der Freikirche biblisch abzusichern scheint, so konkurrieren auch bei der theoretischen Ausgestaltung der Kirchenmitgliedschaft zwei ekklesiologische Typen miteinander. Der eine (landeskirchlich geprägte) verfolgt ein *parochiales* Gemeindemodell, bei dem eine räumlich definierte Zuständigkeit kirchlicher Autoritäten und Institutionen für eine bestimmte Gegend angenommen wird, so dass es auf der kirchlichen Landkarte keine weißen Flecken geben kann. Mitgliedschaft leitet sich in diesem Modell aus dem Wohnort der Getauften ab.

Dem parochialen Modell steht das Modell der Personalgemeinde gegenüber, in dem Mitgliedschaft nur auf persönliche Initiative der Getauften hin erlangt wird. Die räumliche Ansiedelung spielt hier keine Rolle für die Mitgliedschaft, die vielmehr wie in einem Verein oder Verband auf gemeinsam geteilten Interessen der Mitglieder beruht. Auf den ersten Blick ziehen damit Freiwilligkeitselemente in den Begriff der Kirchenmitgliedschaft ein. Dennoch ist die Personalgemeinde kein typisch freikirchliches Modell, sondern genauso gut in volkskirchlichen Kontexten denkbar. Hingegen divergiert sie darin vom Parochialmodell, dass in ihrem Fall Kirchenmitgliedschaft weniger eng mit der Taufe gekoppelt ist, denn die Zugehörigkeit zu diesem Gemeindetyp geht häufig auf eine von der Taufe zeitlich (weit) getrennte Entscheidung zurück, die nicht die Zugehörigkeit zur Kirche, sondern die Wahl eines bestimmten Gemeindetyps (z.B. besondere Frömmigkeitsausprägung) betrifft. Die Personalgemeinde ist typischerweise eine sog. Richtungsgemeinde, in der der umfassende religiöse Versorgungsauftrag der Parochialgemeinden nicht mehr zentral ist, sondern ein bestimmtes Frömmigkeitsprofil (von Seiten der Gläubigen betrachtet) bzw. ein bestimmtes Aufgabengebiet (von Seiten der Gemeinde betrachtet) im Mittelpunkt steht.

Akzeptiert man die im landeskirchlichen Protestantismus zunehmende Diversität von Parochial- und Personalgemeinden, so wird deutlich, dass der Richtungscharakter letzterer seinerseits in Richtung eines weiteren Gemeindetyps weist, der im Zusammenhang mit Taufen iranischer Flüchtlinge einschlägig ist – ganz so, wie in Ziff. 2.1 schon die Konversionstaufe selbst als dritter Tauftyp neben Säuglings- und Erwachsenentaufe beschrieben wurde. Aus der Geschichte der sog. Iranerseelsorge kommt die Beobachtung, dass diese Taufen häufig in Gemeinden vorgenommen werden, die in ihrer Arbeit – oft aus historisch kontingenten Gründen – eine entsprechende Spezialisierung ausgebildet haben.[14] Dies führt zur Bildung von Gemeindeformen, die durch bestimmte zuschreibbare Merkmale der Konvertiten geprägt sind, die abseits ihrer Konversion liegen und gar nicht unmittelbar ihre Religiosität betreffen. Ein schon länger etabliertes Beispiel für solche Gemeindeformen sind (abseits der Konversionskontextes) die in der EKD als eigener Arbeitsbereich aufgefassten Gemeinden anderer Sprache und Herkunft (GaSH), die offensichtlich dem Herkunftskontext der Angehörigen hohe Signifikanz für die konkrete Gemeindegestalt in Deutschland zubilligen. Die Merkmale der Sprache und Herkunft erweisen diese Gemeinden als intersektionale Form von Kirchlichkeit, die in Gestalt der Migrationskirchen inzwischen zunehmend Akzeptanz findet. Gerade im Großstadtkontext existieren vielerorts z.B. vietnamesische oder afrikanische christliche Gemeinden, die neben der muttersprachlichen Homogenität weitere nichtreligiöse Merkmale ihrer Angehörigen wie z.B. ähnliche Arbeitskontexte aufweisen.[15] Analoge Intersektionalitäten erscheinen auch für Konvertiten aus dem Iran als denkbar.

Wenn iranische Konvertiten, wie gelegentlich berichtet wird, nach ihrer Taufe zunehmend Gemeinschaft untereinander und abseits der Angebote der Taufgemeinde suchen, ist dies nicht automatisch Ausdruck von Rückzugsmentalität, mangelndem Partizipationsverhalten oder misslingender Integration, sondern trägt u.U. der Intersektionalität einer Flüchtlingskonversion am besten Rechnung. Der nahe liegende Einwand, dass Neugetaufte im Unterschied zu einer muttersprachlichen Gemeinde dritter oder vierter Generation nicht ohne Anleitung aus der Taufgemeinde eigene Strukturen werden etablieren können, verdient vielleicht mit Blick auf räumliche Ressourcen und ähnliche Faktoren Beachtung, ist aber als Aussage über gemeindliche Formen noch zu sehr von Parochie und Personalgemeinde her gedacht. Die Tatsache, dass die Konvertiten das Christentum im Iran nur als oftmals kurzlebige Hausgemeinden im Untergrund (ca. 18 Monate bis zur behördlichen Aufdeckung)[16] kennenlernen konnten, und die Beobachtung, dass viele von ihnen vermittelt durch verwandtschaftliche Kontakte und besonders die sozialen Netzwerke (nicht selten bereits auf ihrer Flucht) ihre Vorstellung von den Gemeinden entwickeln, an die sie ihr Taufbegehren adressieren, könnten dafür sprechen, dass gemeindliche Formen für sie viel stärker den Charakter fluider Netzwerke ha-

---

[14] Vgl. OBORSKI, Iranerseelsorge (s. Anm. 8), 204f.
[15] Vgl. dazu die vielfältigen und reichen Darstellungen in Teil II dieses Buches.
[16] Vgl. OBORSKI, a.a.O., 205.

ben. Internetbasierte Kontaktgruppen werden dann anstelle kirchlicher Räumlichkeiten oder gemeindlicher Routinen zur Trägerstruktur gemeinschaftlichen Christseins. Junge Migrationskirchen in Großstädten bestätigen die Existenz derartiger Kirchenstrukturen; sie könnten auch für iranische Konvertiten einschlägig sein. Die theologische Reflexion muss sich darauf einstellen, was nur durch ein verstärktes empirisches Studium der Kirchenwirklichkeit der Betroffenen möglich ist. Mit diesen Beobachtungen ist nicht bestritten, dass auch die Ortsgemeinde traditionell volkskirchlicher Prägung ein Ort kirchlicher Beheimatung für iranische Christinnen und Christen sein kann; darauf weist schon die Tatsache hin, dass Beispiele für iranisches Christentum in Deutschland in der zweiten Generation vorliegen, wo die Betreffenden landeskirchliche Funktionen übernommen haben. Das Nebeneinander der verschiedenen Formen zeigt vielmehr die Diversität von Flüchtlingskonversionen ein weiteres Mal.

Im Ergebnis sollte der Kirchenbegriff im Zusammenhang mit der Taufe iranischer Flüchtlinge nicht allein von institutionellen Ansprüchen (Parochiemodell) oder der Vorstellung eines interessegeleiteten Zusammenschlusses Gleichgesinnter (Personalgemeinde als Richtungsmodell) bestimmt sein, sondern die Komponente von Kirche als fluidem Netzwerk einbeziehen. Dafür ist eine verstärkte Wahrnehmung christlichen Gemeinschaftsleben unter den Konvertiten mit den Mitteln empirischer Sozialforschung angezeigt.

2.3 Diversität des Glaubens

Die grundlegende dogmatische Aussage, dass die Taufe die einzelnen Täuflinge in den Leib Christi eingliedert (s.o. Ziff. 2), erlaubt offensichtlich eine individuelle und eine überindividuelle (gemeindliche oder kirchliche) Beschreibung dessen, was Taufe ist, die in Ziff. 2.1 und 2.2 zur Sprache kamen. Ihrer dogmatischen Natur nach nötigen diese Beschreibungen allerdings dazu, die normative Frage nach der Hierarchie beider Aspekte zu stellen: Ist der Glaube Voraussetzung für die mit der Taufe bewirkte Aufnahme in die Kirche, oder geht die Kirche als Spenderin der Taufe dem Glauben ihrer einzelnen Glieder voraus? Was wie die alte Vexierfrage nach Henne und Ei klingt, bleibt eine unfruchtbare Alternative, wenn man sie mit der in den vorliegenden Überlegungen schon betrachteten Entgegensetzung von Freikirche und Landeskirche verknüpft, wird aber theologisch bearbeitbar, wenn man nicht einfach nach der einen Größe als Voraussetzung der anderen fragt, sondern zwischen subjektiven und objektiven Voraussetzungen differenziert. Im Lichte dieser Unterscheidung zeigt sich auch hier (wie schon bei 2.1 und 2.2 der Fall), dass das intersektionale Phänomen der Flüchtlingskonversionen zu einer Erweiterung der theologischen Kriteriologien Anlass gibt. Dann zeigt sich, dass nach der Diversität der Konversion und der Kirche auch mit einer Diversität des Glaubens zu rechnen ist. Sie lässt sich in der biblischen Einsicht ausdrücken, dass die Taufe die Voraussetzung für den »Weg« des christlichen Glaubens ist, wie er - im

Gegenüber zu den nichtmessianischen Strömungen des Judentums, aus denen er hervorgeht – in Apg 9,2 klassifiziert wird.

Der Erkenntnisgewinn dieser Vorgehensweise liegt darin, dass die Frage nach den subjektiven bzw. objektiven Voraussetzungen der Taufe mit unterschiedlichen kirchlichen Idealen verbunden ist. Wird der Glaube der Täuflinge als subjektive Voraussetzung der Taufe betrachtet, so ist die Taufe die Bestätigung dieses Glaubens mit der Konsequenz, dass sie für die Getauften ein »heiligmäßiges« Leben nach Maßgabe des Glaubens nach sich ziehen muss. Die Getauften müssen also die ungeheure Spannung ertragen, dass ein getauftes Dasein, das diesen Maßstab verfehlt, die Voraussetzung der Taufe unterläuft und deshalb der Taufe nachträglich den Boden entzieht. In der Kirchengeschichte ist diese Implikation als das rigoristische Ideal der vorkonstantinischen Zeit (bis 325 n.Chr.) wohlbekannt: Getaufte dürfen grundsätzlich keine Sünden mehr auf sich laden, mag auch die mit allmählicher Abnahme dieser Angespanntheit eingeführte Bußpraxis diesen Anspruch stufenweise ermäßigt haben. Kaiser Konstantin selbst, der die Taufe als sog. Klinikertaufe erst auf dem Sterbebett in der Gewissheit ausgeschlossener postbaptismaler Sünden empfing, ist das berühmteste Beispiel dieser Auffassung.

Ihr steht der Gedanke gegenüber, dass die Taufe neben der subjektiven auch eine objektive Voraussetzung hat, die in der Stiftung der Taufe durch Jesus Christus selbst besteht. Sie relativiert die Ausschließlichkeit des subjektiven Anspruchs auf ein sündloses Leben nach der Taufe, indem sie das Prädikat der Sündlosigkeit Jesus Christus vorbehält. Das einhergehende Bild von der Kirche ist deshalb typischerweise nicht rigoristisch, sondern großkirchlich und mit der Betonung der Allgemeinheit der Erbsünde gekoppelt. Knapp hundert Jahre nach Konstantin ist Augustinus, der klassische Repräsentant der Erbsündenlehre, der wichtigste Vertreter dieses großkirchlichen Taufverständnisses.

Für unseren Zusammenhang mit dem Thema Flüchtlingskonversionen ist wichtig zu sehen, dass die beiden hier differenzierten Voraussetzungen keine ausschließende Alternative bilden. Die Voraussetzung des Glaubens ist nicht allein dem freikirchlichen Taufverständnis zuzuordnen, und das großkirchliche Taufverständnis darf nicht mit der Säuglingstaufe der Volkskirchen gleichgesetzt werden. Vielmehr wird, wer den Glauben als subjektive Voraussetzung der Taufe betrachtet, zugleich ihre Stiftung durch Jesus Christus als objektive Voraussetzung anerkennen können, so wie umgekehrt das großkirchliche Taufverständnis damit vereinbar ist, den Glauben als die subjektive Beteiligung an der Taufe aufzufassen. Daraus folgt, dass beide Zugänge sich in ihren Voraussetzungen und jeweiligen Konsequenzen für das Kirchenverständnis nicht ausschließen. Es muss also ein Drittes geben können, indem beide zueinander finden, und sei es nur dadurch, dass die Logik von Voraussetzung und Konsequenz der Taufe aufgebrochen wird.

Eben letzteres ist der Fall, wenn die Taufe als ein Weg, d.h. eine lebenslange Bewegung verstanden wird, die in das angenommene Christsein immer weiter hineinführt, indem sie sich immer wieder auf die Taufe zurückbezieht. Wie schon erwähnt, erzählen anscheinend nicht wenige iranische Konvertiten ihr Konversionsnarrativ als einen Weg, der im Herkunftsland mit der Abkehr von gesellschaftlichen Mehrheitserwartungen und der Hinwendung zu christlichen Traditionen (z.B. armenischen Nachbarn) begonnen wurde, denen nach diesen Erwartungen aus dem Weg zu gehen gewesen wäre. Mit anderen Worten: die Wegmetapher, auf das Konversionsnarrativ iranischer Christinnen und Christen angewandt, bringt ein interkulturelles Phänomen zum Ausdruck, das mit der Logik von Voraussetzung und Konsequenz (aufgegebener und angenommener Religion) nicht angemessen zu erfassen ist. Eine vergleichbare Erfahrung machen ja auch die christlichen Landes- und Freikirchen, wenn sie wegförmige Beschreibungsbegriffe für die Taufe heranziehen wie die »Rückkehr zur Taufe« (landeskirchlich) oder die »Initiation« (baptistisch), um zu beschreiben, dass die Taufe kein isolierter Wendepunkt (Bekehrung) im Leben der Gläubigen ist, sondern ein lebenslanger Prozess.

Im Ergebnis dessen sollte der Glaubensbegriff auch im Zusammenhang mit der Taufe iranischer Flüchtlinge so verwendet werden, dass er die Taufe als biographischen Aneignungsprozess zu erfassen vermag. Dafür erscheint im Blick auf die Herkunft der Täuflinge die Hermeneutik einer interkulturellen Theologie vielversprechend.[17]

---

[17] Als wegweisend kann die Arbeit von CONRAD KRANNICH, Recht macht Religion. Eine Untersuchung über Taufe im Asylverfahren, Kirche - Konfession - Religion 76, Göttingen 2020, genannt werden.

Andrea Bieler/Tabea Eugster-Schaetzle

DIFFERENZSENSIBLE KONVIVIALITÄT

Gottesdienst und Seelsorge in diversen Gemeinden

1. Grundlegende Perspektiven

Gottesdienst und Seelsorge in evangelischen Gemeinden zu gestalten, die die Superdiversität des sie umgebenden, zumeist urbanen Umfeldes reflektieren, stellt eine besondere Herausforderung und zugleich eine Chance dar.[1] Dabei zeigt sich, dass evangelische Kirchen im deutschsprachigen Raum häufig im Hinblick auf ihre Milieuorientierung sowie in ihrer ethnischen und nationalen Ausrichtung als homogen erscheinen und sich gegenüber den sie umgebenden Nachbarschaften wie »Weiße«[2] Inseln präsentieren. Diese Homogenität stellt

---

[1]   Im Folgenden geht es also nicht um sogenannte Migrationsgemeinden, sondern um Gemeinden, in denen sich Menschen verschiedener Nationalitäten und Herkünfte zu einer Gemeinde zusammengeschlossen haben.

[2]   Im Folgenden benutzen wir für die Begriffe »Schwarze« und »Weiße« die Schreibweise mit Großbuchstaben, um hervorzuheben, dass es sich um soziale Konstruktionen handelt, die nicht essentialistisch verstanden werden dürfen, als gäbe es Weiße Menschen. Die sozialen Konstruktionen sind zugleich jedoch äußerst wirkmächtig, weil sie die Wahrnehmung und die Zuschreibungspraxen maßgeblich prägen. Eske Wollrad reflektiert die Schwierigkeit, angemessene Ausdrucksformen zu entwickeln: »Zu einer kritischen Auseinandersetzung mit dieser rassistischen Hierarchisierung gehört eine Dekonstruktion der binären Opposition samt ihrer Zuschreibungen und die Sichtbarmachung der Pluralität und Flexibilität diverser und divergierender Subjektpositionen. Gegen eine homogenisierende Redeweise von den Weißen und den Schwarzen setzt das dekonstruktivistische Verfahren, dass es sich bei beiden Gruppen um Fiktionen handelt, sie also erst diskursiv hergestellt sind. Allerdings verbindet sich mit diesem Verfahren die Frage nach der politischen Relevanz. Wie greift Dekonstruktion in die Grammatik hegemonialer Weißer Vorherrschaft ein? Ein ausschließlich dekonstruktivistischer Impetus ist in der gegenwärtigen politischen Situation politisch reaktionär, denn er kann mit dem Verweis auf den fiktionalen Charakter von Weißsein die Tatsache einfach umgehen, dass auch Fiktionen reale Effekte haben und Weißsein den Besitz von gewissen Privilegien und deren Inanspruchnahme Machtausübung bedeutet.« ESKE WOLLRAD, Weißsein im Widerspruch. Feministische Perspektiven auf Rassismus, Kultur und Religion, Königstein/Ts. 2005, 19.

einen Widerspruch zu den oftmals proklamierten theologischen Überzeugungen dar, die die Kirche als Gemeinschaft der Verschiedenen imaginiert, in denen gesellschaftliche Grenzen in der Bezugnahme auf Christus transzendiert werden. Zugleich gibt es vereinzelt Gemeinden, die sich seit längerer Zeit um interkulturelle Öffnungen bemühen und verschiedene Konzepte entwickelt haben, dem beschriebenen performativen Selbstwiderspruch nicht das letzte Wort zu überlassen.[3] Dabei kommen Menschen zueinander, die teilweise in sehr unterschiedlichen religiösen Kontexten beheimatet waren bzw. sind und z.B. eine reformierte, pfingstliche oder eine charismatische Prägung mitbringen. Differenzsensible Konvivialität ist in diesem Zusammenhang als ein offenes Projekt zu verstehen, in dem Christinnen und Christen sich bewusst in ihrer wahrgenommenen Verschiedenheit begegnen.

Im folgenden Beitrag fragen wir, was es bedeutet, in solchen Gemeinden eine Differenzsensibilität zu entwickeln, die den kritischen Umgang mit Selbst- und Fremdwahrnehmung sowie mit Konstruktionen von Differenz in Seelsorge und Gottesdienst schärft. Hierfür werden wir zunächst in die Dynamik des transkulturellen Beziehungsgefüges einführen. Dieses Konzept ermöglicht es, die Interaktionen im Gottesdienst und in der Seelsorge grundsätzlich zu verorten sowie Wahrnehmungsmuster, die zwischen Fremdem und Vertrautem changieren und so die Erfahrung von Differenz erst produzieren, genauer in den Blick zu nehmen. Dabei gilt es auch die Macht- und Gewaltförmigkeit von Strukturen und von Interaktionen zu analysieren, um ein differenziertes Verständnis differenzsensibler Konvivialität entwickeln zu können.[4] Diese Wahrnehmungsschule soll in einem zweiten Schritt für die Arbeitsfelder des Gottesdienstes und der Seelsorge in diversen Gemeinden fruchtbar gemacht werden. Neben den grundsätzlichen theoretischen Überlegungen werden wir Einsichten aus der Praxis zu Gehör bringen, die in diversen Gemeindekontexten gesammelt wurden.

1.1 Die Dynamik des transkulturellen Beziehungsgefüges

Wie lassen sich Gemeinden in ihrer Praxis wahrnehmen, die ein gewisses Maß an Superdiversität reflektieren? Im Anschluss an Steven Vertovec ist es hilfreich, diese Diversität nicht nur im Hinblick auf das Herkunftsland der Ge-

---

[3]   Vgl. auch die von Bendix Balke zusammengestellte Landkarte der Ermutigung, die 35 Gemeinden vorstellt, in denen »Einheimische« und »Zugewanderte« auch auf der Leitungsebene kooperieren unter www.landkarte-der-ermutigung.de [Aufruf: 14.12.2020].

[4]   Im September 2020 hat an der Universität Basel ein vom Schweizerischen Nationalfond gefördertes Forschungsprojekt begonnen, das eine empirisch begründete differenzsensible Ekklesiologie entwickeln will, die auf ethnographischen Studien diverser Gemeinden in Europa basiert: Conviviality in Motion. Exploring Practices and Theologies of Multiethnic Christian Communities in Europe. Weitere Informationen unter www.theologie.unibas. ch/de/projekt-conviviality-in-motion [Aufruf: 14.12.2020].

meindemitglieder zu beschreiben, sondern auch die oftmals komplexen Migrationswege, den Aufenthaltsstatus, den Zugang zum Arbeitsmarkt, die transnationalen Verflechtungen sowie die Interaktionen mit lokalen Autoritäten und Anlaufstellen mit in den Blick zu nehmen.[5] Ein weiterer relevanter Faktor, den wir besser verstehen sollten, ist die gelebte Theologie bzw. die Religiosität derjenigen, die sich im Gottesdienst in diversen Gemeinden zusammen finden bzw. die Seelsorgeangebote wahrnehmen.

Vertovecs Überlegungen können auch für die Analyse von Gemeinden fruchtbar gemacht werden. Dies bedeutet, dass wir es in manchen Kontexten mit Formen von Diversität in der Zusammensetzung auch von Gemeinden zu tun haben, die so komplex sind, dass ein einfaches Verständnis von Interkulturalität nicht ausreicht, um eine angemessene Differenzsensibilität insbesondere in der Seelsorge und im Gottesdienst zu entwickeln. So ist die Vorstellung, dass Individuen distinkte, in sich abgeschlossene Kulturen repräsentieren und so in die Begegnung mit anderen eintreten, kritisch zu hinterfragen. Wir möchten stattdessen vorschlagen, von transkulturellen, dynamischen Beziehungsgefügen auszugehen, in denen Menschen einerseits einen unterschiedlichen Schatz an Lebenserfahrungen beispielsweise aufgrund ihrer Migrationsgeschichte mitbringen und zugleich im Hinblick auf ihre religiösen Überzeugungen und kulturellen Praxen viele Gemeinsamkeiten teilen, aber auch Unterschiede erfahren.[6] Die eigene religiöse Prägung kann Menschen zusammenbringen und einen transkulturell gerahmten Sinnzusammenhang stiften; sie kann aber auch die Erfahrung, sich fremd zu fühlen, verstärken.

Der Seelsorger und Gemeindeleiter Thawm Mang berichtet von einer solchen transkulturellen religiösen Sinnstiftung. Er ist selbst als politischer Flüchtling von Burma (heute Myanmar) in die Schweiz gelangt. Auf seiner ersten Reise durch die Schweiz von Genf nach Basel ins Asylzentrum konnte er in jedem Dorf eine Kirche mit einem Kreuz entdecken: »Das ist mein Ort! [...] Da

---

[5] Vgl. Steven Vertovec, Super-diversity and its implications, in: Ethnic and Racial Studies 30 (2007), 1024-1054, 1026-1044.

[6] Wolfgang Welsch führte 1992 den Begriff Transkulturalität in die deutschsprachige Debatte ein. Sein Anliegen besteht darin, einen Begriff jenseits der Vorstellung von Kultur anzubieten. Seine Kritik richtet sich vor allem gegen die Vorstellung von Kulturen als Kugeln, die aus dem 19. Jh. stammt und auch im 20. Jh. verbreitet war. Das Transkulturalitätskonzept besagt, dass die Kulturen extern miteinander so vernetzt sind, dass keine abgeschlossenen Systeme entstehen und intern eine Hybridisierung stattfindet. Dies bedeutet auch, dass nicht nationale oder andere Grenzziehungen entscheidend sind für die Erfahrung von Fremdheit und Vertrautheit. Weltweit können Menschen ähnliche Ideale besitzen, die gleiche Religion haben, mit ähnlichen Rollenbildern, Einschränkungen oder Möglichkeiten konfrontiert sein. Vgl. Wolfgang Welsch, Transkulturalität, in: Monika Kirloskar-Steinbach u.a. (Hrsg.), Die Interkulturalitätsdebatte. Leit- und Streitbegriffe, München 2012, 146-156.

kann ich jemanden ansprechen, egal ob Weiß oder Schwarz!«[7] Das Wiederer-
kennen des Kreuzes als zentralem christlichen Symbol vermittelte ihm das Gefühl, dass er Menschen finden würde, mit denen er sprechen kann, die den
gleichen Gott haben wie er und schenkte ihm ein Gefühl von Geborgenheit und
Heimat in der Fremde. Ein Anknüpfungspunkt schien für ihn gegeben.

1.2 Zwischen Fremdem und Vertrautem. Differenzerfahrungen

Für die transkulturelle Kommunikation sowohl im Gottesdienst als auch in der
Seelsorge ist es wichtig, wahrzunehmen, dass Fremdheitserfahrungen eine
Grunderfahrung menschlichen Lebens sind. Sie ereignen sich beständig – sei es
bewusst oder unbewusst – im zwischenmenschlichen Kontakt. Es sind Erfahrungen, in denen einer Person etwas entgegentritt, was nicht bekannt, nicht vertraut, nicht heimisch, und damit eben fremd, unvertraut oder sogar unheimlich
erscheint. Sei es in Form des »Ausländischen«, das sich von so etwas wie Heimat
unterscheidet, in Form des »Anormalen«, das nicht der Norm des Umfelds entspricht, oder sei es etwas »Unbekanntes«, das nun erkundet werden kann, oder
das »Unheimliche«, das das Gefühl der Geborgenheit stört.[8]

Bereits bei dieser knappen »Phänomenologie des Fremden«[9] wird deutlich,
dass das Fremde relational ist, weil es immer in Bezug zu etwas erfahren wird.
Daher schlagen wir vor, die Fremdheitserfahrungen zunächst ausgehend vom
Vertrauten zu beleuchten. Das Fremde ist eine Art Gegenpol für eine Sphäre
des Vertrauten, die ein Mensch mit sich trägt. Diese bildet sich im Zusammenleben durch soziale Regeln, die für das intersubjektive Verstehen von zentraler
Bedeutung sind. Es sind internalisierte Regeln für das soziale Verhalten innerhalb einer Gesellschaft oder Gruppe, welche Interaktionen ermöglichen oder
vereinfachen und dabei oft unbewusst und selbstverständlich zur Anwendung
kommen. Dabei werden die sozialen Regeln einerseits vom Individuum vorge-
funden, aber auch reproduziert. Werden die Regeln, die aus der eigenen Sozialisierung stammen, als Teil der Wirklichkeit wahrgenommen, können sie den
Status einer universalen Norm erhalten und damit zu Konflikten im Zusammenleben führen.[10]

---

[7]   Diese Beschreibung stammt aus einem unveröffentlichten Interview vom 17.3.2020.
[8]   Vgl. Kristin Merle, Fremdheit und Verstehen, in: Dies. (Hrsg.), Kulturwelten. Zum
Problem des Fremdverstehen in der Seelsorge, Studien zu Religion und Kultur Bd. 3,
Berlin 2013, 15-34, 16. Merle bezieht sich auf: Edith Broszinsky-Schwabe, Interkulturelle Kommunikation. Missverständnisse – Verständigung, Wiesbaden 2011.
[9]   Vgl. Bernhard Waldenfels, Grundmotive einer Phänomenologie des Fremden,
Frankfurt/M. [4]2012.
[10]   Vgl. Sylke Bartmann, Nicht das Fremde ist so fremd, sondern das Vertraute so
vertraut. Ein Beitrag zum Verständnis von kultureller Differenz, in: Dies./Oliver Immel
(Hrsg.), Das Vertraute und das Fremde, Bielefeld 2012, 21-34, 22-24.

Der geteilte Erfahrungs- und Wissensschatz befindet sich aber auch in einem dauerhaften Wandel. Neue individuelle und gemeinsame Erfahrungen und ihre Deutungen ergänzen oder ersetzen den bisherigen Interpretationsrahmen. Subjektive Erfahrungen gelangen in den Speicher einer Gesellschaft oder Gruppe, wenn sie von deren Angehörigen als relevant und sinnhaft empfunden werden.[11] So können in einer Gemeinde sowohl gemeinsame Erfahrungen als auch mitgeteilte Einsichten zu Veränderungen und Entwicklungen bei der Gruppe oder Einzelnen führen. Dadurch verschieben sich die Grenzen von Fremdem und Vertrautem. Jedoch kann Fremdes nicht immer in Vertrautes überführt werden. Die Fremdheit einer Erfahrung kann aber abgemildert werden, je mehr es gelingt, die Sinnzusammenhänge zu interpretieren, aufgrund derer ein Gegenüber seine Selbst- und Weltdeutung herstellt. Vielschichtige und reflektierte biografische Erfahrung mit Fremdem und Unvertrautem, kann einen angstfreien und offenen Zugang erleichtern.[12]

Für die Gottesdienst- und Seelsorgepraxis ist entscheidend, dass die beschriebenen Differenzerfahrungen nicht unreflektiert auf kulturelle Grenzziehungen zurückgeführt werden. Auf diese Thematik wurde aus verschiedener Perspektive aufmerksam gemacht:

In seinem befreiungstheologischen Beitrag zu einer interkulturellen Seelsorgetheorie schreibt Emmanuel Y. Lartey über das Problem der Annahme von universalen Eigenschaften der menschlichen Psyche. Diese sogenannten universalen Kategorien stammen oft aus Untersuchungen von und an *WEIRD people*.[13] Lartey verwendet im Anschluss an David Augsburger die Formulierung von Clyde Kluckhohn und Henry Murray zur Beschreibung der Dimensionen menschlichen Lebens: »Every person is in certain respects (a) like all others, (b) like some others, (c) like no other.«[14] Zu (a) zählen grundlegende Umstände wie Geburt, Leiblichkeit in der Welt und Tod; (b) umfasst den sozialen Kontext und die Prägung eines Menschen und (c) behandelt den Umstand, dass jeder Mensch einzigartig ist. Gerade da, wo Interkulturalität zum Ziel gemacht wird, besteht die Neigung, den zweiten Punkt überzubewerten und Dif-

---

[11]   Vgl. MERLE, Fremdheit (s. Anm. 8), 23. Merle verweist auf ALFRED SCHÜTZ/THOMAS LUCKMANN, Strukturen der Lebenswelt, Konstanz 2003.

[12]   Vgl. MERLE, a.a.O., 27f. und TABITHA WALTHER, Die Stem Soul, das First Washing und der Good Young Tree. Der Beitrag der Spitalseelsorge zu einer Theorie der Fremdbegegnungen, in: MERLE, Kulturwelten (s. Anm. 8), 115-131, 126.

[13]   WEIRD ist die Abkürzung von »Western, Educated, Industrialized, Rich and Democratic Societies«. Vgl. z.B. KLAUS KIESSLING, Unter fremdem Anspruch. Seelsorge interkulturell. Aus der Perspektive eines Pastoralpsychologen, in: DERS./JAKOB MERTESACKER (Hrsg.), Seelsorge interkulturell. Pastoralpsychologische Beiträge, Göttingen 2019, 51-58, 55.

[14]   DAVID W. AUGSBURGER, Pastoral Counseling Across Cultures, Philadelphia 1986, 49. Vgl. auch CLYDE KLUCKHOHN/HENRY MURRAY, Personality in Nature, Society, and Culture, New York 1948.

ferenz allein mit kulturellen Zuschreibungen zu erklären, und die konkreten Umstände einer Person sowie auch ihren ganz individuellen Lebensentwurf zu vernachlässigen.[15] Dieses einfache Modell kann diversen Gemeinden helfen, sich von den Kategorien »Einheimische« und »Zugezogene« zu lösen oder sie zu erweitern.

Andreas Wimmer macht auf die Problematik der Essentialisierung von Ethnizität aufmerksam, also die Annahme, dass »ethnische Gruppen [...] sozial abgeschlossene Gemeinschaften bilden, deren Mitglieder in Solidarität verbunden sind.«[16] Wimmer hingegen versteht Ethnizität als das Resultat von Prozessen, in denen Differenz erst produziert wird. Er entwirft eine umfassende und vergleichende Typologie, um zu zeigen, wie ethnische Grenzziehungen und -verschiebungen ablaufen. Er unterscheidet grundsätzlich zwei Möglichkeiten des *Ethnic Boundary Making*, nämlich die Verschiebung und die Modifizierung. Bei der Verschiebung werden die ethnischen Grenzen entweder reduziert oder erweitert. Dies ist zum Beispiel der Fall, wenn aus verschiedenen Gruppen ein Staat gebildet wird und die Minderheit sich in die Mehrheit eingliedert und so die Kategorien reduziert werden. Modifizierung von Grenzziehungen meint u. a., dass Individuen oder Kollektive in eine andere ethnische Kategorie übertreten. Er nennt als Beispiel, dass Menschen irischer, chinesischer, italienischer oder jüdischer Abstammung in den USA von *Non-whites* zu *Whites* wechselten. Grenzziehungen werden verwischt oder aufgeweicht, wenn die Wichtigkeit von ethnischen Kategorien abnimmt und stattdessen Gemeinsamkeiten und Vernetzung im Gegensatz zur Herkunft betont werden, so kann beispielsweise in einem Quartier oder Milieu die Zugehörigkeit über das Pflegen eines bestimmten Lebensstils wie Müllentsorgung oder Einkaufsgewohnheit bestimmt werden. Die Verwischung von ethnischen Grenzziehungen vollzieht sich auch, wenn eine menschheitsumspannende Zusammengehörigkeit in den Fokus gerückt wird. Wimmers These lautet, dass diese Strategien für verschiedene Formen der Grenzziehungen Geltung besitzen, sei es religiös, kulturell, phänotypisch oder sozial.[17] Der Gewinn dieser Überlegungen für die Gottesdienst- und Seelsorgepraxis besteht darin, die jeweiligen Grenzziehungspraktiken, die in liturgischen und in Seelsorgekontexten zu Tage treten, wahrzunehmen und in ihren Effekten im Hinblick auf das Zusammenleben zu analysieren und gegebenenfalls zu relativieren bzw. zu verändern.

---

[15]   Vgl. EMMANUEL Y. LARTEY, In Living Colour. An Intercultural Approach to Pastoral Care and Counseling, London [2]2003, 36.

[16]   ANDREAS WIMMER, Ethnische Grenzziehungen in der Immigrationsgesellschaft. Jenseits des Herder'schen Commonsense, in: FRANK KALTER (Hrsg.), Migration und Integration, in: Kölner Zeitschrift für Soziologie und Sozialpsychologie, Sonderheft 48, Wiesbaden 2008, 57-80, 57.

[17]   Vgl. ANDREAS WIMMER, Elementary Strategies of Ethnic Boundary Making, in: Ethnic and Racial Studies 31 (2008), 1025-1055.

Mit dem Konzept der differenzsensiblen Konvivialität kann die (Re)Produktion von Differenz als situierte Praxis wahrgenommen werden, sie sollte entsprechend nicht als »natürlich« interpretiert werden. Dazu muss erfahrene Differenz möglichst konkret und situationsbezogen benannt und nicht entlang von kulturellen oder gar ethnischen Grenzziehungen festgemacht werden. Sowohl für die Reflexion der Seelsorgepraxis, z.B. in der Supervision, als auch im Kontext der Planung und Gestaltung von Gottesdiensten ist die kritische Reflexion der Grenzziehungspraktiken wichtig; sie setzt Eigenreflexion voraus.

Zwei Beispiele: Eine vietnamesisch-amerikanische Studentin wird für einen internationalen, ökumenischen Fest-Gottesdienst darum gebeten, traditionelle vietnamesische Kleidung zu tragen. Sie hat keine Ahnung, was das sein könnte, ist sie doch mit Jeans und T-Shirt aufgewachsen. Sie war vier Jahre alt, als ihre Eltern nach Kalifornien kamen. Diese legten keinen Wert auf das Tragen traditioneller Kleidung. So verweigert sie sich dem Ansinnen und kommt so gekleidet, wie sie es gewohnt ist. Der junge vietnamesische Priesteranwärter aus der Jesuitenschule weiß hingegen sofort etwas damit anzufangen, und trägt bei der Prozession ein traditionelles Gewand, eine *ao dai*, eine weite Hose, die unter einer Tunika getragen wird. In dem Wunsch der Planungsgruppe, beide sollten traditionell vietnamesische Kleidung tragen, tritt in dem Anliegen Diversität bei der Prozession zur Darstellung zu bringen, eine Grenzziehungspraktik zu Tage, in der die Studentin und der Priester in unangemessener Weise als zur selben Gruppe zugehörig identifiziert werden.

Bei einem festlichen Fernsehgottesdienst in einer Gemeinde in Nordrhein-Westfalen spielt eine indonesische Studentin in einem Gamelan-Orchester mit. Im Anschluss wird sie von einer Teilnehmerin gefragt, ob sie etwas über das vorgetragene Stück sagen könnte, was sie gespielt habe und ob sie regelmäßig in diesem Orchester mitspielen würde. Sie verneint beide Fragen mit der Anmerkung, dass ihres Erachtens diese Musik in Indonesien hauptsächlich in der Tourismusbranche gespielt würde. Bei diesem Beispiel ist der Wunsch, Diversität zum Ausdruck zu bringen, von einer Exotisierung begleitet, die von touristischen Klischees geprägt ist.[18]

In beiden Fällen dominieren Bilder und ungeprüfte Annahmen die Wahrnehmung des Anderen als Fremden. Insbesondere für Migrantinnen und Migranten der zweiten Generation sind derlei voraussetzungsvolle Zuschreibungen oftmals schwierig. So schlagen wir vor, zunächst von der Wahrnehmung und Zuschreibung von Unterschieden auszugehen und transkulturelle Gottesdienste als solche zu verstehen, in denen sich Menschen als verschieden *wahrnehmen*, z.B. aufgrund der Herkunft, der Sprachen, die sie sprechen, der Migrationsgeschichte sowie ihrer Religiosität und theologischen Überzeugun-

---

[18] Vgl. zu den Beispielen ANDREA BIELER, Transkulturelle Gottesdienste. Theologische und liturgische Überlegungen im Angesicht von Moria und Black Lives Matter, erscheint in: Liturgie und Kultur 2021.

gen. In einem dynamischen, auf Reziprozität ausgerichteten transkulturellen Beziehungsgefüge besteht allerdings im Hinblick auf den Gottesdienst die Möglichkeit, die bestehenden Bilder selbstkritisch zu befragen und in einen offenen Austauschprozess, z.B. im Hinblick auf Kleidungspraktiken und musikalische Präferenzen einzutreten. Die gemeinsamen liturgischen Feiern eröffnen einen Freiraum, im gemeinsamen Singen und Beten zu einem reflektierten Verstehen zu gelangen, in dem Vorannahmen im Dialog kritisch überprüft werden. Dabei ginge es darum, Unterschiede gerade nicht zu nivellieren und zugleich dem Unbekannten und Unerwarteten respektvoll Raum zu geben.[19]

Das Streben nach Selbsterkenntnis und kritischer Selbstreflexion sollte allerdings sowohl als Voraussetzung transkultureller Kommunikation als auch als Produkt des Zusammenlebens betrachtet werden. Zugleich bleibt sie stets fragmentarisch: Wenn der Mensch sein Selbst erfassen will, gleitet es ihm »wie ein Gespenst durch die Hände«.[20] Während andere uns von außen wahrnehmen, unsere Stimme hören und uns sehen können, bleibt uns selbst ein wesentlicher Teil von uns verborgen. Wir können uns selbst nicht betrachten, es sei denn durch einen Spiegel – im Spiegel der Anderen. So muss die Erkenntnis des Selbst, die für den Umgang mit Differenzerfahrung wichtig ist, von der Intersubjektivität her verstanden werden.[21]

Die Wahrnehmung des Sich-Selbst-Fremdbleibens ist ein Aspekt, der unseres Erachtens in der praktisch-theologischen Reflexion transkultureller Praxis bisher noch unterbestimmt ist. Um die Dynamik in transkulturellen Beziehungsgefügen besser verstehen zu können, ist eine Selbstreflexion vonnöten, die dabei ansetzt, die Störungen und Irritationen in der Sphäre des Vertrauten wahrzunehmen, die Grenzziehungspraktiken in Seelsorge und Gottesdienst zu analysieren sowie die Aufmerksamkeit für das Sich-Selbst-Fremdbleibens zu kultivieren.

1.3 Machtanalysen. Reproduktion von Gewaltförmigkeit

Die Analyse transkultureller Kommunikation muss dabei auch von einer rassismuskritischen Machtanalyse begleitet werden, die die strukturellen Voraussetzungen der Begegnungen und der Entscheidungsprozesse analysiert. In Gemeinden, die ein hohes Maß an Diversität auszeichnet, sind die Lebensbe-

---

[19] Vgl. zu den Prozessen einer transkulturellen, differenzsensiblen Gestaltung von Gottesdiensten WERNER KAHL, Vom Verweben des Eigenen mit dem Fremden. Impulse zu einer Neuformierung des evangelischen Gemeindelebens, Studien zur Interkulturellen Theologie an der Missionsakademie 9, Hamburg 2015, 105-116.149-152.

[20] OLIVER IMMEL, Von der Leere des Vertrauten. Überlegungen zur Rolle des kulturell Fremden in Prozessen der Selbstaneignung, in: BARTMANN/DERS., Das Vertraute (s. Anm. 10), 109-134, 109.

[21] Vgl. ebd.

dingungen von denen, die z.B. einen Schweizer oder einen deutschen Pass haben und denen, die einen fragilen Aufenthaltsstatus haben, radikal unterschiedlich. Diese Unterschiede zeigen sich in systematischer Entwürdigung und Marginalisierung aufgrund eines ungleichen Zugangs zum Arbeitsmarkt sowie zu wichtigen Bildungsressourcen. Diese politischen Faktoren produzieren Diskriminierungen, die zu Ungleichheiten führen, die auch in den Kirchen eine Resonanz haben. Strukturen, die eine Weiße Dominanzkultur sowie Rassismus reproduzieren, müssen auch in den Kirchen in Betracht gezogen werden. In diesem Zusammenhang gilt es, auch das Phänomen der *Whiteness* zu thematisieren, das eine tiefergreifende und offene Auseinandersetzung mit dem Rassismus in den eigenen Kontexten verhindert. Rose Wettstein formuliert das Problem wie folgt:

> »However, I would rather not reduce racism in Switzerland down to every unjust moment I have ever experienced. Rather, when talking about racism in Switzerland, one must consider the systemic forces at play. In the ensuing discussions worldwide since George Floyd's murder, there has been an increasing tendency to talk about racism as a system, rather than as individual beliefs and actions. Recently, you may have seen an infographic on social media that illustrates racism as an iceberg. Racial slurs, racist jokes and hate crimes, among other extreme offenses, are at the tip of it – overt forms of racism that are clearly socially unacceptable. Underneath the surface lies a larger mass of socially acceptable forms of covert racism. Examples include being silent, eurocentrism, and racist mascots and costumes. These forms of racism are, in fact, so acceptable that individuals with no intent to be racist will passionately argue these are not forms of racism. These ›acceptable‹ (and often unintentional) forms of racism serve to maintain the status quo of a system that favours some people or groups, but not others.«[22]

In den deutschsprachigen Kirchen in der Schweiz und in Deutschland wird das Thema des Rassismus nur ungenügend zur Sprache gebracht; sowohl die individuellen und systemisch gebundenen Erfahrungen, die Menschen innerhalb und jenseits der Kirchen machen, werden zu wenig thematisiert. Gemeinden und Kirchenleitungen sind oftmals zu wenig darauf vorbereitet, den Rassismus, der – wie Wettstein sagt – unter der Oberfläche existiert, auch in liberalen kirchlichen Milieus zur Sprachen zu bringen.

In Ausnahmefällen wird das Thema im öffentlichen Gottesdienst zur Sprache gebracht. So wurde z.B. an der Pacific School of Religion in Berkeley/Kalifornien im Anschluss an einige rassistische Vorfälle in einem Klagegottes-

---

[22] Vgl. zur Schwierigkeit, Whiteness in der Schweiz zu thematisieren, Rose Wettstein, We must strive to be anti-racist, in Swissinfo 2020 unter www.swissinfo.ch/eng/-we-must-strive-to-be-anti-racist-/45847188 [Aufruf: 25.11.2020].

dienst die Beschädigung symbolisch zu Beginn der Abendmahlsliturgie ausgedrückt, die rassistisches Verhalten hervorbringt:

>Während der Eingangsliturgie wurde aus 1. Kor 10,16 vorgelesen: Der gesegnete
Kelch, den wir segnen, ist der nicht die Gemeinschaft des Blutes Christi? Im Anschluss an die Schriftlesung wurde von einer Weißen Professorin und einem asiatisch amerikanischen Professor ein tönerner Abendmahlskelch vor den Augen der
gesamten Gemeinde zerschlagen. Im Laufe des Gottesdienstes wurden die Scherben in den Klagegebeten auf dem Altar versammelt. Die Scherben blieben dort auf
dem Tisch, der dann für das gemeinsame Mahl vorbereitet und gedeckt wurde. Die
Visualisierung der zersplitterten Gemeinschaft war eine kraftvolle, für viele scho-
ckierende, rituelle Handlung, die in spannungsvollem Bezug zum gemeinsam gefeierten Abendmahl stand. In den folgenden Wochen waren die Scherben ein ständiger Begleiter in unseren Gottesdiensten. Die Abendmahlsliturgie wurde von einer
kongregationalistischen Pfarrerin gestaltet, die zum Tisch Christi einlud, der allen
offen steht. Dass nicht alle, die versammelt waren, dieser Einladung folgen konnten, und einige der am Gottesdienst Teilnehmenden in ihren Bänken sitzen blieben
und für sich beteten, war ein anderer ritueller Ausdruck der Trennung.«[23]

Dieses Beispiel zeigt, dass eine differenzsensible Konvivialität in liturgietheo-
logischer Hinsicht auch die Darstellung der schmerzvollen Risse, des Rassismus und der Marginalisierung, die Teil christlicher Gemeinden sind, beinhalten kann. Sie verfolgt nicht eine naive *Happy-clappy* Vorstellung von Diversität,
sondern ein Verständnis der Koinonia der Verschiedenen, in deren sakramentalen Zentrum die Zerrissenheit der Gemeinschaft, die auch Christus immer
wieder verrät, nicht verschwiegen wird. Diese Zerrissenheit bedarf der Heilung
und Verwandlung. Konvivialität im Horizont der Koinonia der Verschiedenen
ist gegründet im Abendmahl als Sakrament der Versöhnung.

2. Differenzsensible Seelsorge

2.1 Asymmetrien und Whiteness in Seelsorge und Beratung

Die Themen von Asymmetrien und Whiteness in der Seelsorge berühren u. a.
Fragen wie: Welche Menschen gelten als normal oder durchschnittlich? Wer hat
die Kompetenz wem zu helfen? Auch wenn weiße Seelsorgende sich nicht als
überlegen betrachten, sind sie aufgrund ihrer eigenen Identität, Kultur, Herkunft

---

[23] ANDREA BIELER, Gottesdienst interkulturell. Predigen und Gottesdienst feiern im
Zwischenraum, Stuttgart 2008, 208f.

und Tradition Verstrickung in gesellschaftliche Machtverhältnisse verstrickt.[24] Gotlinde Magiriba Lwange beispielsweise verwendet den Begriff *Blanko*zentrismus und meint damit die Lücke eines Diskurses des Weiß-Seins.[25] Ursula Wachendorfer zeigt anhand von Studien aus den USA auf, wie weiße Menschen sich normalerweise nicht über ihre Hautfarbe definieren, sondern eher über Alter, Geschlecht, Beruf oder Nationalität. Für sie ist die Auseinandersetzung mit der Hautfarbe eine vernachlässigbare Möglichkeit, während es für Schwarze Menschen eine Notwendigkeit ist. Hinzu kommt, dass weiße Menschen als kompetent gelten, sowohl Menschen aus der Mehrheits- als auch Minderheitskultur zu beraten, während Seelsorgende mit Migrationshintergrund eher als Experte oder Expertin für »ihre Volksgruppe« oder generell Minderheiten gelten.[26] Differenzsensible Seelsorge, die diese Thematik ernst nehmen will, steht auch in der Gefahr, binäre Logiken zu verstärken.[27] Auch hier geht es wieder darum, Individuen nicht als Vertreter oder Vertreterin einer Gruppe wahrzunehmen.

Die komplexen Lebenssituationen von Migrantinnen und Migranten (s. 1.1) stellen für die Seelsorge auch eine Herausforderung dar. Dass die praktische Unterstützung in den Bereichen Arbeit, Wohnen und generell das Eingewöhnen in ein neues Umfeld wichtige Themen der Seelsorge sein können, wird im Folgenden erläutert (s. 2.1.3). Vor dem Hintergrund der Asymmetrien in der Seelsorgebeziehung erscheint uns aber auch wichtig, festzuhalten, dass Seelsorgende sich nicht unkritisch dem Assimilierungsdruck der Mehrheitsgesellschaft beugen sollten. Die Stärkung einer autonomen Lebensführung kann für das Befinden von geflüchteten Menschen ein wichtiger Faktor sein und bedarf auch einer Besinnung auf Eigenes.[28] Die Forderung nach Anpassung – ob nun berechtig oder nicht – kann eine starke Belastung darstellen. Während Integration auf Anpassungsleistungen beruht, kann Seelsorge einen Raum bieten, in dem Anerkennung und Zuspruch unabhängig davon vermittelt werden und kein Druck besteht, sich in einer bestimmten Weise verhalten zu müssen. Zudem können in diesem Rahmen bestehende Glaubenstraditionen gepflegt,

---

[24]   Vgl. María del Mar Castro Varela u.a., Wer? Wo? Wohin? Interkulturelle Beratung und Therapie, in: Dies. (Hrsg.), Suchbewegungen. Interkulturelle Beratung und Therapie, Tübingen 1998, 11-13. Der Sammelband »Suchbewegungen« greift viele dieser Themen auf.

[25]   Vgl. Gotlinde Magiriba Lwanga, Weiße Mütter – Schwarze Kinder. Über das Leben mit rassistischen Konstruktionen von Fremdheit und Gleichheit, in: Castro Varela, Suchbewegungen (s. Anm. 24), 187-211, 189-221.

[26]   Vgl. Ursula Wachendorfer, Soziale Konstruktionen von Weiß-Sein, in: Castro Varela, a.a.O., 49-60, 50-52.

[27]   Vgl. Andrea Bieler, Verletzliches Leben. Horizonte einer Theologie der Seelsorge, APTLH 90, Göttingen 2017, 19.

[28]   Vgl. Barbara Lochner, Sozialpädagogisches Verstehen und Beraten von asylsuchenden Menschen, in: Soziale Passagen 10 (2018), 281-298, 292.

beispielsweise wie über Gott gesprochen oder die Bibel gelesen wird, und so Vertrautes bewahrt werden.

2.2 Inkongruenz und Unverständnis

Die gelingende Kommunikation als ein wichtiger Aspekt der Seelsorgebeziehung kann in einem von Diversität geprägten Setting eine besondere Herausforderung darstellen. Alfred Schütz prägte im Diskurs über das Fremdverstehen die Auffassung, dass es nie möglich ist, einen anderen Menschen gänzlich zu verstehen: »[D]er gemeinte Sinn sei notwendig ein Limesbegriff, welcher selbst bei einem Optimum adäquater Deutung mit S' und S" niemals zur Deckung gebracht werden kann«.[29] Schütz unterscheidet zwischen dem vom Du gemeinten Sinn und dem vom Ich erfassten Sinn. Der gemeinte Sinn entspricht der Selbstauslegung des Du, ist aber von einer anderen Person nie umfassend wahrnehmbar. Der wahrgenommene Sinn enthält Verstehen und Nicht-Verstehen.[30] Wenn der gemeinte Sinn als die Sprechabsicht des Gegenübers als Limes verstanden wird, dann kann das Verstehen asymptotisch als Annäherung, die aber nie Kongruenz erreicht, gedeutet werden.

Christoph Schneider-Harpprecht erweitert die These der grundsätzlichen Inkongruenz im Fremdverstehen, indem er sein interkulturelles Seelsorgekonzept auf der produktiven Ressource des Unverständnisses aufbaut. Er möchte damit eine leichte Modifizierung des Sender-Empfänger-Modells vornehmen, auf welchem seiner Auffassung nach viele Überlegungen zur interkulturellen Kommunikation in der ökumenischen Theologie basieren. Es besagt, dass die Senderin ihre Botschaft möglichst gut in der Welt der Empfängerin ansiedeln muss, um verstanden zu werden. Wenn die Fremdheit zwischen den Menschen als grundsätzlich nicht überwindbar betrachtet wird, ist es nicht möglich, seine Botschaft in die Welt des anderen zu senden. Er begründet seine Modifizierung sowohl mit rezeptionsästhetischen Ansichten als auch mit einer konstruktivistischen Erkenntnistheorie. Demnach werden in der zwischenmenschlichen Kommunikation keine objektiven Sinngehalte transportiert, sondern die Bedeutung entsteht erst in der Interaktion. Das Kommunikationsmodell, das Schneider-Harpprecht verwendet, geht von einem »konsensuellen Bereich«[31] aus, den die Interagierenden gemeinsam entwerfen. Beide geben den Äußerungen eine Bedeutung, orientiert durch die andere Person, aber doch unabhängig voneinander. Die Botschaft kann nicht in die Welt der anderen Person übersetzt werden, sondern im Gespräch wird gemeinsam eine neue Welt von

---

[29] ALFRED SCHÜTZ, Der sinnhafte Aufbau der sozialen Welt. Eine Einleitung in die verstehende Soziologie, Frankfurt/M. 1974, 42.

[30] Vgl. a. a. O., 140–150, und BARTMANN, Fremde (s. Anm. 10), 26f.

[31] CHRISTOPH F.W. SCHNEIDER-HARPPRECHT, Interkulturelle Seelsorge, APTh 40, Göttingen 2001, 131.

Bedeutungen konstruiert. Innerhalb dieser wird die Botschaft der anderen Person (re)konstruiert und dann zur eigenen Botschaft in Beziehung gesetzt. Es geht dann nicht um eine möglichst Missverständnis freie Übermittlung von Botschaften, sondern um die Herstellung eines gemeinsamen Kommunikationsraumes mit dem die Wirklichkeit gemeinsam beschrieben wird.[32]

2.2.1 Die Grenzen der Empathie

Vor diesem Hintergrund ist Empathie als geforderte Grundhaltung bei Seelsorgenden zu problematisieren.[33] Die Forderung, empathisch zu sein, suggeriert, dass Seelsorgende die Situation eines Menschen aus dessen Sicht sowohl in kognitiver Hinsicht verstehen als auch in emotionaler Hinsicht nachfühlen können. Unverständnis könnte dann als Schwäche oder Hindernis angesehen werden, was dazu führen kann, dass dieses nicht wahrgenommen oder eingestanden wird. Eine Alternative im Sinne einer »Hermeneutik des Unverständnisses« ist, dass Seelsorgende die Situation der anderen Person für sich beschreiben und diese Beschreibung überprüfen lassen.[34] Die Forderung nach einer empathischen Haltung ist insbesondere gegenüber Menschen, die Diskriminierung erlebt haben, heikel, weil eine wiederholte Diskriminierung von Nicht-Betroffenen emotional kaum nachempfunden werden kann. Es besteht daher die Gefahr, die Umstände zu bagatellisieren oder das Verhalten des Gegenübers zu pathologisieren.[35]

2.2.2 Vertrauensbildung und verbindliches Engagement

Dass angesichts dieser Ausgangslage die Forderung nach Empathie weiter gefasst und ergänzt werden muss, schildern zwei Seelsorgende, die über jahrelange Erfahrung im Bereich Migration und Flucht verfügen und Menschen in teilweise prekären Lebenslagen begleiten. Beide betonen das Vertrauen als Grundlage der Beziehung. Für ihre seelsorgerliche Arbeit mit geflüchteten Menschen nennen Thawm Mang und Monika Hungerbühler das eigene Engagement für die Lebensumstände der Menschen als den wesentlichen Baustein. Monika Hungerbühler berichtet von einer guten und länger anhaltenden Seelsorgebeziehung zu einer Frau. Die Frau ist Migrantin und hat in ihrer Heimat einen guten Bildungsabschluss, der in der Schweiz nicht gleichermaßen anerkannt ist. Das ausgefüllte Berufsleben fehlt ihr, zudem muss sie den Lebensunterhalt für sich und ihren Mann bestreiten, findet aber keine Arbeit. Hungerbühler hat während längerer Zeit nach Möglichkeiten gesucht, sie in ihrer Arbeitssuche zu unterstützen. Die Migrantin musste fast vier Jahre warten, bis

---

[32] Vgl. Schneider-Harpprecht, Seelsorge (s. Anm. 31), 128-133.136.143f.

[33] Vgl. zum Verhältnis von Empathie und Differenzsensibilität auch Bieler, Leben (s. Anm. 27), 169-174.

[34] Vgl. Schneider-Harpprecht, Seelsorge a.a.O., 134-137.

[35] Vgl. Wachendorfer, Konstruktionen (s. Anm. 26), 57f.

ihre Ausbildungspapiere anerkannt wurden. Aber auch dann gestaltete sich die Stellensuche schwierig, weil sie einen fremdländischen Namen hat. Schließlich wurde eine Praktikumsstelle gefunden, die als Einstieg dienen kann. Neben den gemeinsamen Bemühungen waren auch Gespräche über Religion und Glaube Teil der Seelsorge. Als wesentliche Faktoren für die gute Seelsorgebeziehung nennt Monika Hungerbühler unter anderen den »beidseitige[n] Wunsch, [...] dass wir es für diese Frau irgendwie weiterbringen können. Es hat mich sehr beeindruckt, wie hartnäckig die Frau dran geblieben ist und wie viel sie auch hat einstecken müssen«[36]. Neben dem Engagement der Seelsorgerin scheint insbesondere die Anerkennung der Leistungen und Stärken der Seelsorgesuchenden wesentlich zu sein für die Vertrauensbeziehung.

Der Seelsorger Thawm Mang berichtet von einem Mann, den er und seine Gemeinde begleitet haben. Als sie trotz Unterstützung eine Ausweisung nicht verhindern konnten, haben sie ihn bei der Planung der nächsten Schritte beraten. Mang beschreibt, dass das Vertrauen dieses Mannes in ihn und die Gemeinschaft davon abhing, dass dieser spürte, dass die Menschen alles, was in ihrer Macht stand, für ihn getan haben, auch wenn sie an dem negativen Entscheid und der Ausweisung schlussendlich nichts ändern konnten. So entsteht eine Art Anker für das Vertrauen und die Hoffnung in Gott. Denn während der Seelsorger und die Gemeinschaft bei der Rückschaffung in den Drittstaat Abschied nehmen müssen und die Verbindung lose wird oder ganz aufhört, können sie ihm eine Hoffnung vermitteln, die ihn begleiten wird. Oft bleibt ihm als Seelsorger nur, Hoffnung auf Gott vermitteln zu können. Diese Hoffnung erwächst für Mang einerseits aus seiner persönlichen Lebenserfahrung und seinem eigenen Gottvertrauen. Andererseits knüpft sich die Möglichkeit, dass jener Mann diese Hoffnung annehmen kann, an das tätige Engagement für ihn von Seiten der Gemeinschaft und des Seelsorgers. Gemäß den Aussagen von Mang bedingen diese drei Elemente einander.[37]

2.2.3   Ein Perspektivenwechsel

Schneider-Harpprecht macht auf einen Perspektivenwechsel aufmerksam, gemäß welchem sich die Seelsorge global betrachtet vom Modell des beratenden Gesprächs unter vier Augen entfernt hin zu einer stärkeren Orientierung an einer Praxis, die tiefgreifender die politischen Rahmenbedingungen und Möglichkeiten mit einbezieht, die die Lebensumstände und die Handlungsmacht sowohl von Seelsorgenden als auch von Seelsorgesuchenden prägen. Probleme, die in der Seelsorge thematisiert werden, werden entsprechend weniger als intrapsychische Phänomene, sondern eher systemisch und im weitergehenden Lebenszusammenhang betrachtet. Solch eine Seelsorge greift die Ressourcen, die sich im Gemeindekontext, aber auch in anderen Kontexten außerhalb der

---

[36]   Dieses Zitat stammt aus einem unveröffentlichten Interview vom 27.3.2020.
[37]   Unveröffentlichtes Interview vom 17.3.2020.

Kirche zeigen, auf; sie wird immer auch auf Netzwerke der Unterstützung bezogen sein und die Effekte von Marginalisierung und Rassismus nicht individualisieren. Dabei muss es auch um die Anerkenntnis der Grenzen im Hinblick auf die Veränderung der Lebensumstände gehen. Unter anderem durch die Impulse der Befreiungstheologie, der *Black Church* in den USA und der feministischen Bewegung erfolgte in den letzten Jahrzehnten bereits eine neue Verschiebung, durch welche die Gemeinde als Seelsorgeort in den Fokus rückt.[38]

Larteys Beitrag ist es, die befreiungstheologische Perspektive für die therapeutische Seelsorge fruchtbar zu machen. Er bezieht sich auf die marxistische Tradition, die sozial-strukturelle Gründe für Armut aufdecken möchte und entwirft eine Methode, die Seelsorgende unterstützen soll, die sozialen Lebensbedingungen und die dahinterliegenden Strukturen herauszuarbeiten und so die strukturelle Ebene von individuellen Problemen einzubeziehen.[39] Sein *Social Therapy Cycle* kann als Anregung dienen. Er basiert auf fünf Phasen, in denen stets eine befreiungstheologische und therapeutische Perspektive aufeinander bezogen werden. Die erste Phase umfasst die kritische Selbstreflexion. Dabei soll die Seelsorgerin oder der Seelsorger unter anderem wahrnehmen, wo die eigenen Stärken und Schwächen liegen. Die zweite Phase hat zum Ziel, die betroffenen Menschen und deren Probleme zu erfassen, wobei die Menschen selber befragt werden müssen. Als dritte Phase folgt der Beziehungsaufbau durch das Hören von Geschichten und Erzählen von eigenen Geschichten. Es geht darum, zu erkennen und selber erkannt zu werden. Darauf folgt als vierte Phase die Arbeit mit Gruppen, mit deren Hilfe Aktionen geplant und umgesetzt und in einer fünften Phase auch von symbolischen und im besten Fall öffentlichkeitswirksamen Handlungen begleitet werden.[40]

2.3 Differenzsensibler Gottesdienst

2.3.1 Die zeitliche Ausdehnung des transkulturellen Beziehungsgefüges

Jeder Gottesdienst hat in temporaler Dimension eine transkulturelle Ausdehnung. Wir gehen in den Gebeten, im Liedgut, ebenso wie in den Texten, die gelesen werden, mit jahrhundertealten Traditionsstücken um, die mehr oder weniger aus der Sphäre des Vertrauten stammen. Diese Traditionen tragen aber immer auch die Spur des Fremden, des Unverständlichen und des Abständigen mit sich. Viele dieser Traditionsstücke haben aufgrund der transkulturellen Zeitreise, die sie durchlaufen haben, Verwandlungen erlebt. Ein Beispiel: Im frühen Mittelalter war das lateinische Kirchenlied *Corde Natus ex Parentis* des spanischen Mönchs Marcus Aurelius Clemens Prudentius aufgrund seiner poe-

---

[38] Vgl. Schneider-Harpprecht, Interkulturelle Seelsorge (s. Anm. 31), 18f.

[39] Vgl. Lartey, Living Colour (s. Anm. 15), 127f.

[40] Vgl. a.a.O., 103-108.

tischen Theologie sehr populär und fand schnell Verbreitung. Zwischen dem
12. und dem 15. Jh. taucht es immer wieder in deutschen und italienischen
Manuskripten auf. Im Jahre 1851erhält das Kirchenlied im Kontext der Oxford
Movement als *Of the Father's Love Begotten* eine neue Interpretation. Im Jahre
1962 übersetzt der argentinische Bischof der methodistischen Kirche, Fre-
derico Pagura, das Kirchenlied schließlich ins Spanische.

Der Musikwissenschaftler und Theologe Michael Hawn fasst dieses Phänomen wie folgt zusammen:

> »Die unterschiedlichen Versionen des ›Corde Natus ex Parentis‹ verweisen auf ein
> interkulturelles Mosaik, das Traditionen aus dem Spanien des fünften Jahrhun-
> derts, dem mittelalterlichen Italien und Deutschland, aus England im 19. Jahrhun-
> dert sowie aus Argentinien und den USA im 20. Jahrhundert erkennen lässt. Wäh-
> rend dieses Beispiel in der Tat eine komplexe Geschichte aufweist, gilt doch Ähnli-
> ches für Martin Luthers ›Ein feste Burg‹, Isaac Watts ›Our God, Our Help in Ages
> Past‹, Charles Wesleys ›Hark the Herald's Angels Sing‹, Fanny Crosbys ›Blessed
> Assurance‹, der anonyme amerikanische Folksong ›Wondrous Love‹ oder Charles
> Tindleys ›Stand by Me‹. Jedes Mal treten wir in eine interkulturelle Erfahrung ein,
> die zahllose Wandlungen aufweist, je nach Übersetzung, Veränderung der Texte
> und musikalischer Arrangements.«[41]

Die transkulturelle Qualität des christlichen Gottesdienstes umfasst in ihrer
zeitlichen Dimension die Metamorphosen der Texte und Melodien und inspiriert so die Koinonia der Verschiedenen, die ihre Stimme im Ereignis des Gottesdienstes finden, indem sie sich mit den Stimmen der vorangegangenen Generationen aus vielen Kontinenten verbinden. Auf diese Weise wird die Kirche
als Gemeinschaft der Lebenden und der Toten sichtbar. Der Glaube an die Präsenz Christi im Gottesdienst ist in dieses transkulturelle Beziehungsgefüge
eingebettet. In seiner zeitlichen Dimension kann es zur Inspirationsquelle für
eine Gemeinschaft von Christinnen und Christen werden, die unterschiedlichen religiösen und kulturellen Kontexten entstammen.

Dies ist ein Plädoyer für die Wahrung einer kulturellen Vielfalt beispielsweise in der Musik, die dem weltweiten Siegeszug der Hillsong und Vineyard
Produktionen der Praise-and-Worship-Industrie, die auf die Homogenisierung
der Rhythmen und der in der Lyrik transportierten Gottesbilder setzt, noch etwas zur Seite stellt. Die Gemeinden, die indigene Gestalten christlicher Frömmigkeit in ihrer Fülle als Inspirationsquelle für den eigenen Gottesdienst
wahrnehmen möchten, werden sich entsprechend auf eine transkulturelle
Zeitreise begeben, in der sie sich sensibel mit den Prozessen des Borgens und
Aneignens auseinandersetzen müssen.

---

[41] MICHAEL C. HAWN, Gather into One, Praying and Singing Globally, Grand Rapids
2013, 13.

2.3.2 Borgen und Aneignen

Das Problem des Borgens und Aneignens ist kompliziert.[42] Am Beispiel der Rezeption der Gospelmusik in Deutschland möchten wir es kurz skizzieren. Die aus Baltimore (USA) stammende und in Deutschland lebende Kirchenmusikerin Flois Knolle-Hicks stellt kritische Fragen im Hinblick auf die Aufführungspraxis der insbesondere in Deutschland äußerst populären Gospelmusik und macht einen Vorschlag im Hinblick auf die weitverbreitete Rezeption in den Kirchen:

> »Mich stört es gar nicht, wenn Gospels als ökumenisches Kirchenmusikgut gesungen werden. Wenn sie aber als Ersatz zu einer differenzierten Auseinandersetzung der Gläubigen, der Gemeinde mit ihrer Welt gesungen werden, halte ich sie wegen ihrer banal-religiösen Form für schlechte Kirchenmusik. Mich stört es, wenn sich Sänger und auch Zuhörer wie bei einem Popkonzert verhalten, wenn Gemeinde zum Publikum degeneriert, wenn Rhythmus und die über Verstärker potenzierte Lautstärke Inhalt und musikalische Qualität ersetzen. [...] Ich bin keine Gospelsängerin à la ›Sister Act‹. Ich wuchs mit der Kirchenmusik meiner ›schwarzen‹ Gemeinde inklusive der in ihr lebendigen deutschen Kirchenmusik auf. Ich singe, wenn Text und Musik gut sind. Wir singen in den ›schwarzen‹ Gemeinden von der Erfahrung der Befreiung, von der Hoffnung und dem Glauben, die in uns sind, von der in Gott begründeten menschlichen Würde. Wir singen von der Erfahrung von Ausbeutung und Unterdrückung auf den Plantagen und vom Rassismus, diesem noch immer fortbestehenden Trauma, das nicht enden will. Der richtige Weg führt vom Inhalt zur Musik. Im hiesigen Aufgreifen des Musikguts, das diese Freiheit durch Christus meint, gestaltet sich ökumenische, solidarische Geschwisterlichkeit, die die wichtige Verkündigung der durch Christus geschaffenen Freiheit meint. Dazu muss man aber, und das gilt ja für alle Kirchenmusik aller Kirchen und Kulturen, vom textlichen Inhalt zur musikalischen Form fortschreiten und nicht sich in der Warenästhetik flotter Rhythmen verlieren. Dann gibt es kein ›Publikum‹, sondern nur Gemeinde. Ich rate den Deutschen: Verbindet eure eigenen Traditionen des Ringens von Christen um Würde und Freiheit, wie es sich in so vielen Kirchenliedern wiederspiegelt, mit den Gospels. Lest beispielsweise Texte von Dietrich Bonhoeffer, meditiert darüber und wenn ihr dann dazu ein Gospel singen wollt und könnt, dann werdet ihr in fast jedem Gospel, auch in den primitivsten und kommerzialisiertesten, jenen Geist finden, der die Felsen zum Schmelzen bringt und die Ketten sprengt, die uns alle in irgendeiner Weise an Falsches

---

[42] Vgl. zum Problem des Borgens und der hegemonialen Aneignung »fremder Importe« im christlichen Gottesdienst aus postkolonialer Perspektive Bertram J. Schirr, Postkoloniale Liturgiewissenschaft. Kritische Ansätze in Theorie und Praxis des Gottesdiensts im deutschen Kontext, in: Andreas Nehring/Simon Wiesgickl (Hrsg.), Postkoloniale Theologien II. Perspektiven aus dem deutschsprachigen Raum, Stuttgart 2018, 287-302, 292-295.

und Unfreies binden. Wer blind lebt, dem bleibt der Glauben stumpf und alles Singen stumm – wie eben auch der Gospelsong.«[43]

Flois Knolle-Hicks kann sich in der Art und Weise, wie Gospelmusik in vielen Kirchen in Deutschland gesungen wird, nicht wiederfinden. Was für die einen Beheimatung und Gemeinschaft bedeutet, bedeutet für Knolle-Hicks, die lebensgeschichtlich eng mit dieser Musik verbunden ist, Befremden, vielleicht auch Entfremdung.

Ihr Vorschlag, den sie für die spirituell-politische kirchenmusikalische Bildung unterbreitet, ist interessant: »Verbindet eure eigenen Traditionen des Ringens von Christen um Würde und Freiheit, wie es sich in so vielen Kirchenliedern widerspiegelt, mit den Gospels.«[44] Einen Anknüpfungspunkt zu suchen, wird immer unzulänglich bleiben, da sich historische Situationen wie die Sklaverei und das nationalsozialistische Regime nur schwer vergleichen lassen. Trotzdem wäre es im Sinne der transkulturellen Zeitreise ein interessantes Unterfangen, Gospel mit unterschiedlichen Kirchenliedern in einen dynamischen Dialog zu bringen und so den von Flois Knolle-Hicks anvisierten Brückenschlag auszuprobieren.

In unseren Überlegungen zur differenzsensiblen Konvivialität haben wir aufzuzeigen versucht, in welchem Spannungsfeld diverse Gemeinden stehen. Sie bewegen sich zwischen dem Ideal einer Gemeinschaft von Gleichberechtigten durch den gemeinsamen Glauben und der Realität, dass auch in Kirchen diskriminierende und rassistische Strukturen wirksam sein können. Diese Spannung zu reflektieren und offen zu legen, ist eine wichtige Aufgabe einer transkulturellen praktisch-theologischen Ekklesiologie. Sie prägt auch das kirchliche Handeln in Gottesdienst und Liturgie.

Auf dem Weg zu einer differenzsensiblen Konvivialität können christliche Gemeinden Orte werden, in denen Menschen in ihrer Verschiedenheit Zugehörigkeit und Heimat finden. Insbesondere für Menschen mit fragilen Aufenthaltsstatus und unsicheren Lebenssituationen kann eine solche Form der Zugehörigkeit eine wesentliche Ressource sein. Das Zusammenleben in diversen Gruppen bietet für alle Beteiligten ein Übungsfeld mit erfahrener Verschiedenheit konstruktiv umzugehen und so die Gemeinschaft derer, die sich durch die lebendige Präsenz Jesu Christi miteinander verbunden wissen, zu leben.

---

[43] Flois Knolle-Hicks, Contra. Gospel in deutschen Kirchen steht für populistische Konsumkultur, unter www.evangelisch.de/inhalte/2889/31-05-2012/pro-contra-gospel-deutschen-gottesdiensten [Aufruf: 10.12.2020].

[44] Ebd.

Gregor Etzelmüller

Migrationskirchen als ökumenische Herausforderung für Theologie und Kirchen in Deutschland

1. Eine ekklesiologische Problemanzeige

Das Nebeneinander von Migrationskirchen und solchen Kirchen, die schon lange vor Ort präsent sind, stellt ein ekklesiologisches Problem dar und sollte zumindest ekklesiologisches Problembewusstsein schaffen. Es ist keineswegs selbstverständlich, dass man getrennt Gottesdienst feiert. Von den biblischen Überlieferungen her kann es im Prinzip nur das eine Ziel geben, gemeinsam Kirche zu sein.

Für den neutestamentlichen Sprachgebrauch ist entscheidend, dass das Substantiv ἐκκλησία »vorwiegend die konkrete Ortsgemeinde« bezeichnet.[1] Der Begriff kann freilich auch – überwiegend in den Deuteropaulinen – auf die eine weltweite Kirche Gottes bezogen werden: nämlich auf den »Leib [Christi], das ist die Kirche« (Kol 1,24). Damit stellt sich die Frage: Wie verhalten sich Ortskirche und Universalkirche zueinander?

Für die Ortskirche ist es charakteristisch, dass sie sich in der Versammlung der Glaubenden konstituiert. Kirche ist da, wo man »in der Versammlung« zusammenkommt (1Kor 11,18). Deshalb sind Redewendungen wie: »Sonntags ist Kirche«, »nach der Kirche«, »vor der Kirche« nicht unzutreffend: »Jedesmal ist unter Kirche der Gottesdienst verstanden«.[2] Wo aber zwei oder drei sich im Namen Christi versammeln, da ist nach Mt 18,20 Christus selbst in ihrer Mitte. Da wir aber Christus nicht ohne die Seinen denken dürfen, ist in jeder lokalen Versammlung von Glaubenden die gesamte Weltkirche präsent – mit Ignatius gesprochen: »Wo Christus ist, da ist die weltumspannende Kirche« (Smyr VIII, 2). Eben deshalb kann der Autor des Hebräerbriefes der im Gottesdienst versammelten Gemeinde zurufen: »Ihr seid gekommen zu dem Berg Zion und zu der Stadt des lebendigen Gottes, dem himmlischen Jerusalem, und zu dem festlichen Chor der Myriaden von Engeln und zu der Gemeinde der

---

[1] So Jürgen Roloff, Art.: ἐκκλησία, in: EWNT I, ²1992, 998-1011, 1005.
[2] Otto Weber, Grundlagen der Dogmatik 2, Neukirchen ⁵1977, 587.

Erstgeborenen, die im Himmel verzeichnet sind.« (Hebr 12,22f.) Im Gottesdienst vereinigen sich die konkrete Gemeinde vor Ort und die eine Kirche aller
Zeiten und Weltgegenden.[3]

Das Neue Testament setzt voraus, dass sich die eine weltumspannende
Kirche vor Ort in einer Gemeinde darstellt. Deshalb kommt es in dieser Gemeinde zur Überwindung von sozialen und kulturellen Differenzen, die in der
Umwelt der urchristlichen Gemeinde regelten, wer sich mit wem trifft. Folglich
gilt nach Paulus von der christlichen Gemeinde: »Da ist weder Jude noch Grieche, da ist weder Sklave noch Freier, da ist nicht Mann und Frau. Denn ihr seid
alle eins in Christus Jesus.« (Gal 3,28; vgl. Kol 3,11). Soll heißen: In der Gemeinde werden sowohl traditionell religiöse als auch ethnische und soziale Differenzen überwunden. Die Ekklesia ist eine Gemeinschaft »jenseits der Völker«,[4] die gerade »die Fremden dieses zusammengewürfelten Universums«[5]
zusammenschweißt. Sie gründet in dem von den Völkern, von Juden und Heiden gleichermaßen, ausgeschlossenen Christus.[6]

Wichtig ist: In den paulinischen Gemeinden kommen Fremde zusammen –
und entscheiden gemeinsam. »Prüfet aber alles, und das Gute behaltet!«
(1Thess 5,21) Spannungen sollten in den Versammlungen der Gemeinde, die
man sich nach Art eines antiken Symposiums vorzustellen hat,[7] thematisiert
und diskursiv überwunden werden. »In anstehenden Fragen und gegenüber allen in ihr zu Wort kommenden Einzeläußerungen zu einem einheitlichen Urteil zu gelangen, darin dürfte die wesentliche Funktion der versammelten Gemeinde liegen«.[8]

Die Existenz von Migrationskirchen macht darauf aufmerksam, dass wir in
Deutschland hinter diesem paulinisch-neutestamentlichen Gemeindeideal zu-
rückbleiben: Wir feiern Gottesdienste in Gemeinden, die sich *de iure* an konfessionellen Differenzmarkern orientieren und *de facto* nationalen und Milieu-

---

[3] Auf diesen Aspekt haben in den ökumenischen Dialogen des 20. Jh.s insbesondere
immer wieder die Orthodoxen Kirchen hingewiesen.

[4] Julia Kristeva, Fremde sind wir uns selbst, Frankfurt/M. 1990, 89.

[5] A.a.O., 90.

[6] Vgl. a.a.O., 90-92.

[7] Vgl. Dennis Edwin Smith, Social Obligation in the Context of Communal Meals. A
Study of the Christian Meal in 1 Corinthians in Comparision with Graeco-Roman Communal Meals (Diss. masch.), Harvard/MA 1980, 181-184, 186; Hans-Josef Klauck,
Herrenmahl und hellenistischer Kult. Eine religionsgeschichtliche Untersuchung zum
ersten Korintherbrief, NTA NF 15, Münster ²1982, 346-349; Peter Lampe, Das korinthi-
sche Herrenmahl im Schnittpunkt hellenistisch-römischer Mahlpraxis und paulinischer
Theologia Crucis (1Kor 11,17-34), in: ZNW 82 (1991), 183-213, 188-191; Matthias
Klinghardt, Gemeinschaftsmahl und Mahlgemeinschaft. Soziologie und Liturgie frühchristlicher Mahlfeiern, TANZ 13, Tübingen 1996, 343-364.

[8] Klaus Wengst, Das Zusammenkommen der Gemeinde und ihr »Gottesdienst« nach
Paulus, in: EvTh 33 (1973), 547-559, 551.

grenzen folgen. Evangelische Kirchen sind dabei besonders gefährdet, weil sie zum einen weniger als andere Konfessionen ein Gespür dafür entwickelt haben, dass in jedem Gottesdienst immer auch zugleich die ganze Weltkirche präsent ist, und weil sie zum anderen die Verkündigung des Evangeliums an Landes- und Muttersprache gebunden haben.[9]

Im Prinzip sind Kirchen immer internationale, transkonfessionelle und milieuübergreifende Gemeinden. Dass dort, wo sich solche Gemeinden bilden, diese ein eigenes Label wie etwa »internationale Gemeinde« erhalten, markiert ein Problem.[10] Wo sich ein entsprechendes Problembewusstsein bildet, wird man einsehen, dass Gemeinden, die sich bewusst als interkulturelle Gemeinden ausgestalten,[11] von Landeskirchen eine besondere Unterstützung erfahren sollten, da diese Gemeinden daran erinnern, wie es im Anfang gemeint war.

2. Die Lehre vom dreifachen Amt der einen Kirche Jesu Christi. Ein komplexerer Blick auf das Verhältnis von Landeskirchen und Migration

Im Folgenden möchte ich die unter erstens vorgetragene Problemanzeige in einen weiteren ekklesiologischen Horizont stellen. Die Problemanzeige muss wahrgenommen werden, eine Konzentration allein auf das genannte Problem kann aber auch vorstellen, was geleistet worden ist – und damit zu Resignation führen. M.E. ist es weiterführend, sich das Phänomen der Kirche ausgehend von der Lehre vom dreifachen Amt Jesu Christi zu erschließen.

Die Lehre vom dreifachen Amt Jesu Christi ist eine spezifisch reformierte Lehrbildung. In systematischer Gestalt begegnet sie erstmals bei Johannes Calvin. Obwohl es sich um eine spezifisch reformierte Lehrbildung handelt, hat sie sich auch in den anderen Konfessionen durchgesetzt. Sie ist zunächst in der lutherischen Dogmatik, im 20. Jh. zudem in der katholischen und orthodoxen Theologie rezipiert worden.[12] Nach der Lehre vom dreifachen Amt Jesu Christi tritt Christus in die Ämter des biblischen Israels ein, er wird König, Prophet und Priester. Dabei findet sich bereits bei Calvin die Einsicht, dass Christus das dreifache Amt nicht allein für sich erhalten hat, sondern um die Seinen zu Propheten, Priestern und Königen zu machen. »Christus empfing diese Salbung nicht für sich allein, damit er recht das Amt des Lehrers ausü-

---

[9]   Eine finnische lutherische Pastorin in Deutschland betont: »Beten können wir nur in unserer Muttersprache!«

[10]   Vgl. dazu den Beitrag von Johannes Weth in diesem Band.

[11]   Zum Begriff »Interkulturelle Gemeinden« der Beitrag von Bendix Balke in diesem Band.

[12]   Vgl. EDMUND SCHLINK, Ökumenische Dogmatik. Grundzüge, Göttingen ²1993, 41.

ben könnte, sondern für seinen ganzen Leib (die Gemeinde), damit in der immerwährenden Verkündigung des Evangeliums die Kraft des Geistes sich entsprechend auswirke.«[13]

Wir werden der Leistungskraft der Lehre vom dreifachen Amt Jesu Christi ansichtig, wenn wir diese im Rückgriff auf die biblischen Überlieferungen und die moderne Bibelwissenschaft konkretisieren. Ich greife dabei die Anregung Michael Welkers auf, die Lehre vom dreifachen Amt Jesu Christi zu einer Lehre von der dreifachen Gestalt des Reiches Gottes auszubauen.[14]

In der Hebräischen Bibel wird dem König der Schutz und die Fürsorge für die Armen und Schwachen zugeschrieben: »Er soll den Elenden im Volk Recht schaffen und den Armen helfen und die Bedränger zermalmen.« (Ps 72,4). Die Lehre vom dreifachen Amt Jesu Christi zeichnet Jesus in diese Erwartung ein. Wir begegnen Jesus als dem königlichen Menschen dort, wo er sich den Armen, den Kranken und Besessenen, kurzum: den aus der Gesellschaft Exkludierten zuwendet. In der Gegenwart aber wirkt Jesus Christus durch seinen Heiligen Geist. Der Heilige Geist treibt das königliche Amt Christi, indem er Gemeinden aufbaut, die sich kontinuierlich den Armen und Schwachen zuwenden, und die Teufelskreisläufe der Ausgrenzung durchbrechen. Der Geist Jesu Christi wirkt den Exklusionsspiralen unserer Gesellschaften auf vielfältige, aber beschreibbare Weise entgegen: durch individuelle freie Selbstzurücknahme zugunsten anderer, durch das diakonische Engagement der großen Kirchen, aber auch durch das beständige Wirken zugunsten des Aufbaus und Erhalts eines Rechts- und Sozialstaates.

Die Propheten des Alten Testaments haben das gewaltige Unrecht der israelitischen Gesellschaft aufgedeckt – und die Differenz zwischen Gottes Willen und der Gestaltung der gesellschaftlichen Wirklichkeit beklagt. Die Lehre vom dreifachen Amt Jesu Christi zeichnet Jesus in diese Geschichte der israelitischen Prophetie ein. Der gekreuzigte Christus offenbart die Verlorenheit der Welt unter der Macht der Sünde. Jesus wird hingerichtet im Namen von zweierlei Recht, jüdischem und römischem Recht, von Recht und Religion, aber auch im Namen der Bildung (der Schriftgelehrten) – und im Namen der öffentlichen Meinung. Sie alle schrien: Kreuzige ihn. Damit wird deutlich: Auch eine ausdifferenzierte Gesellschaft, die auf kritischen Einspruch und wechselseitige Kontrolle setzt, kann der Macht der Sünde verfallen. Im Heiligen Geist schafft Christus eine prophetische Gemeinschaft, die beständig und selbstkritisch nach Wahrheit und Gerechtigkeit sucht. Das prophetische Reich Christi gewinnt in einer Gemeinschaft von Menschen Gestalt, die voneinander lernen

---

[13] JOHANNES CALVIN, Inst. II 15,2, in: DERS., Unterricht in der christlichen Religion. Institutio Christianae Religionis, hg. v. Matthias Freudenberg, Neukirchen-Düsseldorf [2]2009, 264.

[14] Vgl. MICHAEL WELKER, Gottes Offenbarung. Christologie, Neukirchen 2012, 195-202.219-233.257-292.

wollen, was dem Leben dient – um dann dem Lebensabträglichen entschieden entgegentreten zu können. In dieser prophetischen Gemeinschaft findet auch die Stimme der Geflüchteten Gehör, aber auch die Klage der HIV-Waisen Botswanas und des orthodoxen Griechen, der unter der Armut in seinem Land leidet, nicht zuletzt die Hoffnungslosigkeit der jungen Katholiken in Spanien. Eine prophetische Kirche ist eine konsequent ökumenische Kirche.

Christus ist nicht nur König und Prophet, sondern auch Priester. Wir erkennen das priesterliche Wirken Christi vor allem im Wirken des Auferstandenen. Denn der Auferstandene, so eine Einsicht des US-amerikanischen Systematikers Francis Fiorenza, stiftet »mit dem Friedensgruß, dem Brotbrechen, dem Erschließen der Schrift, mit dem Taufbefehl und der missionarischen Sendung der Jünger [die] Grundgestalten des gottesdienstlichen Lebens der [...] Kirche.«[15] Darüber hinaus kann man m.E. sinnvoll sagen, Jesus Christus werde in seiner Auferstehung »zu unserem einigen Hohenpriester«[16] eingesetzt. Wie der Hohepriester am Versöhnungstag den Ort der Gegenwart Gottes betritt und so zum Zeugen von Gottes Vergebungsbereitschaft wird, so ist der Auferstandene Bürge der Treue Gottes, die dieser auch jener Welt gegenüber bewahrt, die ihn in seinem Sohn gekreuzigt hat. Weil der Auferstandene bezeugt, dass Gott selbst auf die konzentrierteste Aktion der Sünde mit Vergebung reagiert, deshalb können Menschen gewiss sein, dass sie nichts von der Liebe Gottes scheiden kann. Dafür steht der Auferstandene in seinem priesterlichen Amt. Der Heilige Geist treibt dieses priesterliche Amt Christi, indem er in uns dieses Vertrauen und diese Gewissheit stiftet, indem er ein ganzes Netzwerk von liturgischen Formen aufbaut, in denen die Treue Gottes, seine Vergebungsbereitschaft, verkündigt und erfahren wird.

Auf dreifache Weise wirkt Christus durch seinen Geist Sünde und Teufel entgegen:

- durch den Aufbau einer Gemeinschaft, die sich den Exkludierten und Ausgestoßenen zuwendet und Formen freiwilliger Selbstzurücknahme einübt
- durch den Aufbau einer Gemeinschaft, die auf die Gefährdung unserer kulturellen Errungenschaften durch die Macht der Sünde sensibilisiert und Formen konstruktiven Einspruchs und wechselseitiger Kritik einübt, und
- durch den Aufbau einer Gemeinschaft, die in gottesdienstlichen Feiern die Treue Gottes und seine Vergebungsbereitschaft verkündigt und erfahrbar werden lässt.

---

[15] WELKER, Gottes Offenbarung (s. Anm. 14), 258.

[16] OTTO WEBER (Hrsg.), Der Heidelberger Katechismus, Gütersloh ⁴1990, 26, Antwort auf Frage 31.

Wenn wir die dreifache Gestalt des einen Amtes der Kirche Jesu Christi wahrnehmen, dann gewinnen wir im Blick auf den Umgang mit Migrantinnen und
Migranten, aber auch das Themenfeld Migration ein differenzierteres Bild des
kirchlichen Handelns.

Dankbar nehme ich wahr, dass auf unterschiedlichen Ebenen Kirchen und
Gemeinden sich ihres königlichen Amtes bewusst waren, Menschen in ihrer
Not wahrgenommen und konkret geholfen haben. Besonders ermutigend war
und ist dabei, dass die Hilfe nicht nur an die großen diakonischen Einrichtungen delegiert worden ist, sondern sich Menschen und Gemeinden aktiv auf
vielfältige Weise in die sog. Flüchtlingshilfe eingebracht haben.[17] In den Dia-
koniewissenschaften ist in den letzten Jahrzehnten nicht nur der Trend zur
Ausdifferenzierung von institutioneller Diakonie und Gemeindediakonie beobachtet, sondern vielfach damit verbunden das Ende der Gemeindediakonie
beklagt worden. Demgegenüber lässt sich in den letzten Jahren, gerade in der
konkreten Hilfe für Migrantinnen und Migranten, ein Aufleben der Gemeindediakonie und ein neues Zusammenspiel von institutionalisierter Diakonie und
Gemeinde erkennen. An dieser Stelle ist auch das sog. Kirchenasyl zu nennen.
In der königlichen Gestalt ihres Amtes wendet sich die Kirche vorbehaltlos allen Notleidenden zu. Die Kirchen wenden sich deshalb in ihrer diakonischen
Arbeit allen Menschen zu, Christen und Nicht-Christen.

Die Kirchen in Deutschland sind auf vielfältige Weise auch ihrer prophetischen Aufgabe gerecht geworden. Sie haben zum einen durch die kirchlichen
Amtsträger öffentlich klar Position bezogen – und dies in einer beeindruckenden ökumenischen Symphonie. Sie haben zum anderen die öffentlichen Äußerungen ihrer Amtsträger durch kritische Diskussionen begleitet. So wurden
Diskussionen über den Zusammenhang von Rassismus und Fremdenfeindlichkeit angestoßen, aber auch die Frage reflektiert, wie eindeutig ein sozialethi-
sches Urteil der Kirchen ausfallen dürfe, und zudem kritisch eingefordert, dass
kirchliche Verlautbarungen die Pluralität, von der eine demokratische Debatte
lebt, nicht einschränken dürften.

Die evangelische Kirche hat dabei auf die prekäre Situation in den Herkunftsländern von Migrantinnen und Migranten aufmerksam gemacht; nicht
zuletzt z.B. durch die Reise des Ratsvorsitzenden in den Irak. Einzelne kirchliche Organisationen haben zudem versucht, die weltweite Verfolgung von
Christinnen und Christen in das öffentliche Bewusstsein zu rücken.[18] Dabei ist

---

[17] Vgl. ALEXANDER-KENNETH NAGEL/YASEMIN EL-MENOUAR, Engagement für Geflüchtete – eine Sache des Glaubens? Die Rolle der Religion für die Flüchtlingshilfe, Bertelsmann Religionsmonitor, Gütersloh 2017, 29: »Für die Christen zeichnet sich ab, dass
Befragte, die selten oder nie an Gottesdiensten teilnehmen, seltener in der Flüchtlingshilfe aktiv werden. Am höchsten ist der Anteil der Flüchtlingshelfer mit 39 Prozent unter denjenigen, die ein- bis dreimal im Monat in den Gottesdienst gehen.«

[18] Vgl. beispielhaft KIRCHE IN NOT, ACN Deutschland und Open Doors Deutschland,
ferner SEKRETARIAT DER DEUTSCHEN BISCHOFSKONFERENZ/KIRCHENAMT DER EVANGELI-

selbstkritisch einzugestehen, dass evangelische Christinnen und Christen bei aller politischen Bildung oftmals nur ein rudimentäres Wissen über die reale Gefahr, in der Christinnen und Christen in vielen Weltgegenden heutzutage leben, haben. Ein hoch zu schätzendes Ethos der Universalität und eine begrüßenswerte Haltung der Selbstkritik dürfen und sollen nicht dazu führen, dass ausgeblendet wird, wo und wie Christen und Christinnen gegenwärtig leiden.

Wenden wir uns der priesterlichen Gestalt des einen Amtes der Kirche Jesu Christi zu, so stoßen wir wieder auf die oben unter erstens vorgetragene Problemanzeige. Es ist erstaunlich, dass es einer Kirche wie der evangelischen Kirche in Deutschland, die sich (wie ich finde beeindruckend) der Not von Migrantinnen und Migranten angenommen und die (auch gegen politischen Widerstand) prophetisch klar und dennoch diskursoffen Stellung bezogen hat, so schwerfällt, mit Christenmenschen anderer Herkunft und Sprache gemeinsam Kirche zu sein. Woran liegt das?[19] Fürchten Kirchengemeinden im Blick auf ihr gottesdienstliches Leben Handlungsmacht zu verlieren? Wirkt hier ein Alltagsrassismus,[20] der sich durchaus auch mit einer Willkommenskultur verbinden kann? Oder ist möglicherweise die Selbstsäkularisierung in unseren Kirchen so fortgeschritten, dass Gemeinden gar nicht mehr imaginieren können, dass andere mit ihnen Gottesdienst feiern wollen?

---

schen Kirche in Deutschland (Hrsg.), Ökumenischer Bericht zur Religionsfreiheit von Christen weltweit 2017. Das Recht auf Religions- und Weltanschauungsfreiheit. Bedrohungen – Einschränkungen – Verletzungen, Gemeinsame Texte Nr. 25, Bonn-Hannover 2017.

[19] Im Vergleich zu methodistischen und baptistischen Kirchen, deren Geschichte immer auch Migrationsgeschichte war und ist (dazu den Beitrag von Esther Hornung in diesem Band), ist zu bedenken, dass (gerade in Niedersachsen) evangelische Kirchen (auch als Kirchengebäude) eine Ortstabilität aufweisen, die oftmals noch hinter die Reformation zurückweist. Das evangelische Kirchengebäude steht für den Ort und wird nicht als glokales Phänomen (die globale Weltkirche vor Ort), sondern als Ausdruck lokaler Identität über Jahrhunderte hinweg verstanden. Spannend ist die gelegentlich von Vertretern der mittleren Kirchenebene mitgeteilte Beobachtung, dass Gemeinden, die eine Migrationsgeschichte haben (sog. Vertriebenengemeinden), auch eine größere Sensibilität für Geflüchtete aufweisen.

[20] Zum Alltagsrassismus der alten Bundesrepublik unlängst Maria Alexopoulou, Deutschland und die Migration. Geschichte einer Einwanderungsgesellschaft wider Willen, Ditzingen 2020; auch das Themenheft von Amnesty International, Wir nehmen Rassismus persönlich unter www.amnesty.de/sites/default/files/2017-05/Amnesty-Broschuere-Alltagsrassismus-September2016.pdf [Aufruf: 20.4.2021].

3. Versöhnte Verschiedenheit

Gemeinden sollten internationale, transkonfessionelle und milieuübergreifende Gemeinden sein, evangelische Gemeinden in Deutschland sind es oftmals nicht und werden es auch in Zukunft keineswegs überwiegend sein. Hinzu kommt: Keineswegs allen sich bildenden Gemeinden von Migrantinnen und Migranten ist es ein zentrales Anliegen, Gemeinschaft mit evangelischen Kirchengemeinden zu haben bzw. sich selbst zu einer internationalen Gemeinde fortzuentwickeln. Gibt es Möglichkeiten, das Nebeneinander so zu gestalten, dass es als Weg zu größerer Gemeinsamkeit erkannt werden kann?

Ich möchte in diesem Zusammenhang noch einmal an das ökumenische Konzept einer versöhnten Verschiedenheit erinnern.[21] Ich bin mir bewusst, dass dieses Konzept dazu missbraucht werden kann, den *status quo* nebeneinanderher lebender Kirchen zu sanktionieren.[22] Das Konzept bietet aber auch Möglichkeiten, das aktuelle Nebeneinander nicht nur zu beklagen, sondern auch zu gestalten. Ich betone dabei: Das gegenwärtige Verhältnis zwischen den evangelischen Kirchen und der römisch-katholischen Kirche lässt sich in meinen Augen nicht als ein Verhältnis versöhnter Verschiedenheit beschreiben. Versöhnte Verschiedenheit bedeutet: Eine andere Kirche, eine andere Gemeinde, lebt ihr Kirchesein auf eine andere, fremde Weise – lebt aber auf andere, fremde Weise ihr *Kirchesein* und wird deshalb als Kirche anerkannt. Die Differenzen werden also von einer größeren Gemeinsamkeit umfasst. Wenn das richtig ist, muss die größere Gemeinsamkeit auch liturgischen Ausdruck finden: Man feiert dann zwar nicht beständig, wohl aber regelmäßig gemeinsam Gottesdienst.

Wenn man zugesteht, dass es sich bei der anderen, mir fremden Gestalt von Kirche wirklich um Kirche handelt, wenn man also zugesteht, dass auch bei den anderen Jesus Christus präsent ist, dass auch die mir fremde Gestalt von Kirche vom Geist Jesu Christi geprägt ist und sich folglich als eine (wenn auch mir fremde) Weise des Lernens von der Schrift verstanden werden kann, dann bedeutet versöhnte Verschiedenheit, dass eine jede Kirche von anderen Kirchen immer auch lernen kann. In der Tat lassen sich solche Lernprozesse im 20. Jh. vielfältig beobachten: Orthodoxe Kirchen, aber auch die römisch-katholische Kirche haben die Bedeutung der Verkündigung im Gottesdienst wieder aufgewertet, im Katholizismus ist die Predigt in der Hauptmesse am Sonntag seit dem Zweiten Vatikanischen Konzil verpflichtend. Umgekehrt haben protestantische Kirchen die Bedeutung der Feier des Heiligen Abendmahls neu erkannt und feiern heutzutage wesentlich öfter Abendmahl, als sie es zu Beginn des 20. Jh.s taten. »In many ways the second half of the twentieth cen-

---

[21] Zu diesem Konzept HARDING MEYER, Versöhnte Verschiedenheit. Aufsätze zur ökumenischen Theologie I, Frankfurt/M.-Paderborn 1998.

[22] Vgl. JÜRGEN MOLTMANN, Weiter Raum. Eine Lebensgeschichte, Gütersloh 2006, 92.

tury has witnessed a process of liturgical homogenization [...]. The customs and traditions that formerly characterized individual ecclesiastical groups and denominations have gradually given way to a more standardized pattern of liturgical life.«[23] Evangelische Kirchen haben realisiert, dass der Mensch nicht nur vermittelst des Hörens, sondern ganzheitlich-leiblich zu adressieren ist. Das sechste Gottesdienstkriterium des Evangelischen Gottesdienstbuches hält explizit fest: Liturgisches »Handeln und Verhalten bezieht den ganzen Menschen ein; es äußert sich auch leibhaft und sinnlich.«[24] Auch im Blick auf die Krankensalbung sind in den letzten Jahrzehnten bereits wechselseitige ökumenische Lernprozesse in Gang gekommen.[25] Herausgefordert durch die Heilungspraxis der Pfingstbewegung und im Anschluss an die Wiederentdeckung der zwischenzeitlich zur Letzten Ölung deformierten Krankensalbung durch das Zweite Vatikanische Konzil erarbeiteten die amerikanischen und kanadischen Lutheraner 1982 eine Ordnung »Laying on of Hands and Anointing the Sick«.[26] Orthodoxe Kirchen lernen demgegenüber die evangelische Diakonie wert zu schätzen und fragen die evangelischen Kirchen durchaus kritisch, ob diese ihr priesterliches Amt noch hinreichend wahrnehmen. Lernprozesse sind möglich, sie vollziehen sich wechselseitig und sie vollziehen sich faktisch.

Dasselbe gilt im Blick auf sogenannte Migrationskirchen. Immer schon haben afro-amerikanische Traditionen das gottesdienstliche Leben auch der »weißen« Kirchen Amerikas geprägt.[27] Gospelchöre sind ein entscheidendes Instrument der evangelischen Kirchen, gerade auch Mitglieder mittleren Alters stärker an sich zu binden.[28] Internationale Gospelgottesdiente vermögen zum

---

[23] PAUL FREDERICK BRADSHAW, The Homogenization of Christian Liturgy – Ancient and Modern. Presidential Adress, in: SL 26 (1996), 1-15, 10.

[24] KIRCHENLEITUNG DER VELKD/KIRCHENKANZLEI DER EKU (Hrsg.), Evangelisches Gottesdienstbuch. Agende für die Evangelische Kirche der Union und für die Vereinigte Evangelisch-Lutherische Kirche Deutschlands, Berlin u.a. 1999, 16.

[25] Vgl. dazu OTTFRIED JORDAHN, Erneuerung der Feier der Krankensegnung und Krankensalbung in ökumenischer Perspektive, in: DOROTHEA SATTLER/GUNTHER WENZ (Hrsg.), Sakramente ökumenisch feiern. Vorüberlegungen für die Erfüllung einer Hoffnung. Für Theodor Schneider, Mainz 2005, 445-466; umfassend HEIKE ERNSTING, Salbungsgottesdienste in der Volkskirche. Krankheit und Heilung als Thema der Liturgie, Leipzig 2012.

[26] LUTHERAN CHURCH IN AMERICA (Hrsg.), Occasional Services. A Compagnion to Lutheran Book of Worship, Minneapolis-Philadelphia 1982, 99-102.

[27] Vgl. ANN TAVES, Knowing through the Body. Dissociative Religious Experience in the African- and British-American Methodist Traditions, in: JR 73 (1993), 200-222.

[28] Zur Ambivalenz der Rezeption von Gospelmusik in landeskirchlichen Gemeinden die Schlussreflexion unter der Überschrift »Borgen und Aneignen« von Andrea Bieler und Tabea Eugster-Schaetzle in ihrem Beitrag zu diesem Band.

Aufbau internationaler Gemeinden beizutragen und bereichern das gottes-dienstliche Leben in Großstädten.[29]

Ich möchte im Folgenden nach möglichen theologischen Lernprozessen fragen. Auch im Blick auf Migrationskirchen sollten diese idealerweise wech-selseitig sein. Da dem Dialog von gut etablierten und finanziell gesicherten Kirchen und Theologien mit der Gemeindetheologie von Migrantinnen und Migranten immer schon ein Machtverhältnis eingeschrieben ist (man bedenke nur, dass die finanziellen Mittel, zu einem solchen Dialog einzuladen, einseitig verteilt sind – damit aber auch die Möglichkeit, solche Dialoge zu initiieren bzw. abzubrechen), kann die Forderung nach Wechselseitigkeit oftmals ein Herrschaftsinstrument sein. Dialoge stehen dann unter dem Motto: »Wir reden nur dann mit euch, wenn ihr bestimmte Grundsätze und Einsichten von uns übernehmt.« Eben deshalb plädiere ich dafür, zwar prinzipiell und in einzelnen Fällen auch konkret an der Forderung der Wechselseitigkeit festzuhalten, zu-nächst aber danach zu fragen, was die reformatorischen »Großkirchen« theolo-gisch von Migrationskirchen lernen können.

Vorausgesetzt wird dabei, dass Migrationskirchen ein theologieproduktiver Ort sind. Wer unter Theologie nur akademisch hoch elaborierte Darstellungen wie diejenigen Friedrich Schleiermachers, Karl Barths oder Paul Tillichs ver-steht, wird in Gemeinden – sei es in Landes- oder Migrationskirchen –, auch in Predigten und Liedgut keine Theologie entdecken.[30] Ein solcher akademischer Hochmut sollte sich aber daran erinnern lassen, dass es akademische Theolo-gie allein um der kritischen Begleitung jener basalen Theologie willen gibt, die

---

[29] Vgl. WERNER KAHL, Evangelische Kirche und Internationale Gemeinden. Erfahrun-gen – Beobachtungen – Reflexionen – Thesen, in: Interkulturelle Kirche. Strategien zur Verwirklichung der Wohngemeinschaft Gottes, Zweite Studientagung der EKD zur migrationssensiblen Kirchenentwicklung, Evangelische Akademie Hofgeismar, 24. bis 25. Februar 2020, epd-dokumentation 16-17 (2020), 33-41, 36: Der Internationale Gospelgottesdienst der Hamburger Gemeinde St. Georg-Borgfelde wurde vor Ausbruch der Corona-Pandemie im März 2020 von etwa 300 Menschen, die »zu etwa gleichen Tei-len hauptsächlich aus Deutschland und aus westafrikanischen Ländern« stammen, ge-meinsam gefeiert.

[30] Zu bedenken ist freilich, dass manche Migrationskirchen durchaus auch akade-misch hoch elaborierte Theologien im Gepäck haben und es sich zur Aufgabe machen, diese im neuen Kontext bekannt zu machen. So waren die in diesem Band mit einem eigenen Beitrag vertretenen Kollegen Amill Gorgis und Ruomin Liu an Übersetzungen beteiligt, die den Schatz syrischer Literatur bzw. chinesischer Theologie einem westli-chen Publikum erschließen. Vgl. MOR IGNATIOS APHREM I. BARSAUM, Geschichte der sy-rischen Wissenschaft und Literatur. Aus dem Arabischen von G. Toro und A. Gorgis, Wiesbaden 2012; CHEN ZEMIN, The Church in China in the 20th Century, hrsg. v. RUOMIN LIU/RICHARD J. MOUW, Eugene/OR 2019.

im Gespräch von Christenmenschen, die sich auf ihrem Weg durch die Geschichte gemeinsam zu orientieren suchen, ihren Sitz im Leben hat.[31]
Um eine Äußerung als »theologisch« anerkennen zu können, müssen nur zwei Bedingungen erfüllt sein: zum einen muss eine theologische Äußerung zumindest ein Minimum an Gewissheit aufweisen, die vom Sprecher bzw. der Autorin geteilt oder wenigstens geschätzt wird. Zum anderen muss eine theologische Aussage verständlich und kommunikationsfähig sein, sodass andere ihrer Logik folgen können. Mit der Gewissheit muss sich also eine kommunikativ nachvollziehbare Inhalt- und Sachlichkeit verbinden. Damit lässt sich die innere Verfassung theologischer Rede beschreiben: Theologie verbindet in ihrer Rede von Gott Überzeugungs- und Sachkonsistenz und bezieht beide im Interesse ihrer wechselseitigen Steigerung aufeinander.[32]

4. Theologische Lernpotentiale

Wer von Migrationskirchen lernen will, muss genau hinschauen: Migrationskirchen sind noch weniger als die römisch-katholische Kirche oder auch die evangelische Kirche in Deutschland ein homogenes Phänomen. Zu bedenken ist, dass der Term »Migrationskirche« ein Begriff aus der Beobachterperspektive ist und keine Selbstbeschreibung darstellt. Zu warnen ist, dass die geläufige Gleichsetzung von Migrationskirchen und Pfingstbewegung Differenzen verstellt.[33] Von daher sind auch die folgenden Ausführungen zu den Lernpotenzialen in Zukunft zu differenzieren. Dennoch wage ich es, fünf Lernpotenziale zu benennen, die immer auch Konsequenzen haben für die Frage, was es heißt, Kirche zu sein.[34]

---

[31] Vgl. PAUL VAN BUREN, Eine Theologie des christlich-jüdischen Diskurses. Darstellung der Aufgaben und Möglichkeiten, München 1988, 14.20: »Theologie ist ein Teil des Gesprächs, das zwischen denen stattfindet, die miteinander unterwegs sind. [...] Wir reden während wir auf dem Weg sind. Und Theologie ist ein Teil dieses Diskurses.«
[32] Vgl. JOHN POLKINGHORNE/MICHAEL WELKER, An den lebendigen Gott glauben. Ein Gespräch, Gütersloh 2005, 189-191.
[33] Vgl. PETER S. MANSARAY, Relationship between Migrant Churches and the Evangelical Lutheran Church in Germany, in: Glauben leben – vielfältig, international, interkulturell. Migrationsgemeinden und deutsche Gemeinden auf dem Weg, Hannover 2012, 37-39, 37.
[34] In einem Folgeprojekt planen Claudia Rammelt und ich, die oft auch in Narrationen eingebetteten Theologien von Migrationskirchen empirisch zu erheben. Da eine solche Erhebung bis dahin nicht vorliegt, verdankt sich die folgende Identifikation von fünf Lernpotentialen dem, was ich wiederholt in eigenen Begegnungen und Lektüren wahrgenommen habe und sich im Austausch mit dem Forschungsnetzwerk und der Literatur als intersubjektiv nachvollziehbar erwiesen hat.

4.1 Schriftlektüre

Einander als Kirchen wahrzunehmen und anzuerkennen, bedeutet, auch in der jeweils anderen Gestalt von Kirche eine bestimmte Weise des Lernens von der Schrift zu erkennen. Kirchen lesen die Schrift auf differente Weise (etwa von den Kirchenvätern her oder historisch-kritisch) und gewichten auch die biblischen Überlieferungen unterschiedlich (man denke an die Hochschätzung der paulinischen Briefe in der evangelischen Theologie, innerreformatorische Debatten um die Bedeutung des Jakobusbriefes und die Lektüre der paulinischen Texte vom Epheserbrief und den als Testament des Paulus verstandenen Deuteropaulinen bei Benedikt XVI.).

Im Blick auf die neueren Migrationskirchen formuliert eine Studie des Schweizer Evangelischen Kirchenbundes:

> »Der Umgang mit der Bibel ist bei ihnen ungebrochener und unmittelbarer. Er prägt das ganze Gemeindeleben der Migrationskirchen. Die eigene Lebensgeschichte wird gleichsam in die Geschichten, die ›stories‹ der Bibel eingeschrieben und von da aus werden wiederum – ohne grosse hermeneutische Filtrationsschritte – alltagspraktische Entscheidungen begründet und plausibilisiert. Gegenwärtige Geisterfahrungen werden als Aktualisierungen (›re-enactment‹) biblischer Geschichten verstanden und biblische Figuren werden in geistlich-typologischer Auslegung zu Vorbildern für die Gegenwart. So wird zum Beispiel die Apostelgeschichte via charismatische Prediger fortgeschrieben, welche die frühchristliche Mittlerfunktion der Apostel in der heutigen Zeit wahrnehmen. [... Ihre] Mitglieder partizipieren an der biblischen Welt, bewohnen sie, lesen Alltag und Fluchterfahrungen in ihrem Licht und deuten auch leibliche Erfahrungen und körperliche Vollzüge vor diesem Hintergrund.«[35]

Égide Muziazia formuliert in seinem Beitrag zu diesem Buch: »Wie auch immer Afrikanerinnen und Afrikaner die Bibel lesen, sie nehmen die Bibel als ein Buch des Lebens.«[36]

Migrationskirchen stellen die Frage, wie wir (in landeskirchlichen Gemeinden beheimatete Christinnen und Christen) die Geschichten der Bibel, die große Erzählung Israels,[37] bewohnen (und welche Hilfe uns dabei die historische Kritik leistet).

---

[35] SIMON RÖTHLISBERGER/MATTHIAS D. WÜTHRICH, Neue Migrationskirchen in der Schweiz, SEK Studie 2, Bern 2009, 97.

[36] So Égide Muziazia über das Verstehen der Heiligen Schrift in afrikanischer Perspektive in diesem Band.

[37] Vgl. TON VEERKAMP, Die Welt anders. Politische Geschichte der Großen Erzählung, Berliner Beiträge zur kritischen Theorie 13, Berlin ²2016.

4.2 Materialität des Heils

Betrachtet man die Gebetspraxis von Migrationskirchen, so gewinnt man den Eindruck, dass Menschen Gott hier viel mehr zutrauen als die Gottesdienstbesucher eines landeskirchlichen Gottesdienstes. In Migrationskirchen wird nicht nur um die Kraft gebetet, eine Situation auszuhalten und bestehen zu können,[38] sondern um die Veränderung der Situation selbst. Krankheit soll weichen,[39] Asylanträge bewilligt werden, Verwandte auf ihrer Flucht bewahrt und Untergetauchte unentdeckt bleiben.[40] Gottes Domäne ist nicht allein das Innerliche und Ewige, sondern auch das Äußerliche und Zeitliche. Das Heil hat (zumindest auch) eine materielle Seite – und es geht um das Heil hier und jetzt.[41]

Migrationskirchen stellen de facto die Frage, ob die protestantische Konzentration auf das Innerliche nicht erst da zur religiösen Grundmelodie werden

---

[38] In der deutschsprachigen evangelischen Theologie lässt sich ein gewisser Konsens ausmachen, wonach sich Gebetsbitten primär auf innerliche Gaben konzentrieren sollten, wie etwa »Geduld« (so WILFRIED HÄRLE, Den Mantel weit ausbreiten. Theologische Überlegungen zum Gebet, in: DERS., Spurensuche nach Gott. Studien zur Fundamentaltheologie und Gotteslehre, Berlin-New York 2008, 286-305, 297) oder »Kraft und neuen Mut zum Leben« (so CHRISTIANE TIETZ, Was heißt: Gott erhört Gebet?, in: ZThK 106 (2009), 327-344, 335; vgl. auch EILERT HERMS, Was geschieht, wenn Christen beten?, in: DERS., Offenbarung und Glaube. Zur Bildung des christlichen Lebens, Tübingen 1992, 517-531; HARTMUT VON SASS, Unerhörte Gebete? Das Bittgebet als Herausforderung für ein nachmetaphysisches Gottesbild, in: NZSTh 54 (2012), 39-65; dazu kritisch GREGOR ETZELMÜLLER, Krise des Gebets? Protestantische Entwicklungen und Perspektiven, in: JULIA ENXING u.a. [Hrsg.], Gebetslogik. Reflexionen aus interkonfessioneller Perspektive, ÖR.B 103, Leipzig 2016, 27-41).

[39] Vgl. ALLAN ANDERSON, An Introduction to Pentecostalism. Global Charismatic Christianity, Cambridge 2004, 30: »Prayer for divine healing is perhaps the most universal characteristic of the many varieties of Pentecostalism and perhaps the main reason for its growth in the developing world.«

[40] Vgl. EVANGELOS KARAGIANNIS, »Wartendes Israel« und »Israel am Ziel«. Leid und Wunder von Pfingstgemeinden afrikanischer Migranten in Deutschland, in: MICHAEL BERGUNDER/JÖRG HAUSTEIN (Hrsg.), Migration und Identität. Pfingstlich-charismatische Migrationsgemeinden in Deutschland, BZM 8, Frankfurt/M. 2006, 83-106.

[41] Vgl. WERNER KAHL, Zur Bibelhermeneutik pfingstlich-charismatischer Gemeinden aus Westafrika in Deutschland, in: BERGUNDER/HAUSTEIN, a.a.O., 127-154. – In orthodoxen Kirchen verdichtet sich die Materialität des Heils auch in der Verehrung der Reliquien. Migrationskirchen entdecken dabei römisch-katholische Kirchen gegenwärtig als Wallfahrtsorte in ihrer neuen Umgebung neu (vgl. CORNELIA DELKESKAMP-HAYES, Orthodox Europe. Reliquien in Deutschland. Einladung und Teil-Lösung für orthodoxe Christen unter www.orthodoxengland.org.uk/oerelde.htm [Abruf: 6.05.2021]). Das Interesse am Thema zeigt sich auch dadurch, dass dieser Text auf der Webseite der Rumänisch-Orthodoxen Metropolie in Nürnberg in rumänischer Übersetzung zu finden ist unter www.mitropolia-ro.de/index.php/ro/327-moaste-in-germania [Abruf: 6.5.2021]. Ich danke Vasile-Octavian Mihoc für diesen Hinweis.

kann, wo Menschen keine weltlichen Sorgen mehr haben. Sie weisen damit auf eine gefährliche Tendenz unserer Theologie hin, die zu einer Milieuverengung unserer Gemeinden beiträgt. Sie stellen die kritische Frage, ob Menschen, die ums tägliche Brot, aber auch eine monatliche Kinokarte bitten müssen, in evangelischen Gemeinden überhaupt eine Heimat finden können. Sie fragen damit, was es bedeutet, dass in evangelischen Gemeinden Gemeinschaft oftmals nur gottesdienstliche Gemeinschaft ist. Die Schweizer Studie »Neue Migrationskirchen in der Schweiz« regt die evangelischen Kirchen dazu an, »sich durch die Migrationskirchen auch an die ideologischen Grenzen eines modernen naturwissenschaftlich geprägten Weltbildes erinnern zu lassen und sich der Fragen zu stellen, wie sinnlich, wie hautnah sie Heil und Heilung noch spürbar machen können.«[42]

Migrationskirchen verdeutlichen letztlich auch, wie viel Grund zur Dankbarkeit wir (bürgerliche Christinnen und Christen) haben, wie vieles wir im Leben als selbstverständlich voraussetzen, anstatt bewusst dankbar dafür zu sein. Als ein Perser in unserem Gemeindegottesdienst das Evangelium auf Farsi vortrug, kamen ihm die Tränen. Nie hätte er es für möglich gehalten, einmal öffentlich aus der Schrift laut vorlesen zu können. Es wurde uns bewusst, welch hohes Gut die Religionsfreiheit, die wir in der Regel als völlig selbstverständlich voraussetzen, ist und wie dankbar wir für diese sein sollten. Möglicherweise sollte der oftmals lebendigen Kultur des Bittgebetes in Migrationskirchen eine lebendigere Kultur des Dankgebets in den reformatorischen Großkirchen entsprechen.

4.3 Leiden um Christi willen

Dem Bekenntnis zur Materialität des Heils entspricht oftmals, wie das eben genannte Beispiel verdeutlicht, die Erfahrung, um des Glaubens willen verfolgt worden zu sein bzw. auch gegenwärtig (etwa in der Flüchtlingsunterkunft) zumindest schikaniert zu werden. Es ist nur wenig hilfreich, hier zu spiritualisieren und in kirchenleitenden Verlautbarungen zu konstatieren: »Die Einwanderung von Christen in unser Land ist der Anlass, uns daran zu erinnern, dass Christen in theologischer Hinsicht allesamt Heimatlose sind.«[43] Man sollte vielmehr fragen, welche Bedeutung das Martyrium einiger für die weltweite Kirche hat. Auch Paulus hat angesichts seiner Leiderfahrungen nicht darauf hingewiesen, dass wir alle Leidende seien, sondern behauptet: »Wir, die wir leben, werden immerdar in den Tod gegeben um Jesu willen, auf das auch das

---

[42] Röthlisberger/Wüthrich, Migrationskirchen (s. Anm. 35), 93.

[43] Kirchenamt der EKD (Hrsg.), Gemeinsam evangelisch! Erfahrungen, theologische Orientierungen und Perspektiven für die Arbeit mit Gemeinden anderer Sprache und Herkunft. Ad-hoc-Kommission des Rates der EKD zur Zukunft der Arbeit mit Gemeinden anderer Sprache und Herkunft, EKD-Text 119, Hannover 2014, 24.

Leben Jesu offenbar werde an unserm sterblichen Fleische. Darum ist nun der Tod mächtig in uns, aber das Leben in euch.« (2Kor 4,11f.).

Im Dialog mit Vertretern sowohl der koptischen als auch der syrischen Kirche begegnet man schnell deren Selbstverständnis als Märtyrerkirchen. »Seit der Frühzeit bis heute haben Tausende und Abertausende von Kopten ihr Leben als Zeugnis ihrer Treue zu Christus, ihrem Herrn, geopfert. Deshalb wird ihre Kirche als die ›Märtyrerkirche‹ bezeichnet. Zu Beginn jedes koptisch-orthodoxen Gottesdienstes beweihräuchert der Priester die Ikonen und Reliquien der Märtyrer, ehe er aus dem Synaxarium (Buch der Märtyrer) die Geschichte des Heiligen des Tages verliest. Die meisten der dort Genannten starben unter byzantinischer Herrschaft, allein zur Zeit Kaiser Diokletians 800.000, weshalb die Kopten ihre Zeitrechnung mit dem Jahr seines Regierungsantritts (284) beginnen.«[44] Syrisch-orthodoxe Theologen in der Diaspora plädieren über das Gedächtnis der Märtyrer und Heiligen hinaus für eine »Institutionalisierung des Gedenkens der Schicksalsschläge, die über das syro-aramäische Volk durch fremde Völker hereingebrochen sind«.[45]

Syrer und Kopten bitten die westlichen Kirchen, denen die Erfahrung des Martyriums – Gott sei Dank! – fremd geworden ist, den Schrei der Märtyrerinnen und Märtyrer zu hören und den Märtyrerkirchen beim Tragen des ihnen aufgelegten Kreuzes zu helfen. »The Western churches may not need to be crucified to understand the meaning of martyrdom. But they can help us to carry the cross like Simon in the Bible. He wasn't asked whether he is willing to carry the cross of Jesus. He was grabbed out of the crowd and forced to carry the cross without knowing the blessing in it. To carry the cross could be a blessing for the Western churches. Our responsibility to work for justice goes beyond nations, borders and political belongings. The martyrs are sending a cry. The question is whether we want to listen to it or not.«[46]

Das Hören des Schreis der Märtyrer hat dabei eine dreifache Dimension, die sich anhand der oben dargestellten Lehre vom dreifachen Amt Jesu Christi erschließen lässt: In der Nachfolge des königlichen Menschen Jesus Christus geht es darum, konkrete Hilfen für Gemeinden in Ägypten, aber auch für die nach Europa Geflüchteten zu organisieren. In der Nachfolge des Propheten Jesus von Nazareth gilt es im politischen Diskurs, der Ägypten oftmals als Musterfall eines religionstoleranten States versteht, auf die Notlagen der Kopten

---

[44] FOUAD IBRAHIM/BARBARA IBRAHIM, Die Kopten. 2000 Jahre Märtyrerkirche, in: EKD (Hrsg.), Fürbitte für bedrängte und verfolgte Christen. Sonntag Reminiszere, im Fokus Ägypten, Hannover 2018, 22-25.

[45] So GEORG TORO/AMILL GORGIS, Vorwort der Übersetzer, in: BARSAUM, Geschichte (s. Anm. 30), XX-XXIV, XXII.

[46] So der koptische Bischof Thomas der Diözese Al-Quosia, Oberägyten, im Interview mit Katja Buck, Carrying the cross without fear. How the Coptic Church in Egypt deals with the constant threat, im April 2017. Vgl. www.globalministries.org/carrying_the_cross_without_fear/ [Abruf: 20.2.2021].

aufmerksam zu machen. Der Schrei der Märtyrer fordert aber auch eine spirituell-theologische Antwort: Er sollte auch in evangelischen Gottesdiensten hörbar werden. Man kann selbstkritisch fragen, warum im evangelischen Religionsunterricht, obwohl sich in der Religionspädagogik eine »Renaissance des Vorbilds«[47] erkennen lässt, die Märtyrer der Weltkirche auch des 21. Jh.s nicht vorkommen. Die liturgischen und religionspädagogischen Defizite verweisen auf eine Leerstelle der akademischen deutschsprachigen Theologie: das Fehlen einer evangelischen Theologie des Martyriums. Eine solche Theologie wäre auch um der Ökumene willen wünschenswert: Denn die Erfahrung, um Christi willen verfolgt zu werden, verbindet viele der in diesem Band dargestellten Migrationskirchen – auch solche, die auf den ersten Blick wenig gemeinsam haben, etwa koptische, vietnamesische und chinesische Gemeinden.

4.4 Dualistische Weltsicht

Die Theologie von Migrationskirchen ist teilweise durch eine »dualistische Weltsicht«[48] geprägt. Diese wird oftmals aus der sog. Herkunftstradition mitgebracht, kann sich aber durch Erfahrungen auf der Flucht, von Vertreibung und Diskriminierung auch verstärken. Arbeitshilfen zum »Umgang« mit Migrationskirchen weisen in der Regel auf bestehende Differenzen hin. Wer aber mit »Bibel und Zeitung in der Hand« die Welt beobachtet, kann mit dem verstorbenen Heidelberger Systematiker Dietrich Ritschl durchaus fragen, ob wir nicht »eine, wenn auch zeitlich beschränkte, dualistische Weltauffassung unser eigen nennen« sollten. »Denn: noch gibt es neben oder unter dem Geist der Liebe und des Schalom die ungeheure Kraft der bösen, menschenverachtenden und nekrophilen Geister. Einmal den Fernseher für die Nachrichten anstellen genügt schon, um dies zu sehen.«[49]

Wegweisend ist, dass die dualistische Weltsicht in Migrationskirchen nicht zur Resignation führt,[50] sondern zum vielfachen Widerstand gegen »Sünde, Tod

---

[47] Vgl. HANS MENDL, Orientierung an fremden Biografien, in: Loccumer Pelikan 2 (2011), 53-57, 53.

[48] KIRCHENAMT DER EKD (Hrsg.), Kirchen und Gemeinden anderer Sprache oder Herkunft, Frankfurt 1997, 32; vgl. RÖTHLISBERGER/WÜTHRICH, Migrationskirchen (s. Anm. 35), 93; ELKW/EKiBa (Hrsg.), Gemeinsam auf dem Weg. Eine Handreichung zum ökumenischen Miteinander mit Gemeinden anderer Sprache und Herkunft, Stuttgart o.J., 19.

[49] DIETRICH RITSCHL, Gottes Gegenentwurf zur menschlichen Weltgestaltung, in: DERS. (Hrsg.), Theorie und Konkretion in der Ökumenischen Theologie, Münster 2003, 119-142, 134f.

[50] Dazu auch die Ausführungen von Claudia Jahnel in ihrem Beitrag in diesem Band: Im »Zeugnis Migrierter [begegnet] oftmals eine ›memoria resurrectionis Jesu Christi‹ und mit ihr die Bereitschaft [...], Lebensgeschichten und gedeutete Erfahrungen der

und Teufel« – und zwar nicht nur in (mir problematisch erscheinenden Formen wie) Exorzismen, sondern auch im politischen Kampf etwa für das Bleiberecht eines Gemeindeleiters.[51] Bibellektüre und Kampf um Freiheit können sich dabei auf beeindruckende Weise verbinden. Égide Muziazia formuliert in diesem Band im Blick auf afrikanische Christinnen und Christen:

> »Für sie ist die Bibel ein Buch, das von Gott – aus Güte – den Menschen als Gebrauchtanweisung fürs Leben gegeben wurde: ein Buch, das ihnen erzählt, woher sie kommen, wer sie sind, warum sie die Erde bevölkern und wohin sie – in der Beziehung zu Gott, zueinander und zur Schöpfung – unterwegs sind. Nach der Inkulturation der Heiligen Schrift in die afrikanische Kultur soll die Heilige Schrift zur politischen Freiheit, zu einer Befreiung von Armut und zur Entwicklung der Menschen beitragen.«[52]

Ich erkenne hier eine große Nähe zur reformierten Tradition: Der Heidelberger Katechismus führt in seiner Entfaltung der Lehre vom dreifachen Amt Jesu Christi aus, dass uns Christus in seinen Dienst nimmt, damit wir »mit freiem Gewissen in diesem Leben wider die Sünde und Teufel streite[n]« (FA 32).

Ich gestehe, dass mir an dieser Stelle auch wechselseitige Lernprozesse geboten zu sein scheinen: Insbesondere dort, wo eine dualistische Weltsicht dazu dient, Personen mit einem von der eigenen Moral abweichenden Verhalten oder (insbesondere psychisch) Kranke zu dämonisieren, scheint mir Kritik geboten zu sein.[53] Neutestamentlich zielt die Einführung eines dämonischen Krankheitsverursachers gerade darauf, den Kranken von einer vermeintlich moralischen Verursachung seiner Krankheit zu entlasten: Der Kranke ist nicht schuldig, sondern Opfer. Freilich sehen wir heute, dass Dualismen wie »schuldig – unschuldig« und Kategorien wie »Täter und Opfer« keineswegs harmlos sind, weil auch der Opferbegriff Menschen stigmatisiert und weil dort, wo von Unschuld die Rede ist, Krankheit ungewollte mit dem Thema Schuld in Kontakt gebracht wird.[54]

Bewahrung, der göttlichen Begleitung, der Ermächtigung und der Hoffnung mit anderen zu teilen.«

[51] Siehe Karagiannis, Israel (s. Anm. 40), 83-106.

[52] Vgl. den Beitrag von Muziaza in diesem Band.

[53] Vgl. dazu Gregor Etzelmüller, Religion und Heilung. Eine christlich-theologische Perspektive, in: Martin Tulaszewski u.a. (Hrsg.), Was Heilung bringt. Krankheitsdeutung zwischen Religion, Medizin und Heilkunde, Rerum Religionum 3, Bielefeld 2020, 125-151, bes. 132-137.

[54] Vgl. Susan Sontag, Krankheit als Metapher. Aids und seine Metaphern, Frankfurt/M. 2003, 51.60.84.

4.5 Mission und Bekehrung

Vietnamesische Gemeinden setzen sich oftmals aus Menschen zusammen, die erst im Zuge ihrer Flucht zu Christen geworden sind.[55] Die chinesischen Gemeinden in Niedersachsen dienen bewusst der Missionierung der zukünftigen akademischen Elite Chinas. Menschen, die als Christen geflohen sind, interpretieren ihre Migration gelegentlich als Gottes Auftrag, in Europa zu missionieren, und zeigen ein hohes Sendungsbewusstsein.[56] George Andoh, Pastor des International Gospel Centre Hannover, formuliert:

> »Für die Afrikaner, die Gottes Kraft erfahren haben, gibt es die Überzeugung, dass Gott sie benutzen könnte, um die schlafende europäische Kirche zu wecken. [...] Das Evangelium sollte als Geschenk gesehen werden, das Gott uns gegeben hat, und wir verstehen uns als Geschenk an Europa.«[57]

Wer sich mit Migrationskirchen beschäftigt, kommt nicht um das Thema »Mission und Bekehrung« herum. Er oder sie ist damit genötigt, sich einem Themenfeld zuzuwenden, dass zumindest in der deutschsprachigen evangelischen Theologie bestenfalls ein Mauerblümchendasein fristet. Das überrascht im Blick auf eine Theologie, die sich ihrem Selbstverständnis nach insbesondere der paulinischen Theologie verpflichtet weiß. Das ganze Werk des Paulus ist ohne die Begriffe Mission und Bekehrung nicht zu begreifen.[58]

Im Dialog stoßen dabei auch unterschiedliche Wahrnehmungen der Vitalität der europäischen Kirchen (»die schlafende europäische Kirche«) aufeinander. Die westlichen Kirchen werden gefragt, ob sie sich mit den Säkularisierungstendenzen in ihrer Umgebung, die sich etwa in der Aufgabe und Umwidmung von Kirchengebäuden vollzieht, nicht allzu schicksalhaft abfinden.

---

[55] Vgl. dazu den Beitrag von Thuy-Evelyn Pham und Nhan Gia Vo in diesem Band.

[56] Auf das Phänomen der damals sog. »reverse mission« hat vor allem Claudia Währisch-Oblau, The Missionary Self-Perception of Pentecostal/Charismatic Church Leaders from the Global South in Europe. Bringing Back the Gospel, Global Pentecostal and Charismatic Studies 2, Leiden 2009 aufmerksam gemacht. Zur Bezeichnung »reverse mission« zurecht kritisch Andreas Heuser, »Umkehrmission«. Vom Abgesang eines Mythos im Treppenhaus migratorischer Ökumene, in: Interkulturelle Theologie 42 (2016), 25-54.

[57] George Andoh, Migration als Geschenk. Die Mission afrikanischer Gemeinden in Europa, in: Ökumenische Akzente, Hannover 2020, 39-43, 41.

[58] Wobei ich zu bedenken gebe, dass das Wirken des Paulus nicht darauf zielt, alle Menschen zu Christen zu machen, sondern überall Gemeinden zu gründen. Paulus könnte sonst nicht im Römerbrief formulieren, dass er in den Ländern des Ostens keine Aufgabe mehr hätte (Röm 15,23) und deshalb jetzt nach Spanien aufbrechen wolle (Röm 15,24).

Wenn wir die Bibel als Gottes Gegenentwurf zur Welt verstehen,[59] dann wartet die Schrift auf engagierte Leserinnen und Leser, die aus ihren einge-spielten Weltwahrnehmungen umkehren und Gottes Wahrnehmung der Welt ihre eigene Weltwahrnehmung prägen lassen. Eine solche Bekehrung ist von Menschen zu unterschiedlichen Zeiten und an verschiedenen Weltorten als le-bensförderlich und eine ökumenische Gemeinschaft stiftend erlebt worden. Es gibt deshalb gute Gründe, für einen solchen Perspektivwechsel alle Sinne an-sprechend, aber ohne jeden Zwang zu werben – nicht um des Heils der Men-schen willen (für dieses ist in Jesus Christus immer schon gesorgt), sondern um Gottes willen, der auf Menschen wartet, die sich auf seinen Gegenentwurf zur Welt engagiert und gemeinschaftlich einlassen.

4.6 Perspektiven

Die Benennung dieser fünf Lernpotenziale soll keineswegs sozialromantisch missverstanden werden. In den Migrationskirchen begegnet uns nicht das Ur-christentum. Migrationskirchen, wie wir sie heute kennen, sind Erscheinungen der Spätmoderne. Ein theologisch sachangemessener Zugang bedarf deshalb auch der soziologischen, religions- und migrationswissenschaftlichen Aufklä-rung dieses Phänomens.[60]

Wenn wir aber theologisch davon ausgehen, dass es sich bei Migrations-kirchen um Kirchen handelt, dass sie also in Form und Gehalt zumindest auch durch den Geist Jesu Christi mitgeprägt sind und sie sich insofern als Weisen des Lernens von der Schrift verstehen lassen, dann muss man theologisch auch die Frage stellen, was wir von diesen Kirchen theologisch lernen können. Migrationskirchen sind dann auch Anwälte biblischer Überlieferungen und Traditionen, die wir im Protestantismus der Neuzeit eben nicht mehr hinrei-chend wahrgenommen haben.

»So far, it has been the Geman Protestants defining what Christianity is. There should be a discourse with migrant churches and not just publications about them. They, too, must be given opportunity to express and explain their views of being church together.«[61]

---

[59] Vgl. RITSCHL, Gegenentwurf (s. Anm. 49).
[60] Vgl. dazu die Beiträge von Alexander Kenneth-Nagel, Martin Radermacher, Claudia Hoffmann und Henning Theißen in diesem Band.
[61] MANSARAY, Relationship (s. Anm. 33), 39.

Autorinnen und Autoren

Adamavi-Aho Ekué, Amélé, Dr. theol., ist akademische Dekanin der Stiftung Globethics.net in Genf/CH.

Balke, Bendix, 1966, ist Pfarrer der Interkulturellen Kirchengemeinde An Nahe und Glan (Bad Kreuznach, Evangelische Kirche im Rheinland) und war von 2018 bis 2021 Referent für Internationale Gemeinden im Kirchenamt der EKD.

Baum, Günter, 1953, ist Pfarrer i.R. der Evangelisch-reformierten Kirche und in der ACK Osnabrück zuständig für Migrationsgemeinden.

Baumann-Neuhaus, Eva, Dr. sc. rel./lic. phil. I, 1964, ist Projektleiterin für Forschung und Beratung am Schweizerischen Pastoralsoziologischen Institut, St. Gallen/CH.

Becker, Judith, Prof. Dr., 1971, ist Professorin für Reformation und neuere Christentumsgeschichte an der Humboldt-Universität zu Berlin.

Beckmann, Gabriele, Prof. Dr., 1964, ist Soziologin (zuvor Krankenpflege im Evangelischen Diakonieverein e.V.) und Professorin für Entwicklungsbezogene Arbeit an der Fachhochschule für Interkulturelle Theologie Hermannsburg (FIT).

Bieler, Andrea, Prof. Dr., 1963, ist Professorin für Praktische Theologie an der Theologischen Fakultät der Universität Basel/CH und Leiterin des Forschungsprojekts »Conviviality in Motion«.

Burlacioiu, Ciprian, PD Dr., 1976, ist Privatdozent im Fach Kirchengeschichte an der Evangelisch-Theologischen Fakultät der Universität München und arbeitet auf dem Teilgebiet der Geschichte des Weltchristentums epochenübergreifend u.a. zu »Migration und Diaspora in der Geschichte des Weltchristentums«.

Döhling, Jan-Dirk, Dr., 1972, ist Landeskirchenrat der Evangelischen Kirche von Westfalen, Theologisches Dezernat: Gesellschaftliche Verantwortung.

Dümling, Bianca, Prof. Dr., 1978, ist Professorin für Methoden und Theorien der Sozialen Arbeit an der Evangelischen Hochschule TABOR in Marburg und Studienleiterin B.A. Praktische Theologie und Soziale Arbeit.

Heike Ernsting, Dr. theol., M. Phil. (Ecumenics), 1977, ist Gemeindepfarrerin der Evangelischen Kirche im Rheinland in Wuppertal.

Eriksen, Stian Sørlie, Prof. Dr., ist Associate Professor und Programmdirektor an der Faculty of Theology, Diaconia and Leadership Studies an der VID Spezialized University Stavanger/N.

Etzelmüller, Gregor, Prof. Dr., 1971, ist Professor für Systematische Theologie an der Universität Osnabrück, Leiter der Arbeitsgruppe »Migrationskirchen in Niedersachsen« und Pfarrer der Evangelischen Landeskirche in Baden.

Eugster-Schaetzle, Tabea, M. Th., 1986, ist Assistentin im Forschungsprojekt »Conviviality in Motion« an der Theologischen Fakultät der Universität Basel/CH.

Frei, Daniel, Dr. theol., 1960, ist Pfarrer und leitet das evangelisch-reformierte Pfarramt für weltweite Kirche Basel-Stadt und Basel-Landschaft/CH.

Fröchtling, Drea, Prof. Dr., 1969, ist Professorin für Praktische Theologie und Internationale Diakonie an der Fachhochschule für Interkulturelle Theologie Hermannsburg und Pastorin der Evangelisch-Lutherischen Landeskirche Hannovers.

Gehm, Jan, Mag. theol., 1991, ist Doktorand und Wissenschaftlicher Mitarbeiter im ERC-Projekt »Rewriting Global Orthodoxy: Oriental Christianity in Europe between 1970 and 2020« an der Radboud University Nijmegen/NL.

Gorgis, Amill, wurde 1952 in Kbor-Al-Bid (Syrien) geboren. Neben seiner Tätigkeit als Ingenieur engagiert er sich als Ökumene-Beauftragter der Syrisch-Orthodoxen Kirche von Antiochien in Berlin und übersetzte zahlreiche Werke aus dem Syrischen ins Deutsche.

Höfer, Alena, Mag. theol., 1993, ist wissenschaftliche Mitarbeiterin an der Professur für Interkulturelle Theologie und Körperlichkeit an der Ruhr-Universität Bochum und Promovendin.

Hoffmann, Claudia, Dr. theol., Pfarrerin, 1977, war bis Ende 2020 Assistentin für Außereuropäisches Christentum und ist zurzeit Mitarbeiterin im SNF-Forschungsprojekt »Conviviality in Motion« im Bereich Praktische Theologie der Theologischen Fakultät der Universität Basel/CH.

Hornung, Esther, Dr. theol., 1968, ist Historikerin und Theologin mit den Schwerpunkten Genderforschung, Globalgeschichte (Korea), Freikirchenforschung und christlicher Fundamentalismus.

Jahnel, Claudia, Prof. Dr., 1967, ist Professorin für Interkulturelle Theologie und Körperlichkeit an der Evangelisch-Theologischen Fakultät der Ruhr-Universität Bochum und Pfarrerin der Evangelisch-Lutherischen Kirche in Bayern.

Josua, Heidi, 1959, Religionspädagogin, Orientalistin, Prädikantin der Evangelischen Landeskirche in Württemberg, ist Leiterin des Evangelischen Salam-Centers in Weissach im Tal, zu dem vier arabisch-evangelische Gemeinden gehören.

Kahl, Werner, Prof. Dr., 1962, ist Pfarrer der Evangelischen Kirche von Kurhessen-Waldeck, außerplanmäßiger Professor für Neues Testament an der Goethe-Universität Frankfurt und Visiting Professor am Ghana Baptist University College in Kumasi.

Kaplan, Linda, M.A., 1988, ist Realschullehrerin für die Fächer Englisch, Geschichte und Katholische Religionslehre an der Realschule Remseck und Ko-Autorin der Schulbuchreihe »Auf dem Weg zum Glauben. Syrisch-Orthodoxe Religionslehre«.

Liu, Ruomin, Dr. theol., 1978, ist Studienleiter an der Missionsakademie an der Universität Hamburg.

Ludwig, Frieder, Prof. Dr. Dr., ist Professor für globale Studien und Religion an der VID Specialized University Stavanger/N und leitet das Forschungsprojekt »Connected Histories – Contested Values. World Lutheranism and Decolonisation: Processes of Transloyalties 1919-1970«.

Matawana, Benson, M.A., 1982, ist Doktorand am Institut für Soziologie der Universität Göttingen.

Mihoc, Vasile-Octavian, Dr., 1982, ist Programmverantwortlicher für Ökumenische Beziehungen und Exekutivsekretär in der Kommission für Glauben und Kirchenverfassung am Ökumenischen Rat der Kirchen, Genf/CH, und Lehrbeauftragter am Ökumenischen Institut Bossey/CH.

Muziazia Ngasa, Égide, 1981, P. SVD, ist katholischer Priester und wurde an der Katholischen Fakultät der Universität Münster mit einer Arbeit zum Thema »Afrikanisch-katholische Migrantengemeinden in Nordwesteuropa zwischen Ethnizität und Katholizität« promoviert.

Nagel, Alexander-Kenneth, Prof. Dr., 1978, ist Professor für Religionswissenschaft mit dem Schwerpunkt sozialwissenschaftliche Religionsforschung am Institut für Soziologie der Universität Göttingen und Sprecher des Forums für Interdisziplinäre Religionsforschung (FiReF).

Önder, Josef, Dr. Dr., Pädagoge, Theologe, Schriftsteller und Orientalist, ist Konrektor der Dr.-Engel-Realschule in Eislingen/Fils und Vertreter des syrisch-orthodoxen Landeskoordinators und Schuldekans von Baden-Württemberg sowie der Syrisch-Orthodoxen Kirche von Antiochien in der Ökumene und bei der staatlichen Administration auf Bundes- und Landesebene.

Pham, Thuy-Evelyn, M.Ed., ist Lehrerin mit den Fächern Englisch, Evangelische Religionslehre und Kunst an der Freiherr-vom-Stein Realschule Coesfeld.

Polak, Regina, Assoc.-Prof. Dr. MMag. MAS, 1967, ist assoziierte Professorin und Institutsleiterin am Institut für Praktische Theologie der Katholisch-Theologischen Fakultät der Universität Wien/A.

Radermacher, Martin, Dr., 1983, ist Religionswissenschaftler am Centrum für Religionswissenschaftliche Studien (CERES) der Ruhr-Universität Bochum.

Rammelt, Claudia, 1976, Dr. theol., ist wissenschaftliche Mitarbeiterin am Lehrstuhl für Kirchen- und Christentumsgeschichte (Antike/Mittelalter) und der Professur für Interkulturelle Theologie und Körperlichkeit an der Ruhr-Universität Bochum und Pfarrerin der Evangelischen Kirche Mitteldeutschlands. Sie ist Leiterin der Arbeitsgruppe »Migrationskirchen in Niedersachsen«.

Theißen, Henning, Prof. Dr., geb. 1974, ist Heisenbergstipendiat der Deutschen Forschungsgemeinschaft und Verwaltungsprofessor für Systematische Theologie an der Leuphana Universität Lüneburg.

Thon, Nikolaj, Dipl. theol., Ipodiakon, Bischöflicher Rat, 1948, ist Generalsekretär der Orthodoxen Bischofskonferenz in Deutschland und Referent für zwischenkirchliche Beziehungen der Diözese von Berlin und Deutschland der Russisch-Orthodoxen Kirche/Moskauer Patriarchat.

Thränhardt, Dietrich, Prof. em. Dr. rer. soc., 1941, war von 1990 bis 2008 Professor für Vergleichende Regierungslehre und Migrationsforschung an der Universität Münster.

Vo, Nhan Gia, M. Ed., 1994, ist Doktorand und Wissenschaftlicher Mitarbeiter am Institut für Evangelische Theologie der Universität Osnabrück.

Weiß, Sabrina, Dr., 1981, ist Wissenschaftliche Mitarbeiterin am Religionswissenschaftlichen Institut der Universität Leipzig.

Weth, Johannes, Dr. theol., 1975, freischaffender Künstler und Theologe, ist Pfarrer der Evangelischen Kirche von Kurhessen-Waldeck und geschäftsführender Vorstand der Werner Pfetzing Stiftung Himmelsfels im nordhessischen Spangenberg.

Wick, Peter, Prof. Dr., 1965, ist Universitätsprofessor für Exegese und Theologie des Neuen Testaments an der Ruhr-Universität Bochum und Präsident der von Cansteinschen Bibelanstalt in Westfalen.

Winterhagen, Jenni, Dr. rer. pol., leitet das Büro von Bettina Jarasch, Mitglied im Berliner Abgeordnetenhaus; für die IMAP GmbH berät sie den öffentlichen Sektor, u.a. das BAMF.

Heidi Josua
Mein neues Leben
Christus begegnet Muslimen.
Erfahrungsberichte

200 Seiten | 12 x 19 cm
Paperback
ISBN 978-3-374-05021-5
EUR 15,00 [D]

In diesem Buch erzählen muslimische Frauen und Männer von ihrem Weg zu Christus, der ihnen auf ganz individuelle Weise begegnet. Für alle aber ist die Botschaft von Frieden und Liebe zentral. In jeder der neun biographischen Erzählungen wird zudem ein Aspekt des ursprünglichen islamischen Lebens dieser Konvertiten beleuchtet. Sie nehmen den Leser hinein in ihre persönliche Geschichte und beginnen einen Dialog mit ihm. Sie stellen Anfragen und möchten ihn begeistern für das Wirken Jesu in ihrem Leben. Sie wollen ihre Leser ermutigen, mit offenem Herzen Flüchtlingen zu begegnen und ihnen Christus zu bezeugen. Damit wirft das Buch auch ein ganz neues Licht auf die Debatte rund um Flüchtlinge, Asylentscheidungen und Islam.

EVANGELISCHE VERLAGSANSTALT
Leipzig www.eva-leipzig.de

Tel +49 (0) 341/ 7 11 41 -44   shop@eva-leipzig.de

Zeitfracht Medien GmbH
Ferdinand-Jühlke-Straße 7
99095 Erfurt, Deutschland
produktsicherheit@kolibri360.de

Druck:
CPI Druckdienstleistungen GmbH
im Auftrag der
Zeitfracht Medien GmbH
Ein Unternehmen der Zeitfracht - Gruppe
Ferdinand-Jühlke-Str. 7
99095 Erfurt